Dirk Lippold

Marktorientierte Unternehmensführung und Digitalisierung

Dirk Lippold

Marktorientierte Unternehmensführung und Digitalisierung

Management im digitalen Wandel

2., überarbeitete und erweiterte Auflage

DE GRUYTER
OLDENBOURG

ISBN 978-3-11-074407-1
e-ISBN (PDF) 978-3-11-074420-0
e-ISBN (EPUB) 978-3-11-074425-5

Library of Congress Control Number: 2021935857

Bibliografische Information der Deutschen Nationalbibliothek
Die Deutsche Nationalbibliothek verzeichnet diese Publikation in der Deutschen Nationalbibliografie; detaillierte bibliografische Daten sind im Internet über http://dnb.dnb.de abrufbar.

Druck und Bindung: CPI books GmbH, Leck

www.degruyter.com

If you can do it, teach it.

If you can teach it, write about it.

Vorwort zur 2. Auflage

Die vorliegende zweite Auflage des Lehrbuchs „Marktorientierte Unternehmensführung und Digitalisierung“ ist nicht nur gründlich überarbeitet und erweitert, sondern in bestimmten Teilen auch neu konzipiert worden. Dazu zählt in erster Linie die Betrachtung des Personals einmal als Führungsaufgabe und einmal als Managementaufgabe. Im Mittelpunkt des Personals als Führungsaufgabe steht die Auseinandersetzung mit den New Work-Führungsansätzen und deren Vereinbarkeit mit den klassischen Führungstheorien. Einen weiteren Schwerpunkt der Erweiterungen bildet die agile Organisation mit ihren Einsatzmöglichkeiten auch über die reine Software- und Projektentwicklung hinaus.

Beibehalten wurde das bewährte Konzept, die Schnittstellen der digitalen Transformation mit den wirklich wichtigen Entscheidungsfeldern der Unternehmensführung Schritt für Schritt unter die Lupe zu nehmen und im Hinblick auf sich bietende Möglichkeiten zu diskutieren. Dabei soll aber nicht nur reines Lehrbuchwissen vermittelt werden. Im Vordergrund der Darstellung stehen dagegen auch viele kritische Gedanken aus der praktischen Arbeit und den langjährigen Erfahrungen des Autors.

Die nicht nur inhaltliche, sondern auch strukturelle Erweiterung des Lehrbuchs hat erhebliche Anstrengungen erfordert. Daher bin ich Dr. Stefan Giesen besonders dankbar für die verlagsseitige Förderung und Betreuung bei der Umsetzung der Neuauflage. Mein Dank gilt Herrn André Horn für die professionelle Unterstützung bei der Erstellung des Manuskriptformats. Ganz besonders bedanken möchte ich mich auch diesmal bei Frau Van Nguyen, Herrn Michael Thiedemann und Herrn Lukas Jennerjahn für ihren großartigen Einsatz beim Korrekturlesen. Alle Fehler, die sich trotz großer Sorgfalt in diese Neuauflage eingeschlichen haben, gehen aber selbstverständlich zu Lasten des Autors.

Zur besseren Lesbarkeit wird für alle Personen das generische Maskulinum verwendet.

Berlin, im März 2021

Vorwort zur 1. Auflage

Sind unsere Unternehmensführer mit der Digitalen Transformation überfordert? Zumindest ist dies der Eindruck einer Vielzahl von betroffenen Mitarbeitern, die zusehen müssen, wie ihre Vorgesetzten in die Auswirkungen der neuen Technologien stolpern. Die Überforderung hat aber sehr häufig gar nichts mit der Digitalisierung an sich zu tun. Vielmehr sind es die Wechselbeziehungen zwischen Technologie und Arbeitskultur, denn Technologie wirkt in Kultur hinein und Kultur wirkt auch ihrerseits in die Entwicklung und den Einsatz von Technologien. Schon heute sind Schnelligkeit, Unsicherheit und Unberechenbarkeit typische Merkmale unserer Geschäftsbeziehungen. Trotzdem wissen viele Führungskräfte nicht, was der digitale Wandel für ihr Business bedeutet und wie sie mit den neuen Anforderungen konkret umzugehen haben. Was also bedeutet der digitale Wandel für Führungskräfte? Und kann man "digitale" Führung lernen?

Diese Fragen werden Schritt für Schritt an den Schnittstellen zu den wirklich wichtigen Funktions- und Prozessbereichen der Unternehmensführung durchgegangen:

Digitale Transformation und Unternehmensführung. Digitale Transformation wird ohne die richtige Unternehmensführung nicht funktionieren. Manager mit digitalem Know-how sind heiß begehrt und stehen ganz oben auf den Gehaltslisten. Gleichzeitig funktioniert die richtige Unternehmensführung in modernen Unternehmen nicht ohne digitale Transformation.

Digitale Transformation und Unternehmenskultur. Die digitale Transformation ist nicht nur ein Leadership-, sondern auch ein Kulturthema, denn im Bereich der Arbeitskultur kommt es regelmäßig entweder zu den größten Abstoßungen oder zu den größten Adoptionen gegenüber einer neuen Technologie. Es geht also um eine generationenverbindende Kommunikations- bzw. Unternehmenskultur.

Digitale Transformation und Marketing/Vertrieb. Neue Produkt- und Serviceangebote einerseits und die enormen Möglichkeiten von Big Data und Social Media andererseits machen deutlich, wie stark Marketing/Vertrieb und hier insbesondere der Kommunikationsbereich mit seinem Internet-Zugang von der Digitalisierung profitiert.

Digitale Transformation und Generationenwechsel. Die Generation Y, die geprägt ist vom Internetboom und Smartphone-Hype, ist in der Arbeitswelt angekommen. Die intelligenten und technikaffinen jungen Arbeitnehmer wurden demokratisch erzogen und arbeiten dann am effektivsten, wenn sie ihre Erfahrungen in die betrieblichen Prozesse mit einbringen können.

Digitale Transformation und Personalführung. Geht man von der (herkömmlichen) Führungskompetenz zur digitalen Führungskompetenz über, so kommen zwei Kompetenzen hinzu: die Medienkompetenz und die interkulturelle Kompetenz. Auf Basis dieser beiden zusätzlichen Kompetenzen sollte Führung mit Begeisterung und Offenheit praktiziert werden.

Digitale Transformation und Kommunikation. Der digitale Wandel verändert das Mediennutzenverhalten aller Stakeholder und stellt die klassischen Printmedien zusehends in den Schatten. Insbesondere der Boom sozialer Medien führt zu neuen Anforderungen bei der Mitarbeiter-, Führungskräfte- und Unternehmenskommunikation.

Digitale Transformation und Organisation. Das wichtigste Instrument, um das Handeln der Mitarbeiter im Sinne der Unternehmensziele unter Berücksichtigung der Digitalisierung zu koordinieren, ist die Organisation. Sie bestimmt, wie die einzelnen Unternehmenseinheiten bei der Aufgabenerfüllung verfahren sollen und wie sich jede Einheit bei ihrer Aufgabenerfüllung mit anderen Einheiten abstimmen soll.

Neben der Digitalisierung trägt das Buch aber auch den Aspekt der „Marktorientierung" im Titel. Damit soll – im Gegensatz zur Mehrzahl der einschlägigen Literatur zur Unternehmensführung – der Tatsache Rechnung getragen werden, dass heutzutage kaum ein mittelständisches Unternehmen seine (strategischen) Aufträge ohne die Einschaltung der Unternehmensführung abschließen wird. Dies gilt nicht nur für den B2B-Bereich, sondern mehr und mehr auch für die Vermarktung von Konsumgütern. Dort, wo es um die Gewinnung strategischer Aufträge und damit um den Fortbestand des Unternehmens geht, ist es selbstverständlich, dass Marketing/Vertrieb zur Chefsache erklärt wird.

Mein Dank gilt Frau Antonia Schrader für die professionelle Unterstützung bei der Umsetzung des Manuskripts auf den De Gruyter-Layout-Standard sowie Frau Anja Cheong, die dieses Projekt verlagsseitig gefördert und betreut hat. Die kritische Durchsicht des Manuskripts habe ich Frau Sina Hoffmann und Frau Lucia Ruge sowie Herrn Yannick Fernholz zu verdanken. Schließlich möchte ich mich bei meinen Studierenden bedanken, die mir in zahlreichen dialogorientierten Vorlesungen mit ihren Kritiken, Fragen und Anregungen gezeigt haben, dass die „Marktorientierte Unternehmensführung im digitalen Wandel" bestehen kann.

Berlin, im März 2017

Inhaltsübersicht

1. Digitalisierung und Unternehmensführung 1
1.1 Digital (mit)denken – analog lenken 5
1.2 Unternehmen und Unternehmensführung 10
1.3 Unternehmen und Arbeitsplätze im digitalen Wandel 36
1.4 Digitalisierung und Generationenwechsel 50
1.5 Datenexplosion und Ausbreitung der Kommunikationskanäle 58

2. Unternehmensplanung und Entscheidung 68
2.1 Analyse – Wo stehen wir? 72
2.2 Ziele – Wo wollen wir hin? 119
2.3 Strategie – Wie kommen wir dahin? 127
2.4 Management und Entscheiden 154

3. Marketing- und Vertriebsmanagement 164
3.1 Marketing und digitale Transformation 169
3.2 Marketing-Wertschöpfungskette und Marketing-Gleichung 171
3.3 Segmentierung – Optimierung des Kundennutzens 174
3.4 Positionierung – Optimierung des Kundenvorteils 190
3.5 Kommunikation – Optimierung der Kundenwahrnehmung 212
3.6 Distribution – Optimierung der Kundennähe 261
3.7 Akquisition – Optimierung der Kundenakzeptanz 274
3.8 Betreuung – Optimierung der Kundenzufriedenheit 296

4. Personal als Führungsaufgabe 326
4.1 Verhalten von Individuen und Teams 330
4.2 Führung von Individuen und Teams 348
4.3 Klassische Führungsansätze und -theorien 358
4.4 Neue Führungsansätze und -konzepte 377
4.5 Digitale Führungskompetenzen 389
4.6 Zur Vereinbarkeit alter und neuer Führungskonzepte 394

5. Personal als Managementaufgabe 404
5.1 Personalmarketing-Gleichung als Denk- und Handlungskonzept 408
5.2 Personalakquisition – Optimierung der Bewerberauswahl 412
5.3 Personalauswahl und -integration – Optimierung der Akzeptanz 436
5.4 Personalvergütung – Optimierung der Gerechtigkeit 442
5.5 Personalbeurteilung – Optimierung der Fairness 452
5.6 Personalentwicklung – Optimierung der Förderung und Forderung 462
5.7 Personalfreisetzung – Optimierung der Erleichterung 470

6. Controlling und Organisation 482
6.1 Controlling als Führungskonzept 486
6.2 Organisatorische Strukturgestaltung 501
6.3 Modell einer Organisationsstruktur 516
6.4 Agile Organisation 521
6.5 Auslagerung von Organisationseinheiten 532
6.6 Change Management 536

Inhaltsverzeichnis

Vorwort zur 2. Auflage ... VII
Vorwort zur 1. Auflage ... VIII

1. Digitalisierung und Unternehmensführung ... 1
Zusammenfassung des Kapitels ... 3
Lernziele des Kapitels ... 4
1.1 Digital (mit)denken – analog lenken ... 5
1.1.1 Digitalisierung und digitale Transformation ... 6
1.1.2 Digitalisierung ist Chefsache ... 7
1.1.3 Unterschiedliche Führungsmodelle ... 8
1.2 Unternehmen und Unternehmensführung ... 10
1.2.1 Merkmale des Unternehmens ... 10
1.2.1.1 Unternehmen und Betrieb ... 10
1.2.1.2 Branche ... 11
1.2.1.3 Unternehmensgröße ... 12
1.2.1.4 Rechtsform ... 13
1.2.2 Perspektiven der Unternehmensführung ... 16
1.2.2.1 Institutionelle Perspektive ... 16
1.2.2.2 Funktionale Perspektive ... 19
1.2.2.3 Prozessorientierte Perspektive ... 21
1.2.3 Unternehmensverfassung – Rahmen der Unternehmensführung ... 22
1.2.3.1 Grundlagen der Unternehmensverfassung ... 22
1.2.3.2 Shareholder Value vs. Stakeholder Value ... 23
1.2.3.3 CSR und nachhaltige Unternehmensführung ... 25
1.2.3.4 Principal-Agent-Ansatz – Basis für die Unternehmensverfassung ... 28
1.2.4 Unternehmenskultur und digitale Transformation ... 29
1.2.4.1 Was Unternehmenskulturen besonders auszeichnet ... 30
1.2.4.2 Ursachen für fehlgeschlagene Fusionen ... 31
1.2.4.3 Strategien der kulturellen Integration ... 32
1.2.4.4 Das Kulturwandelhaus – ein möglicher Ansatz ... 34
1.3 Unternehmen und Arbeitsplätze im digitalen Wandel ... 36
1.3.1 Digitalisierung und Disruption ... 36
1.3.1.1 Innovator's Dilemma ... 36
1.3.1.2 Fünf Prinzipien disruptiver Innovationen ... 37
1.3.2 Adoptionsprozess digitaler Technologien ... 40
1.3.3 Elemente des digitalen Unternehmens ... 41
1.3.4 Das Substituierbarkeitsrisiko ... 44
1.3.5 Maschinen schaffen mehr Arbeitsplätze als sie vernichten ... 47
1.3.6 Die Zukunft der Arbeit ... 48
1.4 Digitalisierung und Generationenwechsel ... 50
1.4.1 Generationen mit unterschiedlichem Arbeitsverhalten ... 50
1.4.2 Die besondere Verantwortung der Digital Immigrants ... 51
1.4.3 Was Digital Natives bewegt ... 52
1.4.4 Wie man Digital Natives gewinnt ... 53
1.4.5 Generationenverbindende Zusammenarbeit als Erfolgsfaktor ... 54

1.5 Datenexplosion und Ausbreitung der Kommunikationskanäle ... 58
1.5.1 Big Data und die fünf Vs ... 58
1.5.2 Wirtschaftlicher Nutzen von Big Data ... 60
1.5.3 Der Smartphone-Boom ... 62
1.5.4 Smartphone-Betriebssysteme ... 63
1.5.5 Digitale Angebote ... 64
1.5.6 Digitalisierung der Medien ... 65
Kontroll- und Vertiefungsfragen ... 67

2. Unternehmensplanung und Entscheidung ... 68
Zusammenfassung des Kapitels ... 68
Lernziele des Kapitels ... 71
2.1 Analyse – Wo stehen wir? ... 72
2.1.1 Bezugsrahmen und Planungsprozess ... 72
2.1.2 Umweltanalyse (DESTEP) – Makro-Umfeld ... 74
2.1.2.1 Demografische Einflüsse ... 75
2.1.2.2 Makro-ökonomische Einflüsse ... 76
2.1.2.3 Sozio-kulturelle Einflüsse ... 76
2.1.2.4 Technologische Einflüsse ... 77
2.1.2.5 Ökologische Einflüsse ... 80
2.1.2.6 Politisch-rechtliche Einflüsse ... 82
2.1.3 Unternehmensanalyse – Mikro-Umfeld ... 82
2.1.4 Analysetools – Instrumente der Analyse ... 83
2.1.4.1 SWOT/TOWS-Analyse ... 84
2.1.4.2 Ressourcenanalyse ... 85
2.1.4.3 7-S-Modell ... 87
2.1.4.4 Five-Forces-Modell ... 88
2.1.4.5 Analyse der Kompetenzposition ... 90
2.1.4.6 Stakeholderanalyse ... 92
2.1.4.7 Wertkettenanalyse ... 93
2.1.4.8 Benchmarking ... 96
2.1.5 Informationsgewinnung und -auswertung – Grundlage der Analyse ... 98
2.1.5.1 Grundlagen und Prozess ... 98
2.1.5.2 Datenquellen ... 99
2.1.5.3 Erhebungsmethoden ... 100
2.1.5.4 Auswahlverfahren ... 111
2.1.5.5 Analysemethoden ... 114
2.2 Ziele – Wo wollen wir hin? ... 119
2.2.1 Zielsystem des Unternehmens ... 119
2.2.2 Allgemeine Wertvorstellungen ... 120
2.2.2.1 Unternehmenskultur ... 120
2.2.2.2 Unternehmensidentität ... 122
2.2.2.3 Unternehmensleitlinien ... 123
2.2.2.4 Unternehmenszweck ... 124
2.2.3 Unternehmensziele ... 125
2.2.4 Sach- und Formalziele ... 126
2.3 Strategie – Wie kommen wir dahin? ... 127
2.3.1 Notwendigkeit der Strategieentwicklung ... 127
2.3.2 Strategiearten – Überblick ... 128
2.3.3 Portfolio-Strategien ... 130
2.3.3.1 Erfahrungskurve ... 130
2.3.3.2 Produktlebenszyklus ... 131
2.3.3.3 Produktportfolio ... 132

2.3.4 Wachstumsstrategien 138
2.3.4.1 Marktdurchdringungsstrategie 139
2.3.4.2 Marktentwicklungsstrategie 140
2.3.4.3 Produktentwicklungsstrategie 141
2.3.4.4 Diversifikationsstrategie 142
2.3.5 Strategien in schrumpfenden Märkten 143
2.3.5.1 Stabilisierungsstrategien 145
2.3.5.2 Desinvestitionsstrategien 145
2.3.6 Wettbewerbsstrategien 146
2.3.7 Markteintrittsstrategien 150
2.3.7.1 Strategien für den Markteintrittszeitpunkt 150
2.3.7.2 Strategien für die Form des Markteintritts 152
2.4 Management und Entscheiden 154
2.4.1 Entscheidungscharakteristika 154
2.4.2 Phasen des Entscheidungsprozesses und Entscheidungsumfeld 155
2.4.3 Entscheidungsziele, Entscheidungssituation und Entscheidungskriterien 156
2.4.4 Entscheidungsregeln 157
2.4.4.1 Theorieansätze 157
2.4.4.2 Entscheidungsmodelle 158
2.4.4.3 Entscheidungsheuristiken 158
2.4.4.4 Konkrete Entscheidungsregeln 159
2.4.5 Entscheidungswirkung 161
Kontroll- und Vertiefungsfragen 163

3. Marketing- und Vertriebsmanagement 164
Zusammenfassung des Kapitels 164
Lernziele des Kapitels 168
3.1 Marketing und digitale Transformation 169
3.2 Marketing-Wertschöpfungskette und Marketing-Gleichung 171
3.2.1 Wettbewerbsvorteil als Dreh- und Angelpunkt aller Marketingaktivitäten 171
3.2.2 Konzeption und Aktionsfelder der Marketing-Gleichung 172
3.3 Segmentierung – Optimierung des Kundennutzens 174
3.3.1 Führungsrelevante Aufgaben und Ziele der Segmentierung 174
3.3.2 Kaufverhalten und Segmentierung im B2C-Bereich 177
3.3.2.1 Kaufverhalten als Modell 177
3.3.2.2 Einflussfaktoren des Kaufverhaltens 178
3.3.2.3 Kaufentscheidung 180
3.3.2.4 Segmentierungskriterien 181
3.3.3 Kaufverhalten und Segmentierung im B2B-Bereich 181
3.3.3.1 Beteiligte am organisationalen Kauf 182
3.3.3.2 Der organisationale Kaufprozess 182
3.3.3.3 Segmentierungsansätze im B2B-Bereich 183
3.3.3.4 Makrosegmentierung 184
3.3.3.5 Mikrosegmentierung 184
3.3.3.6 Segmentbewertung 185
3.3.4 Auswahl der Marktsegmente 185
3.3.4.1 Geschäftsfeldplanung 185
3.3.4.2 Segmentierungsstrategien 187

3.4 Positionierung – Optimierung des Kundenvorteils ... 190
3.4.1 Führungsrelevante Aufgaben und Ziele der Positionierung ... 190
3.4.2 Das Produkt als Positionierungselement ... 191
3.4.2.1 Differenzierung als Grundlage der Positionierung ... 192
3.4.2.2 Positionierungsmodelle und Positionierungsanalyse ... 195
3.4.2.3 Markenmanagement ... 197
3.4.3 Der Preis als Positionierungselement ... 200
3.4.3.1 Preisfindung ... 201
3.4.3.2 Preispositionierungsstrategien ... 203
3.4.3.3 Preisdifferenzierungsstrategien ... 205
3.4.4 Positionierung im Einzelhandel ... 209

3.5 Kommunikation – Optimierung der Kundenwahrnehmung ... 212
3.5.1 Führungsrelevante Aufgaben, Ziele und Grundlagen der Kommunikation ... 212
3.5.1.1 Klassische Kommunikation vs. Digitalisierung ... 212
3.5.1.2 Kommunikationssystem ... 214
3.5.1.3 Kommunikationskonzept ... 215
3.5.1.4 Kommunikationsinstrumente ... 215
3.5.1.5 Interne Kommunikation ... 217
3.5.2 Klassische Kommunikationsinstrumente ... 217
3.5.2.1 Klassische Werbung ... 217
3.5.2.2 Verkaufsförderung ... 223
3.5.2.3 Öffentlichkeitsarbeit ... 225
3.5.2.4 Sponsoring ... 226
3.5.2.5 Product Placement und Product Publicity ... 229
3.5.2.6 Messen, Ausstellungen, Events ... 230
3.5.3 Digitale Kommunikationsinstrumente ... 232
3.5.3.1 Website Advertising ... 234
3.5.3.2 Social Media Advertising ... 235
3.5.3.3 Advertorials ... 238
3.5.3.4 Display Advertising ... 239
3.5.3.5 E-Mail Advertising ... 241
3.5.3.6 Keyword Advertising ... 242
3.5.3.7 Affiliate Advertising ... 243
3.5.4 Klassische Kommunikationsmedien ... 244
3.5.4.1 Printmedien ... 245
3.5.4.2 Klassische elektronische Medien ... 246
3.5.4.3 Außenwerbung ... 247
3.5.5 Digitale Kommunikationsmedien ... 248
3.5.5.1 Internet-Kommunikation ... 250
3.5.5.2 Kommunikation über Terminal Systeme ... 254
3.5.6 Mediaplanung und -kontrolle ... 254
3.5.6.1 Mediaanalyse ... 255
3.5.6.2 Festlegen des Mediabudgets ... 255
3.5.6.3 Verteilung des Mediabudgets (Streuplanung) ... 256
3.5.6.4 Messung der Kommunikationswirkung (Werbeerfolgskontrolle) ... 258
3.5.6.5 Erfolgsmessung im Online-Marketing ... 259

3.6 Distribution – Optimierung der Kundennähe ... 261
3.6.1 Führungsrelevante Aufgaben, Ziele und Grundlagen der Distribution ... 261
3.6.1.1 Distributionsorgane ... 262
3.6.1.2 Distributionskanäle ... 264
3.6.1.3 Distributionsformen ... 264

3.6.2 Distribution im B2C-Bereich 265
3.6.2.1 Internet als Distributionskanal 266
3.6.2.2 Mehrkanalsysteme 267
3.6.3 Vom E- zum M-Commerce 268
3.6.4 Distribution im B2B-Bereich 270
3.6.4.1 Direkter Vertrieb 270
3.6.4.2 Indirekter Vertrieb 271

3.7 Akquisition – Optimierung der Kundenakzeptanz 274
3.7.1 Führungsrelevante Aufgaben, Ziele und Grundlagen der Akquisition 274
3.7.1.1 Buying Center 276
3.7.1.2 Selling Center 277
3.7.1.3 Key Account Manager 279
3.7.1.4 Product Manager 279
3.7.1.5 Category Manager 279
3.7.1.6 Vertriebliche Qualifikationen 280
3.7.2 Akquisitionszyklus 282
3.7.2.1 Leadmanagement 283
3.7.2.2 Opportunity Management 284
3.7.3 Akquisitionsprozess und Akquisitionsgespräch 286
3.7.4 Angebots- und Vertragsgestaltung 290
3.7.4.1 Vertragliche Grundlagen 290
3.7.4.2 Dienstvertrag vs. Werkvertrag 291
3.7.5 Akquisitionscontrolling 292
3.7.5.1 Effizienzsteigerung im Vertrieb 292
3.7.5.2 Effektivitätssteigerung im Vertrieb 293
3.7.5.3 Kennzahlen im Vertrieb 294

3.8 Betreuung – Optimierung der Kundenzufriedenheit 296
3.8.1 Führungsrelevante Aufgaben, Ziele und Grundlagen der Betreuung 296
3.8.1.1 Kundenmanagement 297
3.8.1.2 Transaktionsmanagement vs. Beziehungsmanagement 299
3.8.1.3 Kundenwert 300
3.8.1.4 Customer Relationship Management 301
3.8.2 Kundenbindungsmanagement 303
3.8.2.1 Planungsdimensionen der Kundenbindung 304
3.8.2.2 Kundenbindungsinstrumente im B2C-Marketing 305
3.8.2.3 Kundenbindungsinstrumente im B2B-Marketing 307
3.8.3 Qualitätsmanagement 309
3.8.3.1 Qualitätsmanagementprozess 310
3.8.3.2 Instrumente des Qualitätsmanagements 310
3.8.3.3 Neue Maßstäbe der Qualität 312
3.8.4 Servicemanagement 314
3.8.4.1 Instrumente des Servicemanagements 315
3.8.4.2 Kundenservice der Zukunft 318
3.8.5 Beschwerdemanagement 319
3.8.5.1 Wesen und Ziele 319
3.8.5.2 Beschwerdeprozess 321
3.8.5.3 Bausteine eines aktiven Beschwerdemanagement-Systems 322
Kontroll- und Vertiefungsfragen 324

4. Personal als Führungsaufgabe ... 326
Zusammenfassung des Kapitels ... 328
Lernziele des Kapitels ... 329
4.1 Verhalten von Individuen und Teams ... 330
4.1.1 Qualifikation, Werte, Einstellungen ... 330
4.1.1.1 Qualifikationen ... 330
4.1.1.2 Werte ... 330
4.1.1.3 Einstellungen ... 332
4.1.2 Anreize, Nutzen, Gerechtigkeit ... 332
4.1.2.1 Anreiz-Beitrags-Theorie ... 332
4.1.2.2 Soziale Austauschkonzepte ... 333
4.1.2.3 Konzepte der organisationalen Gerechtigkeit ... 335
4.1.3 Motivation und Motivationstheorien ... 337
4.1.3.1 Bedürfnispyramide von Maslow ... 338
4.1.3.2 ERG-Theorie von Alderfer ... 339
4.1.3.3 Zwei-Faktoren-Theorie von Herzberg ... 341
4.1.3.4 Leistungsmotivationstheorie von McClelland ... 342
4.1.4 Verhalten von Teams ... 344
4.1.4.1 Bildung von Teams ... 344
4.1.4.2 Typologie von Teammitgliedern ... 346
4.2 Führung von Individuen und Teams ... 348
4.2.1 Führungsprozess ... 349
4.2.2 Führungsaufgaben ... 350
4.2.2.1 Zielvereinbarung ... 350
4.2.2.2 Delegation und Weisung ... 350
4.2.2.3 Problemlösung ... 351
4.2.2.4 Information und Kontrolle ... 351
4.2.2.5 Anerkennung und Kritik ... 352
4.2.2.6 Konfliktsteuerung ... 352
4.2.3 Führungsinstrumente ... 355
4.2.3.1 Führungskommunikation ... 355
4.2.3.2 Führungstechniken ... 356
4.3 Klassische Führungsansätze und -theorien ... 358
4.3.1 Überblick ... 358
4.3.2 Eigenschaftsorientierte Führungsansätze ... 360
4.3.2.2 Charismatische Führung ... 361
4.3.2.3 Transaktionale/transformationale Führung ... 362
4.3.2.4 DISG-Konzept ... 363
4.3.3 Verhaltensorientierte Führungsansätze ... 365
4.3.3.1 Autoritärer vs. kooperativer Führungsstil ... 365
4.3.3.2 Ohio-State-Leadership-Quadrant ... 366
4.3.3.3 Verhaltensgitter-Modell ... 367
4.3.4 Situative Führungsansätze ... 368
4.3.4.1 Kontingenztheorie ... 369
4.3.4.2 Weg-Ziel-Theorie ... 371
4.3.4.3 Entscheidungsbaum ... 372
4.3.4.4 Drei-D-Modell ... 373
4.3.4.5 Situatives Reifegradmodell ... 375

4.4 Neue Führungsansätze und -konzepte 377
4.4.1 Einflussfaktoren neuer Führung 377
4.4.1.1 Digitalisierung und technologischer Wandel 377
4.4.1.2 Medien-Mix und Kommunikation über Distanzen 378
4.4.1.3 Generationenwechsel und hybride Arbeitskulturen 380
4.4.2 Ausprägungen neuer Führung 380
4.4.2.1 Super Leadership 381
4.4.2.2 Geteilte und verteilte Führung 382
4.4.2.3 Agile Führung 383
4.4.2.4 Systemische Führung 385
4.4.2.5 Virtuelle Führung bzw. Führen mit neuen Medien 386
4.5 Digitale Führungskompetenzen 389
4.5.1 Zur Notwendigkeit digitaler Führungskompetenz 389
4.5.2 Digitale Führungskompetenz und Kompetenz-Atlas 390
4.5.3 Herausforderungen für Führung in einer digitalen Arbeitswelt 392
4.6 Zur Vereinbarkeit alter und neuer Führungskonzepte 394
4.6.1 Führungserfolg und Führungsverständnis im Vergleich 394
4.6.2 Umsetzung neuer Führungskonzepte in die Praxis 395
4.6.2.1 Umsetzung in Start-ups 395
4.6.2.2 Umsetzung in Mittel- und Großbetrieben 395
4.6.2.3 Führen mit Begeisterung und Offenheit 397
4.6.2.4 Hybride Führungskraft als Erfolgsfaktor 398
4.6.2.5 Wie weit sich Führung demokratisieren lässt 399
4.6.2.5 Unverhandelbare Führungsaspekte 401
Kontroll- und Vertiefungsfragen 403

5. Personal als Managementaufgabe 404
Zusammenfassung des Kapitels 406
Lernziele des Kapitels 407
5.1 Personalmarketing-Gleichung als Denk- und Handlungskonzept 408
5.1.1 Personale Wertschöpfungskette 408
5.1.2 Konzeption und Aktionsfelder der Personalmarketing-Gleichung 410
5.2 Personalakquisition – Optimierung der Bewerberauswahl 412
5.2.1 Segmentierung des Arbeitsmarktes 412
5.2.1.1 Aufgabe und Ziel der Segmentierung 412
5.2.1.2 Personalbedarfsplanung 413
5.2.1.3 Makrosegmentierung 416
5.2.1.4 Mikrosegmentierung 416
5.2.2 Positionierung im Arbeitsmarkt 417
5.2.2.1 Aufgabe und Ziel der Positionierung 417
5.2.2.2 Kriterien bei der Arbeitgeberwahl 418
5.2.2.3 Positionierungselemente 419
5.2.2.4 Employer Branding 421
5.2.2.5 Candidate Journey 423
5.2.3 Signalisierung im Arbeitsmarkt 425
5.2.3.1 Aufgabe und Ziel der Signalisierung 425
5.2.3.2 Signalisierungsinstrumente 425
5.2.3.3 E-Recruiting 426
5.2.4 Kommunikation mit dem Bewerber 428
5.2.4.1 Aufgabe und Ziel der Kommunikation 428
5.2.4.2 Kommunikationsmaßnahmen 429
5.2.4.3 Internet-Kommunikation über soziale Netzwerke 432

5.3 Personalauswahl und -integration – Opimierung der Akzeptanz ... 436
5.3.1 Aufgabe und Ziel der Personalauswahl und -integration ... 436
5.3.2 Instrumente der Personalauswahl ... 436
5.3.2.1 Bewerbungsunterlagen ... 436
5.3.2.2 Bewerbungsgespräch ... 438
5.3.2.3 Assessment Center ... 439
5.3.3 Personalintegration ... 439

5.4 Personalvergütung – Optimierung der Gerechtigkeit ... 442
5.4.1 Funktionen der Personalvergütung ... 443
5.4.2 Komponenten der Personalvergütung ... 443
5.4.2.1 Fixe und variable Vergütung ... 443
5.4.2.2 Zusatzleistungen ... 444
5.4.3 Aspekte der Entgeltgerechtigkeit ... 446
5.4.3.1 Anforderungsgerechtigkeit und Karrierestufen ... 447
5.4.3.2 Marktgerechtigkeit und Gehaltsbandbreiten ... 448
5.4.3.3 Leistungsgerechtigkeit und variable Vergütung ... 448

5.5 Personalbeurteilung – Optimierung der Fairness ... 452
5.5.1 Aufgabe und Ziel der Personalbeurteilung ... 452
5.5.2 Kriterien der Personalbeurteilung ... 453
5.5.2.1 Verhalten, Leistung oder Ergebnis als Beurteilungsansatz ... 453
5.5.2.2 Performance oder Potenzial als Beurteilungsansatz ... 454
5.5.2.3 Balanced Scorecard ... 455
5.5.3 Year-End-Review ... 456
5.5.4 Beurteilungsfehler und Wahrnehmungsverzerrungen ... 458
5.5.4.1 Intrapersonelle Wahrnehmungsverzerrungen und Einflüsse ... 459
5.5.4.2 Interpersonelle Wahrnehmungsverzerrungen und sonstige Einflüsse ... 459
5.5.5 Beurteilungsfeedback ... 460

5.6 Personalentwicklung – Optimierung der Förderung und Forderung ... 462
5.6.1 Aufgabe und Ziel der Personalentwicklung ... 462
5.6.2 Qualifikation und Kompetenzmanagement ... 463
5.6.3 Talent Management ... 464
5.6.3.1 Begriffliche Abgrenzungen ... 464
5.6.3.2 Vom Talent Management zum Talent Empowerment ... 466
5.6.4 Weitere Aspekte der Führungskräfteentwicklung ... 467
5.6.4.1 Führungs- und Fachlaufbahn ... 467
5.6.4.2 Coaching ... 468
5.6.4.3 Mentoring ... 468
5.6.5 Genderspezifische Personalentwicklung ... 469

5.7 Personalfreisetzung – Optimierung der Erleichterung ... 470
5.7.1 Aufgabe und Ziel der Personalfreisetzung ... 470
5.7.2 Rahmenbedingungen der Personalfreisetzung ... 470
5.7.2.1 Personalfreisetzung ohne Personalabbau ... 471
5.7.2.2 Personalfreisetzung mit Personalabbau ... 471
5.7.4 Kündigung des Arbeitgebers ... 473
5.7.5 Kündigung des Arbeitnehmers ... 474
5.7.6 Entlassungsgespräch und Austrittsinterview ... 476
5.7.7 Fluktuationsrate und Fluktuationskosten ... 477

Kontroll- und Vertiefungsfragen ... 480

6. Controlling und Organisation 482

Zusammenfassung des Kapitels 482

Lernziele des Kapitels 485

6.1 Controlling als Führungskonzept 486

6.1.1 Konzeptionelle Controlling-Funktionen 486

6.1.1.1 Controlling als Informationsfunktion 487

6.1.1.2 Controlling als Steuerungsfunktion 489

6.1.1.3 Controlling als Kontrollfunktion 490

6.1.2 Projektcontrolling 491

6.1.3 Kennzahlen und Kennzahlensysteme 492

6.1.3.1 Statische Kennzahlen 492

6.1.3.2 Dynamische Kennzahlen 494

6.1.3.3 DuPont-Kennzahlensystem und andere Kennzahlen-Schemata 496

6.2 Organisatorische Strukturgestaltung 501

6.2.1 Aufbauorganisation 501

6.2.1.1 Funktionale Organisation 501

6.2.1.2 Objektorientierte Organisation 502

6.2.1.3 Matrix- und Tensororganisation 504

6.2.1.4 Netzwerkstrukturen 505

6.2.2 Kriterien für die Wahl der Strukturform 506

6.2.3 Prozessorganisation 508

6.2.3.1 Ablauforganisation 508

6.2.3.2 Prozessidee 508

6.2.3.3 Prozessrollen und -ziele 509

6.2.3.4 Business Process Reengineering 510

6.2.3.5 Gängige Wertschöpfungsketten 512

6.2.3.6 Wertschöpfungsketten der digitalen Wirtschaft 514

6.3 Modell einer Organisationsstruktur 516

6.3.1 Kern-Matrix-Struktur 516

6.3.2 Enabling-Struktur 517

6.4 Agile Organisation 521

6.4.1 Softwareentwicklung als Modell für Organisationsentwicklung 521

6.4.2 Unterschiede zur klassischen Organisation 524

6.4.3 Bewertung 526

6.4.4 Datengetriebene Agilität 528

6.5 Auslagerung von Organisationseinheiten 532

6.5.1 Shared Service Center 532

6.5.2 Geografische Auslagerung von Organisationseinheiten (X-Shoring) 533

6.5.3 Rechtliche Auslagerung von Organisationseinheiten (Outsourcing) 534

6.6 Change Management 536

6.6.1 Ursachen und Aktionsfelder von Change 536

6.6.2 Promotoren und Opponenten 538

6.6.3 Veränderung und Widerstand 539

6.6.4 Veränderung und Reaktionstypen 541

6.6.5 Erfolgsfaktoren von Change-Projekten 543

Kontroll- und Vertiefungsfragen 547

Literatur 548

Abbildungsverzeichnis 561

Sachwortverzeichnis 569

1. Digitalisierung und Unternehmensführung

Zusammenfassung des Kapitels ... 3

Lernziele des Kapitels ... 4

1.1 Digital (mit)denken – analog lenken ... 5

1.1.1 Digitalisierung und digitale Transformation ... 6
1.1.2 Digitalisierung ist Chefsache ... 7
1.1.3 Unterschiedliche Führungsmodelle ... 8

1.2 Unternehmen und Unternehmensführung ... 10

1.2.1 Merkmale des Unternehmens ... 10
1.2.1.1 Unternehmen und Betrieb ... 10
1.2.1.2 Branche ... 11
1.2.1.3 Unternehmensgröße ... 12
1.2.1.4 Rechtsform ... 13
1.2.2 Perspektiven der Unternehmensführung ... 16
1.2.2.1 Institutionelle Perspektive ... 16
1.2.2.2 Funktionale Perspektive ... 19
1.2.2.3 Prozessorientierte Perspektive ... 21
1.2.3 Unternehmensverfassung – Rahmen der Unternehmensführung ... 22
1.2.3.1 Grundlagen der Unternehmensverfassung ... 22
1.2.3.2 Shareholder Value vs. Stakeholder Value ... 23
1.2.3.3 CSR und nachhaltige Unternehmensführung ... 25
1.2.3.4 Principal-Agent-Ansatz – Basis für die Unternehmensverfassung ... 28
1.2.4 Unternehmenskultur und digitale Transformation ... 29
1.2.4.1 Was Unternehmenskulturen besonders auszeichnet ... 30
1.2.4.2 Ursachen für fehlgeschlagene Fusionen ... 31
1.2.4.3 Strategien der kulturellen Integration ... 32
1.2.4.4 Das Kulturwandelhaus – ein möglicher Ansatz ... 34

1.3 Unternehmen und Arbeitsplätze im digitalen Wandel ... 36

1.3.1 Digitalisierung und Disruption ... 36
1.3.1.1 Innovator's Dilemma ... 36
1.3.1.2 Fünf Prinzipien disruptiver Innovationen ... 37
1.3.2 Adoptionsprozess digitaler Technologien ... 40
1.3.3 Elemente des digitalen Unternehmens ... 41
1.3.4 Das Substituierbarkeitsrisiko ... 44
1.3.5 Maschinen schaffen mehr Arbeitsplätze als sie vernichten ... 47
1.3.6 Die Zukunft der Arbeit ... 48

1.4 Digitalisierung und Generationenwechsel ... 50

1.4.1 Generationen mit unterschiedlichem Arbeitsverhalten ... 50
1.4.2 Die besondere Verantwortung der Digital Immigrants ... 51
1.4.3 Was Digital Natives bewegt ... 52
1.4.4 Wie man Digital Natives gewinnt ... 53
1.4.5 Generationenverbindende Zusammenarbeit als Erfolgsfaktor ... 54

1.5 Datenexplosion und Ausbreitung der Kommunikationskanäle 58
1.5.1 Big Data und die fünf Vs 58
1.5.2 Wirtschaftlicher Nutzen von Big Data 60
1.5.3 Der Smartphone-Boom 62
1.5.4 Smartphone-Betriebssysteme 63
1.5.5 Digitale Angebote 64
1.5.6 Digitalisierung der Medien 65

Kontroll- und Vertiefungsfragen 67

Zusammenfassung des Kapitels

Das erste Kapitel des Buchs dient dazu, in die inhaltliche Thematik und hier insbesondere in die Auswirkungen und Formen der digitalen Transformation einzuführen sowie die Begriffe Unternehmen, Unternehmensführung, Unternehmensverfassung und Unternehmenskultur zu erläutern. Konkret soll dieses Kapitel erste Einblicke in die Anforderungen geben, die an eine moderne Unternehmensführung angesichts der zunehmenden Digitalisierung gestellt werden. Die Digitalisierung – basierend auf dem Internet als Querschnittstechnologie – verändert unsere wirtschaftlichen und sozialen Lebensbereiche zunehmend.

Die zugehörige digitale Transformation von Informations-, Kommunikations- und Transaktionsprozessen hat für alle Unternehmen zu neuen Aktionsfeldern mit ungeahnten Chancen geführt. Die erfolgreiche Bearbeitung dieser Prozesse erfordert allerdings ein neues Verständnis über die Funktionsweise von digitalen Märkten und deren handelnden Akteuren. Damit stehen Unternehmen vor Veränderungen, die alle Branchen betrifft – aber eben auch die Führung. Für unsere (zukünftigen) Unternehmenslenker kommt es darauf an, den digitalen Wandel im Unternehmen anzustoßen, zu steuern und die Mitarbeiter mit auf den chancenreichen Weg der digitalen Transformation zu nehmen. Gefragt ist die hybride Führungskraft, die sowohl im digitalen wie auch im analogen Arbeitskontext Präsenz zeigt.

Dazu sollen folgende Aspekte berücksichtigt werden:

- Aussagen über die Einflüsse der digitalen Transformation auf die Unternehmensführung
- Aussagen über die Klassifikation und Begrifflichkeiten von Unternehmen (im Gegensatz zu Betrieben)
- Aussagen über Ziele und Aufgaben der Unternehmensführung
- Aussagen über die verschiedenen Sichtweisen auf die Unternehmensführung
- Aussagen über Ziele und Inhalte der Unternehmensverfassung
- Aussagen zu disruptiven Innovationen
- Aussagen über den Adoptionsprozess digitaler Technologien
- Aussagen über die Elemente eines digitalen Unternehmens
- Aussagen zur Bewältigung des digitalen Wandels mit Hilfe von Digitalstrategien
- Aussagen über die Einschätzung des Substituierbarkeitsrisikos
- Aussagen über die Zukunft der Arbeit
- Aussagen über das Arbeitsverhalten unterschiedlicher Generationen
- Aussagen zu Big Data und den fünf Vs
- Aussagen zu den Eigenschaften einer hybriden Führungskraft
- Aussagen über Datenquellen, die zum rasanten Datenwachstum führen

Lernziele des Kapitels

1. Sie können aufzeigen, warum die digitale Transformation nicht nur Produkte und Wertschöpfungsketten, sondern auch die Arbeitswelt verändert.
2. Sie können den Einfluss der Digitalisierung auf die Unternehmensführung aufzeigen.
3. Sie sind in der Lage, die beiden Unterscheidungsmöglichkeiten zwischen den Begriffen *Betrieb* und *Unternehmen* zu erläutern.
4. Sie können wesentliche Unterscheidungsmerkmalskategorien für Betriebe benennen.
5. Sie sind in der Lage, Vor- und Nachteile bestimmter Rechtsformen zu diskutieren.
6. Sie können die verschiedenen Perspektiven auf die Unternehmensführung aufzeigen.
7. Sie können die drei Grundtypen der Unternehmensführung aus institutioneller Sicht aufzeigen.
8. Sie kennen den *Fünferkanon* der modernen Managementlehre.
9. Sie können den Unterschied zwischen dem internen und dem externen Rechnungswesen erläutern.
10. Sie können die verschiedenen Rollen, die einem Prozess zugewiesen werden, an Beispielen erläutern.
11. Sie kennen die bekanntesten Wertschöpfungsketten.
12. Sie können die unterschiedlichen Zielsetzungen des *Stakeholder Value* und des *Shareholder Value* diskutieren.
13. Sie sind in der Lage, Corporate Social Responsibility (CSR) als unternehmerische Denkhaltung zu diskutieren.
14. Sie können die drei Grundpfeiler von Corporate Social Responsibility (CSR) erläutern.
15. Sie sind im Stande, *Corporate Social Responsibility* (CSR), *Corporate Citizenship* (CC) und *Corporate Governance* (CG) voneinander abzugrenzen.
16. Sie können die Unvollkommenheit realer Märkte und deren Institutionen erläutern.
17. Sie sind in der Lage, die Unterschiede zwischen den verschiedenen Generationen und ihre Auswirkungen auf die Unternehmenskultur zu diskutieren.
18. Sie sind in der Lage, evolutionäre von disruptiven Innovationen zu unterscheiden.
19. Sie können beispielhaft Technologien aufzeigen, die ganze Branchen grundlegend verändert haben.
20. Sie können den Adoptionsprozess digitaler Technologien und die Elemente eines digitalen Unternehmens beschreiben.
21. Sie kennen die Unterschiede zwischen *Digital Natives* und *Digital Immigrants*.
22. Sie können Wege einer gedeihlichen Zusammenarbeit zwischen *Digital Immigrants* und *Digital Natives* aufzeigen.
23. Sie sind in der Lage, den wirtschaftlichen Nutzen von Big Data für einzelne betriebswirtschaftliche Funktionsbereiche aufzuzeigen.
24. Sie können den Siegeszug der Smartphones erklären.
25. Sie können Beispiele für das digitale Angebot an den Endverbraucher nennen.

1.1 Digital (mit)denken – analog lenken

Die Digitalisierung verändert uns. Sie wird die Entwicklung und den Fortbestand unserer Unternehmen maßgeblich bestimmen. Doch geht es nicht auch umgekehrt? Unsere Unternehmen sollten die digitale Transformation nutzen und möglichst nach ihrem Willen formen. Dazu ist das Wissen über entsprechende Werkzeuge erforderlich. Und dazu sind Unternehmenslenker erforderlich, die diese Werkzeuge zwar nicht verstehen müssen, aber in ihrer Wirkung beurteilen können. Gesucht werden Manager, die den digitalen Wandel in diesem, in ihrem Sinne steuern und die Mitarbeiter mit auf den chancenreichen Weg der digitalen Transformation nehmen. Die Brisanz und Dringlichkeit dieses Appels wird deutlich, wenn man sich den vergleichsweise niedrigen Digitalisierungsgrad Deutschlands in Europa anschaut (siehe Abbildung 1-01).

Digitalisierung ist eine offene Baustelle in Deutschland
Länder nach ihrem Ranking im Digital Quality of Life Index 2020 (1 = Maximalwert)*
1 Dänemark 0,79
2 Schweden 0,79
3 Kanada 0,78
4 Frankreich 0,77
5 Norwegen 0,75
6 Niederlande 0,74
7 UK 0,74
...
16 Deutschland 0,69
* berücksichtigt Faktoren wie Bezahlbarkeit und Qualität des Internets sowie elektronische Infrastruktur, Sicherheit und Verwaltung
Quelle: Surfshark

Deutschland belegt nur Platz 16 im Digital Quality of Life Index 2020 und zeigt damit abermals, dass die Digitalisierung hierzulande noch in den Kinderschuhen steckt. In dem von Surfshark erstellten Ranking schneidet die Bundesrepublik vor allem in den Kategorien "Digitale Infrastruktur" (23), "Internet Bezahlbarkeit" (24) und "Internet Qualität" (32) bestenfalls mittelmäßig ab. Im Vergleich zu anderen europäischen Nationen besteht in Deutschland dahingehend deutlicher Nachholbedarf, wie die Statista-Grafik zeigt. Sogar einige osteuropäische Länder wie Polen, Rumänien und Tschechien fahren in puncto Verbindungsqualität und Geschwindigkeit des Internets stärkere Ergebnisse ein, trotz der unterlegenen Wirtschaftsleistung. Positiv sticht die digitale Verwaltung in Deutschland heraus, viele Online-Services der Behörden funktionieren einfach, barrierefrei und transparent – hier belegt die Bundesrepublik den siebten Rang. Der Surfshark Digital Quality of Life Index misst die Qualität des digitalen Lebens in 85 verschiedenen Ländern weltweit und berücksichtigt dabei Faktoren wie Internet-Qualität und –Bezahlbarkeit sowie digitale Infrastruktur, Sicherheit und Verwaltung. Dabei werden die Faktoren in Relation zu wirtschaftlichen Indikatoren wie BIP, Durchschnittsgehalt und Preise für mobiles und Breitbandinternet gesetzt. Der errechnete Wert liegt zwischen 0 und 1 – dass kein Land einen Wert über 0,8 aufweisen kann, verdeutlicht, dass es auch in den weitentwickelten Staaten noch Luft nach oben gibt.
[Quelle: Statista 2020]

Abb. 1-01: Digitalisierungsgrad deutscher Unternehmen nach Unternehmensgröße 2020

1.1.1 Digitalisierung und digitale Transformation

Die Digitalisierung ist eine der größten Herausforderungen für unsere Unternehmen. Das ist die einhellige Meinung aller derjenigen, die in der Wirtschaft Verantwortung tragen. Die Medienbranche, der Einzelhandel und die Musikindustrie durchleben diesen Wandel bereits seit Jahren. In anderen Bereichen wie Transport und Logistik, Automobil, Finanzwesen oder Maschinenbau hat der Wandel gerade begonnen. Vor diesem Hintergrund ändern sich aber nicht nur die Produkte, sondern auch die zugehörigen Serviceleistungen, die künftig eine noch höhere Bedeutung bekommen werden.

Doch was genau ist eigentlich **Digitalisierung?** Was bezeichnen wir mit **digitaler Transformation**? Dazu drei Erklärungsansätze:

Erstens: Bei der Digitalisierung im engeren Sinne werden analoge in digitale Objekte, also in eine **Folge von Nullen und Einsen** umgewandelt. Diese Definition ist natürlich zu kurz gegriffen und meint eigentlich nichts anderes als IT (Informationstechnik).

Zweitens: "Digitalization is the use of digital technologies **to change a business model** and provide new revenue and value-producing opportunities; **it is the process of moving to a digital business"** [Quelle: Gartner Group]. Hier ist also die Veränderung des Geschäftsmodells der wesentliche Bestandteil der Definition.

Drittens: Einen Schritt weiter geht der Begriff „digitale Transformation", der stärker den durch digitale Technologien hervorgerufenen Wandel betont. Die digitale Transformation ist durch **fünf Handlungsfelder** gekennzeichnet [vgl. Kofler 2018]:

- Veränderung der Geschäftsmodelle
- Gestaltung des Kundenerlebnisses
- Weiterentwicklung interner Strukturen und Abläufe
- (Weiter-)Entwicklung digitaler Produkte
- Dienstleistungen sowie Etablierung einer Kultur und Infrastruktur, die Veränderungen, Kreativität und Innovation ermöglichen.

Kollmann [2020, S. 4] spricht in diesem Zusammenhang vom **3-P-Modell für die digitale Strategie** mit Prozessen, Produkten und Plattformen:

- **Digitale Prozesse**. Automatisierung vorhandener Geschäftsprozesse zur Effizienz- und Effektivitätssteigerung der derzeitigen Informations-, Kommunikations- und Transaktionsprozesse. Beispiele: Tracking, interaktives Bestellwesen, Digital Customer Journey, Dynamic Pricing, Yield Management.

- **Digitale Produkte**. Digitalisierung und Ergänzung von vorhandenen Produkten und Services mit einer elektronischen Wertschöpfung. Beispiele: Embedded Software, Sensoren, Internet der Dinge, künstliche Intelligenz, Fernwartung.

- **Digitale Plattformen:** Aufbau von zugehörigen oder neuen digitalen Markt- und Kundenplattformen für die Abdeckung vor- oder nachgelagerter Handelsprozesse. Digitale Plattformen haben sich als überlegenes Geschäftsmodell im Netz erwiesen.

Der dritte, weiter gefasste Erklärungsansatz ist die Grundlage der Ausführungen in diesem Lehrbuch.

1.1.2 Digitalisierung ist Chefsache

In jedem Unternehmen sind die Auswirkungen der Digitalisierung anders, teils abhängig von der Größe, teils abhängig von der Marktstellung. Doch welchen Einfluss nimmt die Digitalisierung auf die Führung im Unternehmen? Gibt es Veränderungen in der Art, wie Unternehmen geführt oder wie Entscheidungen getroffen werden? Bereits heute wird auf der Führungsetage von Unternehmen, die in der digitalen Welt gegründet wurden, anders agiert als bei traditionellen Unternehmen. Manager mit digitalem Know-how nutzen digitale Technologien in der Entscheidungsfindung. Ihnen steht eine neue Qualität an Informationen zur Verfügung. Hier greift die Digitalisierung bereits auf kultureller Ebene in den Arbeitsalltag ein. Daher kann das alte Führungsmuster „Führung durch wenige Führungskräfte – Ausführung durch viele Mitarbeiter" nicht mehr funktionieren. Mitarbeiter sollten früh in die Planungs- und Entscheidungsprozesse eingebunden werden und Handlungsspielraum bekommen. Die Orientierung an datenbasierten Entscheidungen führt aber auch zu einer Beschneidung der Entscheidungsfreiheit in der Unternehmensführung. Nicht mehr alleine die Meinung des „Chefs" ist maßgebend, sondern durch die breite Integration von Daten auch die Fachkompetenz der einzelnen Mitarbeiter. Am Ende gilt auch aus Sicht der sich wandelnden Führungsmechanismen in digitalisierten Unternehmen, dass Erfolg direkt mit der Fachkompetenz der eigenen Mitarbeiter zusammenhängt. Nur wer wettbewerbsfähige Mitarbeiter hat, ist auch als Unternehmen wettbewerbsfähig. Die Digitalisierung beeinflusst somit die Art und Weise zukünftiger Führung. Mit anderen Worten: **Die richtige Führung funktioniert in modernen Unternehmen nicht ohne digitale Transformation.**

Neben den Fähigkeiten Mitarbeiter zu binden und zu entwickeln sowie den Fähigkeiten, Talente zu entdecken und zu führen, kommt es für Führungskräfte darauf an, den digitalen Wandel im Unternehmen zu verstehen und die Mitarbeiter mit auf den chancenreichen Weg der digitalen Transformation zu nehmen. Eine Webseite mit der Darstellung des Unternehmens ist heute nicht mehr ausreichend. Digitale Informationen müssen gesammelt, verarbeitet und in marktfähige Angebote übertragen werden. Hier ist eine Unternehmensführung gefragt, die diesen Prozess versteht und ihn anstoßen, steuern und überwachen muss. Mit anderen Worten: **Digitale Transformation wird ohne die richtige Unternehmensführung nicht funktionieren.** Manager mit digitalem Know-how sind heiß begehrt und stehen ganz oben auf den Gehaltslisten. Das hat mit dem Bedarf, aber auch mit den besonderen digitalen Führungskompetenzen zu tun. Ganz offensichtlich hat man erkannt, dass der künftige Unternehmenserfolg besonders abhängig ist von der Einstellung der Unternehmensführung, weil diese einen großen Einfluss auf den Digitalisierungsgrad hat. Damit ist das agile Führen angesprochen. Es meint, dass Führungskräfte die Mitarbeiter zu kreativer und selbstorganisierter Arbeit befähigen müssen, damit sich Unternehmen schneller und flexibler an Veränderungen anpassen können. Mitarbeiter sollten früh in die Planungs- und Entscheidungsprozesse eingebunden werden und Handlungsspielraum bekommen. Dafür müssen Mitarbeiter Verantwortung übernehmen und selbst entscheiden. Das erfordert Bürokratieabbau und flache Hierarchien. Digitalisierung und Globalisierung brauchen kreativere Teams, die schnell handeln. Denn Innovation darf kein langwieriger Prozess mehr sein, der nur von einer Person gemanagt wird. Führung muss das Team in den Mittelpunkt stellen, ohne dabei den einzelnen Mitarbeiter aus dem Fokus zu verlieren.

Fazit: Letztlich liegt hier ein Ursache-Wirkungsverhältnis vor, das in beide Richtungen zielt: Die digitale Transformation beeinflusst die Unternehmensführung und umgekehrt.

1.1.3 Unterschiedliche Führungsmodelle

Neben den Fähigkeiten Mitarbeiter zu binden und zu entwickeln sowie den Fähigkeiten Talente zu entdecken und zu führen, kommt es für Führungskräfte darauf an, den digitalen Wandel im Unternehmen anzustoßen, zu steuern und die Mitarbeiter mit auf den chancenreichen Weg der digitalen Transformation zu nehmen. Doch wie tief müssen diese **digitalen Kenntnisse** sein? Oder ist angesichts des zunehmend digitalen Umfelds nicht vielmehr die Antwort auf die Frage wichtig, welche **Voraussetzungen** eine Führungskraft heute mitbringen sollte?

Beide Fragen stehen für zwei unterschiedliche Auffassungen darüber, was ein erfolgreicher Führungstyp mitbringen sollte. Beide Auffassungen sollen hier – der Einfachheit halber und holzschnittartig – als „deutsche Führungsauffassung“ und als „US-amerikanische Führungsauffassung“ bezeichnet werden [vgl. dazu im Folgenden Lippold 2019a].

Das **deutsche Führungsmodell** geht von der grundsätzlichen Überlegung aus, dass Führungskräfte, die strategische Entscheidungen im digitalen Umfeld treffen müssen, auch über ein sehr tiefgreifendes Wissen in der Digitalisierung verfügen sollten. Wenn man im digitalen Zeitalter – so die These – seinen Mitarbeitern Orientierung geben und in Konfliktsituationen erfolgreich eingreifen will, dann muss man entsprechende Kompetenzen in der Informatik mitbringen oder sich erarbeiten. Ansonsten kann die digitale Transformation mit seinen Herausforderungen überhaupt nicht angemessen verstanden werden und damit können auch keine zukunftsfähigen Entscheidungen getroffen werden. Soweit die „deutsche“ Auffassung, bei der also die Frage nach den **Voraussetzungen** überwiegt. Allerdings habe ich meine Zweifel, ob angesichts der Halbwertszeit digitaler Technik und digitalen Wissens Führungskräfte überhaupt in der Lage sein können, den immer kürzeren Technik- und Wissenszyklen zu folgen.

Im **amerikanischen Führungsmodell** sind es dagegen mehr die **Eigenschaften** wie Befähigung, Leistung, Status oder Charisma, die entscheidend für die Führungszuschreibung sind. Hier ist es relativ unwichtig, in welcher Branche oder in welchem Funktionsbereich die Führungslaufbahn gestartet wurde. Entscheidend ist einzig und allein die zugeschriebene Führungsstärke. Ein Beispiel dafür ist die amerikanische Managerin Meg Whitman, die an vorderster Stelle in so unterschiedlichen Unternehmen wie Procter & Gamble, Disney oder Hewlett Packard ihre Führungs- und Durchsetzungsstärke bewiesen hat. Dieses Führungsmodell ist sicherlich auch ein wenig vergleichbar mit der Besetzung von Ministerposten in den verschiedenen deutschen Ministerien. Generell mag der amerikanische Ansatz in Einzelfällen funktionieren, aber ein grundlegendes Erfolgsmuster für Leadership ist er nicht.

Wahrscheinlich ist also weder das eine, noch das andere Führungsmodell zukunftsweisend – zumindest nicht in Reinkultur. Gefragt ist vielmehr die **hybride Führungskraft**, die sowohl im digitalen wie auch im analogen Arbeitskontext Präsenz zeigt. Was heißt das? Mitarbeiter müssen ihre Führungskraft sowohl in der analogen als auch in der virtuellen Welt als menschliches Wesen wahrnehmen, mit dem sie bestimmte Werte teilen können. Letztlich sind es immer Persönlichkeiten, die Präsenz zeigen und eine Identität sichtbar machen. Präsenz muss dabei in dreierlei Hinsicht gezeigt werden, nämlich als:

- **Soziale Präsenz** (also Fühlen bzw. Mitfühlen)
- **Kognitive Präsenz** (Verstehen können)
- **Führungspräsenz** (Sie bindet die soziale und die kognitive Präsenz zusammen und gibt damit den Geführten Orientierung sowohl im Analogen als auch im Virtuellen).

Das Rezept bzw. die Gebrauchsanweisung einer hybriden Führungskraft lässt sich auch kurz als *„digital (mit)denken – analog lenken“* bezeichnen.

1.2 Unternehmen und Unternehmensführung

Aus dem Blickwinkel eines angehenden Managers ist es zunächst wichtig, einige Merkmale des Systems *Unternehmen* zu benennen, die bei der Führung von Unternehmen von Bedeutung sind. Vorab ist es erforderlich, eine Abgrenzung zum Begriff *Betrieb* vorzunehmen.

1.2.1 Merkmale des Unternehmens

1.2.1.1 Unternehmen und Betrieb

Als **Unternehmen** wird im Allgemeinen ein wirtschaftlich-rechtliches System verstanden, das auf nachhaltig gewinnbringende Leistungen abzielt. Dieses System ist nach Thommen/Achleitner [2012, S. 43]

- **offen**, weil es mit seiner Umwelt Austauschprozesse durchführt,
- **dynamisch**, weil es sich laufend neuen Entwicklungen anpassen muss,
- **komplex**, weil es aus sehr vielen einzelnen Elementen mit vielfältigen Beziehungen besteht,
- **autonom**, weil es seine Ziele und Entscheidungen (weitgehend) selbstbestimmt festlegen kann,
- **marktgerichtet**, weil es seine Anstrengungen letztlich an den Bedürfnissen des Marktes ausreichten muss und
- **sozial**, weil die Menschen, die in dem System als Individuen oder in Gruppen tätig sind, das Verhalten des Unternehmens wesentlich beeinflussen.

Bevor weitere managementorientierte Merkmale des Systems *Unternehmen* genannt werden, soll zunächst eine begriffliche Abgrenzung zum *Betrieb* vorgenommen werden.

Die erste Abgrenzung sieht **Unternehmen als Oberbegriff**, d.h. das Unternehmen kennzeichnet die wirtschaftlich-rechtliche Einheit, zu der mehrere Betriebe als organisatorisch-technische Einheiten im Sinne einer Betriebs- oder Arbeitsstätte bzw. eines Teilbetriebs gehören können. Dies ist heute auch der im Allgemeinen vorherrschende Sprachgebrauch.

Bei der zweiten Abgrenzung wird **Betrieb als übergeordneter Begriff** verwendet. Betriebe sind Stätten der Produktion und Bereitstellung von Gütern, die den *privaten Haushalten* als Stätten des Konsums gegenüberstehen; Betriebe und Haushalte werden als *Wirtschaftseinheiten* (Einzelwirtschaften) bezeichnet. Unternehmen (als Teilmenge) sind nur die Betriebe des *marktwirtschaftlichen Wirtschaftssystems*. Sie bestimmen ihren Wirtschaftsplan selbst und streben nach Gewinn. Betriebe, denen diese Merkmale fehlen, wie z. B. *gemeinnützige (Non-Profit-Organisationen = NPO)* und *öffentliche Betriebe*, die Organe einer Gebietskörperschaft sind, zählen danach nicht zu den Unternehmen. Mit dieser begrifflichen Abgrenzung lassen sich die Arbeitsstätten der Behörden/Verwaltungen, die ja im eigentlichen Sinne keine Unternehmen sind, besser einordnen und auch der Begriff *Betriebswirtschaftslehre* leichter rechtfertigen.

Sofern nicht explizit unterschieden, werden hier beide Begriffe der Einfachheit halber *synonym* verwendet.

Von praktischer Bedeutung für die Einordnung bzw. Charakterisierung von Unternehmen/ Betrieben sind Merkmale wie Branche, Größe und Rechtsform.

1.2.1.2 Branche

Als Branche oder **Wirtschaftszweig** bezeichnet man eine Gruppe von Unternehmen, die nahverwandte Substitute herstellen bzw. anbieten. Die von der amtlichen Statistik herausgegebene **Klassifikation der Wirtschaftszweige** dient dazu, die wirtschaftlichen Tätigkeiten von Unternehmen einheitlich zu erfassen. Sie ist die Grundlage für die Erstellung von Statistiken über Produktionswerte, in den Produktionsprozess eingeflossene Produktionsfaktoren (Arbeit, Betriebsmittel und Werkstoffe, Energie usw.), Kapitalbildung und Finanztransaktionen dieser Einheiten. Die Klassifikation der Wirtschaftszweige unterscheidet weder nach Besitzverhältnissen noch nach rechtlicher Organisation einer Einheit. Unternehmen, die die gleiche wirtschaftliche Tätigkeit ausüben, werden in gleicher Weise zugeordnet, gleichgültig, ob es sich um (Teile von) Kapitalgesellschaften, Einzelunternehmen oder öffentliche Unternehmen handelt, ob das Mutterunternehmen eine ausländische Einheit ist oder ob die Einheit aus mehr als einem Unternehmensteil besteht [vgl. Statistisches Bundesamt WZ 2008].

Die Klassifikation der Wirtschaftszweige ist fünfstufig aufgebaut und untergliedert sich in Wirtschaftsabschnitt, Wirtschaftsabteilung, Wirtschaftsgruppe, Wirtschaftsklasse und Wirtschaftsunterklasse. Abbildung 1-02 zeigt ein Beispiel dieser Untergliederung aus dem Wirtschaftsabschnitt G: Handel (inkl. Instandhaltung und Reparatur von Kraftfahrzeugen).

Wirtschafts-abschnitt	Wirtschafts-abteilung	Wirtschafts-gruppe	Wirtschafts-klasse	Wirtschafts-unterklasse	Bezeichnung
z.B. G					**Handel** (inkl. Instandhaltung und Reparaturen von Kraftfahrzeugen)
	z.B. 47				**Einzelhandel** (ohne Handel mit Kraftfahrzeugen)
		z.B. 47.5			Einzelhandel mit sonstigen Haushaltsgeräten, Textilien, Heimwerker- und Einrichtungsbedarf
			z.B. 47.59		Einzelhandel mit Möbeln, Einrichtungsgegenständen und sonstigem Hausrat
				z.B. 47.59.1	Einzelhandel mit Wohnmöbeln

[Quelle: Statistisches Bundesamt: Klassifikation der Wirtschaftszweige]

Abb. 1-02: Untergliederung des Wirtschaftsabschnitts Handel

Unter der Vielzahl der in unserer Wirtschaft existierenden Branchen hat sich das **verarbeitende Gewerbe** (Wirtschaftsabschnitt C) mit seinen Untergruppen (Wirtschaftsabteilungen) als größtes Reservoir eigenständiger Branchen entwickelt. Ob es sich um die Textilbranche, die Mineralölindustrie, den Maschinenbau oder die Elektroindustrie handelt, in jedem Fall sind es Wirtschaftsabteilungen mit einer sehr hohen Eigenständigkeit – eine Eigenständigkeit, die sich auf die Entwicklung, die Besonderheiten, das Selbstverständnis, das Preisgefüge und die psychologischen Befindlichkeiten der jeweiligen Branche bezieht und die eben auch eigenständige Anforderungen an die Unternehmensführung hat.

Abbildung 1-03 gibt einen verkürzten Überblick über die Struktur der Wirtschaftsabschnitte in Deutschland, so wie es die amtliche Statistik sieht. Dabei ist das verarbeitende Gewerbe – also der Wirtschaftsabschnitt (C) – mit der größten Anzahl eigenständiger Branchen (Wirtschaftsabteilungen 10 – 33) beteiligt.

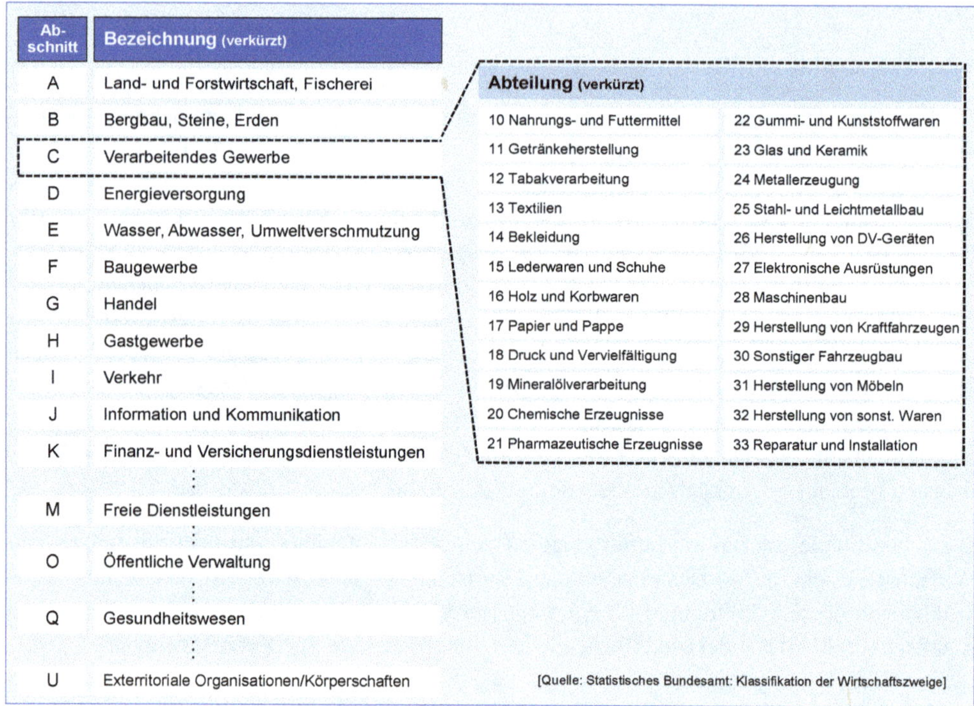
Ab-schnitt
Bezeichnung (verkürzt)
A Land- und Forstwirtschaft, Fischerei
B Bergbau, Steine, Erden
C Verarbeitendes Gewerbe
D Energieversorgung
E Wasser, Abwasser, Umweltverschmutzung
F Baugewerbe
G Handel
H Gastgewerbe
I Verkehr
J Information und Kommunikation
K Finanz- und Versicherungsdienstleistungen
M Freie Dienstleistungen
O Öffentliche Verwaltung
Q Gesundheitswesen
U Exterritoriale Organisationen/Körperschaften
Abteilung (verkürzt)
10 Nahrungs- und Futtermittel
11 Getränkeherstellung
12 Tabakverarbeitung
13 Textilien
14 Bekleidung
15 Lederwaren und Schuhe
16 Holz und Korbwaren
17 Papier und Pappe
18 Druck und Vervielfältigung
19 Mineralölverarbeitung
20 Chemische Erzeugnisse
21 Pharmazeutische Erzeugnisse
22 Gummi- und Kunststoffwaren
23 Glas und Keramik
24 Metallerzeugung
25 Stahl- und Leichtmetallbau
26 Herstellung von DV-Geräten
27 Elektronische Ausrüstungen
28 Maschinenbau
29 Herstellung von Kraftfahrzeugen
30 Sonstiger Fahrzeugbau
31 Herstellung von Möbeln
32 Herstellung von sonst. Waren
33 Reparatur und Installation
[Quelle: Statistisches Bundesamt: Klassifikation der Wirtschaftszweige]

Abb. 1-03: Gliederung der amtlichen Systematik der Wirtschaftszweige (Ausschnitt)

1.2.1.3 Unternehmensgröße

Ein weiteres Kriterium zur Einordnung und Charakterisierung von Unternehmen ist ihre Größe. Dazu werden im Allgemeinen folgende Maßgrößen herangezogen:

- Anzahl der Beschäftigten
- (Jahres-)Umsatz
- Bilanzsumme.

Während bei den allermeisten Unternehmen des verarbeitenden Gewerbes der Umsatz und/oder die Anzahl der Beschäftigten einen sehr guten Maßstab abgeben, wird für Handelsgesellschaften nahezu ausschließlich der Umsatz und für Banken und Versicherungen eher die Bilanzsumme als Größenmaßstab herangezogen. Auch für die Größenordnungen an sich gibt es keine einheitliche Definition. Am verbreitetsten ist die Definition des Instituts für Mittelstandsforschung, nach der die Grenze zwischen Klein- und Mittelunternehmen (KMU) und Großunternehmen bei einer Beschäftigtenzahl von 500 liegt. Insgesamt gibt es in Deutschland gut 3,6 Millionen Unternehmen. 99,6 Prozent davon zählen zu den Klein- und Mittelunternehmen (siehe Abbildung 1-04). Diese Darstellung ist nicht zuletzt auch deshalb von Bedeutung, weil sich Groß- und Kleinunternehmen in einigen Merkmalen voneinander unterscheiden. So zeichnen sich Klein- und Mittelunternehmen durch eine hohe Eigentümerdominanz aus. Für die Eigentümer solcher Familienunternehmen besteht die Möglichkeit, sowohl über eine Mitgliedschaft in der Geschäftsführung als auch über ihre Anteile am Eigenkapital auf das Unternehmen einzuwirken [vgl. Thommen/Achleitner 2012, S. 73].

Mehr als 99 Prozent aller deutschen Unternehmen zählen zu den KMUs

Unternehmensgröße		Anzahl Unternehmen 2013 (in Tsd.)	Anteil (in %)	
Kleinstunternehmen	(bis 9 Beschäftigte)	3.240,4	89,3	KMU
Kleinunternehmen	(10 bis 49 Beschäftigte)	300,7	8,3	KMU
Mittelunternehmen	(50 bis 499 Beschäftigte)	74,0	2,0	KMU
KMU zusammen	(unter 500 Beschäftigte)	3.615,1	99,6	KMU
Große Unternehmen	(über 500 Beschäftigte)	14,5	0,4	
Unternehmen insgesamt		3.629,6	100,0	

[Quelle: Institut für Mittelstandsforschung Bonn 2016, Stand: 22.10.2016]

Abb. 1-04: Klassifizierung der deutschen Unternehmen nach der Betriebsgröße

1.2.1.4 Rechtsform

Ein weiteres wesentliches Unterscheidungskriterium ist die Rechtsform. Sie gibt den Rahmen für die rechtlichen Beziehungen mit der Umwelt des Unternehmens vor. Die Wahl der Rechtsform, die mit der Gründung eines Unternehmens verbunden ist, zählt zu den strategischen Entscheidungen der Unternehmensführung. Beeinflusst wird die Wahl durch Kriterien wie in Abbildung 1-05 dargestellt.

Leitungs- und Kontroll-befugnisse
Finanzierungs-möglichkeiten mit Eigen- und Fremdkapital
Publizitäts-vorschriften, Offenlegung Jahresabschluss
Steuerbelastung
Gewinn- und Verlust-beteiligung, Entnahmerechte
Flexibilität bei Änderungen von Beteiligungs-verhältnissen
Gründungs-aufwand und laufende Aufwendungen
Haftungs-umfang der Eigenkapital-geber

Abb. 1-05: Kriterien für die Wahl der Rechtsform

Die Entscheidungsparameter für die Wahl der Rechtsform sollten allerdings nicht isoliert betrachtet werden. Es ist vielmehr sinnvoll, die bestehenden Abhängigkeiten im Verbund zu sehen und entsprechend zu gewichten. Wichtig dabei ist, die Zielgröße „Gewinn nach Steuern" immer wieder als Maßstab für die jeweilige Entscheidungsmöglichkeit heranzuziehen.

Nach deutschem Recht steht den Entscheidern eine ganze Reihe von Rechtsformen zur Verfügung. Das sind neben dem **Einzelunternehmen** vor allem die verschiedenen **Personengesellschaften**

- Gesellschaft bürgerlichen Rechts (GbR)
- Offene Handelsgesellschaft (OHG)
- Kommanditgesellschaft (KG)
- Stille Gesellschaft.

Den Personengesellschaften stehen folgende **Kapitalgesellschaften** gegenüber:

- Gesellschaft mit beschränkter Haftung (GmbH)
- Aktiengesellschaft (AG)
- Kommanditgesellschaft auf Aktien (KGaA)
- Europäische Gesellschaft (SE).

Nicht aufgenommen in diese Liste ist die Unternehmergesellschaft (haftungsbeschränkt). Diese als „kleine GmbH" bezeichnete Gesellschaft ist keine neue Rechtsform. Vielmehr handelt es sich um eine GmbH mit einem geringeren Stammkapital als 25.000 Euro, das für die gewöhnliche GmbH mindestens vorgeschrieben ist. Die Unternehmergesellschaft kann mit einem Stammkapital von lediglich einem Euro gegründet werden – deshalb wird sie umgangssprachlich auch als „1-Euro-GmbH" bezeichnet. Der deutsche Gesetzgeber hat die Unternehmergesellschaft in erster Linie eingeführt, um eine Alternative zur zuvor immer beliebteren Rechtsform der britischen „Limited" anbieten zu können.

Als **Misch- bzw. Sonderformen** sollen hier noch folgende Rechtsformen genannt werden:

- Genossenschaft (eG)
- Versicherungsverein auf Gegenseitigkeit (VVaG).

Aber auch für den **öffentlichen Bereich** existieren bestimmte Rechtsformen. Dies sind:

- Öffentliche Betriebe in nicht-privatrechtlicher Form (mit und ohne eigener Rechtspersönlichkeit)
- Öffentliche Betriebe in privatrechtlicher Form (als rein öffentliche Betriebe oder als gemischtwirtschaftliche Betriebe).

Abbildung 1-06 fasst diese Rechtformen grafisch zusammen.

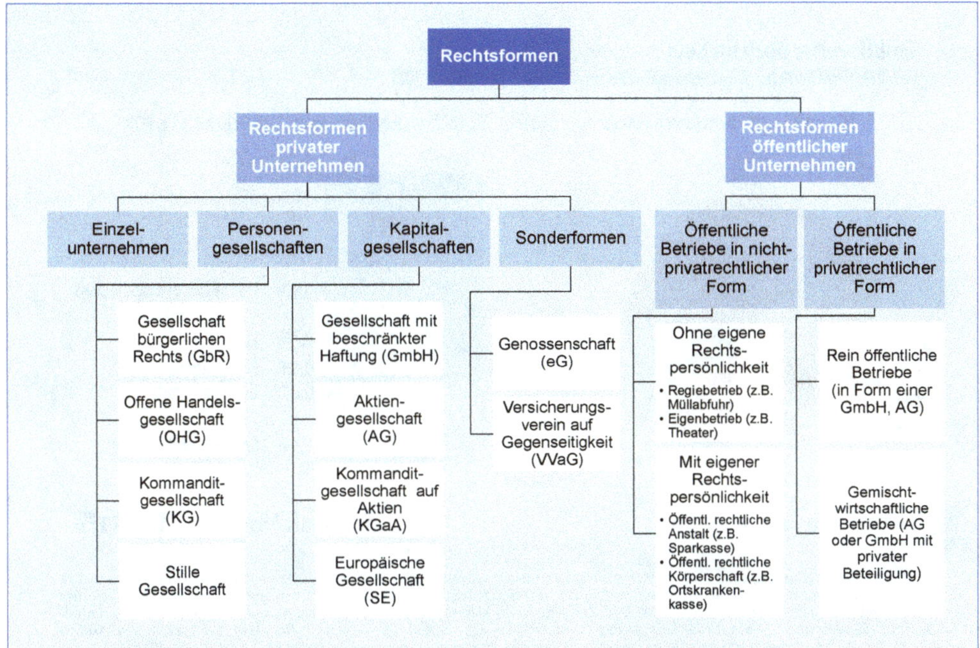
Rechtsformen
Rechtsformen privater Unternehmen
Rechtsformen öffentlicher Unternehmen
Einzel-unternehmen
Personen-gesellschaften
Kapital-gesellschaften
Sonderformen
Öffentliche Betriebe in nicht-privatrechtlicher Form
Öffentliche Betriebe in privatrechtlicher Form
Gesellschaft bürgerlichen Rechts (GbR)
Offene Handels-gesellschaft (OHG)
Kommandit-gesellschaft (KG)
Stille Gesellschaft
Gesellschaft mit beschränkter Haftung (GmbH)
Aktien-gesellschaft (AG)
Kommandit-gesellschaft auf Aktien (KGaA)
Europäische Gesellschaft (SE)
Genossenschaft (eG)
Versicherungs-verein auf Gegenseitigkeit (VVaG)
Ohne eigene Rechts-persönlichkeit
• Regiebetrieb (z.B. Müllabfuhr)
• Eigenbetrieb (z.B. Theater)
Mit eigener Rechts-persönlichkeit
• Öffentl. rechtliche Anstalt (z.B. Sparkasse)
• Öffentl. rechtliche Körperschaft (z.B. Ortskranken-kasse)
Rein öffentliche Betriebe (in Form einer GmbH, AG)
Gemischt-wirtschaftliche Betriebe (AG oder GmbH mit privater Beteiligung)

Abb. 1-06: Die privatrechtlichen und öffentlichen Rechtsformen im Überblick

Es würde den Rahmen dieses Lehrbuchs sprengen, die Bestimmungsmerkmale sowie Vor- und Nachteile der einzelnen Rechtsformen zu erläutern. Dazu sei auf die einschlägige Grundlagenliteratur (insbesondere Wöhe et al. 2020 und Thommen/Achleitner 2012) verwiesen.

Stattdessen soll hier in Abbildung 1-07 gezeigt werden, welche Rechtsformen bei Unternehmensgründungen besonders bevorzugt werden. Interessant ist in diesem Zusammenhang die Erkenntnis, dass sich die Unternehmergesellschaft („Kleine GmbH“) gegenüber der „großen“ GmbH doch nicht so durchgesetzt hat wie erwartet.

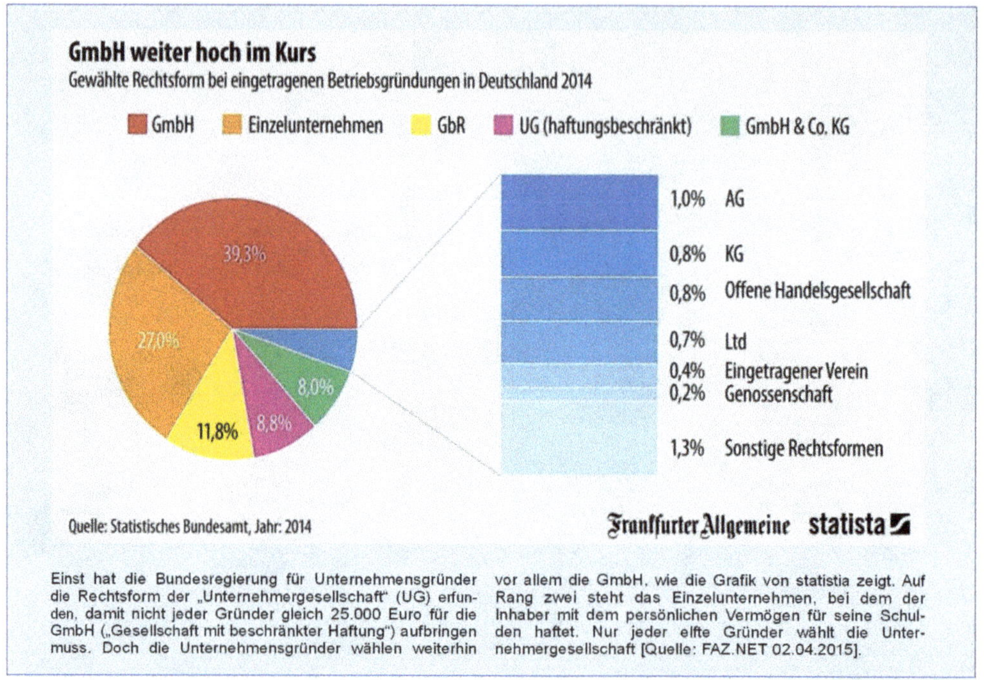
GmbH weiter hoch im Kurs
Gewählte Rechtsform bei eingetragenen Betriebsgründungen in Deutschland 2014
GmbH
Einzelunternehmen
GbR
UG (haftungsbeschränkt)
GmbH & Co. KG
39,3%
27,0%
11,8%
8,8%
8,0%
1,0% AG
0,8% KG
0,8% Offene Handelsgesellschaft
0,7% Ltd
0,4% Eingetragener Verein
0,2% Genossenschaft
1,3% Sonstige Rechtsformen
Quelle: Statistisches Bundesamt, Jahr: 2014
Frankfurter Allgemeine
statista

Einst hat die Bundesregierung für Unternehmensgründer die Rechtsform der „Unternehmergesellschaft" (UG) erfunden, damit nicht jeder Gründer gleich 25.000 Euro für die GmbH („Gesellschaft mit beschränkter Haftung") aufbringen muss. Doch die Unternehmensgründer wählen weiterhin vor allem die GmbH, wie die Grafik von statistia zeigt. Auf Rang zwei steht das Einzelunternehmen, bei dem der Inhaber mit dem persönlichen Vermögen für seine Schulden haftet. Nur jeder elfte Gründer wählt die Unternehmergesellschaft [Quelle: FAZ.NET 02.04.2015].

Abb. 1-07: Gewählte Rechtsform bei eingetragenen Betriebsgründungen

1.2.2 Perspektiven der Unternehmensführung

In den beiden vorangegangen Abschnitten ist deutlich geworden, dass ein Unternehmen in aller Regel ein sehr komplexes, vor allem aber dynamisches Gebilde ist. In ihm arbeiten Menschen, die sich ständig mit unterschiedlichen Situationen auseinandersetzen müssen und die durchaus auch unterschiedliche Ziele verfolgen können. Damit ein Unternehmen als Ganzes funktionieren kann, muss das Handeln der Mitarbeiter im Unternehmen koordiniert und auf ein gemeinsames Ziel ausgerichtet werden: den nachhaltigen Erfolg des Unternehmens. Jene Menschen im Unternehmen, die diese notwendigen Koordinationsaufgaben übernehmen, nennt man Unternehmensführung – Unternehmensführung als Koordination. Die Tätigkeiten, also die Aufgaben, die diese Personen durchführen, nennt man ebenfalls Unternehmensführung – Unternehmensführung als Funktion [vgl. Hungenberg/Wulf 2015, S. 19 f.].

1.2.2.1 Institutionelle Perspektive

Unternehmensführung bedeutet also, die Aufgabenerfüllung der Beschäftigten zu koordinieren. Die Mitglieder der Unternehmensführung sind aufgrund rechtlicher oder organisatorischer Regelungen dazu legitimiert, Einfluss auf andere auszuüben. Sie werden auch als Führungskräfte oder **Manager** bezeichnet. Bei den Mitgliedern der Führung, die laufend im Unternehmen tätig sind, werden entsprechend der hierarchischen Gliederung des Unternehmens mehrere Führungsebenen unterschieden (siehe Abbildung 1-08). Vereinfacht spricht man auch von einer oberen, mittleren und unteren Führung (engl. *Top, Middle und Lower Management*). Die Führungskräfte auf der oberen Führungsebene (engl. *Top Management*) sind dadurch gekennzeichnet, dass sie Führungsaufgaben für das Gesamtunternehmen wahrnehmen. Hierzu zählt insbesondere die Geschäftsführung bei der GmbH bzw. der Vorstand bei der Aktiengesellschaft. Bei Großunternehmen bzw. Konzernen zählt aber auch die zweite Führungsebene, also die Leiter von Unternehmensbereichen oder Markenvorstände, zum Top- Management [vgl. Hungenberg/Wulf 2015, S. 20].

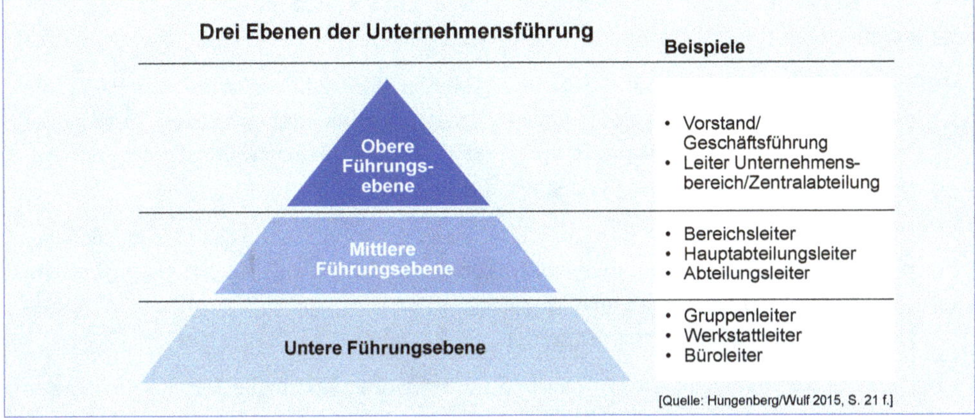
Drei Ebenen der Unternehmensführung
Beispiele
Obere Führungs-ebene
• Vorstand/ Geschäftsführung
• Leiter Unternehmens-bereich/Zentralabteilung
Mittlere Führungsebene
• Bereichsleiter
• Hauptabteilungsleiter
• Abteilungsleiter
Untere Führungsebene
• Gruppenleiter
• Werkstattleiter
• Büroleiter
[Quelle: Hungenberg/Wulf 2015, S. 21 f.]

Abb. 1-08: Ebenen der Unternehmensführung

In diesem Zusammenhang soll kurz auf die englischen Management-Bezeichnungen eingegangen werden. Vor allem börsennotierte Start-ups und international operierende Unternehmen werben zunehmend mit angelsächsischen Jobtiteln – stets mit einem „C“ für Chief als Kürzel – um Führungs- bzw. Führungsnachwuchskräfte. Hier der sicherlich nicht vollständige CXO-Katalog:

- **Chief Executive Officer (CEO).** Bei Großunternehmen bzw. Konzernen ist der CEO der Vorstandsvorsitzende, bei kleineren Unternehmen der Firmenchef.
- **Chief Operating Officer (COO).** Als Vorstand des operativen Geschäfts ist der COO für alle Betriebsabläufe und operative Entscheidungen des Unternehmens zuständig.
- **Chief Financial Officer (CFO).** Als Finanzvorstand einer Aktiengesellschaft bzw. als kaufmännischer Geschäftsführer einer GmbH obliegen dem CFO die Verwaltung der Geldmittel, das Controlling und die Finanzplanung des Unternehmens.
- **Chief Digital Officer (CDO).** Der CDO ist eine relativ neu geschaffene Führungsposition, die mit zunehmender Digitalisierung zunehmend an Bedeutung gewinnt. Als Mitglied des Top Managements (C-Level) ist der Chief Digital Officer für die Planung und Steuerung der digitalen Transformation in einem Unternehmen verantwortlich.
- **Chief Human Resources Officer (CHRO).** Er ist der Personalchef eines Unternehmens bzw. der Personalvorstand einer börsennotierten Gesellschaft.

- **Chief Procurement Officer (CPO).** In deutschen Unternehmen entspricht die Funktion ungefähr dem Leiter Einkauf in einer GmbH oder dem Leiter Beschaffung/Einkauf in einer AG. In Unternehmen, in denen die Rohstoffbeschaffung oder der Einkauf eine strategische Rolle spielt, ist ein CPO oft selbst Vorstandsmitglied.
- **Chief Marketing Officer (CMO).** Der CMO ist der Hauptverantwortliche für das Marketing eines Unternehmens. Er ist in der Regel Mitglied des Vorstands oder der Geschäftsführung und zeichnet Verantwortung für die Strategieentwicklung und die Markenführung.
- **Chief Information Officer (CIO).** Als IT-Leiter (Leiter Informationstechnik) nimmt er in einem Unternehmen die Aufgaben der strategischen und operativen Führung der Informationstechnik (IT) wahr. Somit ist der CIO unternehmensweit auch der erste Ansprechpartner für die digitale Transformation.
- **Chief Knowledge Officer (CKO).** Dieser Chief nimmt die Rolle des Wissensmanager wahr. Insbesondere in Unternehmen, deren Kerngeschäft sich durch wissensbasierte Lösungen oder Dienstleistungen charakterisieren lässt, soll er eine Kultur des Wissensaustauschs etablieren und fördern.
- **Chief Content Officer (CCO).** Der CCO verantwortet die Inhalte der verschiedensten internetorientierten Marketing-Maßnahmen, zum Beispiel die Inhalte der Firmenwebsite oder die unternehmensbezogenen Social Media-Aktivitäten.

In Abbildung 1-09 sind die hierarchischen Beziehungen der einzelnen Chiefs dargestellt, wobei betont werden muss, dass die Über- bzw. Unterstellungen insbesondere von der Größe und dem Produktportfolio des Unternehmens abhängen.

Besonders interessant ist das „Zusammenspiel" zwischen dem CEO und dem COO. Während der CEO eher generelle und vor allem strategische Entscheidungen innerhalb und für das Unternehmen trifft, leitet der COO das operative Geschäft des Unternehmens. Das bedeutet, dass er verantwortlich ist für die Qualität und die Wettbewerbsfähigkeit der Produkte beziehungsweise Dienstleistungen, die das Unternehmen am Markt anbietet. Dazu koordiniert er sämtliche operativen Teilbereiche des Unternehmens.

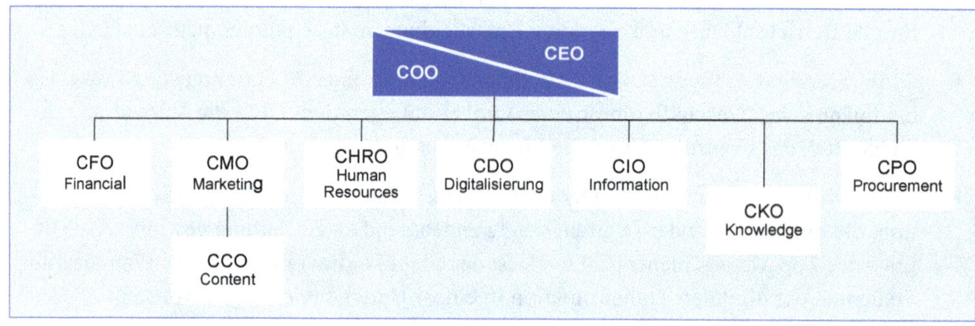
CEO
COO
CFO Financial
CMO Marketing
CCO Content
CHRO Human Resources
CDO Digitalisierung
CIO Information
CKO Knowledge
CPO Procurement

Abb. 1-09: Mögliche hierarchische Ausprägungen der einzelnen CXOs

1.2.2.2 Funktionale Perspektive

Jedes Unternehmen ist prinzipiell eingebettet zwischen dem Beschaffungsmarkt und dem Absatzmarkt. Zwischen diesen beiden Polen werden Güter bewegt und entsprechend finanziert. Der betriebliche **Güterfluss** (in einem Industriebetrieb) verläuft – vereinfacht ausgedrückt – vom **Einkauf** der Roh-, Hilfs- und Betriebsstoffe über die entsprechende Veredelung in der **Produktion** bis zum **Verkauf** der Fertigprodukte. Die aus dem Verkauf erzielten Umsätze dienen zur Bezahlung bzw. zur **Finanzierung** der Einsatzstoffe, der Mitarbeiter, der Gebäude, der Anlagen etc. Die Verkaufserlöse bilden dementsprechend den Ausgangspunkt des betrieblichen Werteflusses, der sich damit gegenläufig zum Güterfluss bewegt. Einkauf, Produktion und Verkauf bilden die betrieblichen **Sachfunktionen** und zusammen mit der Finanzierung die betrieblichen **Kernfunktionen**.

Abbildung 1-10 stellt diesen Zusammenhang schematisiert dar.

Betriebliche Grundfunktionen
(Sachfunktionsbereiche)
Einkauf
Beschaffung
Produktion
Fertigung
Verkauf
Marketing
Beschaf-fungs-markt
Güterfluss
Wertefluss
Absatz-markt
Finanzierung

Abb. 1-10: Die betrieblichen Grundfunktionen im Überblick

Eine planvoll organisierte Wirtschaftseinheit ist das Unternehmen aber erst dann, wenn diese Funktionsbereiche entsprechend den Unternehmenszielen koordiniert und gesteuert werden. Diese Leitungsfunktion ist die wesentliche Aufgabe des **Managements**. Managementaufgaben fallen in und zwischen jedem Bereich des Unternehmens an, gleich ob im Einkaufs-, Produktions-, Vertriebs- oder Finanzbereich. Das Management ist quasi eine komplexe Verknüpfungsaktivität, die den Leistungserstellungsprozess netzartig überlagert und in alle Sachfunktionsbereiche steuernd eingreift [vgl. Steinmann/Schreyögg 2005, S. 7].

Allen Managementbegriffen liegt – unabhängig von ihrem Sachbezug – das folgende gemeinsame Funktionsspektrum zugrunde: **Planung, Organisation, Personal, Führung** und **Kontrolle.**

Dieser Funktionsumfang wird in der modernen Managementlehre als **Fünferkanon** bezeichnet. Oftmals wird auch die *Entscheidung* gesondert als Managementfunktion ausgewiesen. Sie ist aber gewissermaßen eine Meta-Funktion, die in jeder der aufgeführten Managementfunktionen enthalten ist. Jede Planungs-, Organisations-, Personaleinsatz-, Führungs- oder Kontrollaufgabe beinhaltet eine Vielzahl von Entscheidungen. Es ist daher nicht sinnvoll, sie als eigenständige Funktion im Rahmen dieser funktionalen Perspektive zu führen [vgl. Steinmann/ Schreyögg 2005, S. 8 ff.]:

- **Planung** (engl. *Planning*): In der Planung, dem logischen Ausgangspunkt des Managementprozesses, wird die Situation analysiert (Wo stehen wir?), die Ziele festgelegt (Wo wollen wir hin?) sowie ein detaillierter Maßnahmen-, Zeit- und Ressourcenplan aufgestellt (Wie kommen wir dahin?).
- **Organisation** (engl. *Organizing*): Im Rahmen der Organisation wird ein Handlungsgefüge hergestellt, das die Gesamtaufgabe spezifiziert, in Teilaufgaben zerlegt und so aneinander anschließt, dass eine Umsetzung der Pläne sichergestellt ist. Auch die Einrichtung eines Kommunikationssystems, das alle Beteiligten und Betroffenen mit den notwendigen Informationen versorgt, ist Bestandteil der Organisation.
- **Personaleinsatz** (engl. *Staffing*): Im Rahmen des Personaleinsatzes werden eine anforderungsgerechte Besetzung des Vorhabens mit Personal sowie eine Zuordnung von Aufgaben, Kompetenzen und Verantwortung vorgenommen.
- **Führung** (engl. *Directing*): Im Führungsprozess geht es um die Koordination aller beteiligten Akteure, um das Durchsetzen von Entscheidungen sowie um die Einleitung gegensteuernder Maßnahmen bei Planabweichungen. Motivation, Kommunikation und Konfliktsteuerung sind weitere Themen dieser Managementfunktion.
- **Kontrolle** (engl. *Controlling*): Die Kontrolle stellt logisch den letzten Schritt des Managementprozesses dar. Sie besteht vorwiegend aus dem Soll/Ist-Vergleich der Leistungen, Kosten und Termine und zeigt, ob es gelungen ist, die Pläne zu verwirklichen.

Aus der Verzahnung von Managementfunktionen und originären betrieblichen Funktionen haben sich eigenständige Managementbereiche entwickelt. So hat sich die Bezeichnung **Einkaufsmanagement** ebenso etabliert wie **Produktionsmanagement**, **Marketingmanagement** oder **Finanzmanagement**. Aber auch der mehrere Funktionsbereiche übergreifende Begriff des **Logistikmanagements** hat sich in der betrieblichen Praxis durchgesetzt. Neben den „klassischen" Managementbereichen werden zunehmend weitere Gebiete mit Managementfunktionen belegt. Hierzu zählen insbesondere das **Innovations- und Technologiemanagement** sowie das **Informations- und Kommunikationsmanagement**, wobei die Bestandteile beider Begriffspaare auch singulär verwendet werden. In Abbildung 1-11 sind die Managementfunktionen als Regelkreis, der sich auch auf einzelne Bereiche oder Projekte herunterbrechen lässt, dargestellt.

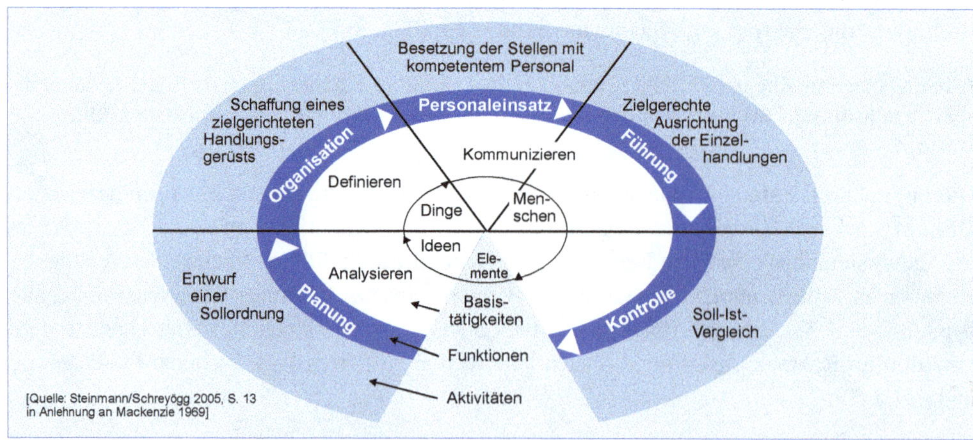
Besetzung der Stellen mit kompetentem Personal
Personaleinsatz
Schaffung eines zielgerichteten Handlungs-gerüsts
Organisation
Zielgerechte Ausrichtung der Einzel-handlungen
Führung
Kommunizieren
Definieren
Dinge
Men-schen
Ideen
Ele-mente
Analysieren
Entwurf einer Sollordnung
Planung
Basis-tätigkeiten
Kontrolle
Soll-Ist-Vergleich
Funktionen
Aktivitäten
[Quelle: Steinmann/Schreyögg 2005, S. 13 in Anlehnung an Mackenzie 1969]

Abb. 1-11: Die Abfolge von Managementfunktionen als Regelkreis

In Abbildung 1-12 ist der Gesamtzusammenhang zwischen betrieblichen Grundfunktionen und Managementfunktionen dargestellt.

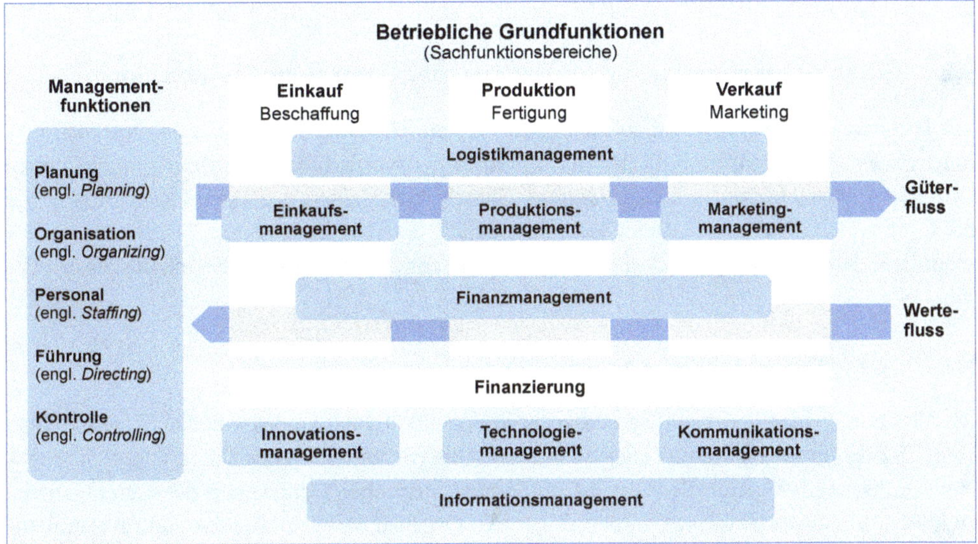
Betriebliche Grundfunktionen
(Sachfunktionsbereiche)
Management-funktionen
Einkauf
Beschaffung
Produktion
Fertigung
Verkauf
Marketing
Logistikmanagement
Planung
(engl. Planning)
Organisation
(engl. Organizing)
Personal
(engl. Staffing)
Führung
(engl. Directing)
Kontrolle
(engl. Controlling)
Einkaufs-management
Produktions-management
Marketing-management
Güter-fluss
Finanzmanagement
Werte-fluss
Finanzierung
Innovations-management
Technologie-management
Kommunikations-management
Informationsmanagement

Abb. 1-12: Betriebliche Grundfunktionen und Managementfunktionen

1.2.2.3 Prozessorientierte Perspektive

Die oben skizzierte Vorgehensweise bei der Organisationsentwicklung führt zu einem vertikalen Blick (also von oben nach unten) auf die Organisation, bei dem Abläufe, die stellenübergreifend sind, nicht ausreichend berücksichtigt werden. Funktions- und Hierarchiebarrieren sowie operative Inseln können zu einer funktionalen Abschottung, Informationsfilterung sowie Steuerungs- und Koordinationsproblemen führen. Da die Wettbewerbs- und Überlebensfähigkeit von Unternehmen von der schnellen, fehlerfreien, flexiblen und effizienten Abwicklung der auf den Kunden gerichteten Geschäftsprozesse abhängt, gewinnt die Prozessorientierung in allen Branchen zunehmend an Bedeutung.

Die grundlegende **Prozessidee** besteht darin, einen 90-Grad-Shift der Organisation vorzunehmen. Durch den Wechsel der Perspektive dominieren bei der Prozessorganisation nicht mehr die Abteilungen mit ihren Abläufen, sondern der Fokus liegt auf Vorgangsketten bzw. Prozessen, die auf den Kunden ausgerichtet sind. Eine ausführliche Darstellung der Prozessorganisation wird in Abschnitt 6.2.3 vorgenommen.

Prozesse wiederum bilden eine Folge von weiteren Prozessen im Unternehmen und werden durch Anforderung des Kunden für den Kunden umgesetzt. Unter Kunden sind dabei sowohl **externe als auch interne Kunden** zu verstehen. Jeder Prozess liefert Ergebnisse, mit denen der anschließende Prozess weiterarbeitet. Das Verhältnis zwischen aufeinander folgenden Prozessen ist eine **Kunde-Lieferant-Beziehung**. Mit dem letzten Prozess der Prozesskette erfolgt die Erstellung der betrieblichen Leistung für den Kunden. Die Prozesskette ist linear und Teil der betrieblichen Wertschöpfungskette. Die Durchführung von Prozessschritten wird durch Informationen gesteuert. Die Verbesserung der Prozesse wird heutzutage durch betriebswirtschaftliche Software vorgenommen.

1.2.3 Unternehmensverfassung – Rahmen der Unternehmensführung

Mit **Unternehmensverfassung** soll der dritte wesentliche Begriff im Rahmen dieser Einführung vorgestellt werden. Eckpfeiler der Unternehmensverfassung bilden die grundlegenden **Unternehmensziele** mit ihrer *Legitimation* (Shareholder Value vs. Stakeholder Value) sowie die **Corporate Governance**. Beide Eckpfeiler sowie der **Principal-Agent-Ansatz** als wissenschaftliche Basis für die Gestaltung der Unternehmensverfassung sind die Inhalte dieses Abschnitts.

1.2.3.1 Grundlagen der Unternehmensverfassung

Als Verfassung wird die grundlegende, rechtswirksame Ordnung eines sozialen Systems – also eines Staates, einer Institution oder eben eines Unternehmens – bezeichnet. Eine Unternehmensverfassung hat somit die Aufgabe, die organisatorischen Grundlagen des Unternehmens zu klären. Sie macht Aussagen zu den relevanten Organen, deren Befugnisse und Zusammensetzung sowie zur Verteilung von Aufgaben und Verantwortung innerhalb des Unternehmens. Da die Unternehmensverfassung nur zu Teilen auf gesetzlichen Vorgaben, wie etwa dem Gesellschafts-, Arbeits-, Mitbestimmungs-, Wettbewerbs-, oder Verbraucherschutzrecht beruht, basieren diese Aussagen auch auf privatrechtlichen Vereinbarungen zwischen den Unternehmensträgern in Form von Gesellschaftsverträgen, Satzungen, Geschäftsordnungen, Geschäftsverteilungsplänen oder Unternehmensverträgen. Hinzu kommen kollektivvertragliche Vereinbarungen wie Tarifverträge oder Betriebsvereinbarungen [vgl. Hungenberg/Wulf 2015, S. 69 ff.].

Von zentraler Bedeutung für die Unternehmensverfassung ist die Frage, wie die Eigentümer an der Leitung und Kontrolle ihres Unternehmens beteiligt werden sollen. Gesellschaftsrechtliche Regelungen finden sich dazu – je nach Rechtsform – in unterschiedlichen Gesetzen, so zum Beispiel im Handelsgesetzbuch, im GmbH-Gesetz oder im Aktiengesetz. Diese Gesetze sehen je nach Unternehmenstyp unterschiedliche Einflussmöglichkeiten der Eigentümer auf die Leitung und Kontrolle ihres Unternehmens vor. Grundsätzlich sind es drei verschiedene *Organe*, mit deren Hilfe die Eigentümer Einfluss auf ihr Unternehmen ausüben können:

- **Leitungsorgan** (verantwortlich für die Führung des Unternehmens)
- **Kontrollorgan** (zuständig für die Kontrolle der Unternehmensführung)
- **Gesellschafterorgan** (vertreten durch die Eigentümer des Unternehmens zur Entscheidung grundlegender Fragen, wie Gewinnverwendung oder Satzungsänderungen).

Alle drei Organe sind jedoch nicht für jeden Unternehmenstyp vorgeschrieben. Nimmt man das Einzelunternehmen aus, so lassen sich drei Unternehmensgrundtypen ableiten (siehe Abbildung 1-13). Zum ersten Grundtyp zählt die Offene Handelsgesellschaft (OHG), bei der Leitungs- und

Gesellschafterorgan zusammenfallen und insofern auch kein Kontrollorgan erforderlich ist. Zum zweiten Grundtyp gehören die Kommanditgesellschaft (KG) und die Gesellschaft mit beschränkter Haftung (GmbH), sofern diese aufgrund ihrer Größe noch keinen besonderen Mitbestimmungsregeln unterliegt. Dieser Grundtyp ist durch eine Trennung von Leitungs- und Gesellschafterorgan gekennzeichnet. Die Bildung einer Gesellschafterversammlung, welche die Interessen der Anteilseigner vertritt, ist dagegen vorgesehen. Zum dritten Grundtyp der Unternehmensverfassung zählen unter anderem die mitbestimmungspflichtige GmbH, die Aktiengesellschaft (AG) und die Kommanditgesellschaft auf Aktien (KGaA). Bei diesem Grundtyp existiert aufgrund der jeweiligen Unternehmensgröße ein eigenständiges Leitungs-, Kontroll- und Gesellschafterorgan [vgl. Hungenberg/Wulf 2015, S. 63 ff.].

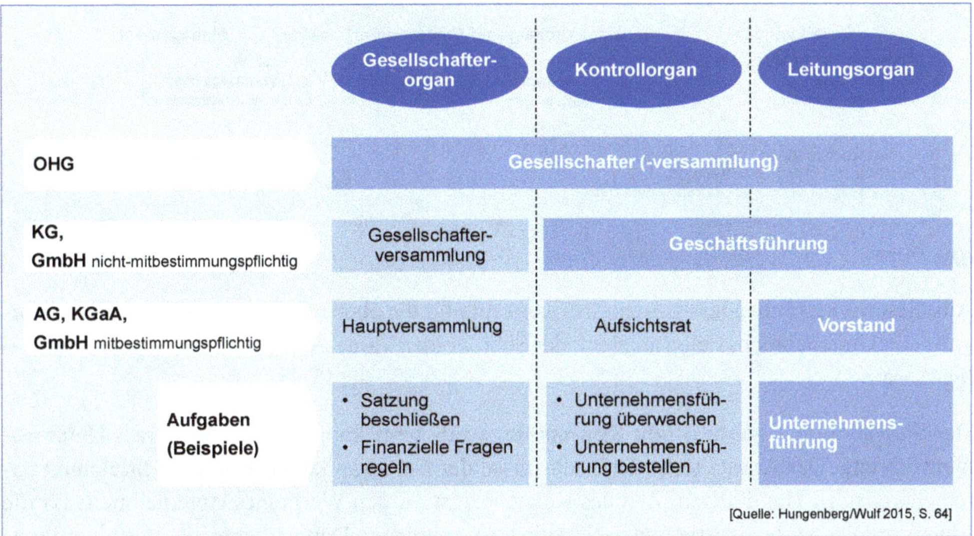
Gesellschafter-organ
Kontrollorgan
Leitungsorgan
OHG
Gesellschafter (-versammlung)
KG,
GmbH nicht-mitbestimmungspflichtig
Gesellschafter-versammlung
Geschäftsführung
AG, KGaA,
GmbH mitbestimmungspflichtig
Hauptversammlung
Aufsichtsrat
Vorstand
Aufgaben (Beispiele)
• Satzung beschließen
• Finanzielle Fragen regeln
• Unternehmensführung überwachen
• Unternehmensführung bestellen
Unternehmens-führung
[Quelle: Hungenberg/Wulf 2015, S. 64]

Abb. 1-13: Grundtypen der Unternehmensverfassung von Gesellschaften

1.2.3.2 Shareholder Value vs. Stakeholder Value

Welchem Legitimationsansatz soll ein Unternehmen bei der Orientierung seiner obersten Ziele folgen? Sind es die Interessen aller Anspruchsgruppen eines Unternehmens (Stakeholder) oder sind es vornehmlich die Interessen der Eigentümer (Shareholder), die ein Unternehmen bei der Formulierung seiner Ziele stärker berücksichtigen muss? Bevor dieser Frage auf den Grund gegangen werden kann, wird zunächst eine begriffliche Abgrenzung vorgenommen.

Rein mengenmäßig betrachtet sind Shareholder eine Teilmenge der Stakeholder. Shareholder, also die Eigentümer oder Anteilseigner eines Unternehmens, gehören ebenso zu den Anspruchsgruppen eines Unternehmens wie die Mitarbeiter, das Management, die Kunden, die Lieferanten oder die Presse.

Abbildung 1-14 gibt einen Überblick über nahezu alle Interessen- und Anspruchsgruppen eines Unternehmens mit ihren formulierten Anforderungen an und Beiträgen für das Unternehmen.

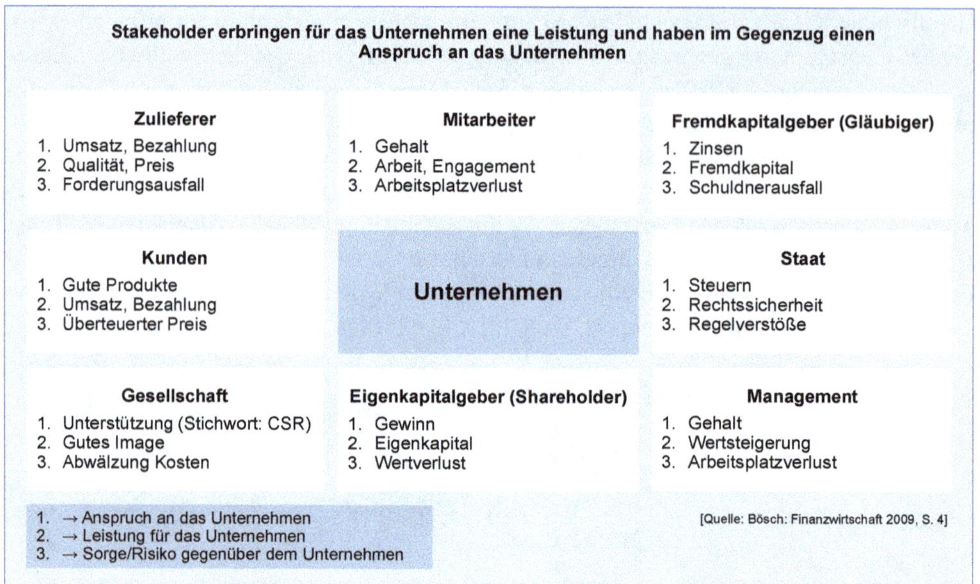
Stakeholder erbringen für das Unternehmen eine Leistung und haben im Gegenzug einen Anspruch an das Unternehmen
Zulieferer
1. Umsatz, Bezahlung
2. Qualität, Preis
3. Forderungsausfall
Mitarbeiter
1. Gehalt
2. Arbeit, Engagement
3. Arbeitsplatzverlust
Fremdkapitalgeber (Gläubiger)
1. Zinsen
2. Fremdkapital
3. Schuldnerausfall
Kunden
1. Gute Produkte
2. Umsatz, Bezahlung
3. Überteuerter Preis
Unternehmen
Staat
1. Steuern
2. Rechtssicherheit
3. Regelverstöße
Gesellschaft
1. Unterstützung (Stichwort: CSR)
2. Gutes Image
3. Abwälzung Kosten
Eigenkapitalgeber (Shareholder)
1. Gewinn
2. Eigenkapital
3. Wertverlust
Management
1. Gehalt
2. Wertsteigerung
3. Arbeitsplatzverlust
1. → Anspruch an das Unternehmen
2. → Leistung für das Unternehmen
3. → Sorge/Risiko gegenüber dem Unternehmen
[Quelle: Bösch: Finanzwirtschaft 2009, S. 4]

Abb. 1-14: Ansprüche und Leistungen der Stakeholder

Aus diesen Ansprüchen lassen sich zwei Konzepte für die oben erwähnte Legitimation zur Vorgabe von Unternehmenszielen ableiten: der Shareholder Value-Ansatz und der Stakeholder Value-Ansatz.

Der **Shareholder-Ansatz** ist ein Konzept der wert- bzw. kapitalmarktorientierten Unternehmensführung. Der Ansatz stellt die Bedürfnisse der Eigenkapitalgeber in den Mittelpunkt unternehmerischer Handlungen. Ziel des Konzeptes ist es, den Wert eines Unternehmens für die Eigenkapitalgeber langfristig und nachhaltig zu maximieren. Dabei räumen die Vertreter dieses Ansatzes den Interessen einer einzigen Anspruchsgruppe absolute Priorität ein: den Interessen der Eigentümer („Shareholder"). Sie begründen diese Interpretation damit, dass sich die Legitimation zur Vorgabe von Unternehmenszielen einzig und allein aus dem Eigentum am Unternehmen ableitet. Das oberste Unternehmensziel ist somit die Maximierung des **Shareholder Value** [vgl. Rappaport 1997].

Demgegenüber argumentieren die Vertreter des **Stakeholder-Ansatzes**, dass nur die Interessen *aller* Anspruchsgruppen die Formulierung der grundlegenden Unternehmensziele legitimieren. Hinter dieser Auffassung steht die Überlegung, dass alle Gruppen für die Existenz und das Handeln eines Unternehmens notwendig und daher auch berechtigt sind, die Ziele des Unternehmens zu beeinflussen. Dem entsprechend orientiert sich das oberste Unternehmensziel an den Interessen *aller* Anspruchsgruppen. Gemessen wird das oberste Ziel des Unternehmens bei dieser Interpretation durch den **Stakeholder Value** – den Wert, den ein Unternehmen aus Sicht *aller* seiner Anspruchsgruppen besitzt [vgl. Janisch 1993].

Es ist letztlich eine *normative Frage*, welchem dieser Legitimationsansätze gefolgt werden soll. In den westlichen Kulturkreisen wird in Wissenschaft und Praxis vorwiegend den Eigentümerinteressen das Primat eingeräumt. Eine Orientierung an einer Vielzahl von Zielen, wie es der

Stakeholder-Ansatz vorsieht, wäre auch kaum zu operationalisieren. Das Ziel eines Unternehmens besteht in diesem Fall nämlich darin, den Wert zu maximieren, den das Unternehmen für alle Anspruchsgruppen besitzt. Beim Shareholderansatz ist das oberste Unternehmensziel dagegen eindeutig und relativ einfach zu operationalisieren: Maximierung des Shareholder Value [vgl. Hungenberg/Wulf 2015, S. 48 f.].

In Abbildung 1-15 sind Denkhaltung, Erfolgsmaßstab und Operationalität beider Legitimationsansätze gegenübergestellt.

	Shareholder-Ansatz	Stakeholder-Ansatz
Denkhaltung	Das Unternehmen existiert, um das Vermögen seiner Eigentümer zu mehren	Das Unternehmen existiert, um Ansprüche aller Interessengruppen umzusetzen
Erfolgsmaßstab	Maximierung der zukünftigen diskontierten Zahlungen an die Eigentümer	Maximierung der Differenz zwischen den Nutzen und Kosten aller Anspruchsgruppen
Beurteilung	Operational, da auf Markt- und Ressourceneffizienz ausgerichtet; monistisch	Nicht operational, da auf interpersonellem Nutzenvergleichen aufbauend; pluralistisch
Unternehmensziel	Shareholder Value	Stakeholder Value

[Quelle: Hungenberg/Wolf, S. 56]

Abb. 1-15: Stakeholder- und Shareholder-Ansatz im Vergleich

1.2.3.3 CSR und nachhaltige Unternehmensführung

Corporate Social Responsibility (CSR) ist ein Konzept, das den Unternehmen als Grundlage dient, um freiwillig soziale und ökologische Belange in ihre Unternehmenstätigkeit und in die Beziehungen zu den Stakeholdern zu integrieren. Der Dreiklang von sozialer, ökologischer und wirtschaftlicher Verantwortung des Unternehmens wird auch als **Triple-Bottom-Line** bezeichnet [vgl. Schneider/Schmidpeter 2015, S. 44 f. unter Bezugnahme auf Komm 2006, S. 136]:

- **Soziale Verantwortung** sieht vor, die Interessen der Mitarbeiter zu respektieren und ihnen eine langfristige Perspektive im Unternehmen zu bieten.
- **Ökologische Verantwortung** beinhaltet die Reduzierung des Ressourcen- und Energieverbrauchs, aber auch die Entwicklung umweltverträglicher Innovationen.
- **Ökonomische Verantwortung** ist bspw. die ständige Verbesserung der Wertschöpfungskette, die Sicherstellung der Zahlungsfähigkeit sowie die Gewinnerzielung.

CSR umfasst demnach das Bekenntnis des Managements, Umwelt- und Sozialbelange freiwillig über die bestehenden Verpflichtungen hinaus in unternehmerische Entscheidungen einzubeziehen. Betont werden die Verantwortung für die gesamte Wertschöpfungskette und der ständige Dialog mit den Stakeholdern, wobei den Mitarbeitern eine besondere Aufmerksamkeit zukommt. CSR ist keine zusätzliche Aktivität im Katalog unternehmerischer Aktivitäten, sondern eine bestimmte **Denkhaltung**, das Kerngeschäft zu betreiben. Es geht nicht darum, *was* mit den Gewinnen gemacht wird, sondern *wie* die Gewinne zu erzielen sind: umweltverträglich, sozial verantwortlich und zugleich ökonomisch erfolgreich. Wir bezeichnen eine solche Denkhaltung als nachhaltig und sprechen somit von **nachhaltiger Unternehmensführung**.

CSR ist zugleich der zentrale von drei Bausteinen, die zusammen den Oberbegriff **Corporate Responsibility (CR)** ausmachen, d.h. CR ist die unternehmerische Verantwortung für jeden Einfluss, den die Unternehmenstätigkeit auf die Gesellschaft und die Umwelt hat. Siehe hierzu das Ernst & Young-Verständnis von der Unternehmensverantwortung, das als beispielhaft angesehen werden kann. Es ist in Abbildung 1-16 dargestellt.

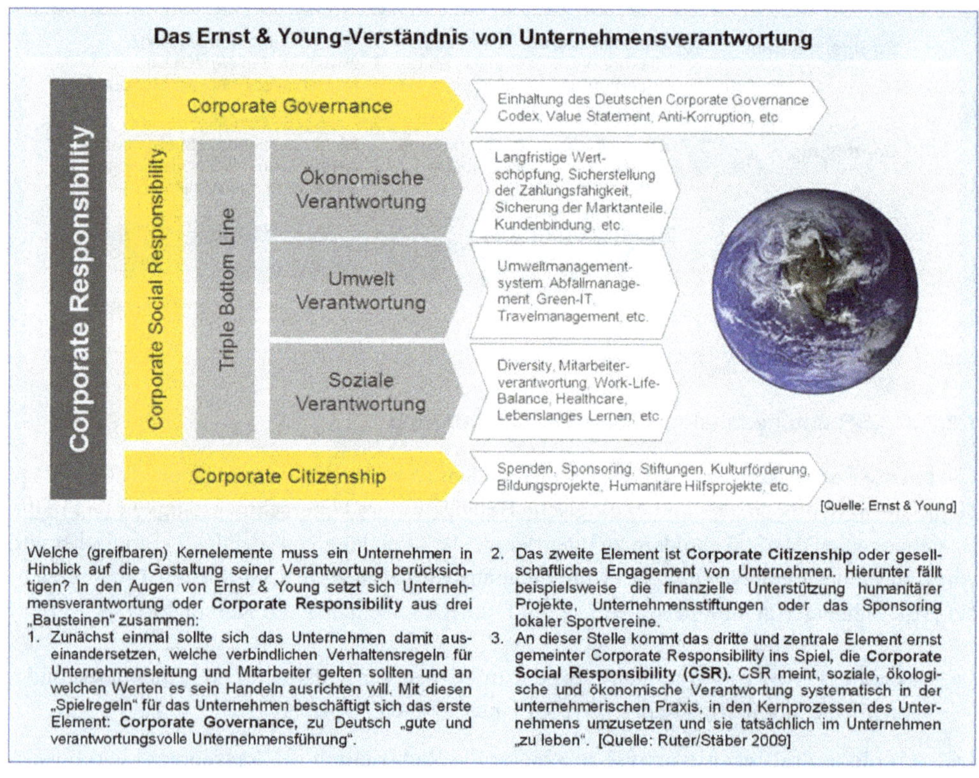
Das Ernst & Young-Verständnis von Unternehmensverantwortung
Corporate Responsibility
Corporate Social Responsibility
Triple Bottom Line
Corporate Governance
Einhaltung des Deutschen Corporate Governance Codex, Value Statement, Anti-Korruption, etc.
Ökonomische Verantwortung
Langfristige Wertschöpfung, Sicherstellung der Zahlungsfähigkeit, Sicherung der Marktanteile, Kundenbindung, etc.
Umwelt Verantwortung
Umweltmanagement-system, Abfallmanagement, Green-IT, Travelmanagement, etc.
Soziale Verantwortung
Diversity, Mitarbeiter-verantwortung, Work-Life-Balance, Healthcare, Lebenslanges Lernen, etc.
Corporate Citizenship
Spenden, Sponsoring, Stiftungen, Kulturförderung, Bildungsprojekte, Humanitäre Hilfsprojekte, etc.
[Quelle: Ernst & Young]
Welche (greifbaren) Kernelemente muss ein Unternehmen in Hinblick auf die Gestaltung seiner Verantwortung berücksichtigen? In den Augen von Ernst & Young setzt sich Unternehmensverantwortung oder Corporate Responsibility aus drei „Bausteinen" zusammen:
1. Zunächst einmal sollte sich das Unternehmen damit auseinandersetzen, welche verbindlichen Verhaltensregeln für Unternehmensleitung und Mitarbeiter gelten sollten und an welchen Werten es sein Handeln ausrichten will. Mit diesen „Spielregeln" für das Unternehmen beschäftigt sich das erste Element: Corporate Governance, zu Deutsch „gute und verantwortungsvolle Unternehmensführung".
2. Das zweite Element ist Corporate Citizenship oder gesellschaftliches Engagement von Unternehmen. Hierunter fällt beispielsweise die finanzielle Unterstützung humanitärer Projekte, Unternehmensstiftungen oder das Sponsoring lokaler Sportvereine.
3. An dieser Stelle kommt das dritte und zentrale Element ernst gemeinter Corporate Responsibility ins Spiel, die Corporate Social Responsibility (CSR). CSR meint, soziale, ökologische und ökonomische Verantwortung systematisch in der unternehmerischen Praxis, in den Kernprozessen des Unternehmens umzusetzen und sie tatsächlich im Unternehmen „zu leben". [Quelle: Ruter/Stäber 2009]

Abb. 1-16: Corporate Social Responsibility-Verständnis von Ernst & Young

Der zweite Baustein ist **Corporate Citizenship (CC)**. Darunter fallen bspw. die finanzielle Unterstützung humanitärer Projekte, Unternehmensstiftungen oder auch die verschiedenen Spielarten des Sponsorings (Sport-, Kultur-, Sozio-, Umweltsponsoring). Auch das **Corporate Volunteering** gehört hierzu: Unternehmen stellen ihre Mitarbeiter für den Einsatz in sozialen oder ökologischen Projekten frei oder unterstützen ihr bereits bestehendes freiwilliges Engagement. Häufig wird Corporate Citizenship mit Unternehmensverantwortung, also mit CSR selbst gleichgesetzt, aber solche guten Taten sind keine Belege für CSR, sondern „nur" für bürgerliches Engagement. Der dritte Baustein ist **Corporate Governance (CG)**, der für deutsche Unternehmen im Deutschen Corporate Governance Kodex konkretisiert ist. CG beschäftigt sich mit den verbindlichen Spielregeln „guter und verantwortungsvoller Unternehmensführung" wie Steuer- und Wirtschaftsgesetzen oder auch mit den ethischen Grundsätzen und moralischen Werten, an denen Unternehmensleitung und Mitarbeiter ihr Handeln ausrichten sollen. Da Werte und Gesetze je nach Branche, Land oder Selbstverständnis unterschiedlich sein können, muss sich jedes Unternehmen individuell damit auseinandersetzen, wie es deren Einhaltung sicherstellen kann [vgl. Ruter/Stäber 2009; Schneider/Schmidpeter 2015, S. 45 f.].

Damit stellt sich die Frage, wie sich CG von der oben beschriebenen Unternehmensverfassung unterscheidet. Die Unternehmensverfassung ist primär für die „Binnenordnung" des Unternehmens zuständig; CG dagegen befasst sich eher mit Fragen der (rechtlichen und faktischen) Einbindung des Unternehmens in sein Umfeld. Bei der CG liegt der Schwerpunkt auf großen börsennotierten (Aktien-)Gesellschaften, wohingegen das Konzept der Unternehmensverfassung auf alle Formen eines Unternehmens angewandt werden kann.

In Abbildung 1-17 sind die einzelnen CR-Begriffe im Zusammenhang dargestellt.

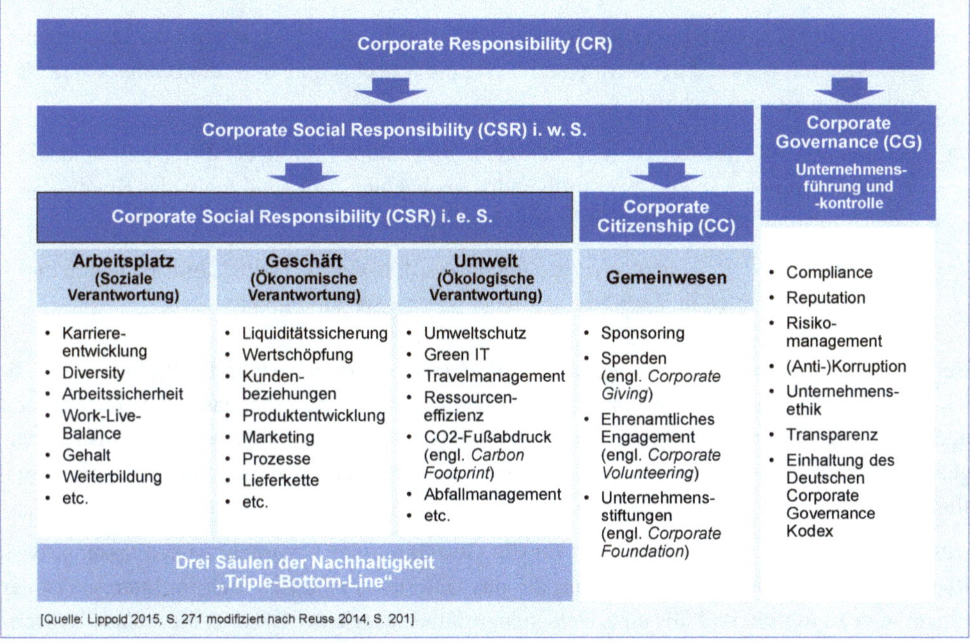
Corporate Responsibility (CR)
Corporate Social Responsibility (CSR) i. w. S.
Corporate Governance (CG)
Unternehmens-führung und -kontrolle
Corporate Social Responsibility (CSR) i. e. S.
Corporate Citizenship (CC)
Arbeitsplatz (Soziale Verantwortung)
Geschäft (Ökonomische Verantwortung)
Umwelt (Ökologische Verantwortung)
Gemeinwesen
• Karriere-entwicklung • Diversity • Arbeitssicherheit • Work-Live-Balance • Gehalt • Weiterbildung • etc.
• Liquiditätssicherung • Wertschöpfung • Kunden-beziehungen • Produktentwicklung • Marketing • Prozesse • Lieferkette • etc.
• Umweltschutz • Green IT • Travelmanagement • Ressourcen-effizienz • CO2-Fußabdruck (engl. Carbon Footprint) • Abfallmanagement • etc.
• Sponsoring • Spenden (engl. Corporate Giving) • Ehrenamtliches Engagement (engl. Corporate Volunteering) • Unternehmens-stiftungen (engl. Corporate Foundation)
• Compliance • Reputation • Risiko-management • (Anti-)Korruption • Unternehmens-ethik • Transparenz • Einhaltung des Deutschen Corporate Governance Kodex
Drei Säulen der Nachhaltigkeit „Triple-Bottom-Line"
[Quelle: Lippold 2015, S. 271 modifiziert nach Reuss 2014, S. 201]

Abb. 1-17: Corporate Responsibility und entsprechende Teilmengen

1.2.3.4 Principal-Agent-Ansatz – Basis für die Unternehmensverfassung

Eine zentrale Frage der Unternehmensverfassung ist, wie der Einfluss der Eigentümer auf Leitung und Kontrolle ihres Unternehmens geregelt werden soll. Eine theoretische Grundlage für die Beantwortung dieser Frage ist die **Principal-Agent-Theorie**, die mögliche Zielkonflikte behandelt, die aus einem Vertragsverhältnis zwischen mindestens zwei Personen hervorgehen. Es kann sich dabei um Arbeits- oder Kaufverträge, aber auch um Beziehungen handeln. Ein typisches Beispiel ist das Vertragsverhältnis von Eigentümer (Principal genannt) und Manager (Agent). Eine Principal-Agent-Beziehung ist gekennzeichnet durch **asymmetrisch verteilte Informationen** und **opportunistisches Verhalten** bzw. unterschiedliche Zielsetzungen und Interessen zwischen Principal und Agent. Die Principal-Agent-Theorie untersucht solche Beziehungen und entwickelt Empfehlungen für die Ausgestaltung von Verträgen, mit deren Hilfe der Principal seine Ziele trotz Interessendivergenz und asymmetrischer Informationsverteilung durchsetzen kann.

Von besonderer Bedeutung für eine solche Vertragsgestaltung ist das Konzept der **Informationsasymmetrie.** Hierbei können vier Konstellationen unterschieden werden [vgl. Stock-Homburg 2013, S. 479]:

- **Verdeckte Eigenschaften** (engl. *Hidden characteristics*), d. h. dem Prinzipal sind wichtige Eigenschaften des Agenten bei Vertragsabschluss unbekannt;
- **Verdeckte Handlungen** (engl. *Hidden action*), d. h. der Prinzipal kann die Leistungen des Agenten während der Vertragserfüllung nicht beobachten bzw. die Beobachtung ist mit hohen Kosten verbunden;
- **Verdeckte Informationen** (engl. *Hidden information*), d. h. der Prinzipal kann die Handlungen des Agenten zwar problemlos beobachten, aufgrund fehlender Kenntnisse oder Informationen jedoch nicht hinreichend beurteilen;
- **Verdeckte Absichten** (engl. *Hidden intention*), d. h. dem Prinzipal sind Absichten und Motive des Agenten in Verbindung mit der Vertragserfüllung verborgen.

Bei den Konstellationen *Hidden action* und *Hidden information* besteht das Problem des subjektiven Risikos (engl. *Moral hazard*). Das Problem gründet sich darin, dass der Prinzipal auch nach Vertragserfüllung nicht beurteilen kann, ob das Ergebnis durch qualifizierte Anstrengungen des Agenten erreicht wurde, oder ob (bzw. wie sehr) andere Faktoren das Ergebnis beeinflusst haben.

Aus der Principal-Agent-Theorie folgt für die Gestaltung der Unternehmensverfassung, dass Regelungen geschaffen werden müssen, um das Unternehmen tatsächlich im Interesse seiner Eigentümer zu führen. Im Falle einer Personengesellschaft wie der OHG ist dies relativ unproblematisch bzw. keine Regelung erforderlich, da hier eine Einheit von Entscheidungsrechten und Eigentum am Unternehmen vorliegt. Bei einer Kapitalgesellschaft dagegen fallen die Geschäftsführung und das Eigentum am Unternehmen auseinander. Dementsprechend muss bei der Gestaltung der Unternehmensverfassung dafür Sorge getragen werden, dass die Manager, die das Unternehmen im Auftrag der Eigentümer führen, auf die Eigentümerinteressen verpflichtet werden. Zu diesem Zweck ist im deutschen Trennungsmodell ein Aufsichtsrat vorgesehen, der die Überwachung der Unternehmensführung übernimmt [vgl. Hungenberg/Wulf 2015, S. 71 f.].

Um die Vertragsprobleme zwischen den Akteuren bei Kapitalgesellschaften grundsätzlich zu lösen, bieten sich drei Möglichkeiten an [vgl. Göbel 2002, S. 110]:

- **Reduktion der Informationsasymmetrie** durch die Implementierung eines Führungssystems, auf dessen Basis der Aufsichtsrat und indirekt auch die Eigentümer über die Handlungen der Manager (Agenten) informiert werden;
- **Auflösung von Zielkonflikten**, indem Vorstands- bzw. Geschäftsführungsverträge so ausgestaltet werden, dass die persönliche Zielerreichung des Managers (Agenten) mit der Zielerreichung des Principals (Eigentümers) verknüpft wird;
- **Aufbau vertrauensbildender Maßnahmen**, indem solche Maßnahmen seitens der Agenten immer wieder signalisiert und seitens des Principals entsprechend aufgenommen werden.

Abbildung 1-18 liefert eine entsprechende Übersicht über die drei Lösungsmöglichkeiten.

	Informationsasymmetrie senken		Ziele harmonisieren		Vertrauen bilden	
	Principal	Agent	Principal	Agent	Principal	Agent
Vorvertragliche Phase	Screening = Informationsgewinnung über Aufsichtsrat und Hauptversammlung	Signaling = Informationsangebot an Aufsichtsrat und Hauptversammlung	Zielerreichung des Principals kompatibel mit Zielerreichung des Agenten	Zielerreichung des Agenten kompatibel mit Zielerreichung des Principals	Screening in Bezug auf Vertrauenswürdigkeit	Reputation signalisieren
Nachvertragliche Phase	Monitoring	Reporting	Anreizverträge gestalten	Commitment/ Bonding Reputation	Vertrauensvorschuss, Extrapolation guter Erfahrungen	Sozialkapital aufbauen

[Quelle: in Anlehnung an Göbel 2002, S. 110]

Abb. 1-18: Lösung von Agency-Problemen

1.2.4 Unternehmenskultur und digitale Transformation

Wenn es richtig ist, dass Technologien für ihren Einsatz bestimmte Kulturtechniken erfordern, die ihrerseits kulturverändernd sind, dann drängen sich folgende Fragen auf:

Welchen Beitrag leistet die Unternehmenskultur bei der Begegnung mit den Werten der neuen Technologien? Besteht ein Zusammenhang zwischen Unternehmenskultur und digital geprägter Führung? Was zeichnet Unternehmenskultur im Zusammenhang mit der Adoption neuer

Technologien aus? Wie reagieren Unternehmenskulturen mit unterschiedlichen technologischen Ausprägungen und Lernkurven, wenn sie zusammengeführt werden (Merger, Fusion, Übernahmen)?

Bevor diese Fragen erörtert werden, soll aufgezeigt werden, was Unternehmenskultur ist und was sie bewirken kann.

1.2.4.1 Was Unternehmenskulturen besonders auszeichnet

Jedes Unternehmen verfügt über eine Unternehmenskultur. Diese wird nicht einfach erfunden oder verordnet, sondern (vor)gelebt. Unternehmenskultur ist kein Rezept, das einfach verordnet werden kann. Sie entsteht mit der Unternehmensgründung und ist je nach Entwicklungsgeschichte des Unternehmens mehr oder weniger ausdifferenziert. Häufig liegen die Ursprünge einer Unternehmenskultur beim Unternehmensgründer (z. B. Thomas Watson bei IBM, Steve Jobs bei Apple, die Familie Bentz bei Melitta, August Oetker, Max Grundig), die mit ihren Visionen und Ideen, mit ihren Wertvorstellungen, Eigenarten und Neigungen als Vorbilder für nachfolgende Managergenerationen dienen. Kulturprägend wirken aber auch Krisen und einschneidende Veränderungen sowie die Art und Weise, wie diese gemeistert werden, neue Geschäftsmodelle, die Branche und das (regionale) Umfeld eines Unternehmens, die Art der Kunden, der Investoren etc. [vgl. Buß 2009, S. 176 ff.].

„Technologie wirkt in Kultur hinein, aber Kultur wirkt auch ihrerseits in die Entwicklung und den Einsatz von Technologien hinein. Jeder Organisationskultur liegen Werte zugrunde, die auf neue Technologien reagieren. Positiv, wie auch negativ.“ [Ciesielski/ Schutz 2016, S. 3].

Oftmals waren es auch gerade die oben genannten Unternehmenslenker, die für eine neue Technologie oder neue Geschäftsprozesse standen und diese mit ins Unternehmen brachten oder gar die neuen Entwicklungen zum **Zentrum ihres Geschäftsmodells** machten. Heute finden wir solche Techniker und Tüftler, die neue Technologien zu ihrem Geschäft machen, bei den **Start-ups** – also bei Inhaber-geführten Unternehmen. Hier haben die neuen Technologien „leichtes Spiel“. Sie werden quasi mit der Muttermilch aufgesogen und sind von Anfang an feste Bestandteile der Arbeitskultur.

Eine herausragende Rolle spielt die Unternehmenskultur bei **Unternehmenszusammenschlüssen** (engl. *Merger*). Hier ist die behutsame Integration verschiedener Unternehmenskulturen ein entscheidender, allerdings häufig unterschätzter Erfolgsfaktor. Nicht selten ist das Scheitern einer Unternehmenszusammenlegung darauf zurückzuführen, dass es offensichtlich nicht gelungen ist, verschiedene Unternehmenskulturen harmonisch miteinander zu verschmelzen. Diese Vermutung lässt sich jedenfalls aus der Analyse gescheiterter Mergers & Acquisitions (M&A)-Projekte ableiten. Vielfach sind es nicht ökonomische Defizite, sondern die mangelhafte Berücksichtigung weicher Faktoren, die zu Integrationsproblemen führen. Diese Problematik stellt sich aber nicht nur bei internationalen, sondern auch bei nationalen M&A-Projekten, da auch Unternehmen aus demselben Kulturkreis durchaus unterschiedliche „Binnenkulturen“ aufweisen können [vgl. Macharzina/Wolf 2010, S. 731 f.].

1.2.4.2 Ursachen für fehlgeschlagene Fusionen

Wenn es im Rahmen der digitalen Transformation zu (notwendigen) Firmenübernahmen oder -zusammenschlüssen kommt, prallen zumeist unterschiedliche Unternehmenskulturen aufeinander. Anstelle der erhofften Wertsteigerung kommt es dann allerdings überwiegend zu Wertvernichtung und Rentabilitätseinbußen. Drei Ursachen können dafür verantwortlich sein [vgl. Lippold 2017a]:

Bei der **ersten Ursache** geht es um den angestrebten strategischen „Fit" – also um Verbundeffekte (engl. *economies of scope*), um Größenvorteile im Absatzbereich (engl. *economies of scale*), um höhere Geschwindigkeiten bei Markteintritt und -durchdringung (engl. *economies of speed*) sowie um Know-how-Zuwächse bzw. „Skill-Effekte", welche die Innovations- und Wettbewerbsfähigkeit der beteiligten Unternehmen stärken (sollen). In den allermeisten Fällen werden diese Erklärungsmuster, die man auch unter dem Begriff **„Synergie-Effekte"** zusammenfassen kann, den M&A-Transaktionen zur Rechtfertigung und Plausibilität im Nachhinein „untergeschoben". Dies gilt insbesondere dann, wenn hinter den Transaktionszielen ausschließlich die Motive des Managements der fusionierenden Unternehmen stehen. Andere Stakeholder-Gruppen wie Arbeitnehmer, Gewerkschaften, Gläubiger, Lieferanten oder Kunden, die ebenfalls nachhaltig beeinflusst werden können, werden dann mit diesen vordergründigen Erklärungen abgespeist. Dies gilt umso mehr, wenn die wahren Motive der angestrebten Transaktion reines **Machtstreben der Akteure** sind. Schiere Größe muss mit Erfolg nicht identisch sein. Statistisch gesehen wachsen kleine und mittlere Unternehmen schneller und schaffen mehr Arbeitsplätze als große. Größe sollte also nicht nur begründet, sondern es sollten auch die Nachteile der Größe gegengerechnet werden. Insbesondere die **verantwortlichen Aufsichtsräte** sind hier gefordert.

Die **zweite Ursache** für den Misserfolg setzt am Ende der Fusionsphase an. Der Mehrwert eines Zusammenschlusses ist durch den Austausch von Ressourcen zwischen den Fusionspartnern begründet. Wenn nun aber die Vereinbarungen und Spielregeln über Integrationstiefe, Integrationsbreite, Integrationsreihenfolge, die für die Post-Merger-Integrationsphase vereinbart waren, nicht eingehalten werden, ist eine erfolgreiche Zusammenarbeit nur schwer möglich. Und wenn die konsistente und zielgerichtete Kommunikation, die die Integrationsphase begleiten soll, ständig unterlaufen wird, ist ein Scheitern der Fusion vorprogrammiert.

Kommen wir zur **dritten und wohl wichtigsten Ursache**. Sie stellt den Misserfolgsfaktor im Zusammenhang mit den **Unternehmenskulturen der beteiligten Unternehmen** in den Mittelpunkt. Hier liegen die von den beiden Gruppen vertretenen **grundlegenden Überzeugungen**, die das Denken, Handeln und Empfinden von Führungskräften und Mitarbeitern maßgeblich beeinflussen und die insgesamt typisch für das jeweilige Unternehmen sind (innere Haltung), weit auseinander. Die grundlegenden Überzeugungen, die Art, wie die **Werte** nach außen gezeigt werden (äußere Haltung) sind nicht miteinander vereinbar. Gleichzeitig differieren die **Verhaltensregeln** („so wie man es bei uns macht"), die an neue Mitarbeiter und Führungskräfte weitergegeben werden und die als Standards für gutes und richtiges Verhalten gelten, zu stark. Ein Beispiel dazu ist das Entscheidungsverhalten: Die Mitarbeiter des einen Unternehmens haben große Entscheidungsspielräume, die sie auch nutzen. Bei den Beschäftigten des anderen Unternehmens bestimmen Absicherung und Kontrolle die Zusammenarbeit. Das Management der einen Organisation agiert eher kostengetrieben, die Führungskräfte der anderen Organisation mehr gewinnorientiert. Und besonders wichtig: Wie werden Mitarbeiter geführt? Bei dem einen Unternehmen steht Vertrauen, Begeisterung und Offenheit an erster Stelle, bei dem anderen hat Kontrolle, Vergleich und Ranking die höchste Priorität. Solche und weitere Merkmale charakterisieren eine Organisation und können ihr sogar Wettbewerbsvorteile verschaffen.

Im Umfeld eines Mergers besteht die Gefahr, dass die Mitarbeitermotivation und damit die Produktivität einbrechen. Starke Verunsicherung („Was passiert mit mir?"), Misstrauen gegenüber den Mitarbeitern des anderen Unternehmens und ein Gefühl von Kontrollverlust werden zum täglichen Begleiter während der Merger-Phase. Bei den Mitarbeitern des vermeintlich „schwächeren" Unternehmens kann ein Gefühl von Unterlegenheit aufkommen. Diese Emotionen führen dazu, dass sich die Mitarbeiter nur noch mit sich selbst beschäftigen – das operative Tagesgeschäft und besonders die Kundenbeziehungen werden zweitrangig. Im Extremfall kommt es zur inneren oder tatsächlichen Kündigung. Werden kulturelle Unterschiede nicht berücksichtigt, kann dies zu Widerständen und Konflikten führen, die den Integrationsfortschritt behindern oder gar zum Stillstand bringen.

1.2.4.3 Strategien der kulturellen Integration

Um solche Situationen zu vermeiden, werden **drei Strategien der kulturellen Integration** vorgeschlagen [vgl. Cartwright/Cooper 1996, S. 65 ff.]:

Erstens: **Kulturpluralismus** ist die erste strategische Stoßrichtung. Beide Kulturen bleiben nebeneinander bestehen. Man könnte, da wir es ja bei einer Transaktion mit einer Art **„Hochzeit"** zu tun haben, auch von einer **„offenen Ehe"** sprechen. Die beteiligten Unternehmen können ihre Kulturwerte (z.B. Führungsstil, Entscheidungsverhalten, Umgang mit Kunden etc.) aufrechterhalten. Jeder kann weiterhin im Rahmen der gemeinsamen Ziele relativ autonom agieren. Es handelt sich um eine ziemlich erfolgreiche Form des Zusammenschlusses, da die erforderlichen Veränderungen eher gering sind.

Zweitens: Die **Übernahme einer Kultur**, in der Regel der des Käufers, ist die zweite Strategieoption. Man kann auch vom Konzept der **„traditionellen Ehe"** sprechen. Um die Ziele des Zusammenschlusses zu erreichen, wird i.d.R. das übernommene Unternehmen dem Übernehmer angepasst. Der Erfolg des Mergers hängt hierbei entscheidend davon ab, ob das übernommene Unternehmen bereit ist, diese Art von „Ehevertrag" zu akzeptieren.

Drittens: Die **Symbiose der Kulturen** („Best of Both") ist die dritte strategische Variante. Dies entspricht dem Konzept der **„modernen Ehe".** Die Fusionspartner schätzen gegenseitig die Kompetenz und Fähigkeit des jeweils anderen Managements als hoch ein. Die beiderseitige „Integration" führt zu großen Veränderungen für beide Seiten. Dieser Fall setzt eine ausgesprochen hohe Integrationsfähigkeit voraus.

Doch wie realistisch bzw. erfolgversprechend sind solche **„Kulturverordnungen"** eigentlich?

Bei der **traditionellen Ehe**, also bei der verordneten Übernahme der Kultur des übernehmenden Unternehmens, werden sich – eine starke Kultur des übernommenen Unternehmens vorausgesetzt – alle wirklich wichtigen Mitarbeiter „aus dem Staube" machen.

Bei der **modernen Ehe** fehlen i.d.R. die Instrumente, die Transparenz und die Zeit, um die Kulturen so aufzudröseln, dass schlussendlich nur noch die Vorzüge beider Kulturen in der **Zielkultur** zum Tragen kommen.

Bleibt schließlich noch die **offene Ehe** als wohl einzig realistische Strategie, denn Kulturen kann man nicht verordnen, sondern müssen (vor-)gelebt werden. Bei der offenen Ehe bleiben beide Kulturen (zunächst) nebeneinander bestehen. Die Gefahr einer Auseinanderentwicklung besteht dann nicht, wenn man besonders wichtige Positionen zunächst doppelt besetzt, bis sich der endgültige Stelleninhaber „ausmendelt". Das Vorgehen wird bspw. bei Zusammenschlüssen von Dienstleistungsunternehmen bevorzugt. Allerdings kann es bei dieser Vorgehensweise geschehen, dass sich die (letztlich stärkere) Kultur des übernommenen Unternehmens durchsetzt, obwohl dieses durchaus kleiner sein kann als das übernehmende. Man spricht in diesem Fall von einem Reverse-Merger bzw. **Reverse-Takeover**. Die Fusionen von Price Waterhouse und Coopers & Lybrand sowie Ernst & Young und Arthur Andersen sind Bespiele dafür, wie David letztlich Goliath bezwingen kann.

Egal ob freundliche Übernahme, feindlicher Takeover, Fusion auf Augenhöhe, Verschmelzung oder Integration, bei Unternehmenszusammenschlüssen ist die **Kulturintegration** der am häufigsten unterschätzte Erfolgsfaktor. Die Unternehmenskultur gilt als weicher Faktor – hat jedoch harte Auswirkungen: Ein Großteil des Erfolgs einer Organisation hängt mit kulturellen Aspekten zusammen, etwa mit der Teamorientierung, der Mitarbeiterförderung, der Gehaltsstruktur oder der Veränderungsfähigkeit eines Unternehmens. Das Scheitern einer Unternehmenszusammenlegung ist zumeist darauf zurückzuführen, dass es offensichtlich nicht gelungen ist, verschiedene Unternehmenskulturen harmonisch miteinander zu verschmelzen. Vielfach sind es also keine ökonomischen Defizite, sondern die mangelhafte Berücksichtigung weicher Faktoren, die zu Integrationsproblemen führen. Diese Problematik stellt sich aber nicht nur bei internationalen, sondern auch bei nationalen M&A-Projekten, da auch Unternehmen aus demselben Kulturkreis durchaus unterschiedliche „Binnenkulturen" aufweisen können.

Wenn zwei Unternehmen fusionieren, prallen zwei Unternehmenskulturen aufeinander. Dadurch entstehen Angst und Unsicherheit bei den Mitarbeitern und eine Widerstandsreaktion gegen die anstehenden Veränderungen wird ausgelöst. In dieser Phase eines Zusammenschlusses wird über den Erfolg oder Misserfolg einer Fusion entschieden. Aus dem Festhalten an Werten und Grundannahmen der eigenen Kultur resultiert, dass Organisationsmitglieder eine neue Kultur nicht akzeptieren, Programme zur Umstrukturierung und Integration nicht umgesetzt werden, Mitarbeiter die Unternehmen verlassen, allgemeine Angst und Ungewissheit ausbricht und Unternehmensziele in den Hintergrund geraten. Die wirklichen Ziele der Transaktion sind unter diesen Umständen nur schwer erreichbar. Die Kosten der Integration übersteigen oft die erhofften monetären Gewinne z.B. aus Synergieeffekten.

1.2.4.4 Das Kulturwandelhaus – ein möglicher Ansatz

Ebenso wie sich Kultur nicht verordnen lässt, so kann auch ein Kulturwandel nicht gemanagt werden. Er kann bestenfalls initiiert oder begleitet werden, aber nicht managen im Sinne von planen, organisieren und zu einem Soll führen. Daher ist auch der Begriff *Change Management* in hohem Maße irreführend. Beim Kulturwandel geht es daher vor allem darum, Rahmen (engl. *Frames*) zu schaffen, innerhalb derer sich etwas verändern kann [vgl. Hofert/Thonet 2019, S. 4].

Doch wie sieht ein solcher Rahmen, ein Framework für den Wandel aus?

Mit dem **Kulturwandelhaus** bieten Svenja Hofert und Claudia Thonet einen überzeugenden Rahmen für einen möglichen Wandel der Arbeitskultur an. Dieser Rahmen besteht aus einem Fundament, drei Säulen und einem Dach. Wie gesagt, das Kulturwandelhaus ist nicht die Lösung, sondern der Rahmen für eine mögliche Lösung. Im Folgenden sollen die wesentlichen Eckpfeiler des Kulturwandelhauses skizziert werden [vgl. Hofert/Thonet 2019, S. 55 ff.]:

Das **Fundament** besteht aus reflektierten Grundannahmen, aus denen sich ein gemeinsames Verständnis für das ergibt, das es zu verändern gilt. Im Fundament stehen Maßnahmen an, die helfen, ein gemeinsames Verständnis für die gewünschte Veränderung herzustellen. Gruppenveranstaltungen, Impulse, Podiumsdiskussionen, Teamevents: Emotionen bringen die Dinge in Bewegung. Der *Diskurs*, also die gemeinsame Erörterung und Klärung des Themas – Kulturwandel –, ist hier die zentrale Methode. „Das Alte würdigen und das Neue forcieren" kann hier ebenso ein Lösungsansatz sein wie „Die Menschen abholen, indem man ihnen den Nutzen und den Mehrwert erklärt."

Die Säule **Mindset** enthält die Philosophie, Werte und Prinzipien. Es wird unterschieden zwischen dem organisationalen und dem individuellen Mindset. Die Organisation folgt einer bestimmten Denk- und Handlungslogik, aber auch dem einzelnen Mitarbeiter und der Führungskraft. Diese Logik zu ergründen, ist eine wichtige Ausgangsbasis für die Veränderung. Welchen Grundannahmen folgen wir? Müssen diese angesichts der gewünschten Veränderung revidiert werden? Die zentrale Methode hier ist die *Reflexion*. In dieser Säule können Werteworkshops oder auch Reflexionen und Retrospektiven stattfinden.

Die zweite Säule betrifft das **Verhalten**. Wonach sollen Führungskräfte und Mitarbeiter handeln, was gibt ihnen Handlungsimpulse? Wie könnten sie sich anders verhalten und was muss sich dazu ändern? Die zentrale Methode hier ist das *Experiment* – anderes Handeln ausprobieren. Erfahren und Üben stehen im Vordergrund.

Die dritte Säule ist die der **Architektur und des Designs**. Damit wird alles angesprochen, was Struktur gibt. Dazu gehört das Organisations- genauso wie das Teamdesign. Der zentrale Ansatz ist hier *Information*, wozu auch Schulung und Beratung zählen.

Im **Dach**, das sich formt oder bereits besteht, steckt die *Vision* drin. Hier geht es also um die langfristige Vorstellung von der Unternehmensentwicklung. Diese muss mit der entsprechenden Kommunikation über den Veränderungsprozess, in den alle Mitarbeiter eingebunden sein müssen, verzahnt werden. *Kommunikation* ist somit auch die zentrale Methode, in all ihren Facetten, schriftlich, mündlich, visuell, per Audio- und Videobotschaft.

Alle Säulen sind verzahnt, können und sollten aber für die Interventionsplanung separat betrachtet werden. Jede beinhaltet zentrale Fragestellungen. In Abbildung 1-19 ist das Kulturwandelhaus mit seinen Bauelementen und einigen zentralen Fragestellungen im Kontext dargestellt.

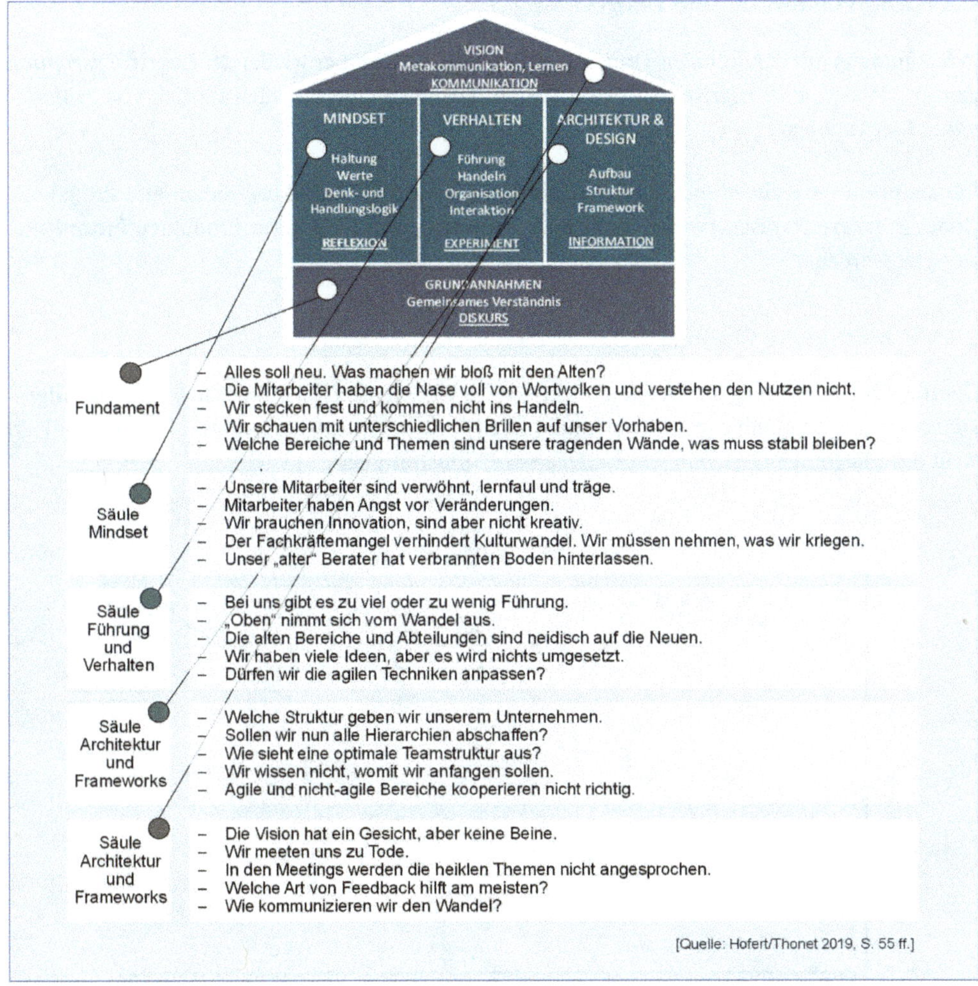
VISION
Metakommunikation, Lernen
KOMMUNIKATION
MINDSET
Haltung
Werte
Denk- und
Handlungslogik
REFLEXION
VERHALTEN
Führung
Handeln
Organisation
Interaktion
EXPERIMENT
ARCHITEKTUR & DESIGN
Aufbau
Struktur
Framework
INFORMATION
GRUNDANNAHMEN
Gemeinsames Verständnis
DISKURS
Fundament
– Alles soll neu. Was machen wir bloß mit den Alten?
– Die Mitarbeiter haben die Nase voll von Wortwolken und verstehen den Nutzen nicht.
– Wir stecken fest und kommen nicht ins Handeln.
– Wir schauen mit unterschiedlichen Brillen auf unser Vorhaben.
– Welche Bereiche und Themen sind unsere tragenden Wände, was muss stabil bleiben?
Säule Mindset
– Unsere Mitarbeiter sind verwöhnt, lernfaul und träge.
– Mitarbeiter haben Angst vor Veränderungen.
– Wir brauchen Innovation, sind aber nicht kreativ.
– Der Fachkräftemangel verhindert Kulturwandel. Wir müssen nehmen, was wir kriegen.
– Unser „alter" Berater hat verbrannten Boden hinterlassen.
Säule Führung und Verhalten
– Bei uns gibt es zu viel oder zu wenig Führung.
– „Oben" nimmt sich vom Wandel aus.
– Die alten Bereiche und Abteilungen sind neidisch auf die Neuen.
– Wir haben viele Ideen, aber es wird nichts umgesetzt.
– Dürfen wir die agilen Techniken anpassen?
Säule Architektur und Frameworks
– Welche Struktur geben wir unserem Unternehmen.
– Sollen wir nun alle Hierarchien abschaffen?
– Wie sieht eine optimale Teamstruktur aus?
– Wir wissen nicht, womit wir anfangen sollen.
– Agile und nicht-agile Bereiche kooperieren nicht richtig.
Säule Architektur und Frameworks
– Die Vision hat ein Gesicht, aber keine Beine.
– Wir meeten uns zu Tode.
– In den Meetings werden die heiklen Themen nicht angesprochen.
– Welche Art von Feedback hilft am meisten?
– Wie kommunizieren wir den Wandel?
[Quelle: Hofert/Thonet 2019, S. 55 ff.]

Abb. 1-19: Das Kulturwandelhaus

1.3 Unternehmen und Arbeitsplätze im digitalen Wandel

1.3.1 Digitalisierung und Disruption

In Verbindung mit der digitalen Transformation wird auch immer wieder der Begriff *Disruption* genannt. Was sind *disruptive* Innovationen und inwieweit unterscheiden sie sich von *evolutionären* Innovationen?

Disruption bezeichnet eine revolutionäre Veränderung des Marktes, indem alte Produkte oder Prozesse (typischerweise) vollständig von neuen und besseren Produkten/Prozessen ersetzt werden.

1.3.1.1 Innovator's Dilemma

Der Begriff *Disruption* geht zurück auf Clayton M. Christensen [2011], der in *„The Innovator's Dilemma"* die disruptive von der evolutionären Innovation abgegrenzt hat. Abbildung 1-20 stellt das Phänomen des *„Innovator's Dilemma"* illustrativ dar.

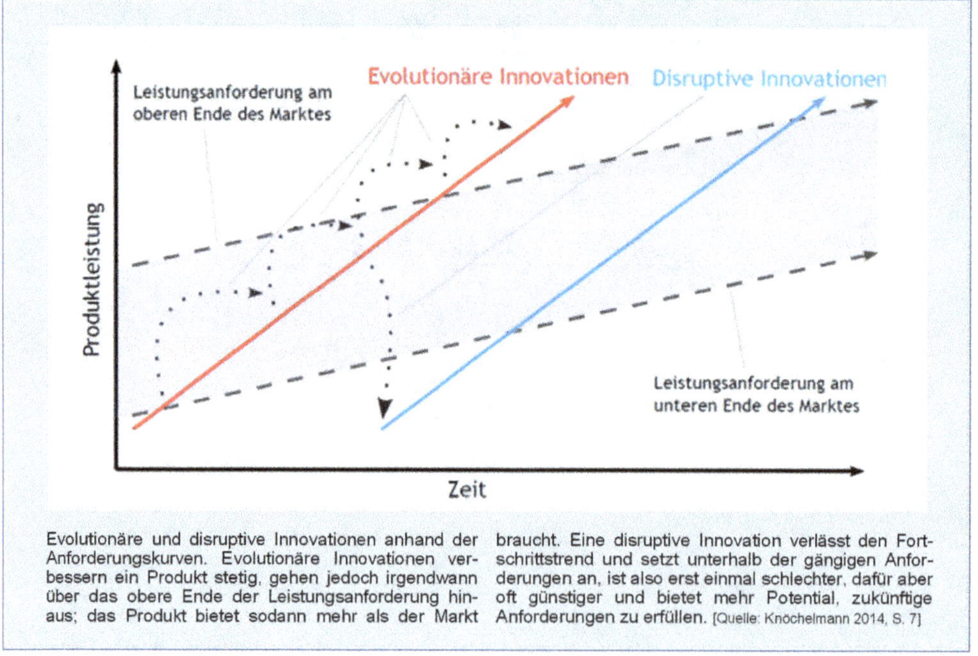

Leistungsanforderung am oberen Ende des Marktes
Evolutionäre Innovationen
Disruptive Innovationen
Produktleistung
Leistungsanforderung am unteren Ende des Marktes
Zeit

Evolutionäre und disruptive Innovationen anhand der Anforderungskurven. Evolutionäre Innovationen verbessern ein Produkt stetig, gehen jedoch irgendwann über das obere Ende der Leistungsanforderung hinaus; das Produkt bietet sodann mehr als der Markt braucht. Eine disruptive Innovation verlässt den Fortschrittstrend und setzt unterhalb der gängigen Anforderungen an, ist also erst einmal schlechter, dafür aber oft günstiger und bietet mehr Potential, zukünftige Anforderungen zu erfüllen. [Quelle: Knöchelmann 2014, S. 7]

Abb. 1-20: Evolutionäre und disruptive Innovationen anhand der Anforderungskurven

Demnach verbessern **evolutionäre Innovationen** etwas Bestehendes (Produkte, Prozesse, etc.) stetig entlang der Kundennutzen-Kurve. Ein Produkt wird also stetig erweitert und verbessert, so dass sich der Nutzen für den Kunden erhöht. Anbieter und Nachfrager sehen darin einen Fortschritt, der – sobald weitere Anbieter folgen – zu einer positiven Entwicklung des Marktes führt. Allerdings wird diese iterative Verbesserung typischerweise auch dann noch weitergeführt, wenn der Markt diese Verbesserung nicht mehr braucht.

Disruptiv sind dagegen jene potenziellen Innovationen, die nicht sofort Fortschritt bewirken, da sie sich nicht an einer bestehenden Nutzenkurve orientieren. Neue Produkte, die eine disruptive Innovation darstellen, sind bei Launch oft schlechter als das Marktangebot. Da sie allerdings vom gängigen Kundennutzen abweichen und Vorteile aufweisen, die von den meisten Anbietern und Nachfragern noch nicht als solche angesehen werden, eröffnen sie einen neuen Markt. Zudem werden diese neuen Entwicklungen anfänglich von den etablierten und marktbeherrschenden Unternehmen nicht richtig eingeschätzt oder sogar verhindert, eben weil sie den eigenen Markt gefährden. Der neue Markt wird aber bei Erfolg der disruptiven Innovation dem „alten“ Markt die Teilnehmer entziehen, bzw. Verbraucher und Nachfrager aus verschiedenen Märkten in sich vereinen. Bekanntestes Beispiel hierfür ist der Smartphone-Markt, der durch Apple begründet wurde. Er vereinigte Millionen Verbraucher aus den zum Teil gesättigten Märkten Handy, Notebook, Laptop und Digitalkamera sowie auch mobile Spielekonsole in sich. Der Umkehrschluss ist folglich, dass die Anbieter der bestehenden Märkte ihrer Zielgruppen beraubt werden und so vor einem ausgehöhlten Geschäftsmodell stehen, obwohl sie mit vermeintlich besseren Produkten auftreten können [vgl. Knöchelmann 2014, S. 5 ff.].

Bemerkenswert ist in diesem Zusammenhang, dass nahezu alle bahnbrechenden Technologiesprünge, wie zum Beispiel die Entwicklung von der Schreibmaschine zur Textverarbeitung am Computer oder von der Petroleumlampe zum elektrischen Licht, von den Branchenführern verpasst wurden.

1.3.1.2 Fünf Prinzipien disruptiver Innovationen

Nach Christensen [2011, S. 9 f.] sind es **fünf Prinzipien** disruptiver Innovationen, die führende und marktbeherrschende Unternehmen zu Fall bringen und bestehende Märkte neu ordnen. Sie sind wichtig, um die Veränderungskraft von Apple, Amazon oder auch Tesla zu verstehen.

Das **erste Prinzip** betrifft die **Ressourcenallokation**. Entscheider in Unternehmen setzen Ressourcen nicht für die jeweilige bestmögliche Verwendung ein. Stattdessen werden routiniert Ressourcen, nach Kundenbedürfnissen und zur Rentabilitätsmaximierung eingesetzt. Disruptive Innovationen sind anfangs weniger rentabel als evolutionäre Innovationen.

Das **zweite Prinzip** behandelt das **Wertesystem** der Unternehmen. Erfolgreiche Organisationen müssen Investoren befriedigen und mindestens in dem Maße wachsen, wie auch der Markt wächst. Gerade große Unternehmen können jedoch schwer Pionier für disruptive Innovationen sein und zugleich ihre Umsatzerwartungen befriedigen. Es sind ganz offensichtlich immer die kleinen und jungen Unternehmen, die auf eine neue Technologie setzen und damit alte Strukturen im Markt aufbrechen oder ganz zerstören. Sie entwickeln eigene Märkte und schaffen neue Geschäftsmodelle für ihre Branchen.

Das **dritte Prinzip** beschreibt, wie bei disruptiven Innovationen die klassische **Marktforschung** versagt. Das liegt daran, dass der Markt für eine disruptive Innovation bei Erfindung noch nicht besteht. Ob Services oder Produkte von Kunden gewollt sind, kann noch nicht ausgetestet werden.

Das **vierte Prinzip** beschäftigt sich mit dem **Veränderungspotenzial** großer Unternehmen. Es wird nämlich deutlich, dass eine Organisation bei Neubesetzung von Projekten (bspw. auch um auf Marktentwicklungen einzugehen) nicht wie erhofft umstellen kann. Das Unternehmen wird auf prozessualer wie auch auf der Werteebene kaum von den eingefahrenen Prinzipien abweichen.

Das **fünfte Prinzip** bezieht sich darauf, dass sich **Technologien** schneller entwickeln als Kundenbedürfnisse. Disruptive Innovationen setzen zwar unterhalb der Marktbedürfnisse an, so dass sie zunächst nicht als Konkurrenz wahrgenommen werden. Bei fortlaufender Entwicklung erkennen Kunden jedoch, dass die disruptive Innovation mehr ihren konkreten Bedürfnissen entspricht und auch noch günstiger ist.

Beispiele dafür, wie Unternehmen digitale Technologien einsetzen, um ihre Unternehmen zu transformieren, können in fast jeder Branche gefunden werden. Abbildung 1-21 zeigt einige Beispiele, die ein Gefühl dafür geben, in welche Richtung sich Märkte im Zuge der digitalen Transformation entwickelt haben.

Sektor/Branche	Alt	Neu
Kommunikation	Visitenkarten	Social-Media-Profile
	Brief	E-Mail
	Meeting	Videokonferenz
	Wandtafel	Smartboard
	Mobiltelefon	Smartphone
Mobilität / Antrieb	Kompass	GPS
	Pferdekutsche	Auto (autonome Fahrzeuge)
	Brennstoffmotor	Elektro / Brennstoffzelle
Gesundheit / Hygiene	Sehhilfe (Brille/Kontaktlinse)	Laser Operation
	Besen	Staubsaugerroboter
	Postnatale Untersuchung	Pränatale Untersuchung
	Röntgen	Elektroenzephalografie & MRT
	Holzbein	Biomechanische Prothesen
Entertainment	CD/DVD/Kino	Streaming
	Röhrenfernseher	Flachbildschirm
Dienstleistungen	Ladengeschäft	Online Shop
	Reisebüro	Buchungsplattform
	Steuererklärung (Papierform)	Digitale Abgabe
	Bargeld	Kreditkarte
	Bankfiliale	Online-Banking
Industrie (allgemein)	Buch (print)	E-Book
	Dreh-/Fräsmaschine	3D-Drucker
	Fließbandarbeiter	Industrieroboter
Informationen	Akten	Digitale Datenbank
	Zeitung	Presseportal
	Analoge Kamera	Digitale Kamera
	Passwort	Fingerabdruck
	Enzyklopädie	Wikipedia

Abb. 1-21: Digitale Technologien, die Branchen verändert haben (Beispiele)

Digitalisierung wirkt sich also auf alle Branchen und Sektoren aus. Maßgeblich verantwortlich für den **Diffusionsprozess** der Digitalisierung ist die Geschwindigkeit, in der neue Märkte durch Software erschlossen und verändert werden können. Hinzu kommt ein Veränderungsdruck bei vielen Unternehmen, der durch den veränderten Zugang (z.B. über digitale Plattformen) zu den Märkten zustande kommt [vgl. Kofler 2018, S. 31f.].

1.3.2 Adoptionsprozess digitaler Technologien

Während der Diffusionsprozess sich auf die Ausbreitung der digitalen Innovation in den einzelnen Märkten und auch bei den Kunden bezieht, beschreibt der Adoptionsprozess die Annahme der Digitalisierung innerhalb des Unternehmens. Die Adoption der Digitalisierung innerhalb der Unternehmen lässt sich gedanklich plausibel nachvollziehen, allerdings ohne dass für diesen **Adoptionsprozess** messbare Gesetzmäßigkeiten vorliegen.

Abbildung 1-22 zeigt die plausiblen Zusammenhänge, die zu Veränderungen innerhalb von Unternehmen durch die Digitalisierung führen. Dabei zeigt sich, dass es **drei Impulsgeber** sind, die für ständig neue Herausforderungen im Unternehmen sorgen. Das sind die fortlaufende Weiterentwicklung der **digitalen Technologien**, die Erwartungen der **Kunden** aufgrund neuer Anforderungen und Bedürfnisse sowie neue **digitale Geschäftsmodelle**.

Die neuen Herausforderungen erfordern eine neue Art zu arbeiten und eine neue Art, Projekte durchzuführen. Beides wiederum führt zu kulturellen Veränderungen im Unternehmen und zu einem neuen Führungsverständnis, geprägt von neuen Führungsrollen. Kulturelle Veränderungen im Unternehmen wiederum verändern Mitarbeiter. Zusätzlich werden neue Mitarbeiter gesucht, die ebenfalls über das Wissen der Potenziale von neuen Methoden, Technologien und Werkzeuge verfügen, so dass auch sie der neuen Art, Projekte durchzuführen, nachkommen können [vgl. Kofler 2018, S. 31].

Zusammenhänge, Einflussfaktoren und Auswirkungen der digitalen Transformation auf Unternehmen
Neue Wettbewerber
führen zu
Neue/geänderte Verwertungspotenziale
entwickeln
führen zu
Neuer Führungsstil/ neue Führungsrollen
Neue digitale Geschäftsmodelle
Fortlaufende Weiterentwicklung der digitalen Technologien
erfordern
führen zu
führen zu
beeinflussen
Neue Art zu arbeiten
erfordern
Neue Herausforderungen im Unternehmen
Kunden
erfordern
erfordern
führen zu
haben
Kulturelle Veränderung im Unternehmen
erfordern
Neue Art Projekte durchzuführen
Kundenerwartungen (Neue Anforderungen, Bedürfnisse)
verändert
benötigen
erfordern
führen zu
Mitarbeiter
Wissen über Potenziale von Methoden/ Technologien/Werkzeugen
(Neue) Produkte/ Dienstleistungen und Schnittstellen
[Quelle: Kofler 2018, S. 31]

Abb. 1-22: Zusammenhänge und Einflüsse der Digitalisierung auf Unternehmen

1.3.3 Elemente des digitalen Unternehmens

Mit Hilfe eines **Referenzmodells** soll im Folgenden dargestellt werden, welche Elemente die digitale Transformation in einem Unternehmen beinhaltet. Die Frage ist also, welche Bereiche im Unternehmen sind von der Digitalisierung betroffen. Wie lassen sich solche Bereiche (Menschen, Produkte, Systeme etc.) strukturieren?

Nach Appelfeller/Feldmann [2018, S. 3 ff.] sind es **10 Elemente**, die in einem Unternehmen entweder selbst digitalisiert und vernetzt werden oder aber hierfür die Voraussetzung schaffen (siehe Abbildung 1-23):

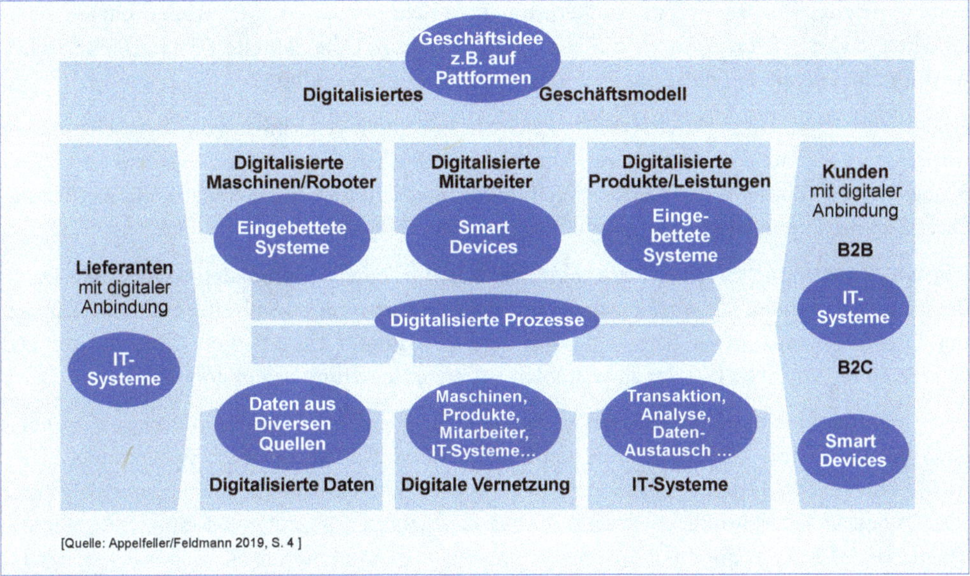
Geschäftsidee z.B. auf Pattformen
Digitalisiertes Geschäftsmodell
Digitalisierte Maschinen/Roboter
Eingebettete Systeme
Digitalisierte Mitarbeiter
Smart Devices
Digitalisierte Produkte/Leistungen
Einge-bettete Systeme
Kunden mit digitaler Anbindung
B2B
IT-Systeme
B2C
Smart Devices
Lieferanten mit digitaler Anbindung
IT-Systeme
Digitalisierte Prozesse
Daten aus Diversen Quellen
Digitalisierte Daten
Maschinen, Produkte, Mitarbeiter, IT-Systeme...
Digitale Vernetzung
Transaktion, Analyse, Daten-Austausch ...
IT-Systeme
[Quelle: Appelfeller/Feldmann 2019, S. 4]

Abb. 1-23: Elemente des digitalen Unternehmens (Referenzmodell)

Digitalisierte Prozesse stehen im Mittelpunkt des digitalen Unternehmens. Beispiele sind Logistik-, Produktions-, Vertriebs- oder auch Personalentwicklungsprozesse. Wird ein solcher Prozess von einem IT-System unterstützt, so handelt es sich um einen digitalisierten Prozess.

Digital angebundene Lieferanten sind Geschäftspartner auf der Beschaffungsseite. Der Datenaustausch mit ihnen erfolgt per E-Mail, über ein Lieferantenportal im Internet oder per EDI (Electronic Data Interchange). Das Ziel der digitalen Lieferantenanbindung besteht wie bei nahezu allen digitalen Prozessen in der Effizienzsteigerung.

Digital angebundene Kunden sind analog zu den Lieferanten Geschäftspartner, mit denen der Datenaustausch über die oben beschriebenen Kanäle erfolgt. Beim B2C-Kunden steht der internetgestützte, digitale Kundenzugang durch mobile Endgeräte wie Smartphones oder Tablets im Vordergrund. Bei B2B-Kunden richtet sich die digitale Anbindung vorrangig auf eine Effizienzsteigerung bei der Abwicklung unternehmensübergreifender Prozesse.

Digitalisierte Mitarbeiter sind Beschäftigte, die neben klassischen Computern mit mobilen Endgeräten ausgestattet werden. Durch den mobilen Zugriff auf IT-Systeme bzw. digitale Daten sollen die Mitarbeiter flexibler eingesetzt werden können.

Digitale Daten entstehen insbesondere durch die Überführung von analogen Größen in digitale Größen. Dies ist deshalb erforderlich, weil vielfach Daten wie Zahlen, Texte oder Zeichnungen noch analog in Papierform vorliegen. Digitale Daten können dagegen, ohne erst schriftlich bearbeitet zu werden, von Mitarbeitern direkt in IT-Systeme eingegeben oder aus anderen IT-Systemen über eine Schnittstelle übernommen werden, so dass sich dadurch die Effizienz steigern lässt.

Digitalisierte Produkte enthalten „implantierte" digitale Technologien. Dazu zählen neben Prozessoren und Speicherchips insbesondere RFID-Chips, welche die Möglichkeit bieten, Daten zu empfangen und zu senden sowie mit Maschinen, Produktions- und Transportmitteln zu kommunizieren. Die Bandbreite solcher Produkte reicht von einem mit vielen digitalen Technologien ausgestatteten Auto bis hin zum Kühlschrank, der die aktuelle Bestandshöhe an Lebensmitteln erkennt und diese bei Bedarf automatisch nachbestellt.

Digitalisierte Maschinen und Roboter zeichnen sich durch den Einbau von Kleinstcomputern (Prozessoren, Speicherchips etc.) aus. Die Aufgabe solcher eingebetteten Systeme (engl. *Embedded Systems*) besteht darin, Maschinen und Roboter zu regeln, zu steuern und zu überwachen. Ziel der Digitalisierung ist hier der selbststeuernde Prozess.

Digitale Vernetzung bedeutet, dass mindestens zwei Elemente verbunden werden, um Daten digital auszutauschen. Die oben beschriebene digitale Anbindung von Lieferanten und Kunden mit den IT-Systemen des eigenen Unternehmens liefert dafür ein Beispiel. Alles was vernetzt werden kann, wird im Zuge der angestrebten Effizienzsteigerung in Zukunft vernetzt.

IT-Systeme zählen definitionsgemäß zu den digitalen Elementen. Ihre Einführung ist grundlegend für die digitale Transformation von Unternehmen. Dabei stehen IT-Systeme wie ERP-, SCM- oder CRM-Systeme sowie Data Warehouse- und Dokumentenmanagement-Systeme (DMS) bei der Einführung im Fokus. Sie werden heute ergänzt durch Frameworks für das Thema Big Data oder die oben erwähnten eingebetteten Systeme für die Realisierung des Internet of Things.

Digitalisiertes Geschäftsmodell bezeichnet eine Geschäftsidee, deren Wertschöpfung komplett auf der Digitalisierung beruht. Die Digitalisierung wird genutzt, um das Leistungsspektrum des Unternehmens zu erweitern. Beispiele liefern digitale Plattformen, auf deren Basis Unternehmen Anbieter und Nachfrager zusammenbringen und dadurch Umsatz generieren.

Um nun den jeweiligen **Digitalisierungsgrad** eines Unternehmens zu bestimmen, legen Appelfeller/Feldmann [2018, S. 13 ff.] ein **Reifegradmodell** vor, mit dem auf der Basis der 10 Elemente gemessen werden kann, welchen Status ein Unternehmen beim Thema digitale Transformation bereits erreicht hat und wie es sich in Zukunft weiterentwickeln soll.

Fragt man die deutschen Unternehmen selbst, wie sie beim Thema Digitalisierung aufgestellt sind, so werden die Erfolge bei der digitalen Transformation skeptisch beurteilt (siehe dazu Abbildung 1-24).

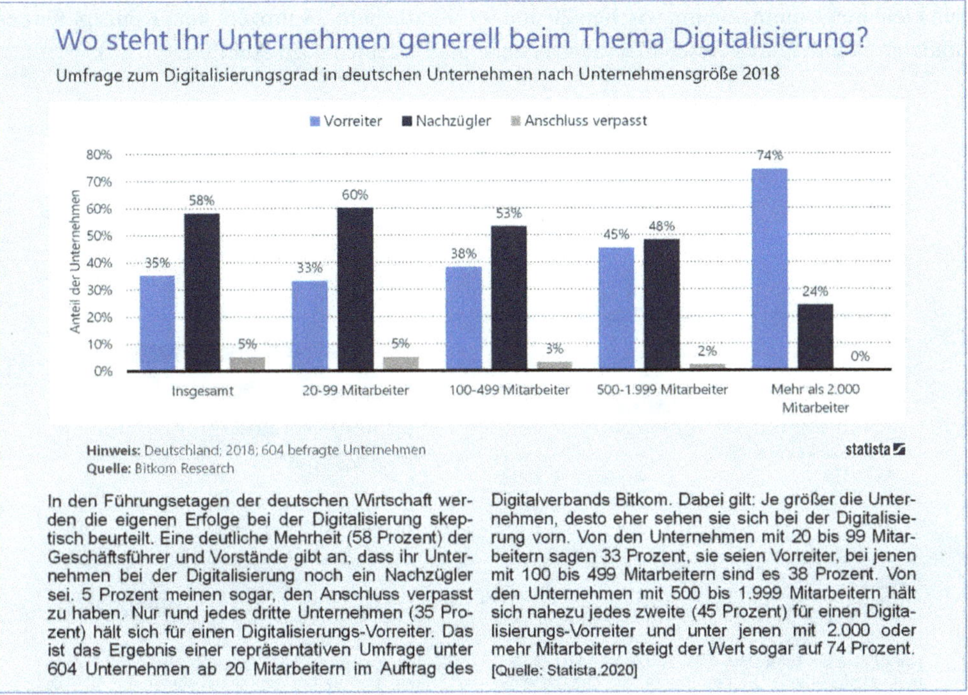
Wo steht Ihr Unternehmen generell beim Thema Digitalisierung?
Umfrage zum Digitalisierungsgrad in deutschen Unternehmen nach Unternehmensgröße 2018
Vorreiter
Nachzügler
Anschluss verpasst
Anteil der Unternehmen
80%
70%
60%
50%
40%
30%
20%
10%
0%
35%
58%
5%
33%
60%
5%
38%
53%
3%
45%
48%
2%
74%
24%
0%
Insgesamt
20-99 Mitarbeiter
100-499 Mitarbeiter
500-1.999 Mitarbeiter
Mehr als 2.000 Mitarbeiter
Hinweis: Deutschland; 2018; 604 befragte Unternehmen
Quelle: Bitkom Research
statista
In den Führungsetagen der deutschen Wirtschaft werden die eigenen Erfolge bei der Digitalisierung skeptisch beurteilt. Eine deutliche Mehrheit (58 Prozent) der Geschäftsführer und Vorstände gibt an, dass ihr Unternehmen bei der Digitalisierung noch ein Nachzügler sei. 5 Prozent meinen sogar, den Anschluss verpasst zu haben. Nur rund jedes dritte Unternehmen (35 Prozent) hält sich für einen Digitalisierungs-Vorreiter. Das ist das Ergebnis einer repräsentativen Umfrage unter 604 Unternehmen ab 20 Mitarbeitern im Auftrag des Digitalverbands Bitkom. Dabei gilt: Je größer die Unternehmen, desto eher sehen sie sich bei der Digitalisierung vorn. Von den Unternehmen mit 20 bis 99 Mitarbeitern sagen 33 Prozent, sie seien Vorreiter, bei jenen mit 100 bis 499 Mitarbeitern sind es 38 Prozent. Von den Unternehmen mit 500 bis 1.999 Mitarbeitern hält sich nahezu jedes zweite (45 Prozent) für einen Digitalisierungs-Vorreiter und unter jenen mit 2.000 oder mehr Mitarbeitern steigt der Wert sogar auf 74 Prozent.
[Quelle: Statista.2020]

Abb. 1-24: „Wo steht Ihr Unternehmen generell beim Thema Digitalisierung?"

So sind nur sehr wenige deutsche Unternehmen in daten- und netzwerkbasierten Geschäftsbereichen erfolgreich. Tech-Giganten wie Amazon, Google oder Facebook, die ihren Sitz durchweg in den USA haben, sucht man hierzulande vergeblich. So stufen 58 Prozent der Geschäftsführer und Vorstände quer durch alle Branchen ihre Firma auf dem Gebiet der digitalen Transformation als Nachzügler ein. Laut der Umfrage von Bitkom, für die rund 600 Unternehmen ab 20 Mitarbeitern befragt wurden, meinen sogar fünf Prozent, bereits den Anschluss verpasst zu haben. Nur etwa jedes dritte Unternehmen (35 Prozent) zählt sich zu den Vorreitern der Digitalisierung [vgl. Amerland 2020].

Ganz offensichtlich hängen Digitalisierungsgrad und Unternehmensgröße zusammen. Je größer das Unternehmen ist, desto positiver fällt die Selbsteinschätzung aus. Während sich von Unternehmen in der Größenordnung von 20 bis 99 Mitarbeitern 34 Prozent als Digitalisierungsvorreiter einstufen, sind es bei Firmen mit 100 bis 499 Mitarbeitern bereits 38 Prozent. Bei 500 bis 1.999 Mitarbeitern steigt der Anteil auf 47 Prozent, unter Firmen mit 2.000 und mehr Mitarbeitern betrachten sich gar 74 Prozent als Pioniere der digitalen Transformation.

Allerdings gibt nur etwa jedes dritte Unternehmen (38 Prozent) an, eine zentrale **Digitalstrategie** für das gesamte Unternehmen zu verfolgen. 37 Prozent haben zumindest für ausgewählte Unternehmensbereiche Strategien zur Digitalisierung entwickelt, aber jedes vierte Unternehmen (23 Prozent) verfügt über keinerlei Digitalstrategie.

Auch hierbei haben große Unternehmen und Konzerne die Nase vorn. Während Firmen mit mehr als 2.000 Mitarbeitern auf jeden Fall über eine Digitalstrategie verfügen, haben von den kleineren Unternehmen zwischen 20 und 99 Mitarbeitern 28 Prozent kein Konzept für den digitalen Wandel ihres Geschäftsmodells (siehe im Einzelnen dazu Abbildung 1-25).

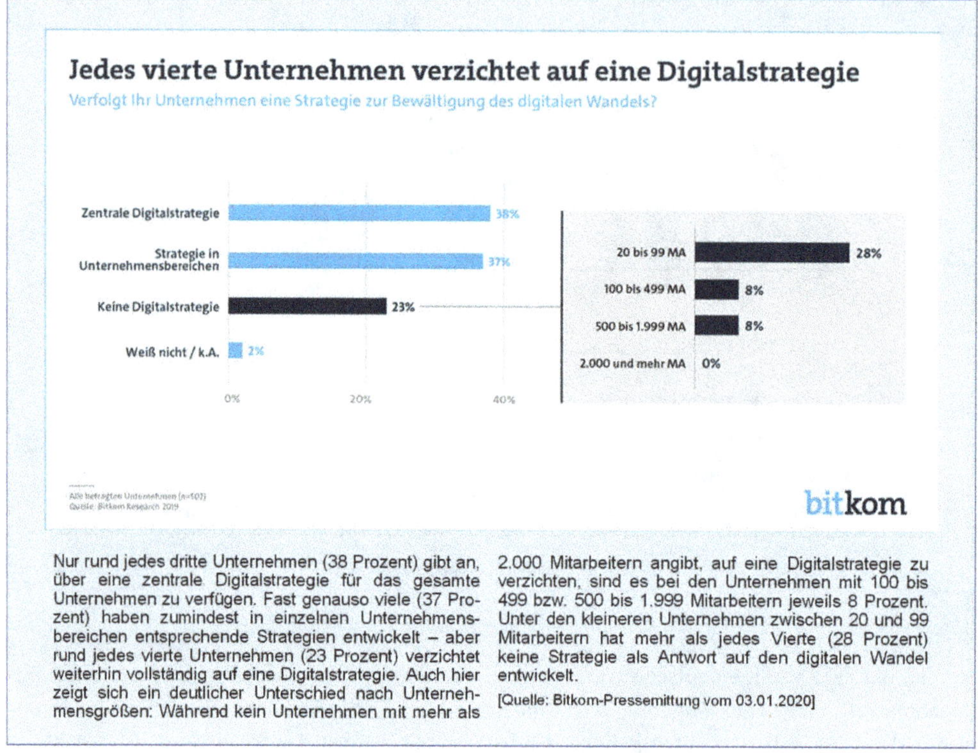
Jedes vierte Unternehmen verzichtet auf eine Digitalstrategie
Verfolgt Ihr Unternehmen eine Strategie zur Bewältigung des digitalen Wandels?
Zentrale Digitalstrategie 38%
Strategie in Unternehmensbereichen 37%
Keine Digitalstrategie 23%
Weiß nicht / k.A. 2%
0%
20%
40%
20 bis 99 MA 28%
100 bis 499 MA 8%
500 bis 1.999 MA 8%
2.000 und mehr MA 0%
bitkom

Nur rund jedes dritte Unternehmen (38 Prozent) gibt an, über eine zentrale Digitalstrategie für das gesamte Unternehmen zu verfügen. Fast genauso viele (37 Prozent) haben zumindest in einzelnen Unternehmensbereichen entsprechende Strategien entwickelt – aber rund jedes vierte Unternehmen (23 Prozent) verzichtet weiterhin vollständig auf eine Digitalstrategie. Auch hier zeigt sich ein deutlicher Unterschied nach Unternehmensgrößen: Während kein Unternehmen mit mehr als 2.000 Mitarbeitern angibt, auf eine Digitalstrategie zu verzichten, sind es bei den Unternehmen mit 100 bis 499 bzw. 500 bis 1.999 Mitarbeitern jeweils 8 Prozent. Unter den kleineren Unternehmen zwischen 20 und 99 Mitarbeitern hat mehr als jedes Vierte (28 Prozent) keine Strategie als Antwort auf den digitalen Wandel entwickelt.

[Quelle: Bitkom-Pressemittung vom 03.01.2020]

Abb. 1-25: „Jedes vierte Unternehmen verzichtet auf eine Digitalstrategie“

Unter den oben aufgeführten Elementen zählt der „digitalisierte Mitarbeiter“ sicherlich zu den Akteuren, die im besonderen Blickpunkt unserer Gesellschaft stehen. Im Zusammenhang mit den Auswirkungen der fortschreitenden Digitalisierung auf dem Arbeitsmarkt stellt sich immer wieder die Frage, inwieweit die Digitalisierung Arbeitsplätze ersetzt beziehungsweise überflüssig macht.

1.3.4 Das Substituierbarkeitsrisiko

Ein wichtiger Aspekt bei diesen Betrachtungen ist das sogenannte **Substituierbarkeitsrisiko**. Es beschreibt die Wahrscheinlichkeit, dass die Aktivitäten eines Mitarbeiters durch die Digitalisierung automatisiert werden und damit der Arbeitsplatz wegfallen könnte. Arbeitsplätze mit hohem Substituierbarkeitsrisiko entfallen, Arbeitsplätze mit niedrigem Substituierbarkeitsrisiko verändern sich. Damit stellt sich die Frage, was das Substituierbarkeitsrisiko beeinflusst. Welche Tätigkeiten haben eine hohe, welche eine niedrige Automatisierungswahrscheinlichkeit?

Ganz offensichtlich ist es so, dass standardisierte Arbeiten bzw. Routinetätigkeiten mit geringer Komplexität eine *hohe Automatisierungswahrscheinlichkeit* und damit ein **hohes Substituierbarkeitsrisiko** haben. Im produzierenden Bereich gilt dies seit langem; nunmehr trifft es auch immer mehr auf den administrativen Bereich zu. Viele Berufsbilder, die häufig von Sachbearbeitern wahrgenommen werden, und eine mittlere Qualifikation erfordern, sind aufgrund dieser Automatisierungsmöglichkeit bereits aktuell bedroht. Beispiele für eher mittel- bis langfristig bedrohte Berufsbilder sind die des Lkw-Fahrers, Postboten oder Kassierers im Supermarkt. Das autonome Fahren, der Einsatz von Drohnen und die Abwicklung über einen Self-Service sind hier die entsprechenden Substitutionsansätze.

Ein **niedriges Substituierbarkeitsrisiko** haben dagegen kreative und soziale Berufe. Dies sind vor allem Tätigkeitsfelder mit komplexen nicht standardisierbaren Aufgaben und hohen Qualifikationsanforderungen, wissenschaftliche Berufe und auch Berufe mit ausgeprägten sensomotorischen Fähigkeiten (Physiotherapeuten, Zahnärzte etc.). Doch selbst bei tendenziell sicheren Berufen wird es im Rahmen der Digitalisierung zu Veränderungen der Arbeitsplätze kommen. Solche Mitarbeiter werden zunehmend IT-unterstützt, weniger papierbasiert, mobiler und in der Produktion langfristig mit Robotern Hand in Hand arbeiten [vgl. Appelfeller/Feldmann 2018, S. 63 ff.].

Grundsätzlich aber gilt, dass man sich nicht wegen der Möglichkeiten, die Digitalisierung bietet, sondern wegen veralteter Technik Sorgen um seinen Arbeitsplatz machen muss. Schließlich vermindern veraltete Technologien die Wettbewerbstätigkeit vieler Betriebe und damit die Sicherheit der Arbeitsplätze (siehe Abbildung 1-26).

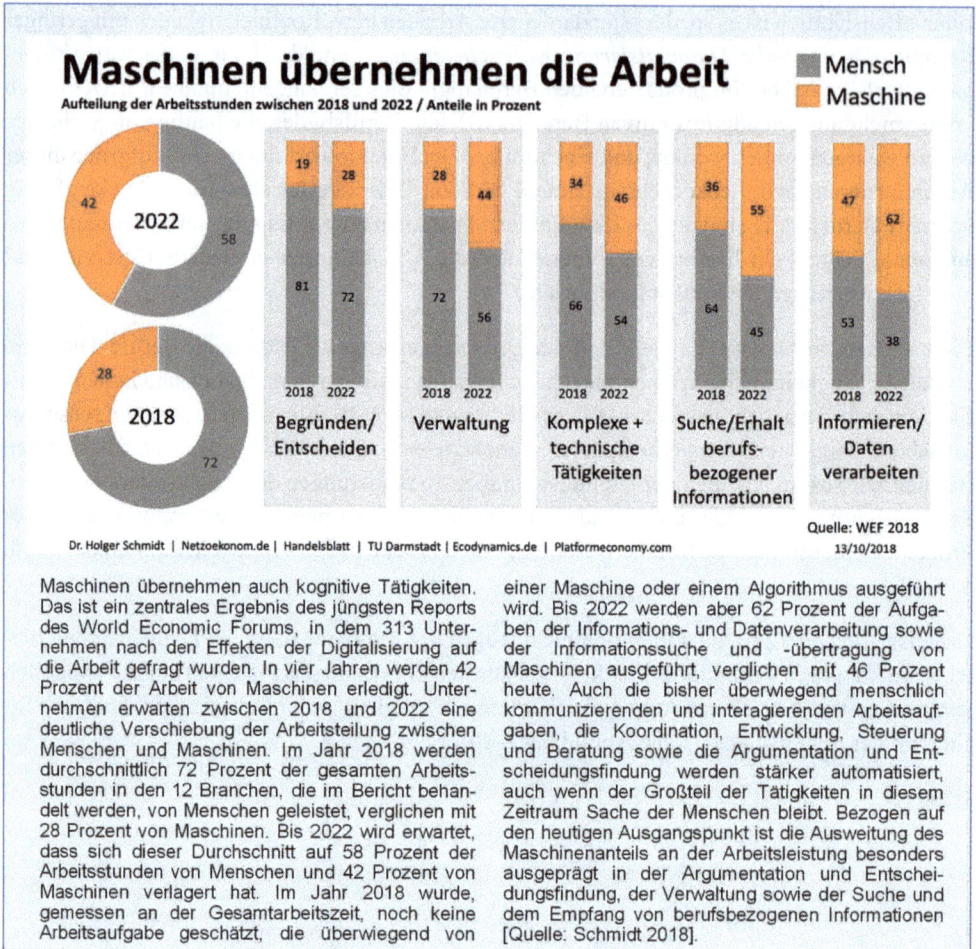

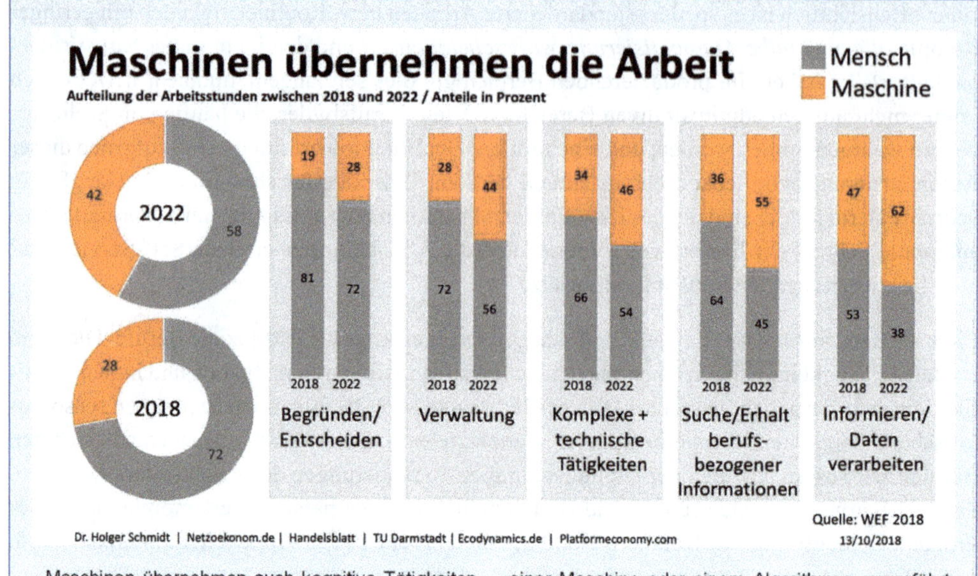
Maschinen übernehmen die Arbeit
Aufteilung der Arbeitsstunden zwischen 2018 und 2022 / Anteile in Prozent
Mensch
Maschine
2022
42
58
2018
28
72
19
28
81
72
2018 2022
Begründen/ Entscheiden
28
44
72
56
2018 2022
Verwaltung
34
46
66
54
2018 2022
Komplexe + technische Tätigkeiten
36
55
64
45
2018 2022
Suche/Erhalt berufs- bezogener Informationen
47
62
53
38
2018 2022
Informieren/ Daten verarbeiten
Quelle: WEF 2018
13/10/2018
Dr. Holger Schmidt | Netzoekonom.de | Handelsblatt | TU Darmstadt | Ecodynamics.de | Platformeconomy.com

Maschinen übernehmen auch kognitive Tätigkeiten. Das ist ein zentrales Ergebnis des jüngsten Reports des World Economic Forums, in dem 313 Unternehmen nach den Effekten der Digitalisierung auf die Arbeit gefragt wurden. In vier Jahren werden 42 Prozent der Arbeit von Maschinen erledigt. Unternehmen erwarten zwischen 2018 und 2022 eine deutliche Verschiebung der Arbeitsteilung zwischen Menschen und Maschinen. Im Jahr 2018 werden durchschnittlich 72 Prozent der gesamten Arbeitsstunden in den 12 Branchen, die im Bericht behandelt werden, von Menschen geleistet, verglichen mit 28 Prozent von Maschinen. Bis 2022 wird erwartet, dass sich dieser Durchschnitt auf 58 Prozent der Arbeitsstunden von Menschen und 42 Prozent von Maschinen verlagert hat. Im Jahr 2018 wurde, gemessen an der Gesamtarbeitszeit, noch keine Arbeitsaufgabe geschätzt, die überwiegend von einer Maschine oder einem Algorithmus ausgeführt wird. Bis 2022 werden aber 62 Prozent der Aufgaben der Informations- und Datenverarbeitung sowie der Informationssuche und -übertragung von Maschinen ausgeführt, verglichen mit 46 Prozent heute. Auch die bisher überwiegend menschlich kommunizierenden und interagierenden Arbeitsaufgaben, die Koordination, Entwicklung, Steuerung und Beratung sowie die Argumentation und Entscheidungsfindung werden stärker automatisiert, auch wenn der Großteil der Tätigkeiten in diesem Zeitraum Sache der Menschen bleibt. Bezogen auf den heutigen Ausgangspunkt ist die Ausweitung des Maschinenanteils an der Arbeitsleistung besonders ausgeprägt in der Argumentation und Entscheidungsfindung, der Verwaltung sowie der Suche und dem Empfang von berufsbezogenen Informationen [Quelle: Schmidt 2018].

Abb. 1-26: „Maschinen übernehmen die Arbeit"

Bis 2022 wird Technologie die Arbeitnehmer von vielen Aufgaben der Datenverarbeitung und Informationssuche befreien und sie auch zunehmend bei hochwertigen Aufgaben wie Argumentation und Entscheidungsfindung unterstützen. Letztlich sind es zwei parallele und miteinander verbundene Fronten des Wandels bei der Transformation der Belegschaft. Zum einen ist es ein massiver Rückgang einiger Rollen, da die Aufgaben innerhalb dieser Rollen automatisiert oder redundant werden. Zum anderen zeichnet sich ein ebenso massives Wachstum neuer Produkte und Dienstleistungen ab. Damit verbunden sind neue Aufgaben und Arbeitsplätze, die durch die Einführung neuer Technologien entstehen (siehe Abbildung 1-27).

Effekte der Digitalisierung auf Tätigkeiten

Zeitraum 2018 bis 2022 / Zahlen in Klammern: Anteile an Erwerbstätigen in Prozent in diesem Zeitraum

Stabile Tätigkeiten (53% –52%)

- Geschäftsführer und Betriebsleiter
- Software- und Anwendungsentwickler
- Datenanalysten und Wissenschaftler
- Vertriebs- und Marketingfachleute
- Produktentwickler
- Personalverantwortliche
- Finanz- und Anlageberater
- Datenbank- und Netzwerkprofis
- Supply Chain und Logistik-Spezialisten
- Spezialisten für Risikomanagement
- Analysten für Informationssicherheit
- Elektrotechnik-Ingenieure
- Betreiber von Chemieanlagen
- Dozenten an Universitäten und Hochschulen
- Compliance-Beauftragte
- Energie- und Erdölingenieure
- Roboterspezialisten
- Organisationsentwickler

Neue Tätigkeiten (16% –27%)

- Datenanalysten und Wissenschaftler
- KI- und Machine Learning-Spezialisten
- Big Data Spezialisten
- Spezialisten für digitale Transformation
- Vertriebs- und Marketingfachleute
- Neue Technologiespezialisten
- Software- und Anwendungsentwickler
- Spezialisten für Prozessautomatisierung
- Informationen für Innovationsfachleute
- Sicherheitsanalysten
- Experten für E-Commerce/Social Media
- User Experience und Human-Machine-Interaktionsdesigner
- Spezialisten für Aus- und Weiterbildung
- Roboterspezialisten und Ingenieure
- Kulturspezialisten
- Service- und Lösungsdesigner
- Spezialisten für digitales Marketing und Strategie

Redundante Tätigkeiten (31% –21%)

- Dateneingabe
- Buchhalter
- Verwaltungs- und Exekutivsekretäre
- Monteure und Fabrikarbeiter
- Buchhalter und Wirtschaftsprüfer
- Sachbearbeiter für Materialerfassung
- Postbeamte
- Finanzanalysten
- Kassierer und Ticketverantwortliche
- Mechaniker und Maschinenreparateure
- Telemarketer
- Elektro- und Telekommunikations-installateure und -reparateure
- Kundenbetreuer in Banken
- Fahrer von Pkw und Transportern
- Vertriebs- und Einkaufsagenten
- Statistik-, Finanz- und Versicherungskaufleute
- Rechtsanwälte

Quelle: WEF 2018

Dr. Holger Schmidt | Netzoekonom.de | Handelsblatt | TU Darmstadt | Ecodynamics.de | Platformeconomy.com 13/10/2018

In allen untersuchten Branchen werden die aufstrebenden Berufe bis 2022 ihren Beschäftigungsanteil von 16 Prozent auf 27 Prozent der gesamten Mitarbeiterzahl der befragten Unternehmen erhöhen, während der Beschäftigungsanteil der abnehmenden Rollen von derzeit 31 Prozent auf 21 Prozent sinken wird. Etwa die Hälfte der heutigen Kernaufgaben - die den größten Teil der Beschäftigung in allen Branchen ausmachen - wird im Zeitraum bis 2022 stabil bleiben. Innerhalb der befragten Unternehmen, die insgesamt mehr als 15 Millionen Arbeitnehmer beschäftigen, gehen aktuelle Schätzungen von einem Rückgang um 0,98 Millionen Arbeitsplätze und einem Anstieg um 1,74 Millionen Arbeitsplätze aus. Zu den etablierten Rollen, die im Zeitraum bis 2022 eine steigende Nachfrage erfahren werden, gehören Datenanalysten und Wissenschaftler, Software- und Anwendungsentwickler sowie E-Commerce- und Social-Media-Spezialisten, die wesentlich auf dem Einsatz von Technologie basieren und diese erweitern. Es wird erwartet, dass auch Rollen wachsen, die ausgeprägte "menschliche" Fähigkeiten nutzen, wie Kundendienstmitarbeiter, Vertriebs- und Marketingfachleute, Training und Entwicklung, Kultur, Spezialisten für Organisationsentwicklung sowie Innovationsmanager.

[Quelle: Schmidt 2018]

Abb. 1-27: „Effekte der Digitalisierung auf Tätigkeiten"

1.3.5 Maschinen schaffen mehr Arbeitsplätze als sie vernichten

Es lässt sich nicht wegdiskutieren, dass Computer, Algorithmen und Anwendungen mit Künstlicher Intelligenz Arbeitsplätze überflüssig machen. So kostete die Automatisierung in Europa von 1999 bis 2010 etwa 1,6 Millionen Jobs, besonders in der Produktion. Gleichzeitig wurden im gleichen Zeitraum aber rund drei Millionen neue Arbeitsplätze generiert. Macht unterm Strich ein Plus von fast 1,5 Millionen. Dies ist das Ergebnis einer Studie des Forschungsinstituts zur Zukunft der Arbeit (IZA) [vgl. IZA 2019].

Warum ist das so? Weil man Automatisierung nicht mit Digitalisierung gleichsetzen darf. Automation macht dann Menschen arbeitslos, wenn sie keine Chance bekommen, etwas anderes zu lernen oder sich weiterzubilden. So müssen viele Stellen abgebaut werden, wenn Deutschland die Chancen der neuen technologischen Entwicklungen verschläft. Die Digitalisierung ist in allen Branchen ein absolutes Muss, um wettbewerbsfähig zu bleiben. Produkte, Wertschöpfungsnetze und Unternehmenskultur wollen im Zuge der Digitalisierung weiterentwickelt werden. Daher brauchen Unternehmen trotz der disruptiven Situation dringend zusätzliche Arbeitskräfte. Das bedeutet: Die Digitalisierung kann Stellen schaffen, wenn man sie nur lässt [vgl. Schnell 2019].

Im Zuge der Digitalisierung wird sich also die Nachfrage nach einer Vielzahl völlig neuer Fachfunktionen und Branchenthemen im Zusammenhang mit dem Verständnis und der Nutzung der neuesten aufkommenden Technologien beschleunigen. Besonders gefragt sind künftig KI- und Machine Learning-Spezialisten, Big Data-Spezialisten, Prozessautomatisierungsexperten, Informationssicherheitsanalysten, Mensch-Maschine-Interaktionsdesigner, Robotik-Ingenieure und Blockchain-Spezialisten, aber auch Scrum Master oder Scrum Product Owner aus einer agilen Organisationsumgebung [vgl. Schmidt 2018].

Fazit: Bei hochqualifizierten Digital-Jobs, aber auch bei Jobs mittlerer Qualifikation im Handwerks- und im Pflegebereich trifft eine hohe Nachfrage auf zu wenige Bewerber mit entsprechenden Kompetenzen. Auf allen Gebieten, die mit zwischenmenschlichen Beziehungen, individuellen Dienstleistungen, Kreativität und den Mensch-Maschine-Schnittstellen zu tun haben, werden – ebenso wie in der Digitalbranche – viele neue Tätigkeiten entstehen. Dagegen sind Personen mit veralteter oder niedriger Qualifikation besonders gefährdet, ihren Arbeitsplatz zu verlieren [vgl. Radomsky 2019, S. 31].

1.3.6 Die Zukunft der Arbeit

Letztendlich sind es vier übergreifende Trends, welche die neue Arbeitswelt bestimmen werden [vgl. Radomsky 2019, S. 35]:

- Flexibilität und Agilität
- Virtualisierung und Globalisierung
- Digitale Plattform-Ökonomie
- Flache Hierarchien, Selbstführung und Selbstorganisation.

In Zukunft arbeiten immer mehr Menschen weitgehend selbstverantwortlich und vernetzt. Sie bearbeiten zeitlich begrenzte Projekte unterschiedlicher Auftraggeber in virtuellen Teams. Brainstorming und Abstimmungen finden per Skype oder Zoom im Internet statt. Sie arbeiten in ihrem Home-Office, in Coworking-Räumen oder als digitale Nomaden. Langlaufende Projekte, die nach dem Wasserfall-Prinzip konzipiert wurden, werden zunehmend von agilen Projekten mit kurzen Feedbackschleifen ersetzt.

Die **Plattform-Ökonomie** sorgt für eine Art *Zweiklassengesellschaft* mit unterschiedlichen Erwerbsformen. Auf der einen Seite sind es gut bezahlte Profis mit Spezialwissen, die mit ihren Auftraggebern auf Plattformen für Entwicklung, Test und Marketing zusammenfinden. Programmierung, Data Mining, Künstliche Intelligenz und Design Thinking sind die Felder, auf denen ihr Know-how nachgefragt ist. Auf der anderen Seite sind es die „digitalen Proletarier", die als *Click-* oder auch *Crowdworker* für geringes Entgelt kleine Aufträge für wechselnde Auftraggeber erledigen. Der Unterschied zu den digitalen Experten liegt im Sinngehalt der Aufgaben, in der Bezahlung und vor allem im geringen Ausmaß der Selbstbestimmung. Hierarchisch organisierte Unternehmen sind in aller Regel damit überfordert, die rasante Geschwindigkeit und Komplexität in Wirtschaft und Gesellschaft angemessen zu unterstützen. In der Arbeitswelt von Morgen arbeiten Teams kundenorientiert, selbstorganisiert und agil. Sie nutzen Digitaltechnologien für effektive Kommunikation mit der Zentrale. Selbstführung der einzelnen Mitarbeiter und die Selbstorganisation ihrer Teams gewinnen an Bedeutung und Führungskräfte werden stärker zu Coaches und Unterstützern [vgl. Radomsky 2019, S. 32 ff.].

1.4 Digitalisierung und Generationenwechsel

Ohne Frage stellt die digitale Transformation für alle Organisationen, die sie zu bewältigen haben, auch eine große **personelle Herausforderung** dar. In vielen Büros treffen häufig mehr als zwei Generationen aufeinander, die sich zwar grundsätzlich positiv gegenüberstehen, sich jedoch in ihren Wertvorstellungen und Arbeitsverhalten deutlich voneinander unterscheiden. Eine junge, medienaffine Generation, die soziale Vernetzung praktiziert und vehement Wissens-Transparenz fordert, prallt auf ältere Generationen, die im Modus der Wettbewerbsorientierung ausgebildet und unter starkem Wettbewerbsdruck sozialisiert wurden [vgl. Gebhardt et al. 2015; Werle 2015].

Um welche Generationen handelt es sich dabei? Was unterscheidet sie voneinander? Gibt es Wertekonflikte zwischen den Generationen?

1.4.1 Generationen mit unterschiedlichem Arbeitsverhalten

Zur besseren Illustration und thematischen Einführung sind in der Abbildung 1-28 die unterschiedlichen positiven und negativen wertebezogenen Ausprägungen verschiedener Generationen hinsichtlich ihres Verhaltens am Arbeitsplatz aufgeführt. Die hier dargestellte Generationeneinteilung stammt zwar aus den USA, sie lässt sich aber durchaus auf den europäischen Kulturkreis übertragen [vgl. Bartscher et al. 2012, S. 31 f.].

		„Digital Immigrants“		„Digital Natives“	
	Traditionalisten Geburtsjahrgänge bis 1945	**Baby Boomer** Geburtsjahrgänge von 1945 bis 1965	**Generation X** Geburtsjahrgänge von 1965 bis 1980	**Generation Y / Millennials** Geburtsjahrgänge von 1980 bis 1995	**Generation Z** Geburtsjahrgänge ab 1995
Verhalten am Arbeitsplatz	+ verlässlich + gründlich + loyal + fleißig + beständig + hierarchietreu - konfliktscheu - systemkonform - wenig veränderungsbereit	+ kundenorientiert + leistungsbereit + ehrgeizig + motiviert + beziehungsfähig + kooperativ - egozentrisch - eher prozess- als ergebnisorientiert - kritikempfindlich - vorurteilsbeladen	+ flexibel + technik-affin + unabhängig + selbstbewusst + kreativ - ungeduldig - wenig sozial - zynisch - wenig durchsetzungsfähig	+ teamorientiert + optimistisch + hartnäckig + kühn + multitaskingfähig + technologisch fit - unerfahren - anleitungsbedürftig - strukturbedürftig - antriebsschwach - illoyal	+ Hohe Akzeptanz/ Toleranz von Diversitäten + selbstüberzeugt + technologisch fit + selbstorganisationsfähig - Verantwortung wird abgegeben (z.B. an die Helicopter-Eltern) - geringere Sorgfalt - rudimentäres Google-Gedächtnis
Einstellung zur Arbeit	Pflicht und Wert	Herausforderung und Selbstfindung	Job und Spaß	Sinn und Team	Arbeit ist Spaß, Arbeit ist unsicher und Arbeit ist unklar
Einstellung zur Autorität	Gehorsam	Hassliebe	Unbeeindrucktheit	Höflichkeit	Indifferent
Lebensphilosophie		„Leben, um zu arbeiten“	„Arbeiten um zu leben“	„Erst leben, dann arbeiten“	„Leben und arbeiten als fließender Prozess“

[Quelle: in Anlehnung an Oertel 2007, S. 28 f. und Ciesielski/Schutz 2016, S. 41 ff.]

Abb. 1-28: Arbeitsverhalten verschiedener Generationen

Während die **Traditionalisten** längst aus dem Arbeitsleben ausgeschieden sind, gibt es heute im Schwerpunkt zwei Gruppen, die im Rahmen der digitalen Transformation aufeinandertreffen.

Das sind auf der einen Seite die **Baby Boomer** und die **Generation X**. Beide Generationen sind vor 1980 geboren und haben meist eine Organisation aufgebaut und den Erfolg der Vergangenheit erarbeitet. Dabei haben sie häufig ihr Lebenskonzept den organisationalen Anforderungen untergeordnet und zumeist verantwortungsvolle Positionen in den Unternehmen eingenommen. Als Belohnungskonzept dienen beiden Generationen Machtbefugnisse, Privilegien sowie materielle Anreize. Entscheidungen, die von hierarchisch übergeordneten Ebenen getroffen werden, stellen diese Generationen nicht infrage. Der Einfachheit halber werden Baby Boomer und die Generation X zusammen auch als **Digital Immigrants** bezeichnet, denn sie begegneten den Digitaltechnologien erst im Erwachsenenalter.

Auf der anderen Seite sind es Angehörige der **Generationen Y oder Z** (auch Gen Y und Gen Z genannt). Sie sind nach 1980 geboren, sehr technikaffin und mit Internet und mobiler Kommunikation aufgewachsen. Beide Generationen werden daher auch als **Digital Natives** bezeichnet. Diese Gruppe fühlt sich vergleichsweise freier und unabhängiger. Sie verehrt und bewundert machtbeflissene Vorgesetzte in geringerem Ausmaß und strebt vor allem nach Selbstwirksamkeit und Partizipation auf Augenhöhe. Ein Arbeitsethos, der auf Fleiß, Disziplin und Gehorsam basiert, wird tendenziell abgelehnt. Ziele und Aufgaben werden mehr nach Sinnhaftigkeit und persönlichem Lerninteresse beurteilt. Für Digital Natives ist es motivierend, berufliches Schaffen mit individuellem Lebenssinn zu verknüpfen [vgl. Keese 2014].

Sie denken anders als vorhergehende Generationen, agieren anders, nicht nur im Umgang mit digitalen Medien. Viele Angehörige dieser neuen Generation verfolgen auch andere persönliche Ziele in ihrer Lebensplanung. Deren Motivation lässt sich entsprechend tendenziell immer weniger mit herkömmlichen materiellen und immateriellen Anreizen wecken.

Ebenso wie die Gruppe der Baby Boomer und die Generation X zu „Digital Immigrants“ zusammengefasst werden, so entsprechen „Digital Natives“ in etwa den Generationen Y und Z.

1.4.2 Die besondere Verantwortung der Digital Immigrants

Die allermeisten Manager und Führungskräfte, die heute in den Unternehmen am Ruder sind, gehören der Generation der Baby Boomer oder der Generation X an.

Die Baby-Boomer sind mit einem klar definierten Katalog an Unternehmensbräuchen und **Managementmethoden** groß geworden. Dies gilt besonders für die Einstellung zur Entlohnung, zur Hierarchie und zu den Erwartungen an die Arbeit. Vor allem Führungskräfte, die in den 1950er Jahren geboren sind, kennen es seit ihrer Jugend nicht anders, als mit ihren Gleichaltrigen um alles zu konkurrieren. Es bedeutet ihnen sehr viel, ständig zu gewinnen. Sie sind durchsetzungsstark und engagiert. Arbeit ist für sie Herausforderung [vgl. Erickson 2010].

Die Mitglieder der Generation X (zwischen 1961 und 1981 geboren) haben andere Wertvorstellungen. Sie sind anpassungsfähig, pragmatisch und unabhängig. Sie sind schnell bereit, etablierte Definitionen von Erfolg abzulehnen und ihren eigenen Weg zu suchen. Arbeit ist für sie ein Vertrag. Sie sind durch eine Zeit wirtschaftlicher Unsicherheit und sozialen Wandels geprägt. Sie haben die Aufkündigung der Sozialpartnerschaft zwischen Arbeitnehmern und Arbeitgebern miterlebt. Sie schätzen **Wahlmöglichkeiten** und setzen nicht alles auf eine Karte [vgl. Ciesielski/Schutz 2016, S. 49].

Diese beiden Generationen, die wir zusammen als „Digital Immigrants“ bezeichnen, müssen nun Impulse setzen und Entscheidungen für die digitale Transformation treffen, die eine andere Zusammenarbeit voraussetzt, als sie es selbst gewohnt sind. Dazu müssen sie Macht weiterreichen, loslassen, stimulieren und schlicht auf die Selbstverantwortung der Mitarbeiter vertrauen. Für traditionelle Führungskräfte und Unternehmen sind die „Digital Natives“ somit eine immer größere Herausforderung. Die Bindung bei ihnen besteht nicht mehr zum Unternehmen, sondern zu interessanten Projekten und zu mitreißenden Führungspersönlichkeiten. Digitale Transformation beschränkt sich nicht auf Technologien, sie umfasst auch kulturelle Gestaltungs- und hybride Arbeitsräume, Kulturen und Werte. Klassische Anreizsysteme, wie etwa Firmenwagen, Einzelbüros und sonstige Statussymbole, verlieren an Wert.

Veränderte gesellschaftliche Rahmenbedingungen oder Wertekonflikte zwischen unterschiedlichen Generationen wirken sich im Rahmen der Digitalisierung besonders stark aus [vgl. Gebhardt et al. 2015] und müssen genauer betrachtet werden. Dazu ist es erforderlich, im nächsten Schritt die „Digital Natives“, also die Generationen Y und Z mit ihren Einstellungen und Wertvorstellungen näher zu beleuchten.

1.4.3 Was Digital Natives bewegt

Die Generationen Y und Z bevorzugen flexible und flache Strukturen. Sie lassen sich in starren Hierarchien und mit Disziplin und Gehorsam kaum motivieren. Sie wollen in Projektteams mit anderen auf Augenhöhe arbeiten, inhaltlich Aufgaben ganzheitlich bis zum Erfolg führen und sich mit einer höheren Sache identifizieren. Unternehmenskultur und Arbeitsatmosphäre erscheinen somit als Schlüssel zur Motivation der Generationen Y und Z. Beide Generationen bevorzugen das Denken und den unkomplizierten Austausch in starken Netzwerken. Für sie ist der schnelle Zugang zu Wissen ebenso wichtig wie eine direkte Kommunikation auf Augenhöhe. Die durchgehende Nutzung digitaler Medien und sozialer Netzwerke ist für sie selbstverständlich. Dazu benötigt man ausreichend Freiräume zur Selbstentwicklung sowie ein von Raum und Zeit entkoppelter Arbeitsplatz für Wissensarbeit [vgl. Creusen et al. 2017, S. 122 ff.].

Vor allem dieser **Freiraum** scheint ein wichtiges Kriterium für einen attraktiven Arbeitgeber zu sein. Kein Vertreter der Generation Y und Z will Zeit im Büro absitzen, wenn gerade keine Aufgaben anstehen, nur weil dies der aktuellen Einsatzplanung entspricht. Andererseits empfinden es Mitarbeiter oftmals als belastend, wenn sie sich im Büro voll auf eine Aufgabe konzentrieren sollen. Auch die permanente Erreichbarkeit und eine eventuell fehlende Abgrenzung von beruflichem zu privatem Leben ist für viele Angehörige der „Digital Natives“ nicht zumutbar. Ebenso entspricht die Zunahme an Stress, der durch digitale Wissensarbeit ausgelöst werden kann, häufig nicht den idealistischen Vorstellungen von Arbeitsatmosphäre und Work-Life-Balance dieser Generation. Digitale Führungsmaßnahmen müssen genau hier ansetzen und dies berücksichtigen [vgl. Creusen et al. 2017, S. 124].

Die Generation Z unterscheidet sich von der Generation Y vorwiegend dadurch, dass die Z-ler mit digitalen Medien wie dem Internet oder dem Smartphone aufgewachsen sind. Sie empfindet dementsprechend keine Angst oder Scheu im Umgang mit digitalen Medien und ist nicht erst wie die Generation Y im frühen Jugendalter digital sozialisiert worden [vgl. Schütz 2015].

Die Generation Y stellt vielfältige Anforderungen an ihre beruflichen Aufgaben. Sie wünscht sich Freiraum und ein hohes Maß an Unabhängigkeit sowie ein regelmäßiges Feedback, kollegiale Arbeitsatmosphäre und die Möglichkeit zu einer Work-Life-Balance. Wichtige Werte und Ziele der Generation Y sind ausreichend Freizeit, Gesundheit, Zeit für Familie und Freunde, Reisen und Einblicke in fremde Kulturen, Entwicklung und die Möglichkeit zur **Selbstverwirklichung**. Aufgaben sollten möglichst mit Prestige verbunden sein, einen Zusammenhang mit der persönlichen Entwicklung beinhalten und mit Anerkennung durch den Vorgesetzten oder andere verbunden sein. Erfolg und Karriere werden an individuellen Entwicklungsmöglichkeiten, guter Bezahlung und der Möglichkeit zur Übernahme von Verantwortung fest gemacht [vgl. Frohne 2015].

1.4.4 Wie man Digital Natives gewinnt

Vielen Unternehmen und Organisationen, die einschneidende Digitalisierungs-Herausforderungen zu bewältigen haben, steht eine deutliche Verjüngung ihrer Akteure bevor. Der spürbare Generationswechsel geht mit neuen Kommunikationsweisen und einem veränderten Arbeitsverhalten einher. Die jungen Talente der Generationen Y oder Z sind frisch ausgebildet und haben neue Ideen. Sie werden für die Lösung digitaler Wissensarbeit gebraucht. Kurzum: Die Digital Natives werden immer begehrter und damit der *War for Talents* immer größer.

Welches sind die Elemente, die der Generation Y und der Generation Z wichtig sind, und wie können diese Generationen angesprochen werden? In diesem Zusammenhang ist auf das **Active Sourcing** hinzuweisen, das beim *Recruiting* immer wichtiger wird. *Active Sourcing* bedeutet, dass die Recruiter aktiv bei anderen Firmen nach Mitarbeitern mit passenden Profilen suchen. Der traditionelle Prozess, in dem eine Firma eine Stellenanzeige aufgibt und aus den Bewerbern auswählt, ist dann häufig wirkungslos. Durch Soziale Medien wie Xing und LinkedIn, auf denen die Profile von potenziellen Kandidaten einsehbar sind, wird Active Sourcing zudem immer einfacher [vgl. Creusen et al. 2017, S. 91 f.].

Die Höhe des Gehalts spielt zwar weiterhin eine Rolle, die neue Generation lässt sich jedoch für Geld nicht kaufen, wenn sie für sich keinen Sinn in einer Arbeit sieht. Aus dem Einstellungsinterview muss klar hervorgehen, welchen Beitrag die angebotene Tätigkeit für die wirtschaftliche und gesellschaftliche Entwicklung leistet. Die Zielgruppe lebt nach dem Prinzip **YOLO** *(You only live once)*. Für sie ist Arbeitszeit gleich Lebenszeit und sie möchte, dass der Arbeitgeber verantwortungsvoll damit umgeht. Dies bedeutet, dass diese Mitarbeiter in der Regel nicht bereit sind, jahrelang Überstunden zu machen, wenn sie sich mit dem Ziel nicht identifizieren. Und sie erwarten, auf Augenhöhe angesprochen zu werden. Wenn sie Verantwortung übernehmen, brauchen sie einen Sparringspartner, der sie anleitet. Regelmäßiges, auch informelles und schnelles Feedback sowie (digitale) Weiterbildungsmöglichkeiten und die Einbindung in den Entscheidungsprozess gehören ebenso zu den Erwartungen an den Arbeitgeber. *„Sabbatical is the new company car"* beschreibt die Haltung dieser Generation.

Selbstbestimmtheit bei Arbeitsort und Arbeitszeit, Mitarbeit an spannenden Projekten und State-of-the-art-Digitalgeräte sind weit wichtigere Kriterien für diese Generation, als ein nach Hierarchiestufen ausgestattetes Büro oder feste Arbeitszeiten [vgl. Creusen et al. 2017, S. 92].

Nicht nur neue Generationen und digitale Transformation, sondern auch Globalisierung, Genderthematik, Frauen in Führungspositionen, moderne Lebensentwürfe und Patchwork-Konstellationen haben auch die Einstellung zur Arbeit gründlich verändert. **„Digital First"** beschreibt ein neues Denken über die Zukunft von Unternehmen und die Rolle von Menschen in Unternehmen.

Um generationengerecht und generationenverbindend zu führen und zu agieren, schlagen Cielski/Schutz [2015, S. 58] drei Wege vor:

Erstens: Bei der Führungskräfteentwicklung sollte der **Irrweg Talentmanagement** durch individuelle Talententfaltungsformate ersetzt werden. Es kommt darauf an, individuelle Führungspersönlichkeiten zu entwickeln und nicht standardisierte Führungsklone als Vorgesetzte vom Fließband zu produzieren.

Zweitens: Die Generation Z arbeitet auf hohem Aktivitätsniveau gerne, aber mit reduzierter Verantwortung, da sie von Kindheit an durch ihre Helikopter-Eltern und in ihrer Umwelt gelernt haben, die Verantwortung stets bei anderen zu sehen. Für die Unternehmen und ihre Führungskräfte bedeutet dies, dass der Generation Z **Verantwortung in kleinen Schritten** und behutsam anerzogen werden muss. Führungskräfte werden damit im Sinne eines konstruktiven Lernbegleiters gefordert werden.

Drittens: Es gilt nicht länger uneingeschränkt der schlichte Satz: „Die Jungen lernen von den Älteren". Führungskunst ist es jetzt, die Kompetenzen der einzelnen Generationen im Alltag so zu erfassen und zu kombinieren, dass sie auch im Ganzen zur Entfaltung kommen können. Hierbei können völlig **neue Rollenbilder** entstehen und zusammenwirken.

1.4.5 Generationenverbindende Zusammenarbeit als Erfolgsfaktor

Es geht heutzutage nicht mehr darum, digital zu werden – wir sind es bereits. In den heutigen Bürowelten kommen aber nicht nur die Generationen Y und Z, sondern eben auch die Baby Boomer und die Generation X zusammen. Die Frage ist also, wie es gelingen kann, eine generationenübergreifende, besser generationenverbindende Kommunikations- bzw. Unternehmenskultur zu leben. Denn im Bereich der Arbeitskultur kommt es regelmäßig zu den größten Ablehnungs- oder Adaptionserscheinungen gegenüber einer neuen Technologie. Die unterschiedlichen mentalen Modelle und Wertvorstellungen der jeweiligen Generationen zu ignorieren und mit Kündigungen zu reagieren, kann angesichts der demografischen Entwicklung nicht funktionieren und ist keine Lösung. Nur eine generationengerechte Unternehmensführung wird zum wettbewerbsbestimmenden Erfolgsfaktor für die Zukunft [vgl. Möller et al. 2015, S. 127].

Bei den Start-ups sind neue Technologien zumeist essenzielle Bestandteile der Arbeitskultur. Bei den traditionellen Firmen begegnet man den neuen Technologien am besten mit einer kompetenzbasierten, generations- und kultursensiblen Führung fernab der bloßen Statussymbolik. Gefragt ist hier also eine Führung, die alle Generationen begeistert und verbindet, damit alle an der gemeinsamen Arbeitsumgebung arbeiten und fortlaufend hybride (analoge wie digitale) Kompetenzen entwickeln können. Start-ups, die häufig (noch) keinerlei Hierarchien kennen, verstehen sich sehr gut darin, alle Eigenschaften der Generation Y (und zunehmend auch der Generation Z) zu nutzen und auch in ihrem Sinne zu bestärken. Wo andere Unternehmen an ihre Grenzen stoßen und mit den Eigenschaften und Ansichten der Digital Natives (wie z.B. das permanente Hinterfragen der traditionellen Praxis) nicht umgehen können, werden sie in Start-ups unterstützt. Im Gegenzug sind zumindest die „Ypsiloner" bereit, eine hohe Leistungsbereitschaft zu zeigen. Statussymbole wie Dienstwagen sind von geringerer Bedeutung.

Wichtig dagegen ist die intrinsische Motivation der Mitarbeiter. Sie hinterfragen Aufgaben, die zu erledigen sind, und wollen die Sinnhaftigkeit darin erkennen. Ähnliches gilt auch für das Feedback. Zwar suchen Mitarbeiter der Generation Y offensiv das Feedback, jedoch entscheiden sie kritisch, ob sie es annehmen.

Für Start-ups ist es wichtig, dass Führungskräfte zwar ein klares Ziel definieren, jedoch nicht den Weg vorgeben. Dadurch können sich Mitarbeiter mit der Aufgabe identifizieren und sind motivierter. Dies steigert wiederum Zufriedenheit und Loyalität. Bei den Freiräumen, die Mitarbeiter bei diesem „Coaching-Ansatz" genießen, geht Autorität nicht verloren. Diese erhält die Führungskraft aber nicht durch Status oder Macht. Vielmehr ist wichtig, dass sie gegenüber dem Mitarbeiter eine natürliche Autorität (besser: Respekt) erlangt. Das kann dadurch erreicht werden, dass Mitarbeiter durch die Erfüllung von Zielen auch ihren persönlichen Zielen näherkommen. Dadurch akzeptiert sie die Führungskraft. Wichtig für die jungen Mitarbeiter ist die Authentizität der Führungskraft. Merkt der Mitarbeiter, dass ihm etwas vorgespielt wird, verliert er schnell den Respekt gegenüber seinem Vorgesetzten [vgl. Riederle 2014].

Der enorme Erfolg, den Start-ups mit ihren innovativen Führungsstilen haben, bleibt auch großen Unternehmen nicht verborgen. Sie übernehmen gewisse Aspekte der neuen Führungsansätze, die sich aus dem Umgang mit den veränderten Wertvorstellungen der neuen Generationen ergeben (siehe Abbildung 1-29), und führen sie in den eigenen Organisationen ein.

So auch der Verlag Axel Springer SE, dessen Aktivitäten als beispielhaft im Umgang mit den besonderen Herausforderungen der digitalen Transformation gelten. Im Rahmen seiner Umstrukturierung vom physischen Print-Verlag zum digitalen Medienkonzern tätigte Springer in den Jahren 2006 bis 2015 mehr als 230 Investments vornehmlich in Startup-Unternehmen. Aufgrund der Erfahrungen mit diesen M&A-Aktivitäten wirbt der Konzern mit dem Slogan „Alle Chancen eines Start-ups". Mit dieser Arbeitgeberkampagne will man potenziellen Mitarbeitern zeigen, dass das Unternehmen die Sicherheit und Vorteile eines Konzerns und gleichzeitig die Dynamik und Arbeitskultur eines kleineren Start-ups bietet [vgl. Laudon et al. 2017].

Die alten Werte verändern sich
TRADITIONELLE KOMPETENZEN
NEUE KOMPETENZEN
Perfektion
Wille zur absoluten Höchstqualität und allumfassenden Betrachtung des Problems.
Schnelligkeit
Agile Prozesse – Im Prototyp ist die große Idee bereits angelegt.
Das Team führen
Fokus liegt auf der Führung der anvertrauten Mitarbeiter.
In Netzwerken denken
Fokus auch auf Geschäftspartner, Kollegen, Experten außerhalb der Organisation.
Erfolge fortschreiben
Aus Erfolgen der Vergangenheit Herangehensweisen für die Zukunft ableiten.
Disruptiv denken
Die eigene Herangehensweise täglich neu und innovativ hinterfragen.
Ziele vorgeben
Die eigenen Ziele und Werte kommunizieren. Inhalt wichtiger als Form.
Inspirieren
Den höheren Sinn bedeutsam und begeisternd kommunizieren. Form genauso wichtig wie Inhalt.
Stabilität
Unruhe im Team vermeiden.
Veränderungsbereitschaft
Den sicheren Zustand „stören", Willen zum Hinterfragen des Bestehenden wecken. Vertrauen als Basis.
Fach-/Führungskompetenz
Sich und sein Team führen. In seinem Fachgebiet außerordentliches leisten.
Digitale Kompetenz
Technische Grundlagen kennen, Arbeitsmittel beherrschen.
axel springer

[Quelle: Axel Springer SE]

Wie kaum ein anderes Unternehmen der Medienbranche hat sich die AXEL SPRINGER SE auf die digitale Transformation eingestellt. Zu den jüngeren strategischen Maßnahmen zählen der Verkauf verschiedener Zeitungen und Zeitschriften an die FUNKE Mediengruppe sowie die Zusammenführung von N24 und Welt-Gruppe. Neue Akquisitionen im Bereich Rubriken und diverse Investitionen in journalistische Portale in den USA sowie eine neue Marktsegmentierung in die Bereiche ‚Bezahlangebote', ‚Vermarktungsangebote' und ‚Rubrikenangebote' runden die strategische Neuausrichtung ab. Die digitale Transformation erfordert aber nicht nur neue Geschäftsstrategien, sondern auch neue Führungsmodelle, die sich an den veränderten Werten der Mitarbeiter orientieren müssen.

Abb. 1-29: „Die alten Werte verändern sich"

Um angesichts der fortschreitenden digitalen Transformation ein differenziertes Bild der Führungskultur in Deutschland zeichnen zu können, wurde von der vom Bundesministerium für Arbeit und Soziales ins Leben gerufene Initiative Neue Qualität der Arbeit (INQA) eine Kulturstudie durchgeführt. Im Rahmen der Studie wurden 400 Tiefeninterviews mit Führungskräften durchgeführt. Ein wesentliches Ergebnis der Studie sind zehn Kernaussagen der Studienteilnehmer zu „guter Führung" [Forum Gute Führung 2014, S. 6 ff.]:

- Flexibilität und Diversität sind [von den Studienteilnehmern] weitgehend akzeptierte Erfolgsfaktoren.
- Prozesskompetenz ist für alle [Studienteilnehmer] das aktuell wichtigste Entwicklungsziel.
- Selbst organisierende Netzwerke sind das [von den Studienteilnehmern] favorisierte Zukunftsmodell.
- Hierarchisch steuerndem Management wird [von den Studienteilnehmern] mehrheitlich eine Absage erteilt.
- Kooperationsfähigkeit hat Vorrang vor alleiniger Renditefixierung.
- Persönliches Coaching ist ein unverzichtbares Werkzeug für Führung.
- Motivation wird an Selbstbestimmung und Wertschätzung gekoppelt.
- Gesellschaftliche Themen rücken in den Fokus der Aufmerksamkeit.
- Führungskräfte wünschen sich Paradigmenwechsel in der Führungskultur.
- Führungskultur wird [von den Studienteilnehmern] kontrovers diskutiert.

Ob sich junge Menschen zu Beginn ihres Berufslebens für eine Arbeit in einem Start-up mit vielen Freiräumen oder in einem hierarchisch geprägten Unternehmen mit mehr Strukturen, Prozessen und Routinen entscheiden, hängt sicherlich von ihren persönlichen Präferenzen ab. Damit stellen sie eigenverantwortlich schon erste Weichen dafür, wie sie arbeiten und wie sie geführt werden möchten. Die agile Aufgabenbearbeitung mit „Start-up-Methoden" steht dabei den Strukturen und Standards der *„Managerial-Effectiveness"* größerer Unternehmen gegenüber. Doch unabhängig davon, wie sich junge Menschen entscheiden, eine gute Führung zeichnet sich in allen Unternehmen durch Wertschätzung, Anerkennung, soziale Präsenz und letztlich auch durch das Führungsprinzip *„Management by Objectives"* aus. Das ist eine Frage der Persönlichkeit der jeweiligen Führungskraft und nicht, ob man in einem Start-up oder in Großunternehmen arbeitet. Offensichtlich ist es aber eine anspruchsvollere Führungsaufgabe, den jungen Mitarbeitern von Großunternehmen in prozessgesteuerten Bereichen das Gefühl der Arbeitszufriedenheit und -erfüllung zu vermitteln.

1.5 Datenexplosion und Ausbreitung der Kommunikationskanäle

1.5.1 Big Data und die fünf Vs

Wer im Internet unterwegs ist, hinterlässt jede Menge Datenspuren, die mit den richtigen Auswertungsmethoden ziemlich genaue Rückschlüsse über das Konsum- und Freizeitverhalten, über Hobbies, Vorlieben und Gewohnheiten zulassen. Doch nicht nur das, die Datenspuren liefern auch schlüssige Prognosen darüber, wofür wir uns morgen interessieren und welche Güter wir kaufen werden. Das Internet ist aber nur eine von vielen Datenquellen. Telekommunikation ist eine weitere Quelle; andere Daten stammen von Marktforschern oder fallen quasi nebenher beim Betrieb von Maschinen oder technischen Gebrauchsgütern an. Big Data heißen solche Datensammlungen, die ständig wachsen (siehe Abbildung 1-30).

Der Begriff **Big Data** beschreibt die Fähigkeit, große Datenmengen (**Volume**) aus unterschiedlichen Quellen und mit unterschiedlicher Struktur (**Variety**) in hoher Geschwindigkeit (**Velocity**) zu sammeln, zu verarbeiten, zu speichern und mit guter Qualität (**Veracity**) und der Zielsetzung eines wirtschaftlichen Nutzens (**Value**) auszuwerten.

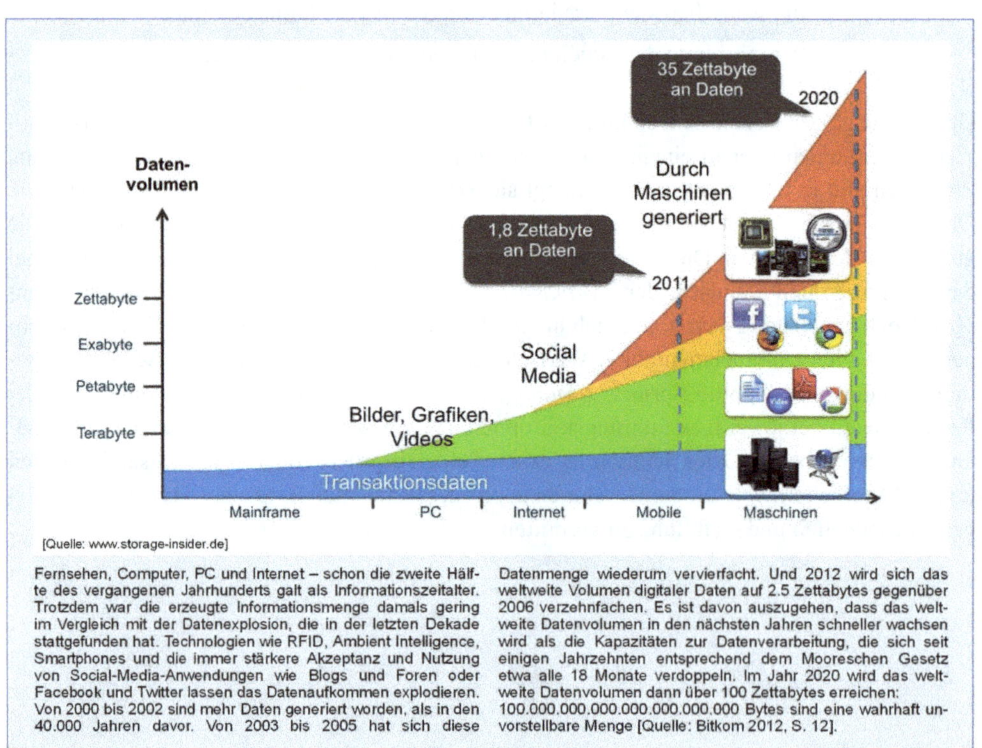
35 Zettabyte an Daten
2020
Daten-volumen
Durch Maschinen generiert
1,8 Zettabyte an Daten
2011
Zettabyte
Exabyte
Petabyte
Terabyte
Social Media
Bilder, Grafiken, Videos
Transaktionsdaten
Mainframe
PC
Internet
Mobile
Maschinen
[Quelle: www.storage-insider.de]
Fernsehen, Computer, PC und Internet – schon die zweite Hälfte des vergangenen Jahrhunderts galt als Informationszeitalter. Trotzdem war die erzeugte Informationsmenge damals gering im Vergleich mit der Datenexplosion, die in der letzten Dekade stattgefunden hat. Technologien wie RFID, Ambient Intelligence, Smartphones und die immer stärkere Akzeptanz und Nutzung von Social-Media-Anwendungen wie Blogs und Foren oder Facebook und Twitter lassen das Datenaufkommen explodieren. Von 2000 bis 2002 sind mehr Daten generiert worden, als in den 40.000 Jahren davor. Von 2003 bis 2005 hat sich diese Datenmenge wiederum vervierfacht. Und 2012 wird sich das weltweite Volumen digitaler Daten auf 2.5 Zettabytes gegenüber 2006 verzehnfachen. Es ist davon auszugehen, dass das weltweite Datenvolumen in den nächsten Jahren schneller wachsen wird als die Kapazitäten zur Datenverarbeitung, die sich seit einigen Jahrzehnten entsprechend dem Mooreschen Gesetz etwa alle 18 Monate verdoppeln. Im Jahr 2020 wird das weltweite Datenvolumen dann über 100 Zettabytes erreichen:
100.000.000.000.000.000.000.000 Bytes sind eine wahrhaft unvorstellbare Menge [Quelle: Bitkom 2012, S. 12].

Abb. 1-30: Wachstum der Datenmengen über die Zeit

Unternehmen sehen sich mit diesem rapiden Anstieg des Datenvolumens konfrontiert. Ursachen dafür sind ein ganzes Bündel von Technologien – Sensorik, RFID, Ambient Intelligence, Smartphones – und die immer stärkere Nutzung von Social-Media-Anwendungen.

In Abbildung 1-31 ist dargestellt, auf welche Datenquellen, die ja letztlich für die Datenmenge und -vielfalt verantwortlich sind, Unternehmen heutzutage zugreifen können.

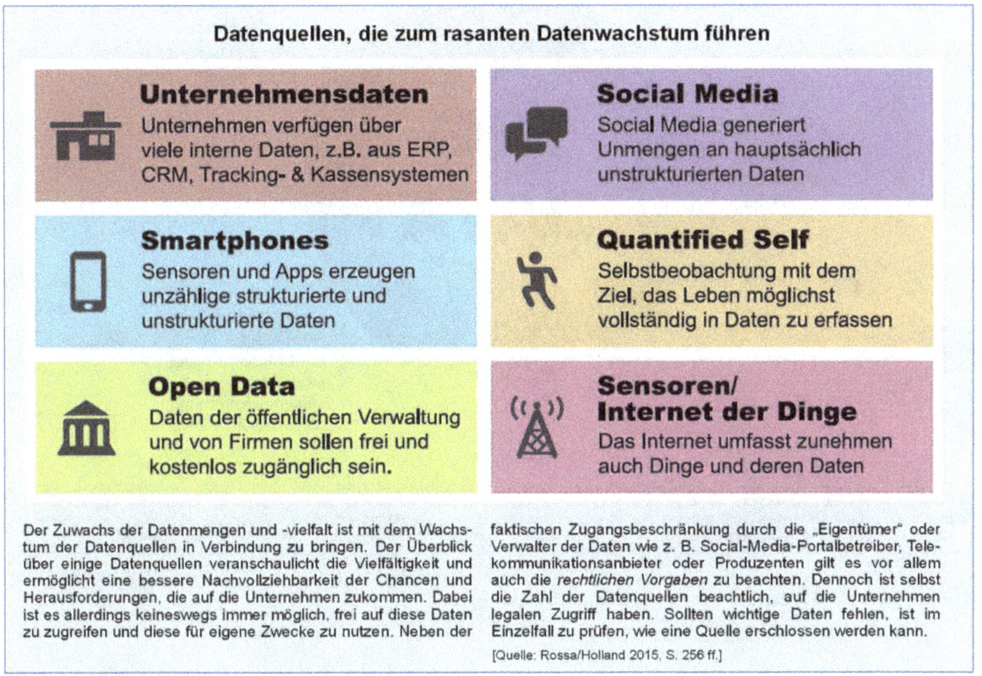
Datenquellen, die zum rasanten Datenwachstum führen
Unternehmensdaten
Unternehmen verfügen über viele interne Daten, z.B. aus ERP, CRM, Tracking- & Kassensystemen
Social Media
Social Media generiert Unmengen an hauptsächlich unstrukturierten Daten
Smartphones
Sensoren und Apps erzeugen unzählige strukturierte und unstrukturierte Daten
Quantified Self
Selbstbeobachtung mit dem Ziel, das Leben möglichst vollständig in Daten zu erfassen
Open Data
Daten der öffentlichen Verwaltung und von Firmen sollen frei und kostenlos zugänglich sein.
Sensoren/ Internet der Dinge
Das Internet umfasst zunehmen auch Dinge und deren Daten
Der Zuwachs der Datenmengen und -vielfalt ist mit dem Wachstum der Datenquellen in Verbindung zu bringen. Der Überblick über einige Datenquellen veranschaulicht die Vielfältigkeit und ermöglicht eine bessere Nachvollziehbarkeit der Chancen und Herausforderungen, die auf die Unternehmen zukommen. Dabei ist es allerdings keineswegs immer möglich, frei auf diese Daten zu zugreifen und diese für eigene Zwecke zu nutzen. Neben der faktischen Zugangsbeschränkung durch die „Eigentümer“ oder Verwalter der Daten wie z. B. Social-Media-Portalbetreiber, Telekommunikationsanbieter oder Produzenten gilt es vor allem auch die *rechtlichen Vorgaben* zu beachten. Dennoch ist selbst die Zahl der Datenquellen beachtlich, auf die Unternehmen legalen Zugriff haben. Sollten wichtige Daten fehlen, ist im Einzelfall zu prüfen, wie eine Quelle erschlossen werden kann.
[Quelle: Rossa/Holland 2015, S. 256 ff.]

Abb. 1-31: Datenquellen, die zum rasanten Datenwachstum führen

Mit den **fünf Vs** sind zugleich auch die fünf charakteristischen Merkmale von Big Data genannt. Big Data umfasst somit alle Konzepte, Methoden, Technologien, IT-Architekturen sowie Tools, mit denen sich die Informationsflut in Bahnen lenken lässt (siehe Abbildung 1-32).

Entstanden sind Big Data-Analysen im Zuge des Fortschritts in der Informationstechnik mit nahezu unbegrenztem Speicherplatz und einer immer höheren Rechengeschwindigkeit. Big Data-Technologien werden in sehr vielen Bereichen eingesetzt, u.a. im Hochwasserschutz, in der Verkehrsplanung und -überwachung, in der Forensik, in der medizinischen Forschung und Diagnostik sowie in Wirtschaftszweigen, mit deren Produkten und Services private Verbraucher besonders oft konfrontiert werden. Insgesamt wird die Datenwirtschaft die Geschäftsmodelle vieler Branchen unserer Industrie- und Dienstleistungslandschaft verändern. Die vielen Einsatzmöglichkeiten dürfen allerdings nicht darüber hinwegtäuschen, dass Big Data nicht frei von Risiken ist, wenn es um personenbezogene Daten geht oder wenn Kausalzusammenhänge falsch interpretiert werden.

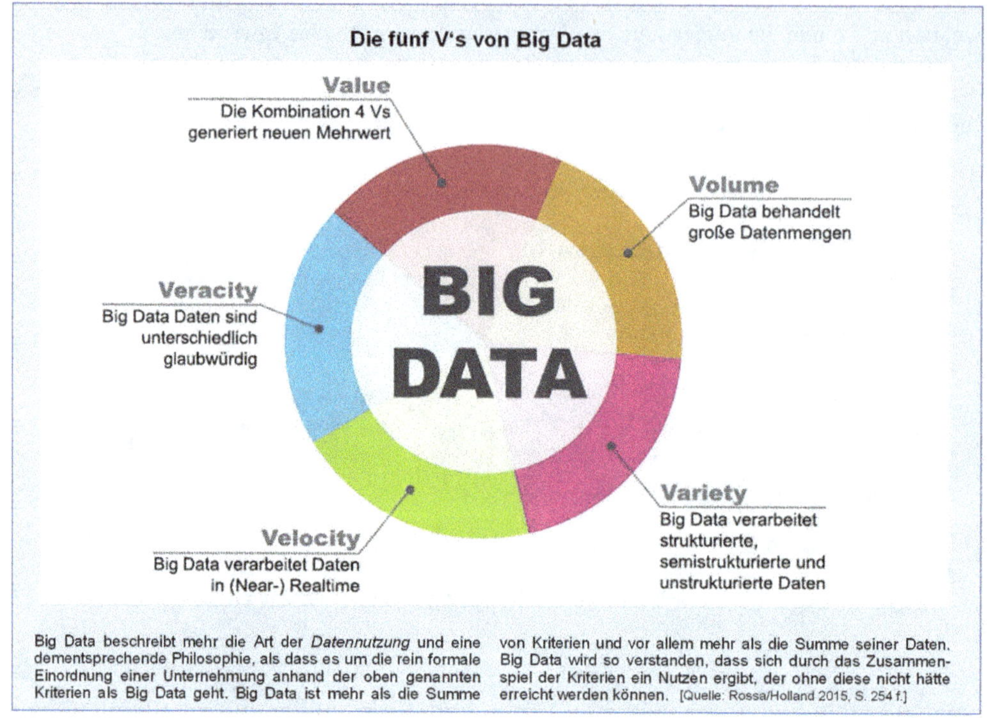
Die fünf V's von Big Data
Value
Die Kombination 4 Vs
generiert neuen Mehrwert
Volume
Big Data behandelt
große Datenmengen
Veracity
Big Data Daten sind
unterschiedlich
glaubwürdig
BIG
DATA
Variety
Big Data verarbeitet
strukturierte,
semistrukturierte und
unstrukturierte Daten
Velocity
Big Data verarbeitet Daten
in (Near-) Realtime
Big Data beschreibt mehr die Art der *Datennutzung* und eine dementsprechende Philosophie, als dass es um die rein formale Einordnung einer Unternehmung anhand der oben genannten Kriterien als Big Data geht. Big Data ist mehr als die Summe von Kriterien und vor allem mehr als die Summe seiner Daten. Big Data wird so verstanden, dass sich durch das Zusammenspiel der Kriterien ein Nutzen ergibt, der ohne diese nicht hätte erreicht werden können. [Quelle: Rossa/Holland 2015, S. 254 f.]

Abb. 1-32: Die fünf Vs von Big Data

1.5.2 Wirtschaftlicher Nutzen von Big Data

Der wirtschaftliche Nutzen und das Potenzial von Big Data lassen sich in einigen Anwendungsfeldern besonders eindrucksvoll belegen. Hierzu gehören insbesondere folgende betriebliche Funktionsbereiche [vgl. Bitkom 2012, S. 34]:

Marketing und Vertrieb. Produkt- und Service-Angebote können zunehmend auf Kundensegmente oder einzelne Kunden zugeschnitten und damit Streuverluste im Marketing vermindert werden. Ausgewertet werden dazu alle bekannten Kundeninformationen (z. B. zu Demographie, Standort, Transaktionen und Interessen). Auf dieser Grundlage können Muster bei Kaufentscheidungen abgeleitet werden. Einen weiteren Nutzen bietet das Cross-Selling auf Basis detaillierter Kundeninformationen. Gleichzeitig können aber auch Kunden identifiziert werden, die unzufrieden sind und gegebenenfalls abwandern könnten. Eine rechtzeitige Reaktion kann dieser Situation entgegenwirken. Auch die Produktentwicklung kann Big Data verwenden, um Kundenbewertungen zu erfassen und auszuwerten. So kann herausgefunden werden, wo die Produktschwächen liegen und welche Trends oder Marktlücken noch unentdeckt sind. Mit Hilfe dieser Informationen können neue Produkte entwickelt bzw. verbessert werden. Dies wirkt sich direkt auf die Umsatzzahlen aus und gibt zudem Aufschluss über die allgemeine Markenwahrnehmung des Unternehmens.

Forschung und Entwicklung. Meteorologie, Klimaforschung, Lagerstätten-Erkundung von Rohstoffen, Atomphysik und die Vorhersage von Epidemien profitieren gleichermaßen von Fortschritten im Bereich Big Data. In der Entwicklung der nächsten Produktgeneration helfen Social-Media-Analysen und die Auswertung von Sensordaten der zurzeit im Einsatz befindlichen Produkte.

Produktion, Service und Support. Mit dem Internet der Dinge oder der M2M-Kommunikation können produzierende Unternehmen ihre Fertigungs-, Service- und Supportprozesse optimieren. In der Produktion trägt Big Data dazu bei, Verzögerungen und Ausfälle zu verhindern. Dies geschieht durch das Sammeln und Zusammenführen von Informationen zu den einzelnen Produktionsprozessen. Sensoren an allen entscheidenden Maschinen übermitteln Daten an große Datenbanken und melden Probleme und Störungen in Echtzeit. So kann bei Notfällen direkt in den Produktionsprozess eingegriffen werden und wertvolle Zeit und Ressourcen eingespart werden.

Distribution und Logistik. Die Analyse von Lieferketten ist sehr komplex, da hier unterschiedliche Daten zu Produktionsstandorten, Lagerung und Transportwegen zusammengeführt werden müssen. Letztlich geht es hier um nachhaltige Kostensenkung auf dem Wege einer stärkeren Vernetzung von Fahrzeugen mit der Außenwelt. Immer mehr Fahrzeuge werden mit Sensoren und Steuerungsmodulen ausgestattet, die Fahrzeugdaten wie den Energieverbrauch, den Zustand von Verschleißteilen oder Positionsdaten erfassen und in Datenbanken übertragen. Mit diesen Daten können Disponenten zeitnah Transporte planen, gegebenenfalls Routen und Beladung ändern, Wartungskosten und Stillstandszeiten minimieren. Mit dem Erhalt von Positionsdaten eines Fahrzeuges kann das Unternehmen beispielsweise Alternativrouten senden und somit verkürzte Fahrzeiten erreichen.

Finanz- und Risiko-Controlling. Dieser Bereich profitiert u.a. von neuen Möglichkeiten bei der Betrugserkennung und im Risikomanagement. Bei der Betrugserkennung steht in erster Linie eine möglichst vollständige Sammlung und Beobachtung relevanter Handlungen im Vordergrund. Das Risikomanagement wird durch hochkomplexe Berechnungen unterstützt.

Wissen oder gar Erfahrungen über die Einsatzmöglichkeiten von Big Data und die damit verbundenen Technologien sind derzeit noch ungenügend vorhanden. Hier muss durch Aus- und Weiterbildung der Spezialisten in der Software-Entwicklung, im IT-Betrieb, in den Fachabteilungen sowie im Management zügig Abhilfe geschaffen werden. Big-Data-Projekte sind einerseits normale IT-Projekte, für die etablierte Methoden und Verfahren des Projektmanagements zur Verfügung stehen. Andererseits basiert Big Data nicht auf einer singulären Technologie, sondern ist vielmehr das Resultat des Zusammenwirkens einer ganzen Reihe von Innovationen in verschiedenen Gebieten. Insgesamt erlauben diese Fortschritte, aus immer mehr Daten einen immer höheren betriebswirtschaftlichen Nutzen zu ziehen. Je nach Anwendungsszenario können hierbei unterschiedliche Technologiekonzepte zum Einsatz kommen (zu den verschiedenen Technologiekonzepten siehe Bitkom 2014, S. 21 ff.).

1.5.3 Der Smartphone-Boom

Die Verschmelzung von Telekommunikationsterminal und Computer zum Smartphone oder Tablet, den derzeit am weitesten verbreiteten Mobilgeräten, hat zu völlig neuen Nutzungsmöglichkeiten geführt. Aufgrund seiner Multifunktionalität hat dabei das Smartphone in zweifacher Hinsicht eine besondere Rolle als Markttreiber übernommen. Auf der einen Seite vertreibt das Smartphone im Sinn der Substitution Produkte wie digitale Kompaktkameras, mobile Navigationsgeräte und MP3-Player vom Markt (siehe Abbildung 1-33).

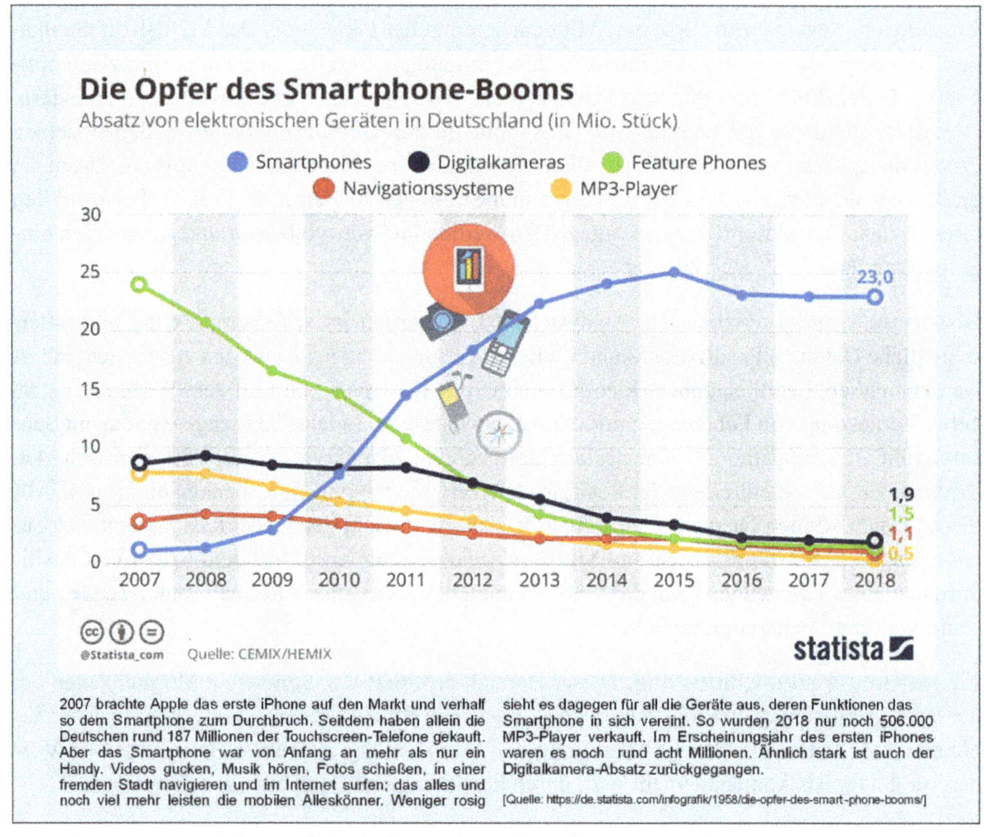
Die Opfer des Smartphone-Booms
Absatz von elektronischen Geräten in Deutschland (in Mio. Stück)
Smartphones
Digitalkameras
Feature Phones
Navigationssysteme
MP3-Player
30
25
20
15
10
5
0
2007
2008
2009
2010
2011
2012
2013
2014
2015
2016
2017
2018
23,0
1,9
1,5
1,1
0,5
@Statista_com
Quelle: CEMIX/HEMIX
statista
2007 brachte Apple das erste iPhone auf den Markt und verhalf so dem Smartphone zum Durchbruch. Seitdem haben allein die Deutschen rund 187 Millionen der Touchscreen-Telefone gekauft. Aber das Smartphone war von Anfang an mehr als nur ein Handy. Videos gucken, Musik hören, Fotos schießen, in einer fremden Stadt navigieren und im Internet surfen; das alles und noch viel mehr leisten die mobilen Alleskönner. Weniger rosig sieht es dagegen für all die Geräte aus, deren Funktionen das Smartphone in sich vereint. So wurden 2018 nur noch 506.000 MP3-Player verkauft. Im Erscheinungsjahr des ersten iPhones waren es noch rund acht Millionen. Ähnlich stark ist auch der Digitalkamera-Absatz zurückgegangen.
[Quelle: https://de.statista.com/infografik/1958/die-opfer-des-smart-phone-booms/]

Abb. 1-33: „Die Opfer des Smartphone-Booms“

Zum anderen treibt es den Markt an, da durch die Vernetzung zu anderen Geräten neue Anwendungs- und damit Wachstumsfelder entstehen. In den Smartphones sind eine Vielzahl von Sensoren und Kommunikationsschnittstellen eingebaut. Neben den für die Mobiltelefonie notwendigen Komponenten wie Mikrofon, Lautsprecher und dem Touchscreen als Bedienelement ist für diese Geräte auch die Schnittstelle zum Mobilfunknetzwerk typisch. Für Verbraucher ist diese Schnittstelle vor allem deshalb wichtig, weil das Smartphone immer mehr verfügbare Daten bündelt und alle Informationen auf einem Bildschirm zusammenfassen kann – ob es die Paketverfolgung nach der Onlinebestellung ist, die intelligente Türsprechanlage, die auf dem Smartphone anzeigt, wer klingelt oder die Datenaufbereitung vom Fitness-Tracker. Das Smartphone steht also nicht für sich allein, sondern entfaltet seine volle Wirkung erst mit dem vernetzten Gerät, mit dem es kommuniziert. Unter dem Aspekt der Nutzungsdauer hat das Smartphone andere Endgeräte wie Laptop, PC und Tablets längst überholt (siehe Abbildung 1-34).

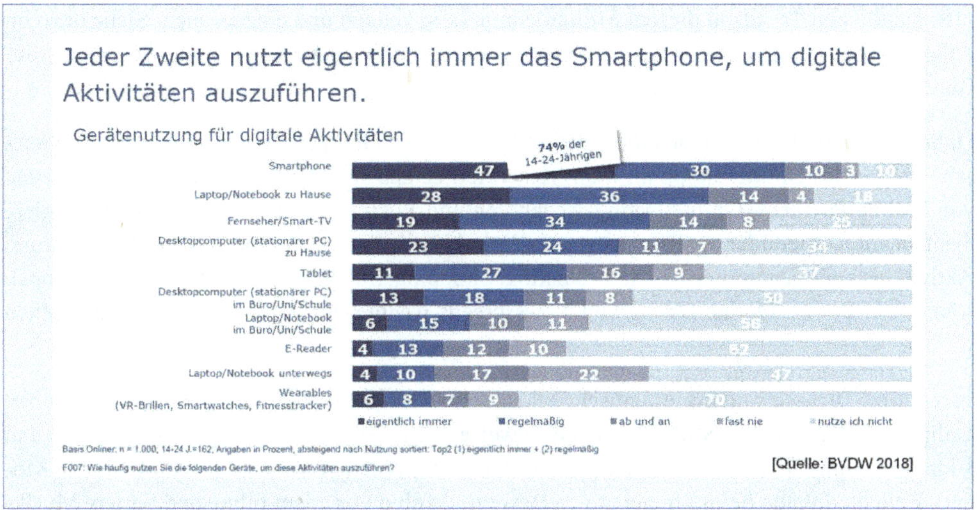
Jeder Zweite nutzt eigentlich immer das Smartphone, um digitale Aktivitäten auszuführen.
Gerätenutzung für digitale Aktivitäten
74% der 14-24-Jährigen
Smartphone 47 30 10 3 10
Laptop/Notebook zu Hause 28 36 14 4 18
Fernseher/Smart-TV 19 34 14 8 25
Desktopcomputer (stationärer PC) zu Hause 23 24 11 7 34
Tablet 11 27 16 9 37
Desktopcomputer (stationärer PC) im Büro/Uni/Schule 13 18 11 8 50
Laptop/Notebook im Büro/Uni/Schule 6 15 10 11 58
E-Reader 4 13 12 10 62
Laptop/Notebook unterwegs 4 10 17 22 47
Wearables (VR-Brillen, Smartwatches, Fitnesstracker) 6 8 7 9 70
eigentlich immer
regelmäßig
ab und an
fast nie
nutze ich nicht
Basis Onliner: n = 1.000, 14-24 J.=162, Angaben in Prozent, absteigend nach Nutzung sortiert: Top2 (1) eigentlich immer + (2) regelmäßig
F007: Wie häufig nutzen Sie die folgenden Geräte, um diese Aktivitäten auszuführen?
[Quelle: BVDW 2018]

Abb. 1-34: Gerätenutzung für digitale Aktivitäten

1.5.4 Smartphone-Betriebssysteme

Selbst für komplexe Technologien wie **Virtual Reality (VR)** hat das Smartphone den Einstieg in den Massenmarkt bereitet. In der virtuellen Realität lassen sich Inhalte auf gänzlich neue Art erleben. VR versetzt den Nutzer in eine simulierte, dreidimensionale Umgebung mit dafür entwickelten Brillen. VR bietet ein großes Potenzial, in das Leben der Menschen Einzug zu halten und so Unterhaltung, Arbeit und Bildung zu verändern [vgl. Bitkom 2016, S. 5 ff.].

Wie jeder Computer sind auch Smartphones mit einem Betriebssystem ausgestattet, das für Anwendungsprogrammierer von der Hardware abstrahierte Funktionen bereitstellt. Die in Bezug auf Marktanteile bedeutendsten Betriebssysteme sind in Deutschland derzeit Android (ca. 70 %) und iOS (ca. 20 %), wobei andere Betriebssysteme praktisch unbedeutend sind. Die Anbieter dieser Plattformen haben großes Interesse an der Pflege einer Entwickler-Community, denn die Verfügbarkeit von – vermeintlich – nutzenstiftenden Minianwendungen, den sogenannten Apps, fördert die Beliebtheit des Betriebssystems und somit dessen Verbreitung [vgl. Cseh/Marx 2016, S. 357].

Da Deutschland das Rennen um die **Produktion** von digitalen Technologien in Endgeräten verloren hat, müssen sich unsere Unternehmen auf die Entwicklung von kreativen Anwendungen und innovativen Geschäftsmodellen und -prozessen für unsere Wirtschaft konzentrieren. Auch dazu bedarf es Geschäftsführungen, welche die digitalen Technologien und deren Möglichkeiten verstehen und die entsprechenden Umsetzungsprozesse anstoßen können [vgl. Kollmann/Schmidt 2016, S. 12].

1.5.5 Digitale Angebote

Auch wenn Unternehmenslenker selbst nicht alle Möglichkeiten des vielfältigen digitalen Angebots nutzen, so ist es doch wichtig, das Angebot, die verschiedenen Nutzungsarten und die offensichtlichen Trends in diesem Milliardenmarkt zu kennen und einzuordnen. Siehe dazu im Folgenden die zusammengefassten Ergebnisse einer repräsentativen Online-Befragung des Bundesverbandes Digitale Wirtschaft [BVDW 2018]:

Online-Nutzer nehmen von den **digitalen Angeboten** vor allem die E-Mail-Funktion, Suchmaschinen und das Online-Shopping wahr. Reserviert zeigen sich die Deutschen bei der Nutzung von Mobile Payment, Online-Dating-Angeboten und Wearables, also Computertechnologien, die man am Körper oder am Kopf trägt. Als digital werden vor allem die „klassischen" Online-Aktivitäten wahrgenommen (E-Mail, Banking, Shopping, Suchmaschinen, Nutzung von Apps), während E-Books, Online-Dating und Newsscreens weniger als digitale Angebote angesehen werden.

Streaming-Dienste sind insgesamt sehr bekannt und erfreuen sich großer Beliebtheit unter den Onlinern. TV und Video-Streaming-Dienste weisen den höchsten Nutzeranteil auf. Musik- und Videostreaming-Dienste werden am intensivsten in Anspruch genommen (rund 20 Mal im Monat). Beliebte Inhalte beim Streamen von Bewegtbild sind vor allem Filme und Serien. Musik-Streaming wird mehrheitlich genutzt, um ausgewählte Musik und Radio zu hören. Beim Live-Streaming werden insbesondere Sportübertragungen favorisiert.

Wearables wie beispielsweise digitale Armbanduhren (Smartwatches), digitale Fitnesstracker oder Virtual-Reality-Brillen sind in Deutschland zwar bekannt, allerdings werden diese bislang nur von wenigen Onlinern genutzt. Auch in Zukunft wird der Nutzungsanteil von Wearables nicht beachtlich steigen. Der Einsatz von VR-Brillen in der Zukunft wird eher speziell und weniger alltagstauglich gesehen. Es sind die besonderen Orte, die schwer zu erreichen sind, Erlebnisparks oder Online-Games sowie Filme und Serien, die dadurch nahbarer und intensiver erlebt werden können.

Fast alle Online-Nutzer in Deutschland kennen die einzelnen **Smart Home-Anwendungen**, zu denen auch die Sprachassistenten gehören. Allerdings werden die Anwendungen bisher kaum genutzt. Knapp ein Viertel der Onliner sehen eine mögliche Nutzung in der Zukunft. Unter den Onlinern kennen drei Viertel die verschiedenen Connected Car Funktionen. Dennoch liegt die Nutzung der einzelnen Funktionen aktuell noch auf einem sehr geringen Niveau. Der Zukunftstrend verspricht jedoch eine steigende Nutzung.

Abbildung 1-35 fasst die wichtigsten Zukunftstreiber aus Sicht der Studienteilnehmer, die vom BVDW im Januar 2018 befragt wurden, grafisch zusammen.

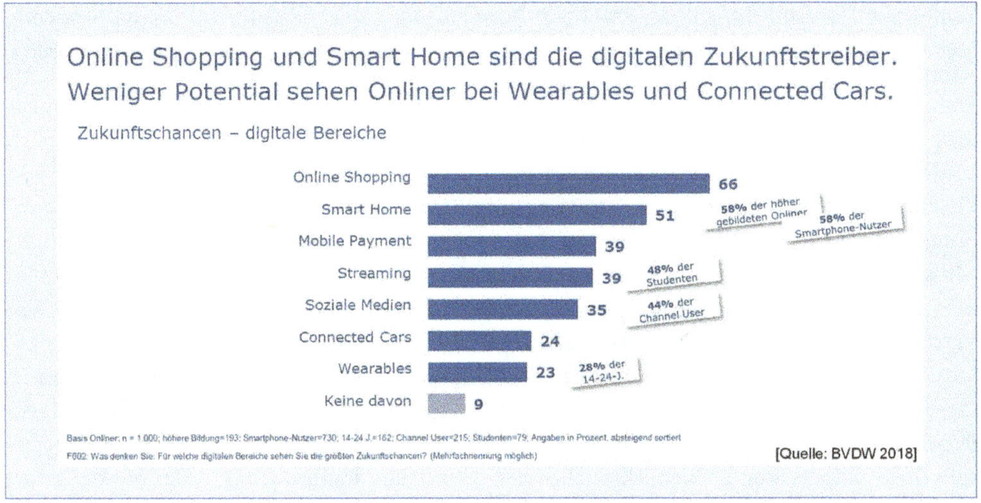
Online Shopping und Smart Home sind die digitalen Zukunftstreiber.
Weniger Potential sehen Onliner bei Wearables und Connected Cars.
Zukunftschancen – digitale Bereiche
Online Shopping
66
Smart Home
51
58% der höher gebildeten Onliner
58% der Smartphone-Nutzer
Mobile Payment
39
Streaming
39
48% der Studenten
Soziale Medien
35
44% der Channel User
Connected Cars
24
Wearables
23
28% der 14-24-J.
Keine davon
9
Basis Onliner: n = 1.000; höhere Bildung=193; Smartphone-Nutzer=730; 14-24 J.=162; Channel User=215; Studenten=79; Angaben in Prozent, absteigend sortiert
F602: Was denken Sie: Für welche digitalen Bereiche sehen Sie die größten Zukunftschancen? (Mehrfachnennung möglich)
[Quelle: BVDW 2018]

Abb. 1-35: Online Shopping und Smart Home als Zukunftstreiber

Die wohl größte Herausforderung besteht darin, aus den unendlich vielen Online-Prozessen, der E-Mail- und Telefon-Kommunikation sowie aus den sozialen Medien jene Informationen zu gewinnen, die für die Entscheidungsfindung und -unterstützung der richtigen Produkt- und Markenstrategie wichtig sind. Das Internet ist aber nicht nur interaktiver, sondern auch mobiler geworden. Eine Vielzahl von technischen Erfindungen, medialen und sozialen Plattformen sowie mobilen Dienstleistungen prägen unser aller Lebensstil und sind vor allem bei jungen Zielgruppen ("Digital Natives") kaum noch wegzudenken. So werden die Präferenzen von Käufern in Echtzeit auswertbar und mit einer speziellen Location, in der sich die Person gerade aufhält, kombiniert. Damit können dynamische Impulse hinsichtlich Einkaufsstätte, Preis oder Produktverfügbarkeit mobil übermittelt werden, um so den entscheidenden Kaufimpuls – genau im passenden Moment und am richtigen Ort – zu geben.

Mit dem Internet als Übertragungskanal und mit der Digitalisierung der Medien können die Kunden ihre Bedürfnisse nach Unterhaltung, Information, Kommunikation, Konsum und Sozialisierung einfach und schnell befriedigen. Noch nie gab es so viele und extrem leicht zugängliche Möglichkeiten, sich zu informieren, sich unterhalten zu lassen und gleichzeitig zu kommunizieren. Mit der technologischen Entwicklung und der Möglichkeit, auf beliebigen Endgeräten neuartige Kommunikationskonzepte (z.B. lokalisierte und personalisierte Markenbotschaften) und sogar Geschäftsmodelle zu begehen, ist die strategische Markenführung noch vielfältiger und größer geworden. Aber nicht nur der Markt für Informations- und Werbegüter ist für den Einzelnen komplett unübersichtlich geworden, auch für die Botschaft der Marke als digitalisiertes Positionierungselement ist es noch schwerer und komplexer geworden, zum Konsumenten durchzudringen.

1.5.6 Digitalisierung der Medien

Die Verlagerung der Aktivitäten von den analogen zu den digitalen Medien führt einerseits zu ungeahnten Anwendungsmöglichkeiten und andererseits zu grenzenloser Beliebigkeit und kompletter Unübersichtlichkeit. Etablierte Marken und sogar bestehende Geschäftsmodelle können durch die sich abzeichnenden Veränderungen in ihren Grundfesten erschüttert werden.

Somit wird deutlich, dass die digitale Revolution alle Verantwortungsträger in den Unternehmen umfassend herausfordern wird. Dabei stellt sich nicht so sehr die Frage, ob die digitalen Medien die klassischen Kanäle kontinuierlich verdrängen oder gar ersetzen werden. Wichtig ist vielmehr, für die Online-Medien den Beleg ihrer Wirkung bzw. ihres Wirkungsanteils zu erbringen, denn künftig werden beide Medienwelten noch enger verzahnt. Im Fokus wird also die Messbarkeit der Online-Kampagnen auf die Kommunikationswirkung und damit die unternehmerische Frage nach dem direkten Abverkauf der Produkte und Dienstleistungen stehen. War es früher – vereinfacht ausgedrückt – lediglich der 1.000-Leser-Preis (zur Ermittlung der Streukosten unterschiedlicher Medien), so sind es heute im Zeitalter digitalisierter Marken rund 50 mehr oder weniger aussagekräftige KPI's *(Key Performance Indicators)* wie Ad-Clicks, Cost-per-Click, Cost-per-Order, Cost-per-Conversion, Teilnahme- oder Einlösequoten, Seitenaufrufe (Page Impressions), Click-Through-Rates oder Transaktionsquoten – um nur einige zu nennen – mit denen sich die Entscheider befassen und in einen übergeordneten, unternehmerischen Zusammenhang stellen müssen.

Da die digitale Transformation auch die werbliche Kommunikation revolutioniert, ist es für die Unternehmensführung von besonderer Bedeutung, die Unterschiede zwischen der klassischen und der digitalen werblichen Kommunikation zu kennen, um entsprechende Entscheidungen treffen zu können.

Kontroll- und Vertiefungsfragen

1. Auf welchen Gebieten finden derzeit die größten technologischen Fortschritte statt?
2. Worin unterscheidet sich das reaktive vom proaktiven Social Media-Management?
3. Grenzen Sie die Begriffe *Betrieb* und *Unternehmen* voneinander ab.
4. Welcher Funktionsumfang der Unternehmensführung wird als Fünferkanon der modernen Managementlehre bezeichnet?
5. Welche Rollen kommen jedem Prozess bei der prozessorientierten Perspektive zu?
6. Stellen Sie die Teilmengen *Shareholder, Stakeholder, interne Anspruchsgruppen* und *externe Anspruchsgruppen* anhand eines Mengendiagramms dar. Wo ergeben sich Schnittmengen, wo Teilmengen?
7. Welche drei unternehmerischen Veranwortungskategorien kennzeichnen die Triple-Bottom-Line?
8. Erläutern Sie den *Fünferkanon* der modernen Managementlehre.
9. Grenzen Sie *Corporate Social Responsibility* (CSR) und *Corporate Citizenship* (CC) voneinander ab.
10. Welche Möglichkeiten gibt es, um die möglichen Vertragsprobleme zwischen Eigentümer (Principal) und Manager (Agent) bei Kapitalgesellschaften zu lösen?
11. Was ist der entscheidende Unterschied zwischen der *Unternehmensverfassung* und *Corporate Governance*?
12. Was zeichnet Unternehmenskulturen aus?
13. An welchen Faktoren wird die Unternehmenskultur sichtbar?
14. Nennen Sie die wichtigsten Ursachen für fehlgeschlagene Fusionen bzw. Unternehmenszusammenschlüsse.
15. Welche Strategien zur Integration unterschiedlicher Unternehmenskulturen werden vorgeschlagen?
16. Woraus besteht das Kulturwandelhaus? Worauf zielt das Kulturwandelhaus ab?
17. Worin besteht das Phänomen des *„Innovator's Dilemma"*?
18. Warum können die fünf Prinzipien disruptiver Innovationen führende und marktbeherrschende Unternehmen zu Fall bringen?
19. Worin unterscheidet sich der *Diffusionsprozess* vom *Adoptionsprozess* digitaler Technologien?
20. Welche Auswirkungen hat die Plattform-Ökonomie auf die Zukunft der Arbeit?
21. Worin unterscheiden sich die *Digital Immigrants* von den *Digital Natives* hauptsächlich?
22. Warum können Start-ups wesentlich leichter als klassische Unternehmen mit der Digitalisierung umgehen?
23. Warum ist die generationenverbindende Zusammenarbeit ein entscheidender Erfolgsfaktor für die Unternehmen?

2. Unternehmensplanung und Entscheidung

Zusammenfassung des Kapitels 70
Lernziele des Kapitels 71

2.1 Analyse – Wo stehen wir? 72

2.1.1 Bezugsrahmen und Planungsprozess 72
2.1.2 Umweltanalyse (DESTEP) – Makro-Umfeld 74
2.1.2.1 Demografische Einflüsse 75
2.1.2.2 Makro-ökonomische Einflüsse 76
2.1.2.3 Sozio-kulturelle Einflüsse 76
2.1.2.4 Technologische Einflüsse 77
2.1.2.5 Ökologische Einflüsse 80
2.1.2.6 Politisch-rechtliche Einflüsse 82
2.1.3 Unternehmensanalyse – Mikro-Umfeld 82
2.1.4 Analysetools – Instrumente der Analyse 83
2.1.4.1 SWOT/TOWS-Analyse 84
2.1.4.2 Ressourcenanalyse 85
2.1.4.3 7-S-Modell 87
2.1.4.4 Five-Forces-Modell 88
2.1.4.5 Analyse der Kompetenzposition 90
2.1.4.6 Stakeholderanalyse 92
2.1.4.7 Wertkettenanalyse 93
2.1.4.8 Benchmarking 96
2.1.5 Informationsgewinnung und -auswertung – Grundlage der Analyse 98
2.1.5.1 Grundlagen und Prozess 98
2.1.5.2 Datenquellen 99
2.1.5.3 Erhebungsmethoden 100
2.1.5.4 Auswahlverfahren 111
2.1.5.5 Analysemethoden 114

2.2 Ziele – Wo wollen wir hin? 119

2.2.1 Zielsystem des Unternehmens 119
2.2.2 Allgemeine Wertvorstellungen 120
2.2.2.1 Unternehmenskultur 120
2.2.2.2 Unternehmensidentität 122
2.2.2.3 Unternehmensleitlinien 123
2.2.2.4 Unternehmenszweck 124
2.2.3 Unternehmensziele 125
2.2.4 Sach- und Formalziele 126

2.3 Strategie – Wie kommen wir dahin? 127

2.3.1 Notwendigkeit der Strategieentwicklung 127
2.3.2 Strategiearten – Überblick 128
2.3.3 Portfolio-Strategien 130
2.3.3.1 Erfahrungskurve 130
2.3.3.2 Produktlebenszyklus 131
2.3.3.3 Produktportfolio 132
2.3.4 Wachstumsstrategien 138
2.3.4.1 Marktdurchdringungsstrategie 139
2.3.4.2 Marktentwicklungsstrategie 140
2.3.4.3 Produktentwicklungsstrategie 141
2.3.4.4 Diversifikationsstrategie 142

2.3.5 Strategien in schrumpfenden Märkten 143
2.3.5.1 Stabilisierungsstrategien 145
2.3.5.2 Desinvestitionsstrategien 145
2.3.6 Wettbewerbsstrategien 146
2.3.7 Markteintrittsstrategien 150
2.3.7.1 Strategien für den Markteintrittszeitpunkt 150
2.3.7.2 Strategien für die Form des Markteintritts 152

2.4 Management und Entscheiden 154

2.4.1 Entscheidungscharakteristika 154
2.4.2 Phasen des Entscheidungsprozesses und Entscheidungsumfeld 155
2.4.3 Entscheidungsziele, Entscheidungssituation und Entscheidungskriterien 156
2.4.4 Entscheidungsregeln 157
2.4.4.1 Theorieansätze 157
2.4.4.2 Entscheidungsmodelle 158
2.4.4.3 Entscheidungsheuristiken 158
2.4.4.4 Konkrete Entscheidungsregeln 159
2.4.5 Entscheidungswirkung 161

Kontroll- und Vertiefungsfragen 163

Zusammenfassung des Kapitels

Ein wesentliches Merkmal von Gestaltungskonzepten der Unternehmensführung ist die marktorientierte Analyse, Zielsetzung und Strategieformulierung. Daher wird im dritten Kapitel ein Bezugsrahmen für die marktorientierte Unternehmensplanung vorgestellt und so dann der Planungsprozess schrittweise durchlaufen.

Eingebettet in diese Planungsschritte sind ein ausführlicher Überblick über die wichtigsten Analysetools, ein Kompendium über einzelne Verfahren der Informationsgewinnung und Informationsauswertung sowie eine Darstellung wichtiger unternehmensrelevanter Strategien.

Konkret werden in diesem Kapitel Aussagen zu folgenden Aspekten gemacht:

- Aussagen über den Bezugsrahmen für den Unternehmensplanungsprozess
- Aussagen zur Vielseitigkeit von Unternehmenskonzepten und deren Bedeutung für den Unternehmenserfolg
- Aussagen über die Zusammenhänge in der Analysephase („Wo stehen wir?)
- Aussagen über die einzelnen Unternehmenseinflüsse nach dem DESTEP-Prinzip
- Aussagen über die wichtigsten Analyse-Tools für das Management
- Aussagen über die Zusammenhänge zwischen Sach- und Formalzielen
- Aussagen über Unternehmensphilosophie, Unternehmensleitsätze, Unternehmensidentität und Unternehmenskultur
- Aussagen über die Zusammenhänge zwischen „Mission“ und „Vision“
- Aussagen über die besondere Bedeutung der Unternehmenskultur
- Aussagen über die Verbindung von Planungs- und Entscheidungsprozess
- Aussagen über Entscheidungsumfeld, Entscheidungscharakteristika und Entscheidungsprozess
- Aussagen über Entscheidungsregeln und Entscheidungsmodelle

Lernziele des Kapitels

1. Sie sind in der Lage, den konzeptionellen Kristallisationspunkt zu erklären.
2. Sie können das unternehmerische Zielsystem mit seinen Eckpunkten und Phasen beschreiben
3. Sie können den Planungsprozess eines Unternehmens stufenweise ausrollen.
4. Sie sind in der Lage, eine SWOT-Analyse für beliebige Unternehmen und Unternehmensbereiche (bei entsprechendem Datenhintergrund) durchzuführen.
5. Sie können eine Umweltanalyse nach dem DESTEP-Prinzip durchführen und die für bestimmte Unternehmen relevanten Einflussfaktoren zuordnen.
6. Sie können wichtige Analyse-Tools hinsichtlich ihrer Vor- und Nachteile einschätzen.
7. Sie sind in der Lage, Sach- und Formalziele zu unterscheiden.
8. Sie können die Unterschiede zwischen Mission und Vision erklären.
9. Sie können die besondere Kraft einer starken Unternehmenskultur erklären.
10. Sie können für die Strategieentwicklung die richtigen Strategiearten zuordnen.
11. Sie gewinnen Einblicke in die Grundlagen, Prozesse und Methoden der Informationsgewinnung (Marktforschung) als Grundlage der Analysephase der marktorientierten Unternehmensplanung.
12. Sie können einschätzen, welcher Informationsstand hinreichend ist, um bei begrenzten Informationsbeschaffungs- und Informationsverarbeitungskapazitäten eine Entscheidungsgrundlage sicherzustellen.

2.1 Analyse – Wo stehen wir?

Ob globaler Smartphone-Hersteller oder Automobilkonzern, ob regionale Einzelhandelskette oder IT-Dienstleister – allen gemeinsam ist diesen Unternehmen, dass sie sich mit den internen und externen Einflussfaktoren, also ihrer Umwelt, auseinandersetzen müssen, um im Wettbewerb zu bestehen. Die meisten Unternehmen bewerkstelligen dies im Rahmen ihrer **Unternehmensplanung**. Im Gegensatz zu Teilbereichsplanungen oder Projektplanungen ist die Unternehmensplanung auf das Verhalten des Unternehmens als *Ganzes* ausgerichtet. Die Fokussierung der Planungsintension auf den *Markt* ist deshalb beabsichtigt, weil der Markt die eigentliche „Front" des Unternehmens darstellt, auf die letztlich alle Unternehmensaktivitäten gerichtet sein müssen, um die gesetzten Ziele zu erreichen. Die marktorientierte Unternehmensplanung definiert somit den entscheidenden **Außenkurs** des Unternehmens [vgl. Becker, J. 1993, S. 4].

2.1.1 Bezugsrahmen und Planungsprozess

Eine erfolgversprechende Unternehmenskonzeption ist das Ergebnis einer systematischen Umwelt- und Unternehmensanalyse, die Chancen und Risiken des relevanten Absatzmarktes einerseits sowie Stärken und Schwächen des Unternehmens andererseits identifiziert und bewertet. Die Verdichtung und Verzahnung dieser Daten und Informationen führt zum **konzeptionellen Kristallisationspunkt**, der den Ausgangspunkt für Zielbildung, Strategiewahl und Vorgehensmodell sowie für die auszuwählenden Maßnahmen darstellt [vgl. Becker, J. 2019, S. 92 f.].

In Abbildung 2-01 sind die Zusammenhänge zwischen Umwelt- und Unternehmensanalyse sowie Marketing- und Unternehmensplanung dargestellt.

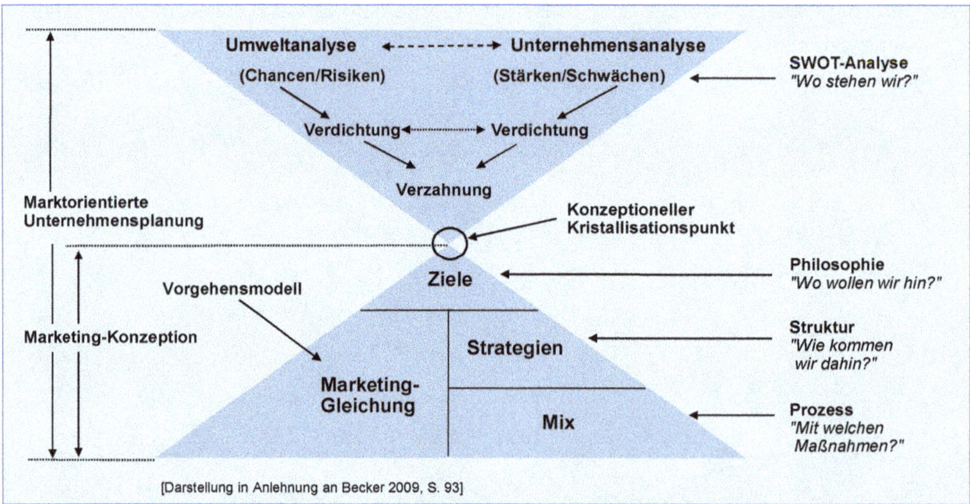
Umweltanalyse
Unternehmensanalyse
(Chancen/Risiken)
(Stärken/Schwächen)
SWOT-Analyse
"Wo stehen wir?"
Verdichtung
Verdichtung
Verzahnung
Marktorientierte Unternehmensplanung
Konzeptioneller Kristallisationspunkt
Ziele
Philosophie
"Wo wollen wir hin?"
Vorgehensmodell
Marketing-Konzeption
Strategien
Struktur
"Wie kommen wir dahin?"
Marketing-Gleichung
Mix
Prozess
"Mit welchen Maßnahmen?"
[Darstellung in Anlehnung an Becker 2009, S. 93]

Abb. 2-01: Bezugsrahmen für die marktorientierte Unternehmensplanung

Da die verschiedenen Märkte und insbesondere der Absatzmarkt eines Unternehmens keine statischen Gebilde sind, sondern *dynamische* Strukturen aufweisen, gibt es auch nicht *ein* Unternehmenskonzept und damit auch nicht *ein* Erfolgsrezept für das Management, sondern verschiedene Optionen, um auf die unterschiedlichen Rahmenbedingungen zu reagieren.

Die Abfolge des Planungsprozesses orientiert sich an folgenden Phasen [vgl. dazu auch Bidlingmaier 1973, S. 16 ff.]:

- Situationsanalyse (Wo stehen wir?)
- Zielsetzung (Wo wollen wir hin?)
- Strategie (Wie kommen wir dahin?)
- Mix (Welche Maßnahmen müssen dazu ergriffen werden?)

Abbildung 2-02 zeigt diese vier Phasen als Bezugsrahmen der Unternehmensplanung.

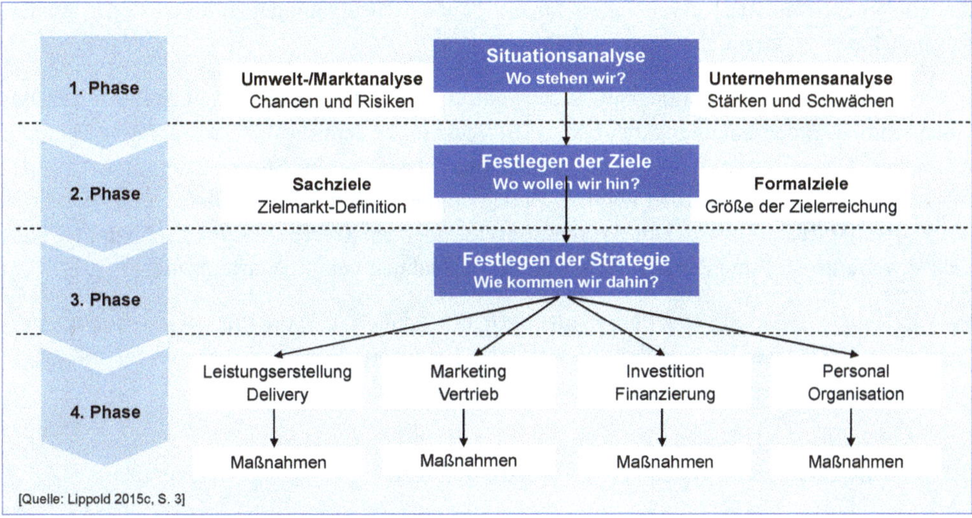
1. Phase
Umwelt-/Marktanalyse
Chancen und Risiken
Situationsanalyse
Wo stehen wir?
Unternehmensanalyse
Stärken und Schwächen
2. Phase
Sachziele
Zielmarkt-Definition
Festlegen der Ziele
Wo wollen wir hin?
Formalziele
Größe der Zielerreichung
3. Phase
Festlegen der Strategie
Wie kommen wir dahin?
4. Phase
Leistungserstellung
Delivery
Maßnahmen
Marketing
Vertrieb
Maßnahmen
Investition
Finanzierung
Maßnahmen
Personal
Organisation
Maßnahmen
[Quelle: Lippold 2015c, S. 3]

Abb. 2-02: Bezugsrahmen einer Unternehmensplanung

In der ersten Phase geht es um die **Situationsanalyse**, d. h. um eine Analyse der wesentlichen *externen* und *internen* Einflussfaktoren auf das Unternehmen. Die Situationsanalyse gliedert sich in die Umweltanalyse (engl. *External Analysis*) und in die Unternehmensanalyse (engl. *Self Analysis*) [vgl. Aaker 1984, S. 47 ff. und S. 113 ff.].

- Die **Umweltanalyse** betrachtet wichtige unternehmensexterne Rahmenbedingungen und ihre Auswirkungen auf das Unternehmens- und Marketingumfeld. Diese externen Einflussfaktoren bilden das sogenannte **Makro-Umfeld** des Unternehmens. Die Makro-Umwelt kann zwar vom Unternehmen nicht beeinflusst werden. Gleichwohl obliegt der Unternehmensführung die Aufgabe, die dominierenden Trends im Unternehmensumfeld mit seinen **Chancen** und **Risiken** für das Unternehmen frühzeitig zu erkennen und bei der Ziel-, Strategie- und Maßnahmenplanung zu antizipieren.
- Die **Unternehmensanalyse** liefert eine systematische Einschätzung und Beurteilung der strategischen, strukturellen und kulturellen Situation des Unternehmens und bezieht sich damit auf das **Mikro-Umfeld**. Im Rahmen der Unternehmensanalyse geht es darum, die **Stärken** und **Schwächen** des Unternehmens mit dem Ziel aufzuzeigen, über welche Fähigkeiten das Unternehmen insbesondere im Vergleich zu seinen Mitbewerbern verfügt.

Das Ergebnis der Analysephase, die in der Praxis regelmäßig als **SWOT-Analyse** *(Strengths, Weaknesses, Opportunities, Threats)* durchgeführt wird, ist eine Darstellung der Ausgangssituation.

An die umwelt- und unternehmensanalytisch aufbereitete Situationsanalyse schließt sich der **Zielbildungsprozess** als zweite Phase an. Hier werden die wesentlichen Zielgruppen, das Leistungsangebot des Unternehmens und die benötigten Ressourcen vorgeplant.

In der dritten Phase wird auf der Grundlage des unternehmerischen Zielsystems die **Unternehmensstrategie** festgelegt. Sie hat die Aufgabe, unternehmenspolitische Entscheidungen und den entsprechenden Ressourceneinsatz für die Teilbereichsplanungen zu kanalisieren und Erfolgspotenziale aufzubauen bzw. zu erhalten.

In der vierten Phase des Planungsprozesses geht es darum, für die einzelnen **Teilbereiche** des Unternehmens einen Handlungsrahmen zu entwickeln, in dem die für das operative Handeln relevanten **Maßnahmen** und **Prozesse** zusammengefasst und im Sinne bestimmter Anforderungskriterien optimiert werden können. Dabei kann es sich um funktionale Teilbereiche wie Marketing/Vertrieb, Entwicklung/Produktion etc. oder um Geschäftsbereichsplanungen handeln. Zweifellos stehen dabei die marktbezogenen Maßnahmen im Vordergrund.

Im Folgenden werden die vier Phasen ausführlich behandelt. Um die Phasen etwas anschaulicher zu gestalten, werden wiederholt Beispiele und Inserts herangezogen, die für möglichst viele Branchen und Betriebsgrößenklassen repräsentativ sind.

2.1.2 Umweltanalyse (DESTEP) – Makro-Umfeld

Um eine marktorientierte Unternehmensplanung entwickeln und umsetzen zu können, muss das Management zunächst den dynamischen Kontext verstehen, in welchem das Unternehmen agiert, und die wichtigsten Einflussfaktoren dieser Umgebung identifizieren.

Abbildung 2-03 gibt einen Überblick über die verschiedenen Einflussfaktoren.

Die externen Einflussfaktoren, also das Makro-Umfeld des Unternehmens, lassen sich nach dem **DESTEP-Prinzip** in sechs Einflussgruppen unterteilen [vgl. Runia et al. 2011]. DESTEP ist ein englisches Akronym für:

- Einflüsse der demografischen Umwelt (engl. *Demographic* environment)
- Einflüsse der makro-ökonomischen Umwelt (engl. *Economic environment*)
- Einflüsse der sozio-kulturellen Umwelt (engl. *Social-cultural environment*)
- Einflüsse der technologischen Umwelt (engl. *Technological environment*)
- Einflüsse der ökologischen Umwelt (engl. *Ecological environment*)
- Einflüsse der politisch-rechtlichen Umwelt (engl. *Political environment)*.

Gebräuchlich ist aber auch das Akronym **PESTLE** (manchmal auch **PESTEL**), das für nahezu die gleichen Inhalte bzw. Abkürzungen steht und lediglich eine andere Reihenfolge verwendet. Der einzige Unterschied besteht darin, dass bei der PESTLE-Systematik die *demografische*

Umwelt der *sozio-kulturellen Umwelt* zugeordnet wird und die *politische-rechtlichen Faktoren* in zwei Einflussbereiche aufgeteilt werden.

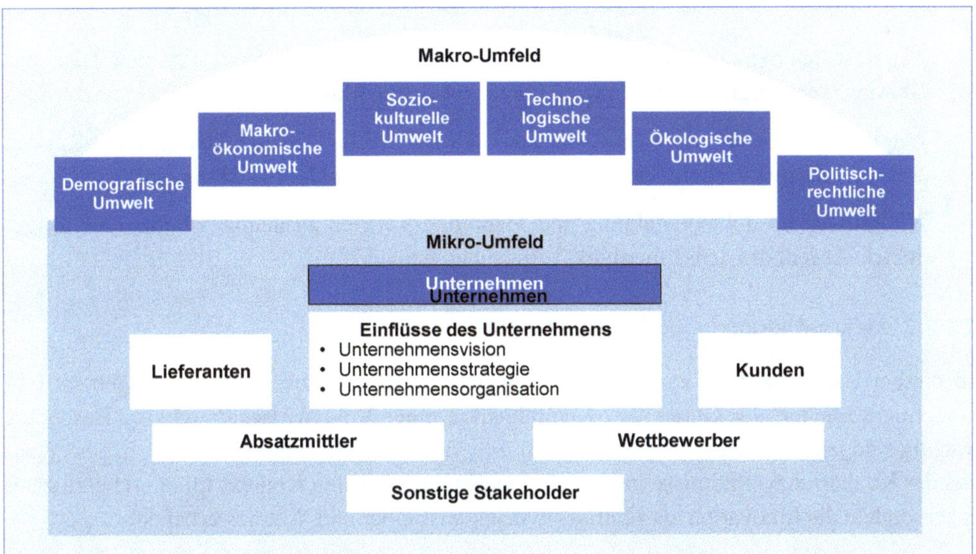
Makro-Umfeld
Demografische Umwelt
Makro-ökonomische Umwelt
Sozio-kulturelle Umwelt
Techno-logische Umwelt
Ökologische Umwelt
Politisch-rechtliche Umwelt
Mikro-Umfeld
Unternehmen
Einflüsse des Unternehmens
• Unternehmensvision
• Unternehmensstrategie
• Unternehmensorganisation
Lieferanten
Kunden
Absatzmittler
Wettbewerber
Sonstige Stakeholder

Abb. 2-03: Einflussfaktoren für das Marketing

2.1.2.1 Demografische Einflüsse

Das Wachstum der Weltbevölkerung, die **Alterung und Schrumpfung der Bevölkerung** im Westen, **wachsende Migrationsströme** und demografische Verwerfungen kennzeichnen wichtige demografische Einflüsse. Von Bedeutung sind aber auch die Aufweichung der traditionellen Geschlechterrollen, die zunehmend wichtigere Rolle von Frauen im Erwerbsleben sowie die Aufwertung sozialer und kommunikativer Kompetenzen. Für das Familien- und Erwerbsleben gleichermaßen spielen die **Work-Life-Balance** sowie neue Familien- und Lebensformen eine immer größere Rolle. Angesprochen sind der Trend zur Kleinfamilie und die Zunahme nomadischer Haushaltsformen sowie die Verschiebung der Aufmerksamkeit von der Arbeits- in die Privatsphäre auf der anderen Seite.

Bereits heute lässt sich mit hoher Zuverlässigkeit für Deutschland vorhersagen, dass im Jahr 2030 die Gruppe der über 65-Jährigen um ca. ein Drittel von derzeit 16,7 Millionen auf 22,3 Millionen anwachsen wird. Gleichzeitig werden 17 Prozent weniger Kinder und Jugendliche in Deutschland leben [vgl. Statistisches Bundesamt 2011, S. 8]. Aus diesem demografischen Wandel lassen sich für Unternehmen mindestens zwei Herausforderungsdimensionen ableiten.

Die *internen* Herausforderungen, die durch das steigende Durchschnittsalter der Belegschaft induziert werden, berühren insbesondere das Personalmanagement, die Gestaltung interner Prozesse sowie das Produktionsmanagement. Die *externen* Herausforderungen, die durch einen ständig **wachsenden Anteil der älteren Konsumenten** an der Gesamtbevölkerung hervorgerufen werden, betreffen im Wesentlichen die Produktentwicklung sowie das Marketing und den Vertrieb. Hierbei geht es um Produkte und Dienstleistungen, die den spezifischen Bedürfnissen dieser wachsenden Kundschaft entsprechen und die erfolgreich vermarktet werden können. Für Unternehmen z.B., die Innovationen für ihre älter werdende Kundschaft entwickeln und anbieten, stellen sich drei wichtige Fragen [vgl. Kohlbacher et al. 2010, S. 30 ff.]:

- Wie lässt sich der sog. **„Silbermarkt"** (Assoziation mit grauem bzw. silbernem Haar, das für Alter steht) segmentieren bzw. in homogene Teilmärkte zerlegen?
- Wie können offene und latente Wünsche und Bedürfnisse potenzieller „Silber"-Kunden durch die Marktforschung erfasst werden und in die Produktentwicklung einfließen?
- Wie müssen Produktentwicklung und Marketing/Vertrieb zusammenarbeiten und ausgerichtet werden, um den Silbermarkt effizient zu bedienen?

2.1.2.2 Makro-ökonomische Einflüsse

In diesem Umweltbereich wird betrachtet, welche Einflussfaktoren auf das Angebots- und Nachfrageverhalten der Güter- und Kapitalmärkte einer Volkswirtschaft wirken. Besonders wichtig sind jene Faktoren, die zur **Verschärfung der Wettbewerbssituation**, d. h. zum Wandel der Konkurrenzverhältnisse im internationalen und globalen Kontext führen. Hierzu zählt insbesondere die Innovation als zentraler Wachstumstreiber und Wettbewerbsfaktor.

Veränderungen der Absatz- und Beschaffungsmärkte und spezifische Branchentendenzen (z.B. Wachstumsrate einer Branche), Einkommensverteilung, Geldvermögen, Sparquote, Inflationsrate, Arbeitslosenquote, Zinsniveau und Kaufkraftentwicklung sind weitere Rahmenbedingungen. In die Kategorie *spezifische Branchentendenzen* fällt auch der Trend zur **Optimierung der Dienstleistungstiefe**, d. h. die Frage, inwieweit bestimmte Aktivitäten der zentralen Dienste (Marketing, Personal, Controlling etc.) ausgelagert und durch andere Unternehmen wahrgenommen werden können (*Outsourcing*). Die zentralen Zielsetzungen in Verbindung mit Outsourcing bestehen darin, sich auf Kernkompetenzen zu konzentrieren und Kosten zu reduzieren.

Das global wachsende Bildungsniveau, die **daten- und wissensbasierte Wertschöpfung** und **lebenslanges Lernen** sind weitere Einflüsse, die in diese Rubrik fallen und unter dem Stichwort „wissensbasierte Ökonomie" zusammengefasst werden können.

2.1.2.3 Sozio-kulturelle Einflüsse

Die sozio-kulturellen Einflussfaktoren befassen sich mit Trends, die die Werte und Normen von Gesellschaften beeinflussen. Von besonderem Einfluss sind **soziale und kulturelle Disparitäten**. Diese kommen in der zunehmenden Polarisierung zwischen Arm und Reich und in der Konkurrenz und Hybridisierung von Wertesystemen zum Ausdruck. Hinzu kommt, dass sich prekäre Lebensverhältnisse zum Massenphänomen entwickeln.

Ein weiterer wichtiger sozio-kultureller Einflussfaktor ist die **Umgestaltung der Gesundheitssysteme**. Bestimmungsfaktoren hierfür sind die stark wachsenden Gesundheitsausgaben, die Reorganisation des Gesundheitssektors und neue Ansätze in Therapie und Diagnose. Das steigende Gesundheitsbewusstsein und die zunehmende Selbstverantwortung der Bevölkerung führen zu einer vermehrten Privatisierung der Kosten.

Unter den sozio-kulturellen Einflüssen spielt die zunehmende **Urbanisierung** eine wichtige Rolle. Urbane Agglomerationen führen zu Strukturproblemen in ländlichen Regionen. Die Entwicklung angepasster Infrastrukturlösungen und eine nachhaltige Stadtentwicklung mit neuen Wohn-, Lebens- und Partizipationsformen wird unsere Zukunft mitbestimmen.

2.1.2.4 Technologische Einflüsse

Die technologische Entwicklung ist sicherlich der Einflussfaktor, der unser Umfeld am stärksten formt und gestaltet. Zu den technischen Innovationen, welche die Rahmenbedingungen für das Marketing-Management besonders prägen, zählen die neuen Kommunikationsmittel, die sich auf Inhalt und Umfang der Kundenbeziehungen auswirken. Im Mittelpunkt stehen dabei die enormen Potenziale, die das Internet den Unternehmen und ihren Kunden bietet. Aber auch neue Produktionsverfahren, die gravierende Änderungen im Leistungserstellungsprozess mit sich bringen, sowie vor allem Produkt- und Dienstleistungsinnovationen wirken sich auf den Einsatz des Management-Instrumentariums aus.

Ein Großteil der heute alltäglichen Produkte war vor wenigen Jahrzehnten noch gänzlich unbekannt: Flachbildschirme, Personal Computer, MP3-Player, Digitalkameras, Mobiltelefone und vieles andere mehr. Abbildung 2-04 verdeutlicht am Beispiel der Unterhaltungselektronik, wie innerhalb weniger Jahre die analoge Technologie vollends durch die digitale verdrängt wurde.

Während der Wachwechsel in der Unterhaltungselektronik damit abgeschlossen ist, steht gleichzeitig ein neuer Innovationsschub durch die **vierte industrielle Revolution** bevor:

Grundlegende technische Fortschritte waren in der Vergangenheit stets die Folge einer zentralen Erfindung. Die Dampfmaschine brachte die erste industrielle Revolution. Elektrizität und Fließband läuteten die zweite Revolution ein und die Automatisierung durch IT und Elektronik löste die dritte industrielle Revolution aus. Als Fortsetzung dieser Entwicklung wurde in Deutschland mit der kommenden Verzahnung von Industrie und Informationstechnik der Begriff „**Industrie 4.0**" als vierte industrielle Revolution eingeführt. Doch der technische Fortschritt geht viel weiter. Aktuell finden entscheidende technische Fortschritte auf mindestens vier zentralen Gebieten parallel statt, deren Kombination die Wirtschaft wahrscheinlich tiefer und schneller verändert als die bisher beobachteten industriellen Revolutionen: Das Internet der Dinge, Roboter, künstliche Intelligenz (KI) und 3D-Druck. Im Hintergrund kommen noch Big Data und die Umstellung auf das Cloud-Computing hinzu, das als Infrastrukturtechnik oft als Basis für die Digitalisierung der Wirtschaft dient. Alle Entwicklungen zusammen treiben also nicht nur die Transformation der Industrie an, sondern eigentlich des gesamten Wirtschaftsprozesses [vgl. Kollmann/Schmidt 2016, S. 12].

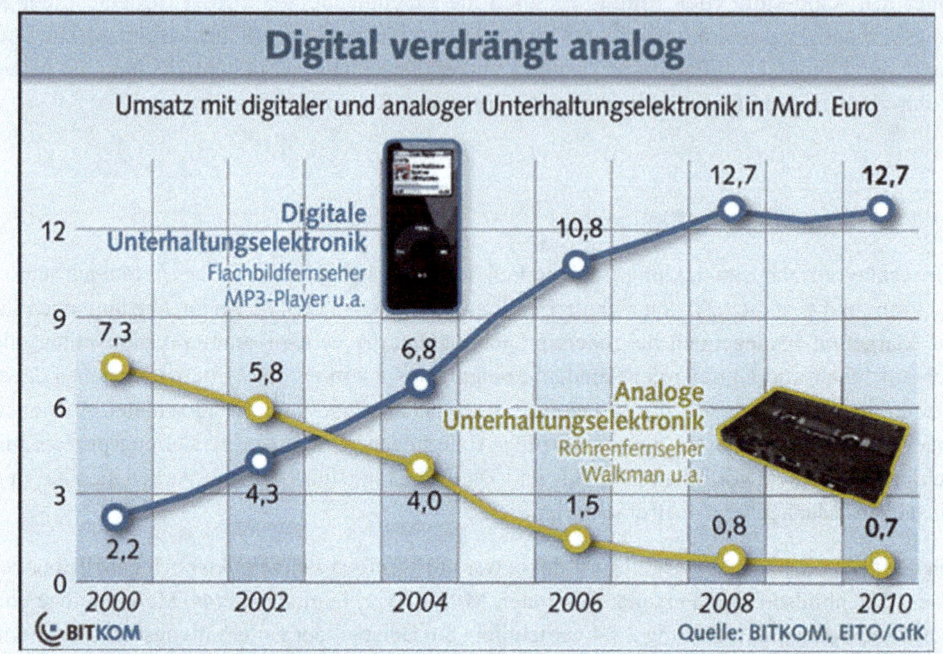
Digital verdrängt analog
Umsatz mit digitaler und analoger Unterhaltungselektronik in Mrd. Euro
Digitale Unterhaltungselektronik
Flachbildfernseher
MP3-Player u.a.
Analoge Unterhaltungselektronik
Röhrenfernseher
Walkman u.a.
12
9
6
3
0
7,3
5,8
4,0
1,5
0,8
0,7
2,2
4,3
6,8
10,8
12,7
12,7
2000
2002
2004
2006
2008
2010
BITKOM
Quelle: BITKOM, EITO/GfK

In der Unterhaltungselektronik haben digitale Geräte die alte analoge Technik nahezu vollständig abgelöst. Bereits im Jahr 2010 wurden in Deutschland 95 Prozent aller Umsätze in Höhe von 13,4 Milliarden Euro mit digitalen Geräten gemacht. Der Anteil analoger Geräte lagt bei nur noch 5 Prozent. Vor zehn Jahren war das Verhältnis fast umgekehrt. Im Jahr 2000 entfielen noch mehr als drei Viertel (77 Prozent) des Marktes für Unterhaltungselektronik auf analoge Geräte. So haben in den letzten Jahren **Flachbildschirme** den Röhrenfernseher ersetzt, **DVD-Player** den Videorekorder und **MP3-Player** den Walkman. Der Wachwechsel in der Unterhaltungselektronik ist damit abgeschlossen.

Den Startschuss für diese Entwicklung gab bereits Anfang der Achtziger Jahre die Einführung der Compact Disc. Sie löste Langspielplatten auf Vinyl ab und mit ihr der **CD-Player** den Plattenspieler. Danach folgte der Siegeszug der **Digitalkameras**, die zunächst kleinere Fotoapparate mit Rollfilm ersetzten. Wurden im Jahr 2000 nur rund 580.000 Digitalkameras verkauft, waren es auf dem Höhepunkt des Digicam-Booms im Jahr 2008 gut 9,3 Millionen. Inzwischen sind sogar die anfangs sehr teuren, hochwertigen Spiegelreflexkameras mit Digitaltechnik für Jedermann erschwinglich. Ein Relikt aus der Vergangenheit ist auch der Videorekorder zum Abspielen von VHS-Kassetten. Im Jahr 2000 wurden noch 3,2 Millionen Videorekorder verkauft. Sechs Jahre später waren es fast null, stattdessen gingen 5,3 Millionen DVD-Player über die Ladentheken. Der DVD-Spieler wird inzwischen selbst schon wieder abgelöst – durch den Blu-ray-Player.

Den größten Einfluss auf den Gesamtmarkt hatte aber der Abschied vom Röhrenfernseher. Während die Erklärung der ‚Braun'schen Röhre' im Physikunterricht ganzer Schülergenerationen zum Standard gehörte, beherrschen heute Flachbildfernseher mit Plasma- oder LCD-Technik den Markt. Im Jahr 2000 wurden davon nur 56.000 Stück verkauft, gegenüber 6 Millionen Röhrenfernsehern. Im Jahr 2010 waren es knapp 10 Millionen Flachbildfernseher. Dem standen nur noch 41.000 Fernseher mit der alten Röhrentechnik gegenüber.

Die Digitaltechnik hat nicht nur alte Geräte ersetzt, sondern auch völlig neue Marktsegmente geschaffen. So gehören heute Spielkonsolen und PCs zur Ausstattung der allermeisten Haushalte.

[Quelle: Bitkom-Pressemitteilung vom 10. August 2010]

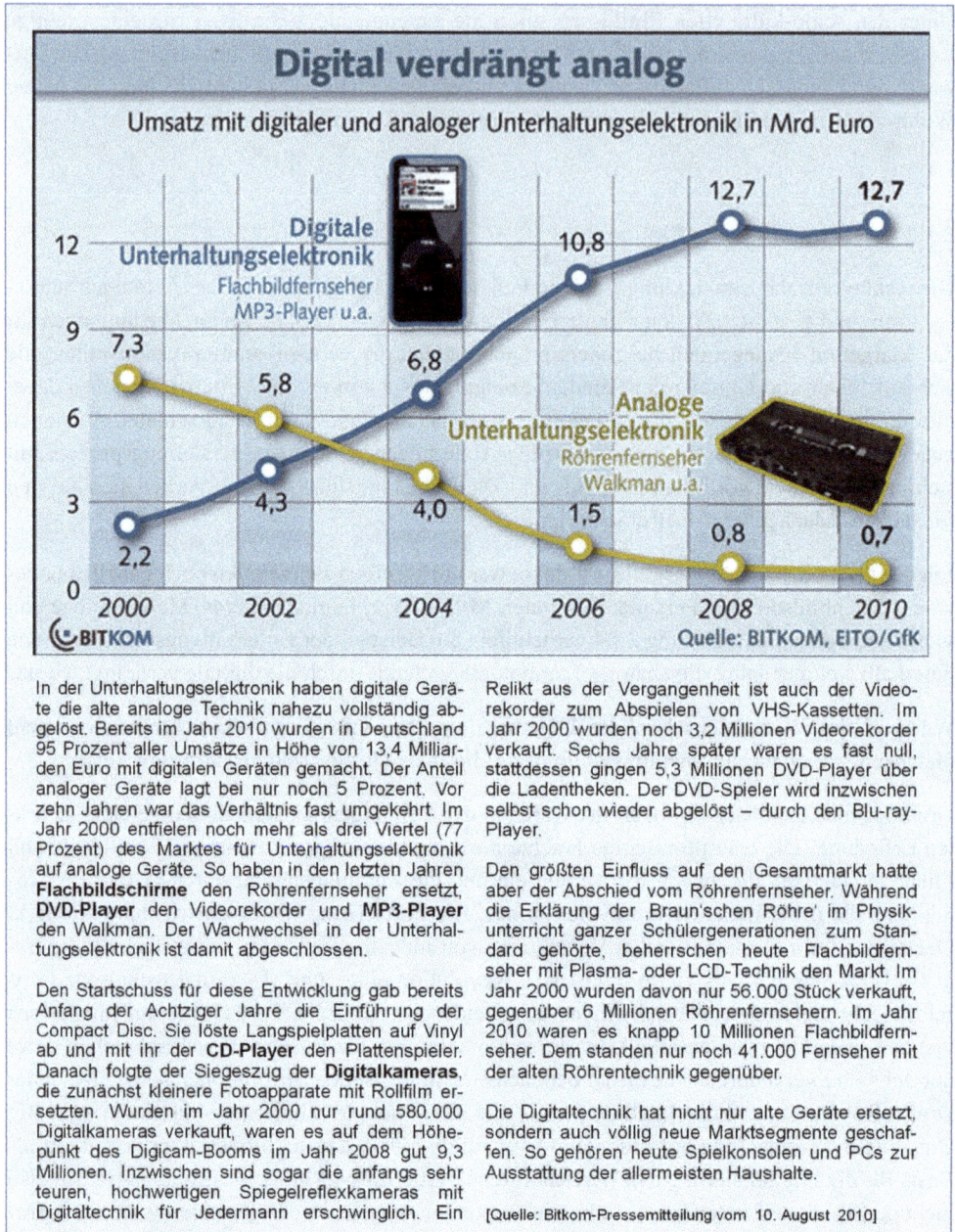

Abb. 2-04: „Digital verdrängt analog"

Als *der* wesentliche Treiber für den Erhalt und Ausbau der Wettbewerbsfähigkeit Deutschlands wird aber **Industrie 4.0** angesehen. Darunter wird eine intelligente Vernetzung der Produktion mit modernster Informations- und Kommunikationstechnik verstanden, um daraus bessere Absatzchancen für höherwertige Produkte, Dienstleistungen bzw. deren Kombinationen zu erzielen. So ist es kein Wunder, dass in Industrie 4.0 einer der größten Wachstumstreiber unserer

Volkswirtschaft gesehen wird und das fast zwei Drittel der deutschen Industrieunternehmen im Zuge von Industrie 4.0 ihre Geschäftsmodelle verändern (siehe Abbildung 2-05).

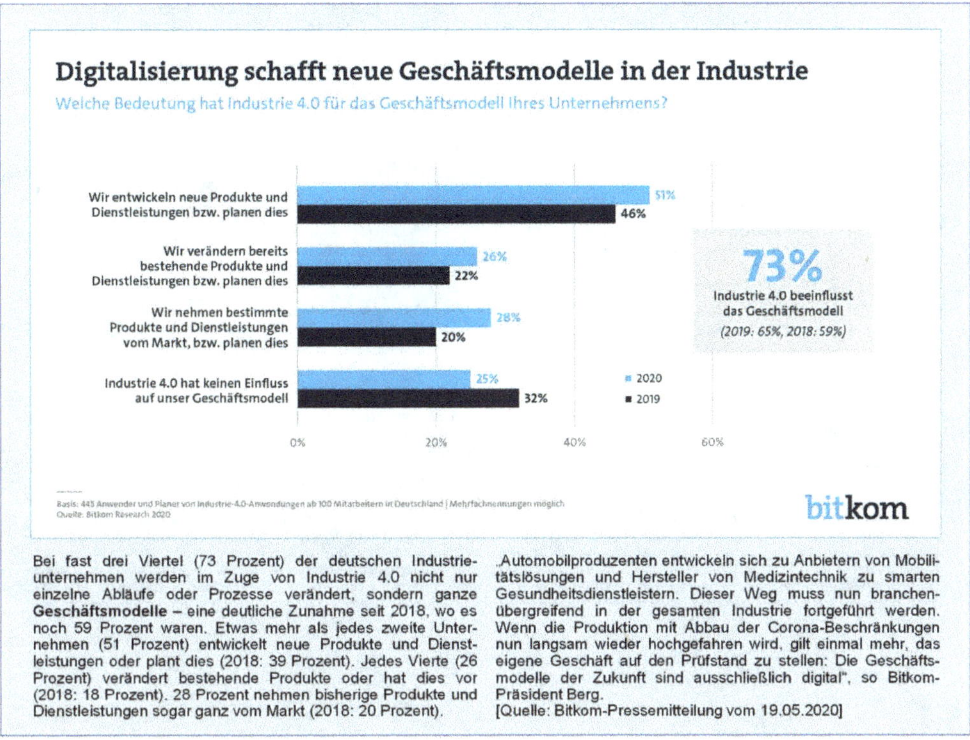
Digitalisierung schafft neue Geschäftsmodelle in der Industrie
Welche Bedeutung hat Industrie 4.0 für das Geschäftsmodell Ihres Unternehmens?
Wir entwickeln neue Produkte und Dienstleistungen bzw. planen dies
51%
46%
Wir verändern bereits bestehende Produkte und Dienstleistungen bzw. planen dies
26%
22%
Wir nehmen bestimmte Produkte und Dienstleistungen vom Markt, bzw. planen dies
28%
20%
Industrie 4.0 hat keinen Einfluss auf unser Geschäftsmodell
25%
32%
0%
20%
40%
60%
73%
Industrie 4.0 beeinflusst das Geschäftsmodell
(2019: 65%, 2018: 59%)
2020
2019
Basis: 445 Anwender und Planer von Industrie-4.0-Anwendungen ab 100 Mitarbeitern in Deutschland | Mehrfachnennungen möglich
Quelle: Bitkom Research 2020
bitkom

Bei fast drei Viertel (73 Prozent) der deutschen Industrieunternehmen werden im Zuge von Industrie 4.0 nicht nur einzelne Abläufe oder Prozesse verändert, sondern ganze **Geschäftsmodelle** – eine deutliche Zunahme seit 2018, wo es noch 59 Prozent waren. Etwas mehr als jedes zweite Unternehmen (51 Prozent) entwickelt neue Produkte und Dienstleistungen oder plant dies (2018: 39 Prozent). Jedes Vierte (26 Prozent) verändert bestehende Produkte oder hat dies vor (2018: 18 Prozent). 28 Prozent nehmen bisherige Produkte und Dienstleistungen sogar ganz vom Markt (2018: 20 Prozent).

„Automobilproduzenten entwickeln sich zu Anbietern von Mobilitätslösungen und Hersteller von Medizintechnik zu smarten Gesundheitsdienstleistern. Dieser Weg muss nun branchenübergreifend in der gesamten Industrie fortgeführt werden. Wenn die Produktion mit Abbau der Corona-Beschränkungen nun langsam wieder hochgefahren wird, gilt einmal mehr, das eigene Geschäft auf den Prüfstand zu stellen: Die Geschäftsmodelle der Zukunft sind ausschließlich digital", so Bitkom-Präsident Berg.
[Quelle: Bitkom-Pressemitteilung vom 19.05.2020]

Abb. 2-05: Wachstumspotenzial durch Industrie 4.0

Grundlage von Industrie 4.0 bildet die Organisation und Steuerung der gesamten Wertschöpfungskette über die Lebensdauer eines Produktes. Dieser Zyklus orientiert sich an den zunehmend individualisierten Kundenwünschen und erstreckt sich von der Idee über die Entwicklung, Fertigung, Auslieferung, Nutzung und Wartung bis hin zum Recycling einschließlich der damit verbundenen Dienstleistungen. Basis ist die Verfügbarkeit aller relevanten Informationen in Echtzeit durch Vernetzung aller an der Wertschöpfung beteiligten Instanzen sowie die Fähigkeit aus den Daten den zu jedem Zeitpunkt optimalen Wertschöpfungsfluss abzuleiten. Durch die Verbindung von Menschen, Objekten und Systemen entstehen dynamische, echtzeitoptimierte und selbst organisierende, unternehmensübergreifende Wertschöpfungsnetzwerke, die sich nach unterschiedlichen Kriterien wie bspw. Kosten, Verfügbarkeit und Ressourcenverbrauch optimieren lassen.

Der noch junge Begriff der Industrie 4.0 hat inzwischen eine ganze Begriffswelt um sich versammelt, die vom Internet der Dinge (IoT) über Big Data bis zu cyber-physischen Systemen reicht. Ohne weitere Strukturierung lässt sich somit alles und im Endeffekt doch nichts unter diesem Sammelbegriff subsumieren, da er keine Abgrenzung einzelner Aktivitäten mehr erlaubt. Abbildung 2-06 soll ein wenig zur Aufhellung der komplizierten Begriffswelt rund um Industrie 4.0 beitragen.

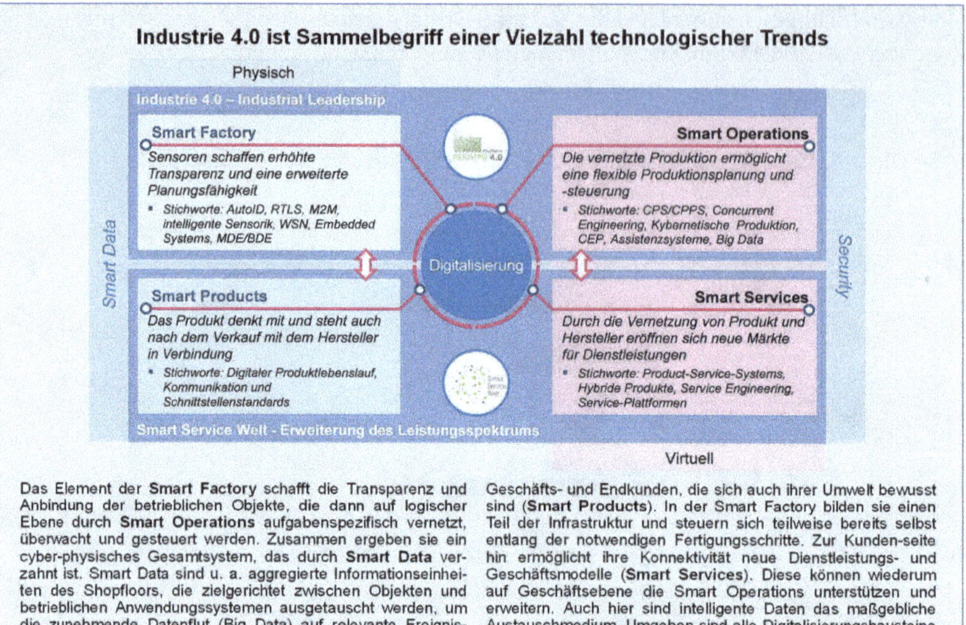
Industrie 4.0 ist Sammelbegriff einer Vielzahl technologischer Trends
Physisch
Industrie 4.0 – Industrial Leadership
Smart Factory
Sensoren schaffen erhöhte Transparenz und eine erweiterte Planungsfähigkeit
Stichworte: AutoID, RTLS, M2M, intelligente Sensorik, WSN, Embedded Systems, MDE/BDE
Smart Operations
Die vernetzte Produktion ermöglicht eine flexible Produktionsplanung und -steuerung
Stichworte: CPS/CPPS, Concurrent Engineering, Kybernetische Produktion, CEP, Assistenzsysteme, Big Data
Digitalisierung
Smart Data
Security
Smart Products
Das Produkt denkt mit und steht auch nach dem Verkauf mit dem Hersteller in Verbindung
Stichworte: Digitaler Produktlebenslauf, Kommunikation und Schnittstellenstandards
Smart Services
Durch die Vernetzung von Produkt und Hersteller eröffnen sich neue Märkte für Dienstleistungen
Stichworte: Product-Service-Systems, Hybride Produkte, Service Engineering, Service-Plattformen
Smart Service Welt - Erweiterung des Leistungsspektrums
Virtuell

Das Element der **Smart Factory** schafft die Transparenz und Anbindung der betrieblichen Objekte, die dann auf logischer Ebene durch **Smart Operations** aufgabenspezifisch vernetzt, überwacht und gesteuert werden. Zusammen ergeben sie ein cyber-physisches Gesamtsystem, das durch **Smart Data** verzahnt ist. Smart Data sind u. a. aggregierte Informationseinheiten des Shopfloors, die zielgerichtet zwischen Objekten und betrieblichen Anwendungssystemen ausgetauscht werden, um die zunehmende Datenflut (Big Data) auf relevante Ereignisströme zu begrenzen. Zur Smart Factory zählen hierbei neben Identifikations- und Kommunikationstechnologien Elemente der Datenverarbeitung sowie Sensor- als auch Aktorsysteme. Die Smart Factory erlaubt die Erstellung intelligenterer Produkte für Geschäfts- und Endkunden, die sich auch ihrer Umwelt bewusst sind (**Smart Products**). In der Smart Factory bilden sie einen Teil der Infrastruktur und steuern sich teilweise bereits selbst entlang der notwendigen Fertigungsschritte. Zur Kunden-seite hin ermöglicht ihre Konnektivität neue Dienstleistungs- und Geschäftsmodelle (**Smart Services**). Diese können wiederum auf Geschäftsebene die Smart Operations unterstützen und erweitern. Auch hier sind intelligente Daten das maßgebliche Austauschmedium. Umgeben sind alle Digitalisierungsbausteine von innovativen und grundlegend integrierten Authentifizierungs- und Sicherheitsmechanismen, die Manipulations- und Datensicherheit auf allen Ebenen gewährleisten (Security). [Quelle: Forschungsinstitut für Rationalisierung (FIR) der RWTH Aachen]

Abb. 2-06: Die Begriffswelt rund um Industrie 4.0

2.1.2.5 Ökologische Einflüsse

In Verbindung mit den Umbrüchen bei **Energie und Ressourcen** sowie **Klimawandel und Umweltbelastung** haben in diesem Einflussbereich folgende Trends eine besondere Bedeutung für jede Unternehmensführung:

- Wachsender Energie- und Ressourcenverbrauch
- Verknappung der natürlichen Ressourcen in Verbindung mit steigenden Energiekosten
- Einsatz erneuerbarer Energien
- Neue Antriebstechnologien im Automobilbereich
- Zunehmende Umweltverschmutzung in Verbindung mit steigenden CO_2-Emissionen und Temperaturen
- Engpässe in der Ernährungsversorgung in Ländern der Dritten Welt
- Umweltpolitische Interventionen staatlicher Institutionen
- Strategien zur Minderung und Anpassung an den Klimawandel.

Besondere Relevanz kommt der **Entwicklung alternativer Energiequellen** wie Wind- und Solarenergie bzw. der Schaffung energieeffizienter Technologien zu (siehe Abbildung 2-07).

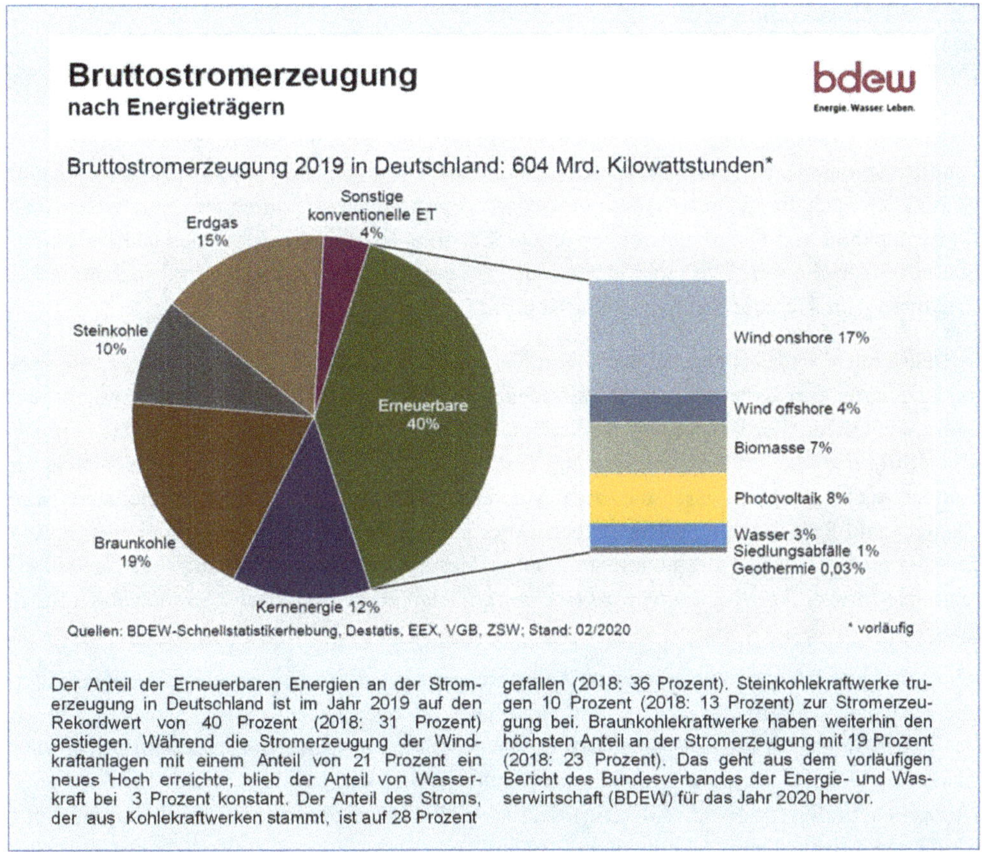
Bruttostromerzeugung
nach Energieträgern
bdew
Energie. Wasser. Leben.
Bruttostromerzeugung 2019 in Deutschland: 604 Mrd. Kilowattstunden*
Sonstige konventionelle ET 4%
Erdgas 15%
Steinkohle 10%
Braunkohle 19%
Kernenergie 12%
Erneuerbare 40%
Wind onshore 17%
Wind offshore 4%
Biomasse 7%
Photovoltaik 8%
Wasser 3%
Siedlungsabfälle 1%
Geothermie 0,03%
Quellen: BDEW-Schnellstatistikerhebung, Destatis, EEX, VGB, ZSW; Stand: 02/2020
* vorläufig
Der Anteil der Erneuerbaren Energien an der Stromerzeugung in Deutschland ist im Jahr 2019 auf den Rekordwert von 40 Prozent (2018: 31 Prozent) gestiegen. Während die Stromerzeugung der Windkraftanlagen mit einem Anteil von 21 Prozent ein neues Hoch erreichte, blieb der Anteil von Wasserkraft bei 3 Prozent konstant. Der Anteil des Stroms, der aus Kohlekraftwerken stammt, ist auf 28 Prozent gefallen (2018: 36 Prozent). Steinkohlekraftwerke trugen 10 Prozent (2018: 13 Prozent) zur Stromerzeugung bei. Braunkohlekraftwerke haben weiterhin den höchsten Anteil an der Stromerzeugung mit 19 Prozent (2018: 23 Prozent). Das geht aus dem vorläufigen Bericht des Bundesverbandes der Energie- und Wasserwirtschaft (BDEW) für das Jahr 2020 hervor.

Abb. 2-07: Bruttostromerzeugung nach Energieträgern 2019

Die Sicherstellung einer zuverlässigen, wirtschaftlichen und **umweltverträglichen Energieversorgung** ist eine der großen Herausforderungen des 21. Jahrhunderts. Dabei werden nach der beschleunigten Energiewende in Deutschland (Ausstieg aus der Kernenergie) die erneuerbaren Energien eine herausragende Rolle spielen.

Die Schaffung energieeffizienter Technologien in Verbindung mit **Antriebstechniken**, die sich hinsichtlich Energieart oder konstruktiver Lösung von den auf dem Markt verbreiteten Antriebstechniken unterscheiden, gehört ebenfalls zu den wichtigen Aufgabenfeldern industrieller Forschungsabteilungen. So arbeitet die Automobilindustrie intensiv an neuen Antriebstechnologien und energiesparenden Kompaktwagen.

Auch die Entsorgung chemischer und nuklearer Abfälle und die **Verschmutzung der Umwelt** durch biologisch nicht abbaubare Materialien stellt die Industrie vor erhebliche Herausforderungen. Die Einhaltung von Umweltrichtlinien stellt zwar zunächst eine Belastung dar, sie bietet aber auch die Chance, neue Absatzpotenziale zu erschließen.

2.1.2.6 Politisch-rechtliche Einflüsse

Die neue politische Weltordnung ist gekennzeichnet durch den Aufstieg Chinas und Indiens zu wirtschaftlichen Weltmächten und durch eine Krise der westlichen Demokratien. Die Rede ist bereits von Globalisierung 2.0 mit einer Verlagerung der ökonomischen Machtzentren, einer volatilen Ökonomie und einer entfesselten Finanzwelt mit globalisierten Kapitalströmen. Damit ist zugleich auch die globale Risikogesellschaft angesprochen, die durch asymmetrische Konflikte, Zunahme von Naturkatastrophen und global organisierte Verbrechen und Cyberkriminalität gekennzeichnet ist. Mit einer wachsenden Störanfälligkeit technischer und sozialer Infrastrukturen geht auch der Ruf nach mehr Kontrolle einher.

In Deutschland existiert eine Vielzahl von Gesetzen, die das Wettbewerbsverhalten, die Produktstandards, den Urheber- und Markenschutz aber auch den Verbraucherschutz regeln und damit von erheblicher Bedeutung für die Unternehmen sind. Die Liberalisierung des europäischen Strommarkts und die Deregulierung des Telekommunikationsmarktes sind Beispiele für politisch-rechtliche Einflüsse, die dem Marketing-Management vieler Unternehmen neue Chancen und Perspektiven eröffnet haben. Aber auch kommunalpolitische Rahmenbedingungen und die spezifische(n) Standortsituation(en) des Unternehmens, die durch die (jeweilige) regionale Infrastruktur bestimmt wird (werden), zählen zu den politisch-rechtlichen Einflussfaktoren.

Alle genannten Megatrends haben zum Teil gravierende Auswirkungen auf das Kaufverhalten und erzeugen vielfältige Marktchancen. Neue oder erweiterte Zielgruppen (Senioren, Frauen im Beruf, Single-Haushalte) haben bei vielen Produkten abweichende Bedürfnisse, die das Marketing berücksichtigen muss. An dieser Stelle wird sehr deutlich, dass sich bei den soziokulturellen Einflüssen (insb. Alterung) deutliche Überschneidungen zu den demografischen Einflüssen zeigen. Diese Überlappung ist aber kein Einzelfall, denn alle Komponenten der Makro-Umwelt sind untereinander vernetzt und können sich gegenseitig beeinflussen [vgl. Runia et al. 2011, S. 59].

2.1.3 Unternehmensanalyse – Mikro-Umfeld

Die unternehmensinternen Einflüsse, also das Mikro-Umfeld, lassen sich in Rahmenbedingungen, die das eigene *Unternehmen* für das *Management* setzt, sowie in Einflüsse des Wettbewerbs, der Absatzmittler, der Lieferanten, der Kunden und Teilbereiche der Öffentlichkeit unterteilen.

Unternehmen. Die Auswirkungen der *Unternehmensstrategie* in Verbindung mit evtl. geplanten Unternehmenszusammenschlüssen oder Veränderungen im Produktportfolio sind für die Unternehmensführung ebenso von Bedeutung wie die Frage nach der *Unternehmensvision*, also der langfristigen Vorstellung von der Unternehmensentwicklung. Auch die Ausgestaltung der *Unternehmensorganisation* (Führungsstrukturen, Aufbau-, Ablauf- und Prozessverantwortlichkeiten) bestimmt die Agenda des Managements.

Kunden. Es ist keine Frage, dass die Analyse der Kundenmärkte und der Kundenbeziehungen ganz oben auf der Agenda des Managements steht. Nachhaltiger Unternehmenserfolg ist nur über die Befriedigung der Kundenwünsche zu erzielen. Das setzt die wirksame Kommunikation des Kundennutzens und des Kundenvorteils voraus.

Wettbewerb. Der Wettbewerbsvorteil ist eine zentrale Maxime des Marketings. Um einen Wettbewerbsvorteil zu erzielen, muss das eigene Angebot im Markt so positioniert werden, dass es sich von dem des Wettbewerbs differenziert. Eine Analyse des Konkurrenzangebotes ist daher eine wichtige Voraussetzung, um eine erfolgreiche Wettbewerbsstrategie zu entwickeln und durchzusetzen.

Lieferanten. Lieferanten sind ein wichtiges Bindeglied in der Wertschöpfungskette des Unternehmens. Qualität, Mengen und Termintreue sind wichtige Kriterien bei der Lieferantenauswahl und haben mittelbaren Einfluss auf die Absatzgestaltung. In vielen Bereichen (z. B. Automobilindustrie) hat sich die *Zulieferindustrie* zum kritischen Erfolgsfaktor entwickelt.

Absatzmittler. Als Absatzmittler sind schwerpunktmäßig der *Handel* (B2C), *Vertriebspartner* (B2B), *Logistikunternehmen* aber auch *Finanzinstitutionen* wie Banken und Versicherungen zu verstehen. Sie übernehmen im Rahmen der betrieblichen Wertschöpfungskette Aufgaben der Produktverteilung und -vermittlung oder machen durch die Bereitstellung von Finanzmitteln Transaktionen erst möglich [vgl. Kotler et al. 2011, S. 219].

Öffentlichkeit. Zum Mikro-Umfeld des Unternehmens gehören auch einzelne Gruppierungen der Öffentlichkeit, denen das Unternehmen gegenübersteht. Solche Gruppierungen werden als *Anspruchsgruppen* (engl. *Stakeholder*) bezeichnet und haben ein gezieltes Interesse oder einen Einfluss auf das Handeln des Unternehmens. Die wohl bedeutendste Anspruchsgruppe für das Management bilden die *Medien*.

2.1.4 Analysetools – Instrumente der Analyse

Nachdem die externen und internen Einflussfaktoren des Unternehmens analysiert sind, geht es nun darum, Verbesserungspotenziale zu identifizieren. Hierzu werden folgende Analyse-Tools vorgestellt, die sich durch Benutzerfreundlichkeit und einen recht hohen Anwendungsnutzen auf dem Gebiet der Situationsanalyse eines Unternehmens auszeichnen [zu den verschiedenen Tools, die in der Analysephase eingesetzt werden können, siehe ausführlich Lippold 2013, S. 315 ff. und Kerth et al. 2011]:

- SWOT/TOWS-Analyse
- Ressourcenanalyse
- 7-S-Modell
- Five-Forces-Modell
- Analyse der Kompetenzposition
- Stakeholderanalyse
- Wertkettenanalyse
- Benchmarking.

2.1.4.1 SWOT/TOWS-Analyse

Eines der bekanntesten Hilfsmittel zur Systematisierung der Situationsanalyse eines Unternehmens (Wo stehen wir?) ist die **SWOT-Analyse**. Hier werden in einem ersten Schritt Stärken (engl. *Strengths*) und Schwächen (engl. *Weaknesses*), die in der Unternehmensanalyse identifiziert wurden, gegenübergestellt und eine **Stärken-Schwächen-Analyse** erstellt. Stärken machen ein Unternehmen wettbewerbsfähiger. Dazu zählen die besonderen Ressourcen, Fähigkeiten und Potenziale, die erforderlich sind, um strategische Ziele zu erreichen. Schwächen sind dagegen Beschränkungen, Fehler oder Defizite, die das Unternehmen vom Erreichen der strategischen Ziele abhalten. Dieser Teil der SWOT-Analyse, der sich aus einer kritischen Betrachtung des *Mikro*-Umfeldes ergibt, ist gegenwartsbezogen.

Der zweite Schritt der SWOT-Analyse bezieht sich auf das *Makro*-Umfeld des Unternehmens. Er ist in die Zukunft gerichtet und stellt die identifizierten Chancen und Möglichkeiten (engl. *Opportunities*) den Risiken bzw. Bedrohungen (engl. *Threats*) gegenüber (**Chancen-Risiken-Analyse**). Möglichkeiten bzw. Chancen sind alle vorteilhaften Situationen und Trends im Umfeld eines Unternehmens, die die Nachfrage nach bestimmten Produkten oder Leistungen unterstützen. Bedrohungen bzw. Risiken sind dagegen die ungünstigen Situationen und Trends, die sich negativ auf die weitere Entwicklung des Unternehmens auswirken können. Das Ergebnis dieser beiden Analysen ist ein möglichst vollständiges und objektives Bild der Ausgangssituation (Wo stehen wir?).

Die SWOT-Analyse (siehe Abbildung 2-08) ist eines der ältesten Tools für die Strategieentwicklung. Sie stellt eine gute Übersicht und Zusammenfassung der Ausgangssituation sicher. Das SWOT-Tool bietet allerdings keine konkreten Antworten, sondern stellt lediglich Informationen zusammen, um darauf aufbauend Strategien zu entwickeln. Darüber hinaus sind positive Nebeneffekte bei der Durchführung der SWOT-Analyse – wie Kommunikation und Zusammenarbeit – mindestens ebenso wichtig wie die erzielten Ergebnisse [vgl. Andler 2008, S.178].

Unternehmens-analyse
Mikro-Umfeld
• Unternehmen
• Kunden
• Wettbewerber
• Lieferanten
• Absatzmittler
• Öffentlichkeit
Stärken (Strengths)
• Starker Markenname
• Flächendeckendes Vertriebsnetz
• Hohe Produktfunktionalität
• Guter Werbeauftritt
• Gute Internetpräsenz
• Gute Pressekontakte
Schwächen (Weeknesses)
• Hohe Produktionskosten
• Schwache Marktposition
• Schwache F&E-Kompetenzen
• Teilw. veraltete Technologie
• Hohe Vertriebskosten
• Mangelnde Internationalität
• Interner Blickwinkel
• Gegenwarts-bezogen
Umweltanalyse
Makro-Umfeld
• Demografische
• Makro-ökonomische
• Sozio-kulturelle
• Technologische
• Ökologische
• Politisch-rechtliche Einflüsse
Chancen (Opportunities)
• Wachsender Markt in China
• Potentiale bei zugehörigen Dienstleistungen
• Patentgenehmigungen stehen bevor
• Stärkstem Wettbewerber droht Übernahme
• Erfolgreiche Verhandlungen mit neuem Technologiegeber
Bedrohungen (Threats)
• Wettbewerb durch neue asiatische Firmen
• Verstärkte ökologische Auflagen
• Hauptlieferant ist in wirtschaftlichen Schwierigkeiten
• Ersatzprodukte (Substitute) gewinnen zunehmend an Marktanteilen
• Externer Blickwinkel
• Zukunfts-bezogen

Abb. 2-08: Das Grundmodell der SWOT-Analyse

Während die SWOT-Analyse rein deskriptiver Natur ist, wird mit der **TOWS-Analyse** die Entwicklung strategischer Stoßrichtungen angestrebt. Die TOWS-Analyse kann somit als Weiterentwicklung der SWOT-Analyse angesehen werden. Sie zeigt, wie die unternehmensinternen Stärken und Schwächen mit den externen Bedrohungen und Chancen kombiniert werden können, um daraus vier grundsätzliche Optionen zu entwickeln:

- **SO-Strategien** basieren auf den vorhandenen Stärken eines Unternehmens und zielen darauf ab, die Chancen, die sich im Unternehmensumfeld bieten, zu nutzen.
- **ST-Strategien** basieren ebenfalls auf den vorhandenen Stärken. Sie haben aber das Ziel, diese Stärken zu nutzen, um drohende Risiken abzuwenden oder doch mindestens zu minimieren.
- **WO-Strategien** sollen interne Schwächen beseitigen, um die bestehenden Chancen nutzen zu können. Auf diese Weise sollen die betreffenden Schwächen in Stärken transformiert werden, um dann mittelfristig eine SO-Position zu erlangen.
- **WT-Strategien** haben schließlich das Ziel, die Gefahren im Umfeld durch einen Abbau der Schwächen zu reduzieren. Die Kombination aus Schwächen und Risiken ist zweifellos für ein Unternehmen die gefährlichste Konstellation, die es zu vermeiden gilt.

Die TOWS-Struktur kann hilfreich bei der Strukturierung und Entwicklung alternativer Strategien sein. Daher ist der TOWS-Ansatz vom Einsatzbereich her gesehen nicht den „Tools der Situationsanalyse", sondern eher den „Tools zur Strategiewahl" zuzurechnen.

In Abbildung 2-09 ist das TOWS-Diagramm dargestellt, das die vier Kombinationen und strategischen Richtungen beschreibt.

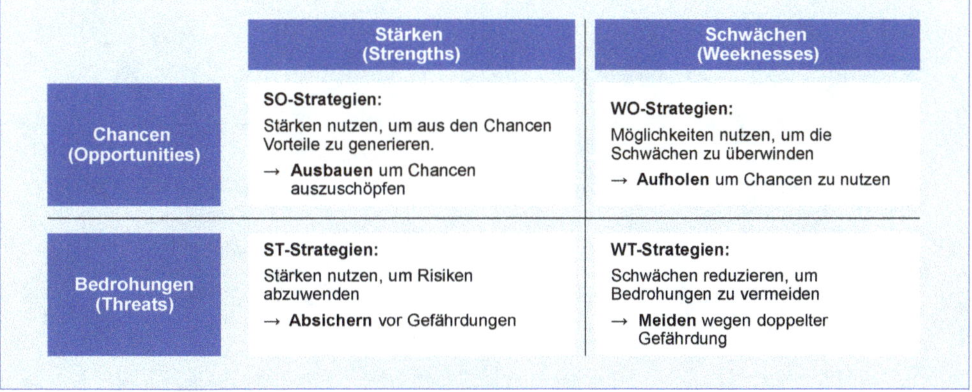
Stärken (Strengths)
Schwächen (Weeknesses)
Chancen (Opportunities)
SO-Strategien:
Stärken nutzen, um aus den Chancen Vorteile zu generieren.
→ Ausbauen um Chancen auszuschöpfen
WO-Strategien:
Möglichkeiten nutzen, um die Schwächen zu überwinden
→ Aufholen um Chancen zu nutzen
Bedrohungen (Threats)
ST-Strategien:
Stärken nutzen, um Risiken abzuwenden
→ Absichern vor Gefährdungen
WT-Strategien:
Schwächen reduzieren, um Bedrohungen zu vermeiden
→ Meiden wegen doppelter Gefährdung

Abb. 2-09: Das TOWS-Diagramm

2.1.4.2 Ressourcenanalyse

Die Ressourcenanalyse ist quasi der „kleine Bruder" der SWOT-Analyse, denn im Mittelpunkt steht die Erstellung eines **Stärken-Schwächen-Profils**, das ja auch Teil der SWOT-Analyse ist. Im Gegensatz zur SWOT-Analyse befasst sich die Ressourcenanalyse aber ausschließlich mit den unternehmensspezifischen Stärken und Schwächen (und nicht mit den Chancen und Risiken), die denen der stärksten Wettbewerber gegenübergestellt werden. Dieses Wissen über die eigenen Fähigkeiten und Grenzen, ggf. differenziert nach Unternehmensbereichen oder nach Produktgruppen, legt Verbesserungspotenziale offen und kann gezielt zu Lösungsansätzen herangezogen werden [vgl. Kerth et al. 2011, S. 110 f.].

Die Ressourcenanalyse besteht im Kern aus einem Profilvergleich, bei dem ausgewählte Erfolgsfaktoren (Fähigkeiten und Ressourcen) des eigenen Unternehmens in Relation zu den wichtigsten Wettbewerbern bewertet werden. Durch die Einschätzung der erhobenen Merkmale durch den Befragten entsteht ein **Stärken-Schwächen-Profil**, das die Potenziale und den Verbesserungsbedarf des Unternehmens abbildet.

In Abbildung 2-10 ist ein fiktives Stärken-Schwächen-Profil abgebildet, wobei die Kriterienbereiche *Unternehmen* (allgemein), *Markt/Marketing*, *Produktion*, *Vertrieb*, *Finanzen* sowie *Management* und *Personal* des eigenen Unternehmens mit den zwei stärksten Wettbewerbern verglichen werden. Wichtig dabei ist, dass die einzelnen Kriterien von den Befragten in gleicher Weise interpretiert werden.

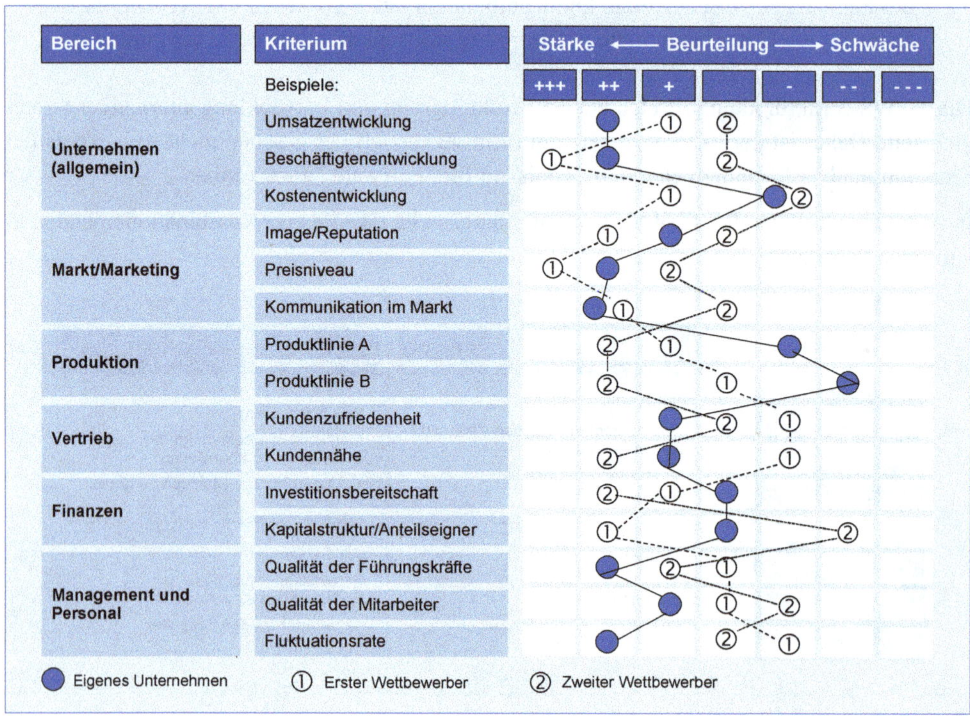
Bereich
Kriterium
Stärke ⟵ Beurteilung ⟶ Schwäche
Beispiele:
+++
++
+
-
- -
- - -
Unternehmen (allgemein)
Umsatzentwicklung
Beschäftigtenentwicklung
Kostenentwicklung
Markt/Marketing
Image/Reputation
Preisniveau
Kommunikation im Markt
Produktion
Produktlinie A
Produktlinie B
Vertrieb
Kundenzufriedenheit
Kundennähe
Finanzen
Investitionsbereitschaft
Kapitalstruktur/Anteilseigner
Management und Personal
Qualität der Führungskräfte
Qualität der Mitarbeiter
Fluktuationsrate
Eigenes Unternehmen
① Erster Wettbewerber
② Zweiter Wettbewerber

Abb. 2-10: Fiktives Stärken-Schwächen-Profil

Diese Analyse ist nicht nur für den Marketing-Bereich relevant. Auch für den Personalbereich, die Organisation oder für die Produktion kann die Analyse wichtige Hinweise geben. Eine Ressourcenanalyse kann sowohl von den eigenen Mitarbeitern verschiedener Verantwortungsbereiche als auch von Außenstehenden (Kunden, Berater) durchgeführt werden.

2.1.4.3 7-S-Modell

Das vom Beratungsunternehmen McKinsey entwickelte 7-S-Modell (“*Seven-S-Framework*”) liefert eine Übersicht über die Zusammenhänge und Abhängigkeiten von sieben Faktoren, die den Unternehmenskontext beschreiben. Die drei *harten* Faktoren **Strategy**, **Structure** und **Systems** bilden das Erfolgskonzept, das ein Unternehmen von anderen unterscheidet. Diese Erfolgsfaktoren sind in der Regel greifbar und in Form von Strategiepapieren, Plänen, Dokumentationen, Organigrammen etc. konkret (quasi als „Hardware“) dargelegt.

Hinzu kommen vier *weiche* Faktoren **Style**, **Skills**, **Staff** und **Shared Values** (quasi als „Software“), die man bislang als nicht beeinflussbare, irrationale, intuitive oder informelle Elemente der Organisation abgetan hatte. Dennoch haben diese Faktoren mindestens genau so viel mit dem Erfolg (oder Misserfolg) des Unternehmens zu tun wie die formalen Strukturen und Strategien, denn sie verkörpern das interne Führungskonzept. Sie unterstützen die harten Erfolgsfaktoren, sind aber materiell weniger greifbar und schwieriger zu beschreiben.

Alle sieben Faktoren sind miteinander vernetzt, wobei effektiv arbeitende Unternehmen eine ausgeglichene Balance zwischen diesen sieben Elementen aufweisen [vgl. Peters/Waterman 1984, S. 30 ff.].

Abbildung 2-11 veranschaulicht die sieben Faktoren des 7-S-Modells grafisch.

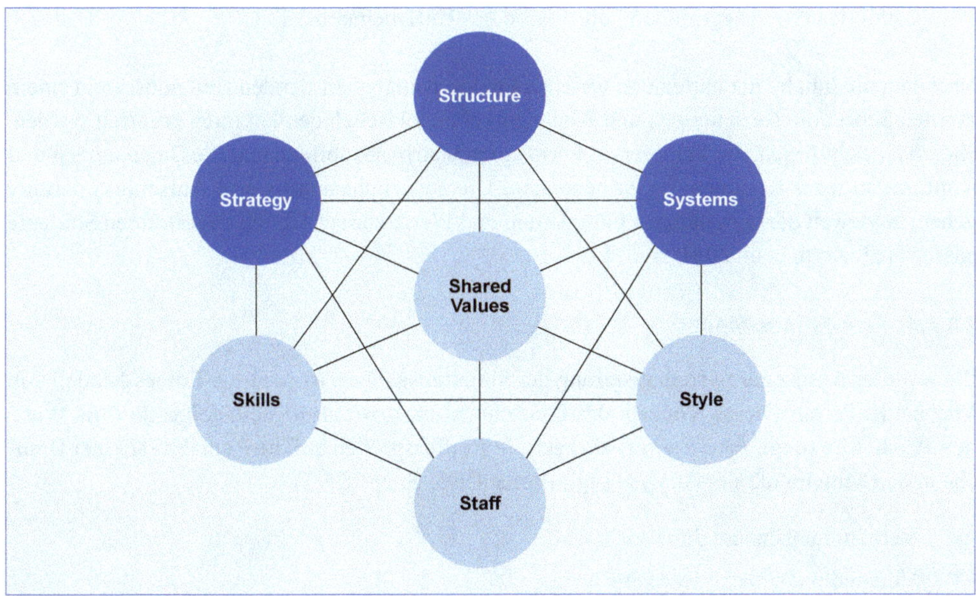
Structure
Strategy
Systems
Shared Values
Skills
Style
Staff

Abb. 2-11: Faktoren des 7-S-Modells

Zum besseren Verständnis sollen die 7 S und deren Bedeutung einzeln erläutert werden [vgl. Kerth et al. 2011, S. 65]:

- **Strategie** (engl. *Strategy*) beschreibt die Ziele und Handlungsweisen zur Sicherung des langfristigen Unternehmenserfolgs.
- **Struktur** (engl. *Structure*) umfasst die vorliegende Aufbauorganisation und Koordination aller sachlich-hierarchischen Zusammenhänge des Unternehmens.
- **Prozesse** (engl. *Systems*) sind die primären und unterstützenden Prozesse zur Umsetzung der Strategien in den gegebenen Strukturen (IT-Steuerungssysteme, Abwicklungsprozesse, Controlling, Routinen etc.).
- **Führungsstil** (engl. *Style*) umfasst die Maßstäbe, nach denen das Management Prioritäten setzt und arbeitet. Dazu zählen die Verhaltensweisen der Führungskräfte ebenso wie die Kultur des Unternehmens.
- **Mitarbeiter** (engl. *Staff*) sind die Menschen im Unternehmen mit ihren individuellen Fähigkeiten und Fertigkeiten.
- **Spezialkenntnisse** (engl. *Skills*) sind die besonderen Fähigkeiten des Unternehmens selbst, unabhängig von den Einzelpersonen, also das, was das Unternehmen am besten kann – seine Kernkompetenzen.
- **Selbstverständnis** (engl. *Shared Values*) bezieht sich auf die Kernüberzeugungen und grundlegenden Ideen sowie die gemeinsamen Werte der Organisation und beinhaltet damit den Existenzgrund und die Vision des Unternehmens.

Nachdem die Inhalte der harten und weichen Faktoren analysiert worden sind, müssen in einem zweiten Schritt die Beziehungen und Abhängigkeiten zwischen den Faktoren ermittelt werden. Hierzu ist es hilfreich, die Faktoren in Form einer Matrix abzubilden und die Beziehungen und Konflikte in jeder Kombination zu benennen. Die Beziehungsmatrix soll Aufschluss darüber geben, inwieweit die vorhandenen Fähigkeiten und Werte zur tatsächlich angestrebten Strategie passen [vgl. Kerth et al. 2011, S. 67].

2.1.4.4 Five-Forces-Modell

Ein weiterer Ansatz zur Systematisierung der Situationsanalyse ist das Five-Forces-Modell von Michael E. Porter. Dieses Konzept der **Branchenstrukturanalyse** stellt folgende **fünf Wettbewerbskräfte** (engl. *Five Forces*) als zentrale Einflussgrößen auf die Rentabilität einer Branche in den Mittelpunkt der Analyse [vgl. Porter 1995, S. 25 ff]:

- Verhandlungsmacht der **Kunden**
- Verhandlungsmacht der **Lieferanten**
- Rivalität der **Wettbewerber** untereinander
- Bedrohung durch **künftige Anbieter**
- Bedrohung durch **Substitutionsprodukte**.

Die **Verhandlungsstärke der Abnehmer** wirkt sich direkt auf die Rentabilität einer Branche aus. Dies gilt vor allem dann, wenn die Konzentration auf dem Absatzmarkt besonders hoch ist und die Produkte nur wenig differenziert und damit leicht austauschbar sind. Ein Beispiel dafür ist der Preisdruck von großen Handelsunternehmen/Handelsketten, den diese aufgrund ihrer starken Verhandlungsposition auf Konsumgüterhersteller ausüben.

Je stärker die **Verhandlungsmacht der Lieferanten** auf einem Markt ausfällt, desto geringer ist der Gewinnspielraum auf der Abnehmerseite. Eine starke Verhandlungsmacht ist immer dann zu erwarten, wenn eine relativ geringe Anzahl von Lieferanten in einem bestimmten Marktsegment einer großen Anzahl von Abnehmern gegenübersteht. Ein Beispiel hierfür ist der Verhandlungsdruck der Anbieter klassischer Markenartikel auf den Facheinzelhandel, für den die betreffenden Inputgüter von hoher Bedeutung sind und eine Substitution durch Ersatzprodukte nur bedingt möglich ist.

Die **Rivalität der Wettbewerber** untereinander wird vor allem beeinflusst durch die Anzahl der Marktteilnehmer, durch die Marktgröße und durch die Stellung der Branche im Lebenszyklus. So ist eine hohe Wettbewerbsintensität vor allem dann zu erwarten, wenn die in der Branche vorhandenen Kapazitäten nicht ausgelastet sind, sich die Produkte bzw. Dienstleistungen nicht stark differenzieren, ein Anbieterwechsel ohne große Umstellungskosten vorgenommen werden kann und hohe Marktaustrittsbarrieren bestehen, die dazu führen, dass unrentable Kapazitäten im Markt verbleiben [vgl. Fink 2009, S. 178 f.].

Die **Bedrohung durch neue Anbieter** hat dann Einfluss auf die Rentabilität einer Branche, wenn potentielle Anbieter auch tatsächlich in den Markt eintreten. Denn mit steigender Anzahl der Wettbewerber sinkt der durchschnittliche Anteil eines Anbieters am Branchenumsatz bzw. Branchengewinn. Für den Zugang neuer Anbieter spielen die Markteintrittsbarrieren eine wichtige Rolle. Diese sind umso höher, je stärker die Käuferloyalität, je ausgeprägter die Produktdifferenzierung, je schwieriger der Zugang zu bestehenden Distributionssystemen und je höher die Umstellungskosten auf der Abnehmerseite sind. Ein aktuelles Beispiel für das Bedrohungspotenzial neuer Anbieter ist der zunehmende Drang der Hardwarehersteller in das IT-Beratungsgeschäft.

Die **Bedrohung durch Substitutionsprodukte** oder durch neue Technologien ist umso größer, je besser das Preis-/Leistungsverhältnis gegenüber den brancheneigenen Produkten ausfällt. Ähnlich wie bei den Markteintrittsbarrieren ist auch hier zu untersuchen, wie gut sich die Branche oder einzelne Unternehmen gegen Ersatzprodukte zur Wehr setzen können. Die Bedrohung der Handys durch Smartphones ist das derzeit wohl markanteste Beispiel für diese Wettbewerbskraft. Andere Beispiele sind Kunststoff vs. Glas, Kontaktlinsen vs. Brillen, digitale vs. analoge Technologien.

Abbildung 2-12 stellt die fünf Triebkräfte des Branchenwettbewerbs im Zusammenhang dar.

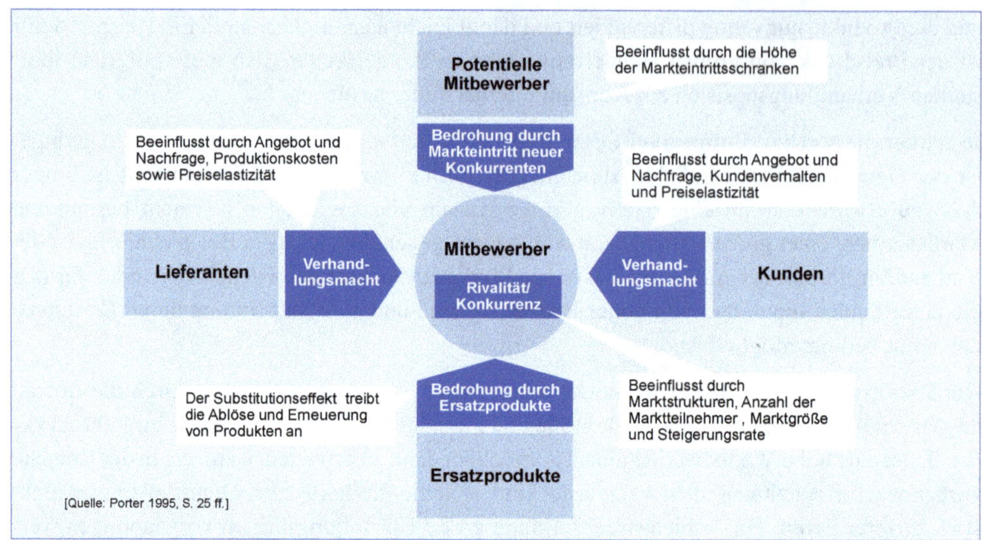
Potentielle Mitbewerber
Beeinflusst durch die Höhe der Markteintrittsschranken
Beeinflusst durch Angebot und Nachfrage, Produktionskosten sowie Preiselastizität
Bedrohung durch Markteintritt neuer Konkurrenten
Beeinflusst durch Angebot und Nachfrage, Kundenverhalten und Preiselastizität
Lieferanten
Verhand-lungsmacht
Mitbewerber
Rivalität/ Konkurrenz
Verhand-lungsmacht
Kunden
Der Substitutionseffekt treibt die Ablöse und Erneuerung von Produkten an
Bedrohung durch Ersatzprodukte
Beeinflusst durch Marktstrukturen, Anzahl der Marktteilnehmer , Marktgröße und Steigerungsrate
Ersatzprodukte
[Quelle: Porter 1995, S. 25 ff.]

Abb. 2-12: Das Five-Forces-Modell von PORTER

Ist die entsprechende Einschätzung für alle fünf Triebkräfte durchgeführt, kann es im nächsten Schritt darum gehen, den Einfluss der fünf Marktkräfte besser zu kontrollieren und ggf. zu reduzieren. Dabei geht es im Einzelnen um Maßnahmen zur Minderung der Verhandlungsmacht der Abnehmer, zur Einschränkung der Verhandlungsmacht der Lieferanten, zur Eindämmung der Wettbewerbsrivalität, zur Minderung der Gefahr durch Neueinsteiger bzw. zur Vermeidung der Gefahr durch Substitute [vgl. Andler 2008, S. 191 f.].

Porters Branchenstrukturanalyse ist eine veritable Methode zur Einschätzung der Attraktivität und des Wettbewerbs in einer Branche. Sie ist ein sehr guter Startpunkt, um ein besseres Verständnis und einen Einblick in wichtige Trends und Triebkräfte einer Branche zu erhalten.

2.1.4.5 Analyse der Kompetenzposition

Will sich ein Unternehmen in einem neuen Geschäftsfeld engagieren, so muss es prüfen, ob die entsprechend erforderlichen Kompetenzen bereits im Unternehmen vollumfänglich vorhanden sind oder ob diese durch Akquisitionen, Fusionen oder Partnerschaften ergänzt werden müssen.

Zur Analyse der Kompetenzposition eines Unternehmens bietet sich die in Abbildung 2-13 dargestellte Vier-Felder-Matrix an. Auf der Abszisse ist die **relative Kompetenzstärke** eines Unternehmens im Vergleich zu seinen relevanten Wettbewerbern in dem betrachteten Geschäftsfeld erfasst. Das damit angeführte Kriterium der **Kernkompetenz** (engl. *Core Competencies*) besagt, dass die entsprechende Kompetenz nur schwer imitierbar und vor dem Zugriff durch Wettbewerber geschützt sein muss. Hamal/Prahalad definieren Kernkompetenz als *„the collective learning in the organization, especially how to coordinate diverse production skills and integrate multiple streams of technology"*. Sie führen weiter aus, dass sich Wettbewerbsvorteile vor allem aus der Fähigkeit ergeben, solche Kombinationsprozesse schneller und preiswerter vornehmen und damit Kernkompetenzen besser als andere Unternehmen bündeln zu können [vgl. Hamal/Prahalad 1990, S. 79 ff.].

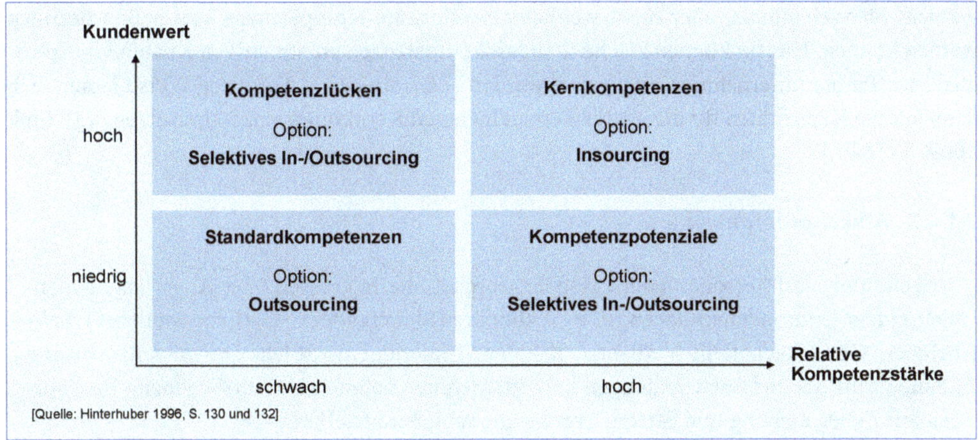
Kundenwert
hoch
niedrig
Kompetenzlücken
Option:
Selektives In-/Outsourcing
Kernkompetenzen
Option:
Insourcing
Standardkompetenzen
Option:
Outsourcing
Kompetenzpotenziale
Option:
Selektives In-/Outsourcing
Relative Kompetenzstärke
schwach
hoch
[Quelle: Hinterhuber 1996, S. 130 und 132]

Abb. 2-13: Portfolio der Kompetenzen und Handlungsoptionen

Auf der Ordinate ist der **Kundenwert** einer Kompetenz abgetragen. Damit wird dem Umstand Rechnung getragen, dass der Nutzen einer Kernkompetenz von den Kunden durchaus unterschiedlich wahrgenommen wird. Als Grundlage für die Bestimmung des Kundenwertes dienen Umwelt- und Unternehmensanalysen, aus denen die externen Erfolgsfaktoren des Wettbewerbs in dem betrachteten Geschäftsfeld hervorgehen (z. B. ein attraktiver Preis). Auf der Grundlage der relativen Kompetenzstärke einerseits und des Kundenwertes der betrachteten Kompetenzen anderseits lassen sich die vier in Abbildung 2-13 dargestellten Kompetenzkategorien ableiten [vgl. Fink 2009, S. 181 ff. und Hinterhuber 1996, S. 130 f.]:

- **Standardkompetenzen** sind Kompetenzen mit geringem Kundenwert und einer schwachen Kompetenzsituation. Sie besitzen aus Sicht des Marktes keine große Bedeutung und werden von den Wettbewerbern mindestens genauso gut wie das analysierte Unternehmen beherrscht. Gleichwohl dienen Standardkompetenzen zur Aufrechterhaltung des normalen Geschäftsbetriebes.
- **Kompetenzlücken** sind Kompetenzen, bei denen das analysierte Unternehmen eine vergleichsweise schwache Position besitzt, die jedoch eine hohe Bedeutung im Markt haben.
- **Kompetenzpotenziale** sind Kompetenzen, bei denen das Unternehmen leistungsfähiger als seine Wettbewerber eingestuft wird, denen der Markt jedoch (noch) eine geringere Bedeutung beimisst.
- **Kernkompetenzen** sind jene Kompetenzen, die das betrachtete Unternehmen besser beherrscht als seine Wettbewerber und die am Markt von großer Bedeutung sind.

Diese Systematik gibt nicht nur Anhaltspunkte darüber, ob ein Unternehmen die erforderlichen Kompetenzen besitzt, um in einem bestimmten Geschäftsfeld erfolgreich zu konkurrieren, sondern es können auch Entscheidungen darüber abgeleitet werden, ob vorhandene Kompetenzen ausgelagert oder fehlende Kompetenzen ergänzt werden sollen. So müssen bspw. Optionen untersucht werden, ob Kompetenzlücken aus eigener Kraft geschlossen werden können oder ob hierzu Akquisitionen oder Partnerschaften erforderlich *(Insourcing)* sind. Ebenso muss geprüft werden, ob vorhandene, aber nicht wettbewerbsrelevante Kompetenzen von außen bezogen werden können. Häufig können solche Standardkompetenzen zu attraktiven Kosten von spezialisierten Partnerunternehmen eingekauft werden *(Outsourcing)*. Auf diese Weise lassen sich dann interne Kapazitäten für die wettbewerbsrelevanten Kernkompetenzen freisetzen [vgl. Fink 2009, S. 183 f.].

2.1.4.6 Stakeholderanalyse

Stakeholder sind Personen oder Personengruppen, die Interessen oder Ansprüche gegenüber einem Unternehmen haben (z. B. Aktionäre (Shareholder), staatliche Stellen, Arbeitnehmer, Gewerkschaften, Verbände, Kunden, Lieferanten). Solche **Anspruchsgruppen** können Einfluss auf Entscheidungen im Unternehmen nehmen und im Gegenzug Ressourcen zur Zielerreichung und Strategieverwirklichung bereitstellen.

Die **Stakeholderanalyse** zielt darauf ab, diese Interessengruppen zu identifizieren und deutlich zu machen, gegenüber welchen Stakeholdern das Unternehmen positioniert werden sollte und worauf das Management dabei achten muss. Das Instrument ermöglicht es, konsequent eine Außenperspektive einzunehmen und dadurch zu Beginn von Strategiefindungsprozessen einer gewissen Betriebsblindheit vorzubeugen. Besonders bei sensiblen Projekten (z. B. Integrations- oder Veränderungsprojekte) wird die Stakeholderanalyse eingesetzt, um die beteiligten und betroffenen Gruppen angemessen einzubeziehen [vgl. Kerth et al. 2011, S. 148 f.].

Um zu bestimmen, welche Stakeholder von besonderer Bedeutung für ein Unternehmen sind, ist auf deren Ansprüche und Beiträge abzustellen. Dabei bietet sich eine Einteilung in interne und externe Anspruchsgruppen an. Abbildung 2-14 zeigt eine allgemeine Übersicht, die als Grundlage für eine unternehmensspezifische Stakeholderanalyse herangezogen werden kann.

Stakeholder		Beitrag für das Unternehmen	Anspruch an das Unternehmen	Sorge/Risiko gegenüber dem Unternehmen
Interne Anspruchsgruppen	Eigenkapitalgeber (Shareholder)	Eigenkapital	Einkommen, Gewinn	Wertverlust
	Management	Kompetenz, Leistung, Engagement	Gehalt, Tantieme	Arbeitsplatzverlust
	Mitarbeiter	Arbeitskraft	Soziale Sicherheit	Arbeitsplatzverlust
	Fremdkapitalgeber	Fremdkapital	Zinsen	Schuldnerausfall
Externe Anspruchsgruppen	Lieferanten	Termingerechte Lieferung, gute Qualität	Einkommen, Gewinn	Forderungsausfall
	Kunden	Kauf, Markentreue, Referenz	Gute Produkte, günstiges Preis-Leistungsverhältnis	Überteuerter Preis, schlechte Qualität
	Staat, Politik	Infrastruktur, Rechtssicherheit	Steuern, Sozialleistungen sichere Arbeitsplätze	Regelverstöße
	Gesellschaft	Akzeptanz, Image	Unterstützung (Stichwort: CSR)	Abwälzung Kosten

[Quelle: in Anlehnung an Ulrich/Fluri 1995, S. 79]

Abb. 2-14: Beiträge und Ansprüche der Stakeholder

2.1.4.7 Wertkettenanalyse

Die **Wertschöpfungskette** (Wertkette) eines Unternehmens umfasst die Wertschöpfungsaktivitäten in der Reihenfolge ihrer operativen Durchführung. Diese Tätigkeiten schaffen Werte, verbrauchen Ressourcen und sind in Prozessen miteinander verbunden.

Die in Abbildung 2-15 gezeigte Darstellung der Wertschöpfungskette geht auf Porter [1986] zurück und unterscheidet *Primäraktivitäten* und *Sekundäraktivitäten.*

- **Primäraktivitäten** *(Kernprozesse)* sind Eingangslogistik, Produktion, Ausgangslogistik, Marketing und Vertrieb sowie Kundendienst.
- **Sekundäraktivitäten** *(Unterstützungsprozesse)* stellen Beschaffung, Forschung und Entwicklung (F&E), Personalmanagement und Infrastruktur dar.

Aus der Kostenstruktur und aus dem Differenzierungspotenzial aller Wertaktivitäten lassen sich bestehende und potenzielle Wettbewerbsvorteile eines Unternehmens ermitteln. Durch die „Zerlegung" eines Unternehmens in seine einzelnen Wertschöpfungsaktivitäten kann jede dieser Aktivitäten auf ihren aktuellen und ihren potenziellen Beitrag zur Wettbewerbsfähigkeit des Unternehmens hin durchleuchtet werden [vgl. Porter 1986, S. 19].

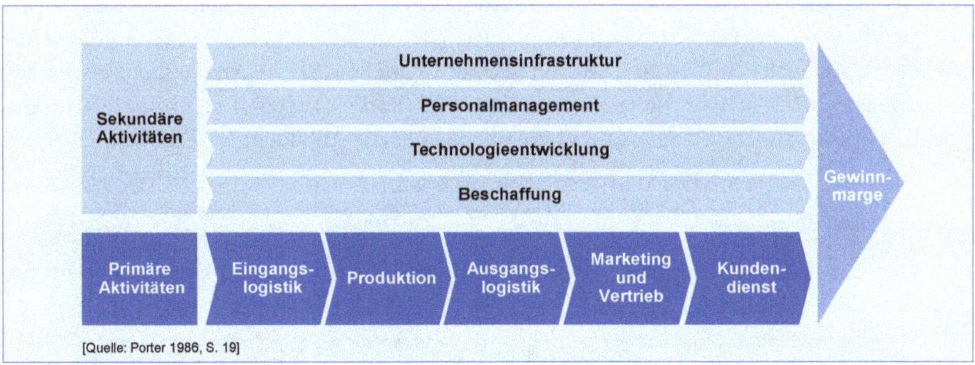
Sekundäre Aktivitäten
Unternehmensinfrastruktur
Personalmanagement
Technologieentwicklung
Beschaffung
Gewinn-marge
Primäre Aktivitäten
Eingangs-logistik
Produktion
Ausgangs-logistik
Marketing und Vertrieb
Kunden-dienst
[Quelle: Porter 1986, S. 19]

Abb. 2-15: Wertschöpfungskette für Industriebetriebe nach Porter

Bei der Wertketten*analyse* geht es nun um eine Systematisierung der Ausgangssituation von Unternehmen mit dem Ziel, **Prozessoptimierungen** vorzunehmen. Sie untersucht alle kosten- und gewinntreibenden Prozesse und Teilprozesse und gibt Antwort auf die Frage: Wo entstehen welche Kosten und welcher Mehrwert wird dabei geschaffen? Die Wertkettenanalyse basiert auf der Annahme, dass jedes vorherige Glied (Aktivität) in der Wertkette einen Mehrwert bzw. eine Wertschöpfung für das nachfolgende Glied bietet. Wertschöpfung bezeichnet den Prozess des Schaffens von Mehrwert, der wiederum die Differenz zwischen dem Wert der Abgabeleistungen und der übernommenen Vorleistungen darstellt [vgl. Müller-Stewens/Lechner 2001, S. 287].

Das Konzept der Wertkette (engl. *Value chain*) entspricht im Kern der traditionellen betrieblichen Funktionskette *Beschaffung – Produktion – Absatz*. Neu am Wertketten-Konzept ist der

Grundgedanke, „... *den Leistungsprozess zum Gegenstand strategischer Überlegungen zu machen und die Prozesse der Wertkette als Quellen für Kosten- oder Differenzierungsvorteile gegenüber Wettbewerbern zu betrachten*“ [Bea/Haas 2005, S. 113].

Entscheidend für das Unternehmen ist daher die Frage, ob die vorhandenen Ressourcen zielorientiert eingesetzt werden. Dies gilt einmal nach innen, d. h. hinsichtlich der Optimierung ihres Beitrags zur Wertschöpfung des Unternehmens und andererseits nach außen, d. h. in Bezug auf die Entwicklung und den Erhalt von relativen Wettbewerbsvorteilen und den damit verbundenen Nutzenpotenzialen. Die Idee der strategischen Kostenanalyse auf Wertkettenbasis gründet demzufolge auf der Tatsache, dass die einzelnen Wertaktivitäten einerseits Abnehmernutzen schaffen und andererseits Kosten verursachen. Als strategische Richtung von Wertschöpfungsmodellen kommen daher grundsätzlich Kostenminimierung oder Nutzen- bzw. Erlösmaximierung in Frage. Wird **Kostenminimierung** als Zielsetzung gewählt, werden im Rahmen der Wertkettenanalyse Rationalisierungspotenziale gesucht und als Konsequenz Prozesse bzw. Wertschöpfungsstufen eliminiert. Ist die Wertkettenanalyse wiederum eher **Nutzen- bzw. Erlöszielen** verpflichtet, so werden insbesondere jene Aktivitäten verfolgt, die sich möglicherweise positiv auf das Erlöswachstum auswirken.

In der Praxis wird die Abgrenzung der einzelnen Wertaktivitäten von Unternehmen zu Unternehmen und von Geschäftseinheit zu Geschäftseinheit variieren. Das liegt daran, dass sich die Bestimmung einer Wertkette häufig als sehr aufwändig erweist. Dennoch zahlt sich diese Arbeit aus, denn Wertketten geben Auskunft darüber, wo Wettbewerbsvorteile errungen werden können und weisen auch den Weg zu neuen Wettbewerbsvorteilen. Sie zeigen darüber hinaus auch Ansatzpunkte für **Wertschöpfungspartnerschaften**, die im Einzelfall signifikante Umsatz- bzw. Kosteneinsparungspotenziale generieren können (siehe Abbildung 2-16).

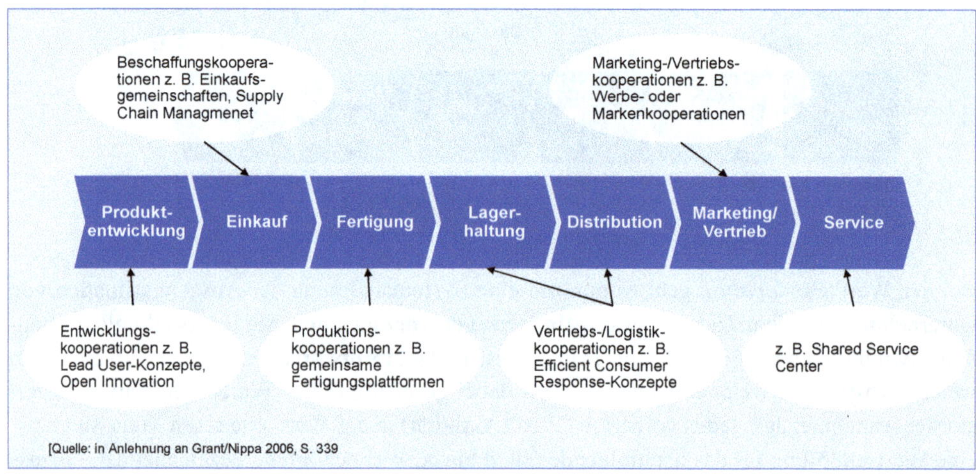
Beschaffungskooperationen z. B. Einkaufsgemeinschaften, Supply Chain Managmenet
Marketing-/Vertriebskooperationen z. B. Werbe- oder Markenkooperationen
Produktentwicklung
Einkauf
Fertigung
Lagerhaltung
Distribution
Marketing/ Vertrieb
Service
Entwicklungskooperationen z. B. Lead User-Konzepte, Open Innovation
Produktionskooperationen z. B. gemeinsame Fertigungsplattformen
Vertriebs-/Logistikkooperationen z. B. Efficient Consumer Response-Konzepte
z. B. Shared Service Center
[Quelle: in Anlehnung an Grant/Nippa 2006, S. 339

Abb. 2-16: Ansatzpunkte für Wertschöpfungspartnerschaften

Ein interessantes Beispiel für eine alternative Wertkette in der Möbelbranche bietet IKEA. Die in Abbildung 2-17 dargestellte Wertkettenanalyse zeigt sehr deutlich die Stärken von Ikea im Vergleich zu herkömmlichen Möbelanbietern, in dem einzelne Prozesse der Wertschöpfungskette auf den Kunden verlagert werden.

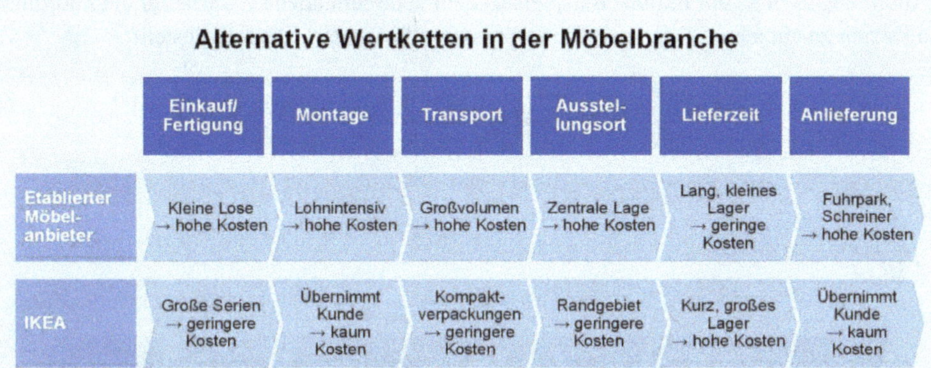
Alternative Wertketten in der Möbelbranche
Einkauf/ Fertigung
Montage
Transport
Ausstel-lungsort
Lieferzeit
Anlieferung
Etablierter Möbel-anbieter
Kleine Lose → hohe Kosten
Lohnintensiv → hohe Kosten
Großvolumen → hohe Kosten
Zentrale Lage → hohe Kosten
Lang, kleines Lager → geringe Kosten
Fuhrpark, Schreiner → hohe Kosten
IKEA
Große Serien → geringere Kosten
Übernimmt Kunde → kaum Kosten
Kompakt-verpackungen → geringere Kosten
Randgebiet → geringere Kosten
Kurz, großes Lager → hohe Kosten
Übernimmt Kunde → kaum Kosten

[Quelle: in Anlehnung an Runia et al. 2011, S. 13]

Dramatische Verschiebungen der relativen Kostenposition ergeben sich meist dort, wo ein Unternehmen mit einer **alternativen Wertkette** arbeitet, die sich stark von denen der Konkurrenten unterscheidet. Ein sehr gutes Beispiel dafür ist das Geschäftsmodell von Ikea.

Ikeas Wertschöpfung liegt im massenhaften Verkauf kostengünstig produzierter Waren. Als Kunden werden Menschen angesprochen, die „nicht so viel im Portemonnaie haben“ (Firmengründer Kamprad). Doch das ist nur die halbe Wahrheit: Die ökonomische Grundlage Ikeas liegt in gezielter **Kostenoptimierung aller Prozesse** im Unternehmen.

Dabei werden nicht nur die Herstellprozesse bis hin zu den Lieferanten optimiert, sondern auch die Logistik und der Service. Das Unternehmen stellt enge Beziehungen zu seinen Kunden her, die es in seine Prozesse mit einbezieht. So entstand schon in Ikeas Anfangsjahren die innovative Idee, dass die Kunden ihre Pakete selbst dem Lagerregal entnehmen und zuhause auch selbst montieren bzw. aufbauen. Auslöser war das Problem nicht ausreichenden Servicepersonals für die übergroße Nachfrage nach Ikea-Produkten im ersten Möbelhaus Schwedens. Darüber hinaus gelang es Ikea, Differenzierungsvorteile mit einem einfachen (aber ansprechenden) Design in Verbindung mit traditionellen skandinavischen Werkstoffen und Materialien aufzubauen und gleichzeitig Größenvorteile in Entwicklung, Produktion, Logistik und Marketing auszuspielen.

Ikea ist damit ein Beispiel für ein Unternehmen mit einer Strategie, die aus vielen verschiedenen, aber konsistent zusammenpassenden Teilen besteht, die in der Gesamtheit von Mitbewerbern nur schwer nachzuahmen ist.

[Quelle: in Anlehnung an Kern 2012]

Abb. 2-17: Alternative Wertketten in der Möbelbranche

Sobald das Prozessmodell, die Prozessschritte und Sequenzen für die Wertketten bestimmt sind, müssen jeder Aktivität als Kettenglied die vollen Kosten und andere angebrachte Leistungsindikatoren zugefügt werden. Dabei sind (Aktivitäts-) Einzelkosten wie Löhne und Betriebsmittel den entsprechenden Aktivitäten direkt zuzurechnen. (Aktivitäts-) Gemeinkosten wie Gehälter im Support-Bereich oder Anlagen sind anteilig jenen Aktivitäten zuzuordnen, die sie verursachen. Allerdings ist bei dieser Kostenzuordnung, die sowohl in absoluten Zahlen als auch in Prozentangaben erfolgen kann, keine rechnerische Präzision erforderlich [vgl. Bea/Haas 2005, S. 325].

In Abbildung 2-18 ist ein fiktives Beispiel aus dem verarbeitenden Gewerbe für die Zuordnung von Kosten zu einzelnen Teilprozessen in Form von Prozentangaben dargestellt.

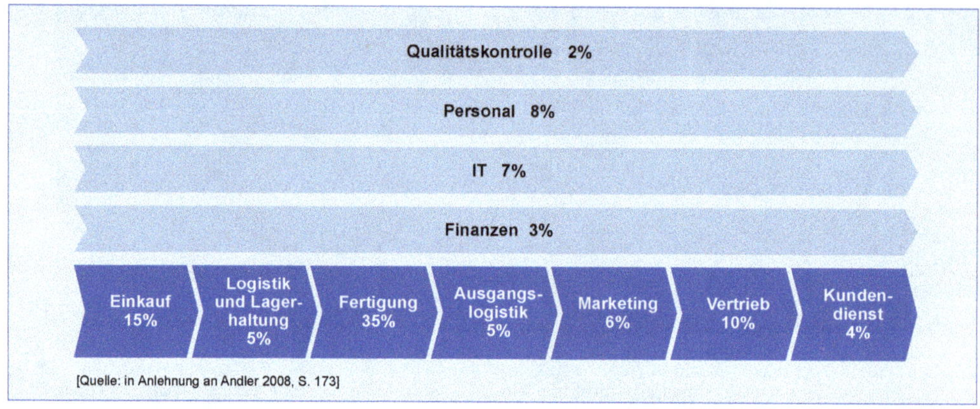
Qualitätskontrolle 2%
Personal 8%
IT 7%
Finanzen 3%
Einkauf 15%
Logistik und Lagerhaltung 5%
Fertigung 35%
Ausgangslogistik 5%
Marketing 6%
Vertrieb 10%
Kundendienst 4%
[Quelle: in Anlehnung an Andler 2008, S. 173]

Abb. 2-18: Beispiel für die Kostenverteilung einer Wertschöpfungskette in der Industrie

Die Grenze zwischen den primären Aktivitäten (Kernaktivitäten) und den sekundären Aktivitäten (Supportaktivitäten) ist fließend und hängt hauptsächlich von der Branche und den jeweiligen Unternehmen ab. Eine Aktivität, die wettbewerbsrelevant oder einfach nur überlebenswichtig ist, wird generell als Kernaktivität bezeichnet. Hier wird die Abschätzung des Beitrags einzelner Ressourcen bzw. Ressourcenkombinationen zur gesamten Wertschöpfung des Unternehmens noch relativ einfach sein. Schwieriger ist die qualitative und quantitative Evaluierung von Ressourcen und Prozessen, die im Rahmen der Wertkette des Unternehmens unterstützende Aktivitäten darstellen und damit auf verschiedenen Stufen der Kette in unterschiedlichem Ausmaß wirken. Aber auch hier sollte das Zurechnungsproblem pragmatisch angegangen werden.

Aktivitäten verursachen nicht nur Kosten, sie stiften in aller Regel auch **Nutzen**. Dessen Erfassung ist ebenso wichtig wie die der Kosten, da nicht selten Aktivitäten zur Diskussion stehen, deren Beibehaltung oder Eliminierung in Abhängigkeit vom Kosten-Nutzen-Verhältnis getroffen wird. Dieses Vorgehen ist allerdings bei den Support-Aktivitäten nur mit gewissen Einschränkungen möglich. Hier sollte man insbesondere beachten, dass es trotz des allgemein herrschenden Faibles für Kosteneinsparungen im „Overhead" ein Niveau gibt, unter dem weitere Kostensenkungsmaßnahmen nur noch Nachteile und negative Auswirkungen auf den Kundennutzen hat [vgl. Andler 2008, S. 172].

Um den Beitrag von Ressourcen bzw. Wertaktivitäten im Rahmen des Wertschöpfungsprozesses und damit die Effizienz von einzelnen Prozessen richtig einschätzen zu können, müssen Vergleiche herangezogen werden. In diesem Zusammenhang bedient man sich u.a. des Instruments des *Benchmarkings*, das Gegenstand des nächsten Abschnitts ist.

2.1.4.8 Benchmarking

Ein weiterer Ansatz zur Analyse der Situation eines Unternehmens ist das sog. Benchmarking. Diese Methode ist darauf gerichtet, durch systematische und kontinuierliche Vergleiche von Unternehmen oder Unternehmensteilen das jeweils beste als Referenz zur Produkt-, Leistungs- oder Prozessverbesserung herauszufinden. Die Benchmarking-Durchführung beruht auf der

Orientierung an den besten Vergleichsgrößen und Richtwerten („Benchmark" = Maßstab) einer vergleichbaren Gruppe. Als Vergleichsgruppen können das eigene Unternehmen, der eigene Konzern, der Wettbewerb oder sonstige Unternehmen herangezogen werden. Daraus lassen sich folgende vier **Benchmarking-Grundtypen** ableiten [vgl. Fahrni et al. 2002, S. 23 ff.]:

- Internes Benchmarking (engl. *Best in Company*)
- Konzern-Benchmarking (engl. *Best in Group*)
- Konkurrenz-Benchmarking (engl. *Best in Competition*)
- Branchenübergreifendes Benchmarking (engl. *Best Practice*).

In Abbildung 2-19 sind diese vier Grundtypen im Zusammenhang dargestellt.

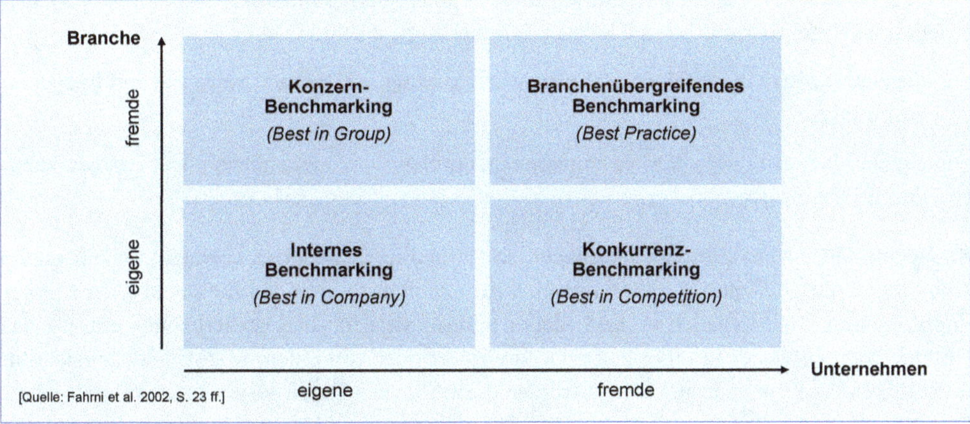
Branche
fremde
eigene
Konzern-
Benchmarking
(Best in Group)
Branchenübergreifendes
Benchmarking
(Best Practice)
Internes
Benchmarking
(Best in Company)
Konkurrenz-
Benchmarking
(Best in Competition)
Unternehmen
eigene
fremde
[Quelle: Fahrni et al. 2002, S. 23 ff.]

Abb. 2-19: Benchmarking-Grundtypen

Die Benchmarking-Methode entstand in den 70er Jahren bei Rank Xerox angesichts des zunehmenden Konkurrenzdrucks durch japanische Kopiergerätehersteller. Heute zählt das Benchmarking zu den beliebtesten Methoden der Unternehmensanalyse, weil es hilft

- die eigenen Stärken und Schwächen besser einzuschätzen,
- Informationen zu erhalten, die das Unternehmen benötigt, um Produkte, Leistungen und Prozesse zu optimieren,
- von den besten Unternehmen zu lernen,
- den kontinuierlichen Prozess der Verbesserung zum festen Bestandteil der Unternehmenskultur zu machen,
- neue Strategien zu entwickeln und die Wettbewerbsposition zu verbessern.

Allerdings ist es häufig nicht ganz leicht, Benchmark-Daten in der gewünschten Form zu erhalten. Hier kann das Beratungsunternehmen mit seinem „natürlichen" Benchmark-Know-how (als Kernkompetenz) entsprechende Hilfestellung leisten.

2.1.5 Informationsgewinnung und -auswertung – Grundlage der Analyse

2.1.5.1 Grundlagen und Prozess

Die Marktforschung schafft die Voraussetzung dafür, dass die relevanten Marktsegmente des Unternehmens identifiziert und ausgewählt werden können. Die Untersuchung des Kaufverhaltens von Konsumenten und Organisationen und darauf aufbauend die Bestimmung und Auswahl der Kundensegmente ist aber nur *ein* Aufgabengebiet der Marktforschung. Generell werden Informationen der Marktforschung benötigt, um

- **Marktchancen** (z. B. hinsichtlich Marktpotenzial, Marktwachstum, Einsatz neuer Technologien) zu erkennen,
- den **Wettbewerb** (z. B. hinsichtlich Ziele, Strategien, Kommunikationsverhalten, Distributionswege, Ressourcen und Kostenstruktur) zu beobachten,
- die eigene **Marktposition** (z. B. hinsichtlich Marktanteil, Bekanntheitsgrad und Image) zu bestimmen,
- eigene **Marketingaktionen** zu konzipieren, durchzuführen und hinsichtlich Kundenakzeptanz zu überprüfen.

Zu Beginn eines Marktforschungsprojekts, das in mehreren Schritten (Phasen) abläuft (siehe Abbildung 2-20), definiert der Marktforscher die Problemstellung und Zielsetzung der Marketingmaßnahme. Beide fließen in das Untersuchungsdesign für die Datenerhebung ein, die das Unternehmen entweder in eigener Regie durchführt oder von einem Marktforschungsinstitut durchführen lässt. Im nächsten Schritt werden die erhobenen Daten ausgewertet und analysiert. Den Abschluss des Projekts bilden ein Bericht und/oder eine Präsentation mit entsprechenden Handlungsempfehlungen für die Entscheider.

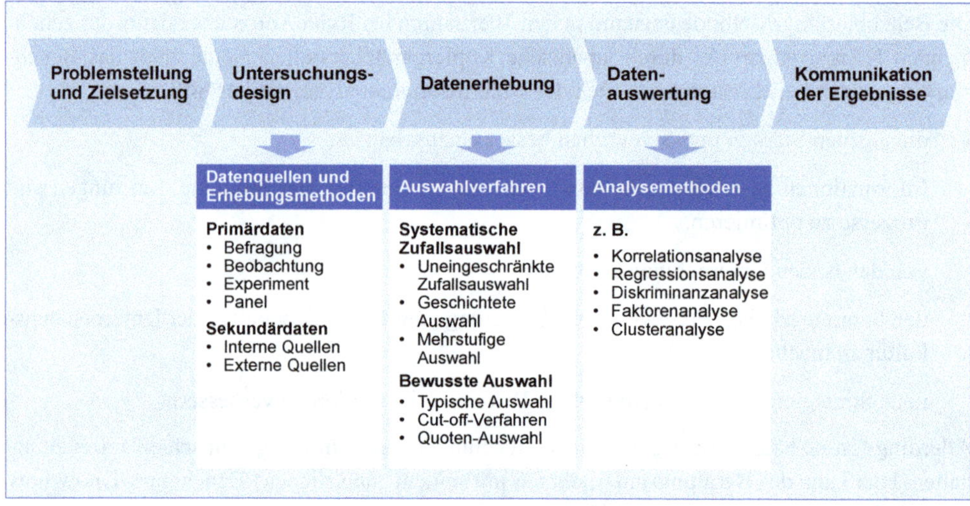
Problemstellung und Zielsetzung
Untersuchungs-design
Datenerhebung
Daten-auswertung
Kommunikation der Ergebnisse
Datenquellen und Erhebungsmethoden
Primärdaten
• Befragung
• Beobachtung
• Experiment
• Panel
Sekundärdaten
• Interne Quellen
• Externe Quellen
Auswahlverfahren
Systematische Zufallsauswahl
• Uneingeschränkte Zufallsauswahl
• Geschichtete Auswahl
• Mehrstufige Auswahl
Bewusste Auswahl
• Typische Auswahl
• Cut-off-Verfahren
• Quoten-Auswahl
Analysemethoden
z. B.
• Korrelationsanalyse
• Regressionsanalyse
• Diskriminanzanalyse
• Faktorenanalyse
• Clusteranalyse

Abb. 2-20: Der Marktforschungsprozess

Problemstellung und Zielsetzung. Ob es sich beim Marktforschungsprojekt um Marktsegmentanalysen, Marktpotenzialuntersuchungen, Wettbewerbsanalysen, Trendbeobachtungen, Imageanalysen oder Werbewirkungsprognosen handelt, in der genauen Abgrenzung der Problemstellung und der Formulierung der Forschungsziele liegt häufig die größte Herausforderung eines Marktforschungsprojekts [vgl. Kotler et al. 2011, S. 373].

Untersuchungsdesign. Im zweiten Schritt eines Marktforschungsprojekts wird der Informationsbedarf bestimmt und in einem Untersuchungsdesign festgelegt, woher die Daten kommen und welche Erhebungsmethoden für die Datengewinnung herangezogen werden sollen. Im Untersuchungsdesign wird ebenfalls festgelegt, wer die Durchführung der Untersuchung vornehmen soll. Das Unternehmen kann die gewünschten Marktinformationen entweder in Eigenleistung oder durch Fremdbezug (Vergabe an ein Marktforschungsinstitut oder an eine entsprechend kompetente Unternehmensberatung) gewinnen.

Datenerhebung. Nachdem Datenquellen, Erhebungsmethodik und der Durchführende des Marktforschungsprojekts im Untersuchungsdesign festgelegt sind, wird in der nächsten Phase – sofern es sich um eine Primärerhebung handelt – der **Stichprobenplan** aufgestellt. Dabei sind Entscheidungen zur **Grundgesamtheit**, zum **Stichprobenumfang** und zum **Auswahlverfahren** zu treffen. Die Datenerhebung selber, die sich durch Telekommunikation und Internet rapide verändert hat, verursacht im Rahmen des Marktforschungsprojekts die meisten Kosten [vgl. Kotler et al. 2007, S. 178 und 184].

Datenauswertung. Im nächsten Schritt werden die erhobenen Daten aufbereitet, verdichtet und analysiert. Grundlage dafür ist eine Editierung und **Kodierung der Rohdaten**. Für die Datenauswertung steht dem Marktforscher an seinem Computerarbeitsplatz eine ganze Reihe von statistischen Analyseverfahren zur Verfügung. Sie beinhalten neben üblichen Methoden zur Berechnung von **Mittelwerten**, **Streuungsparametern**, **Korrelationen** und **Regressionen** auch die Möglichkeit, mittels **multivariater Verfahren** die Beziehungen zwischen mehreren Einflussgrößen (Variablen) auszuwerten.

Kommunikation der Ergebnisse. Die Datenauswertung mündet ein in einen Bericht bzw. in eine Ergebnispräsentation, der/die alle wesentlichen Ergebnisse des Marktforschungsprojekts darstellt, interpretiert und kommentiert. Dabei stehen konkrete **Umsetzungs- und Handlungsempfehlungen** für die Adressaten des Berichts im Vordergrund.

2.1.5.2 Datenquellen

Von besonderer Bedeutung für die Qualität und Aussagekraft einer Marktuntersuchung ist die Verfügbarkeit von Daten. Als Datenquellen kommen Primärdaten, Sekundärdaten oder eine Mischung aus beiden in Betracht. **Primärdaten** sind Daten, die speziell für eine bestimmte Fragestellung (erstmalig) erhoben werden. **Sekundärdaten** basieren auf vorhandenem Informationsmaterial, das bereits für einen anderen Zweck erhoben wurde. Aus diesen Begriffen leitet sich auch die Einteilung der Marktforschung in **Primärforschung** (engl. *Field Research*) und **Sekundärforschung** (engl. *Desk Research*) ab.

Gewinnung von Sekundärdaten. Da Sekundärdaten in der Regel schneller und kostengünstiger beschafft werden können als Primärdaten, wird der Marktforscher zunächst versuchen, auf Sekundärdaten zurückzugreifen. Insbesondere im **Internet**, dem weltweit größten Informationsspeicher (*World Wide Web*), sind über **Suchmaschinen** zeitnah und häufig kostenlos umfassende Informationen zu den verschiedensten Themen verfügbar. Viele Marktforscher nutzen darüber hinaus kommerzielle **Online-Datenbanken** (z. B. Genios mit Zugriffsschwerpunkt auf Wirtschaftsdatenbanken bis hin zum Volltext von Zeitungen und Zeitschriften) als **externe Informationsquelle**. Darüber hinaus bieten Wirtschaftsverbände und -organisationen, Behörden sowie Wirtschaftsmagazine über ihre Webseiten eine Vielzahl von Informationen an. Nützliche Informationen finden sich zudem in der Wirtschafts- und Fachpresse, in Messekatalogen, Branchenverzeichnissen und Nachschlagewerken.

Neben diesen externen Daten bieten aber auch **interne Informationsquellen** wichtige Informationen. Zu diesen unternehmensinternen Quellen zählen Absatz- und Umsatzstatistiken, Außendienstberichte, Kundendateien sowie Berichte früherer Primär- und Sekundäruntersuchungen.

Gewinnung von Primärdaten. Sekundärdaten sind eine gute Basis für die Einarbeitung in die Problemstellung und tragen zur *Ökonomisierung* der Marktforschung bei [vgl. Meffert 2008, S. 153]. In vielen Fällen bilden Sekundärdaten allerdings keine ausreichende Datenbasis, da sie möglicherweise unvollständig, veraltet, ungenau, unzuverlässig oder nicht objektiv sind. In diesen Fällen bleibt dem Marktforscher nur der kosten- und zeitaufwändige Weg der Informationsbeschaffung von Primärdaten, die in der Regel besser auf die Problemstellung und Zielsetzung der Untersuchung zugeschnitten sind.

Sowohl Primärdaten als auch Sekundärdaten sollten folgende Anforderungen erfüllen [vgl. Kotler et al. 2011, S. 376]:

- **Relevanz** (im Hinblick auf die tatsächliche Problemstellung);
- **Genauigkeit** (durch verlässliche Erhebung und sachkundige Aufbereitung);
- **Aktualität** (im Hinblick auf das konkrete Projekt);
- **Objektivität** (durch Unabhängigkeit bei der Datensammlung und -analyse).

2.1.5.3 Erhebungsmethoden

Bei der Erhebung von Primärdaten lassen sich folgende Methoden unterscheiden:

Beobachtung und *Befragung* als grundsätzliche Erhebungsmethoden sowie *Experiment* und *Panel* als **Mischformen** von Beobachtung und Befragung.

Beobachtung. Die Beobachtung als Erhebungsmethode (engl. *Observational Method*) erfasst planmäßig wahrnehmbare Sachverhalte, Verhaltensweisen und Eigenschaften von bestimmten Personen, ohne dass dabei ein verbaler Kontakt zwischen Beobachter und Beobachteten erforderlich ist. Die Methode der Beobachtung eignet sich besonders bei der Analyse des Kauf- und Konsumverhaltens [vgl. Homburg/Krohmer 2009, S. 262 unter Bezugnahme auf Kepper 2008].

In methodischer Hinsicht können folgende **Beobachtungsformen**, die auch untereinander kombinierbar sind, unterschieden werden:

- Labor- oder Feldbeobachtung
- Teilnehmende- oder nicht-teilnehmende Beobachtung
- Manuelle oder apparative Beobachtung
- Biotische oder nicht-biotische Beobachtung.

In Abbildung 2-21 sind die verschiedenen Beobachtungsformen im Überblick dargestellt.

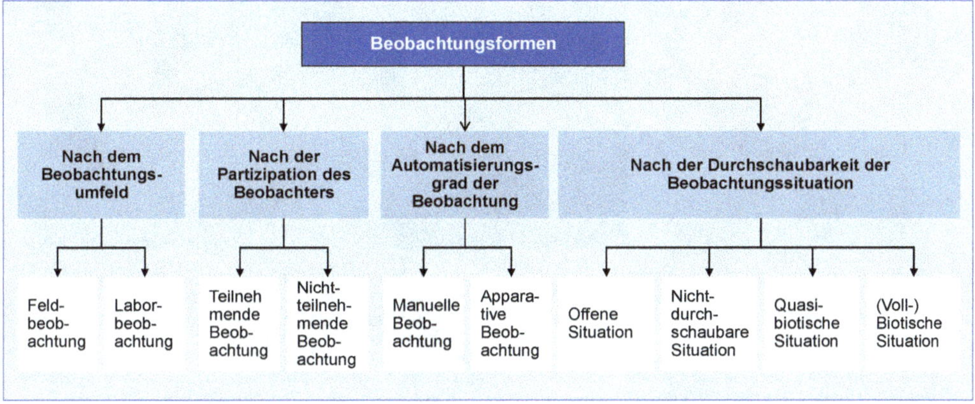
Beobachtungsformen
Nach dem Beobachtungs-umfeld
Nach der Partizipation des Beobachters
Nach dem Automatisierungs-grad der Beobachtung
Nach der Durchschaubarkeit der Beobachtungssituation
Feld-beob-achtung
Labor-beob-achtung
Teilneh mende Beob-achtung
Nicht-teilneh-mende Beob-achtung
Manuelle Beob-achtung
Appara-tive Beob-achtung
Offene Situation
Nicht-durch-schaubare Situation
Quasi-biotische Situation
(Voll-) Biotische Situation

Abb. 2-21: Wichtige Beobachtungsvarianten

Nach dem **Beobachtungsumfeld** wird zwischen Feld- und Laborbeobachtung differenziert. **Feldbeobachtungen** finden in der gewohnten Umgebung der beobachteten Personen statt (z. B. die Beobachtung des *Einkaufsverhaltens* von Konsumenten im Geschäft oder die Beobachtung der *Verweildauer vor Schaufenstern* auf der Straße). **Laborbeobachtungen** erfolgen dagegen unter künstlich geschaffenen Bedingungen (z. B. *Verpackungstest* in einem Kochstudio oder *Rasierwassertest* nach der Rasur in einem dafür präparierten Raum).

Nach der **Partizipation des Beobachters** kann zwischen teilnehmender und nicht-teilnehmender Beobachtung unterschieden werden. Bei der **teilnehmenden Beobachtung** wirkt der Beobachter am Beobachtungsgeschehen mit. Beispiele sind die *Blickaufzeichnung* (engl. *Eye Tracking*) bei der Betrachtung von Werbeanzeigen (siehe Abbildung 2-22), die *Infrarotkamera* bei Werbepretests oder das *Mystery Shopping*, bei der der Beobachter als verdeckter Kunde das Serviceverhalten von Mitarbeitern analysiert und bewertet.

Bei der **nicht-teilnehmenden Beobachtung** wirkt der Beobachter nicht in das Beobachtungsgeschehen ein. Beispiele hierfür sind der Einsatz von *Videokameras* (z. B. bei *Kundenlaufstudien*, die den konkreten Weg von Konsumenten durch das Geschäft erfassen) oder die Zusatzeinrichtung von *Telemetern*, die eingeschaltete Fernsehsender zeitlich registrieren und damit Fernsehgewohnheiten und Einschaltquoten ermitteln. Die nicht-teilnehmende Beobachtung hat darüber hinaus im Rahmen des *Internets* mit seinen neuen technischen Möglichkeiten zur Beobachtung des Einkaufsverhaltens von Konsumenten an Bedeutung gewonnen. Spezielle Analysesoftware ermöglicht den Betreibern der Website, das Nutzungs- und Kaufverhalten ihrer

Kunden zu erfassen und zu analysieren *(„Click-Through-Verfahren“)* [vgl. Homburg/Krohmer 2009, S. 265 f.].

Blickregistrierungsverfahren gestern und heute

Nutribel: the very essence of nature for your skin
LANCOME
PARIS

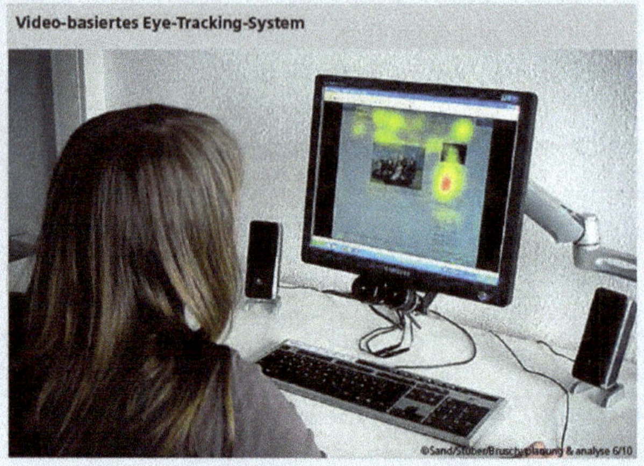
Video-basiertes Eye-Tracking-System

Mit den Verfahren zur Blickregistrierung kann gemessen werden, wie oft, wie lange und in welcher Reihenfolge die verschiedenen Bestandteile einer Anzeige betrachtet werden. Ein Computer erfasst und dokumentiert diese Daten und ermöglicht für jede untersuchte Anzeige die genaue Aufzeichnung des Blickverlaufs einschließlich der Verweildauer bei bestimmten Elementen der Anzeige. Bei früheren Blickaufzeichnungstechniken erhielt die Testperson einen Helm mit vorgesetzter Spezialbrille, die das Blickfeld und den Blickverlauf des Probanden aufzeichnet (linkes Bild). Heute wird mit einer so genannten *binokularen Video-Kamera* gearbeitet, die unter dem Display angebracht ist und die die Augenbewegung des Probanden aufzeichnet (rechtes Bild). Über eine spezielle Software wird der genaue Blickverlauf in zeitlicher und räumlicher Dimension dargestellt. Wichtige Informationen in Bezug auf Aufmerksamkeit und Wahrnehmung, die in dieser Form vom Probanden nur schwer beschreibbar und quantifizierbar sind, werden so erfasst und vom System bereitgestellt.
[Quelle: Kroeber-Riel 1993, S. 57, Sand et al. 2010, S. 41 und Brusch et al. 2010, S. 13 ff.]

Abb. 2-22: Blickregistrierungsverfahren gestern und heute

Im Gegensatz zu **manuellen Verfahren**, zu denen die allermeisten Feldbeobachtungen gehören, werden **apparative Beobachtungsverfahren** eingesetzt, um Testpersonen in einer kontrollierten Beobachtungssituation in Laborräumen mit objektiven Messmethoden in ihrem Verhalten zu beobachten. Die dabei eingesetzten Untersuchungstechniken sollen bestimmte reale Situationen im Markt simulieren. Zu den in der Praxis hauptsächlich angewendeten Verfahren zählen die Blickregistrierung, die tachistoskopische Untersuchung, die Hautwiderstandsmessung, das Compagnon-Verfahren, der Programmanalysator, der Einwegspiegel, die Kameraaufzeichnung bei der Kundenlaufstudie oder das Mystery Shopping (siehe Abbildung 2-23).

Insgesamt bieten die apparativen Beobachtungsverfahren wertvolle Erkenntnisgewinne in der Werbeforschung (z. B. zur Prognose bestimmter Werbewirkungen von Anzeigenentwürfen), in der Produktentwicklung (z. B. bei der Auswahl funktionell sinnvoller und leichter Handhabungsmöglichkeiten) und im Bereich der Verpackungsgestaltung (z. B. Ermittlung der ansprechendsten Verpackungsform). Trotz dieser Einsatzbreite sind die Kosten bei apparativen Beobachtungsmethoden wegen der zumeist sehr hochwertigen Untersuchungstechnik nicht zu unterschätzen. Auch lassen die Verfahren aus Zeit- und Kostengründen keine Fallzahlen wie z. B. bei der Feldbeobachtung zu.

Apparative Beobachtungen	Methodik	Zielrichtung im Marketing
Blickregistrierung	Aufzeichnung der Augenbewegung des Probanden mit binokularen Video-Kameras	Überprüfung der Gestaltung von Werbeanzeigen, Internet-Auftritten und Verpackungen
Tachistoskop	Diaprojektor, der extrem kurze Bilddarstellungen projiziert	Simulation der flüchtigen Wahrnehmung von Kommunikationsbotschaften
Hautwiderstandsmessung	Messung der elektronischen Leitfähigkeit der Haut mittels zweier Elektroden	Messung von Emotionen/Erregung z. B. bei der Beurteilung von Werbemaßnahmen
Compagnon-Verfahren	Mittels versteckter Kamera wird Art und Dauer der Anzeigenbeachtung beobachtet	Überprüfung der Aufmerksamkeitswirkung von Anzeigen
Programmanalysator	Gerät, bei dem die Probanden mittels Hebeldruck ihre Emotionen ausdrücken können	Beurteilung von TV- und Kinospots sowie von Rundfunkwerbung
Einwegspiegel	Von der Rückseite durchblickbarer Spiegel	Verdeckte Beobachtung, z. B. bei Gruppendiskussionen
Kundenlaufstudie	Der Weg des Kunden durch ein Ladengeschäft wird mittels Kameras aufgezeichnet	Hinweise zu Einkaufspräferenzen, Sortimentsgestaltung, Regalplatzierung
Mystery Shopping	Einkäufe bzw. Nutzung von Dienstleistungen durch geschultes Testpersonal	Überprüfung der Servicequalität als Grundlage der Personalbeurteilung u. -entwicklung

[Quelle: Sauermann 2008, S. 225]

Abb. 2-23: Apparative Beobachtungsverfahren (Auswahl)

Hinsichtlich der **Durchschaubarkeit der Beobachtungssituation** können Beobachtungen in

- offenen Situationen,
- nicht-durchschaubaren Situationen,
- quasi-biotischen Situationen und in
- biotischen Situationen

unterschieden werden (siehe Abbildung 2-24).

Die **offene bzw. durchschaubare Beobachtungssituation** ist dadurch gekennzeichnet, dass die Versuchsperson die Situation, die Aufgabe und den Zweck der Untersuchung kennt. Die *Blickregistrierung und -aufzeichnung* sowie andere *apparative Verfahren,* bei denen spezielle Beobachtungsgeräte (bspw. zur Hautwiderstands- oder Hirnstrommessung) eingesetzt werden, sind Beispiele für diese Beobachtungssituation.

Bei der **nicht-durchschaubaren Situation** sind der Versuchsperson die Situation und die Aufgabe, nicht jedoch das Versuchsziel bekannt. Beispiele sind *Geschmackstests* und die Anwendung von *Einkaufslisten.*

In der **quasi-biotischen Situation** ist der Versuchsperson lediglich ihre Rolle als Versuchsobjekt bewusst. Die bereits erwähnten *Verpackungs- und Rasierwassertests* sind Beispiele für diese Versuchssituation.

Bei der **biotischen Situation** wird die Versuchsperson in ihrer gewohnten Umgebung, also in einer lebensechten Situation beobachtet, ohne dass sie weiß, dass sie beobachtet wird. Daher sind biotische Situationen zumeist auch Feldbeobachtungen.

Beobachtungssituation \ Durchschaubarkeitsgrad	Wissen um das Versuchsziel	Wissen um die Aufgabe	Wissen um die Versuchssituation	Beispiele
Offene Situation	X	X	X	Insbesondere apparative Verfahren wie • Blickregistrierung
Nicht-durchschaubare Situation	–	X	X	• Geschmackstest • Einkaufslisten
Quasi-biotische Situation	–	–	X	• Rasierwassertest • Verpackungstest
(Voll-) Biotische Situation	–	–	–	• Passantenregistrierung • Verweildauer vor Schaufenstern

[Quelle: Berekhoven et al. 2004]

Abb. 2-24: Beobachtungsvarianten nach der Durchschaubarkeit der Versuchssituation

Befragung. Die Befragung (engl. *Survey Method*) ist das wichtigste Instrument der Primärerhebung. Es kann zwischen Befragungsformen (Befragungsstrategie) und Arten der Fragestellung (Befragungstaktik) unterschieden werden [vgl. Schäfer/Knoblich 1978, S. 276 ff.].

In Abbildung 2-25 sind die strategischen und taktischen Elemente einer Befragung dargestellt.

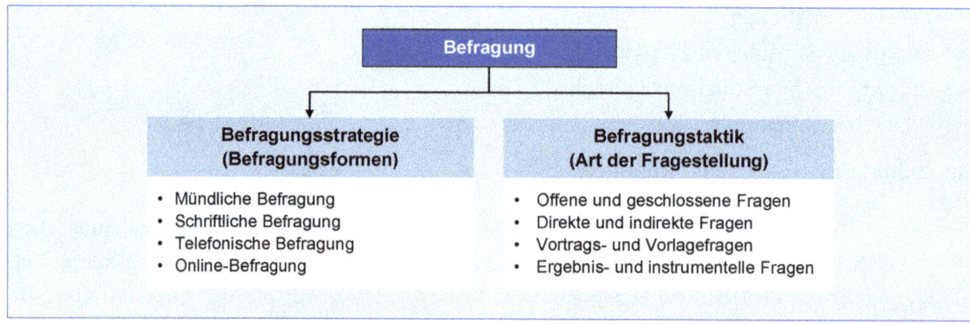
Befragung
Befragungsstrategie (Befragungsformen)
• Mündliche Befragung
• Schriftliche Befragung
• Telefonische Befragung
• Online-Befragung
Befragungstaktik (Art der Fragestellung)
• Offene und geschlossene Fragen
• Direkte und indirekte Fragen
• Vortrags- und Vorlagefragen
• Ergebnis- und instrumentelle Fragen

Abb. 2-25: Strategische und taktische Elemente einer Befragung

Im Rahmen der **Befragungsstrategie** ist die grundlegende Entscheidung darüber zu treffen, ob die Befragung mündlich, schriftlich, telefonisch oder per Internet (Online) durchgeführt werden soll.

Die **mündliche Befragung**, bei der die Informationen durch einen *Interviewer* erhoben werden, ist sicherlich die bedeutsamste Befragungsform. Das Interview kann entweder auf Grundlage eines standardisierten Fragebogens, bei dem die Fragen in Form, Inhalt und Reihenfolge festgelegt sind, oder als freies (nicht-standardisiertes) Interview durchgeführt werden. Beim freien Interview ist dem Interviewer lediglich das Ziel der Befragung vorgegeben. Diese Methode hebt mehr auf die Gewinnung qualitativer Tatbestände und weniger auf die Generierung quantitativer Sachverhalte ab. Ein Beispiel dafür ist das *Tiefeninterview*, das tiefere Einsichten in die Denk-, Empfindungs- und Handlungsweisen des Befragten gewinnen soll. Die Vorteile des standardisierten Interviews liegen vor allem in der hohen Erfolgsquote und der damit einhergehenden Repräsentativität der Untersuchungsergebnisse sowie in einer kontrollierbaren Befragungssituation, in der der Befragte auch die Möglichkeit zu Rück- bzw. Verständnisfragen hat. Nachteilig sind die hohen Befragungskosten sowie eine mögliche Beeinflussung des Befragten durch den Interviewer (*Interviewereffekt*).

Bei der **schriftlichen Befragung** beantworten die Versuchspersonen Fragebögen, die Sie auf dem Postweg erhalten haben. Dem Vorteil der (zur mündlichen Befragung) relativ niedrigen Kosten (Wegfall des Interviewereinsatzes), steht der Nachteil einer geringen *Rücklaufquote* entgegen. Hinweise auf den wissenschaftlichen Zweck der Befragung, die Ankündigung, dass der Fragebogen persönlich abgeholt wird, oder die Teilnahme an einer Verlosung sind Beispiele zur Verbesserung der Rücklaufquote.

Eine besondere Form der mündlichen Befragung ist die **telefonische Befragung**, bei der die Versuchspersonen per Telefon kontaktiert und anhand eines Fragebogens befragt werden. Die telefonische Befragung wird idealerweise computergestützt durchgeführt, d. h. der Interviewer liest die Fragen direkt vom Bildschirm ab und gibt die Antworten direkt in den Computer ein *(Computer Assisted Telephone Interviewing – CATI)*. Die Kosten dieser sehr zeitsparenden Befragungsform sind deutlich geringer als bei der mündlichen Befragung. Allerdings führt ein zu umfangreicher Fragebogen schnell zum Abbruch des Interviews. Auch ist es sehr schwer, bestimmte Zielgruppen – insbesondere Entscheider – telefonisch zu erreichen.

Zunehmender Beliebtheit erfreuen sich **Online-Befragungen**, die als Sonderform der schriftlichen Befragung aufgefasst werden können. Bei diesen Befragungen haben die Adressaten die Möglichkeit, einen Online-Fragebogen oder einen per E-Mail zugeschickten Fragebogen auszufüllen. Erhebliche Zeit- und Kostenvorteile gegenüber der schriftlichen Befragung stehen einer z. T. noch eingeschränkten Repräsentativität gegenüber.

Abbildung 2-26 fasst die wesentlichen Vor- und Nachteile dieser vier Befragungsformen zusammen.

	Mündliche Befragung	Schriftliche Befragung	Telefonische Befragung	Online-Befragung
Vorteile	• Hohe Erfolgsquote • Fragebogenumfang kaum eingeschränkt • Möglichkeit von Rückfragen • Befragungssituation kontrollierbar	• Relativ niedrige Kosten • Keine Beeinflussung durch Interviewer • Erreichbarkeit großer Fallzahlen	• Geringere Kosten als bei mündlicher Befragung • Zeitersparnis • Geringer Interviewer-Einfluss	• Kostengünstig • Zeitersparnis • Kein Interviewer-Einfluss • Hohe Reichweite • Automatische Erfassung der Daten
Nachteile	• Hohe Kosten • Beeinflussung durch Interviewer möglich (Interviewer-Effekt)	• Geringe Rücklaufquote • Fragebogenumfang ist eingeschränkt • Keine Möglichkeit von Rückfragen • Befragungssituation nicht kontrollierbar	• Fehlender Sichtkontakt zum Interviewer • Schwierige Erreichbarkeit bestimmter Zielgruppen (z. B. Manager)	• Rücklaufquoten teilweise gering • Eingeschränkte Repräsentativität • Befragungssituation nicht kontrollierbar

Abb. 2-26: Vor- und Nachteile der Befragungsformen

Nachdem im Rahmen der Befragungsstrategie die grundlegende Entscheidung über die Befragungsform getroffen worden ist, geht es bei der **Befragungstaktik** um die Fragestellung an sich. Nach Art der Fragestellung kann unterschieden werden zwischen

- offenen und geschlossenen Fragen,
- direkten und indirekten Fragen,
- Vortrags- und Vorlagefragen sowie
- Ergebnis- und instrumentellen Fragen.

Bei der Art der Fragenformulierung kann grundsätzlich zwischen offenen und geschlossenen Fragen differenziert werden. Die gebräuchlichsten Fragestellungen sind **geschlossene Fragen**, da sie am leichtesten auszuwerten sind. Bei geschlossenen Fragestellungen werden die Antwortmöglichkeiten vorgegeben. Varianten der geschlossenen Fragen sind die *Alternativfragen* („Sind Sie Mitglied einer Partei?") und die *Skala-Fragen*, bei der sich die Auskunftspersonen über die Intensität eines Tatbestandes äußern sollen („Gehen Sie sehr oft, häufig, gelegentlich, selten oder gar nicht ins Kino?"). Die Problematik dieser Art der Fragestellung liegt in einer gewissen Suggestivwirkung und darin, dass positive Antworten in der Regel etwas begünstigt werden. **Offene Fragen** lassen dagegen alle möglichen – also auch vom Marktforscher zuvor nicht bedachten – Antwortkategorien zu. Die besondere Problematik dieser Art der Fragestellung liegt in der nachträglichen Kategorisierung und Quantifizierung der individuellen Antworten und Reaktionen [vgl. Schäfer/Knoblich 1978, S. 289 ff.].

Eine weitere grundsätzliche Unterscheidung kann in direkte und indirekte Fragen vorgenommen werden. Die **direkte Fragestellung**, bei der der Befragte aufgefordert wird, Auskünfte über seine Person oder sein Verhalten zu geben, stand lange Zeit im Mittelpunkt der Marktforschung. Bei Fragen insbesondere aus dem Prestige- und Hygienebereich oder bei tabuisierten Themen kann es aber zu Antwortverzerrungen kommen. Daher wird in diesen Bereichen heute die **indirekte Fragestellung** bevorzugt. Beispiel: Anstatt zu fragen „Haben Sie schon das Buch ABC vom Nobelpreisträger XYZ gelesen?“ (direkte Frage), wird man eher folgende Formulierung wählen: „Haben Sie demnächst vor, das Buch ABC vom Nobelpreisträger XYZ zu lesen?“ (indirekte Frage). Bei der einer Bejahung der indirekten Frage, die ja einer Verneinung der direkten Fragestellung gleichkommt, hat der Befragte nicht das Gefühl, bloßgestellt zu sein.

Ferner kann zwischen Vortrags- und Vorlagefragen unterschieden werden. **Vortragsfragen** werden der Auskunftsperson vorgelesen und sind die Regel bei der mündlichen bzw. telefonischen Befragung. **Vorlagefragen** liegen dem Befragten in lesbarer Form vor und sind die Grundlage der schriftlichen und der Online-Befragung. In seltenen Fällen kann die Vorlagefrage auch bei der mündlichen Befragung verwendet werden (bspw. wenn die Auskunftsperson einen vorgelegten Kartenstapel in eine Reihenfolge bringen soll). Neben den **Sachfragen**, die den Hauptteil einer Befragung darstellen, werden zusätzlich **instrumentelle Fragen** zur Steuerung der Befragung eingesetzt. Dazu zählen Kontakt- und Eisbrecherfragen zur Einleitung in das Interview, Filterfragen („Wenn ja, weiter mit …“), Kontrollfragen und Plausibilitätsfragen zur Überprüfung der Konsistenz der Antworten sowie Fragen zur Person.

Experiment. Das Experiment (auch häufig als **Test** bezeichnet) ist eine Mischform zwischen Befragung und Beobachtung. Das Experiment misst die *Ursache-Wirkungs-Beziehungen* zwischen einer (oder mehreren) *unabhängigen Variablen* (z. B. Preis, Werbeanzeige, Promotionmaßnahme) und einer (oder mehrerer) *abhängiger Variablen* (z. B. Umsatz, Marktanteil, Einstellungen und Präferenzen). Experimente, die in einer natürlichen Umgebung, d. h. im „normalen“ Umfeld der Versuchsperson durchgeführt werden, bezeichnet man als **Feldexperimente**. Das **Laborexperiment** findet dagegen in einer speziell geschaffenen künstlichen Umgebung statt. Aufgrund des Einsatzes von technischen Hilfsmitteln und Apparaturen ermöglicht die künstliche Situation eine bessere Kontrolle der unabhängigen Variablen und anderer Einflussfaktoren (hohe Verlässlichkeit der Ergebnisse), verliert aber an Realitätsgehalt (geringe Validität) [vgl. Meffert et al. 2008, S. 162].

Anwendungsbeispiele für Experimente mit hoher Relevanz für das Marketing sind:

- Konzepttest
- Produkttest
- Storetest
- Markttest
- Testmarktersatzverfahren.

Alle genannten Testverfahren werden schwerpunktmäßig zur Überprüfung der Marktchancen neuer oder modifizierter Produkte eingesetzt.

Ein **Konzepttest** kann als der Versuch bezeichnet werden, vor einer teuren Produktion eines neuen Produkts die Akzeptanz potenzieller Zielgruppen zu überprüfen. Getestet wird vorwiegend die Reaktion auf veränderte Faktoren (z. B. Farbe, Form, Preis). Zu diesem Zweck wird eine möglichst klare Konzeptbeschreibung oder ein Produktmodell als Testelement von einer meist kleineren Stichprobe potenzieller Käufer überprüft, um daraus Erkenntnisse für die Optimierung der späteren Produktentwicklung ziehen zu können und Flops zu vermeiden. Angesichts von Flop-Raten, die je nach Branche bis zu 90 Prozent bei schnelldrehenden Konsumgütern betragen können, lassen sich so viel Geld sparen und dazu noch Image-Schädigungen vermeiden. Insofern hat ein Konzepttest auch immer den Charakter eines *Frühwarnsystems*.

Beim **Produkttest**, der als Volltest oder als Partialtest durchgeführt werden kann, wird das reale Produkt bewertet. Der *Volltest* untersucht die Wirkung des vollständigen Produkts einschließlich aller produktbezogenen Merkmale wie Preis, Produktgestaltung und Markierung. Im Rahmen von *Partialtests* werden bestimmte Teile des Produkts (z. B. Preis, Name, Farbe, Geschmack, Verpackung, Anmutung) isoliert getestet. Der Partialtest kann als *Einzeltest* oder als Paarvergleichstest durchgeführt werden. Eine besondere Form des Partialtests ist der *Blindtest*, bei dem alle Produkteigenschaften mit Ausnahme der reinen Produktsubstanz eliminiert werden. Als „klassischer" Blindtest ist der Cola-Test in die Marketinggeschichte eingegangen. In diesem Geschmackstest wurden den Versuchspersonen die beiden Marken Pepsi und Coke einmal in Form eines offenen Tests und einmal als Blindtest (also ohne Kenntnis des Markennamens) dargeboten. Die Ergebnisse dieses aufschlussreichen Tests sind in Abbildung 2-27 dargestellt.

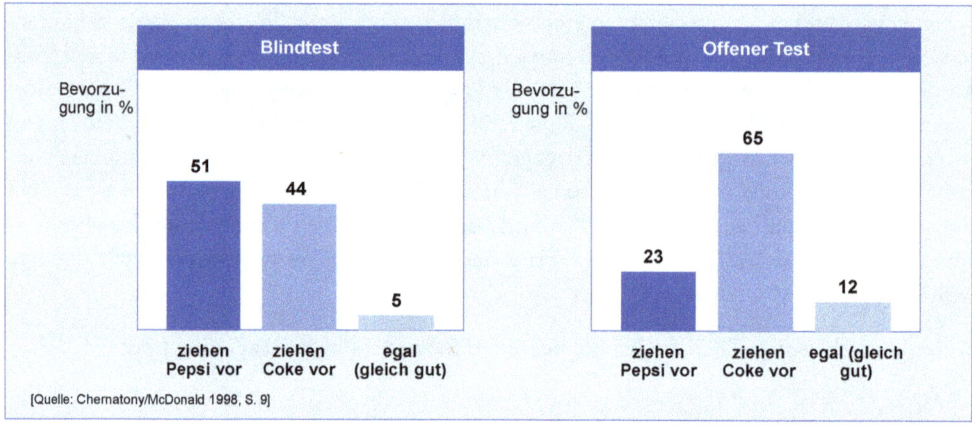
Blindtest
Bevorzugung in %
51
44
5
ziehen Pepsi vor
ziehen Coke vor
egal (gleich gut)
Offener Test
Bevorzugung in %
23
65
12
ziehen Pepsi vor
ziehen Coke vor
egal (gleich gut)
[Quelle: Chernatony/McDonald 1998, S. 9]

Abb. 2-27: Beispiel eines Produkttests als Blindtest

Als **Storetest** (auch als *Mikromarkttest* bezeichnet) wird der probeweise Verkauf von neuen oder modifizierten Produkten in ausgewählten Einzelhandelsgeschäften unter kontrollierten Bedingungen bezeichnet. Im Gegensatz zu den verschiedenen Varianten des Produkttests kann anhand von Erst- und Wiederkaufsraten das tatsächliche Nachfrageverhalten am *Point of Sale (PoS)* beobachtet und damit die künftigen Marktchancen des neuen bzw. modifizierten Produktes wesentlich besser eingeschätzt werden.

Demgegenüber handelt es sich beim **Markttest** um den probeweisen Verkauf von neuen oder modifizierten Produkten in einem regionalen Teilmarkt (*Testmarkt*). Der Testmarkt sollte möglichst repräsentativ für den Gesamtmarkt sein. Im Gegensatz zum Storetest geht es beim Markttest nicht nur um die Einschätzung des Kaufverhaltens, sondern um die Effektivitätsmessung aller Marketingmaßnahmen. Der Vorteil des Markttests ist vor allem darin zu sehen, dass neben dem Produkt auch alle begleitenden Marketingmaßnahmen in einem unverfälschten Umfeld getestet werden können. Nachteilig sind allerdings die hohen Kosten, der hohe Zeitbedarf und die Verzerrung der Testergebnisse durch gezielte Störaktionen des Wettbewerbs, da sich die Durchführung eines Markttests zumeist nicht lange geheim halten lässt [vgl. Homburg/Krohmer 2009, S. 274].

Um diese Nachteile zu vermeiden, wurden verschiedene **Testmarktersatzverfahren** entwickelt. Zu nennen sind hier insbesondere der *Mini-Testmarkt*, der unter Feldbedingungen durchgeführt wird, sowie der *Labortestmarkt*, bei dem Daten im Rahmen einer simulierten Einkaufssituation gewonnen werden. Hinsichtlich der Kriterien Kosten, Repräsentanz, Zeitaufwand und Geheimhaltung sind die Testmarktersatzverfahren zwischen dem Storetest und dem Markttest einzuordnen (siehe Abbildung 2-28).

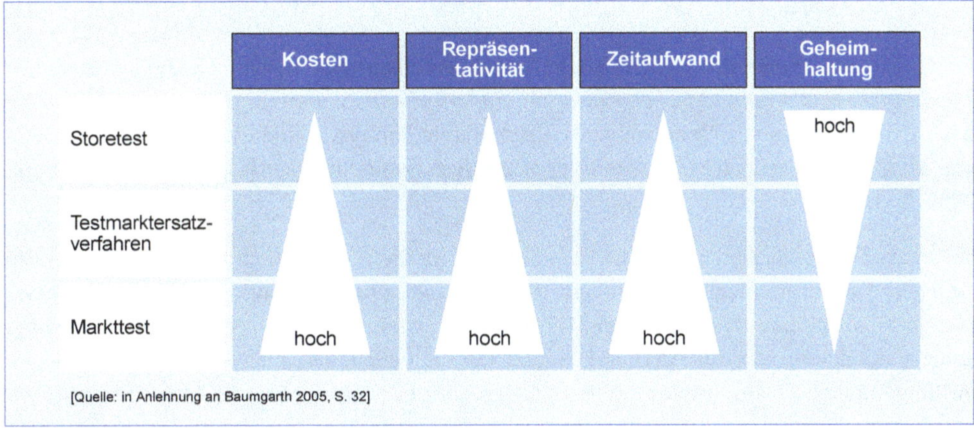
Kosten
Repräsen-tativität
Zeitaufwand
Geheim-haltung
Storetest
Testmarktersatz-verfahren
Markttest
hoch
hoch
hoch
hoch
[Quelle: in Anlehnung an Baumgarth 2005, S. 32]

Abb. 2-28: Beurteilungskriterien für Storetest, Markttest und Testmarktersatzverfahren

Panel. Das Panel ist eine Spezialform der Informationsgewinnung unter Zuhilfenahme der bereits diskutierten Erhebungsmethoden (Beobachtung, Befragung, Experiment). Das Panel ist ein bestimmter, gleichbleibender und repräsentativer Kreis von Untersuchungseinheiten (Personen, Einkaufsstätten, Unternehmen), der in regelmäßigen Abständen Informationen über gleiche oder gleichartige Erhebungsmerkmale (z. B. Preis, Marktanteil, Warenbewegungen) liefern soll. Panelerhebungen haben somit die Erforschung von Markt- und Verhaltensänderungen im *Zeitablauf* zum Ziel [vgl. Meffert et al. 2008, S. 164 und Koch 2004, S. 101].

Grundsätzlich lassen sich nach Art der Untersuchungseinheiten folgende Panels unterscheiden (siehe Abbildung 2-29):

- **Handelspanel** (als Food Panels und Nonfood Panels im Groß- und Einzelhandel))
- **Verbraucherpanel** (als Individual oder Haushaltspanel)
- **Spezialpanel** (z.B. Scannerpanel, Anzeigenpanel, Fernsehpanel).

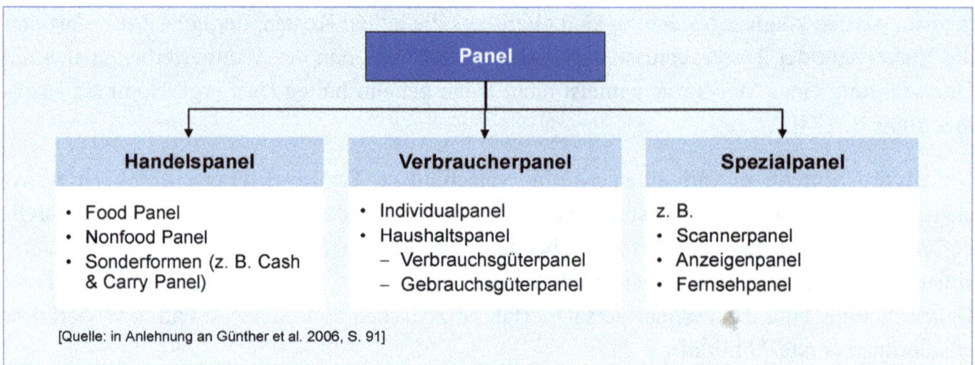
Panel
Handelspanel
• Food Panel
• Nonfood Panel
• Sonderformen (z. B. Cash & Carry Panel)
Verbraucherpanel
• Individualpanel
• Haushaltspanel
– Verbrauchsgüterpanel
– Gebrauchsgüterpanel
Spezialpanel
z. B.
• Scannerpanel
• Anzeigenpanel
• Fernsehpanel
[Quelle: in Anlehnung an Günther et al. 2006, S. 91]

Abb. 2-29: Arten von Panels

Handelspanels setzen sich aus Groß- und Einzelhandelbetrieben zusammen und lassen sich in *Food Panels* und *Nonfood Panels* sowie in *Sonderformen* unterteilen. Handelspanels sind für das B2C-Marketing von Bedeutung, weil sich durch Befragung und elektronische Erfassung von Absatzzahlen zeitnah Marktanteilsveränderungen ermitteln lassen [vgl. Homburg/Krohmer 2009, S. 278 f.].

Verbraucherpanels sind naturgemäß ebenfalls nur für das B2C-Marketing von Bedeutung. Sie setzen sich aus individuellen Verbrauchern *(Individualpanel)* oder aus den Mitgliedern eines Haushalts zusammen *(Haushaltspanel)*. Die Datengewinnung beim Verbraucherpanel erfolgt zumeist durch eine schriftliche Befragung, bei der die Panelteilnehmer periodisch Fragebögen ausfüllen müssen. Haushaltspanels lassen sich weiter in *Verbrauchs- und Gebrauchsgüterpanels* unterteilen.

Darüber hinaus existiert eine Reihe von **Spezialpanels**. Dazu zählen u. a.

- **Scannerpanels**, die die Käufe der Kunden an den Einzelhandelskassen automatisch erfassen,
- **Anzeigenpanels**, bei denen die Anzeigenaktivitäten des Handels in Tageszeitungen und Anzeigenblättern analysiert werden,
- **Fernsehpanels**, die durch apparative Beobachtung die Einschaltquoten von Personen und Haushalten ermitteln.

Die Einrichtung und Unterhaltung von Panels ist sehr *zeit- und kostenintensiv* und kann daher nur von größeren Marktforschungsinstituten wahrgenommen werden. Um eine Amortisation der Anfangsinvestitionen sicherzustellen, werden in der Regel verschiedene Befragungen für mehrere Auftraggeber für ein Panel genutzt. Auch können sich weitere Unternehmen mit speziellen Fragestellungen in Form von sog. *„Omnibusbefragungen“* an einem Panel beteiligen [vgl. Homburg/Krohmer 2009, S. 278].

Allerdings werden die Ergebnisse von Panelerhebungen durch **methodische Probleme** – vornehmlich bei Verbraucherpanels – eingeschränkt. Zu den Problemursachen, die sich vornehmlich auf die Repräsentativität der Untersuchungen auswirken, zählen die *Panelsterblichkeit*, der *Paneleffekt* und die *Panelerstarrung*.

Mit **Panelsterblichkeit** wird das Ausscheiden von Teilnehmern durch laufende Fluktuation wie z. B. Desinteresse oder Ortswechsel bezeichnet. Hier sollte durch einen rechtzeitigen Ersatz der ausgeschiedenen Panelteilnehmer bzw. durch eine Verbesserung der Kompensationszahlung entgegengesteuert werden.

Von besonderer Bedeutung ist auch der **Paneleffekt**. Darunter versteht man das Phänomen, dass die Panelteilnehmer auf die ständige (Selbst-)Kontrolle durch unbewusste oder bewusste Kaufverhaltensänderungen reagieren. So werden manche Käufe nicht ausgeführt oder im Panelbericht nicht ausgefüllt (engl. *Underreporting*) bzw. andere Käufe, die nicht ausgeführt wurden, trotzdem angegeben (engl. *Overreporting*).

Schließlich ist noch die **Panelerstarrung** anzuführen. Sie kommt dadurch zustande, dass sich im Zeitablauf wichtige sozio-demografische Daten wie Alter, Familienstand oder die Einkommenssituation der Panelteilnehmer verändern. Die Zusammensetzung des Panels erfüllt dann nicht mehr die Vorrausetzungen der statistischen Repräsentativität [vgl. MEFFERT et al. 2008, S. 165].

Abbildung 2-30 gibt einen zusammenfassenden Überblick über Definition, Auswirkung und Lösungsansätze von methodischen Problemen bei Panelerhebungen.

	Panelsterblichkeit	Paneleffekt	Panelerstarrung
Definition	Ausscheiden von Panelteilnehmern durch Desinteresse oder Ortswechsel	Unbewusste oder bewusste Verhaltensänderung der Panelteilnehmer	Veränderung von sozio-demografischen Merkmalen (Familienstand, Alter, Einkommen)
Auswirkung	Verlust an Repräsentativität des Panels	• Overreporting • Underreporting • Stärkeres Marken- und/ oder Preisbewusstsein	Verlust an Repräsentativität des Panels
Lösungsansätze	• Optimierung der Kompensationszahlung • Ersatz von ausgefallenen Panelmitgliedern	Panelrotation	Panelrotation

Abb. 2-30: Methodische Probleme bei Panelerhebungen

2.1.5.4 Auswahlverfahren

Ein zentrales Entscheidungsproblem bei der Informationsgewinnung liegt in der Frage, welche Gesamtheit von Untersuchungsobjekten (Personen, Kunden, Produkte, Marken, Einkaufsstätten) in die Erhebung einbezogen werden sollen. Da eine **Vollerhebung**, bei der alle Elemente der definierten **Grundgesamtheit** auf das interessierende **Merkmal** untersucht werden, in den allermeisten Fällen aus wirtschaftlichen, zeitlichen, technischen oder organisatorischen Gründen nicht in Frage kommt, wird man lediglich eine bestimmte Auswahl von Elementen untersuchen. Solche **Teilerhebungen** werden fast ausschließlich in der B2C-Praxis durchgeführt. Im B2B-Bereich ist dagegen eine Vollerhebung eher realistisch, da insbesondere bei Kundenbefragungen die Anzahl der Firmenkunden durchaus überschaubar sein kann.

Die im Rahmen einer Erhebung aus der Grundgesamtheit ausgewählten Untersuchungseinheiten werden als **Stichprobe** bezeichnet. Die Anzahl der in die Stichprobe einbezogenen Elemente, also der **Stichprobenumfang** hängt in erster Linie von der Antwortquote, vom verfügbaren Untersuchungsbudget sowie von der angestrebten Genauigkeit der Ergebnisse ab. Besonders unter dem Aspekt der Präzision der Ergebnisse wird der Marktforscher bemüht sein, dass die Stichprobe hinsichtlich des Merkmals, das besonders interessiert, ein *repräsentatives* Abbild der Grundgesamtheit darstellt. In Abbildung 2-31 sind einige wichtige auswahltechnische Grundbegriffe zum besseren Verständnis zusammengestellt.

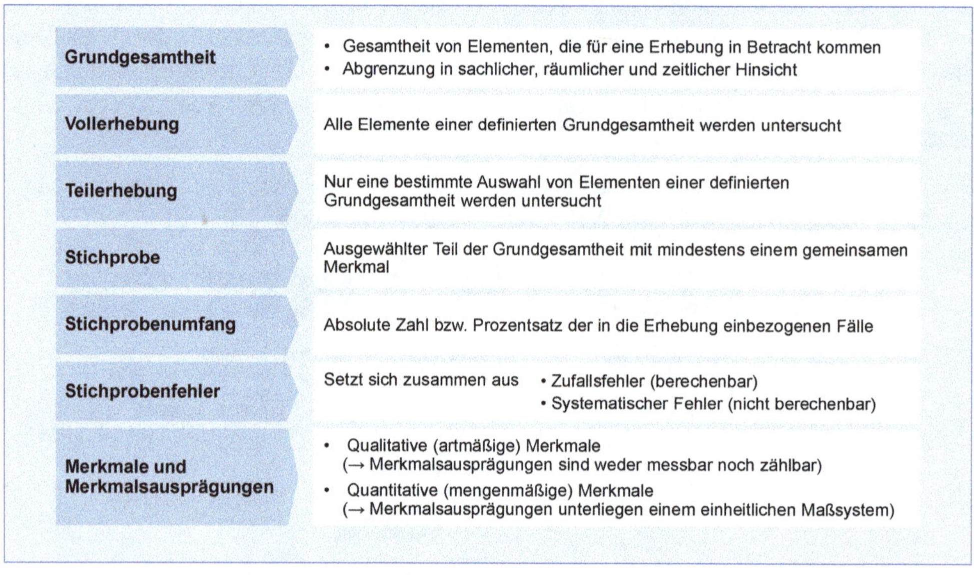
Grundgesamtheit
• Gesamtheit von Elementen, die für eine Erhebung in Betracht kommen
• Abgrenzung in sachlicher, räumlicher und zeitlicher Hinsicht
Vollerhebung
Alle Elemente einer definierten Grundgesamtheit werden untersucht
Teilerhebung
Nur eine bestimmte Auswahl von Elementen einer definierten Grundgesamtheit werden untersucht
Stichprobe
Ausgewählter Teil der Grundgesamtheit mit mindestens einem gemeinsamen Merkmal
Stichprobenumfang
Absolute Zahl bzw. Prozentsatz der in die Erhebung einbezogenen Fälle
Stichprobenfehler
Setzt sich zusammen aus • Zufallsfehler (berechenbar) • Systematischer Fehler (nicht berechenbar)
Merkmale und Merkmalsausprägungen
• Qualitative (artmäßige) Merkmale (→ Merkmalsausprägungen sind weder messbar noch zählbar)
• Quantitative (mengenmäßige) Merkmale (→ Merkmalsausprägungen unterliegen einem einheitlichen Maßsystem)

Abb. 2-31: Wichtige auswahltechnische Grundbegriffe

Ist die Entscheidung über den Stichprobenumfang getroffen, geht es im nächsten Schritt um die Frage, welches Stichprobenauswahlverfahren angewendet werden soll. Für den Marktforscher kommen vorwiegend Auswahlverfahren in Betracht, die dem Kriterium der Repräsentativität entsprechen. **Repräsentative Auswahlverfahren** lassen sich untergliedern in

- Verfahren der bewussten Auswahl und
- Verfahren der Zufallsauswahl.

Verfahren der bewussten Auswahl. Da die häufig fehlende Verfügbarkeit von amtlichen Verzeichnissen und die unvermeidliche Verweigerungsquote in der nicht-amtlichen Statistik eine wirkliche Zufallsstichprobe meistens unmöglich macht, sind die Verfahren der bewussten Auswahl allein unter dem Aspekt der Wirtschaftlichkeit sehr vorteilhaft [vgl. Homburg/Krohmer 2009, S. 292]. Verfahren der bewussten Auswahl sind

- die typische Auswahl,
- das Quotenauswahlverfahren und
- das Cut-off-Verfahren.

Bei der **typischen Auswahl** (engl. *Purpursive Sampling*) werden nach freiem Ermessen solche Elemente aus der Grundgesamtheit untersucht, die als besonders charakteristisch erachtet werden. Von den erzielten Ergebnissen wird dann auf das Verhalten der Merkmalsträger der Grundgesamtheit geschlossen. Ein Beispiel für die typische Auswahl ist der „4-Personen-Arbeitnehmer-Haushalt" des Statistischen Bundesamts.

Beim **Quotenauswahlverfahren** (engl. *Quota Sampling*) wird die Stichprobe derart konstruiert, dass die als Quote ausgewählten Merkmale und deren Ausprägungen proportional der Verteilung in der Grundgesamtheit entsprechen. Solche Quoten können bspw. bezüglich Geschlecht, Alter oder Beruf vorgegeben werden. Die Erhebungsperson muss sich zwingend an die Quotenanweisung halten, ist jedoch frei in der Auswahl der konkreten Erhebungseinheit (Verbraucher, Haushalte).

Dem **Cut-off-Verfahren** (engl. *Cut-off Method*) liegt das Konzentrationsprinzip zugrunde, d.h. die Stichprobe beschränkt sich auf solche Merkmalsträger (z. B. Unternehmen), die im Rahmen der Grundgesamtheit einen großen Beitrag zum interessierenden Tatbestand liefern (80:20-Regel). Dabei werden die großen, maßgeblichen Einheiten vollständig untersucht, der Rest der Grundgesamtheit bleibt unberücksichtigt. Beispiel: Um ihre monatliche Berichterstattung im *Verarbeitenden Gewerbe* über Umsatz, Beschäftigtenzahl und Lohnsummen durchführen zu können, befragen die Statistischen Landesämter alle Produktionsbetriebe mit mehr als 50 Beschäftigten.

Verfahren der Zufallsauswahl. Allen Verfahren der Zufallsauswahl ist gemeinsam, dass jede Untersuchungseinheit der interessierenden Grundgesamtheit grundsätzlich die gleiche Chance hat, in die Stichprobe aufgenommen zu werden. Damit stützen sich diese Verfahren auf wahrscheinlichkeitstheoretische Grundlagen, so dass es möglich ist, die Genauigkeit der Ergebnisse bzw. Fehlergrenzen statistisch zu berechnen. Angesprochen ist hierbei der **Stichprobenfehler**, der sich aus dem Zufallsfehler und dem systematischen Fehler zusammensetzt. Während sich der **Zufallsfehler** exakt berechnen lässt *(Irrtumswahrscheinlichkeit)*, kann sich ein **systematischer Fehler** bspw. aufgrund einer fehlerhaften Versuchsanlage ergeben und ist damit nicht berechenbar. Folgende Verfahren, die auf dem Zufallsprinzip beruhen, können unterschieden werden:

- Reine, uneingeschränkte Zufallsauswahl
- Geschichtete Auswahl
- Mehrstufige Auswahl.

Die **reine, uneingeschränkte Zufallsauswahl** (engl. *Random Sampling*) setzt voraus, dass jedes Element der Grundgesamtheit bekannt und identifizierbar ist (z. B. Einwohnermeldekartei).

Mittels bestimmter Auswahltechniken (Auslosen, Zufallstafeln, Zufallszahlengenerator o. ä.) werden die einzelnen Elemente aus der Grundgesamtheit gezogen.

Die **geschichtete Auswahl** (engl. *Stratified Sampling*) ist dadurch gekennzeichnet, dass sich die definierte Grundgesamtheit aus deutlich erkennbaren und in sich wesentlich homogeneren Teilgesamteinheiten (Schichten) zusammensetzt. Aus jeder Schicht werden dann entsprechende Stichproben gezogen, wobei mit einer deutlich geringeren Anzahl der Erhebungsfälle dieser gesonderten Stichproben die gleiche Genauigkeit wie bei der reinen, uneingeschränkten Zufallsauswahl erzielt wird [vgl. Schäfer/Knoblich 1978, S. 265].

Bei der **mehrstufigen Auswahl** werden mehrere Zufallsauswahlen hintereinander geschaltet. So wird bei Haushaltsbefragungen in einer Großstadt zunächst das Stadtgebiet in Bezirke aufgeteilt. Nach dem Zufallsprinzip werden in der 1. Stufe *n* Stadtbezirke ausgewählt. Aus jedem dieser *n* Stadtbezirke lassen in der 2. Stufe *m* Häuserblocks bestimmen. In der 3. Stufe werden schließlich die Haushalte ausgewählt. Wesentlich bei diesem Vorgehen ist, dass auf jeder Stufe eine Zufallsauswahl durchgeführt wird, wobei eine vollständige Auswahlgrundlage jeweils nur für die Auswahleinheiten der 1. Stufe vorliegen muss.

Abbildung 2-32 fasst die besprochenen Auswahlverfahren in einer Übersicht zusammen.

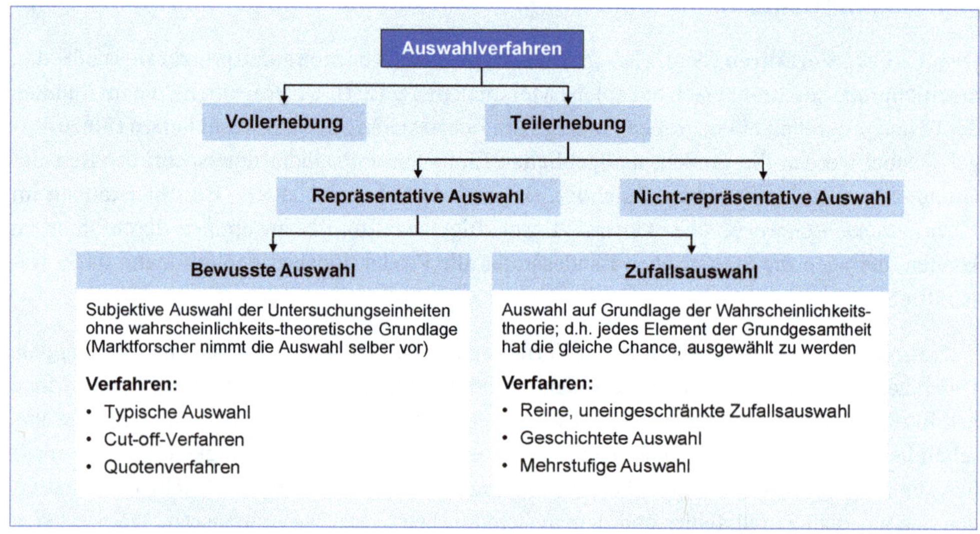
Auswahlverfahren
Vollerhebung
Teilerhebung
Repräsentative Auswahl
Nicht-repräsentative Auswahl
Bewusste Auswahl
Subjektive Auswahl der Untersuchungseinheiten ohne wahrscheinlichkeits-theoretische Grundlage (Marktforscher nimmt die Auswahl selber vor)
Verfahren:
• Typische Auswahl
• Cut-off-Verfahren
• Quotenverfahren
Zufallsauswahl
Auswahl auf Grundlage der Wahrscheinlichkeits-theorie; d.h. jedes Element der Grundgesamtheit hat die gleiche Chance, ausgewählt zu werden
Verfahren:
• Reine, uneingeschränkte Zufallsauswahl
• Geschichtete Auswahl
• Mehrstufige Auswahl

Abb. 2-32: Verfahren der Stichprobenauswahl

2.1.5.5 Analysemethoden

Nach der Datenerhebung erfolgt die Auswertung, Analyse und Aufbereitung der gewonnenen Einzelinformationen. Hierzu stehen dem Marktforscher entsprechende Softwareprogramme zur Verfügung. Die in diesem Rahmen vorgestellten Auswertungsverfahren bzw. Analysemethoden lassen sich in drei Gruppen einteilen (siehe Abbildung 2-33):

- **Univariate** Verfahren (Verteilung nur einer Variablen wird untersucht)
- **Bivariate** Verfahren (Beziehung zwischen zwei Variablen wird untersucht)
- **Multivariate** Verfahren (mehrere Variablen werden untersucht)

Im Bereich der **univariaten Verfahren**, bei denen nur *eine* Variable Gegenstand der Untersuchung ist, ist zunächst die Verteilung von absoluten und relativen **Häufigkeiten** zu nennen. Häufigkeitsverteilungen (z. B. die Altersverteilung bei einer Kundenbefragung) werden in der Marktforschungspraxis vorwiegend als Balken- oder Kreisdiagramme dargestellt [vgl. Homburg/Krohmer 2009, S. 316 f.].

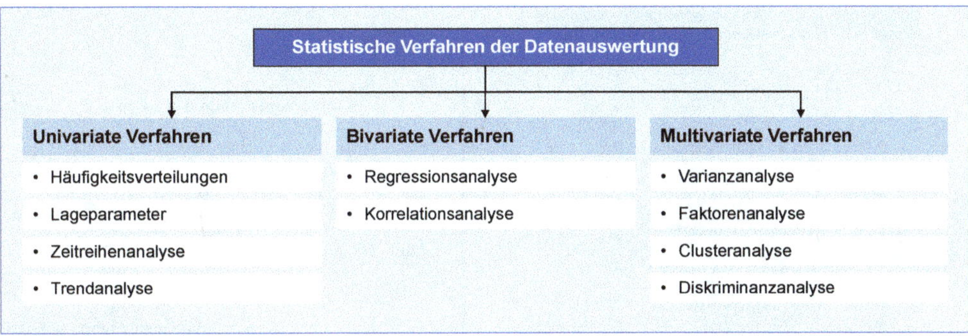
Statistische Verfahren der Datenauswertung
Univariate Verfahren
• Häufigkeitsverteilungen
• Lageparameter
• Zeitreihenanalyse
• Trendanalyse
Bivariate Verfahren
• Regressionsanalyse
• Korrelationsanalyse
Multivariate Verfahren
• Varianzanalyse
• Faktorenanalyse
• Clusteranalyse
• Diskriminanzanalyse

Abb. 2-33: Wichtige statistische Verfahren der Datenauswertung

Ein weiteres Teilgebiet univariater Verfahren ist die Ermittlung von Lage- und Streuungsparametern. Die wichtigsten **Lageparameter** (Mittelwerte) und **Streuungsparameter** (Streuungsmaße) sind in Abbildung 2-34 abgebildet.

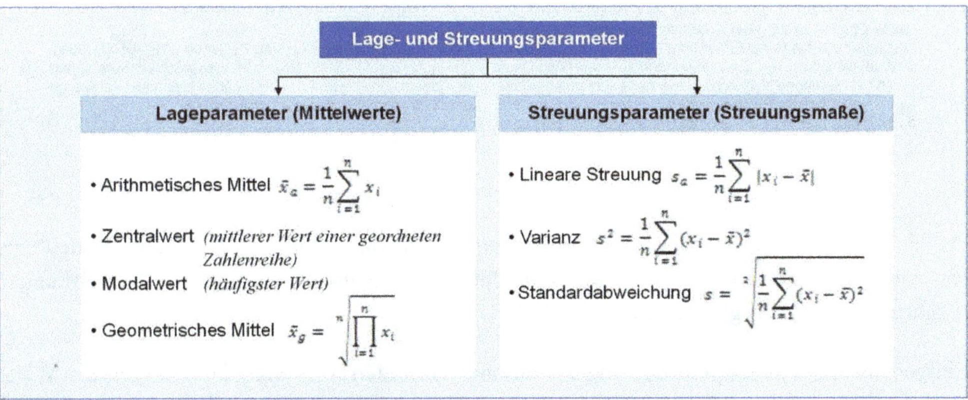
Lage- und Streuungsparameter
Lageparameter (Mittelwerte)
• Arithmetisches Mittel $\bar{x}_a = \frac{1}{n}\sum_{i=1}^{n} x_i$
• Zentralwert (mittlerer Wert einer geordneten Zahlenreihe)
• Modalwert (häufigster Wert)
• Geometrisches Mittel $\bar{x}_g = \sqrt[n]{\prod_{i=1}^{n} x_i}$
Streuungsparameter (Streuungsmaße)
• Lineare Streuung $s_a = \frac{1}{n}\sum_{i=1}^{n} |x_i - \bar{x}|$
• Varianz $s^2 = \frac{1}{n}\sum_{i=1}^{n} (x_i - \bar{x})^2$
• Standardabweichung $s = \sqrt[2]{\frac{1}{n}\sum_{i=1}^{n} (x_i - \bar{x})^2}$

Abb. 2-34: Lage- und Streuungsparameter

Grundgedanke der **Zeitreihen- und Trendanalyse** ist die Verknüpfung der Beobachtungswerte mit der Zeit. Obwohl hinter den einzelnen Beobachtungswerten (Variablen) eine Vielzahl von Ursachen einwirkt, wird auf eine Analyse dieser Ursachen verzichtet. Stattdessen werden sie zu einem Ursachenkomplex zusammengefasst und seine Wirkung als **Trendextrapolation** auch für die Zukunft unterstellt [vgl. Meffert et al. 2008, S. 177 f.].

Bei einer **bivariaten Analyse** steht die Frage nach einer möglichen Beziehung zwischen zwei Variablen im Vordergrund. Das wichtigste Analyseverfahren in diesem Kontext ist die **Regressionsanalyse**. Sie prüft den Zusammenhang zwischen einer abhängigen und einer unabhängigen Variablen. Wird der Zusammenhang zwischen zwei Variablen untersucht, handelt es sich um eine *Einfachregression*, bei mehr als zwei Variablen um eine *multiple Regression.*

Die Vorgehensweise bei der linearen Einfachregression soll ein kleines **Beispiel** veranschaulichen. Es geht hierbei um die Festlegung des endgültigen Verkaufspreises anhand einer Preis-Absatz-Funktion (siehe Abbildung 2-35).

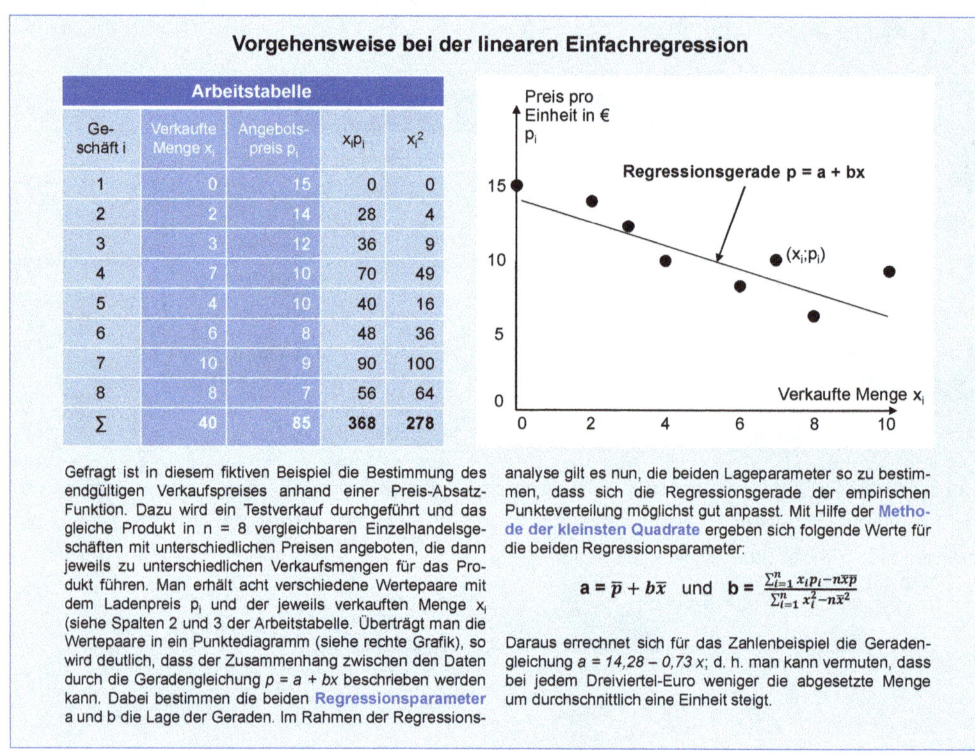

Vorgehensweise bei der linearen Einfachregression

Arbeitstabelle

Geschäft i	Verkaufte Menge x_i	Angebotspreis p_i	x_ip_i	x_i^2
1	0	15	0	0
2	2	14	28	4
3	3	12	36	9
4	7	10	70	49
5	4	10	40	16
6	6	8	48	36
7	10	9	90	100
8	8	7	56	64
Σ	40	85	**368**	**278**

Preis pro Einheit in €
p_i
Regressionsgerade p = a + bx
(x_i;p_i)
Verkaufte Menge x_i
15
10
5
0
0
2
4
6
8
10

Gefragt ist in diesem fiktiven Beispiel die Bestimmung des endgültigen Verkaufspreises anhand einer Preis-Absatz-Funktion. Dazu wird ein Testverkauf durchgeführt und das gleiche Produkt in n = 8 vergleichbaren Einzelhandelsgeschäften mit unterschiedlichen Preisen angeboten, die dann jeweils zu unterschiedlichen Verkaufsmengen für das Produkt führen. Man erhält acht verschiedene Wertepaare mit dem Ladenpreis p_i und der jeweils verkauften Menge x_i (siehe Spalten 2 und 3 der Arbeitstabelle. Überträgt man die Wertepaare in ein Punktediagramm (siehe rechte Grafik), so wird deutlich, dass der Zusammenhang zwischen den Daten durch die Geradengleichung $p = a + bx$ beschrieben werden kann. Dabei bestimmen die beiden **Regressionsparameter** a und b die Lage der Geraden. Im Rahmen der Regressionsanalyse gilt es nun, die beiden Lageparameter so zu bestimmen, dass sich die Regressionsgerade der empirischen Punkteverteilung möglichst gut anpasst. Mit Hilfe der **Methode der kleinsten Quadrate** ergeben sich folgende Werte für die beiden Regressionsparameter:

$$a = \bar{p} + b\bar{x} \quad \text{und} \quad b = \frac{\sum_{i=1}^{n} x_i p_i - n\bar{x}\bar{p}}{\sum_{i=1}^{n} x_i^2 - n\bar{x}^2}$$

Daraus errechnet sich für das Zahlenbeispiel die Geradengleichung $a = 14{,}28 - 0{,}73\,x$; d. h. man kann vermuten, dass bei jedem Dreiviertel-Euro weniger die abgesetzte Menge um durchschnittlich eine Einheit steigt.

Abb. 2-35: Beispiel für eine lineare Einfachregression

Da das Wissen um Ursache-Wirkungsbeziehungen im Marketing eine besondere Bedeutung hat, wird die Regressionsanalyse sowohl bei der Ursachenanalyse als auch bei der Wirkungsprognose eingesetzt [vgl. Meffert et al. 2008, S. 177 f.].

Einige Anwendungsbeispiele der Regressionsanalyse sind in Abbildung 2-36 dargestellt. Während die Regressionsanalyse Auskunft darüber gibt, *welcher* Zusammenhang zwischen zwei Größen besteht, steht bei der **Korrelationsanalyse** die Frage im Vordergrund, wie *stark* dieser Zusammenhang ist. Ebenso wie bei der Regression spricht man bei der Korrelation von einer *Einfachkorrelation*, wenn die gegenseitige Abhängigkeit von nur zwei Variablen untersucht wird. Wird die Stärke und Richtung des Zusammenhangs von mehr als zwei Variablen untersucht, handelt es sich um eine *multiple Korrelation.*

Beispiel	Unabhängige Variable	Abhängige Variable
Umsatzentwicklung in Abhängigkeit von Werbemaßnahmen	► Werbebudget	► Umsatz
Umsatzentwicklung in Abhängigkeit von Verkaufsförderungsmaßnahmen	► Sales Promotion	► Umsatz
Absatzentwicklung in Abhängigkeit von Preiserhöhungen	► Preis	► Absatz
Speiseeiskonsum in Abhängigkeit von der Temperatur	► Temperatur	► Umsatz

Abb. 2-36: Anwendungsbeispiele der Regressionsanalyse

Das Maß für die Stärke und Richtung des Zusammenhangs zweier Größen ist der **Korrelationskoeffizient** *r*, der sich nach folgender Formel berechnet:

$$r = \frac{s_{xy}}{s_x s_y} = \frac{\sum_{i=1}^{n}(x_i-\bar{x})(y_i-\bar{y})}{\sum_{i=1}^{n}(x_i-\bar{x})^2 \sum_{i=1}^{n}(y_i-\bar{y})^2}$$

Der Korrelationskoeffizient (nach PEARSON) gibt also das Verhältnis der Kovarianz zu den multiplizierten Varianzen der beiden Variablen an [vgl. Meffert et al. 2008, S. 171].

In Abbildung 2-37 sind beispielhaft die Verteilungen zweier Variablen mit den dazugehörigen Korrelationskoeffizienten dargestellt.

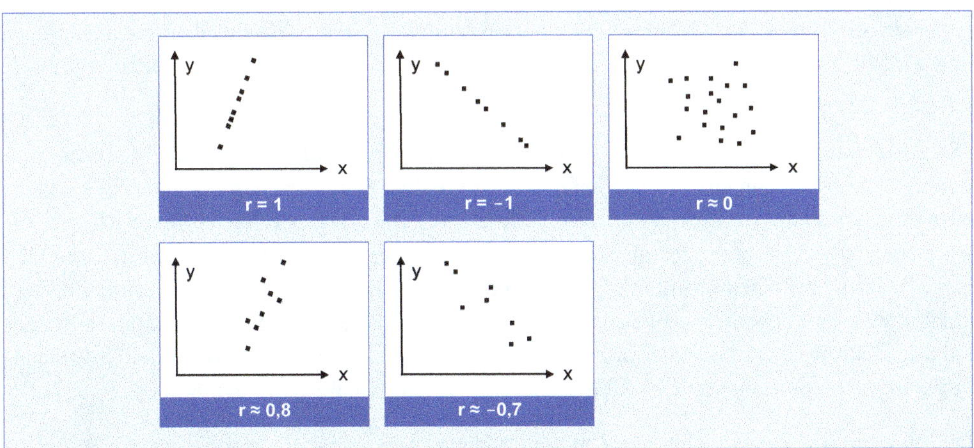
y
x
r = 1
y
x
r = -1
y
x
r ≈ 0
y
x
r ≈ 0,8
y
x
r ≈ -0,7

Abb. 2-37: Beispiele für Verteilungen zweier Variablen

Zur Untersuchung komplexer Tatbestände reichen univariate und bivariate Analyseverfahren nicht aus. Vielmehr müssen dazu Verfahren eingesetzt werden, die eine große Zahl von Variablen simultan analysieren können. Es handelt sich dabei um sogenannte **multivariate Verfahren**, die an einer Vielzahl von Untersuchungsobjekten (Personen, Produkte) mehrere Variablen messen und gleichzeitig auswerten können [vgl. Meffert et al. 2008, S. 172].

Folgende **multivariate Verfahren** sollen hier kurz angesprochen werden:

- Varianzanalyse
- Faktorenanalyse
- Clusteranalyse
- Diskriminanzanalyse.

Mit der **Varianzanalyse** wird das Ziel verfolgt, den Zusammenhang zwischen Beobachtungswertkategorien (z. B. Absatzmenge) und mehreren unabhängigen Einflussgrößen (z. B. unterschiedliche Verpackungsvarianten oder Farbgestaltungen eines Produkts) zu analysieren. Dabei geht es letztlich um die Prüfung der Streuung um die Mittelwerte einzelner Kategorien. Die Varianzanalyse ist für viele Fragestellungen in der Marktforschungspraxis von großer Bedeutung [vgl. Homburg/Krohmer 2009, S. 388]:

- Wie wirken sich verschiedene Formen der Werbung auf das Kaufverhalten aus?
- Wie wirken sich unterschiedliche Verpackungsformen auf das Kaufverhalten aus?
- Wie wirkt sich die Zugehörigkeit zu einem bestimmten Kundensegment auf das Kaufverhalten aus?

Die **Faktorenanalyse** untersucht Variablen, bei denen es Anhaltspunkte dafür gibt, dass sie von gemeinsamen Einflussfaktoren (sog. *Supervariablen*) abhängig sind, die aber selbst nicht direkt erfassbar sind. Das Ziel der Faktorenanalyse ist es, diese Supervariablen aus der Menge aller beobachteten Variablen zu identifizieren. Die Faktoren sollten die zahlreichen Ursprungsvariablen weitestgehend verdichten bzw. repräsentieren. Diese Form der Komplexitätsreduktion wird zur Erstellung von Persönlichkeits-, Produkt- und Imageprofilen eingesetzt [vgl. Meffert et al. 2008, S. 172].

Das Hauptanwendungsgebiet der **Clusteranalyse** in der Marktforschung ist die Marktsegmentierung. Durch Zusammenfassung von Objekten (Kunden) zu Gruppen bzw. Clustern (Kundensegmente) wird eine Reduktion der Komplexität eines Datensatzes erreicht. Diese Cluster sollen in sich möglichst homogen und untereinander heterogen sein. Auf diese Weise lassen sich bspw. Käufertypologien ermitteln. Die Clusteranalyse weist hinsichtlich der Komplexitätsreduktion eine deutliche Verwandtschaft zur Faktorenanalyse auf, wobei die Reduktion bei der Faktorenanalyse durch Gruppierung von Variablen (Einflussfaktoren) und bei der Clusteranalyse durch Gruppierung von Objekten erreicht wird [vgl. Homburg/Krohmer 2009, S. 360].

Die **Diskriminanzanalyse** hat das Ziel, eine Menge von Untersuchungsobjekten (z. B. Personen) aufzuteilen und mehreren vorgegebenen Teilmengen (Gruppen, Klassen) zuzuordnen. Die besondere Herausforderung besteht nun darin, für diese Gruppenzugehörigkeit die unabhängigen Variablen mit der größten Klassifizierungskraft zu finden. So möchten Automobilhersteller bspw. in Erfahrung bringen, welche Merkmalsunterschiede zwischen Käufern der Marke A und Käufern der Marke B bestehen [vgl. Kotler et al. 2007, S. 216 f.].

2.2 Ziele – Wo wollen wir hin?

Nachdem die externen und internen Einflussfaktoren des Marketingmanagements analysiert und ggf. Verbesserungspotenziale identifiziert worden sind, ist der *konzeptionelle Kristallisationspunkt* (siehe Abbildung 2-01) erreicht. Im nächsten Schritt muss erarbeitet werden, wie das Marketing im Unternehmen betrieben werden soll. Dabei sind definierte Ziele unerlässlich: Sie steuern die Aufmerksamkeit der Beteiligten im Marketing in eine einheitliche Richtung und helfen ihnen dabei, ihre Aktivitäten zu fokussieren und untereinander abzustimmen.

2.2.1 Zielsystem des Unternehmens

Marketingziele sind – trotz ihrer zentralen Rolle bei marktorientiert agierenden Unternehmen – keine autonomen Ziele. Sie müssen aus den obersten Unternehmenszielen abgeleitet werden. Daher ist die Kenntnis der Unternehmensziele unerlässlich für das Marketingmanagement. Unternehmensziele haben zwar Gemeinsamkeiten mit Visionen (z. B. das Merkmal Zukunft), der Kern des Unternehmensziels ist aber seine Messbarkeit, die es erlaubt, geschäftliche Entwicklungen den tatsächlich erreichten Ergebnissen gegenüberzustellen.

Unternehmensziele beeinflussen die langfristige Entwicklung eines Unternehmens und sind Ansporn im Sinne von Gewinn, Umsatz, Ertrag, Ausgaben, Kosten, Liquidität [vgl. Menzenbach 2012, S. 9 unter Bezugnahme auf Rückle 1994, S. 56 ff.].

Die Unternehmensziele sind – ebenso wie die später zu behandelnden Marketingziele – eingebettet in das **Zielsystem des Unternehmens**. Der Aufbau eines solchen Zielsystems lässt sich aus Gründen der Anschauung als Art Pyramide mit drei grundlegenden Betrachtungsebenen darstellen: die normative, die strategische und die taktisch/operative Ebene [vgl. HUNGENBERG/WULF 2011, S. 26]:

- Die **normative Ebene** legt Ziel und Zweck sowie die grundlegenden Werte des Unternehmens fest. In diesem normativen Kontext spiegeln sich das Selbstverständnis des Unternehmens mit seiner Vision, seiner Mission und den grundlegenden Unternehmenszielen wider. In dieser obersten Ebene geht es um die Legitimität der Existenz und des Verhaltens des Unternehmens gegenüber externen und internen Kräften.
- Die **strategische Ebene** soll die Voraussetzungen dafür schaffen, dass die (normativen) Ansprüche an die Entwicklung des Unternehmens langfristig erfüllt werden können. Zielsetzung der strategischen Ebene ist ökonomische, soziale und ökologische Effektivität. Wesentlicher Inhalt ist der Aufbau, die Pflege und die Weiterentwicklung von Erfolgspotenzialen. Hierzu werden Strategien formuliert, ausgewählt und durch Strukturen und Systeme umgesetzt.
- Die **taktische/operative Ebene** vollzieht sich innerhalb des Handlungsrahmens, der durch die strategische Ebene vorgegeben ist und zielt auf die optimale Ausschöpfung der Erfolgspotenziale. Sie definiert und koordiniert die laufenden Aktivitäten in den verschiedenen Funktions- und Marktbereichen und sorgt für die kurzfristige und effiziente Umsetzung der Strategien durch konkrete Maßnahmen im Rahmen des Tagesgeschäfts.

Um dauerhafte Erfolgspotenziale zu schaffen, ist eine konsequente Vernetzung und Abstimmung dieser drei Ebenen erforderlich. Die drei Ebenen, die in Abbildung 2-38 dargestellt sind, wurden in dem **St. Galler Management-Modell** wesentlich ausdifferenziert.

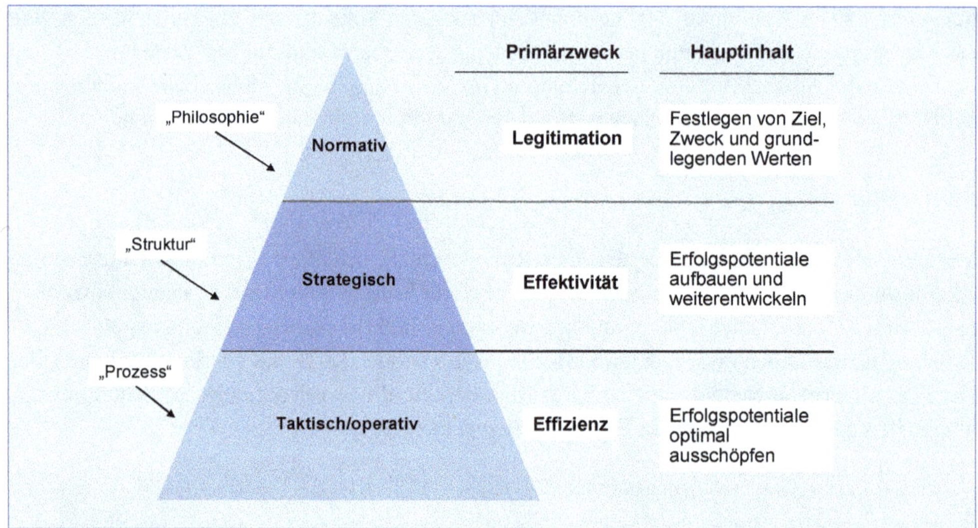
Primärzweck
Hauptinhalt
„Philosophie"
Normativ
Legitimation
Festlegen von Ziel, Zweck und grundlegenden Werten
„Struktur"
Strategisch
Effektivität
Erfolgspotentiale aufbauen und weiterentwickeln
„Prozess"
Taktisch/operativ
Effizienz
Erfolgspotentiale optimal ausschöpfen

Abb. 2-38: Das unternehmerische Zielsystem

2.2.2 Allgemeine Wertvorstellungen

An der Spitze der Zielpyramide steht die *Unternehmensphilosophie* mit den allgemeinen Wertvorstellungen (engl. *Basic beliefs*), die im Sinne eines *„Grundgesetzes"* Ausdruck dafür sind, dass Unternehmen neben ihrer einzelwirtschaftlichen Verantwortung auch eine gesamtwirtschaftliche Aufgabe zukommt [vgl. Becker 2009, S. 29].

Die allgemeinen Wertvorstellungen eines Unternehmens bilden den Rahmen für

- Unternehmenskultur,
- Unternehmensidentität,
- Unternehmensleitlinien und
- Unternehmenszweck.

2.2.2.1 Unternehmenskultur

Die Unternehmenskultur besteht aus einem unsichtbaren Kern aus **grundlegenden, kollektiven Überzeugungen**, die das Denken, Handeln und Empfinden von Führungskräften und Mitarbeitern maßgeblich beeinflussen und die insgesamt typisch für das Unternehmen sind (innere Haltung). Diese grundlegenden Überzeugungen beeinflussen die Art, wie die **Werte** nach außen gezeigt werden (äußere Haltung). Gleichzeitig sind sie maßgebend für die **Verhaltensregeln** („so wie man es bei uns macht"), die an neue Mitarbeiter und Führungskräfte weitergegeben werden und die als Standards für gutes und richtiges Verhalten gelten. Diese Regeln zeigen sich für alle sichtbar an **Artefakten** wie Ritualen, Statussymbolen, Sprache, Kleidung etc. [vgl. Sackmann 2004, S. 24 ff.].

Zur Veranschaulichung solcher Artefakte soll hier ein Beispiel für eine besonders kundenorientierte Unternehmenskultur angeführt werden [vgl. Homburg/Bucerius 2012, S. 76]:

- **Erzählungen**, z. B. häufige Berichte über außergewöhnliche Vertriebserfolge (Gewinnung besonders spektakulärer Aufträge in beachtlicher Größenordnung oder Aufträge, die eigentlich schon als verloren galten),
- **Sprache**, z. B. der Sprachstil, in dem in Meetings und Besprechungen von Kunden gesprochen wird,
- **Rituale**, z. B. die regelmäßige Auszeichnung besonders kundenorientierter Mitarbeiter oder besonders erfolgreicher Vertriebsmitarbeiter,
- **Arrangements**, z. B. die kundenfreundliche Gestaltung von Gebäuden, Empfangs- und Meeting-Bereichen und Außenanlagen.

Die **Unternehmenskultur ist** in vielfacher Hinsicht von besonderer Bedeutung. Sie ist sowohl für das Unternehmen selbst als auch für die Mitarbeiter **sinnstiftend**. Als unsichtbare Einflussgröße erfüllt die Unternehmenskultur zentrale Funktionen, die für das Bestehen und Funktionieren eines Unternehmens notwendig sind.

Zu diesen zentralen Funktionen zählt die **Reduktion von Komplexität**, d. h. die von der Unternehmenskultur vorgegebenen kollektiven Denkmuster dienen als Filter für die Wahrnehmung und bewirken eine schnelle Vorsortierung vorhandener Informationsfülle in „relevant" und „nicht relevant". Eine weitere Funktion ist das **koordinierte Handeln**, das die Unternehmenskultur den Mitarbeitern und Führungskräften als ein gemeinsames Sinnsystem bereitstellt und damit sinnvolle, gemeinsame Kommunikationsprozesse und abgestimmtes Handeln erst möglich macht. Dann ist es die **Identifikation**, d. h. die grundlegenden Überzeugungen und Annahmen, die der Unternehmenskultur innewohnen, die Einfluss auf das Ausmaß an Identifikation von Mitarbeitern mit ihrem Unternehmen hat. Darüber hinaus übt jede Unternehmenskultur eine mehr oder weniger starke **Integrationskraft** aus, die besonders dann zum Tragen kommt, wenn Bedrohungen aufkommen oder wenn unterschiedliche Kulturen oder Subkulturen zusammengeführt werden (sollen). Schließlich erlaubt die in der Unternehmenskultur enthaltene kollektive Lerngeschichte routiniertes Handeln und schreibt die in der Vergangenheit erfolgreichen Erfolgsrezepte in der Gegenwart und Zukunft weiter fort. [vgl. Sackmann 2004, S. 27 ff.].

Kultur kann als Wettbewerbsfaktor und/oder als sozialer Verantwortungsträger fungieren. Es lässt sich vermuten, dass der Einfluss und die spezielle Bedeutung von Unternehmenskultur bei **wissensbasierten Firmen**, bei denen Wissen als Produkt oder als Dienstleistung eine zentrale Rolle spielt (wie bei Beratungsunternehmen), besonders groß ist. So kann eine starke Unternehmenskultur für **international** ausgerichtete Unternehmen einen bedeutenden Erfolgsfaktor darstellen. Hier sind das koordinierte Handeln und die Integrationskraft besonders wichtig für ein erfolgreiches Auftreten auf den internationalen Märkten.

2.2.2.2 Unternehmensidentität

Als Unternehmensidentität (engl. *Corporate Identity*) wird die strategisch geplante und operativ eingesetzte Selbstdarstellung und Verhaltensweise eines Unternehmens nach innen und außen auf der Basis einer festgelegten Unternehmensphilosophie und -zielsetzung bezeichnet. **Corporate Identity** (CI) erzeugt einen Wiedererkennungswert und vereinfacht die Identifizierung mit der Organisation. Sie drückt sich in vier Komponenten (vier Cs) aus:

- **Corporate Behavior** ist das (möglichst widerspruchsfreie) Mitarbeiterverhalten innerhalb der Organisation und gegenüber Externen.
- **Corporate Design** ist die einheitliche visuelle Darstellung des Unternehmens nach innen und außen, wobei alle Gestaltungskonstanten (Logo, stilistische Vorgaben) konsequent in allen Kommunikationsmedien angewendet werden. Das so erzielte einheitliche Erscheinungsbild soll dem Unternehmen eine unverwechselbare Persönlichkeit geben.
- **Corporate Communication** ist die integrierte, geplante und gezielte Kommunikation (organisations- und umweltbezogen), die alle Kommunikationsmittel und -wege eines Unternehmens umfasst. Sie betrifft insbesondere auch die Kommunikation der Vision, Mission und Werte des Unternehmens.
- **Corporate Governance** ist die Vorgabe von Richtlinien zur Überwachung und Leitung des Unternehmens. Die Richtlinien beziehen sich insbesondere auf die effiziente Führung der Organisation, auf das Risikomanagement und auf Entscheidungen für eine langfristige Wertschöpfung unter Wahrung der Stakeholder-Interessen.

Betrachtet man Corporate Culture als *Fundament* der Unternehmensphilosophie, dann bilden die vier CI-Komponenten quasi den *Aufbau* und werden unter dem *Dach* der Corporate Identity zusammengefasst. Abbildung 2-39 veranschaulicht diese Sichtweise und liefert eine kurze Darstellung und Beschreibung der Ziele der vier CI-Komponenten.

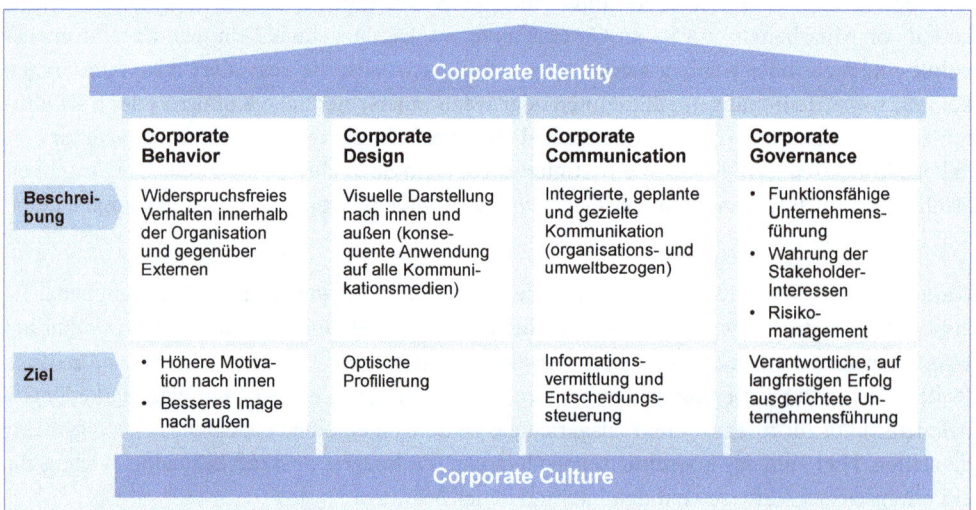

Corporate Identity

	Corporate Behavior	Corporate Design	Corporate Communication	Corporate Governance
Beschreibung	Widerspruchsfreies Verhalten innerhalb der Organisation und gegenüber Externen	Visuelle Darstellung nach innen und außen (konsequente Anwendung auf alle Kommunikationsmedien)	Integrierte, geplante und gezielte Kommunikation (organisations- und umweltbezogen)	• Funktionsfähige Unternehmensführung • Wahrung der Stakeholder-Interessen • Risikomanagement
Ziel	• Höhere Motivation nach innen • Besseres Image nach außen	Optische Profilierung	Informationsvermittlung und Entscheidungssteuerung	Verantwortliche, auf langfristigen Erfolg ausgerichtete Unternehmensführung

Corporate Culture

Abb. 2-39: Die CI-Komponenten

2.2.2.3 Unternehmensleitlinien

Unternehmenskultur und Unternehmensidentität finden ihren Niederschlag in den Unternehmensleitlinien. Derartige Leitbilder steuern die nachgeordneten Zielsetzungen und Strategien und schaffen Orientierungshilfen für das Verhalten der Mitarbeiter gegenüber den *Anspruchsgruppen* (engl. *Stakeholder*) des Unternehmens (Kunden, Lieferanten, Wettbewerber, Öffentlichkeit). Leitbilder werden daher auch als *Verhaltensrichtlinien* (engl. *Policy*) bezeichnet [vgl. Bea/Haas 2005, S. 69 f.].

Viele Unternehmen fassen ihre Leitlinien in Broschüren, Handbüchern oder Websites zusammen. Bekannte Beispiele hierfür sind

- der internationale Verhaltenskodex der KPMG,
- die Ikea-Mission,
- die zehn Unternehmensleitsätze von Schöller,
- die Corporate Responsibility-Policy von Aldi,
- das Unternehmensleitbild von Siemens,
- das Mission Statement von Coca Cola oder
- die globalen Unternehmenswerte von Capgemini.

Abbildung 2-40 zeigt beispielhaft das Unternehmensleitbild der Beiersdorf AG.

Unsere Core Values
Unsere vier Core Values haben unsere Unternehmenskultur von Anfang an geprägt und sind auch heute noch relevant. Sie dienen uns als Leitbild und garantieren, dass wir bei Beiersdorf alle dieselbe Sprache sprechen. Gepaart mit unserer Strategie bieten sie uns Orientierung für unser tägliches Handeln und dienen uns als Richtgröße, an der wir uns messen können.
CONSUMERS
OUR PEOPLE & COMPANY
CARE
RESPONSIBILITY
CONSISTENCY
SIMPLICITY
FOCUS
SPEED & PRAGMATISM
BOLD OBJECTIVES
COURAGE
LEARN FROM MISTAKES
CHANGE = OPPORTUNITY
CREDIBILITY
RELIABILITY
TRUST
INTEGRITY & RESPECT
Care
Wir übernehmen Verantwortung für unsere Kollegen, Konsumenten, Marken, die Gesellschaft und unsere Umwelt.
Simplicity
Wir streben nach Klarheit und Konsistenz, treffen Entscheidungen schnell und pragmatisch und fokussieren uns auf das Wesentliche.
Courage
Wir setzen uns ambitionierte Ziele, ergreifen die Initiative, lernen aus unseren Fehlern und sehen Veränderung als Chance.
Trust
Wir sagen, was wir meinen, halten unsere Versprechen und behandeln andere mit Respekt.
[Quelle: https://www.beiersdorf.de/ueber-uns/unser-profil/unsere-core-values]

Abb. 2-40: Unternehmensleitbild der Beiersdorf AG

2.2.2.4 Unternehmenszweck

Der Unternehmenszweck ist quasi der *„Starting point“* jeder Unternehmensplanung. Er gibt dem Unternehmen den **Handlungsrahmen** und auch die **Handlungsrichtung** vor [vgl. Becker, J. 2019, S. 39].

Der Unternehmenszweck gibt vor, welche Art von Leistungen das Unternehmen im Markt erbringen und anbieten soll. Er gibt Antwort auf die Frage: „Was ist unser Geschäft und was wird zukünftig unser Geschäft sein?“ Die damit angesprochene *Mission* einerseits und *Vision* andererseits müssen durch bestimmte Leistungen verwirklicht und „gelebt“ werden, damit sie zu starken Marken-, Produkt- bzw. Unternehmenskompetenzen sowie zu *Wettbewerbsvorteilen* führen.

Die **Vision** gilt als der „Ursprung der unternehmerischen Tätigkeit“ und als „generelle Leitidee“. Sie beschreibt die Seele des Unternehmens und soll ein positives und damit wünschenswertes Zukunftsbild eines Unternehmens zeichnen [vgl. Bleicher 2001, S. 99].

Die **Mission** trifft Aussagen über die Kernkompetenz bzw. den Wettbewerbsvorteil, den das Unternehmen mit seinen Produkten, Dienstleistungen oder Lösungen erzielen kann. Sie beschreibt, welche Kundenbedürfnisse befriedigt, welche Kundengruppen bedient und durch welche Aktivitäten, Technologien und Fähigkeiten das Unternehmen den Kunden einen Wert bieten kann [vgl. Menzenbach 2012, S. 8 unter Bezugnahme auf Welge/Al-Laham 2008, S. 195].

Die wichtigsten Fragen zur **Mission**, die die „klare Absicht des Unternehmenszwecks“ beschreibt, und zur **Vision** als „ehrgeizige Zukunftsvorstellung“ eines Unternehmens liefert Abbildung 2-41 [vgl. Becker, J. 2019, S. 43 ff.].

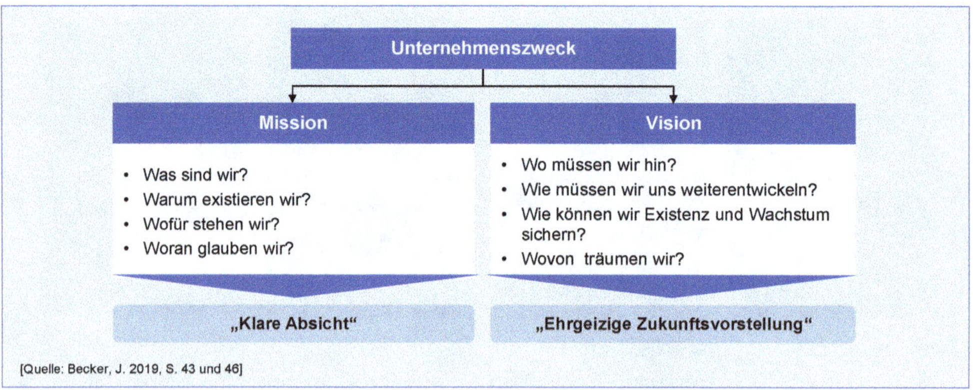
Unternehmenszweck
Mission
• Was sind wir?
• Warum existieren wir?
• Wofür stehen wir?
• Woran glauben wir?
Vision
• Wo müssen wir hin?
• Wie müssen wir uns weiterentwickeln?
• Wie können wir Existenz und Wachstum sichern?
• Wovon träumen wir?
„Klare Absicht“
„Ehrgeizige Zukunftsvorstellung“
[Quelle: Becker, J. 2019, S. 43 und 46]

Abb. 2-41: Fragen zu Mission und Vision

Im Zusammenhang mit dem Begriff *Unternehmenszweck* hat in jüngster Zeit ein weiterer Anglizismus Beachtung gefunden: **Purpose.** Prinzipiell ist Purpose (engl. *Zweck, Sinn*) nichts anderes als alter Wein in neuen Schläuchen. Allerdings stellt Purpose mehr den intrinsischen Aspekt des Unternehmenszwecks in den Vordergrund. Damit wird die Sinnfrage, die insbesondere die jungen Generationen Y und Z angesichts ihrer täglichen Arbeit wiederholt stellen, zum gemeinsamen, verbindenden Gedanken zwischen Arbeitnehmern und dem Unternehmen.

2.2.3 Unternehmensziele

In jedem Unternehmen gibt es eine Vielzahl von Zielen: Bereichsziele, Marketingziele, Personalziele etc. Entscheidend ist, dass es sich dabei nicht um autonome Ziele handelt. Sie müssen vielmehr aus den obersten Unternehmenszielen abgeleitet werden. Daher ist die Kenntnis der Unternehmensziele (engl. *Objectives* oder *Corporate Goals*) unerlässlich für Management und Mitarbeiter. Das unternehmerische Zielsystem wird sehr häufig in Form einer Pyramide dargestellt (siehe Abbildung 2-42).

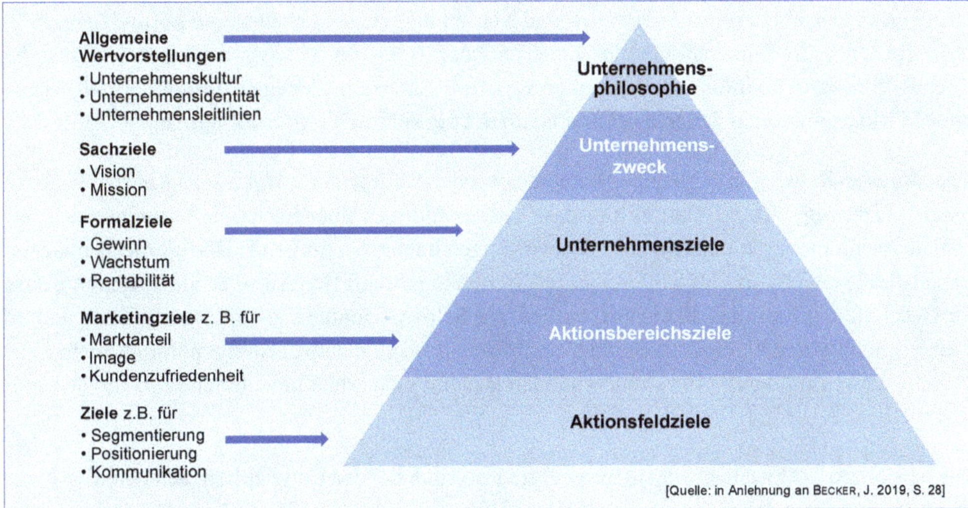
Allgemeine Wertvorstellungen
• Unternehmenskultur
• Unternehmensidentität
• Unternehmensleitlinien
Sachziele
• Vision
• Mission
Formalziele
• Gewinn
• Wachstum
• Rentabilität
Marketingziele z. B. für
• Marktanteil
• Image
• Kundenzufriedenheit
Ziele z.B. für
• Segmentierung
• Positionierung
• Kommunikation
Unternehmens-philosophie
Unternehmens-zweck
Unternehmensziele
Aktionsbereichsziele
Aktionsfeldziele
[Quelle: in Anlehnung an BECKER, J. 2019, S. 28]

Abb. 2-42: Die Zielpyramide des Unternehmens

Als typische Unternehmensziele werden immer wieder genannt:

- Gewinn/Rentabilität
- Marktanteil/Marktposition
- Umsatz/Wachstum
- Unabhängigkeit/Sicherheit
- Soziale Verantwortung
- Prestige/Image.

Die Diskussionen darüber, welche Ziele im Rahmen dieses Zielkatalogs die höchste Priorität haben, führen in aller Regel zu dem Ergebnis, dass *Gewinn- bzw. Rentabilitätsziele* eine dominierende Bedeutung haben [vgl. Becker 2019, S. 16].

Ziele erfüllen ihre Steuerungs- und Koordinationsfunktion umso besser, je klarer und exakter sie bestimmt werden. Daher müssen zweifelsfreie Angaben über

- Zielinhalt,
- Zielausmaß und
- Zeitspanne der Zielerfüllung

vorliegen. Ist der Zielbildungsprozess nicht auf messbare Größen ausgerichtet, verliert eine zielgesteuerte Führung von vornherein an Effizienz [vgl. Bidlingmaier 1973, S. 138].

Insbesondere größere Unternehmen sind in mehrere **Geschäftsbereiche** untergliedert, so dass die Unternehmensziele weiter heruntergebrochen werden müssen. Sollten keine Geschäftsbereiche vorliegen, so werden die Unternehmensziele zumindest in **Funktionsbereichsziele** (engl. *Functional Objectives*) bzw. **Aktionsbereichsziele** wie z. B. Marketingziele, Personalziele oder Finanzierungsziele zerlegt [vgl. Bea/Haas 2005, S. 70 f.].

2.2.4 Sach- und Formalziele

Die oben beschriebenen Unternehmens- und Marketingziele sind sogenannte Formalziele. **Formalziele** legen die Dimensionen der Zielerreichung (Gewinn, Umsatz etc.) und das Ausmaß ihrer Erfüllung (Maximierung, Minimierung) fest. Sachziele dagegen definieren den Markt bzw. Marktsegmente, in denen das Unternehmen tätig sein will [vgl. Bidlingmaier 1973, S. 25].

Theodore Levitt weist in seinem berühmt gewordenen Beitrag zur *„Marketing-Kurzsichtigkeit"* (engl. *Marketing Myopia*) darauf hin, dass Entscheidungen über Sachziele besonders weitreichende, wenn nicht gar existenzielle Auswirkungen haben. So gingen z. B. die amerikanischen Eisenbahnen davon aus, ausschließlich im Eisenbahngeschäft tätig zu sein. Sie übersahen, dass ihr Geschäft nicht nur das Transportgeschäft zur Schiene, sondern auch das zu Wasser und zu Luft ist. So mussten sie trotz steigender Nachfrage nach Transportleistungen immer mehr Umsatzrückgänge und damit einen zunehmenden Bedeutungsverlust hinnehmen [vgl. Levitt 1960, S. 45 ff.].

Die besondere Tragweite des Sachziels zeigte sich auch bei der Entwicklung des Daimler-Konzerns in den 90er Jahren. Unter dem Vorstandsvorsitzenden Edzard Reuter definierte sich Daimler als „Integrierter Technologiekonzern" mit den Sparten Automobil (Mercedes-Benz), Elektrotechnik (AEG, Olympia) und Luft- und Raumfahrt (MBB, Fokker, Dornier). „Zurück zur Kernkompetenz Automobil" hieß die Devise unter Reuters Nachfolger Jürgen Schrempp, der die Elektronik- und Luftfahrtsparte verkaufte und mit dem amerikanischen Automobilkonzern Chrysler fusionierte. Hier wurde also das Sachziel innerhalb sehr kurzer Zeit grundlegend verändert.

Der Unternehmenszweck bzw. das Sachziel findet häufig – gepaart mit einer konsequent kundenorientierten Kernaussage – seinen Niederschlag in der Kommunikationspolitik als sogenannte **Tagline**, die häufig im „Untertitel" der Unternehmensmarke geführt wird. Beispiele für solche Taglines sind [siehe auch Becker 2019, S. 40]:

- Mercedes: „Ihr guter Stern auf allen Straßen"
- BMW: „Freude am Fahren"
- Audi: „Vorsprung durch Technik"
- Deutsche Bank: „Leistung aus Leidenschaft"
- Commerzbank: „Die Bank an Ihrer Seite"
- Dr. Oetker: „Qualität ist unser Rezept"
- IBM: "Solutions for a small planet"
- Lufthansa: "The better way to fly"
- Avis: "We try harder"

2.3 Strategie – Wie kommen wir dahin?

2.3.1 Notwendigkeit der Strategieentwicklung

Im letzten Schritt der Unternehmensplanung werden die Strategien festgelegt und durch entsprechende Maßnahmen umgesetzt. Dieser interne Prozess der Strategieentwicklung lässt sich sehr gut am Beispiel des unternehmerischen Umgangs mit den Möglichkeiten der Digitalisierung aufzeigen. So besteht bspw. Einigkeit darüber, dass das übergeordnete Ziel der digitalen Transformation die Sicherung der Zukunftsfähigkeit der allermeisten Unternehmen ist. Nun gilt es aber, eine übergeordnete Strategie dazu zu entwickeln. Selbst wenn – aufgrund der individuellen Branchenzugehörigkeit – keine digitalen Produkte in das Produktportfolio passen, so können in sehr vielen Fällen digitale Services in das Kerngeschäft übernommen und integriert werden. Dazu bedarf es aber einer Strategie, die hierzu den entsprechenden Rahmen vorgibt [vgl. Becker, J. 2019, S. 5 und S. 140].

Strategien bilden den Rahmen für das unternehmerische Handeln und sind ein zentrales Bindeglied *(„Scharnierfunktion")* zwischen den Zielen und den laufenden operativen Maßnahmen. Eine Strategie umfasst alle Maßnahmen zur Erreichung eines unternehmerischen Ziels. Die Strategie ist somit der Weg zum Ziel, die Marschroute.

Der ursprünglich militärisch besetzte Begriff „Strategie" hat seine Wurzeln im griechischen *stratos* (das Heer) und *again* (das Führen). Mitte des 20. Jahrhunderts wurde der Strategiebegriff im Rahmen der Spieltheorie in die Betriebswirtschaftslehre eingeführt. Unternehmensstrategien enthalten Handlungspläne, die dem Management für alle denkbaren Situationen die für richtig erachtete Handlungsmöglichkeit anbieten [vgl. Menzenbach 2012, S. 9 unter Bezugnahme auf Welge/Al-Laham 2008, S. 198].

Ziele bestimmen die Frage des *„Wohin"*, **Strategien** konkretisieren die Frage des *„Wie"*. Strategien bestimmen die grundsätzliche Ausrichtung eines Unternehmens im Markt. Sie legen zugleich fest, welche Ressourcen zu ihrer Verfolgung aufgebaut und eingesetzt werden sollen. Die besonderen Merkmale strategischer Entscheidungen sind [vgl. Hungenberg/Wulf 2011, S. 107 ff.]:

- Strategien beanspruchen eine längerfristige Gültigkeit und geben unter den sich ständig ändernden Rahmenbedingungen einen stabilen Entwicklungspfad vor.
- Strategien sind darauf ausgerichtet, den langfristigen Erfolg eines Unternehmens zu sichern.
- Strategien zielen darauf ab, Erfolgspotenziale und Wettbewerbsvorteile aufzubauen und zu verteidigen.
- Strategien werden in größeren Unternehmen zumeist auf drei Ebenen gestaltet: auf der Ebene des Gesamtunternehmens (= Unternehmensstrategie bzw. Unternehmensentwicklungsstrategie), auf Geschäftsfeldebene (= Geschäftsfeldstrategie) und auf Ebene einzelner Funktionsbereiche (z. B. Marketing- oder Personalstrategie).

Die Trennung von Zielen *(„Philosophie“)*, Strategien *(„Struktur“)* und Maßnahmen-Mix *(„Prozess“)* lässt sich in der Praxis allerdings kaum durchhalten. Zu eng sind die **Verflechtungen zwischen Strategie- und Prozessebene**. So ist es weder möglich, Strategien und Maßnahmen eindeutig voneinander zu trennen, da ein und dieselbe Entscheidung sowohl strategisch als auch maßnahmenorientiert ausgerichtet sein kann [vgl. Backhaus 1990, S. 206], noch lässt sich eine eindeutige Zuordnung der Instrumentalbereiche (Maßnahmen-Mix) zur strategisch-strukturellen Ebene bzw. zur taktisch-operativen Ebene vornehmen. Selbst Jochen Becker [2019, S. 485] räumt ein, dass der Maßnahmen-Mix auch als „taktische Komponente der Strategie“ aufgefasst werden kann.

2.3.2 Strategiearten – Überblick

In der Literatur findet sich eine Vielzahl von Strategien – Strategien, die alle den Weg zum Ziel aufzeigen sollen. Um eine gewisse Systematik in diese vielen Strategiearten zu bringen, werden sie im Folgenden anhand von verschiedenen Merkmalen „sortiert“, ohne dass damit ein Anspruch auf Vollständigkeit und Überschneidungsfreiheit erzielt werden kann [siehe hierzu auch Bea/Haas 2005, S. 168 ff.].

Nach der groben **Richtung der Unternehmensentwicklung** aus Sicht der Investitionstätigkeit kann unterschieden werden zwischen:

- Wachstumsstrategie
- Stabilisierungsstrategie (Halten/Konsolidieren)
- Desinvestitionsstrategie, auch: Schrumpfungsstrategie (Veräußern/Liquidieren).

Ein „Klassiker“ unter den Strategiearten sind die **Wachstumsstrategien** von Igor Ansoff:

- Marktdurchdringungsstrategie (engl. *Market penetration*)
- Marktentwicklungsstrategie (engl. *Market development*)
- Produktentwicklungsstrategie (engl. *Product development*)
- Diversifikationsstrategie (engl. *Product diversification*).

Nach dem **organisatorischen Geltungsbereich** werden folgende Strategien abgegrenzt:

- Gesamtunternehmensstrategie (engl. *Corporate strategy*)
- Geschäftsbereichsstrategie (engl. *Corporate unit strategy; Business strategy*)
- Funktionsbereichsstrategie (engl. *Functional area strategy; Funktional strategy*).

Ein weiterer Strategie-„Klassiker” sind die **Wettbewerbsstrategien** von Michael E. Porter:

- Qualitätsführerschaft/Präferenzstrategie (engl. *Differentiation*)
- Kostenführerschaft/Preis-Mengen-Strategie (engl. *Overall cost leadership*)
- Nischenstrategie (engl. *Focus*).

Zu den **Markteintrittsstrategien** zählen:

- Pionierstrategie
- Folgerstrategie (früher Folger/später Folger).

Nach dem **Grad der Eigenständigkeit** können folgende Strategien unterschieden werden:

- Autonomiestrategie
- Kooperationsstrategie
- Integrationsstrategie.

Zu den **Funktionalen Strategien** zählen u.a.:

- Beschaffungsstrategie
- Produktionsstrategie
- Marketingstrategie
- Personalstrategie
- Finanzierungsstrategie
- Entwicklungsstrategie (F&E-Strategie)
- Technologiestrategie
- Innovationsstrategie.

Nach dem **regionalen Geltungsbereich** sind folgende *Marktarealstrategien* [Becker, J.] zu zählen:

- Lokale Strategie
- Regionale Strategie
- Überregionale Strategie
- Nationale Strategie
- Multinationale Strategie
- Internationale Strategie
- Globale Strategie.

Mit der **Segmentierung** befassen sich folgende *Marktparzellierungsstrategien* [Becker, J.]:

- Gesamtmarktabdeckung
- Marktspezialisierung
- Leistungsspezialisierung
- Selektive (differenzierte) Spezialisierung
- Nischenspezialisierung.

Zu den **Portfoliostrategien** können gerechnet werden:

- Lebenszyklus/Erfahrungskurve
- BCG-Matrix/McKinsey-Matrix/ADL-Matrix.

Im Folgenden werden die wichtigsten Strategien vorgestellt. Im Vordergrund steht dabei die Wirkungsweise einerseits und eine kritische Überprüfung andererseits.

2.3.3 Portfolio-Strategien

Die Portfolio-Analyse, die auf den grundlegenden Annahmen der Erfahrungskurve und dem Lebenszykluskonzept beruht, verkörpert geradezu die **Technik der strategischen Planung**, da sie Ergebnisse der Umweltanalyse mit denen der Unternehmensanalyse kombiniert.

2.3.3.1 Erfahrungskurve

Aufgrund von empirischen Untersuchungen hat die Boston Consulting Group festgestellt, dass die auf die Wertschöpfung bezogenen preisbereinigten Stückkosten eines Produkts konstant um 20 bis 30 Prozent zurückgehen, wenn sich im Zeitablauf die kumulierte Produktionsmenge verdoppelt. In Abbildung 2-43 ist der Kostenverlauf in Abhängigkeit von der kumulierten Menge einmal bei linearer Skaleneinteilung und einmal bei logarithmischer Einteilung des Ordinatenkreuzes dargestellt. Besonders deutlich wird das Phänomen der Erfahrungskurve mit *konstanten* Änderungsraten der Kosten bei einem logarithmisch gewählten Ordinatensystem [vgl. Becker, J. 2019, S. 422 f.].

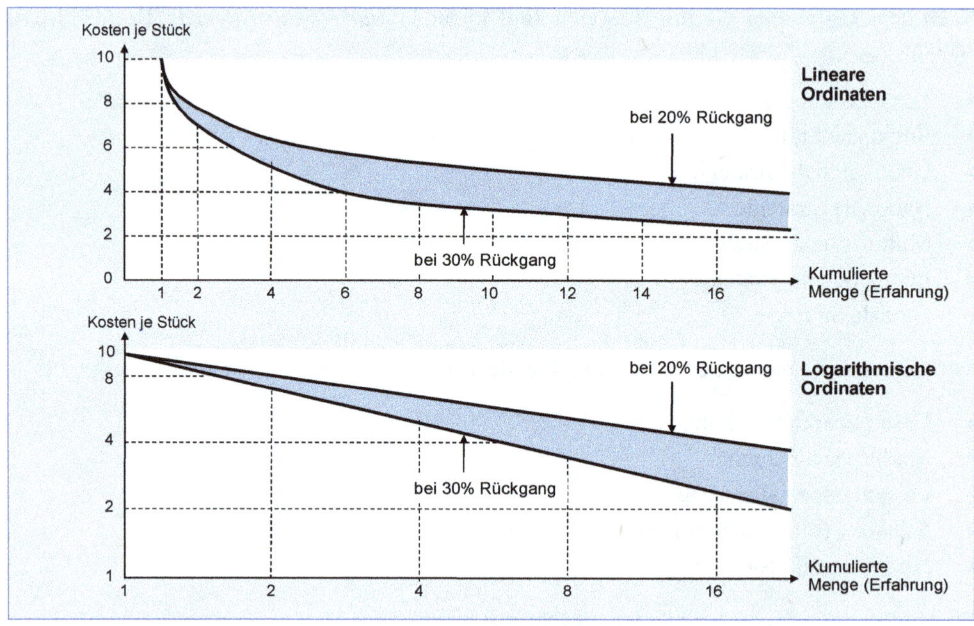
Kosten je Stück
10
8
6
4
2
0
Lineare Ordinaten
bei 20% Rückgang
bei 30% Rückgang
1 2 4 6 8 10 12 14 16
Kumulierte Menge (Erfahrung)
Kosten je Stück
10
8
4
2
1
bei 20% Rückgang
Logarithmische Ordinaten
bei 30% Rückgang
1 2 4 8 16
Kumulierte Menge (Erfahrung)

Abb. 2-43: Kosten-Erfahrungskurve bei linear und logarithmisch eingeteilten Ordinaten

Die Ursache der Stückkostendegression ist vornehmlich auf zwei Faktoren zurückzuführen. Zum einen ist es die **Lernkurve**, die davon ausgeht, dass bei steigendem Produktionsvolumen Lerneffekte in Form von geringeren Ausschüssen, besserer Koordination der Arbeitsabläufe, effizienterer Planung und Kontrolle sowie durch einen höheren Ausbildungsgrad der Mitarbeiter erzielt werden.

Zum anderen sind es *Größendegressionseffekte*, die davon ausgehen, dass ein Unternehmen bei wachsender Ausbringungsmenge von sinkenden Kosten profitiert (u. a. bei Einkauf und Lagerhaltung). Diese als **Skalenerträge** (engl. *Economies of Scale*) bezeichneten Effekte wirken einerseits als Kostensenkungs- und andererseits als Erlöserhöhungspotenziale [vgl. Müller-Stewens/Lechner 2001, S. 199].

2.3.3.2 Produktlebenszyklus

Nach der Entwicklung und erfolgreichen Markteinführung geht es nun darum, dass sich das Produkt lange und erfolgreich im Markt behauptet. Ein Produkt wird sich nicht unendlich lang verkaufen lassen, sondern unterliegt einem Lebenszyklus, dessen Länge und Verlauf im Voraus nicht bekannt sind [vgl. Kotler et al. 2011, S. 666].

Abbildung 2-44 zeigt den idealtypischen Verlauf von Absatz- und Gewinnkurve über die Lebensdauer eines Produkts. Im Rahmen des **Lebenszyklusmodells** können vier Phasen unterschieden werden:

- Einführung
- Wachstum
- Reife
- Sättigung bzw. Rückgang.

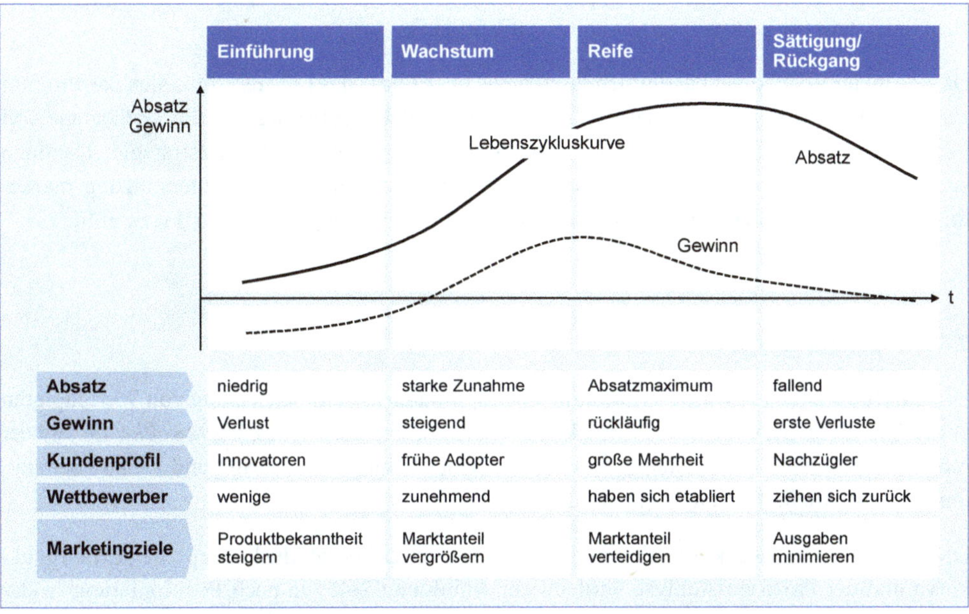
Absatz
Gewinn
Lebenszykluskurve
Absatz
Gewinn
t

	Einführung	Wachstum	Reife	Sättigung/ Rückgang
Absatz	niedrig	starke Zunahme	Absatzmaximum	fallend
Gewinn	Verlust	steigend	rückläufig	erste Verluste
Kundenprofil	Innovatoren	frühe Adopter	große Mehrheit	Nachzügler
Wettbewerber	wenige	zunehmend	haben sich etabliert	ziehen sich zurück
Marketingziele	Produktbekanntheit steigern	Marktanteil vergrößern	Marktanteil verteidigen	Ausgaben minimieren

Abb. 2-44: Der Produktlebenszyklus

In der **Markteinführungsphase** wächst der Absatz langsam. Gewinne entstehen aufgrund der hohen Einführungskosten noch nicht und die Anzahl der Wettbewerber ist gering. Auch ist das Marktpotenzial noch nicht überschaubar und die Entwicklung der Marktanteile ist nicht vorhersehbar.

Die **Wachstumsphase** ist durch eine starke Zunahme des Absatzes gekennzeichnet. Erste Gewinne werden erzielt und weitere Wettbewerber treten in den Markt ein. In dieser Phase gilt es, den eigenen Marktanteil signifikant zu vergrößern.

In der anschließenden **Reifephase** verlangsamt sich das Absatzwachstum. Die Gewinne geraten unter Druck, der Wettbewerb hat sich etabliert. Das Produkt muss durch erhöhte Marketingaufwendungen gegen den Wettbewerb verteidigt werden.

In der **Sättigungsphase** geht der Absatz zurück und die Gewinne brechen ein. Wettbewerber ziehen sich zurück. Das Unternehmen steht vor der Frage, ob das Produkt auslaufen und durch einen Nachfolger ersetzt werden soll, oder ob das Produkt durch weitere Verbesserungen (engl. *Relaunch*) noch einmal reanimiert werden kann.

Nicht jedes Produkt folgt zwangsläufig diesem idealtypischen Verlauf des Produktlebenszyklusmodells. Einige Produkte verschwinden sehr schnell wieder vom Markt, andere können nach Eintritt in die Sättigungsphase durch **Relaunching-Maßnahmen** in eine neue Wachstumsphase gebracht werden.

Das Konzept des Produktlebenszyklus lässt sich auf ganze Produktklassen (z. B. Fernseher oder Autos), auf eine Produktkategorie (z. B. Flachbildschirme oder Sportwagen) oder eben auf einzelne Produkte anwenden. Dabei haben Produktklassen naturgemäß den längsten Lebenszyklus. Darüber hinaus wird das Lebenszykluskonzept bisweilen auch für ganze Märkte bzw. Branchen unterstellt [vgl. Homburg/Krohmer 2009, S. 435].

Da sich in der Regel nicht bestimmen lässt, in welcher Phase des Lebenszyklus sich das Produkt zum aktuellen Zeitpunkt befindet, eignet sich das Modell nur bedingt für die Vorhersage von Erfolgsaussichten eines Produkts oder zur Entwicklung einer Marketingstrategie. Dennoch kann die Lebenszyklusanalyse durchaus als Beschreibungsmodell zur Unterstützung marketingstrategischer Entscheidungen herangezogen werden [vgl. Kotler et al. 2011, S. 669].

2.3.3.3 Produktportfolio

Die **Portfolio-Analyse** wurde ursprünglich zur optimalen Zusammensetzung von Wertpapieren entwickelt. In ihrer einfachsten Form als **4-Felder-Matrix** werden das *Marktwachstum* und der *relative Marktanteil* als Ordinaten sowie deren Unterteilung in „niedrig“ und „hoch“ benutzt, um die Produkte in die Matrix einzuordnen.

Die bereits zuvor erwähnte Verbindung zwischen dem Lebenszykluskonzept, der Erfahrungskurve und der Portfolio-Analyse verdeutlicht Abbildung 2-45. Je nach Positionierung in der **Marktanteils-Marktwachstums-Matrix** findet sich jedes Produkt in einer der vier folgenden Felder wieder.

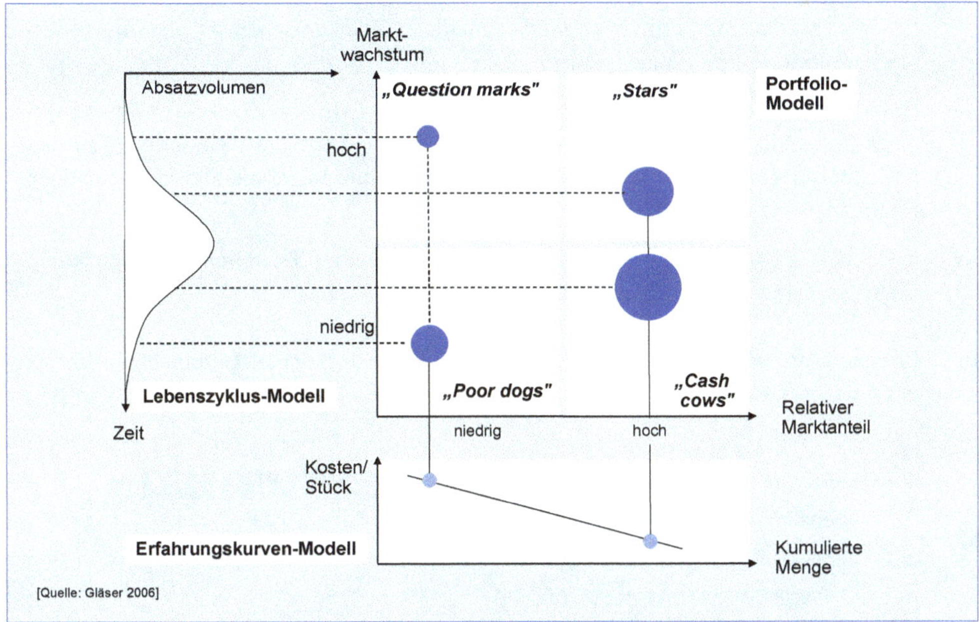
Markt-
wachstum
Absatzvolumen
„Question marks"
„Stars"
Portfolio-
Modell
hoch
niedrig
„Poor dogs"
„Cash
cows"
Lebenszyklus-Modell
Relativer
Marktanteil
Zeit
niedrig
hoch
Kosten/
Stück
Erfahrungskurven-Modell
Kumulierte
Menge
[Quelle: Gläser 2006]

Abb. 2-45: Theoretische Grundlagen der Marktanteils-Marktwachstums-Matrix

- **Fragezeichen** (engl. *Question marks*) sind Produkte, die sich in der Einführungsphase befinden. Ihr relativer Marktanteil sowie das Marktwachstum sind gering, die Stückkosten dagegen hoch.
- **Sterne** (engl. *Stars*) sind Produkte, die sich in der Wachstumsphase befinden. Sie verfügen sowohl über einen hohen relativen Marktanteil als auch über ein hohes Marktwachstum. Zudem sind die Stückkosten gering.
- **Melkkühe** (engl. *Cash cows*) befinden sich in der Reifephase des Lebenszyklus. Sie zeichnen sich durch einen hohen relativen Marktanteil und niedrige Stückkosten aus. Allerdings ist das Marktwachstum gering.
- **Arme Hunde** (engl. *Poor dogs*) sind solche Produkte, die bereits länger auf dem Markt sind und sich in der Sättigungsphase befinden. Sie verfügen über einen niedrigen relativen Marktanteil, hohe Stückkosten und nur noch über ein geringes Marktwachstum.

Die Portfolio-Analyse als 4-Felder-Matrix wurde von der Boston Consulting Group vornehmlich zur optimalen Positionierung von strategischen Geschäftseinheiten (SGE) eines Unternehmens entwickelt.

Die Matrix entsteht durch die beiden Ordinaten Marktwachstum und relativer Marktanteil. Aufgrund der in jedem der vier Quadranten zusammentreffenden Kombination von hohem und niedrigem Marktwachstum mit hohen und niedrigen relativen Marktanteilen lassen sich grundlegende strategische Charakteristika identifizieren. Für die Positionierung bzw. Verteilung der SGEs in den vier Quadranten werden folgende **drei Parameter** herangezogen [vgl. Becker 2009, S. 424 f.]:

- **Umsatz** (grafisch verdeutlicht als unterschiedlich große Kreise, die der jeweiligen Umsatzbedeutung der SGE entsprechen),
- **Relativer Marktanteil** (als Marktanteil der eigenen SGE, dividiert durch den Marktanteil des stärksten Wettbewerbers; dabei bedeutet die vertikale Trennlinie 1.0 auf der Abszisse, dass eine SGE, die rechts von dieser Trennlinie positioniert ist, einen relativen Marktanteil > 1 hat und damit Marktführer ist),
- **Zukünftiges Marktwachstum** (wobei sich die horizontale Trennlinie bei verändertem Marktwachstum im Laufe der Zeit auch verschieben kann).

In Abbildung 2-46 ist die Ableitung eines Portfolios für ein Beispiel-Unternehmen mit fünf strategischen Geschäftseinheiten dargestellt.

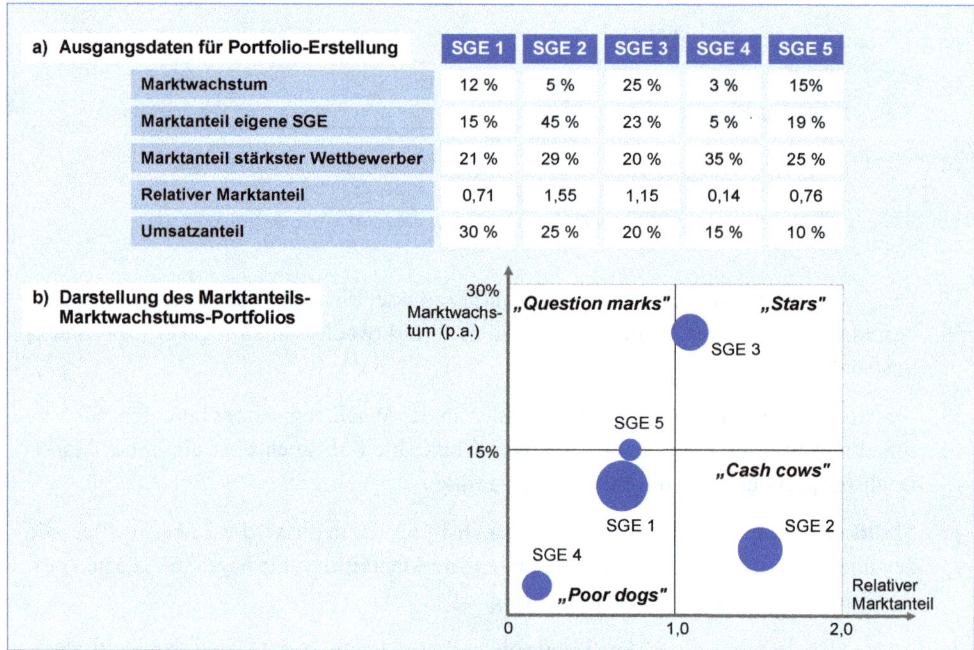

a) Ausgangsdaten für Portfolio-Erstellung

	SGE 1	SGE 2	SGE 3	SGE 4	SGE 5
Marktwachstum	12 %	5 %	25 %	3 %	15%
Marktanteil eigene SGE	15 %	45 %	23 %	5 %	19 %
Marktanteil stärkster Wettbewerber	21 %	29 %	20 %	35 %	25 %
Relativer Marktanteil	0,71	1,55	1,15	0,14	0,76
Umsatzanteil	30 %	25 %	20 %	15 %	10 %

b) Darstellung des Marktanteils-Marktwachstums-Portfolios
30%
Marktwachs-tum (p.a.)
„Question marks"
„Stars"
SGE 3
SGE 5
15%
„Cash cows"
SGE 1
SGE 2
SGE 4
„Poor dogs"
Relativer Marktanteil
0
1,0
2,0

Abb. 2-46: Ableitung eines Portfolios für ein Beispiel-Unternehmen

Auf der Grundlage dieser Portfolio-Ableitung lassen sich nunmehr Strategieempfehlungen als sog. **Normstrategien** unmittelbar ableiten. Die Normstrategien für die 4-Felder-Matrix (auch als BCG-Matrix bezeichnet) lassen sich wie folgt auf den Punkt bringen:

Neue Produkte sollten energisch unterstützt werden, damit sie zu Stars werden. Stars reifen zu Cows. Die von den Cows erwirtschafteten Finanzmittel sollten genutzt werden, um aus Question marks Stars zu machen. Die Dogs sind zu eliminieren.

Grundsätzlich basieren diese Normstrategien auf der Idee, ein Portfolio von Geschäftseinheiten durch Zuteilung von Finanzmittelüberschüssen aus erfolgreichen Einheiten an andere, vielversprechende Geschäftseinheiten zu managen. Eine erfrischend andere Sichtweise der klassischen

BCG-Matrix ist in Abbildung 2-47 der herkömmlichen Normstrategie gegenübergestellt. Die Gegenüberstellung macht deutlich, dass eine sklavische Anwendung und Interpretation der Normstrategie durchaus zu irreführenden strategischen Empfehlungen führen kann [vgl. Andler 2008, S. 208 unter Bezugnahme auf Glass 1996].

Der Hauptkritikpunkt an der Portfolio-Analyse als 4-Felder-Matrix richtet sich auf die Reduktion aller Einflussfaktoren auf den Marktanteil (als hochverdichtete Größe der Unternehmensbedingungen) und auf das Marktwachstum (als hochverdichte Größe der Umweltbedingungen). Innovationen, Technologien, Verbundeffekte, Allianzen u. ä. werden nicht berücksichtigt.

Normstrategien (nach BCG)		Alternative Handlungsempfehlungen	
„Question marks"	**„Stars"**	**„Question marks"**	**„Stars"**
• Schwache Position in einem Wachstumsmarkt • Kann mit genügend Investitionen zum Star werden	• Starke Position in einem schnell wachsenden Markt • Investieren, da hier die Zukunft liegt, selbst wenn kurzfristig keine Gewinne eintreten	• Der Wachstumsmarkt wird bald viele Neueinsteiger haben • Markt verlassen und an einen „gläubigen" Käufer verkaufen	• Wachsender Markt zieht Konkurrenten an • Von den Fehlern der anderen lernen • Aufkaufen der Konkurrenten/Produkte, die den Markt verlassen
„Poor dogs"	**„Cash cows"**	**„Poor dogs"**	**„Cash cows"**
• Schwache Position in einem stagnierenden Markt • Marktanteile können nur von Konkurrenten kommen – abstoßen!	• Investitionen lohnen nicht, da Markt kaum wächst • Überschüssiges Geld lieber in Stars investieren	• Trotz Stagnation kann es Potential geben • Gezielt gute Schnäppchen auswählen und vorsichtig attackieren	• Aufgrund der guten Ausgangslage sollte das Geschäft revitalisiert werden, anstatt das Geld in hungrige Stars zu investieren

[Quelle: Andler 2008, S. 212]

Abb. 2-47: Normstrategien und alternative Handlungsempfehlungen der BCG-Matrix

Die kritische Auseinandersetzung mit der 4-Felder-Matrix hat zur Entwicklung weiterer Ausprägungen der Portfolio-Analyse geführt. Besonders hervorzuheben ist die **Marktattraktivitäts-Wettbewerbsvorteils-Matrix**, die McKinsey in Zusammenarbeit mit General Electric entwickelt hat. Um die Komplexität des Analysefeldes stärker zu berücksichtigen, wird die Matrix in neun (statt vier) Felder unterteilt. Zusätzlich stellen die beiden Ordinaten jeweils Aggregate einer durch den Anwender selbst zu bestimmenden Menge quantifizierbarer Variablen dar. So wird die Umweltordinate *Marktwachstum* aus der 4-Felder-Matrix durch ein Faktorenbündel mit der Bezeichnung **Marktattraktivität** ersetzt. Die Marktattraktivität setzt sich aus Faktoren wie Marktwachstum, Marktprofitabilität, Marktvolumen, Preisniveau oder Wettbewerbsintensität zusammen. Die Unternehmensordinate *relativer Marktanteil* aus der 4-Felder-Matrix wird durch das Faktorenbündel **Wettbewerbsstärke** ersetzt. Hierzu zählen Faktoren wie Marktanteil, Marktanteilswachstum, Kosten- bzw. Preisposition, Profitabilität oder Kapazitäten. Das grundsätzliche Problem besteht hierbei allerdings in der Erfassung und vor allem Gewichtung der Faktoren [vgl. Müller-Stewens/Lechner 2001, S. 229 f.].

Unter der Voraussetzung, dass die angesprochen Faktoren für jede Geschäftseinheit tatsächlich vorliegen, können mit der 9-Felder-Matrix Normstrategien weitaus differenzierter durchgeführt werden. Dazu hat McKinsey die 9-Felder-Matrix in zwei grundlegende Zonen aufgeteilt (siehe

Abbildung 2-48). Die Zone rechts oberhalb der Matrix-Diagonalen legt Wachstums- bzw. Investitionsstrategien (Zone der Mittelbindung) und die Zone links unterhalb der Matrix-Diagonalen legt Abschöpfungs- bzw. Desinvestitionsstrategien (Zone der Mittelfreisetzung) nahe [vgl. Becker 2019, S. 432 ff.].

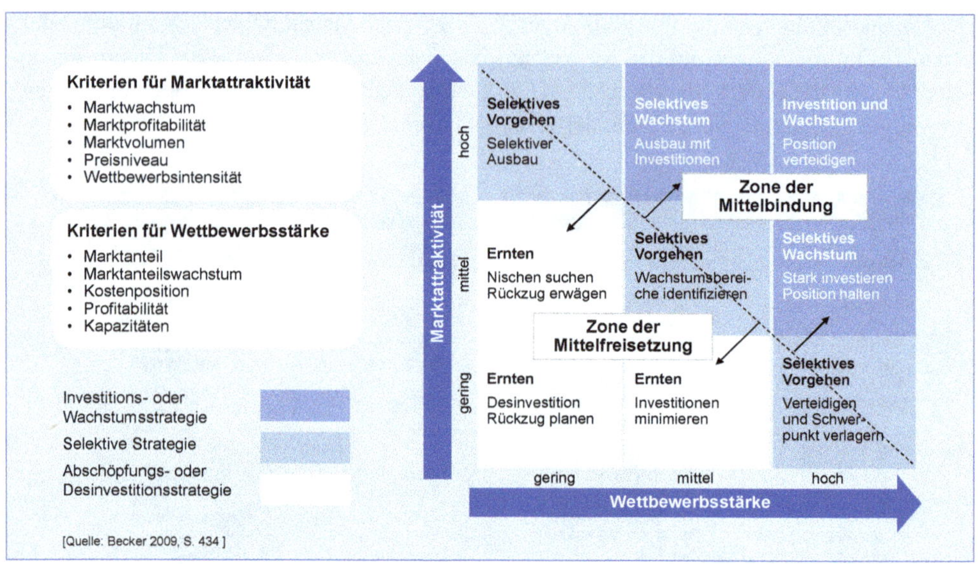
Kriterien für Marktattraktivität
• Marktwachstum
• Marktprofitabilität
• Marktvolumen
• Preisniveau
• Wettbewerbsintensität
Kriterien für Wettbewerbsstärke
• Marktanteil
• Marktanteilswachstum
• Kostenposition
• Profitabilität
• Kapazitäten
Investitions- oder Wachstumsstrategie
Selektive Strategie
Abschöpfungs- oder Desinvestitionsstrategie
[Quelle: Becker 2009, S. 434]
Marktattraktivität
hoch
mittel
gering
Selektives Vorgehen
Selektiver Ausbau
Selektives Wachstum
Ausbau mit Investitionen
Investition und Wachstum
Position verteidigen
Zone der Mittelbindung
Ernten
Nischen suchen
Rückzug erwägen
Selektives Vorgehen
Wachstumsbereiche identifizieren
Selektives Wachstum
Stark investieren
Position halten
Zone der Mittelfreisetzung
Ernten
Desinvestition
Rückzug planen
Ernten
Investitionen minimieren
Selektives Vorgehen
Verteidigen und Schwerpunkt verlagern
gering
mittel
hoch
Wettbewerbsstärke

Abb. 2-48: Normstrategien der 9-Felder-Matrix von MCKINSEY

Neben den allgemeinen Kritikpunkten gegenüber Portfolio-Analysen und gegenüber Normstrategien ist es vor allem die **Kritik** an der Komplexität der Analyse und der vorgelagerten Datenbeschaffung, die gegenüber der McKinsey-Matrix vorgebracht werden. Vor allem die Gewichtung der einzelnen Faktoren, aus denen sich die Marktattraktivität und die Wettbewerbsstärke zusammensetzt, ist immer wieder kritisiert worden. Andererseits ist ein Gewichtungsprozess unvermeidbar, wenn der Einschätzung einer strategischen Geschäftseinheit mehrere Bewertungsfaktoren zugrunde gelegt werden sollen [vgl. Fink 2009, S. 221].

Ein weiterer Portfolio-Ansatz ist die **Marktlebenszyklus-Wettbewerbsposition-Matrix**, die in den 1970er Jahren von der Managementberatung Arthur D. Little entwickelt wurde. Der Ansatz greift die Grundidee der BCG- und der McKinsey-Matrix auf, indem zur Einschätzung von strategischen Geschäftseinheiten einerseits die unternehmensexternen, nicht beeinflussbaren Kräfte der Unternehmensumwelt (Marktattraktivität) und andererseits die spezifischen Stärken eines Unternehmens (Wettbewerbsstärke) berücksichtigt werden. Im Gegensatz zur BCG-Matrix werden zur Bestimmung der Wettbewerbsstärke nicht *ein* quantitatives Kriterium wie der relative Marktanteil, sondern – vergleichbar mit dem McKinsey-Ansatz – mehrere Ausprägungen der Wettbewerbsposition herangezogen. Dabei werden die fünf Stufen „dominant“, „stark“, „günstig“, „haltbar“ und „schwach“ unterschieden. Ein weiterer Unterschied besteht darin, dass die Marktattraktivität nicht durch das Kriterium „Marktwachstum“ abgebildet wird, sondern unmittelbar durch die Lebenszyklusphase, in der sich die Geschäftseinheit befindet. Bei fünf Wettbewerbspositionen und vier Phasen des Marktlebenszyklus (Einführung, Wachstum, Reife, Rückgang) ergeben sich insgesamt 20 Matrixfelder.

Den Matrixfeldern werden sodann die in Abbildung 2-49 dargestellten 20 Normstrategien zugeordnet. Die Liste dieser Strategieempfehlungen ähnelt durchaus den Normstrategien der BCG- und der McKinsey-Matrix, wobei die ADL-Matrix die Umweltkonstellationen in Form der Lebenszyklusphasen stärker ausdifferenziert.

Wettbewerbs-position	Lebenszyklusphase			
	Einführung	Wachstum	Reife	Rückgang
Dominant	Marktanteil hinzugewinnen oder mindestens halten	Position halten, Marktanteil halten	Position halten, mit der Branche wachsen	Position halten
Stark	Investieren, um Position zu verbessern; Marktanteilsgewinnung (intensiv)	Investieren, um Position zu verbessern; selektive Marktanteilsgewinnung	Position halten, mit der Branche wachsen	Position halten oder ernten
Günstig	Selektive oder volle Marktanteilsgewinnung; selektive Verbesserung der Wettbewerbsposition	Versuchsweise Position verbessern; selektive Marktanteilsgewinnung	Minimale Investition zur Instandhaltung; Aufsuchen einer Nische	Ernten oder stufenweise Reduzierung des Engagements
Haltbar	Selektive Verbesserung der Wettbewerbsposition	Aufsuchen und Erhalten einer Nische	Aufsuchen einer Nische oder stufenweise Reduzierung des Engagements	Stufenweise Reduzierung des Engagements oder Liquidierung
Schwach	Starke Verbesserung oder Rückzug	Starke Verbesserung oder Liquidierung	Stufenweise Reduzierung des Engagements	Liquidierung

[Quelle: Bea/Haas 2005, S. 156 unter Bezugnahme auf Dunst 1983, S. 59]

Abb. 2-49: Normstrategien der 20-Felder-Matrix von Arthur D. Little

Die am Portfolio-Ansatz von Arthur D. Little geübte **Kritik** richtet sich neben der „Gesetzeshypothese" eines idealtypischen Lebenszyklusverlaufs vor allem auf die generellen Schwierigkeiten einer Orientierung an Normstrategien, insbesondere weil hier die Vielzahl der Handlungsempfehlungen die Gefahr einer allzu mechanischen Ableitung strategischer Vorgehensweisen in sich bergen. Hinzu kommt, dass einige Strategietypen nicht überschneidungsfrei und präzise formuliert sind [vgl. Fink 2009, S. 231 f.].

Fazit: Portfolio-Matrizen wurden maßgeblich von Unternehmensberatungen entwickelt und zählen zu den bekanntesten Instrumenten der Strategielehre. So ist es nicht verwunderlich, dass die Portfolio-Analyse auch heute noch mit der Managementberatung assoziiert wird. Zweifelsohne hat die Portfolio-Analyse Beiträge von bleibendem Wert für die unternehmerische Praxis geliefert. Gleichwohl birgt ihre Anwendung aber auch Gefahren, die sich insbesondere aus Fehlinterpretationen oder Simplifizierung ergeben können.

2.3.4 Wachstumsstrategien

Um die groben Ausrichtungsdimensionen der Produkte bzw. strategischen Geschäftseinheiten eines Unternehmens zu bestimmen, kann die sog. **Produkt-Markt-Matrix** von Ansoff herangezogen werden. Die danach generell möglichen strategischen Stoßrichtungen – Ansoff [1966, S. 132] spricht von *Wachstumsvektoren* – lassen sich durch vier grundlegende Produkt/Markt-Kombinationen **(Marktfelder)** beschreiben (siehe Abbildung 2-50). Die finale strategische Stoßrichtung für jedes Produkt/jede Dienstleistung bzw. jede Geschäftseinheit wird auch als **Marktfeldstrategie** bezeichnet [vgl. Becker 2009, S. 148 ff.].

Diese bietet vier Optionen an:

- **Marktdurchdringungsstrategie** (gegenwärtiges Produkt/gegenwärtige Dienstleistung im gegenwärtigen Markt)
- **Marktentwicklungsstrategie** (gegenwärtiges Produkt/gegenwärtige Dienstleistung in einem neuen Markt)
- **Produktentwicklungsstrategie** (neues Produkt/neue Dienstleistung im gegenwärtigen Markt)
- **Diversifikationsstrategie** (neues Produkt/neue Dienstleistung in einem neuen Markt).

Um die prinzipielle Entscheidung, welches oder welche Marktfelder auszuwählen sind, kommt kein Unternehmen herum. Typisch für die Produkt-Markt-Entscheidung ist, dass einzelne, aber auch mehrere Marktfelder besetzt werden können. Dies kann gleichzeitig geschehen, oder aber in einer bestimmten Abfolge [vgl. Becker 2019, S. 148].

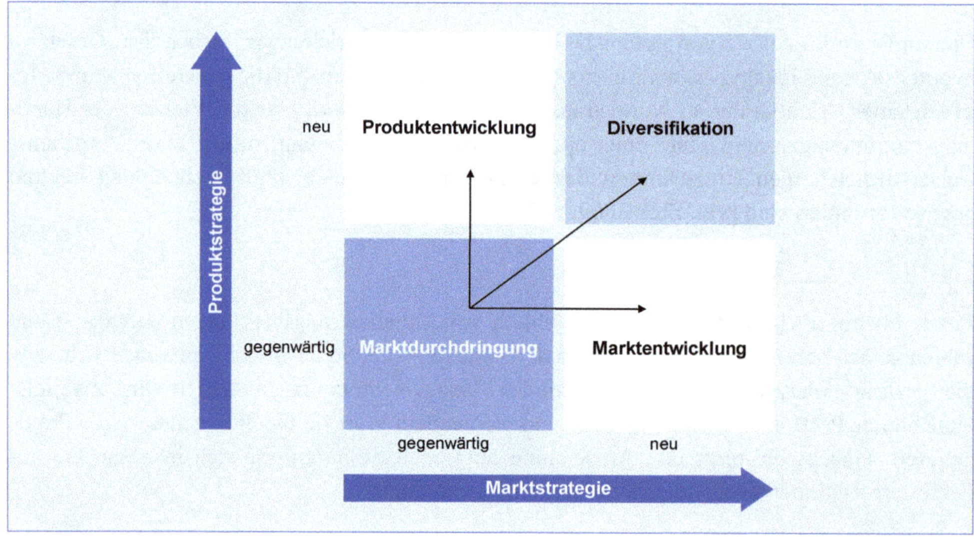
Produktstrategie
neu
gegenwärtig
Produktentwicklung
Diversifikation
Marktdurchdringung
Marktentwicklung
gegenwärtig
neu
Marktstrategie

Abb. 2-50: Produkt-Markt-Matrix nach Ansoff

2.3.4.1 Marktdurchdringungsstrategie

Das Strategiefeld der Marktdurchdringung wird auch als die *„marketingstrategische Urzelle eines Unternehmens"* bezeichnet, weil es die **„natürlichste" Strategierichtung des Unternehmens** ist. Sie knüpft am noch latenten Potenzial des bestehenden Produktprogramms und des bestehenden Marktes an. Dabei kommen dieser Stoßrichtung zwei Effekte zu Gute: Mit steigendem Marktanteil wächst der Einfluss auf die Preisbildung und mit steigender Absatzmenge sinken die Stückkosten (*Economies of Scale*) [vgl. Becker 2019, S. 148 f.].

Ansatzpunkte für die Ausschöpfung des gegenwärtigen Marktes mit den gegenwärtigen Produkten sind [vgl. Becker 2019, S. 150]:

- **Erhöhung der gegenwärtigen Produktnutzungsrate bei bestehenden Kunden**, z. B. durch Verbesserung des Produkts (Produktmodifikationen), Beschleunigung des Ersatzbedarfs durch künstliche Veralterung (engl. *Planned Obsolescence*) oder Vergrößerung der Verkaufseinheit (Familienflasche bei alkoholfreien Getränken);
- **Kunden vom Wettbewerb gewinnen**, z. B. durch wettbewerbsorientierte Preisstellung (entsprechende Preissenkung oder -anhebung);
- **Akquisition von Neukunden**, z. B. durch die Wahl neuer Vertriebswege (z. B. Online-Vertrieb), Schaffung eines Einstiegsprodukts oder aktivierender Probiergelegenheiten bei Nahrungsmitteln.

Die Beispiele der strategischen Ansatzpunkte machen deutlich, dass Unternehmen latente Potenziale für bestehende Produkte/Leistungen in bestehenden Märkten auf drei verschiedenen Basiswegen ausschöpfen können:

- Intensivierung der Produktnutzung
- Abwerben von Kunden des Wettbewerbs
- Gewinnung von Neukunden.

In Abbildung 2-51 sind die wichtigsten Anknüpfungspunkte für eine Marktdurchdringungsstrategie zusammengefasst.

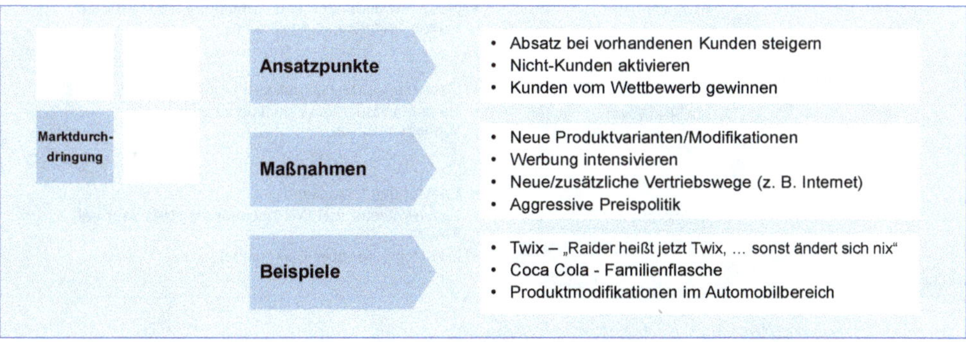
Marktdurch-
dringung
Ansatzpunkte
• Absatz bei vorhandenen Kunden steigern
• Nicht-Kunden aktivieren
• Kunden vom Wettbewerb gewinnen
Maßnahmen
• Neue Produktvarianten/Modifikationen
• Werbung intensivieren
• Neue/zusätzliche Vertriebswege (z. B. Internet)
• Aggressive Preispolitik
Beispiele
• Twix – „Raider heißt jetzt Twix, ... sonst ändert sich nix"
• Coca Cola - Familienflasche
• Produktmodifikationen im Automobilbereich

Abb. 2-51: Grundlagen der Marktdurchdringungsstrategie

2.3.4.2 Marktentwicklungsstrategie

Diese strategische Stoßrichtung zielt darauf ab, ein bestehendes Produkt künftig auch in anderen, bislang nicht genutzten Märkten bzw. Marktsegmenten zu etablieren. Mit dieser Strategie wird versucht, die bisherigen Marktgrenzen für Produkte aufzubrechen. Die Marktentwicklung kommt hauptsächlich für jene Unternehmen in Frage, deren Position sich auf bestehenden Märkten alleine nicht verbessern lässt und/oder die mit Nachfragerückgängen aufgrund neuer Technologien rechnen müssen.

Die Marktentwicklungsstrategie bedeutet ein **„Market Stretching"**, das sich in mehrere Stoßrichtungen aufgliedern lässt [vgl. Walsh et al. 2009, S. 165; Becker, J. 2019, S. 152 f.]:

- **Erschließung funktionaler Zusatzmärkte.** Hierbei geht es darum, neue Verwendungszwecke für bestehende Produkte zu identifizieren. So wird der Schokoladenriegel Duplo, der zunächst zum Selbstverzehr gedacht ist, als „längste Praline der Welt" vermarktet, die auch Gästen angeboten werden kann. Ein weiteres Beispiel für neue Anwendungsbereiche eines Produkts ist die Nutzung von Buko-Frischkäse für Backrezepte statt nur als Brotaufstrich.
- **Schaffung neuer Teilmärkte.** Hierbei zielen die Maßnahmen darauf, durch vornehmlich veränderte Kommunikationskanäle und -inhalte neue Zielgruppen für das bestehende Produkt anzusprechen (z. B. Vermarktung von Kosmetikprodukten in Männer-Zeitschriften) oder durch die Schaffung differenzierter, zielgruppenspezifischer Produktvarianten (z. B. die Entwicklung von Gesichtscremes speziell für Männer, wie sie Nivea praktiziert hat) neue Marktsegmente zu erreichen.
- **Gebietserweiterungen.** Es handelt sich um eine räumliche Ausdehnung auf Märkte, die bislang noch nicht bearbeitet wurden (z. B. Softwarehäuser, die ihre Produkte jetzt auch europa- oder weltweit anbieten).

Abbildung 2-52 liefert einen Überblick über wichtige Anknüpfungspunkte bei der Marktentwicklungsstrategie.

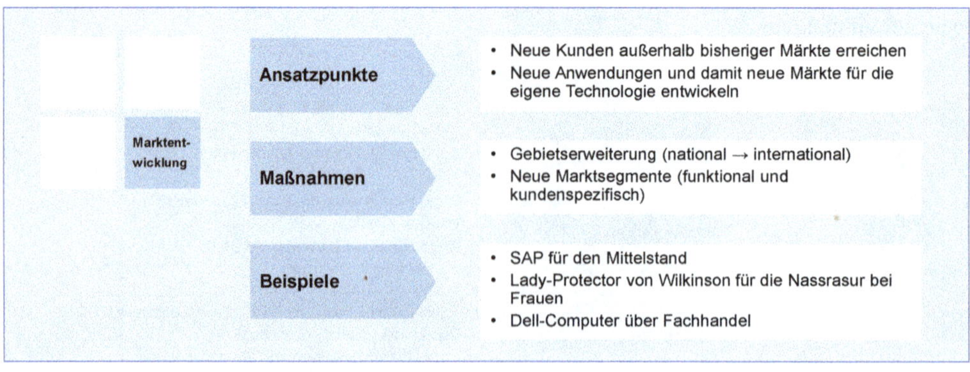
Marktentwicklung
Ansatzpunkte
• Neue Kunden außerhalb bisheriger Märkte erreichen
• Neue Anwendungen und damit neue Märkte für die eigene Technologie entwickeln
Maßnahmen
• Gebietserweiterung (national → international)
• Neue Marktsegmente (funktional und kundenspezifisch)
Beispiele
• SAP für den Mittelstand
• Lady-Protector von Wilkinson für die Nassrasur bei Frauen
• Dell-Computer über Fachhandel

Abb. 2-52: Grundlagen der Marktentwicklungsstrategie

2.3.4.3 Produktentwicklungsstrategie

Die Strategie der Produktentwicklung besteht darin, für Märkte, auf denen das Unternehmen bereits tätig ist, neue Produkte zu entwickeln. Mit neuen Produkten sollen Umsatzpotenziale im bestehenden Kundenstamm gesichert und ausgeschöpft werden. Als Ansatzpunkte mit unterschiedlichem Innovationsgrad bieten sich an [vgl. Walsh et al. 2009, S. 166; Becker, J. 2019, S. 156 f.]:

- **Schaffung von Innovationen** im Sinne echter Marktneuheiten, d. h. originäre Produkte, die es ursprünglich überhaupt nicht gab (z. B. Smartphones, die Mobiltelefon, Digitalkamera und Organizer in einem Produkt vereinigen);
- **Verbesserung wesentlicher Produktkomponenten** (d.h. neuartige Produkte, die aber an bestehenden Produkten anknüpfen wie z. B. E-Bikes);
- **Me-too-Produkte**, d. h. Nachahmungsprodukte, die sich vom Original zumeist nur im Äußeren oder ggf. im Preis unterscheiden (z. B. Zweitmarken von Konsumgüterherstellern) oder kosmetische Produktänderungen (z. B. das x-te Spülmittel, der x-te Rasierer).

Grundgedanke bei allen Produktentwicklungsformen ist immer die Sicherung der eigenen Marktposition, indem Kundenbedürfnisse besser erfüllt werden. Daher sind Produktentwicklungen – unabhängig vom jeweiligen Innovationsgrad – zum zentralen Wettbewerbsfaktor geworden, um den eigenen Kundenstamm zu halten und auszubauen [vgl. Kotler et al. 2007, S. 106].

Orientierungsgrundlagen für die Produktentwicklung (insbesondere zur Abgrenzung zur *Diversifikation*) sind unternehmenspolitische Grundsätze [vgl. Becker, J. 2019, S. 157]

- zur Wahl bestimmter Preis-Leistungs-Verhältnisse,
- zur Konzentration auf Grund- und Zusatznutzenprodukte,
- zum Einsatz bestehender oder neuer Technologien,
- zur Konzentration auf einfache oder komplexe Problemlösungen.

Abbildung 2-53 zeigt wichtige Ansatzpunkte für die Produktentwicklungsstrategie.

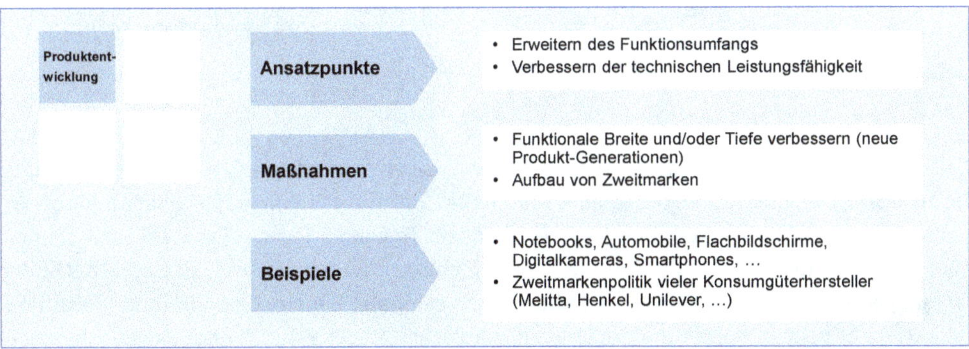
Produktentwicklung
Ansatzpunkte
• Erweitern des Funktionsumfangs
• Verbessern der technischen Leistungsfähigkeit
Maßnahmen
• Funktionale Breite und/oder Tiefe verbessern (neue Produkt-Generationen)
• Aufbau von Zweitmarken
Beispiele
• Notebooks, Automobile, Flachbildschirme, Digitalkameras, Smartphones, ...
• Zweitmarkenpolitik vieler Konsumgüterhersteller (Melitta, Henkel, Unilever, ...)

Abb. 2-53: Grundlagen der Produktentwicklungsstrategie

2.3.4.4 Diversifikationsstrategie

Für die strategische Stoßrichtung *Diversifikation*, die das Angebot neuer Produkte auf bisher vom Unternehmen nicht bearbeiteten Märkten bezeichnet, können wiederum drei Stoßrichtungen unterschieden werden [vgl. Meffert et al. 2008, S. 262 f.]:

- **Horizontale Diversifikation**, d. h. die Erweiterung des bestehenden Produktprogramms auf verwandte Branchen der gleichen Wirtschaftsstufe (z. B. Programmerweiterung eines PKW-Herstellers durch leichte LKWs, Hersteller von Schokoladentafeln erweitert sein Angebot durch Schokoladenaufstrich);
- **Vertikale Diversifikation**, d. h. die Ausweitung des bisherigen Produktprogramms durch Zukauf von Betrieben vor- oder nachgelagerter Wirtschaftsstufen (Unternehmensberater steigen ins Outsourcing-Geschäft ein);
- **Laterale Diversifikation**, d. h. Vorstoß in völlig neue Produkt- und Marktgebiete, wobei die neuen Produkte in keinem sachlichen Zusammenhang zum bisherigen Produktangebot stehen (Zigarettenhersteller engagiert sich im Buchmarkt). Gelegentlich wird diese Strategie auch als *konglomerate Diversifikation* bezeichnet.

Die Abgrenzung dieser drei Arten der Diversifikation ist nicht immer eindeutig. Auch besteht keine Einigkeit darüber, wie wenig verwandt oder wie fern ein neues Produkt – bezogen auf das bisherige Programm – sein muss, um überhaupt von einer echten Diversifikation sprechen zu können [vgl. Becker 2019, S. 165].

Abbildung 2-54 gibt einen Überblick über die Stoßrichtungen der Diversifikationsstrategie.

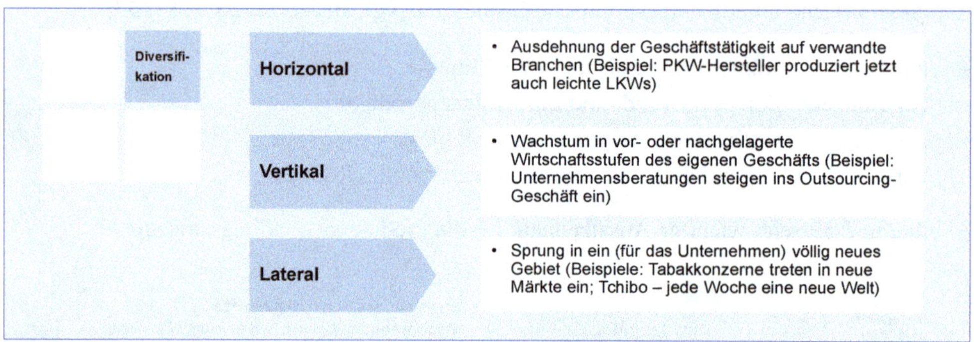
Diversifikation
Horizontal
• Ausdehnung der Geschäftstätigkeit auf verwandte Branchen (Beispiel: PKW-Hersteller produziert jetzt auch leichte LKWs)
Vertikal
• Wachstum in vor- oder nachgelagerte Wirtschaftsstufen des eigenen Geschäfts (Beispiel: Unternehmensberatungen steigen ins Outsourcing-Geschäft ein)
Lateral
• Sprung in ein (für das Unternehmen) völlig neues Gebiet (Beispiele: Tabakkonzerne treten in neue Märkte ein; Tchibo – jede Woche eine neue Welt)

Abb. 2-54: Stoßrichtungen der Diversifikationsstrategie

Es soll in diesem Zusammenhang erwähnt werden, dass **Private-Equity-Unternehmen** – häufig auch als Finanzinvestoren bezeichnet – mit ihren Portfolio-Unternehmen ebenfalls als diversifizierte Unternehmen interpretiert werden können. Bekannte Private-Equity-Gesellschaften sind die Blackstone Group, die Carlyle Group, Kohlberg, Kravis, Roberts & Co. (KKR) oder Bryan, Garnier & Co. Diese Gesellschaften halten namhafte Unternehmen in ihren Portfolios. Allerdings besteht zumeist von vornherein die Absicht, die gekauften Unternehmen nach einiger Zeit möglichst gewinnbringend wieder zu veräußern.

2.3.5 Strategien in schrumpfenden Märkten

Während den Wachstumsstrategien seit jeher eine besondere Aufmerksamkeit geschenkt wird, hat sich die betriebswirtschaftliche Literatur bislang nur wenig mit der Stagnation oder Schrumpfung von Märkten befasst. Doch genauso wie das Wachstum verlangt auch die Schrumpfung von Märkten, die in demografischen und technologischen Entwicklungen, im Wertewandel oder in veränderten staatlichen Rahmenbedingungen begründet sein können, ein strategisches und rational gestaltetes Vorgehen.

Als Grundlage der Formulierung von Schrumpfungsstrategien sollten die Umwelt- und Unternehmensfaktoren analysiert und prognostiziert werden, die sich auf die Vorteilhaftigkeit der möglichen Schrumpfungsstrategien auswirken. In Bezug auf die *externen* Unternehmensdaten sollten diese oder ähnliche Fragen beantwortet werden (vgl. Welge/Al-Laham 1992, S. 344):

- Lassen die Ursachen des Nachfragerückgangs (z.B. Marktsättigung, demografische Entwicklungen, technologische Verbesserungen oder Innovationen, Wertewandel oder Veränderungen rechtlich-politischer Bedingungen wie Subventionen, Gesetzgebung) Rückschlüsse auf mögliche Trendwenden oder verbleibende Marktpotenziale zu?
- Bestimmt die Geschwindigkeit und der Verlauf des Schrumpfungsprozesses sowie die daraus resultierende 'Restnachfrage' die Gewinnpotenziale der Branche und die Marktaustritte?
- Inwieweit bedingt die Differenzierbarkeit des Produktes, ob Nachfragenischen (über markentreue Käufer) aufgebaut werden können?
- Beeinflusst die Nachfragemacht des Handels die eigene Position bei Preisverhandlungen?

Als *unternehmensinterne* Größen sind die Differenzierbarkeit des Produktes, die Wettbewerbsposition des Unternehmens, die Güte der Wahrnehmung des Schrumpfungsprozesses sowie die Austrittsbarrieren relevant. Besonders die **Austrittsbarrieren** eines Marktes bestimmen in hohem Maße die Möglichkeiten eines Ausstiegs in stagnierenden oder schrumpfenden Märkten. Dabei können im Wesentlichen folgende Barrieren unterschieden werden [vgl. Becker, J. 2019, S. 752]:

- **Vorhandene Betriebsmittel** mit hoher Spezifität (z. B. Spezialanlagen mit Aussicht auf nur geringe Liquidationserlöse, weil der Interessentenkreis zu klein ist)
- **Hohe Austrittskosten** (z. B. wegen Konventionalstrafen aufgrund langfristiger Verträge, Sozialplan oder zu hoher Garantieleistungen auf Produkte)
- **Verschlechterung des Kapitalmarktzuganges** (Kreditwürdigkeit des Unternehmens leidet, wenn der aufzugebende Bereich relativ groß ist)
- **Negative Verbundwirkung** auf andere Geschäftsbereiche
- **Soziopolitische Barrieren** (hoher politischer Druck zur Erhaltung der Geschäftseinheit)
- **Emotionale Barrieren** (Weigerung zum Eingeständnis des Misserfolgs, persönliche Identifikation des Managements oder der Anteilseigner mit aufzugebendem Bereich).

Die genannten Austrittsbarrieren können hoch oder niedrig sein. Dabei ergeben sich auch Beziehungen zu den (ursprünglichen) **Eintrittsbarrieren** (siehe Abbildung 2-55).

„Mausefalle"
Business mit dauerhaft niedriger Rentabilität
– chronisches Überangebot
Bsp.: Fluglinien
„Goldener Käfig"
Risikoreiches Business
– rentabel, wenn keine Überkapazitäten bestehen
Bsp.: Automobilbranche
hoch
Austrittsbarrieren
niedrig
„Flohmarkt"
Business mit hohem Wettbewerb
– marginale Rentabilität
Bsp.: Sprachakademien
„Goldgrube"
Dauerhaft rentables Business
– Kaum Rückzugsrisiko
Bsp.: Strategieberatung
niedrig
Eintrittsbarrieren
hoch
[Quelle: in Anlehnung an Becker, J. 1993, S. 568]

Abb. 2-55: Konstellationen von Marktbarrieren

Die Ausstiegsmöglichkeiten aus einem Markt hängen somit auch von den Ursprungsbedingungen ab. Je niedriger die Eintrittsbarrieren in einem Markt ursprünglich waren, desto mehr Anbieter gehörten in der Regel später diesem Markt an und umso schwieriger ist die Realisierung einer mehr „passiven Strategie des Überlebenden", weil zu viele andere Wettbewerber den Markt erst verlassen müssen, ehe er wirksam zu Gunsten des eigenen Verbleibens entlastet wird [vgl. Becker 2019, S. 752].

Grundsätzlich bestehen in schrumpfenden bzw. stagnierenden Märkten die Möglichkeiten zur Umsetzung einer Stabilisierungsstrategie oder einer Schrumpfungsstrategie (Desinvestitionsstrategie). Während sich bei der Stabilisierungsstrategie die Optionen einer Haltestrategie oder einer Konsolidierungsstrategie ergeben, besteht bei der Schrumpfungsstrategie die Möglichkeit der Veräußerung oder der Liquidation. Abbildung 2-56 gibt einen Überblick über die genannten strategischen Stoßrichtungen.

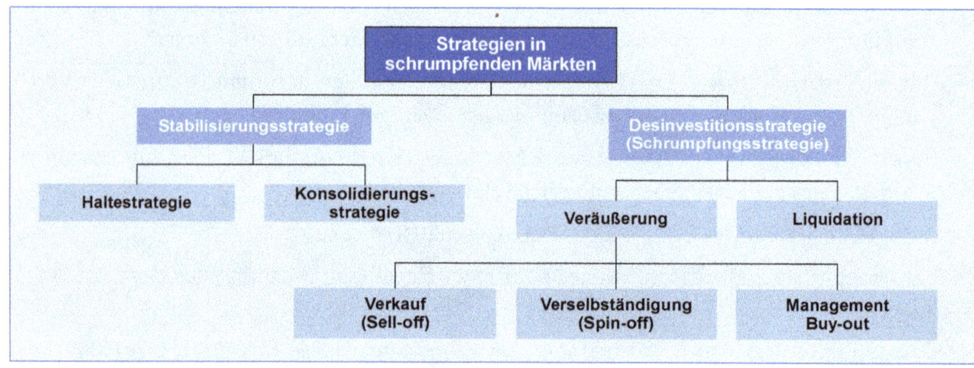
Strategien in schrumpfenden Märkten
Stabilisierungsstrategie
Desinvestitionsstrategie (Schrumpfungsstrategie)
Haltestrategie
Konsolidierungs-strategie
Veräußerung
Liquidation
Verkauf (Sell-off)
Verselbständigung (Spin-off)
Management Buy-out

Abb. 2-56: Strategien in schrumpfenden Märkten

2.3.5.1 Stabilisierungsstrategien

Die Stabilisierungsstrategie ist dadurch charakterisiert, dass weder eine Ausweitung noch eine Schrumpfung des Produkt-/Leistungsprogramms erfolgt. Stabilisierungsstrategien umfassen zwei Ausprägungen [vgl. Welge/Al-Laham 1992, S. 292 f.]:

- Bei **Halte- oder Normalstrategien** wird der gegenwärtige Zustand beibehalten und auf die Verfolgung weiterer Strategien verzichtet.
- **Konsolidierungsstrategien** zielen dagegen auf die Effizienz der Aktivitäten und damit auf eine Verbesserung der Ertragssituation.

Konsolidierungsstrategien stellen somit Rationalisierungsbemühungen in den Vordergrund. Sie verzichten bewusst auf Wachstum. Daher werden solche Strategien häufig nach Phasen der Prosperität eingeschlagen. Folgende Maßnahmenbündel sind denkbar:

- Abbau von Überkapazitäten
- Kostensenkungsmaßnahmen, z.B. durch Reduktion von Lagern und Lagerbeständen
- Unterlassung von Neuinvestitionen
- Verbesserung der Organisationsstruktur und der Prozessabläufe
- Reduktion von Produktvarianten bzw. Einschränkung von Serviceleistungen.

2.3.5.2 Desinvestitionsstrategien

Bei Desinvestitionsstrategien erfolgt eine Reduzierung des Produkt- und Leistungsprogramms. Überlegungen zur Desinvestition sind insbesondere dann anzustellen, wenn die Nachfrage auf dem Absatzmarkt abnimmt und damit eine *externe Schrumpfung* vorliegt. Mit dem Aufkommen des Shareholder Value und der Beschränkung auf Kernkompetenzen kann es allerdings auch bei anderen Marktkonstellationen sinnvoll sein, eine *interne Schrumpfung*, z.B. durch Konzentration auf Kernkompetenzen und Verringerung der Fertigungstiefe, vorzunehmen.

Bei der **externen Schrumpfung** kommt es häufig zu einem intensiven Preiswettbewerb und wachsendem Preisbewusstsein der Kunden. Sinkende Auftragseingänge und mangelnde Kapazitätsauslastungen sowie Ertragsprobleme sind die Folge. In derartigen Situationen stehen dem betroffenen Unternehmen folgende Desinvestitionsformen zur Verfügung [vgl. BEA/ HAAS 2005, S. 182 ff.]:

- Veräußerung des Desinvestitionsobjektes
- Liquidation, d. h. Aufgabe des Desinvestitionsobjektes.

Bei der **Veräußerung des Desinvestitionsobjektes** (Unternehmen, Geschäftsbereich, Produktgruppe, Produkt) bieten sich wiederum drei Möglichkeiten an:

- **Sell-off**, d. h. ein Unternehmensteil wird an ein anderes Unternehmen verkauft.
- **Spin-off**, d. h. ein Unternehmensteil wird aus dem Unternehmensverbund herausgelöst und rechtlich verselbständigt.
- **Management Buy-out**, d. h. das bisherige Management des Unternehmens übernimmt das Unternehmen oder einen Unternehmensteil.

Im Gegensatz zur Veräußerung des Desinvestitionsobjektes, bei der der betreffende Unternehmensteil erhalten bleibt, handelt es sich bei der **Liquidation** um die vollständige Aufgabe bzw. Stilllegung dieser Geschäftstätigkeit.

2.3.6 Wettbewerbsstrategien

Der **Produkt bzw. Leistungsvorteil** auf der einen und der **Preisvorteil** auf der anderen Seite bilden die beiden grundsätzlichen Alternativen zur Beeinflussung des Abnehmerverhaltens und damit zur Erzielung eines Wettbewerbsvorteils. Demzufolge können die Unternehmen zwischen zwei grundlegenden Wettbewerbshebeln bzw. Mechanismen der Marktbeeinflussung wählen [vgl. Becker 2019, S. 179 f.]:

- **Qualitätswettbewerb** (engl. *Non-Price Competition*) und
- **Preiswettbewerb** (engl. *Price Competition*).

Das Denken in Wettbewerbsvorteilen ist die zentrale Idee der beiden grundlegenden Strategiemuster:

- **Präferenzstrategie** und
- **Preis-Mengen-Strategie**.

Beide strategischen Beeinflussungsformen von Märkten bezeichnet Jochen Becker als **Marktstimulierungsstrategien**. Die Präferenzstrategie verfolgt das Ziel, durch den Einsatz von nichtpreislichen Wettbewerbsmitteln eine bevorzugte Stellung bei den Abnehmern zu erzeugen. Die Preis-Mengen-Strategie dagegen konzentriert alle Marketingaktivitäten auf preispolitische Maßnahmen [vgl. Becker 2009, S. 180].

In der Strategiesystematik von Michael E. Porter [1995, S. 63 ff.] werden die beiden Alternativen als

- **Qualitätsführerschaft** (Differenzierungsstrategie) und
- **Kostenführerschaft** (aggressive Preisstrategie)

bezeichnet. Sie bilden die Eckpfeiler der Porterschen **Wettbewerbsstrategien** und entsprechen damit im Prinzip den Marktstimulierungsstrategien. Wenn es auch im Detail Unterschiede zwischen beiden Strategiesystematiken geben mag (zur Diskussion über diese Unterschiede siehe insbesondere Becker 2009, S. 180 und Meffert et al. 2008, S. 299), so gehen doch beide Ansätze von zwei identischen Wettbewerbsvorteilen aus: dem Produkt- bzw. Leistungsvorteil einerseits und dem Preisvorteil andererseits. Diese Wettbewerbsvorteile nehmen Kunden entweder in Form von *Leistungsunterschieden*, d. h. bessere Leistung bei gleichem Preis, oder in Form von *Preisunterschieden*, d. h. niedrigerer Preis bei gleicher Leistung, wahr. Daher sind auch in Abbildung 2-57 beide Ansätze zu einer Grafik zusammengefasst.

Auf der Seite des **Qualitätswettbewerbs** ist die **Alleinstellung** (engl. *Unique Selling Proposition = USP)* eine wichtige Voraussetzung für eine erfolgreiche Präferenzstrategie bzw. Qualitätsführerschaft, denn besonders die Einzigartigkeit der Leistung begründet aus Sicht des Kunden einen Wettbewerbsvorteil. Quellen der Alleinstellung können unterschiedliche Faktoren sein:

- *Objektiv* beurteilbare Faktoren wie spezielle Funktionalitäten oder Ausstattungen eines Produktes oder ein flächendeckendes Händler- und Servicenetz;
- *Subjektiv* empfundene Faktoren wie die Aktualität der Markenführung oder ein exklusiver Ruf (Image).

Unternehmen, die eine **Preis-Mengen-Strategie** und damit die **Kostenführerschaft** verfolgen, verfügen über Produkte, die sie günstiger anbieten, obwohl sich diese materiell kaum von den Wettbewerbsprodukten unterscheiden. Um diesen Preisvorteil auch dauerhaft im Markt halten zu können, muss das Unternehmen zugleich auch Kostenführer sein. Beim Preiswettbewerb steht also die Realisierung eines Kostenvorsprungs (Erfahrungskosten-, Skalen- und Verbundeffekte) im Vordergrund einer erfolgreichen Preis-Mengen-Strategie.

	Qualitätswettbewerb	Preiswettbewerb	
Strategiebezeichnung nach BECKER	Präferenzstrategie	Preis-Mengen-Strategie	Marktstimulierungs-strategien
Strategiebezeichnung nach PORTER	Qualitätsführerschaft (Differenzierungsstrategie)	Kostenführerschaft (aggressive Preisstrategie)	Wettbewerbs-strategien
Wettbewerbsvorteil	Produkt- bzw. Leistungsvorteil	Preisvorteil	
Ziel	Gewinn vor Umsatz/Marktanteil	Umsatz/Marktanteil vor Gewinn	
Charakteristik	• Hochpreiskonzept über den Aufbau von Präferenzen durch Image, Design, Qualität, Service etc. • Erarbeitung eines „monopolistischen Bereichs“ • Kundenfindung/-bindung durch klares Markenimage	• Niedrigpreiskonzept durch Verzicht auf Aufbau echter Präferenzen, dafür Preisvorteil • Kundenfindung/-bindung allein über aggressive Preispolitik • Kostenvorsprung u.a. durch Skaleneffekte, Verbundeffekte, Erfahrungskurveneffekte	
Hauptzielgruppe	Markenkäufer	Preiskäufer	
Wirkungsweise	„Langsam-Strategie“ – Aufbau einer Markenpräferenz ist langwierig	„Schnell-Strategie“ – angestrebtes Preisimage kann relativ schnell geschaffen werden	
Dominanter Bereich	Marketingbereich	Produktionsbereich	[Quelle: in Anlehnung an Becker 2019, S. 231 f.]

Abb. 2-57: Unterschiede zwischen Qualitäts- und Preiswettbewerb

PORTER betont in diesem Zusammenhang, dass Unternehmen sich eindeutig für eine der beiden Optionen entscheiden müssen, da sonst die Gefahr eines „*Stuck in the Middle*“, also einer Zwischenposition ohne klare Wettbewerbsvorteile, drohe [vgl. Porter 1986, S. 38 f.].

Abbildung 2-58 verdeutlicht diesen Zusammenhang. Allerdings stellt sich die Frage, ob eine einmalige Entscheidung zwischen Kostenführerschaft und Qualitätsführerschaft (Differenzierung) ausreicht, um den langfristigen Erfolg zu sichern. Ist es nicht vielmehr naheliegend, angesichts der laufenden Veränderungen im Markt- und Wettbewerbsumfeld auch eine Veränderung der strategischen Stoßrichtung bzw. eine Kombination beider Optionen vorzunehmen? Die hiermit angesprochenen **hybriden Wettbewerbsstrategien** verstoßen zwar auf den ersten Blick gegen die klassische Zweiteilung, wenn Unternehmen jedoch zum richtigen Zeitpunkt zwischen Kostenführerschaft und Differenzierung wechseln, können sie Wettbewerbern durchaus überlegen sein [vgl. Müller-Stewens/Lechner 2001, S. 201].

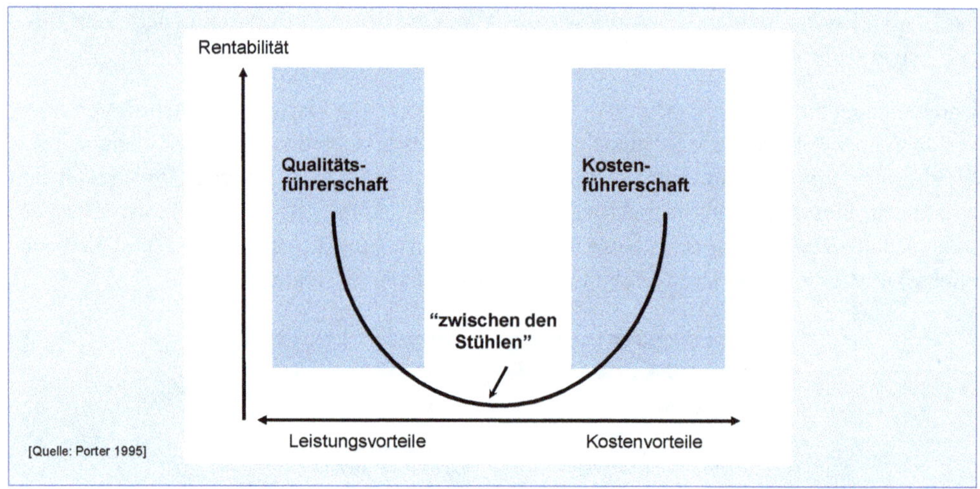
Rentabilität
Qualitäts-
führerschaft
Kosten-
führerschaft
"zwischen den
Stühlen"
Leistungsvorteile
Kostenvorteile
[Quelle: Porter 1995]

Abb. 2-58: Die „Stuck-in-the-Middle"-Position

Mit jeder Wettbewerbsstrategie ist auch die Entscheidung über die **Breite der Marktbearbeitung** verbunden, da bei weitem nicht alle Unternehmen in der Lage sind, eine Abdeckung des Gesamtmarktes vorzunehmen. Somit stellt sich in einer *zweiten* Dimension die Frage nach der Fokussierung auf bestimmte Kundengruppen oder auf abgegrenzte Regionen. Solche **Fokus- oder Nischenstrategien** sind damit – neben der Differenzierung und Kostenführerschaft – der dritte *generische* Strategietyp nach Porter.

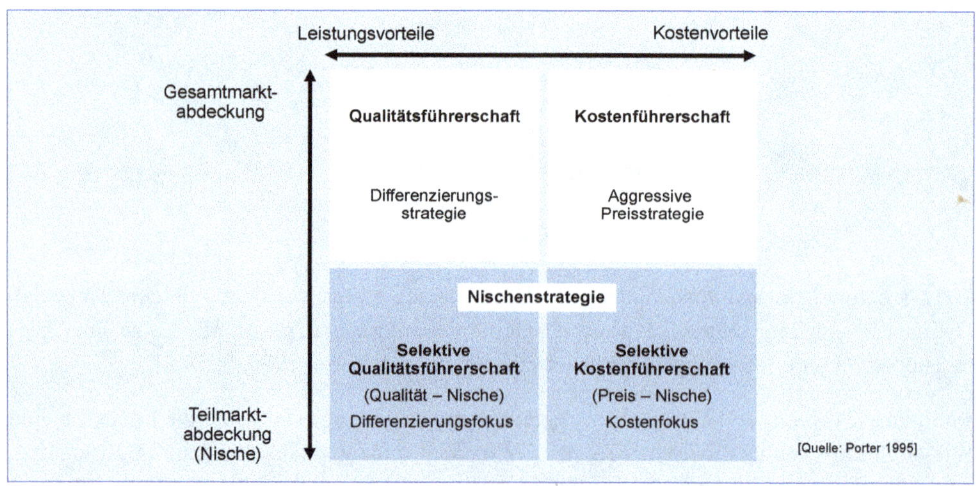
Leistungsvorteile
Kostenvorteile
Gesamtmarkt-
abdeckung
Qualitätsführerschaft
Kostenführerschaft
Differenzierungs-
strategie
Aggressive
Preisstrategie
Nischenstrategie
Selektive
Qualitätsführerschaft
(Qualität – Nische)
Differenzierungsfokus
Selektive
Kostenführerschaft
(Preis – Nische)
Kostenfokus
Teilmarkt-
abdeckung
(Nische)
[Quelle: Porter 1995]

Abb. 2-59: Wettbewerbsstrategien nach Porter

Wesentlicher Vorteil dieser Konzentration ist, dass sich der Produzent voll und ganz auf die speziellen Anforderungen der Kunden im speziellen Marktsegment ausrichten kann. Besonders kleine und mittlere Anbieter fokussieren sich auf einzelne Segmente, während größere Wettbewerber zumeist versuchen, den Markt breit anzugehen. Auch bei der Nischenstrategie stehen den Anbietern zwei Optionen zur Verfügung: der Differenzierungs- und der Kostenfokus (siehe Abbildung 2-59).

Der **Differenzierungsfokus** empfiehlt sich dann, wenn ein Unternehmen ein spezifisches Bedürfnis, das Gesamtmarktanbieter nicht gut genug befriedigen können, besser bedienen kann. Ebenso kann es sein, dass ein Unternehmen einen *Kostenvorsprung* gegenüber den Gesamtmarktanbietern in Form einer **selektiven Kostenführerschaft** zu realisieren vermag [vgl. Müller-Stewens/Lechner 2001, S. 204].

Neben der Art des Wettbewerbsvorteils (Leistungs- oder Kostenvorteil) und der Breite der Marktbearbeitung (Gesamt- oder Teilmarktabdeckung) hat noch eine *dritte* Dimension Bedeutung: die **Art der Marktbearbeitung**. Im Kern geht es dabei um die Ausgestaltung des Geschäftssystems (also der Wertschöpfungskette). In welcher Form soll das Geschäftssystem zu dem angestrebten Wettbewerbsvorteil beitragen? Versucht ein Unternehmen, seinen Wettbewerbsvorteil mit einem Geschäftssystem zu realisieren, das kaum von den Geschäftssystemen der Wettbewerber abweicht, dann spricht man vom „alten Spiel". Ein „neues Spiel" wird dagegen gespielt, wenn das Unternehmen sein Geschäftssystem andersartig gestaltet als dies bislang in der Branche üblich war (Beispiel: Das Ikea-Geschäftssystem in der Möbelbranche) [vgl. Hungenberg/Wulf 2011, S. 163 f.].

Stellt man nun alle Handlungsmöglichkeiten entlang der drei genannten Dimensionen dar, so erhält man das sogenannte strategische Spielbrett, das in Abbildung 2-60 dargestellt ist.

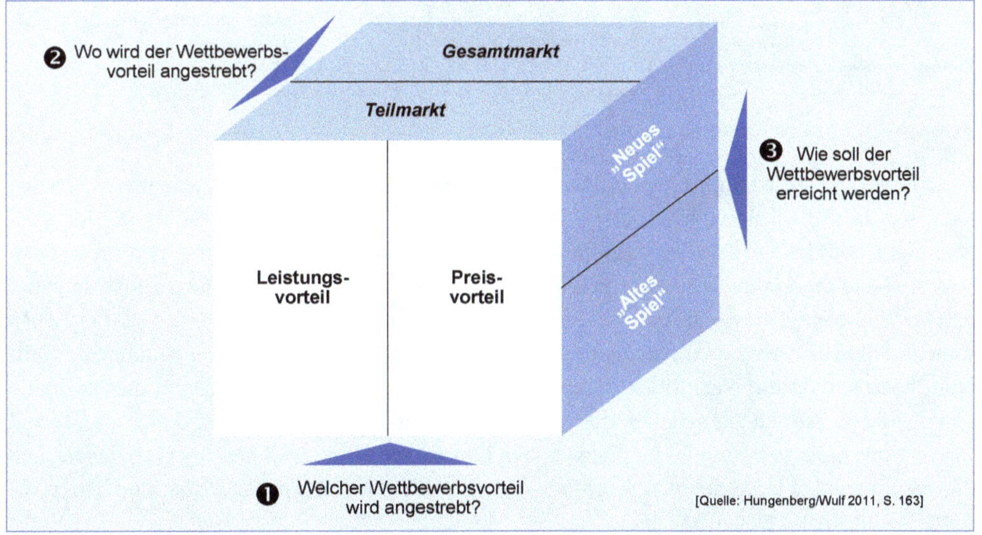
❷ Wo wird der Wettbewerbsvorteil angestrebt?
Gesamtmarkt
Teilmarkt
„Neues Spiel"
„Altes Spiel"
❸ Wie soll der Wettbewerbsvorteil erreicht werden?
Leistungsvorteil
Preisvorteil
❶ Welcher Wettbewerbsvorteil wird angestrebt?
[Quelle: Hungenberg/Wulf 2011, S. 163]

Abb. 2-60: Strategisches Spielbrett

2.3.7 Markteintrittsstrategien

Nachdem die Fragen geklärt sind, welcher Wettbewerbsvorteil wo und in welcher Art und Weise erreicht werden soll, kann die *Entwicklung und Auswahl der Markteintrittsstrategie* erfolgen. Dabei sind vor allem die Entscheidungen über den Markteintrittszeitpunkt sowie über die Form des Markteintritts von strategischer Bedeutung.

2.3.7.1 Strategien für den Markteintrittszeitpunkt

Die technologie-orientierten strategischen Stoßrichtungen beim Markteintritt (engl. *Time-to-Market*) sind die Pionierstrategie und die Nachfolgerstrategie. Letztere unterteilt sich wiederum in Strategien des frühen Nachfolgers und des späten Nachfolgers (siehe Abbildung 2-61).

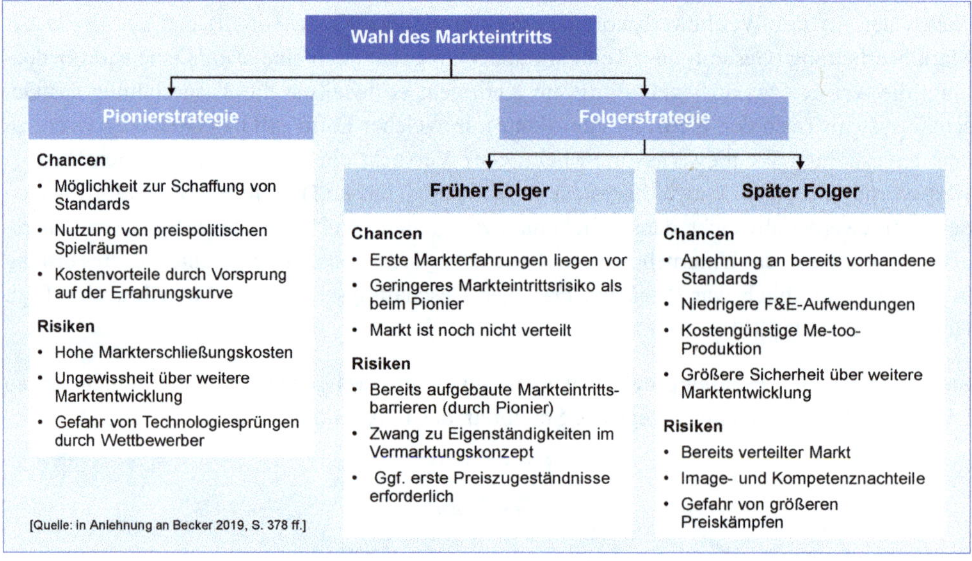
Wahl des Markteintritts
Pionierstrategie
Chancen
• Möglichkeit zur Schaffung von Standards
• Nutzung von preispolitischen Spielräumen
• Kostenvorteile durch Vorsprung auf der Erfahrungskurve
Risiken
• Hohe Markterschließungskosten
• Ungewissheit über weitere Marktentwicklung
• Gefahr von Technologiesprüngen durch Wettbewerber
Folgerstrategie
Früher Folger
Chancen
• Erste Markterfahrungen liegen vor
• Geringeres Markteintrittsrisiko als beim Pionier
• Markt ist noch nicht verteilt
Risiken
• Bereits aufgebaute Markteintritts-barrieren (durch Pionier)
• Zwang zu Eigenständigkeiten im Vermarktungskonzept
• Ggf. erste Preiszugeständnisse erforderlich
Später Folger
Chancen
• Anlehnung an bereits vorhandene Standards
• Niedrigere F&E-Aufwendungen
• Kostengünstige Me-too-Produktion
• Größere Sicherheit über weitere Marktentwicklung
Risiken
• Bereits verteilter Markt
• Image- und Kompetenznachteile
• Gefahr von größeren Preiskämpfen
[Quelle: in Anlehnung an Becker 2019, S. 378 ff.]

Abb. 2-61: Typische Markteintrittsmuster

Die **Pionierstrategie** (engl. *First-to-Market*), bei dem das Unternehmen mit dem neuen Produkt als Erstes in den Markt eintritt, hat zunächst einmal den Vorteil einer kurzzeitigen Monopolstellung. Damit hat der Pionier – zumindest vorübergehend – die Möglichkeit, den Preis abzuschöpfen und Marktstandards zu setzen. Der Schwerpunkt dieser Strategie liegt zunächst in der Markterschließung, später in der Verteidigung der Marktposition. So kann der Pionier wirksame Markteintrittsbarrieren erzeugen und in der Regel das Produkt über einen längeren Zeitraum absetzen als die Nachfolger. Dem hohen Chancenpotenzial sind jedoch die Nachteile eines Pioniers gegenüberzustellen, die vor allem aus den hohen Kosten und dem Zeitaufwand für die Forschung und Entwicklung, den hohen Kosten der Markterschließung (von denen auch die nachfolgenden Unternehmen profitieren), dem Markt- bzw. Nachfragerisiko und dem technologischen Risiko bestehen.

Der **frühe Folger** (engl. *Second-to-Market*) tritt vergleichsweise kurz nach dem Pionier in den Markt ein und kann unmittelbar an das Pionier-Konzept anknüpfen. Der frühe Folger hat durchaus gute Marktchancen, muss aber bereits mit ersten Preiszugeständnissen rechnen. Die Strategie des frühen Folgers bringt die Vorteile mit sich, ähnliche, wenn auch geringer ausgeprägte Absatz-, Kosten- und Preisvorteile wie der Pionier erreichen und langfristig einen relativ großen Marktanteil erzielen zu können. Gleichzeitig werden aber die anfangs hohen Risiken des Pioniers vermieden. Aus dem beobachtbaren Verhalten des Pioniers und der Kunden können zusätzliche Erkenntnisse für den eigenen späteren Markteintritt gewonnen werden. Das Risiko der Strategie des frühen Folgers ist darin zu sehen, dass der Pionier zunächst so hohe Eintrittsbarrieren errichtet (z.B. Patentanmeldung oder Limit-Preis-Angebote), dass ein Markteintritt unattraktiv wird.

Der **späte Folger** (engl. *Later-to-Market*) verfügt entweder noch nicht über das technologische Know-how oder er scheut das hohe Markterschließungsrisiko. Dadurch riskiert er einen schärferen Preiswettbewerb und muss Image- und Kompetenznachteile in Kauf nehmen. Die Strategie hat den Vorteil, dass der späte Folger von den Entwicklungsbemühungen der Vorgänger profitieren und deren Fehler vermeiden kann. Risiken bestehen allerdings in den bis dahin aufgebauten hohen Markteintrittsbarrieren und der Schwierigkeit, noch Marktanteile zu erringen.

In Abbildung 2-62 sind einige bekannte Beispiele aus der dem Bereich der Informationstechnologie und Telekommunikation (ITK-Branche) aufgeführt, in denen nicht immer die Pionierstrategie „das Rennen" gemacht hat.

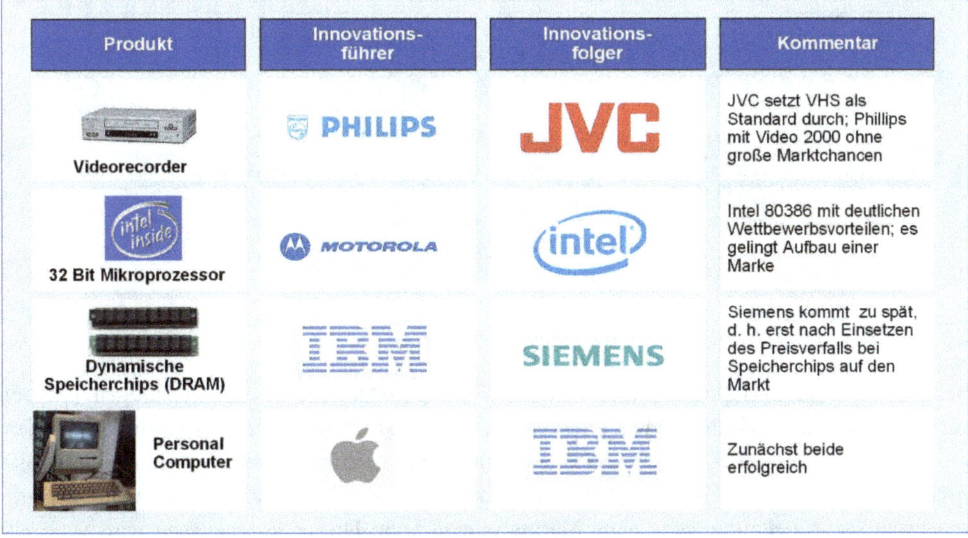

Produkt	Innovations-führer	Innovations-folger	Kommentar
Videorecorder	PHILIPS	JVC	JVC setzt VHS als Standard durch; Phillips mit Video 2000 ohne große Marktchancen
32 Bit Mikroprozessor	MOTOROLA	intel	Intel 80386 mit deutlichen Wettbewerbsvorteilen; es gelingt Aufbau einer Marke
Dynamische Speicherchips (DRAM)	IBM	SIEMENS	Siemens kommt zu spät, d. h. erst nach Einsetzen des Preisverfalls bei Speicherchips auf den Markt
Personal Computer		IBM	Zunächst beide erfolgreich

Abb. 2-62: Beispiele für Innovationsführer und Innovationsfolger in der ITK-Branche

Die Diskussion der Vor- und Nachteile verdeutlicht, dass es keine Markteintrittsstrategie gibt, die ausschließlich Vorteile mit sich bringt. Zwar sind die Erfolgsaussichten der späten Folger schon aufgrund der hohen Markteintrittsbarriere insgesamt als geringer einzustufen, dennoch können auch sie von den technologie- bzw. marketing-konzeptionellen Fehlern des Pioniers bzw. frühen Folgers profitieren. Die Wahl der richtigen Markteintrittsstrategie hängt von verschiedenen Faktoren ab und ist in hohem Maße situationsabhängig. Risikofreudige Unternehmen mit ehrgeizigen Wachstumszielen werden eher Pionierkonzepte verfolgen. In der Konsumgüterbranche, deren Forschungs- und Entwicklungsaufwand im Schnitt deutlich geringer ist als bei Industriegütern, haben Folger mindestens genauso gute Chancen wie Pioniere. Neben Risikobereitschaft und strukturellen Branchenbedingungen spielt auch der Grad der Innovation eine beeinflussende Rolle bei der Wahl der Timing-Strategie. So setzen echte Pionierstrategien vor allem auf Basisinnovationen mit großen Ertragschancen unter Inkaufnahme eines hohen Risikos (siehe hierzu Abbildung 2-63) [vgl. Becker 2009, S. 380 ff.].

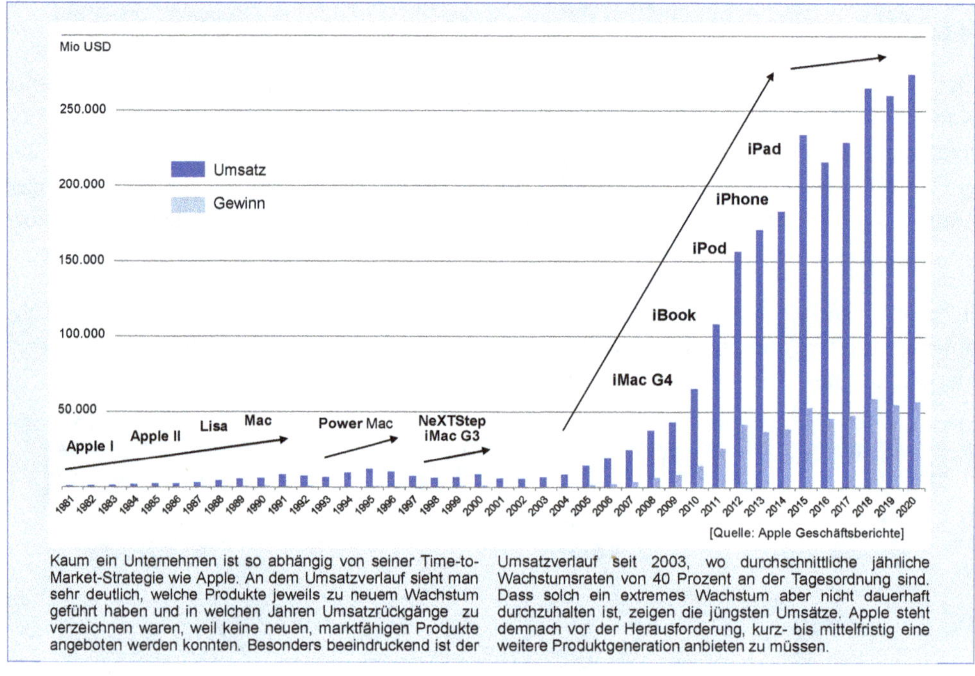
Mio USD
250.000
200.000
150.000
100.000
50.000
Umsatz
Gewinn
Apple I
Apple II
Lisa
Mac
Power Mac
NeXTStep
iMac G3
iMac G4
iBook
iPod
iPhone
iPad
1981 1982 1983 1984 1985 1986 1987 1988 1989 1990 1991 1992 1993 1994 1995 1996 1997 1998 1999 2000 2001 2002 2003 2004 2005 2006 2007 2008 2009 2010 2011 2012 2013 2014 2015 2016 2017 2018 2019 2020
[Quelle: Apple Geschäftsberichte]
Kaum ein Unternehmen ist so abhängig von seiner Time-to-Market-Strategie wie Apple. An dem Umsatzverlauf sieht man sehr deutlich, welche Produkte jeweils zu neuem Wachstum geführt haben und in welchen Jahren Umsatzrückgänge zu verzeichnen waren, weil keine neuen, marktfähigen Produkte angeboten werden konnten. Besonders beeindruckend ist der Umsatzverlauf seit 2003, wo durchschnittliche jährliche Wachstumsraten von 40 Prozent an der Tagesordnung sind. Dass solch ein extremes Wachstum aber nicht dauerhaft durchzuhalten ist, zeigen die jüngsten Umsätze. Apple steht demnach vor der Herausforderung, kurz- bis mittelfristig eine weitere Produktgeneration anbieten zu müssen.

Abb. 2-63: Umsatz- und Gewinnentwicklung Apple 1981 bis 2020

2.3.7.2 Strategien für die Form des Markteintritts

Bei der Planung des Markteintritts ist neben dem Zeitpunkt auch die Form festzulegen. Hierbei kann grundsätzlich zwischen einem internen und einem externen Wachstumsweg unterschieden werden. Beim **internen Eintritt** versucht das Unternehmen, durch eigene Forschungs- und Entwicklungstätigkeiten sein Leistungsprogramm zu erweitern und die entsprechenden innovativen Produkte in bekannte oder neue Märkte einzuführen. Dieser Eigenaufbau wird auch als interne Eintrittsstrategie im engeren Sinne bezeichnet. Interne Eintrittsstrategien im weiteren Sinne sind dagegen der Kauf von Lizenzen und Patenten sowie die Aufnahme von Handelswaren [vgl. Becker 2001, S. 171 f.].

Ein **externer Markteintritt** liegt vor, wenn ein Unternehmen nicht selbständig, sondern zusammen mit einem bereits auf dem betreffenden Markt agierenden Unternehmen tätig wird. Für diese Art des Markteintritts besteht zum einen die Möglichkeit der Unternehmensakquisition, d.h. des Erwerbs von oder der Beteiligung an Unternehmen bzw. Unternehmensteilen (Unternehmenskauf). Zum anderen kann der Markteintritt über eine Kooperation erfolgen, z.B. über ein Joint Venture, eine strategische Allianz oder über sonstige Formen vertraglich geregelter partnerschaftlicher Zusammenarbeit (Partnerkauf) [vgl. Welge/Al-Laham 1992, S. 308].

Die internen und externen Markteintrittsstrategien sind in Abbildung 2-64 hinsichtlich ihrer Wirkungen auf die Auswahlkriterien Zeit, Kosten, Organisationsprobleme und Risiko charakterisiert.

Realisierungsformen des Markteintritts / Auswahlkriterien	Interne Markteintrittsstrategien			Externe Markteintrittsstrategien	
	Eigene Forschung und Entwicklung (= Eigenaufbau)	Lizenzübernahme (= Know-how-Kauf)	Aufnahme von Handelsware (= Produktkauf)	Kooperation in Form von Joint Ventures (= Partnerkauf)	Unternehmensbeteiligung/-zusammenschluss (= Unternehmenskauf)
Zeitfaktor	langsam	schnell	schnell	ziemlich schnell	ziemlich schnell
Kosten	hoch	ziemlich niedrig	ziemlich niedrig	niedrig	niedrig
Organisationsprobleme	wenige	praktisch keine	praktisch keine	wenige	zahlreiche
Risiko	groß	klein	klein	relativ groß	relativ groß

[Quelle: Becker 2019, S. 172]

Abb. 2-64: Interne und externe Markteintrittsstrategien

Auch hier gibt es nicht den Königsweg, obwohl der interne Markteintritt im weiteren Sinne (also Lizenzübernahme oder die Produktaufnahme als Handelsware) im Durchschnitt die besten Wirkungen auf die vier Auswahlkriterien zeigen. Der Markteintritt mit selbst entwickelten Produkten weist die geringsten organisatorischen Anforderungen auf. Dagegen stehen allerdings erhebliche Zeit- und Kostennachteile gegenüber den externen Markteintrittsstrategien.

2.4 Management und Entscheiden

„Wirtschaften heißt Entscheiden"
[Werner Pepels]

Digitale Transformation in Verbindung mit schnelleren Informationsflüssen, kürzeren Innovationszyklen, transparenteren Arbeitsabläufen und die Kommunikation mit potenziellen Käufern erfordern eine höhere Taktung von unternehmerischen Entscheidungen. Was ist das Besondere an unternehmerischen Entscheidungen? Unternehmerische Entscheidungen finden immer für eine Organisation, für ein Kollektiv statt. Unternehmerische Entscheidungen sind entsprechend komplex und lösen im Regelfall korrespondierende Entscheidungen anderer aus. Entscheidungen sind immer dann erforderlich, wenn es Handlungsalternativen gibt. Die Zielstellungen solcher Entscheidungen machen sich an den wahrgenommenen Engpässen fest: Absatzengpässe erfordern Vertriebsziele, mangelnde Segmentierung oder Positionierung provozieren entsprechende Marktforschungsziele und bei unbefriedigenden Mitarbeiterleistungen werden Motivations- und Befähigungsziele im Vordergrund stehen [vgl. Jeschke 2017, S. 13 f.].

2.4.1 Entscheidungscharakteristika

Das Spektrum möglicher Unternehmensentscheidungen reicht von regelmäßig anfallenden, operativen Routineentscheidungen bis hin zu strategischen Entscheidungen z.B. über den Verkauf eines Unternehmensbereichs oder die Erschließung eines neuen Distributionskanals. Entscheidungen lassen sich nach folgenden Differenzierungsmerkmalen charakterisieren [vgl. Jeschke 2020, S. 5 f.]:

- Nach der **Häufigkeit** – einmalige oder wiederkehrende Entscheidungen: Ist der Entscheider erstmalig bzw. einmalig in die betreffende Entscheidungssituation eingebunden oder kann er auf Erfahrungen aus vergleichbaren Entscheidungen der Vergangenheit zurückgreifen?
- Nach der **Zahl der Entscheidungsträger** – individuelle oder Kollektiventscheidungen: Wird die Entscheidung von einer Einzelperson oder durch eine Gruppe gefällt? Spiegelt die Entscheidung die Zielsetzung eines Individuums oder einer Organisationseinheit wider?
- Nach der **Fristigkeit** – kurz-, mittel- oder langfristige Entscheidungen: Welchen Zeitraum decken die zu treffenden Entscheidungen ab? Wie groß ist der Entscheidungshorizont?
- Nach der **Stabilität des Umfeldes** – gleichbleibende (statische) oder sich ändernde (dynamische) Entscheidungen: Wiederholungsentscheidungen können zwar auf den gleichen Sachverhalt abstellen, aufgrund geänderter Rahmenbedingungen aber zu einer anderen Bewertung und Auswirkung gelangen als in der Vergangenheit.
- Nach dem **Sicherheitsgrad der Informationen** – Entscheidungen unter Sicherheit, unter Risiko oder unter Unsicherheit: Inwiefern sind die Auswirkungen von Entscheidungen aufgrund bekannter Wirkungsmechanismen vorhersehbar oder nicht vorhersehbar? Bei nicht vorhersehbaren Auswirkungen wird ferner eine riskante Entscheidung von einer ungewissen unterschieden. Risiken kann sich der Entscheider über Eintrittswahrscheinlichkeiten

nähern. Ungewisse Entscheidungen können sich dagegen auf keine derartigen Informationen beziehen.

- Nach der **Tragweite** – konstitutive oder laufende Entscheidungen: Welche Entscheidungen zählen zu den wirklich bedeutsamen Entscheidungen (z.B. Gründungsentscheidungen) und welche Entscheidungen haben nicht den Charakter einer bedeutsamen Weichenstellung?
- Nach der **Zahl der Bewertungskriterien** – eindimensionale oder multidimensionale Entscheidungen. Richten sich Entscheidungen nur nach einem Zielparameter aus oder nach einem vielschichtigen Zielkatalog? Mehrdimensionale Entscheidungskriterien bergen die Möglichkeit eines Zielkonfliktes (Gewinn vs. Umsatz, Rentabilität vs. Sicherheit).
- Nach der **Struktur des Entscheidungsproblems** – Entscheidungen auf Basis wohlstrukturierter oder schlecht strukturierter Entscheidungsprobleme. Dieses Differenzierungsmerkmal hat eine hohe Verwandtschaft zum Merkmal „Sicherheitsgrad der Informationen" und beschreibt die Voraussetzungen einer Entscheidungsfindung.

Die hier aufgezeigte und keineswegs vollständige Differenzierung basiert jeweils auf einem Kriterium und ist daher nicht überschneidungsfrei.

2.4.2 Phasen des Entscheidungsprozesses und Entscheidungsumfeld

„Der Entscheidungsprozess (oder auch die Entscheidungsfindung) bezeichnet das Zusammenspiel von Entscheidungsumfeld, Entscheidungszielen, Entscheidungssituation, Entscheidungsregeln und resultierender Entscheidungswirkung" [Jeschke 2017, S. 18].

Das Zusammenspiel der verschiedenen Komponenten des Entscheidungsprozesses soll hier am Beispiel der Fortführung der marktorientierten Unternehmensplanung, die als Willensbildung den ersten Teil eines unternehmerischen **Entscheidungsprozesses** darstellt, näher erläutert werden. Den Gesamtzusammenhang bildet dazu der in Abbildung 2-65 dargestellte Entscheidungsprozess zur Realisierung (Willensdurchsetzung) ausgewählter Unternehmensstrategien.

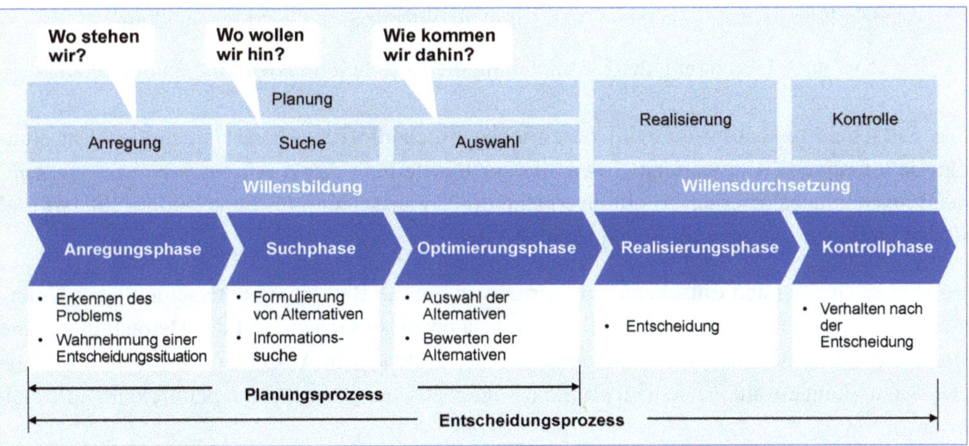
Wo stehen wir?
Wo wollen wir hin?
Wie kommen wir dahin?
Planung
Anregung
Suche
Auswahl
Realisierung
Kontrolle
Willensbildung
Willensdurchsetzung
Anregungsphase
Suchphase
Optimierungsphase
Realisierungsphase
Kontrollphase
• Erkennen des Problems
• Wahrnehmung einer Entscheidungssituation
• Formulierung von Alternativen
• Informations-suche
• Auswahl der Alternativen
• Bewerten der Alternativen
• Entscheidung
• Verhalten nach der Entscheidung
Planungsprozess
Entscheidungsprozess

Abb. 2-65: Unternehmerischer Planungs- und Entscheidungsprozess

Das Entscheidungsumfeld ist die Umgebung, der Bezugsrahmen, aus dem heraus konkrete Entscheidungssituationen entstehen. Diese Entscheidungsumgebung ist – bezogen auf Entscheidungen zur marktorientierten Unternehmensplanung – unter dem Gesichtspunkt „Wo stehen wir?“ hinreichend beschrieben worden. Die Situationsanalyse mit den beiden Teilaspekten „Umweltanalyse – Makro-Umfeld“ und „Unternehmensanalyse – Mikro-Umfeld“ (siehe Abschnitte 2.1.2 und 2.1.3) ist hierzu der wichtige Teil der Anregungsphase des Entscheidungsprozesses.

Die Gesamtheit von Makro- und Mikro-Umfeldern bildet somit das unternehmerische **Entscheidungsumfeld**. Hierbei werden Makrothemen im Regelfall einseitig auf das Unternehmen einwirken, während es zu Mikro-Themenfeldern typischerweise Wechselbeziehungen gibt. Solche Einflüsse sind entscheidungsrelevante Vorkommnisse oder Sachverhalte, zu denen die Unternehmensführung mehr oder weniger konkrete Vorstellungen bezüglich der Eintrittswahrscheinlichkeit eines bestimmten Ereignisses hat.

2.4.3 Entscheidungsziele, Entscheidungssituation und Entscheidungskriterien

Das Entscheidungsumfeld zeigt zugleich auch die Notwendigkeiten und die gebotenen Themen von strategischen **Entscheidungszielen** auf („Wo wollen wir hin“). Entscheidungsziele stellen den wertmäßigen Bezugsrahmen für Entscheidungsprozesse dar. Im Rahmen dieser Suchphase werden auf Basis vorliegender Informationen und Analysen entsprechende Alternativen formuliert. In der anschließenden Optimierungsphase werden geeignete Alternativen ausgewählt und bewertet. Grundsätzlich ergeben sich bei der Bewertung von Zielstellung und Zielerreichung folgende Fragestellungen [vgl. Jeschke 2020, S. 47]:

- Welche Entscheidungsalternativen kommen aufgrund der Zielsetzung in Betracht?
- Wie sind die betrachteten Entscheidungsalternativen mit Blick auf die Erreichung der zu-grunde liegenden Entscheidungsziele zu bewerten?
- Welche Entscheidungsregel ist geeignet, um zur Auswahl der zielgerichteten Entscheidungsalternative zu gelangen – und somit zu einer „rationalen“ Entscheidung?
- Wie ist nach Umsetzung der Entscheidung die Entscheidungswirkung zu beurteilen?

Die **Entscheidungssituation** wird beschrieben durch die für relevant erachteten Entscheidungsalternativen (Aktionsraum) sowie die zur Beurteilung dieser Alternativen herangezogenen Entscheidungskriterien. Alternativen sind die Voraussetzung für Entscheidungsbedarf und stellen Optionen unternehmerischen Handelns dar.

Handelt es sich bei den Entscheidungsalternativen um die Bewertung unterschiedlicher Unternehmensstrategien, so sind vernetzte Handlungskomplexe Gegenstand der Betrachtung. Eine strategische Entscheidung wird daher eine längere Zeitdauer in Anspruch nehmen und zahlreiche Auswirkungen auf verschiedene Stakeholder aus den Entscheidungsumfeldern mit sich bringen.

Entscheidungskriterien definieren die Bewertungsparameter (Umsatz, Kosten, Marktanteil, Kundenzufriedenheit etc.) für die Auswahl der geeigneten Handlungsalternative. Die Kriterien sollten im Einklang mit den Entscheidungszielen stehen, diese situationsspezifisch ausdeuten und in Handlungskonsequenzen überführen. Sofern die Bewertung der Entscheidungsalternativen nur über ein einziges Kriterium erfolgt, liegt eine monodimensionale Entscheidungssituation vor. Bei mehreren Kriterien spricht man von einer multidimensionalen Entscheidungssituation [vgl. Jeschke 2020, S. 65 f.].

2.4.4 Entscheidungsregeln

Von der Unternehmensführung wird erwartet, dass ihre Entscheidung – das Herausarbeiten möglicher Entscheidungsalternativen sowie die Auswahl einer dieser Alternativen – rational, also zielkonform, erfolgt und dass diese Entscheidung auch von Dritten nachvollzogen werden kann. Rationalität und Nachvollziehbarkeit können durch die Bezugnahme auf Entscheidungsregeln sichergestellt werden. Entscheidungsregeln beinhalten Analyse- und Bewertungsmuster, die eine Anwendungslogik für das Entscheiden liefern. Entscheidungsregeln stellen somit das Verbindungsglied zwischen gegebener Entscheidungssituation und getroffener Entscheidung dar.

2.4.4.1 Theorieansätze

„Die theoretischen Grundlagen für praxisorientierte unternehmerische Entscheidungsregeln sind Gegenstand der Angewandten Entscheidungstheorie. Diese widmet sich der Unterstützung des Entscheidungsprozesses (Entscheidungshilfe) sowie der eigentlichen Anwendung (Entscheidungstraining). Gespeist wird die Angewandte Entscheidungstheorie einerseits von der Normativen Entscheidungstheorie, welche theoretisch maßgebende Strukturen und Wirkungsweisen postuliert, andererseits durch die psychologische Entscheidungsforschung, welche tatsächliche Sachverhalte empirisch erfasst und beschreibt“ [Jeschke 2020, S. 67].

Im Themenfeld **Entscheidungsregeln** lassen sich folgende drei Theorieansätze unterscheiden [vgl. Jeschke 2020, S. 67 ff.]:

- **Deskriptive (beschreibende) Ansätze** sind vergangenheitsbezogen und erfolgen ohne Wertung und ohne Ableitung von Handlungsgeboten; sie helfen dem Entscheider, Informationen zu strukturieren und somit künftige Entscheidungen vorzubereiten. Ein Beispiel ist die Carbon-Footprint-Analyse.
- **Evaluative (wertende) Ansätze** ermöglichen einen strukturierten, vergangenheitsbezogenen Vergleich unternehmerischer Gestaltungsergebnisse, so dass eine gute Basis für künftige Entscheidungen geschaffen werden kann. Beispiel: ISO 9000 ff.-Zertifizierung und nachfolgende Audits.
- **Präskriptive (vorschreibende) Ansätze** sind auf zukunftsbezogene Gestaltungsaussagen ausgerichtet und gestatten innerhalb eines methodisch festgelegten Entscheidungsraumes die Projektion künftiger Unternehmensszenarien. Beispiele: SWOT-Analyse, Balanced Scorecard.

2.4.4.2 Entscheidungsmodelle

Neben den theoretischen Ansätzen können Entscheidungsmodelle eine konzeptionelle Grundlage für anwendungsorientierte Entscheidungsregeln darstellen. Hier sind es drei Modelle, die im Folgenden kurz vorgestellt werden sollen [vgl. Jeschke 2020, S. 70 ff.]:

Mit dem Modell des Homo oeconomicus, das im Rahmen der neoklassischen Kapitalmarkttheorie entwickelt wurde, verbinden sich vier zentrale Eigenschaften: Gewinnmaximierung, zweckrationales Handeln, vollkommene Markttransparenz und unendliche Reaktionsgeschwindigkeit. Der Homo oeconomicus ist der Idealtyp eines Entscheiders, der zu uneingeschränkt rationalem Verhalten fähig ist. Demnach werden unternehmerische Entscheidungen ausschließlich mit dem Ziel der Ergebnismaximierung getroffen. Nach diesem Primat richten sich die herangezogenen Entscheidungsregeln konsequent aus. Zwar wird die Realitätsnähe dieses Menschenbildes zunehmend kritisiert, gleichwohl ist das Rationalprinzip in der Mehrzahl der bislang im Operations Research formulierten Entscheidungsmodelle unterstellt.

Das Modell der Subjectively Expected Utility (SEU) gilt als Basis-Theorem der nutzenorientierten Entscheidungslehre. Gegenstand dieses präskriptiven Ansatzes ist die Maximierung des subjektiv erwarteten Entscheidernutzens. Hiernach wählt der Entscheider die Entscheidungsalternative mit dem höchsten subjektiven – also individuellen – Nutzen. Die Realisierung der verschiedenen Nutzenarten erfolgt jeweils mit einer subjektiv veranschlagten Eintrittswahrscheinlichkeit. Statt wie beim Homo oeconomicus vollkommene Information zu unterstellen, wird jedem Entscheider eine individuelle Einschätzung der nutzenbezogenen Eintrittswahrscheinlichkeiten unterstellt. Rechnerisch ist der zur Bewertung einer Entscheidungsalternative herangezogene SEU-Wert die Summe der verschiedenen mit dieser Alternative verbundenen Nutzenwerte gewichtet mit den Wahrscheinlichkeiten ihres Eintretens.

Das Modell der Prospect-Theorie soll als präskriptiver Ansatz der Entscheiderpsychologie insbesondere dadurch entsprochen werden, dass Eintrittswahrscheinlichkeiten keinen expliziten Anteil an der Nutzenbewertung haben. Dagegen findet die Verrechnung von Eintrittswahrscheinlichkeiten und Nutzenwerten implizit statt und schlägt sich beim Entscheider in einem gesamthaften Nutzenbild nieder: Statt subjektiver Eintrittswahrscheinlichkeiten findet der Entscheider zu einer subjektiven Gesamtbedeutung des jeweiligen Nutzenaspekts. Tendenziell wird bei einer solchen impliziten Berücksichtigung von Wahrscheinlichkeiten kleinen Wahrscheinlichkeiten ein überproportionales Gewicht gegeben. Eine Besonderheit ist zudem, dass jedem Entscheider eine individuelle Nutzenfunktion mit subjektiv gewähltem Bezugspunkt zugeordnet ist. Dieser Referenzpunkt legt individuell fest, ab wann ein positiver und ab wann ein negativer Nutzen gilt. Somit kann ein identischer finanzieller Verlust von zwei verschiedenen Entscheidern zu unterschiedlichen subjektiven Nutzenwerten führen.

2.4.4.3 Entscheidungsheuristiken

Heuristische Entscheidungsregeln sind Vorgehensweisen zur Lösung von Problemen, für die eindeutige Lösungsstrategien nicht bekannt sind oder aufgrund des erforderlichen Aufwands nicht sinnvoll erscheinen. Es handelt sich also um „Faustregeln“ auf der Grundlage subjektiver Erfahrungen und überlieferter Verhaltensweise. Sie ermöglichen es, schnell und auf der Grundlage bruchstückhaften Wissens Schlussfolgerungen zu ziehen, die – obwohl nicht logisch zwingend – in vielen Unternehmensumgebungen angemessen und nützlich sind. Andererseits können diese Schlussfolgerungen in anderen Kontexten zu systematischen Fehleinschätzungen führen.

Heuristiken weisen als komplexitätsreduzierende, methodische Lösungsverfahren folgende Eigenschaften auf [vgl. Imboden et al. 1978, S. 303 ff.]:

- Potenzielle Lösungen werden vom Suchprozess ausgeschlossen, was zu einer Reduzierung des Lösungsaufwandes führt.
- Im Gegensatz zu klassisch-analytischen und numerisch-iterativen Verfahren gibt es keine Lösungsgarantie.
- Im Gegensatz zu willkürlichen Entscheidungsverfahren kommen selektiv wirkende Entscheidungsprinzipien zum Einsatz.

2.4.4.4 Konkrete Entscheidungsregeln

Die erörterten Entscheidungsmodelle liefern grundsätzliche Ansätze einer jeweiligen Entscheidungslogik und somit den Bezugsrahmen für eine konkrete Entscheidungsfindung. Allerdings sind diese Ansätze nicht geeignet, um dem unternehmerischen Entscheider eine direkt umsetzbare Unterstützung zu gewähren. Diesem Anspruch sind nunmehr folgende konkrete Entscheidungsregeln gewidmet, die sich auf unterschiedliche Annahmen hinsichtlich des Informationsstandes des Entscheiders beziehen. Es handelt sich dabei um Entscheidungen, die unter Sicherheit, unter Risiko und unter Unsicherheit getroffen werden [vgl. Jeschke 2020, S. 80 ff.]:

Entscheidungsregeln bei Sicherheit: In diesem Fall sind alle Alternativen einschließlich ihrer Konsequenzen bekannt. Entscheidungen bei sicherer Datenlage (deterministische Entscheidungen), z.B. bei der Optimierung von Logistikkosten oder bei einem softwareunterstützten Intraday-Tradingsystem, lassen sich mittels linearer Programmierung erfassen und unterstützen. Ebenso zählen Punktbewertungsverfahren (Scoring-Modelle), bei denen die verschiedenen Zielkriterien gemäß ihrer vergleichsweisen Bedeutung gewichtet werden, zu dieser Kategorie.

Entscheidungsregeln bei Risiko: Im Risikofall sind die Alternativen ebenfalls bekannt; sie führen aber nicht zu eindeutigen Konsequenzen. Über den Eintritt der Konsequenzen liegt eine Wahrscheinlichkeitsverteilung vor (stochastische Entscheidungen). Unter Risiko entscheiden heißt, dass das Auftreten dieser Ereignisse mit Eintrittswahrscheinlichkeiten ausgedrückt werden kann. Zu dieser Kategorie von Entscheidungsregeln zählt das Bayes-Prinzip, bei dem es um die Maximierung des Erwartungswertes geht. Das Bernoulli-Prinzip erweitert das Bayes-Prinzip um eine Risikopräferenzfunktion als Ausdruck einer subjektiven Risikoneigung des Entscheiders. Ein bekannter Ansatz, der ebenfalls in diese Kategorie fällt, ist die Entscheidungsbaumanalyse, bei der es darum geht, hierarchisch strukturierte Entscheidungsoptionen transparent zu machen und zu bewerten. In einer ersten Ebene sind die Alternativen einer anfänglichen Entscheidungssituation darzustellen, deren Auswirkungen dann wiederum zu Verästelungen der nachgelagerten Entscheidungsebene führen. Diese nachgelagerte Entscheidungssituation führt wiederum zu einer nachgelagerten Entscheidungsebene. Ziel ist es, die Auswirkung alternativer Entscheidungsergebnisse über mehrere Entscheidungsebenen hinaus zu simulieren, um Rückschlüsse für die anstehende Entscheidung der ersten Entscheidungsebene zu erlangen. Abbildung 2-66 illustriert den Aufbau eines Entscheidungsbaumes anhand eines fiktiven Beispiels aus der beruflichen Karriereplanung.

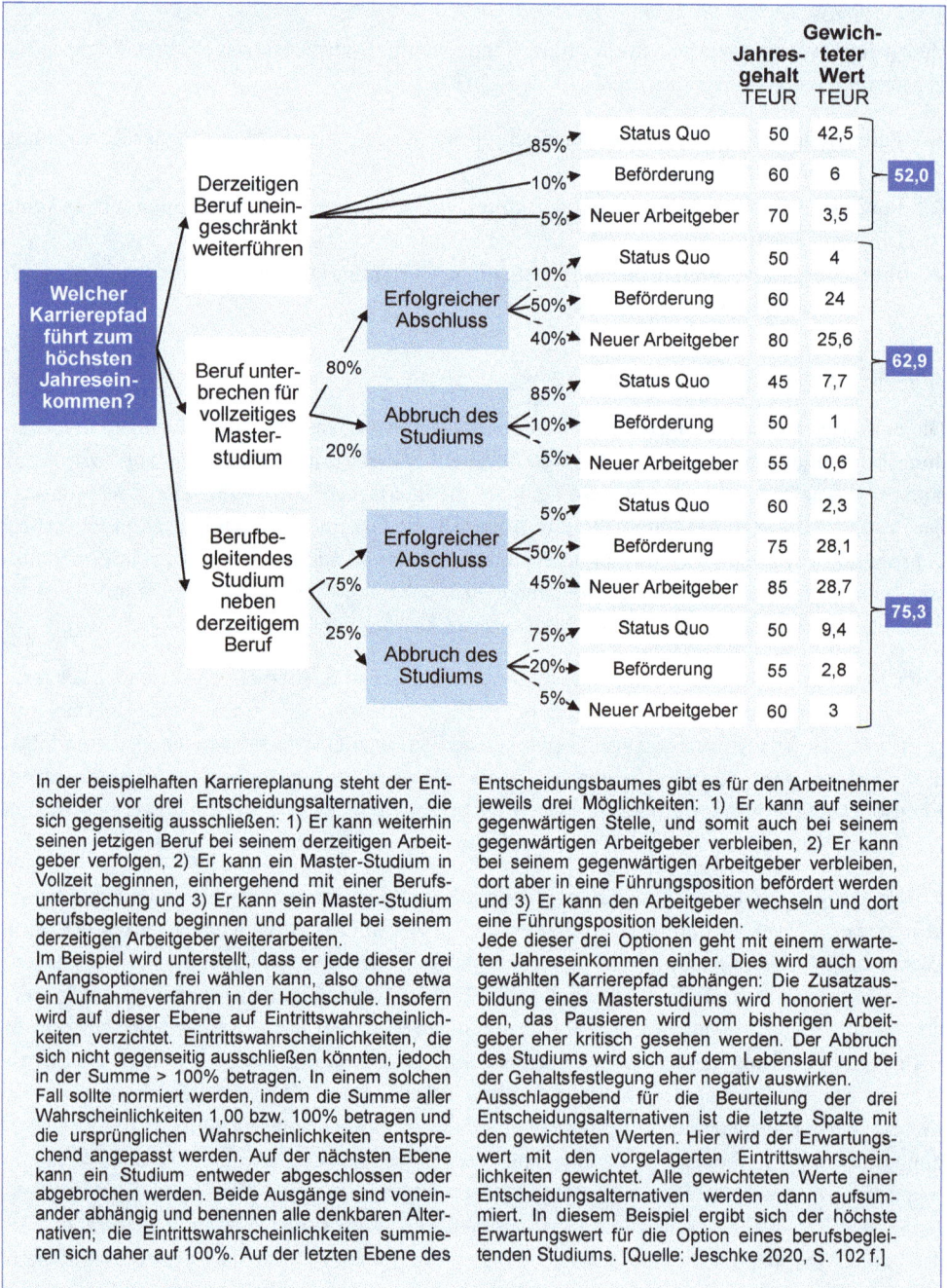

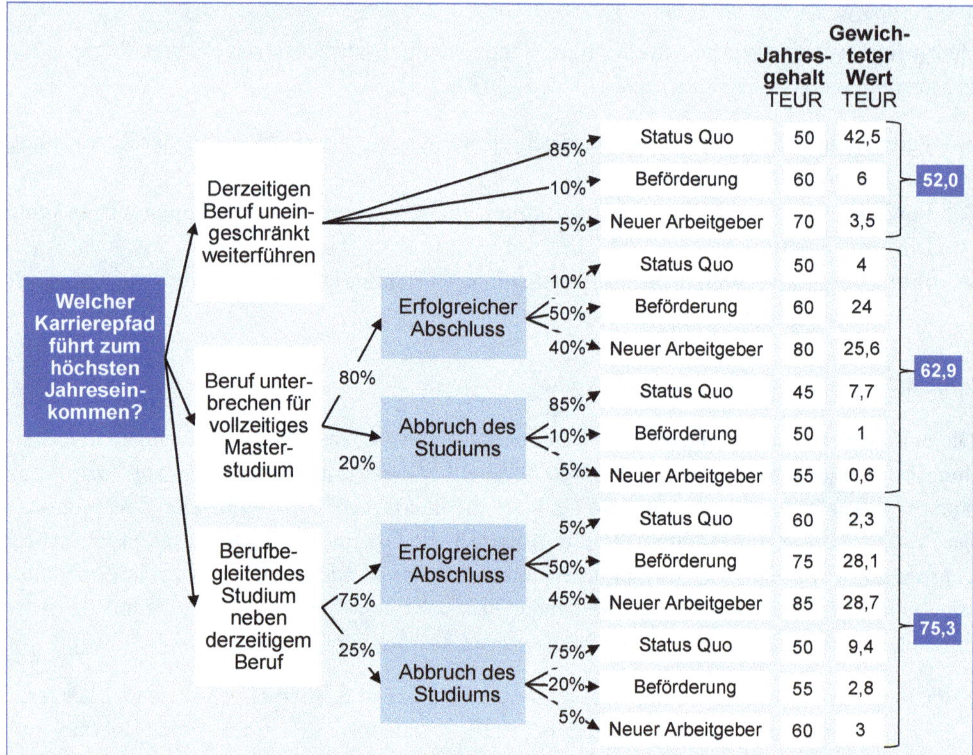
Jahres-gehalt TEUR
Gewich-teter Wert TEUR
Welcher Karrierepfad führt zum höchsten Jahresein-kommen?
Derzeitigen Beruf unein-geschränkt weiterführen
Beruf unter-brechen für vollzeitiges Master-studium
Berufbe-gleitendes Studium neben derzeitigem Beruf
80%
20%
75%
25%
Erfolgreicher Abschluss
Abbruch des Studiums
Erfolgreicher Abschluss
Abbruch des Studiums
85% Status Quo 50 42,5
10% Beförderung 60 6
5% Neuer Arbeitgeber 70 3,5
52,0
10% Status Quo 50 4
50% Beförderung 60 24
40% Neuer Arbeitgeber 80 25,6
85% Status Quo 45 7,7
10% Beförderung 50 1
5% Neuer Arbeitgeber 55 0,6
62,9
5% Status Quo 60 2,3
50% Beförderung 75 28,1
45% Neuer Arbeitgeber 85 28,7
75% Status Quo 50 9,4
20% Beförderung 55 2,8
5% Neuer Arbeitgeber 60 3
75,3

In der beispielhaften Karriereplanung steht der Entscheider vor drei Entscheidungsalternativen, die sich gegenseitig ausschließen: 1) Er kann weiterhin seinen jetzigen Beruf bei seinem derzeitigen Arbeitgeber verfolgen, 2) Er kann ein Master-Studium in Vollzeit beginnen, einhergehend mit einer Berufsunterbrechung und 3) Er kann sein Master-Studium berufsbegleitend beginnen und parallel bei seinem derzeitigen Arbeitgeber weiterarbeiten.

Im Beispiel wird unterstellt, dass er jede dieser drei Anfangsoptionen frei wählen kann, also ohne etwa ein Aufnahmeverfahren in der Hochschule. Insofern wird auf dieser Ebene auf Eintrittswahrscheinlichkeiten verzichtet. Eintrittswahrscheinlichkeiten, die sich nicht gegenseitig ausschließen könnten, jedoch in der Summe > 100% betragen. In einem solchen Fall sollte normiert werden, indem die Summe aller Wahrscheinlichkeiten 1,00 bzw. 100% betragen und die ursprünglichen Wahrscheinlichkeiten entsprechend angepasst werden. Auf der nächsten Ebene kann ein Studium entweder abgeschlossen oder abgebrochen werden. Beide Ausgänge sind voneinander abhängig und benennen alle denkbaren Alternativen; die Eintrittswahrscheinlichkeiten summieren sich daher auf 100%. Auf der letzten Ebene des Entscheidungsbaumes gibt es für den Arbeitnehmer jeweils drei Möglichkeiten: 1) Er kann auf seiner gegenwärtigen Stelle, und somit auch bei seinem gegenwärtigen Arbeitgeber verbleiben, 2) Er kann bei seinem gegenwärtigen Arbeitgeber verbleiben, dort aber in eine Führungsposition befördert werden und 3) Er kann den Arbeitgeber wechseln und dort eine Führungsposition bekleiden.

Jede dieser drei Optionen geht mit einem erwarteten Jahreseinkommen einher. Dies wird auch vom gewählten Karrierepfad abhängen: Die Zusatzausbildung eines Masterstudiums wird honoriert werden, das Pausieren wird vom bisherigen Arbeitgeber eher kritisch gesehen werden. Der Abbruch des Studiums wird sich auf dem Lebenslauf und bei der Gehaltsfestlegung eher negativ auswirken.

Ausschlaggebend für die Beurteilung der drei Entscheidungsalternativen ist die letzte Spalte mit den gewichteten Werten. Hier wird der Erwartungswert mit den vorgelagerten Eintrittswahrscheinlichkeiten gewichtet. Alle gewichteten Werte einer Entscheidungsalternativen werden dann aufsummiert. In diesem Beispiel ergibt sich der höchste Erwartungswert für die Option eines berufsbegleitenden Studiums. [Quelle: Jeschke 2020, S. 102 f.]

Abb. 2-66: Entscheidungsbaumanalyse (Beispiel: Karriereplanung)

Entscheidungsregeln bei Unsicherheit/Ungewissheit: Bei dieser Kategorie sind über den Eintritt bestimmter Konsequenzen nicht einmal Wahrscheinlichkeiten gegeben. Aufgrund der Risikodisposition des Entscheiders, also der Art, wie der Entscheider die bestmöglichen und die schlechtmöglichsten vorstellbaren Entscheidungswirkungen gewichtet, lassen sich Entscheidungsregeln z.B. nach dem Minimax- oder Maximax-Prinzip unterscheiden. Bei der Minimax-Regel ist diejenige Alternative optimal, deren kleinstes Ergebnis aller denkbaren Szenarien größer ist als das kleinste Ergebnis jeder anderen Alternative. Bei der Maximax-Regel ist diejenige Alternative optimal, deren größtes Ergebnis aller denkbaren Szenarien größer ist als das größte Ergebnis jeder anderen Alternative. Zur Kategorie der Entscheidungsregeln bei Unsicherheit zählen auch die verschiedenen Ansätze der Spieltheorie, bei denen sich die Entscheidungssequenzen nicht auf resultierende Szenarien, sondern auf konkrete Reaktionen anderer beziehen. Dabei werden kooperative und nichtkooperative Spieltheorien unterschieden – je nachdem, ob Spieler in der Lage sind, bindende Abmachungen zu treffen und einzuhalten oder stattdessen egoistisch vorgehen.

2.4.5 Entscheidungswirkung

Die Beurteilung der Entscheidungswirkung ist Hauptgegenstand der Kontrollphase. Entscheidungen werden i.d.R. anhand des Resultats bewertet. Daher muss zunächst die Entscheidungsgüte als Dreh- und Angelpunkt des gesamten Entscheidungsprozesses bewertet werden, wobei die Reflexion der Entscheidungsgüte untrennbar verbunden ist mit einer entscheidungsbezogenen Nutzenmessung. Dazu müssen alternative Entscheidungsszenarien von ihrer Wirkung her prognostiziert werden. Dies wird bei bestimmten Entscheidungssituationen der Fall sein, etwa bei der Angebotsstellung für eine Ausschreibung, bei der der Bieterprozess später transparent gemacht wird und somit Erfolgs- oder Misserfolgsgründe offenlegt. In anderen Situationen wird sich der Erfolg von Entscheidungen weniger belastbar beurteilen lassen [vgl. Jeschke 2020, S. 137 f.].

Da Entscheidungen vielfältigen Einflüssen unterliegen, ist es sinnvoll und durchaus üblich, neben der Entscheidungsgüte auch den Entscheidungsprozess an sich in Bezug auf das Ergebnis differenziert zu untersuchen. So können Entscheidungen hinausgezögert oder ohne systematischen Analyseprozess getroffen werden. Auch kann es sein, dass sich der Entscheider sich außerstande sieht, Entscheidungen zu treffen.

Einem solchen grundsätzlichen Optimierungsanspruch liegt folgender Fragenkomplex zugrunde [vgl. Jeschke 2020, S. 142]:

- **Entscheidungsumfeld:** Ist die Übersicht über die grundsätzlich bedeutsamen Umfelder vollständig und relevant? Sind die Analysestrukturen zur Unterscheidung von relevanten von nichtrelevanten Ereignissen vorhanden?
- **Entscheidungsziele:** Sind die Entscheidungsziele operationalisierbar und konsistent? Was will ich für das Unternehmen erreichen? Ist die Motivation der involvierten Mitarbeiter vorhanden?
- **Entscheidungsregeln:** Sind die angewendeten Entscheidungsregeln situationsgerecht und innerhalb des Unternehmens akzeptiert? Sind die Regeln geeignet, um die konkrete Entscheidungssituation in Entscheidungen überführen zu können?
- **Entscheidungswirkung:** Stehen Folgeentscheidungen in Einklang mit den vorangegangenen Entscheidungen?

Kontroll- und Vertiefungsfragen

1. Welche vier Phasen bzw. Fragestellungen kennzeichnen den Bezugsrahmen für die marktorientierte Unternehmensplanung?
2. Warum werden gerade Unternehmensberater häufig mit der Durchführung von Benchmarkings beauftragt?
3. Inwieweit haben Änderungen der übergeordneten Unternehmensstrategie Auswirkungen auf das Marketing?
4. An welchen Faktoren wird die Unternehmenskultur sichtbar?
5. Aus welchen Komponenten setzt sich die Corporate Identity eines Unternehmens zusammen?
6. Erläutern Sie die Unterschiede zwischen „Mission" und „Vision" eines Unternehmens.
7. Welche Analyse-Verfahren eignen sich besonders gut, um Verbesserungspotenziale im Rahmen der Umwelt- und Unternehmensanalyse aufzuzeigen?
8. Für welches Szenario ist die Analyse der Kompetenzposition unerlässlich?
9. Charakterisieren Sie Primärquellen und Sekundärquellen anhand der Kriterien Verfügbarkeit und Kosten.
10. Warum wird die Wahl der Befragungsform auch als *Befragungsstrategie* und die Art der Fragestellung als *Befragungstaktik* bezeichnet?
11. Mit welchen Maßnahmen lässt sich die Rücklaufquote einer schriftlichen Befragung erhöhen?
12. Welche methodischen Probleme können die Ergebnisse von Verbraucherpanels beeinflussen?
13. Warum zählt das Quotenauswahlverfahren zwar zu den repräsentativen Verfahren, aber nicht zu den Verfahren der Zufallsauswahl?
14. Worin besteht der Unterschied zwischen Markttest und einem Testmarkt?
15. Warum sind die Kriterien Isolation und Repräsentativität wichtig für die Auswahl eines Testmarktes?
16. Nennen Sie Beispiele für das *Overreporting* und das *Underreporting*?
17. In welchen Situationen ist es ratsamer, einen Storetest anstatt eines Markttests durchzuführen?
18. Erläutern Sie den Unterschied zwischen der Korrelations- und der Regressionsanalyse?
19. Was ist das Besondere an unternehmerischen Entscheidungen?
20. Erläutern Sie das Zusammenspiel der verschiedenen Komponenten eines Entscheidungsprozesses.
21. Welche drei Kategorien von Entscheidungsregeln können nach dem verfügbaren Informationsstand unterschieden werden?

3. Marketing- und Vertriebsmanagement

Zusammenfassung des Kapitels 167
Lernziele des Kapitels 168

3.1 Marketing und digitale Transformation 169

3.2 Marketing-Wertschöpfungskette und Marketing-Gleichung 171

3.2.1 Wettbewerbsvorteil als Dreh- und Angelpunkt aller Marketingaktivitäten 171
3.2.2 Konzeption und Aktionsfelder der Marketing-Gleichung 172

3.3 Segmentierung – Optimierung des Kundennutzens 174

3.3.1 Führungsrelevante Aufgaben und Ziele der Segmentierung 174
3.3.2 Kaufverhalten und Segmentierung im B2C-Bereich 177
3.3.2.1 Kaufverhalten als Modell 177
3.3.2.2 Einflussfaktoren des Kaufverhaltens 178
3.3.2.3 Kaufentscheidung 180
3.3.2.4 Segmentierungskriterien 181
3.3.3 Kaufverhalten und Segmentierung im B2B-Bereich 181
3.3.3.1 Beteiligte am organisationalen Kauf 182
3.3.3.2 Der organisationale Kaufprozess 182
3.3.3.3 Segmentierungsansätze im B2B-Bereich 183
3.3.3.4 Makrosegmentierung 184
3.3.3.5 Mikrosegmentierung 184
3.3.3.6 Segmentbewertung 185
3.3.4 Auswahl der Marktsegmente 185
3.3.4.1 Geschäftsfeldplanung 185
3.3.4.2 Segmentierungsstrategien 187

3.4 Positionierung – Optimierung des Kundenvorteils 190

3.4.1 Führungsrelevante Aufgaben und Ziele der Positionierung 190
3.4.2 Das Produkt als Positionierungselement 191
3.4.2.1 Differenzierung als Grundlage der Positionierung 192
3.4.2.2 Positionierungsmodelle und Positionierungsanalyse 195
3.4.2.3 Markenmanagement 197
3.4.3 Der Preis als Positionierungselement 200
3.4.3.1 Preisfindung 201
3.4.3.2 Preispositionierungsstrategien 203
3.4.3.3 Preisdifferenzierungsstrategien 205
3.4.4 Positionierung im Einzelhandel 209

3.5 Kommunikation – Optimierung der Kundenwahrnehmung 212

3.5.1 Führungsrelevante Aufgaben, Ziele und Grundlagen der Kommunikation 212
3.5.1.1 Klassische Kommunikation vs. Digitalisierung 212
3.5.1.2 Kommunikationssystem 214
3.5.1.3 Kommunikationskonzept 215
3.5.1.4 Kommunikationsinstrumente 215
3.5.1.5 Interne Kommunikation 217
3.5.2 Klassische Kommunikationsinstrumente 217
3.5.2.1 Klassische Werbung 217
3.5.2.2 Verkaufsförderung 223
3.5.2.3 Öffentlichkeitsarbeit 225
3.5.2.4 Sponsoring 226
3.5.2.5 Product Placement und Product Publicity 229
3.5.2.6 Messen, Ausstellungen, Events 230

3.5.3 Digitale Kommunikationsinstrumente 232
3.5.3.1 Website Advertising 234
3.5.3.2 Social Media Advertising 235
3.5.3.3 Advertorials 238
3.5.3.4 Display Advertising 239
3.5.3.5 E-Mail Advertising 241
3.5.3.6 Keyword Advertising 242
3.5.3.7 Affiliate Advertising 243
3.5.4 Klassische Kommunikationsmedien 244
3.5.4.1 Printmedien 245
3.5.4.2 Klassische elektronische Medien 246
3.5.4.3 Außenwerbung 247
3.5.5 Digitale Kommunikationsmedien 248
3.5.5.1 Internet-Kommunikation 250
3.5.5.2 Kommunikation über Terminal Systeme 254
3.5.6 Mediaplanung und -kontrolle 254
3.5.6.1 Mediaanalyse 255
3.5.6.2 Festlegen des Mediabudgets 255
3.5.6.3 Verteilung des Mediabudgets (Streuplanung) 256
3.5.6.4 Messung der Kommunikationswirkung (Werbeerfolgskontrolle) 258
3.5.6.5 Erfolgsmessung im Online-Marketing 259

3.6 Distribution – Optimierung der Kundennähe 261

3.6.1 Führungsrelevante Aufgaben, Ziele und Grundlagen der Distribution 261
3.6.1.1 Distributionsorgane 262
3.6.1.2 Distributionskanäle 264
3.6.1.3 Distributionsformen 264
3.6.2 Distribution im B2C-Bereich 265
3.6.2.1 Internet als Distributionskanal 266
3.6.2.2 Mehrkanalsysteme 267
3.6.3 Vom E- zum M-Commerce 268
3.6.4 Distribution im B2B-Bereich 270
3.6.4.1 Direkter Vertrieb 270
3.6.4.2 Indirekter Vertrieb 271

3.7 Akquisition – Optimierung der Kundenakzeptanz 274

3.7.1 Führungsrelevante Aufgaben, Ziele und Grundlagen der Akquisition 274
3.7.1.1 Buying Center 276
3.7.1.2 Selling Center 277
3.7.1.3 Key Account Manager 279
3.7.1.4 Product Manager 279
3.7.1.5 Category Manager 279
3.7.1.6 Vertriebliche Qualifikationen 280
3.7.2 Akquisitionszyklus 282
3.7.2.1 Leadmanagement 283
3.7.2.2 Opportunity Management 284
3.7.3 Akquisitionsprozess und Akquisitionsgespräch 286
3.7.4 Angebots- und Vertragsgestaltung 290
3.7.4.1 Vertragliche Grundlagen 290
3.7.4.2 Dienstvertrag vs. Werkvertrag 291
3.7.5 Akquisitionscontrolling 292
3.7.5.1 Effizienzsteigerung im Vertrieb 292
3.7.5.2 Effektivitätssteigerung im Vertrieb 293
3.7.5.3 Kennzahlen im Vertrieb 294

3.8 Betreuung – Optimierung der Kundenzufriedenheit 296
3.8.1 Führungsrelevante Aufgaben, Ziele und Grundlagen der Betreuung 296
3.8.1.1 Kundenmanagement 297
3.8.1.2 Transaktionsmanagement vs. Beziehungsmanagement 299
3.8.1.3 Kundenwert 300
3.8.1.4 Customer Relationship Management 301
3.8.2 Kundenbindungsmanagement 303
3.8.2.1 Planungsdimensionen der Kundenbindung 304
3.8.2.2 Kundenbindungsinstrumente im B2C-Marketing 305
3.8.2.3 Kundenbindungsinstrumente im B2B-Marketing 307
3.8.3 Qualitätsmanagement 309
3.8.3.1 Qualitätsmanagementprozess 310
3.8.3.2 Instrumente des Qualitätsmanagements 310
3.8.3.3 Neue Maßstäbe der Qualität 312
3.8.4 Servicemanagement 314
3.8.4.1 Instrumente des Servicemanagements 315
3.8.4.2 Kundenservice der Zukunft 318
3.8.5 Beschwerdemanagement 319
3.8.5.1 Wesen und Ziele 319
3.8.5.2 Beschwerdeprozess 321
3.8.5.3 Bausteine eines aktiven Beschwerdemanagement-Systems 322

Kontroll- und Vertiefungsfragen 324

Zusammenfassung des Kapitels

Das Marketing ist einer der wichtigsten Erfolgsfaktoren des Unternehmens. Die Konsumgüterindustrie fokussiert diesen Erfolgsfaktor sogar fast ausschließlich auf das Branding, also auf eine gut eingeführte Marke. Doch nicht nur im B2C-Bereich, sondern ganz besonders auch in nahezu allen mittelständischen B2B-Unternehmen rangieren Marketing und Vertrieb ganz oben auf der Liste der wichtigsten Aktivitäten einer Unternehmensführung.

Neben den strategischen Marketingaktivitäten – wie Segmentierung und Positionierung als Grundlage der Kommunikation mit dem Kunden – sollen hier auch die vertrieblichen Aktivitäten – wie das erfolgreiche Akquisitionsgespräch und die Kundenbetreuung – betrachtet werden. Im Mittelpunkt stehen aber die Möglichkeiten des digitalen Marketings im Hinblick auf Zielgenauigkeit, Wirkungsgrad und Erfolgskontrolle. Zur Systematisierung der Wertschöpfungskette Marketing und Vertrieb dient die Marketing-Gleichung, deren Beschreibung sich in den allgemeinen Teilen auf die Ausführungen von Lippold [2015a und 2015d] bezieht.

Die Anwendung der Marketing-Gleichung liefert:

- Aussagen über Elemente und Aufbau der Marketing-Gleichung.
- Einblicke in die Grundlagen, Prozesse und Methoden der Marktforschung, deren Einsatz ein wichtiges Hilfsmittel für die Segmentierung ist.
- Anwendung und Unterscheidung von Segmentierungskriterien und Segmentierungsdimensionen.
- Aussagen über Grundlagen der Geschäftsfeldplanung.
- Unterscheidung zwischen Geschäftsfeldern und Geschäftseinheiten.
- Aussagen über Kundennutzen und Kundenvorteil von Produkten und Leistungen.
- Aussagen über die wirkungsvolle Positionierung in den Zielsegmenten.
- Auseinandersetzung mit dem Produkt und seinen vielfältigen Differenzierungsmöglichkeiten sowie mit dem Preis als den beiden wesentlichen Positionierungsmöglichkeiten.
- Kenntnisse über den Einsatz von Wettbewerbsstrategien, Wachstumsstrategien, Portfoliostrategien, Marktfeldstrategien und Markenstrategien.
- Aussagen über Einsatz und Kontrolle der digitalen Kommunikationsinstrumente.
- Beschäftigung mit den Grundlagen und Wirkungsweisen der unterschiedlichen Kommunikationsmedien.
- Aussagen über die verschiedenen Distributionskanäle.
- Aussagen über die Effektivität und Effizienz von Akquisitionsprozessen.
- Einblicke in die Besonderheiten der Vermarktung von komplexen erklärungsbedürftigen Produkten und Leistung (B2B).
- Beschäftigung mit den Grundlagen des Verkaufsgesprächs und seinen Techniken.
- Aussagen über einen nachhaltigen Betreuungsprozess.

Lernziele des Kapitels

1. Sie sind in der Lage, den ganzheitlichen Ansatz der Marketing-Gleichung aufbauend auf der Marketing-Wertschöpfungskette zu erklären.
2. Sie lernen Kaufverhaltens- und Segmentierungsansätze getrennt nach B2C und B2B kennen.
3. Sie können sinnvolle Segmentierungskriterien für Ihr Unternehmen entwickeln.
4. Sie können Positionierungsmerkmale für Ihr Unternehmen an den Positionierungselementen Produkt bzw. Dienstleistung und Preis darstellen.
5. Sie befassen sich mit Wettbewerbsstrategien und ihren Auswirkungen auf die Marktpartner.
6. Sie lernen die konzeptionellen Grundlagen und Wirkungsweisen der Kommunikation kennen.
7. Sie sind in der Lage, die Vorteile des digitalen Marketings gegenüber den klassischen Marketing-Instrumenten darzustellen.
8. Sie können Zielgenauigkeit, Wirkungsgrad und Erfolgskontrolle des digitalen Marketings argumentieren.
9. Sie sind in der Lage, die Vor- bzw. Nachteile von Online-Medien denen der klassischen Medien gegenüberzustellen.
10. Sie befassen sich mit den verschiedenen Distributionskanälen, wobei eine ausführliche Analyse von Mehrkanalsystemen im Vordergrund steht.
11. Sie können erklären, welche Distributionskanäle sich für Ihr Geschäft besonders eignen.
12. Sie beschäftigen sich mit der Entwicklung vom E- zum M-Commerce und lernen Positionierungen im Handel kennen.
13. Sie können den Leadmanagement-Prozess erläutern und erklären, welche Personen in diesen Prozess involviert sein sollten.
14. Sie sind in der Lage, die wichtigsten Akteure eines Buying Center und eines Selling Center zu benennen.
15. Sie sind in der Lage, die wichtigsten Phasen des Verkaufsgesprächs und deren Bedeutung für eine erfolgreiche Akquisition zu erläutern.
16. Sie beschäftigen sich mit dem Akquisitionscontrolling, da kaum ein anderes Akquisitionsfeld so stark von Kosten-Nutzen-Aspekten geprägt ist wie die persönliche Akquisition.
17. Sie lernen die zentrale Bedeutung der Kundenbeziehung für den Unternehmenserfolg kennen.
18. Sie können erklären, warum die Betreuung so wichtig für einen nachhaltigen Unternehmenserfolg ist.

3.1 Marketing und digitale Transformation

Marketing zählt zu den Kernkompetenzen jedes Unternehmens. Dennoch ist sein Stellenwert für den Unternehmenserfolg in den letzten Jahren kontinuierlich gesunken. Vielerorts ist der Marketingbereich zur reinen Werbeabteilung degradiert. Marketing ist aber nicht nur Werbung oder Kommunikation, sondern eine Denkhaltung, welche die Kundenbedürfnisse in den Mittelpunkt unternehmerischen Handelns stellt. Und diese Denkhaltung muss sich die Unternehmensführung zwingend zu eigen machen. Marketing ist daher viel zu wichtig, um es einer einzelnen Person oder einer Abteilung zu überlassen. Die Unternehmensführung – natürlich in enger Zusammenarbeit mit der Marketing- und Vertriebsleitung – muss die kundenorientierten Zügel in der Hand haben. Der Kunde bzw. dessen Aufträge sind die Existenzberechtigung eines jeden Unternehmens. Daher ist es so wichtig, dass die Unternehmensführung die Marketing-Prozesse kennt.

Mit der digitalen Transformation und ihrer richtigen unternehmensstrategischen Einordnung und Umsetzung als die vielleicht wichtigste gesellschaftliche und wirtschaftliche Chance der Gegenwart kommt dem Marketing künftig eine noch größere Bedeutung zu. Voraussetzung ist, dass das oberste Management die damit verbundenen Herausforderungen aufgreift und aktiv gestaltet.

Die wohl größte Herausforderung besteht darin, aus den unendlich vielen Online-Prozessen, der E-Mail- und Telefon-Kommunikation sowie aus den sozialen Medien jene Informationen zu gewinnen, die für die Entscheidungsfindung und -unterstützung der richtigen Produkt- und Markenstrategie wichtig sind. Das Internet ist aber nicht nur interaktiver, sondern auch mobiler geworden. Eine Vielzahl von technischen Erfindungen, medialen und sozialen Plattformen sowie mobilen Dienstleistungen prägen unser aller Lebensstil und sind vor allem bei jungen Zielgruppen ("Digital Natives") kaum noch wegzudenken. So werden die Präferenzen von Käufern in Echtzeit auswertbar und mit einer speziellen Location, in der sich die Person gerade aufhält, kombiniert. Damit können dynamische Impulse hinsichtlich Einkaufsstätte, Preis oder Produktverfügbarkeit mobil übermittelt werden, um so den entscheidenden Kaufimpuls – genau im passenden Moment und am richtigen Ort – zu geben.

Mit dem Internet als Übertragungskanal und mit der Digitalisierung der Medien können die Kunden ihre Bedürfnisse nach Unterhaltung, Information, Kommunikation, Konsum und Sozialisierung einfach und schnell befriedigen. Noch nie gab es so viele und extrem leicht zugängliche Möglichkeiten, sich zu informieren, sich unterhalten zu lassen und gleichzeitig zu kommunizieren. Mit der technologischen Entwicklung und der Möglichkeit, auf beliebigen Endgeräten neuartige Kommunikationskonzepte (z. B. lokalisierte und personalisierte Markenbotschaften) und sogar Geschäftsmodelle zu begehen, ist die strategischen Markenführung noch vielfältiger und größer geworden. Aber nicht nur der Markt für Informations- und Werbegüter ist für den Einzelnen komplett unübersichtlich geworden, auch für die Botschaft der Marke als digitalisiertes Positionierungselement ist es noch schwerer und komplexer geworden, zum Konsumenten durchzudringen.

Die Verlagerung der Aktivitäten von den analogen zu den digitalen Medien führt einerseits zu ungeahnten Anwendungsmöglichkeiten und andererseits zu grenzenloser Beliebigkeit und kompletter Unübersichtlichkeit. Etablierte Marken und sogar bestehende Geschäftsmodelle können durch die sich abzeichnenden Veränderungen in ihren Grundfesten erschüttert werden.

Somit wird deutlich, dass die digitale Revolution alle Verantwortungsträger in den Unternehmen umfassend herausfordern wird. Dabei stellt sich nicht so sehr die Frage, ob die digitalen Medien die klassischen Kanäle kontinuierlich verdrängen oder gar ersetzen werden. Wichtig ist vielmehr, für die Online-Medien den Beleg ihrer Wirkung bzw. ihres Wirkungsanteils zu erbringen, denn künftig werden beide Medienwelten noch enger verzahnt. Im Fokus wird also die Messbarkeit der Online-Kampagnen auf die Kommunikationswirkung und damit die unternehmerische Frage nach dem direkten Abverkauf der Produkte und Dienstleistungen stehen. War es früher – vereinfacht ausgedrückt – lediglich der 1.000-Leser-Preis (zur Ermittlung der Streukosten unterschiedlicher Medien), so sind es heute im Zeitalter digitalisierter Marken rund 50 mehr oder weniger aussagekräftige KPI's (Key Performance Indicators) wie Ad-Clicks, Cost-per-Click, Cost-per-Order, Cost-per-Conversion, Teilnahme- oder Einlösequoten, Seitenaufrufe (Page Impressions), Click-Through-Rates oder Transaktionsquoten – um nur einige zu nennen – mit denen sich die Entscheider befassen und in einen übergeordneten, unternehmerischen Zusammenhang stellen müssen.

3.2 Marketing-Wertschöpfungskette und Marketing-Gleichung

Die Aufgaben von Marketing und Vertrieb zählen nach dem Grundmodell von Porter zu den Primäraktivitäten und damit zu den Kernprozessen eines Unternehmens (siehe auch die Wertkettenanalyse in Abschnitt 2.1.4.7). Weil nach unserem Verständnis auch der Kundendienst und zum Teil sicherlich auch die Marketing-Logistik („Versand“) zur Marketing-Prozesskette gehören, werden die Kernkompetenzen eindeutig von den Marketingaktivitäten dominiert. Die Primäraktivitäten lassen sich ebenso wie die Prozesse der Sekundäraktivitäten weiter unterteilen in Prozessphasen, Prozessschritte etc. Auf diese Weise können Prozesse auf unterschiedlichen Ebenen in verschiedenen Detaillierungsgraden betrachtet werden. Für die erste Unterteilung in Prozessphasen erhält man das in Abbildung 3-01 dargestellte Schema.

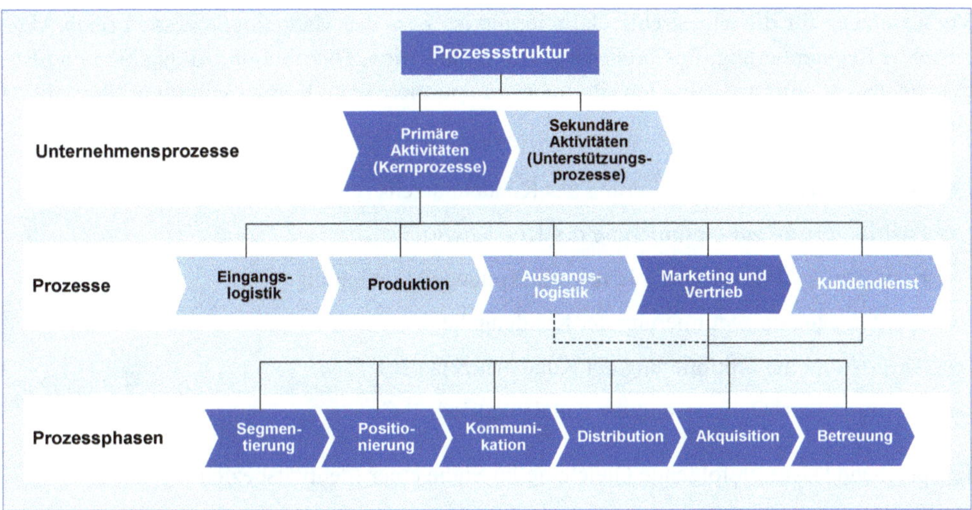
Prozessstruktur
Unternehmensprozesse
Primäre Aktivitäten (Kernprozesse)
Sekundäre Aktivitäten (Unterstützungs-prozesse)
Prozesse
Eingangs-logistik
Produktion
Ausgangs-logistik
Marketing und Vertrieb
Kundendienst
Prozessphasen
Segmen-tierung
Positio-nierung
Kommuni-kation
Distribution
Akquisition
Betreuung

Abb. 3-01: Prozessstruktur der Marketing-Wertschöpfungskette

3.2.1 Wettbewerbsvorteil als Dreh- und Angelpunkt aller Marketingaktivitäten

Zentrale Idee des Marketings ist es, die Vorteile des eigenen Unternehmens auf die Bedürfnisse vorhandener und potenzieller Kunden auszurichten. Die Bestimmungsfaktoren dieser Vorteile sind das Produkt- und Leistungsportfolio, die besonderen Fähigkeiten, das Know-how und die Innovationskraft, kurzum, die Differenzierungsvorteile und damit das Akquisitionspotenzial des Unternehmens. Bereits Wroe Alderson, einer der herausragenden Marketing-Theoretiker des 20. Jahrhunderts, nimmt in seinem umfassenden Entwurf zu einer generellen Marketing-Theorie die zentrale Idee der erst Jahrzehnte später voll entfachten Diskussion um die Erzielung von Wettbewerbsvorteilen vorweg:

„Der Ansatz der Differenzierungsvorteile, ..., geht davon aus, dass niemand in einen Markt eintritt, wenn er nicht die Erwartung hat, einen gewissen Vorteil für seine Kunden bieten zu können und dass Wettbewerb in dem dauernden Bemühen um die Entwicklung, Erhaltung und Vergrößerung solcher Vorteile besteht.“ [Alderson 1957, S. 106 zit. nach Kuß 2013, S. 233].

Der Differenzierungsvorteil ist der Vorteil, den das Unternehmen gegenüber den Wettbewerbern hat. Dieser Wettbewerbsvorteil (an sich) ist aber letztlich ohne Bedeutung. Entscheidend ist vielmehr, dass der Wettbewerbsvorteil auch von den Kunden wahrgenommen wird. Erst die Akzeptanz im Markt sichert den nachhaltigen Gewinn. Genau diese Lücke zwischen dem Wettbewerbsvorteil an sich und dem vom Markt honorierten Wettbewerbsvorteil gilt es zu schließen. Damit sind gleichzeitig auch die beiden Pole aufgezeigt, zwischen denen die Marketing-Wertschöpfungskette einzuordnen ist. Eine Optimierung des Marketingprozesses führt somit zwangsläufig zur Schließung der Lücke [vgl. Lippold 2010a, S. 3 f.].

3.2.2 Konzeption und Aktionsfelder der Marketing-Gleichung

Voraussetzung für die angestrebte Optimierung ist, dass der Marketingprozess in seine Aktionsfelder Segmentierung, Positionierung, Kommunikation, Distribution, Akquisition und Betreuung zerlegt wird und diese jeweils einem zu optimierendem Kundenkriterium („Variable") zugeordnet werden:

- **Segmentierung** zur Optimierung des Kundennutzens
- **Positionierung** zur Optimierung des Kundenvorteils
- **Kommunikation** zur Optimierung der Kundenwahrnehmung
- **Distribution** zur Optimierung der Kundennähe
- **Akquisition** zur Optimierung der Kundenakzeptanz
- **Betreuung** zur Optimierung der Kundenzufriedenheit.

Entsprechend lässt sich folgende Gleichung im Sinne einer Identitätsbeziehung ableiten:

Honorierter Wettbewerbsvorteil =
fachlicher Wettbewerbsvorteil + Kundennutzen + Kundenvorteil + Kundenwahrnehmung + Kundennähe + Kundenakzeptanz + Kundenzufriedenheit

Dabei geht es nicht um eine mathematisch-deterministische Auslegung des Begriffs *„Gleichung"*. Angestrebt wird vielmehr der Gedanke eines herzustellenden Gleichgewichts (und Identität) zwischen dem Wettbewerbsvorteil an sich und dem vom Kunden honorierten Wettbewerbsvorteil. Mit anderen Worten, hinter dieser Begriffsbildung steht die These, dass das Gleichgewicht durch die Addition der einzelnen, an Kundenkriterien ausgerichteten Aktionsfelder erreicht werden kann.

Die Idee der Marketing-Gleichung beruht also auf zwei Grundüberlegungen. Zum einen ist es die Darstellung und Analyse der Wertschöpfungs- und Prozessketten eines Unternehmens, zum anderen ist es die Erkenntnis, dass nur der vom Markt honorierte Wettbewerbsvorteil maßgebend für den nachhaltigen Gewinn eines Unternehmens ist.

Abbildung 3-02 veranschaulicht den ganzheitlichen Ansatz der Marketing-Gleichung, indem sie die einzelnen Aktionsfelder in einen zeitlichen und inhaltlichen Wirkungszusammenhang stellt. In dieser Abbildung wird auch deutlich, dass die einzelnen Aktionsfelder zugleich die Hauptprozessphasen der Vermarktung darstellen.

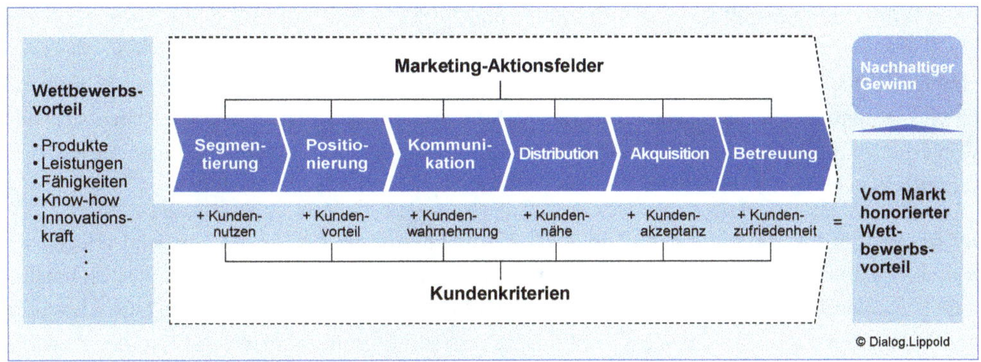
Marketing-Aktionsfelder
Wettbewerbs-vorteil
• Produkte
• Leistungen
• Fähigkeiten
• Know-how
• Innovations-kraft
Segmen-tierung
Positio-nierung
Kommuni-kation
Distribution
Akquisition
Betreuung
+ Kunden-nutzen
+ Kunden-vorteil
+ Kunden-wahrnehmung
+ Kunden-nähe
+ Kunden-akzeptanz
+ Kunden-zufriedenheit
=
Kundenkriterien
Nachhaltiger Gewinn
Vom Markt honorierter Wett-bewerbs-vorteil
© Dialog.Lippold

Abb. 3-02: Die Marketing-Gleichung im Überblick

3.3 Segmentierung – Optimierung des Kundennutzens

Der Markt ist keine homogene Einheit. Er besteht aus einer Vielzahl von Käufern, die sich in ihren Wünschen, Einstellungen, Kaufmotiven und Verhaltensweisen z. T. deutlich voneinander unterscheiden. Unterteilt man die Menge der potenziellen Kunden derart, dass sie in mindestens einem relevanten Merkmal übereinstimmen, so erhält man Kundengruppen, die als Teilmärkte bzw. Segmente bezeichnet werden. Eine solche Segmentierung ist immer dann anzustreben, wenn die Marktsegmente einzeln effektiver und effizienter bedient werden können als der Gesamtmarkt [vgl. Kotler et al. 2007, S. 357].

Im Rahmen des Vermarktungsprozesses ist die Segmentierung, d. h. die Auswahl attraktiver Marktsegmente für die Geschäftsfeldplanung der Unternehmen, das erste wichtige Aktionsfeld. Von besonderer Bedeutung ist dabei das Verständnis für eine kundenorientierte Durchführung der Segmentierung, denn der Vermarktungsprozess sollte grundsätzlich aus Sicht der Kunden beginnen. Daher steht die Kundenanalyse, die sich mit den Zielen, Problemen und Nutzenvorstellungen der potenziellen Kunden befasst, im Vordergrund der Segmentierung. Die hiermit angesprochene Rasterung der Kundengruppen erhöht die Transparenz des Marktes, lässt Marketing-Chancen erkennen und bietet die Möglichkeit, Produkt- und Leistungsmerkmale feiner zu differenzieren [vgl. Kotler 1977, S. 165].

3.3.1 Führungsrelevante Aufgaben und Ziele der Segmentierung

Ein Marktsegment ist eine Zielgruppe mit einer weitgehend homogenen Problemlandschaft und Nutzenvorstellung [vgl. Tüschen 1989, S. 44].

An jedes Segment ist somit die Forderung zu stellen, dass es in sich betrachtet möglichst gleichartig (homogen) und im Vergleich zu anderen Segmenten möglichst ungleichartig (heterogen) ist. Dementsprechend sollte ein hohes Maß an Identität zwischen einer bestimmten Art und Anzahl von Käufern (Zielgruppe) einerseits und dem angebotenen Produkt einschließlich seines Vermarktungskonzeptes andererseits erzielt werden [vgl. Becker, J. 2019, S. 248].

Aufgabe der Segmentierung ist es, alle relevanten Zielgruppen und deren Nutzenvorstellung über die angebotenen Produkte und Leistungen zu bestimmen. Die Segmentierung hat demnach die Optimierung des Kundennutzens zum Ziel:

Kundennutzen = f (Segmentierung) → optimieren!

Durch die Marktsegmentierung soll die heterogene Struktur der Käufer aufgelöst werden, d.h. der Markt eines Unternehmens ist in homogene Käufergruppen zu zerlegen, um ihn entsprechend bearbeiten zu können [vgl. Strothmann/Kliche 1989, S. 67]. Bei der Segmentierung handelt es sich um einen kreativen Akt, der letztlich Zielgruppen mit möglichst homogenem Bedarf und einheitlichem Kaufverhalten identifizieren soll. Eine wesentliche Hilfestellung leisten hierbei die vielfältigen Methoden der Marktforschung.

Das Grundprinzip der Marktsegmentierung soll am Markt für Zahnpasta näher erläutert werden. Der Zahnpasta-Markt bot den Käufern vor einigen Jahrzehnten nur relativ wenige verschiedene Produkte. Heute ist er längst ein stark segmentierter Markt geworden. Es gibt Zahnpasta für Kinder, für Raucher, für Menschen, die weiße Zähne haben wollen, für Menschen mit empfindlichen Zähnen, für gesundheits- oder umweltbewusste Menschen und so weiter. Ausgehend von den unterschiedlichen Bedürfnissen der Verbraucher wurde der Gesamtmarkt für Zahnpasta also von den Anbietern in verschiedene Teilmärkte zerlegt.

Vom Aufgabenablauf bzw. Prozess her betrachtet, lässt sich die Marktsegmentierung in die Marktsegmenterfassung (Informationsseite) und in die Marktsegmentbearbeitung (Aktionsseite) einteilen. Auf der Informationsseite stehen das Kaufverhalten der Konsumenten bzw. Unternehmen und dessen Analyse über die Marktforschung im Vordergrund. Die Aktionsseite ist geprägt von der Segmentauswahl sowie der segmentspezifischen Bearbeitung, die jedoch den anderen Aktionsfeldern des Vermarktungsprozesses vorbehalten ist (siehe Abbildung 3-03).

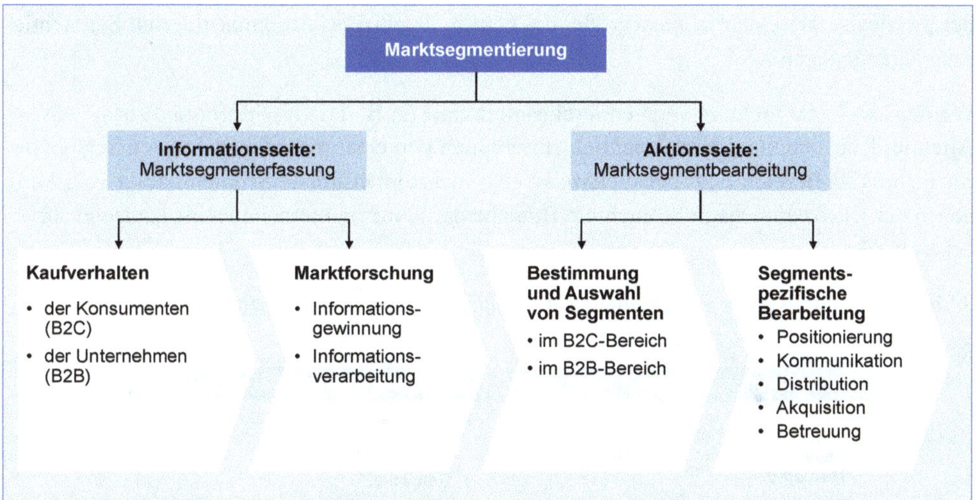
Marktsegmentierung
Informationsseite:
Marktsegmenterfassung
Aktionsseite:
Marktsegmentbearbeitung
Kaufverhalten
• der Konsumenten (B2C)
• der Unternehmen (B2B)
Marktforschung
• Informations-gewinnung
• Informations-verarbeitung
Bestimmung und Auswahl von Segmenten
• im B2C-Bereich
• im B2B-Bereich
Segments-spezifische Bearbeitung
• Positionierung
• Kommunikation
• Distribution
• Akquisition
• Betreuung

Abb. 3-03: Prozess der Marktsegmentierung

Die Marktsegmentierung soll sicherstellen, dass jedes Produkt, jeder Preis, jede Werbemaßnahme etc. speziell auf die Bedürfnisse bzw. Nutzenvorstellungen des Empfängers abgestimmt werden, denn „Marketing for everybody is marketing for nobody“.

Neben der Forderung nach Homogenität der ausgewählten Zielgruppen sind noch weitere Anforderungen an ein effektives Segmentieren zu stellen [vgl. Meffert et al. 2008, S. 190]:

- **Relevanz**, d. h. ein Marktsegment sollte hinsichtlich seiner Größe und seines Gewinnpotenzials ausreichend dimensioniert sein, damit sich ein segmentspezifisches Marketingprogramm lohnt.
- **Messbarkeit**, d. h. die Segmente müssen hinsichtlich Potenzial und Volumen mit den vorhandenen Marktforschungsmethoden messbar und erfassbar sein.

- **Erreichbarkeit**, d. h. die Segmente müssen eine gezielte Ansprache ermöglichen und somit für segmentspezifische Marketingaktivitäten erreichbar sein.
- **Trennbarkeit**, d. h. die Segmente müssen vom Marketingkonzept her trennbar und damit einzeln ansprechbar sein („Scharfschützen-Konzept").
- **Stabilität**, d. h. die Marktsegmente sollten über einen längeren Zeitraum stabil und innerhalb einer ökonomischen Mindestzeit ausschöpfbar sein. Dies ist insbesondere bei Lifestyle-Produkten nicht immer der Fall.
- **Wirtschaftlichkeit**, d. h. der sich aus der Segmentierung ergebende Nutzen sollte größer sein als die für die Bearbeitung des Marktsegments anfallenden Kosten.

Das Grundmodell der Segmentierung unterscheidet zwei Segmentierungsarten: die eindimensionale Segmentierung und die mehrdimensionale Segmentierung.

Wird nur ein Segmentierungsmerkmal (z. B. das Geschlecht im B2C-Bereich) als kaufrelevant erachtet, so handelt es sich um eine eindimensionale Segmentierung. Im B2B-Marketing ist es beispielsweise die Unternehmensgröße, die häufig als einziges Merkmal für eine Segmentierung herangezogen wird.

Werden zwei oder mehrere Segmentierungsmerkmale (z. B. das Geschlecht und zusätzlich das Alter der Konsumenten) berücksichtigt, spricht man von einer mehrdimensionalen Segmentierung. Im B2B-Bereich liegt beispielsweise eine mehrdimensionale Segmentierung vor, wenn neben der Unternehmensgröße auch die Branche der Kundenunternehmen als kaufrelevant erachtet wird.

Abbildung 3-04 fasst die verschiedenen Arten der Segmentierung zusammen.

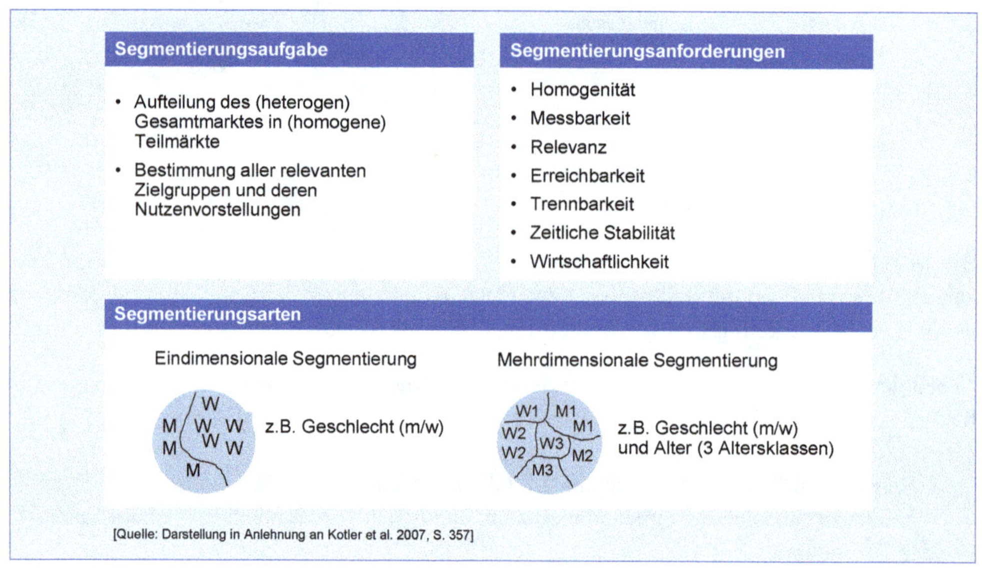
Segmentierungsaufgabe
• Aufteilung des (heterogen) Gesamtmarktes in (homogene) Teilmärkte
• Bestimmung aller relevanten Zielgruppen und deren Nutzenvorstellungen
Segmentierungsanforderungen
• Homogenität
• Messbarkeit
• Relevanz
• Erreichbarkeit
• Trennbarkeit
• Zeitliche Stabilität
• Wirtschaftlichkeit
Segmentierungsarten
Eindimensionale Segmentierung
W
M W W
M W W
M
z.B. Geschlecht (m/w)
Mehrdimensionale Segmentierung
W1 M1
W2 M1
W2 W3 M2
M3
z.B. Geschlecht (m/w) und Alter (3 Altersklassen)
[Quelle: Darstellung in Anlehnung an Kotler et al. 2007, S. 357]

Abb. 3-04: Segmentierungsarten

3.3.2 Kaufverhalten und Segmentierung im B2C-Bereich

Die Kenntnis der Bedürfnisse, Wünsche, Motive, Einstellungen und Nutzenvorstellungen der Zielkunden ist die wichtigste Voraussetzung für eine effektive und effiziente Durchführung der Segmentierung. Von besonderer Bedeutung sind dabei die Einflussfaktoren, die auf das Kaufverhalten von Konsumenten wirken, sowie der Prozessverlauf über Auswahl, Kauf und Nutzung der angebotenen Produkte. Die Kaufverhaltensforschung liefert mit ihren theoretischen Modellen und empirischen Analysen einen wichtigen Beitrag zur Erklärung und Prognose des Kaufverhaltens von Konsumenten [vgl. Meffert et al. 2008, S. 100].

3.3.2.1 Kaufverhalten als Modell

Die verschiedenen Modelle und Forschungsansätze, die das Kaufverhalten von Konsumenten erklären, orientieren sich im Wesentlichen an dem in Abbildung 3-05 dargestellten Ablauf. Danach sind es Marketing- und Umfeldanreize, die unter Einwirken weiterer Faktoren aus dem kulturellen, sozialen, persönlichen und psychologischen Hintergrund des Käufers, den Kaufentscheidungsprozess beeinflussen. Die Marketinganreize resultieren aus den einzelnen Maßnahmen der Positionierung, Signalisierung, Distribution, Akquisition und Betreuung. Die Umfeldanreize sind anbieterunabhängig und können über Massenmedien, Testinformationen, Verbraucherberatung, Referenzen oder Bezugspersonen erzeugt werden. Die genannten Anreize (engl. *Stimuli*) durchlaufen den im Modell dargestellten „Organismus" (engl. *Organism)* des Konsumenten und bewirken als Reaktion (engl. *Response*) die entsprechende Kaufentscheidung oder Ablehnung. Folglich werden solche Erklärungsansätze als S-O-R-Modelle bezeichnet [vgl. Kotler et al. 2007, S. 276].

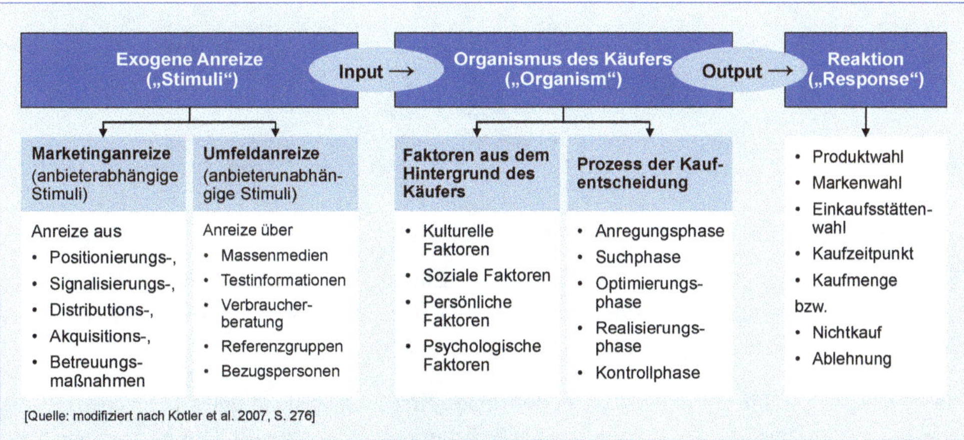
Exogene Anreize („Stimuli")
Input →
Organismus des Käufers („Organism")
Output →
Reaktion („Response")
Marketinganreize (anbieterabhängige Stimuli)
Umfeldanreize (anbieterunabhängige Stimuli)
Faktoren aus dem Hintergrund des Käufers
Prozess der Kaufentscheidung
Anreize aus
• Positionierungs-,
• Signalisierungs-,
• Distributions-,
• Akquisitions-,
• Betreuungs-maßnahmen
Anreize über
• Massenmedien
• Testinformationen
• Verbraucher-beratung
• Referenzgruppen
• Bezugspersonen
• Kulturelle Faktoren
• Soziale Faktoren
• Persönliche Faktoren
• Psychologische Faktoren
• Anregungsphase
• Suchphase
• Optimierungs-phase
• Realisierungs-phase
• Kontrollphase
• Produktwahl
• Markenwahl
• Einkaufsstätten-wahl
• Kaufzeitpunkt
• Kaufmenge
bzw.
• Nichtkauf
• Ablehnung
[Quelle: modifiziert nach Kotler et al. 2007, S. 276]

Abb. 3-05: S-O-R-Modell des Kaufverhaltens

Im Folgenden soll der „Organismus des Käufers" aus Abbildung 84, also die Einflussfaktoren aus dem Hintergrund des Käufers sowie der Kaufentscheidungsprozess, näher erläutert werden.

3.3.2.2 Einflussfaktoren des Kaufverhaltens

Kaufentscheidungen hängen von den verschiedensten Einflussfaktoren, die auf den individuellen Konsumenten wirken, ab. Zu den wichtigsten Faktoren zählen:

- Einflussfaktoren des Kulturkreises
- Einflussfaktoren des Sozialkreises
- Persönliche Einflussfaktoren
- Psychologische Einflussfaktoren.

Abbildung 3-06 gibt einen Überblick über die wichtigsten Einflussquellen des Konsumentenverhaltens.

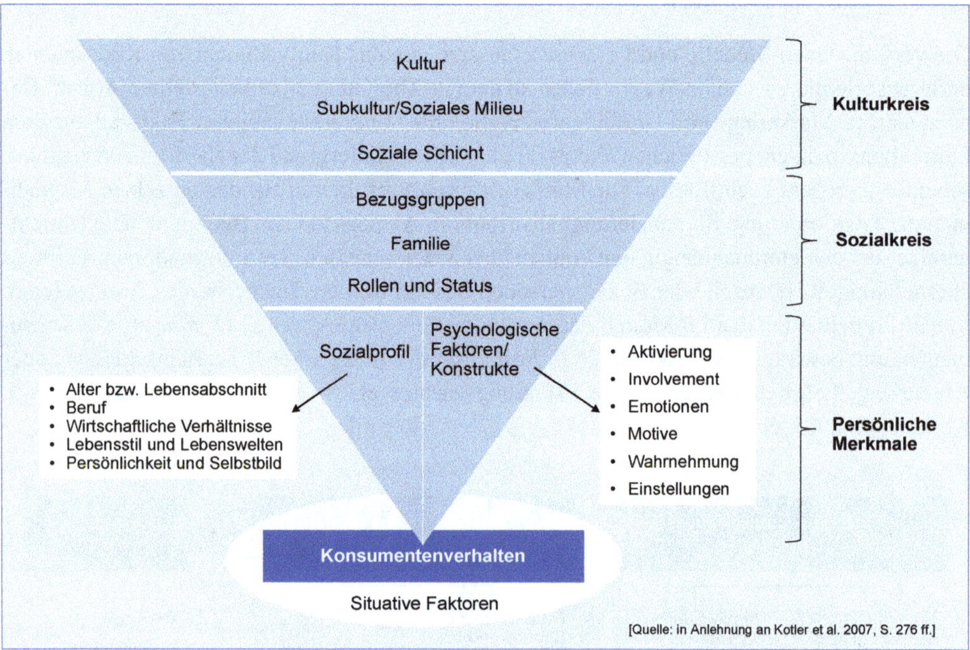
Kultur
Subkultur/Soziales Milieu
Soziale Schicht
Kulturkreis
Bezugsgruppen
Familie
Rollen und Status
Sozialkreis
Sozialprofil
Psychologische Faktoren/ Konstrukte
• Alter bzw. Lebensabschnitt
• Beruf
• Wirtschaftliche Verhältnisse
• Lebensstil und Lebenswelten
• Persönlichkeit und Selbstbild
• Aktivierung
• Involvement
• Emotionen
• Motive
• Wahrnehmung
• Einstellungen
Persönliche Merkmale
Konsumentenverhalten
Situative Faktoren
[Quelle: in Anlehnung an Kotler et al. 2007, S. 276 ff.]

Abb. 3-06: Wichtige Einflussfaktoren des Kaufverhaltens

Ein besonderes Augenmerk der Kaufverhaltensforschung gilt heutzutage den psychologischen Faktoren und Konstrukten wie Aktivierung, Involvement, Emotionen, Motive, Wissen, Wahrnehmungen und Einstellungen.

Die Aktivierung (engl. *Activation*), d. h. der innere Erregungszustand eines Menschen, ist die Grundlage dafür, dass der Konsument zu Kaufhandlungen angeregt wird. Die Aktivierung steht in einem unmittelbaren Zusammenhang mit der Funktion des zentralen Nervensystems und kann durch emotionale Reize (z. B. erotische Abbildungen in der Werbung), durch kognitive Reize (z. B. Anzeigen, die typischen Denk- oder Verhaltensmuster widersprechen) oder durch physische Reize (z.B. Werbespots mit besonderer akustischer Gestaltung) ausgelöst werden. Die Messung der Aktivierung kann auf der physiologischen Ebene (z. B. Hauwiderstandsmessung), auf der motorischen Ebene (z. B. Mimik, Gestik, Körpersprache) oder – bei verbalen

Angaben von Befragten – auf der subjektiven Erlebnisebene (z. B. Erregungswerte auf einer Ratingskala) erfolgen. Im Zusammenhang mit der apparativen Messung der Aktivierung hat sich mit dem Neuromarketing eine spezifische Forschungsrichtung entwickelt, die neurowissenschaftliche Technologien zur Analyse der Aktivierung der Gehirnareale durch marketingspezifische Stimuli (z. B. Werbeanzeigen) einsetzt (siehe Abbildung 3-07).

Neuromarketing – Erkenntnisse der Hirnforschung für Markenführung, Werbung und Verkauf

Direkt ins Konsumentengehirn

Hans-Georg Häusel

Neuromarketing ist „in". Eine Google-Eingabe im Jahr 2001 führte zu einem Nullergebnis – heute meldet die Suchmaschine über 1.200.000 Eintragungen. Gleich, ob Marktforscher, Marketing-Manager oder Werber: Die Erwartungen an diese neue Disziplin sind hoch. Im umgekehrten Verhältnis zur hoffnungsvollen Erwartung potenzieller Anwender steht die Befürchtung von Verbraucher-schützern: Sind der Manipulation jetzt Tür und Tor geöffnet? Ist das Zeitalter des gläsernen Konsumenten erreicht? Um es vorwegzunehmen: Die Befürchtung ist grundlos. Schauen wir uns dazu an, was Neuromarketing ist und was es leisten kann. Neuromarketing ist nicht nur der Einsatz apparativer Verfahren der Hirnforschung zu Marktforschungszwecken mit dem „Hirnscanner" oder wissenschaftlich exakt „Functional Magnetic Resonance Imaging" (FMRI) im Mittelpunkt. Neuromarketing umfassender. Danach wird die Methode als die Nutzung der Erkenntnisse der Hirnforschung für das Marketing verstanden. Zwar spielt der Einsatz der oben beschriebenen Apparate zu Marktforschungszwecken auch hier eine Rolle, von weit größerer Bedeutung für das Marketing ist dagegen die Nutzung der gesamten Erkenntnisse, die von der Hirnforschung in den letzten zehn Jahren erbracht wurden und die langsam in die Marketing-Forschung, Marketing-Ausbildung und in die Marketing-Praxis einfließen. Ohne Anspruch auf Vollständigkeit sind hier die wichtigsten „Honigtöpfe" der Hirnforschung für das Marketing skizziert:

Neurowissenschaftl. Bewusstseinsforschung: Während man lange Zeit auch im Marketing vom bewussten und vernünftig handelnden Konsumenten ausging, zeigt die aktuelle Hirnforschung, dass der unbewusste Anteil an einer Entscheidung um ein Vielfaches größer ist als der bewusste. Die Kenntnis dieser unbewussten Entscheidungsprozesse und der zugrunde liegenden neuronalen Mechanismen ist für das Marketing besonders wichtig.

Neurowissenschaftliche Emotionsforschung: Eng verbunden mit dem Mythos des bewussten Konsumenten ist das Bild des rational handelnden Verbrauchers. Auch hier zwingt die Hirnforschung zum Umdenken. Es gibt keine Entscheidungen, die nicht emotional sind. Und Emotion und Ratio sind nicht das Gegenteil. Gleichzeitig zeigt die Forschung, welche Emotionssysteme im menschlichen Hirn vorhanden sind und wie sie im Detail wirken. Gerade diese Erkenntnisse verbessern Marketing- und Werbekonzepte erheblich.

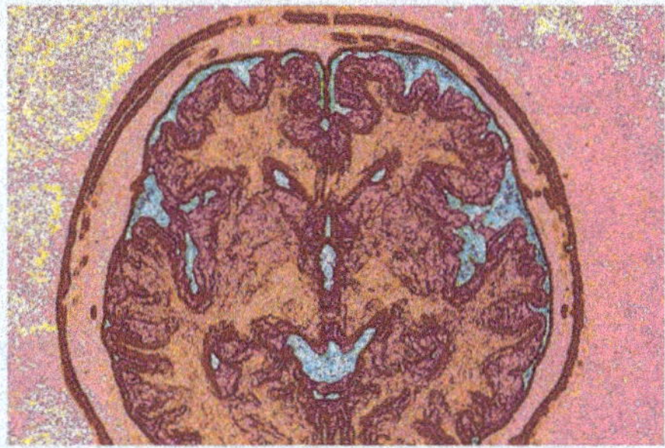

Multisensorische Verarbeitungsprozesse: Marken, Produkte und Einkaufsstätten wirken auf das Gehirn über verschiedenste Wahrnehmungskanäle und Signale (meist unbewusst) ein. Dabei sind „Sehen, Hören, Riechen, Schmecken und Tasten" nur ein Teil des Inputs, der im Gehirn verarbeitet wird. Inzwischen beeinflusst die Multisensorik-Forschung das Marketing in hohem Maße. Produkte und Verpackungen werden zunehmend so konzipiert, dass sie alle Sinne umschmeicheln.

Neurowissenschaftl. Persönlichkeitsforschung: Dass sich Konsumenten in ihrer Persönlichkeit und damit auch in ihren Produkt- und Markenpräferenzen unterscheiden, ist längst bekannt. Viel wichtiger ist aber die Frage, wie die Persönlichkeitsunterschiede aus Sicht der Hirnforschung aussehen und wie sich diese Unterschiede in emotional-kognitiven Kaufentscheidungen auswirken. Bei der Formulierung effektiver Zielgruppenstrategien lohnt deshalb ein Blick in die Hirnforschung. Man versteht die Wünsche und Bedürfnisse von Kunden besser – zugleich kann man die Attraktivität und die Verkaufswirkung erhöhen. Deutlich wird aber, dass hier keine Manipulationsrevolution im Gange ist, sondern dass es sich um graduelle Verbesserungen handelt, deren Wirkung im einstelligen Prozentbereich liegt.

[Quelle: verkürzte Fassung aus Rotary Magazin 3/2009, S. 53 ff.]

Abb. 3-07: Neuromarketing: „Direkt ins Konsumentengehirn"

3.3.2.3 Kaufentscheidung

Es gibt unterschiedliche Arten von Kaufentscheidungen. So bestehen beträchtliche Unterschiede zwischen dem Erwerb eines Haarsprays, eines Golfschlägers, eines Smartphones oder eines neuen Autos. Wie intensiv Konsumenten nach Informationen für ihre Kaufentscheidung suchen, hängt im Wesentlichen von drei Faktoren ab: dem Kaufrisiko, der Kaufhäufigkeit und externen Anreizen (siehe Abbildung 3-08).

Bei hohem Kaufrisiko und damit starker kognitiver Kontrolle informieren sich Kunden sehr eingehend vor dem Produktkauf (z. B. Qualitäts- und Preisvergleich). Es handelt sich also um eine bewusste, kognitiv kontrollierte Kaufentscheidung. Bezieht sich diese auf selten gekaufte Produkte oder Dienstleistungen (z.B. Pkw, Urlaubsreise), so spricht man von einer extensiven Kaufentscheidung, bei der sich der Kunde im Vorfeld ausführlich informiert hat. Dem Erwerb von häufiger gekauften Produkten, wie Kleidung oder kleineren technischen Geräten, gehen hingegen limitierte Kaufentscheidungen voraus: Hier greifen die Kunden auf ihre Erfahrungen zurück und orientieren sich vorzugsweise an Schlüsselinformationen (z.B. Gütesiegel, Marke, Preis) [vgl. Gelbrich et al. 2008, S. 39].

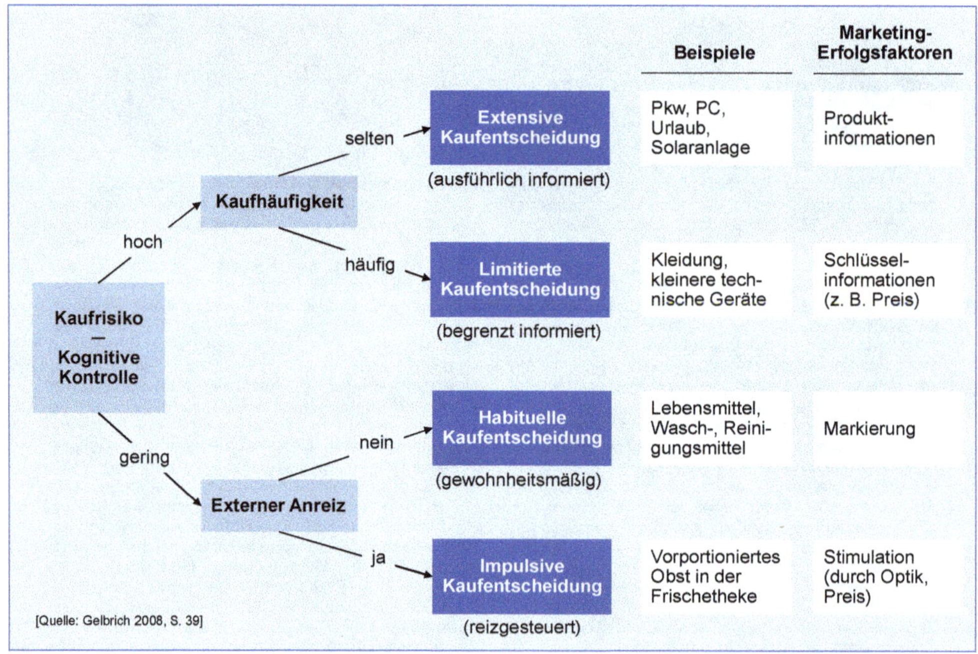

Beispiele
Marketing-Erfolgsfaktoren
Kaufrisiko – Kognitive Kontrolle
hoch
gering
Kaufhäufigkeit
selten
häufig
Externer Anreiz
nein
ja
Extensive Kaufentscheidung
(ausführlich informiert)
Pkw, PC, Urlaub, Solaranlage
Produkt-informationen
Limitierte Kaufentscheidung
(begrenzt informiert)
Kleidung, kleinere technische Geräte
Schlüssel-informationen (z. B. Preis)
Habituelle Kaufentscheidung
(gewohnheitsmäßig)
Lebensmittel, Wasch-, Reinigungsmittel
Markierung
Impulsive Kaufentscheidung
(reizgesteuert)
Vorportioniertes Obst in der Frischetheke
Stimulation (durch Optik, Preis)
[Quelle: Gelbrich 2008, S. 39]

Abb. 3-08: Vier Arten von Kaufentscheidungen

Kaufentscheidungen, die weniger risikobehaftet sind, laufen unter geringerer kognitiver Kontrolle ab. Liegt kein zusätzlicher externer Anreiz vor (z.B. Sonderangebot), dann kommt es zu einer habituellen Kaufentscheidung. Besonders Low-Involvement-Produkte, wie etwa Waren des täglichen Bedarfs, werden gewohnheitsgemäß gekauft. Bei impulsiven Kaufentscheidungen treffen geringes Kaufrisiko und schwache kognitive Kontrolle mit externem Anreiz zusammen. Dies kann eine Ausnahmesituation sein (z.B. Last-Minute-Urlaubsreise), eine besonders reizvolle Auslage, Zeitdruck oder das Bestreben, sich ein Schnäppchen nicht entgehen zu lassen. Begünstigt werden Impulskäufe durch künstliche Verknappung („Nur heute im Angebot!"), geschickte Platzierung (z.B. neben der Kasse), vorteilhafte Preise (Sonderangebote) oder Sales Promotions (z.B. Verkostung) [vgl. Gelbrich et al. 2008, S. 39 f.].

Zur Beschreibung und Erklärung des Kaufprozesses haben Kaufverhaltensforscher Phasenmodelle entwickelt, die allerdings in erster Linie auf komplexe Kaufprozesse, also beim Kauf von High-Involvement-Produkten, zutreffen [vgl. Kotler et al. 2007, S. 281].

3.3.2.4 Segmentierungskriterien

Zur Aufteilung des Gesamtmarktes in intern homogene und extern heterogene Marktsegmente bedarf es der Auswahl geeigneter Segmentierungskriterien, die einerseits leicht erfassbar sind und andererseits eine sinnvolle Abgrenzung, Beschreibung und Bearbeitung von Marktsegmenten ermöglichen [vgl. Meffert et al. 2008, S. 189].

Die Vielzahl der in Theorie und Praxis angebotenen Segmentierungskriterien soll hier wie folgt gruppiert werden:

- **Soziodemografische Kriterien** (Alter, Geschlecht, Familienstand, Zahl der Kinder, Haushaltsgröße, Beruf, Ausbildung, Einkommen)
- **Psychografische Kriterien** (Lebensstil, soziale Orientierung, Risikoneigung, Wahrnehmungen, Motive, spezifische Einstellungen, Kaufabsichten)
- **Geografische Kriterien** (Bundesländer, Stadt-/Landkreise, Gemeinden, Stadt-/Ortsteile, Wohngebiete, Straßen)
- **Verhaltensorientierte Kriterien** (Preisverhalten, Mediennutzung, Einkaufsstättenwahl, Kaufhäufigkeit, Kaufvolumen, Markenwahl, Markentreue)
- **Nutzenorientierte Kriterien** (Preisnutzen, Qualitätsnutzen, Imagenutzen, Servicenutzen).

3.3.3 Kaufverhalten und Segmentierung im B2B-Bereich

Es wurde bereits mehrfach erwähnt, dass das Kaufverhalten von Organisationen (Unternehmen und Behörden) in vielerlei Hinsicht vom Kaufverhalten der Konsumenten abweicht. Unternehmen erwerben Roh-, Hilfs- und Betriebsstoffe, technische Anlagen, Ersatzteile, Werkzeugmaschinen, Produktkomponenten, Telekommunikationseinrichtungen und gewerbliche Dienstleistungen, um eigene Produkte und Dienstleistungen zu erstellen. Behörden bzw. öffentliche Institutionen kaufen Güter und Dienstleistungen ein, um die ihnen übertragenen Aufgaben zu erstellen. Das Verständnis für die Besonderheiten organisationaler Kaufentscheidungen ist für die Marktsegmentierung im B2B-Bereich eine wichtige Voraussetzung.

B2B-Märkte sind in bestimmten Merkmalen anders ausgeprägt als B2C-Märkte. Die Besonderheiten ergeben sich aus der Markt- und Nachfragestruktur, aus dem spezifischen Wesen des organisationalen Einkaufs sowie aus der Komplexität im organisatorischen Zusammenspiel zwischen Lieferanten und Kunden.

3.3.3.1 Beteiligte am organisationalen Kauf

Während Konsumenten ihre Kaufentscheidungen in der Regel individuell fällen, wirken im B2B-Bereich – je nach Art des zu beschaffenden Produkts oder der zu beauftragenden Dienstleistung – einzelne oder mehrere Personen als Entscheider oder Entscheidungsbeteiligte mit. Die beteiligten Personen können folgende Rollen einnehmen:

- **Initiator** (engl. *Initiator*)
- **Informationsselektierer** (engl. *Gatekeeper*)
- **Beeinflusser** (engl. *Influencer*)
- **Entscheider** (engl. *Decider*)
- **Einkäufer** (engl. *Buyer*)
- **Benutzer** (engl. *User*).

Eine ausführliche Beschreibung dieser Rollen, die im Gremium auch als Buying Center bezeichnet werden, wird in Abschnitt 3.7.1.1 vorgenommen. Die genannten Rollen müssen nicht alle zwingend bei einem Kaufprozess eingenommen werden. So ist es bei reinen oder modifizierten Wiederholungskäufen vornehmlich der Einkäufer, der einen starken Einfluss ausübt. Bei Investitionsprojekten oder anderen größeren Beschaffungsvorhaben werden dagegen zumeist alle genannten Rollen besetzt sein.

3.3.3.2 Der organisationale Kaufprozess

Der Kaufprozess im B2B-Bereich läuft grundsätzlich rationaler, systematischer, formeller und langfristiger ab als im B2C-Bereich. Doch ebenso wie bei Konsumgütern gibt es auch bei der Vermarktung von industriellen Gütern und Dienstleistungen keinen festgeschriebenen Prozess. Zur besseren Veranschaulichung ist es aber auch hier hilfreich, den organisationalen Kaufprozess in Phasen zu unterteilen. Das in Abbildung 3-09 dargestellte Phasenmodell ist idealtypischer Art; es können Phasen wegfallen, übersprungen werden oder auch die Reihenfolge kann variieren [vgl. Homburg/Krohmer 2009, S. 146].

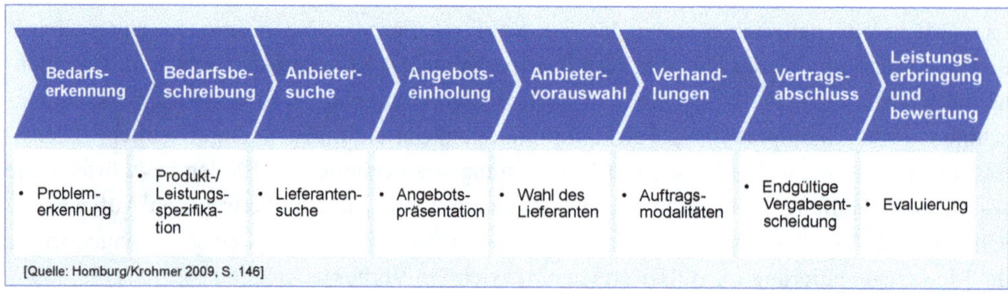
Bedarfs-erkennung
Bedarfsbe-schreibung
Anbieter-suche
Angebots-einholung
Anbieter-vorauswahl
Verhand-lungen
Vertrags-abschluss
Leistungs-erbringung und bewertung
• Problem-erkennung
• Produkt-/ Leistungs-spezifika-tion
• Lieferanten-suche
• Angebots-präsentation
• Wahl des Lieferanten
• Auftrags-modalitäten
• Endgültige Vergabeent-scheidung
• Evaluierung
[Quelle: Homburg/Krohmer 2009, S. 146]

Abb. 3-09: Phasen des organisationalen Kaufprozesses

3.3.3.3 Segmentierungsansätze im B2B-Bereich

Auch im B2B-Bereich ist der Markt kein monolithischer Block. Er umfasst mehr Einsatz- und Anwendungsfelder, mehr Käufergruppen, mehr Anwendungsfunktionen und mehr technologische Gestaltungsmöglichkeiten, als ein Unternehmen überhaupt abdecken kann [vgl. Tüschen 1989, S. 38]. Der Gesamtmarkt aller Kundenunternehmen und Organisationen muss also in Teilmärkte (Segmente) aufgeteilt werden, damit diese individuell mit Marketingmaßnahmen bearbeitet werden können. Die Aufteilung hat so zu erfolgen, dass die einzelnen Segmente Unternehmen und Organisationen enthalten, die ähnliche Eigenschaften aufweisen und nach gleichen Gesichtspunkten einkaufen. Die Marktsegmentierung muss sicherstellen, dass Produkte und Leistungen, Preise, Vertriebswege und Kommunikationsmaßnahmen zu den spezifischen Anforderungen der identifizierten Kundengruppen passen. Damit wird deutlich, welche bedeutende Rolle die Segmentierung des Zielmarktes auch im B2B-Marketing einnimmt.

Für den Industriegüterbereich, dem sicherlich größten Anwendungsfeld des B2B-Marketings, gibt es eine Reihe von Segmentierungsansätzen, die sich wie folgt gruppieren lässt [vgl. Backhaus/Voeth 2010, S. 120]:

- **Einstufige Ansätze**, die lediglich einzelne Kriterien wie z. B. die Größe der Kundenunternehmen für die Segmentierung heranziehen;
- **Mehrstufige Ansätze**, die in einem stufenweisen Filterungsprozess Kriterien für das organisationale Beschaffungsverhalten festlegen (z. B. zunächst die Unternehmensgröße, dann die Organisationsstruktur);
- **Mehrdimensionale Ansätze**, die im Prinzip die gleichen Kriterien wie mehrstufige Ansätze verwenden, jedoch nicht stufenweise, sondern gleichzeitig;
- **Dynamische Ansätze**, die Veränderungen von Kundenbedürfnissen und -präferenzen nachvollziehen.

Die bisher vorgelegten Segmentierungsansätze sollen hier jedoch nicht weiterverfolgt werden. Zur Identifizierung von Marktsegmenten im B2B-Bereich wird stattdessen ein Ansatz gewählt, der das mehrstufige mit dem mehrdimensionalen Modell unter dem Aspekt der Praktikabilität und Umsetzbarkeit kombiniert und auf zwei wesentliche Kategorien von Segmentierungskriterien reduziert.

Es handelt sich hierbei zum einen um den segmentierungs-strategischen Gesichtspunkt der Abgrenzung von Organisationsgruppen anhand von Organisationscharakteristika (organisationsbezogene Kriterien) und zum anderen um den segmentierungs-taktischen Gesichtspunkt des tatsächlichen Organisationsverhaltens bei der Kaufentscheidung [vgl. Becker, J. 2019, S. 280 f., der darüber hinaus noch organisationsmitglieder-bezogene Kriterien als dritte Kategorie anführt; diese dritte Kategorie ist hier jedoch erst im Rahmen des Aktionsfeldes *Akquisition* relevant].

Damit sind zugleich auch die beiden Segmentierungsstufen genannt [vgl. auch Wind/Cardozo 1974]:

- **Makrosegmentierung** zur Abgrenzung von Kundengruppen mit homogener Problemlandschaft und Nutzenvorstellung (→ segmentierungs-strategischer Aspekt) und
- **Mikrosegmentierung** zur Auswahl und Ansteuerung der an der Kaufentscheidung beteiligten Personen innerhalb der ausgewählten Kundengruppe (→ segmentierungs-taktischer Aspekt).

3.3.3.4 Makrosegmentierung

Die (strategisch ausgelegte) Makrosegmentierung konzentriert sich problembezogen auf eine effiziente Aufteilung des Gesamtmarktes in möglichst homogene Teilmärkte. Dabei wird eine Beschreibung und Abgrenzung der Kundengruppen mit Hilfe folgender organisationsbezogener Kriterien vorgenommen, die in etwa den „demografischen" Kriterien im B2C-Bereich entsprechen [vgl. Lippold 1998, S. 111]:

- **Vertikale Märkte** (Branchen)
- **Horizontale Märkte** (Funktionen)
- **Räumliche Märkte** (Regionen)
- **Betriebsgröße** (Umsatz, Anzahl der Beschäftigten, Bilanzsumme etc.).

Diese Segmentierungskriterien definieren und beschreiben den „strategischen Aktivitätenraum" des Unternehmens [vgl. Becker, J. 1993, S. 244].

Wichtig bei der Durchführung der Segmentierung ist, dass sich die Unternehmen nicht nur in ein oder zwei Kriterien (Dimensionen) festlegen. Erst eine mehrdimensionale Marktausrichtung, die bspw. eine Konzentration auf wenige Branchen und Funktionen, bestimmte Betriebsgrößen in einem räumlich definierten Marktgebiet vorsieht, kann der Gefahr einer möglichen Verzettelung der knappen Entwicklungs- und Marketingkapazitäten begegnen. Umgekehrt kann die mehrdimensionale Segmentierung aber auch dazu führen, dass das Potenzial eines aus der Schnittmenge mehrerer Merkmale gewonnenen Marktsegments für eine intensive Bearbeitung nicht ausreicht [vgl. Lippold 1993, S. 227].

3.3.3.5 Mikrosegmentierung

Der Segmentierung auf Mikroebene (Unternehmensebene) liegt eine andere logische Dimension zugrunde als der Makrosegmentierung. Während in der Makrosegmentierung die strategisch bedeutsame Auswahl des zu bearbeitenden Marktausschnitts (Zielgruppe) getroffen wird, legt die Mikrosegmentierung fest, welche Zielpersonen innerhalb der zuvor definierten Zielgruppe angesprochen werden sollen.

Als Kriterien zur Abgrenzung der Mikrosegmente können Merkmale der an der Kaufentscheidung beteiligten Personen, wie Stellung in der Hierarchie, Zugehörigkeit zu bestimmten Funktionsbereichen oder persönliche Charakteristika, herangezogen werden. Für das B2B-Marketing sind folgende Zielpersonenkonzepte denkbar [vgl. Lippold 1998, S. 130 ff.]:

- **Hierarchisch-funktionales Zielpersonenkonzept** (z.B. Einkäufer, Einkaufsleiter, Leiter Materialwirtschaft, ...)
- **Buying-Center-Konzept** (Initiator, Gatekeeper, Influencer, Decider, Buyer, User)
- **Kommunikationsorientiertes Zielpersonenkonzept** (Indifferente, Sensibilisierte, Interessierte, Engagierte).

3.3.3.6 Segmentbewertung

Wenn die Bedürfnisse, Ziele, Probleme und Erwartungen der anzusprechenden Zielgruppe transparent sind, dann ergeben sich daraus unmittelbar die qualitativen Anforderungen an die anzubietenden Produkte. Um jedoch den Mitteleinsatz für die Vermarktung planen zu können, werden Angaben über den quantitativen Bedarf jeder Zielgruppe bzw. jedes Marktsegments benötigt. Damit stellt sich die Frage nach der Attraktivität der zu bearbeitenden Marktsegmente. Zur Bewertung und Absicherung der Attraktivität von Marktsegmenten können folgende Kriterien herangezogen werden [vgl. Tüschen 1989, S. 48 ff.]:

- Segmentvolumen und -potenzial
- Wettbewerbsintensität
- Preisniveau
- Kapitalbedarf.

3.3.4 Auswahl der Marktsegmente

Unter organisatorischen Gesichtspunkten und unter dem Aspekt einer gezielteren Marktbearbeitung ist die Segmentierung zugleich Grundlage der Geschäftsfeldplanung bzw. -bestimmung (engl. *Defining the Business*).

3.3.4.1 Geschäftsfeldplanung

Die für das eigene Produktangebot als relevant erachteten Segmente werden als strategische Geschäftsfelder (SGF) bezeichnet. Sie sind eine Kombination aus Produkt und Markt (Zielgruppe). Sie erfüllen eigene Marktaufgaben, indem sie jeweils originäre Kundenprobleme lösen. Sie weisen gegenüber anderen Segmenten eine hinreichende Eigenständigkeit auf und haben eigene Ertragsaussichten.

Ausgangspunkt der Geschäftsfeldplanung ist das bestehende Angebot eines Unternehmens, das den identifizierten Marktsegmenten gegenübergestellt wird. Auf diese Weise erhält man eine zweidimensionale Produkt/Markt-Matrix, in der jene Produkt/Markt-Kombinationen ausgewählt werden, die das Unternehmen momentan bedient. Auf Basis der als besonders strategisch erachteten Kriterien (z.B. eine bestimmte Technologie oder Kundengruppe) werden sodann einzelne Produkt/Markt-Kombinationen zu strategischen Geschäftsfeldern zusammengefasst.

Das organisatorische Gegenstück zu markt(segment)orientierten Geschäftsfeldern bilden strategische Geschäftseinheiten (SGE). Eine strategische Geschäftseinheit (engl. *Strategic Business Unit*) entsteht durch die interne Segmentierung eines Unternehmens und ist für die Bearbeitung eines oder mehrerer Geschäftsfelder zuständig. [vgl. Müller-Stewens/Lechner 2001, S. 114 ff.].

In Abbildung 3-10 sind die Stufen der Geschäftsfeldplanung dargestellt.

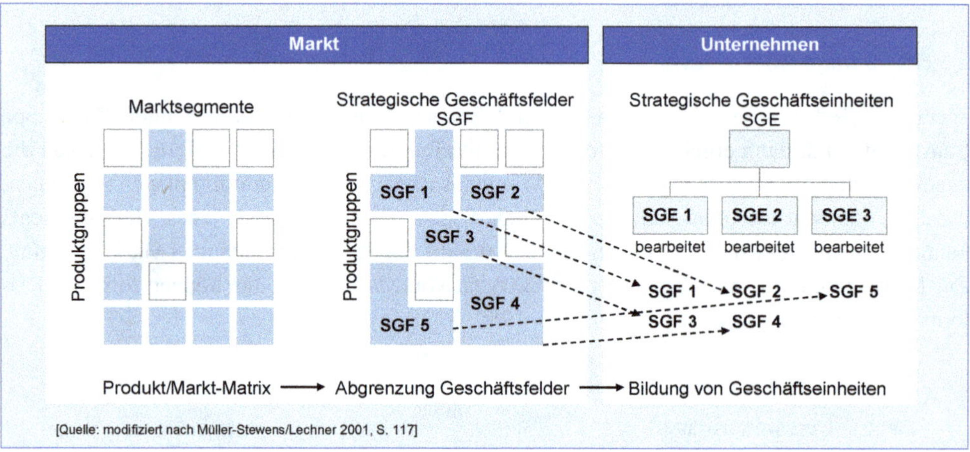
Markt
Unternehmen
Marktsegmente
Produktgruppen
Strategische Geschäftsfelder SGF
SGF 1
SGF 2
SGF 3
SGF 4
SGF 5
Strategische Geschäftseinheiten SGE
SGE 1
SGE 2
SGE 3
bearbeitet
bearbeitet
bearbeitet
SGF 1
SGF 2
SGF 5
SGF 3
SGF 4
Produkt/Markt-Matrix
Abgrenzung Geschäftsfelder
Bildung von Geschäftseinheiten
[Quelle: modifiziert nach Müller-Stewens/Lechner 2001, S. 117]

Abb. 3-10: Stufen der Geschäftsfeldplanung

Strategische Geschäftsfelder werden nach marktorientierten, unternehmensexternen Aspekten gebildet, während strategische Geschäftseinheiten unternehmensinterne organisatorische Einheiten darstellen. Beide müssen nicht notwendigerweise übereinstimmen, sondern eine Geschäftseinheit kann durchaus mehrere Geschäftsfelder umfassen und umgekehrt.

Eine – zumindest vertrieblich ausgerichtete – Organisation nach Geschäftsfeldern in Form von Geschäftseinheiten verkürzt die Wege zum Kunden, weil sie neben den eigenen Produkten bzw. deren Funktionalitäten auch die Bedürfnisse der Kunden in den Mittelpunkt stellt. Das nachstehende Beispiel von Henkel in Abbildung 3-11 greift diese Systematik auf.

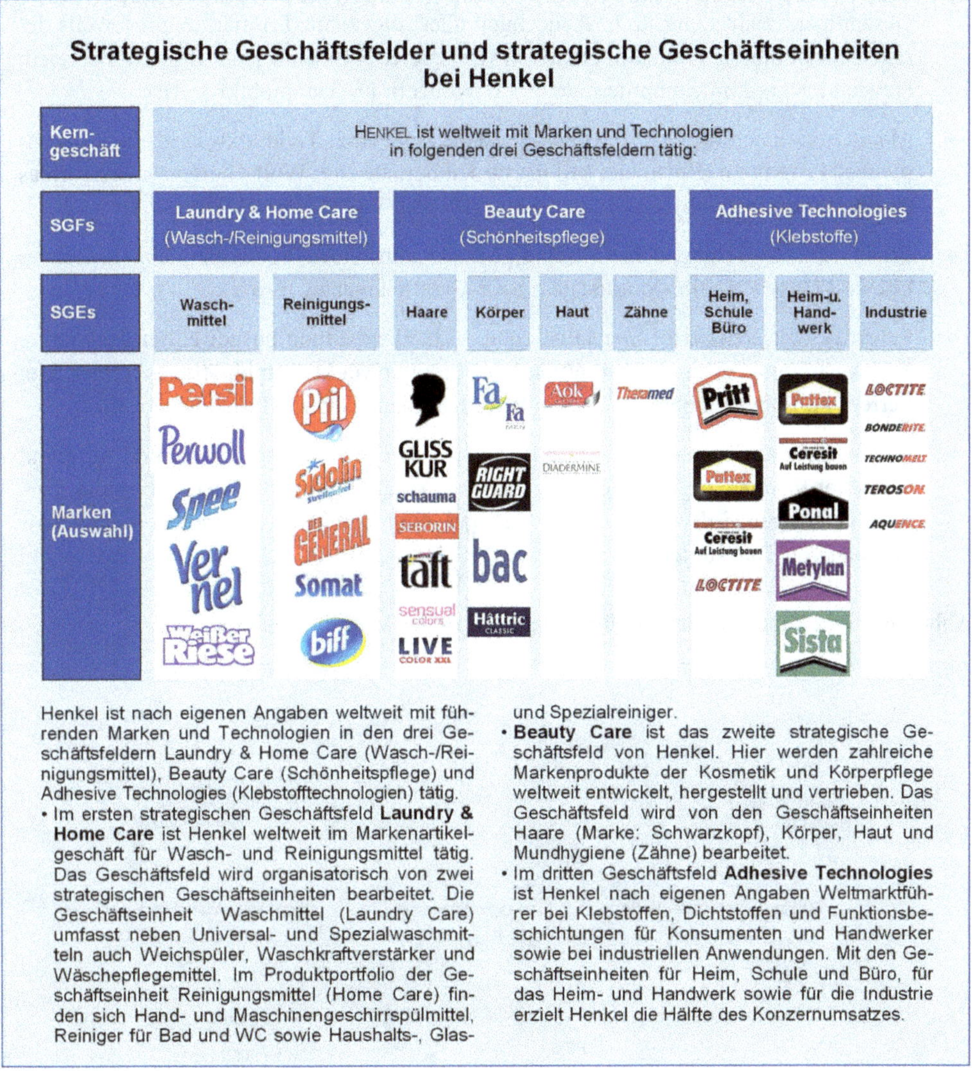
Strategische Geschäftsfelder und strategische Geschäftseinheiten bei Henkel
Kern-geschäft
HENKEL ist weltweit mit Marken und Technologien in folgenden drei Geschäftsfeldern tätig:
SGFs
Laundry & Home Care (Wasch-/Reinigungsmittel)
Beauty Care (Schönheitspflege)
Adhesive Technologies (Klebstoffe)
SGEs
Wasch-mittel
Reinigungs-mittel
Haare
Körper
Haut
Zähne
Heim, Schule Büro
Heim-u. Hand-werk
Industrie
Marken (Auswahl)
Persil
Perwoll
Spee
Vernel
Weißer Riese
Pril
Sidolin
Der General
Somat
biff
Gliss Kur
schauma
Seborin
taft
sensual colors
Live
Fa
Right Guard
bac
Hättric
Theramed
Pritt
Pattex
Ceresit
Ponal
Metylan
Sista
Loctite
Bonderite
Technomelt
Teroson
Aquence

Henkel ist nach eigenen Angaben weltweit mit führenden Marken und Technologien in den drei Geschäftsfeldern Laundry & Home Care (Wasch-/Reinigungsmittel), Beauty Care (Schönheitspflege) und Adhesive Technologies (Klebstofftechnologien) tätig.

- Im ersten strategischen Geschäftsfeld **Laundry & Home Care** ist Henkel weltweit im Markenartikelgeschäft für Wasch- und Reinigungsmittel tätig. Das Geschäftsfeld wird organisatorisch von zwei strategischen Geschäftseinheiten bearbeitet. Die Geschäftseinheit Waschmittel (Laundry Care) umfasst neben Universal- und Spezialwaschmitteln auch Weichspüler, Waschkraftverstärker und Wäschepflegemittel. Im Produktportfolio der Geschäftseinheit Reinigungsmittel (Home Care) finden sich Hand- und Maschinengeschirrspülmittel, Reiniger für Bad und WC sowie Haushalts-, Glas- und Spezialreiniger.
- **Beauty Care** ist das zweite strategische Geschäftsfeld von Henkel. Hier werden zahlreiche Markenprodukte der Kosmetik und Körperpflege weltweit entwickelt, hergestellt und vertrieben. Das Geschäftsfeld wird von den Geschäftseinheiten Haare (Marke: Schwarzkopf), Körper, Haut und Mundhygiene (Zähne) bearbeitet.
- Im dritten Geschäftsfeld **Adhesive Technologies** ist Henkel nach eigenen Angaben Weltmarktführer bei Klebstoffen, Dichtstoffen und Funktionsbeschichtungen für Konsumenten und Handwerker sowie bei industriellen Anwendungen. Mit den Geschäftseinheiten für Heim, Schule und Büro, für das Heim- und Handwerk sowie für die Industrie erzielt Henkel die Hälfte des Konzernumsatzes.

Abb. 3-11: Strategische Geschäftsfelder und strategische Geschäftseinheiten bei Henkel

3.3.4.2 Segmentierungsstrategien

Die Bildung von Geschäftsfeldern als Ergebnis der Segmentierung wirft zugleich die Frage nach der Anzahl der zu bearbeitenden Geschäftsfelder bzw. Marktsegmente und damit den Grad der Abdeckung des Marktes auf. Grundsätzlich lassen sich fünf typische Marktbearbeitungsmuster unterscheiden [vgl. Becker, J. 2019, S. 448 f. und Bezugnahme auf Abell 1980]:

- Gesamtmarktabdeckung, d. h. Abdeckung aller relevanten Teilmärkte mit jeweils darauf abgestimmten Produktalternativen (Beispiele: Nestlé im Nahrungsmittelbereich; Hewlett Packard im Computermarkt; VW-Konzern im Automobilmarkt);
- Marktspezialisierung, d. h. vollständige Abdeckung eines Teilmarktes mit einem „kompletten" Programm (Beispiele: Milupa für Kindernahrung; Wolf-Gartensystem; Adidas im Sportartikelbereich);
- Produktspezialisierung, d. h. vollständige Abdeckung eines Produktbereichs (Beispiele: Loewe-Fernseher; Stihl-Motorsägen; SAP-Unternehmenssoftware);
- Selektive (differenzierte) Spezialisierung, d. h. Bearbeitung ausgewählter Teilmärkte zur Ausschöpfung möglichst attraktiver Produkt/Markt-Kombinationen (Beispiele: Ferrero im Süßwarenbereich; Grünenthal-Pharmazeutika; 3M-Produktportfolio);
- Nischenspezialisierung, d. h. Spezialisierung auf einen (kleinen) Teilmarkt aufgrund spezieller Kompetenzen und/oder besonderer Attraktivität der Nische (Beispiele: Ferrari-Sportwagen; Softwarehäuser für Geomarketing-Datenbanken; Bauunternehmen für den Bau von Tankstellen).

Abbildung 3-12 kennzeichnet die fünf Grundmuster der Marktbearbeitung.

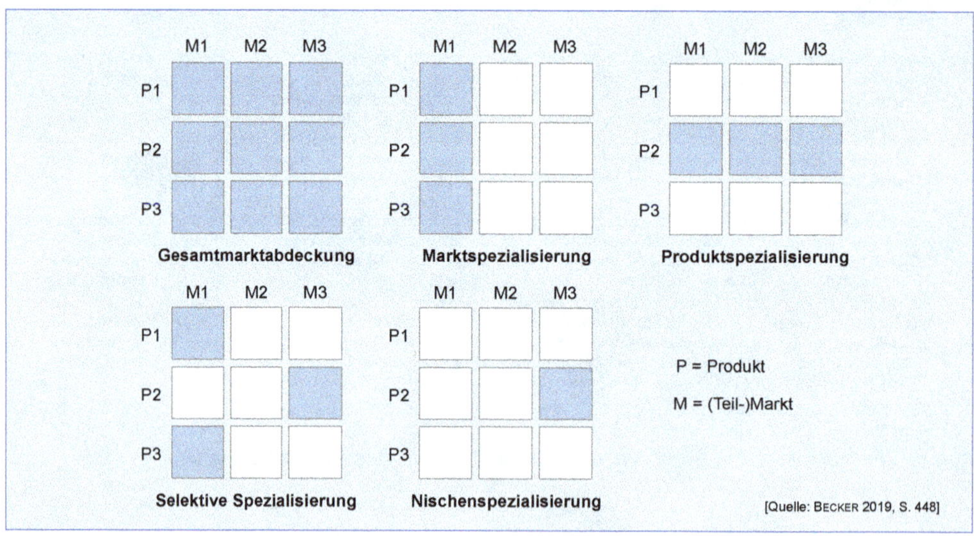
M1
M2
M3
P1
P2
P3
Gesamtmarktabdeckung
Marktspezialisierung
Produktspezialisierung
Selektive Spezialisierung
Nischenspezialisierung
P = Produkt
M = (Teil-)Markt
[Quelle: Becker 2019, S. 448]

Abb. 3-12: Idealtypische Marktbearbeitungsmuster

In diesem Zusammenhang müssen auch zwei typische Risiken der Marktsegmentierung genannt werden. Zum einen handelt es sich um die Gefahr der Übersegmentierung, zum anderen um die Gefahr der Überkonzentration [vgl. Becker, J. 2009, S. 291].

Bei der **Übersegmentierung** (engl. *Oversegmentation*) besteht das Risiko darin, dass Märkte „künstlich" zu stark aufgeteilt werden. Diese Gefahr ist vornehmlich dann gegeben, wenn ein Unternehmen (zu) viele Marken mit unterschiedlichen Marketingprogrammen in einem Zielmarkt anbietet.

Eine **Überkonzentration** (engl. *Overconcentration*) ist vor allem dann gegeben, wenn sich ein Unternehmen zu sehr auf ein Segment konzentriert. Eine besondere Gefahr sind geschlechtsspezifische oder altersspezifische Segmentierungen, die sich im Zeitablauf verändern können.

Generell gilt der Strategietrend, der besagt, dass mit steigender Größe des Unternehmens auch der Grad der Marktabdeckung zunimmt. Mit steigender Marktabdeckung nimmt häufig aber der Grad der Individualisierung des Marketingprogramms ab. Die Bandbreite reicht hier vom kundenindividuellen Marketing und der konzentrierten Bearbeitung eines Marktsegments (Nische) über das segmentorientierte Marketing bis hin zur Abdeckung eines möglichst großen Teils des Zielmarktes mit undifferenzierten Marketingprogrammen (siehe Abbildung 3-13).

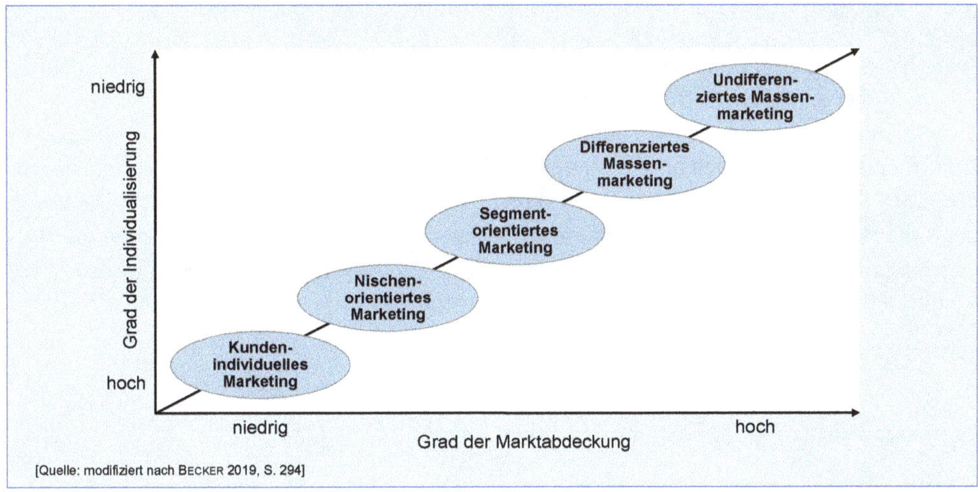
niedrig
Grad der Individualisierung
hoch
Kunden-individuelles Marketing
Nischen-orientiertes Marketing
Segment-orientiertes Marketing
Differenziertes Massen-marketing
Undifferen-ziertes Massen-marketing
niedrig
Grad der Marktabdeckung
hoch

[Quelle: modifiziert nach BECKER 2019, S. 294]

Abb. 3-13: Der Strategietrend in der Marktsegmentierung

3.4 Positionierung – Optimierung des Kundenvorteils

Die Positionierung (engl. Positioning) ist das zweite wichtige Aktionsfeld im Vermarktungsprozess. Sie zielt darauf ab, innerhalb der definierten Segmente bzw. Geschäftsfelder eine klare Differenzierung gegenüber dem Produkt- und Leistungsangebot des Wettbewerbs vorzunehmen. Die Einbeziehung des Wettbewerbs und seiner Stärken und Schwächen ist also ein ganz entscheidendes Merkmal der Positionierung. Auch hier ist in besonderem Maße die Unternehmensführung gefragt, die strategisch wichtigen Fragen der richtigen Positionierung des Produktportfolios zu begleiten.

3.4.1 Führungsrelevante Aufgaben und Ziele der Positionierung

Jedes Unternehmen tritt in seinen Marktsegmenten in aller Regel gegen einen oder mehrere Wettbewerber an. In dieser Situation reicht es nicht aus, ausschließlich nutzenorientiert zu argumentieren. Neben den reinen Kundennutzen muss vielmehr der Kundenvorteil treten. Der Kundenvorteil definiert sich als der Vorteil, den der Kunde beim Erwerb des Produktes gegenüber dem Wettbewerbsprodukt hat. Wer überlegenen Nutzen (= Kundenvorteil) bieten will, muss die Bedürfnisse, Probleme, Ziele und Nutzenvorstellungen des Kunden sowie die Vor- und Nachteile bzw. Stärken und Schwächen seines Produktangebotes gegenüber denen des Wettbewerbs kennen. Die Positionierung zielt also auf die Optimierung des Kundenvorteils ab:

Kundenvorteil = f (Positionierung) → optimieren!

Die wesentlichen Fragen in diesem Zusammenhang sind:

- Wie differenziert sich das eigene Angebot von dem des Wettbewerbs?
- Welches sind die wichtigsten Alleinstellungsmerkmale?

Bei der Beantwortung geht es allerdings nicht so sehr um die Herausarbeitung von Wettbewerbsvorteilen an sich. Entscheidend sind vielmehr jene Produkt- und Leistungsvorteile, die für den Kunden interessant sind und einen besonderen Wert für ihn haben. Ein Unternehmen kann diesen Wert, dieses *„Mehr an Nutzen bieten, indem es besser, neuer, schneller oder preisgünstiger ist"* [Kotler et al. 2007, S. 400]. Produktvorteile müssen also ein Bedürfnis bzw. ein Problem der Zielgruppe befriedigen bzw. lösen. Produktvorteile, die diesen Punkt nicht treffen, sind von untergeordneter Bedeutung. Unternehmen, die es verstehen, sich im Sinne des Kundenproblems positiv vom Wettbewerb abzuheben, haben letztendlich die größeren Chancen beim Produktverkauf.

Grundsätzlich gibt es zwei Möglichkeiten, die Stärken von Unternehmen in Kundenvorteile umzusetzen: Entweder mit dem **Produktvorteil** oder mit dem Kosten- bzw. **Preisvorteil**. Die Positionierung von Produktvorteilen ist häufig sehr viel schwieriger als die von Preisvorteilen, da der Preis- oder Kostenvorteil ceteris paribus objektivierend wirkt. Das Kriterium der produktbezogenen Differenzierung kann daher nur der Alleinstellungsanspruch sein, denn die Einzigartigkeit wird im Wettbewerbsvergleich ebenfalls objektivierend beurteilt. Prinzipiell bietet jeder Produktparameter Chancen, Kundenvorteile zu erzielen. Entscheidend für die Durchsetzung von Kundenvorteilen ist, dass sich der Kommunikationsinhalt auf Einzigartigkeit, Verteidigungsfähigkeit und auf jene Produkteigenschaften konzentrieren sollte, die der Kunde besonders hoch gewichtet [vgl. Große-Oetringhaus 1986, S. 3 und 41].

Positionierung ist also die Schaffung einer klaren Differenzierung aus Kundensicht. Das führt zu einer Konzentration auf jene Produkt- und Leistungsmerkmale, die aus Kundensicht eine klare Differenzierung gegenüber dem Wettbewerb bewirken. Damit führt die Positionierung zur Bestimmung des Kommunikationsinhaltes, denn jegliche Kommunikation mit dem Kunden sollte auf dessen Vorteil ausgerichtet sein [vgl. Große-Oetringhaus 1986, S. 3].

Nachdem der Unterschied zwischen Kundennutzen und Kundenvorteil herausgearbeitet worden ist, sind in diesem Kontext noch weitere Begriffe, die teilweise synonym zum Kundenvorteil verwendet werden, abzugrenzen [vgl. Backhaus/Voeth 2010, S. 19 ff.]:

- Ein **Netto-Nutzen-Vorteil** ist dann gegeben, wenn der Nutzen für den Nachfrager größer ist als der Preis. Bei diesem Konstrukt fehlt allerdings die Wettbewerbskomponente.
- Das Akronym **USP** (Unique Selling Proposition) beschreibt das Alleinstellungsmerkmal eines Produktes. Der USP betont zwar den Wettbewerbsbezug, nicht aber den vom Nachfrager zu zahlenden Preis.
- **Value Proposition** ist der Wert (engl. *Value*) von Nutzenelementen, die ein Nachfrager im Austausch für den gezahlten Preis bekommt. Die Differenz zwischen Wert und Preis entspricht dem Netto-Nutzen-Vorteil.
- Beim **Wettbewerbsvorteil**, der sich neben Produkt- bspw. auch aus Kosten- oder Standortvorteilen zusammensetzen kann, dominiert die Wettbewerbskomponente die Kundenkomponente. Der Wettbewerbsvorteil an sich zählt nicht, entscheidend ist, dass er auch vom Kunden wahrgenommen wird. Damit wirken Wettbewerbsvorteile nur mittelbar.
- Das Konstrukt des **komparativen Konkurrenzvorteils** (KKV) fasst beide Perspektiven, also die Kundenkomponente und die Wettbewerbskomponente zusammen. Der KKV besteht aus einer (kundenorientierten) Effektivitätsposition (mit den Merkmalen Bedeutsamkeit und Wahrnehmung) und einer (wettbewerbsorientierten) Effizienzposition (mit den Merkmalen Verteidigungsfähigkeit und Wirtschaftlichkeit).

Obwohl der KKV, der speziell für das Industriegütermarketing entwickelt worden ist [Backhaus], sicherlich das umfassendste Konstrukt in diesem Kontext darstellt, soll hier weiterhin an der einfacheren Begrifflichkeit des Kundenvorteils festgehalten werden.

3.4.2 Das Produkt als Positionierungselement

Das entscheidende Differenzierungsinstrument und damit die Grundlage für die Positionierung ist das **Produkt**. Dabei wird hier die Auffassung vertreten, *„dass alles, was vermarktet werden kann, ein Produkt ist"* [Kotler/Blümel 1992, S. 621]. Nach diesem weit gefassten Begriffsverständnis werden neben Sachleistungen also auch Dienstleistungen (und sogar Personen und

Ideen, die sich „vermarkten“ lassen) als Produkte angesehen. Die verschiedenen Differenzierungsmöglichkeiten durch das Produkt stehen im Vordergrund der nachfolgenden Betrachtung. Wenn nicht anders erwähnt, wird aber weiterhin begrifflich zwischen Produkt (im Sinne von Sachgut) und Dienstleistung unterschieden.

Am Anfang steht also immer ein Produkt (oder eine Dienstleistung, ein Unternehmen, eine Person, eine Idee). Die Positionierung steht allerdings – genau genommen – nicht für dieses Produkt, sondern für das, was bei den Kunden und Interessenten im Kopf entsteht. Produkte werden also im Denken der Verbraucher positioniert, damit diese sich leichter tun, Produkte zu klassifizieren.

3.4.2.1 Differenzierung als Grundlage der Positionierung

Ein Unternehmen sollte ein Marktsegment letztlich nur dann als attraktiv für sich einschätzen, wenn es sich aufgrund seiner eigenen Leistungspotenziale einen oder mehrere Wettbewerbsvorteil(e) verspricht. Hierzu ist es im Rahmen der Positionierung erforderlich, sich ein genaues Bild über die Erfolgs- oder Schlüsselfaktoren – bezogen auf die Anforderungen der jeweiligen Marktsegmente – zu verschaffen. Solche Erfolgsfaktoren wirken stark *differenzierend* und zeigen Potenziale auf, um sich vom Wettbewerb innerhalb der Segmente abheben zu können. Spekulationen bei der Ermittlung der gegenwärtigen Position sollten dabei möglichst ausgeräumt werden. Hier kann der Einsatz qualitativer und quantitativer Marktforschungsmethoden (strukturierte Analysen der eigenen Stärken und Schwächen sowie der Wettbewerber, Marktveränderungen und Differenzierungsmerkmale etc.) hilfreiche Dienste leisten. Besonders wichtig ist dabei nicht nur die eigene „Nabelschau“, sondern eben auch die Analyse der Stärken und Schwächen des Wettbewerbs. Um die Wahrnehmung der Marktposition des Unternehmens und der wichtigsten Wettbewerber festzustellen, müssen die wichtigsten Zielgruppen (Kunden, Meinungsbildner, Konsumenten etc.) verschiedene, für die Positionierung relevante Leistungsfaktoren bewerten. Bei diesen Erhebungen steht die subjektive Wahrnehmung der Befragten im Vordergrund.

Differenzierung im B2C-Bereich. Eine der Hauptaufgaben für das Marketing besteht demnach darin, diese **Alleinstellungsmerkmale** (engl. *Unique Selling Proposition – USP*) ausfindig zu machen, gegenüber dem Markt zu kommunizieren und damit Präferenzen zu bilden. Die Differenzierungsmöglichkeiten können je nach Branche sehr unterschiedlich sein. In einigen Branchen können solche Kundenvorteile relativ leicht gewonnen werden, in anderen ist dies nur sehr schwer möglich. Dennoch gelingt es erfahrenen Marketingunternehmen immer wieder, für ihre Produkte – seien sie noch so homogen – Differenzierungen herauszuarbeiten [vgl. Kotler et al. 2007, S. 400 und 407].

Ersatzweise können aber auch Produktmerkmale herangezogen werden, die für sich genommen zwar keinen Alleinstellungsanspruch rechtfertigen, sehr wohl aber in ihrer Kombination einen Kundenvorteil darstellen.

Das Produkt bietet grundsätzlich vielfältige **Differenzierungsmöglichkeiten**. Es kann mit unterschiedlichen Ausstattungselementen angeboten werden, als Basisversion oder mit vielen Extras. Die besondere Qualität, die Haltbarkeit bzw. Nutzungsdauer oder die Zuverlässigkeit sind weitere Differenzierungsmöglichkeiten. Doch nicht nur der reine funktionale Nutzen, sondern auch Design oder Service, die Verpackung, der Name oder die Farbe bieten vielfältige Möglichkeiten, sich vom Wettbewerb abzuheben. Abbildung 3-14 macht deutlich, dass es neben dem reinen Produktkern noch viele weitere Differenzierungsmöglichkeiten gibt.

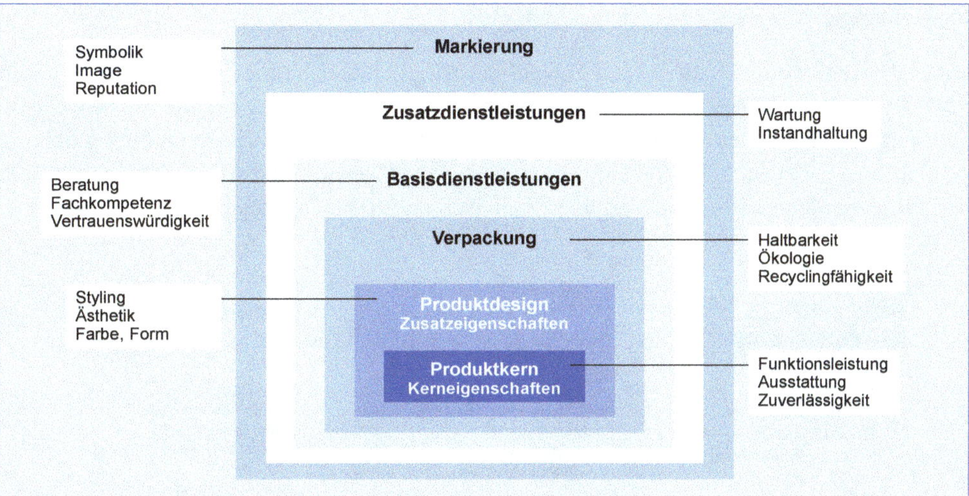
Symbolik
Image
Reputation
Markierung
Zusatzdienstleistungen
Wartung
Instandhaltung
Beratung
Fachkompetenz
Vertrauenswürdigkeit
Basisdienstleistungen
Verpackung
Haltbarkeit
Ökologie
Recyclingfähigkeit
Styling
Ästhetik
Farbe, Form
Produktdesign
Zusatzeigenschaften
Produktkern
Kerneigenschaften
Funktionsleistung
Ausstattung
Zuverlässigkeit

Abb. 3-14: Differenzierungsmöglichkeiten durch das Produkt

Fasst man die einzelnen Differenzierungsmöglichkeiten tabellarisch zusammen, so lassen sich unter den Rubriken Produkt, Service, Mitarbeiter, Distributionssystem und Identitätsgestaltung die in Abbildung 3-15 dargestellten Dimensionen und Ausprägungen einordnen.

Produkt	Service	Mitarbeiter	Distributionssystem	Identitätsgestaltung
• Produktausstattungselemente • Produktleistung • Leistungskonformität • Haltbarkeit • Zuverlässigkeit • Instandsetzbarkeit • Styling, Design	• Auftragshilfen • Zustellung • Installation • Kundenschaltung • Kundenberatung • Instandsetzung/ -haltung • Hotline	• Fachkompetenz • Höflichkeit • Vertrauenswürdigkeit • Zuverlässigkeit • Geistige Beweglichkeit • Kommunikation	• Distributionswege • Abdeckungsgrad des Distributionssystems • Fachkompetenz der Systemmitglieder • Leistung des Distributionssystems	• Symbole • Medien • Atmosphäre • Ereignis-Sponsoring

[Quelle: Kotler et al. 2007, S. 407]

Abb. 3-15: Differenzierungsinstrumente und deren Ausgestaltungsmöglichkeiten

Ein besonderes Augenmerk soll dabei auf den Servicebereich als Differenzierungsinstrument gerichtet werden. Eigentlich ist der Kundenservice eine Domäne im B2B-Marketing, wo z. B. im Anlagenbau oder im Systemgeschäft Installation, Instandsetzung, Kundenschulung und -beratung wesentliche Elemente der Gesamtleistung darstellen. Im B2C-Bereich dagegen ist – gerade in Deutschland – oft von der „Service-Wüste" die Rede. Deshalb liegen gerade hier die größten Verbesserungspotenziale. **Customer Relationship Management** und **Customer**

Contact Management sind hierzu die Stichworte und werden in Abschnitt 3.8 Betreuung ausführlich behandelt.

Die aufgezeigten Differenzierungsmöglichkeiten machen deutlich, wie vielfältig die Gestaltungsansätze für das B2C-Marketing sind, um Erfolgsfaktoren und damit Kundenvorteile für eine erfolgreiche Positionierung herauszuarbeiten.

Differenzierung im B2B-Bereich. Für den Industriegüterbereich (und damit im Wesentlichen auch für das B2B-Marketing) schlagen Backhaus/Voeth einen Ansatz vor, der die besonderen Ressourcen, Fähigkeiten und Kompetenzen des Anbieters zur Positionierung berücksichtigt. Als Differenzierungsmöglichkeiten werden dabei Potenzialunterschiede, Prozessunterschiede und Programmunterschiede im Vergleich zum Wettbewerb herangezogen (siehe Abbildung 3-16).

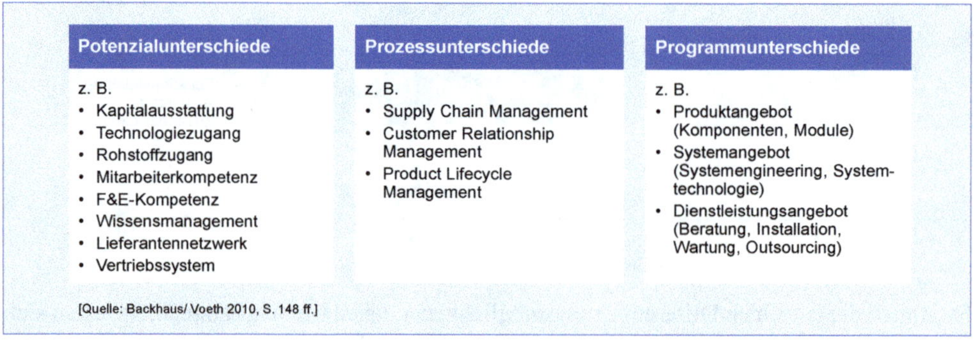
Potenzialunterschiede
z. B.
• Kapitalausstattung
• Technologiezugang
• Rohstoffzugang
• Mitarbeiterkompetenz
• F&E-Kompetenz
• Wissensmanagement
• Lieferantennetzwerk
• Vertriebssystem
Prozessunterschiede
z. B.
• Supply Chain Management
• Customer Relationship Management
• Product Lifecycle Management
Programmunterschiede
z. B.
• Produktangebot (Komponenten, Module)
• Systemangebot (Systemengineering, Systemtechnologie)
• Dienstleistungsangebot (Beratung, Installation, Wartung, Outsourcing)
[Quelle: Backhaus/ Voeth 2010, S. 148 ff.]

Abb. 3-16: Differenzierungsmöglichkeiten im Industriegüterbereich

Zu den Potenzialunterschieden als Quelle für den Kundenvorteil zählen z. B. ein patentrechtlich geschütztes Wissen ebenso wie der Zugang zu dominanten Technologien, ein exklusives Vertriebssystem oder besonders fähige Mitarbeiter.

Wettbewerbsrelevante Prozessunterschiede ergeben sich insbesondere beim Management der **Supply Chain**, bei den Prozessketten des **Product Lifecycle** sowie beim **Customer Relationship Management**. Hier stellt sich allerdings die Frage, wie solche Prozessketten im Hinblick auf Effektivität und Effizienz und vor allem im Vergleich zum Wettbewerb gemessen bzw. beurteilt werden sollen.

In den Programmunterschieden dokumentiert sich der vom Kunden wahrgenommene Marktauftritt eines Anbieters. Unternehmen, die bspw. nur als Komponentenlieferant, nur als Systemanbieter oder nur als Dienstleister auftreten, werden sich im Markt ggf. anders positionieren als Unternehmen, die über die vollständige Programmbreite verfügen.

Darüber hinaus bieten die spezifischen Wettbewerbsverhältnisse und Kundenanforderungen innerhalb einer Branche weitere Differenzierungsmöglichkeiten.

3.4.2.2 Positionierungsmodelle und Positionierungsanalyse

Häufig besteht der Bedarf, die so gewonnene Positionierung auch zu lokalisieren. Dazu werden die verschiedenen miteinander im Wettbewerb stehenden Produkte in einem sog. Eigenschafts- oder Merkmalsraum angeordnet. Aus Vereinfachungs- bzw. Darstellungsgründen wird zumeist ein zweidimensionales Positionierungsmodell verwendet. Maßgebend für ein solches Positionierungsmodell sind die wahrgenommenen bzw. erlebten Produktmerkmale, die von den Kunden unterschiedlich zugeordnet werden. Dem Marketing obliegt dabei die Aufgabe, die kaufbestimmenden Eigenschaften zu identifizieren und als Positionierungskreuz darzustellen. Hierzu werden zunächst diejenigen Produkteigenschaften ermittelt, die die Kunden als relevant für die Auswahl von Produkten auf einzelnen Märkten wahrnehmen. Dann werden im nächsten Schritt die Wettbewerbsprodukte in den Merkmalsraum so eingezeichnet, wie die Kunden sie subjektiv bewerten. Im Automobilbereich können dies bspw. die Merkmale Sportlichkeit und Wirtschaftlichkeit sein. Sind die Positionierungsobjekte (hier: Autos) in den Eigenschaftsraum eingeordnet, können entsprechende Lücken (Positionierungslücken) für neue Produkte aufgedeckt werden [vgl. Becker, J. 2019, S. 248].

Abbildung 3-17 zeigt das Beispiel eines einfachen, zweidimensionalen Positionierungsmodells, das die Merkmale Preis-/Qualitätsrelation sowie Modegrad mit dem Gegensatzpaar top-modisch und klassisch verwendet. Das Unternehmen selber sowie wichtige große Wettbewerber (A1 bis A11) sind so eingezeichnet, wie sie aus Verbrauchersicht vermutlich wahrgenommen werden.

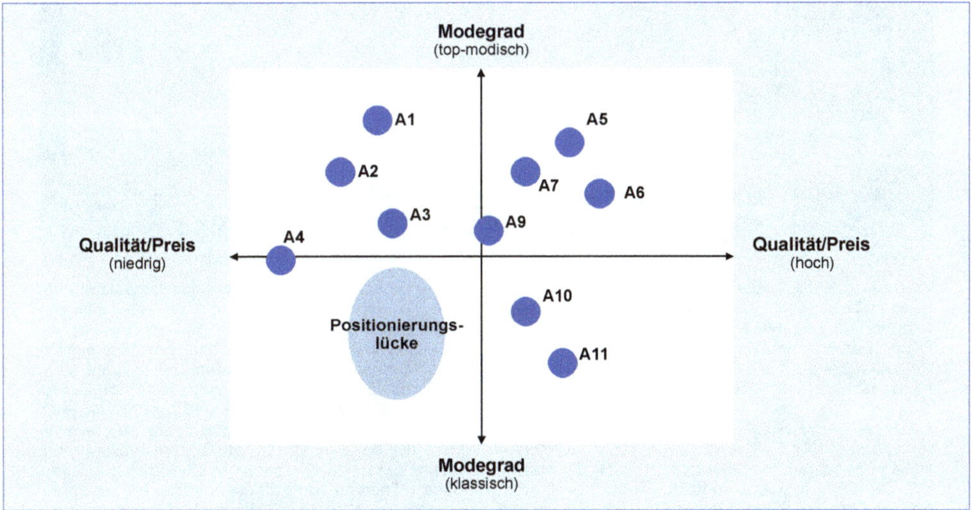
Modegrad
(top-modisch)
A1
A5
A2
A7
A6
A3
A9
Qualität/Preis
(niedrig)
A4
Qualität/Preis
(hoch)
A10
Positionierungs-
lücke
A11
Modegrad
(klassisch)

Abb. 3-17: Beispiel eines zweidimensionalen Positionierungsmodells

Zur besseren Illustration ist ein aktuelles Beispiel aus dem Bereich der Textilwirtschaft in Abbildung 3-18 dargestellt. Untersuchungsgegenstand sind Anbieter von Herrenanzügen, die in einem von den Dimensionen (Preis-)Genre und Modegrad gebildeten Merkmalsraum positioniert sind.

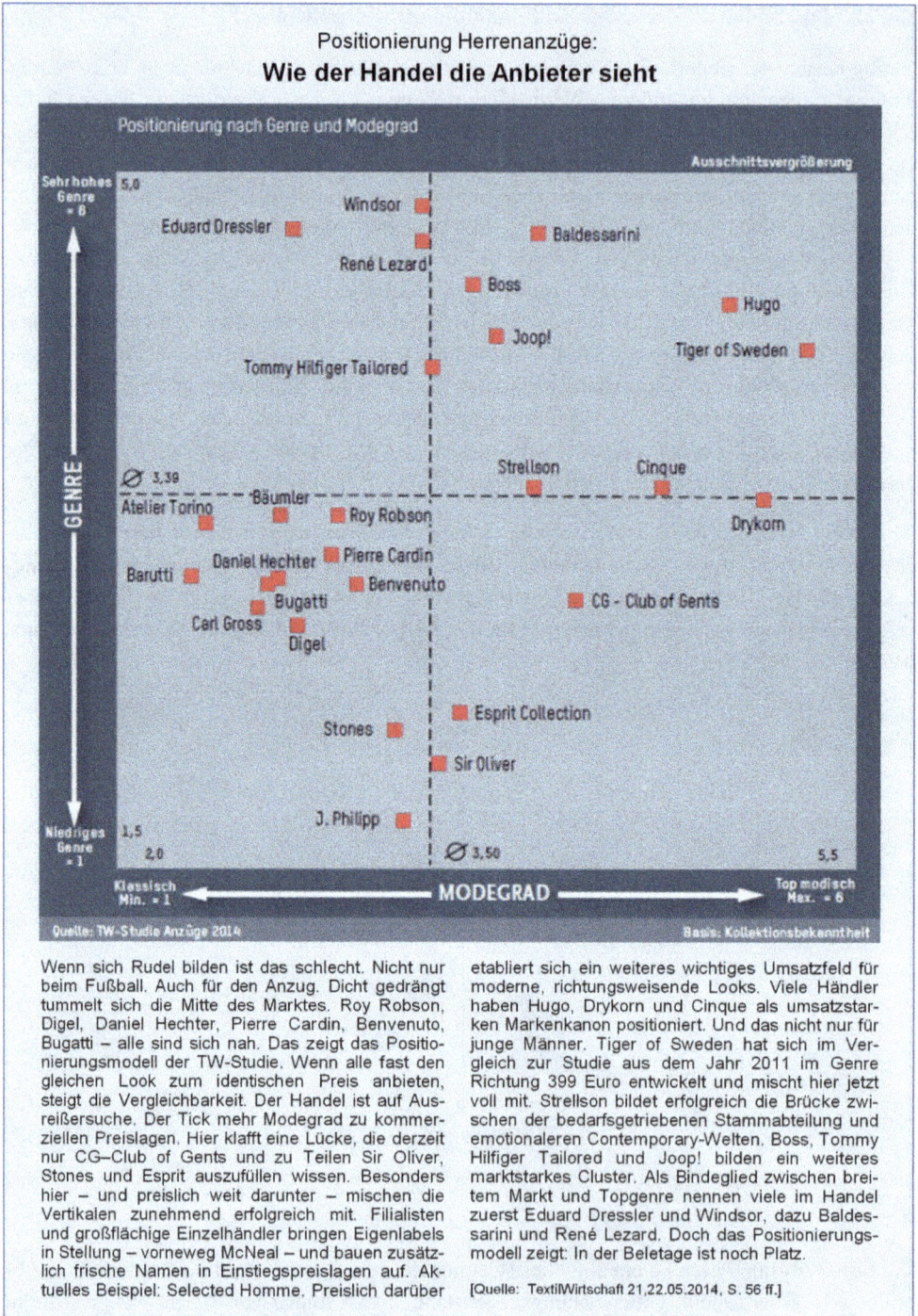

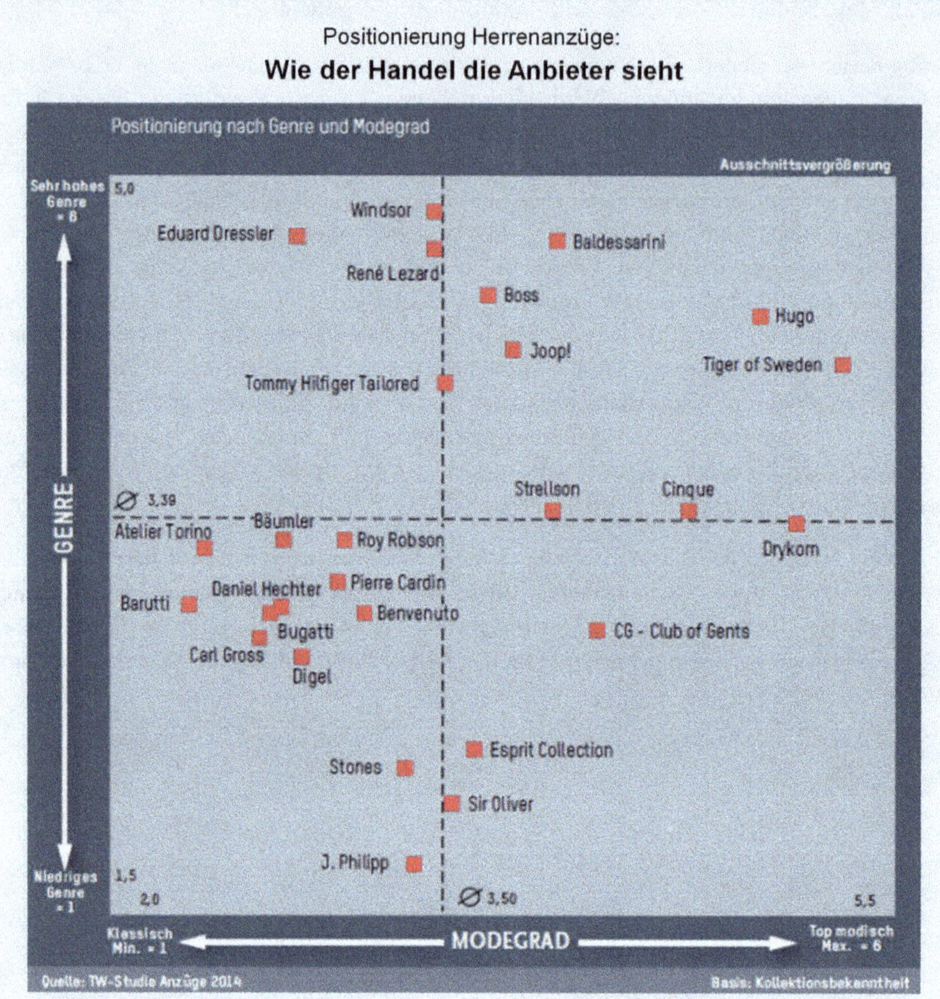
Positionierung Herrenanzüge:
Wie der Handel die Anbieter sieht
Positionierung nach Genre und Modegrad
Ausschnittsvergrößerung
Sehr hohes Genre = 6
5,0
Windsor
Eduard Dressler
Baldessarini
René Lezard
Boss
Hugo
Joop!
Tiger of Sweden
Tommy Hilfiger Tailored
GENRE
Strellson
Cinque
Ø 3,39
Bäumler
Atelier Torino
Roy Robson
Drykorn
Daniel Hechter
Pierre Cardin
Barutti
Benvenuto
Bugatti
CG - Club of Gents
Carl Gross
Digel
Esprit Collection
Stones
Sir Oliver
J. Philipp
Niedriges Genre = 1
1,5
2,0
Ø 3,50
5,5
Klassisch Min. = 1
MODEGRAD
Top modisch Max. = 6
Quelle: TW-Studie Anzüge 2014
Basis: Kollektionsbekanntheit

Wenn sich Rudel bilden ist das schlecht. Nicht nur beim Fußball. Auch für den Anzug. Dicht gedrängt tummelt sich die Mitte des Marktes. Roy Robson, Digel, Daniel Hechter, Pierre Cardin, Benvenuto, Bugatti – alle sind sich nah. Das zeigt das Positionierungsmodell der TW-Studie. Wenn alle fast den gleichen Look zum identischen Preis anbieten, steigt die Vergleichbarkeit. Der Handel ist auf Ausreißersuche. Der Tick mehr Modegrad zu kommerziellen Preislagen. Hier klafft eine Lücke, die derzeit nur CG–Club of Gents und zu Teilen Sir Oliver, Stones und Esprit auszufüllen wissen. Besonders hier – und preislich weit darunter – mischen die Vertikalen zunehmend erfolgreich mit. Filialisten und großflächige Einzelhändler bringen Eigenlabels in Stellung – vorneweg McNeal – und bauen zusätzlich frische Namen in Einstiegspreislagen auf. Aktuelles Beispiel: Selected Homme. Preislich darüber etabliert sich ein weiteres wichtiges Umsatzfeld für moderne, richtungsweisende Looks. Viele Händler haben Hugo, Drykorn und Cinque als umsatzstarken Markenkanon positioniert. Und das nicht nur für junge Männer. Tiger of Sweden hat sich im Vergleich zur Studie aus dem Jahr 2011 im Genre Richtung 399 Euro entwickelt und mischt hier jetzt voll mit. Strellson bildet erfolgreich die Brücke zwischen der bedarfsgetriebenen Stammabteilung und emotionaleren Contemporary-Welten. Boss, Tommy Hilfiger Tailored und Joop! bilden ein weiteres marktstarkes Cluster. Als Bindeglied zwischen breitem Markt und Topgenre nennen viele im Handel zuerst Eduard Dressler und Windsor, dazu Baldessarini und René Lezard. Doch das Positionierungsmodell zeigt: In der Beletage ist noch Platz.

[Quelle: TextilWirtschaft 21,22.05.2014, S. 56 ff.]

Abb. 3-18: Positionierung Herrenanzüge: Wie der Handel die Anbieter sieht

In der Praxis sind zweidimensionale Merkmalsräume eher selten, da in der Regel mehr als zwei Eigenschaften zur Positionierung herangezogen werden. Abbildung 3-19 zeigt ein Beispiel für einen Merkmalsraum mit fünf Eigenschaften, die kaufentscheidend für den Erwerb von ERP-Software sein können.

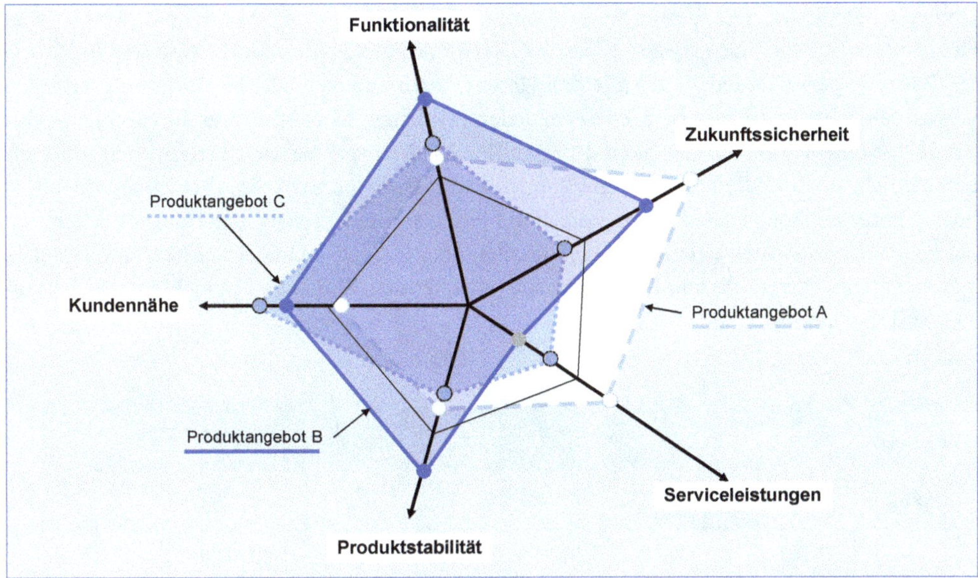
Funktionalität
Zukunftssicherheit
Produktangebot C
Kundennähe
Produktangebot A
Produktangebot B
Serviceleistungen
Produktstabilität

Abb. 3-19: Beispiel für ein Positionierungsmodell mit fünf Dimensionen

3.4.2.3 Markenmanagement

Eine starke Marke bietet dem Käufer ein „Mehr" als die reine Produktleistung, also eine Zusatzleistung (engl. *Added Value*). Sie bietet dem Käufer Orientierung, Transparenz, Entscheidungshilfe, Identifikation und strahlt Vertrauen aus. Zudem verspricht die Marke eine konstante Qualität. Für den Anbieter bietet eine starke Marke die Möglichkeit, sich vom Wettbewerb zu differenzieren, eine Präferenzbildung und Profilierung beim Konsumenten zu erzeugen und damit einen Wettbewerbsvorteil zu erzielen. Kurzum: Das Markenmanagement bzw. die Markenführung ist somit eine Grundvoraussetzung für die Positionierung.

Die Marke bietet einen Herkunftsnachweis und stellt durch den rechtlichen Schutz eine exklusive Nutzung für den Anbieter sicher. Zusätzlich lässt sich eine Marke in Form eines ökonomischen Marktwerts bewerten. Damit wird die Marke zu einem Vermögensgegenstand (engl. *Asset*) des Unternehmens und kann bei richtiger Führung zu seiner Wertsteigerung beitragen [vgl. Meffert et al. 2008, S. 349].

Der **Markenwert** wird (nach alter Schule) als der „Barwert aller zukünftigen Einzahlungsüberschüsse, die der Eigentümer aus der Marke erwirtschaften kann" beschrieben. Zur Markenbewertung existieren in der Praxis allerdings verschiedene Bewertungsmodelle. Das hat zur Folge, dass der Markenwert für ein und dasselbe Unternehmen je nach Bewertungsmodell stark variieren kann. In früheren Modellen der Markenbewertung stand vor allem der finanzielle Ansatz im Blickpunkt, heute ist es eher eine Kombination aus finanzorientierten und verhaltensorientierten bzw. psychologischen Überlegungen.

In Abbildung 3-20 ist der Markenwert (engl. *Brand value*) der derzeit wertvollsten Marken weltweit aufgelistet. Die bekanntesten Ranking-Lieferanten sind Interbrand („Best Global Brands"), Brand Finance („Brand Finance Global 500") und Millward Brown („BrandZ Top 100 Most Powerful Brands"). Da alle drei Unternehmen unterschiedliche Bewertungskriterien verwenden, veröffentlichen sie auch verschiedene Hitlisten. Doch nicht nur die Ranglisten fallen höchst unterschiedlich aus, auch der jeweilige Markenwert der einzelnen Firmen differiert beträchtlich. So sind die Markenwerte von Millward Brown durchschnittlich etwa doppelt so hoch wie die entsprechenden Werte von Brand Finance. Bemerkenswertes Beispiel: Microsoft hat bei Millward Brown einen Wert von deutlich über 300 Mrd. Dollar, bei Interbrand sind es ziemlich genau die Hälfte und Brand Finance bewertet den Windows-Entwickler lediglich mit 117 Mrd. Dollar.

2020	Interbrand		Brand Finance		Millward Brown BrandZ	
Rang	Marke	Wert in Mrd. US $	Marke	Wert in Mrd. US $	Marke	Wert in Mrd. US $
1	Apple	323,0	amazon.com	220,8	amazon.com	415,9
2	amazon.com	200,7	Google	159,7	Apple	352,2
3	Microsoft	166,0	Apple	140,5	Microsoft	326,5
4	Google	165,4	Microsoft	117,1	Google	323,6
5	SAMSUNG	62,3	SAMSUNG	94,5	VISA	186,8
6	Coca-Cola	56,9	ICBC	80,8	Alibaba.com	152,5
7	Toyota	51,6	Facebook	79,8	Tencent 腾讯	151,0
8	Mercedes-Benz	49,3	Walmart	77,5	Facebook	147,2
9	McDonald's	42,8	PING AN	69,0	McDonald's	129,3
10	Disney	40,8	HUAWEI	65,1	mastercard	108,1

Abb. 3-20: Die wertvollsten Marken weltweit 2020

Die Marke (engl. *Brand*) ist ein in der Psyche des Konsumenten und sonstiger Bezugsgruppen der Marke fest verankertes, unverwechselbares Vorstellungsbild von einem Produkt oder einer Dienstleistung. Die der Marke zugrundeliegende Leistung wird dabei in einem möglichst großen Absatzraum über einen längeren Zeitraum in gleichartigem Auftritt und in gleichbleibender oder verbesserter Qualität angeboten [vgl. Meffert et al. 2002, S. 6].

Als Marke können Namen, Begriffe, Zeichen, akustische Signale, Abbildungen, Symbole oder eine Kombination aus diesen zum Zwecke der Kennzeichnung der Produkte eines Anbieters und der Differenzierung gegenüber Wettbewerbsangeboten fungieren (und geschützt) werden. Der Schutz der Marke gegen Verwendung durch ein anderes Unternehmen erfolgt über die Eintragung eines Warenzeichens in das Markenregister. Als Markenname wird der „artikulierbare“ Teil der Marke bezeichnet (Melitta, Lufthansa, SAP, Nivea, Du darfst). Das Markenzeichen ist der erkennbare, nicht jedoch verbal wiedergebbare Teil der Marke, z.B. ein Symbol (Mercedes-Stern), eine Gestaltungsform (Adidas-Streifen), eine charakteristische Schrift (Schriftzug von Coca Cola) oder Farbe (Magenta der Deutschen Telekom). Hinsichtlich des Aufbaus und der Pflege von Marken – also des Markenmanagements – lassen sich folgende Markenstrategien im vertikalen Wettbewerb unterscheiden:

- **Handelsmarkenstrategie**, d. h. der Handel übernimmt die Funktion des Markenführers (z.B. Edeka-Eigenmarke „Gut & Günstig“)
- **Herstellermarkenstrategie**, d. h. der Hersteller ist verantwortlich für die Markenführung (Normalfall).

Im internationalen Wettbewerb gibt es ebenfalls zwei marken-strategische Stoßrichtungen:

- **Globale Markenstrategie**, d. h. der Anbieter/Hersteller tritt weltweit mit identischen Produktmarken auf (z. B. Heineken, Coca Cola, McDonald's).
- **Gemischte Markenstrategie**, d. h. der Anbieter/Hersteller trägt mit seiner Markenführung z. B. länderspezifischen Sprachgewohnheiten Rechnung (Produkte der Unilever-Speiseeislinie werden in vielen Ländern unter anderen Markennamen verkauft, z. B. Langnese in Deutschland, Miko in Frankreich, Frigo in Spanien, Eskimo u. a. in Österreich und Ungarn, Algida u. a. in der Türkei und Italien, Ola u. a. in Portugal und in den Niederlanden).

Die meisten strategischen Optionen bieten Markenstrategien im horizontalen Wettbewerb:

- **Einzelmarkenstrategie**, d.h. jedes Marktsegment wird nur von einer Marke eines Unternehmens bearbeitet; Beispiele liefern u. a. Gruner + Jahr (als Tochter des Medienkonzerns Bertelsmann), Daimler, Ferrero oder Procter & Gamble;
- **Mehrmarkenstrategie** (engl. *House of Brands*), d.h. ein Unternehmen bietet in einem Markt bzw. Marktsegment mindestens zwei Marken parallel an; Beispiele bieten Henkell mit seinen auf die jeweiligen Preissegmente abgestimmten Sektmarken oder Unilever mit seinem umfassenden Halbfettmargarinesortiment;
- **Markenfamilienstrategie** (engl. *Branded House*), d.h. verschiedene, aber verwandte Produkte werden unter einer Marke zusammengefasst, wobei der Name des Herstellers nicht herausgestellt wird; Beispiele sind Axel Springer Verlag mit den verschiedenen Bild-Objekten, Beiersdorf mit den Produktfamilien Nivea und Tesa sowie Mondelez als internationales Nachfolgeunternehmen von Kraft Foods mit den Schokoladenprodukten von Milka und den verschiedenen Kaffeemarken von Jacobs;

- **Dachmarkenstrategie** (engl. *Corporate/Umbrella Branding*), d.h. alle Produkte eines Unternehmens werden unter einer (Dach-)Marke geführt; Beispiele sind Miele und Bosch im Gebrauchsgüter- und Zuliefererbereich, IBM, Apple und HP im Technologiebereich, wobei hier eine Entwicklung zu Subbrands zu beobachten ist (z. B. Apple iPhone, Apple iPad, HP Deskjet, HP Laserjet);
- **Markentransferstrategie**, d.h. von der Hauptmarke eines bestehenden Produktbereiches werden positive Imagekomponenten auf ein Transferprodukt einer anderen Produktkategorie übertragen; Beispiele: Mövenpick im Nahrungs- und Genussmittelbereich, Porsche-Brillen, Camel-Boots;
- **Co-Branding-Strategie**, d.h. Kombination von mindestens zwei Marken möglichst gleicher Qualität von verschiedenen Herstellern; Beispiel sind Miles & More/Visa-Karte, McDonald's/Disney, Langnese/Milka oder der Allianz/Baedecker-Reiseführer.

Einen Überblick über die verschiedenen markenstrategischen Optionen liefert Abbildung 3-21.

Markenstrategien im vertikalen Wettbewerb	Handelsmarkenstrategie		Herstellermarkenstrategie	
Markenstrategien im horizontalen Wettbewerb	Einzelmarken-strategie	Mehrmarken-strategie	Markenfamilien-strategie	Dachmarken-strategie
	Markentransferstrategie		Co-Branding-Strategie	
Markenstrategien im internationalen Wettbewerb	Globale Markenstrategie		Gemischte Markenstrategie	

Abb. 3-21: Markenstrategische Optionen im Überblick

3.4.3 Der Preis als Positionierungselement

Die Positionierung von Preis- bzw. Kostenvorteilen ist im Gegensatz zur Positionierung von Produktvorteilen ohne große Vorabinvestitionen kurzfristig durchführbar und mit einer sehr viel schnelleren Reaktion der Käufer verbunden. Preispolitische Maßnahmen üben eine erhebliche akquisitorische Wirkung aus und entfalten trotz der kurzfristigen Variabilität auch langfristige Effekte. So wirken insbesondere Preissenkungen nachhaltig auf die Preiswahrnehmung der Nachfrager und sind damit schwer revidierbar. Der größte Positionierungsunterschied liegt aber wohl darin, dass das angebotene Produkt mit seinen Eigenschaften als „positive" Komponente einer Kaufhandlung wirkt, wohingegen der Preis die „negative" Komponente bzw. das „Opfer" zur Erlangung der erwünschten Leistung darstellt [vgl. Meffert et al. 2008, S. 478].

3.4.3.1 Preisfindung

Unter praxisbezogenen Aspekten lassen sich drei grundlegende Methoden der Preisfindung unterscheiden:

- Kostenorientierte Preisfindung
- Kundenorientierte Preisfindung
- Wettbewerbsorientierte Preisfindung.

Kostenorientierte Preisfindung. Im Rahmen der kostenorientierten Preisfestsetzung werden Preise auf der Grundlage von **Kosteninformationen** getroffen. Diese stellen die Kostenrechnung und hier speziell die Kostenträgerrechnung zur Verfügung. Um die Kosten und darauf aufbauend den Angebotspreis zu ermitteln, stehen zwei Kalkulationsverfahren zur Verfügung: die Vollkostenrechnung und die Teilkostenrechnung.

Bei der **Preiskalkulation auf Vollkostenbasis** werden alle im Unternehmen anfallenden fixen und variablen Kosten auf den Kostenträger (das Produkt) verteilt. Der Angebotspreis ergibt sich aus der Summe der Gesamtstückkosten und eines vorher zu bestimmenden Gewinnzuschlags (→ progressive Kalkulation). Diese einfache Zuschlagskalkulation (engl. *Cost-Plus-Pricing*) hat den Nachteil, dass die in den Vollkosten enthaltenen Fix- bzw. Gemeinkosten nicht nach dem Verursachungsprinzip, sondern nach einem mehr oder weniger willkürlichen Verteilungsschlüssel auf die Kostenträger verteilt werden. Hinzu kommt die Gefahr, sich bei der Vollkostenrechnung aus dem Markt zu kalkulieren. Geht nämlich die Absatzmenge zurück, dann müssen bei der Nachkalkulation die fixen Kosten auf eine geringere Stückzahl verteilt werden. Mit höherem Preis sinkt die Absatzmenge und die Stückkosten steigen. Besonders im B2B-Bereich (z. B. bei Anlagen oder Projekten) wird diese Kalkulation bevorzugt [vgl. Becker, J. 2009, S. 517 f.].

Bei der **Preiskalkulation auf Teilkostenbasis** werden demgegenüber nur die variablen Stückkosten berücksichtigt. Das sind die Kostenanteile, die in einem direkten Zusammenhang mit der Entwicklung, Produktion und Vermarktung des Produkts stehen. Zentrales Instrument ist dabei die Deckungsbeitragsrechnung (engl. *Direct Costing*), deren Ausgangspunkt der Preis darstellt (→ retrograde Kalkulation).

Kundenorientierte Preisfindung. Zu den kundenorientierten Preisfestsetzungsmethoden sollen hier das Target Costing, die Conjoint-Analyse sowie die nachfrageorientierte Preisbestimmung erläutert werden.

Ziel des **Target Costing** ist es, den am Markt durchsetzbaren Preis für ein neues Produkt zu ermitteln. Im Gegensatz zum kostenorientierten Ansatz beginnt der Prozess des Target Costing bei den vom Markt akzeptierten Preisen, um anschließend Obergrenzen für die Kosten der Produkterstellung festzulegen. Dieser *Zielverkaufspreis* (engl. *Target Price*) lässt sich mit den Mitteln und Methoden der Marktforschung relativ leicht ermitteln.

Zur zielgruppenspezifischen Bestimmung von Preisbereitschaften und zur Ableitung empirischer Preis-Absatz-Funktionen wird die **Conjoint-Analyse** eingesetzt. Mit dieser empirischen Analysemethode wird versucht, sich über die Nutzenbestimmung einzelner Produkteigenschaften dem optimalen Preis zu nähern. Im Zusammenhang mit der Anwendung der Conjoint-Analyse kann daher auch von einer *nutzenorientierten Preisfindung* gesprochen werden [vgl. Laakmann 1995, S. 211 ff.].

Die **nachfrageorientierte Preisfindung** basiert im Wesentlichen auf den Erkenntnissen der klassischen Preistheorie. Eine allein nachfrageorientierte Preisbestimmung liegt dabei vor allem in den Marktformen des Monopols und des Polypols vor. Das klassische Modell der gewinnmaximalen Preisforderung im Monopol geht auf Cournot [1838] zurück und unterstellt, dass die Preis-Absatz-Funktion (= Nachfragefunktion) mit $p = a - b \cdot x$ und die Kostenfunktion mit $K = K_{fix} + K_{var}$ vorliegen. Der gewinnmaximale Preis ergibt sich als Schnittpunkt zwischen Grenzumsatz und Grenzkosten (Cournot'scher Punkt). Bei atomistischer Konkurrenz im Polypol auf einem vollkommenen Markt existiert im Gegensatz zum Monopol ein bestimmter Gleichgewichtspreis. Die Preis-Absatz-Funktion verläuft wegen des für den einzelnen Anbieter unbeeinflussbaren Preis parallel zur Abszisse, d.h. sie ist unendlich elastisch. Bei linearem Kostenverlauf ist es im Polypol unbedeutend, ob die Zielsetzung Gewinnmaximierung oder Umsatzmaximierung angestrebt wird: Bei allen Zielsetzungen liegt hier die optimale Situation immer an der Kapazitätsgrenze.

Wettbewerbsorientierte Preisfindung. Die klassische Preistheorie berücksichtigt prinzipiell nur bei der Marktform des Oligopols Wettbewerbseinflüsse bei der Preisbestimmung. Danach können drei typische Verhaltensmöglichkeiten des Anbieters im Oligopol unterschieden werden: wirtschaftsfriedliches Verhalten, Koalitionsverhalten und Kampfverhalten [vgl. Gutenberg 1984, S. 266 f.].

In der Praxis haben sich dagegen drei grundlegende Verhaltensmuster bei der wettbewerbsorientierten Preisfindung durchgesetzt [vgl. Eckardt 2010, S. 142]:

- Preisfestsetzung auf Wettbewerbsniveau,
- Preisfestsetzung unter Wettbewerbsniveau und
- Preisfestsetzung über Wettbewerbsniveau.

Bei der **Preisfestsetzung auf Wettbewerbsniveau** (engl. *Me-too-Pricing*) spricht man auch von *Preisfolgerschaft* (→ wirtschaftsfriedliches oder Koalitionsverhalten). Dies erscheint immer dann sinnvoll, wenn eine Orientierung am Marktführer erfolgen muss, die Preiselastizität der Nachfrage gering und eine Präferenzbildung am Markt schwierig ist. Viele Bereiche des Konsumgütermarktes sind von diesem Preisverhalten geprägt (Zigaretten, Schokolade).

Die **Preisfestsetzung unter Wettbewerbsniveau** kann als *Preiskampf* (→ Kampfverhalten) angesehen werden und wird häufig bei neuen Produkten zur schnelleren Marktdurchdringung angewendet. Voraussetzung ist eine hohe Preiselastizität der Nachfrage. Das klassische Beispiel für dieses Preisverhalten sind die Discounter.

Die **Preisfestsetzung über Wettbewerbsniveau**, die zumeist mit einer *Preisführerschaft* (→ wirtschaftsfriedliches Verhalten oder Koalitionsverhalten) verbunden ist, wird insbesondere bei der Einführung innovativer Produkte oder bei prestigeträchtigen Marken mit hoher Präferenzbildung praktiziert (Schmuck, Möbel, Bekleidung).

In Abbildung 3-22 sind die drei grundlegenden Methoden der Preisfindung in einer Übersicht dargestellt.

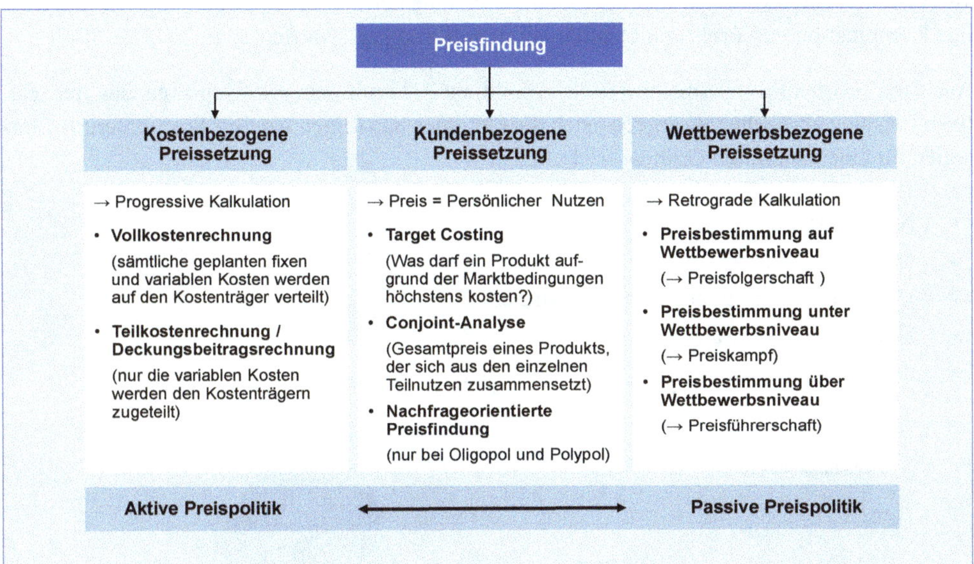
Preisfindung
Kostenbezogene Preissetzung
Kundenbezogene Preissetzung
Wettbewerbsbezogene Preissetzung
→ Progressive Kalkulation
• Vollkostenrechnung
(sämtliche geplanten fixen und variablen Kosten werden auf den Kostenträger verteilt)
• Teilkostenrechnung / Deckungsbeitragsrechnung
(nur die variablen Kosten werden den Kostenträgern zugeteilt)
→ Preis = Persönlicher Nutzen
• Target Costing
(Was darf ein Produkt aufgrund der Marktbedingungen höchstens kosten?)
• Conjoint-Analyse
(Gesamtpreis eines Produkts, der sich aus den einzelnen Teilnutzen zusammensetzt)
• Nachfrageorientierte Preisfindung
(nur bei Oligopol und Polypol)
→ Retrograde Kalkulation
• Preisbestimmung auf Wettbewerbsniveau
(→ Preisfolgerschaft)
• Preisbestimmung unter Wettbewerbsniveau
(→ Preiskampf)
• Preisbestimmung über Wettbewerbsniveau
(→ Preisführerschaft)
Aktive Preispolitik
Passive Preispolitik

Abb. 3-22: Methoden der Preisfindung

3.4.3.2 Preispositionierungsstrategien

Bei der Entscheidung über die optimale Preisstrategie geht es nicht um die Preise selbst und ihre kurzfristige Wirkung. Vielmehr geht es darum, Preis-Leistungs-Positionen festzulegen, Märkte zu belegen und Kapazitäten auszulasten. Hierbei stehen dem strategischen Preismanagement mehrere Optionen langfristig wirkender Preisentscheidungen zur Verfügung. Diese Optionen lassen sich grundsätzlich in Preispositionierungs- und in Preisdifferenzierungsstrategien einteilen [vgl. Sebastian/Maessen 2003, S. 3].

Abbildung 3-23 gibt einen Überblick über die verschiedenen Preisstrategien.

Preispositionierung	Preisdifferenzierung		
Strategien der Preispositionierung	**Strategien der zeitlichen Preisdifferenzierung**	**Strategien der quantitativen Preisdifferenzierung**	**Räumliche Preisdifferenzierung**
• Hochpreisstrategie (auch Premiumstrategie) • Mittelpreisstrategie • Niedrigpreisstrategie • Discountstrategie	• Penetrationsstrategie • Skimmingstrategie • Preisbündelungs-strategie • Preisvorteilsstrategie • Yield-Management-Strategie	• Rabattstrategie • Bonusstrategie	**Personelle Preisdifferenzierung**

Abb. 3-23: Preisstrategien

Mit der strategischen Preispositionierung wird die grundsätzliche Ausrichtung der Preisstrategie festgelegt, die den Rahmen für nachgeordnete Preisentscheidungen vorgibt. Es handelt sich also nicht um eine isolierte Preisfrage, sondern um eine langfristige Entscheidung über die richtige Kombination von Preis und Qualität auf dem Markt [vgl. Meffert et al. 2008, S. 504].

Aus der **Preispositionierungsmatrix** in Abbildung 3-24 mit dem relativen Preis und der relativen Leistung als Ordinaten ergeben sich die Optionen aus folgenden fünf Positionierungsstrategien für eine dauerhafte Grundausrichtung:

- Niedrigpreisstrategie
- Mittelpreisstrategie
- Hochpreisstrategie (auch Premiumstrategie)
- Übervorteilungsstrategie
- Discountstrategie.

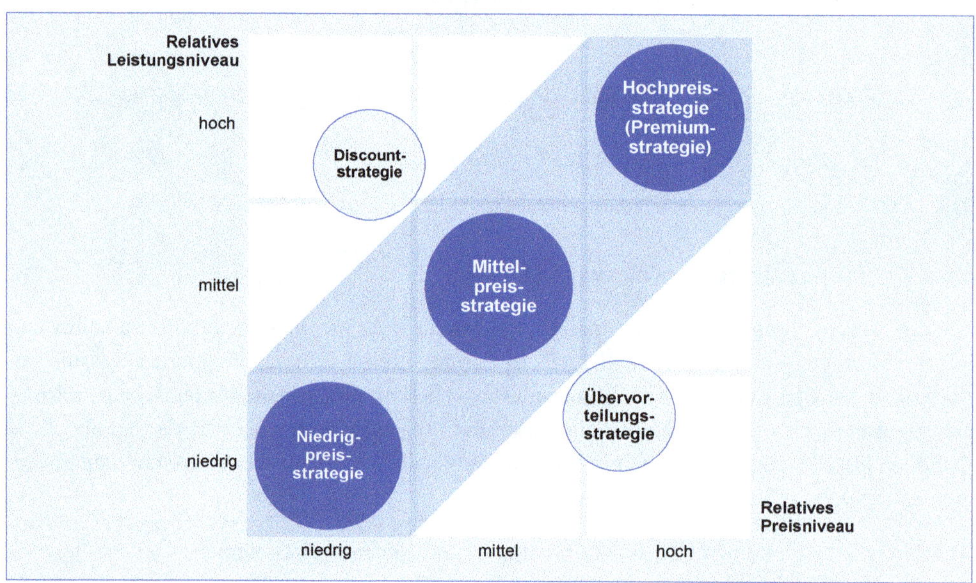
Relatives Leistungsniveau
hoch
mittel
niedrig
Discount-strategie
Hochpreis-strategie (Premium-strategie)
Mittel-preis-strategie
Übervor-teilungs-strategie
Niedrig-preis-strategie
Relatives Preisniveau
niedrig
mittel
hoch

Abb. 3-24: Preispositionierungsstrategien

Niedrigpreisstrategie. Die Niedrigpreispositionierung ist eine Kombination aus einer relativ niedrigen Leistungsqualität und einem relativ niedrigen Preis. In diesem unteren Markt zielt die Niedrigpreisstrategie auf die Realisierung des geringsten Preises bei einer Mindestqualität des Produkts (Billigmarken).

Mittelpreisstrategie. Ein etwas höheres Niveau sieht die Mittelpreisstrategie vor. Sie verbindet eine Standardqualität mit mittleren Preisen. Dies ist bspw. im B2C-Bereich beim klassischen Markenartikel der Fall.

Hochpreisstrategie. Bei der Hochpreisstrategie, die auch als Premiumstrategie bezeichnet wird, fällt die Durchsetzung eines relativ hohen Preises mit einer hohen Qualität des Produktangebots zusammen. Hier steht nicht der Preis, sondern der vom Kunden subjektiv empfundene

Wert des Produkts (engl. *Value Pricing*) im Vordergrund. Ihre Bedeutung gewinnt die Premiumstrategie dadurch, dass die Stückkosten des Produkts in der Regel unter dem wahrgenommenen Wert und dem daraus resultierenden Premiumpreis liegen. Automobilmarken wie Porsche oder Ferrari sind diesem Bereich zuzuordnen [vgl. Sebastian/Maessen 2003, S. 6 f.].

Neben diesen drei Standardstrategien der Preispositionierung, die im Korridor eines ausgewogenen Verhältnisses zwischen Preis und Leistung angesiedelt sind, besteht die Möglichkeit, diesen Korridor zu verlassen.

Übervorteilungsstrategie. Bei der Übervorteilungsstrategie wird ein im Verhältnis zur angebotenen Leistung höherer Preis verlangt. Ein Kunde, der aus Unkenntnis oder aus Zeitgründen ein solch überteuertes Angebot akzeptiert, wird sich hinterher übervorteilt fühlen und einen Wiederholkauf meiden. Daher sind die Erfolgschancen für diese Strategieoption gering.

Discountstrategie. Ganz anders sieht es dagegen bei der Discountstrategie aus. Hier wird eine gute Leistung zu einem sehr günstigen Preis angeboten. Voraussetzung zur Durchsetzung dieser Strategie sind Mengen- und Lernkurveneffekte mit einhergehender Stückkostendegression. Dies kann bspw. durch ein reduziertes Serviceangebot oder durch eine hohe Effizienz der Prozesse erreicht werden. Beispiele für die erfolgreiche Umsetzung einer Discountstrategie sind Aldi, Lidl, Ikea oder die Luftfahrtgesellschaften Ryanair und EasyJet [vgl. Meffert et al. 2008, S. 506].

3.4.3.3 Preisdifferenzierungsstrategien

Grundlage von Preisdifferenzierungsstrategien ist das Phänomen, dass verschiedene Kunden unterschiedliche Zahlungsbereitschaften für identische bzw. nahezu identische Produkte oder Dienstleistungen aufweisen. Zentrales Ziel der Preisdifferenzierung ist eine Gewinnsteigerung durch **Abschöpfung der unterschiedlichen Zahlungsbereitschaften**. Eine Gewinnsteigerung lässt sich erreichen, indem ausgehend von den beim Einheitspreis kaufenden Nachfragern zwei zusätzliche Nachfragegruppen besser erschlossen werden: Zum einen solche Nachfrager, die bereit wären, einen höheren Preis für das Produkt zu zahlen; zum anderen jene Nachfrager, deren Preisbereitschaft unterhalb des Einheitspreises liegt [vgl. Meffert et al. 2008, S. 511 und Fassnacht 2003, S. 485].

Ein Beispiel aus dem B2B-Bereich soll die Wirkung der Preisdifferenzierung verdeutlichen (siehe Abbildung 3-25). Anbieter von Softwaresystemen ziehen häufig die Anzahl der mit dem System arbeitenden Benutzer (User) zur Preisdifferenzierung heran. Bei einem Einheitspreis von p_o wird man alle Kunden mit relativ kleinem IT-Budget nicht erreichen und darüber hinaus bei jenen (Groß-)Anwendern, die aufgrund ihres höheren IT-Budgets auch einen höheren Preis akzeptieren würden, auf entsprechenden Mehrumsatz bzw. Gewinn verzichten. Mit einer nach User-Größenklassen ausgerichteten Preisdifferenzierung mit p_1 für Unternehmen mit mehr als 32 Usern, p_o für Unternehmen zwischen 16 und 32 Usern und p_2 für Unternehmen mit weniger als 16 Usern lässt sich die Preisbereitschaft wesentlich besser ausschöpfen und den Erlös eines Unternehmens nachhaltig steigern [vgl. Lippold 1998, S. 161].

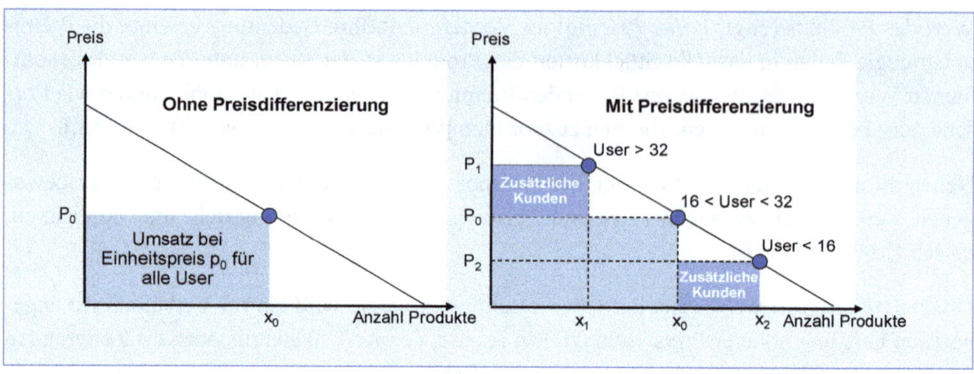
Preis
Ohne Preisdifferenzierung
P_0
Umsatz bei Einheitspreis p_0 für alle User
x_0
Anzahl Produkte
Preis
Mit Preisdifferenzierung
User > 32
P_1
Zusätzliche Kunden
16 < User < 32
P_0
User < 16
P_2
Zusätzliche Kunden
x_1
x_0
x_2
Anzahl Produkte

Abb. 3-25: Ausschöpfung der Preisbereitschaft durch Preisdifferenzierung

Den Vorteilen der Preisdifferenzierung stehen allerdings auch Nachteile gegenüber. So sind insbesondere **Kannibalisierungseffekte** und Irritationen im Kaufverhalten bei zu großen Preisunterschieden in ihren Auswirkungen auf Erlöse und Kosten gegen zu rechnen. Ferner ist darauf zu achten, dass die Märkte bzw. Marktsegmente, zwischen denen die Preise differenziert werden sollen, voneinander deutlich getrennt sind und dass die Komplexität der Preisvielfalt kontrollierbar bleibt [vgl. Sebastian/Maessen 2003, S. 7].

Grundsätzlich kann zwischen folgenden Hauptformen der Preisdifferenzierung unterschieden werden [vgl. Backhaus/Voeth 2010, S. 241]:

- **Zeitliche Preisdifferenzierung** (Preise werden in Abhängigkeit vom Kaufzeitpunkt variiert);
- **Quantitative Preisdifferenzierung** (in Abhängigkeit der abgenommenen Menge wird ein anderer Stückpreis gefordert);
- **Räumliche** (regionale) **Preisdifferenzierung** (von Kunden in verschiedenen Orten oder Ländermärkten werden unterschiedliche Preise gefordert);
- **Qualitative** (personen- oder unternehmensbezogene) **Preisdifferenzierung** (Preise werden von der Erfüllung bestimmter personen- oder unternehmensbezogener Merkmale abhängig gemacht).

Abbildung 3-26 liefert eine Übersicht über die Grundformen der Preisdifferenzierung.

Zeitliche Preisdifferenzierung

- Für das gleiche Produkt werden in Abhängigkeit vom Nachfragetermin unterschiedliche Preise verlangt
- Verbreitetes Mittel zur Förderung des Absatzes und zur Steuerung der Nachfrage

Beispiele: Tag- und Nachttarife; Sommerpreise für Kohle und Heizöl; Urlaubsreisen in Vor- und Nachsaison etc.

Räumliche Preisdifferenzierung

- Produkte werden auf regional abgegrenzten Teilmärkten zu unterschiedlichen Preisen angeboten
- Spielt bei Exporten eine große Rolle; im Binnenmarkt eher selten

Beispiele: Exportartikel (Dumping, wenn Preise niedriger als im Inland); Benzin auf Autobahnraststätten

Qualitative Preisdifferenzierung

- Preisfestsetzung in Abhängigkeit von der Kaufkraft der Zielgruppe
- Es erfolgt eine horizontale Aufteilung in homogene Käuferschichten

Beispiele: Getränke in verschiedenen Restaurant-Kategorien; Studententarife; Softwarelizenzen in Abhängigkeit von der Unternehmensgröße

Quantitative Preisdifferenzierung

- Preise werden nach der Menge der verkauften Produkte gestaffelt
- Gewährung von Mengenrabatten, Boni, Nachlässen

Beispiele: Lebensmittel bei unterschiedlichen Packungsgrößen; Vielfliegerprogramme der Fluggesellschaften

Abb. 3-26: Grundformen der Preisdifferenzierung

Strategien der zeitlichen Preisdifferenzierung. Ein besonders wichtiger Problembereich der zeitlichen Preisdifferenzierung sind die preisstrategischen Optionen bei Produktneueinführungen. Hier sind insbesondere die Penetrationspreis- und die Abschöpfungspreisstrategie zu nennen. Beide Strategien sind schwerpunktmäßig dem B2C-Marketing zuzuordnen.

Bei der **Penetrationspreisstrategie** (engl. *Penetration Pricing*) wird mit einem niedrigen Einführungspreis eine schnelle Marktdurchdringung angestrebt. Ist diese (z. B. durch Präferenzbildung) erreicht, wird der Preis sukzessive angehoben. Der Vorteil dieser Strategie besteht darin, dass für die potentiellen Wettbewerber durch den niedrigen Preis eine Markteintrittsbarriere aufgebaut wird. Die Gefahren liegen darin, dass die Amortisationsdauer der Neuproduktinvestitionen zu lang ist und die später geplanten Preiserhöhungen nur schwer durchsetzbar sind.

Die **Abschöpfungspreisstrategie** (engl. *Skimming Pricing*) geht den umgekehrten Weg. Mit einem relativ hohen Preis in der Produkteinführungsphase, der mit zunehmender Markterschließung und wachsendem Wettbewerbsdruck schrittweise gesenkt wird, sollen möglichst schnell Gewinne abgeschöpft und die Entwicklungskosten wieder eingespielt werden. Das Risiko dieser Strategie liegt darin, dass durch die mit den hohen Preisen verbundenen Ertragschancen schnell Wettbewerber angelockt werden.

In Abbildung 3-27 sind diese beiden Strategien der zeitlichen Preisdifferenzierung den Standardstrategien der Preispositionierung mit ihren idealtypischen Verläufen gegenübergestellt.

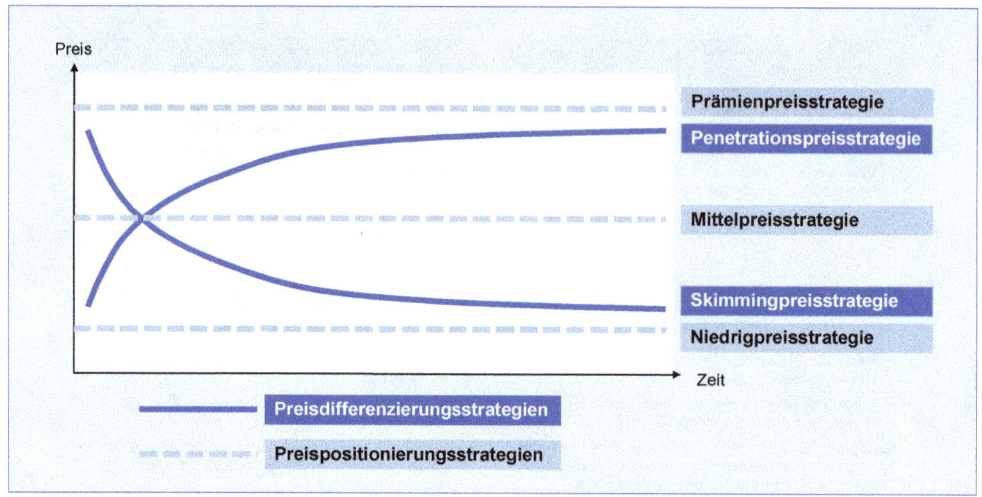
Preis
Prämienpreisstrategie
Penetrationspreisstrategie
Mittelpreisstrategie
Skimmingpreisstrategie
Niedrigpreisstrategie
Zeit
Preisdifferenzierungsstrategien
Preispositionierungsstrategien

Abb. 3-27: Idealtypische Verläufe von Preisstrategien

Ähnlich gelagert wie die Penetrationspreisstrategie ist die **Preisvorteilsstrategie**. Unternehmen setzen vorübergehend einen besonders vorteilhaften Preis zur Verkaufsförderung ein. Sie schaffen damit eine Preisattraktion für Kunden, ohne die grundlegende strategische Preis-Leistungs-Positionierung zu beeinträchtigen. Dahinter steht die Strategie, sich durch einen vorübergehenden Preisvorteil gegenüber dem Wettbewerb abzuheben, um eine Position der Vorteilhaftigkeit für einen begrenzten Zeitraum zu besetzen [vgl. Sebastian/Maessen 2003, S. 9].

Bei der **Preisbündelungsstrategie** (engl. *Bundling Strategy*) werden mehrere Produkte zu einem Paketpreis (Preisbündel) angeboten. Dieses Preisbündel ist günstiger als die Summe der Einzelpreise und stellt somit eine Preisattraktion für den Kunden dar. Insbesondere die Automobilindustrie praktiziert diese Preisstrategie mit Paketen der Fahrzeugausstattung sehr erfolgreich. Auch im Textilhandel werden häufig Produkte nach Themen oder Bedarfsgruppen gebündelt. Da Preisattraktionen und damit auch Preisbündel i. d. R. an eine zeitliche Befristung gebunden sind, kann die Preisbündelungsstrategie als eine Sonderform der zeitlichen Preisdifferenzierung angesehen werden [vgl. Sebastian/Maessen 2003, S. 9 f.].

Ebenfalls als eine Sonderform der zeitlichen Preisdifferenzierung kann die Strategie des **Yield Management**, das speziell für den Dienstleistungssektor konzipiert wurde, angesehen werden. Bei dieser Strategie werden die Preise in Abhängigkeit vom Buchungszeitpunkt und den freien Kapazitäten bestimmt. Eine solche Form der zeitlichen Preisdifferenzierung wird in der Luftfahrt und im Tourismus erfolgreich praktiziert [vgl. Meffert et al. 2008, S. 521].

Strategien der quantitativen Preisdifferenzierung. Eine Spezialform der Preisdifferenzierung ist die Rabatt- und Bonusstrategie. Wie die Praxis allerdings immer wieder zeigt, sind die unüberschaubaren, teils historisch gewachsenen Rabatt- und Bonusstrukturen ohne strategische Orientierung zumeist überflüssig. Mit dem Wegfall des Rabattgesetzes hat die willkürliche Bonus- und Rabattvergabe allerdings stark zugenommen. Ziel einer strategisch orientierten Rabatt- und Bonusstrategie sollte es daher sein, eine auf strikten Grundsätzen basierende kundenindividuelle und leistungsbezogene Preisdifferenzierung zu praktizieren und damit akquisitorische Effekte auf der Nachfrageseite zu erzielen [vgl. Sebastian/Maessen 2003, S. 9 f.].

Folgende Rabattarten können unterschieden werden [vgl. Meffert et al. 2008, S. 524 f.]:

- **Mengenrabatte** sind gewährte Preisnachlässe, um Abnehmer zur Bestellung größerer Absatzmengen zu veranlassen. Dies kann sowohl als fester Betrag als auch in Form proportionaler oder überproportionaler Nachlässe erfolgen (Rabattstaffel). Eine Sonderform sind Boni, die als rückwirkende Preisnachlässe bei der Erreichung gewisser Mengenziele gewährt werden.
- **Funktionsrabatte** werden dem Handel für die Übernahme bestimmter Funktionen wie Lagerhaltung, Produktpräsentation, Kundenberatung oder Kundendienst eingeräumt. Der Rabatt für die Übernahme der Finanzierungsfunktion wird als Skonto bezeichnet.
- **Zeitrabatte** sind Preisnachlässe, die bestellzeitpunktbezogen gewährt werden. Hierzu zählen Vorbestellungs-, Einführungs-, Saison-, Aktions- und Auslaufrabatte.

3.4.4 Positionierung im Einzelhandel

Die beiden wesentlichen Positionierungselemente aus Herstellersicht sind **Produkt** und **Preis**. Das gilt in gleicher Weise auch für Handelsbetriebe, wobei hier das Produkt etwas weiter als Sortiment gefasst werden muss. Entsprechend können die empirisch vorgefundenen Positionierungen im Einzelhandel zunächst in zwei Cluster eingeteilt werden: Zum einen handelt es sich um Unternehmen, bei denen der Preis das dominierende Positionskriterium ist und entsprechend preisaggressiv in ihren Marktsegmenten auftreten, zum anderen sind es Einzelhändler, deren wesentliches Differenzierungsmerkmal das Sortiment ist. Betrachtet man sich diese beiden Cluster etwas näher, so kommt zu dem dominierenden Positionierungselement in aller Regel mindestens noch ein zweites Differenzierungsmerkmal hinzu (siehe Abbildung 3-28).

Eine Ausnahme bilden hier die führenden Discounter im Lebensmitteleinzelhandel (Aldi, Lidl) sowie im Bekleidungsbereich (KiK), die hauptsächlich auf den Preis zur Erhaltung der Kosten- und damit der Preisführerschaft setzen (z. B. über Ansätze zur Optimierung der Supply Chain mit den Konzepten Efficient Consumer Response (ECR) und Collaborative Planning, Forecasting and Replenishment (CPFR)). Bei den Elektronikmärkten Media Markt und Saturn ist eine Positionierungsstrategie in der Kombination **Preis plus Sortimentstiefe** zu sehen, bei den verwandten Baumärkten (Obi, Bauhaus) kommt sicherlich noch das Merkmal Standort mit seiner Ausprägung Parkplatzverfügbarkeit hinzu. Die Hauptwettbewerbsvorteile der Vertikalisten im Textileinzelhandel (Zara, H&M) liegen in der hohen modischen Aktualität sowie in der Profilierung über den Preis, die jedoch erst durch die Vorteile der kostenoptimierenden Steuerung der Supply-Chain, verbunden mit einer schnelleren Nachproduktion (Quick Response) realisierbar wird. Im Möbeleinzelhandel schließlich ist es die Positionskombination von Preis plus „Leben" („Wohnst Du noch oder lebst Du schon?"), die Ikea entscheidende Wettbewerbsvorteile liefert [vgl. Burkhardt 2009, S. 9].

Dominierendes Positionierungs-element	Positionierungskombination	Beispiele
Preis	Preis	ALDI, ALDI, LIDL, kik
	Preis + Sortimentstiefe	MediaMarkt, SATURN
	Preis + Sortimentstiefe + Standort	OBI, BAUHAUS
	Preis + „modisch“	H&M, ZARA
	Preis + Nutzen „Leben“	IKEA
Produkt/ Sortiment	Sortimentstiefe + Natürlichkeit („Bio“)	ALNATURA, basic Bio für alle
	Sortimentstiefe + Markenartikel	breuninger, engelhorn Mode im Quadrat
	Sortimentstiefe + Exklusivität	PRADA, GUCCI, Rosenthal
	Sortimentstiefe + Breite	KARSTADT, QUELLE, GALERIA
	Sortimentstiefe + Service + Standort	Herkömmliche Fachgeschäfte

[Quelle: in Anlehnung an BURKHARDT 2009, S. 10]

Abb. 3-28: Positionierungsmerkmale im Einzelhandel

Der auf einer zunehmenden **Werteorientierung** der Konsumenten basierende Trend zu Bioprodukten und Biokonzepten hat zur relativ neuen Betriebsform „Bio-Supermarkt“ geführt. Die Verbindung von **Sortimentstiefe und Natürlichkeit** („Bio“) zeichnet die Positionierungsstrategie erfolgreicher Bio-Unternehmen wie Alnatura oder Basic aus.

Vor dem Hintergrund eines sich weiter polarisierenden Konsums wird sich sicherlich in begrenztem Umfang auch der Positionierungsansatz **Sortimentstiefe plus Markenartikel**, wie ihn beispielsweise Breuninger oder auch Engelhorn betreiben, am Markt halten. Diese – relativ gesehen – schlechte Kostenposition führt auch dazu, dass speziell in den Luxussegmenten der Markt durch vertikalisierende Herstellermarken dominiert werden, die den Einzelhandelsvertrieb (oft via Franchising) in die eigenen Hände nehmen, um die eigene Marke auch wirklich markenadäquat präsentieren zu können (z. B. Prada, Gucci).

Warenhäuser oder große Universalversender setzen auf eine sortimentsgeprägte **Positionierung via Sortimentsbreite**, bei der sich allerdings – wie die Probleme bei Karstadt oder Quelle zeigen – die Komplexität des Kostenmanagements und die damit einhergehenden Probleme hinsichtlich der Preisprofilierung nachteilig auswirken können. Ebenfalls skeptisch gesehen werden muss die bei Fachgeschäften vorherrschende Positionierung über den gebotenen Service, häufig in Verbindung mit dem ausschließlichen Führen von Markenartikeln. Hier wird häufig mit dem Phänomen des „Serviceschmarotzertums“ (Beratung im Fachgeschäft, Kauf in preisorientierten Betriebsformen) gekämpft. Entsprechend bleibt neben der extremen Nische vielen dieser Einzelhändler zukünftig nur das „Unterschlüpfen“ in einem Franchisesystem oder einer sonstigen Verbundgruppe [vgl. Burkhardt 2009, S. 9 f.].

Wie sich Positionierungsstrategien – schwerpunktmäßig – im Textileinzelhandel annähern können und trotz aller Vielfalt zu einer Uniformität der Einkaufsstätten in den Innenstädten führen können, zeigt sehr eindrucksvoll der satirische Cartoon in Abbildung 3-29.

H&M
DM
P&C
C&A
D&G
Guck doch mal bei Google-Maps, in welcher Stadt wir gerade sind.

Abb. 3-29: Zur Uniformität der Innenstädte

3.5 Kommunikation – Optimierung der Kundenwahrnehmung

Kommunikation im Marketing besteht in der systematischen Bewusstmachung des Kundenvorteils und schließt damit unmittelbar an die Ergebnisse der Positionierung an. Die Positionierung gibt der Kommunikation vor, was im Markt zu kommunizieren ist. Die Kommunikation wiederum sorgt für die Umsetzung, d.h. wie das Was zu kommunizieren ist. Sie führt zum Aufbau eines umfassenden Meinungsbildungsprozesses mit dem Ziel, dass der Kunde von seinem Vorteil bei den kommunizierten Merkmalen überzeugt ist.

3.5.1 Führungsrelevante Aufgaben, Ziele und Grundlagen der Kommunikation

Die Kommunikation ist das dritte wesentliche Aktionsfeld im Rahmen des Vermarktungsprozesses und zielt auf die Optimierung der Kundenwahrnehmung ab:

Kundenwahrnehmung = f (Kommunikation) → optimieren!

Kommunikationssignale haben im Marketing die Aufgabe, einen Ruf aufzubauen und innovative Produkt- und Leistungsvorteile glaubhaft zu machen. Unverzichtbare Elemente sind daher Seriosität, Glaubwürdigkeit und Kompetenz in den Aussagen und Darstellungen. Dazu ist es erforderlich, dass die Signale mehrere Quellen (Unternehmens-, Produkt-, Vertriebssignale) haben und in sich konsistent sind. Gleichzeitig muss sich das kommunizierende Unternehmen bewusst machen, dass die Signale auf mehrere Empfänger mit unterschiedlichen Voraussetzungen und Zielen stoßen [vgl. Lippold 1998, S. 166].

Da die digitale Transformation auch die werbliche Kommunikation revolutioniert, ist es für die Unternehmensführung von besonderer Bedeutung, die Unterschiede zwischen der klassischen und der digitalen werblichen Kommunikation zu kennen, um entsprechende Entscheidungen treffen zu können.

3.5.1.1 Klassische Kommunikation vs. Digitalisierung

Die **klassische Kommunikation** im Marketing richtet sich an eine Zielgruppe, die sich im Rahmen der Marktsegmentierung selektieren lässt. Diese Selektion geht aber nicht soweit, dass jeder Empfänger der Werbebotschaft identifiziert werden kann. Die Zielpersonen bzw. Zielgruppen werden überwiegend durch Massenmedien angesprochen, wobei zum Teil große Streuverluste in Kauf genommen werden. Die klassische Kommunikation kann daher auch als **Signalisierung**, also als Kommunikation in eine Richtung bezeichnet werden.

Dagegen ist die Botschaft der **digitalen Kommunikation** an einzelne, individuell bekannte Zielpersonen gerichtet. Zumindest wird der Aufbau einer solchen individuellen Beziehung zwischen dem Absender und dem Empfänger der Botschaft angestrebt. Statt einer Signalisierung (also eines Monologs) besteht das Ziel in einer interaktiven Kommunikation, also in einem Dialog. Während die klassische Kommunikation mehr das Ziel verfolgt, Image und Bekanntheitsgrad aufzubauen, wird bei der digitalen Kommunikation eine **Reaktion** (engl. *Response*) des Angesprochenen und eine langfristige Kundenbeziehung angestrebt.

So macht die **Werbung im Internet** zwischenzeitlich mehr als ein Viertel des gesamten Nettowerbekuchens aus und liegt damit nur noch knapp hinter der Fernsehwerbung. Damit verschiebt sich auch bei den Unternehmen die Aufmerksamkeit zunehmend von der klassischen Werbung zur Internet-Werbung. Während früher Werbeflächen rar, Produktionskosten hoch und der finanzielle Aufwand einer einzigen Kampagne enorm war, so bietet das weltweite Web eine bislang nicht gekannte Flexibilität. In der klassischen Werbung hingegen müssen Werbebotschaften und Inhalte einprägsam, zügig und möglichst punktgenau bei den Zielpersonen ankommen, damit sich die Investition in Werbung lohnt. Jeder vergeudete Versuch kostet dem werbenden Unternehmen sehr viel Geld. Diese Umstände haben sich spätestens mit der Einführung des Web 2.0 grundgrundlegend geändert. Im Vergleich zur klassischen Werbung lässt das Internet Versuche zu, ist unglaublich flexibel und ermöglicht sowohl in finanzieller Sicht als auch im Hinblick auf die Kundenansprache einen deutlich größeren Spielraum. Hinzu kommt, dass die sozialen Netzwerke Perspektiven für das Kommunikationsverhalten bieten, die in der klassischen Werbung nicht möglich sind. Der große Vorteil der Internet-Werbung schließlich liegt in den leicht kalkulierbaren Kosten, die sich nicht annähernd auf dem Niveau der Kosten für die klassische Werbung bewegen. Zur Verdeutlichung sind die wichtigsten Unterschiede zwischen klassischer und digitaler werblicher Kommunikation in Abbildung 3-30 dargestellt.

	Klassische (werbliche) Kommunikation	Digitale (werbliche) Kommunikation
Häufig verwendete Synonyme	(Klassische) Werbung	Internet-Werbung, Online-Werbung, Internet-Marketing, Online-Marketing, Dialog-Marketing
Ziel	• Bekanntheit, Image • Einseitige Transaktion (Kunde kauft Produkt/Leistung)	• Reaktion (Response) • Langfristige Kundenbeziehung (Kundenbindung)
Zielgruppe	Eher Massenmarkt	Eher Einzelperson
Medien	Massenmedien	Internet
Kommunikationsfluss	In eine Richtung	In beide Richtungen (Dialog)
Kommunikationswirkung	• Hohe Streuverluste • Aufbau von Markenimages und -präferenzen	• Geringe Streuverluste • Individuelle Kundenbetreuung, geringe Kosten in Relation zur Wirkung
Erfolgsmessung	Über Befragungen (aufwendig)	Web Analytics (einfach und genau)
Paradigma/Philosophie	• Economies of Scale • Mass Production	• Economies of Scope • Customized Production
Kundenverständnis	• Anonymer Kunde • Relative Unabhängigkeit Verkäufer/Kunde	Interdependenz Verkäufer/Kunde
Marketingverständnis	Transaktionsmarketing	Beziehungsmarketing

[Quelle: in Anlehnung an Holland 2015, S. 8]

Abb. 3-30: Unterschiede zwischen klassischer und digitaler (werblicher) Kommunikation

Neben den Veränderungen auf der Angebotsseite findet aber auch ein Wandel auf der Kundenseite statt. Aus dem passiven Umgang mit der klassischen Werbung sind Dank der digitalen Kanäle ein aktives Erfassen und ein effektiver Dialog mit dem werbenden Unternehmen entstanden. Die Bindung, die dadurch zwischen Kunde und Unternehmen entsteht, kann mit den Instrumenten der klassischen Werbung naturgemäß nicht erreicht werden. Damit ist aber nicht das Ende der klassischen Werbung eingeleitet. Der Kunde wünscht sich Flexibilität. Er möchte sowohl digitale als auch klassische Kanäle nutzen. Crossmediale Kampagnen sprechen den Kunden über beide Kommunikationswege an und nutzen damit die Potenziale beider Kommunikationswelten [vgl. Holland 2015, S.7].

3.5.1.2 Kommunikationssystem

Die Grundstruktur der werblichen Kommunikation ist in Abbildung 3-31 dargestellt. Die zu übermittelnde Kommunikationsbotschaft wird vom Sender in ein verschlüsseltes Signal (Text, Bild, Ton etc.) übersetzt und mit Hilfe eines Kommunikations- bzw. Werbeträgers (z. B. Anzeige oder TV-Spot) an die Empfänger als Zielgruppe herangetragen. Die Entschlüsselung (Decodierung) des Signals und die dadurch ausgelöste Wirkung muss nicht zwingend mit der vom Kommunikationssender beabsichtigten Wirkung übereinstimmen. Vielmehr kann es sein, dass der Kommunikationsempfänger die Entschlüsselung der Botschaft im Hinblick auf seine eigenen Wertvorstellungen, Erfahrungen und Bedürfnisse vornimmt. Ziel des kommunizierenden Unternehmens muss es also sein, solche Störungen zu minimieren, indem die Botschaft so verschlüsselt wird, dass sie vom Empfänger in dem beabsichtigten Sinne verstanden wird. Störungen können vor allem auch durch Wettbewerbsaktivitäten (wettbewerbsinduzierte Störungen) oder durch Veränderung der Umweltbedingungen (umweltinduzierte Störungen) hervorgerufen werden. So hat bspw. der amerikanische Telekommunikationskonzern AT&T mit dem Slogan „We hear you“ versucht, Kundennähe zu demonstrieren. Die Interpretation durch die Kommunikationsempfänger änderte sich aber unmittelbar im Zuge der Watergate-Affäre, nach der dieser Slogan als „Wir hören Ihre Gespräche ab“ ausgelegt wurde [vgl. Bruhn 2007, S. 39 f.].

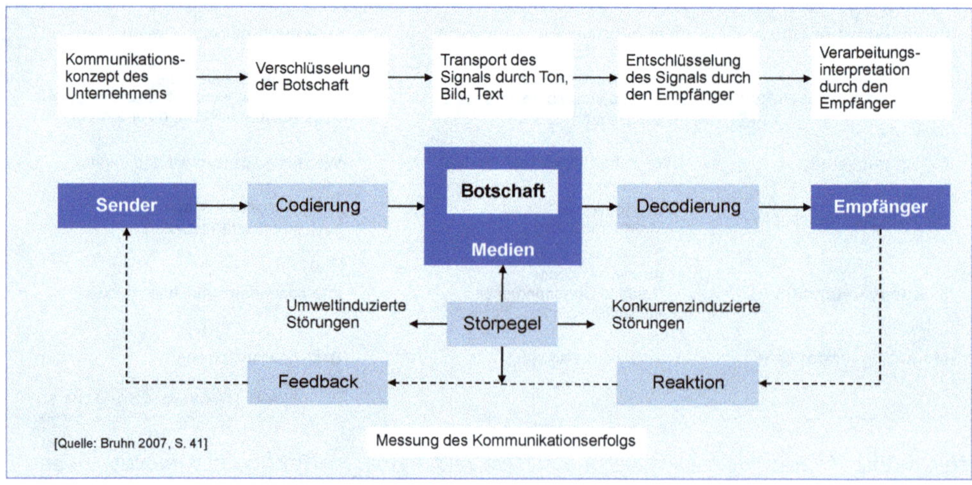
Kommunikations-konzept des Unternehmens
Verschlüsselung der Botschaft
Transport des Signals durch Ton, Bild, Text
Entschlüsselung des Signals durch den Empfänger
Verarbeitungs-interpretation durch den Empfänger
Sender
Codierung
Botschaft
Medien
Decodierung
Empfänger
Umweltinduzierte Störungen
Störpegel
Konkurrenzinduzierte Störungen
Feedback
Reaktion
[Quelle: Bruhn 2007, S. 41]
Messung des Kommunikationserfolgs

Abb. 3-31: Schematische Darstellung des Kommunikationssystems

3.5.1.3 Kommunikationskonzept

Das Kommunikationskonzept fasst das Ergebnis der Kommunikationsplanung zusammen und bereitet die konkreten Aufgabenstellungen und Verantwortlichkeiten für die Akteure des Marketings auf. Integrierte Kommunikationskonzepte beinhalten Entscheidungen über folgende Dimensionen [vgl. Meffert 1998, S. 689 ff.]:

- **Objektdimension** (Idee, Unternehmen, Produkt-/Leistungsprogramm, Kunden)
- **Ausrichtungsdimension** (personell, zeitlich, räumlich etc.)
- **Instrumentedimension** (Werbung, Verkaufsförderung, PR etc.)
- **Mediadimension** (Printmedien vs. elektronische Medien)
- **Gestaltungsdimension** (Inhalte, Botschaft).

Die Dimensionen geben zugleich auch die Orientierungsgrößen für die **Ressourcenplanung** vor. Das Budget für das Aktionsfeld Kommunikation zählt erfahrungsgemäß zu den umfangreichsten Positionen im Marketing. Es orientiert sich in der Praxis in erster Linie am erwarteten Umsatz, am Gewinn oder auch am Verhalten des Wettbewerbs. Erfahrungswerte, die in früheren Budgetprozessen gesammelt worden sind, sowie die Preissituation auf dem Markt für Marketing-Dienstleistungen sind weitere Orientierungsgrößen für die Festlegung des Budgets. Das so ermittelte Soll-Budget wird mit den Budget-Vorgaben der Unternehmensplanung verglichen und kann entweder zu einer Anpassung der Unternehmensplanung oder zu einer Anpassung der Marketingplanung führen [vgl. DGFP 2006, S. 65 f.].

Ist die Entscheidung über die Höhe des Marketing-Budgets gefallen, geht es darum, im Rahmen der **Mediaselektion** die einzelnen Werbeträger auszuwählen und zu budgetieren. Dabei geht es im ersten Schritt um die Frage, welche Werbeträger sich grundsätzlich dafür eignen, die gesteckten Kommunikationsziele zu erreichen. Im zweiten Schritt wird dann die Wirtschaftlichkeit der Werbeträger anhand der Kommunikationsleistung (Reichweite, Zielgruppenabdeckung) und der Kosten analysiert [vgl. Meffert et al. 2008, S. 691 ff.].

3.5.1.4 Kommunikationsinstrumente

Kommunikationsinstrumente lassen sich in **„Above-the-line"-Instrumente** und in **„Below-the-line"-Instrumente** unterteilen. Allerdings gibt es in der Literatur keine einheitliche Festlegung dieser beiden Begriffe. Die Definitionen reichen von der Unterteilung in „klassische" und „neue" Kommunikationsinstrumente bis hin zu der Festlegung, dass Below-the-line-Kommunikation darauf abzielt, „eine kleine Gruppe von Konsumenten zielgenau, kostengünstig und weitgehend konkurrenzlos zu erreichen" und für sie „keine Werbezeiten in den Massenmedien gebucht werden" [marketinglexikon.ch].

Hier wird einer anderen Einteilung gefolgt, nach der zu den Above-the-line-Instrumenten die (klassische) Werbung, die Online-Werbung und die Direktwerbung gehören (also alle Instrumente, in denen die Begrifflichkeit „Werbung" vorkommt). Below-the-line-Instrumente zielen dagegen auf Maßnahmen ab, die vom Konsumenten (B2C) bzw. den Zielpersonen von organisationalen Beschaffungseinheiten (B2B) nicht ohne weiteres als werbliche Beeinflussung wahrgenommen werden. Dazu zählen die Öffentlichkeitsarbeit, Verkaufsförderung, Product Placement und Product Publicity, Sponsoring sowie Messen und Ausstellungen [vgl. auch Eckardt 2010, S. 163 f.].

Abbildung 3-32 verdeutlicht die hier bevorzugte Trennung zwischen Above-the-line- und Below-the-Line-Instrumenten.

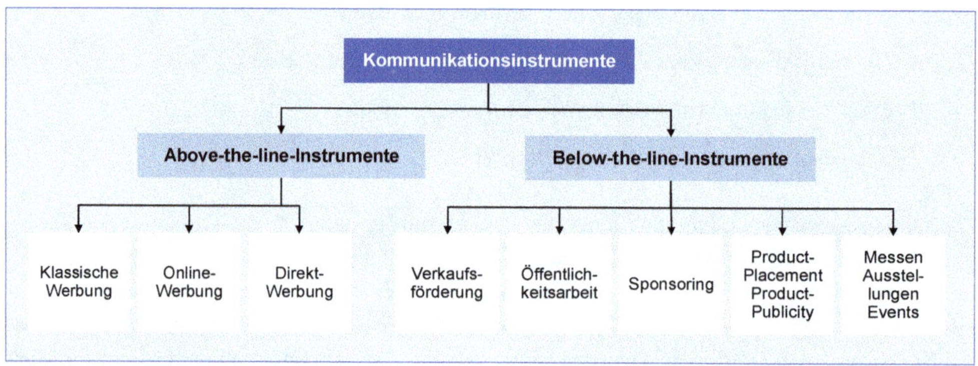
Kommunikationsinstrumente
Above-the-line-Instrumente
Below-the-line-Instrumente
Klassische Werbung
Online-Werbung
Direkt-Werbung
Verkaufs-förderung
Öffentlich-keitsarbeit
Sponsoring
Product-Placement Product-Publicity
Messen Ausstel-lungen Events

Abb. 3-32: Kommunikationsinstrumente nach der wahrgenommenen Beeinflussung

Eine weitere Einteilung der Kommunikationsinstrumente ist die Unterscheidung in klassische und digitale Instrumente. Zu den klassischen Instrumenten zählen:

- Klassische Werbung
- Verkaufsförderung
- Öffentlichkeitsarbeit
- Sponsoring
- Product Placement
- Product Publicity
- Veranstaltungen (Messen, Ausstellungen, Events).

Im Bereich der digitalen Instrumente sind folgende werbliche Kommunikationsinstrumente anzusiedeln:

- Website Advertising
- Social Media Advertising
- Advertorials (Kombination aus advertisement & editorial)
- Display Avertising (Bannerwerbung)
- E-Mail-Advertising (Newsletter)
- Keyword Advertising (Suchmaschinenmarketing)
- Affiliate Marketing.

Als Oberbegriff für diese Vielzahl von digitalen werblichen Instrumenten, die sich sicherlich noch fortsetzen ließe, wird auch der Terminus Online-Werbung (z.T. auch Online-Marketing oder Internet-Werbung) benutzt. Die Untergliederung der Werbung in klassische und digitale Instrumente – also die oben aufgeführte Gliederung – soll im Folgenden verwendet werden.

3.5.1.5 Interne Kommunikation

In den vorangegangenen Abschnitten ist von der nach außen gerichteten Kommunikation die Rede. Doch es gibt nicht nur die Kommunikation mit dem Kunden, sondern auch die Kommunikation mit den Mitarbeitern. Diese nach innen gerichtete Kommunikation, die häufig auch als **Unternehmenskommunikation** bezeichnet wird, befindet sich in einem tiefgreifenden Umbruch. Der digitale Wandel verändert das Mediennutzungsverhalten aller Stakeholder und führt zu neuen Herausforderungen besonders für die Mitarbeiter- und Führungskräftekommunikation. Besonders die klassischen Printmedien werden zusehends von Bildern und Bewegtbildern (Videos, Webcasts, Infografiken etc.) in den Schatten gestellt. Besonders Endgeräte wie Smartphones und Tablets gewinnen über mobil zugängliche Medienkanäle bei Mitarbeitern ohne festen PC-Arbeitsplatz zunehmend an Bedeutung [vgl. Eberle 2016, S. 159].

Nach wie vor bleibt aber – auch im digitalen Zeitalter – der persönliche Dialog zwischen Unternehmensführung und Mitarbeitern die wichtigste Kommunikationsform. Allerdings stößt die direkte Kommunikation bei international agierenden Unternehmen zwangsläufig an Grenzen. Daher sind die konsequente Digitalisierung der internen Kommunikation und der unternehmensweite Einsatz von **Social Media** eine besondere Herausforderung und Zielsetzung für die Unternehmenskommunikation. Aus dem früheren Prinzip „Print Only“ wird somit ein „Digital First“ und – für schwer erreichbares Personal – in der nächsten Stufe ein „Mobile First“. Ebenso wird aus dem gedruckten Mitarbeitermagazin ein multimediales **Mitmach-Magazin** [vgl. Eberle 2016, S. 164 f.].

Vor dem Hintergrund des digitalen Wandels kommt der internen Kommunikation eine ganz besondere Rolle zu, weil sie den Prozess der digitalen Transformation in jedem Unternehmen steuern und inhaltlich begleiten sollte. Damit wird die Unternehmenskommunikation zum *„Treiber einer neuen, crossmedialen Unternehmenskultur“* [Fischer/Knaup 2016, S. 145].

3.5.2 Klassische Kommunikationsinstrumente

3.5.2.1 Klassische Werbung

Die Werbung ist aufgrund ihrer spezifischen Profilleistung sicherlich das durchschlagskräftigste aller Kommunikationsinstrumente. Kein anderes Instrument ist in der Lage, Produkte und Leistungen so zu differenzieren – insbesondere auch psychologisch –, dass nachhaltige, vom Kunden wahrgenommene Wettbewerbsvorteile im Markt kreiert werden können [vgl. Becker, J. 2009, S. 565].

Die klassische Werbung – auch **Mediawerbung** genannt – ist eine Form der unpersönlichen Kommunikation, bei der mit Werbemitteln (z. B. Anzeigen, Rundfunk- oder Fernsehspots) durch Belegung von Werbeträgern (z. B. Zeitschriften, Rundfunk oder Fernsehen) versucht wird, unternehmensspezifische Zielgruppen zu erreichen und zu beeinflussen [vgl. Bruhn 2007, S. 356].

Werbung tritt in den vielfältigsten Erscheinungsformen auf. Nachfolgend sollen kurz einige wichtige Unterscheidungsformen betrachtet werden.

Nach dem Gegenstand der Werbung (Werbeobjekte) kann in Produktwerbung (inkl. Dienstleistungswerbung) und in Unternehmenswerbung (auch Firmenwerbung) unterschieden werden. Bei der Produkt- und Dienstleistungswerbung wird die einzelne Leistung herausgestellt, während das werbende Unternehmen ganz oder teilweise in den Hintergrund tritt. Produktwerbung spielt im Markenartikelbereich die dominante Rolle. Die Form der Unternehmenswerbung, bei der das gesamte Unternehmen das Werbeobjekt darstellt, wird vornehmlich von Handelsbetrieben mit großen Sortimenten und im B2B-Marketing eingesetzt [vgl. Weiss 2007, S. 433].

Nach dem Träger der Werbung wird in Alleinwerbung (auch Einzelwerbung) sowie in Kollektivwerbung unterschieden. Alleinwerbung liegt dann vor, wenn der Anbieter allein für seine Produkte oder sein Unternehmen wirbt. Dies ist der Normalfall. **Kollektivwerbung** wiederum, bei der mehrere Anbieter gemeinsam für ihre Angebote werben, wird unterteilt in Sammelwerbung und Gemeinschaftswerbung. Bei der Sammelwerbung treten die Werbenden mit ihrem Namen auf, bei der Gemeinschaftswerbung (z. B. Apothekenumschau), die vornehmlich von Verbänden praktiziert wird, bleiben die werbenden Firmen anonym.

Adressaten bzw. Subjekte der Werbung (also die Zielgruppe) sind in erster Linie Verwender/Verbraucher sowie Wiederverkäufer bzw. Handelsunternehmen. Die Werbung kann sich aber auch gezielt an bestimmte Nicht-Käufer wenden. Zu dieser Zielgruppe zählen im B2C-Marketing bspw. Bedarfsberater (Ärzte bei Arzneimittel) oder Bedarfsäußerer (Kinder). Im B2B-Bereich zählen Unternehmensberater, die vom Kunden für die Auswahl- und Entscheidungsprozesse bestimmter Systeme oder Anlagen beauftragt werden, zu den Nicht-Käufern als Zielgruppe.

Bei den Werbezielen ist schließlich nach der Stellung im Produktlebenszyklus zu unterscheiden zwischen Einführungs-, Expansions-, Erinnerungs- und Reduktionswerbung. Neben dieser generellen Einteilung können aber auch operationale Ziele verfolgt werden wie z. B.:

- Bekanntmachung eines neuen Produkts
- Aufbau oder Änderung des Produkt-/Unternehmensimages
- Erhöhung des Bekanntheitsgrades
- Rückgewinnung abgewanderter Käufer
- Ausgleich saisonaler Absatzschwankungen.

Um Einstellungs- und Verhaltensänderungen bei den Zielgruppen zu erreichen, müssen Werbeaussagen (Werbebotschaften) konkret gestaltet und im Rahmen der sogenannten Copy-Strategie festgelegt werden. Bei den Werbebotschaften werden drei Konkretisierungsebenen unterschieden:

- Gestaltungsart
- Gestaltungsform
- Gestaltungsmittel.

Die Gestaltungsart kennzeichnet die „Handschrift“ der Werbung und betrifft die Art und Weise der grundsätzlichen Werbeansprache. Werbebotschaften können auf eine mehr rationale, d. h.

sachargumentierende Positionierung oder auf eine mehr emotionale, d. h. erlebnisorientierte Positionierung hinzielen. Rein emotionale und rein rationale Werbebotschaften sind allerdings sehr selten. In der Praxis dominiert die kombiniert rational-emotionale Ansprache, d. h. meistens sind in einer Anzeige sowohl emotionale als auch rationale (informative) Elemente enthalten [vgl. Kotler et al. 2007, S. 712 f.].

Hinsichtlich der Gestaltungsform haben sich verschiedene Grundmuster für die inhaltliche Übersetzungs- bzw. Inszenierungsform der Werbebotschaft herausgebildet [vgl. Becker, J. 2019, S. 577 ff.]:

- **Lebenswelten-orientierte Muster**, d.h. zufriedene Produktverwender werden in einer Wunsch- oder Traumwelt oder in einer wirklichkeitsgetreuen Lebenssituation (sog. „Slice-of-Life"-Technik) dargestellt (Beispiele: Rama am Frühstückstisch, TUI-Reisen: „Sie haben es sich verdient");
- **Symbol-orientierte Muster**, d.h. es wird eine Symbolfigur zur Verkürzung bzw. Codierung wichtiger Werbeaussagen geschaffen; die Wahl möglicher Symbole reicht von Tieren (Esso: „Pack den Tiger in den Tank"), über Comic-Figuren (Meister Propper) bis hin zu Personen (Ariel-Klementine);
- **Erzählungsorientierte Muster**, d.h. es werden attraktive Alltagssituationen in „Geschichtsform" dargestellt (Edeka-Theke, DEA: Tanken mit Super-Ingo) wobei sich diese Inszenierungsform naturgemäß besonders für Fernsehwerbung eignet;
- **Problemlösungsorientierte Muster**, d.h. typische „Testsituationen" (Before-After-Tests) stellen den konkreten Produktnutzen heraus („Neues aus der Blend-a-med-Forschung").

Bei der Vermittlung emotionaler Werbebotschaften steht häufig die Verwendung von Bildern im Vordergrund, denn an Bilder wird sich besser erinnert als an Wörter. Auch fällt in einer Bild-Text-Anzeige der Blick des Lesers fast immer zuerst auf das Bild. Die direkte Umsetzung von Produkteigenschaften in Bilder lässt sich sehr wirksam mit folgenden Verfahren aus der Imagery-Forschung durchführen [vgl. Kroeber-Riel 1993, S. 126 ff.]:

- **Bildassoziationen** versuchen unabhängige Bilder bei der gedanklichen Verarbeitung in einen sinnvollen Zusammenhang zu bringen (Marlboro – Freiheit und Abenteuer).
- **Bildanalogien** schlagen Brücken vom abstrakten Begriff zum anschaulichen Bild und sind in der Werbung weit verbreitet („Ein Auto wie ein ...", „Auf diese Steine können Sie bauen", „Berater knacken Nüsse").
- **Bildmetaphern** vermitteln einen engeren, standardisierten Inhalt; typische Metaphern sind: Löwe für „Stärke", „Kraft", Stahl für „Unnachgiebigkeit", „Dauerhaftigkeit" oder der rote Teppich für den „exklusiven Weg".
- **Wahrnehmungsschemata** greifen auf vorhandene Gedächtnisstrukturen zurück, die sich aus assoziativen Verknüpfungen gebildet haben („Kindchenschema", „Busenschema"). So wird das allgemeine Schema von einer Kuh mit der besonderen Ausprägung dieses Schemas (wie „lila Kuh") gespeichert und mit Milka verbunden.

Weitere effektive Methoden, eine Botschaft bildlich zu übermitteln, sind die Verwendung von Testimonials, Humor oder Erotik („Sex sells"). Bei der **Testimonial-Werbung** wird das Werbeobjekt (Produkt, Dienstleistung, Unternehmen) von einer glaubwürdigen und kompetenten Person präsentiert. Auf diese Weise sollen bei der Zielgruppe Prozesse ausgelöst werden, die eine Identifikation mit der werbenden Person (Prominente, Experten oder typische Verwender) ermöglichen. Eine besonders hohe Identifikation wird bei der Werbung mit Prominenten unterstellt. Hierbei soll die Möglichkeit eines Bekanntheits- und Imagetransfers auf das Werbeobjekt genutzt werden (Thomas Gottschalk für Haribo) [vgl. Meffert et al. 2008, S. 714 f.].

In diesem Kontext sei vermerkt, dass die richtige Auswahl der prominenten Persönlichkeit für die Testimonial-Werbung von entscheidender Bedeutung für den späteren Kommunikationserfolg ist. Im Idealfall können die Persönlichkeitsmerkmale als Prominenter, als Experte und als typischer Verwender in einer Person zusammengefasst werden. Hierbei sollten Glaubwürdigkeit und die markenexklusive Verwendung der Person besonders beachtet werden. Die Werbung von Tiger Woods für Accenture (nach seinem Sex-Skandal) sowie der „ubiquitäre Einsatz von Franz Beckenbauer in zahlreichen Kommunikationskampagnen" [Meffert et al. 2008, S. 715] sind Beispiele dafür, wie man es nicht machen sollte.

Abbildung 3-33 zeigt die Testimonial-Werbung von Olaf Schubert für die Sachsen Quelle. Ein bemerkenswertes Beispiel ist Ulrich Wickert für die Raiffeisen- und Volksbanken-Finanzgruppe, an der die Schutzvereinigung der Anleger (SfA) Anstoß genommen hatte. Danach trat Wickert für dieselbe Gruppe mit dem Claim „Werte schaffen" ein und diskutiert mit der Tennisspielerin Andrea Petkovic und dem Schauspieler Hannes Jaenecke über Werte.

Macht nicht schön aber undurstig!
DAS FRISCHFRECHE ORIGINAL
ILEBURGER
SACHSEN QUELLE
aktiv

Abb. 3-33: Einsatz von Prominenten in der Werbung

In der Werbesprache finden sich mehr und mehr Anglizismen – besonders auch bei Slogans. Von ihrem Einsatz erwartet man besondere Aufmerksamkeit und Imagegewinn. Denn die englische Sprache erweckt den Eindruck der Modernität, auf viele wirkt sie cool und jugendlich. Doch der Eindruck trügt (siehe Abbildung 3-34). Einige Unternehmen haben daraus ihre Konsequenzen gezogen und ihren englischen Slogan durch einen deutschsprachigen ersetzt. So heißt es bei Douglas anstatt „Come in and find out" (das von manchen Konsumenten als „Komm rein und finde wieder raus" übersetzt wurde) seit 2004 nun „Douglas macht das Leben schöner".

Slogan	Absender	Voll verstanden in %	Geglaubt verstanden zu haben in %
Every time a good time	McDonalds	59	65
There's no better way to fly	Lufthansa	54	62
Come in and find out	Douglas	34	54
Powered by emotion	SAT.1	33	49
We are drivers too	Esso	31	44
Stimulate your senses	Loewe	25	34
Share moments, share life	Kodak	24	29
Driven by instinct	Audi TT	22	30
Where money lives	Citibank	21	34
One Group. Multi Utilities	RWE	8	15

[Quelle: Endmark International Namefinding 2004]

Abb. 3-34: Verständnis englischsprachiger Slogans in Deutschland

Zu den wichtigsten (und kreativsten) Aufgaben der inhaltlichen Gestaltung von Werbebotschaften zählen die Formulierung der Headline und des Slogans. Von den textlichen Gestaltungselementen verfügt die Headline über die höchste physische Reizqualität. Diese wird bestimmt durch die eingesetzte Schrift bzw. Schriftart sowie durch ihre Beziehung zu den anderen Gestaltungselementen. Der Slogan stellt quasi das „Werbekonzentrat" einer Anzeige dar [vgl. Bruhn 2007, S. 480 f.].

In Abbildung 3-35 sind einige Slogans mit relativ langer Lebensdauer einerseits und mit im Zeitablauf veränderter Diktion andererseits zusammengestellt.

Erfolgreiche Slogans mit langer oder angepasster Lebensdauer
CLAUSTHALER Nicht immer, aber immer öfter.
Esso Pack den Tiger in den Tank.
TOYOTA Nichts ist unmöglich.
DB BAHN Alle reden vom Wetter. Wir nicht.
Bauknecht Heute leben. Bauknecht weiß, was Frauen wünschen.
Milka Die zarteste Versuchung, seit es Schokolade gibt.
Media Markt Ich bin doch nicht blöd.
Schwäbisch Hall Auf diese Steine können Sie bauen.
Volksbanken Raiffeisenbanken Wir machen den Weg frei.
IKEA Wohnst Du noch oder lebst Du schon?
McDonald's
1971 – Das etwas andere Restaurant
1978 – Essen mit Spaß
1982 – Gut, dass es McDonald's gibt
1987 – Der Platz wo Du gern bist, weil man gut isst
1991 – McDonald's ist einfach gut!
1999 – Every time a good time
2003 – Ich liebe es
ich liebe es
Persil
1913 – Persil bleibt Persil
1959 – Das beste Persil, das es je gab
1970 – Unser Bestes.
1973 – Da weiß man, was man hat.
Persil
Da weiß man, was man hat.
Besonders viel Kreativität erfordert die Entwicklung des **Slogans**. Der Slogan, der das „Werbekonzentrat" einer Anzeige darstellt, sollte kurz, einfach, eingängig und unverwechselbar sein. Im oberen Bildausschnitt sind einige Slogans zusammengestellt, die diesen Anspruch erfüllen und sich seit Jahren als unverwechselbar bewährt haben. Doch selbst erfolgreiche Slogans haben nicht immer eine lange Lebensdauer, sondern werden dem Zeitgeschmack angepasst und verändert. Die unteren beiden Bildausschnitte zeigen an den Beispielen der Marken McDonald's und Persil, wie Slogans im Zeitablauf verändert bzw. ersetzt werden.
[Quelle: eigene Darstellung in Anlehnung an Femers 2006, S. 192]

Abb. 3-35: Erfolgreiche Slogans mit langer oder angepasster Lebensdauer

Die Bedeutung der Werbung ist im B2C-Marketing und hier insbesondere bei den Markenartikeln deutlich höher einzustufen als im B2B-Bereich. Dennoch hat die Werbung auch im B2B-Marketing ihren Stellenwert. Sie muss allerdings im engen Zusammenhang mit dem Aktionsfeld Akquisition gesehen werden. Hier spielt das Zusammenwirken von unpersönlicher Kommunikation und persönlichem Verkauf eine wesentlich größere Rolle als im B2C-Marketing. Die Aufnahme von Werbebotschaften wird sehr stark von Image- und Kompetenzschwerpunkten bestimmt, die von persönlichen Verkaufs-, Informations- und Beratungsleistungen bei den Zielgruppen geschaffen wurden [vgl. Becker, J. 2019, S. 581].

Hinzu kommt, dass die erheblich geringere Zahl an potenziellen Zielpersonen im B2B-Bereich einen wesentlich gezielteren Einsatz von Werbeträgern und Werbemitteln erfordert [vgl. Godefroid/Pförtsch 2008, S. 368].

Eine Besonderheit im B2B-Marketing ist auch bei den Fragen nach der Gestaltungsart (emotional/rational) und der Gestaltungsform zu beachten (siehe Abbildung 3-36].

B2B-Anzeigen – mal rational, mal emotional
Wie sicher ist Cloud Computing?
IBM
Kann mich bitte mal jemand zwicken?
SAP

Im B2B-Marketing überwiegen eher die rationale Gestaltungsart und die problemlösungsorientierte Gestaltungsform. Das hängt in erster Linie mit dem Informationsverhalten der in den Unternehmen/ Organisationen agierenden Zielgruppen zusammen. Sie sind aufgrund ihrer Rollen gehalten, sich rational im Sinne der Zielsetzungen des eigenen Unternehmens zu verhalten [vgl. Becker 2019, S. 581]. Als (nahezu klassisches) Beispiel für eine sehr textlastige und rationale Gestaltungsart ist die Anzeige der IBM (linkes Bild) anzusehen. Dass es jedoch auch emotionale Gestaltungsarten von Anzeigen im B2B-Marketing gibt, zeigt die an die Zielgruppe des Mittelstands gerichtete Anzeige der SAP (rechtes Bild).

Abb. 3-36: Werbung im B2B-Marketing

3.5.2.2 Verkaufsförderung

Das Instrument der Verkaufsförderung (engl. *Sales Promotion*) verfügt flankierend zur klassischen Werbung über vielfältige Möglichkeiten zur Absatzaktivierung am Ort des Verkaufs (engl. *Point of Sale - PoS*). Dabei können – vornehmlich für den B2C-Bereich – drei Stufen bzw. Zielgruppen aus Sicht des Anbieters unterschieden werden [vgl. Becker, J. 2009, S. 587]:

- Verkäuferpromotion (engl. *Staff Promotion*),
- Händlerpromotion (engl. *Trade Promotion*),
- Verbraucherpromotion (engl. *Consumer Promotion*).

Bei der **Verkäuferpromotion** stehen Maßnahmen zur Verbesserung der Qualität und zur Motivation des Verkaufspersonals im Vordergrund. Zielgruppe dieser Promotionsmaßnahmen, die von Verkaufstrainings über Verkaufswettbewerbe bis hin zu Verkaufshandbüchern reichen, sind Mitarbeiter der eigenen Verkaufsorganisation.

Die **Händlerpromotion** hat die Festigung der Beziehungen zum Handel zum Ziel. Dieses kann mit Hineinverkaufsmaßnahmen (engl. *Sell-in*) oder mit Herausverkaufsmaßnahmen (engl. *Sell-out*) erreicht werden. Zu den typischen Sell-in-Maßnahmen zählen vor allem finanzielle Anreize wie Listungsgelder, Einführungsrabatte und Werbekostenzuschüsse. Sell-out-Maßnahmen sind Verkaufsförderungsmittel wie Displays, Dekorationsmaterial, Verkostungen oder Regalbeschickung und -pflege [vgl. Becker, J. 2019, S. 591].

Maßnahmen der **Verbraucherpromotion** überschneiden sich zu einem großen Teil mit denen der Online- oder Direktwerbung. Zu den wichtigsten verbrauchergerichteten Maßnahmen zählen u. a. das Couponing (Wertgutschein wie z.B. Rabattmarken zur Einlösung eines erheblich preisreduzierten Produkts), Preisausschreiben, Gewinnspiele und Verbraucherzeitungen.

In Abbildung 3-37 sind die wichtigsten Promotionsmaßnahmen aufgeführt.

Verkäuferpromotions	Händlerpromotions		Verbraucherpromotions
	Sell-in-Maßnahmen	**Sell-out-Maßnahmen**	
Beispiele: • Verkäuferbriefe • Verkäuferinformationen • Verkaufstrainings • Verkaufswettbewerbe • Incentives • Verkaufshandbücher	**Beispiele:** • Verkaufsbriefe • Händlerschulungen • Listungsgelder • Einführungsrabatte • Werbekosten-zuschüsse	**Beispiele:** • Displays • Dekorationsmaterial • Regalbeschickung und -pflege • Verkostungen • Probierpackungen	**Beispiele:** • Couponing • Verbraucherzeitungen • Prospekte • Preisausschreiben • Gewinnspiele • Warenproben
Verkäufergerichtete Maßnahmen zur Verbesserung der Verkaufsqualität	**Handelsgerichtete Maßnahmen zur Festigung der Beziehung zum Handel**		**Verbrauchergerichtete Maßnahmen zur Initiierung von Käufen**

Abb. 3-37: Wichtige Promotionsmaßnahmen

Obwohl ein Großteil der Verkaufsförderungsmaßnahmen handelsgerichtet und damit eine Domäne des B2C-Marketings ist, gewinnt diese Form der Absatzaktivierung aber auch im B2B-Bereich zunehmend an Bedeutung. Zu solchen B2B-Verkaufförderungsaktivitäten zählen:

- Prospekte und Kataloge
- Seminare und Vorträge
- Produktinformationsveranstaltungen
- Interessenten-Workshops
- Produktdemos
- Testversionen und Konfiguratoren (z. B. im Softwarebereich)
- Referenzbesuche
- Installations- und Referenzlisten
- User-Clubs.

3.5.2.3 Öffentlichkeitsarbeit

Während Werbung und Verkaufsförderung auf die Absatzaktivierung und auf die Kundenbeziehungen ausgerichtet sind, wendet sich die **Öffentlichkeitsarbeit** (engl. *Public Relations – PR)* mit ihren Aktivitäten an alle **Anspruchsgruppen** (engl. *Stakeholder*) des Unternehmens. Ziel der PR ist es, diese Gruppen (z. B. Kunden, Aktionäre, Lieferanten, Mitarbeiter, öffentliche Institutionen) über das Unternehmen zu informieren und auf diese Weise Vertrauen aufzubauen und zu erhalten. Dabei gehen die Anforderungen dieser Anspruchsgruppen heutzutage deutlich über die Profilierung des Produkt- und Leistungsprogramms hinaus und stellen die gesellschaftliche Verantwortung des Unternehmens – **Corporate Social Responsibility (CSR)** – in den Mittelpunkt. So muss eine glaubwürdige und nachhaltige Öffentlichkeitsarbeit (verkürzt auch Pressearbeit genannt) den Nachweis dieser Verantwortung in Form von sicheren Arbeitsplätzen, Engagement für die Umwelt, umweltverträglichen Produkten, Weiterbildungsangeboten u. a. erbringen [vgl. Becker, J. 2019, S. 600 f.].

In der betrieblichen Praxis ist die Öffentlichkeitsarbeit in der Kommunikationsabteilung (Unternehmenskommunikation) organisatorisch verankert und wendet sich an zwei Zielgruppen:

- **Unternehmensinterne Öffentlichkeit** (interne Zielgruppen: Mitarbeiter, Eigentümer, Management, Betriebsrat),
- **Externe Öffentlichkeit** (externe Zielgruppen: Kunden, Presse und Journalisten, Lieferanten, Fremdkapitalgeber, Verbraucherorganisationen, Staat und Gesellschaft).

In Abbildung 3-38 sind wichtige PR-Maßnahmen den entsprechenden Ansprechpartnern der internen und externen Kommunikation zugeordnet. Grundlage und sicherlich das wichtigste Instrument der klassischen PR-Arbeit ist die **Pressemitteilung**. Hauptanlässe für die Herausgabe von Pressemitteilungen sind:

- Neue Produkte
- Personalveränderungen
- Jahresabschlüsse
- Großaufträge
- Messebeteiligungen
- Jubiläen
- Wichtige Besuche/Werksbesichtigungen
- Soziales Engagement (Sozialbilanz)
- Krisenkommunikation.

Neben Pressemitteilungen bilden **Pressekonferenzen** sowie der persönliche Dialog mit Journalisten und Medienvertretern die Grundlage für eine den Unternehmenszielen entsprechende Berichterstattung im redaktionellen Teil der Medien.

Interne Kommunikation	Externe Kommunikation		
Mitarbeiter	**Kunden**	**Presse und Journalisten**	**Geschäftspartner, Investoren etc.**
• Mitarbeiterzeitschriften • Prospekte, Flyer, Broschüren • Handbücher und Dokumentationen • Berichte, Protokolle und Rundschreiben • Briefe und E-Mails • Newsletter und Informationsdienste • Aushänge, Plakate	• Kundenzeitschriften • Produkt- und Image-Broschüren • Prospekte, Flyer • Mailings • Q & A-Papiere • Newsletter und Informationsdienste • PR- und Werbeanzeigen • Plakate • Beilagen für Zeitschriften • Kataloge	• Pressemitteilungen (Pressemeldung, Presseerklärung, Pressebericht, Datenblätter, Factsheets) • Themenexposées • Pressemappen • Pressedienste und Newsletter • PR-Anzeigen • Interviews • Pressekonferenz, -gespräch, -empfang • Journalistenreisen • Presseseminar	• Geschäftsbericht • Umweltbericht • (Image-) Broschüren, Prospekte, Flyer • Mailings • Newsletter und Informationsdienste • PR- und Werbeanzeigen

Abb. 3-38: Wichtige PR-Maßnahmen und ihre Zielgruppen

Die Nutzung von Web 2.0-Applikationen und Suchmaschinen haben aber nicht nur die Möglichkeiten der Kommunikation durch das Internet für Unternehmen und Kunden, sondern auch für die eigenen **Mitarbeiter** des Unternehmens erheblich erweitert. Diese können ihre Meinungen nun auch fernab von Presse- und Kommunikationsabteilungen veröffentlichen. Zukünftig werden also immer mehr Mitarbeiter freiwillig oder unfreiwillig zu Botschaftern ihres Unternehmens bzw. der Unternehmensmarke. Auf diese (weitgehend unkontrollierbaren) Kommunikationswege müssen sich die Verantwortlichen für die Unternehmenskommunikation einstellen und vorbereiten [vgl. Lippold 2011, S. 71].

3.5.2.4 Sponsoring

In engem Zusammenhang mit der Öffentlichkeitsarbeit hat sich mit dem Sponsoring ein vergleichsweise neues Kommunikationsinstrument etabliert.

> **Sponsoring** bedeutet die systematische Förderung von Personen, Organisationen oder Veranstaltungen im sportlichen, kulturellen, sozialen oder ökologischen Bereich sowie im Bereich der Medien zur Erreichung von Marketing- und Kommunikationszielen.

Anders als bei Spenden beinhaltet Sponsoring das Prinzip von Leistung und Gegenleistung, d. h. der Sponsor stellt seine Fördermittel in der Erwartung zur Verfügung, dass der Gesponserte ihn bei dessen Aktivitäten ausdrücklich nennt. Entsprechend wird von einem Sponsorship gesprochen, wenn Sponsor und Gesponserter ein konkretes Projekt in einem bestimmten Zeitraum gemeinsam durchführen [vgl. Bruhn 2007, S. 411].

Bei der Auswahl des Sponsorings bzw. Sponsorships sollte darauf geachtet werden, dass ein Mindestmaß an Gemeinsamkeit zwischen Sponsor und gesponsertem Bereich gegeben ist, damit sich positive Imagekomponenten übertragen lassen (Imagetransfers). Mögliches Ziel der Sponsoring-Aktivitäten ist die Erhöhung des Bekanntheitsgrades, die Aktualisierung des Images oder die Dokumentation gesellschaftlicher Verantwortung. Folgende Sponsoring-Bereiche kommen in Frage [vgl. Bruhn 2007, S. 414 ff]:

- **Sportsponsoring** (mit Einzelsportlern, Mannschaften, Sportveranstaltungen und Sportarenen als Kommunikationsträger),
- **Kultursponsoring** (mit Künstlern, Kulturgruppen, Kulturorganisationen, Kulturveranstaltungen und Stiftungen als Kommunikationsträger),
- **Soziosponsoring** (mit sozialen, staatlichen, wissenschaftlichen und bildungspolitischen Institutionen als Kommunikationsträger),
- **Umweltsponsoring** (mit lokalen, nationalen und internationalen Umweltschutzorganisationen als Kommunikationsträger),
- **Mediensponsoring** (mit Fernsehen, Rundfunk, Kino und Internet-Unternehmen als Kommunikationsträger).

Unter den genannten Sponsoring-Bereichen soll hier kurz auf das **Sportsponsoring** eingegangen werden, weil es etwa die Hälfte des gesamten Sponsoring-Budgets (45 Prozent) ausmacht. Es folgen das Kultursponsoring mit 18 Prozent und Soziosponsoring mit 16 Prozent [Quelle: BBDO, Statista 2014].

Sport und insbesondere Sportübertragungen im Fernsehen haben einen sehr hohen Stellenwert bei den deutschen Zuschauern. Ganz vorn in der Publikumsgunst stehen Fußball, Motorsport (insbesondere Formel 1 und DTM), Leichtathletik und Biathlon, das unter den Wintersportarten die eindeutige Nummer Eins ist. Über den besonders hohen Stellenwert des Bundesliga-Fußballs und die aktuellen Trends des Sportsponsorings siehe Abbildung 3-39. Insbesondere bei großen, internationalen Sportereignissen mit deutscher Beteiligung können auch Werbetreibende im Rampenlicht glänzen. Media-Experten bescheinigen den verschiedenen Werbeformen wie Splitscreens oder Solospots, aber auch den klassischen Spots im Sportumfeld eine hohe Effizienz. Der Erfolg eines Sportsponsorings ist allerdings nicht allein auf die Auswahl der passenden Sportart oder der Sportler zu sehen, sondern auch in der konzeptionellen Planung und Beständigkeit, mit der das Sponsoring als Marketinginstrument betrieben wird.

> „Derzeit werben alleine in der Bundesliga rund 500 Sponsoren mit Hilfe 60 unterschiedlicher Werbemittel. Die zentrale Frage, die sich die Unternehmen in diesem Zusammenhang stellen, lautet: Kann sich ein Sponsor in diesem "Werbe-Dschungel" abheben? Das Trikot ist nur eines von insgesamt häufig mehr als 300 Einzelrechten, die ein Unternehmen innerhalb eines Hauptsponsorings nutzen kann. Viele Unternehmen setzen bei der Aktivierung ihrer Sponsorships zunehmend auf unkonventionelle Marketingmaßnahmen wie beispielsweise Guerilla Marketing. Guerilla Marketing ist eine effiziente Strategie, mit der unter unkonventionellem Einsatz der Instrumente eine überdurchschnittlich hohe Aufmerksamkeit erzeugt werden kann. Es geht darum, dass mittels ausgefallenen, überraschenden, außergewöhnlichen und geschickten Aktionen unter Nutzung eines (häufig vergleichsweise geringen) Budgets der maximale Werbeerfolg erreicht wird.“ [Gerd Nufer in Focus-Online, 02.01.2017]

Sponsoring ist ein vergleichsweise kostengünstiges Kommunikationsinstrument. Durch seine überwiegende Präsenz im Freizeitbereich ist es in besonderem Maße geeignet, die häufig ablehnende Haltung von Konsumenten gegenüber der (klassischen) Werbung zu umgehen. Ein weiterer Vorteil des Sponsorings ist darin zu sehen, dass es die gesellschaftspolitische Verantwortung des Unternehmens (engl. *Corporate Responsibility*) dokumentieren kann (siehe auch Abschnitt 1.2.3.3), sofern das Verhalten des Unternehmens auch den durch das Sponsoring nach außen dokumentierten Ansprüchen gerecht wird [vgl. Bruhn 2014, S. 237].

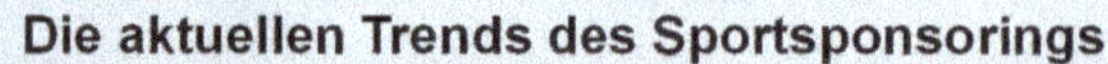
Die aktuellen Trends des Sportsponsorings

fährt MAN

Der Sport ist schon seit vielen Jahren das größte Betätigungsfeld für Sponsoren – und das mit steigender Tendenz. Innerhalb des Sportsponsorings ist die am häufigsten gesponserte Sportart nach wie vor Fußball. Die Attraktivität des Fußballs wird für die Sponsoren forciert durch hohe Reichweiten und mediale Präsenz, die hohe gesellschaftliche Relevanz, professionelle Strukturen und Stars mit Identifikationspotenzial. Image- und Bekanntheitsziele stehen bei Sportsponsoren im Vordergrund. Zusätzlich wächst der Anspruch, über Sponsoring parallel auch Umsatzziele zu erreichen. Für Sponsoren ist die Vernetzung des Sponsoring unerlässlich, um das volle Wirkungspotenzial ausschöpfen zu können. Social-Media-Plattformen stehen deshalb im besonderen Fokus.

Digitalisierung

Die rasant vorschreitende Digitalisierung in allen Lebensbereichen wirkt sich auch auf den Sport und somit auch auf das Sponsoring aus. Themen wie Virtuelle Werbung oder Connected Stadium werden derzeit in der Bundesliga erprobt. In den letzten Jahren haben sich neue Erscheinungsformen - wie beispielsweise Werbung auf dem Spielfeld, Bedruckung von Tor- und Fangnetzen, Drehbanden, Get Ups/Cam Carpets, Videobanden oder virtuelle Banden - entwickelt und bieten Sponsoren verbesserte Werbemöglichkeiten, um deren Marken und Produkte noch passgenauer zu integrieren.

Stadien vielfältig vernetzt

Unter virtueller Werbung versteht man die Einblendung von Marken, Produkten, Logos, Unternehmensnamen, Slogans und 3-D-Animationen durch eine digitale Bearbeitung des Fernsehsignals. Connected Stadium ist ein Konzept, bei dem Sport-Arenen technisch so ausgestattet bzw. modernisiert werden, dass die Zuschauer im Stadion von ihren mobilen Endgeräten das Internet über das stadioneigene W-LAN oder über ein verstärktes und ausgebautes Mobilfunknetz (LTE) nutzen können.

Neue Technologien werden getestet

Darüber hinaus ist bereits in naher Zukunft absehbar, dass sich Stadionbesucher über leistungsstarke Mobilfunk-Technologien parallel zum Sport-Event Echtzeitinformationen, Spielvideos, Zeitlupen etc. aufrufen können. Datenbrillen oder Kontaktlinsen werden ermöglichen, dass eigene Kamerapositionen oder individuelle Fitnesswerte von Sportlern darstellbar werden. Ähnliche Dinge sind heute beispielsweise bereits im US-Football in Kansas City oder im Stadion von San Francisco möglich. Auch bei den Wearables ist die technologische Entwicklung stark vorangeschritten und liefert Anwendungsmöglichkeiten für Sponsoren. So könnte beispielsweise die Herzfrequenz eines Spielers beim Elfmeter ermittelt und vermarktet werden ("presented by"), ähnlich wie die Geschwindigkeitsmessung beim Tennis. Die Holografie stellt eine weitere technologische Erfindung vor dem Einzug in die Stadien dar. Hier werden reale und fiktive Charaktere virtuell in die Umgebung der Fans projiziert. So könnten internationale Spitzenspiele mithilfe von Hologramm-Übertragungen in andere Stadien weltweit projiziert werden. Noch sind die zuletzt genannten Erfindungen mit einem enormen technischen Aufwand verbunden und dementsprechend teuer. Es ist jedoch zu prognostizieren, dass die im Laufe der Jahre – mit besseren Übertragungsgeschwindigkeiten und Rechnerleistungen – bezahlbar werden.

[Quelle: Focus-Online, Gerd Nufer, 02.01.2017]

Abb. 3-39: Die aktuellen Trends des Sportsponsorings

3.5.2.5 Product Placement und Product Publicity

Beim **Product Placement** werden Markenprodukte, -namen oder -logos gezielt in Video- und Filmproduktionen gegen finanzielle oder sachliche Zuwendungen integriert. Vorteil des Product Placements ist die erhöhte Authentizität des Markenauftritts, da der Nachfrager die kommunikative Beeinflussung nicht bewusst wahrnimmt [vgl. Meffert 2008, S. 689].

Mit der aktuellen Fassung des Rundfunkstaatsvertrages (RStV vom 1. April 2010), die an die EU-Richtlinie zu audiovisuellen Mediendiensten anknüpft, wird in Deutschland zum ersten Mal der Einsatz von Product Placement im Fernsehen geregelt. Danach gilt im Kern ein Verbot des Product Placement. Für bestimmte Sendeformen wie Kinofilme, TV-Serien, Fernsehfilme, Sportfilme und Sendungen der leichten Unterhaltung ist der Einsatz allerdings gestattet. In diesen Formaten darf Product Placement bei privaten Sendern gegen Entgelt, bei den öffentlich-rechtlichen Sendern in Form der unentgeltlichen Beistellung von Requisiten erfolgen. Ein striktes Verbot des Product Placement besteht für Nachrichten- und Kindersendungen, Ratgeber- und Verbrauchersendungen sowie politische Sendungen.

Im Kino dagegen ist Product Placement seit jeher erlaubt. Bekannte Beispiele sind der Alpha Romeo Spider in „Die Reifeprüfung" (1967), die Verwendung des Apple-Logos in „Forest Gump" (1994), Ray Ban-Sonnenbrillen in „Men in Black" (1997), diverse James-Bond-Filme sowie die Verwendung von über 60 (!) Marken in „Sex and the City: The Movie" (2008).

Abbildung 3-40 zeigt ein Product Placement des Audi RSQ, der als Prototyp eigens für den Film „I, Robot" (2004) gebaut wurde.

Product Publicity (auch als Produkt-PR bezeichnet) ist eine Sonderform der Öffentlichkeitsarbeit. Sie versucht, ein neues Produkt (Marke) in den redaktionellen Teilen von Publikums- oder Fachmedien einfließen zu lassen (Beispiel: Testberichte in Automobilzeitschriften).

Prinzipiell könnte man Product Publicity sogar als Vorläufer der Öffentlichkeitsarbeit ansehen, denn die ersten PR-Abteilungen sahen anfangs durchaus ihre (alleinige) Aufgabe darin, eine kostenlose Berichterstattung– im Gegensatz zu bezahlten Anzeigen oder Werbespots – in den Medien über ihre Produkte zu erreichen. Heutzutage sind die Ziele und Aufgaben der PR-Arbeit nicht nur auf den Absatzmarkt beschränkt, sondern richten sich an den Erwartungen der verschiedenen Anspruchsgruppen des Unternehmens aus.

Product Placement: Hollywood liebt deutsche Autos

Helden-Auto für Will Smith: Der fiktionale Audi RSQ

Eigens für die Filmwelt des Jahres 2035 kreierte AUDI ein neues Modell: das fiktionale Sportcoupé AUDI RSQ mit Flügeltüren und Kugelrädern. Die spektakuläre Aktion schlug ein: In über 40 Ländern wurde über das Filmauto berichtet, zeitweilig gab es 37.000 Google-Treffer zum Stichwort "AUDI RSQ".

Die Zusammenarbeit kam auf Anregung des "Robot"-Regisseurs Alex Proyas zustande. Zusammen mit den amerikanischen Set-Designern entwickelten die AUDI-Ingenieure das futuristische Modell, das sogar "bedingt fahrtüchtig" ist.

[Quelle: Spiegel-Online 22.02.2005]

Abb. 3-40: Beispiel für ein Product Placement von Audi in „I, Robot“ (2004)

3.5.2.6 Messen, Ausstellungen, Events

Messen und Ausstellungen haben nicht nur im B2C-Bereich, sondern ganz besonders auch im B2B-Marketing einen hohen Stellenwert. Sie ermöglichen eine direkte Kundenansprache und dienen der Bekanntmachung von neuen Produkten ebenso wie der Anbahnung und Pflege von Kunden- bzw. Geschäftsbeziehungen. Die begriffliche Abgrenzung zwischen Messen und Ausstellungen ist nicht trennscharf vorzunehmen.

> **Messen** sind fachlich, zeitlich und geografisch festgelegte Veranstaltungen, bei denen mehrere Anbieter ihr Produkt- und Leistungsangebot den Fachbesuchern (Einkäufern) präsentieren. **Ausstellungen** sind i. d. R. dem breiten Publikum zugänglich und verfolgen vornehmlich Werbe- und Informationsziele; z. T. dienen Ausstellungen – ebenso wie Messen – aber auch dem Produktverkauf [vgl. Becker, J. 2019, S. 538 f.].

Deutschland ist weltweit der größte Messeplatz; von den sieben größten Messegeländen der Welt liegen vier in Deutschland (Hannover, Frankfurt, Köln, Düsseldorf). Jährlich werden in Deutschland zwischen 150 und 160 internationale Messen und Ausstellungen durchgeführt, die von ca. **180.000 Ausstellern** genutzt und rund **10 Mio. Besuchern** besucht werden [Quelle: AUMA 2020].

Hinsichtlich der Breite des Messeangebots kann zwischen Universal- bzw. Mehrbranchenmessen (z. B. Hannover Messe), Branchen- bzw. Fachmessen (z. B. Frankfurter Buchmesse) sowie Kongressausstellungen und Verbraucherausstellungen unterschieden werden. Darüber hinaus ist die Differenzierung in Informationsmessen und in Ordermessen von Bedeutung.

Die besondere Bedeutung von Messen und Ausstellungen für den B2B-Bereich bestätigt eine TSN-Emnid-Umfrage aus dem Jahr 2015 unter 500 ausstellenden Unternehmen. Danach sind Messen und Ausstellungen nach der eigenen Homepage das wichtigste Instrument im Kommunikationsmix der befragten Unternehmen. Da allerdings lediglich ausstellende Unternehmen befragt wurden, ist es wenig erstaunlich, dass die Messebeteiligung im Rahmen des B2B-Kommunikationsmix derart hochgerankt wird.

Abbildung 3-41 gibt einen Überblick über den Stellenwert von Messen im Rahmen der B2B-Kommunikationsinstrumente.

Ein **Event** soll bestimmten Zielpersonen (Verbraucher, Händler, Einkäufer, Meinungsführer, Mitarbeiter) ziel- und konzeptkonforme Kommunikationsinhalte und Präsentationen emotional und erlebnisorientiert vermitteln.

Events haben keinen direkten Verkaufscharakter. Zielsetzung ist vielmehr, über eine hohe Aufmerksamkeit in einen Dialog mit den Zielpersonen zu treten, emotionale Erlebnisse zu vermitteln und Aktivierungsprozesse anzustoßen. Events haben üblicherweise eine begrenzte Reichweite, können aber – nicht zuletzt auch über die Teilnahme von Multiplikatoren – Grundlage für ein breit gestreutes Kommunikationsprogramm z. B. über Produktneuheiten sein.

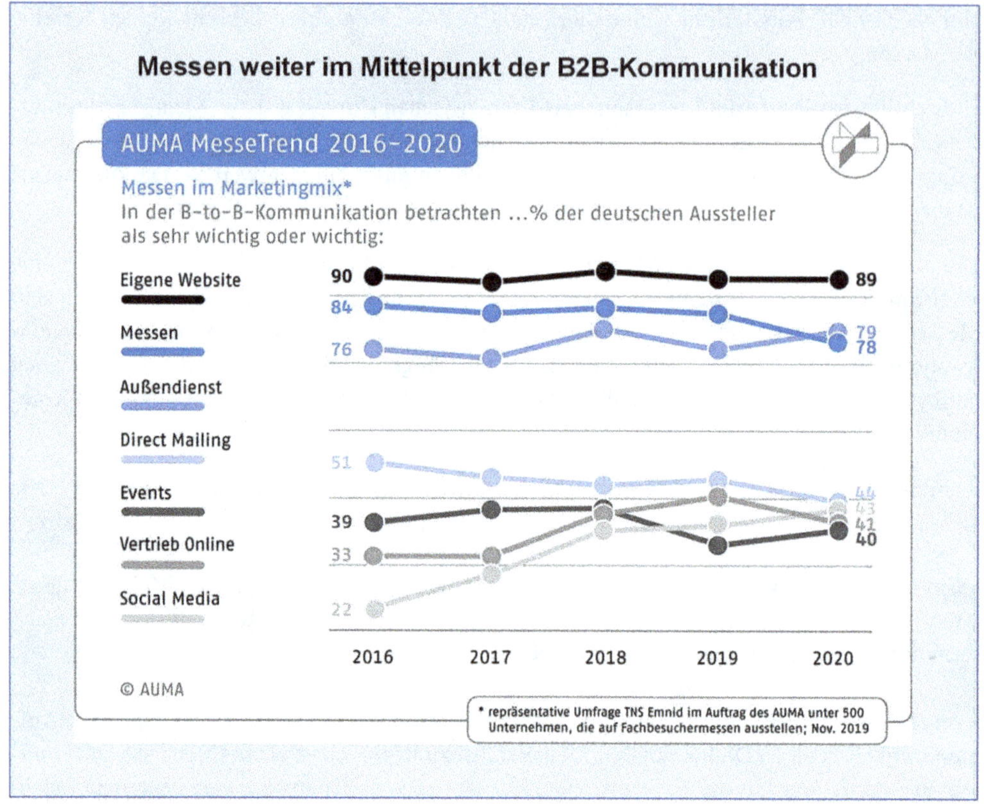
Messen weiter im Mittelpunkt der B2B-Kommunikation
AUMA MesseTrend 2016-2020
Messen im Marketingmix*
In der B-to-B-Kommunikation betrachten ...% der deutschen Aussteller als sehr wichtig oder wichtig:
Eigene Website
Messen
Außendienst
Direct Mailing
Events
Vertrieb Online
Social Media
90
84
76
89
79
78
51
39
33
22
44
43
41
40
2016
2017
2018
2019
2020
© AUMA
* repräsentative Umfrage TNS Emnid im Auftrag des AUMA unter 500 Unternehmen, die auf Fachbesuchermessen ausstellen; Nov. 2019

Abb. 3-41: Messen im Kommunikations-Mix

3.5.3 Digitale Kommunikationsinstrumente

Aufgrund der rasch zunehmenden und immer intensiveren Nutzung des Internets haben sich die digitalen Kommunikationsinstrumente als feste Größe im Kommunikationsmix der Unternehmen durchgesetzt. Inzwischen kaufen zwei Drittel (65 Prozent) der Bundesbürger im Internet ein, europaweit sind es lediglich 45 Prozent.

Insgesamt shoppen 94 Prozent aller Internetnutzer ab 16 Jahren im Netz – das entspricht 55 Millionen Bundesbürgern. Jeder dritte davon (34 Prozent) tut dies mindestens einmal in der Woche (siehe Abbildung 3-42). Mehr als jeder zweite Online-Shopper (52 Prozent) kauft mit seinem Smartphone ein. Online-Shops sollten dementsprechend auf mobile Endgeräte zugeschnitten sein, wenn Sie Erfolg haben wollen. Sich mit den Trends der Digitalisierung zu beschäftigen, ist für alle Händler – online wie offline – zwingend erforderlich. Es geht nicht nur darum, neue Services anzubieten, sondern vor allem darum, dem Kunden den Einkauf auf möglichst vielen Kanälen zu ermöglichen. Während der Corona-Krise und den damit verbundenen Einschränkungen des öffentlichen Lebens ist dies einmal mehr deutlich geworden. Die Grenzen zwischen Online und Offline verschwinden im Handel zusehends, e-Commerce, Mobile-Commerce und mittlerweile auch Voice-Commerce erweitern das traditionelle Geschäftsmodell. Technologien wie Künstliche Intelligenz und Big Data bieten für Effizienz und Service große Potenziale [Quelle: Bitkom Studienbericht 2020].

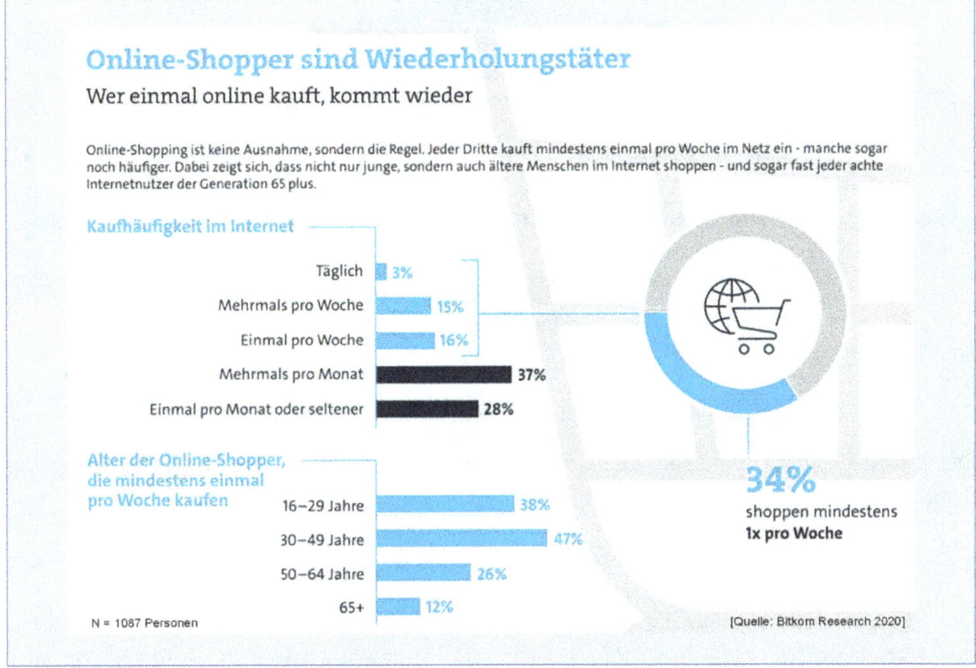
Online-Shopper sind Wiederholungstäter
Wer einmal online kauft, kommt wieder
Online-Shopping ist keine Ausnahme, sondern die Regel. Jeder Dritte kauft mindestens einmal pro Woche im Netz ein - manche sogar noch häufiger. Dabei zeigt sich, dass nicht nur junge, sondern auch ältere Menschen im Internet shoppen - und sogar fast jeder achte Internetnutzer der Generation 65 plus.
Kaufhäufigkeit im Internet
Täglich 3%
Mehrmals pro Woche 15%
Einmal pro Woche 16%
Mehrmals pro Monat 37%
Einmal pro Monat oder seltener 28%
Alter der Online-Shopper, die mindestens einmal pro Woche kaufen
16–29 Jahre 38%
30–49 Jahre 47%
50–64 Jahre 26%
65+ 12%
34%
shoppen mindestens
1x pro Woche
N = 1087 Personen
[Quelle: Bitkom Research 2020]

Abb. 3-42: „Online-Shopper sind Wiederholungstäter"

Die verschiedenen digitalen Kommunikationsinstrumente, die für die werbliche Beeinflussung der Kunden zur Verfügung stehen und für die oftmals die Begriffe **Online-Werbung** oder **Internet-Werbung** synonym benutzt werden, sollen hier unter dem Aspekt vorgestellt werden, welche Zielsetzung verfolgt wird: Awareness-Ziele oder Response-Ziele.

Beim Ziel **Awareness** geht es um Image, Bekanntheit oder auch Einstellung. Im Vordergrund steht somit die **Kommunikationsleistung** der Online-Werbung. Hierzu ist es erforderlich, eine möglichst hohe Bruttoreichweite in der Zielgruppe zu verfolgen. Das auszuwählende Kommunikationsinstrument soll kommunizieren und nicht primär zu Klicks anregen. So will man bspw. das Markenimage verbessern oder die Markenbekanntheit steigern.

Lautet das Ziel dagegen **Response**, so wird eine quantitativ messbare Interaktion angestrebt, die den User von der Werbeträgerseite auf die sogenannte „Landing page" bringt (Kampagnen-Sites oder die Homepage des Werbetreibenden). Hier geht es also um die **Interaktionsleistung** der digitalen Werbung. Die Steigerung der Klickrate und des Kaufinteresses steht hierbei im Vordergrund. Was dann nach dem Klick in Teilnahme, Order oder Ähnliches umgewandelt wird, ist eine Frage der überzeugenden Produktleistung und der Landing Page selbst.

Werden nun die vielfältigen digitalen Kommunikationsinstrumente innerhalb der beiden Zielsetzungsgegenpole nach der Nähe zu den Zielen Awareness und Response geordnet, so ergibt sich die Darstellung in Abbildung 3-43.

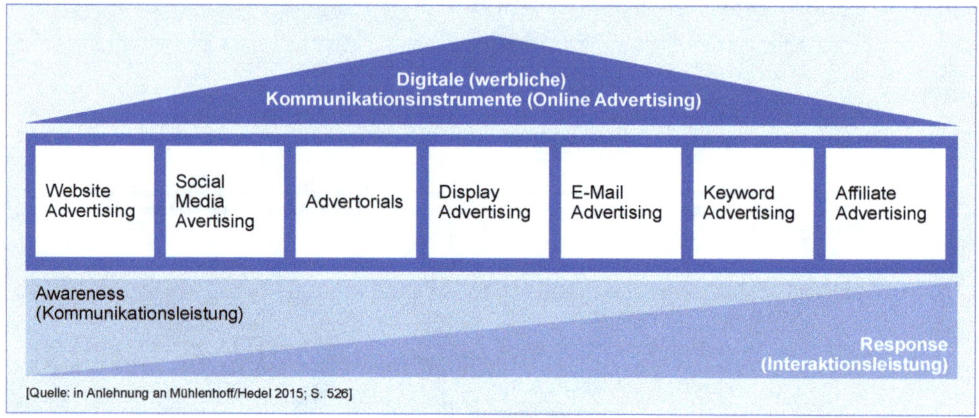
Digitale (werbliche)
Kommunikationsinstrumente (Online Advertising)
Website Advertising
Social Media Avertising
Advertorials
Display Advertising
E-Mail Advertising
Keyword Advertising
Affiliate Advertising
Awareness (Kommunikationsleistung)
Response (Interaktionsleistung)
[Quelle: in Anlehnung an Mühlenhoff/Hedel 2015; S. 526]

Abb. 3-43: Instrumente der digitalen werblichen Kommunikation

Damit lässt sich der Kunde kommunikativ auf seiner individuellen Reise bis zur Kaufentscheidung begleiten.

3.5.3.1 Website Advertising

Die Website eines Anbieters hat sich in den letzten Jahren *„zum wichtigsten Kontaktpunkt mit dem Kunden etabliert"* [Wirtz 2013, S. 570]. Die Unternehmenswebsite ist die Mutter aller Online-Plattformen. Hier informieren sich Kunden über potenzielle Anbieter einer Problemlösung, deren Marken und die Eigenschaften einer Leistung. Wird man im Web nicht gefunden, so schwindet das Interesse am Unternehmen. Die Unternehmenswebsite verfolgt das Ziel, Interessenten in Kunden zu verwandeln. Und auch Kunden und sonstige Stakeholder wollen ihr Unternehmen im Web finden und sich dort weiter informieren. So verwundert es niemanden, dass das Zentrum der Kommunikation heutzutage die Internetseite oder der Online-Shop des Unternehmens bildet.

Die Startseite der Website wird als Homepage bezeichnet. Vor dem Hintergrund, dass eine Unternehmenspräsenz im Internet in vielen Bereichen selbstverständlich ist und damit per se auch kein Wettbewerbsvorteil sein kann, sind die Anforderungen an die Qualität einer Website deutlich gestiegen. Eine zielgruppengerechte Gestaltung und ein Angebot an relevanten und aktuellen Inhalten sind die Bestimmungsfaktoren für eine qualitativ hochwertige Website.

Zudem sollten Ansätze zur Individualisierung genutzt und dabei wichtige funktionelle Aspekte (z. B. übersichtliche Struktur und intuitive Navigation) berücksichtigt werden. Entscheidend dabei ist, dass stets zwei unterschiedliche Zielgruppen parallel zu berücksichtigen sind: einerseits Interessenten, Kunden, Lieferanten oder Bewerber (Stakeholder), andererseits die Leseroboter der Suchmaschinen, welche die Inhalte für die spätere Suche indizieren.

Gute Websites haben zur leichten Wiedererkennung und zur einfachen Orientierung eine einheitliche Designlinie, die der Corporate Identity folgt und mit der übergeordneten Marketingstrategie abgestimmt ist. Die Struktur des Online-Angebots bestimmt darüber hinaus maßgeblich, wie gut Nutzer auf der Seite navigieren können. Schließlich zeichnet sich gutes Website-Design dadurch aus, dass dem Nutzer eine gute **Zugänglichkeit** (engl. *Accessibility*) zur Website ermöglicht wird. Gleichzeitig muss die Website in allen gängigen Browsern (Internet Explorer, Firefox, Opera, Chrome, Safari) und auf allen gängigen Systemen (auch über mobile Endgeräte) darstellbar sein [vgl. Binckebanck 2015, S. 242].

3.5.3.2 Social Media Advertising

Social Media Ads spielen aufgrund ihrer hohen Reichweite und vielfältigen Segmentierungsmöglichkeiten eine zunehmend wichtige Rolle, um heute im Internet gefunden und wahrgenommen zu werden. Viele Social Media Plattformen wie Facebook, Twitter oder YouTube besitzen durch die Userprofile und das Tracking des Userverhaltens hervorragende Möglichkeiten, um Zielgruppen für die Werbemaßnahmen der Unternehmen zu identifizieren und nutzbar zu machen. Die Social Media Portale bieten eine Vielzahl attraktiver Anzeigenformate und Anzeigenmechaniken, darunter auch die Aussteuerung nach demografischen und psychografischen Attributen. Nach einer Befragung von weltweit 5.234 Marketer nutzen 94 Prozent aller Unternehmen Facebook gefolgt von Instagram mit einem Nutzungsanteil von 76 Prozent (siehe Abbildung 3-44).

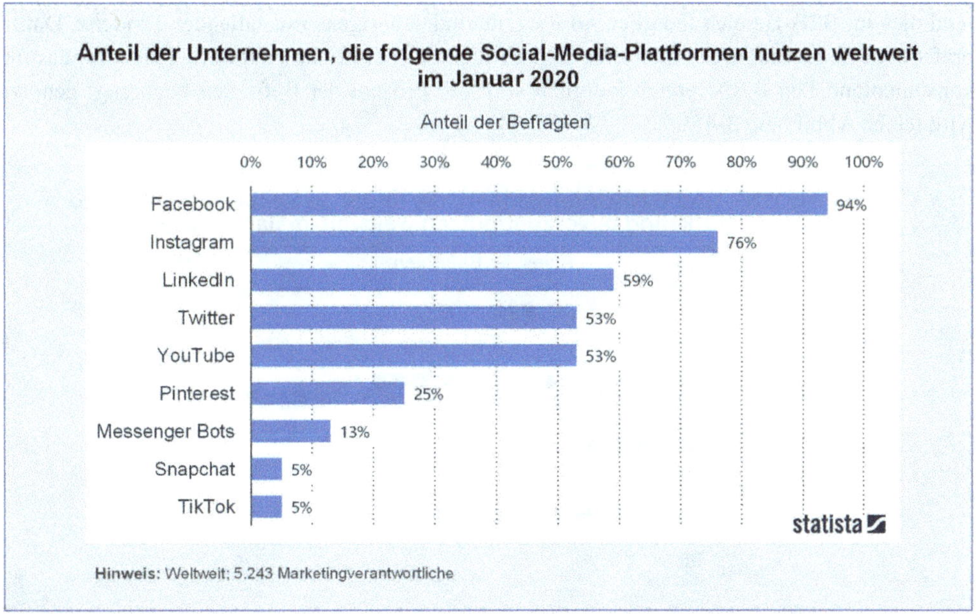
Anteil der Unternehmen, die folgende Social-Media-Plattformen nutzen weltweit im Januar 2020
Anteil der Befragten
0%
10%
20%
30%
40%
50%
60%
70%
80%
90%
100%
Facebook
94%
Instagram
76%
LinkedIn
59%
Twitter
53%
YouTube
53%
Pinterest
25%
Messenger Bots
13%
Snapchat
5%
TikTok
5%
statista
Hinweis: Weltweit; 5.243 Marketingverantwortliche

Abb. 3-44: Meist genutzte Social Media-Plattformen weltweit 2020

Besonders für die Fundierung wichtiger Kaufentscheidungen spielen soziale Medien eine immer größere Rolle, so dass sie vermehrt in den Fokus des Marketing-Managements rücken. Besonders wichtig dabei ist, dass die sozialen Medien und Messenger-Dienste als Stationen

(Touchpoints) auf der *„Reise der Verbraucher durch die Markenwelt“ (Customer Journey)* begriffen werden. Ob sie zur digitalen Bereitstellung von Inhalten *(Content Marketing)*, zur Vermarktung z. B. mit Hilfe von Einflusspersonen *(Influencer-Marketing)* oder zum Kunden-Service genutzt werden, muss dann im Einzelfall entschieden werden. Wichtig für das Verständnis der aktuellen Kommunikation ist, dass es die sozialen Medien sind, die für die unterschiedlichen Vernetzungsebenen sorgen [vgl. Bergemann 2019, S. 312]:

- die Vernetzung der Verbraucher untereinander,
- die Vernetzung von Unternehmen und Verbrauchern und
- die Vernetzung von Unternehmen untereinander.

Naturgemäß war es zuerst der B2C-Bereich, der sich wegen des neuen, attraktiven Zugangs zu seinen Kunden der Nutzung sozialer Medien bediente. Zwischenzeitlich zeigt die Unternehmenspraxis, dass Social Media auch in Industriegüterunternehmen zum Einsatz kommt und auch dort eine hohe Relevanz besitzt. Grundsätzlich ermöglichen soziale Medien einer großen Anzahl an Internetnutzern – in Echtzeit oder zeitversetzt – eigene Inhalte zu erstellen, Inhalte anderer Nutzer oder bestimmter Organisationen zu lesen und diese an andere Nutzer zu verbreiten.

Wie die Ergebnisse einer weltweiten Umfrage unter nahezu 5.000 Marketingleitern zeigen, klafft das Nutzungsverhalten zwischen B2C- und B2B-Firmen allerdings deutlich auseinander. So setzen 67 Prozent aller B2C-Unternehmen Facebook als das bevorzugte Medium ein, während dies im B2B-Bereich lediglich 46 Prozent sind – übrigens mit fallender Tendenz. Dafür präferieren immerhin 33 Prozent aller B2B-Firmen das berufliche Netzwerk LinkedIn, das im konsumentennahen B2C-Bereich lediglich von vier Prozent der Befragten bevorzugt genutzt wird (siehe Abbildung 3-45).

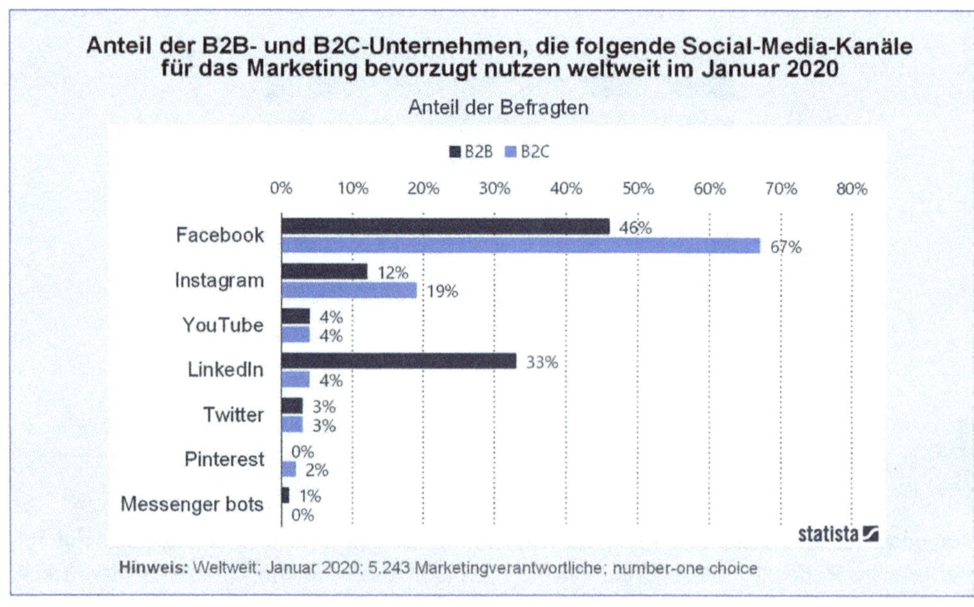
Anteil der B2B- und B2C-Unternehmen, die folgende Social-Media-Kanäle für das Marketing bevorzugt nutzen weltweit im Januar 2020
Anteil der Befragten
B2B
B2C
0%
10%
20%
30%
40%
50%
60%
70%
80%
Facebook
46%
67%
Instagram
12%
19%
YouTube
4%
4%
LinkedIn
33%
4%
Twitter
3%
3%
Pinterest
0%
2%
Messenger bots
1%
0%
statista
Hinweis: Weltweit; Januar 2020; 5.243 Marketingverantwortliche; number-one choice

Abb. 3-45: Bevorzugte Social-Media-Kanäle von B2C- und B2B-Unternehmen

Die obenstehende Abbildung zeigt aber auch in Ansätzen das zielgruppengerechte Vorgehen bei den Firmen, die erkannt haben, dass ihre geschäftlichen Kunden eben nicht so punktgenau mit Facebook zu erreichen sind und daher eher ein berufliches Netzwerk bevorzugen.

Soziale Netzwerke ermöglichen es registrierten Nutzern, eigene Profile zu erstellen und diese mit anderen Nutzern zu vernetzen. Der Fokus sozialer Netzwerke kann entweder auf privaten Kontakten (beispielsweise Facebook) oder geschäftlichen Kontakten (beispielsweise Xing oder LinkedIn) liegen.

Professionelle Netzwerke wie Xing oder LinkedIn dienen gezielt dem Austausch zwischen Geschäftspartnern, Mitarbeitern sowie zwischen Bewerbern und Unternehmen. Sie bieten die Vorzüge und Kommunikationsmöglichkeiten eines Social Networks, setzen dabei jedoch im Gegensatz zu Facebook (noch) ganz auf Seriosität der Inhalte. Im deutschsprachigen Raum zählt Xing ca. 8 Millionen Nutzer. Ein Teil der Nutzer pflegt den aktiven Kontakt zu anderen Mitgliedern, der andere Teil benutzt das Netzwerk eher als digitales Adressbuch. Xing dient vornehmlich dem **Ausbau des beruflichen Netzwerkes**, der Jobsuche und Kontaktverwaltung. International ist LinkedIn mit seinen weltweit über 320 Millionen registrierten Nutzer wesentlich bedeutungsvoller. Aber auch im deutschsprachigen Raum haben die rund 6 Millionen LinkedIn-Nutzer – wenn man die Anzahl der Visits zugrunde legt – Xing bereits überholt. LinkedIn ist in **drei Säulen** gegliedert: den Bereich *Network*, der dem Auf- und Ausbau des eigenen Netzwerkes dient, den Bereich *Opportunity*, der Unterstützung bei der Weiterbildung und beruflichen Neuorientierung bieten soll, sowie den Bereich *Knowledge*, der den internen Nachrichtendienst und die Wissensvermittlung durch andere Mitglieder umfasst.

Die meisten sozialen Netzwerke sind vornehmlich werbefinanziert. Solche Plattformen erlauben es Unternehmen zudem, eigene Unternehmensseiten zu pflegen. Nutzer, die ihr privates Profil mit diesen Seiten verlinken, können dann auf der Seite des Unternehmens veröffentlichte Inhalte bewerten, kommentieren, im eigenen Netzwerk weiterverbreiten oder eigene Postings bzw. Beiträge erstellen.

Viele Unternehmen haben soziale Medien zunächst für die externe Kommunikation eingesetzt. Inzwischen nutzen Unternehmen aber auch verstärkt eine Social Software für interne Zwecke, um Austausch und Zusammenarbeit unter den Mitarbeitern zu verbessern. Insbesondere vervollständigt Social Media die E-Mail-Kommunikation, da viele Anfragen auf diesen Kanälen schneller und transparenter beantwortet werden können als über die klassische Mail. Zudem ergänzen Social Media in vielen Unternehmen inzwischen die bislang üblichen Intranets. Ein wichtiger Unterschied zum klassischen Intranet ist dabei die Art und Weise, wie Inhalte entstehen und geteilt werden. Jeder Mitarbeiter kann gleichzeitig Sender und Empfänger sein. Aus dem internen Redakteur wird ein Community-Manager [vgl. BITKOM-Pressemitteilung v. 29.04.2015].

Eine moderne Unternehmensführung weiß, wo der Mehrwert von Social Media-Maßnahmen liegt, wie sie diese systematisch planen und dadurch erfolgreich Kunden binden sowie neue Kunden erreichen können.

Schließlich seien noch die **Videonetzwerke** erwähnt. Hier ist YouTube mit seiner enormen Reichweite der Branchenprimus. Nicht nur YouTube-Kanäle von Prominenten und Unternehmen haben teilweise hunderttausende und mehr Abonnenten – dank innovativer Ideen und Inhalte konnten sogar schon manche YouTuber aus ihrem Hobby einen Beruf machen. Ebenfalls für die Social-Media-Werbung interessant ist die Videoplattform Vimeo – vor allem wenn man technisch und/oder ästhetisch anspruchsvolle selbstproduzierte Videoinhalte vermarkten möchte. Die Website sieht nicht nur aufgeräumter und erwachsener aus als YouTube, sondern hat auch inhaltlich eine entsprechende Ausrichtung.

3.5.3.3 Advertorials

Ein Advertorial ist die redaktionelle Aufmachung einer (getarnten) Werbeanzeige, die den Anschein eines redaktionellen Beitrages erwecken soll (siehe Abbildung 3-46). Der Begriff ist eine Verschmelzung von advertisement & editorial. Auch bei diesem Kommunikationsinstrument liegen die Vorteile gegenüber einer klassischen Werbeanzeige auf der Hand – es handelt sich letztlich um „getarnte" Werbung im Blickfeld des Users. Es bietet dem werbenden Unternehmen die Möglichkeit, den potenziellen Kunden direkt und zielgruppengerecht anzusprechen, denn der Leser bekommt Informationen innerhalb seines gewohnten, redaktionellen Umfeldes präsentiert und ist so wesentlich aufnahmebereiter, als er es bei offensichtlicher Werbung wäre.

Ein weiterer Vorteil eines Advertorials unter dem Gesichtspunkt der Suchmaschinenoptimierung ist die zusätzliche Verlinkung auf die eigene Website, die damit im Ranking nach oben steigt. Allerdings ist hier gegenüber Google eine offensichtliche Kennzeichnung als Sponsored Post erforderlich [vgl. Mühlenhoff/Hedel 2015, S. 527].

gofeminin
Fit & Gesund
Liebe & Psychologie | Fit & Gesund | Mama | Hochzeit | Horoskop | Living | Produkttests | Spielen & Gewinnen | Video
Gesundheit Diät & Ernährung Sport & Wellness Videos Alle Themen Fit & Gesund-Forum
Unsere Services
Home > Fit & Gesund > Gesundheit
Anzeige
Atemwegsinfekt? Werden Sie schneller wieder fit mit reiner Pflanzenkraft!
Bettina Müller (28) aus Essen geht es schlecht. Wie viele andere zu dieser Jahreszeit hat es sie voll erwischt. Zäher Schleim verstopft die Nebenhöhlen, Husten quält sie und der Schmerz pocht in den Wangen. Trotzdem kann sie sich als berufstätige Mutter von zwei Kindern keine Pause leisten. Sie braucht ein Medikament, das dem Atemwegsinfekt die rote Karte zeigt. GeloMyrtol® forte (Apotheke) ist rein pflanzlich wirksam.
Schnupfen & Co. legen die Selbstreinigung lahm
Auf unserer Atemwegsschleimhaut wiegen sich Millionen von Flimmerhärchen (Zilien) wie Schilf im Wind. Auf ihrer Oberfläche bindet eine feine Sekretschicht
[Quelle: www.gofemini.de]

Abb. 3-46: Gesponserter Artikel (Gelomyrtol) zur Erkältungszeit

3.5.3.4 Display Advertising

Zu den klassischen digitalen Werbeinstrumenten zählt das Display Advertising, auch als **Bannerwerbung** bezeichnet. Darunter wird allgemein die Einblendung von Werbemitteln auf Webseiten Dritter verstanden, wobei diese per Hyperlink mit dem Internetangebot des Werbetreibenden verknüpft ist. Es geht also um alle Werbeanzeigen, die auf Websites im Internet gebucht werden können. Display Advertising ist auf fast jeder Webseite zu finden und kann in Textform, Bild oder als Video an den unterschiedlichsten Stellen vorkommen.

Dieses digitale Kommunikationsinstrument bildet das Zentrum der Online-Werbung. Es lässt sich nochmals in In-Stream Video Ads (Online Video Advertising) und in In-Page Ads sowie in Sonderformen unterteilen. Zur Gruppe der In-Page Ads zählt vor allem das **Banner** als derzeit am weitesten verbreitete Werbeform. Das Banner ist eine grafische Darstellung mit der Möglichkeit zur Interaktion, die durch eine Verknüpfung bzw. Verbindung (engl. *Link*) zu einer anderen Website ermöglicht wird. Eine Differenzierung der Vielzahl von existierenden Bannern kann nach der Funktionalität (z. B. statische, animierte oder transaktive Banner), der Software bzw. Programmiersprache (DHTML-, Java-, Flash- und Shockwave-Banner) oder nach dem Erscheinungsbild (z.B. Blend Banner, Bouncing Banner, Expanding Banner, Flying Banner, PopUp Banner) vorgenommen werden [vgl. Roddewig 2003, S. 16 ff.].

Es würde den Rahmen dieses Lehrbuchs sprengen, die Vielseitigkeit der Möglichkeiten von Formaten und Platzierungen von Werbebannern zu beschreiben. Stattdessen sind in Abbildung

3-47 einige Standard-Bannerformate mit der entsprechenden Pixel-Angabe beispielhaft dargestellt. Das große Angebot an Werbeflächen, das zumeist nur zu einem geringen Teil voll ausgelastet ist, wirkt sich deutlich auf die Preise aus.

Als **Abrechnungsmodelle** dominieren einerseits der auf Reichweite/Awareness basierende Tausender-Kontakt-Preis (TKP) und andererseits der auf Interaktion (und damit auf Response) ausgerichtete Cost-per-Click (CPC). Banner haben zudem den großen Vorteil, dass sie in thematisch passenden Umfeldern geschaltet werden und damit zielgruppengenau ausgesteuert werden können. So kann die Anzeige mithilfe von Keywords automatisch dem Inhalt der Website zugeordnet werden.

Noch spezifischer ist das **Placement-Targeting**, bei dem bestimmt werden kann, in welchen Umfeldern die Werbeanzeige ausgespielt und positioniert wird. Im Rahmen von Response-Kampagnen ist es durch Re-Targeting möglich, eine noch genauere Platzierung der Werbeinhalte, basierend auf der bisherigen Customer Journey des Users, vorzunehmen.

So kann ein Nutzer, der durch einen Besuch der Webseite bereits Interesse bekundet hat, durch das Banner erneut mit dem Produkt konfrontiert werden. Ziel ist es hier, das Interesse des Nutzers weiter zu steigern, um somit die Steigerung der Klick- oder Konversionsraten zu erhöhen [vgl. Mühlenhoff/Hedel 2015, S. 528].

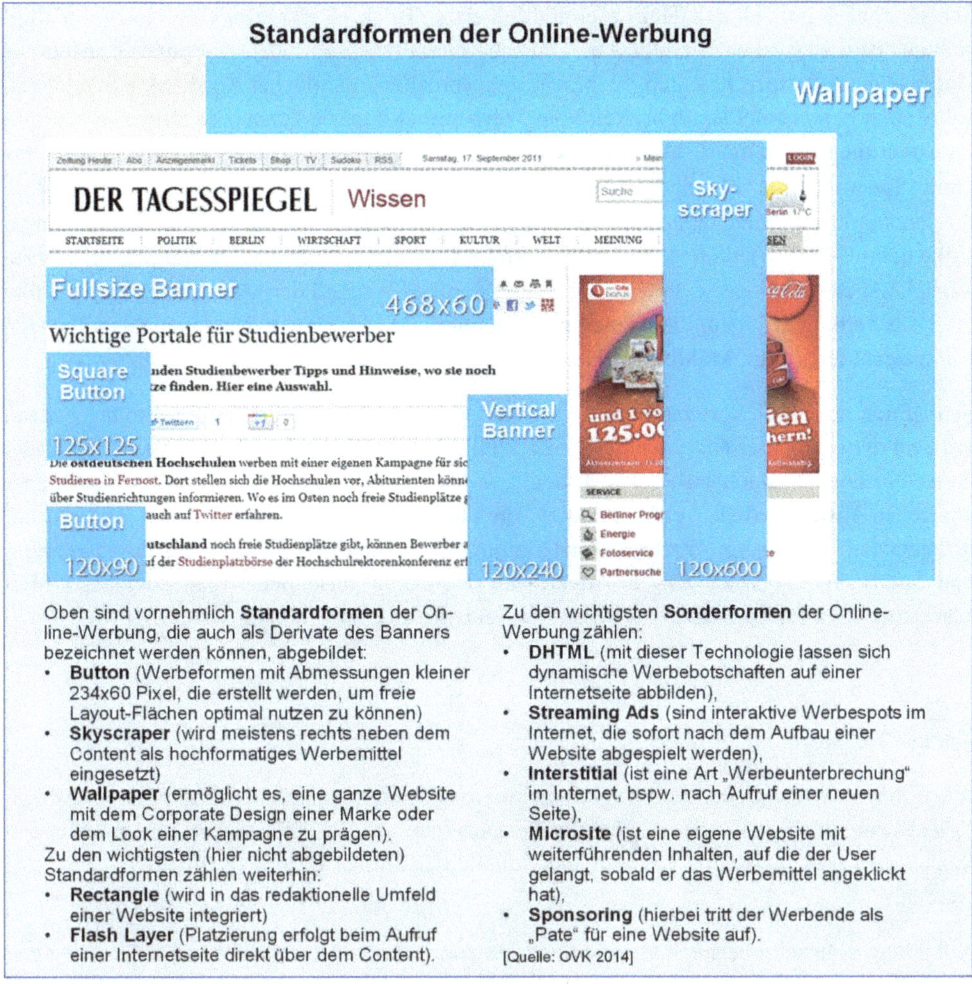
Standardformen der Online-Werbung
Wallpaper
DER TAGESSPIEGEL Wissen
Sky-scraper
Fullsize Banner
468x60
Wichtige Portale für Studienbewerber
Square Button
125x125
Vertical Banner
120x240
Button
120x90
120x600
Oben sind vornehmlich **Standardformen** der Online-Werbung, die auch als Derivate des Banners bezeichnet werden können, abgebildet:
• **Button** (Werbeformen mit Abmessungen kleiner 234x60 Pixel, die erstellt werden, um freie Layout-Flächen optimal nutzen zu können)
• **Skyscraper** (wird meistens rechts neben dem Content als hochformatiges Werbemittel eingesetzt)
• **Wallpaper** (ermöglicht es, eine ganze Website mit dem Corporate Design einer Marke oder dem Look einer Kampagne zu prägen).
Zu den wichtigsten (hier nicht abgebildeten) Standardformen zählen weiterhin:
• **Rectangle** (wird in das redaktionelle Umfeld einer Website integriert)
• **Flash Layer** (Platzierung erfolgt beim Aufruf einer Internetseite direkt über dem Content).
Zu den wichtigsten **Sonderformen** der Online-Werbung zählen:
• **DHTML** (mit dieser Technologie lassen sich dynamische Werbebotschaften auf einer Internetseite abbilden),
• **Streaming Ads** (sind interaktive Werbespots im Internet, die sofort nach dem Aufbau einer Website abgespielt werden),
• **Interstitial** (ist eine Art „Werbeunterbrechung" im Internet, bspw. nach Aufruf einer neuen Seite),
• **Microsite** (ist eine eigene Website mit weiterführenden Inhalten, auf die der User gelangt, sobald er das Werbemittel angeklickt hat),
• **Sponsoring** (hierbei tritt der Werbende als „Pate" für eine Website auf).
[Quelle: OVK 2014]

Abb. 3-47: Beispiele für Standard-Bannerformate mit Pixel-Angabe

3.5.3.5 E-Mail-Advertising

Der „klassische" elektronische Brief wird sowohl individuell zur Erzeugung von Response als auch als Massen-E-Mail insbesondere auch für die Verbreitung von Werbebotschaften (Awareness) eingesetzt. Dies geschieht in der Regel durch die Versendung eines regelmäßigen Newsletters. Dabei verursachen E-Mails im Vergleich zu traditionellen postalischen Mailings einen reduzierten Zeit- und Kostenaufwand. Einen hohen Stellenwert nimmt der Einsatz von E-Mail-Advertising im Rahmen der Kundenbindung, Kundenakquisition und dem Vertrieb ein. Werblich gesehen entspricht dies dem Adresskauf bzw. bezahlten Platzierungen, um dem Instrument auch in der werblichen Ansprache seinen Platz zu geben. Beim E-Mail-Marketing müssen zwingend rechtliche Vorgaben beachtet werden, da es andernfalls schnell zu Abmahnungen und empfindlichen Strafen kommen kann. Denn E-Mails dürfen nur auf ausdrücklichen Wunsch der Kunden und nach deren Zustimmung versandt werden. Neben der Qualität der Adressdaten spielt die Gestaltung des Werbemittels eine entscheidende Rolle. Ein klares und übersichtliches Layout, das dem Leser auf den ersten Blick zu erkennen gibt, welcher Vorteil sich aus dem Beworbenen ergibt. Die grafische Gestaltung sollte dem Corporate Design des Unternehmens entsprechen. Um der bereits angesprochenen Seriosität Ausdruck zu verleihen, sollte auch eine Abmeldemöglichkeit vom Werbemittel integriert sein. Die teilweise übermäßige oder thematisch nicht auf das Interessenspektrum des Empfängers abgestimmte Verwendung (Spam-E-Mails) hat die grundsätzliche Haltung der Nutzer zur Werbeform „E-Mail" in den letzten Jahren erheblich negativ beeinflusst. Wie auch bei allen anderen Werbemaßnahmen sollte beim E-Mail-Marketing der Erfolg verfolgt („getrackt") werden: Öffnungsraten, Klicks, Abmeldungen und Bounces liefern Aufschluss darüber. Anhand der gewonnenen Daten sollte eine Auswertung erfolgen, die wiederum der Optimierung der laufenden sowie der folgenden Kampagnen dient [vgl. Mühlenhoff/Hedel 2015, S. 530].

Schließlich noch ein Wort zur **Direktwerbung**: Die Entwicklung der Direktwerbung begann mit dem reinen Postversandgeschäft (Direct-Mail), wobei Direct-Mail einen Distributionskanal darstellte. Die Versandhändler stellten den Kunden Kataloge oder Prospekte zur Verfügung, aus denen Waren bestellt werden konnten, die dann per Post zugestellt wurden. Direct-Mail bedeutet den Versand von Werbebriefen (Mailings). Aus diesem haben sich die Direktwerbung und daraus schließlich das E-Mail Advertising (manchmal fälschlicherweise auch als E-Mail Marketing oder Dialog Marketing bezeichnet) entwickelt [vgl. Holland 2015, S. 4].

3.5.3.6 Keyword Advertising

Keyword Advertising oder auch **Suchmaschinenwerbung** (engl. *Search Engine Advertising – SEA*) ist eine Internet-Werbeform, bei der Textanzeigen auf den Webseiten neben und über den Suchergebnissen, abhängig von den individuellen Schlüsselwörtern (Keywords), angezeigt werden.

Abbildung 3-48 zeigt beispielhaft eine Suchmaschinen-Seite mit entsprechenden Textanzeigen oberhalb und rechts der „organischen" Suchergebnisse. Die Anzeigen erscheinen jeweils, wenn bei der Websuche ein Suchbegriff benutzt wird, der für das werbetreibende Unternehmen relevant und im Vorfeld definiert worden ist (Beispiel: Ein Hotel schaltet Anzeigen für den Begriff „Ferien"). Die Schaltung erfolgt deshalb unmittelbar durch den Werbetreibenden über den Direktzugriff auf Online-Verwaltungstools mit steuerbarer Zielgruppengenauigkeit. Hierzu erwirbt der Werbetreibende Keywords bei einem Suchmaschinenanbieter. Der Preis des Keywords wird durch einen Bieterprozess gebildet und hängt maßgeblich von dessen Popularität ab. Werben mehrere Werbetreibende mit dem gleichen Keyword, wird die Reihenfolge, in welcher die Werbung angezeigt wird, durch die Zahlungsbereitschaft des Werbetreibenden bestimmt. Dazu legt jeder Anzeigenkunde fest, wie viel er für einen Klick pro Suchbegriff zu zahlen bereit ist. Je mehr Mitbewerber sich für den gleichen Suchbegriff interessieren, desto höher gehen die Gebote und desto teurer wird der Klick [vgl. Binckebanck 2015, S. 249].

Google
suchmaschinenmarketing
Suche
Suchmaschinen-Werbung
Google Ad Words
Google Index
Suchmaschinen-Optimierung

Abb. 3-48: Beispiel für Suchmaschinen-Werbung und –Optimierung

Das Search Engine Advertising (SEA) ist die eine Teilkomponente des **Suchmaschinenmarketings** (engl. *Search Engine Marketing – SEM*). Die andere Komponente ist die **Suchmaschinen-Optimierung** (engl. *Search Engine Optimization – SEO*). Mit ihr zielt das Unternehmen darauf ab, die eigene Website möglichst weit vorne in den „organischen" Suchergebnissen zu platzieren. Dadurch wird in der Regel eine Steigerung der Besucherfrequenz und der entsprechend nachgelagerten Maßnahmen (Shop-Verkauf, Anmeldungen etc.) angestrebt. Dabei wird versucht, die eigene Website den Algorithmen der Suchmaschinen bestmöglich anzupassen. Allerdings werden diese Algorithmen und deren genaue Zusammensetzung, die laufend optimiert bzw. verändert werden, von den Suchmaschinen nicht bekannt gegeben.

3.5.3.7 Affiliate Advertising

Beim Affiliate Advertising handelt es sich mehr um eine Online-Vertriebskooperation als um eine Werbeform im eigentlichen Sinne. Die Teilnehmer dieser Kooperation sind der Merchant (Anbieter) und Affiliate (Partner). Der Merchant stellt dem Affiliate Werbemittel (in der ursprünglichen Form) oder Teile seines Angebots zur Verfügung, die dann auf den Webseiten des Affiliate (z. B. Amazon) eingebunden werden. Es entsteht eine Win-Win-Situation für beide Parteien: Der Merchant kann seine Vertriebsreichweite sowie seine Markenpräsenz steigern, der Affiliate erhält dafür eine Provision. Je nach Vereinbarung entstehen dem Merchant nur Kosten für eine von ihm festgelegte Leistung. Dies kann in Form einer Umsatzbeteiligung (Pay per Order), einer Vergütung für einen neuen Besucher (Pay per Click) oder für eine Registrierung (Pay per Lead) erfolgen [vgl. Roddewig 2003, S. 52 f.].

Ein wichtiges Kriterium für den Merchant bei der Auswahl des Affiliate ist, dass die User-Struktur des zukünftigen Partners mit der eigenen Zielgruppe übereinstimmt. Auch sollte das akquisitorische Potenzial ausreichen, um eine solche Partnerschaft zu begründen.

Abbildung 3-49 zeigt den funktionalen Ablauf des Affiliate Marketing.

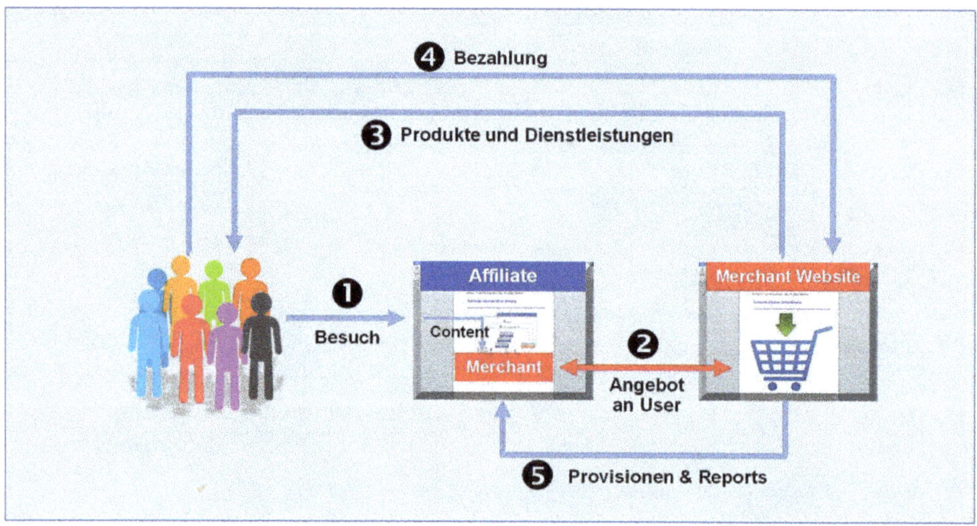
4 Bezahlung
3 Produkte und Dienstleistungen
1
Besuch
Affiliate
Content
Merchant
2
Angebot
an User
Merchant Website
5 Provisionen & Reports

Abb. 3-49: Funktionaler Ablauf des Affiliate Marketing

3.5.4 Klassische Kommunikationsmedien

Die nächsten beiden Abschnitte befassen sich mit Fragen der Mediadimension, also mit der Auswahl geeigneter Werbeträger. Danach stehen dem Werbeplaner grundsätzlich sowohl klassische als auch Online-Kommunikationsmedien (Werbeträger) zur Verfügung. Hinsichtlich der Bedeutung dieser Werbeträger geben die Netto-Werbeeinnahmen bzw. Werbeaufwendungen der erfassbaren Werbeträger einen guten Hinweis (siehe Abbildung 3-50):

Die gesamten Netto-Werbeeinnahmen in Deutschland betrugen 2019 rund 25 Mrd. Euro bei einer Steigerung von 0,2 Prozent gegenüber 2018.

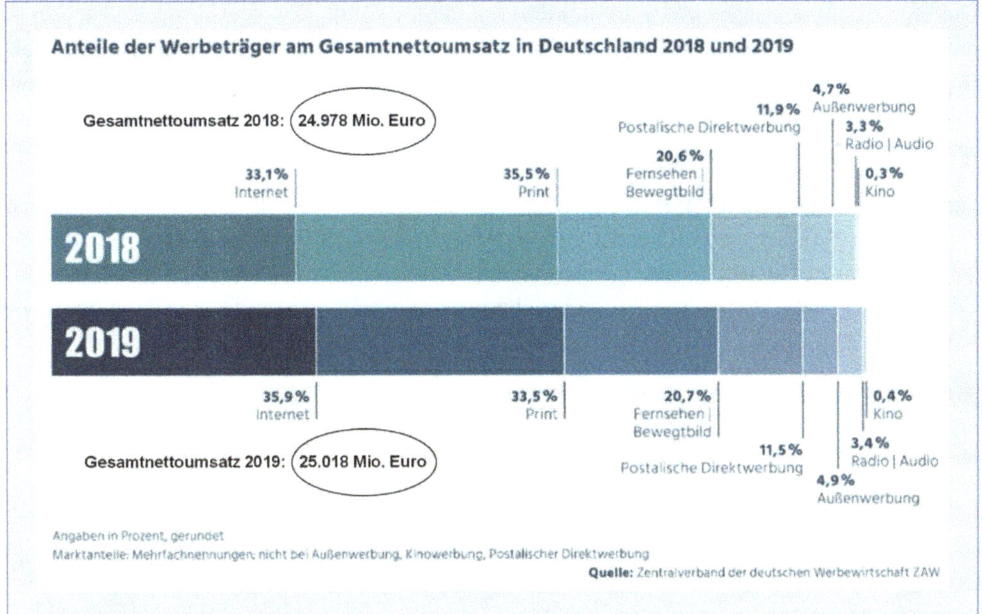
Anteile der Werbeträger am Gesamtnettoumsatz in Deutschland 2018 und 2019
Gesamtnettoumsatz 2018: 24.978 Mio. Euro
33,1 % Internet
35,5 % Print
20,6 % Fernsehen | Bewegtbild
11,9 % Postalische Direktwerbung
4,7 % Außenwerbung
3,3 % Radio | Audio
0,3 % Kino
2018
2019
35,9 % Internet
33,5 % Print
20,7 % Fernsehen | Bewegtbild
11,5 % Postalische Direktwerbung
4,9 % Außenwerbung
3,4 % Radio | Audio
0,4 % Kino
Gesamtnettoumsatz 2019: 25.018 Mio. Euro
Angaben in Prozent, gerundet
Marktanteile: Mehrfachnennungen; nicht bei Außenwerbung, Kinowerbung, Postalischer Direktwerbung
Quelle: Zentralverband der deutschen Werbewirtschaft ZAW

Abb. 3-50: Netto-Werbeeinnahmen erfassbarer Werbeträger

Insgesamt entfielen 2019 fast 36 Prozent aller erfassbaren Werbeeinnahmen auf das **Internet** als meistgebuchten Werbeträger. Damit hat das Internet erstmalig den **Printbereich** – Zeitungen, Zeitschriften, Magazine, Verzeichnisse – mit 33,5 Prozent überholt. Mit einem deutlichen Abstand folgt das **Fernsehen** mit 20,7 Prozent, gefolgt von der postalischen **Direktwerbung** (11,5 Prozent), der **Außenwerbung** (4,9 Prozent), dem **Radio** (3,4 Prozent) und der Werbung im **Kino** (0,4 Prozent). Die stärksten Zuwachsraten verzeichnen seit Jahren die Online-Werbung und Mobiles, während die Tageszeitungen und die Publikumszeitschriften seit 2006 Jahr für Jahr kontinuierlich an Marktanteil verlieren.

Überhaupt wird die Abgrenzung der relevanten Medienmärkte zunehmend schwieriger, da sich Medien, Informationstechnologie und Telekommunikation immer stärker aufeinander zu bewegen. Die Annäherung der zugrunde liegenden Technologien (→ Digitalisierung, Streaming-Dienste) und das Zusammenwachsen der Medienmärkte insgesamt wird auch als **Konvergenz** im Informations- und Kommunikationsbereich bezeichnet [vgl. Wirtz 2009, S. 44 f.].

3.5.4.1 Printmedien

Die wichtigsten Untergruppen der Printmedien bilden Zeitungen und Zeitschriften. Zeitungen werden vorwiegend nach der Erscheinungshäufigkeit (täglich/wöchentlich) und nach dem Verbreitungsgebiet (regional/überregional) differenziert. In Deutschland erscheinen täglich 327 Tageszeitungen mit 1.452 regionalen Ausgaben, 17 Wochen- und sechs Sonntagszeitungen. Zusammen haben sie 2019 eine Auflage von rund 15 Millionen Exemplaren. 2015 betrug die vergleichbare Auflage noch rund 20 Millionen Exemplare [Quelle: BDZV 2020].

Die etwa 1.600 deutschen **Zeitschriftentitel** werden in Publikums- und in Fachzeitschriften unterteilt. Während **Publikumszeitschriften** einen gewissen Unterhaltungscharakter aufweisen und sehr breite, aber auch sehr spezielle Lesergruppen ansprechen, dienen die zumeist periodisch erscheinenden **Fachzeitschriften** eher der Vermittlung von Informationen und Wissen.

Darüber hinaus fungieren **Verzeichnis-Medien** wie Adressbücher und Kataloge sowie sonstige Printmedien wie Karten und Kalender als Werbeträger. Zeitschriften eignen sich u. a. aufgrund der besseren Druckqualität besser zur Vermittlung emotionaler Sachverhalte als Zeitungen. Zum Aufbau eines Images werden gerne überregionale Tageszeitungen und Publikumszeitschriften belegt.

Abbildung 3-51enthält eine Übersicht über die wichtigsten Printmedien bzw. Werbeträger.

Das Werbemittel der Printmedien sind Anzeigen, deren Formate und Platzierungsmöglichkeiten vielfältig sind. Standardanzeigen sind zumeist schwarz-weiß oder vierfarbig. Die Platzierung kann auf der Titelseite, der Rückseite oder im Textteil erfolgen. Der Anzeigenpreis berücksichtigt sowohl die Größe bzw. das Format, die Platzierung und entsprechende Farbaufschläge.

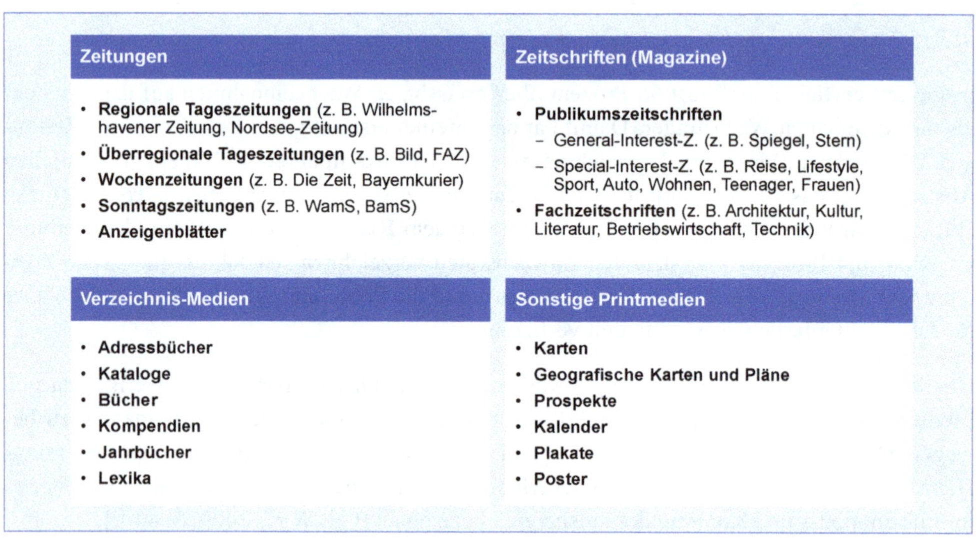

Zeitungen
• Regionale Tageszeitungen (z. B. Wilhelmshavener Zeitung, Nordsee-Zeitung)
• Überregionale Tageszeitungen (z. B. Bild, FAZ)
• Wochenzeitungen (z. B. Die Zeit, Bayernkurier)
• Sonntagszeitungen (z. B. WamS, BamS)
• Anzeigenblätter
Zeitschriften (Magazine)
• Publikumszeitschriften
– General-Interest-Z. (z. B. Spiegel, Stern)
– Special-Interest-Z. (z. B. Reise, Lifestyle, Sport, Auto, Wohnen, Teenager, Frauen)
• Fachzeitschriften (z. B. Architektur, Kultur, Literatur, Betriebswirtschaft, Technik)
Verzeichnis-Medien
• Adressbücher
• Kataloge
• Bücher
• Kompendien
• Jahrbücher
• Lexika
Sonstige Printmedien
• Karten
• Geografische Karten und Pläne
• Prospekte
• Kalender
• Plakate
• Poster

Abb. 3-51: Printmedien im Überblick

3.5.4.2 Klassische elektronische Medien

Nach den Printmedien repräsentieren die klassischen elektronischen Medien die zweite große Gruppe der Werbeträger. Sie umfassen die drei Mediengattungen Fernsehen, Hörfunk und Kino.

Fernsehwerbung ist aufgrund ihrer Kombinationsmöglichkeiten aus Bild, Ton und Text sehr vielschichtig und aufmerksamkeitsstark. Das Fernsehen bietet sehr gute Möglichkeiten für emotionale Werbeauftritte und wird erfolgreich für die kurzfristige Bekanntmachung von Produkten, Leistungen und Marken eingesetzt. Die **Fernsehwerbung** hat in den letzten zwei Jahrzehnten einen starken Aufschwung erfahren. Insbesondere die zahlreichen privaten Fernsehsender, die sich zu 100 Prozent aus Werbung finanzieren, haben zu diesem Boom beigetragen. Das Werbemittel im Rahmen der Fernsehwerbung ist der TV-Spot, dessen Länge zwischen fünf und 90 Sekunden variieren kann. Die Produktionskosten eines TV-Spots sind deutlich höher als bei einer Printanzeige.

Die Gestaltungselemente der **Hörfunk- oder Radiowerbung** beschränken sich auf das akustisch Wahrnehmbare: Sprache, Rhetorik, Musik, Gesang und Geräusche. Die Zulassung privater Rundfunksender hat das Angebot an Werbezeiten für diesen Werbeträger ebenfalls deutlich steigen lassen. Das Werbemittel der Hörfunkwerbung ist der Radio-Spot, der deutlich günstiger als ein TV-Spot produziert werden kann. Da das Radio im Vergleich zum Fernsehen mehr ein Hintergrundmedium darstellt und zudem die geografischen Reichweiten im Normalfall deutlich unter denen des Fernsehens liegen, sind auch die Schaltungskosten für einen Radio-Spot vergleichsweise gering.

Die **Kinowerbung** hat aufgrund des allgemeinen Rückgangs der Kinobesuche an Bedeutung verloren, obwohl dieser Werbeträger alle Vorteile der Gestaltungsmöglichkeiten auf sich vereinigt, die auch die Fernsehwerbung auszeichnet. Das klassische Werbemittel der Kinowerbung ist der Werbefilm, dessen Spieldauer 44 bis 440 Sekunden dauert. Der Werbefilm bietet daher noch mehr Wirkungsmöglichkeiten als der TV-Spot [vgl. Bruhn 2007, S. 359 f.].

3.5.4.3 Außenwerbung

Zur Außenwerbung (engl. *Out-of-Home Media*) zählen alle Werbeformen, deren Werbeträger im öffentlichen Raum platziert sind. Bei den Werbenden erfreut sich die Außenwerbung, die ja über einen bestimmten Zeitraum immer präsent ist, zunehmender Beliebtheit. Sie hat den Vorteil, dass sie eine relativ hohe Reichweite und auch eine hohe Kontakthäufigkeit bei der mobilen Bevölkerung erreicht – insbesondere dann, wenn sie **strategisch günstig platziert** ist. Zudem ist die Außenwerbung ein preiswertes Medium, das eine geografische Segmentierung ermöglicht [vgl. Schweiger/Schrattenecker 2005, S. 285 f.].

Grundsätzlich können die vielfältigen Ausprägungen dieser Werbeträgergruppe in stationäre und mobile Außenwerbung eingeteilt werden.

Stationäre Außenwerbung umfasst insbesondere Plakatsäulen, Plakatwände, Lichtwerbung an Gebäuden, Prismen-Anlagen, elektronische Videoboards oder Rollenwechselsysteme. Besonderer Beliebtheit erfreuen sich in jüngerer Zeit *Mega-Werbeflächen*, die zumeist an Baugerüsten oder Fassaden angebracht sind. Solche großflächigen Plakate mit einer Größe bis zu 2.000 Quadratmeter bezeichnet man als Riesenposter (engl. *Blow Up's*). Ursprung der stationären Außenwerbung ist die Litfaßsäule, die der Berliner Ernst Litfaß 1855 als Art *„Zeitung für die Straße"* schuf (siehe Abbildung 3-52).

Mobile Außenwerbung ist vor allem die Verkehrsmittelwerbung. Sie kommt als so genannte Traffic Boards im Außenbereich von Zügen, Bussen, Straßenbahnen, Taxis etc. zum Einsatz. Auch im Innenbereich der Verkehrsmittel können Plakate an Seiten und Heckscheiben befestigt werden. Aber auch die Luftwerbung mit aufsteigenden Heißluftballons, Standballons und Transparenten, die von Flugzeugen gezogen werden, zählt zur mobilen Außenwerbung [vgl. Bruhn 2007, S. 364].

Eine Sonderform der Außenwerbung sind **Ambient Media**. Charakteristisch für dieses relativ neue Medium ist, dass unkonventionelle und traditionell nicht als Werbeträger, die als solche betrachtet werden, eingesetzt werden. Beispiele sind Werbeflächen auf dem Kopf von Zapfpistolen an der Tankstelle, im Eingangsbereich von Kinos oder Restaurants platzierte Pappaufsteller oder Werbeflächen auf den Klapptischen im Flugzeug [vgl. Meffert et al. 2008, S. 654].

Ernst
Litfaß
Der Reklamekönig
Amerika beginnt mit Dara Airlines. Täglich nonstop
Dara Airlines
Biß gleich!
Mars
Super, Sie wurden geblitzt.

Zwei Beispiele für die klassische Außenwerbung: die Litfaßsäule (links oben) und ein Riesenposter am Berliner Ernst-Reuter-Platz (rechts oben). Darunter zwei Beispiele der Ambient Media: bedruckte Werbeflächen auf dem Kopf von Zapfpistolen an der Tankstelle (links unten) und Plakatbikes, die Autofahrer davon überzeugen sollen, auf sehr kurzen Strecken lieber mal auf's Rad zu steigen oder zu Fuß zu gehen (rechts unten).

Abb. 3-52: Beispiele für Außenwerbung

3.5.5 Digitale Kommunikationsmedien

Der Online-Werbemarkt verzeichnet – im Gegensatz zu den meisten Printmedien – seit Jahren kontinuierlich hohe Zuwachsraten. Ein unmittelbarer Vergleich der Marktanteile von Print- und Online-Medien zeigt, dass sich bei annähernd gleichem Marktvolumen die Marktanteile der Online-Medien sukzessive zu Lasten der Print-Medien verschieben. In diesem Zusammenhang wird auch von einem **Kannibalisierungseffekt** in der Medienbranche gesprochen. Dieser Effekt, der also die Substitutionsbeziehung zwischen verschiedenen Angeboten eines Unternehmens charakterisiert, ist in Abbildung 3-53 ersichtlich.

Eigentlich handelt es sich aber gar nicht um eine Kannibalisierung, denn die These, dass in der Medienbranche ein Produkt (Print) durch ein anders Produkt (Online) ersetzt wird, trifft bei genauer Betrachtung so nicht zu. Eine wichtige Voraussetzung dafür ist nämlich, dass der Effekt überhaupt eintreten kann, wenn sich die vermeintlich konkurrierenden Produkte an der gleichen Zielgruppe ausrichten. Und genau diese Voraussetzung ist vielfach gar nicht gegeben. So erreicht bspw. Spiegel-Online zu zwei Drittel neue Leser. Es hat sich also das mediale Konsumverhalten bestimmter Zielgruppen (z.B. junge Leser oder berufliche Zielgruppen) grundlegend verändert. Darauf müssen die Verlage eine Antwort haben und diese Veränderung nicht als Gefahr, sondern als Chance begreifen.

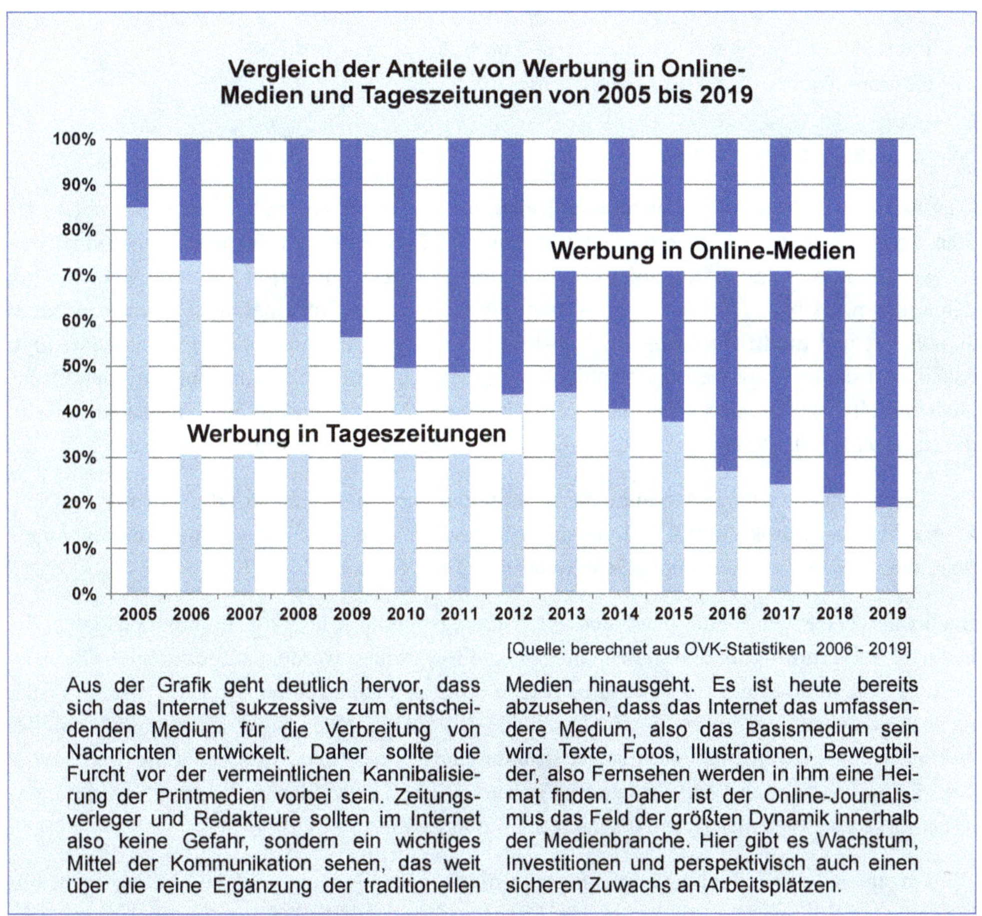
Vergleich der Anteile von Werbung in Online-Medien und Tageszeitungen von 2005 bis 2019
100%
90%
80%
70%
60%
50%
40%
30%
20%
10%
0%
Werbung in Online-Medien
Werbung in Tageszeitungen
2005 2006 2007 2008 2009 2010 2011 2012 2013 2014 2015 2016 2017 2018 2019
[Quelle: berechnet aus OVK-Statistiken 2006 - 2019]

Aus der Grafik geht deutlich hervor, dass sich das Internet sukzessive zum entscheidenden Medium für die Verbreitung von Nachrichten entwickelt. Daher sollte die Furcht vor der vermeintlichen Kannibalisierung der Printmedien vorbei sein. Zeitungsverleger und Redakteure sollten im Internet also keine Gefahr, sondern ein wichtiges Mittel der Kommunikation sehen, das weit über die reine Ergänzung der traditionellen Medien hinausgeht. Es ist heute bereits abzusehen, dass das Internet das umfassendere Medium, also das Basismedium sein wird. Texte, Fotos, Illustrationen, Bewegtbilder, also Fernsehen werden in ihm eine Heimat finden. Daher ist der Online-Journalismus das Feld der größten Dynamik innerhalb der Medienbranche. Hier gibt es Wachstum, Investitionen und perspektivisch auch einen sicheren Zuwachs an Arbeitsplätzen.

Abb. 3-53: Marktanteilsverschiebungen zwischen Tageszeitungen und Online-Medien

Eine erste Antwort der Verlage auf den Siegeszug der Online-Medien ist die Maßnahme, dass Tageszeitungen und Publikumszeitschriften dazu übergegangen sind, neben ihrem Printmedium auch ein aktuelles Online-Angebot mit teilweise gleichen Inhalten vorzuhalten. So unterhalten die deutschen Zeitungen neben ihren Printtiteln knapp 700 redaktionelle Online-Angebote, die von mehr als der Hälfte der deutschen Internetnutzer regelmäßig besucht werden. Darüber hinaus gibt es mittlerweile über 600 Apps für Smartphones und Tablet-PCs von Zeitungsverlagen, von denen zwei Drittel kostenpflichtig sind [Quelle: BDZV 2020; Statista 2020].

Angesichts der immer stärkeren Zunahme von Online-Medien und dem gleichzeitigen Rückgang der Verkaufsauflagen von Zeitungen ist die Frage zu stellen, ob es in 20 Jahren eine Tageszeitung wie Bild in einer gedruckten Form überhaupt noch geben wird.

Online-Medien sind zunehmend von Multimediasystemen geprägt, so dass eine systematische Unterteilung dieses Kommunikationsmediums erschwert wird. Eine mögliche Einteilung kann nach den verwendeten Endgeräten durchgeführt werden. Danach lassen sich die Online-Medien grob wie folgt unterteilen:

- Internet-Kommunikation (stationäre und mobile Kommunikation)
- Kommunikation über Terminal Systeme.

3.5.5.1 Internet-Kommunikation

Das Internet als Werbeträger bietet eine Reihe von Vorteilen gegenüber den klassischen Medien. So ist das Kommunikationsangebot im Internet 24 Stunden am Tag und international verfügbar. Als aktives und dialogfähiges Medium ermöglicht es die **direkte Kommunikation** mit den Kunden. Es bietet **rasche Reaktionsmöglichkeiten** und Informationen können jederzeit aktualisiert und modifiziert werden. Mit der Entwicklung des Internets zum Massenmedium haben sich die anfänglichen Unterschiede zwischen Gesamtbevölkerung und Internetnutzern längst nivelliert. Und mit der rasanten Verbreitung der Smartphones ist auch die Zahl der User, die auf mobile Angebote zugreifen, in allen Bevölkerungsgruppen zügig gewachsen.

Das Internet ist das einzige Medium, das unmittelbar Nutzungsdaten liefert, da es ständig Leistungszahlen mitprotokolliert. Die Leistungsmessung kann serverseitig oder nutzerseitig vorgenommen werden [vgl. Schweiger/Schrattenecker 2005, S. 287 ff.]:

Bei der serverseitigen Methode werden alle Nutzungsvorgänge über die Verbindungsdaten, die in einem Serverprotokoll, den so genannten **Log-Files**, erfasst werden, aufgezeichnet. Die Auswertung und Analyse der Log-Files liefert eine Fülle von Kennzahlen wie z. B. Anzahl Visits, Page Impressions, Ad Impressions, Ad Clicks. Allerdings geben diese Kennzahlen keinerlei Auskunft über Anzahl, demografische Struktur und Motive der Besucher. Eine weitgehend vollständige Aufstellung und Erläuterung serverseitiger Kennzahlen zur Beurteilung der Leistungsstärke von Websites ist in Abschnitt 3.5.6.5 aufgeführt.

Die nutzerseitigen Methoden setzen dagegen direkt beim Besucher auf und liefern nicht nur Daten über Zahl, Struktur und Motive der User bestimmter Websites, sondern auch eine qualitative Bewertung der besuchten Websites. Zu den nutzerseitigen Methoden zählen klassische Befragungen wie z.B. Telefonumfragen über die am häufigsten besuchten Websites, Online-Befragungen oder Internet-Panels, mit denen täglich aufgezeichnet wird, wer wie lange welche

Websites besucht. Zu den wichtigsten nutzerseitigen Kennzahlen von Websites zählen Unique Visitors und Reichweiten.

Hauptvorteile der Internet-Werbung sind die guten Individualisierungsmöglichkeiten und die exakte Werbeerfolgskontrolle in Form von Klickraten und Online-Käufen. Hinzu kommt, dass der Internet-Nutzer die Möglichkeit zur direkten Interaktion mit dem werbetreibenden Unternehmen wahrnehmen kann. Bei den Zielgruppen der Internet-Kommunikation hat man lange Zeit zwischen Nutzern stationärer Angebote und mobiler Angebote unterschieden. Doch da die stationäre und mobile Internetnutzung immer mehr verschmelzen, ist diese Unterscheidung nicht mehr relevant. Aus Verbrauchersicht ist vor allem der unmittelbare Zugriff auf wichtige digitale Informationen wichtig. Aufgrund der zur Verfügung stehenden Gerätevielfalt – vom stationären PC über Laptop, Tablet bis hin zum Smartphone – gibt es für jede Nutzungssituation die passende Zugriffsoption [Quelle: OVK-Report für digitale Werbung 2019/01].

Das Internet ist fester Bestandteil im Leben der Deutschen, deren Gesamtbevölkerung ab 14 Jahren rund 70 Millionen Personen umfasst. Der Anteil der Internetnutzer in Deutschland ist in den letzten Jahren weiter gestiegen und liegt nun bei 86 Prozent (siehe Abbildung 3-54).

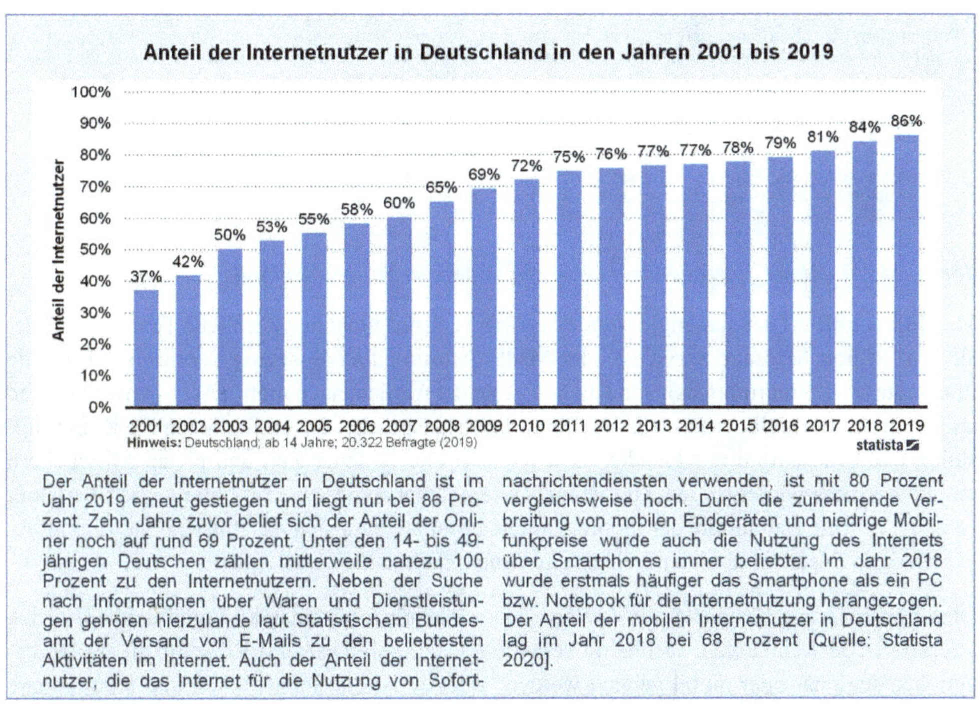
Anteil der Internetnutzer in Deutschland in den Jahren 2001 bis 2019
Anteil der Internetnutzer
100%
90%
80%
70%
60%
50%
40%
30%
20%
10%
0%
37% 42% 50% 53% 55% 58% 60% 65% 69% 72% 75% 76% 77% 77% 78% 79% 81% 84% 86%
2001 2002 2003 2004 2005 2006 2007 2008 2009 2010 2011 2012 2013 2014 2015 2016 2017 2018 2019
Hinweis: Deutschland; ab 14 Jahre; 20.322 Befragte (2019)
statista
Der Anteil der Internetnutzer in Deutschland ist im Jahr 2019 erneut gestiegen und liegt nun bei 86 Prozent. Zehn Jahre zuvor belief sich der Anteil der Onliner noch auf rund 69 Prozent. Unter den 14- bis 49-jährigen Deutschen zählen mittlerweile nahezu 100 Prozent zu den Internetnutzern. Neben der Suche nach Informationen über Waren und Dienstleistungen gehören hierzulande laut Statistischem Bundesamt der Versand von E-Mails zu den beliebtesten Aktivitäten im Internet. Auch der Anteil der Internetnutzer, die das Internet für die Nutzung von Sofortnachrichtendiensten verwenden, ist mit 80 Prozent vergleichsweise hoch. Durch die zunehmende Verbreitung von mobilen Endgeräten und niedrige Mobilfunkpreise wurde auch die Nutzung des Internets über Smartphones immer beliebter. Im Jahr 2018 wurde erstmals häufiger das Smartphone als ein PC bzw. Notebook für die Internetnutzung herangezogen. Der Anteil der mobilen Internetnutzer in Deutschland lag im Jahr 2018 bei 68 Prozent [Quelle: Statista 2020].

Abb. 3-54: Anteil der Internetnutzer in Deutschland bis 2019

Analysiert man den Anteil der Internetnutzer nach Altersgruppen so zeigt sich, dass in den Altersgruppen zwischen 14 und 49 Jahren hinsichtlich der Internetnutzung kaum Unterschiede auszumachen sind. Diese Altersgruppen zählen nahezu 100 Prozent zu den Internetnutzern (siehe Abbildung 3-55). Doch selbst in den Altersgruppen über 50 Jahre ist der Anteil der Internetnutzer stetig gestiegen und beträgt selbst bei den über 70-Jährigen mehr als 50 Prozent.

Dieser hohe Anteil ist nicht zuletzt auf den ständig wachsenden Anteil der mobilen Endgeräte zurückzuführen.

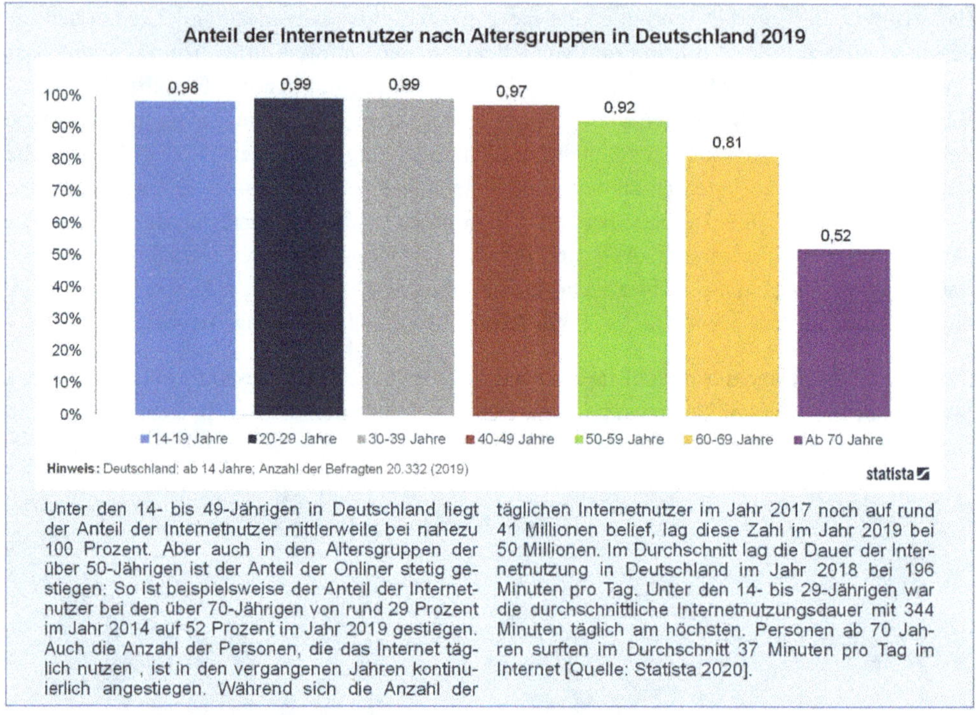
Anteil der Internetnutzer nach Altersgruppen in Deutschland 2019
100%
90%
80%
70%
60%
50%
40%
30%
20%
10%
0%
0,98
0,99
0,99
0,97
0,92
0,81
0,52
14-19 Jahre
20-29 Jahre
30-39 Jahre
40-49 Jahre
50-59 Jahre
60-69 Jahre
Ab 70 Jahre
Hinweis: Deutschland: ab 14 Jahre; Anzahl der Befragten 20.332 (2019)
statista
Unter den 14- bis 49-Jährigen in Deutschland liegt der Anteil der Internetnutzer mittlerweile bei nahezu 100 Prozent. Aber auch in den Altersgruppen der über 50-Jährigen ist der Anteil der Onliner stetig gestiegen: So ist beispielsweise der Anteil der Internetnutzer bei den über 70-Jährigen von rund 29 Prozent im Jahr 2014 auf 52 Prozent im Jahr 2019 gestiegen. Auch die Anzahl der Personen, die das Internet täglich nutzen , ist in den vergangenen Jahren kontinuierlich angestiegen. Während sich die Anzahl der täglichen Internetnutzer im Jahr 2017 noch auf rund 41 Millionen belief, lag diese Zahl im Jahr 2019 bei 50 Millionen. Im Durchschnitt lag die Dauer der Internetnutzung in Deutschland im Jahr 2018 bei 196 Minuten pro Tag. Unter den 14- bis 29-Jährigen war die durchschnittliche Internetnutzungsdauer mit 344 Minuten täglich am höchsten. Personen ab 70 Jahren surften im Durchschnitt 37 Minuten pro Tag im Internet [Quelle: Statista 2020].

Abb. 3-55: Anteil der Internetnutzer nach Altersgruppen in Deutschland

Mit Hilfe **mobiler Dienste** (engl. *Mobile Services*) können nicht nur werbliche Texte und Bilder als SMS (Short Message Services) oder MMS (Multimedia Messaging Services) auf mobile Endgeräte (z. B. Smartphones), von Kunden gesendet werden, auch mobile Web-Anwendungen und Apps erlauben eine personalisierte Zielgruppenansprache. Sie ermöglichen die Kommunikation und Transaktion mit Kunden an jedem Ort und zu jeder Zeit und bieten Mitarbeitern mobile Services wie etwa den Zugriff auf Unternehmensprozesse von unterwegs. Überhaupt zeigt die enorme Bandbreite der mobil genutzten Inhalte, dass sich das Smartphone zum allgegenwärtigen Begleiter in vielen Lebenslagen entwickelt hat.

Die Digitalisierung hat die Art und Weise, wie Menschen miteinander kommunizieren, sich informieren oder einkaufen, nachhaltig verändert. Dabei spielt es keine Rolle, ob die Angebotsoptionen stationär oder mobil genutzt werden. Wichtig ist die Schnelligkeit und unmittelbare Verfügbarkeit von digitalen Services: Ob mit der Nutzung von Suchmaschinen (93,7 Prozent), dem Senden und Empfangen von privaten E-Mails (87,7 Prozent) oder dem Zugriff auf Wetterinformationen (73,6 Prozent). Auch der digitale Zugriff auf internationale bzw. regionale und lokale Nachrichten, der Online-Einkauf und Online-Banking sind für die Mehrheit ganz selbstverständliche Tätigkeiten (siehe Abbildung 3-56).

Weitere Top-Nutzungsschwerpunkte im Internet sind Aktivitäten in sozialen Netzwerken, das Ansehen von Videos und Filmen sowie die Newsletter-Lektüre – letztlich ist heute in allen

Lebenslagen der Zugriff auf das Internet ganz selbstverständlich geworden [Quelle: OVK-Report für digitale Display-Werbung 2019/01].

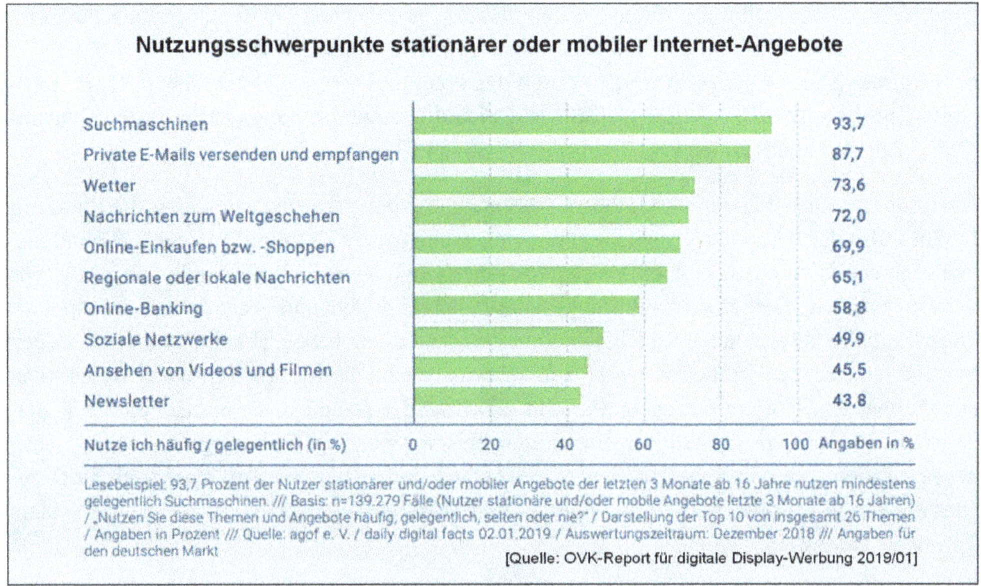
Nutzungsschwerpunkte stationärer oder mobiler Internet-Angebote
Suchmaschinen 93,7
Private E-Mails versenden und empfangen 87,7
Wetter 73,6
Nachrichten zum Weltgeschehen 72,0
Online-Einkaufen bzw. -Shoppen 69,9
Regionale oder lokale Nachrichten 65,1
Online-Banking 58,8
Soziale Netzwerke 49,9
Ansehen von Videos und Filmen 45,5
Newsletter 43,8
Nutze ich häufig / gelegentlich (in %)
0 20 40 60 80 100 Angaben in %
Lesebeispiel: 93,7 Prozent der Nutzer stationärer und/oder mobiler Angebote der letzten 3 Monate ab 16 Jahre nutzen mindestens gelegentlich Suchmaschinen. /// Basis: n=139.279 Fälle (Nutzer stationäre und/oder mobile Angebote letzte 3 Monate ab 16 Jahren) / „Nutzen Sie diese Themen und Angebote häufig, gelegentlich, selten oder nie?" / Darstellung der Top 10 von insgesamt 26 Themen / Angaben in Prozent /// Quelle: agof e. V. / daily digital facts 02.01.2019 / Auswertungszeitraum: Dezember 2018 /// Angaben für den deutschen Markt
[Quelle: OVK-Report für digitale Display-Werbung 2019/01]

Abb. 3-56: Nutzungsschwerpunkte stationärer oder mobiler Internet-Angebote

Smartphones und Tablets entwickeln sich zum primären Zugangskanal der Unternehmen zu ihren Kunden und gleichzeitig zu einem zentralen Instrument im Service und Vertrieb. Derzeit lassen sich folgende Anwendungsfelder möglicher mobiler Lösungen für Unternehmen ausmachen [vgl. Bitkom 2012, S. 7]:

- Für Produktion und Handwerk werden mobile Anwendungen im Service und Support (z. B. Bearbeitung von Reparatur- und Supportanfragen) zunehmend wichtiger.
- Immer mehr Produktions- und Dienstleistungsunternehmen setzen auf Tablet-Anwendungen zur Unterstützung der eigenen Vertriebs- und Servicemitarbeiter. Dabei werden CRM-Systeme, Informationen zum Bestellvorgang, Produkt- und Ersatzteilkataloge sowie Vertragsformulare mobil verfügbar gemacht und mit verbesserten, interaktiven Darstellungen angereichert. Dies zielt ebenfalls auf eine Verbesserung der Beratungs- und Servicequalität beim Kunden.
- Für einige Unternehmen werden mobile Kanäle auch zum integrierten Produktbestandteil. Zu denken ist hier beispielsweise an die Steuerbarkeit einer Heizung oder eines TV-Gerätes via Smartphone – als Ersatz für die Fernbedienung. Der Trend, das Smartphone zur Steuerung von Geräten einzusetzen, wird sich in Zukunft noch verstärken.
- Für alle Branchen rücken im internen Einsatz vor allem Reporting- und Genehmigungsprozesse in den Vordergrund. Entscheider, die viel unterwegs arbeiten, können Pausen und Wartezeiten nutzen, um aus der Ferne Geschäftsvorgänge voranzutreiben, deren weiterer Fortgang sonst auf ihre Rückkehr ins Unternehmen hätte warten müssen.

3.5.5.2 Kommunikation über Terminal Systeme

Die Kommunikation über Terminal Systeme kann sowohl für die externe, als auch für die interne, also an Mitarbeiter gerichtete Kommunikation relevant sein. In der externen Kommunikation kommen interaktiv bedienbare Terminal Systeme primär am **Point of Purchase** (PoP) zum Einsatz. Diese Endgeräte werden durch das kommunizierende Unternehmen (z. B. Lufthansa-Check-in-Terminals) bereitgestellt und bieten eine zielgruppenspezifische Werbeplattform für dritte Unternehmen [vgl. Bruhn 2007, S. 454 f.].

Auch für das interne Kommunikationsmanagement ergeben sich zusätzlich über die Plattform Intranet, also das unternehmenseigene Internet, verschiedenste Konzepte, um das Informationsmanagement zu verbessern. Zwar werden die klassischen internen Kommunikationsmittel wie Schwarzes Brett, Betriebsversammlung, Mitarbeiterzeitungen und -zeitschriften, Gespräche und Mitarbeiterbesprechungen auch weiterhin ihre Bedeutung haben, aber im Gegensatz zu den Mitarbeitern auf den Büroetagen verfügen bspw. gewerbliche Mitarbeiter in der Regel nicht einmal über einen Intranet-Zugang. Abhilfe schaffen hier geeignete Terminals, die als Mitarbeiter-Infosysteme an festgelegten Standorten beispielsweise in Fertigungsbereichen, Kantinen, Pausenräumen oder sogar auf dem Werksgelände aufgestellt werden. Aber auch für Besucher können in Empfangshallen, Schulungs- und Präsentationsräumen entsprechende System Terminals aufgestellt werden.

3.5.6 Mediaplanung und -kontrolle

Der Erfolg von Kommunikationsmaßnahmen hängt nicht nur von Inhalt und Umsetzung der Botschaft, sondern in hohem Maße auch von deren Verbreitung ab. Damit sind Fragen der Mediaplanung und -selektion aufgeworfen. Die **Mediaplanung** ist Teil der (umfassenderen) **Kommunikationsplanung** und befasst sich mit der Analyse, den Zielen, der Strategie, der Verteilung und der Kontrolle des Mediaeinsatzes. Häufig wird im Zusammenhang mit der Mediaplanung auch von **Werbeplanung** gesprochen, die teilweise etwas enger (Beschränkung auf den Einsatz der Above-the-line-Instrumente) oder teilweise auch etwas weiter gefasst (Formulierung und Gestaltung von Werbebotschaften als Teil der Werbeplanung, nicht jedoch als Teil der Mediaplanung) ist.

Abbildung 3-57 bildet die einzelnen Phasen der Mediaplanung in idealtypischer Reihenfolge ab und zeigt den Abstimmungsbedarf mit anderen Bereichen der Kommunikationsplanung.

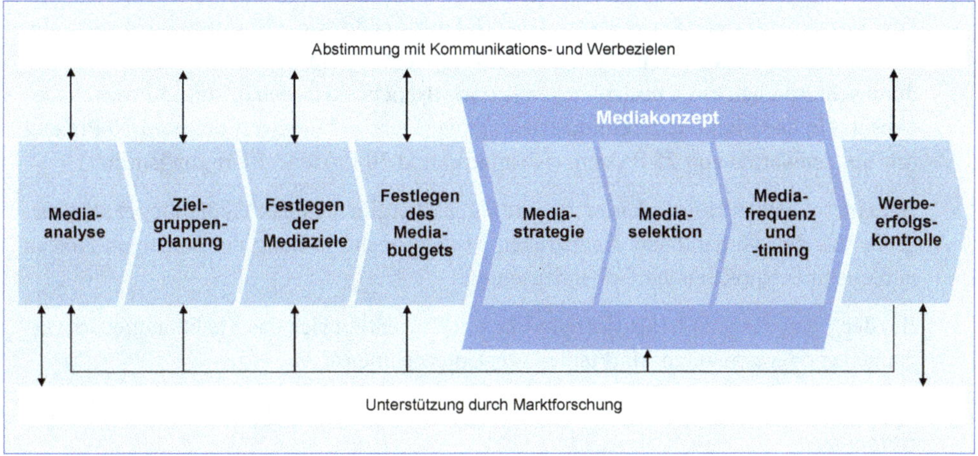
Abstimmung mit Kommunikations- und Werbezielen
Mediakonzept
Media-analyse
Ziel-gruppen-planung
Festlegen der Mediaziele
Festlegen des Media-budgets
Media-strategie
Media-selektion
Media-frequenz und -timing
Werbe-erfolgs-kontrolle
Unterstützung durch Marktforschung

Abb. 3-57: Phasen der Mediaplanung

3.5.6.1 Mediaanalyse

Der Planungsprozess beginnt mit der **Mediaanalyse**, die das informative Fundament der Mediaplanung darstellt. Hier werden im Rahmen einer Situationsanalyse die mediarelevanten Chancen und Risiken sowie internen Stärken und Schwächen ermittelt, denn ohne Kenntnis des Ist-Zustandes, ist kaum zu beurteilen, wie der gewünschte Soll-Zustand aussehen soll. Das Ergebnis der mediabezogenen SWOT-Analyse sind Aufgabenstellungen, die notwendige Ansatzpunkte für mediabezogene Strategien und Maßnahmen aufzeigen.

Die Mediaanalyse ist Aufgabe der Marktforschung, die relevante Daten über die Zielgruppen sammelt, prüft und analysiert, um Ansatzpunkte für die Mediakonzeption zu erhalten. Die **Zielgruppenplanung** wiederum ist Ausgangspunkt für die spätere Mediaselektion. Hierbei ist das Kommunikationsbudget so zu verteilen, dass eine Wirkungsmaximierung des Budgets im Hinblick auf die angestrebten Ziele erreicht wird. Die Umsetzung der Kommunikations- und Werbeziele in konkrete Mediaziele (z. B. Erzielung einer bestimmten Reichweite bei der Zielgruppe „Entscheider") ist dabei Voraussetzung für die anschließende **Mediaselektion**, also über die Entscheidung, welche Medien (Werbeträgergruppen und Werbeträger) belegt werden sollen.

3.5.6.2 Festlegen des Mediabudgets

Die Mediabudgetierung ist eng mit den individuellen Zielen des Unternehmens verbunden. Die Herausforderung besteht darin, die Höhe der Mediaaufwendungen exakt so festzulegen, dass die vom Unternehmen definierten Kommunikationsziele erreicht werden. Grundsätzlich lassen sich die Budgetierungsmethoden in analytische und in heuristische Ansätze unterteilen. Während sich die analytischen, also theoretischen Ansätze an ökonomischen Werbereaktionsfunktionen ausrichten, zeichnen sich die heuristischen Verfahren durch ihren Pragmatismus aus. In der Praxis haben sich daher fünf **Methoden der Budgetbestimmung**, die ausnahmslos zu den heuristischen Ansätzen gehören, durchgesetzt [vgl. Bruhn 2014, S. 214 ff.]:

- **Die Ausrichtung am Prozentsatz einer Bezugsgröße** wie z.B. Absatz, Umsatz oder Gewinn. In der Praxis ist am häufigsten die Ausrichtung am Umsatz zu beobachten. Die durchschnittlichen Prozentsätze liegen je nach Branche zwischen 0,5 und 5 Prozent vom Umsatz. In der Markenartikelindustrie liegt der Durchschnittswert bei rund 10 Prozent mit Spitzenwerten von 25 Prozent (Kosmetik) und 30 Prozent (Reinigungsmittel).
- Bei einer **Ausrichtung an einer Residualgröße** ergibt sich das Mediabudget als Restgröße aus den vorhandenen finanziellen Mitteln nach Deckung der sonstigen Kosten und einem entsprechenden Gewinnzuschlag.
- Bei der **Werbeanteils-Marktanteils-Methode** orientiert sich das Mediabudget am vergangenen oder geplanten Marktanteil des Unternehmens.
- Die **Wettbewerbs-Paritäts-Methode** richtet sich an den Gepflogenheiten der Wettbewerber aus.
- Die **Ziel-Aufgaben-Methode** legt die Höhe des Mediabudgets nach den angestrebten Kommunikationszielen fest, wobei die finanzielle Situation und die Wettbewerbsbedingungen des Unternehmens berücksichtigt werden. Diese Methode ist sicherlich die sinnvollste aller Budgetierungsansätze, weil sie die Budgetbestimmung logisch begründet. Sie setzt aber eine schlüssige Zielplanung mit operationalen (messbaren) Zielen und eindeutig bestimmbaren Werbemitteln und -trägern voraus.

3.5.6.3 Verteilung des Mediabudgets (Streuplanung)

Nach der Bestimmung der Höhe des Mediabudgets erfolgt die Verteilung des Budgets auf die einzelnen Medien (Werbeträgergruppen), die in zwei Stufen geschieht. Während die **Intermediaselektion** im Rahmen der Mediastrategie die Entscheidung über die Auswahl der Werbeträgergruppen (z. B. Zeitschriften versus Fernsehen oder Print versus Online) trifft, werden im Rahmen der **Intramediaselektion** einzelne Werbeträger innerhalb einer Mediagruppe festgelegt (also bestimmte Zeitschriften innerhalb der Kategorie „Zeitschriften").

Grundsätzliches Ziel der Streuplanung ist, einen **Mediaplan** zu finden, der eine maximale Wirkung des Mediabudgets ermöglicht. Die Verteilung des Budgets erfolgt dabei nach sachlichen Kriterien sowie zeitlich innerhalb der Planperiode.

Sachliche Verteilung des Mediabudgets. Nach sachlichen Kriterien muss entschieden werden, welcher Teil des Mediabudgets für welche Werbeobjekte (Produkte, Marken, Dienstleistungen) und damit auch für welche Medien (Werbeträger, -mittel) aufgewendet werden soll. Das wesentliche Entscheidungsproblem der Streuplanung liegt in der **Zielgruppenerreichbarkeit**. Den ausgewählten Zielgruppen und Marktsegmenten stehen Medianutzereigenschaften (z. B. Leserschaft, Hörerschaft, Seherschaft) gegenüber. Aufgabe der Streuplanung ist es nun, eine möglichst hohe Affinität zwischen den Zielgruppen des Unternehmens (bzw. seiner Produkte und Leistungen) und den Mediennutzern zu erreichen. Bei einer hohen Übereinstimmung zwischen beiden Personengruppen kann eine Minimierung von Streuverlusten erwartet werden [vgl. Bruhn 2014, S. 217 f.].

Zur Beurteilung der für die Streuplanung bzw. für bestimmte Werbekampagnen in Frage kommenden Medien werden zwei Kriterien herangezogen: Kontaktmaßzahlen und Kontaktgewichtungen.

Zu den wichtigsten **Kontaktmaßzahlen**, die Informationen über die Anzahl von Kontakten eines Mediums mit seiner Nutzerschaft liefern, zählen in den klassischen Mediabereichen:

- **Auflage der Medien** (Druck-, Vertriebs- oder Verkaufsauflage im Printbereich; Anzahl der Fernseh- oder Hörfunkteilnehmer; Anzahl Anschlagflächen in der Außenwerbung)
- **Reichweite der Medien** (Leser pro Ausgabe (LpA) bzw. Leser pro Nummer (LpN))
- **Bruttoreichweite** (Summe der Einzelreichweiten mehrerer Medien oder mehrerer Ausgaben eines Mediums)
- **Nettoreichweite** (Anzahl der Personen, die von einer Mediakombination mindestens einmal erreicht werden)
- **Gross Rating Point** (GRP) = (Bruttoreichweite/Anzahl der Zielpersonen) x 100, wobei die Bruttoreichweite die Anzahl der Kontakte angibt, die mit einer Werbemaßnahme (einmalige oder mehrmalige Belegung eines Mediums oder mehrerer Medien) realisiert werden.

Kontaktgewichtungen dienen der Bewertung von Medien hinsichtlich ihrer Eignung für die spezifischen Kommunikationsziele des Unternehmens. Solche Gewichtungen werden individuell vom Unternehmen vorgenommen und haben das Ziel, eine möglichst objektive Bezugsbasis für die Mediaselektion zu liefern.

Naturgemäß stellen die **Gesamtkosten**, die mit dem Einsatz spezieller Medien verbunden sind, einen wesentlichen Bestimmungsfaktor für die Mediaplanung dar. Diese Kosten setzen sich aus den Produktionskosten für die Werbemittel (z. B. eine Anzeige) und den Streukosten der Werbeträger (z. B. Schaltung dieser Anzeige in der FAZ) zusammen. Die Streukosten unterschiedlicher Medien können relativ einfach anhand der so genannten **Tausenderpreise** ermittelt und zum Vergleich herangezogen werden:

$$\text{Tausend-Leser-Preis} = \frac{\text{Kosten einer Schaltung} \times 1.000}{\text{Werbeträgerkontakt (Leser)}}$$

$$\text{Tausend-Leser-Preis (gewichtet)} = \frac{\text{Kosten einer Schaltung} \times 1.000}{\text{Leser} \times \text{Anteil der Zielgruppe}}$$

Der gewichtete Tausend-Leser-Preis ist die aussagekräftigere Preisbasis für einen Werbeträgervergleich, da hier berücksichtigt wird, dass in den seltensten Fällen die Leserschaft einer Zeitung oder Zeitschrift mit der Werbezielgruppe zu 100 Prozent übereinstimmt.

Zeitliche Verteilung des Mediabudgets. Ist die Entscheidung für die Auswahl bestimmter Medien gefallen, sind der zeitliche Einsatz der Medien sowie der Einsatz der Werbemittel zu planen. Das **Timing des Medieneinsatzes** hängt von der Zielsetzung der Kommunikationsmaßnahmen bzw. Werbekampagne ab. Soll bspw. ein Produkt mit Hilfe einer Sonderaktion möglichst vielen Personen bekannt gemacht werden, so bietet sich ein starker Impuls an. Geht es jedoch darum, einen Markennamen sukzessive und nachhaltig aufzubauen oder ein Image zu pflegen, so wird ein kontinuierlicher Medieneinsatz notwendig sein [vgl. Schweiger/Schrattenecker 2005, S. 188 f.].

3.5.6.4 Messung der Kommunikationswirkung (Werbeerfolgskontrolle)

Jede Organisation sollte Marketing-Kampagnen – ebenso wie andere Arten von Investitionen im Unternehmen – unter Rentabilitätsgesichtspunkten betrachten, idealerweise sowohl vorausschauend als auch zurückblickend. Der Prozess der Mediaplanung schließt folglich mit der **Kontrolle der Kommunikationswirkung** ab. Die Werbewirkungsforschung befasst sich dabei mit jeglicher Art von Reaktionen, die die von der Werbung berührten Personen auf Reize der Werbemittel zeigen. Grundsätzlich lassen sich Kommunikationswirkungen anhand der ökonomischen und der psychologischen Zielerreichung überprüfen.

Die Erfolgskontrolle der **ökonomischen Kommunikationswirkung** befasst sich mit den Kosten einer Kommunikationsmaßnahme, die den Absatz- bzw. Umsatzveränderungen als Kommunikationswirkung gegenübergestellt werden. Die grundsätzliche Problematik ökonomischer Wirkungskontrollen besteht darin, dass sich die Wirkungsleistung häufig nicht eindeutig auf die einzelne Kommunikationsmaßnahme zurückführen lässt. Diese Zurechnungs- und Abgrenzungsprobleme sind darauf zurückzuführen, dass sich der Wirkungsfaktor in der Praxis nur sehr schwer isolieren lässt. Auch wenn unmittelbar nach einer Kommunikationskampagne eine Absatz- bzw. Umsatzsteigerung für ein Produkt zu verzeichnen ist, so können während des Kampagnenzeitraums zusätzliche Aktivitäten in der Verkaufsförderung stattgefunden haben oder der Wettbewerb hat in diesem Zeitraum seine Werbeanstrengungen halbiert. Umgekehrt kann es aber auch sein, dass während und nach Durchführung einer Kampagne keine Umsatzzuwächse zu verzeichnen sind, weil der Wettbewerb seinerseits sehr schnell reagiert und seine Werbeanstrengungen verdoppelt hat. Ebenso schwierig wird es sein, die Wirkung einzelner Kommunikationsmaßnahmen zu bewerten, wenn ein Markenartikelunternehmen eine Dach- oder Familienmarkenstrategie verfolgt. Auftretende Synergieeffekte lassen dann ebenfalls keine eindeutige Zuordnung und Abgrenzung der Einzelwirkung zu.

Die Testmethoden der **psychologischen Wirkungsforschung** lassen sich in zwei Gruppen aufteilen. Zum einen gibt es Tests, die vor dem Einsatz der Kommunikationsinstrumente eingesetzt werden und der Wirkungsprognose dienen (Pre-Test). Die Tests der anderen Gruppe werden erst nach dem Werbemitteleinsatz angewendet und dienen der Wirkungskontrolle (Post-Test).

Der Pre-Test liefert Anhaltspunkte für die Entscheidung, welches Werbemittel oder welche Kampagne auszuwählen ist, um einen möglichst großen Werbeerfolg zu erzielen. Außerdem soll er Hinweise dafür geben, wie die Wirkung eines Werbemittels oder einer Kampagne ausfallen wird. Diagnose und Prognose stehen also im Vordergrund von Pre-Tests. Eine wirkliche Kontrolle, also eine Beurteilung des Wirkungsgrades bestimmter Kommunikationsmaßnahmen kann nur der Post-Test leisten. Durch den Vergleich mit den operativ festgelegten Kommunikationszielen kann im Nachhinein festgestellt werden, welche Effekte die Kommunikationsmaßnahme tatsächlich bewirkt hat und welcher Zielerreichungsgrad realisiert werden konnte.

3.5.6.5 Erfolgsmessung im Online-Marketing

Die Nutzung von Online-Angeboten durch Internetnutzer sagt viel darüber aus, wie die Gestaltung dieser Angebote auf den Nutzer wirkt. Diese Gestaltung immer wieder zu prüfen und den Optimierungsprozess stetig voranzutreiben, ist eine der wichtigsten Aufgaben von Unternehmen, die eine Onlinepräsenz betreiben. Der große Vorteil von Marketingmaßnahmen im Internet ist, dass die Basis, auf der sie ausgeführt werden, nämlich das Internet selbst bzw. die Website, die durch das Internet präsentiert wird, nicht nur die notwendige technische Grundlage zur Durchführung der Marketingmaßnahmen darstellt, sondern auch ein gutes Kontrollinstrument für deren Nutzung ist. Sobald ein Internetnutzer eine Website betritt, findet zwischen ihm und dem Server, auf dem sie platziert ist, ein Austausch von Daten statt. Diese Daten beinhalten eine Fülle von Informationen, die dokumentieren, wie sich der Nutzer der Website verhalten hat bzw. wie er sich auf ihr bewegte. Die bei diesem Prozess anfallende Datenmenge nennt man **Traffic**.

Der Begriff **Web Analytics** kann als Oberbegriff der folgenden Teilbereiche des Datenmanagements verstanden werden: Daten sammeln, Daten speichern, Daten verarbeiten und Daten auswerten [vgl. Düweke/Rabsch 2011, S. 749].

Für die Datensammlung im Online-Marketing ist das **Page Tagging** das maßgebliche Verfahren. Beim Page Tagging wird der Quelltext, also die Übersetzung der Maschinensprache des Computers, genutzt, um darin einen kleinen Zusatzcode (den sog. Tag) zu verstecken. Damit ist es möglich, die verwendete Spracheinstellung, Anzahl der getätigten Klicks, Mausbewegungen und Cursor-Position, Tastatureingaben etc. zu erfassen [vgl. Heßler/Mosebach 2013, S. 374 f.].

Die **Logfile-Analyse** ist eine der ersten Formen der Dokumentation und Auswertung des Nutzerverhaltens im Internet. Ein Logfile ist ein Textdokument, das alle Aktionen beinhaltet, die der Server im Zusammenhang mit der angemeldeten URL (Uniform Resource Locator) an einem Tag protokolliert hat. Dementsprechend enthalten Logfiles Daten wie z.B. Datum und Uhrzeit des Aufrufs, sämtliche abgerufenen Dateien, Typ des verwendeten Browsers (z.B. Firefox), IP-Adresse des Internetnutzers sowie Status der Anfrage (z.B. erfolgreiche Anfrage oder Serverfehler) [vgl. Amthor/Brommund 2010, S. 45 ff.].

Die beschriebenen Methoden zur Erfassung und Dokumentation des Verhaltens von Internetnutzern liefern lediglich Rohdaten. Um diese für die Beurteilung des Erfolgs oder die zukünftige Steuerung einer Marketingmaßnahme verwertbar zu machen, müssen sie aufbereitet werden. Ein wesentliches Instrument für die Erfolgskontrolle ist der Einsatz eines **Ad-Servers** bestehend aus speziellen Softwareprogrammen (Reporting-Tools), die die Abwicklung, Steuerung und statistische Aufbereitung von komplexen (Banner-)Kampagnen erlauben. Diese Aufbereitung erfolgt in Form von Kennzahlen (engl. *Key Performance Indicators – KPIs*).

In Abbildung 3-58 sind Kennzahlen zur Qualität des Werbeplatzes, zur Neukundengewinnung und zur Kostenkontrolle aufgeführt.

Kennzahl	Messkriterium
	Kennzahlen zur Qualität der Werbeplätze:
Visit	Ununterbrochener Nutzungsvorgang eines Besuchers auf einer Website
Hit	Jeder Zugriff eines Browsers auf ein Element der Website
Page-Impressions	Anzahl der Seitenabrufe
Ad-Impressions	Anzahl der aufgerufenen Seiten einer Website
Ad-Clicks	Häufigkeit des Anklickens einer Werbebotschaft (z. B. Banner)
Click-Through-Rate (CTR)	Verhältnis der Ad-Clicks zu den Ad-Impressions (in Prozent)
Unique Visitor	Bestimmte Person, die innerhalb einer gewissen Zeit, eine oder mehrere Webseiten aufruft
Unique Identified Visitor	Bestimmte Person, die auf der Website registriert ist bzw. er ein Kundenkonto besitzt
	Kennzahlen zur Neukundengewinnung:
Ansprache	Wert der potentiellen Reichweite eines Online-Angebots
Akquisition	Anzahl Kunden, die durch Anklicken einer Werbeanzeige zum Online-Angebot geführt werden
Conversionrate	Prozentualer Anteil der Besucher einer Website mit einer gewünschten Handlung
	Kennzahlen zur Kostenkontrolle:
Cost-per-Click (CPC)	Abrechnungsform für eine Werbetätigkeit auf Basis der erzielten Klicks
Cost-per-Mille (CPM)	Abrechnungsform für eine Werbetätigkeit auf Basis von 1.000 erzielten Kontakten
Cost-per-Order (CPO)	Abrechnungsform für eine Werbetätigkeit auf Basis der erzielten Verkäufe
Cost-per-Conversion (CPC)	Abrechnungsform für eine Werbetätigkeit auf Basis der vereinbarten Handlungen
Kosten pro Zeitintervall	Abrechnungsform für eine Werbetätigkeit auf Basis eines bestimmten Zeitintervalls

[Quellen: Roddewig 2003, S. 152 ff., Amthor 2010, S. 104f., Kreutzer 2012, S. 187 f.]

Abb. 3-58: Wichtige Kennzahlen in der Online-Werbung

Im Bereich der Online-Werbung werden direkte Messungen im Moment des Geschehens vorgenommen. Im Print-Bereich sind entweder frei zugängliche oder eigens in Auftrag gegebene Studien der Mediennutzung die Grundlage für die Berechnung der angesprochenen Größen. Daher handelt es sich hier eher um eine nachträgliche Bewertung bzw. Einschätzung des Erfolgs als um eine direkte, konkrete Messung wie es bei der Online-Werbung möglich ist.

Durch die Nutzung des Internets als technische Grundlage seiner Durchführung hat die Online-Werbung die Möglichkeit, eine Vielzahl von Messungen vorzunehmen, die im Print-Bereich nicht durchführbar sind. Die Identifizierung eines Nutzers im Moment des Kontakts mit einer Werbeanzeige oder einer Website (Unique Visitors oder Unique Identified Visitors) ist in der Print-Werbung nicht möglich. Wissen über technische Eigenschaften, geografische Daten oder zeitliche Nutzung von Online-Angeboten lassen in der Online-Werbung eine stetige Optimierung dieser Angebote zu. In der Print-Werbung ist ab dem Zeitpunkt des Drucks einer Anzeige keine Optimierung mehr durchführbar.

Auch die Verteilung der verursachten Kosten ist in der Online-Werbung exakt kontrollierbar. Oft kommen Abrechnungsmodelle zum Einsatz, bei denen nur dann Kosten entstehen, wenn ein Nutzer eine bestimmte Handlung (z.B. ein Klick oder ein Kaufabschluss) getätigt hat. Durch eine Reihe von Kennzahlen (z.B. CPC, CPM oder CPL) ist eine Kostenkontrolle gut durchführbar.

3.6 Distribution – Optimierung der Kundennähe

Die Distribution ist das vierte Aktionsfeld im Rahmen des Vermarktungsprozesses. Sie umfasst im Wesentlichen die Festlegung der Distributionsformen, die Wahl der Distributionskanäle und der jeweils einzuschaltenden Distributionsorgane (Channel Policy). Die Wahl der Distributionsformen, -kanäle und -organe ist häufig eine existenzielle Entscheidung und muss in jedem Fall von der Unternehmensführung getroffen werden.

3.6.1 Führungsrelevante Aufgaben, Ziele und Grundlagen der Distribution

Die Distribution zielt auf die Optimierung der Kundennähe:

Kundennähe = f (Distribution) → optimieren!

Die Notwendigkeit zur Optimierung der Kundennähe und dem damit verbundenen Aufbau einer schlagkräftigen Vertriebsorganisation ergibt sich zwangsläufig durch den Wunsch nach Ausweitung des potentiellen Kundenkreises. Die Optimierung hat sich daher an den Zielen des Aktionsfeldes Distribution zu orientieren. Ausgehend von den übergeordneten Umsatz- und Marktanteilszielen können bspw. folgende Zielgrößen zugrunde gelegt werden [vgl. Meffert et al. 2008, S. 563 f.]:

- Erhöhung der Marktabdeckung
- Reduzierung der Distributionskosten
- Erhöhung des Distributionsgrades
- Vermeidung distributionsspezifischer Risiken
- Kontrollierbarkeit der Distributionskanäle.

Beim Aktionsfeld Distribution steht die Frage im Vordergrund, wie die Produkte und Leistungen des Unternehmens am besten an die Kunden herangetragen werden können. Aus Sicht des anbietenden Unternehmens schließen sich an diese Frage drei Basisentscheidungen der Distribution an [vgl. Becker, J. 2019, S. 525 f.]:

- Aufbau und **Management des Distributionssystems** zur Gestaltung der Distributionskanalstruktur
- **Einsatz der Distributionsorgane** zur Auswahl, Steuerung und Motivation der mit der Akquisition zu betrauenden Personen
- **Gestaltung von Logistiksystemen** zur Überbrückung von Raum und Zeit durch Transport, Lagerhaltung und Auftragsabwicklung.

Diese Basisentscheidungen werden im B2C-Marketing teilweise grundlegend anders getroffen als im B2B-Marketing. Während im B2C-Marketing der Handel die Distributionskanäle beherrscht, ist es im B2B-Bereich eindeutig das produzierende Unternehmen. Die Distributionskanäle im B2C-Marketing verlaufen oft über viele Stufen, dafür überwiegt im B2B-Geschäft die Anzahl der Direktverkäufe. Im B2C-Marketing können sich die Kunden häufig aussuchen, über welchen Distributionskanal sie die Produkte beziehen wollen.

Grundsätzlich lässt sich das Aktionsfeld *Distribution* in die akquisitorische und in die physische Distribution unterteilen. Bei der **akquisitorischen Distribution** geht es um Entscheidungen über die Wahl des richtigen Distributionssystems mit seinen Komponenten Distributionsorgane, Distributionskanäle und Distributionsformen. Die **physische Distribution**, die hier als Distributionslogistik bezeichnet wird, befasst sich im Rahmen seiner Subsysteme Lagerhaltung, Transport und Auftragsabwicklung mit den räumlichen und zeitlichen Strukturen der Warenverteilung.

Das (akquisitorische) Distributionssystem (auch als Vertriebssystem bezeichnet) stellt die institutionelle und strukturelle Grundlage des Aktionsfeldes Distribution dar. Die Komponenten des (akquisitorischen) Distributionssystems sind die Distributionsorgane (auch Vertriebs- oder Absatzorgane), die Distributionskanäle (auch Vertriebs- oder Absatzwege) und die Distributionsformen (direkter/indirekter Vertrieb) [vgl. Homburg/Krohmer 2009, S. 830].

Abbildung 3-59 gibt einen Überblick über die Komponenten des akquisitorischen Distributionssystems.

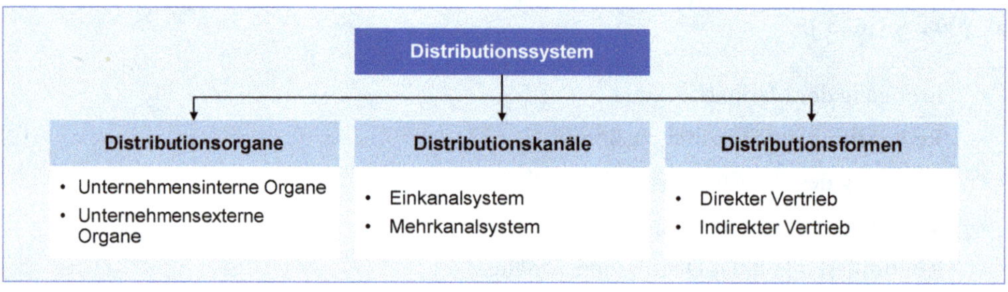
Distributionssystem
Distributionsorgane
• Unternehmensinterne Organe
• Unternehmensexterne Organe
Distributionskanäle
• Einkanalsystem
• Mehrkanalsystem
Distributionsformen
• Direkter Vertrieb
• Indirekter Vertrieb

Abb. 3-59: Elemente eines Distributionssystems

3.6.1.1 Distributionsorgane

Zu den Distributionsorganen zählen alle unternehmensinternen und unternehmensexternen Personen, Abteilungen und Institutionen, die an den Vertriebsaktivitäten eines Unternehmens beteiligt sind. Unter räumlich-organisatorischen Gesichtspunkten lassen sich die unternehmensinternen Distributionsorgane in den Vertriebsinnendienst und in den Vertriebsaußendienst unterteilen.

Zu den Abteilungen der **Innenorganisation** zählen im Allgemeinen

– die zentrale **Vertriebsleitung** (Vertriebsmanagement) zur Steuerung und Kontrolle aller Vertriebsaktivitäten sowie zur Herbeiführung besonders wichtiger Verkaufsabschlüsse,

- der **akquisitorische Vertriebsinnendienst** mit direktem Kontakt zu (wichtigen) Kunden inkl. Inbound Call Center,
- der **administrative Vertriebsinnendienst** für die Auftragsabwicklung (Vertriebslogistik) und ggf. in Verbindung mit einer E-Commerce-Abteilung für die Abwicklung des internetgestützten Vertriebs,
- die **Versandabteilung** für die versandtechnische Abwicklung des Verkaufs und
- der **Kundendienst** für die Auskunftserteilung bei auftretenden Problemen und die Erbringung von Reparatur- und Wartungsdienstleistungen.

Der **Vertriebsaußendienst**, der häufig regional gegliedert und in Niederlassungen zusammengefasst ist, ist in seiner Region verantwortlich für die Akquisition von Neukunden, die Pflege des vorhandenen Kundenstamms, die Betreuung von Vertriebspartnern (z. B. Händler) sowie für das Key Account Management (Betreuung von Groß- bzw. Schlüsselkunden).

Bei den unternehmensexternen Distributionsorganen muss differenziert werden zwischen unternehmensgebundenen Organen und unabhängigen Distributionsorganen. Zu den unternehmensgebundenen Organen, bei denen eine wirtschaftliche Abhängigkeit zum Unternehmen vorliegt, zählen insbesondere

- **Vertragshändler**, die zwar rechtlich selbständig, aber voll in die Vertriebsstrategie des Anbieters eingebunden sind (z. B. Vertragshändlersysteme in der Automobilbranche oder der Mineralölvertrieb über Tankstellen) sowie
- **Franchise-Systempartner**, der mit Abschluss eines entsprechenden Vertrages das Recht sowie die Pflicht zu einer Beteiligung am Marktauftritt des Franchise-Gebers und damit zur Nutzung des Marketingkonzeptes des Anbieters übernimmt (z. B. McDonald's, Kamps, TUI/First-Reisebüros).

Bei den vom Unternehmen unabhängigen Distributionsorganen handelt es sich um rechtlich **selbständige Absatzmittler** bzw. -helfer. Zu dieser Gruppe zählen u. a.

- **Großhandelsunternehmen** (engl. *Wholesaler*), deren Kunden gewerbliche Nachfrager (Einzelhandel, Weiterverarbeiter oder behördliche Großverbraucher) sind und deren Verkauf üblicherweise in großen Mengen erfolgt.
- **Einzelhandelsunternehmen** (engl. *Retailer*), deren Kunden private Nachfrager (Endverbraucher) sind.
- **Handelsvertreter**, die als selbständige Gewerbetreibende entweder nur für einen Anbieter (Einfirmenvertreter) oder für mehrere Unternehmen (Mehrfirmenvertreter) in fremden Namen für fremde Rechnung Geschäfte vermitteln. Im B2B-Bereich sind dieser Gruppe die so genannte Value Added Reseller (VAR) zuzurechnen (z. B. Softwarehaus, das neben seiner eigenen Software auch die entsprechende Hardware mit verkauft (vermittelt)).

- **Kommissionäre**, die im eigenen Namen, aber für Rechnung eines Auftraggebers tätig sind. Regelmäßige Kommissionsverhältnisse spielen im Buch-, Zeitschriften- und Kunsthandel, im Gebrauchtwagenmarkt sowie im Effektenhandel der Banken eine Rolle.
- **Makler**, die den Abschluss von Verträgen über die Beschaffung oder Veräußerung von Produkten oder andere Geschäfte (z. B. Vermietung von Wohnungen) vermitteln, ohne damit ständig von ihren Auftraggebern betraut zu sein.

In Abbildung 3-60 sind die wichtigsten Distributionsorgane im Überblick dargestellt.

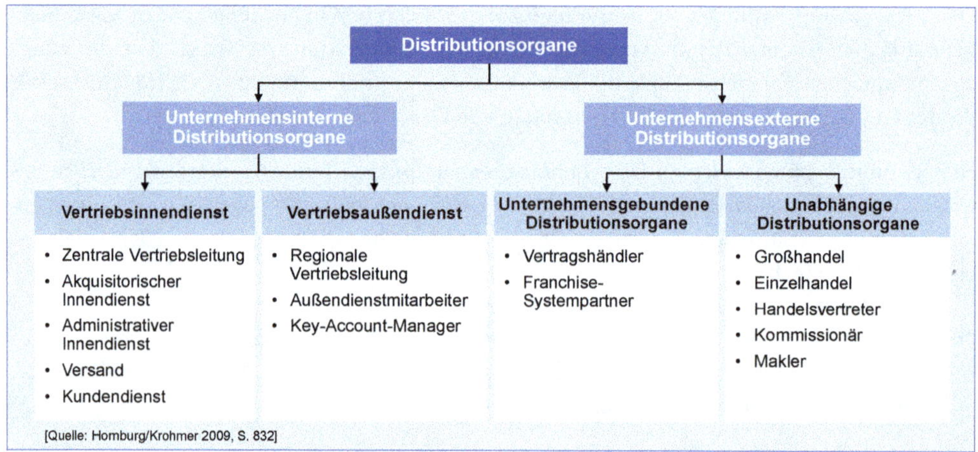
Distributionsorgane
Unternehmensinterne Distributionsorgane
Unternehmensexterne Distributionsorgane
Vertriebsinnendienst
Vertriebsaußendienst
Unternehmensgebundene Distributionsorgane
Unabhängige Distributionsorgane
• Zentrale Vertriebsleitung
• Akquisitorischer Innendienst
• Administrativer Innendienst
• Versand
• Kundendienst
• Regionale Vertriebsleitung
• Außendienstmitarbeiter
• Key-Account-Manager
• Vertragshändler
• Franchise-Systempartner
• Großhandel
• Einzelhandel
• Handelsvertreter
• Kommissionär
• Makler
[Quelle: Homburg/Krohmer 2009, S. 832]

Abb. 3-60: Distributionsorgane im Überblick

3.6.1.2 Distributionskanäle

Distributionskanäle (bzw. Vertriebs- oder Absatzwege) entstehen durch die Auswahl und Kombination der obigen Distributionsorgane. Die Festlegung der Distributionskanäle ist strukturellbindend, d. h. sie ist kurz- und mittelfristig nur mit erheblichem Organisationsaufwand und entsprechenden Kosten revidierbar. Entscheidungen im Zusammenhang mit der Auswahl der Distributionskanäle haben also **Grundsatzcharakter** [vgl. Becker, J. 2019, S. 528].

In der Praxis hat sich eine Vielzahl von Distributionskanälen herausgebildet. Begünstigt durch die Möglichkeiten der Online-Vermarktung nutzen die Unternehmen mehrere Distributionskanäle für den Absatz ihrer Produkte. Solche **Mehrkanalsysteme** (engl. *Multi-Channel*) sind in sehr unterschiedlichen Branchen zu finden (z. B. Fluggesellschaften, Automobilhersteller, Versicherungsgesellschaften).

3.6.1.3 Distributionsformen

Die Distributionsform steht in einem unmittelbaren Zusammenhang mit den Distributionskanälen und betrifft die Auswahlentscheidung zwischen direktem und indirektem Vertrieb.

Der **direkte Vertrieb** ist dadurch gekennzeichnet, dass der Hersteller den Absatz seiner Produkte in eigener Regie, d. h. mit seinen unternehmenseigenen Distributionsorganen durchführt. Der Vertrieb erfolgt über eigene Verkaufsabteilungen, Verkaufsniederlassungen, den eigenen Außendienst mit sog. Reisenden sowie über das Internet. Der direkte Vertrieb ist für die Herstellerunternehmen des B2B-Bereichs erst durch die Möglichkeiten des Internets wieder interessant geworden.

Demgegenüber schaltet der Hersteller beim **indirekten Vertrieb** bewusst unternehmensfremde, rechtlich selbständige Distributionsorgane ein. Wird nur eine externe Handelsstufe (z. B. nur der Einzelhandel) eingeschaltet, so spricht man von einem einstufigen indirekten Vertrieb. Ein zwei- oder mehrstufiger Vertrieb liegt vor, wenn zwei oder mehrere Handelsstufen für den Absatz eines Produktes in Anspruch genommen werden.

Abbildung 3-61 zeigt die wichtigsten Distributionsformen im Überblick.

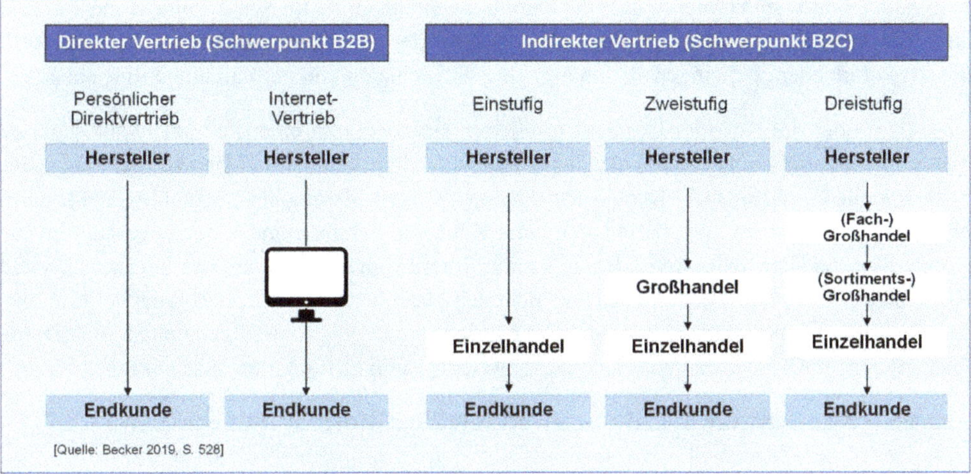

Direkter Vertrieb (Schwerpunkt B2B)
Indirekter Vertrieb (Schwerpunkt B2C)
Persönlicher Direktvertrieb
Internet-Vertrieb
Einstufig
Zweistufig
Dreistufig
Hersteller
Hersteller
Hersteller
Hersteller
Hersteller
(Fach-) Großhandel
Großhandel
(Sortiments-) Großhandel
Einzelhandel
Einzelhandel
Einzelhandel
Endkunde
Endkunde
Endkunde
Endkunde
Endkunde
[Quelle: Becker 2019, S. 528]

Abb. 3-61: Wichtige Distributionsformen

Während im B2C-Bereich der indirekte Vertrieb (vornehmlich über den Groß- und Einzelhandel) dominiert, ist der direkte Vertrieb im B2B-Marketing die vorherrschende Distributionsform.

3.6.2 Distribution im B2C-Bereich

Im B2C-Marketing herrschen nach wie vor jene Distributionskanäle vor, in denen der Einzelhandel die führende Rolle bei der Vermarktung einnimmt. Die zunehmende **Konzentration im Einzelhandel** hat in Verbindung mit der wachsenden Attraktivität von Handelsmarken allerdings zu einem intensiven **Regalplatzwettbewerb** insbesondere bei schnelldrehenden Konsumgütern (engl. *Fast Moving Consumer Goods - FMCG*) geführt. Daher wird es für die Herstellerunternehmen zunehmend schwieriger, ihre Marketingkonzepte eigenständig durchzusetzen [vgl. Meffert et al. 2008, S. 566 f.].

3.6.2.1 Internet als Distributionskanal

Parallel zu dieser Entwicklung gewinnt das **Internet als Distributionskanal** für Waren und Dienstleitungen ständig an Bedeutung. Nach einer repräsentativen Umfrage des Bitkom kauften 2016 insgesamt 56 Millionen Bundesbürger im Internet ein – quer durch alle Altersklassen. Dem stationären Einzelhandel macht dies zu schaffen: Die Web-Käufer decken sich in immer mehr Bereichen online mit den gewünschten Produkten ein, den Weg in den Laden finden sie aber immer seltener oder lediglich zum Aussuchen (aber nicht zum Kaufen).

Geht man der Frage nach, warum die Kunden teilweise lieber im Internet als im Ladengeschäft kaufen, so schätzen die meisten von ihnen die Unabhängigkeit von Ladenöffnungszeiten, die niedrigeren Preise und das größere Angebot im Netz. Bei den Kunden, die lieber im stationären Handel kaufen, ist von Vorteil, dass sie die Produkte anfassen, testen und sofort mitnehmen können.

In diesem Kontext sei vermerkt, dass der Online-Versandhändler für Schuhe und Mode *Zalando* eine Smartphone-App mit integriertem Barcode-Scanner herausgebracht hat. Damit lassen sich die Artikel in jedem beliebigen stationären Geschäft scannen und bei Zalando online suchen.

Das Kleid oder die Hose im Geschäft probieren, sich dort von einer kompetenten Fachkraft beraten lassen und dann online bestellen? "Beratungsdiebstahl" ist ein Begriff, der in diesem Zusammenhang häufig fällt. Doch auch umgekehrt kann hieraus ein „Schuh“ werden, denn ebenso viele Menschen informieren sich beim Kauf von Schuhen und Mode bevorzugt im Internet, um dann aber lieber im Laden zu kaufen. Interessant ist also, dass das Internet für viele Konsumenten die erste Anlaufstelle (und nicht der Abschluss) im Kaufprozess darstellt. In diesem Zusammenhang (aber auch umgekehrt) spricht man auch vom so genannten **ROPO-Effekt**: „Research Online, Purchase Offline“ bzw. „Research Offline, Purchase Online“.

Abbildung 3-62 zeigt, wie hoch der Anteil der Käufe mit dem ROPO-Effekt ist.

Der ROPO-Effekt: Die Wechselwirkung zwischen Online und Offline
Kunden verknüpfen Einkaufskanäle in vielen Fällen
Wie häufig informieren Sie sich im Internet, kaufen dann aber im Geschäft bzw. umgekehrt?
Online informiert – im Geschäft gekauft
Im Geschäft informiert – online gekauft
Regelmäßig
Manchmal
Selten
Bislang nur einmal
Nie
Weiß nicht/k.A.
14%
47%
28%
2%
7%
2%
9%
41%
30%
4%
14%
2%
0%
20%
40%
60%
Basis: Online-Shopper ab 14 Jahren | Quelle: Bitkom Research
bitkom

In der Praxis verwischen die Grenzen zwischen den Einkaufskanälen immer stärker. Viele Online-Shopper informieren sich im Geschäft, kaufen dann aber im Internet: 50 Prozent der Befragten tun das regelmäßig oder manchmal. Umgekehrt informieren sich auch viele zuerst im Internet, kaufen dann aber im Geschäft: 61 Prozent tun das mehr oder weniger regelmäßig. Weitere 39 Prozent vergleichen zumindest gelegentlich im Geschäft per Smartphone die Preise für ein Produkt oder eine Dienstleistung. Jeder Zweite (52 Prozent) hat schon mal im Gespräch mit einem Verkaufsberater auf ein günstigeres Angebot im Internet verwiesen. Bei den Kunden hat längst ein Denken und Konsumieren über die Einkaufskanäle hinweg eingesetzt. Der sogenannte Cross-Channel-Commerce ist in vollem Gange. Die Chance des Handels besteht darin, diesen neuen Ansprüchen der Verbraucher mit innovativen Lösungen gerecht zu werden. Ziel muss es sein, den Kunden möglichst überall abzuholen.
[Quelle: Bitkom-Pressemitteilung vom 13.08.2015]

Abb. 3-62: Der ROPO-Effekt

3.6.2.2 Mehrkanalsysteme

Immer mehr Verbraucher nutzen immer mehr Kanäle. Angesichts dieser Entwicklung und dem härteren „Kampf um die Regalplätze“ gehen viele Unternehmen im B2C-Bereich dazu über, ihre bisherigen Distributionssysteme neu zu formieren. Sie suchen nach alternativen Distributionskanälen und sprechen die Kunden gleichzeitig über Internet, Fachhandel, Discounter oder auch über den Versandhandel an. Vorbei sind deshalb die Zeiten, in denen Händler nur über einen einzelnen Kanal verkaufen. Kunden fordern schon heute intelligente und kundenorientierte Konzepte, die dem Verbraucher an jedem Berührungspunkt seiner „Customer Journey“ einen echten Mehrwert bieten – ohne Kanalbrüche.

Allerdings bergen solche Mehrkanalsysteme auch eine Reihe von Konflikten und damit Risiken in sich. **Konflikte** treten immer dann auf, wenn in Wettbewerb stehende Absatzkanäle inkompatible Ziele verfolgen und mit ungenügenden Ressourcen ausgestattet sind. Konflikte können dabei sowohl im horizontalen Wettbewerb als auch im vertikalen Wettbewerb stattfinden. Die Chancen und Risiken von Mehrkanalsystemen sind in Abbildung 3-63 gegenübergestellt.

Chancen von Mehrkanal-Systemen	Risiken von Mehrkanal-Systemen
• **Erhöhte Marktabdeckung** durch Gewinnung neuer Nachfragersegmente und kanalübergreifendes Cross Selling • **Einsatz kundengerechterer Methoden**, da sich die Bedürfnisse der Kunden innerhalb eines Segments deutlich unterscheiden und durch mehrere Kanäle besser angesteuert werden können • **Multiple Kundenbindung** durch ein Netzwerk an Geschäfts- und Servicebeziehungen mit dem Kunden • **Risikoausgleich**, da sich die Abhängigkeit von nur einem Distributionskanal verringert	• **Verwirrung und Verärgerung der Kunden** durch eine nicht integrierte und kanalübergreifende Betreuung • **Konflikte zwischen den Absatzkanälen** reduziert das Vertriebsengagement der Kanäle • **Kontrollverlust** durch zu hohe Komplexität • **Hohe Investitionskosten** beim Aufbau in Verbindung mit einem hohen Koordinationsaufwand • Entstehung von **Markenimageirritation** durch fehlende Abstimmung der Distributionskanäle

[Quelle: in Anlehnung an Meffert et al. 2008, S. 580].

Abb. 3-63: Chancen und Risiken von Mehrkanalsystemen

3.6.3 Vom E- zum M-Commerce

Mit **E-Commerce** (auch Internet-Handel oder Online-Handel) wird die Vermarktung von Produkten und Dienstleistungen über das Internet bezeichnet, wobei der Bestellvorgang via Datenfernübertragung erfolgt.

Der E-Commerce-Markt in Deutschland ist in den letzten Jahren um ein Vielfaches gewachsen und hatte im Jahr 2009 bereits einen größeren Umsatz als der Katalogversandhandel erzielt. Allerdings erfolgt das Wachstum des Online-Handels nicht allein durch Umschichtungen innerhalb des Distanzhandels und damit auf Kosten des traditionellen Versandhandels, sondern vor allem zu Lasten des stationären Einzelhandels.

Die umsatzstärkste Warengruppe im Internet-Handel ist das Segment Bekleidung. Auf Platz zwei folgen Elektronikartikel und Telekommunikation. Vervollständigt wird die Riege der Top drei Sortimentsbereiche durch Bücher und E-Books. Der mit Abstand größte Online-Anbieter ist Amazon, gefolgt von Otto und Zalando (siehe Abbildung 3-64).

Bei der Wahl des künftig bevorzugten Internetzugangs zeigt sich, dass Smartphones eine zunehmend wichtigere Rolle im Einkaufsprozess spielen. Dies liegt jedoch nicht nur im einfachen Onlinezugang, sondern auch im Einsatz von Applikationen, Kamera und GPS. In der Realität steht E-Commerce heute überwiegend für digitale Transaktionen über stationäre Computer und die damit verbundenen Restriktionen. Mobile Commerce (M-Commerce) verfolgt zwar ähnliche Ziele und birgt demnach ähnliche Nutzenpotenziale, bietet jedoch aufgrund der technischen Ausstattung der Zugangsgeräte und des mobilen Einsatzes zusätzliche Möglichkeiten. Mobile Commerce ist somit vielmehr als eine Erweiterung der klassischen E-Commerce-Konzepte zu verstehen.

M-Commerce ist eine spezielle Ausprägung des E-Commerce unter Verwendung drahtloser Kommunikation und mobiler Endgeräte, die aufgrund ihrer technischen Ausstattungsmöglichkeiten (Apps, Kamera, GPS) zusätzliche Nutzwerte für den Käufer bieten.

Die entscheidende Herausforderung für den Handel besteht nunmehr darin, in der Lage zu sein, den Kunden an den unterschiedlichsten Orten und in den unterschiedlichsten Situationen anzusprechen („Anywhere Commerce“). Viele Nutzer sind bereits heute 24 Stunden täglich online: zu Hause via PC, Notebook und Tablet, unterwegs via Smartphone und im Geschäft via Ordering Screen [vgl. KPMG 2012, S. 22].

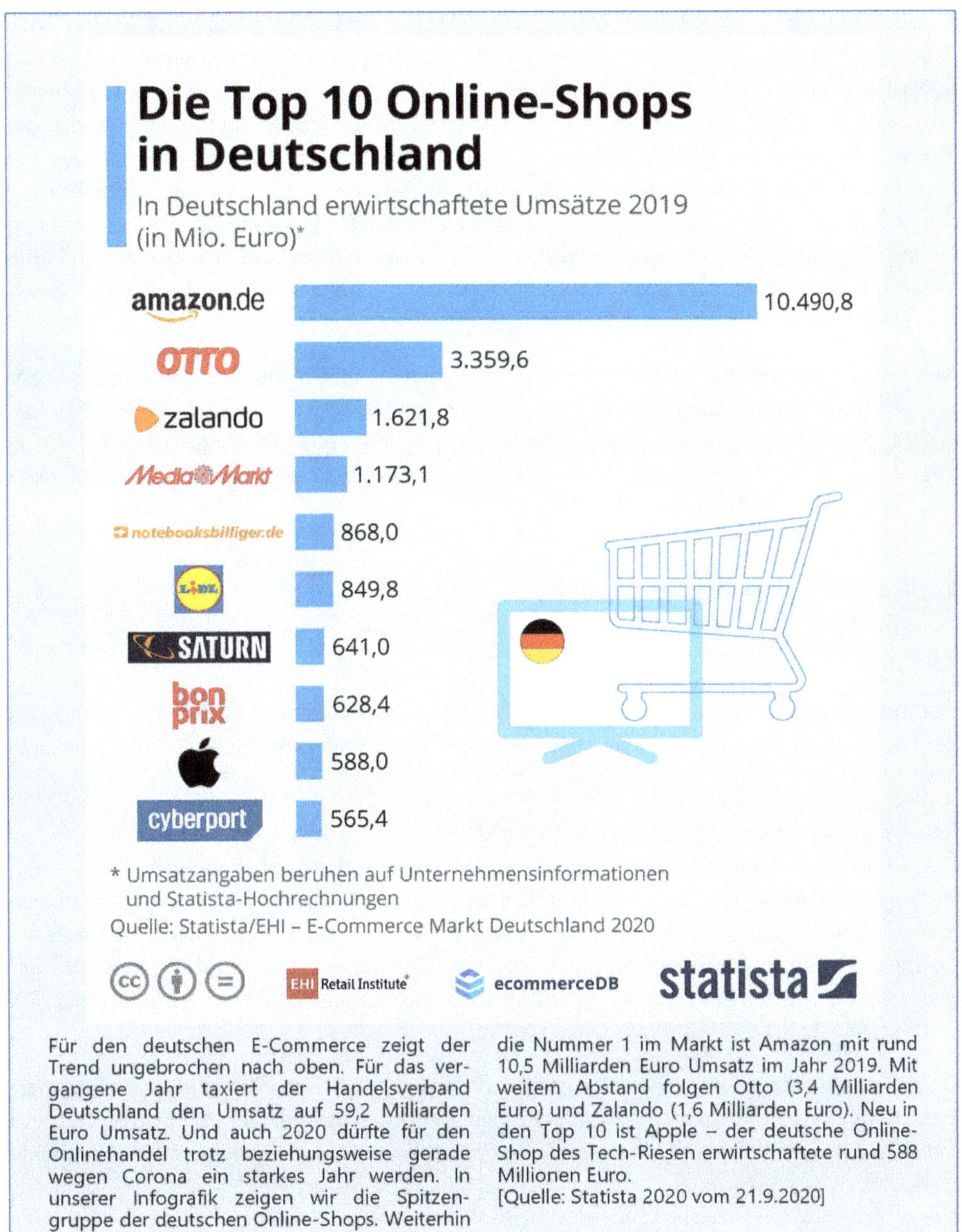
Die Top 10 Online-Shops in Deutschland
In Deutschland erwirtschaftete Umsätze 2019 (in Mio. Euro)*
amazon.de 10.490,8
OTTO 3.359,6
zalando 1.621,8
MediaMarkt 1.173,1
notebooksbilliger.de 868,0
LIDL 849,8
SATURN 641,0
bonprix 628,4
588,0
cyberport 565,4
* Umsatzangaben beruhen auf Unternehmensinformationen und Statista-Hochrechnungen
Quelle: Statista/EHI – E-Commerce Markt Deutschland 2020
EHI Retail Institute
ecommerceDB
statista
Für den deutschen E-Commerce zeigt der Trend ungebrochen nach oben. Für das vergangene Jahr taxiert der Handelsverband Deutschland den Umsatz auf 59,2 Milliarden Euro Umsatz. Und auch 2020 dürfte für den Onlinehandel trotz beziehungsweise gerade wegen Corona ein starkes Jahr werden. In unserer Infografik zeigen wir die Spitzengruppe der deutschen Online-Shops. Weiterhin die Nummer 1 im Markt ist Amazon mit rund 10,5 Milliarden Euro Umsatz im Jahr 2019. Mit weitem Abstand folgen Otto (3,4 Milliarden Euro) und Zalando (1,6 Milliarden Euro). Neu in den Top 10 ist Apple – der deutsche Online-Shop des Tech-Riesen erwirtschaftete rund 588 Millionen Euro.
[Quelle: Statista 2020 vom 21.9.2020]

Abb. 3-64: Die größten deutschen Online-Händler

Je mehr Kunden online bestellen, je weniger im Laden verkauft wird, desto mehr verändert sich auch der Prozess der **Wertschöpfung**. Wenn der Kunde nicht zur Ware kommt – kommt die Ware zum Kunden. Je mehr Umsatzanteile online abfließen, desto stärker verlagern sich auch die Umsätze. Profitieren werden davon vor allem die Logistiker, z. B. Hermes.

Eine Technologie, die sowohl im E-Commerce als auch im M-Commerce an Bedeutung gewinnen wird, ist die so genannte **Augmented Reality** (erweiterte Realität, abgekürzt AR). Durch den Einsatz von Webcams bietet sich die Möglichkeit, am Display virtuelle Welt und Realität miteinander zu kombinieren. Dadurch stehen reale und virtuelle Objekte dreidimensional zueinander in Bezug. Auf diese Weise ergeben sich neue Formen der Produktpräsentation, die den Absatz von Produktkategorien über das Internet verstärken könnten, die bisher als weniger geeignet galten. Insbesondere im Modesegment wird AR in den nächsten Jahren für neue Möglichkeiten sorgen – sowohl für Konsumenten als auch für Händler. Kunden können beim Onlineshopping via Webcam Kleidungsstücke virtuell anprobieren und deren Farben und Stile ohne Probleme ändern. Eine größere Sicherheit bei der Produktauswahl senkt somit die Retourenquoten [vgl. KPMG 2012, S. 24].

Neben den beschriebenen technologischen Entwicklungen gibt es auch eine Reihe rechtlicher Aspekte im Zusammenhang mit E-Commerce zu beachten. So werfen Themen wie GEO-Targeting, Anti-Spam-Regelung und M-Payment ebenso spezifische Rechtsfragen auf wie der Vertragsabschluss im M-Commerce, Informationspflichten des Verkäufers und das Widerrufsrecht des Verbrauchers [vgl. BVH, 23.03.2011].

3.6.4 Distribution im B2B-Bereich

3.6.4.1 Direkter Vertrieb

Der direkte Vertrieb ist mit Abstand der wichtigste Distributionskanal im B2B-Marketing. Da der Hersteller in diesem Fall keine Handelsstufe integriert, wird auch vom Null-Stufenkanal gesprochen.

Einer der Hauptgründe für den Vertrieb über die eigene Organisation sind die erforderlichen **Kenntnisse** beim Vertrieb von erklärungs- bzw. beratungsintensiven Produkten. Um hochgesteckte Distributionsziele zu erreichen, reicht es somit nicht aus, die Vertriebsorganisationen rein zahlenmäßig auf- bzw. auszubauen. Es ist vielmehr zusätzlich zu gewährleisten, dass die Vertriebsmitarbeiter den hohen Informations- und Beratungsansprüchen mit einem umfassenden Wissensstand und hinreichender **Qualifikation** entsprechen [vgl. Strothmann/Kliche 1989, S. 17 f.].

Damit ist neben der quantitativen Dimension, die sich durch die neu entstandenen Abnehmerkreise ergibt, auch das Qualifikationsproblem angesprochen. Mitarbeiter eines Direktvertriebs treten dem Kunden i.d.R. mit einem größeren Problemverständnis gegenüber als eine indirekte Vertriebsorganisation, deren Beratungsleistung häufig zu wünschen übriglässt. Wesentlicher Vorteil des Direktvertriebs ist seine Akzeptanz als kompetenter **Problemlöser**, denn nur für die Vertriebsmitarbeiter der eigenen Organisation lassen sich ein umfassender Wissensstand und eine hinreichende Qualifikation sicherstellen. Daher ist es auch nicht verwunderlich, dass im B2B-Bereich in aller Regel der direkte Vertrieb vorherrscht.

Diesen Vorteilen des direkten Vertriebs stehen allerdings auch **kosten- und kapazitätsmäßige Nachteile** gegenüber. Die Personalkosten für die eigene Vertriebsorganisation müssen im Wesentlichen als fix angesehen werden, da eine kapazitätsmäßige Personalanpassung an Markt- bzw. Nachfrageschwankungen nur in sehr engen Grenzen möglich ist. Da sich im B2B-Bereich ein (komplexes) Kundenproblem häufig nicht allein mit den Produkten eines einzelnen Anbieters lösen lässt, ist der Direktvertrieb zudem gezwungen, in Generalunternehmerschaften oder ähnliche Vertragskonstruktionen einzusteigen [vgl. Godefroid/Pförtsch 2008, S. 260].

3.6.4.2 Indirekter Vertrieb

Obwohl der direkte Vertriebsweg im B2B-Geschäft vorherrscht, gibt es aus Sicht der Herstellerunternehmen mehrere Optionen, Produkte und Leistungen auch indirekt zu distribuieren. Der indirekte Vertrieb liegt dann vor, wenn in die Distributionskette zwischen Hersteller und Endabnehmer unternehmensfremde, rechtlich und wirtschaftlich selbständige Absatzmittler eingeschaltet werden. Wichtige **Absatzmittler** sind Groß- und Einzelhandel, Handelsvertreter, Kommissionäre und Makler.

Vertrieb über Großhändler/Distributoren. Großhändler sind Unternehmen, die Produkte in eigenem Namen an andere Handelsbetriebe, Weiterverarbeiter, gewerbliche oder behördliche Verwender verkaufen und ggf. entsprechende Dienstleistungen dazu anbieten. Der wichtigste Großhandelsbetriebstyp im IT-nahen B2B-Geschäft ist der **Distributor**. Er kauft vom Hersteller Produkte ein und verkauft diese nahezu unverändert an andere Händler oder an Endkunden weiter. Neben dem Vertrieb der Produkte übernimmt der Händler/Distributor auch die Beratung und Betreuung der Kunden und ggf. die entsprechende Werbung und Verkaufsförderung. Der Vertrieb über Händler/Distributoren ist für das Herstellerunternehmen i. d. R. immer dann vorteilhaft, wenn es sich um ein relativ geringes Umsatzvolumen pro Transaktion und um geografisch große Märkte handelt, die sich mit einem Direktvertrieb wirtschaftlich nicht sinnvoll abdecken lassen [vgl. Godefroid/Pförtsch 2008, S. 265 ff.].

Vertrieb über VARs, OEMs und strategische Allianzen. Der indirekte Vertrieb über **Value Added Reseller** (VAR) geht einen Schritt weiter als der Vertrieb über Distributoren. Während der Distributor das Produkt weitgehend unverändert anbietet, „veredelt“ der VAR das Produkt durch wesentliche eigene Komponenten und bietet dem Käufer eine vollständige Lösung an, bei der er das Produkt des Herstellers (z. B. Hardware) „mitverkauft“ und dafür eine Vermittlungsprovision erhält. Der entscheidende Unterschied zum Distributor besteht darüber hinaus darin, dass der VAR auf Rechnung des Herstellers verkauft und damit nicht Eigentümer der Ware wird.

Als **Original Equipment Manufacturer** (OEM) werden Unternehmen bezeichnet, die Produkte bzw. Komponenten des Herstellers in ihre eigenen Produkte einbauen. Für den Endkunden ist nicht so ohne weiteres erkennbar, welche Komponenten der OEM in seinen Produkten verwendet. OEMs sind für die Herstellerunternehmen zwar sehr wichtige, aber durchaus auch schwierige Partner. Ein Beispiel hierzu ist die Automobilbranche, in der die Automobilhersteller (also die OEMs) in Krisenzeiten häufig die Preise für die Zulieferindustrie diktieren [vgl. Godefroid/Pförtsch 2008, S. 268].

Die **strategische Allianz** ist eine besonders intensive Form der Kooperation, bei der beide Partner das Ziel einer langfristigen Steigerung der Rentabilität und Ertragskraft (z. B. durch gemeinsame Markterschließung) verfolgen. Insbesondere für international ambitionierte Unternehmen stellt sich angesichts der zunehmenden Globalisierung die Frage, ob man künftig in verschiedenen Ländern seine Produkte anbieten will oder ob man sich auf bestimmte, durchaus einträgliche Nischen im nationalen Bereich zurückziehen möchte [vgl. Lippold 1998, S. 216].

In der Praxis arbeiten die oben genannten Distributionskanalpartner zum Teil eng zusammen. Am Beispiel des **Cloud Computing** wird in Abbildung 3-65 gezeigt, wie eine Aufgabenteilung zwischen VARs und OEMs sowie anderen Wertschöpfungsteilnehmern aussehen kann. Im Cloud Computing werden die Leistungen nicht nur in digitaler Form erbracht, sondern es finden neben diesen auch Kooperationen statt. Dadurch werden zahlreiche Geschäftsfelder für Partner und spezialisierte Dienstleister geschaffen. Aufgrund der hohen Vernetzung wird im Cloud Computing nicht von linearen Wertschöpfungsketten, sondern von Wertschöpfungsnetzwerken bzw. vom Cloud-Ökosystem gesprochen.

Akteure eines Cloud-Wertschöpfungsnetzwerks

Zusammenspiel von OEMs und VARs am Beispiel des Cloud Computing

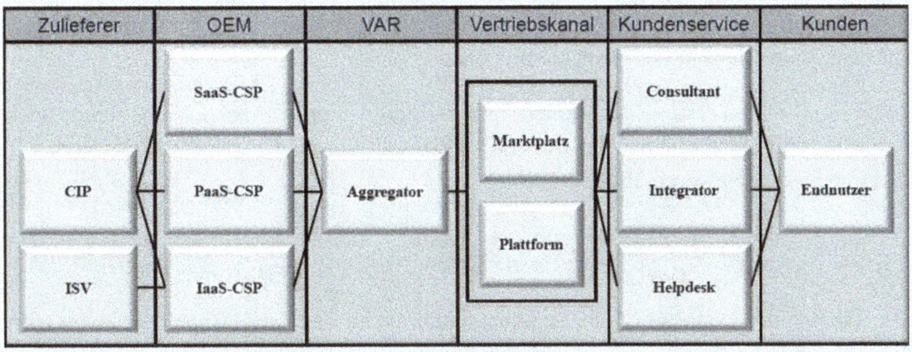

Zulieferer	OEM	VAR	Vertriebskanal	Kundenservice	Kunden
CIP ISV	SaaS-CSP PaaS-CSP IaaS-CSP	Aggregator	Marktplatz Plattform	Consultant Integrator Helpdesk	Endnutzer

Zulieferer	**Independent Software Vendors** (ISV) entwickeln, testen und pflegen die in der Cloud auf SaaS-Ebene (Software as a Service) angebotene Software. **Cloud Infrastructure Provider** (CIP) stellen die notwendige physische Cloud-Infrastruktur zur Verfügung und sind für den Betrieb der Hardware verantwortlich.
OEM	**IaaS Cloud Service Provider** bieten und verwalten die verschiedenen virtuellen IT-Infrastruktur-Dienste auf IaaS-Ebene (Infrastructure as a Service). **PaaS Cloud Service Provider** betreiben, pflegen und offerieren die als Cloud-Dienst angebotene Laufzeit- und Entwicklungsumgebung auf PaaS-Ebene (Platform as a Service). **SaaS Cloud Service Provider** betreiben, warten und bieten die in der Cloud angebotenen SaaS-Dienste gegenüber dem Kunden an.
VAR	Ein **Aggregator** fasst modulare Cloud-Dienste zu einem mehrwertbietenden Cloud-Dienst zusammen, den er wiederum seinen Kunden anbietet. Dies geschieht vorwiegend durch Anreicherung existierender Dienste mittels eigener Daten und Leistungen.
Vertriebskanal	Der **Marktplatz** fungiert als Vertriebsplattform, auf der Cloud-Dienste angeboten werden, und führt somit Angebot und Nachfrage zusammen. Bei **Softwareplattformen** werden die Leistungen Dritter, sogenannter Komplementoren, in einem Softwareökosystem angeboten. So können Komplementoren kundenindividuelle Produkte und Dienstleistungen (z. B. Branchenlösungen oder Beratungsleistungen) anbieten.
Kundenservice	Vom **Consultant** wird die Einführung und Integration von Cloud-Diensten beim Kunden beratend begleitet. Der **Integrator** kümmert sich um die Integration der Cloud-Dienste im Unternehmen. Er integriert die Cloud-Lösung in die IT-Landschaft des Unternehmens. Im **Helpdesk** kümmert sich der Akteur um den professionellen Kundensupport und fungiert dabei als primärer Ansprechpartner für den Kunden.

[Quelle: Pelzl et a. 2014, S. 6 f.]

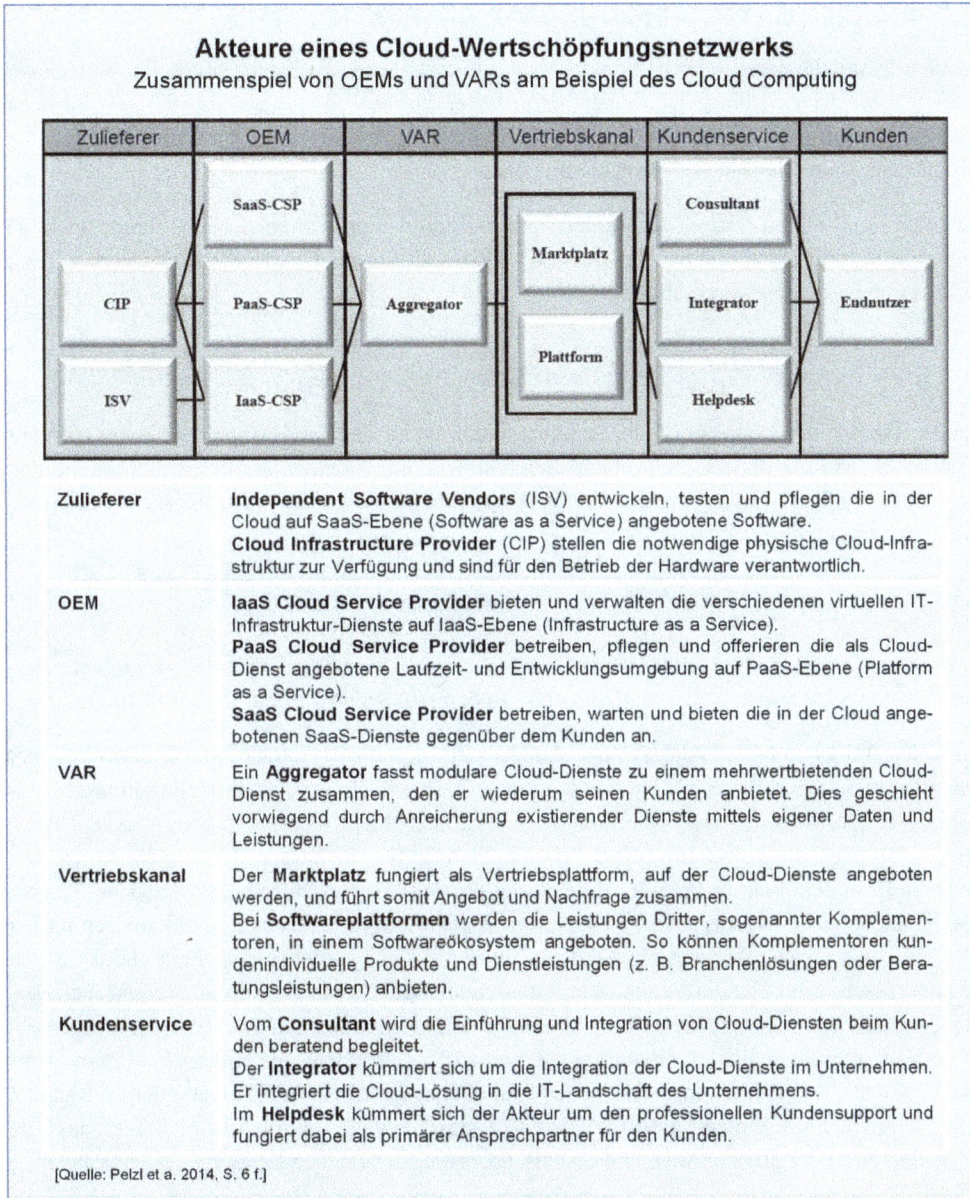

Abb. 3-65: OEMs und VARs als Akteure eines Cloud-Wertschöpfungsnetzwerks

3.7 Akquisition – Optimierung der Kundenakzeptanz

Bei der Systematisierung der Aktionsfelder der hier zugrunde liegenden Marketing-Gleichung bestehen hinsichtlich der persönlichen Akquisition durchaus Abgrenzungsprobleme. So ließe sich die persönliche Akquisition bzw. der persönliche Verkauf auch im Zusammenhang mit der Kommunikation oder mit der Distribution behandeln.

Darüber hinaus kann festgestellt werden, dass sich die Unternehmensführung gerade auch bei mittelständischen Unternehmen in die Akquisitionen, d.h. in den persönlichen Verkauf einschaltet und Verantwortung übernimmt.

3.7.1 Führungsrelevante Aufgaben, Ziele und Grundlagen der Akquisition

Ist im Rahmen der Distribution die Kundenkontaktierung optimiert, so geht es in der (persönlichen) Akquisition darum, die vorhandenen Kundenkontakte zu qualifizieren und in Aufträge umzumünzen. Die Akquisition, das fünfte Aktionsfeld im Vermarktungsprozess, zielt damit auf die Optimierung der Kundenakzeptanz:

Kundenakzeptanz = f (Akquisition) → optimieren!

Insbesondere bei erklärungsbedürftigen Produkten und Leistungen zählt der persönliche Verkauf zu den wirksamsten, aber zugleich auch zu den teuersten Kommunikationsinstrumenten.

In vielen Branchen ist die Akquisition, also der **persönliche Verkauf** (engl. *Personal Selling*) hauptverantwortlich für den Markterfolg. Dies gilt aber nicht nur für die Vermarktung der allermeisten Produkte im B2B-Marketing, sondern auch beim Verkauf erklärungs- und beratungsbedürftiger Produkte gegenüber Privatkunden (z. B. Finanzdienstleistungen, Autos, Immobilien). Zudem kommt im B2C-Bereich der persönliche Verkauf überall dort zum Tragen, wo die eigene Vertriebsorganisation im Rahmen der Distributionskanäle direkt auf den nächsten Verwender trifft. So muss ein Markenartikelhersteller bspw. mit dem Zentraleinkauf von Warenhäusern oder Handelsketten über Abnahmemengen sowie Preise und Konditionen verhandeln oder Jahresgespräche über Verkaufsförderungsaktionen führen. Solche Jahresgespräche zielen allerdings nicht auf den direkten Verkauf der Produkte. Sie sind vielmehr eine Vorstufe, um z.B. mit der Listung eines neuen Produkts in den Handelsbetrieben oder im Rahmen einer Weihnachtsaktion erst die Möglichkeit für das Herstellerunternehmen eröffnet, dass die Produkte in die Regale kommen und dann in größeren Stückzahlen verkauft werden können.

In Abbildung 3-66 sind diese Schnittstellen, an denen der persönliche Verkauf auch für den Konsumgüterbereich von Bedeutung ist, besonders gekennzeichnet.

Die Durchführung der Akquisition, also des persönlichen Verkaufs, obliegt in funktionaler Hinsicht der Verantwortung der Verkaufsorganisation. Hier kommt die in der Praxis übliche organisatorische Trennung zwischen Marketing und Vertrieb zum Ausdruck – und zwar sowohl im B2C- als auch im B2B-Marketing.

So wird das Marketing von Konsumgütern vom Produkt- oder Brandmanagement unter Federführung der Marketingleitung wahrgenommen. Die häufig sehr personal- und kostenintensive

Verkaufsorganisation, deren Kern sich aus Reisenden und Handelsvertretern des Außendiensts zusammensetzt, ist dagegen dem Vertriebsleiter unterstellt. Um das Kundenpotenzial bei Großkunden (z. B. Warenhäuser oder Ketten) optimal ausschöpfen zu können, sind Key Account Manager in Verbindung mit Category Managern ebenfalls der Vertriebsleitung zugeordnet [vgl. Runia et al. 2011, S. 286].

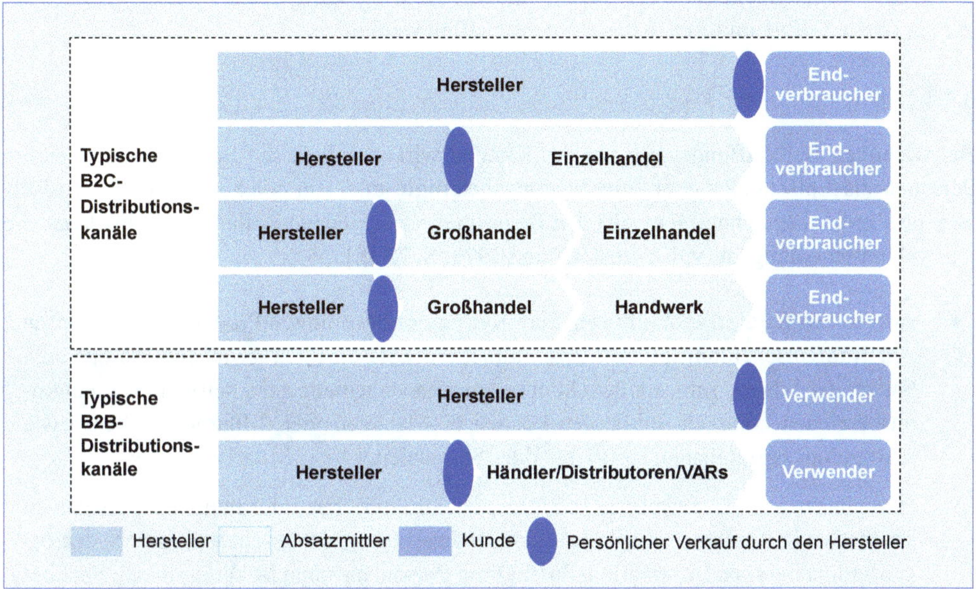
Typische B2C-Distributions-kanäle
Hersteller
End-verbraucher
Hersteller
Einzelhandel
End-verbraucher
Hersteller
Großhandel
Einzelhandel
End-verbraucher
Hersteller
Großhandel
Handwerk
End-verbraucher
Typische B2B-Distributions-kanäle
Hersteller
Verwender
Hersteller
Händler/Distributoren/VARs
Verwender
Hersteller
Absatzmittler
Kunde
Persönlicher Verkauf durch den Hersteller

Abb. 3-66: Persönlicher Verkauf durch den Hersteller

Im B2B-Marketing hängt – mehr noch als im B2C-Bereich – die konkrete Ausgestaltung von Marketing und Sales von der Größe des Unternehmens, der Beratungs- und Erklärungsbedürftigkeit der Produkte und Dienstleistungen und der individuellen Kundenstruktur ab. Während die strategischen Marketingfragen zumeist in der Geschäftsführung (teilweise mit externer Unterstützung von Beratern oder des Marketings) behandelt werden, liegen die operativen Marketingaufgaben mit dem Kampagnen- und Event-Management vollständig in der Verantwortung der Marketingleitung. Das Lead- und Kundenmanagement ist – mit Unterstützung der Key-Account-Manager – wiederum der Vertriebsleitung zugeordnet (siehe Abbildung 3-67).

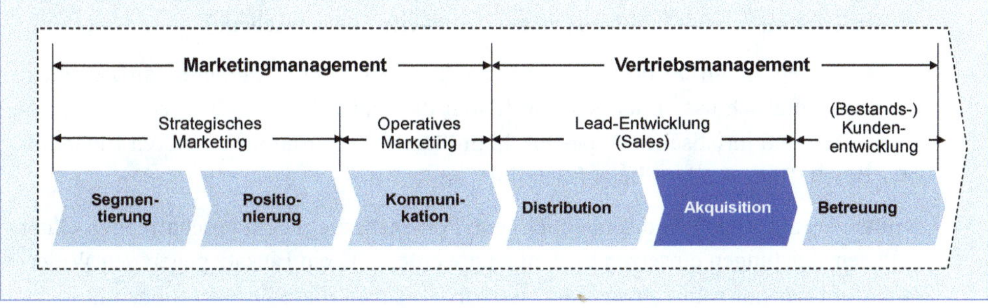
Marketingmanagement
Vertriebsmanagement
Strategisches Marketing
Operatives Marketing
Lead-Entwicklung (Sales)
(Bestands-) Kunden-entwicklung
Segmen-tierung
Positio-nierung
Kommuni-kation
Distribution
Akquisition
Betreuung

Abb. 3-67: Aufgabenzuordnungen in Verbindung mit der Marketing-Gleichung

Grundsätzlich lässt sich festhalten, dass das Aktionsfeld *Akquisition* eine dominierende Stellung und Bedeutung in Firmenkundenmärkten (B2B) und weniger in Endkundenmärkten (B2C) hat, denn in B2B-Märkten sind Einkaufsentscheidungen deutlich komplexer und von längerer Dauer. Ebenso wie das Marketing sind auch Systematik, Begriffe und Vorgehensweise des klassischen "Verkaufens" sehr stark von der englischsprachigen Literatur geprägt. Daher soll hier zunächst ein einheitliches Verständnis für Begriffe wie *Buying Center*, *Selling Center*, *Targeting*, *Cross Selling* und *Key Accounting* geschaffen werden.

3.7.1.1 Buying Center

Bei wichtigen Beschaffungsvorhaben des Kunden wirken auf dessen Seite zumeist mehrere Personen als Entscheider oder Entscheidungsbeteiligte mit. Ein solches Gremium wird als **Buying Center** bezeichnet. Es weist den Beteiligten verschiedene Rollen im Hinblick auf die Auswahlentscheidung zu [vgl. Webster/Wind 1972, S. 72 ff.]:

- **Initiatoren** (engl. *Initiator*) regen zum Kauf eines bestimmten Produktes an und lösen den Kaufentscheidungsprozess aus. Initiatoren müssen nicht zwingend die späteren Nutzer der Lösung sein, sondern können aus den verschiedensten betrieblichen Funktionsbereichen kommen. Initiatoren können IT-Manager oder -Mitarbeiter ebenso wie Anwendungsspezialisten, Vertriebs- oder Serviceleiter bzw. Mitarbeiter sein.
- **Informationsselektierer** (engl. *Gatekeeper*) strukturieren Informationen über das zu beschaffende Produkt vor, bringen diese in das Buying Center ein und steuern den organisationsinternen Informationsfluss. Diese Personengruppe ist häufig in den Fachbereichen, also denjenigen Bereichen, in denen das Produkt (die Lösung) zum Einsatz kommt, zu finden (z. B. Service-, Vertriebs-, Produktions- oder Marketingleiter).
- **Beeinflusser** (engl. *Influencer*) sind formal zwar nicht am Beschaffungsprozess beteiligt, verfügen aber als Spezialisten über besondere Informationen. Insbesondere über die Vorgabe gewisser Mindestanforderungen kann ihre (informelle) Teilnahme am Auswahlprozess mitentscheidend sein. Beeinflusser sind bspw. im Qualitätsmanagement oder in (Normen-)Ausschüssen zu finden.
- **Entscheider** (engl. *Decider*) sind jene Organisationsmitglieder, die aufgrund ihrer hierarchischen Position letztlich die Kaufentscheidung treffen. Das monetäre Volumen des Auftrags ist zumeist ausschlaggebend dafür, auf welcher Hierarchieebene die Auftragsvergabe entschieden wird (zumeist erste oder zweite Führungsebene).
- **Einkäufer** (engl. *Buyer*) besitzen die formale Kompetenz, Lieferanten auszuwählen und den Kaufabschluss zu tätigen. Sie führen die Einkaufsverhandlungen unter kaufmännischen und juristischen Aspekten. In größeren Organisationen gehören Einkäufer einer Beschaffungs- oder Einkaufsabteilung an.
- **Benutzer** (engl. *User*) sind schließlich jene Personen, die die zu beschaffenden Güter und Dienstleistungen einsetzen bzw. nutzen werden. Da ein Einsatz gegen den Widerstand der User nur sehr schwer durchsetzbar ist, haben diese Organisationsmitglieder eine Schlüsselstellung im Rahmen des Auswahl- und Entscheidungsprozesses.

Buying Center bilden sich informell und sind in der Regel nicht organisatorisch verankert. Daher sind Umfang und Struktur dieses Einkaufsgremiums auch nur sehr schwer zu erfassen.

Auch kann nicht festgeschrieben werden, ob teilweise mehrere Rollen von einer Person und ob die einzelnen Rollen teilweise von mehreren Personen wahrgenommen werden. Empirische Untersuchungen haben aber gezeigt, dass die Funktion der einzelnen Rollen vom Grundsatz her bei jeder komplexen Beschaffungsmaßnahme ausgeübt wird [vgl. Lippold 1998, S. 135].

3.7.1.2 Selling Center

Den teilweise sehr hohen Anforderungen beim Vertrieb von komplexen und höchst erklärungsbedürftigen Investitionsvorhaben kann der Verkäufer in aller Regel nicht mit gleicher Qualität entsprechen. Häufig ist es dann die Geschäftsführung selbst, die evtl. vorhandene Defizite im Qualifikationsprofil durch ihre hierarchische Stellung wettmachen kann. Eine weitere Möglichkeit ist darin zu sehen, dem Vertriebsmanagement (Vertriebsleiter) Spezialisten, z. B. für systemtechnische oder konzeptionelle Fragen, an die Seite zu stellen. Mit dieser Teambildung kann man dem vielfältigen Informationsanspruch der Einkaufsseite ein entsprechendes Gewicht auf der Verkaufsseite gegenüberstellen. Diese multipersonale Form des Verkaufsteams wird auch als **Selling Center** bezeichnet [vgl. Backhaus/Voeth 2010, S. 37 ff.].

Teammitglieder im Vertrieb von komplexen Produkten und Leistungen können Verkäufer, Key Account Manager, System- und Anwendungsspezialisten, Juristen und/oder Finanzierungsfachleute sein. In Abbildung 3-68 sind die Teammitglieder des Buying Centers den entsprechenden Vertriebsrepräsentanten des Selling Centers beispielhaft gegenübergestellt [vgl. Bänsch 2002, S. 207 ff.].

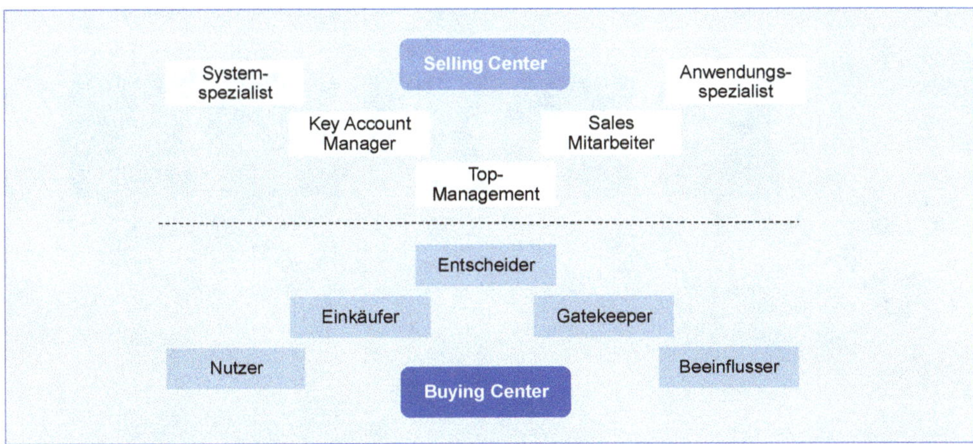
Selling Center
System-spezialist
Anwendungs-spezialist
Key Account Manager
Sales Mitarbeiter
Top-Management
Entscheider
Einkäufer
Gatekeeper
Nutzer
Beeinflusser
Buying Center

Abb. 3-68: (Modellhafte) Gegenüberstellung von Buying Center und Selling Center

Die Darstellung kann als typisch für die meisten größeren Akquisitionsprozesse besonders im Geschäft mit komplexen Produkten und Leistungen (z. B. High Tech-Produkte, Anlagen, Systeme) angesehen werden. Eine etwas vereinfachte Form des Selling Centers ist die Bildung eines **Tandems**, bestehend aus einem Kunden- und einem Konzept- bzw. Fachmanager oder aus einem anwendungsorientierten und einem systemorientierten Verkäufer. Der Vorteil einer solchen Tandemlösung liegt in der Einsparung von Kosten unter Aufrechterhaltung eines arbeitsteiligen Vorgehens.

In Abbildung 3-69 sind Anbieter- und Kundenseite im Akquisitionsprozess mit ihren jeweiligen Center-Mitgliedern beispielhaft dargestellt. Dabei wird deutlich, dass sich in Abhängigkeit der Prozessphase die Zusammensetzung des jeweiligen Centers ändern kann.

Die gezielte Auswahl und Bestimmung von Unternehmen, die einem bestimmten zielgruppenorientierten Profil entsprechen wird als **Targeting** bezeichnet. Das Besondere an einem Targetingprozess ist die systematische Herangehensweise und das gezielte Nachfassen unter bestimmten Vorgaben, so dass auch das Ergebnis entsprechend gemessen werden kann. Unter **Cross Selling** wird die Ausdehnung der bestehenden Kundenbeziehung bzw. der Produktverkäufe einer Geschäftseinheit des Anbieters auf die Produkte und Leistungen anderer (benachbarter) Geschäftseinheiten des Anbieters verstanden.

Unter der Vielzahl der vertrieblichen Rollen sollen hier drei Schlüsselrollen beim Marketing und Vertrieb vorgestellt werden. Während der **Key Account Manager** schwerpunktmäßig im B2B-Marketing zu finden ist, sind **Produktmanager** (engl. *Product Manager*) und **Kategorienmanager** (engl. *Category Manager*) eher in Schlüsselpositionen des B2C-Marketings anzutreffen.

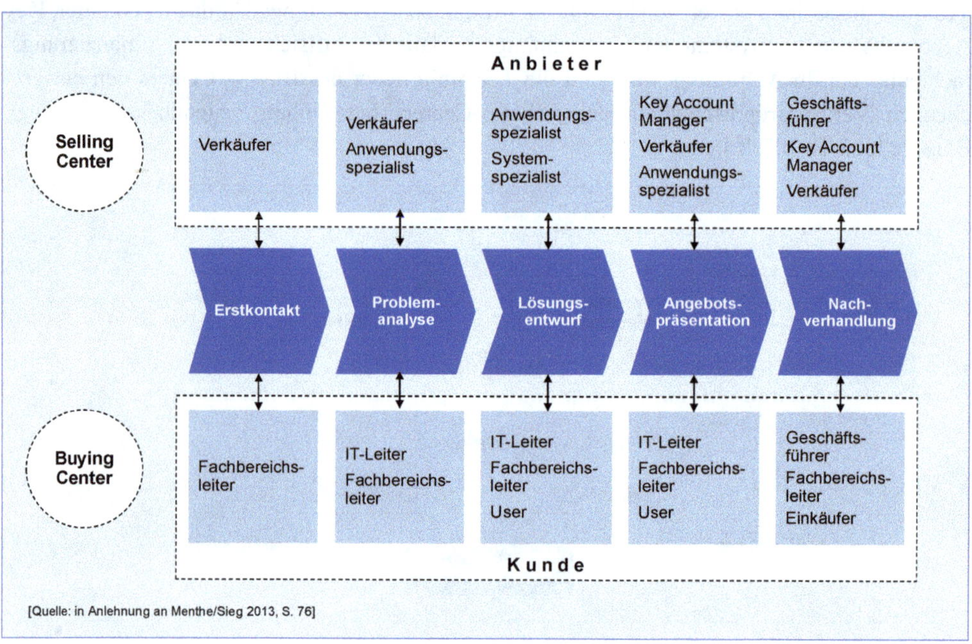
Anbieter
Selling Center
Verkäufer
Verkäufer
Anwendungs-spezialist
Anwendungs-spezialist
System-spezialist
Key Account Manager
Verkäufer
Anwendungs-spezialist
Geschäfts-führer
Key Account Manager
Verkäufer
Erstkontakt
Problem-analyse
Lösungs-entwurf
Angebots-präsentation
Nach-verhandlung
Buying Center
Fachbereichs-leiter
IT-Leiter
Fachbereichs-leiter
IT-Leiter
Fachbereichs-leiter
User
IT-Leiter
Fachbereichs-leiter
User
Geschäfts-führer
Fachbereichs-leiter
Einkäufer
Kunde
[Quelle: in Anlehnung an Menthe/Sieg 2013, S. 76]

Abb. 3-69: Buying Center und Selling Center im Akquisitionsprozess (Beispiel)

3.7.1.3 Key Account Manager

Der Key Account Manager koordiniert den Akquisitionsprozess bei Kunden, mit denen das Unternehmen einen besonders hohen Umsatz erzielt bzw. erzielen will oder die von strategischer Bedeutung für das Unternehmen sind (→ **Schlüsselkunde** (engl. *Key Account*)). Dazu gewinnen Key Account Manager Neukunden, betreuen Bestandskunden und bauen die Beziehung zu Schlüsselkunden aus. Key Account Manager können einen oder mehrere Schlüsselkunden, aber auch ein einzelnes Kundensegment betreuen. Ihr Einsatzgebiet ist der Vertrieb von Produkten und Dienstleistungen. Key Account Management wird in der Konsumgüter- und Investitionsgüterindustrie sowie auch im Dienstleistungsbereich betrieben. Die Einrichtung eines Key Account Managements ist immer dann sinnvoll, wenn die Größe des Kunden (Nachfrage) oder sein Wert (Kundenwert) als Umsatzträger, Referenz und/oder Multiplikator entsprechend ist. Merkmale des Key Account Managements sind eine kundenorientierte Einstellung, differenzierte Bearbeitungsformen, spezielle Organisationsformen oder Arbeitsmethoden und -techniken. Der Key Account Manager ist der persönliche Ansprechpartner für den Kunden. Er berät den Kunden und handelt mit ihm Verträge aus. Dazu sammelt der Key Account Manager Informationen über die Interessen und Anforderungen seines Kunden, so dass er ihn bei der Verbesserung der bestehenden Produkte und Dienstleistungen, bei der Optimierung von Geschäftsprozessen und bei der Strategie- und Zukunftsplanung unterstützen kann. Eine solche Unterstützungsleistung setzt naturgemäß ein vertrauensvolles Verhältnis zwischen Key Account Manager und dem Kunden voraus.

3.7.1.4 Product Manager

Das **Produktmanagement** im Marketing ist quasi das Gegenstück zum Key Account Management im Vertrieb. Während das Bezugsobjekt des Key Account Managements die Groß- bzw. Schlüsselkunden sind, ist die Sichtweise des Produktmanagements, das im Konsumgüterbereich auch als **Markenmanagement** bzw. **Brand Management** bezeichnet wird, auf das einzelne Produkt bzw. auf Produktgruppen gerichtet. Das Konzept des Produktmanagements hat sich im Konsumgüterbereich entwickelt und wird heute in nahezu allen Branchen, die eine gewisse Produktprogrammbreite aufweisen, als Koordinierungsstelle für die Analyse, Planung, Umsetzung und Kontrolle aller produkt(gruppen)bezogenen Aufgaben eingesetzt [vgl. Homburg/Krohmer 2009, S. 1100].

Das Produktmanagement ist gleichzeitig auch die zentrale Schaltstelle eines Unternehmens zu seinen Kunden. Es hat die Aufgabe, die Anforderungen und Bedürfnisse der Kunden aufzugreifen und in die Produktkonzeption, Produktplanung und Produktentwicklung einfließen zu lassen. Sie muss die Herstellung des Produkts und seine Vermarktung begleiten und steuern. Voraussetzung dabei ist, dass die Produktplanung in die strategische Planung des Unternehmens eingebettet ist.

3.7.1.5 Category Manager

Als weitere Koordinierungsstelle neben dem Produktmanagement und dem Key Account Management setzt sich zunehmend auch das Kategorien-Management (engl. *Category Management*) durch. Während sich der Product Manager auf einzelne Produkte oder Produktgruppen konzentriert, ist das Bezugsobjekt des Category Managers eine Produktkategorie, die sich an ähnlichen Kundenbedürfnissen orientiert („Bedürfniskategorien“ wie z. B. Waschmittel oder Körperpflegemittel).

Charakteristisch für das Category Management ist das **Zusammenwirken von Industrie und Handel** sowohl bei der Produktentwicklung und Sortimentsgestaltung als auch bei der Verkaufsförderung. Die Abgrenzung zwischen dem klassischen Produkt(gruppen)management und dem Kategorien-Management ist nicht immer ganz leicht vorzunehmen, da Unternehmen ihre Produktgruppen durchaus auch nach Bedürfniskategorien bilden können. Dass beim Kategorien-Management eine konsequentere Delegation von Profit- und Loss-Verantwortung betrieben wird als beim herkömmlichen Produkt(gruppen)management, ist als Abgrenzungskriterium auch nicht sehr hilfreich, denn auch Produkt(gruppen)manager haben häufig eine direkte Gewinnverantwortung [vgl. Becker, J. 2019, S. 840].

Letztlich kann das Kategorien-Management als Weiterentwicklung des Produkt(gruppen)managements aufgefasst werden, weil es das Ziel verfolgt, positive Verbundwirkungen auf Warengruppenebene im Sortiment beim Abverkauf im Handel zu nutzen und zu fördern.

3.7.1.6 Vertriebliche Qualifikationen

Vertriebsmitarbeiter sehen sich mit stetig steigenden Ansprüchen des Kunden an Beratungswissen, zusätzlichen Dienstleistungen, Wissen über Technologien, Märkte, Innovationen und nicht zuletzt an das Produkt bzw. die Dienstleistung selbst konfrontiert. Von Vertriebsorganisationen und Verkäufern wird zunehmend gefordert, zusätzlich zum Verkaufs-Know-how die Aufgaben eines Knowledge-Managers zu übernehmen.

Insofern machen alle bislang genannten vertrieblichen Aufgaben nur ansatzweise deutlich, welche vergleichsweise hohen Anforderungen an die Qualifikation des Vertriebsmanagements zu stellen sind. Insbesondere im Geschäft mit komplexen Produkten und Leistungen (Anlagen, Systeme, Projekte) ist neben dem erforderlichen betriebswirtschaftlichen Anwendungswissen auch ein sehr fundiertes systemtechnisches Know-how erforderlich. Da derartige Ansprüche meist schon bei Kontaktaufnahme an den Verkäufer gestellt werden, müssen die Anbieter darauf bedacht sein, dass gleich zu Beginn des Auswahl- und Entscheidungsprozesses die Kompetenz des Verkäufers eine Assoziation zur Leistungsstärke des Anbieterunternehmens auf dem Gebiet der nachgefragten Problemlösung auslöst. In diesen Kontext ist auch die Erfahrung einzuordnen, dass der Verkäufer die Sache (also das Produkt) zunächst immer über die (eigene) Person verkauft [vgl. Lippold 1993, S. 233].

Zu dem fachlichen Informationsanspruch, den die Entscheidungsgremien auf der Kundenseite an den Vertrieb stellen, kommen – und dies gilt auch für die Vermarktung von Konsumgütern mit großem Auftragsvolumen – noch die typischen kaufmännischen Gesprächsthemen wie Preise, Fertigstellungstermine, Zahlungsmodalitäten bis hin zu juristischen Feinheiten der Angebots- und Vertragsgestaltung.

Darüber hinaus hängt der Erfolg des persönlichen Verkaufs neben der Persönlichkeit in hohem Maße von der Fachkompetenz (→ Fachebene) und den interaktionsbezogenen Fähigkeiten (→ Beziehungsebene) des Verkäufers ab. Ein wichtiger Erfolgsfaktor ist dabei die angemessene

Veränderung des Verkäuferverhaltens innerhalb einer Interaktion mit dem Kunden. Eine derartige flexible Vorgehensweise während des Verkaufsgesprächs wird auch als **Adaptive Selling** bezeichnet [vgl. Homburg/Krohmer 2009, S. 867 ff.].

So müssen bspw. **Key Account Manager** nicht nur die Produkte ihres Unternehmens und deren Nutzen verstehen und dem Kunden vermitteln können, sondern sie benötigen Branchen- und Marktkenntnisse genauso wie kaufmännisches Wissen, um gut beraten und überzeugen zu können. Hilfreich ist auch, über Wissen in benachbarten Bereichen wie Logistik, Produktion oder Produktentwicklung zu verfügen. Strategisches Denken ist für die Entwicklung von Konzepten und Ideen unerlässlich. Der Erfolg oder die Leistung des Key Account Managers wird gemessen an der verkauften Stückzahl oder dem Umsatz in einem bestimmten Zeitraum, den verhandelten Preiskonditionen und der Kundenzufriedenheit.

Ein Ansatz zur systematischen Einordnung des Verkäuferverhaltens bzw. des Verkaufsstils ist in dem so genannten **GRID-System** zu sehen. In diesem „Verkaufsgitter" werden die unterschiedlichen Ausprägungen im Verkaufsstil auf der Basis von den beiden Kriterien Verkaufsorientierung und Kundenorientierung erfasst. Das Kriterium **Kundenorientierung** beschreibt das Bemühen um den Kunden als sozio-emotionale Orientierung, das Kriterium **Verkaufsorientierung** zeigt als sachlich-rationale Orientierung das Interesse am Kaufabschluss auf. Beide Kriterien werden mit ihren unterschiedlichen Ausprägungen mit jeweils neun Stufen auf zwei Achsen erfasst. Somit lassen sich theoretisch 81 verschiedene Verkaufsstile abbilden.

Abbildung 3-70 zeigt eine vereinfachte Darstellung dieses Verkaufsgitters.

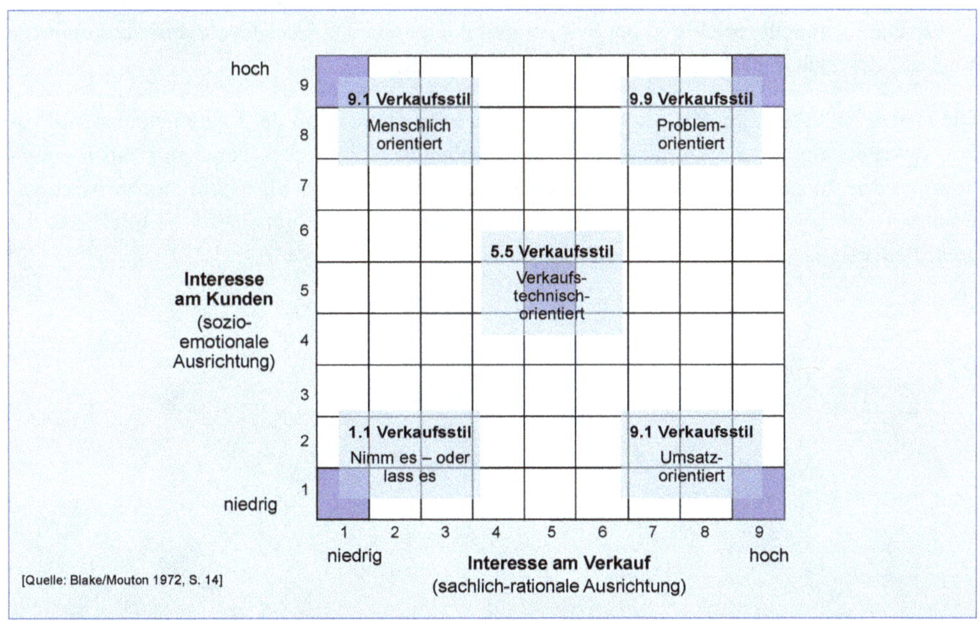
hoch
9
8
7
6
5
4
3
2
1
niedrig
Interesse am Kunden
(sozio-emotionale Ausrichtung)
9.1 Verkaufsstil
Menschlich orientiert
9.9 Verkaufsstil
Problem-orientiert
5.5 Verkaufsstil
Verkaufs-technisch-orientiert
1.1 Verkaufsstil
Nimm es – oder lass es
9.1 Verkaufsstil
Umsatz-orientiert
1 2 3 4 5 6 7 8 9
niedrig
hoch
Interesse am Verkauf
(sachlich-rationale Ausrichtung)
[Quelle: Blake/Mouton 1972, S. 14]

Abb. 3-70: Das Verkaufsgitter (GRID-System)

Das dargestellte Verkaufsgitter ist eine Sonderform des **Verhaltensgitter-Modells** (engl. *Managerial Grid*), das 1960 von Robert Blake und Jane Mouton im Rahmen eines Führungstrainings für Exxon entwickelt wurde.

Während Blake und Mouton ausschließlich die Position 9.9 als erstrebenswert ansehen, ist doch die Frage zu stellen, ob ein Verkaufsstil 9.9 überhaupt praktizierbar ist. Eher lässt sich die These vertreten, dass erfolgreiche Vertriebsarbeit durch einen Verkaufsstil gekennzeichnet ist, der rechts der Diagonale zwischen den Positionen 1.9 und 9.1 liegt. Ohnehin ist grundsätzlich zu fragen, ob zweidimensionale Erklärungsansätze überhaupt in der Lage sind, die Komplexität von Verkaufsprozessen abzubilden, ohne die situativen Rahmenbedingungen zu berücksichtigen [vgl. Steinmann/Schreyögg 2005, S. 662 f.; Hungenberg/Wulf 2011, S. 371].

3.7.2 Akquisitionszyklus

Der **Akquisitionszyklus** (engl. *Sales Cycle*) befasst sich mit den vertrieblichen Aktivitäten innerhalb eines Zeitraumes, der sich vom Erstkontakt mit einem Interessenten bzw. Kunden bis zum Auftragseingang oder der Ablehnung eines Angebotes erstreckt. Der Akquisitionszyklus ist kein standardisierter Prozess, sondern kann von Branche zu Branche, von Unternehmen zu Unternehmen und von Kunde zu Kunde unterschiedlich sein. Die Verschiedenheit betrifft die Inhalte, aber auch die Dauer. So ist ein relativ langer Akquisitionszyklus das besondere Merkmal von stark erklärungs- und unterstützungsbedürftigen Produkten. Neben Entscheidungstragweite und Risiko dürfte die Länge des Akquisitionszyklus auch von der Anzahl der am Entscheidungsprozess beteiligten Personen (bzw. von der Größe des Buying Centers) abhängen. Im Geschäftskundenbereich und bei Systemprodukten kann der Sales Cycle durchaus mehrere Monate oder auch ein Jahr dauern [vgl. Lippold 1993, S. 233].

Die beiden Prozesse, die den Akquisitionszyklus bestimmen, sind der Leadmanagement-Prozess sowie der eigentliche Akquisitionsprozess, wobei die Grenze zwischen dem **Leadmanagement** und den nachfolgenden Sales-Prozessen, die zuweilen auch als **Opportunity Management** bezeichnet werden, nicht klar zu ziehen ist. Abbildung 3-71 gibt einen Überblick über die verschiedenen Begrifflichkeiten und Prozesse im Vertriebsmanagement.

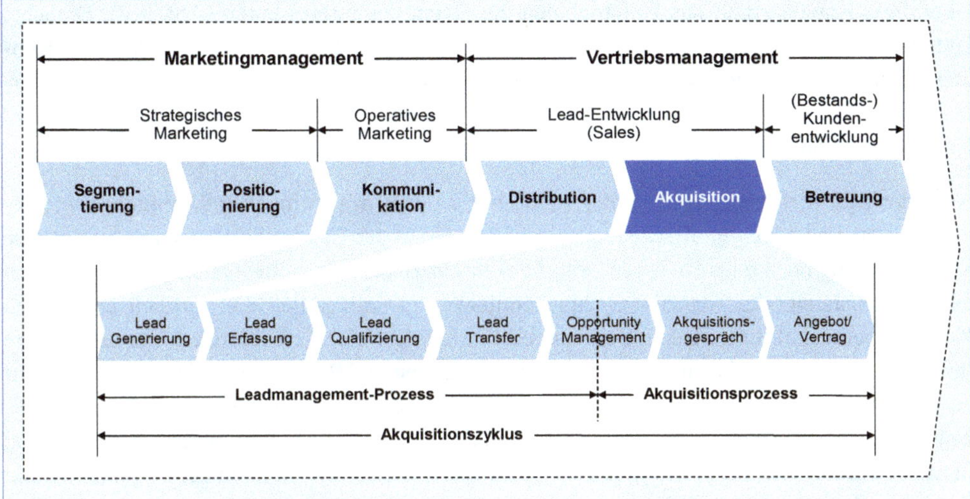
Marketingmanagement
Vertriebsmanagement
Strategisches Marketing
Operatives Marketing
Lead-Entwicklung (Sales)
(Bestands-) Kunden-entwicklung
Segmen-tierung
Positio-nierung
Kommuni-kation
Distribution
Akquisition
Betreuung
Lead Generierung
Lead Erfassung
Lead Qualifizierung
Lead Transfer
Opportunity Management
Akquisitions-gespräch
Angebot/ Vertrag
Leadmanagement-Prozess
Akquisitionsprozess
Akquisitionszyklus

Abb. 3-71: Begrifflichkeiten und Prozesse im Vertriebsmanagement

3.7.2.1 Leadmanagement

In Anlehnung an das englische Wort „Lead", das für Hinweis oder Anhaltspunkt steht, wird die systematische Kundenidentifizierung und -verfolgung als Leadmanagement bezeichnet. Dabei ist das Leadmanagement nicht auf Interessenten bzw. Neukunden beschränkt, denn auch bei bestehenden Kunden können sich neue Geschäftspotenziale ergeben.

Leadmanagement ist die Generierung, Qualifizierung und Priorisierung von Interessenbekundungen der Kunden mit dem Ziel, dem Vertrieb werthaltige Kontakte bereitzustellen [vgl. Leußer et al. 2011, S. 632].

Der **Leadmanagement-Prozess** umfasst folgende Stufen:

- **Lead Generierung**
- **Lead Erfassung**
- **Lead Qualifizierung**
- **Lead Transfer** (Übergang des Leads in den Vertrieb zur Kundengewinnung).

Die erste Phase im Prozess ist die **Lead Generation**. Hier werden erste Informationen von Interessenten gesammelt, die als Ausgangspunkt für eine Kundengewinnung dienen. Zur Erstellung eines Leads kommt es über verschiedene Kontaktkanäle, wie z.B. Web, Telefon, E-Mail, Filialen oder über Marketing-Kampagnen. Initialzündung der Lead Generation ist somit das Kampagnen-Management, für das das Marketing (und nicht der Vertrieb) verantwortlich zeichnet [vgl. Bitkom 2010, S. 18 f.].

Über diese Kanäle erhält das Unternehmen die Daten des Interessenten (Anschrift, Branche, Unternehmensgröße etc.). Je nach Channel der Werbekampagne erfolgt die Antwort des Kunden auf unterschiedliche Weise (Ausfüllen von Web-Formularen oder gedruckten Antwortkarten, Anrufe bei einer Hotline, Besuche in einer Filiale etc.). Diese Daten werden in der **Lead Erfassung** zusammengetragen.

Nach der Lead Erfassung reichert der Vertrieb die Leads mit weiteren Informationen wie demografische und psychografische Daten an. Im Rahmen der **Lead Qualifizierung** erfolgt eine Klassifizierung der Leads nach der Dringlichkeit der Bearbeitung. Besonders wichtig ist auch eine Einschätzung der Abschlusswahrscheinlichkeit. Damit sollen die wirklich ernsthaften Kontakte herausgefiltert werden. Der mangelhafte Erfolg vieler Vertriebsorganisationen gerade im Geschäft mit komplexen Produkten und Leistungen (B2B) ist ganz offensichtlich darauf zurückzuführen, dass ein Großteil der teuren Vertriebsressourcen mit der Verfolgung so genannter „Luftnummern" vergeudet wird. Nur durch eine gezielte Qualifizierung der Kontakte, in der bewusst Schwellenwerte gesetzt werden, lassen sich Akquisitionen kostengerechter und damit rentabel gestalten.

Eine gute Möglichkeit für eine Qualifizierung von Kontakten ist die ABC-Analyse, die in Abbildung 3-72 dargestellt ist. In dem Beispiel dienen der Status des Akquisitionsprozesses, das voraussichtliche Datum der Auftragserteilung und die Einschätzung der eigenen Chancen als Kriterien und damit als Schwellen für die jeweilige Bewertung und Einstufung der Kontakte.

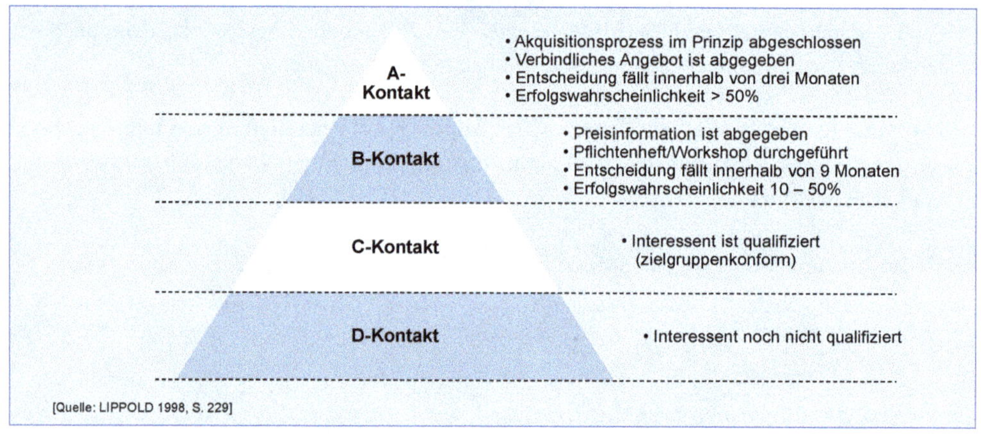
A-Kontakt
• Akquisitionsprozess im Prinzip abgeschlossen
• Verbindliches Angebot ist abgegeben
• Entscheidung fällt innerhalb von drei Monaten
• Erfolgswahrscheinlichkeit > 50%
B-Kontakt
• Preisinformation ist abgegeben
• Pflichtenheft/Workshop durchgeführt
• Entscheidung fällt innerhalb von 9 Monaten
• Erfolgswahrscheinlichkeit 10 – 50%
C-Kontakt
• Interessent ist qualifiziert (zielgruppenkonform)
D-Kontakt
• Interessent noch nicht qualifiziert
[Quelle: LIPPOLD 1998, S. 229]

Abb. 3-72: ABC-Analyse bestehender Kontakte im B2B-Bereich (Beispiel)

Die im Marketing generierten und im Vertrieb qualifizierten Kontakte müssen nun in den Sales Prozessen weiterbearbeitet werden. Dazu ist es erforderlich, die Leads an diejenigen Vertriebsmitarbeiter weiterzuleiten, die diese bearbeiten sollen (Lead Transfer).

3.7.2.2 Opportunity Management

Sales Prozesse gliedern sich in das Opportunity Management sowie das Angebots- und Auftragsmanagement. Teilweise wird das Opportunity Management aber auch dem Leadmanagement zugerechnet und als Lead Verfolgung bezeichnet.

Das **Opportunity Management** beschreibt die systematische Identifikation und Nutzung konkreter Verkaufschancen (engl. *Opportunities*) mit dem Ziel, diese zu bearbeiten und in ein Angebot und einen Auftrag zu verwandeln [vgl. Jost 2000, S. 334].

Letztlich geht es im Opportunity Management also darum, die Leads zeitnah in Abschlüsse umzumünzen. Nimmt der Vertrieb bspw. zu spät mit den Interessenten Kontakt auf, kann sich die so genannte **Konversionsrate** (engl. *Conversion rate*), d. h. die Quote der Geschäftsabschlüsse im Vergleich zu allen Leads, deutlich verschlechtern. Daher haben stark vertriebsorientierte Unternehmen elektronische Eskalationssysteme für Fristüberschreitungen installiert. Das Opportunity Management unterstützt die Vertriebsmitarbeiter durch Analysen zum Status einer Opportunity, die jederzeit abgefragt werden kann, um einen aktuellen Gesamtüberblick über bestehende Verkaufschancen (Abschlusswahrscheinlichkeiten, erwartetes Abschlussvolumen und -datum) zu erhalten. Unterstützt werden die Vertriebsmitarbeiter durch grafische Pipeline-Analysen, in denen die einzelnen Opportunities in den verschiedenen Stufen des Akquisitionszyklus dargestellt werden [vgl. Leußer et al. 2011, S. 143].

Heutzutage übernehmen moderne **Customer Relationship Management-Systeme** die Analyse und Verfolgung bestehender Kontakte. Dabei erfolgt die Verwaltung und Dokumentation von Geschäften in Anbahnung nach den einzelnen Stufen (engl. *Stages*) des Sales Cycle. Auf diese Weise ist es möglich, Vertriebsanalysen, Auftragswahrscheinlichkeiten und Erfolgsquotenmessungen je Kontaktstufe vorzunehmen. Ein so eingerichtetes **Pipeline Performance Management** erlaubt überdies periodenspezifische Vertriebsprognosen anhand der Bewertung der ungewichteten oder gewichteten Vertriebspipeline auf jeder Kontaktstufe. In Abbildung 3-73 ist der Sales Cycle auf der Grundlage von sieben Kontaktstufen beispielhaft dargestellt. Der Sales Cycle hat die Form eines „Vertriebstrichters“ (engl. *Sales Funnel*). Während in Stufe (Stage) 1 sämtliche Kontakte als Leads des Unternehmens erfasst sind, verdünnt sich der Trichter stufenweise bis zur Stufe 7, in der nur noch jene Kontakte enthalten sind, die eine hohe Auftragswahrscheinlichkeit besitzen und bei denen die Akquisition prinzipiell abgeschlossen ist. Es hat sich dabei durchgesetzt, die einzelnen Kontaktstufen eines Sales Cycle in Form eines **„Vertriebstrichters“** abzubilden. Allerdings ist diese Bezeichnung im Grunde genommen verwirrend, denn bei einem Trichter kommt alles, was man oben in ihn hineingegeben hat, auch unten wieder heraus. Das ist beim Akquisitionsprozess ganz anders, denn auf jeder Kontaktstufe werden Interessenten herausgefiltert und erreichen nicht die nächste Kontaktstufe. Daher wäre **„Vertriebsfilter“** die treffendere Bezeichnung [vgl. Lippold 2016a, S. 274].

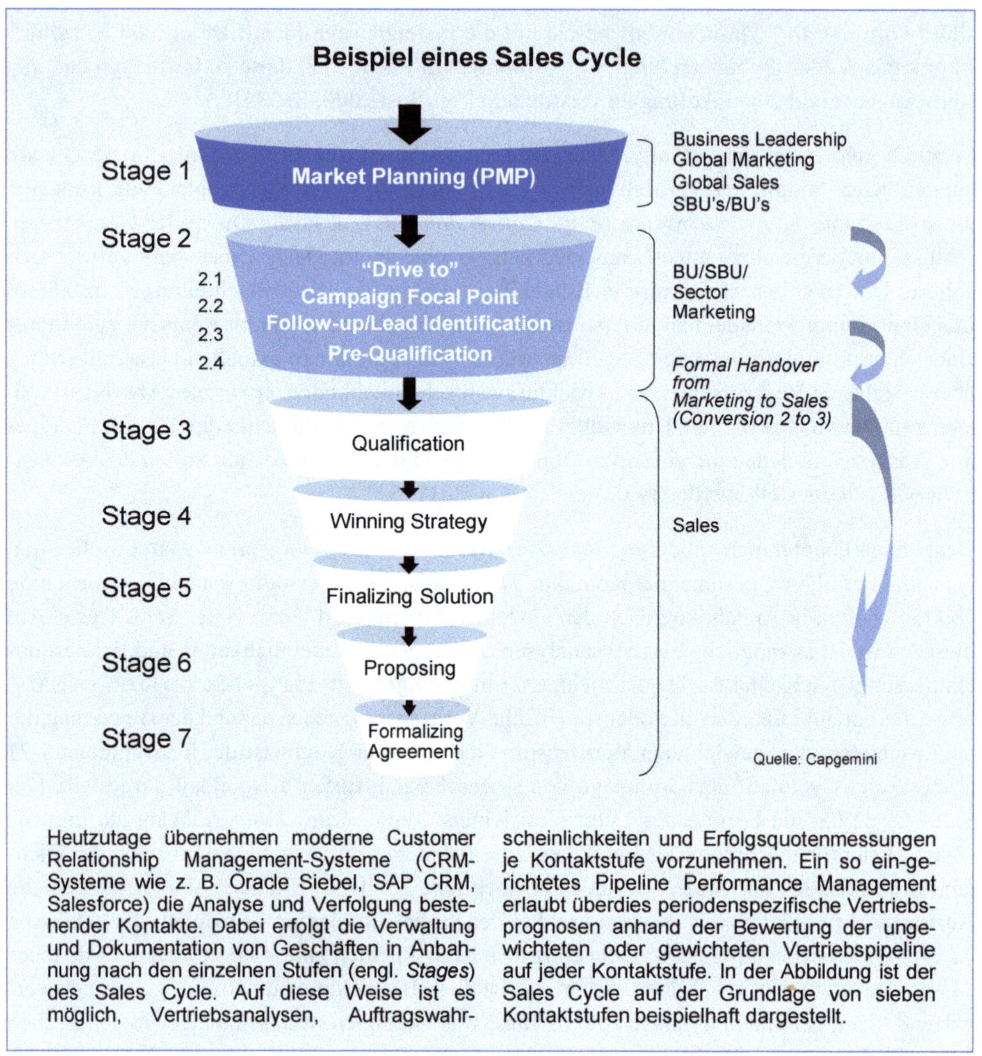
Beispiel eines Sales Cycle
Stage 1
Market Planning (PMP)
Business Leadership
Global Marketing
Global Sales
SBU's/BU's
Stage 2
2.1
2.2
2.3
2.4
"Drive to"
Campaign Focal Point
Follow-up/Lead Identification
Pre-Qualification
BU/SBU/
Sector
Marketing
Formal Handover from Marketing to Sales (Conversion 2 to 3)
Stage 3
Qualification
Stage 4
Winning Strategy
Sales
Stage 5
Finalizing Solution
Stage 6
Proposing
Stage 7
Formalizing Agreement
Quelle: Capgemini
Heutzutage übernehmen moderne Customer Relationship Management-Systeme (CRM-Systeme wie z. B. Oracle Siebel, SAP CRM, Salesforce) die Analyse und Verfolgung bestehender Kontakte. Dabei erfolgt die Verwaltung und Dokumentation von Geschäften in Anbahnung nach den einzelnen Stufen (engl. *Stages*) des Sales Cycle. Auf diese Weise ist es möglich, Vertriebsanalysen, Auftragswahrscheinlichkeiten und Erfolgsquotenmessungen je Kontaktstufe vorzunehmen. Ein so ein-gerichtetes Pipeline Performance Management erlaubt überdies periodenspezifische Vertriebsprognosen anhand der Bewertung der ungewichteten oder gewichteten Vertriebspipeline auf jeder Kontaktstufe. In der Abbildung ist der Sales Cycle auf der Grundlage von sieben Kontaktstufen beispielhaft dargestellt.

Abb. 3-73: Beispiel eines Sales Cycle

3.7.3 Akquisitionsprozess und Akquisitionsgespräch

Der Akquisitionsprozess zählt zum Kern der Geschäftsprozesse eines Unternehmens, weil er sich durch direkten Kundenkontakt oder durch Unterstützung des Kundenkontakts auszeichnet. Die Kommunikation mit dem (potenziellen) Kunden erfolgt über Customer Touch Points wie Verkaufsmitarbeiter aber auch Call Center oder Website. In erster Linie ist der Akquisitionsprozess, so wie er hier dargestellt wird, aber für das B2B-Geschäft relevant. Diese Relevanz gilt aber nicht nur für die eigentliche Vertriebsmannschaft, sondern ganz besonders auch für die Unternehmensführung, die sich sehr häufig in das wichtige, weil existenzielle Vertriebsgeschehen mit einschalten muss.

Im Mittelpunkt des B2B-Akquisitionsprozesses steht das **Akquisitionsgespräch** (auch **Verkaufsgespräch**), das sehr häufig (zumindest in Teilen) mehrfach durchgeführt wird.

Im Folgenden werden sechs Phasen unterschieden (siehe Abbildung 3-74), die im Verkaufsgespräch durchlaufen werden und die einen vorgedachten Gesprächsaufbau im Sinne eines strukturierten Verkaufsgesprächs darstellen [vgl. Heitsch 1985, S. 181 ff.]:

- Gesprächsvorbereitung
- Gesprächseröffnung
- Bedarfsanalyse
- Nutzenargumentation
- Einwandbehandlung
- Gesprächsabschluss.

Wesentlich dabei ist, dass diese Phasen nicht zwingend in obiger Reihenfolge durchlaufen werden müssen. So kann es sein, dass die eine oder andere Phase übersprungen werden kann. Prinzipiell sollte sich aber jeder Verkäufer im Vorfeld eines Akquisitionsgesprächs darüber im Klaren sein, dass die Punkte, die in diesen Phasen zu berücksichtigen sind, im Verkaufsgespräch auch tatsächlich auf ihn zukommen.

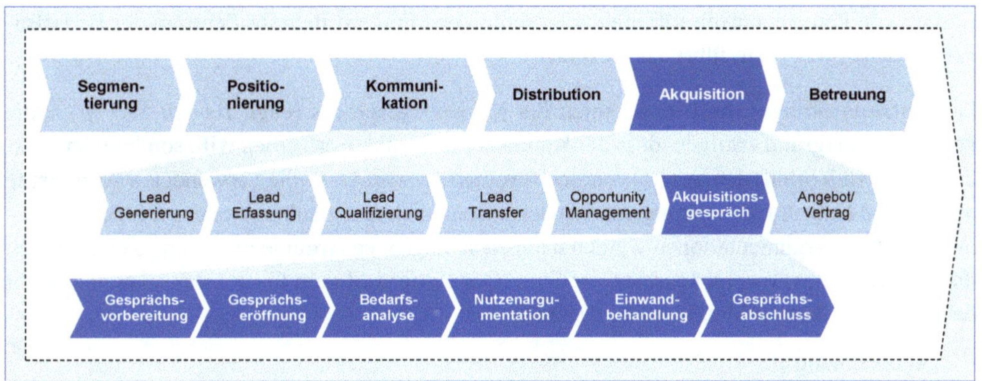
Segmentierung
Positionierung
Kommunikation
Distribution
Akquisition
Betreuung
Lead Generierung
Lead Erfassung
Lead Qualifizierung
Lead Transfer
Opportunity Management
Akquisitionsgespräch
Angebot/ Vertrag
Gesprächsvorbereitung
Gesprächseröffnung
Bedarfsanalyse
Nutzenargumentation
Einwandbehandlung
Gesprächsabschluss

Abb. 3-74: Phasen des Akquisitionsgesprächs

Vorbereitung ist vorgedachte Wirklichkeit, d. h. durch eine sorgfältige Vorbereitung lassen sich die Erfolgschancen im Verkaufsprozess erhöhen. In der Phase der Gesprächsvorbereitung sollte sich der Vertriebsmitarbeiter über die Situation seines Gesprächspartners (Zielsetzungen, Erwartungshaltung, Einfluss auf die Kaufentscheidung) informieren. Gleichzeitig muss der Vertriebsmitarbeiter die Situation seines eigenen Unternehmens im Hinblick auf die spezifische Kundensituation reflektieren (Kundenzufriedenheit, Kaufhistorie etc.). Auch muss er seine Vertriebsziele und Vorgehensweise abstecken sowie evtl. Konfliktstoffe ins Kalkül ziehen.

Die **Gesprächseröffnung** ist deshalb so wichtig, weil der erste Eindruck, den sich ein Gesprächspartner von seinem Gegenüber macht, sehr viel nachhaltiger ist, als die Zeitabschnitte, die dann folgen. So haben Verhaltensforscher nachgewiesen, dass es max. 30 Sekunden dauert, bis zwei wissen, ob sie sich sympathisch sind oder nicht. Der erste Eindruck bestimmt das Akquisitionsgespräch also in hohem Maße, wobei auch "Kleinigkeiten" wie z.B. Kleidung zählen. Hinzu kommt, dass es wesentlich leichter ist, einen guten Eindruck aufrechtzuerhalten als einen negativen Eindruck aufzuheben und positiv neuzugestalten. Da es dem Gesprächspartner an Erfahrung mit seinem Gegenüber mangelt, wird er alles an Vorurteilen und Augenblickseindrücken heranziehen, um sich ein Urteil über sein Gegenüber zu bilden. In diesem Zusammenhang ist es wichtig, dass der Vertriebsmitarbeiter auf seine Sprache, Gestik, Mimik und Körperhaltung besonders achtet. Auch muss er sich ein genaues Bild von der Gesprächsatmosphäre, von der Rollen- und Machtverteilung seiner Gesprächspartner und von der eigenen Situation im Gespräch machen [vgl. Homburg/Krohmer 2009, S. 862].

Der **Bedarfsanalyse** kommt bei Erst- und Kontaktgesprächen eine besondere Bedeutung zu. Hier geht es darum, die Kaufmotive des Kunden zu ergründen. Diese Kaufmotive sind personenbezogen und haben einen Einfluss auf die einzusetzenden Argumente des Verkäufers. Ist das dominante Kaufmotiv des Ansprechpartners bspw. Sicherheit, so sollte der Vertriebsmitarbeiter mit Formulierungen wie „ ... das sichert Ihnen ..." oder „ ...das gewährleistet Ihnen ..." verstärkt den Sicherheitsaspekt ansprechen. Ist das Kaufmotiv dagegen Kosten oder Gewinn, so sind Verbalisierung wie „ ... das bringt Ihnen ..." oder „ ... damit erreichen Sie ..." wirkungsvolle Formulierungen. In dieser Phase gilt es, konzentriert aktiv (z. B. in Form von Fragen) oder passiv (z. B. in Form von signalisierter Zuwendung und Interesse) zuzuhören. Der Einsatz von Fragetechniken (offene und geschlossene Fragen) steht im Zentrum der Bedarfsanalyse, denn „wer fragt, führt das Gespräch".

Die **Nutzenargumentation** im Rahmen des Verkaufsgesprächs (engl. *Benefit Selling*) sollte vor dem Hintergrund erfolgen, dass der Kunde keine Produkte erwerben will, sondern den Nutzen bzw. den Vorteil, den er sich von dem Produkt erhofft. D. h. die verwendeten Argumente müssen den Nutzen von Leistungsmerkmalen anschaulich und glaubhaft machen. Solche Merkmals-/Nutzen-Argumentationen werden dann zu schlagenden Argumenten, wenn sie zusätzlich die Motivlage des Ansprechpartners treffen („Der Köder soll dem Fisch schmecken und nicht dem Angler"). Solche Motive können sein:

- Anerkennung
- Geld und Sicherheit
- Neugier und Entdeckung
- Gesundheit und Entlastung.

In Abbildung 3-75 ist an einem einfachen Beispiel illustriert, wie nachteilig eine Argumentation, die sich auf reine Produkt- bzw. Leistungseigenschaften konzentriert (engl. *Character Selling*), im Vergleich zu einer Merkmals-/Nutzen-Argumentation (engl. *Benefit Selling*) wirkt. Wichtig bei der Nutzenargumentation ist darüber hinaus, dass der Verkäufer diskutierte Produktmerkmale zweiseitig argumentiert. Dadurch erhöht er die Glaubwürdigkeit seiner Aussagen, denn nur Vorteile gibt es nicht. Dem erwarteten Nutzen stehen zumindest immer Kosten gegenüber. Ferner sollten Fachausdrücke vermieden werden (es sei denn, der Kunde spricht sie aus). Auch sollte der Vertriebsmitarbeiter die Lernbereitschaft des Kunden nicht überfordern, sondern die Argumente zusammenfassen, Zwischenergebnisse festhalten und die vom Gesprächspartner akzeptierten Argumente wiederholen. Auch sollte man mit der Argumentation erst dann fortschreiten, wenn Einigkeit über ein wichtiges Argument erzielt worden ist.

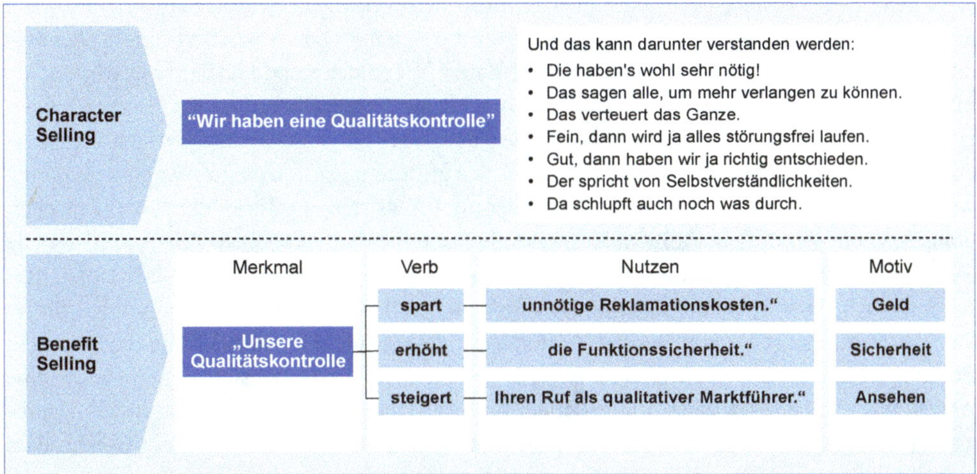
Character Selling
"Wir haben eine Qualitätskontrolle"
Und das kann darunter verstanden werden:
• Die haben's wohl sehr nötig!
• Das sagen alle, um mehr verlangen zu können.
• Das verteuert das Ganze.
• Fein, dann wird ja alles störungsfrei laufen.
• Gut, dann haben wir ja richtig entschieden.
• Der spricht von Selbstverständlichkeiten.
• Da schlupft auch noch was durch.
Benefit Selling
Merkmal
Verb
Nutzen
Motiv
„Unsere Qualitätskontrolle
spart
unnötige Reklamationskosten."
Geld
erhöht
die Funktionssicherheit."
Sicherheit
steigert
Ihren Ruf als qualitativer Marktführer."
Ansehen

Abb. 3-75: Gegenüberstellung von Character Selling und Benefit Selling

Ziel der **Einwandbehandlung** ist es, eine gemeinsame Informationsbasis zwischen Verkäufer und Kunden zu schaffen, d. h. es sollte eine Einigung über die Bewertung der Informationen bestehen, ohne dass es Sieger oder Besiegte gibt. Einwände sind für jeden Verkäufer lästig. Sie ziehen seine Glaubwürdigkeit in Zweifel oder zeigen, dass der Kunde die Argumente nicht verstanden hat oder nicht verstehen will. In jedem Fall verzögern Einwände das Verkaufsgespräch. Ursachen für Einwände können sein, dass die gegebenen Informationen nicht verstanden werden. Es kann aber auch sein, dass der Gesprächspartner die Information sehr wohl verstanden hat, diese aber anders bewertet. Die Einwandbehandlung wird in den einschlägigen Vertriebstrainings und Verkäuferschulungen immer wieder geprobt. Bewährte **Einwandbehandlungstechniken** sind:

- Ja-aber-Methode
- Gesetzt-den-Fall-dass-Methode
- Pro-und-Kontra-Methode
- Vorwegnahme des Einwands
- Wiederhohlen und Versachlichen der Einwände
- Bumerang-Methode, bei der ein Einwand in ein positives Argument umgewandelt wird.

Bei der Behandlung von Einwänden geht es letztlich nicht darum, wer Recht hat. Selbst wenn der Verkäufer immer Recht bekommt, unterliegt er mindestens einmal: Wenn er die Unterschrift unter den Vertrag nicht bekommt.

Ganz entscheidend für den Gesprächserfolg ist die Phase des **Gesprächsabschlusses**. Für den Kunden kommt die Entscheidung fast immer zu früh, denn es besteht in aller Regel – trotz bester Argumente – immer noch ein Stück **Restunsicherheit**. Trotzdem: Wenn alle Fragen geklärt sind und keine Einwände mehr bestehen, ist die Zeit für eine Entscheidung reif. Häufig sendet der Kunde auch bereits Kaufsignale, z. B. wenn er sehr häufig und unaufgefordert zustimmt oder Fragen stellt, die erst nach dem Kauf relevant sind. Weitere Kaufsignale können sein, dass sich der Kunde nach der Erfahrung anderer Kunden (→ Referenzen) erkundigt, um die eigene Entscheidung final abzusichern. Ein recht zuverlässiges Kaufsignal ist auch, wenn der Kunde bereits nach Zahlungsterminen fragt oder sich mit Details beschäftigt, die ebenfalls erst nach dem Kaufabschluss zum Tragen kommen. Wenn der Kunde ungeduldig wird, sollte man darauf verzichten, seine noch so guten Argumente fortzuführen. Der Kunde entscheidet! Häufig muss dem Gesprächspartner beim Abschluss über die Schwelle hinweg geholfen werden. Hierzu bietet sich dem Verkäufer die direkte Aufforderung („Ich meine, wir sind uns einig, was meinen Sie?“) oder die indirekte Aufforderung („Was steht aus Ihrer Sicht einer Entscheidung noch im Wege?“) an. Sollte allerdings keine Entscheidung erreichbar sein, so müssen die Teilergebnisse gesichert und das weitere Vorgehen vereinbart werden (z. B. Aktionsplan, Referenzbesuch, Termin bei der Geschäftsleitung). Generell stellt der Gesprächsabschluss für jeden Vertriebsmitarbeiter eine besondere Herausforderung dar. Die Anforderung, die in diesem Zusammenhang an die Qualifikation des erfolgreichen Verkäufers zu stellen ist, betrifft seine Abschlusssicherheit. Da ganz offensichtlich die Dauer der Auswahl- und Entscheidungsprozesse mit der Komplexität der einzusetzenden Lösung zunimmt, droht häufig die Gefahr, dass sich die Prozesse schier endlos und für beide Seiten unbefriedigend hinziehen.

3.7.4 Angebots- und Vertragsgestaltung

Das Aktionsfeld Akquisition wird in der Regel mit der Angebots- und Vertragsgestaltung abgeschlossen. Die Aufforderung zur Abgabe eines Angebotes kann mündlich („Senden Sie uns doch bitte ein Angebot zu“) oder formal als „Request for Proposal – RfP“ erfolgen.

3.7.4.1 Vertragliche Grundlagen

Mit der Abgabe eines Angebots existiert aber noch kein Vertrag. Ein Vertrag kommt grundsätzlich erst durch die Übereinstimmung von Antrag und Annahme zustande. Da der Antrag sowohl vom Auftragnehmer als auch vom Auftraggeber ausgehen kann, kommt ein Vertrag zustande durch Angebot des Auftragnehmers und Auftrag (Bestellung) des Auftraggebers oder durch Auftrag (Bestellung) des Auftraggebers und Auftragsbestätigung des Auftragnehmers.

Im B2B-Marketing ergeben sich somit für den **Vertragsabschluss** folgende Möglichkeiten [vgl. Lippold 2016a, S. 286 f.]:

- Der Hersteller macht ein Angebot, das Kundenunternehmen erteilt den Auftrag rechtzeitig und ohne Abänderungen. Damit ist der Vertrag zustande gekommen.
- Der Hersteller unterbreitet ein Angebot, das Kundenunternehmen bestellt zu spät oder mit Abänderungen (Erweiterungen oder Einschränkungen). Die verspätete Annahme des Antrages oder eine Annahme mit Änderungen gelten als neuer Antrag. Der Vertrag kommt erst durch Annahme des neuen Antrags zustande.

- Das Kundenunternehmen erteilt einen Auftrag ohne vorhergehendes Angebot, der Hersteller bestätigt den Auftrag. Der Vertrag kommt mit der Annahme des Auftrages zustande.

Bei besonders erklärungsbedürftigen Produkten und Leistungen wäre die Abfassung und Unterzeichnung eines formellen (schriftlichen) zweiseitigen Vertrages, in dem das Kundenunternehmen die Rechtsposition des Auftragnehmers ausdrücklich zur Kenntnis nimmt, der beste Weg zur Eingrenzung der vertraglichen Rechte und Pflichten beider Vertragspartner. Wie die Praxis aber immer wieder zeigt, werden solche zweiseitig entwickelten Vertragsentwürfe im Allgemeinen zeitraubenden Prüfungen durch die Rechtsabteilungen der Kundenunternehmen unterzogen. Im Sinne einer zügigen Vertragsabwicklung haben sich daher viele Unternehmen nicht für die Aushandlung eines formellen zweiseitigen Vertrages, sondern für die dreistufige Kette: **„Angebot – Auftrag (Bestellung) – Auftragsbestätigung“** entschieden. Zwar handelt es sich dabei aus juristischer Sicht nur um den zweitbesten, allerdings deutlich schnelleren Weg der Vertragsgestaltung.

Sollte ein Kundenunternehmen dem Auftragnehmer einen schriftlichen Auftrag erteilen, indem es von dem vorliegenden Angebot abweicht, so muss der potenzielle Auftragnehmer sofort, prompt und unverzüglich reagieren, da Schweigen als Bestätigung der Abänderung betrachtet werden kann. Derartige **Abweichungen** können sein:

- Geänderte Preise oder Liefertermine
- Einkaufsbedingungen des Auftraggebers als Grundlage der Bestätigung
- Haftungserweiterungen oder Änderungen der Gewährleistungsfristen
- Geänderte Zahlungsbedingungen
- Änderung des Gerichtsstandes.

3.7.4.2 Dienstvertrag vs. Werkvertrag

Die nächste wichtige Frage, die sich im Zusammenhang mit der Vertragsgestaltung stellt, ist die Frage nach der schuldrechtlichen Zuordnung des Vertrages. Grundlegend ist hierbei die Unterscheidung in Austausch- und Kontraktgüter, die auf Klaus Peter Kaas [1992] zurückgeht. **Austauschgüter** sind fertige, standardisierte Produkte, die auf Vorrat gefertigt werden. Im Gegensatz dazu liegen bei **Kontraktgütern** zum Zeitpunkt des Verkaufsabschlusses die Produkte bzw. die Leistungen noch gar nicht vor, d. h. das Kontraktgut existiert noch nicht und wird erst nach Kaufabschluss erstellt. Insofern kann Qualität und Eignung von Kontraktgütern für die Lösung des Kundenproblems häufig nur unzureichend eingeschätzt werden [vgl. Lippold 2016a, S. 33 f.].

Während bei Austauschgütern regelmäßig der schuldrechtliche Titel des Kaufs [§§ 433-515 BGB] Anwendung findet, stellt sich bei der Veräußerung von Kontraktgütern die Frage, ob es sich um einen Dienstvertrag [§§ 611-630 BGB] oder um einen Werkvertrag [§§ 631-651 BGB] handelt. Beispiele für solche Kontraktgüter sind (IT-)Projekte, Auftragsprogrammierung, Beratungsleistungen, Systemgeschäft und Anlagenbau.

Die Abgrenzung ist im Wesentlichen dahingehend vorzunehmen, dass ein Dienstvertrag dann vorliegt, wenn die Tätigkeit selbst geschuldet wird, ein Werkvertrag dagegen dann, wenn der Erfolg der Tätigkeit geschuldet wird. Beim Werkvertrag ist das Tätigwerden lediglich Mittel zum Zweck der Vertragserfüllung, beim Dienstvertrag dagegen die fachlich qualifizierte Tätigkeit die Vertragserfüllung selbst.

Praktisch gesehen hängt die vertragliche Zuordnung vom Grad der Aufgabenstellung ab: Liegt eine klar abgegrenzte, wohldefinierte Aufgabenstellung vor, bei der entsprechende Voraussetzungen und Vorleistungen zu erfüllen sind, so handelt es sich regelmäßig um einen Werkvertrag. Sind diese Bedingungen nicht erfüllt, so dass sich der Auftragnehmer nicht in der Lage sieht bzw. auch gar nicht sehen kann, den Erfolg seiner Tätigkeit zu garantieren, ist die rechtliche Basis der Dienstvertrag.

Viele Kundenunternehmen wünschen unbedingt den **Werkvertrag auf Festpreisbasis**. Sie nehmen lieber einen entsprechenden Risikozuschlag in Kauf, wollen dafür aber Klarheit hinsichtlich der Preisstellung und des Fertigstellungstermins bekommen. Auf der anderen Seite kann der Kunde beim Werkvertrag nicht mehr lenkend auf die Aufgabenstellung und Zielsetzung, die sich im Zeitablauf ja durchaus ändern kann, Einfluss nehmen.

3.7.5 Akquisitionscontrolling

3.7.5.1 Effizienzsteigerung im Vertrieb

Der unternehmenseigene Außendienst zählt zweifellos zu den bedeutendsten Kostenfaktoren im Vermarktungsprozess. Mögliche Ansatzpunkte, um die Wirtschaftlichkeit im Vertrieb zu steigern, sind:

- Straffung der administrativen Abläufe
- Förderung der Zusammenarbeit zwischen Innen- und Außendienst
- Vereinfachung des Berichtswesens
- Einsatz des Internets für vertriebsunterstützende Maßnahmen
- Abbau von Hierarchieebenen.

Jede Stunde, die der Vertriebsmitarbeiter mit vertrieblich unproduktiven Tätigkeiten verbringt, fehlt für die qualifizierte Vertriebsarbeit [vgl. Bittner 1994, S. 180 f.].

Abbildung 3-76 zeigt als Beispiel die Ergebnisse einer Untersuchung, die ein Beratungsunternehmen bereits in den 1980er Jahren durchgeführt hat und zum Anlass nahm, seine Vertriebsorganisation grundlegend neu zu formieren und verstärkt auf den Einsatz moderner IT-Systeme zu setzen [vgl. Lippold 1998, S. 231 ff.].

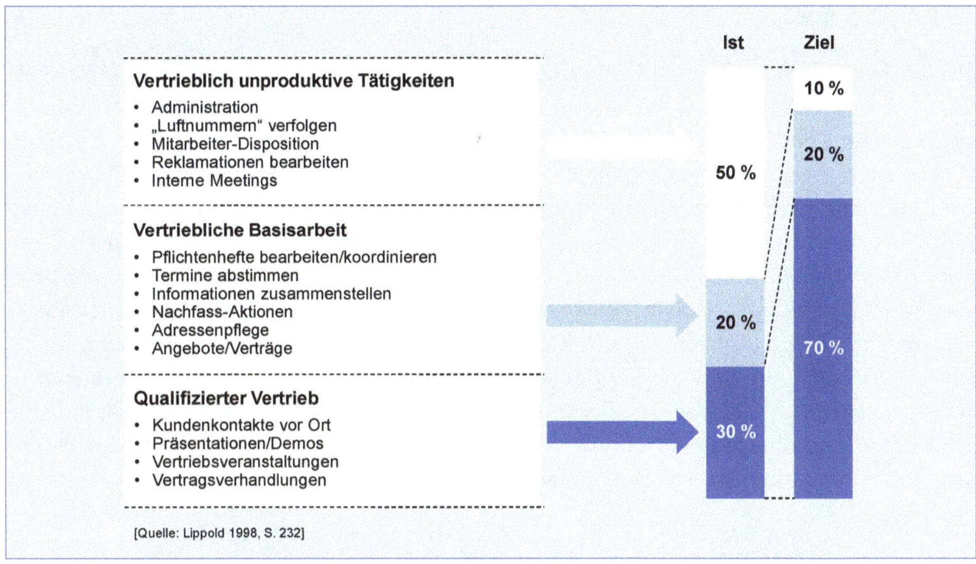
Ist
Ziel
Vertrieblich unproduktive Tätigkeiten
• Administration
• „Luftnummern“ verfolgen
• Mitarbeiter-Disposition
• Reklamationen bearbeiten
• Interne Meetings
Vertriebliche Basisarbeit
• Pflichtenhefte bearbeiten/koordinieren
• Termine abstimmen
• Informationen zusammenstellen
• Nachfass-Aktionen
• Adressenpflege
• Angebote/Verträge
Qualifizierter Vertrieb
• Kundenkontakte vor Ort
• Präsentationen/Demos
• Vertriebsveranstaltungen
• Vertragsverhandlungen
50 %
20 %
30 %
10 %
20 %
70 %
[Quelle: Lippold 1998, S. 232]

Abb. 3-76: Tätigkeiten eines Vertriebsbeauftragten im High-Tech-Bereich

3.7.5.2 Effektivitätssteigerung im Vertrieb

Um die oben angesprochenen „Luftnummern“ rechtzeitig zu erkennen, bietet es sich besonders im B2B-Marketing an, bereits direkt im Verkaufsgespräch oder im Vertriebsaudit Akquisitionsschwellen zu setzen. Mögliche Fragen, welche die Unternehmensführung an das Vertriebsmanagement richten sollte, können sein [vgl. Lippold 1993, S. 233]:

- Stimmt das Anforderungsprofil des Kundenunternehmens grundsätzlich mit dem Profil der angebotenen Produktleistung überein?
- Wann soll das Produkt eingeführt bzw. das Projekt wirklich gestartet werden?
- Ist überhaupt ein Budget (und wenn ja, welches) für die Produktlösung eingeplant?
- Wer entscheidet letztendlich über die Vergabe des Auftrags, d. h. wird in der Endphase des Akquisitionsprozesses auch mit dem richtigen Ansprechpartner verhandelt?

Sollten keine zufriedenstellenden Antworten auf diese oder ähnliche Fragen gegeben werden, so ist die Ernsthaftigkeit des Vertriebskontakts mehr als in Frage gestellt. Ggf. ist der Kontakt aus der Auftragserwartung zu streichen. Der stärkste Hebel zur Steigerung der Wirtschaftlichkeit im Vertrieb ist im Einsatz von Informations- und Kommunikationstechnologien zu sehen. Im Vordergrund stehen hierbei die bereits oben erwähnten CRM-Systeme, die eine konsequente Ausrichtung des Unternehmens auf ihre Kunden und die systematische Gestaltung der Kundenbeziehungsprozesse zum Gegenstand haben. Die dazu gehörende Verfolgung (Historie) von Kunden- und Interessentenbeziehungen ist ein wichtiger Baustein und ermöglicht ein vertieftes Beziehungsmanagement. Mit Hilfe von CRM-Systemen werden diese Kundenbeziehungen gepflegt und eine differenzierte Kundenbetreuung (z. B. Fokus auf „wertvolle“ Kunden) ermöglicht. Gleichzeitig dienen die CRM-Daten der Vorbereitung und Durchführung des Kundenbesuchs.

3.7.5.3 Kennzahlen im Vertrieb

Für den Vertriebsbereich bietet sich eine ganze Reihe wichtiger **Kennzahlen** (engl. *Key Performance Indicators – KPIs*) als Steuergrößen bzw. verdichtete Informationen über quantifizierbare Tatbestände im Akquisitionsprozess an. Allerdings gibt es nicht die „besten Kennzahlen“ oder das „beste Kennzahlensystem“ – zu unterschiedlich sind Ziele und Strategien einzelner Unternehmen und Branchen. Kennzahlen sind unternehmensindividuell und sollen Potenzial für Verbesserungen aufzeigen und nicht als pure Kontrolle missverstanden werden. Kennzahlen sollten nicht isoliert betrachtet werden. Für eine erfolgreiche Vertriebssteuerung ist es daher wichtig, die für das Unternehmen wirklich relevanten Kennzahlen auszuwählen und zeitnah zur Verfügung zu stellen. Denn mit einem effektiven Vertriebskennzahlensystem besitzt das Unternehmen ein umfassendes Informationsinstrument für sämtliche Absatz-, Kunden-, Wettbewerbs- und Marktsituationen. Vertriebskennzahlen bilden die Zielvorgaben für einzelne Vertriebsprozesse und steuern somit die Vertriebsorganisation als Ganzes als auch den einzelnen Vertriebsbeauftragten [vgl. Bitkom 2006, S. 2 ff.].

Vertriebskennzahlen füllen in erster Linie drei Funktionen aus. Sie dienen

- als die Grundlage für die Vertriebsplanung,
- dem Controlling als Grundlage für das Aufspüren von Verbesserungspotenzialen und
- der Motivation der Mitarbeiter, indem sie die einzelnen Vertriebsleistungen bewerten und vergleichen und damit Basis für die Berechnung von variablen Vergütungsanteilen sind.

Um die Vielzahl der zur Verfügung stehenden Vertriebskennzahlen besser einordnen zu können, sollen eine ausgewählte Anzahl entlang des Akquisitionszyklus mit den Phasen Lead Generierung, Lead Qualifizierung und Akquisitionsprozess aufgeführt werden. Darüber hinaus lassen sich noch Kennziffern aus den anfallenden Akquisitionskosten bilden.

Abbildung 3-77 liefert den entsprechenden Überblick.

Phase des Akquisitionszyklus	Kennziffer	Ziel
Lead Generierung	• Rücklaufquote (Feedback) pro Vertriebs-/ Marketingaktion	• Erfolg der Aktionen erhöhen
	• Prozentualer/absoluter Anteil von Messe-/ Event-/Aktionsaufwendungen am Marketingbudget	• Marketingkosten ergebnisorientiert steuern
	• Veranstaltungsindex bestehend aus Hausmessen/Ausstellungen/Roadshow, Messen, Präsentationen, Demo's etc.	• Erfolgsorientiertes Eventmanagement
	• Adress-/Bedarfs-qualifiziertes Potenzial zu Gesamtpotenzial	• Direktmarketing-kosten optimieren
Lead Qualifizierung	• Gewonnene Prospects, d. h. das Verhältnis der Anzahl der bearbeiteten Leads in einer Kategorie mit hoher Abschlusswahrschein-lichkeit zur nächst niedrigeren Stufe	• Messung und Steuerung des Lead-Qualifizie-rungsprozesses
	• Forecast Sales Pipeline	• Planbarkeit AEs erhöhen
Akquisitionsprozess (Abschluss)	• Realisierte Auftragseingangs-, Umsatz-, DB-Quote, d. h. Anzahl Mitarbeiter zu Auftrags-eingang, Umsatz, DB	• Erhöhung der Ver-triebsproduktivität
	• Angebotserfolgsquote, d. h. die Anzahl der erfolgreichen Angebote im Verhältnis zu allen abgegebenen Angeboten	• Angebotserfolge erhöhen
	• Total Contract Value (TCV) abgegebener Angebote	• Transparenz der TCV-Entwicklung
	• Auftragsverlustquote, d. h. Anzahl der nicht erzielten Aufträge im Verhältnis zu allen abgegebenen Angeboten	• Anzahl der Auf-träge aus Ange-boten erhöhen
	• Gewährte Rabatte/Erlösschmälerungen zu Brutto-Auftragseingang/Umsatz-Auftrags-werten	• Einhaltung geplanter Marktpreise
	• Neukundenquote, d. h. Anzahl der Aufträge bei Erstkunden im Verhältnis zur Anzahl aller Aufträge innerhalb einer definierten Periode	• Entwicklung des Neugeschäfts
	• Entwicklung des Kundenbestands („Schlagzahl")	• Erhöhung der An-gebotsattraktivität
	• Abschlussquote (engl. *Conversion rate*), d. h. Anzahl aller erzielten Aufträge im Verhältnis zur Gesamtzahl der Auftragserwartungen innerhalb einer definierten Periode	• Klarheit über die erfolgreichen Ziel-kundensegmente erhalten
	• Auftragsquote, d. h. Anzahl der erzielten Aufträge pro 10 Kundenbesuche	• Verbesserung der Vertriebseffektivität
	• Zeitlicher Anteil der Vertriebskontakte im Ver-hältnis zur gesamten verfügbaren Arbeitszeit	• Produktivität der Vertriebsmitarbei-ter optimieren

[Quelle: Bitkom 2006, S. 13 ff. ; Görgen 2014, S. 56]

Abb. 3-77: Ausgewählte Akquisitionskennzahlen

3.8 Betreuung – Optimierung der Kundenzufriedenheit

Die Betreuung (auch Kundenbetreuung) ist das sechste und letzte wichtige Aktionsfeld im Rahmen des Vermarktungsprozesses. Die Komponente Betreuung unterscheidet sich insofern von den übrigen Aktionsfeldern der Marketing-Gleichung, weil sie erst nach dem Kauf bzw. nach der Auftragsvergabe zur Wirkung gelangt. Innerhalb des Vermarktungsprozesses ist sie der Post-Sales-Phase zuzuordnen.

3.8.1 Führungsrelevante Aufgaben, Ziele und Grundlagen der Betreuung

Da die Marketingaktivitäten eines Unternehmens nicht mit dem Auftragseingang enden, zielt die Betreuung auf die Optimierung der Kundenzufriedenheit ab:

Kundenzufriedenheit = f (Betreuung) → optimieren!

Neben dem Begriff Kundenzufriedenheit wird häufig der Terminus Kundenorientierung als Zielsetzung der Betreuung genannt. Nach allgemeinem Verständnis ist Kundenzufriedenheit nach außen gerichtet (also marktgerichtet), während Kundenorientierung auf die Mitarbeiter eines Unternehmens abzielt und damit eher als interner Erfolgsgarant für das Bestehen eines Unternehmens anzusehen ist. Das bedeutet letztlich, dass die Kundenorientierung (der Mitarbeiter) eines Unternehmens eine der zu schaffenden internen Vorrausetzungen für die Kundenzufriedenheit am Markt ist. Insofern liegt hier eine Mittel-Zweck-Beziehung vor, bei der die Kundenorientierung (und die Zufriedenheit) von Mitarbeitern eine zentrale Einflussgröße der Kundenzufriedenheit ist [vgl. Stock-Homburg 2012, S 275 ff.].

Dem Aktionsfeld *Betreuung* kommt in zweifacher Hinsicht eine besondere Bedeutung zu:

Zum einen ist die vorhandene Kundenbasis immer dann das am leichtesten zu erreichende Absatzpotenzial für das **Folgegeschäft**, wenn es gelingt, die bisherige Beziehung zur Zufriedenheit des Kunden zu gestalten. Im B2C-Marketing lässt sich die Kundenzufriedenheit relativ leicht an den unmittelbaren Wiederholungskäufen festmachen. Im B2B-Marketing mit komplexen Produkten und Leistungen ist dies dann der Fall, wenn das Projekt aufwandsgerecht durchgeführt wird, der Funktionsumfang den Erwartungen entspricht und das Kundenunternehmen auch nach dem erfolgreichen Projekteinsatz das Gefühl hat, jederzeit kompetent (und bevorzugt) betreut zu werden. Mit den daraus resultierenden Folgeaufträgen wächst das Unternehmen mit seinen Kunden. Kurzum: Die verkauften Produkte und Leistungen sollten dem abgegebenen Nutzen- und Qualitätsversprechen entsprechen und damit Wiederholungskäufe initiieren [vgl. Lippold 1998, S. 237 f.].

Zum anderen ist ein gut betreuter Kunde in idealer Weise auch immer eine **Referenz** für das Neugeschäft, d. h. zur Gewinnung neuer Kunden. Besonders im B2B-Bereich sind Referenzen in einem Markt, dessen Entscheidungsprozesse häufig vom Kaufmotiv Sicherheit geprägt sind, in vielen Fällen ein wesentlicher Schritt zur Absicherung der Kaufentscheidung.

In diesem Zusammenhang ist anzumerken, dass dem Aktionsfeld *Betreuung* in der Marketingliteratur im Rahmen des marketingpolitischen Instrumentariums (Marketing-Mix) generell keine sehr große Bedeutung beigemessen worden ist. Im Mittelpunkt stand jahrzehntelang das

Neukunden-Marketing und nicht das Bestandskunden-Marketing. Und das, obwohl eine Studie aus den USA bereits zu Beginn der 1990er Jahre zeigt, dass eine Verhinderung der Kundenabwanderung um fünf Prozent zu einer Steigerung des Gewinns je Kunde von bis zu 85 Prozent führen kann [vgl. Bruhn 2012a, S. 95].

In Abbildung 3-78 sind die beiden grundsätzlichen Kundenstrategien, also das Neukunden-Marketing und das Bestandskunden-Marketing dargestellt. Hierbei sollte aber kein „entweder – oder“, sondern ein „sowohl als auch“ im Mittelpunkt strategischer Überlegungen stehen.

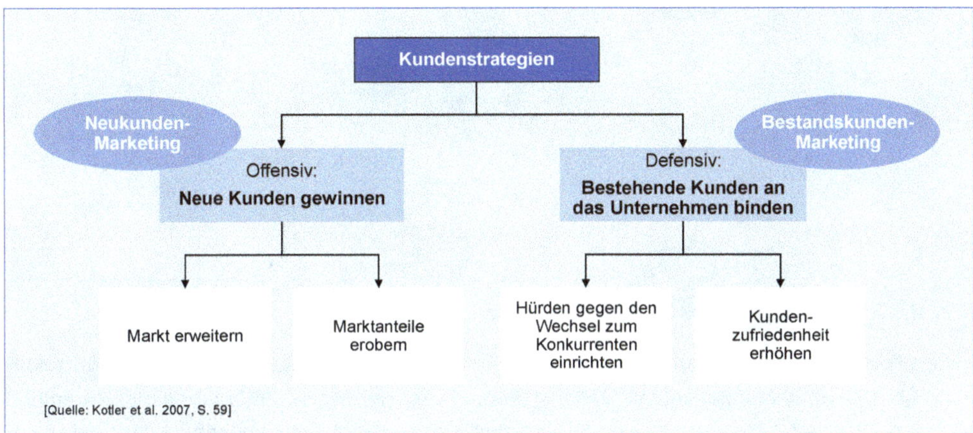
Kundenstrategien
Neukunden-Marketing
Offensiv:
Neue Kunden gewinnen
Bestandskunden-Marketing
Defensiv:
Bestehende Kunden an das Unternehmen binden
Markt erweitern
Marktanteile erobern
Hürden gegen den Wechsel zum Konkurrenten einrichten
Kunden-zufriedenheit erhöhen
[Quelle: Kotler et al. 2007, S. 59]

Abb. 3-78: Kundenstrategien

Erst mit dem Aufkommen der Idee des Customer Relationship Managements (CRM) ist die Beziehung zu den Bestandskunden stärker in das Bewusstsein der verschiedenen Marketingansätze gerückt. Hier kann vielleicht eine Parallele zum Personalmarketing gezogen werden. Auch das Personalmarketing befasste sich zunächst ausschließlich mit der Personalgewinnung. Erst später ist die Personalbindung als wesentliche zweite Zielsetzung hinzugekommen [vgl. Lippold 2011, S. 8].

3.8.1.1 Kundenmanagement

Angesichts der stärkeren Beachtung des Post-Sales-Geschäfts sind die Unternehmen gefordert, die Rahmenbedingungen zur Umsetzung von Kundenorientierung zu schaffen bzw. zu verbessern. Dazu zählt nicht nur die Auswahl der einzelnen Bausteine der Kundenorientierung, sondern vor allem deren Integration zu einem ganzheitlichen Kundenmanagement. Zu den Bausteinen eines integrierten Kundenmanagements zählen im Wesentlichen:

- ein Kundenbindungsmanagement zur Festigung individueller Kundenbeziehungen
- ein Qualitätsmanagement zur Verbesserung der Produktqualität
- ein Servicemanagement zur Verbesserung der Servicequalität
- ein Beschwerdemanagement zur Vermeidung von Kundenabwanderungen.

In Abbildung 3-79 ist der entsprechende Bezugsrahmen für diese Bausteine dargestellt.

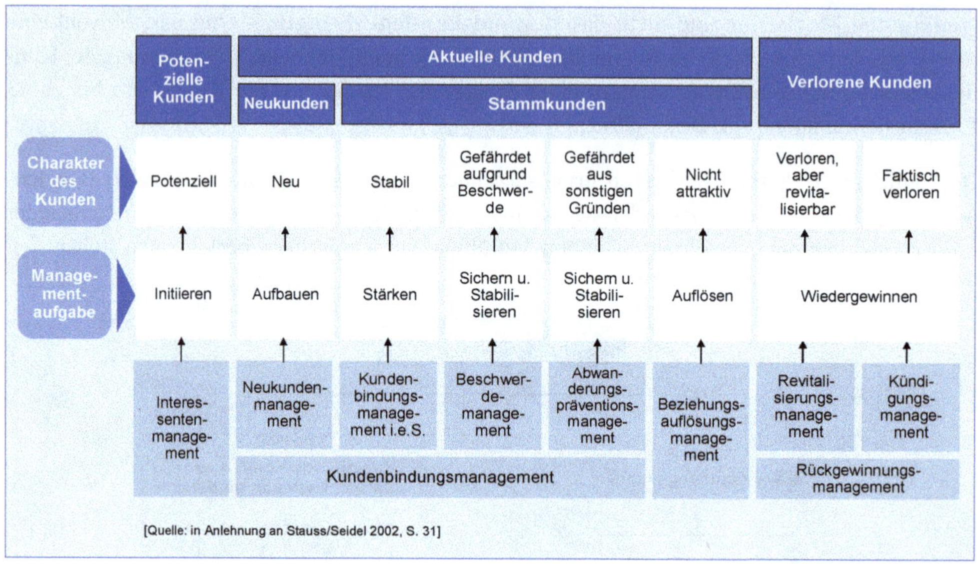

Poten-
zielle
Kunden
Aktuelle Kunden
Neukunden
Stammkunden
Verlorene Kunden
Charakter des Kunden
Potenziell
Neu
Stabil
Gefährdet aufgrund Beschwer-de
Gefährdet aus sonstigen Gründen
Nicht attraktiv
Verloren, aber revita-lisierbar
Faktisch verloren
Manage-ment-aufgabe
Initiieren
Aufbauen
Stärken
Sichern u. Stabili-sieren
Sichern u. Stabili-sieren
Auflösen
Wiedergewinnen
Interes-senten-manage-ment
Neukunden-manage-ment
Kunden-bindungs-manage-ment i.e.S.
Beschwer-de-manage-ment
Abwan-derungs-präventions-manage-ment
Beziehungs-auflösungs-manage-ment
Revitali-sierungs-manage-ment
Kündi-gungs-manage-ment
Kundenbindungsmanagement
Rückgewinnungs-management
[Quelle: in Anlehnung an Stauss/Seidel 2002, S. 31]

Abb. 3-79: Bausteine eines integrierten Kundenmanagements

Neben den oben genannten inhaltlichen Bausteinen ist der **prozessuale Charakter** kennzeichnend für das Kundenmanagement. Dabei steht die Fokussierung auf Interaktionsprozessen und nicht auf Distributionsprozessen im Vordergrund. Ein weiteres Kennzeichen ist der direkte Fokus auf die einzelne Kundenbeziehung und damit auch die Möglichkeit zur Kundenabgrenzung.

Kundenmanagement beinhaltet die Planung, Steuerung und Kontrolle der kommunikativen Interaktionsprozesse eines Anbieters mit potentiellen oder vorhandenen Kunden zur Generierung und Pflege von Kundenbeziehungen über den gesamten Kundenlebenszyklus hinweg.

Um die einzelnen Ziele und Aktivitäten des Kundenmanagements zu charakterisieren, bietet es sich an, die **Zielgruppen** des Kundenmanagements in potentielle Kunden (Interessenten), Neukunden, Stammkunden und verlorene Kunden zu unterteilen. Ordnet man nunmehr den Zielgruppen die jeweils opportune Managementaktivität zu, so ergibt sich das in Abbildung 3-80 gezeigte Schema.

Mit dem Aktionsfeld *Betreuung* wird ein Handlungsrahmen vorgelegt, der im Sinne einer konsequenten **Kundenorientierung** neben dem **Kundenbindungsmanagement** auch das **Qualitäts-, Service- und Beschwerdemanagement** als Steuerungssysteme mit einbezieht. Aufgabe dieser Steuerungssysteme ist es, unternehmensexterne und unternehmensinterne Faktoren (z. B. Heterogenität der Kundenerwartungen, Breite des Produktangebots) quasi als Störfaktoren in den Griff zu bekommen [vgl. Bruhn 2012a, S. 11 ff.].

	Kundenbindungs-management	Qualitäts-management	Service-management	Beschwerde-managment
Analyse	Abwanderungs-analyse	Qualitätsmessung	Servicebedarf	Beschwerde-analyse
Ziele	Festigung individueller Kundenbeziehungen	Verbesserung der Produktqualität	Verbesserung der Servicequalität	Wiederherstellung der Kunden-zufriedenheit
Strategien	Kundenbindungs-strategie	Qualitätsstrategie	Servicestrategie	Festlegung der Beschwerde-prozesse
Umsetzungs-planung	Kundenbindungs-instrumente	Qualitätssicherungs-instrumente	Serviceinstrumente	Instrumente des Beschwerde-managements

[Quelle: in Anlehnung an Bruhn 2012a, S. 20]

Abb. 3-80: Bereiche des Kundenmanagements

3.8.1.2 Transaktionsmanagement vs. Beziehungsmanagement

Das **Beziehungsmanagement** (engl. *Relationship Management*) wird inzwischen unter dem Begriff Customer Relationship Management (CRM) immer stärker als ein wesentlicher, erfolgsbestimmender Managementansatz gesehen. Das Beziehungsmanagement hat seinen Ursprung im B2B-Bereich und hier insbesondere im System- und Anlagengeschäft, wo besonders vielschichtige und intensive Kundenbeziehungen typisch sind. Zunehmend wird dieser Ansatz aber auch im Konsumgüterbereich angewendet [vgl. Becker, J. 2009, S. 628].

Prinzipiell steht das Beziehungsmarketing im Gegensatz zum **Transaktionsmanagement**, bei der die *„übliche instrumentelle, eher auf den kurzfristigen Erfolg ausgerichtete Einwegbetrachtung"* [Meffert et al. 2008, S. 41] – also der reine Verkaufsakt – im Vordergrund steht. Als prozessuale und ganzheitliche Betrachtung der Austauschbeziehungen zwischen Anbieter und Nachfrager ist das Beziehungsmarketing dagegen beeinflusst von den betriebswirtschaftlichen Zusammenhängen zwischen **Kundenbindung und Gewinnerzielung**. So ist die Neukundengewinnung etwa fünf bis sieben Mal teurer als die Kundenbindung (engl. *Customer Retention*). Damit wird zugleich deutlich, dass die nachhaltige Pflege der Kundenbeziehung zugleich auch zur Steigerung des Unternehmenswertes beiträgt [vgl. Becker, J. 2019, S. 631].

Die Gegenüberstellung darf aber nicht so verstanden werden, dass das Beziehungsmanagement dem Transaktionsmanagement immer und in jeder Weise überlegen ist. Welcher der bessere Weg ist, hängt weniger von der Branche, sondern mehr von den Wünschen und Vorstellungen des einzelnen Kunden ab. Eine Vielzahl von Kunden schätzt ein umfassendes Leistungspaket des Lieferanten und bleibt lange Zeit Stammkunde. Andere Kunden hingegen zielen auf Kostenvorteile und wechseln bei niedrigeren Kosten sofort den Lieferanten. Insofern ist das Beziehungsmarketing nicht bei allen Kunden der richtige Ansatz, da sich die hohen Aufwendungen der Beziehungspflege nicht immer bezahlt machen. Bei Kunden jedoch, die sich gern auf ein bestimmtes Produkt festlegen und zudem eine kontinuierliche und gute Betreuung erwarten, ist das Beziehungsmanagement ein außerordentlich wirkungsvolles Instrument [vgl. Kotler et al. 2007, S. 842 unter Bezugnahme auf Anderson/Narus 1991, S. 95 ff.].

Auch das klassische Konsumgüter- sowie das Dienstleistungsmarketing haben zwischenzeitlich erkannt, dass eine auf Dauerhaftigkeit angelegte Beziehungspflege von besonderer Bedeutung ist. Grundvoraussetzung einer dauerhaften Beziehung ist der Aufbau von **Vertrauen**. So verwundert es auch nicht, dass die Deutsche Bank ihren Slogan *„Vertrauen ist der Anfang von allem"* zur Grundlage ihrer Geschäftsbeziehung gemacht hat.

3.8.1.3 Kundenwert

Es ist wissenschaftlich und praktisch nachgewiesen, dass der unternehmerische Erfolg durch eine systematische Pflege der Kundenbeziehungen gesteigert werden kann. Höhere Wiederkaufsraten, Weiterempfehlungen (engl. *Reference Selling*), Loyalität, Überkreuz-Verkauf (engl. *Cross Selling*) und eine geringere Preissensibilität sind Belege für die hohe Bedeutung langfristiger Kundenbeziehungen. Der Wert eines Kunden bzw. die monetäre Bewertung von Beziehungsinvestitionen ist somit eine wichtige Steuerungsgröße für das **Kundenbindungsmanagement** [vgl. Bruhn 2012a, S. 245 f. und die dort angegebene Literatur].

Der (monetäre) **Kundenwert** ist die Differenz zwischen den zum Aufbau und zur Aufrechterhaltung einer Kundenbeziehung entstehenden Kosten und den Umsätzen, die vom Kunden über den gesamten Kundenlebenszyklus generiert werden.

Auf der Erlösseite setzt sich der Kundenwert aus folgenden Teilwerten zusammen [vgl. Bauer et al. 2006, S. 49 ff.]:

- **Basiswert** als jährlicher monetärer Mindestbeitrag eines Kunden aus dem Basisgeschäft (z. B. die Grundgebühren bei Mobilfunk- oder Abonnementkunden)
- **Loyalitätswert** als zusätzlicher Wertbeitrag eines Kunden, der durch zusätzliche Intensivierung der Geschäftsbeziehung verursacht wird (z. B. höhere Kaufintensität oder höhere Kauffrequenz)
- **Cross-Selling-Wert**, der beim „Überkreuz-Verkauf" von Produkten und Dienstleistungen für einen anderen Geschäftsbereich entsteht
- **Referenzwert**, der durch Weiterempfehlung von zufriedenen und loyalen Kunden außerhalb der bestehenden Geschäftsbeziehung entsteht
- **Informations- und Kooperationswert**, der durch einen intensiven Informations- und Erfahrungsaustausch zwischen dem Anbieterunternehmen und dem Kunden entsteht und zu zusätzlichen Wertbeiträgen führt (z. B. Entwicklungskooperation mit Lead Usern oder Effizienzverbesserungen bei Prozessinnovationen).

Umsätze aus dem Basis-, Loyalitäts- und Cross-Selling-Wert entstehen direkt aus Transaktionen und werden daher als **Transaktionswerte** bezeichnet. Im Gegensatz dazu beschreiben der Referenz- sowie der Informations- und Kooperationswert die **Interaktionswerte**, die nur indirekt monetär sind und auf Interaktionen des Kunden mit anderen (potenziellen) Kunden oder auf Kunden-Anbieter-Interaktionen basieren [vgl. Bauer et al. 2006, S. 49].

Der Kundenwert nimmt im Rahmen einer Geschäftsbeziehung eine zentrale Rolle ein, denn der Kunde stellt dem Unternehmen eine existenzkritische Ressource in Form von Umsätzen zur Verfügung. Der Kundenwert kann zur Planung, Steuerung und Kontrolle sämtlicher Marketingmaßnahmen eingesetzt werden, um den richtigen Kunden zum richtigen Zeitpunkt mit den richtigen Argumenten ein entsprechendes Angebot zu unterbreiten. Dabei spielt es keine Rolle, in welcher Phase des Kundenlebenszyklus sich die Kundenbeziehung gerade befindet.

3.8.1.4 Customer Relationship Management

Auch CRM steht für die konsequente Ausrichtung aller Unternehmensprozesse auf den Kunden. Der Kerngedanke des CRM ist das systematische Management der existierenden Kundenbeziehungen mit Hilfe von informationstechnologischen Konzepten.

Customer Relationship Management (CRM) ist eine ganzheitliche, kundenorientierte Philosophie, die sich Informations- und Kommunikationstechnologien bedient, um den Kundenwert zu steigern [vgl. Leußer et al. 2011, S. 18].

Mit CRM-Softwaresystemen zur Archivierung und Verarbeitung von Kundendaten lassen sich besonders wertvolle Kundengruppen identifizieren und mit gezielten Maßnahmen der Kundenbindung an das Unternehmen binden.

Generell beruht der Erfolg von CRM auf der Beantwortung folgender strategischer Fragen [vgl. Rapp 2000, S. 46 f.]:

- Welche Kunden sind die profitabelsten in der Dauer der Kundenbeziehung und wie unterscheiden sich diese in ihrem Verhalten und ihren Prozessen?
- Welche Leistungen und Personalisierungsangebote müssen geboten werden, damit sie dem Unternehmen langfristig verbunden bleiben?
- Wie können ähnliche neue profitable Kunden nachhaltig gewonnen werden?
- Wie lässt sich ein differenziertes Leistungsangebot für unterschiedliche Kunden entwickeln ohne die Kosten zu erhöhen?

Zur Beantwortung der obenstehenden Fragen benötigen Unternehmen differenzierte Daten über ihre Kunden. Dabei geht es nicht mehr um die Optimierung einzelner Verkaufsabschlüsse, sondern um das Denken in langfristigen Geschäftsbeziehungen mit dem Ziel der wertorientierten Unternehmensführung. Die Analyse der Kundenbeziehung besteht demgemäß in der Erfassung und Auswertung des dynamischen Verlaufs aller Kundendaten in der **Kundenhistorie**. Diese sind zumeist in mehr oder weniger strukturierter Form (als numerische Daten, als Fließtext, als Grafiken etc.) in verschiedenen Kunden- oder Produktdatenbanken des Unternehmens vorhanden.

Für Zwecke des Customer Relationship Managements müssen diese Daten in geeigneten IT-gestützten CRM-Systemen zusammengefügt werden, um die notwendigen Kundeninformationen herausfiltern zu können. Wesentliche Instrumente dazu sind Data Warehouse- und Data Mining-Systeme [vgl. Becker, J. 2019, S. 633 und Götz et al. 2012, S. 371].

Beim **Data Warehouse** handelt es sich um ein speziell für die Entscheidungsfindung aufgebautes Informations- bzw. Datenlager (Datenbank), in dem Daten aus unternehmensweiten, operativen IT-Systemen (Call Center, Internet, Vertrieb etc.) gesammelt, transformiert, konsolidiert, gefiltert und fortgeschrieben werden.

Im Prinzip handelt es sich um ein Versandhaus, bei dem die Nutzer Daten bestellen, um bestimmte Aufgaben besser lösen zu können. Für das Kundenmanagement besteht das Data Warehouse aus kundenbezogenen Daten (Bestands-, Potenzial-, Aktions- und Reaktionsdaten), auf die im Idealfall alle Mitarbeiter mit Kundenkontakt zur gleichen Zeit stationär oder während eines Besuchstermins beim Kunden per Notebook oder iPad zugreifen und bei Bedarf aktualisieren können [vgl. Görgen 2014, S. 61].

Das **Data Mining** dient dazu, aus diesem Datenlager mit Hilfe mathematisch-statistischer Verfahren wertvolle Informationen zu extrahieren, um Muster, Abhängigkeiten und Wirkungszusammenhänge aufzuspüren und so aus dem Verhalten der Vergangenheit Aufschluss über das zukünftige Kundenverhalten sowie über das Kundenpotenzial zu erhalten.

Der Begriffsbestandteil Mining hat seinen Ursprung im Bergbau, wo die Gewinnung von Edelmetallen mit einem zum Teil hohen, aber lohnenden Aufwand verbunden ist [vgl. Rapp 2000, S. 73 ff.].

Schließlich noch ein weiterer Aspekt, der beim Auf- und Ausbau eines nachhaltigen CRM zukünftig eine bedeutende Rolle spielen wird: der Trend zur Kommunikation über Social Media. Bereits in wenigen Jahren wird es selbstverständlich sein, Kundenanfragen über Blogs zu beantworten oder Podcasts zur Erläuterung der Produktnutzung online zu stellen. 70 Prozent der Teilnehmer einer Detecon-Studie zum „Kundenservice der Zukunft" glauben, dass Social Media ein bedeutender Servicekanal der Zukunft ist.

Unternehmen werden künftig wesentliche Prozesse des Kundenservice über öffentliche Dialoge abwickeln und Kundenbindung auf einer neuen, viel persönlicheren Ebene etablieren. Social Media wird so immer mehr zu einer Herausforderung im Rahmen des Zufriedenheits-, Beschwerde- und Kündigungsmanagements – zum Social CRM. Diesen Austausch aktiv zu gestalten, ihn zu moderieren, wird ein wichtiges Merkmal des Kundenservice der Zukunft sein [vgl. Detecon 2010, S. 4 ff.].

Das Softwaremodul SAP CRM ist ein Beispiel dafür, wie sich die einzelnen Teilprozesse eines CRM-Systems zu einer integrierten Gesamtlösung softwaretechnisch zusammenführen lassen. Abbildung 3-81 liefert einen Überblick über den Zusammenhang der SAP CRM-Komponenten.

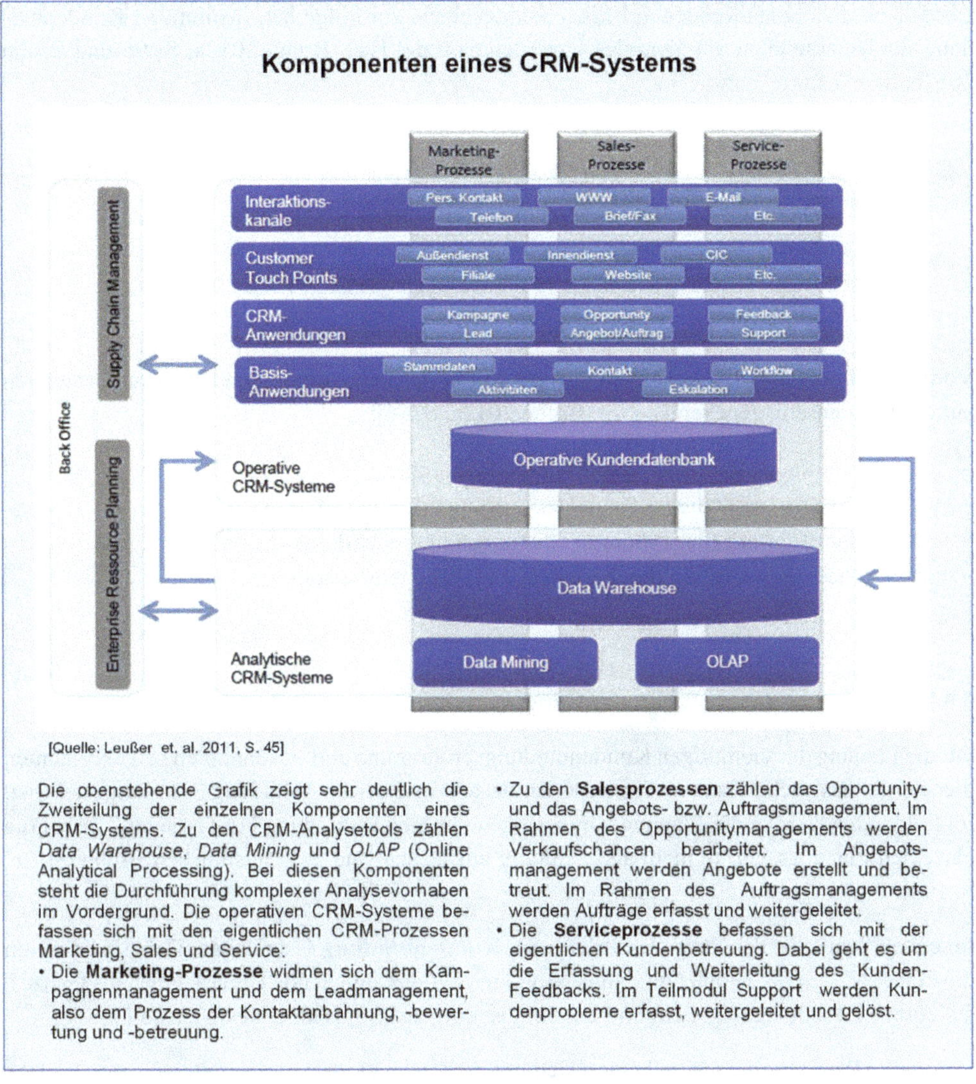
Komponenten eines CRM-Systems
Marketing-Prozesse
Sales-Prozesse
Service-Prozesse
Interaktions-kanäle
Pers. Kontakt
WWW
E-Mail
Telefon
Brief/Fax
Etc.
Customer Touch Points
Außendienst
Innendienst
CIC
Filiale
Website
Etc.
CRM-Anwendungen
Kampagne
Opportunity
Feedback
Lead
Angebot/Auftrag
Support
Basis-Anwendungen
Stammdaten
Kontakt
Workflow
Aktivitäten
Eskalation
Supply Chain Management
Back Office
Enterprise Ressource Planning
Operative CRM-Systeme
Operative Kundendatenbank
Data Warehouse
Analytische CRM-Systeme
Data Mining
OLAP

[Quelle: Leußer et. al. 2011, S. 45]

Die obenstehende Grafik zeigt sehr deutlich die Zweiteilung der einzelnen Komponenten eines CRM-Systems. Zu den CRM-Analysetools zählen *Data Warehouse*, *Data Mining* und *OLAP* (Online Analytical Processing). Bei diesen Komponenten steht die Durchführung komplexer Analysevorhaben im Vordergrund. Die operativen CRM-Systeme befassen sich mit den eigentlichen CRM-Prozessen Marketing, Sales und Service:

- Die **Marketing-Prozesse** widmen sich dem Kampagnenmanagement und dem Leadmanagement, also dem Prozess der Kontaktanbahnung, -bewertung und -betreuung.
- Zu den **Salesprozessen** zählen das Opportunity- und das Angebots- bzw. Auftragsmanagement. Im Rahmen des Opportunitymanagements werden Verkaufschancen bearbeitet. Im Angebotsmanagement werden Angebote erstellt und betreut. Im Rahmen des Auftragsmanagements werden Aufträge erfasst und weitergeleitet.
- Die **Serviceprozesse** befassen sich mit der eigentlichen Kundenbetreuung. Dabei geht es um die Erfassung und Weiterleitung des Kunden-Feedbacks. Im Teilmodul Support werden Kundenprobleme erfasst, weitergeleitet und gelöst.

Abb. 3-81: Komponenten eines CRM-Systems

3.8.2 Kundenbindungsmanagement

Kundenbindung wird in erster Linie nicht durch die Einführung einzelner Kundenbindungsinstrumente (z. B. Kundenkarten oder Kundenclubs) erreicht, sondern dadurch, dass die Kundenerwartungen aufgrund eines kundenorientierten Angebotes erfüllt werden und der Kunde mit den Leistungen des Anbieters zufrieden ist. Es kann daher ein direkter Zusammenhang zwischen Kundenbindung, Kundenorientierung und Kundenzufriedenheit unterstellt werden, so dass man von der in Abbildung 3-82 abgebildeten Erfolgskette sprechen kann. Als dritter Faktor der Erfolgskette ist die Kundenbindung dem ökonomischen Erfolg direkt vorgelagert, weil sie

Erlös- bzw. Erfolgswirkungen auf Einzelkundenebene zur Folge hat. Insofern ist Kundenbindung für Unternehmen ein zentrales Unternehmensziel [vgl. Bruhn 2012a, S. 96 und Bruhn 2012b, S. 157 f.].

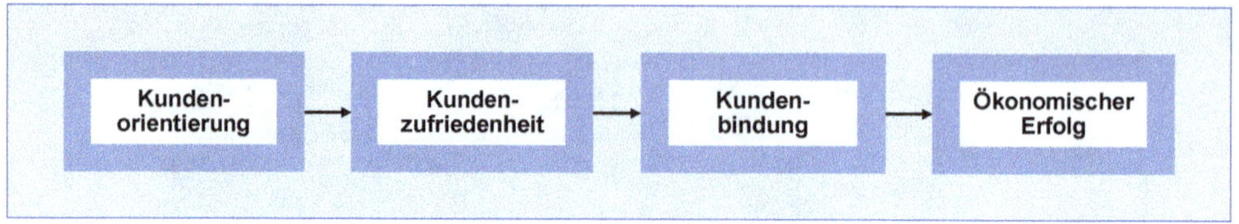
Kunden-
orientierung
Kunden-
zufriedenheit
Kunden-
bindung
Ökonomischer
Erfolg

Abb. 3-82: Die Erfolgskette im Kundenmanagement

Von Kundenbindung wird gesprochen, wenn mindestens eine der folgenden Voraussetzungen auf der Kundenseite gegeben ist [vgl. Bruhn 2012a, S. 96]:

- **Wiederholkauf** (der bisherigen Produkte/Leistungen)
- **Cross Buying** (zusätzlicher Produkte/Leistungen)
- **Weiterempfehlung** (der Produkte/Leistungen und/oder des Anbieters)
- **Preiserhöhungstoleranz** (bei bestehenden Produkten/Leistungen).

3.8.2.1 Planungsdimensionen der Kundenbindung

Für die Planung der vielfältigen Kundenbindungsprogramme und -maßnahmen soll ein Rahmen dienen, der aus sechs Planungsdimensionen besteht und der in Abbildung 3-83 dargestellt ist. Im Folgenden werden die Planungsdimensionen der Kundenbindung kurz erläutert, wobei die einzelnen Planungsschritte nicht als fakultativ anzusehen sind [vgl. ausführlich Bruhn 2012a, S. 100]:

Im ersten Schritt ist das **Planungsobjekt der Kundenbindung** festzulegen. Dabei geht es um die Frage, ob sich die Kundenbindungsaktivitäten auf das anbietende Unternehmen als Ganzes, auf einzelne Produkte (Marken) und Leistungen oder auf den Handel beziehen sollen.

Die zweite Planungsdimension befasst sich mit der **Zielgruppe der Kundenbindung**. Welche Kunden bzw. Kundengruppen sind strategisch bedeutsam? Welche Kunden zählen zu den definierten Geschäftsfeldern? Als Beurteilungskriterien für das Ertragspotenzial der Kunden können die Dauer der Kundenbeziehung, die bisher getätigten Umsätze oder auch die Funktion des Kunden als Multiplikator herangezogen werden. Ähnlich der Portfolio-Analyse für Produkte oder Geschäftseinheiten (siehe Abschnitt 2.3.3.3) lassen sich auch Portfolio-Analysen für Kunden im Rahmen einer 4-Felder-Matrix durchführen.

Zur Einordnung der aktuellen Kunden werden das geschätzte Ertragspotenzial und der individuelle Kundenwert als Ordinaten herangezogen. Analog zum Produktportfolio können vier Kundengruppen – Star-, Ertrags-, Selektions- und Fragezeichenkunden – unterschieden werden.

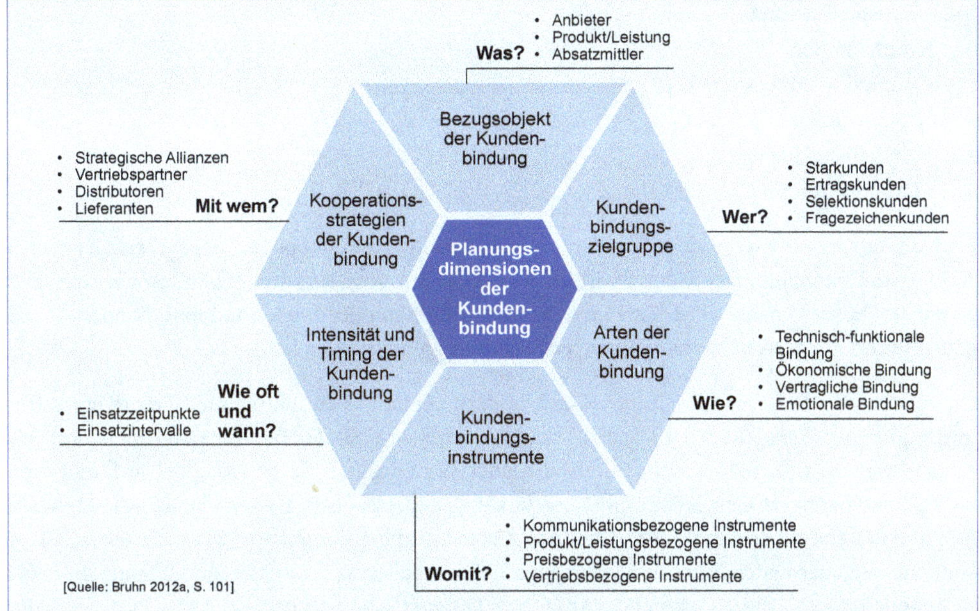
Was?
• Anbieter
• Produkt/Leistung
• Absatzmittler
Bezugsobjekt der Kundenbindung
• Strategische Allianzen
• Vertriebspartner
• Distributoren
• Lieferanten
Mit wem?
Kooperationsstrategien der Kundenbindung
Kundenbindungszielgruppe
Wer?
• Starkunden
• Ertragskunden
• Selektionskunden
• Fragezeichenkunden
Planungsdimensionen der Kundenbindung
Intensität und Timing der Kundenbindung
Wie oft und wann?
• Einsatzzeitpunkte
• Einsatzintervalle
Arten der Kundenbindung
Wie?
• Technisch-funktionale Bindung
• Ökonomische Bindung
• Vertragliche Bindung
• Emotionale Bindung
Kundenbindungsinstrumente
Womit?
• Kommunikationsbezogene Instrumente
• Produkt/Leistungsbezogene Instrumente
• Preisbezogene Instrumente
• Vertriebsbezogene Instrumente
[Quelle: Bruhn 2012a, S. 101]

Abb. 3-83: Planungsdimensionen der Kundenbindung

In einem weiteren Schritt ist zu planen, welche **Art der Kundenbeziehung** verfolgt werden soll. Im Mittelpunkt steht dabei die Bindung über Kundenzufriedenheit, also die emotionale Bindung. Weitere Bindungsarten sind die technisch-funktionale Bindung (z. B. bei Reparaturen), die ökonomische Bindung (ein Wechsel der Kundenbeziehung wäre für den Kunden unwirtschaftlich) sowie die vertragliche Bindung, bei der der Kunde durch rechtlich zwingende Vereinbarungen an den entsprechenden Anbieter gebunden ist.

Intensität und Timing der Kundenbindung ist eine weitere Planungsdimension der Kundenbindung. Geplant werden muss, wann und mit welcher Intensität die ausgewählten Kundenbindungsinstrumente eingesetzt werden. Dazu zählen die konkreten Einsatzzeitpunkte ebenso wie die Einsatzintervalle und der konkrete Ablauf der Kundenbindungsaktion.

Im letzten Schritt sind mögliche **Kooperationsstrategien der Kundenbindung** zu planen. Dazu ist zunächst zu prüfen, ob sich die Ziele der Kundenbindung mit anderen Unternehmen leichter und effizienter erreichen lassen. Als Kooperationspartner kommen in erster Linie Lieferanten, Vertriebspartner oder sogar strategische Allianzen mit Wettbewerbern in Frage.

3.8.2.2 Kundenbindungsinstrumente im B2C-Marketing

Die Einsicht, dass ökonomischer Erfolg in starkem Maße von der Bindung einmal gewonnener Kunden abhängt, hat sich – wie oben bereits erwähnt – zunehmend auch im B2C-Marketing durchgesetzt. So gehen immer mehr Unternehmen dazu über, Kundenbindungsprogramme zu initiieren und umzusetzen. Zu den wichtigsten **Kundenbindungsprogrammen** im B2C-Bereich, die sich zumeist überschneiden und sich daher kaum voneinander trennen lassen, zählen u.a.:

- Bonusprogramme
- Kundenkarten
- Couponing (Rabattmarken)
- Kundenclubs
- Kundenzeitschriften
- Online-Marketing/Social Media.

Bonusprogramme bieten dem Kunden eine finanzielle Belohnung für seine Treue zu einem Anbieterunternehmen. Der Bonus wird in der Regel am vom Kunden getätigten Umsatz festgemacht. Dieser Umsatz wird mit Punkten, Rabattmarken oder Meilen belohnt, die der Kunde gegen Prämien, Gutscheine oder eine Rückerstattung eintauschen kann.

Die **Kundenkarte** ist ein klassisches Kundeninstrument und sehr häufig auch Träger eines Bonusprogramms. Kundenkarten können als Bonuskarten (z. B. Topbonus, Miles & More), als Zugangskarten (z. B. SIM-Karte), als Kredit- oder Vorteilskarten (z. B. DouglasCard) und auch im Verbund mehrerer Geschäfte und Dienstleistungsanbieter (z. B. DeutschlandCard, Payback) fungieren (siehe Abbildung 3-84). Darüber hinaus ist die Kundenkarte zugleich auch Träger kundenbezogener Daten, die es erlauben, das Kaufverhalten zu analysieren und Kundenprofile zu erstellen. Durch die zunehmende Angst vor Datenmissbrauch hat die Akzeptanz der Kundenkarte allerdings abgenommen [vgl. Schenk 2007, S. 226].

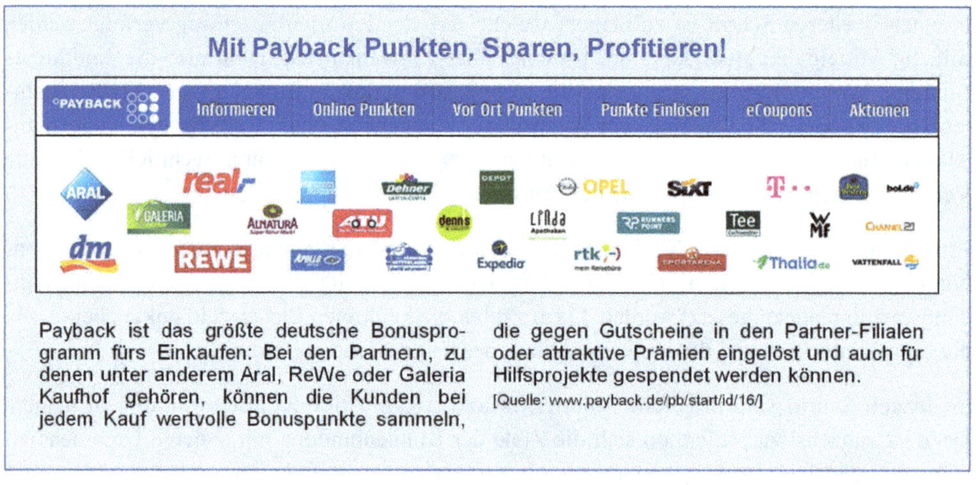
Mit Payback Punkten, Sparen, Profitieren!
PAYBACK
Informieren
Online Punkten
Vor Ort Punkten
Punkte Einlösen
eCoupons
Aktionen
ARAL
real,-
GALERIA
dm
REWE
Alnatura
OPEL
SIXT
Expedia
rtk
Thalia
Tee

Payback ist das größte deutsche Bonusprogramm fürs Einkaufen: Bei den Partnern, zu denen unter anderem Aral, ReWe oder Galeria Kaufhof gehören, können die Kunden bei jedem Kauf wertvolle Bonuspunkte sammeln, die gegen Gutscheine in den Partner-Filialen oder attraktive Prämien eingelöst und auch für Hilfsprojekte gespendet werden können.
[Quelle: www.payback.de/pb/start/id/16/]

Abb. 3-84: „Mit Payback punkten, sparen, profitieren"

Das **Couponing** nutzt den Grundgedanken der (guten, alten) Rabattmarke. Die häufigste Coupon-Art ist daher der Rabatt-Coupon, bei dem gegen Abgabe eines Couponheftes dem Verbraucher die beworbenen Vergünstigungen des jeweiligen Anbieters eingeräumt werden. Zwischenzeitlich können Coupons auch über das Smartphone abgerufen werden (engl. *Mobile Couponing*).

Kundenclubs zählen zu den wirksamsten Instrumenten der Kundenbindung. Sie werden grundsätzlich vom Anbieterunternehmen initiiert und organisiert. Zu den wichtigsten Club-Typen zählen Fan-Clubs (z. B. Erdinger Weißbräu-Club, Pro-7-Club), VIP-Clubs (z. B. Airport-Club

Frankfurt), Lifestyle-Clubs (z. B. Davidoff-Club), Product-Interest-Clubs (z.B. Dr. Oetker-Back-Club) sowie Kundenvorteils-Clubs (z. B. Ikea Family Club).

Kundenzeitschriften sind Publikationen von Herstellern oder Handelsunternehmen, die überwiegend unentgeltlich an den aktuellen Kundenstamm verschickt werden. Nach Schätzungen gibt es rund 2.400 Titel in Deutschland.

Im Bereich **Online-Marketing/Social Media** gehören elektronische Newsletter zu den beliebtesten Kundenbindungsinstrumenten. Zunehmende Bedeutung erlangen Social-Media-Plattformen und Weblogs, in denen Kunden ihre Produkterfahrungen austauschen können.

Nicht alle Kundenbindungsprogramme sind erfolgreich. Häufig sehen die Kunden keinen echten Vorteil für sich. Teilweise sind die Programme zu kompliziert oder die Rabatte bzw. Prämien zu unattraktiv. Bei Kundenkartenprogrammen kommt hinzu, dass die Steckkartenplätze im Geldbeutel des Konsumenten schon belegt sind. Als Erfolgsfaktoren für Kundenbindungsprogramme haben ein einfacher Anmeldeprozess, die emotionale Bindung des Kunden und finanzielle Vorteile die größte Bedeutung.

Allerdings sind mit der Einführung von Kundenbindungsprogrammen auch Risiken verbunden. In einer Roland Berger-Studie [2003, S. 29] werden dazu folgende Risiken genannt:

- Unklare strategische Einordnung des Programms
- Fehlende Quantifizierbarkeit der Kosten-Nutzen-Effekte
- Fehlendes Anwendungs-Know-how für die Umsetzung
- Probleme bei der IT-Umsetzung
- Fehlende Unterstützung durch das Top-Management.

3.8.2.3 Kundenbindungsinstrumente im B2B-Marketing

Kundenbindungsprogramme im B2B-Marketing zeichnen sich dadurch aus, dass sie sich wesentlich stärker personifizieren lassen. Die Anzahl der Kunden/Organisationen und damit auch die Anzahl der Zielpersonen für Bindungsmaßnahmen sind im Gegensatz zum Endverbraucherbereich zumeist sehr überschaubar. Aus diesem Grunde werden Bonusprogramme, Kundenkarten und das Couponing im B2B-Marketing weniger eingesetzt. Eine Ausnahme bilden die Business-Kunden der großen Luftfahrtgesellschaften (z. B. das Lufthansa Miles-and-More-Programm mit der Senator-Card). Auch andere Unternehmen, die einen Großteil ihres Umsatzes mit B2C-Kunden erzielen, haben Geschäftskundenbereiche eingerichtet (z. B. Vodafone oder BMW), um diese Zielgruppen mit besonderen Bindungsprogrammen gezielter und nachhaltiger betreuen zu können.

Zu den wichtigsten allgemeinen Kundenbindungsmaßnahmen im B2B-Geschäft zählen Kundenveranstaltungen (Event Marketing), Kunst- und Sportveranstaltungen, Kundenclubs sowie Kundenzeitschriften.

Zu **Kundenveranstaltungen** wird in mehr oder weniger regelmäßigen Abständen ein relativ kleiner Kreis aus Geschäftskunden eingeladen. Besonders bewährt hat sich dabei die Form des

Kamingesprächs, bei der zu Beginn der Veranstaltung ein politisches oder wirtschaftliches Thema von allgemeiner Bedeutung referiert wird. Ein solches Referat bietet den Aufhänger für Diskussionen und für das anschließende Get-together. Die Exklusivität der Veranstaltung vermittelt bei den eingeladenen Gästen den Eindruck, besonders bevorzugt behandelt zu werden.

Eine ähnliche Zielsetzung verfolgen **Kunst- und Sportveranstaltungen**. Auch hier steht im Hintergrund, bewusst geschäftsfremde Themen (wie Ballett, Theater, Malerei, Konzert oder Sport) zum Anlass für ein Get-together auszusuchen. Besonders die VIP-Bereiche bei großen Sportveranstaltungen (Fußball, Basketball, Handball, Eishockey) bieten eine gute Gelegenheit, unmittelbar mit dem Kunden ins Gespräch zu kommen. Besonders nachgefragt sind in jüngster Zeit Einladungen zu firmeneigenen Golfturnieren. Sehr häufig sind diese Veranstaltungen, die von unternehmensfremden Organisatoren initiiert und durchgeführt werden, in engem Zusammenhang mit den **Sponsoring-Aktivitäten** des Unternehmens zu sehen.

Kundenclubs, die ihren Ursprung im Endkundensegment haben (z. B. Dr. Oetker-Back- Club), werden zunehmend auch im B2B-Segment als Bindungsmaßnahme ins Leben gerufen. Beispiele sind der RWE Business Club oder der Grohe Profi Club. Solche Clubs bieten einem ausgewählten Segment exklusive Leistungen und Services an. Durch regelmäßige Kontakte und eine intensive Kommunikation bauen sie eine emotionale Bindung zum Unternehmen auf.

Eine weitere, sehr häufig angewendete Kundenbindungsmaßnahme (wie auch im B2C-Bereich) sind **Kundenzeitschriften**, die einem ausgewählten Verteilerkreis zugänglich gemacht werden. Informationen über Neuentwicklungen, Produktmodifikationen und Aktivitäten im Bereich des Corporate Social Responsibility (CSR) bilden den Inhalt dieser teilweise sehr hochwertig aufgemachten Zeitschriften. Bei **Newslettern** ist die Wertigkeit dagegen weniger gegeben.

Insbesondere in ihrer Gründungs- und Wachstumsphase messen viele Unternehmen im B2B-Bereich und hier speziell im **Hightech-Bereich** dem akquisitorischen Potenzial im Kundenstamm nicht die gleiche Bedeutung wie dem Neugeschäft bei. Erst wenn sich das Wachstum verlangsamt, das Innovationspotenzial erlahmt oder der Wettbewerb bereits eine neue Produktgeneration einführt, wenden sich die B2B-Unternehmen verstärkt dem Folgegeschäft in der eigenen Kundenbasis zu. Das Absatzpotenzial bei bestehenden Kunden ist wiederum in zweierlei Hinsicht von strategischer Bedeutung [vgl. Lippold 1998, S. 238 ff.]:

Zum einen besteht die Möglichkeit, im Rahmen der bereits installierten Produktleistung zusätzliche Leistungen (Ergänzungskomponenten, Beratung) zu verkaufen. Diese Vorgehensweise bietet sich immer dann an, wenn der Kunde zunächst lediglich ein Basissystem oder nur bestimmte Teilkomponenten erworben hat.

Weiterhin bietet der aktuelle Hightech-Kundenkreis eine ideale Basis, um in dieser Zielgruppe die nächste **Produktgeneration** zu akquirieren. Da sich i.d.R. eine neue Produktgeneration weniger durch gravierende organisatorische, sondern mehr durch technologische Neuerungen auszeichnet, lässt sie sich innerhalb dieser Zielgruppe wesentlich leichter, d. h. ohne große Eingriffe in die bestehende Aufbau- und Ablauforganisation, einführen. Naturgemäß reicht das Absatzpotenzial im bestehenden Kundenstamm für sich genommen nicht aus. Als Plattform für die Ausweitung auf neue Segmente und Zielgruppen sowie zur Überbrückung schwerfälliger Anlaufphasen ist es aber sehr gut geeignet.

3.8.3 Qualitätsmanagement

Die Bedeutung des Qualitätsmanagements (QM) zur Steigerung der Kundenorientierung ist unbestritten. Eine dauerhafte Kundenbeziehung kann nur erreicht werden, wenn die Qualität der Produkte und Leistungen die Kundenerwartungen dauerhaft erfüllt oder sogar übertrifft. Qualität und Reputation zählen zu den entscheidenden Kriterien bei der Produktauswahl. Damit wird das Qualitätsmanagement zu einer zentralen Aufgabe des Kundenmanagements.

Qualität ist die bewertete Beschaffenheit eines Produktes oder einer Leistung (wie z. B. Stabilität, Zuverlässigkeit, Haltbarkeit, Fehlerfreiheit oder Schnelligkeit).

Der besondere Stellenwert der Qualität und deren Wechselwirkung zwischen Öffentlichkeitsarbeit und Werbung werden sehr prägnant in Abbildung 3-85 thematisiert.

Dreieck der Qualitätsentstehung

Wechselwirkung zwischen Qualitätsmanagement, Öffentlichkeit, Werbung

In unserer von hohen Standards, klaren Normen, lückenlosen Zulassungsverfahren, präzisen Kontrollsystemen, zuverlässigen Produkttests, anerkannten Zertifizierungen, vertrauenserweckendem Verbraucherschutz und überall verfügbaren Produktvergleichen gekennzeichneten Welt haben wir uns längst an Qualität und Qualitätsprodukte gewöhnt. Im Dreieck zwischen (a) ständigem Qualitätsmanagement und kontinuierlichen Verbesserungsprozessen bei Erzeugern, in der Weiterverarbeitung, bei Zuliefern, Herstellern und Händlern etc., (b) Marketing und Werbung sowie (c) einer superkritischen Öffentlichkeit, die gerade im Internetzeitalter jeden noch so kleinen Fehltritt penibel aufdeckt und gnadenlos bestraft, werden faktische (ebenso wie wünschenswerte und gefakte) Eigenschaften von Produkten und Dienstleistungen sowie die Güte von Gütern ständig hinterfragt, austariert und optimiert. Weil wir – ob als Privatkunde oder als Firmeneinkäufer, als Verbraucher, Arbeitnehmer, Manager oder Unternehmer – heute in fast allen Bereichen, in denen es auf Qualität ankommt, die Wahl haben, haben wir auch die Macht: Was die eigenen Qualitätsansprüche enttäuscht hat, wird einfach nicht mehr gekauft.

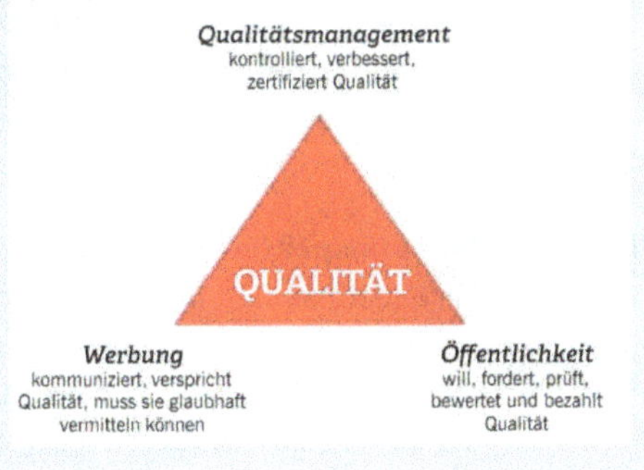
Qualitätsmanagement
kontrolliert, verbessert, zertifiziert Qualität
QUALITÄT
Werbung
kommuniziert, verspricht Qualität, muss sie glaubhaft vermitteln können
Öffentlichkeit
will, fordert, prüft, bewertet und bezahlt Qualität

[Quelle: Rauch 2013, S. 24]

Abb. 3-85: Dreieck der Qualitätsentstehung

Qualität ist als Erfolgsfaktor und Differenzierungsmerkmal unerlässlich. Qualität ist aber nicht nur ein wichtiges Argument zur Entscheidung für ein gutes Produkt oder einen fähigen Anbieter. Im Zusammenhang mit der prozessorientierten Betrachtungsweise ist der Qualitätsgedanke auch zum zentralen Konstrukt eines Managementansatzes geworden: **Total Quality Management** (TQM), das eine Optimierung aller Unternehmensprozesse unter dem Aspekt der Qualität anstrebt. Ohne hier detailliert auf die ganzheitliche Handlungs- und Denkhaltung von TQM eingehen zu wollen, sollen die drei wichtigen TQM-Faktoren, die für jedes Qualitätsmanagement von Bedeutung sind, kurz genannt werden [vgl. auch Schmitt/Pfeifer 2010 und Rothlauf 2010, S. 69 ff.]:

- **Kundenorientierung**, d. h. der Kunde bestimmt letztendlich, ob das Produkt oder die Dienstleistung qualitativ zufriedenstellend ist,
- **Mitarbeiterorientierung**, d. h. jeder Mitarbeiter ist in den Qualitätsprozess einzubeziehen, denn eine auf Vorbeugung basierende Qualitätsstrategie benötigt das Engagement aller am Wertschöpfungsprozess beteiligten Mitarbeiter,
- **Prozessorientierung**, d. h. jede Aktivität muss als Prozess betrachtet werden und beinhaltet somit ein ständiges Verbesserungspotenzial.

3.8.3.1 Qualitätsmanagementprozess

Grundsätzlich können vier Prozessphasen des Qualitätsmanagements unterschieden werden [vgl. Nissen 2007, S. 237 f.]:

1. Phase: **Qualitätsplanung**, die sich mit der Planung, Konkretisierung und Gewichtung von Qualitätsanforderungen an die Beratungsleistungen befasst. Diese münden ein in formal fixierte Qualitätsstandards und im Unternehmen kommunizierte Qualitätsgrundsätze.

2. Phase: **Qualitätslenkung** (auch Qualitätssteuerung), die alle Aktivitäten beinhaltet, um die definierten Qualitätsanforderungen zu erfüllen. Unterschieden werden dabei mitarbeiterbezogene Instrumente (z. B. Rekrutierungskriterien, Projektstaffing-Kriterien) Personalentwicklungsmaßnahmen, Zielvereinbarungen), kulturbezogene Instrumente (z. B. Kundenorientierung, Veränderungsbereitschaft) und organisationsbezogene Instrumente (z. B. Qualitätsmanager, Arbeitsanweisungen und Prozessvorgaben).

3. Phase: **Qualitätsprüfung**, die feststellt, ob die definierten Qualitätsanforderungen (insbesondere an den Beratungsprozess) in der Praxis umgesetzt werden. Dabei ist zu unterscheiden zwischen externen Methoden der Qualitätskontrolle (z.B. Kundenbefragungen) und internen Aufgaben der Qualitätsprüfung (z.B. Projektkontrollen, Mitarbeitergespräche).

4. Phase: **Qualitätsdarlegung**, die darauf abzielt, nach innen und außen Vertrauen in die eigene Qualitätsfähigkeit zu schaffen. Zu diesen vertrauensbildenden Maßnahmen zählen die Zertifizierung nach DIN EN ISO 9000 ff, die Durchführung von Qualitätsaudits sowie die Erstellung von QM-Handbüchern.

3.8.3.2 Instrumente des Qualitätsmanagements

Im Rahmen des Qualitätsmanagements bieten sich eine Vielzahl von Instrumenten an, die in der Unternehmenspraxis einen unterschiedlichen Stellenwert einnehmen. Daher werden im Folgenden nur diejenigen Qualitätsinstrumente skizziert, die die wesentlichen Qualitätskriterien besonders gut erfüllen. Zu den Instrumenten, die am häufigsten eingesetzt werden, zählen Qualitätsstandards. Diese sind naturgemäß von Branche zu Branche und von Geschäftsbereich zu

Geschäftsbereich unterschiedlich und sind häufig mit den Mindestanforderungen aus Kundensicht gleichzusetzen. Es gibt **Qualitätsstandards** für die Pflege, für Kitas und Schuleinrichtungen ebenso wie für das Druckereigewerbe oder Call Center und natürlich für jegliche Arten von Produkten.

Im Dienstleistungsbereich geht man zunehmend dazu über, die Qualität anhand von Ereignissen zu erfassen. Zu den bekanntesten Verfahren zählt die so genannte **Kontaktpunktanalyse**. Es handelt sich dabei um eine ablauforientierte Kundenbefragung, die auf der Erstellung eines so genannten Service-Blueprints basiert. Dieser visualisiert den Dienstleistungsprozess in einem Ablaufdiagramm. Dabei werden die Punkte gekennzeichnet, an denen Kunde und Anbieter einen Kontakt haben (engl. *Touchpoint*). In einer Line of Visibility werden alle für den Kunden sichtbaren Aktivitäten abgebildet, alle übrigen Aktivitäten werden hinter dieser Linie gezeigt (siehe Abbildung 3-86). Im Rahmen eines strukturierten Interviews werden die Kunden gebeten, den Ablauf des Serviceerlebnisses noch einmal „gedanklich-emotional" durchzugehen und ihre Eindrücke zu schildern. [vgl. Meffert/Bruhn 2012, S. 206 f.]:

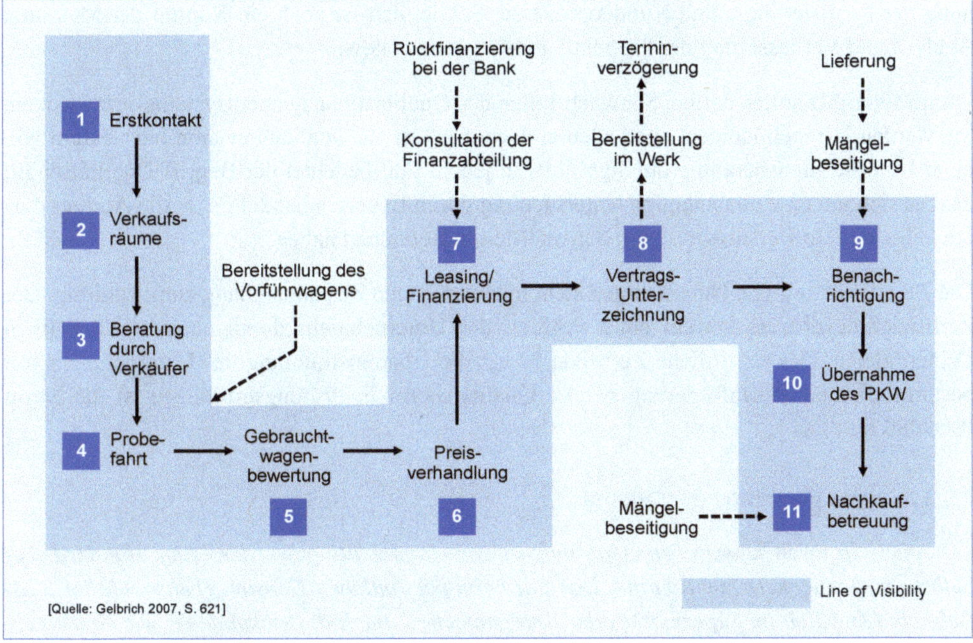
1 Erstkontakt
2 Verkaufsräume
3 Beratung durch Verkäufer
4 Probefahrt
Bereitstellung des Vorführwagens
Gebrauchtwagenbewertung
5
Preisverhandlung
6
Rückfinanzierung bei der Bank
Konsultation der Finanzabteilung
7
Leasing/ Finanzierung
Terminverzögerung
Bereitstellung im Werk
8
Vertrags-Unterzeichnung
Lieferung
Mängelbeseitigung
9
Benachrichtigung
10 Übernahme des PKW
Mängelbeseitigung
11 Nachkaufbetreuung
Line of Visibility
[Quelle: Gelbrich 2007, S. 621]

Abb. 3-86: Blueprint für den Neuwagenkauf

Die **Frequenz-Relevanz-Analyse von Problemen** (kurz: FRAP-Analyse) zählt zu den problemorientierten Analyseverfahren der Qualitätsplanung. Die FRAP-Analyse versucht, Aussagen über die Dringlichkeit der Problemerhebung zu ermitteln. Das Verfahren geht von der Annahme aus, dass ein Problem umso dringender der Aufmerksamkeit durch das Management bedarf, je häufiger es auftritt und je bedeutsamer bzw. ärgerlicher sein Auftreten von den Kunden empfunden wird. Den unterschiedlichen Kundenreaktionen werden entsprechend dem Grad der Verärgerung Skalenwerte zugeordnet und zu einem Relevanzwert verdichtet. Der Relevanzwert wird dem Wert der Problemfrequenz in einer zweidimensionalen Matrix gegenübergestellt [vgl. Meffert/Bruhn 2012, S. 208 f.].

Ein weiteres Instrument zur internen Qualitätsprüfung von Dienstleistungen ist das **Mystery Shopping**. Geschulte Testkäufer, die unerkannt als normale Kunden auftreten, nehmen systematisch Leistungen des Unternehmens in Anspruch, um Schwachstellen bei der Leistungserstellung und speziell bei der Interaktion mit Mitarbeitern des Unternehmens aufzudecken. Dabei geht es um eine möglichst objektive Beurteilung von Qualitätsaspekten wie z. B. die Aufmerksamkeit von Verkäufern oder die Freundlichkeit und Kompetenz von Mitarbeitern eines Call-Centers.

Bei der Ausarbeitung eines **Qualitätsmanagementhandbuches** wird – ausgehend von den Qualitätszielen des Unternehmens – der gesamte Prozess des internen Qualitätsmanagements fixiert. Es umfasst die Dokumentation der Aufbau- und Prozessstrukturen des Qualitätsmanagements, die Zuständig- und Verantwortlichkeiten, das Ressourcenmanagement sowie die Planung der Realisierungs- und Kundenprozesse. Schließlich ist noch ein Kapitel der Messung, Analyse und Verbesserung der Produkte und Leistungen gewidmet.

Qualitätsaudits sollen helfen, Schwachstellen des Qualitätsmanagementsystems aufzudecken. Sie werden in regelmäßigen Abständen entweder intern als Qualitätsrevision oder extern von einer Unternehmensberatung durchgeführt. In jedem Fall bedeutet der Begriff Qualitätsaudit, dass es sich um eine unabhängige Untersuchung durch Experten handelt, d. h. die Auditer dürfen keine direkte Verantwortung in den auditierten Bereichen haben.

Die **Zertifizierung** von Unternehmen steht in einem engen Zusammenhang zum Auditing. Der Zertifizierungsprozess kommt einer Prüfung des Unternehmens durch einen unabhängigen Dritten gleich. Das schriftliche Zertifikat belegt die Übereinstimmung des Unternehmens mit bestimmten Qualitätsanforderungen oder Qualitätsnormen. Prüfungsgrundlage ist die Norm ISO9000 ff.

3.8.3.3 Neue Maßstäbe der Qualität

„Qualität, in ihren klassischen Aspekten, ist zur Commodity geworden, zum Standard, zur Selbstverständlichkeit, zur Routine. Das gilt beim persönlichen Konsum ebenso wie im B2B-Bereich. Ob Milch im Supermarkt oder Anlagentechnik für Industriekunden – wir können erwarten, Qualität „geliefert" zu bekommen." [Rauch 2013, S. 24].

Wenn man allerdings die Zufriedenheit mit einem Produkt oder einer Leistung als Ausdruck für Qualität nimmt, dann wird deutlich, dass die Kunden anspruchsvoller werden und schwieriger zufriedenzustellen sind. Sie erwarten immer mehr Leistung für ihr Geld, ohne dass dadurch der Anspruch an Qualität geringer wird. Der Anspruch wandelt und vervielfältigt sich allerdings, weil sich über das Internet so viele neue Einkaufs- und Vergleichsmöglichkeiten aufgetan haben [vgl. Rauch 2013, S. 36 unter Bezugnahme auf Feigenbaum 2007, S. 32].

Damit Qualität auch in Zukunft ein Differenzierungsmerkmal und Erfolgskriterium bleibt, muss das allgemeine Qualitätsverständnis an den Wandel in Wirtschaft und Gesellschaft angepasst werden. Wie das geschehen soll und wohin sich das zukünftige Qualitätsverständnis entwickeln kann, zeigt – in ersten Ansätzen – Abbildung 3-87.

Die Zukunft der Qualität:

Heute Qualität, Morgen Exzellenz

Basisfaktoren (Einstiegsbedingungen)	Zukunftsfaktoren (Exzellenz)
Funktionalität Ausstattung Wartungsfreundlichkeit	Usability: Bedienbarkeit Universal Design: Simplexity/Einfachheit Ästhetik Service-Design
Haltbarkeit Lebensdauer Umweltfreundlichkeit	Nachhaltigkeit: Ressourceneffizienz, Ökoeffektivität, Wiederverwertbarkeit CSR: ökosozialer Mehrwert
Zuverlässigkeit/Verlässlichkeit Liefertreue	Agilität: Flexibilität, Öffnung, Autonomie
Sicherheit (Leib und Leben) juristische Absicherung (Rechtssicherheit) Schutz des geistiges Eigentums	Vertrauen, Transparenz, Ehrlichkeit Herkunft, Authentizität Daten-/IT-Sicherheit
nicht krankmachend	gesundheitsfördernd
Standardisierung/Vergleichbarkeit	Uniquability: Individualisierung, maßgeschneiderte Prozesse und Produkte Personalisierung Einzigartigkeit

Qualität und Individualisierung
Produkte und Marken müssen nicht mehr nur Grundbedürfnisse befriedigen, sondern zum Lebensstil passen. Das bedeutet für den Einzelnen, dass Qualität dort beginnt, wo der Standard aufhört. Qualität wird vielfach mit der Devise verbunden: besser statt mehr. Für die Dienstleistungsökonomie bedeutet dies, dass nicht Normung, sondern Kreativität gefragt ist.

Qualität und Neo-Ökologie
Die Zeiten, in denen Produkte allein durch ihre Funktionsweise und Lebensdauer zufriedenstellten, sind vorbei. Der öko-soziale Mehrwert von Produkten wird zum ausschlaggebenden Kaufargument, weil Menschen immer stärker bereit sind, in „gute" Produkte zu investieren. Fair, grün und nachhaltig – das sind die entscheidenden Qualitätskriterien der Zukunft.

Qualität und Vertrauen
Je komplexer Organisationen werden und je komplexer ihre Produkte, Produktions- und Arbeitsprozesse, Fertigungsanlagen, Entscheidungswege und Vertriebsketten sind, desto mehr wird das Qualitätsmanagement zum Risikomanagement. Qualität zu sichern heißt, sich an den neusten Erkenntnissen zu orientieren und stets die Wünsche der Kunden im Blick zu haben. Mehr Qualität durch mehr Transparenz lautet daher die Devise.

Qualität und Design
Der Kunde von morgen entscheidet sich für Produkte und Dienstleitungen nur noch, wenn diese aus seiner Sicht stimmig sind. Die wahrgenommene Qualität ist daher von verschiedenen Aspekten abhängig: Optik, Haptik, Verarbeitung – das gesamte Design inklusive Usability und dem Service vor, während und nach dem Kauf. Produkte müssen nicht mehr nur einfach „funktionieren", sie müssen smart sein.

Qualität und Gesundheit
Lange Zeit war die oberste Maxime, dass Produkte und Prozesse nicht krank machten, also die Gesundheit nicht schädigen. Das reicht inzwischen nicht mehr aus: Menschen wünschen sich Angebote, die gesundheitsfördernd sind. Je stärker das psychosoziale Wohlbefinden ins Zentrum des öffentlichen Diskurses rückt, wie die Burn-out-Debatte zeigt, umso mehr wächst das Interesse am gesundheitlichen Mehrwert.

[Quelle: Gekürzte Fassung der Pressemitteilung vom .3. Juli 2013 „Neue Studie: Zukunft der Qualität" vom zukunftsinstitut]

Abb. 3-87: „Die Zukunft der Qualität: Heute Qualität, Morgen Exzellenz"

3.8.4 Servicemanagement

Noch vor wenigen Jahren wurde im deutschsprachigen Raum Servicemanagement oder Kundenservice gleichgesetzt mit dem Angebot technischer Kundendienstleistungen, das mehr oder weniger auf erklärungs- bzw. beratungsbedürftige Produkte beschränkt war. Heutzutage hat der Kundenservice aber nicht nur die Funktion, eine möglichst einfache (problemlose) Nutzung eines Produktes oder einer Dienstleistung sicherzustellen und als Anlaufstelle für den Kunden im Störungsfall für die entsprechende Reparatur zu sorgen. Der Kundenservice *„als Schnittstelle mit der höchsten Kontaktintensität zwischen Unternehmen und Kunde"* [Detecon 2010, S. 12] hat sich vielmehr zu einem wesentlichen **Differenzierungsfaktor** im Wettbewerb entwickelt. Einer Kundenstudie zufolge, geben 69 Prozent aller Befragten an, im Falle von mangelhaftem Service eine Geschäftsbeziehung ganz zu beenden [vgl. Detecon 2010, S. 12 unter Bezugnahme auf Ovum 2010].

Mit dem Bedeutungszuwachs der Serviceleistungen auch im B2C-Bereich wird deutlich, dass in vielen Fällen keine scharfe Trennung von Sachgütern und Dienstleistungen möglich ist. Oft besteht die eigentliche Problemlösungskraft sogar in der engen Verzahnung zwischen Sach- und Dienstleitung. Zur Veranschaulichung des kontinuierlichen Spektrums zwischen Güter- und Dienstleistungen dient der in Abbildung 3-88 dargestellte **Marketing-Verbund-Kasten**.

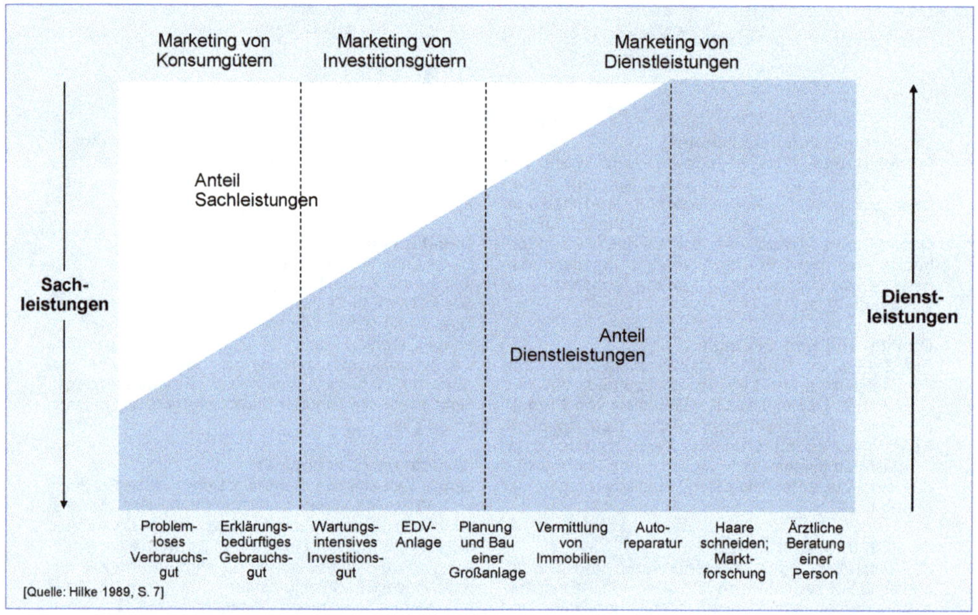
Marketing von Konsumgütern
Marketing von Investitionsgütern
Marketing von Dienstleistungen
Anteil Sachleistungen
Anteil Dienstleistungen
Sach-leistungen
Dienst-leistungen
Problem-loses Verbrauchs-gut
Erklärungs-bedürftiges Gebrauchs-gut
Wartungs-intensives Investitions-gut
EDV-Anlage
Planung und Bau einer Großanlage
Vermittlung von Immobilien
Auto-reparatur
Haare schneiden; Markt-forschung
Ärztliche Beratung einer Person
[Quelle: Hilke 1989, S. 7]

Abb. 3-88: Marketing-Verbund-Kasten

Auf der linken Seite des Marketing-Verbund-Kastens werden die angebotenen Sachleistungen von oben nach unten abgetragen, auf der anderen Seite die angebotenen Dienstleistungen von unten nach oben gemessen. Auf diese Weise lässt sich in der Senkrechten darstellen, in welchem Umfang sich ein bestimmtes Angebot aus Sach- und Dienstleistungen zusammensetzt, um für einen (potenziellen) Kunden eine vollständige Problemlösung zu bedeuten. Bei der grafischen Darstellung darf die Begrenzungslinie nicht als Diagonale durch den Marketing-Verbund-Kasten dargestellt werden.

Da es kaum denkbar ist, dass eine Sachleistung ohne jegliche Dienstleistung absetzbar ist, beginnt die Begrenzungslinie etwas oberhalb der linken unteren Ecke des Kastens. Andererseits zeigen die Beispiele, dass eine Absatzleistung zu 100 Prozent ausschließlich aus Dienstleistungen bestehen kann. Daher kann die Begrenzungslinie links vom oberen rechten Eckpunkt enden. Außerdem sollen die in der Abbildung aufgeführten Beispiele den engen Verbund zwischen Sach- und Dienstleistungen veranschaulichen [vgl. Lippold 1997, S. 38 f.].

3.8.4.1 Instrumente des Servicemanagements

Die bekannten **(klassischen) Instrumente des Servicemanagements** werden vor allem im Handelsbereich unter dem Begriff *„Servicepolitik"* zusammengefasst. Es werden darunter alle Neben-, Zusatz- und Ergänzungsleistungen verstanden, die bislang vornehmlich der Handel anbietet, um den Produktabsatz zu unterstützen und zu fördern. Diese Serviceleistungen lassen sich in Beschaffungs-, Informations-, Anpassungs-, Erhaltungs- und Risikoerhaltungsservice unterscheiden. In Abbildung 3-89 sind diese **fünf Servicegruppen** mit entsprechenden Beispielen und Nutzenkriterien zusammengestellt.

Servicegruppe	Beispiele	Nutzen
Beschaffungsservice	Bestellservice, Abholservice, Lieferservice etc.	Verminderung des Beschaffungsaufwandes des Kunden
Informationsservice	Planungsservice, Schulungen, Produkttests, Beratung etc.	Beseitigung von Unkenntnis und Hemmungen beim Kunden
Anpassungsservice	Installation, Montage, Änderungen etc.	Anpassungen an die spezifischen Kundenwünsche
Erhaltungsservice	Wartung, Reparatur, Aufbewahrung etc.	Werterhaltung des Produktes nach dem Kauf
Risikosicherungsservice	Tiefpreis-, Frische-, Herkunfts-, Qualitäts-, Umtausch-, Rücknahmegarantie, Kulanz etc.	Verminderung des Kaufrisikos

[Quelle: Ahlert/Berentzen 2010, S. 41]

Abb. 3-89: Klassische Servicemaßnahmen

Unter der Vielzahl der Instrumente, die einem modernen Servicemanagement zur Verfügung steht, werden mit dem Customer-Self-Service und dem Social Media zwei Instrumente vorgestellt, die bereits heute wichtige Bausteine in der Multikanal-Landschaft darstellen [vgl. Detecon 2010, S. 6 ff.]:

Self-Services sind automatisierte Serviceleistungen, die ohne Beteiligung eines Dritten durch den Kunden allein bedient werden können. Der nachgelagerte Serviceprozess funktioniert systemgestützt, so dass der Kunde die Serviceleistung eigenständig abrufen kann. Diese Services entsprechen dem verstärkten Kundenwunsch nach stärkerer Autonomie und ständiger Erreichbarkeit. Sie steigern die Effizienz für den Anbieter, weil sie keine bzw. nur geringe Kapazitäten binden. So verursacht eine automatisierte Self-Service-Transaktion nur etwa 15 Prozent der Kosten eines persönlichen Kundenkontakts.

Self-Services werden daher die Servicekultur branchenübergreifend mitprägen und definieren einen bedeutenden Trend für den Kundenservice der Zukunft. Self-Service-Technologien (STT) haben vielfältige Erscheinungsformen. Sie reichen vom Telefon-Banking bis zur Steuererklärungssoftware und lassen sich nach dem jeweiligen Zweck (Kundenservice, Transaktion, Selbsthilfe) und der technologischen Schnittstelle (Telefon, Internet, interaktive Automaten) unterscheiden.

Einem Großteil der Self-Service-Technologien liegt die aus dem Einzelhandel stammende Idee zugrunde, bestimmte Leistungsaktivitäten durch Selbstbedienung auf den Kunden zu verlagern. Self-Service-Technologien werden eingesetzt, um dem steigenden Wettbewerbs- und Kostendruck entgegenzuwirken, denn automatisierte Leistungserstellungen bringen Personaleinsparungen mit sich, sind schneller, preisgünstiger, zeitlich und örtlich flexibler sowie in standardisierter Form und konstanter Qualität unabhängig von der Anzahl der Mitarbeiterkontakte. Für den Kunden haben diese Technologien den Vorteil, dass sie mehr Autonomie und mehr Freiräume erhalten.

Als reine **Mensch-Maschine-Interaktion** beinhalten diese Technologien keinen persönlichen Kontakt zwischen Kunden und Mitarbeitern des Unternehmens. So übernehmen so genannte Kiosk-Systeme im Einzelhandel oder an stark frequentierten Orten Informationsfunktionen. An Flughäfen und in Hotels können Check-in oder Check-out bereits über Selbstbedienungsterminals abgewickelt werden. In Fast-Food-Restaurants stellt der Gast sein Menü am Bildschirm zusammen, bezahlt mit Kreditkarte und holt schließlich sein Essen am Schalter ab und im Mietwagenbereich erspart das Selbstbedienungsterminal den Gang zum Check-in-Schalter [vgl. Büttgen 2012, S. 36].

In Abbildung 3-90 sind einige besonders markante **Self-Service-Anwendungen** bildlich zusammengestellt.

Allerdings finden Self-Service-Technologien nicht bei allen Kunden ungeteilte Zustimmung. So beeinflussen die kundenseitig wahrgenommene Zuverlässigkeit, Leistungsfähigkeit, Schnelligkeit und Anwendungsfreundlichkeit die Akzeptanz solcher Systeme. Häufig ist es aber auch das Bedürfnis des Kunden nach persönlichem Kontakt oder Hilfestellung sowie mangelnde Reklamationsmöglichkeiten bei Pannen, die die gewünschte Akzeptanz beeinflussen. Besonders die Unpersönlichkeit solcher Technologien ist der Grund dafür, dass sich die Anbieter bei der Einführung von Self-Service-Technologien bewusst sein müssen, dass die Erzeugung der Kundenakzeptanz zumeist einen längeren Zeitraum in Anspruch nimmt [vgl. Büttgen 2012, S. 37].

Interaktives Kiosksystem im Einzelhandel mit integriertem Drucker zur Selbstinformation des Kunden

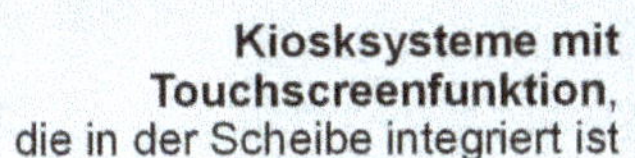

Kiosksysteme mit Touchscreenfunktion, die in der Scheibe integriert ist

Mit dem **Lufthansa Check-in Automat** können Fluggäste mit ihrer Buchungsnummer, ihrem Ausweis oder mit der Vielfliegerkarte einchecken

Automatisiertes Bestellsystem in einem Fast-Food-Restaurant

EASY ORDER

even faster! HERE

Selbstbedienungs-Terminal im Mietwagenbereich, bei dem bei einer bestehenden Reservierung der Gang zum Check-in Schalter entfallen kann

Abb. 3-90: Formen von Self-Service-Technologien

Auch soziale Netzwerke, Blogs, Communities oder Wikis werden zunehmend als Servicekanal integriert. Denn auf den interaktiven Social Media-Plattformen werden auch Erfahrungen mit Serviceleistungen ausgetauscht. An diesem Meinungstransfer aktiv zu partizipieren, ihn zu moderieren, wird ein wichtiges Merkmal des Kundenservice der Zukunft sein.

Eine besondere Ausprägung ist das so genannte Social Commerce (Empfehlungshandel), bei der die aktive Beteiligung der Kunden und die persönliche Beziehung sowie die Kommunikation der Kunden untereinander im Vordergrund stehen. Erscheinungsformen des Social Commerce sind:

- Kaufempfehlungen oder Kommentare anderer Kunden (engl. *Recommendations*), die durch Einkaufslisten mit Lieblingsangeboten in Weblogs veröffentlicht werden;
- Social-Commerce-Portale, auf denen Händler und Produkte bewertet werden können (z.B. Amazon, Ebay) und die von Recommendation-Engines analysiert werden;
- Eigene Gestaltung von Produkten und deren Vertrieb über Shop-Systeme auf privaten Homepages.

3.8.4.2 Kundenservice der Zukunft

Drei Stufen sind es, in denen sich nach Ansicht der Berater von Detecon [2010] der Kundendienst weiterentwickeln wird.

Erste Stufe: Diese Grundstufe des Kundenservice ist die reine Lieferung von Informationen vom Unternehmen an den Kunden. „Per Knopfdruck“ können standardisierte Antworten auf häufig gestellte Kundenfragen abgerufen werden. In dieser „Grundstufe“ des Self Service wird der Kunde befähigt, die Antwort auf bestimmte Fragen selbst zu generieren. Die automatisierte Informationsbereitstellung ermöglicht es Unternehmen, Effizienzgewinne zu erzielen, weil telefonische Kundenkontakte reduziert werden können. Für den Kunden ergibt sich der Vorteil, dass er selbst schnell und ohne fremde Hilfe an eine Information gelangt. Er kann alle Informationen leicht finden und sie nach eigenem Wunsch aktiv rund um die Uhr abrufen. Ein Beispiel für diese standardisierte Serviceleistung sind Frequently Asked Questions, kurz **FAQs** genannt. Diese erste Stufe, in der das Unternehmen proaktiv Informationen bereitstellt, entspricht somit einer **Push-Strategie**.

Zweite Stufe: In der zweiten Entwicklungsstufe des Kundenservice wird der Kunde zunehmend in das Servicegeschehen eingebunden. Die Interaktion zwischen Unternehmen und Kunde steht im Mittelpunkt. Das Angebot an Self-Services wird ausgebaut und geht über die einfache standardisierte Abwicklung von Informationsabfragen hinaus. Das Web wird zum zentralen „Umschlagplatz“ für Serviceleistungen. Drei Beispiele hierzu:

- Ein Beispiel ist die Weiterentwicklung von Self-Services im Rahmen von **Sprachportalen**. Sie erfolgt durch Systeme, die in der Lage sind, einen interaktiven und komfortablen Dialog anzubieten, der von seiner Funktionalität an den persönlichen Kontakt mit einem Kundenservicemitarbeiter heranreicht.
- Eine Möglichkeit zur Unterstützung des Telefonkontaktes stellen dialog-basierte **Interactive Voice Video Response Systeme** (kurz IVVR oder Video IVR) dar. Diese Entwicklung wird durch die weiter steigende Nutzung von 3G-kompatiblen Smartphones

verstärkt und ermöglicht Unternehmen, ihren Kunden mit Hilfe von Echtzeitvideos zusätzliche Informationen oder Anleitungen visuell zur Verfügung zu stellen.

- Die visuelle Unterstützung des Kundenservice kann über sogenannte virtuelle Serviceberater in Form von **Lingubots**, Chatbots oder Pandorabots erfolgen, die Kunden im Internet beratend zur Seite stehen. Es handelt sich um interaktive Figuren auf Webseiten, denen man über ein Textfeld eine Frage stellen kann, die sie dann – mehr oder weniger treffend – beantworten. Die Lingubots sind ein quasi-menschliches Bindeglied zwischen dem Besucher einer Webseite und dem Betreiber der Seite, der bestimmte Produkte oder Dienstleistungen anbietet. Anstatt sich durch die vorgegebene Menüstruktur zu hangeln, kann der Besucher seine Frage einfach dem Lingubot stellen.

Dritte Stufe: In der dritten Entwicklungsstufe des Kundenservices liegt der Fokus auf Interaktion und Vernetzung zwischen Kunde und Unternehmen sowie Kunde und Kunde. Für den Kundenservice der Zukunft bedeutet dies, dass Kunden bei Serviceanfragen nicht immer direkt das Unternehmen kontaktieren müssen, sondern sich gegenseitig helfen können. Das führt zu einer gesteigerten Autonomie des Kunden. Diese Autonomie resultiert z.B. daraus, dass der Kunde mit der Verfügbarkeit von Social Media-Tools selbstständig nach Antworten auf servicespezifische Fragen suchen kann. Auch kann er anderen Kunden in Blogs oder sozialen Netzwerken Rat bei Serviceanfragen geben. Damit geht der Trend hin zur Zusammenarbeit zwischen Unternehmen und Kunde und den Kunden untereinander. Statt One-to-One-Kommunikation heißt es jetzt Many-to-Many-Kommunikation. Durch die Nutzung neuer Kanäle wie Communities und Wikis erhöht sich auch die Kommunikationsgeschwindigkeit. Diese dritte Stufe, in der sich der Kunde verstärkt die Informationen beschafft, die er sucht und aktiv mit den Unternehmen und anderen Kunden über Social Media-Tools zusammenarbeitet entspricht somit einer Pull-Strategie.

3.8.5 Beschwerdemanagement

3.8.5.1 Wesen und Ziele

Nachdem der Kunde ein Produkt gekauft oder eine Dienstleistung in Anspruch genommen hat, kann sich seine Beziehung zum Unternehmen in zwei (gegenläufige) Richtungen bewegen [vgl. Bruhn 2012a, S. 139]:

- Ist der Kunde durch den Kauf nachhaltig zufriedengestellt, so entwickelt sich die Beziehung in Richtung Kundenzufriedenheit und es besteht die gute Chance, dass der zufriedene Kunde weitere Leistungen des Unternehmens in Anspruch nimmt und sogar Freunden und Bekannten das Produkt- und Dienstleistungsangebot dieses Unternehmens weiterempfiehlt. In dieser idealtypischen Situation steigt mit zunehmender Dauer die Stärke der Kundenbeziehung und der Kunde entwickelt sich zum Sympathisanten und vom Sympathisanten zum Enthusiasten, der dann letztlich begeistert für die Produkte und Leistungen des Unternehmens eintritt.

- Gelingt es dem Unternehmen dagegen nicht, den Kunden mit diesem Kauf zufrieden zu stellen, so entwickelt sich aus der Kundenunzufriedenheit in der Regel eine nicht idealtypische Kundenbeziehung. Es besteht die Gefahr, dass der Kunde nicht nur abwandert, sondern während oder nach der Abwanderung andere potenzielle oder aktuelle Kunden von einem Kauf des Produktes abrät. Im Extremfall ist es möglich, dass sich der Kunde vom Wackelkandidaten zum Terroristen gegenüber dem Unternehmen entwickelt.

Abbildung 3-91 fasst die beiden gegenläufigen Richtungen der Kundenbeziehung zusammen.

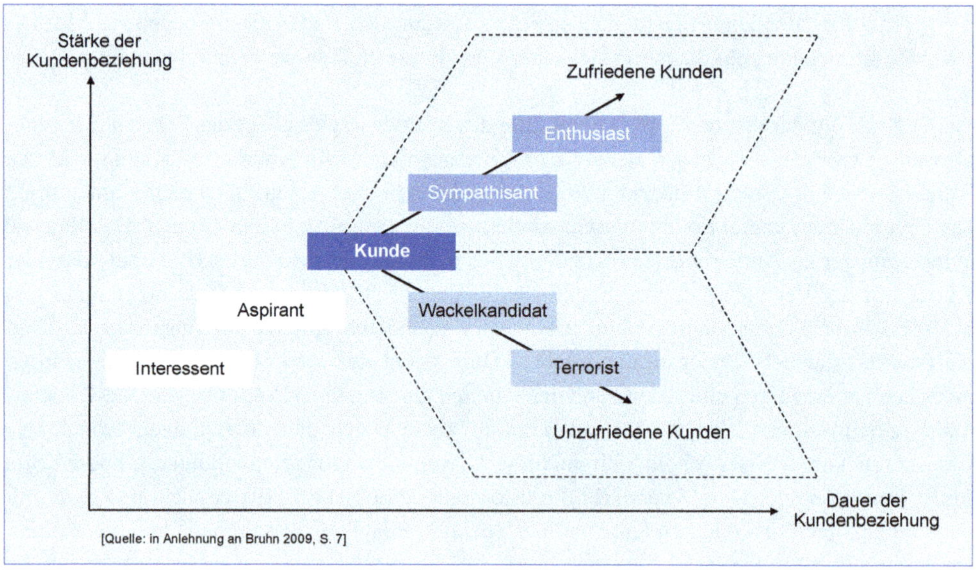

Stärke der Kundenbeziehung
Zufriedene Kunden
Enthusiast
Sympathisant
Kunde
Aspirant
Wackelkandidat
Interessent
Terrorist
Unzufriedene Kunden
Dauer der Kundenbeziehung

[Quelle: in Anlehnung an Bruhn 2009, S. 7]

Abb. 3-91: Mögliche Richtungen der Kundenbeziehung

Genau um diese nicht idealtypische Situation geht es, wenn ein nicht zufriedener Kunde versucht, seinen Unmut in Form einer **Beschwerde** zu formulieren. Beschwerden zeigen dem Unternehmen aber nicht nur die Schwachstellen seiner Produkte und Dienstleistungen, sondern darüber hinaus, dass ein sich beschwerender Kunde durchaus den Wunsch haben kann, bei seinem aktuellen Anbieter zu verbleiben. Wohingegen ein großer Teil unzufriedener Kunden, der sich nicht beschwert, „lautlos" abwandert und zusätzlich seine Unzufriedenheit anderen mitteilt. Insofern kann ein Kunde, der seine Unzufriedenheit artikuliert, mit einem relativ geringen Aufwand wieder an das Unternehmen gebunden werden, wenn es dem Unternehmen gelingt, das artikulierte Problem inhaltlich und innerhalb eines akzeptablen Zeitraums zu lösen. Die Wiederherstellung der Zufriedenheit eines Beschwerdeführers ist häufig weniger aufwändig, als einen neuen Kunden zu akquirieren oder einen bereits abgewanderten Kunden zu gewinnen. Insofern leistet ein aktives Beschwerdemanagement einen nicht unbeachtlichen Beitrag zur Steigerung der Kundenzufriedenheit eines Unternehmens [vgl. Bruhn 2012a, S. 140 ff. unter Bezugnahme auf Jeschke 1997 und Stauss/Seidel 2007].

Beschwerdemanagement ist die anbieterseitige Behandlung der formulierten Unzufriedenheit von Kunden oder sonstigen Anspruchsgruppen mit dem Ziel, die **Kundenzufriedenheit** (engl. *Customer Satisfaction*) wiederherzustellen.

Die **Reklamation** kann als Sonderfall der Beschwerde angesehen werden, da aus der Reklamation ein konkreter Rechtsanspruch des Beschwerdeführers gegenüber dem anbietenden Unternehmen abgeleitet werden kann [vgl. Hansen et al. 1995, S. 77].

In diesem Zusammenhang sei auf das sogenannte **„Beschwerdeparadoxon"** hingewiesen. Es besagt, dass Kunden nach einer geführten Beschwerde, die zu ihrer Zufriedenheit bearbeitet wurde, zufriedener sind, als sie vor Auftreten des Beschwerdegrundes waren [vgl. Bruhn 2012a, S. 143].

Mit dem Beschwerdemanagement werden unterschiedliche **Zielsetzungen** verfolgt [vgl. Günter 2012, S. 331]:

- **Reparaturfunktion:** Hier steht die unmittelbare Behebung eines Kundenproblems im Vordergrund, besonders im rein reaktiven Beschwerdemanagement. Das Ziel besteht darin, über das „Ausbessern" der Versäumnisse eine erhöhte Kundenbindung zu erreichen.
- **Lernfunktion:** Die zweite Zielsetzung ist das Bestreben, über die Auswertung von Leistungsdefiziten Verbesserungspotenziale für Innovationen und Weiterentwicklungen zu gewinnen.
- **Anreizfunktion:** Bei dieser controlling-orientierten Zielsetzung geht es darum, Messgrößen bzw. Kennzahlen (engl. *Benchmarks*) für die Service- und Vertriebssteuerung und für das Personalmanagement zu finden.

An dieser Stelle ist anzumerken, dass sich ein aktives und systematisches Beschwerdemanagement vornehmlich an Kunden wendet, die Wiederholungskäufe tätigen (sollen). Damit sind schwerpunktmäßig Unternehmen im B2C-Bereich adressiert. Gleichwohl werden auch B2B-Anbieter Beschwerden professionell behandeln müssen, wenngleich – bedingt durch die Einmaligkeit und Besonderheit vieler Geschäftsbeziehungen – Beschwerden in einer anderen Umgebung und unter anderen Bedingungen behandelt werden müssen und daher weniger Gegenstand der nachstehenden Prozessbetrachtung sind.

3.8.5.2 Beschwerdeprozess

Im Rahmen eines aktiven Beschwerdemanagements muss festgelegt werden, welche Aufgaben das Beschwerdemanagement konkret wahrzunehmen hat. Bei einer prozessbezogenen Sicht lassen sich fünf Aufgabenbereiche unterscheiden [vgl. Bruhn 2012a, S. 148 ff. unter Bezugnahme auf Stauss/Seidel 2007]:

- Beschwerdeanregung
- Beschwerdeannahme
- Beschwerdebearbeitung
- Beschwerdereaktion
- Beschwerdeverarbeitung.

Abbildung 3-92 gibt einen Überblick über die Einordnung der einzelnen Prozesselemente in das Beschwerdemanagement.

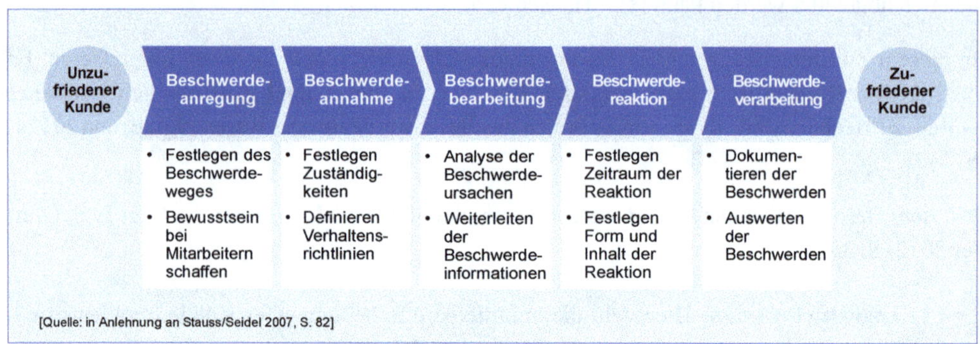
Unzu-
friedener
Kunde
Beschwerde-
anregung
Beschwerde-
annahme
Beschwerde-
bearbeitung
Beschwerde-
reaktion
Beschwerde-
verarbeitung
Zu-
friedener
Kunde
• Festlegen des Beschwerde-weges
• Bewusstsein bei Mitarbeitern schaffen
• Festlegen Zuständig-keiten
• Definieren Verhaltens-richtlinien
• Analyse der Beschwerde-ursachen
• Weiterleiten der Beschwerde-informationen
• Festlegen Zeitraum der Reaktion
• Festlegen Form und Inhalt der Reaktion
• Dokumen-tieren der Beschwerden
• Auswerten der Beschwerden
[Quelle: in Anlehnung an Stauss/Seidel 2007, S. 82]

Abb. 3-92: Prozess des Beschwerdemanagements

3.8.5.3 Bausteine eines aktiven Beschwerdemanagement-Systems

Um der unsystematischen, punktuellen und reaktiven Verhaltensweise bei Beschwerden, die in vielen Unternehmen und Institutionen immer noch vorzufinden ist, zu begegnen, hat Bernd Günter zehn Bausteine für ein **aktives Beschwerdemanagement**-System vorgelegt, das zugleich auch die wesentlichen Überlegungen der Abschnitte 3.8.5.1 und 3.8.5.2 beinhaltet [vgl. Günter 2012, S. 337 ff.]:

- **Systematische Kundenanalyse.** Grundlage für diesen Baustein, der sich mit der systematischen Analyse der Kundenanforderungen befasst, ist die Auswahl von strategischen Zielgruppen und Buying-Center-Analysen (im B2B-Bereich).
- **Vorbeugende Qualitätspolitik.** Dieser Baustein umfasst die zentralen Elemente des Total Quality Managements und des Customer Relationship Managements.
- **Einrichtung eines Informationssystems.** Der dritte Baustein bezieht sich auf ein IT-gestütztes Dokumentationssystem, das systematische Auswertungen zulässt und damit das gesamte Feedback über Kunden(un)zufriedenheit enthält.
- **Einrichtung eines Handlingsystems für Beschwerden.** Ein Response- und Handling-Verfahren für aktuell einlaufende Anfragen und Beschwerden im Sinne der „Reparaturfunktion“ ist der zentrale Baustein des Beschwerdemanagement-Systems.
- **Einrichtung eines Lernsystems.** Bei diesem Baustein geht es darum, für das gesamte Unternehmen Beschwerden auszuwerten, um daraus Ideen für Weiterentwicklungen und Innovationen zu generieren.
- **Unternehmensübergreifendes Qualitätsmanagement.** Unternehmensübergreifend bedeutet, dass Lieferanten- und Abnehmerstufen in das Zufriedenheitsfeedback und in den Beschwerdeprozess einbezogen werden müssen.

- **Einsatz der Vertragspolitik als Marketing-Instrument.** Über die Abgabe von Garantien soll Vertrauen beim Kunden erzeugt, die Zufriedenheit erhöht und im Falle von Beschwerden deren Artikulation gegenüber dem Lieferanten angeregt werden.
- **Personelle Sicherung des Beschwerdemanagement-Systems.** Es sind Anreizsysteme zu entwickeln, die anstelle der oft lästigen passiven Entgegennahme von Beschwerden aktive Maßnahmen der Kundenorientierung fördern.
- **Aufstellen von Grundsätzen und Richtlinien.** Dieser Baustein umfasst die Erstellung von Grundsätzen und Richtlinien für das Beschwerdemanagement sowie das Controlling im Sinne einer planmäßigen Kosten-Nutzen-Analyse.
- **Außendarstellung zur Erzielung von Außenwirkungen und Reporting.** Der letzte Baustein dient zur Verbesserung des Unternehmensimages z. B. durch die Publizierung von Kundenzufriedenheitsgarantien.

Kontroll- und Vertiefungsfragen

1. Woran lässt sich der gesunkene Stellenwert des Marketings im Rahmen der Unternehmensorganisation häufig festmachen?
2. Welche Überlegungen des Porterschen Wertschöpfungsmodells sind branchenübergreifend, welche branchenspezifisch?
3. Zeigen Sie mögliche Zielkonflikte im Marketingbereich auf.
4. Warum ist die Abgrenzung zwischen der Strategie- und der Prozessebene in der Praxis so schwer durchzuführen?
5. Aus welchen Prozessphasen besteht die Marketing-Wertschöpfungskette?
6. Welche Faktoren bestimmen den Wettbewerbsvorteil eines Unternehmens „an sich“? Unter welchen Umständen kommt dieser Wettbewerbsvorteil auch tatsächlich zum Tragen?
7. Aus welchen Komponenten setzt sich die Zielfunktion zur Optimierung der Marketing-Wertschöpfungskette zusammen?
8. In welchen Aktionsfeldern dominiert das B2C-Marketing? In welchen das B2B-Marketing?
9. Erläutern Sie den Unterschied zwischen strategischen Geschäftsfeldern (SGF) und strategischen Geschäftseinheiten (SGE).
10. Welche Rollen werden in der Regel von den Akteuren des Buying Center übernommen? In welchen Phasen des organisationalen Kaufprozesses kommen diese Rollen zur Geltung?
11. Worin besteht der Unterschied zwischen einem Markttest und einem Testmarkt?
12. Erläutern Sie den Unterschied zwischen Makro- und Mikrosegmentierung im B2B-Bereich an den Begriffen „Zielgruppe“ und „Zielperson“.
13. Welche Kriterien sollte ein strategischer Wettbewerbsvorteil aufweisen?
14. Erläutern Sie den Zusammenhang zwischen der Lebenszyklus-Analyse und der Portfolio-Analyse?
15. Diskutieren Sie den Unterschied zwischen einer Produkt- und einer Preispositionierung.
16. Diskutieren Sie, ob die Strategie des Yield Management eher der zeitlichen oder eher der quantitativen Preisdifferenzierung zuzuordnen ist.
17. Erläutern Sie den Unterschied zwischen der Regressionsanalyse und der Korrelationsanalyse.
18. Warum zählt die Marktforschung nicht zum marketingpolitischen Instrumentarium (Marketing-Mix)?

19. Welche Vorteile bietet das Suchmaschinen-Marketing gegenüber der klassischen Werbung?
20. Erläutern Sie den Zusammenhang zwischen Öffentlichkeitsarbeit, Sponsoring und Corporate Social Responsibility.
21. Worin liegen die wesentlichen Unterschiede bei der Erfolgsmessung zwischen Online- und Print-Marketing?
22. Warum spielt das Internet als Distributionskanal für das B2B-Marketing nur eine untergeordnete Rolle?
23. Inwiefern stellt das Just-in-time-Konzept eine Abkehr von den klassischen Lagerhaltungssystemen dar?
24. Warum ist das „Benefit Selling“ dem „Character Selling“ überlegen?
25. Wodurch sind „Luftnummern“ in der vertrieblichen Arbeit gekennzeichnet?
26. Welche Techniken sind bei der Bedarfsanalyse einzusetzen?
27. Warum ist die Einwandbehandlung beim Verkaufsgespräch so wichtig?
28. Mit welchen vier Fragen können Sie einen scheinbar ernsthaften Vertriebskontakt entzaubern?
29. Was ist eine Customer Journey?
30. Grenzen Sie die Begriffe „Data Warehouse“ und „Data Mining“ voneinander ab.

4. Personal als Führungsaufgabe

Zusammenfassung des Kapitels 328
Lernziele des Kapitels 329

4.1 Verhalten von Individuen und Teams 330

4.1.1 Qualifikation, Werte, Einstellungen 330
4.1.1.1 Qualifikationen 330
4.1.1.2 Werte 330
4.1.1.3 Einstellungen 332
4.1.2 Anreize, Nutzen, Gerechtigkeit 332
4.1.2.1 Anreiz-Beitrags-Theorie 332
4.1.2.2 Soziale Austauschkonzepte 333
4.1.2.3 Konzepte der organisationalen Gerechtigkeit 335
4.1.3 Motivation und Motivationstheorien 337
4.1.3.1 Bedürfnispyramide von Maslow 338
4.1.3.2 ERG-Theorie von Alderfer 339
4.1.3.3 Zwei-Faktoren-Theorie von Herzberg 341
4.1.3.4 Leistungsmotivationstheorie von McClelland 342
4.1.4 Verhalten von Teams 344
4.1.4.1 Bildung von Teams 344
4.1.4.2 Typologie von Teammitgliedern 346

4.2 Führung von Individuen und Teams 348

4.2.1 Führungsprozess 349
4.2.2 Führungsaufgaben 350
4.2.2.1 Zielvereinbarung 350
4.2.2.2 Delegation und Weisung 350
4.2.2.3 Problemlösung 351
4.2.2.4 Information und Kontrolle 351
4.2.2.5 Anerkennung und Kritik 352
4.2.2.6 Konfliktsteuerung 352
4.2.3 Führungsinstrumente 355
4.2.3.1 Führungskommunikation 355
4.2.3.2 Führungstechniken 356

4.3 Klassische Führungsansätze und -theorien 358

4.3.1 Überblick 358
4.3.2 Eigenschaftsorientierte Führungsansätze 360
4.3.2.2 Charismatische Führung 361
4.3.2.3 Transaktionale/transformationale Führung 362
4.3.2.4 DISG-Konzept 363
4.3.3 Verhaltensorientierte Führungsansätze 365
4.3.3.1 Autoritärer vs. kooperativer Führungsstil 365
4.3.3.2 Ohio-State-Leadership-Quadrant 366
4.3.3.3 Verhaltensgitter-Modell 367
4.3.4 Situative Führungsansätze 368
4.3.4.1 Kontingenztheorie 369
4.3.4.2 Weg-Ziel-Theorie 371
4.3.4.3 Entscheidungsbaum 372
4.3.4.4 Drei-D-Modell 373
4.3.4.5 Situatives Reifegradmodell 375

4.4 Neue Führungsansätze und -konzepte ... 377

4.4.1 Einflussfaktoren neuer Führung ... 377
4.4.1.1 Digitalisierung und technologischer Wandel ... 377
4.4.1.2 Medien-Mix und Kommunikation über Distanzen ... 378
4.4.1.3 Generationenwechsel und hybride Arbeitskulturen ... 380
4.4.2 Ausprägungen neuer Führung ... 380
4.4.2.1 Super Leadership ... 381
4.4.2.2 Geteilte und verteilte Führung ... 382
4.4.2.3 Agile Führung ... 383
4.4.2.4 Systemische Führung ... 385
4.4.2.5 Virtuelle Führung bzw. Führen mit neuen Medien ... 386

4.5 Digitale Führungskompetenzen ... 389

4.5.1 Zur Notwendigkeit digitaler Führungskompetenz ... 389
4.5.2 Digitale Führungskompetenz und Kompetenz-Atlas ... 390
4.5.3 Herausforderungen für Führung in einer digitalen Arbeitswelt ... 392

4.6 Zur Vereinbarkeit alter und neuer Führungskonzepte ... 394

4.6.1 Führungserfolg und Führungsverständnis im Vergleich ... 394
4.6.2 Umsetzung neuer Führungskonzepte in die Praxis ... 395
4.6.2.1 Umsetzung in Start-ups ... 395
4.6.2.2 Umsetzung in Mittel- und Großbetrieben ... 395
4.6.2.3 Führen mit Begeisterung und Offenheit ... 397
4.6.2.4 Hybride Führungskraft als Erfolgsfaktor ... 398
4.6.2.5 Wie weit sich Führung demokratisieren lässt ... 399
4.6.2.5 Unverhandelbare Führungsaspekte ... 401

Kontroll- und Vertiefungsfragen ... 403

Zusammenfassung des Kapitels

Das vierte Kapitel beschäftigt sich mit einem der wichtigsten Aufgabenbereiche der Unternehmensführung: Personal und Führung. Dabei kommt dem Management der Human-Ressourcen in der Unternehmensführung gewissermaßen eine **Doppelrolle** zu. Zum einen zählen dazu jene Aufgaben, die dem betrieblichen Fachressort „Personal“ (engl. *Human Resources*) obliegen. Hierbei geht es darum, die personalpolitischen Grundlagen im Sinne einer effektiven und effizienten Unternehmensführung zu entwickeln. Diese Aufgaben werden (ebenso wie die Finanzierung oder der Vertrieb) den betrieblichen Sachfunktionen zugeordnet **(Sachfunktion „Personal“)**. Zum anderen sind hier die Aufgaben zu nennen, die jede Führungskraft als Teil ihrer Führungsaufgabe wahrzunehmen hat und im sogenannten *Fünferkanon der modernen Managementlehre* (Planung, Organisation, Personaleinsatz, *Führung* und Kontrolle) ihre Entsprechung findet. Die **Managementfunktion „Führung“** umfasst demnach jene Aktivitäten, die darauf abzielen, im Verantwortungsbereich einer Führungskraft einen qualifizierten und engagierten Personalbestand sicherzustellen [vgl. Schreyögg/Koch 2015, S. 440].

Während die **Sachfunktion „Personal“** unter dem Titel „Personal als Managementaufgabe“ Gegenstand des fünften Kapitels ist, wird in diesem (vierten) Kapitel „Personal als Führungsaufgabe“ behandelt. Grundlage für die Führung von Personal ist ein umfassendes Verständnis, welche Merkmale und Prozesse das Verhalten von Menschen in Unternehmen und ihre Zusammenarbeit in Gruppen prägen.

Das 4. Kapitel liefert:

- Aussagen über Merkmale und Prozesse, die das Verhalten von Individuen in Unternehmen prägen
- Aussagen über Anforderungen für die Führung, die entstehen, wenn Menschen in Gruppen zusammenarbeiten
- Aussagen über Faktoren, die eine erfolgreiche Personalführung ausmachen
- Gegenüberstellung von klassischen und neuen Führungsansätzen und -konzepten
- Aussagen über die wesentlichen Einflussfaktoren neuer Führung
- Aussagen über das Phänomen der „Digitalen Führung“
- Aussagen darüber, welche Führungsprinzipien in der Praxis genutzt werden
- Aussagen darüber, welche Führungsprinzipien nicht verhandelbar sein sollten
- Aussagen darüber, welcher Zusammenhang zwischen Generationenwechsel und neuen Führungsansätzen besteht
- Aussagen über die Umsetzung neuer Führungsansätze in die Praxis
- Aussagen über die Vereinbarkeit neuer und alter Führungskonzepte
- Aussagen über die hybride Führungskraft als Erfolgsfaktor
- Aussagen darüber, wieweit sich Führung demokratisieren lässt
- Aussagen über den Zusammenhang zwischen Führungsverständnis und Führungserfolg

Lernziele des Kapitels

1. Sie sind in der Lage, Ansatzpunkte für die Leistungsfähigkeit, die Wertvorstellungen, die Einstellung zu und die Identifikation der Mitarbeiter mit Job und Unternehmen zu finden und einzuschätzen.
2. Sie können Aspekte des Anreizes, der Bedürfnisstrukturen der Mitarbeiter und der organisationalen Gerechtigkeit diskutieren.
3. Sie können erläutern, warum sich die Unternehmensführung mit der Motivation und den Möglichkeiten zur Beeinflussung dieser Motivation befassen.
4. Sie kennen die Phasen bei der Bildung von Teams und die verschiedenen Typen von Teammitgliedern.
5. Sie kennen die wichtigsten Unterschiede zwischen klassischen und neueren Führungsansätzen.
6. Sie kennen die wichtigsten Wurzeln und Merkmale der *New Work-Führungsansätze*.
7. Sie können den Unterschied zwischen *Digitaler Führung* und *Digitaler Führungskompetenz* erläutern.
8. Sie können aufzeigen, wie man neue und alte Führungskompetenzen miteinander in Einklang bringen kann.
9. Sie können aufzeigen, inwieweit *Führung* und *Demokratie* miteinander vereinbar sind.
10. Sie können aufzeigen, warum die Umsetzung neuer Führungsansätze in Start-ups in aller Regel bedeutend reibungsloser abläuft als in Großbetrieben.
11. Sie können aufzeigen, welche Qualitäten eine hybride Führungskraft auszeichnet.
12. Sie entwickeln ein Gefühl dafür, welche Führungsaspekte unvereinbar sein sollten.

4.1 Verhalten von Individuen und Teams

Das Verhalten von Menschen innerhalb und außerhalb von Unternehmen und Organisationen ist ein sehr komplexes Phänomen, das sich ansatzweise durch Faktoren wie Qualifikation, Kompetenzen, Motivation, Wertvorstellungen, Einstellungen, Anreize, Gerechtigkeitsaspekte, Erwartungen, Umweltmerkmale u. ä. erklären lässt. Einige dieser Variablen sollen im Folgenden besprochen werden. Im Einzelnen geht es für die Unternehmensführung darum, bei den Mitarbeitern die Leistungsfähigkeit, die Wertvorstellungen, die Einstellung zu und die Identifikation mit Job und Unternehmen einzuschätzen, um ggf. rechtzeitig eingreifen bzw. gegensteuern zu können.

4.1.1 Qualifikation, Werte, Einstellungen

4.1.1.1 Qualifikationen

Qualifikationen sind ein zentrales Merkmal der **Leistungsfähigkeit** von Individuen. Unter Qualifikationen werden Merkmale verstanden, die durch Schul- und Ausbildung sowie Studium und Berufserfahrung erworben wurden. Qualifikationen sind aber auch angeborene Eigenschaften wie Intelligenz. Meistens werden drei Arten von Qualifikationen unterschieden: physische Fähigkeiten, intellektuelle Fähigkeiten und Wissen [vgl. Hungenberg/Wulf 2015, S. 227]:

- **Physische Fähigkeiten** sind vor allem bei Aufgaben gefragt, deren Erfüllung Ausdauer, Geschicklichkeit oder Kraft erfordern.
- Zu **intellektuellen Fähigkeiten** zählen Zahlenverständnis, verbales Verständnis, Wahrnehmungsgeschwindigkeit, induktives Folgern, räumliches Denken und Erinnerungsvermögen – also alle Befähigungen, die für das Denken, das Treffen von Schlussfolgerungen oder das Lösen von Problemen zuständig sind. Sie sind die Voraussetzung dafür, dass Menschen einmal erworbenes Wissen auch anwenden und damit nutzbar machen können.
- **Wissen** lässt sich in implizites und explizites Wissen unterscheiden. Explizites Wissen sind Wissensinhalte, über die jemand direkt verfügt und sie auch sprachlich äußern kann. Implizites Wissen stellt dagegen Wissen dar, das nicht direkt weitergegeben werden kann.

4.1.1.2 Werte

Werte sind jene Zustände des gesellschaftlichen Lebens, die als besonders wichtig oder erstrebenswert erachtet werden. Sie spielen eine bedeutende Rolle für das Verhalten von Individuen, weil sie Wahrnehmungsprozesse sowie Einstellungen und Präferenzen bestimmen. So wird ein Mitarbeiter, welcher der festen Überzeugung ist, dass die Gehaltshöhe durch das Leistungsniveau bestimmt werden sollte, enttäuscht sein, wenn in seinem Unternehmen das Gehaltsniveau allein von der Dauer der Betriebszugehörigkeit abhängt. Aus solch einer Unzufriedenheit ergibt sich möglicherweise eine geringere Motivation des Angestellten, die sich wiederum negativ auf sein Leistungsniveau auswirken kann [vgl. Hungenberg/Wulf 2015, S. 228].

Des Weiteren sind die Veränderungen der **allgemeinen Wertvorstellungen** (Wertewandel) besonders im Hinblick auf die Einstellung von Menschen zur Arbeit, zum zwischenmenschlichen Umgang in der Arbeitswelt etc. von besonderer Bedeutung für die Unternehmensführung. Grundsätzlich kann festgehalten werden, dass die Pflicht- und Akzeptanzwerte wie Disziplin, Gehorsam und Ordnungsliebe gegenüber den Selbstentfaltungswerten wie Kreativität, Selbstverwirklichung und Freizeitorientierung verloren haben. Somit ist die Unternehmensführung dazu angehalten, den Wertewandel hinsichtlich der Motivation und Eigenschaften wie Loyalität und Disziplin zu berücksichtigen. Die jeweiligen Wertesysteme hängen insgesamt – wie eine Vielzahl von Untersuchungen zeigen – davon ab, in welchem Zeitraum Menschen geboren wurden.

Die erste der untersuchten Generationen trat während der sechziger bis Mitte der siebziger Jahre in den Arbeitsmarkt ein. Diese Gruppe wurde geprägt durch John F. Kennedy, die Beatles und den Vietnamkrieg und misst den Werten Gleichheit und Freiheit die größte Bedeutung zu. Die Mitglieder dieser Generation, die den Geburtsjahrgängen 1925 bis 1945 angehören und mal als **Traditionalisten** oder als Silent Generation bezeichnet werden, haben keine führungsrelevanten Auswirkungen der digitalen Transformation am Arbeitsplatz. Die Arbeitnehmer der zweiten untersuchten Kategorie, die sogenannten **Baby Boomer**, sind zwischen 1945 und 1965 geboren. Sie traten Anfang der siebziger bis Mitte der achtziger Jahre in den Arbeitsmarkt ein und zeichnen sich durch eine Betonung von materiellem Erfolg und gesellschaftlichem Aufstieg aus. Es folgt die **Generation X** (Geburtsjahrgänge 1965 bis 1980), die zwischen Mitte der achtziger und Ende der neunziger Jahre in den Arbeitsmarkt eintrat. Sie legt typischerweise großen Wert auf familiäre und soziale Beziehungen und orientiert sich an Werten wie Glück, Freude und wahrer Freundschaft. Die nächste Kategorie von Arbeitnehmern, die **Generation Y**, ist zwischen 1980 und 1995 geboren worden. Sie ist seit 2000 in den Arbeitsmarkt eingetreten, werden daher auch als Millennials bezeichnet und gelten als selbstständig und teamorientiert. Dem finanziellen Erfolg, der Freiheit und einem komfortablen Leben messen sie einen hohen Wert bei. Die Generation Z schließlich hat ihre Geburtsjahrgänge zwischen 1995 und 2010 [vgl. Hungenberg/Wulf 2015, S. 228 f.].

Versucht man eine „kommunikative Verbindungslinie der jeweiligen Arbeitsmittel“ zwischen den einzelnen Generationen zu ziehen, so wurden die Traditionalisten beim Eintritt in den Arbeitsmarkt in aller Regel mit einer mechanischen Schreibmaschine ausgestattet. Die Baby Boomer arbeiteten zunächst mit elektronischen Schreibmaschinen, die teilweise mit einem Kugelkopf versehen waren. Die Generation X erlebte in ihrer Jugend die Einführung des Taschenrechners und der ersten PCs. In den Arbeitseintritt der Generation Y fielen die ersten Mobiltelefone und das Internet. Die Generation Z wurde seit ihrer Geburt von internetfähigen Smartphones, von globalen Netzwerken wie Facebook, YouTube und Twitter sowie von permanent zur Verfügung stehenden Informationsquellen wie Google und Wikipedia geprägt. *„Alle Generationen nutzen Smartphones. Das ist allen Generationen gemeinsam. Aber nur die Generation Z kennt seit ihrer Geburt nichts anderes“* [Ciesielski/Schutz 2016, S. 44].

Die digitale Transformation ist also ein Leadership- und ein Kultur-Thema, das sehr von den unterschiedlichen Generationen geprägt ist. So kommen in der Arbeitskultur nicht nur die Generationen Y und Z, also die Digital Natives, sondern auch die Baby Boomer und die Generation X zusammen. Die Frage ist also, wie es gelingen kann, eine generationenverbindende Kommunikations- bzw. Unternehmenskultur (vor-)zuleben. Denn im Bereich der Arbeitskultur kommt es regelmäßig entweder zu den größten Abstoßungen oder zu den größten Adoptionen gegenüber einer neuen Technologie.

Eine detaillierte Darstellung des Arbeitsverhaltens verschiedener Generationen liefert Abbildung 1-31 in Abschnitt 1.4.1.

4.1.1.3 Einstellungen

Das Verhaltenskonstrukt *Einstellung* wird als innere Denkhaltung gegenüber Sachen, Personen oder Themen definiert. Einstellungen sind verbunden mit einer Wertung oder einer Erwartung. Einstellungen sind in der Regel nicht so stabil wie Werte. Aus Sicht der Unternehmensführung interessieren mit Arbeitszufriedenheit, Job Involvement und Commitment vor allem drei Aspekte der Einstellung des Arbeitnehmers [vgl. Hungenberg/Wulf 2015, S. 229]:

- **Arbeitszufriedenheit** ist die allgemeine Einstellung des Mitarbeiters gegenüber seinem Arbeitsplatz.
- **Job Involvement** (Engagement) beschreibt, wie stark Mitarbeiter sich mit ihrer konkreten Arbeit identifizieren. Untersuchungen haben gezeigt, dass ein hohes Job Involvement mit kürzeren Fehlzeiten und niedrigeren Fluktuationsraten korreliert.
- **Commitment** ist die Identifikation eines Mitarbeiters mit den Zielen einer Organisation und die Absicht, die Mitgliedschaft in der Organisation aufrecht zu erhalten.

4.1.2 Anreize, Nutzen, Gerechtigkeit

Austauschtheoretische Ansätze versuchen eine Antwort darauf zu geben, warum Mitarbeiter in ein Arbeitsverhältnis mit einem Unternehmen eintreten bzw. in diesem verbleiben. Hierbei spielen Aspekte des Anreizes, der Bedürfnisstrukturen der Mitarbeiter und der organisationalen Gerechtigkeit eine besondere Rolle. Im Folgenden werden drei austauschtheoretische Ansätze vorgestellt: Anreiz-Beitrags-Theorie, Soziale Austauschtheorie und Theorien der organisationalen Gerechtigkeit.

4.1.2.1 Anreiz-Beitrags-Theorie

Die auf Chester I. Barnard [1938] zurückgehende und im Wesentlichen von James G. March und Nobelpreisträger Herbert A. Simon [1958] weiterentwickelte Anreiz-Beitrags-Theorie konzentriert sich auf die Frage, unter welchen Bedingungen Mitarbeiter in Organisationen eintreten und dazu motiviert werden, die vereinbarten Leistungen im Rahmen des Arbeitsverhältnisses zu erbringen. Damit stehen Entscheidungen über Eintritt, Verbleib und Austritt im Mittelpunkt der Theorie. Diese Entscheidungen kommen dadurch zustande, dass Personen eine Austauschbeziehung in der Art bewerten, dass sie die zu erbringenden bzw. erbrachten Leistungen (= Beiträge; engl. *Contributions*) mit den Gegenleistungen (= Anreize; engl. *Inducements*) vergleichen. Für Unternehmen geht es dementsprechend darum, die Anreize für Führungskräfte und Mitarbeiter derart zu setzen, dass deren Leistungsbereitschaft gesichert oder sogar gesteigert werden kann. Solche Beiträge bzw. Anreize können sowohl monetärer als auch nicht-monetärer Art sein [vgl. Stock-Homburg 2013, S. 55 unter Bezugnahme auf Simon 1997, S. 141 ff.].

Die zentrale Annahme der Anreiz-Beitrags-Theorie ist nun, dass die Austauschpartner nach einem Gleichgewicht in der Austauschbeziehung streben. Ein solches Gleichgewicht liegt dann vor, wenn die Anreize, die einer Person angeboten werden, mindestens gleich groß oder größer als die von ihr gelieferten Beiträge sind. Ein Ungleichgewicht liegt bspw. vor, wenn sich Mitarbeiter in hohem Maße für das Unternehmen engagieren, aber ihrer Meinung nach nicht hinreichend für ihre Leistungen vergütet werden. In einem solchen Fall werden sie nach Beschäftigungsmöglichkeiten in anderen Bereichen bzw. Unternehmen suchen. Insofern besagt die grundlegende Gesetzesaussage der Anreiz-Beitrags-Theorie, *„dass eine Organisation nur dann fortbesteht, wenn ein subjektiv empfundenes Gleichgewicht zwischen den von der Organisation angebotenen Anreizen und den von den Organisationsmitgliedern erbrachten Beiträgen besteht“* [Becker, M. 2010, S. 45].

Daher wird die Anreiz-Beitrags-Theorie auch als **Theorie des organisatorischen Gleichgewichts** (engl. *Theory of Organizational Equilibrium*) interpretiert.

4.1.2.2 Soziale Austauschkonzepte

Die soziale Austauschtheorie, die auf Arbeiten von George C. Homans [1958], Peter M. Blau [1964] sowie John W. Thibaut und Harold H. Kelley [1959] beruht, ist keine einheitliche und abgeschlossene Theorie, sondern bildet den Rahmen mehrerer Konzepte und Ansätze in Bezug auf soziale Interaktionen bzw. Austauschprozesse. Allen Ansätzen ist die Annahme gemein, dass Individuen soziale Beziehungen nur eingehen bzw. aufrechterhalten, wenn die Beziehungen einen Nutzen stiften, d. h. wenn sie mehr Vor- als Nachteile haben. Dabei gehen die Ansätze von einer Maximierung von Nutzen (Belohnungen) und einer Minimierung von Kosten als Motiv bei Menschen aus [vgl. Rathenow 2011, S. 25 ff.].

Aus Sicht der Personalwirtschaft kann die soziale Austauschtheorie Antworten auf die Frage geben, welche Faktoren zur Zufriedenheit und Bindung (engl. *Retention*) von Mitarbeitern beitragen. So lässt sich die Beziehung mit einem Unternehmen als wechselseitiger Austausch von Belohnungen interpretieren, zu denen materielle Güter ebenso zählen wie Leistungen nichtmaterieller Art und Gefühlsäußerungen (Sympathie, Wertschätzung, Prestige). Das Ergebnis einer Austauschbeziehung (E) resultiert aus der Differenz zwischen Nutzen und Kosten für eine Person. Die Bewertung der Beziehung mit dem Unternehmen, die jeder Beschäftigte für sich vornimmt, erfolgt anhand zweier zentraler Vergleichsmaßstäbe:

– dem Vergleichsniveau (Comparison Level = CL) und

– dem Vergleichsniveau externer Alternativen (Comparison Level for Alternatives = CLAlt).

Das Vergleichsniveau CL definiert ein aus Bedürfnissen und Erfahrungen ähnlicher Situationen (z. B. mit früheren Arbeitgebern) konstruiertes Anspruchsniveau, das sich der Mitarbeiter aus der Beschäftigungssituation erwartet. Wird das Vergleichsniveau CL vom Ergebnis E übertroffen (E > CL), stellt sich Zufriedenheit und Commitment des Mitarbeiters gegenüber dem Unternehmen ein. Auch das zweite Vergleichsniveau CLAlt entscheidet über die Stabilität einer Bindung. Es ergibt sich aus potenziellen und/oder bestehenden Alternativbeziehungen und bestimmt, bis zu welchem Niveau der Nutzen abnehmen kann, ohne dass der Mitarbeiter das Unternehmen verlässt. Somit beeinflussen nach diesem Ansatz die Positionen des Ergebnisses und die der Vergleichsniveaus die Stabilität und Beziehung eines Mitarbeiters mit seinem Unternehmen [vgl. Häußler 2011, S. 102 f.].

Abbildung 4-01 stellt alle sechs denkbaren Kombinationen und ihre Wirkung für den Bestand bzw. Fortlauf einer Beziehung mit dem Unternehmen vergleichend gegenüber.

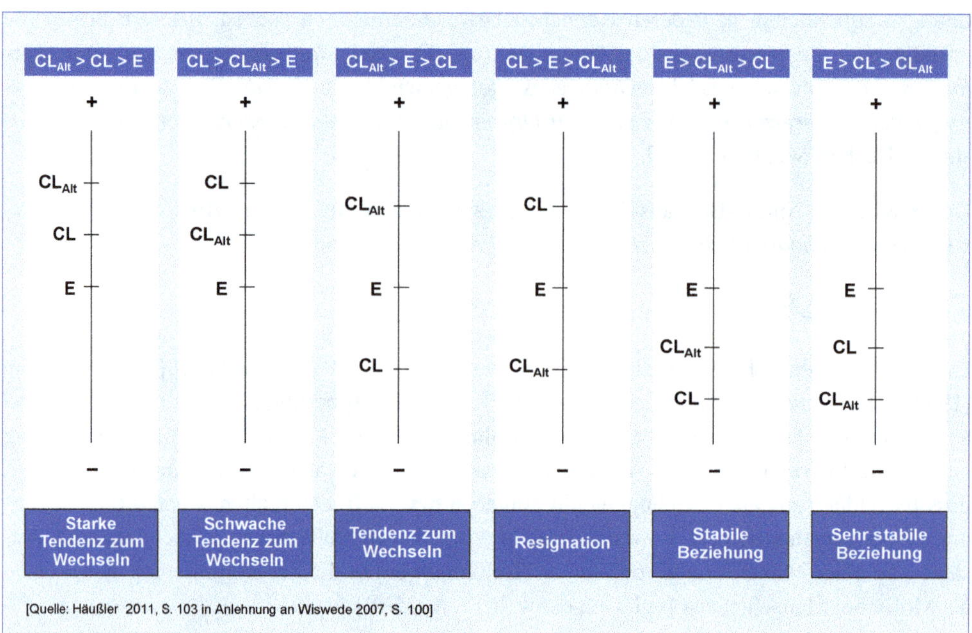
$CL_{Alt} > CL > E$
$CL > CL_{Alt} > E$
$CL_{Alt} > E > CL$
$CL > E > CL_{Alt}$
$E > CL_{Alt} > CL$
$E > CL > CL_{Alt}$
Starke Tendenz zum Wechseln
Schwache Tendenz zum Wechseln
Tendenz zum Wechseln
Resignation
Stabile Beziehung
Sehr stabile Beziehung

[Quelle: Häußler 2011, S. 103 in Anlehnung an Wiswede 2007, S. 100]

Abb. 4-01: Attraktivität sozialer Beziehungen in Abhängigkeit von Vergleichsebenen

Aus der Gegenüberstellung von Ergebnis und den jeweiligen Vergleichsniveaus lassen sich im Kern vier alternative Typen von Mitarbeitern (siehe Abbildung 4-02) bezüglich ihrer Zufriedenheit und Bindung mit dem Unternehmen ableiten [vgl. Stock-Homburg 2013, S. 61 f.]:

- Von den nachhaltig Gebundenen werden die Ergebnisse der Austauschbeziehung höher eingeschätzt als die beiden Vergleichsniveaus.
- Bei den Absprungkandidaten ist es genau umgekehrt. Die Ergebnisse werden geringer eingestuft als die beiden Vergleichsniveaus.

- Die unecht Gebundenen sind mit dem Ergebnis der Austauschbeziehung unzufrieden, haben jedoch keine attraktiven Alternativen außerhalb des Unternehmens.
- Jobhopper sind zwar mit dem Ergebnis der Austauschbeziehung zufrieden, fühlen sich aber aufgrund verfügbarer externer Alternativen relativ wenig an das Unternehmen gebunden.

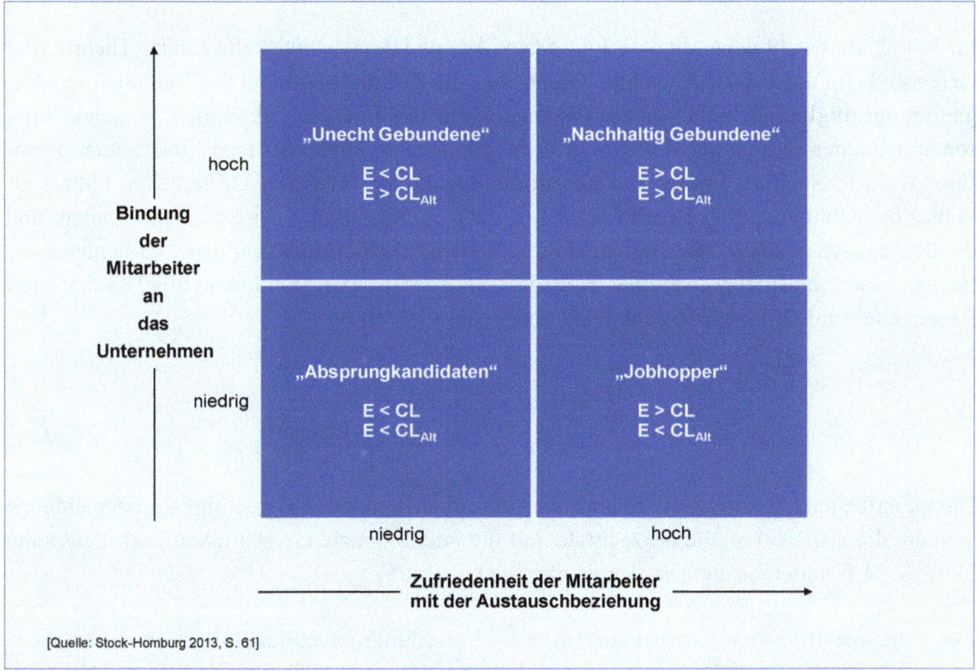
„Unecht Gebundene“
E < CL
E > CL_{Alt}
„Nachhaltig Gebundene“
E > CL
E > CL_{Alt}
„Absprungkandidaten“
E < CL
E < CL_{Alt}
„Jobhopper“
E > CL
E < CL_{Alt}
hoch
niedrig
Bindung der Mitarbeiter an das Unternehmen
niedrig
hoch
Zufriedenheit der Mitarbeiter mit der Austauschbeziehung
[Quelle: Stock-Homburg 2013, S. 61]

Abb. 4-02: Typologie der Mitarbeiterzufriedenheit und -bindung

4.1.2.3 Konzepte der organisationalen Gerechtigkeit

Das Phänomen der Gerechtigkeit ist nicht nur im alltäglichen Leben, sondern auch in Organisationen von ganz besonderer Bedeutung. Das Festlegen der Gehaltsstruktur, die Verteilung der variablen Einkommen und Boni, die Verfahren der Personalauswahl und -entlassung oder auch der alltägliche Umgang der Mitarbeiter untereinander sind gerechtigkeitsrelevante Situationen in Unternehmen und anderen Organisationen. Besonders auch das Verhalten und die Entscheidung von Führungskräften werden unter dem Aspekt der Gerechtigkeit wahrgenommen. Nicht zuletzt trägt die organisationale Gerechtigkeit zur Wahrung und Förderung des Betriebsfriedens, zu dem sowohl Arbeitgeber als auch Arbeitnehmer durch das Betriebsverfassungsgesetz (§ 74 Abs. 2 BetrVG) verpflichtet sind, bei. Eine Vielzahl institutioneller Einrichtungen in und außerhalb von Organisationen dient der Sicherstellung von Gerechtigkeitsansprüchen von Organisationsmitgliedern. Hierzu zählen organisationsinterne Lösungen wie Gleichstellungsbeauftragte, Ombudsmänner, Beschwerdestellen, Einigungsstellen, Betriebsvereinbarungen oder auch externe Lösungen wie Arbeitsgerichte oder gewerkschaftliche Vertretungen [vgl. Feldmann 2009, S. 1 f. und 20 f.].

Eine Austauschbeziehung wird im Allgemeinen dann als gerecht angesehen, wenn kein Austauschpartner unbegründete Vor- oder Nachteile wahrnimmt. Wichtig für die Beurteilung des Gerechtigkeitsgrades einer Austauschbeziehung ist das wahrgenommene Verhältnis zwischen dem erhaltenen Ergebnis und dem geleisteten Beitrag. Mit dieser wahrgenommenen Gerechtigkeit beschäftigen sich die Theorien der organisationalen Gerechtigkeit.

Im Mittelpunkt steht dabei die von John Stacy Adams [1965] entwickelte Equity Theorie (der Gerechtigkeit), die auf der Annahme beruht, dass die Zufriedenheit und das Verhalten von Organisationsmitgliedern nicht von der absoluten Höhe des eigenen Einkommens abhängig sind, sondern stattdessen von der Relation des Einkommens zu einem anderen Einkommen beeinflusst werden. Nach der Equity Theorie gilt die Regel, dass Menschen (Mitarbeiter, Führungskräfte) den Quotienten der Ergebnisse (engl. *Output*), die sie in einer Situation erhalten, und der Beiträge (engl. *Input*), die sie in die Situation (Arbeit) einbringen, mit dem Quotienten einer Bezugsperson, beispielsweise eines Kollegen, vergleichen [vgl. Feldmann 2009, S. 35 unter Bezugnahme auf Cropanzano et al. 2001 und Beugré 1998]:

$$\frac{Output_A}{Input_A} = \frac{Output_B}{Input_B}$$

Darauf aufbauend können drei Dimensionen der organisationalen Gerechtigkeit unterschieden werden: die distributive, die prozedurale und die interaktionale Gerechtigkeit [vgl. Feldmann 2009, S. 31 ff. unter Bezugnahme auf Colquitt et al. 2005]:

- Die **distributive Gerechtigkeit** (auch als Verteilungsgerechtigkeit bezeichnet) befasst sich mit den Wahrnehmungen der Gerechtigkeit von Verteilungen in Organisationen. Welche Gegenstände sind bezogen auf die wahrgenommene Gerechtigkeit von Verteilungen besonders relevant? Anhand welcher Prinzipien bzw. Regeln werden Verteilungen als gerecht oder ungerecht beurteilt und welche Auswirkungen gehen mit der Beurteilung der Verteilungsgerechtigkeit einher? Die Forschungen zur distributiven Gerechtigkeit sind am stärksten von der Equity Theorie geprägt.
- Die **prozedurale Gerechtigkeit** (auch als Vorgehensgerechtigkeit bezeichnet) bezieht sich auf das Vorgehen, das in einer Organisation der Entscheidungsfindung vorausgeht bzw. diese begleitet. Ein gerechter Prozess muss konsistent, vorurteilsfrei, ethisch und genau sein. Zudem müssen alle relevanten Interessen berücksichtigt werden und die Möglichkeit zur Berufung bestehen. Durch faire Verfahrensweisen können auch negative Ergebnisse deutlich akzeptabel erscheinen.
- Bei der **interaktionalen Gerechtigkeit** geht es darum, ob sich das Informationsverhalten des Entscheiders gegenüber den Mitarbeitern wahrheitsgemäß, ausreichend, verständlich, offen, respektvoll und höflich vollzieht. Darüber hinaus sollten die Informationen zeitnah erfolgen und Begründungen enthalten. Die interaktionale Gerechtigkeit beschreibt die sozialen Aspekte der distributiven und der prozeduralen Gerechtigkeit.

Diesen Gerechtigkeitsdimensionen stehen drei Kernprinzipien der Entgeltgerechtigkeit, die für die Zusammensetzung der Gehaltsstruktur maßgeblich sind, gegenüber:

- **Anforderungsgerechtigkeit** (im Hinblick auf Qualität, Schwierigkeitsgrad oder Verantwortungsbereich der jeweiligen Position/Stelle)
- **Marktgerechtigkeit** (im Hinblick auf die Vergütungsstruktur der Branche bzw. des Wettbewerbs)
- **Leistungsgerechtigkeit** (im Hinblick auf die Leistung der Führungskraft einerseits und des Unternehmens andererseits) [vgl. Lippold 2010b, S. 18].

Werden die Gerechtigkeitsdimensionen mit den drei Gerechtigkeitsprinzipien kombiniert, so ergibt sich eine 3 x 3-Matrix. In Abbildung 4-03 ist diese Matrix mit beispielhaften Ansatzpunkten vervollständigt. Wie die Erfahrungen aus der Praxis zeigen, erfüllen viele Unternehmen die distributive und teilweise auch die prozedurale Gerechtigkeitsdimension. Die interaktionale Gerechtigkeit, d. h. das Aushandeln bestimmter Vergütungselemente insbesondere in Verbindung mit der Leistungsgerechtigkeit wird bislang noch wenig praktiziert [vgl. Brietze/Lippold 2011, S. 231 ff.].

Dimension / Prinzip	Interaktionale Gerechtigkeit	Prozedurale Gerechtigkeit	Distributive Gerechtigkeit
Anforderungs-gerechtigkeit	Aushandeln der jeweils passenden Karrierestufe	Transparent machen von Karrierestufen	Festlegen der generellen Karrierestufen
Marktgerechtigkeit	Aushandeln der jeweils passenden Gehalts-strukturelemente	Transparent machen von Gehaltsbandbreiten	Festlegen der generellen Gehaltsstruktur
Leistungs-gerechtigkeit	Aushandeln der jeweils passenden Zielvereinbarung	Transparent machen des Review-Prozesses	Leisten von Bonuszahlungen/ Prämien

[Quelle: Brietze/Lippold 2011, S.231]

Abb. 4-03: Gegenüberstellung von Gerechtigkeitsdimensionen und -prinzipien

4.1.3 Motivation und Motivationstheorien

Motivation ist eine wesentliche Voraussetzung für bestimmtes menschliches Handeln. Um zu verstehen, warum manche Menschen besonders engagiert sind und Höchstleistungen erbringen, andere jedoch nicht, muss sich die Unternehmensführung mit ihrer Motivation und den Möglichkeiten zur Beeinflussung dieser Motivation befassen [vgl. Hungenberg/Wulf 2015, S. 235].

Motive sind Beweggründe menschlichen Handelns. Sie lassen sich in der Organisationspsychologie in intrinsische und extrinsische Motive einteilen.

Intrinsische Motive finden ihre Befriedigung in der Arbeit selbst. Sie können durch die Tätigkeit selbst befriedigt werden. Als intrinsische Motive können das Leistungs-, Kompetenz- oder Geselligkeitsmotiv genannt werden. Es handelt sich dabei um Anreize, die jeweils individuell als wichtig erachtet werden, z. B. weil sie Freude bereiten oder persönliche Interessen befriedigen. Eine hohe intrinsische Motivation kann über einen langen (Lebens-)Zeitraum die Handlungen bestimmen.

Extrinsische Motive können nicht durch die Tätigkeit alleine, sondern durch externe Begleitumstände (z. B. durch die Folgen der Arbeit) befriedigt werden. Gehaltserhöhung, Belobigung, Beförderung oder Macht und Status sind Beispiele für extrinsische Motivatoren. Allerdings wirken extrinsische Motive nur zeitlich begrenzt als Quelle für den Antrieb.

Bei den motivationstheoretischen Ansätzen geht es in erster Linie um das Wissen, durch welche Anreize Mitarbeiter (besonders) motiviert werden können. Diese Motive bestimmen Richtung und Dauer des menschlichen Handelns. Motivationstheorien basieren auf einer Identifikation von menschlichen Bedürfnissen und den Möglichkeiten ihrer Befriedigung. Folgende motivationstheoretische Ansätze sollen hier vorgestellt werden:

- Bedürfnispyramide von Maslow
- ERG-Theorie von Alderfer
- Zwei-Faktoren-Theorie von Herzberg
- Leistungsmotivationstheorie von McClelland.

4.1.3.1 Bedürfnispyramide von Maslow

Die Bedürfnispyramide nach Abraham Maslow [1943] zählt zu den bekanntesten – aber auch umstrittensten – Ansätzen der Motivationsforschung. Maslow geht davon aus, dass Menschen durch immanente, den tierischen Instinkten entsprechende Bedürfnisse zu motivieren sind. Dabei unterscheidet er die Grundbedürfnisse des Menschen in Defizitbedürfnisse und in Wachstumsbedürfnisse. Die **Defizitbedürfnisse** werden noch weiter unterteilt, so dass fünf verschiedene Bedürfnisklassen entstehen, die hierarchisch angeordnet sind und in Form einer Pyramide dargestellt werden. Die Bedürfnisklassen eins bis vier umfassen physiologische Bedürfnisse, Sicherheitsbedürfnisse, soziale Bedürfnisse und Anerkennungsbedürfnisse. Ein Bedürfnis dieser vier Klassen tritt erst dann auf, wenn ein Defizit festgestellt wird. Die Bedürfnisklasse fünf dagegen kennzeichnet **Wachstumsbedürfnisse** und setzt sich ausschließlich aus Selbstverwirklichungsbedürfnissen zusammen. Hierbei handelt es sich um Bedürfnisse, die immer vorhanden sind und die sich während ihrer Befriedigung weiter vergrößern [vgl. Maslow 1970, S. 35 ff].

Nach Maslow muss die Bedürfnisbefriedigung von unten nach oben erfolgen, d. h. hierarchisch höhere Bedürfnisse werden erst aktiviert, wenn die darunterliegenden Bedürfnisse bereits erfüllt sind. Darüber hinaus wird das Modell auch in Beziehung zu den einzelnen Lebensphasen des Menschen gesetzt. So wird eine jüngere Person vorwiegend nach Befriedigung ökonomischer Bedürfnisse streben, während Personen in einem höheren Lebensalter sich eher selbstverwirklichen wollen. Doch genau dieser Aspekt der Verallgemeinerung wird immer wieder als Kritikpunkt am Modell aufgeführt, denn es gibt durchaus Menschen, die eine hohe Bedürfnisklasse erreicht haben, obwohl die hierarchisch niedrigeren Bedürfnisse noch nicht (vollständig) befriedigt sind (z. B. Künstler). Auch sind die Bedürfnisklassen nicht trennscharf voneinander abzugrenzen und die hierarchische Anordnung konnte bislang nicht empirisch nachgewiesen werden. Überhaupt ist ein stufenweises Vorgehen empirisch nicht nachweisbar, denn die Bedürfnisse und Motive aus mehreren Bedürfnisklassen können sehr wohl gleichzeitig das menschliche Handeln bestimmen [vgl. Bartscher et al. 2012, S. 76].

Abbildung 4-04 veranschaulicht die verschiedenen Bedürfnisklassen anhand einer Pyramide.

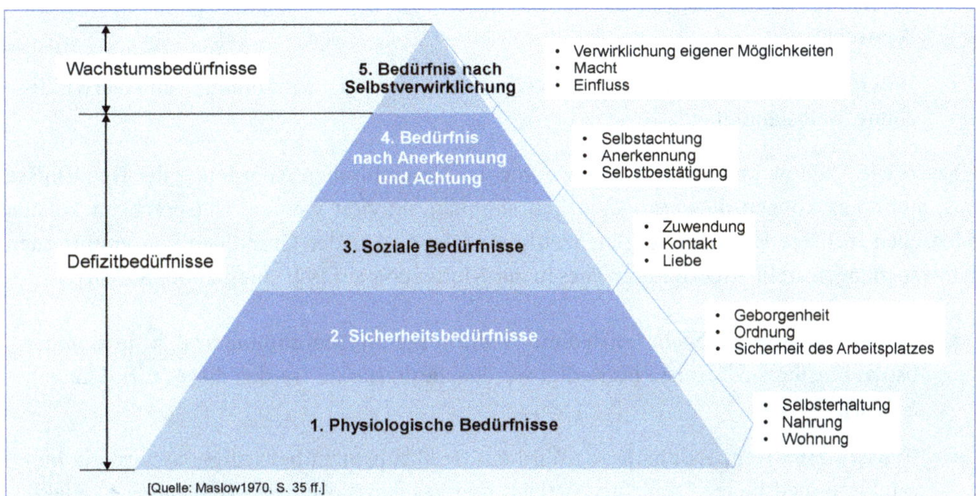
Wachstumsbedürfnisse
5. Bedürfnis nach Selbstverwirklichung
• Verwirklichung eigener Möglichkeiten
• Macht
• Einfluss
4. Bedürfnis nach Anerkennung und Achtung
• Selbstachtung
• Anerkennung
• Selbstbestätigung
3. Soziale Bedürfnisse
• Zuwendung
• Kontakt
• Liebe
Defizitbedürfnisse
2. Sicherheitsbedürfnisse
• Geborgenheit
• Ordnung
• Sicherheit des Arbeitsplatzes
1. Physiologische Bedürfnisse
• Selbsterhaltung
• Nahrung
• Wohnung
[Quelle: Maslow1970, S. 35 ff.]

Abb. 4-04: Bedürfnispyramide nach Maslow

4.1.3.2 ERG-Theorie von Alderfer

Die ERG-Theorie (Akronym für *Existence, Relatedness, Growth*) wurde von Clayton P. Alderfer [1972] als Reaktion auf die Kritik an Maslows Bedürfnispyramide entwickelt. Um die Bedürfnisarten überschneidungsfrei definieren zu können, reduziert er die Bedürfnishierarchie speziell für Mitarbeiter in Organisationen auf lediglich drei Klassen (siehe Abbildung 4-05):

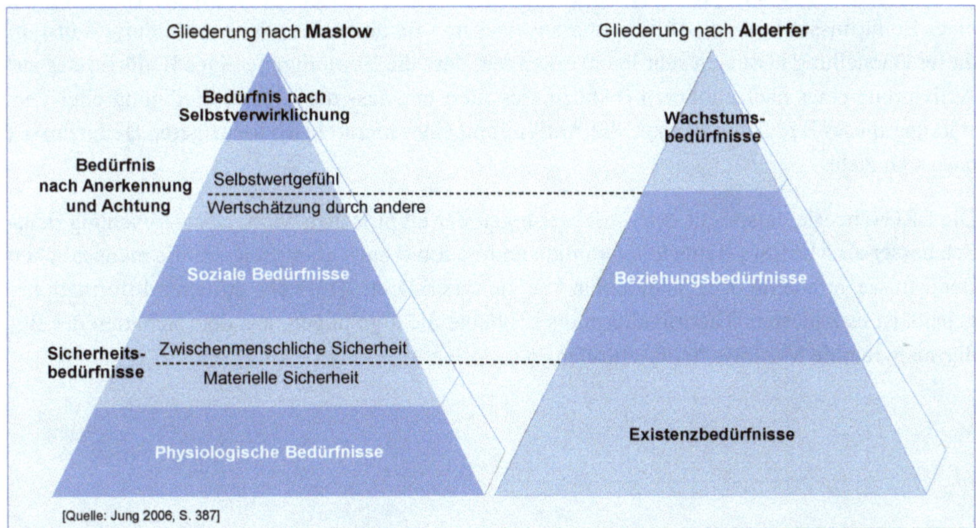
Gliederung nach Maslow
Gliederung nach Alderfer
Bedürfnis nach Selbstverwirklichung
Wachstums-bedürfnisse
Bedürfnis nach Anerkennung und Achtung
Selbstwertgefühl
Wertschätzung durch andere
Soziale Bedürfnisse
Beziehungsbedürfnisse
Sicherheits-bedürfnisse
Zwischenmenschliche Sicherheit
Materielle Sicherheit
Physiologische Bedürfnisse
Existenzbedürfnisse
[Quelle: Jung 2006, S. 387]

Abb. 4-05: Gliederung der Bedürfnisse nach Maslow und Alderfer

Damit verbleiben nach Alderfer drei Grundklassen:

- **Existenzbedürfnisse** (engl. *Existence needs*) wie z. B. Sicherheit, Bezahlung, physiologische Bedürfnisse
- **Beziehungsbedürfnisse** (engl. *Related needs*) wie z. B. Kontakte, Achtung, Respekt, Wertschätzung
- **Wachstumsbedürfnisse** (engl. *Growth needs*) wie z. B. Entfaltung, Selbstverwirklichung, Selbständigkeit.

Ebenso wie Maslow geht auch Alderfer von einer hierarchischen Anordnung der Bedürfnisse aus, allerdings können diese grundsätzlich simultan aktiviert werden. Entsprechend können Menschen mehrere Bedürfnisse gleichzeitig verfolgen. Auf der Grundlage von empirischen Untersuchungen stellt Alderfer drei Thesen zur Motivation auf [vgl. Jung 2006, S. 388]:

- **Frustrationsthese:** Nicht befriedigte Bedürfnisse bleiben dominant, d. h. je weniger bspw. Existenzbedürfnisse befriedigt werden, desto stärker werden diese (z. B. Hunger, Schlaf);
- **Frustrations-Regressionsthese:** Wird ein Bedürfnis nicht befriedigt, so wird ein hierarchisch niedrigeres Bedürfnis aktiviert und gesteigert. Beispiel: Je weniger Kontaktbedürfnisse befriedigt werden, desto stärker werden Existenzbedürfnisse (z. B.: Kummerspeck);
- **Befriedigungs-Progressionsthese:** Die Befriedigung eines Bedürfnisses aktiviert ein hierarchisch höheres Bedürfnis. Wird z. B. ein Wachstumsbedürfnis befriedigt, so wird ein weiteres Bedürfnis dieser Bedürfnisklasse verstärkt, d. h. der Mensch ist unersättlich.

Anhand dieser Thesen erkennt Alderfer sieben Zusammenhänge zwischen der Befriedigung eines Bedürfnisses und der Aktivierung des nächsten Bedürfnisses (siehe Abbildung 4-06). In dieser Darstellung lässt sich sehr leicht erkennen, dass die Befriedigung eines Bedürfnisses zur Aktivierung eines nächsthöheren Bedürfnisses führt und dass die Nichtbefriedigung eine Verstärkung dieses Bedürfnisses bzw. die Aktivierung eines hierarchisch niedrigeren Bedürfnisses nach sich zieht.

Die ERG-Theorie entspricht den Anforderungen der empirischen Motivationsforschung deutlich besser als Maslows Bedürfnispyramide und ist somit auch eher geeignet, die menschlichen Bedürfnisse gerade im organisationalen Umfeld zu erklären. Trotz des größeren Informationsgehalts ist es Alderfers Theorie allerdings bis heute nicht gelungen, aus dem Schatten der Bedürfnispyramide Maslows herauszutreten.

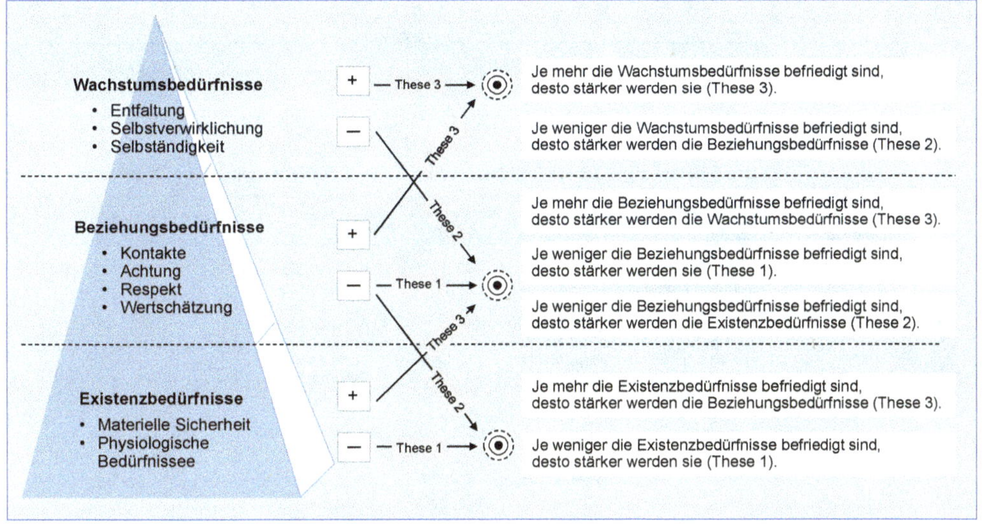
Wachstumsbedürfnisse
• Entfaltung
• Selbstverwirklichung
• Selbständigkeit
Beziehungsbedürfnisse
• Kontakte
• Achtung
• Respekt
• Wertschätzung
Existenzbedürfnisse
• Materielle Sicherheit
• Physiologische Bedürfnissee
These 3
These 2
These 1
Je mehr die Wachstumsbedürfnisse befriedigt sind, desto stärker werden sie (These 3).
Je weniger die Wachstumsbedürfnisse befriedigt sind, desto stärker werden die Beziehungsbedürfnisse (These 2).
Je mehr die Beziehungsbedürfnisse befriedigt sind, desto stärker werden die Wachstumsbedürfnisse (These 3).
Je weniger die Beziehungsbedürfnisse befriedigt sind, desto stärker werden sie (These 1).
Je weniger die Beziehungsbedürfnisse befriedigt sind, desto stärker werden die Existenzbedürfnisse (These 2).
Je mehr die Existenzbedürfnisse befriedigt sind, desto stärker werden die Beziehungsbedürfnisse (These 3).
Je weniger die Existenzbedürfnisse befriedigt sind, desto stärker werden sie (These 1).

Abb. 4-06: ERG-Theorie nach Alderfer

4.1.3.3 Zwei-Faktoren-Theorie von Herzberg

In den 1950er und 1960er Jahren erforschte der US-amerikanische Arbeitswissenschaftler Frederick Herzberg [1959 und 1966] Einflussfaktoren auf die Arbeitsmotivation. In verschiedenen empirischen Untersuchungen (Pittsburgh-Studie) fand er heraus, dass es zwei Faktorenbündel sind, welche die Zufriedenheit bzw. Unzufriedenheit von Mitarbeitern beeinflussen: Hygienefaktoren und Motivatoren.

- **Motivatoren** sind Faktoren, die sich auf den Inhalt der Arbeit beziehen (intrinsisch). Zu den Inhaltsfaktoren gehören z. B. Verantwortung zu tragen, Anerkennung zu erwerben, befördert zu werden bzw. Karriere zu machen. Motivatoren können Zufriedenheit bei den Mitarbeitern erzeugen. Sind Motivatoren nicht vorhanden, so führt dies nicht zwangsläufig dazu, dass eine Person unzufrieden, sondern lediglich nicht zufrieden ist.
- **Hygienefaktoren** beziehen sich auf das Umfeld der Arbeit (extrinsisch). Zu diesen Faktoren zählen die Unternehmenspolitik, die Beziehungen zu Führungskräften, die Arbeitsbedingungen, der Status und das Gehalt. Hygienefaktoren können Unzufriedenheit verhindern, jedoch keine Zufriedenheit erzeugen. Im Gegensatz zu den Motivatoren haben sie nach Herzberg also keinen Einfluss auf die Motivation der Mitarbeiter.

Vergleicht man die Zwei-Faktoren-Theorie von Herzberg mit Maslows Bedürfnispyramide, so können die Hygienefaktoren als Grundbedürfnisse und die Motivatoren eher als Bedürfnisse „höherer Ordnung“ angesehen werden. Herzberg betrachtet Zufriedenheit und Unzufriedenheit nicht – wie es das klassische Zufriedenheitskonzept vorsieht – als die beiden Enden eines Kontinuums, sondern vielmehr als zwei getrennte Phänomene (siehe Abbildung 4-07).

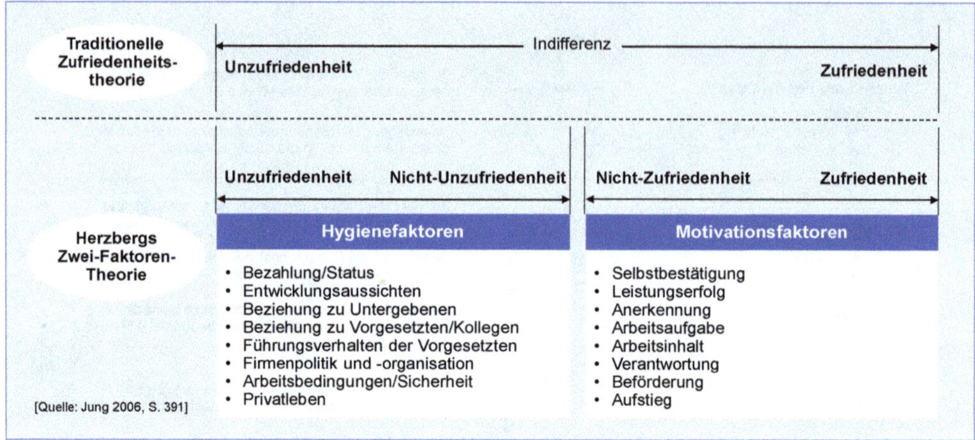
Traditionelle Zufriedenheits-theorie
Indifferenz
Unzufriedenheit
Zufriedenheit
Unzufriedenheit
Nicht-Unzufriedenheit
Nicht-Zufriedenheit
Zufriedenheit
Herzbergs Zwei-Faktoren-Theorie
Hygienefaktoren
Motivationsfaktoren
• Bezahlung/Status
• Entwicklungsaussichten
• Beziehung zu Untergebenen
• Beziehung zu Vorgesetzten/Kollegen
• Führungsverhalten der Vorgesetzten
• Firmenpolitik und -organisation
• Arbeitsbedingungen/Sicherheit
• Privatleben
• Selbstbestätigung
• Leistungserfolg
• Anerkennung
• Arbeitsaufgabe
• Arbeitsinhalt
• Verantwortung
• Beförderung
• Aufstieg
[Quelle: Jung 2006, S. 391]

Abb. 4-07: Traditionelle Zufriedenheitstheorie vs. Herzbergs Zwei-Faktoren-Theorie

Danach müssen beide Ausprägungen vorhanden sein, um Zufriedenheit zu erleben. Arbeitszufriedenheit besteht also nicht zwangsläufig, wenn keine Gründe für Unzufriedenheit vorliegen [vgl. Jung 2017, S. 389 ff.].

Der wesentliche Beitrag der Zwei-Faktoren-Theorie liegt in der Überarbeitung des traditionellen Zufriedenheitskonzepts und dem damit einhergehenden Perspektivwechsel im Verständnis von Mitarbeitermotivation und -zufriedenheit. Kritiker der Theorie führen vornehmlich an, dass die Zuordnung einer Einflussgröße entweder als Hygienefaktor oder als Motivator von Merkmalen der Zielgruppe (wie Alter, Ausbildung, Beruf) abhängt und damit nicht allgemeingültig ist [vgl. Stock-Homburg 2013, S. 77 unter Bezugnahme auf Robbins 2001, S. 198].

4.1.3.4 Leistungsmotivationstheorie von McClelland

Der besondere Fokus der Leistungsmotivationstheorie von David McClelland [1961] ist darauf gerichtet, nicht alle Motive vollständig zu erfassen und zu beschreiben, sondern besonders wichtige Motive im Bereich der Arbeitsbeziehungen zu identifizieren. Im Gegensatz zu den bereits genannten Motivationstheorien werden von McClelland Bedürfnisse nicht als gegeben, im Sinne von angeboren, angenommen. Vielmehr geht er davon aus, dass der Mensch im Laufe seiner Interaktion mit der Umwelt Bedürfnisse „erlernt". Daher wird die Leistungsmotivationstheorie gelegentlich auch als Theorie der gelernten Bedürfnisse bezeichnet. McClelland unterscheidet im Kern drei zentrale Motivgruppen [vgl. Winter 2002, S. 119 ff.]:

- **Leistungsmotive** (engl. *Need for achievement*), deren Untersuchung unter den drei Motivgruppen die größte Aufmerksamkeit erfahren hat, beschreiben das Streben nach Erfolg und danach, Dinge besser und effizienter als andere Menschen zu machen. Leistungsorientierte Personen bevorzugen Arbeitstätigkeiten und Bedingungen mit hoher Eigenverantwortung, direktem Einfluss auf das Arbeitsergebnis und schnellem Feedback. Sie wünschen Vergleichsmöglichkeiten mit anderen Personen und wählen Ziele, die anspruchsvoll, aber erreichbar sind. Menschen mit hoher Leistungsmotivation lehnen einfache Ziele ebenso ab wie zu anspruchsvolle Ziele. Wenn diese Rahmenbedingungen erfüllt sind, sind Menschen mit hoher Leistungsmotivation optimal stimuliert. Daher treten solche Personen überproportional häufig als erfolgreiche selbständige Unternehmer auf.

- **Machtmotive** (engl. *Need for power*) entstehen aus dem Bedürfnis, Einfluss über andere zu gewinnen und in der Hierarchie aufzusteigen. Menschen mit hoher Machtmotivation befassen sich mehr mit Status und Prestige als mit der eigentlichen Arbeitsleistung. Sie orientieren sich an einflussreichen und mächtigen Personen in ihrem Umfeld und bevorzugen Arbeitsumgebungen mit Einfluss und Kontrolle über andere Menschen. Ausgeprägte Machtmotivation zeigt sich Studien zufolge bei Managern in Konzernen.
- **Beziehungsmotive** (engl. *Need for affiliation*) beschreiben das Bedürfnis nach freundschaftlichen und engen sozialen Beziehungen und Bindungen mit anderen Menschen. Personen mit hoher Beziehungsmotivation suchen kooperative Arbeitsbeziehungen, vermeiden starken Wettbewerb und wünschen ein gutes soziales Klima am Arbeitsplatz. Das Streben nach harmonischen Beziehungen vermindert – im Gegensatz zur Macht- bzw. Leistungsmotivation – den Erfolg von Führungskräften.

Erst später – 1985 – hat McClelland noch die Vermeidungsmotive als vierte Motivgruppe hinzugefügt. Vermeidungsmotive kennzeichnen das Streben nach Reduktion von Versagen, Misserfolg, Machtverlust und Ablehnung. Aus dem Zusammenspiel dieser – nunmehr vier – Motivgruppen lassen sich folgende Verbundwirkungen ausmachen [vgl. Scholz 2000, S. 887]:

- **Leistungsstreben** und **Zugehörigkeitsstreben** mit Auswirkungen auf Gewissenhaftigkeit und Zielstrebigkeit
- **Machtstreben** und **Zugehörigkeitsstreben** stehen in einer inversen Beziehung zueinander
- **Leistungsstreben** und **Vermeidungsstreben** mit Auswirkungen auf den Schwierigkeitsgrad der anzugehenden Aufgaben.

Insgesamt liefert die Leistungsmotivationstheorie durchaus interessante und praktisch brauchbare Anhaltspunkte insbesondere bei der Auswahl geeigneter Bewerber sowie zur Erklärung des Handelns von Führungskräften.

Abbildung 4-08 zeigt einen Vergleich der hier vorgestellten vier Motivationstheorien anhand ausgewählter Kriterien.

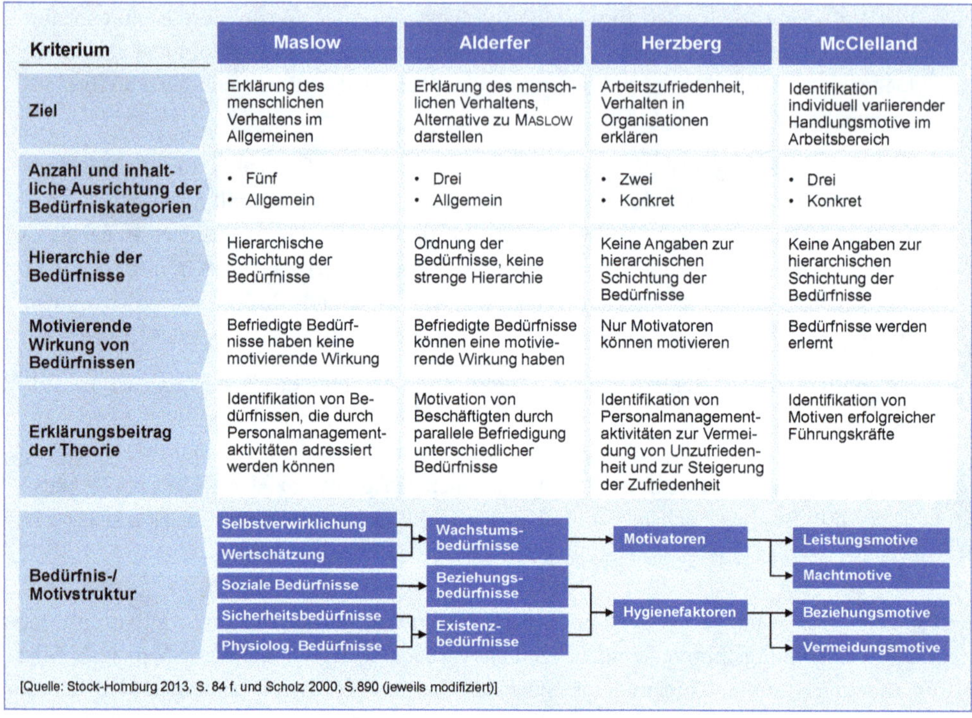

Kriterium	Maslow	Alderfer	Herzberg	McClelland
Ziel	Erklärung des menschlichen Verhaltens im Allgemeinen	Erklärung des menschlichen Verhaltens, Alternative zu MASLOW darstellen	Arbeitszufriedenheit, Verhalten in Organisationen erklären	Identifikation individuell variierender Handlungsmotive im Arbeitsbereich
Anzahl und inhaltliche Ausrichtung der Bedürfniskategorien	• Fünf • Allgemein	• Drei • Allgemein	• Zwei • Konkret	• Drei • Konkret
Hierarchie der Bedürfnisse	Hierarchische Schichtung der Bedürfnisse	Ordnung der Bedürfnisse, keine strenge Hierarchie	Keine Angaben zur hierarchischen Schichtung der Bedürfnisse	Keine Angaben zur hierarchischen Schichtung der Bedürfnisse
Motivierende Wirkung von Bedürfnissen	Befriedigte Bedürfnisse haben keine motivierende Wirkung	Befriedigte Bedürfnisse können eine motivierende Wirkung haben	Nur Motivatoren können motivieren	Bedürfnisse werden erlernt
Erklärungsbeitrag der Theorie	Identifikation von Bedürfnissen, die durch Personalmanagementaktivitäten adressiert werden können	Motivation von Beschäftigten durch parallele Befriedigung unterschiedlicher Bedürfnisse	Identifikation von Personalmanagementaktivitäten zur Vermeidung von Unzufriedenheit und zur Steigerung der Zufriedenheit	Identifikation von Motiven erfolgreicher Führungskräfte
Bedürfnis-/Motivstruktur	Selbstverwirklichung Wertschätzung Soziale Bedürfnisse Sicherheitsbedürfnisse Physiolog. Bedürfnisse	Wachstumsbedürfnisse Beziehungsbedürfnisse Existenzbedürfnisse	Motivatoren Hygienefaktoren	Leistungsmotive Machtmotive Beziehungsmotive Vermeidungsmotive

[Quelle: Stock-Homburg 2013, S. 84 f. und Scholz 2000, S.890 (jeweils modifiziert)]

Abb. 4-08: Vergleich wichtiger Motivationstheorien

4.1.4 Verhalten von Teams

Es gibt heute kein Unternehmen, das auf Teamarbeit verzichten würde. Der Nutzen von Teamarbeit ist unumstritten. Wer aber Teams effektiv einsetzen möchte, der muss ihre besondere Dynamik verstehen. Insofern ist es nur allzu verständlich, dass das Team und seine Möglichkeiten auch immer wieder im Fokus der Unternehmensführung stehen.

Das **Team** ist ein Zusammenschluss von mehr als zwei Personen, die ein gemeinsames Ziel erreichen wollen und dabei auf die Zusammenarbeit untereinander angewiesen sind [vgl. Stock 2003, S. 25].

Hinsichtlich der Begriffe Team und Gruppe kann in Theorie und Praxis eine weitgehend synonyme Verwendung festgestellt werden.

4.1.4.1 Bildung von Teams

Ein besonders wichtiger Aspekt ist die Bildung von Teams. Dabei stellt sich die Frage, ab welchem Zeitpunkt ein neu gebildetes Team die von ihm erwartete und im Vergleich zur Einzelarbeit erhöhte Leistungsfähigkeit erreicht. Aufschluss hierüber kann das Teammodell von Bruce Tuckman [1965] geben. Danach durchläuft ein Team zur Erreichung seiner vollen Leistungsfähigkeit verschiedene Entwicklungsphasen (siehe Abbildung 4-09).

In der ersten Phase, dem **Forming**, treffen die Teammitglieder erstmals aufeinander. Sie tauschen sich aus und lernen sich dadurch gegenseitig kennen und einschätzen. Die Teamleistung ist dementsprechend gering, gleichwohl werden die gemeinsame Aufgabe und ihre inhaltlichen Ziele definiert.

Im Mittelpunkt der **Storming**-Phase steht die Rollenzuweisung. Es kommt häufig zu Meinungsverschiedenheiten, denn Rivalität und Machtverteilung sowie die damit verbundenen Konflikte prägen häufig diese Phase, in der sich manchmal auch Parteien oder Subgruppen bilden können.

In der Phase des **Norming** werden Spielregeln für die Zusammenarbeit aufgestellt. Hier bilden sich Erwartungen der Verhaltensweisen der Teammitglieder heraus, so dass sich die Mitglieder nun stärker der gemeinsamen Arbeitsaufgabe und den Teamzielen widmen können. Die Leistung des Teams nimmt erstmals zu.

In der vierten Phase, dem **Performing**, erreicht das Team seine volle Arbeitsleistung. Alle erforderlichen Entwicklungsschritte sind durchlaufen, die Rollen im Team verteilt und die Teamnormen festgelegt.

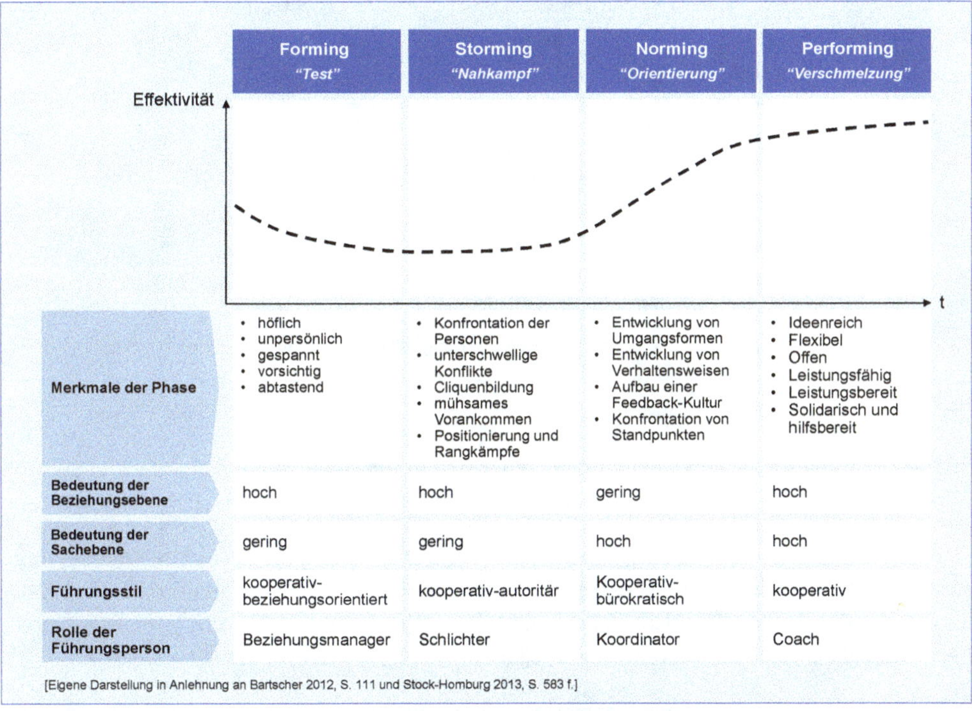

Forming "Test"
Storming "Nahkampf"
Norming "Orientierung"
Performing "Verschmelzung"
Effektivität
t
Merkmale der Phase
• höflich • unpersönlich • gespannt • vorsichtig • abtastend
• Konfrontation der Personen • unterschwellige Konflikte • Cliquenbildung • mühsames Vorankommen • Positionierung und Rangkämpfe
• Entwicklung von Umgangsformen • Entwicklung von Verhaltensweisen • Aufbau einer Feedback-Kultur • Konfrontation von Standpunkten
• Ideenreich • Flexibel • Offen • Leistungsfähig • Leistungsbereit • Solidarisch und hilfsbereit
Bedeutung der Beziehungsebene: hoch | hoch | gering | hoch
Bedeutung der Sachebene: gering | gering | hoch | hoch
Führungsstil: kooperativ-beziehungsorientiert | kooperativ-autoritär | Kooperativ-bürokratisch | kooperativ
Rolle der Führungsperson: Beziehungsmanager | Schlichter | Koordinator | Coach
[Eigene Darstellung in Anlehnung an Bartscher 2012, S. 111 und Stock-Homburg 2013, S. 583 f.]

Abb. 4-09: Teamphasenmodell nach Tuckman

In einer Weiterentwicklung wird das Modell noch um eine fünfte Phase, dem **Adjourning**, ergänzt. Die Adjourning-Phase (Auflösungsphase) betrifft Teams, die sich nach (langer) Zusammenarbeit auflösen. Damit bekommt das Teamphasenmodell den Charakter eines Lebenszykluskonzepts für Teams bzw. Gruppen. Allerdings kann die Hypothese, dass Teamarbeit grundsätzlich nach diesem (idealtypischen) Schema verläuft, in der Praxis so nicht bestätigt werden. So sind Teamentwicklungsprozesse in der Praxis wesentlich komplexer und es kann Teams geben, die die Phasen nicht in der angegebenen Reihenfolge durchlaufen oder gar eine Phase überspringen [vgl. Bartscher et al. 2012, S. 112].

4.1.4.2 Typologie von Teammitgliedern

Eine Besonderheit der Führung von Teams im Vergleich zur Führung einzelner Mitarbeiter liegt darin, dass sich Teammitglieder durch unterschiedliche Verhaltensweisen auszeichnen. Eine Kategorisierung dieser Verhaltensweisen leistet die Typologie von Stock [2002], die zwei verhaltensbezogene Dimensionen gegenüberstellt: Teamorientierung und Leistungsfähigkeit bzw. -bereitschaft. In Abhängigkeit von der Ausprägung dieser verhaltensorientierten Dimensionen lassen sich vier Typen von Teammitgliedern unterscheiden (siehe Abbildung 4-10).

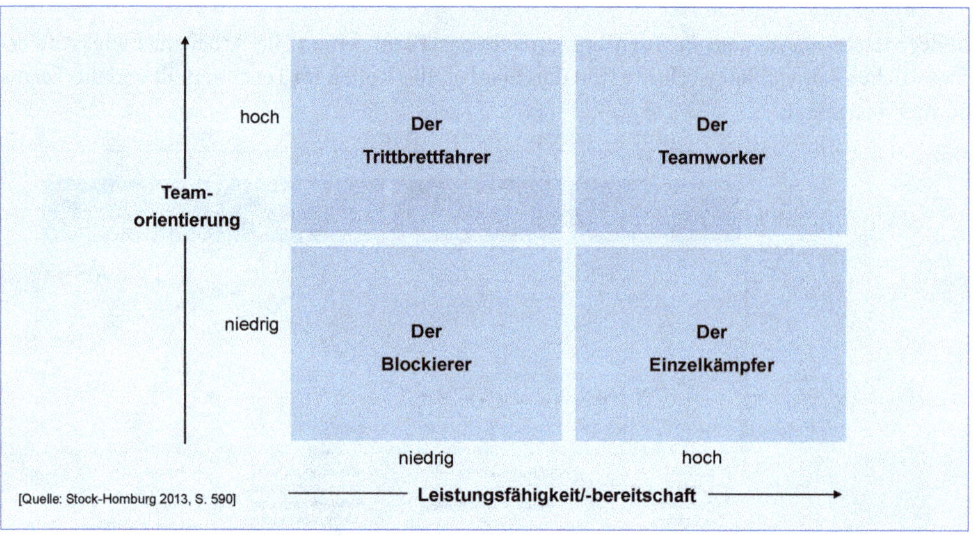
Team-
orientierung
hoch
niedrig
Der
Trittbrettfahrer
Der
Teamworker
Der
Blockierer
Der
Einzelkämpfer
niedrig
hoch
Leistungsfähigkeit/-bereitschaft
[Quelle: Stock-Homburg 2013, S. 590]

Abb. 4-10: Typen von Teammitgliedern

Für die Teamführung stellt sich die Frage, wie eine Führungsperson mit den unterschiedlichen Typen in ihrem Team umgehen sollte [vgl. Stock-Homburg 2013, S. 589 f.]:

Der **Blockierer** ist sowohl durch eine geringe Teamorientierung als auch durch eine geringe Leistungsfähigkeit bzw. -bereitschaft gekennzeichnet. Teamarbeit ist verpönt, weil diese Leistungsdefizite sehr schnell aufdecken kann. Um ein solches Teammitglied erfolgreich zu führen, muss sowohl an dessen Fähigkeiten als auch an dessen Motivation angesetzt werden.

Beim **Trittbrettfahrer** ist hohe Teamorientierung mit geringer Leistungsfähigkeit bzw. -bereitschaft gepaart. Hier zielt die Teambereitschaft vornehmlich darauf ab, von der Teamleistung zu profitieren, ohne selbst einen großen Beitrag zu leisten. Die Maßnahmen der Teamführung müssen daran ansetzen, die absichtliche, zumeist verdeckte Leistungsreduktion in Verbindung mit einem Rückgang der Teammotivation möglichst gering zu halten.

Der **Einzelkämpfer**, der sich durch eine hohe Leistungsfähigkeit bzw. -bereitschaft auszeichnet, befürchtet, dass durch die Teamsituation die eigene Leistung im Sinne einer „Gleichmacherei auf niedrigem Niveau" beeinträchtigt wird. Ziel der Teamführung muss es hier sein, diesem Teammitglied die Vorteile der Teamarbeit für das Unternehmen und seinen persönlichen Nutzen daraus zu vermitteln.

Der **Teamworker** ist das Teammitglied, das am stärksten zum Teamerfolg beiträgt. Sowohl Leistungsfähigkeit und -bereitschaft als auch Teamorientierung sind hoch ausgeprägt. Die Teamführung ist gut beraten, wenn sie den Teamworker in seiner Leistungs- und Teamorientierung bestärkt und ihm eine Vorbildfunktion für andere Teammitglieder zuweist.

4.2 Führung von Individuen und Teams

Der Führungsbegriff wird häufig gleichgesetzt mit Management und Leitung. Verallgemeinert wird er anstelle von Unternehmensführung oder Mitarbeiterführung verwendet. Hier soll ausschließlich das Führen von Menschen durch Menschen diskutiert und dargestellt werden. Am geeignetsten (und kürzesten) erscheint deshalb die Definition von Führung durch von Rosenstiel [2003, S. 4]:

Führung ist zielbezogene Einflussnahme. Die Geführten sollen dazu bewegt werden, bestimmte Ziele, die sich meist aus den Zielen des Unternehmens ableiten, zu erreichen.

Anders ausgedrückt bedeutet Führung also **Orientierung geben und in Konfliktsituationen eingreifen**. Die grundsätzlichen Aufgaben eines Managers sind es, ein Unternehmen bzw. eine Organisation zu leiten und die Menschen in diesem System zu führen. Der Bereich der Unternehmensführung beinhaltet dabei die „klassischen" sachbezogenen Führungs-, Leitungs- und Verwaltungsaufgaben aus der Betriebswirtschaftslehre. Mitarbeiterführung ist dagegen die personenbezogene, verhaltenswissenschaftliche Komponente des Managements, die auch als **Personalführung** (engl. *Leadership*) bezeichnet wird [vgl. Staehle 1999, S. 72].

In der Personalführung hat sich – noch vor der fortschreitenden Digitalisierung – ein Wechsel vollzogen. Während bislang Mitarbeiter in erster Linie mit Aufgaben bzw. mit Aufträgen geführt wurden, orientieren sich Führungsentscheidungen heute mehr und mehr an den Ergebnissen. Mitarbeiter werden früh in die Planungs- und Entscheidungsprozesse ihrer Unternehmen eingebunden und bekommen Handlungsspielraum.

Der damit angesprochene Trend zur dezentralen Selbststeuerung der Mitarbeiter trifft bei diesen auf einen fruchtbaren Boden. Zum einen sind viele Mitarbeiter heute beruflich qualifizierter als früher und deshalb in der Lage, dispositive Aufgaben im Sinne einer Ergebnisorientierung zu übernehmen. Zum anderen haben vor allem die Vertreter der jüngeren Generation eine andere Einstellung zu ihrem Beruf: Ein hohes Maß an Selbstständigkeit und Handlungsspielraum gehören zu ihren wichtigsten Motivationsfaktoren. Dementsprechend verlagern sich die Aufgaben der Führungskräfte im Wesentlichen in drei Richtungen [vgl. Doppler/Lauterburg 2005, S. 67 f.]:

- **Zukunftssicherung**, d. h. der Vorgesetzte muss die notwendigen Rahmenbedingungen hinsichtlich Infrastruktur und Ressourcen schaffen, damit die Mitarbeiter ihre Aufgaben auch in Zukunft selbständig, effektiv und effizient erfüllen können;
- **Menschenführung**, d. h. die Ausbildung und Betreuung der Mitarbeiter und die Unterstützung bei speziellen Problemen stehen hierbei ebenso im Vordergrund wie die Entwicklung leistungsfähiger Teams und das Führen mit Zielvereinbarungen;
- **Veränderungsmanagement** (engl. *Change Management*), d. h. Koordination von Tagesgeschäft und Projektarbeit, Steuerung des Personaleinsatzes, Bereinigung von Konfliktsituationen, Sicherstellen der internen und externen Kommunikation sowie die sorgfältige Behandlung besonders heikler Personalfälle.

Führung als zielbezogene Einflussnahme ist ein Prozess, dessen Umsetzung durch die Wahrnehmung von Führungsaufgaben (z. B. Zielvereinbarung, Delegation etc.) erfolgt. Die Form bzw. die Art und Weise, in der die Führungsaufgaben von den Führungskräften wahrgenommen werden, wird als Führungsstil (z. B. kooperativ) bezeichnet. Führungsstile sind somit Verhaltensmuster für Führungssituationen, in denen eine Führungskraft ihre Mitarbeiter führt. Führungsverhalten ist dagegen das aktuelle Verhalten einer Führungsperson in einer konkreten Führungssituation [vgl. Bröckermann 2007, S. 343].

In Abbildung 4-11 sind die Zusammenhänge zwischen Führungsprozess, Führungsaufgaben und Führungsstil veranschaulicht.

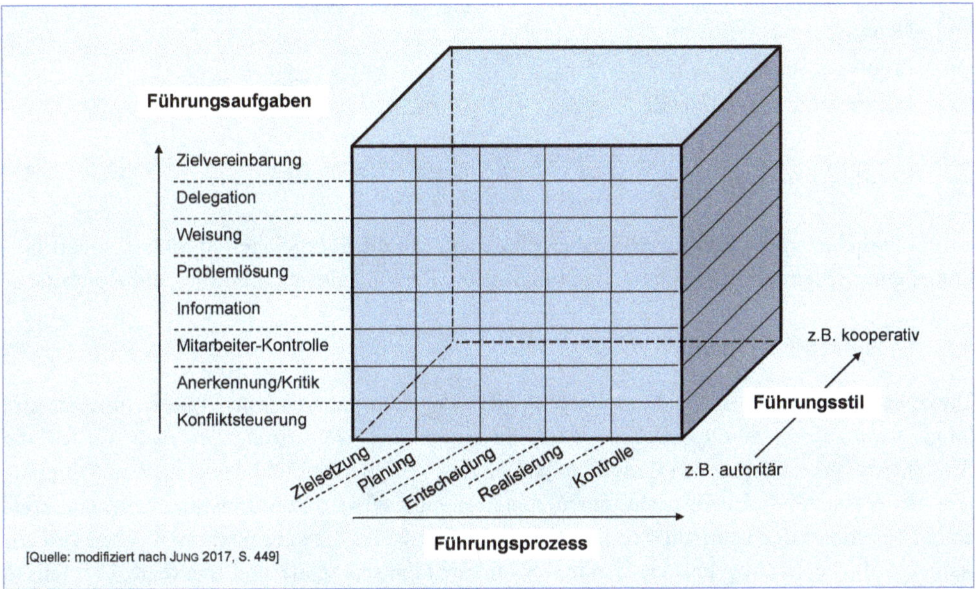
Führungsaufgaben
Zielvereinbarung
Delegation
Weisung
Problemlösung
Information
Mitarbeiter-Kontrolle
Anerkennung/Kritik
Konfliktsteuerung
Zielsetzung
Planung
Entscheidung
Realisierung
Kontrolle
Führungsprozess
z.B. kooperativ
Führungsstil
z.B. autoritär
[Quelle: modifiziert nach JUNG 2017, S. 449]

Abb. 4-11: Führungsprozess, Führungsaufgaben und Führungsstil

4.2.1 Führungsprozess

Im Rahmen des Personalführungsprozesses sind folgende Phasen angesprochen, die bei der Wahrnehmung der eigentlichen Führungsaufgaben immer wieder durchlaufen werden müssen [vgl. Jung 2017, S. 441 ff.]:

- Zielsetzung (engl. *Target Setting*)
- Planung (engl. *Planning*)
- Entscheidung (engl. *Decision*)
- Realisierung (engl. *Realization*)
- Kontrolle (engl. *Controlling*).

Zur Systematik und zu den Inhalten siehe die Abschnitte 2.1.1 und 2.4.2., in denen der Planungs- und Entscheidungsprozess von Führungskräften ausführlich behandelt wird.

4.2.2 Führungsaufgaben

Die konkrete Anwendung des Führungsprozesses erfolgt durch die Wahrnehmung der Führungsaufgaben, wie z. B. Ziele und Zielvereinbarungen erarbeiten, Mitarbeiter auswählen, beurteilen und entwickeln, Projekte managen, Teams bilden, entwickeln und lenken. Im Zuge einer stärkeren Systematisierung können diese Führungsaufgaben unterteilt werden in die teilweise formalisierten Sachaufgaben wie Personalvergütung, Personalbeurteilung oder Personalentwicklung, die hier jeweils in eigenen Abschnitten behandelt werden, und den mehr situations- und personenbezogenen Aufgaben wie [vgl. Jung 2017, S. 449 ff.]:

- Zielvereinbarung
- Delegation und Weisung
- Problemlösung
- Information und Kontrolle
- Anerkennung und Kritik
- Konfliktsteuerung.

Grundsätzlich sind die Führungsaufgaben eingebettet in die übergelagerten Managementfunktionen eines Unternehmens (Planung, Organisation, Personaleinsatz, Führung und Kontrolle).

4.2.2.1 Zielvereinbarung

Die Zielvereinbarung ist ein besonderer Aspekt des Führungsmodells „Führen mit Zielen" (engl. *Management by Objectives – MbO*). In einem Zielvereinbarungsgespräch werden aus den Unternehmenszielen, den Zielvorstellungen des Vorgesetzten und des einzelnen Mitarbeiters gemeinsame Mitarbeiterziele, deren Zielerreichungsgrad und Maßnahmen zur Zielerreichung vereinbart und schriftlich fixiert. Wichtig ist, dass die Zielvereinbarung nicht aus einem reinen Aufgabenkatalog besteht, sondern vielmehr konkrete Ziele und messbare Ergebnisse enthält. Damit gewinnt jenes Führungsverhalten an Bedeutung, das den (beteiligten) Mitarbeiter in seiner komplexen und vernetzten Arbeitswelt am besten würdigt (wertschätzt). Der Vorteil einer Zielvereinbarung gegenüber einer reinen Zielvorgabe liegt darin, dass der aktiv beteiligte Mitarbeiter einen konkreten Orientierungsrahmen erhält und damit seine Identifikation mit den Zielen seiner Tätigkeit erhöht wird. Nachteilig ist der zweifellos höhere Zeitaufwand [vgl. Lippold 2010b, S. 21].

4.2.2.2 Delegation und Weisung

Um seine Führungsaufgaben erfüllen zu können, muss ein Vorgesetzter Tätigkeiten mit genau abgegrenzten Befugnissen (Kompetenzen) und Verantwortlichkeiten zur selbständigen Erledigung an geeignete Mitarbeiter übertragen. Die Vorteile der Delegation sind im Wesentlichen:

- Zeitersparnis und Entlastung der Führungskraft
- Vergrößerung des Freiraums der Führungsperson für strategische Fragestellungen
- Erfüllung der Mitarbeiterbedürfnisse nach Anerkennung und Selbstverwirklichung
- Nutzung von Kenntnissen, Fähigkeiten und Erfahrungen der Mitarbeiter

- Ausbau der Fähigkeiten potenzialstarker Mitarbeiter.

Demgegenüber stehen folgende Verhaltensweisen, die ein Delegieren erschweren:

- Geringes Zutrauen der Führungskraft in die Fähigkeiten seiner Mitarbeiter
- Nichtanerkennung brauchbarer Vorschläge der Mitarbeiter
- Scheuen des Erklärungsaufwands bei der Übertragung anspruchsvoller Aufgaben.

Um Mitarbeiter zu bestimmten Handlungen zu veranlassen, bedient sich die Führungskraft Weisungen. Diese sollten eindeutig, klar und vollständig sein. Typische Weisungsformen sind:

- **Der Befehl**. Diese Form der Weisung ist heutzutage in den wenigsten Fällen als Mittel zur Führung geeignet. Der Befehl schließt Mitdenken und Eigenverantwortlichkeit aus.
- **Die Anweisung**. Eine Anweisung ist dann erforderlich, wenn genau vorgeschrieben ist, wie eine Arbeit erledigt werden soll. Eine Anweisung wird zumeist schriftlich fixiert.
- **Der Auftrag**. Wesentlich zeitsparender als die Anweisung ist der Auftrag. Hierbei wird dem Mitarbeiter nur ein grober Rahmen vorgegeben, so dass es ihm weitgehend überlassen bleibt, wie und womit er den Auftrag ausführt.

4.2.2.3 Problemlösung

„Führung durch Anerkennung“ ist eine häufig praktizierte Maxime, wenn es darum geht, Führungspositionen zu besetzen. Eine Führungskraft erwirbt sich vor allem dann bei ihren Mitarbeitern Anerkennung, wenn sie neben dem formalen Führungsverhalten auch entsprechende Problemlösungskompetenz nachweisen kann. Dabei geht es manchmal gar nicht so sehr darum, dass die Führungskraft auftretende Probleme selber löst. Vielmehr muss sie in der Lage sein, Probleme rechtzeitig zu erkennen, ihre Ursachen zu analysieren, sie zu vermeiden bzw. Lösungswege aufzuzeigen, um gemeinsam mit den Mitarbeitern eine Problemlösung zu erarbeiten.

4.2.2.4 Information und Kontrolle

Eine der wichtigsten Führungsaufgaben ist es, Mitarbeiter hinreichend mit Informationen zu versorgen, damit sie bereit und in der Lage sind, Mitverantwortung zu übernehmen. Ein gut informierter Mitarbeiter ist zugleich auch immer ein guter Mitarbeiter. Grundsätzlich ist zu unterscheiden zwischen Informationen, die für die Aufgabenerfüllung erforderlich sind, und aufgabenunabhängigen, aber wünschenswerten Informationen. Die Auswertung vieler Mitarbeiterbefragungen zeigt, dass die Informationsversorgung zu den wichtigsten zu verbessernden Maßnahmen zählen. Fehlende, falsche, unzureichende oder missverständliche Informationen über den (wahren) Geschäftsverlauf oder die Kostensituation führen häufig zu Unverständnis für manch unternehmerische Entscheidung und heizen die „Gerüchteküche“ an. Motivations- und Vertrauensverluste sind häufig die Folge. Gerade in prekären Situationen ist das Management gut beraten, offen, ehrlich und vertrauensvoll zu informieren, statt zu dementieren. Bei der Mitarbeiterkontrolle geht es um die Überprüfung der konkreten Umsetzung einer Aufgabe, die dem Mitarbeiter vom Vorgesetzten zugewiesen wurde. In der Regel handelt es sich bei der Mitarbeiterkontrolle um eine Ergebniskontrolle, d. h. es wird geprüft, mit welchem qualitativen oder quantitativen Ergebnis der Mitarbeiter die ihm übertragene Aufgabe durchgeführt hat. Eine solche Art der Kontrolle wird von den Mitarbeitern nicht nur hingenommen, sondern im Sinne einer Information und Bestätigung auch gewünscht. Ohne Kontrolle lassen sich Ziele nicht zuverlässig erreichen. Zu viel Kontrolle wird allerdings nicht nur als lästig empfunden, sondern viele Mitarbeiter sehen dahinter auch Misstrauen in ihre Fähigkeiten.

4.2.2.5 Anerkennung und Kritik

Das durch die Mitarbeiterkontrolle gegebene „Feedback“ ist daneben auch für die Führungskraft eine gute Möglichkeit, dem Grundbedürfnis des Mitarbeiters nach Anerkennung nachzukommen. Anerkennung ist ein ganz entscheidender Motivationsfaktor – nicht nur im Arbeitsleben. Auf der anderen Seite ist der Vorgesetzte aber auch verpflichtet, die Schlechtleistung seines Mitarbeiters sachlich zu kritisieren, denn ohne Kritik und der daraus folgenden Einsicht ist keine Veränderung möglich. Damit der Mitarbeiter Fehler einsieht und bereit ist, sein Verhalten zukünftig zu verändern, sollten bei der negativen Kritik einige Regeln eingehalten werden:

- Fehlerhaftes Verhalten sollte möglichst sofort angesprochen werden, da sonst Fehler zur Gewohnheit werden.
- Der Vorgesetzte sollte nicht persönlich werden, sondern ausschließlich die Sache kritisieren (konstruktive Kritik).
- Die Kritik sollte nur „unter vier Augen“ ausgesprochen werden, da sonst die Gefahr des „Gesichtsverlusts“ besteht.
- Kritik sollte nicht hinter dem Rücken des betroffenen Mitarbeiters ausgeübt werden.

4.2.2.6 Konfliktsteuerung

„Wo immer es menschliches Leben gibt, gibt es auch Konflikt“ [Dahrendorf 1975, S. 181].

Die Ursachen für Konflikte im Unternehmen können ebenso vielfältig sein wie ihre Gestaltungsformen. Nachteilig können Konflikte sein, wenn sie zur Instabilität führen und das Vertrauen erschüttern. Vorteilhaft sind Konflikte dann, wenn sie Energien und Kreativität freisetzen und zu gewünschten Veränderungen führen.

Neben Konflikten zwischen Personen sind in der betrieblichen Praxis vor allem Konflikte zwischen verschiedenen Gruppen (insbesondere Organisationseinheiten) anzutreffen. Konflikte zwischen Organisationseinheiten entstehen häufig nach Fusionen oder Unternehmensübernahmen und können sehr lange andauern. Konfliktursache ist hier das „Aufeinanderprallen“ unterschiedlicher Unternehmenskulturen, d. h. Menschen mit unterschiedlichsten Kenntnissen, Fähigkeiten und Werthaltungen treffen aufeinander, so dass Konflikte immer wahrscheinlicher werden. Können solche Konflikte nicht bewältigt werden, führt dies zur Enttäuschung und Frustration bei den Betroffenen. Die Konfliktbewältigung nach Unternehmenszusammenschlüssen ist deshalb besonders wichtig, weil ansonsten die mit einer Fusion gewünschten Synergieeffekte zunichte gemacht werden können.

Es gehört zu den Aufgaben einer Führungskraft, Bedingungen zu schaffen, die zur Konfliktvermeidung beitragen oder eine entsprechende Lösung herbeiführen. Daher ist es wichtig, die Entstehung eines Konfliktes richtig „einordnen" zu können.

Folgende Konflikttypen können auftreten [vgl. Schuler 2006, S. 626 f.]:

- **Bewertungskonflikt**, d. h. der Wert eines Ziels wird unterschiedlich bewertet
- **Beurteilungskonflikt**, d. h. die Parteien sind sich über das Ziel einig, aber nicht über den Weg zur Zielerreichung
- **Verteilungskonflikt**, d. h. die Parteien streiten über die Verteilung knapper Ressourcen (Anreize, Statussymbole, Aufgaben)
- **Beziehungskonflikt**, d. h. eine Partei fühlt sich durch die andere persönlich herabgesetzt oder zurückgewiesen.

In Gruppen kommt es vor allem dann zu Konflikten, wenn Verantwortlichkeiten und Entscheidungsbefugnisse nicht geklärt sind. Unkoordiniertes Handeln und auch Streit um die Verantwortung für das Scheitern, nachdem das Ziel nicht erreicht wurde, sind in solchen Fällen vorprogrammiert. In jedem Fall sollte die Führungskraft versuchen, einen Konflikt zu lösen und damit eine Eskalation zu vermeiden. Unterdrücken oder Akzeptieren von Konflikten sollte vermieden werden, da dies für eine gedeihliche Zusammenarbeit in Teams, Gruppen oder Abteilungen ungeeignet ist [vgl. Kellner 2000, S.112 ff.].

Wie sollte die Führungskraft mit Konflikten umgehen? Nach Hedwig Kellner gibt es drei Möglichkeiten, dem entstandenen Konflikt zu begegnen:

- **Unterdrücken**, d. h. der Konflikt wird ignoriert oder verdrängt. Es findet also keine Aktion seitens der Führungskraft statt. Diese Form der „Konfliktbewältigung" funktioniert meist nicht, so dass dann eine Eskalation die Folge ist.
- **Lösen**, d. h. der Konflikt wird zur Kenntnis genommen und Aktionen mit dem Ziel der Problemlösung werden ausgeführt. Eine richtige Problemlösung führt nicht zu Folgekonflikten.
- **Akzeptieren**, d. h. der Konflikt wird zur Kenntnis genommen und es finden keine Aktionen statt. Stattdessen wird nach Möglichkeiten gesucht, mit dem Problem zu leben.

In jedem Fall sollte versucht werden, einen Konflikt zu lösen und damit eine Eskalation zu vermeiden. Unterdrücken oder Akzeptieren von Konflikten sind eher selten und für eine langfristige Zusammenarbeit ungeeignet [vgl. Kellner 2000, S.112 ff.].

Das Dual-Concern-Modell von Dean G. Pruitt und Peter Carnevale [1993] geht dagegen von fünf Grundstrategien zur Bewältigung von Konflikten aus. Dabei sind zwei Motive für Konfliktsituationen charakterisierend. Zum einen das Motiv, die eigenen Interessen durchzusetzen (Eigeninteresse) und sich selbst zu behaupten, und zum anderen das Kooperationsmotiv, die Bedürfnisse der anderen Partei ebenfalls zu berücksichtigen. Damit ist die Sichtweise aufgehoben, dass Menschen in Konfliktsituationen immer aus egoistischen Motiven oder vollkommen selbstlos handeln. Abbildung 4-12 zeigt die fünf Alternativen für das Verhalten in Konflikt- bzw. Verhandlungssituationen [vgl. Schuler 2006, S. 632].

In diesem Zusammenhang kommt dem so genannten **Gelassenheitsgebet** des US-amerikanischen Theologen Reinhold Niebuhr eine ganz besondere Bedeutung zu: *„Gott, gib mir die Gelassenheit, Dinge hinzunehmen, die ich nicht ändern kann, den Mut, Dinge zu ändern, die ich ändern kann, und die Weisheit, das eine vom anderen zu unterscheiden."*

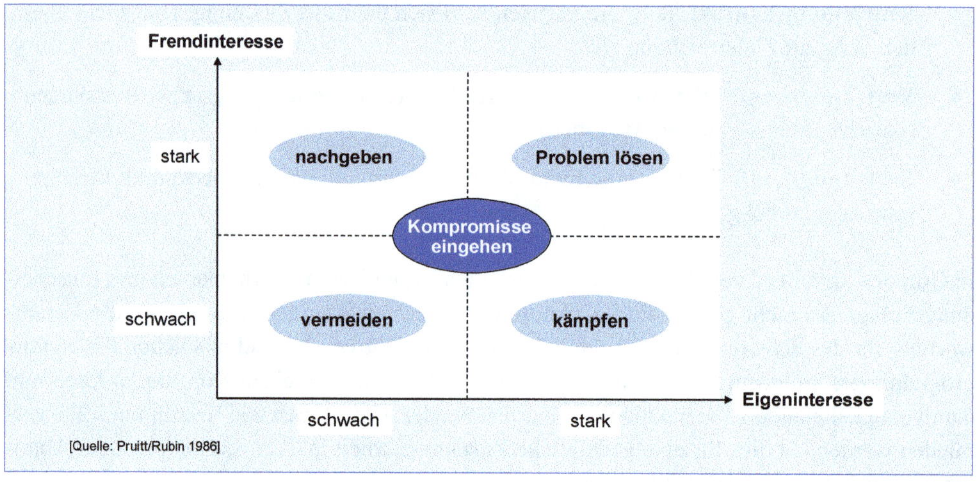
Fremdinteresse
stark
schwach
nachgeben
Problem lösen
Kompromisse eingehen
vermeiden
kämpfen
Eigeninteresse
schwach
stark
[Quelle: Pruitt/Rubin 1986]

Abb. 4-12: Das Dual-Concern-Modell

Einen Schritt weiter gehen Onne Jansen und Ewert van de Vliert, die an das Dual-Concern-Modell anknüpfen, aber die Strategie „Kämpfen" stärker differenzieren. Damit können letztlich acht Formen des Konfliktverhaltens unterschieden werden (siehe Abbildung 4-13).

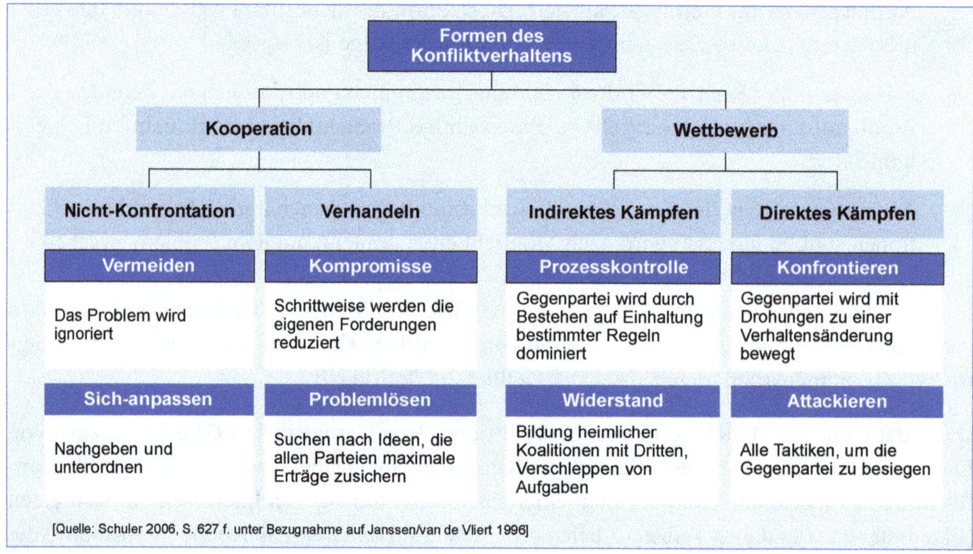
Formen des Konfliktverhaltens
Kooperation
Wettbewerb
Nicht-Konfrontation
Verhandeln
Indirektes Kämpfen
Direktes Kämpfen
Vermeiden
Das Problem wird ignoriert
Kompromisse
Schrittweise werden die eigenen Forderungen reduziert
Prozesskontrolle
Gegenpartei wird durch Bestehen auf Einhaltung bestimmter Regeln dominiert
Konfrontieren
Gegenpartei wird mit Drohungen zu einer Verhaltensänderung bewegt
Sich-anpassen
Nachgeben und unterordnen
Problemlösen
Suchen nach Ideen, die allen Parteien maximale Erträge zusichern
Widerstand
Bildung heimlicher Koalitionen mit Dritten, Verschleppen von Aufgaben
Attackieren
Alle Taktiken, um die Gegenpartei zu besiegen
[Quelle: Schuler 2006, S. 627 f. unter Bezugnahme auf Janssen/van de Vliert 1996]

Abb. 4-13: Formen des Konfliktverhaltens

4.2.3 Führungsinstrumente

Zu den Führungsinstrumenten zählen die Formen der Führungskommunikation sowie die verschiedenen Führungstechniken, die unter der Bezeichnung *„Management by ...“* – Konzepte im deutschen Sprachraum weite Verbreitung gefunden und teilweise auch als Führungsprinzipien bezeichnet werden.

4.2.3.1 Führungskommunikation

Die Kommunikation ist wohl das wichtigste Führungsinstrument. Führungskommunikation zielt darauf ab, den Informationsaustausch zwischen der Führungskraft und ihren Mitarbeitern zu verbessern. Im Gegensatz zur Mitarbeiterinformation, die nur in eine Richtung wirkt, ist die Kommunikation immer zweiseitig ausgerichtet. Gleichgültig, wie man sich in einer zwischenmenschlichen Situation verhält, ob man spricht oder sich abwendet, es wirkt auf den anderen ein und es findet eine Rückkopplung statt. Untersuchungen belegen, dass wir maßgeblich auch über die Körpersprache, also Gestik, Mimik, Körperhaltung und Bewegungen, sowie auch über Aussehen und Kleidung kommunizieren. Kommunikation ist also ein Verhalten, das anderen etwas mitteilt [vgl. Bröckermann 2007, S. 365].

Manager müssen permanent kommunizieren, sei es mit Kollegen oder Mitarbeitern, mit wichtigen (Schlüssel-) Kunden (engl. *Key Accounts*), mit Aufsichtsgremien oder Analysten. Kurz gesagt: Kommunikation ist die Kernaufgabe des Managements [vgl. Buss 2009, S. 246].

Kommunikation in Führungssituationen findet im Wesentlichen mündlich oder schriftlich statt. Zu den Gesprächen als Mittel der mündlichen Kommunikation zählen [vgl. Jung 2017, S. 478 ff.]:

- das **Mitarbeitergespräch** als Gespräch zwischen Führungskraft und Mitarbeiter unter vier Augen, um wichtige Entscheidungstatbestände oder bedeutsame Vorgänge im Arbeitsablauf zu erörtern und
- die **Besprechung** als Zusammenkunft mit mehreren Mitarbeitern gleichzeitig, um diese Personengruppe im Hinblick auf einen zu erreichenden Zustand zu überzeugen, zu aktivieren und zu motivieren.

In der schriftlichen Führungskommunikation hat sich die E-Mail als nahezu einziges Kommunikationsmittel durchgesetzt. Ihre leichte Handhabung hat allerdings auch dazu geführt, dass sie zunehmend andere Kommunikationsformen verdrängt. Es ist zu beobachten, dass viele Manager dazu übergegangen sind, nahezu ausschließlich per E-Mail zu kommunizieren *(„Management by E-Mail“)*. Hier ist vor allem auch die richtige Dosierung der Informationsmenge angesprochen.

Besonders hinzuweisen ist auf die Unterscheidung zwischen **formeller und informeller Kommunikation**. Während die formelle Kommunikation dem Informations- und Gedankenaustausch hinsichtlich der Aufgabenerfüllung dient, ist die informelle Kommunikation an keine

Regelung gebunden. Sie wird vornehmlich als Lückenbüßer für Mängel in der formellen Kommunikation benutzt und schlägt sich häufig in der sogenannten „Gerüchteküche“ nieder [vgl. Bröckermann 2007, S. 364].

4.2.3.2 Führungstechniken

Eine weitere Gruppe von Führungsinstrumenten zielt auf die bessere Koordination des Verantwortungsbereichs einer Führungskraft ab. Die wichtigsten Führungstechniken (= Prinzipien) für die Koordination der Personalführung sind:

- Führen durch Ziele (engl. *Management by Objectives – MbO*)
- Führen durch Delegation (engl. *Management by Delegation*) und
- Führen durch Partizipation (engl. *Management by Participation*).

Management by Objectives. Das Führen durch Ziele bzw. Zielvereinbarungen ist das bekannteste Führungsprinzip. Auf die Bedeutung der Zielvereinbarung wurde bereits im Zusammenhang mit der Wahrnehmung von Führungsaufgaben eingegangen (vgl. Abschnitt 4.2.2.1).

Grundgedanke dieses Führungsprinzips ist die Frage: Wie stellt die Führungskraft sicher, dass der geführte Mitarbeiter das Richtige tut (Effektivität) und dass er es richtig tut (Effizienz)? Voraussetzung beim MbO ist, dass die Mitarbeiter eine Vorstellung von dem haben, was von ihnen erwartet wird. Den Orientierungsrahmen geben Ziele vor, die in einer Zielvereinbarung festgelegt werden.

Beim MbO werden nicht bestimmte Aufgaben, die nach festgelegten Vorschriften zu erledigen sind, sondern grundsätzlich Ziele vorgegeben. Im Sinne einer besseren Umsetzungswahrscheinlichkeit werden die Ziele gemeinsam von Vorgesetzten und Mitarbeitern erarbeitet, nicht jedoch Regelungen darüber getroffen, wie diese Ziele zu erreichen sind. Insgesamt fordert das MbO einen eher kooperativen Führungsstil, da sich Führungskraft und Mitarbeiter gleichzeitig den erarbeiteten Zielen verpflichtet fühlen sollten [vgl. Jung 2006, S. 501; Bröckermann 2007, S. 330].

Management by Delegation. Der Grundgedanke des Führens durch Delegation ist die weitgehende Übertragung von Aufgaben, Entscheidungen und Verantwortung auf die Mitarbeiterebene. Die Notwendigkeit dieses Führungsprinzips ergibt sich aus der Überlegung, dass eine Führungsperson unmöglich alle Aufgaben selbst erledigen kann. Dies führt im schlimmsten Fall zum Erlahmen aller Prozesse im Verantwortungsbereich der Führungskraft [vgl. Stock-Homburg 2013, S. 546].

Erfolgreiches Delegieren setzt voraus, dass

- die Aufgaben rechtzeitig an die Mitarbeiter übertragen werden, damit die Aufgabenerfüllung termingerecht sichergestellt werden kann,
- gleichzeitig Verantwortung und Kompetenzen übertragen werden, damit die Mitarbeiter auch über die zur Aufgabendurchführung evtl. benötigten Weisungskompetenzen verfügen,

- die Aufgabenstellung eindeutig und klar formuliert ist und damit Unsicherheiten bei der Aufgabenerfüllung vermieden werden sowie
- alle erforderlichen Informationen bereitgestellt werden, damit die Aufgabenerfüllung vollumfänglich erfolgen kann [vgl. Stock- Homburg 2013, S. 546 f.].

Management by Participation. Ein weiteres Führungsinstrument zur besseren Koordination des Verantwortungsbereichs einer Führungskraft ist die Einbindung von Mitarbeitern in den Entscheidungsprozess. Sie dient in erster Linie dazu, weitere Perspektiven der Aufgabenerfüllung zu berücksichtigen sowie die Motivation der Mitarbeiter bei der Umsetzung der Entscheidungen zu erhöhen [vgl. Stock-Homburg 2013, S. 548].

Um diese Vorteile der Partizipation zu gewährleisten, sollten folgende Rahmenbedingungen vorliegen [vgl. Stock-Homburg 2013, S. 550 unter Bezugnahme auf Staehle 1999, S. 536]:

- Die Mitarbeiter haben in Bezug auf die Aufgabenstellung gleiche Ziele.
- Die Mitarbeiter sind aufgrund ihrer Kenntnisse und Erfahrungen in der Lage, zur Entscheidungsfindung beizutragen.
- Die Mitarbeiter haben ein hohes Maß an Eigenständigkeit und Selbstbestimmung.

Alle drei aufgeführten Führungsprinzipien sind nicht isoliert zu betrachten, d. h. sie schließen sich nicht gegenseitig aus. Dies zeigt sich besonders am Führungsprinzip Management by Objectives, das eine Zusammenarbeit und Partizipation z. B. bei der Zielvereinbarung sowie eine Delegation z. B. bei der Aufgabenerfüllung bewusst vorsieht.

Darüber hinaus gibt es noch eine Reihe anderer, weitgehend selbsterklärender Führungsprinzipien wie

- Führung durch Eingriff in Ausnahmefällen (engl. *Management by Exception – M*bE)
- Management durch Systemsteuerung (engl. *Management by Systems – MbS*)
- Management durch Motivation (engl. *Management by Motivation – MbM*)
- Management by Walking Around.

Gerade das Management by Walking Around, bei dem der häufige, direkte Kontakt zwischen der Führungskraft und ihren Mitarbeitern im Vordergrund steht, wird aufgrund der hohen Zeitbelastung des Managements zunehmend vernachlässigt. Dabei zählt dieses Führungsprinzip zu den effektivsten überhaupt, um Mitarbeiter zu guten Leistungen zu motivieren und damit zu den gewünschten Ergebnissen zu kommen.

4.3 Klassische Führungsansätze und -theorien

Zunächst erscheint eine gewisse Unterscheidung zwischen **Führungstheorien** (bzw. führungstheoretischen **Ansätzen**), **Führungskonzepten** und **Führungsstilen** erforderlich.

Gedankenkonstrukte, die geeignet sind, Führungsphänomene der Realität aufgrund von Ursache-Wirkungsverhältnissen zu erklären und der Identifikation von Gesetzmäßigkeiten dienen, werden als **Führungstheorien** bezeichnet. **Führungskonzepte** dagegen sind auf die praktische Anwendung und Ausgestaltung von Führung ausgerichtet. Während etwa im Bereich klassischer Ansätze der Eigenschaftsansatz oder der Verhaltensansatz als Führungstheorien zu bezeichnen sind, handelt es sich bei den neueren Ansätzen wie „Agile Führung“ oder „Digital Leadership“ eher um praktische Führungskonzepte, deren theoretische Fundierung derzeit noch unzureichend sind. Gleichwohl sind die Grenzen nicht immer trennscharf zu ziehen. **Ansatz** wird hier als übergeordneter Begriff für Theorien und Modelle gewählt. Er beschreibt ein grundsätzliches Konzept, das den Theorien und Modellen innerhalb eines Ansatzes zugrunde liegt. Der **Führungsstil** schließlich gibt die Form an, in der die Führungskraft ihre Führungsaufgaben im Rahmen der Organisation wahrnimmt. Der Führungsstil ist somit die Grundausrichtung des Führungsverhaltens eines Vorgesetzten gegenüber seinen Mitarbeitern [vgl. Lang/Rybnikova 2014, S. 27 f. sowie JUNG 2017, S. 421].

4.3.1 Überblick

Die praktische Bedeutung, wie Führungserfolg erklärt und wie gute Führung erreicht werden kann, lässt sich allein an der Vielzahl von jährlich erscheinenden Führungsratgebern erkennen. Allerdings kann auch die Wissenschaft hierzu bislang keine generell gültige Führungstheorie und damit keine allgemein akzeptierte Sichtweise vorlegen. Es gibt weder die Führungskraft, noch den Führungsstil oder die Führungstheorie. Es ist – zumindest bis heute – nicht möglich, anhand eines Modells das Führungsverhalten allgemeingültig zu erklären.

Es lassen sich im Zeitablauf aber bestimmte Perspektiven in der Entwicklung von Führungstheorien erkennen, die Aussagen über die Bedeutung von Führungseigenschaften, Führungsverhaltensweisen und Führungssituationen im Hinblick auf den **Erfolg** von Führungskräften treffen. Kenntnisse über menschliche und zwischenmenschliche Prozesse sowie über die Mechanismen bestimmter Führungsansätze und -theorien erhöhen die Wahrscheinlichkeit, dass sich eine Führungskraft in einer bestimmten Situation richtig bzw. erfolgreich verhält. Solche Ansätze und Theorien aus verschiedenen Wissenschaften (vor allem der Psychologie und Soziologie) werden im Folgenden kurz vorgestellt.

Im Kern kann zwischen drei verschiedenen Strömungen der Personalführungsforschung unterschieden werden [vgl. Stock-Homburg 2013, S. 457 ff.]:

- **Eigenschaftsorientierte Ansätze** (= Eigenschaftstheorien und -modelle der Führung)
- **Verhaltensorientierte Ansätze** (= Führungsstiltheorien und -modelle)
- **Situative Ansätze** (= situative Führungstheorien und-modelle).

Abbildung 4-14 liefert einen Überblick über die Grundprinzipien der drei Führungsansätze.

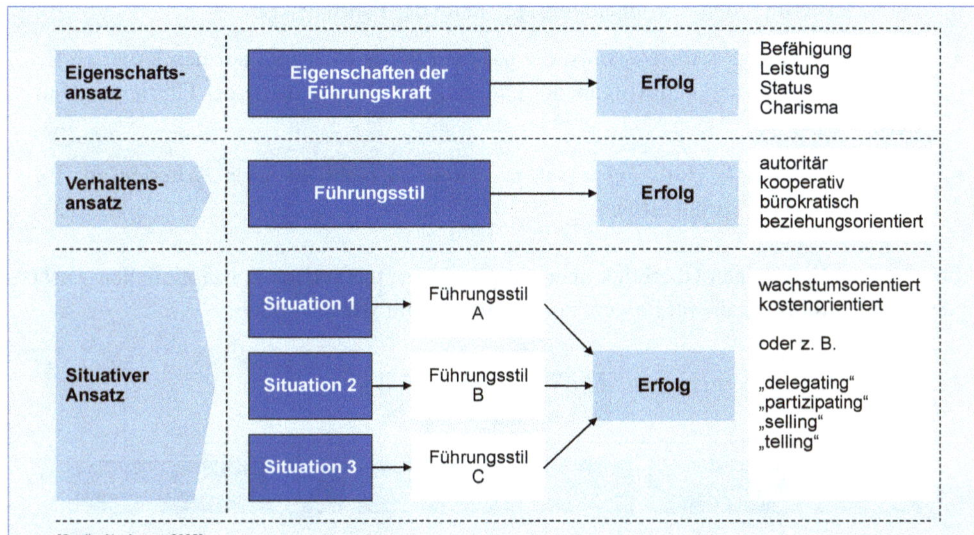
Eigenschafts-ansatz
Eigenschaften der Führungskraft
Erfolg
Befähigung
Leistung
Status
Charisma
Verhaltens-ansatz
Führungsstil
Erfolg
autoritär
kooperativ
bürokratisch
beziehungsorientiert
Situativer Ansatz
Situation 1
Situation 2
Situation 3
Führungsstil A
Führungsstil B
Führungsstil C
Erfolg
wachstumsorientiert
kostenorientiert
oder z. B.
„delegating"
„partizipating"
„selling"
„telling"
[Quelle: Neuberger 2002]

Abb. 4-14: Schema des Eigenschafts-, des Verhaltens- und des situativen Ansatzes

- **Eigenschaftsorientierte Führungsansätze** stellen die älteste dieser Strömungen dar. Sie gehen davon aus, dass herausragende menschliche Leistungen letztendlich auf die koordinierende Kraft angeborener oder erworbener Persönlichkeitseigenschaften zurückzuführen sind. In gleicher Weise wie die Eigenschaftstheorie die Persönlichkeitsmerkmale einer Führungskraft in den Mittelpunkt stellt, werden die Merkmale der Geführten und auch die jeweilige Führungssituation als eher nebensächlich angesehen [vgl. Macharzina/Wolf 2010, S. 573].
- **Verhaltensorientierte Führungsansätze**, die in der zeitlichen Entwicklung folgen, haben nicht die Persönlichkeitsmerkmale, sondern das Verhalten der Führungsperson im Fokus. Dabei wird unterstellt, dass der Erfolg einer Führungskraft von seinem Verhalten gegenüber den Mitarbeitern abhängt. Im Mittelpunkt der Verhaltenstheorien stehen die Führungsstile. Außerdem erlaubt die verhaltensorientierte Perspektive die Annahme, dass Führungsverhalten erlern- und trainierbar ist.
- **Situative Führungsansätze** schreiben den Erfolg einer Führungsperson vornehmlich ihrer situativen Anpassungsfähigkeit zu. Diese Ansätze gehen über die ausschließliche Betrachtung von Persönlichkeitsmerkmalen bzw. Verhaltensweisen hinaus, indem sie unterstellen, dass der erfolgreiche Einsatz bestimmter Merkmale bzw. Verhaltensweisen in Abhängigkeit von der jeweiligen Führungssituation variiert. Die situativen Führungstheorien haben sich bis heute unter den theoretisch-konzeptionellen Führungsforschungsansätzen am stärksten durchgesetzt.

Eine weitere Unterteilung der verschiedenen Führungstheorien kann anhand der Anzahl der verwendeten Kriterien zur Beschreibung des Führungsverhaltens vorgenommen werden [vgl. Bröckermann 2007, S. 343 f.]:

- **Eindimensionale Führungsansätze** normieren das Führungsverhalten lediglich nach einem Kriterium, dem Entscheidungsspielraum der Führungskraft.
- **Zweidimensionale Führungsansätze** basieren in der Mehrzahl auf den Kriterien Beziehungsorientierung und Aufgabenorientierung zur Beschreibung des Führungsverhaltens.
- **Mehrdimensionale Führungsansätze** verwenden mehr als zwei Kriterien zur Beschreibung von Führungsstilen.

Abbildung 4-15 gibt einen Überblick über die gängigsten theoretisch-konzeptionellen Ansätze in der Personalführung, die im Folgenden kurz vorgestellt werden sollen.

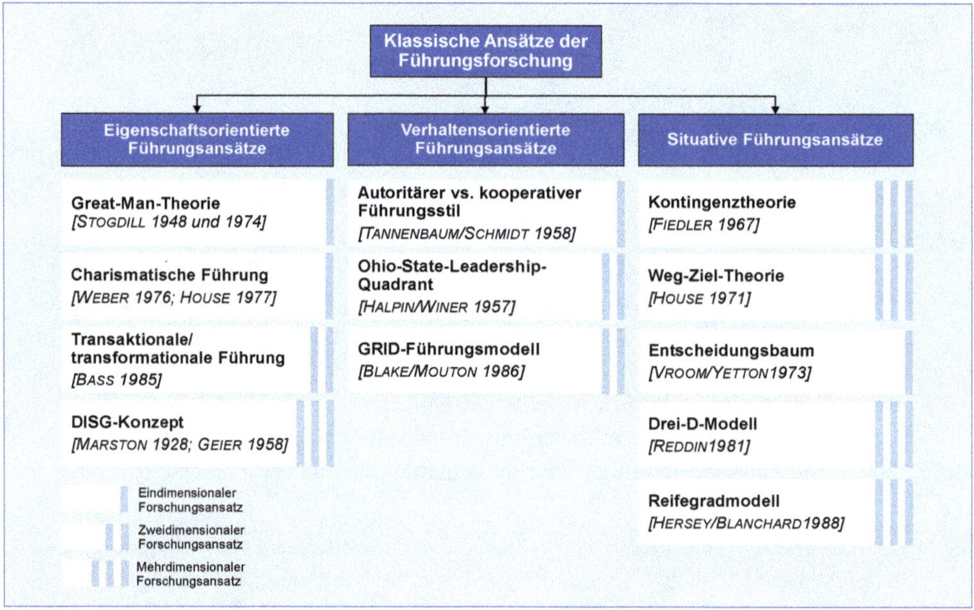
Klassische Ansätze der Führungsforschung
Eigenschaftsorientierte Führungsansätze
Verhaltensorientierte Führungsansätze
Situative Führungsansätze
Great-Man-Theorie [STOGDILL 1948 und 1974]
Charismatische Führung [WEBER 1976; HOUSE 1977]
Transaktionale/ transformationale Führung [BASS 1985]
DISG-Konzept [MARSTON 1928; GEIER 1958]
Autoritärer vs. kooperativer Führungsstil [TANNENBAUM/SCHMIDT 1958]
Ohio-State-Leadership-Quadrant [HALPIN/WINER 1957]
GRID-Führungsmodell [BLAKE/MOUTON 1986]
Kontingenztheorie [FIEDLER 1967]
Weg-Ziel-Theorie [HOUSE 1971]
Entscheidungsbaum [VROOM/YETTON 1973]
Drei-D-Modell [REDDIN 1981]
Reifegradmodell [HERSEY/BLANCHARD 1988]
Eindimensionaler Forschungsansatz
Zweidimensionaler Forschungsansatz
Mehrdimensionaler Forschungsansatz

Abb. 4-15: Theoretisch-konzeptionelle Ansätze der Personalführung

Neben diesen „klassischen" Erklärungsansätzen für den Erfolg personaler Führung werden darüber hinaus noch einige neuere Führungstheorien und -konzepte vorgestellt.

4.3.2 Eigenschaftsorientierte Führungsansätze

Die Eigenschaftstheorie (engl. *Trait Theory*) ist der historisch älteste Erklärungsansatz der Führung. Er geht in seinem Grundkonzept davon aus, dass Führung und Führungserfolg maßgeblich von den Persönlichkeitseigenschaften der Führungskraft bestimmt werden. Es wird angenommen, dass effektiv Führende bestimmte Eigenschaften besitzen, um Einfluss auf die Handlungen der Geführten auszuüben. Eigenschaften werden als zeitstabil und situationsunabhängig definiert, sie sollen klar feststellbar und messbar sein. Auch das Handeln der Führungsperson wird als Ergebnis dieser Persönlichkeitsmerkmale angesehen. Zu den wichtigsten Ansätzen der eigenschaftsorientierten Führungstheorie zählen:

- Great-Man-Theorie
- Charismatische Führung
- Transaktionale/transformationale Führung
- DISG-Konzept.
- Great-Man-Theorie.

Bis zur Mitte des 20. Jahrhunderts konzentrierte sich die Führungsforschung hauptsächlich auf die Great-Man-Theorie, die vielfach auch mit der Eigenschaftstheorie insgesamt gleichgesetzt wird. Die Great-Man-Theorie ist in erster Linie an berühmten Einzelpersonen der Geschichte, sowohl aus Politik und Militär als auch dem Sozialbereich, ausgerichtet. Demzufolge sei nur eine kleine Minderheit der Menschen aufgrund ihrer Persönlichkeitsstruktur in der Lage, Führungsaufgaben auszuüben. Führende werden als einzigartige, besondere Persönlichkeiten angesehen, ausgestattet mit angeborenen Qualitäten und Charaktereigenschaften, die sie auf natürliche Weise zur Führung befähigten. Im Mittelpunkt des Forschungsinteresses steht daher die Frage, welche dieser Qualitäten und Charaktereigenschaften einen erfolgreichen von einem erfolglosen Führer und was den Führer von den Geführten unterscheidet [vgl. Staehle 1999, S. 331 f.].

Aus einer Vielzahl von Studien, in denen unterschiedliche Charaktereigenschaften untersucht wurden und deren Systematisierung auf Ralph Stogdill [1948 und 1974] zurückgeht, konnten fünf Merkmalsgruppen identifiziert werden, die einen korrelativen Bezug zum Führungserfolg haben [vgl. von Rosenstiel 2003, S. 7 f.]:

- **Befähigung** (Intelligenz, Wachsamkeit, verbale Gewandtheit, Originalität, Urteilskraft);
- **Leistung** (Schulische Leistung, Wissen, sportliche Leistung);
- **Verantwortlichkeit** (Zuverlässigkeit, Initiative, Ausdauer, Aggressivität, Selbstvertrauen, Wunsch, sich auszuzeichnen);
- **Partizipation** (Aktivität, Soziabilität, Kooperationsbereitschaft, Anpassungsfähigkeit, Humor);
- **Status** (Sozioökonomische Position, Popularität).

Die Sichtweise, dass Führungserfolg lediglich auf die Persönlichkeitsmerkmale des Führers zurückzuführen ist, gilt heute als überholt. Doch trotz aller Kritik genießt dieser Ansatz immer noch große Popularität, da die Grundannahmen der Theorie dem „Elitedenken" vieler Manager entsprechen. Auch ist offensichtlich, dass die Person des Führenden eine sehr wichtige Variable im Führungsprozess darstellt.

4.3.2.2 Charismatische Führung

Unter den eigenschaftsorientierten Führungsansätzen wird die Theorie der charismatischen Führung meist zuerst genannt. Sie geht von der Annahme aus, dass die Ausstrahlung einer Führungskraft in hohem Maße das Verhalten der geführten Mitarbeiter beeinflusst. Für Max Weber

[1976] ist Charisma einer der Auslöser für Autorität. Charismatische Führung kann zu außerordentlicher Motivation und zu überdurchschnittlichen Leistungen der Geführten führen. Voraussetzung dafür ist, dass die Führungsperson von den Mitarbeitern als charismatisch erlebt wird [vgl. Stock-Homburg 2013, S. 459].

Folgende Indikatoren der charismatischen Führung können festgestellt werden [vgl. House 1977, S. 206 ff.]:

- Auf Seiten der Mitarbeiter: absolutes Vertrauen, Akzeptanz, Zuneigung, Folgsamkeit und Loyalität gegenüber der Führungskraft;
- Auf Seiten der Führungskraft: ungewöhnlich ausgeprägte visionäre Kraft, starker Machtwille, Dominanz, Einflussstreben, hohes Selbstbewusstsein und Glaube an die eigenen Werte.

Allerdings sind mit der charismatischen Führung nicht nur Chancen, sondern auch Risiken verbunden. So unterbleibt häufig ein kritisches Hinterfragen der Vision und ihrer Implementation. Charismatische Persönlichkeiten sind in der Lage, fundamentale Veränderungen in Organisationen und Gesellschaften zu bewirken. Diese können zu außergewöhnlichen Erfolgen, aber auch zu Misserfolgen führen. Somit ist ein bewusster, reflektierender Umgang mit dem Phänomen Charisma erforderlich [vgl. Hauser 2000, S. 69].

4.3.2.3 Transaktionale/transformationale Führung

Dieser Forschungsansatz, der ebenfalls zu den eigenschaftsorientierten Führungstheorien zählt, unterscheidet im Kern zwischen zwei Aspekten der Führung: der transaktionalen und der transformationalen Führung. Der transaktionale Ansatz wurde in den 1980er Jahren schrittweise durch Forschungsarbeiten auf transformationaler Basis insbesondere von Bernard Bass [1985] ergänzt [vgl. Stock-Homburg 2013, S. 463].

Die Idee der **transaktionalen Führung** beruht auf zweiseitigen Nutzenkalkülen zwischen Führungsperson und Mitarbeitern. Führung wird dabei im Wesentlichen als Austauschprozess begriffen. Die Führungskraft hat ein spezifisches Bündel an Zielen, das sie für sich und das Unternehmen verfolgt. Die Aufgabe der Führungskraft besteht nun darin, den Mitarbeitern zu verdeutlichen, welche Leistungen von ihnen erwartet werden und welche Anreize diese im Gegenzug erhalten. Die transaktionale Führung erfolgt im Rahmen dieses Austauschprozesses nach dem Prinzip „Geben und Nehmen“ [vgl. Scholz 2011, S. 391 und 403].

Die **transformationale Führung**, die eine starke Nähe zur Theorie der charismatischen Führung aufweist, zielt dagegen auf die Beeinflussung grundlegender Überzeugungen der Geführten ab. Durch charismatisches Verhalten, Inspiration, intellektuelle Stimulation und individuelle Wertschätzung wird der Mitarbeiter dazu gebracht, Dinge völlig neu zu sehen und zu tun, sein Anspruchsniveau und seine Einstellung zu verändern und sich ggf. für höhere Ziele einzusetzen. Die transformationale Führung trägt insbesondere bei Veränderungsprozessen dazu bei, Visionen in Unternehmen zu verankern und erfolgreich umzusetzen [vgl. Stock-Homburg 2013, S. 463 ff.].

Abbildung 4-16 grenzt die transaktionale von der transformationalen Führung ab.

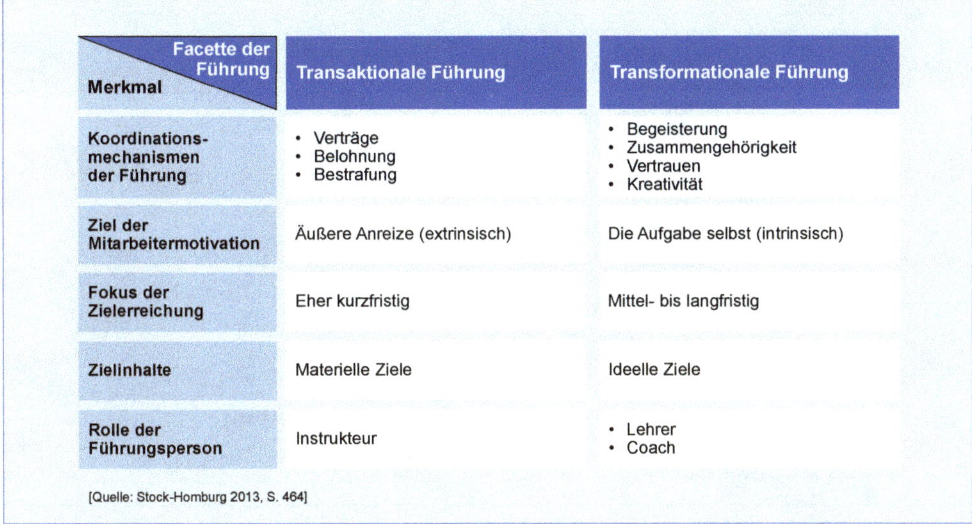

Merkmal / Facette der Führung	Transaktionale Führung	Transformationale Führung
Koordinations-mechanismen der Führung	• Verträge • Belohnung • Bestrafung	• Begeisterung • Zusammengehörigkeit • Vertrauen • Kreativität
Ziel der Mitarbeitermotivation	Äußere Anreize (extrinsisch)	Die Aufgabe selbst (intrinsisch)
Fokus der Zielerreichung	Eher kurzfristig	Mittel- bis langfristig
Zielinhalte	Materielle Ziele	Ideelle Ziele
Rolle der Führungsperson	Instrukteur	• Lehrer • Coach

[Quelle: Stock-Homburg 2013, S. 464]

Abb. 4-16: Abgrenzung zwischen transaktionaler und transformationaler Führung

4.3.2.4 DISG-Konzept

Auf Grundlage der Überlegungen von William Marston [1928] entwickelte John Geier [1958] mit dem DISG®-Persönlichkeitsprofil ein Instrument, das sich im Personalmanagement und insbesondere bei der Führungskräftebewertung einer zunehmenden Beliebtheit erfreut [vgl. Gay 2006, S. 17 ff.].

Das DISG-Konzept zeigt persönlichkeitsbedingte Verhaltensweisen erfolgreicher Führungspersonen auf und zählt damit ebenfalls zu den eigenschaftsorientierten Führungstheorien. Dabei wird angenommen, dass die Verhaltenstendenzen einer Führungskraft durch seine Persönlichkeitsstruktur bestimmt werden. Die Persönlichkeitsstruktur (→ Persönlichkeitsprofil) wiederum hängt davon ab, welche Anteile eine Führungskraft an den vier Persönlichkeitsmerkmalen

- Dominanz,
- Initiative,
- Stetigkeit und
- Gewissenhaftigkeit

aufweist. Die Verhaltenstendenzen selbst werden festgemacht an den beiden Faktoren:

- Wahrnehmung des Umfeldes, d. h. inwieweit eine Führungsperson die situativen Rahmenbedingungen als angenehm bzw. anstrengend (stressig) empfindet und
- Reaktion auf das Umfeld, d. h. inwieweit eine Führungskraft situative Herausforderungen eher bestimmt (aktiv) oder eher zurückhaltend (passiv) annimmt [vgl. Gay 2006, S. 18 f.].

Damit sind zugleich auch die vier Quadranten des DISG-Konzeptes beschrieben (siehe Abbildung 4-17).

aktiv/bestimmt
Dominant
Initiativ
Reaktion auf das Umfeld
passiv/zurückhaltend
Gewissenhaft
Stetig
anstrengend/stressig
angenehm/nicht stressig
Wahrnehmung des Umfeldes
[Quelle: Stock-Homburg 2013, S. 472]

Abb. 4-17: Die vier Quadranten des DISG-Konzeptes

Jedes der vier Persönlichkeitsmerkmale verfügt über Stärken und Schwächen in Bezug auf das Führungsverhalten [vgl. Stock-Homburg 2013, S. 473 ff.]:

- Das Merkmal **Dominanz** zeichnet eine Führungsperson mit hoher Entschlossenheit, Zielorientierung und Aktivität aus. Andererseits haben solche Führungskräfte ein hohes Maß an Ungeduld und nur eine geringe Bereitschaft und Fähigkeit zum Zuhören.
- Eine hohe Ausprägung des Merkmals **Initiative** charakterisiert eine Führungskraft mit positiver Umfeldwahrnehmung, die ihre Mitarbeiter begeistert und sich für sie einsetzt. Auf der anderen Seite konzentrieren sich solche Führungskräfte ungern auf Fakten und Details.
- Führungskräfte mit einer hohen Ausprägung des Merkmals **Stetigkeit** haben ein hohes Sicherheitsbedürfnis, eine hohe Loyalität zum Unternehmen und eine ruhige und freundliche Ausstrahlung. Anderseits werden solche Führungspersonen ungern initiativ und haben nur eine geringe Konfliktbereitschaft.
- Das Merkmal **Gewissenhaftigkeit** charakterisiert Führungskräfte, die gründlich und ausdauernd sind sowie Daten mit hoher Präzision analysieren. Auf der anderen Seite haben solche Führungspersonen nur eine begrenzte Fähigkeit zur Improvisation und eine geringe Umsetzungsgeschwindigkeit aufgrund der Neigung zum Perfektionismus.

Die Anwendung des DISG-Konzepts als Testverfahren im Rahmen der Führungskräftebewertung erfolgt in der Regel durch Selbsteinschätzung der betroffenen Führungsperson. Dabei wird diese gebeten, sich selbst in einer vorgegebenen Situation anhand einer Reihe von kurzen Aussagen einzuschätzen. Anschließend werden die Aussagen anhand eines Lösungsschemas ausgewertet, wobei jede Aussage einem Buchstaben (D, I, S bzw. G) zugeordnet wird.

Stock-Homburg [2013, S. 482] betont zwar, dass das primär in der Unternehmenspraxis angewendete DISG® Persönlichkeits-Profil auf empirischer Basis mehrfach auf Validität und Reliabilität überprüft und die grundlegenden Dimensionen des Profils bestätigt wurden. Auf der anderen Seite werden Bedenken dahingehend geäußert, dass das äußerst komplexe Phänomen „Persönlichkeit" auf vier Dimensionen reduziert und somit das Denken in „Schubladen" gefördert wird [vgl. Myers 2010, S. 554 ff.].

4.3.3 Verhaltensorientierte Führungsansätze

Verhaltensorientierte Führungsansätze werden auch als **Führungsstilkonzepte** bezeichnet. Führungsstile als regelmäßig wiederkehrende Muster des Führungsverhaltens können häufig nur anhand mehrerer Merkmale beschrieben werden. Zu diesen Beschreibungsmerkmalen zählen die von einer Führungskraft wahrgenommene Bedeutung der Zielerreichung, die Art der Willensbildung, die Beziehungen in der Gruppe der Geführten, die Form der Kontrolle, die Art der Sanktionierung und die Einstellung und Fürsorge einer Führungsperson gegenüber den Mitarbeitern. Die Führungsstilforschung versucht nun, dass hierin begründete Komplexitätsproblem durch die Bildung von Führungsstiltypen zu vereinfachen [vgl. Macharzina/Wolf 2010, S. 580].

Folgende Führungsstilkonzepte sollen hier vorgestellt werden:

- Autoritäres vs. kooperatives Führungsstil-Konzept
- Ohio-State-Leadership-Quadrant
- Verhaltensgitter-Modell.

4.3.3.1 Autoritärer vs. kooperativer Führungsstil

Diese Führungsstil-Klassifikation, die von Robert Tannenbaum und Warren Schmidt [1958] entwickelt wurde, zählt zu den verhaltensorientierten Forschungsansätzen. Autoritärer und kooperativer Führungsstil werden als Extrempunkte eines eindimensionalen Kontinuums betrachtet (siehe Abbildung 4-18).

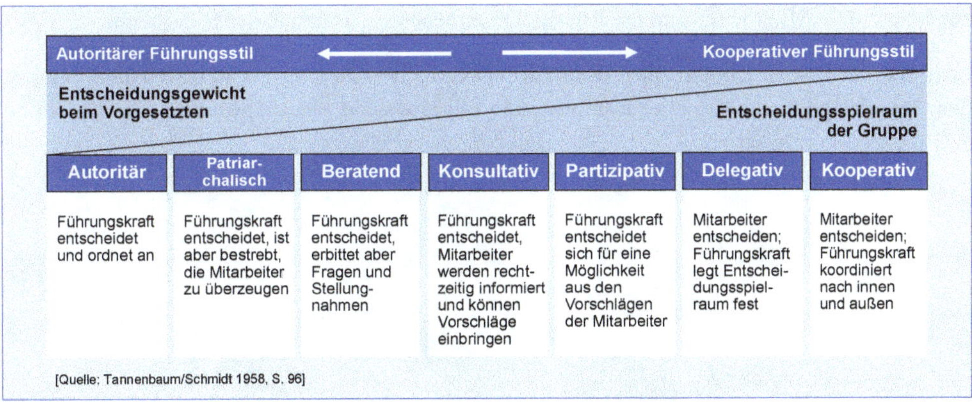

Autoritärer Führungsstil
Kooperativer Führungsstil
Entscheidungsgewicht beim Vorgesetzten
Entscheidungsspielraum der Gruppe
Autoritär
Patriarchalisch
Beratend
Konsultativ
Partizipativ
Delegativ
Kooperativ
Führungskraft entscheidet und ordnet an
Führungskraft entscheidet, ist aber bestrebt, die Mitarbeiter zu überzeugen
Führungskraft entscheidet, erbittet aber Fragen und Stellungnahmen
Führungskraft entscheidet, Mitarbeiter werden rechtzeitig informiert und können Vorschläge einbringen
Führungskraft entscheidet sich für eine Möglichkeit aus den Vorschlägen der Mitarbeiter
Mitarbeiter entscheiden; Führungskraft legt Entscheidungsspielraum fest
Mitarbeiter entscheiden; Führungskraft koordiniert nach innen und außen
[Quelle: Tannenbaum/Schmidt 1958, S. 96]

Abb. 4-18: Eindimensionale Klassifikation von Führungsstilen

Das **autoritäre Verhalten** ist dadurch gekennzeichnet, dass die Führungskraft den Mitarbeitern die Aufgaben zuweist, dass sie die Art der Aufgabenerfüllung vorschreibt und dass sie den Mitarbeitern keine persönliche Wertschätzung entgegenbringt.

Das **kooperative Verhalten** der Führungskraft dagegen gestattet den Mitarbeitern, ihre Arbeitsaufgaben selbst zu verteilen sowie Aufgabe und Zielsetzung in der Gruppe zu diskutieren. Die Führungskraft bringt allen Mitgliedern der Gruppe eine hohe Wertschätzung entgegen und sich selbst aktiv in das Gruppenleben ein [vgl. Steinmann/Schreyögg 2005, S. 653].

4.3.3.2 Ohio-State-Leadership-Quadrant

Die Erkenntnisse der Ohio-Studien sind in hohem Maße prägend für die Führungsstilforschung. Das Forscherteam der Ohio-State-University um Andrew Halpin und Ben Winer [1957] identifizierte zwei unabhängige **Grunddimensionen des Führungsverhaltens**:

- Leistungs- bzw. Aufgabenorientierung (Initiating Structure)
- Mitarbeiter- bzw. Beziehungsorientierung (Consideration).

Der wesentliche Unterschied zu den traditionellen Führungsstiltheorien liegt in einer Abkehr von der Annahme des eindimensionalen Führungsstilkontinuums. Leistungs- bzw. Aufgabenorientierung und Mitarbeiter- bzw. Beziehungsorientierung werden nicht mehr als sich gegenseitig ausschließend betrachtet, sondern als zwei unabhängige Faktoren, die kombinierbar sind und gemeinsam zur Beschreibung von Führungsverhalten dienen. Eine Führungsperson kann demnach gleichzeitig eine hohe Beziehungsorientierung und eine hohe Aufgabenorientierung aufweisen [vgl. Hungenberg/Wulf 2011, S. 369].

Die Verhaltensdimension *Leistungs- bzw. Aufgabenorientierung* bezieht sich auf die sachliche Ebene der Führung. Sie kennzeichnet beispielsweise das Setzen und Kommunizieren klarer Ziele, die Definition und Abgrenzung von Kompetenzen, die sorgfältige Planung der wichtigsten Aufgaben, Ergebniskontrollen oder das Setzen von externen Leistungsanreizen.

Die Verhaltensdimension *Mitarbeiter- bzw. Beziehungsorientierung* betont dagegen die zwischenmenschliche Beziehung. Sie charakterisiert den persönlichen Respekt, die Wertschätzung gegenüber dem Mitarbeiter und die Rücksichtnahme auf die Belange der Mitarbeiter.

Legt man die beiden Dimensionen des Führungsverhaltens zu Grunde, so lassen sich in Form des Ohio-State-Quadranten vier grundlegende Führungsstile identifizieren (siehe Abbildung 4-19).

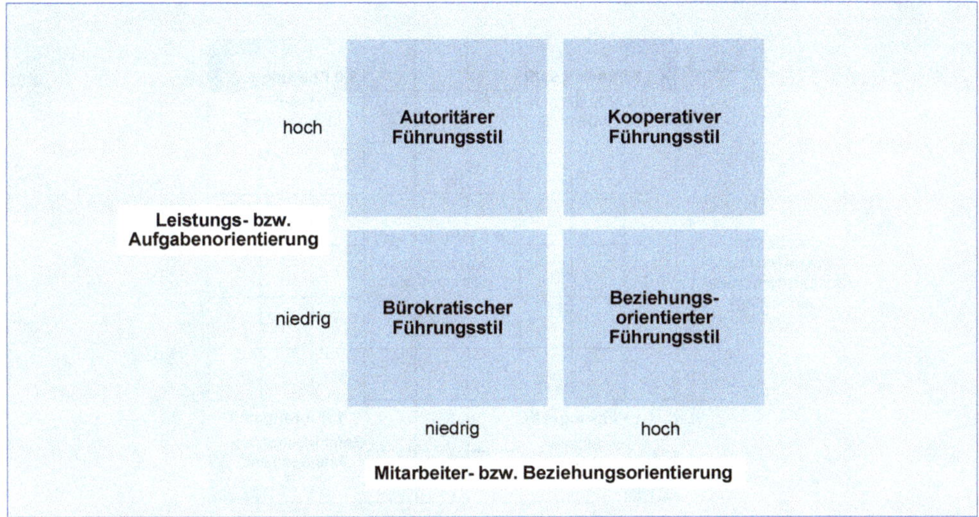
hoch
Autoritärer Führungsstil
Kooperativer Führungsstil
Leistungs- bzw. Aufgabenorientierung
niedrig
Bürokratischer Führungsstil
Beziehungs-orientierter Führungsstil
niedrig
hoch
Mitarbeiter- bzw. Beziehungsorientierung

Abb. 4-19: Die Führungsstile des Ohio-State-Quadranten

4.3.3.3 Verhaltensgitter-Modell

Das Verhaltensgitter-Modell (auch als **Managerial Grid** bezeichnet), das 1960 von Robert Blake und Jane Mouton im Rahmen eines Führungstrainings für Exxon entwickelt wurde, baut unmittelbar auf den Erkenntnissen der Ohio-Studien auf. Es arbeitet ebenfalls mit den beiden Dimensionen *Aufgabenorientierung* und *Beziehungsorientierung*, wobei diese mit ihren unterschiedlichen Ausprägungen in einem Verhaltensgitter auf zwei Achsen erfasst werden. Die eine Achse beschreibt das Bemühen um den Mitarbeiter (Mitarbeiterorientierung als sozio-emotionale Orientierung), die andere Achse zeigt das Interesse an der Aufgabe (Aufgabenorientierung als sach-rationale Orientierung).

Der prinzipielle Unterschied zum Ohio-Modell besteht darin, dass Blake und Mouton die beiden Dimensionen nicht in zwei, sondern in neun Stufen einteilen. Somit lassen sich theoretisch **81 verschiedene Führungsstile** abbilden. Blake und Mouton konzentrieren sich jedoch auf fünf zentrale Führungsstile: 1.1, 1.9, 5.5, 9.1 und 9.9 [vgl. Blake/Mouton 1964, S. 14 ff.].

Blake und Mouton bewerten den Führungsstil 9.1 als nicht sinnvoll, den Führungsstil 5.5 als unpraktisch, den Führungsstil 1.9 als idealistisch und den Führungsstil 1.1 als unmöglich. Erstrebenswert ist ihrer Ansicht nach ausschließlich der Führungsstil 9.9. Die Vorteilhaftigkeit dieses Führungsstils konnte allerdings empirisch nicht nachgewiesen werden.

Abbildung 4-20 zeigt eine vereinfachte Darstellung dieses Verhaltensgitters.

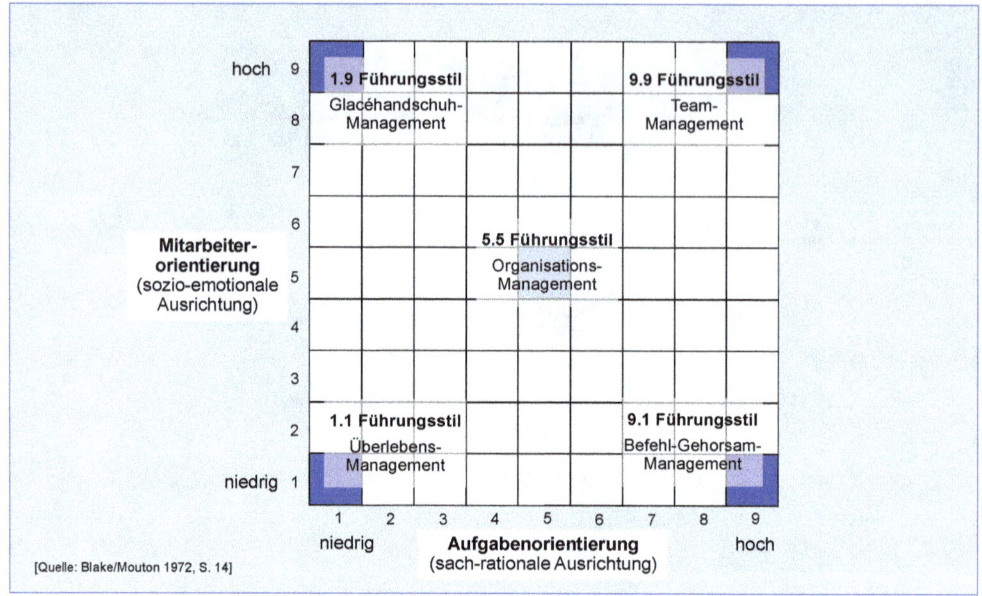
hoch
niedrig
Mitarbeiter-
orientierung
(sozio-emotionale
Ausrichtung)
1.9 Führungsstil
Glacéhandschuh-
Management
9.9 Führungsstil
Team-
Management
5.5 Führungsstil
Organisations-
Management
1.1 Führungsstil
Überlebens-
Management
9.1 Führungsstil
Befehl-Gehorsam-
Management
niedrig
Aufgabenorientierung
(sach-rationale Ausrichtung)
hoch
[Quelle: Blake/Mouton 1972, S. 14]

Abb. 4-20: Das Verhaltensgitter (GRID-System)

Wenn auch das Verhaltensgitter auf anschauliche Weise das breite Spektrum von möglichen Führungsverhaltensweisen darstellt, so ist doch die Frage zu stellen, ob der Führungsstil 9.9 überhaupt praktizierbar ist. So lässt sich eher die These vertreten, dass erfolgreiche Personalführung durch einen Führungsstil gekennzeichnet ist, der rechts der Diagonale zwischen den Führungsstilen 1.9 und 9.1 liegt. Ebenso ist grundsätzlich zu fragen, ob zweidimensionale Erklärungsansätze überhaupt in der Lage sind, die Komplexität von Führungsprozessen abzubilden, ohne die situativen Rahmenbedingungen, also die Abhängigkeit von bestimmten Führungssituationen zu berücksichtigen [vgl. Steinmann/Schreyögg 2005, S. 662 f.; Hungenberg/Wulff 2011, S. 371].

4.3.4 Situative Führungsansätze

Die Situationstheorie der Personalführung geht davon aus, dass die Vorteilhaftigkeit des Führungsverhaltens von den jeweiligen situativen Umständen abhängt. Daher – so die Situationstheorie – setzt eine erfolgreiche Personalführung auch immer eine Analyse des Handlungskontexts voraus. Die verschiedenen situativen Ansätze unterscheiden sich nun im Wesentlichen dadurch, welche Faktoren („Situationsvariablen“) bei der Gestaltung des Führungsverhaltens zu berücksichtigen sind [vgl. Macharzina/Wolf 2010, S. 578 f.].

Folgende Ansätze sollen hier kurz vorgestellt werden:

- Kontingenztheorie
- Weg-Ziel-Theorie
- Entscheidungsbaum
- Drei-D-Modell
- Situatives Reifegradmodell.

4.3.4.1 Kontingenztheorie

Der erste umfassende situative Führungsansatz wurde von Fred Fiedler [1967] als sog. Kontingenztheorie der Führung vorgelegt. Als Grundannahme der Kontingenztheorie gilt, dass der Führungserfolg vom Zusammenspiel des Führungsverhaltens und der Führungssituation abhängt. Im Kern geht es Fiedler darum, einen optimalen Fit zwischen der Führungsperson und ihrer individuellen Führungssituation zu finden, um eine hohe Leistung der geführten Gruppe sicherzustellen. Die Kontingenztheorie stellt folgende drei Kernvariablen in den Mittelpunkt [vgl. Steinmann/Schreyögg 2005, S. 667 ff.]:

- Führungsstil
- Führungserfolg
- Führungssituation.

Zur Messung des **Führungsstils** unterscheidet Fiedler zwischen einem aufgabenbezogenen und einem personenbezogenen Führungsstil. Er nutzt dabei den von ihm entwickelten LPC-Wert (LPC = Least Preferred Coworker), der mit Hilfe eines Fragebogens ermittelt wird. Der Fragebogen, der von den Führungskräften ausgefüllt wird, enthält 16 bipolare Paare von Adjektiven (z. B. das Gegensatzpaar „freundlich – unfreundlich"). Der LPC-Wert ergibt sich dann aus der Summe der Einzelbewertungen. Ein hoher LPC-Wert besagt, dass die betreffende Führungskraft den am wenigsten geschätzten Mitarbeiter noch relativ wohlwollend beurteilt. Eine solch positive Beurteilung gilt als Indikator für einen personenbezogenen Führungsstil. Ein niedriger LPC-Wert, also eine durchgehend negative Bewertung des am wenigsten geschätzten Mitarbeiters, wird als aufgabenorientierter Führungsstil gewertet.

Untersucht man die beiden mittels LPC-Wert gemessenen Führungsstile auf ihre Erfolgsrelevanz, so ergibt sich nach Fiedler als zweite Kernvariable der **Führungserfolg**. Als Führungserfolg wird die Effektivität der Führung in Bezug auf die Leistungen bzw. Produktivität der geführten Mitarbeiter und deren Zufriedenheit angesehen. Zur Operationalisierung der **Führungssituation** führt Fiedler das Konstrukt „situationale Günstigkeit" mit folgenden drei Variablen an:

- **Positionsmacht** (mit den beiden Ausprägungen „stark" und „schwach"), d. h. inwieweit die Führungskraft aufgrund ihrer hierarchischen Position im Unternehmen in der Lage ist, die von ihm geführten Mitarbeiter zu beeinflussen;
- **Aufgabenstruktur** (mit den beiden Ausprägungen „hoch" und „niedrig"), d. h. je höher der Strukturierungsgrad der Aufgabe ist, umso leichter und einfacher lassen sich die Aktivitäten der geführten Mitarbeiter koordinieren und kontrollieren;
- **Beziehung zwischen Führungskraft und geführten Mitarbeitern** (mit den beiden Ausprägungen „gut" und „schlecht"), d. h. je besser das Verhältnis zwischen der Führungsperson und seinen Mitarbeitern auf zwischenmenschlicher Ebene ist, desto leichter ist tendenziell die Führungssituation.

Da alle drei Variablen jeweils zwei Ausprägungen besitzen, ergeben sich aus deren Kombination insgesamt acht mögliche Führungssituationen. Die so ermittelten Führungssituationen lassen sich nun danach systematisieren, inwieweit sie die Aktivitäten einer Führungskraft begünstigen. Fiedler selbst bezeichnet seinen Ansatz als „Kontingenztheorie der Führungseffektivität", weil er die Effekte verschiedener Führungsstile abhängig (= kontingent) von den drei situativen Variablen macht [vgl. Neuberger 2002, S. 498].

Abbildung 4-21 veranschaulicht das Zusammenwirken von Führungsstil, Führungserfolg und Führungssituation nach der Kontingenztheorie.

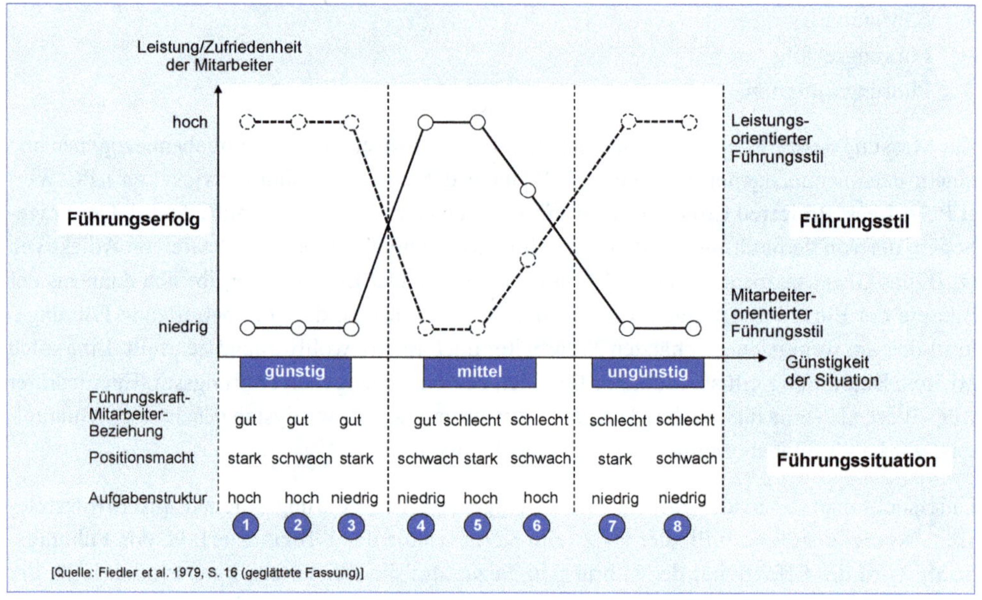
Leistung/Zufriedenheit der Mitarbeiter
hoch
niedrig
Führungserfolg
Leistungs-orientierter Führungsstil
Führungsstil
Mitarbeiter-orientierter Führungsstil
günstig
mittel
ungünstig
Günstigkeit der Situation
Führungskraft-Mitarbeiter-Beziehung
gut gut gut gut schlecht schlecht schlecht schlecht
Positionsmacht
stark schwach stark schwach stark schwach stark schwach
Aufgabenstruktur
hoch hoch niedrig niedrig hoch hoch niedrig niedrig
Führungssituation
1 2 3 4 5 6 7 8
[Quelle: Fiedler et al. 1979, S. 16 (geglättete Fassung)]

Abb. 4-21: Kontingenztheorie von Fiedler

Der wesentliche Unterschied zu den Annahmen des Ohio-Modells (und damit auch des Verhaltensgitter-Modells) liegt darin, dass in verschiedenen Führungssituationen durchaus unterschiedliche Führungsstile geeignet sind. So sind nach den Annahmen von Fiedler Führungspersonen in besonders günstigen oder in besonders ungünstigen Situationen mit einem leistungsorientierten Führungsstil erfolgreicher als mit einem mitarbeiterbezogenen Führungsstil. Dagegen erweist sich der mitarbeiterorientierte Führungsstil in Situationen mit mittlerer Günstigkeit als besonders geeignet [vgl. Stock-Homburg 2013, S. 495].

Diese „intuitive Plausibilität" von Fiedlers Ergebnissen konnte allerdings empirisch nicht bestätigt werden. Neben den Messproblemen werden als weitere Schwächen genannt: der sehr einseitige und eindimensionale LPC-Wert, die selektive (und damit unvollständige) Auswahl der Situationsvariablen und die mangelnde Berücksichtigung des Einflusses des Führungsstils auf die Führungssituation [vgl. Hungenberg/Wulff 2011, S. 376 f.].

Gleichwohl kommt Fiedler das Verdienst zu, eine Grundlage für alle weiteren situativen Führungstheorien gelegt zu haben.

4.3.4.2 Weg-Ziel-Theorie

Die Weg-Ziel-Theorie (engl. *Path-Goal-Theory*), die ebenfalls den situativen Führungsansätzen zuzurechnen ist, geht auf Robert House [1971] zurück. Die Bezeichnung *„Weg-Ziel"* ist darauf zurückzuführen, dass effektive Führungskräfte durch ihr Führungsverhalten in der Lage sind, den Mitarbeitern bei der Erfüllung ihrer Ziele als Wegbereiter zu dienen und Hindernisse aus dem Weg zu räumen. Dabei geht House im Gegensatz zu Fiedler davon aus, dass Führungskräfte je nach Situation ihr Führungsverhalten entsprechend anpassen. Der Einfluss des Führungsverhaltens auf den Führungserfolg wird als mehrstufige Wirkungskette betrachtet (siehe Abbildung 4-22). Dabei werden zunächst vier Ausprägungen des Führungsverhaltens unterschieden [vgl. Hungenberg/Wulf 2011, S. 381 f.]:

- Unterstützende Führung (engl. *Supportive Leadership*)
- Direktive Führung (engl. *Directive Leadership*)
- Partizipative Führung (engl. *Participative Leadership*)
- Ergebnisorientierte Führung (engl. *Achievement-oriented Leadership*).

Das Führungsverhalten mit seinen vier Ausprägungen stellt die unabhängige Variable dar. Der Führungserfolg (also die Leistungen und die Zufriedenheit der Mitarbeiter) als Zielgröße der Weg-Ziel-Theorie ist die abhängige Variable. Der Zusammenhang zwischen Führungsverhalten und Führungserfolg wird zusätzlich durch die Erwartungen und die Valenzen (d. h. Wertigkeit der Zielerfüllung) der geführten Mitarbeiter bestimmt.

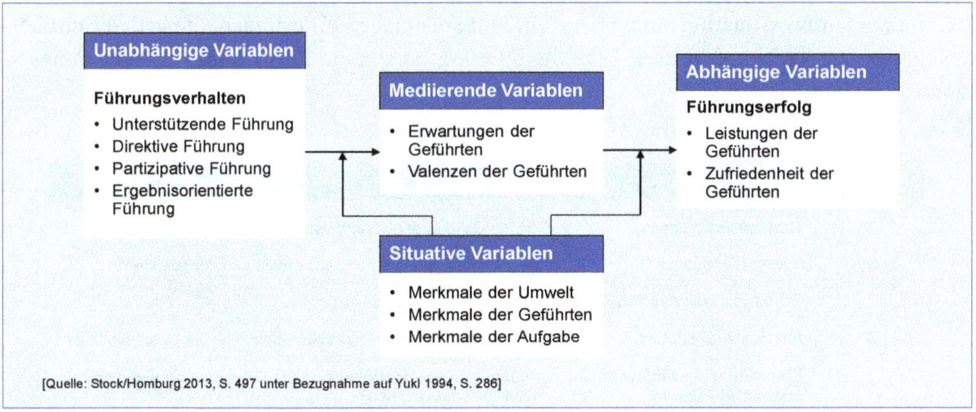
Unabhängige Variablen
Führungsverhalten
• Unterstützende Führung
• Direktive Führung
• Partizipative Führung
• Ergebnisorientierte Führung
Mediierende Variablen
• Erwartungen der Geführten
• Valenzen der Geführten
Abhängige Variablen
Führungserfolg
• Leistungen der Geführten
• Zufriedenheit der Geführten
Situative Variablen
• Merkmale der Umwelt
• Merkmale der Geführten
• Merkmale der Aufgabe
[Quelle: Stock/Homburg 2013, S. 497 unter Bezugnahme auf Yukl 1994, S. 286]

Abb. 4-22: Wirkungskette der Weg-Ziel-Theorie

Für House ist es nun bedeutsam, dass die Führungskraft ihr Verhalten auf die jeweilige Führungssituation, in der geführt wird, ausrichtet. Solche Führungssituationen können in der Weg-Ziel-Theorie durch Merkmale der Umwelt, Merkmale der Geführten und Merkmale der Aufgabe selbst beeinflusst werden. Konkrete Ausprägungen dieser situativen Variablen können sein [vgl. Stock/Homburg 2008, S. 420 f.]:

- Mangelndes Selbstvertrauen der Mitarbeiter
- Geringe Eindeutigkeit der Aufgaben
- Geringer Grad der Herausforderung durch die Aufgabe
- Ungerechte Belohnungen.

Für jede dieser Situationen gibt House Empfehlungen für die optimale Führung. So empfiehlt er bspw. bei einer geringen Eindeutigkeit der Aufgabe die direktive Führung, bei der die Erwartungen klar definiert und die Zuständigkeiten eindeutig geregelt werden. Erfolgreiche Führung im Sinne der Weg-Ziel-Theorie setzt also voraus, dass Führungskräfte die Situation und die Rahmenbedingungen analysieren, um das richtige Führungsverhalten danach auszurichten [vgl. Stock/Homburg 2008, S. 420 ff.].

Empirische Untersuchungen konnten nachweisen, dass die partizipative Führung bei komplexen Aufgabenstellungen besonders sinnvoll ist. Darüber hinaus wurden in diesen Untersuchungen die unterstützende und die ergebnisorientierte Führung als universell, d. h. kulturunabhängig einsetzbar identifiziert. Dagegen hängt der Führungserfolg der direktiven und der partizipativen Führung von der jeweiligen Länderkultur ab [vgl. Sagie/Koslowski 1994].

4.3.4.3 Entscheidungsbaum

Zu den situativen Führungsansätzen zählt auch der 1973 von Victor H. Vroom und Philip W. Yetton vorgelegte Entscheidungsbaum. Er unterscheidet sich von den meisten anderen theoretischen Ansätzen durch einen stärkeren Anwendungsbezug, da er sich die Schlüsselaktivität einer Führungskraft – nämlich das Entscheidungsverhalten zum Ausgangspunkt nimmt. Das Ergebnis des Ansatzes ist eine Entscheidungslogik, mit deren Hilfe die Führungsperson die gegebene Führungssituation strukturieren und auf dieser Basis den geeigneten Führungsstil bestimmen kann. Abbildung 4-23 fasst die Merkmale und zugehörigen Filterfragen zur Identifikation der Führungssituation zusammen. Mit Hilfe der sieben Filterfragen, die in den Entscheidungsbaum eingearbeitet werden, kann die Führungsperson ein Profil seiner Entscheidungssituation erstellen.

Situation	Situationsmerkmal	Filterfrage
A	Qualitätsanforderung	Ist die Qualität der Lösung von besonderer Bedeutung?
B	Informationsstand	Besitzt die Führungskraft alle relevanten Informationen?
C	Strukturiertheit des Problems	Ist das Problem strukturiert?
D	Mitarbeiterakzeptanz	Ist die Akzeptanz der Mitarbeiter wichtig für die Durchsetzung?
E	Einstellung der Mitarbeiter zu autoritärer Führung	Würde eine Alleinentscheidung der Führungskraft von den Mitarbeitern akzeptiert?
F	Akzeptanz der Organisationsziele durch die Mitarbeiter	Teilen die Mitarbeiter die Organisationsziele, die mit der Problemlösung erreicht werden sollen?
G	Gruppenkonformität	Wird es bei der Einigung über die vorzuziehende Lösung unter den Mitarbeitern zu Konflikten kommen?

[Quelle: Jago 1995, Sp. 1063]

Abb. 4-23: Merkmale und Filterfragen zur Identifikation der Führungssituation

Den praxisrelevanten Situationsprofilen werden sodann folgende fünf Führungsstile zugeordnet:

AI: Führungskraft entscheidet allein und gibt Anweisungen (→ Führungsstil „Autokratisch I").

AII: Führungskraft holt zusätzliche Informationen bei den Mitarbeitern ein und entscheidet dann allein (→ Führungsstil „Autokratisch II").

BI: Führungskraft bespricht sich getrennt mit den einzelnen Mitarbeitern und fällt dann die Entscheidung (→ Führungsstil „Consultativ I").

BII: Führungskraft bespricht das Entscheidungsproblem in der Gruppe und fällt dann eine Entscheidung (→ Führungsstil „Consultativ II").

GII: Führungskraft präsentiert das Entscheidungsproblem der Gruppe, die das Problem diskutiert und anschließend gemeinsam entscheidet (→ Führungsstil „Demokratisch II").

Abbildung 4-24 liefert einen Überblick über den Entscheidungsbaum mit den Beziehungen zwischen Situationsprofilen und Führungsstilen.

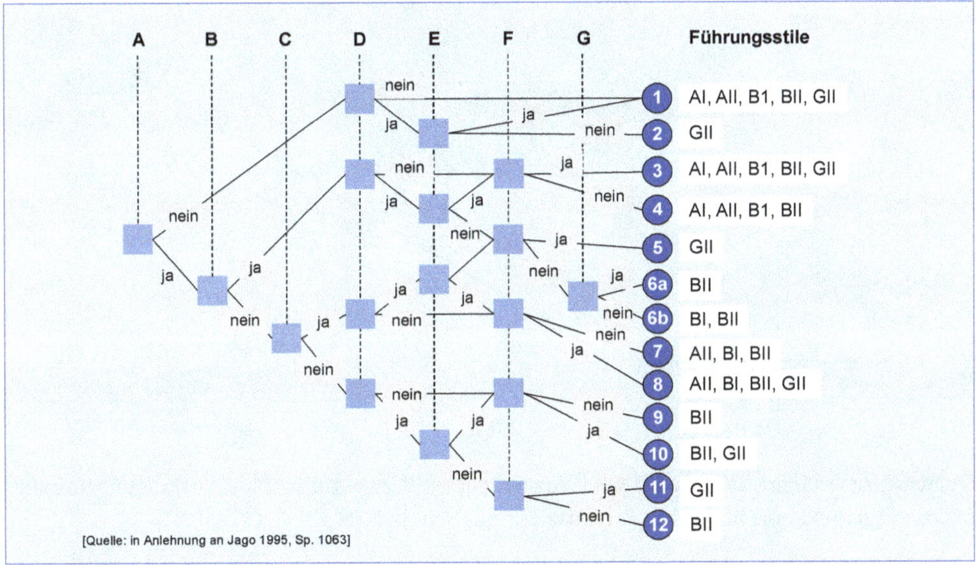
A
B
C
D
E
F
G
Führungsstile
1 AI, AII, B1, BII, GII
2 GII
3 AI, AII, B1, BII, GII
4 AI, AII, B1, BII
5 GII
6a BII
6b BI, BII
7 AII, BI, BII
8 AII, BI, BII, GII
9 BII
10 BII, GII
11 GII
12 BII
ja
nein
[Quelle: in Anlehnung an Jago 1995, Sp. 1063]

Abb. 4-24: Entscheidungsbaum nach Vroom/Yetton

Da sich die fünf Führungsstile nur durch das Maß der Mitarbeiterpartizipation an den Entscheidungen unterscheiden, ist der Entscheidungsbaum von Vroom/Yetton den eindimensionalen Führungstheorien zuzuordnen. Neben der Eindimensionalität des Führungsstils wird auch die „mechanistische" Anlage und der damit verbundene ständige Wechsel zwischen den Führungsstilformen kritisiert [vgl. Jung 2006, S. 440 f.].

4.3.4.4 Drei-D-Modell

Das sogenannte Drei-D-Modell wurde von William Reddin [1981] entwickelt und ist ebenfalls den situativen Führungsansätzen zuzuordnen. Das Modell geht von den Dimensionen Aufgabenorientierung und Beziehungsorientierung und den daraus in der Ohio-Studie abgeleiteten vier Grundführungsstilen aus: Verfahrens-, Beziehungs-, Integrations- und Aufgabenstil. Reddin ist der Ansicht, dass alle vier Grundstile je nach Situation effizient und erfolgreich sein können. Führungserfolg ist vor allem dann zu erwarten, wenn Führungssituation und Führungsverhalten übereinstimmen. Es ist also die Aufgabe der Führungsperson, zunächst die konkrete Führungssituation zu analysieren und daraufhin den geeigneten Führungsstil zu wählen. Um diese Überlegung deutlich zu machen, führt Reddin eine dritte Dimension, die Effektivität ein.

In Abbildung 4-25 sind die drei Dimensionen des Modells dargestellt.

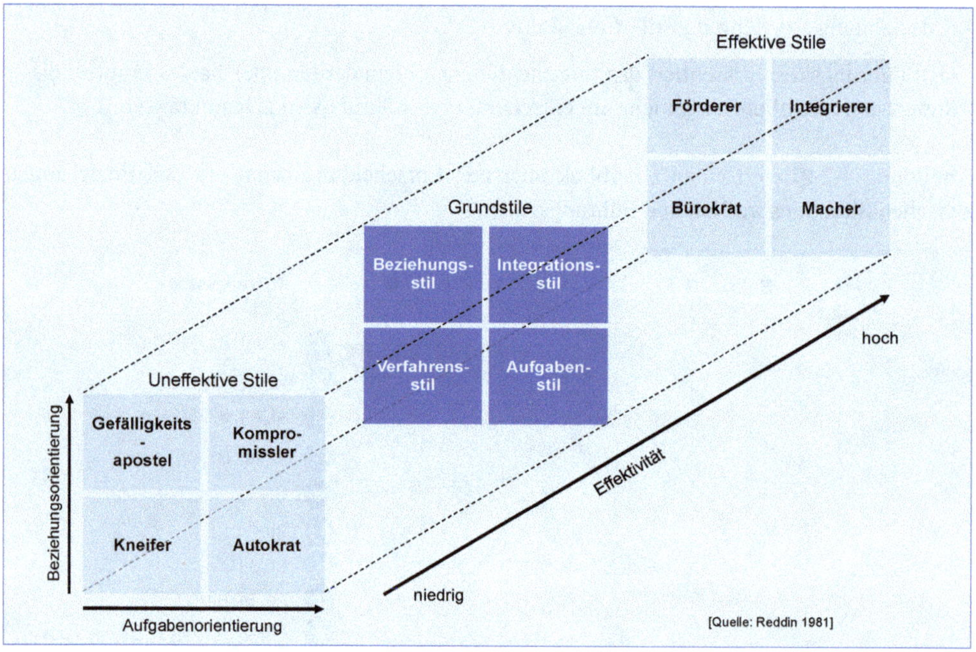

Effektive Stile
Förderer
Integrierer
Bürokrat
Macher
Grundstile
Beziehungs-stil
Integrations-stil
Verfahrens-stil
Aufgaben-stil
Uneffektive Stile
Gefälligkeits-apostel
Kompro-missler
Kneifer
Autokrat
Beziehungsorientierung
Aufgabenorientierung
Effektivität
hoch
niedrig
[Quelle: Reddin 1981]

Abb. 4-25: Die drei Dimensionen des Führungsmodells nach Reddin

Dementsprechend bekommen die vier Grundstile jeweils zwei zusätzliche Ausprägungen – eine mit niedriger und eine mit hoher Effektivität [vgl. Scholz 2011, S. 401 f.]:

- Der **Verfahrensstil** ist durch Regeln, Vorschriften, Methoden und Verfahren gekennzeichnet und bevorzugt stabile Umweltbedingungen. Unter solchen Bedingungen praktiziert der Bürokrat (bzw. Verwalter) durchaus einen sinnvollen Führungsstil, weil er für einen reibungslosen Ablauf aller Prozesse entlang der fixierten Spielregeln sorgt. In dynamischen Umweltsituationen dagegen beharrt er auf Regeln und Vorschriften und behindert andere. Reddin bezeichnet daher eine Führungskraft, die in einer solchen Situation den Verfahrensstil anwendet, als Kneifer.

- Der **Beziehungsstil** betont die guten Beziehungen zwischen der Führungskraft und seinen Mitarbeitern. In der Ausprägung als Förderer motiviert die Führungsperson ihre Mitarbeiter und sorgt für eine vertrauensvolle Atmosphäre. In der Ausprägung als Gefälligkeitsapostel geht sie allen Konflikten aus dem Wege und vernachlässigt die Zielerreichung.

- Beim **Aufgabenstil** stehen Leistung und das erreichte Ergebnis im Vordergrund. In der Ausprägung als Macher führt die Führungskraft ihre Mitarbeiter durch Erfahrung, Wissen und Initiative. Als Autokrat beharrt sie dagegen auf ihre Amtsautorität und überfordert die Mitarbeiter mit allzu ehrgeizigen Zielvorstellungen.
- Der **Integrationsstil** strebt nach einem ausgewogenen Verhältnis der Beziehungs- und der Aufgabenkomponente. In der Ausprägung als Integrierer entscheidet und führt die Führungskraft kooperativ, motiviert und fördert ihre Mitarbeiter zielorientiert. Als Kompromissler dagegen möchte es die Führungsperson allen recht machen, so dass die Bearbeitungszeit steigt und die Mitarbeitermotivation sinkt.

Das Drei-D-Modell von Reddin verlangt von den Führungskräften, alle vier Führungsstile je nach gegebener Situation anzuwenden. Diese hohe Führungsstilflexibilität setzt ein gezieltes Training voraus.

4.3.4.5 Situatives Reifegradmodell

Das situative Führungskonzept von Hersey und Blanchard [1981 und 1988] nimmt die Auswahl des geeigneten Führungsstils in Abhängigkeit vom aufgabenrelevanten Reifegrad des Mitarbeiters vor. Ausgangspunkt des Modells sind die zwei Dimensionen Beziehungsorientierung und Aufgabenorientierung, die mit dem aufgabenrelevanten Reifegrad des Mitarbeiters als dritte Dimension verknüpft werden. Daraus ergeben sich vier Führungsstile [vgl. Stock-Homburg 2013, S. 501]:

- **Autoritärer (unterweisender) Führungsstil** („telling“). Dieser Führungsstil zeichnet sich durch eine hohe Aufgaben- und niedrige Beziehungsorientierung aus. Der aufgabenrelevante Reifegrad des Mitarbeiters ist gering bis niedrig. Die Führungskraft gibt dem Mitarbeiter eindeutig vor, welche Tätigkeiten dieser entsprechend auszuführen hat.
- **Integrierender (verkaufender) Führungsstil** („selling“). Hohe Aufgaben- und hohe Beziehungsorientierung kennzeichnen diesen Führungsstil. Der aufgabenrelevante Reifegrad des Mitarbeiters ist ebenfalls gering bis niedrig. Die Führungsperson berücksichtigt bei der Entscheidungsfindung zwar die Meinung des Mitarbeiters, behält sich aber die letzte Entscheidung vor.
- **Partizipativer Führungsstil** („participating“). Dieser Stil verbindet hohe Beziehungsorientierung mit niedriger Aufgabenorientierung. Der aufgabenrelevante Reifegrad des Mitarbeiters in diesem Bereich ist mittel bis hoch. Der Mitarbeiter spielt bei der Entscheidungsfindung und -durchsetzung eine aktive Rolle.
- **Delegationsstil** („delegating“). Der delegierende Stil ist gekennzeichnet durch eine niedrige Aufgaben- und Beziehungsorientierung, wobei der aufgabenrelevante Reifegrad in diesem Segment als mittel bis hoch anzusetzen ist. Die Führungskraft überträgt dem Mitarbeiter die Entscheidungsbefugnis und die Verantwortung für die Durchführung

Die Grundannahme dieses Modells ist, dass mit zunehmendem aufgabenrelevantem Reifegrad des Mitarbeiters der aufgabenorientierte Führungsbedarf abnimmt. So muss beispielsweise einem Mitarbeiter mit hoher Motivation aber mit mäßigen bis geringen aufgabenorientierten Kenntnissen die Aufgabe eher „verkauft", bei geringer Motivation eher angewiesen werden. Für die Führung von hoch motivierten Nachwuchskräften (High Potentials) eignen sich besonders der partizipative und der integrierende Führungsstil. Zur optimalen Führung muss der Vorgesetzte demnach in allen vier Führungsstilen kompetent sein [vgl. Jung 2006, S. 433 f.].

Hier setzt auch die Kritik an diesem Modell an. Zum einen werden die extrem hohen Anforderungen an die Stilflexibilität der Führungskraft als Überforderung angesehen, zum anderen wird bemängelt, dass andere situationsrelevante Faktoren vernachlässigt werden. Positiv wird herausgestellt, dass die Fähigkeiten und Kenntnisse der Mitarbeiter, die in anderen Modellen kaum oder gar nicht einbezogen werden, im Ansatz von Hersey/Blanchard zur Geltung kommen [vgl. Jung 2006, S. 434].

Abbildung 4-26 veranschaulicht die vier situativen Führungsstile mit ihren Dimensionen.

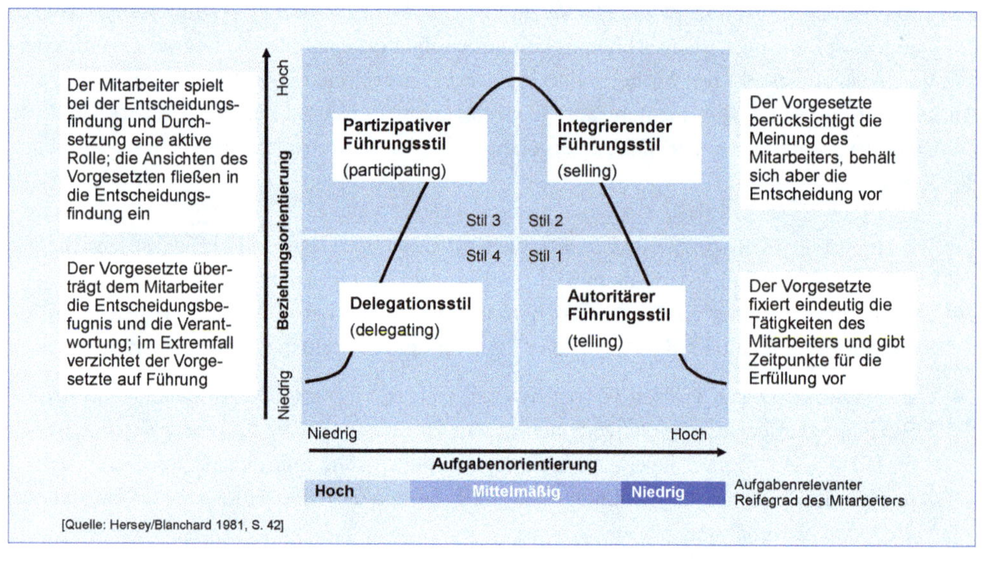
Der Mitarbeiter spielt bei der Entscheidungsfindung und Durchsetzung eine aktive Rolle; die Ansichten des Vorgesetzten fließen in die Entscheidungsfindung ein
Der Vorgesetzte überträgt dem Mitarbeiter die Entscheidungsbefugnis und die Verantwortung; im Extremfall verzichtet der Vorgesetzte auf Führung
Hoch
Beziehungsorientierung
Niedrig
Partizipativer Führungsstil (participating)
Integrierender Führungsstil (selling)
Stil 3
Stil 2
Stil 4
Stil 1
Delegationsstil (delegating)
Autoritärer Führungsstil (telling)
Der Vorgesetzte berücksichtigt die Meinung des Mitarbeiters, behält sich aber die Entscheidung vor
Der Vorgesetzte fixiert eindeutig die Tätigkeiten des Mitarbeiters und gibt Zeitpunkte für die Erfüllung vor
Niedrig
Hoch
Aufgabenorientierung
Hoch
Mittelmäßig
Niedrig
Aufgabenrelevanter Reifegrad des Mitarbeiters
[Quelle: Hersey/Blanchard 1981, S. 42]

Abb. 4-26: Das situative Führungskonzept von Hersey/Blanchard

4.4 Neue Führungsansätze und -konzepte

Nicht nur die Vielzahl von jährlich erscheinenden Führungsratgebern, sondern auch die Sichtung aktueller Trainingskonzepte macht deutlich, dass das Thema Personalführung und neue Führungskonzepte eine Blütezeit erlebt. Doch wie lässt sich die Flut neuer Führungstheorien und -konzepte erklären? Welches sind Ursachen und gesellschaftliche Kontexte ihrer Entstehung? Welche inhaltlichen Gemeinsamkeiten und welche Unterschiede lassen sich bei den neuen, teilweise sehr modisch klingenden Führungsansätzen ausmachen? Und vor allem: Welchen Nutzen bringen die neuen Konzepte? [vgl. im Folgenden auch Lang/Rybnikova 2014, S. 16 ff.].

4.4.1 Einflussfaktoren neuer Führung

Um die Wurzeln der Vielzahl neuer Führungsansätze und -konzepte, die auch als **New Work-Führungsansätze** bezeichnet werden, erklären zu können, müssen zunächst die verschiedenen Faktoren, die heutzutage auf Führung wirken und diese beeinflussen, aufgezeigt werden.

Führungskräfte müssen über verschiedene Standorte hinweg mit einer zunehmend heterogenen Gruppe von Mitarbeitern kommunizieren und klarkommen. Und gleichzeitig muss Führung die Generationen- und Kulturunterschiede im Umgang mit den Technologien berücksichtigen. Damit sind die wichtigsten Cluster an Einflussfaktoren genannt, die auf heutige Führung einwirken und die im Wesentlichen die inhaltliche Thematik neuer Führungsansätze bestimmen:

- Digitalisierung und technologischer Wandel
- Medien-Mix und Kommunikation über Distanzen
- Generationenwechsel und hybride Arbeitskulturen.

4.4.1.1 Digitalisierung und technologischer Wandel

Wenn die digitale Transformation immer wichtiger und das Veränderungstempo immer schneller wird, formieren sich neue Herausforderungen an das Führen von Mitarbeitern. Wo Manager in früheren Zeiten vor allem aus der Zentrale agieren konnten, vergrößert sich ihr Wirkungsbereich sehr schnell und verteilt sich meist auf mehrere Märkte und teilweise auch Kontinente. Flexibilität wird so zu einem Anspruch an einen Manager. Schon aus ersten Forschungen zu Führungsstilen aus den 1960er Jahren geht hervor, dass es sich bei Führungsstilen stets um dynamische Konstrukte handelt. Führung muss sich also den Gegebenheiten anpassen, muss sich verändern und darf nicht dauerhaft statisch angelegt sein.

Seitdem hat sich vieles verändert. Ging man vor wenigen Jahrzehnten noch davon aus, dass Mitarbeiter eine starke Hand brauchen, ihnen ein klares Ziel und vor allem der Weg dahin vorgegeben werden muss, so berücksichtigen neue Führungsansätze, dass auch gewisse Freiheiten und selbstständiges Handeln durchaus effizienter zum vorgegebenen Ziel führen können. Während klassische Führungstheorien und -konzepte eng mit dem Verhalten und Eigenschaften des Vorgesetzten verknüpft sind, ermöglichen neuere Ansätze eine breitere Perspektive auf Führung, indem sie den Interaktionsprozess zwischen Führungskräften und Mitarbeitern, die Bedeutung der Mitarbeiter oder den organisationalen Kontext stärker in den Blick nehmen [vgl. Lang/Rybnikova 2014, S. 20].

Heutzutage liegt der Fokus der Führung nicht allein auf dem Führenden, sondern auch auf den Geführten, den Peers, den Arbeitsbedingungen und auch der Arbeitskultur. Neue Führungsansätze betrachten ein viel breiteres Feld und eine größere Vielfalt von Personen national wie international. Gleichzeitig findet sich Führung heute in den verschiedensten Modellen wieder: strategisch, global, komplex, verteilt, relational, sozial-dynamisch [vgl. Lang/Rybnikova 2014, S. 20].

Die Welt der klassischen Führungstheorien mit ihren klaren, eindimensionalen Konzepten, bei denen **Führungseigenschaften**, **Führungsverhalten** und **Führungssituationen** im Vordergrund stehen, wird von einer Führungswelt abgelöst, die sich sehr gut mit dem schon fast geläufigen Akronym VUCA beschreiben lässt. VUCA steht für volatil, unsicher, komplex (engl. *complex*) und mehrdeutig (engl. *ambiguous*). Die eigentliche Herausforderung einer VUCA-Welt besteht nämlich darin, sie anzunehmen und mit ihr mitzugehen. Im Klartext heißt das: Als Organisation mit Schwankungen mitgehen können und die Unsicherheiten akzeptieren [vgl. Ciesielski/Schutz 2016, S. 4].

Als Grund für das Entstehen dieser neuen Führungstheorie werden häufig der Wandel der Gesellschaft und der Einzug der „Generation Y“ in den Arbeitsmarkt genannt, die nun nach und nach die Mitglieder anderer Generationen (Generation X) ablösen. Wo Mitglieder der Generation X mit Hierarchien und kontrollierten Abläufen aufgewachsen waren, stehen bei den heutigen Digital Natives der Generation Y viel stärker emotionale Werte im Fokus ihres Denkens und ihrer Haltung.

4.4.1.2 Medien-Mix und Kommunikation über Distanzen

Die neuen Organisationen zeichnen sich vor allem durch den konzentrierten Einsatz moderner Informations- und Kommunikationsmittel bzw. von sozialen Medien (engl. *Social media*) aus. Gleichzeitig findet die Arbeit in geografisch und zeitlich verteilten Strukturen statt. Aufgrund des Mangels an direkten Kontakten erfolgt die wechselseitige Einflussnahme zwischen Führungskräften und Geführten hauptsächlich mit Hilfe dieser neuen Informations- und Kommunikationsmittel (IuK) bzw. sozialer Medien.

Solche Rahmenbedingungen bringen zwangsläufig neue Anforderungen an die Führung mit sich. Traditionelle Führungsmodelle, die auf direkten Interaktionen basieren, sind grundsätzlich nicht geeignet, solche Anforderungen abzudecken. Demnach steht bei den („neuen“) Führungskonzepten eine Führung im Mittelpunkt, die mittels moderner IuK bzw. sozialer Medien funktionieren muss [vgl. Wald 2014, S. 356].

Zu den klassischen IuK zählen E-Mail-Dienste, Intranet-Lösungen, Foren und Chats im betrieblichen und überbetrieblichen Rahmen. Während mit diesen klassischen IuK vor allem die von den Unternehmen gesteuerte Informationsbereitstellung und der geregelte Informationsaustausch im Vordergrund stand, vollzog sich hier in den letzten Jahren eine Entwicklung von den klassischen IuK hin zum **„Mitmach-Netz"**, dem Web 2.0 bzw. den sozialen Medien. Informationen werden sowohl durch die Organisationen bereitgestellt als auch durch die Nutzer selbst eingebracht. Statt Software stehen Dienste im Fokus, deren Angebote auf verschiedenen Endgeräten nutzbar sind. Die unmittelbare Interaktion der Nutzer steht im Vordergrund. Daten können neu kombiniert bzw. transformiert werden. Der Schwerpunkt bei Nutzung und Bereitstellung von Informationen liegt beim Anwender. Wurden das Internet bzw. betriebliche Lösungen („Intranet") bislang zur kontrollierten Weitergabe von Informationen genutzt, ist es nun möglich und gewünscht, dass Nutzer, d.h. auch Führungskräfte und Mitarbeiter selbst, Inhalte bereitstellen und diese mit anderen austauschen [vgl. O'Reilly 2005].

Die Verschmelzung von Telekommunikationsterminal und Computer zum Smartphone, dem am weitesten verbreiteten Mobilgerät mit völlig neuen Nutzungsmöglichkeiten, hat wesentlich zur Beschleunigung dieser Entwicklung beigetragen. Aufgrund seiner Multifunktionalität hat dabei das Smartphone in zweifacher Hinsicht eine besondere Rolle als Markttreiber übernommen. Auf der einen Seite vertreibt das Smartphone im Sinn der Substitution Produkte wie digitale Kompaktkameras, mobile Navigationsgeräte und MP3-Player vom Markt. Zum anderen treibt es den Markt an, da durch die Vernetzung zu anderen Geräten neue Anwendungs- und damit Wachstumsfelder entstehen. Neben den für die Mobiltelefonie notwendigen Komponenten wie Mikrofon, Lautsprecher und dem Touchscreen als Bedienelement ist diesen Geräten auch die Schnittstelle zum Mobilfunknetzwerk typisch. Für Verbraucher ist diese Schnittstelle vor allem deshalb wichtig, weil das Smartphone immer mehr verfügbare Daten bündelt und alle Informationen auf einem Bildschirm zusammenfassen kann. Das Smartphone steht also nicht für sich allein, sondern entfaltet seine volle Wirkung also erst mit dem vernetzten Gerät, mit dem es kommuniziert [vgl. Lippold 2017, S. 10 f.].

Soziale Medien haben in den vergangenen Jahren die Internetnutzung nicht nur geprägt, sondern auch verändert. Sie sind für Millionen von Nutzern aus der alltäglichen Kommunikation nicht mehr wegzudenken und beeinflussen Unternehmen und Organisationen in zunehmendem Maße. Für Unternehmen sind soziale Medien daher in vielen Bereichen zu einem wichtigen Wertschöpfungsfaktor geworden. Facebook, YouTube, Twitter, LinkedIn & Co. bieten Internetnutzern nicht nur einen Unterhaltungswert oder die Möglichkeit, persönliche Kontakte zu knüpfen und zu pflegen, sie ermöglichen auch einen schnellen Zugang zu und den Austausch von Informationen. Und auch für die Fundierung wichtiger Entscheidungen spielen soziale Medien eine immer größere Rolle, so dass sie vermehrt in den Fokus des Managements rücken.

Viele Unternehmen haben soziale Medien zunächst für die externe Kommunikation eingesetzt. Inzwischen nutzen Unternehmen aber auch verstärkt eine Social Software für interne Zwecke, um Austausch und Zusammenarbeit unter den Mitarbeitern zu verbessern. Insbesondere vervollständigen Social Media die E-Mail-Kommunikation, da viele Anfragen auf diesen Kanälen schneller und transparenter beantwortet werden können als über die klassische Mail. Zudem ergänzen Social Media in vielen Unternehmen inzwischen die bislang üblichen Intranets. Ein wichtiger Unterschied zum klassischen Intranet ist dabei die Art und Weise, wie Inhalte entstehen und geteilt werden. Jeder Mitarbeiter kann gleichzeitig Sender und Empfänger sein. Aus dem internen Redakteur wird ein Community-Manager.

Eine moderne Unternehmensführung weiß, wo der Mehrwert von Social-Media-Maßnahmen liegt, wie sie diese systematisch planen und dadurch erfolgreich Kunden binden sowie neue Kunden erreichen können.

4.4.1.3 Generationenwechsel und hybride Arbeitskulturen

Welchen Beitrag leistet die Unternehmenskultur bei der Begegnung mit den Werten der neuen Technologien? Besteht ein Zusammenhang zwischen Unternehmenskultur und digitaler Führung?

Heute finden wir Techniker und Tüftler, die neue Technologien zu ihrem Geschäft machen, bei den **Start-ups** – also bei Inhaber-geführten Unternehmen. Die allermeisten größeren Unternehmen werden jedoch von eingesetzten und gut bezahlten Managern der Generation X (Geburtsjahrgänge 1965 bis 1980) geführt, die eben nicht der digital geprägten Generation Y (Geburtsjahrgänge 1980 bis 1995) angehören. Die Generation X zählt vielmehr zu den **„Digital Immigrants“**. Und jetzt drängt die nächste Generation, die Generation Z (Geburtsjahrgänge ab 1995), in die Unternehmen. Oft werden beide Generationen, Y und Z, zusammen gerne als **„Digital Natives“** angesprochen und beiden der gleiche Information-age-Mindset zugeschrieben. Im Gegensatz zu der schon digital geprägten Generation Y wächst die nachfolgende Generation Z allerdings schon seit ihrer Geburt als „Digital Natives“ auf. Dieser Lern- und Lebensmodus ist an die **VUCA-Welt** bereits angepasst. Zu den wesentlichen Unterscheidungsmerkmalen zwischen den *Digital Natives* und den *Digital Immigrants* siehe ausführlich den Abschnitt 1.4.

Für traditionelle Führungskräfte und Unternehmen sind die *Digital Natives* somit eine immer größere Herausforderung. Die Bindung bei ihnen besteht nicht mehr zum Unternehmen, sondern zu interessanten Projekten und zu mitreißenden Führungspersönlichkeiten. Digitale Transformation beschränkt sich nicht auf Technologien, sie umfasst auch kulturelle Gestaltungs- und hybride Arbeitsräume, Kulturen und Werte. Klassische Anreizsysteme, wie etwa Firmenwagen und Statussymbole verlieren an Wert [vgl. Ciesielski/Schutz 2016, S. 3].

„Was es bedarf, ist eine kompetenzbasierte, generations- und kultursensible Führung fernab der bloßen Statussymbolik, die alle fünf Generationen begeistert und verbindet, damit alle an der gemeinsamen Arbeitsumgebung arbeiten und fortlaufend hybride (analoge wie digitale) Kompetenzen entwickeln" [Ciesielski/Schutz 2016, S. 3].

Die digitale Transformation ist also ein **Kultur- *und* ein Leadership-Thema**.

4.4.2 Ausprägungen neuer Führung

Beispielhaft für die Vielzahl neuer Führungsansätze, die auch kurz als **New Leadership-Ansätze** bzw. **New Work-Führungsansätze** (und manchmal sogar als *„Führungsinstrumente aus dem Silicon Valley“*) bezeichnet werden, sollen einige besonders intensiv diskutierte Konzepte vorgestellt werden:

- Super Leadership
- Geteilte und verteilte Führung
- Agile Führung
- Systemische Führung
- Virtuelle Führung bzw. Führen mit neuen Medien.

Im Vordergrund steht hierbei jedoch keine theoretische Durchdringung der einzelnen Führungsansätze, sondern lediglich eine kurze inhaltliche Darstellung der wichtigsten Ausprägungen.

Abbildung 4-27 liefert einen groben Vergleich klassischer und neuer Führungskonzepte.

	Klassische Ansätze	Neuere Ansätze
Einflussausübung	Einseitig	Wechselseitig
Führungshandeln	Führungsstil	Strategien, Taktiken
Machtbeziehung	Herrschaft der Führer	Anteil der Geführten, Machtbalancen
Instrument der Zielerreichung	Erfolg abhängig von Führungsstil	Viele Faktoren, vernetzt, zirkulär, viele Alternativen
Merkmal der Persönlichkeit	Eigenschaften der Führungskraft	Zuschreibung durch Geführte
Gruppenphänomen	Formelle Führung, Statik	Informelle, emergente Prozesse, Dynamik
Führungsansätze	Eigenschaftsansatz, Verhaltensansatz, Situativer Ansatz	New Leadership-Ansätze, Systemische Ansätze, Virtuelle Ansätze

[Quelle: modifiziert nach Lang/Rybnikova 2014, S. 24]

Abb. 4-27: Vergleich klassischer und neuerer Führungskonzepte

4.4.2.1 Super Leadership

Der Super Leadership-Ansatz (engl. *Super Leadership Theory*), der auf Charles Manz und Henry Sims [1987 und 1991] zurückgeht, befasst sich mit den Herausforderungen einer dezentralen Arbeitswelt, in der es für Führungskräfte mitunter sehr schwierig sein kann, Mitarbeiter zeitnah zu erreichen und deren Verhaltensweisen in ihrem Verantwortungsbereich durch direkte Einflussnahme zu steuern. Vor diesem Hintergrund wird verstärkt auf weichere, weniger starre Formen der Arbeitsorganisation gesetzt. Diese beinhalten unter anderem eine größere Selbständigkeit der Mitarbeiter. Der Super Leadership-Ansatz, der zu den sogenannten transformationalen New Leadership-Theorien zählt, beschäftigt sich daher intensiv mit der Antwort auf die Frage, wie es Führungskräften gelingen kann, Mitarbeiter zur Selbstorganisation oder „Selbstführung" zu motivieren bzw. zu befähigen. Diese Fähigkeit wird als „Self Leadership" bezeichnet. In der Theorie agiert also der Führende als „Super Leader", der seinen Mitarbeitern flexiblere Rahmenbedingungen für eine zweckgerichtete Selbststeuerung schafft [vgl. Stock-Homburg 2013, S. 515 ff.].

Bemerkenswert ist, dass der Super Leadership-Ansatz – zeitlich gesehen – weit vor der **Corona-Krise** und vor dem **Homeoffice-Boom** entwickelt wurde und an Aktualität nichts verloren hat.

Das Konzept der Super Leadership grenzt sich spürbar von klassischen Führungsstilen ab, bei denen der Vorgesetzte die Verhaltenssteuerung der Angestellten übernimmt, den Spielraum seiner Mitarbeiter also klar begrenzt. Der Führende agiert nicht mehr als eine Art „Über-Führer", sondern eher als am Arbeitsablauf orientierter Gestalter, der seinen Mitarbeitern Freiräume lässt und die Möglichkeit eröffnet, sich selbst zu organisieren. Der Vorgesetzte selbst sieht sich dabei als Prozessmoderator. Um eine erfolgreiche Self Leadership durchzusetzen, schlagen die Führungsforscher Manz und Sims einen siebenstufigen Prozess vor, an dessen Ende eine Einführung der Self-Leadership durch Super Leadership erfolgt ist. Dieses Ziel ist dann erreicht, wenn sich Mitarbeiter Aufgaben und Informationen selbstständig suchen und Entscheidungen eigenständig treffen. Grundlage sind dabei stets die Wertvorstellungen des Unternehmens und dessen Strategien [vgl. Schirmer/Woydt 2016, S. 192].

Als Kritik zum Super-Leadership-Ansatz wird angemerkt, dass große Teile des Führungserfolges dann nicht von der Führungskraft abhängen, sondern vom Mitarbeiter beziehungsweise einzelnen Mitarbeitern. Außerdem ist fraglich, ob dieser Führungsansatz sinnvoll in allen Bereichen oder Branchen angewendet werden kann [vgl. Weibler, J. 2016, S. 390].

4.4.2.2 Geteilte und verteilte Führung

Infolge von Globalisierung und Digitalisierung verbunden mit neueren Organisationsansätzen (Stichwort: flachere Hierarchien) und zunehmender Forderung nach stärkerer Demokratisierung unternehmerischer Entscheidungsprozesse rückt ein weiterer New Leadership-Ansatz in den Blickpunkt des Interesses – die **geteilte Führung** (engl. *Shared Leadership*). Bei diesem Ansatz steht, wie auch beim Super-Leadership-Ansatz, nicht mehr der Vorgesetzte als Alleinentscheider im Fokus des Führungsprozesses. Vielmehr steht die Frage im Vordergrund, wie Führung in Organisationen aufgeteilt werden soll, um Motivation und Leistung zu optimieren. Führung ist demnach nicht eine Kette von Anweisungen, die vom Vorgesetzten an seine Mitarbeiter weitergegeben wird. Vielmehr sollen sich Führender und Geführter vor dem Hintergrund der Zielvorgabe als quasi Gleichberechtigte sehen. Der Vorgesetzte agiert eher als Beschleuniger, statt die Rolle des Entscheiders einzunehmen [vgl. Schirmer/Woydt 2016, S. 195 ff.; Lang/Rybnikova 2014, S. 151 ff.].

In der Praxis wird Shared Leadership unterschiedlich bewertet. Als positive Ergebnisse konnten oftmals mehr Vertrauen unter den Teammitgliedern, eine bessere Teamperformance und auch eine höhere Zufriedenheit der Beschäftigten festgestellt werden. „Fehlende Orientierung" oder „Machtmissbrauch" durch Teammitglieder sind dagegen als negative Effekte zu verbuchen. Um „Geteilte Führung" in einem Unternehmen zu etablieren bedarf es eines gewissen Durchhaltevermögens, denn Teil einer erfolgreichen Einführung ist sowohl eine Einübungs- als auch eine Findungsphase aller Mitwirkenden. Als begünstigender Faktor für die Einführung kristallisierte sich nach Studienergebnissen ein hoher Frauenanteil, verbunden mit einem insgesamt geringen Altersdurchschnitt, heraus. Außerdem zählten dazu eine hohe ethnische Diversität und ein großes gegenseitiges Vertrauen innerhalb der Gruppe. Dementgegen stehen auf der Seite der Führungskräfte Faktoren wie Kontroll- und Machtverlust, Furcht vor Anarchie, persönliche Unsicherheit und mangelnde Fähigkeiten im Umgang mit nichtdirektivem Führungsverhalten. Auf Seiten der Mitarbeiter können Furcht vor zu viel Macht und Verantwortung sowie Angst vor Statusverlust eine Herausforderung darstellen [vgl. Lang/Rybnikova 2014, S. 168 ff.].

In Abgrenzung zur geteilten Führung schließt das (etwas) weitergehende Konzept der **verteilten Führung** (engl. *Distributed Leadership*) über die Gruppe hinausgehende, aber in diese hineinwirkende strukturelle und z.T. auch kulturelle Führungsformen zusätzlich mit ein. Dabei spielen formale, pragmatische, strategische, regionale, aber auch kulturelle Verteilung von Führung dann eine Rolle, wenn die gemeinsamen Annahmen über eine natürliche Teilung der Führungsprozesse die Arbeitsgrundlage bilden [vgl. Lang/Rybnikova 2014, S. 168 ff.].

Grundsätzlich haben Shared und Distributed Leadership-Ansätze immer dann eine besondere Relevanz, wenn es um Teilung und Verteilung von **Führungsaufgaben**, um Aufteilung der **Führungsverantwortung**, um Teilung und Verteilung von **Machtressourcen** sowie um **gemeinsame, kollektive Einflussausübung** geht.

4.4.2.3 Agile Führung

Eine praxisbezogene Ausprägung des Shared Leadership ist die **agile Führung**, die seit Jahren stark an Bedeutung gewinnt. Dabei wird agile Führung als Verhalten interpretiert, bei der die Mitarbeiter selbstbestimmt den Weg der Aufgabenbewältigung festlegen und somit in Entscheidungen eingebunden werden. Wichtig ist dabei, dass hierarchische Strukturen aufgebrochen werden. Mitarbeiter sollen ihre Kompetenzen selber erkennen, einschätzen und sich gegenseitig Feedback geben.

Agiles Führen kann sogar bedeuten, dass Führungsfunktionen nach dem Motto „Mitarbeiter wählen ihren Chef" infolge eines basisdemokratischen Wahlprozesses temporär auf einzelne Mitarbeiter übertragen werden [vgl. Schirmer/Woydt 2016, S. 200].

Der Begriff **Agilität** unterscheidet folgende Ebenen:

- Agile Werte und Prinzipien, die im sogenannten *agilen Manifest* festgelegt sind,
- Agile Methoden (z.B. *Scrum, IT-Kanban, Design Thinking*) und
- Agile Praktiken, Techniken und Tools (*Product Owner, Product Backlog, Time Boxing*).

Die agile Führung ist in der Softwareentwicklung entstanden und dort inzwischen eher die Regel als die Ausnahme. Aber auch im IT-nahen Umfeld, wie beispielsweise der Einführung von ERP-Systemen und im Non-IT-Bereich, wie der Produktentwicklung, spielen agile Methoden und Prinzipien eine immer wichtigere Rolle. Agile Methoden stellen Werte und Prinzipien in den Vordergrund, wo bisher Methoden und Techniken im Fokus waren.

Die Softwareentwicklungsmethodik **Scrum** kann dabei als eine Art Vorreiter der agilen Führung bezeichnet werden: Anstatt Projekte nach starren Plänen zu führen, gehen agile Projekte flexibler vor. Scrum kommt aus dem Rugby-Sport und bezeichnet eine „Gedränge-Formation", in der sich die beiden Teams nach einer kurzen Spielunterbrechung zur Weiterführung wieder zusammenfinden. Scrum setzt auf selbstorganisierende Teams ohne Projektleiter in der Softwareentwicklung. Die Teams teilen das Gesamtprojekt in kurze Intervalle (Sprints) auf. Am Ende der Intervalle stehen in sich abgeschlossene Teilergebnisse, die durch eigenverantwortliche und selbstorganisiert arbeitende Entwickler realisiert werden. Damit wird auf die bisher sehr umfangreichen, bürokratischen Planungs- und Vorbereitungsprozesse verzichtet, die letztlich zu einer Trennung von Planung und Ausführung führten [vgl. Schirmer/Woydt 2016, S. 199].

In agilen Organisationen „*formieren sich Mitarbeiter in Squads (interdisziplinäre Produktteams), Tribes (Zusammenschluss von Squads mit gemeinsamer Business Mission) und Chapters (Wissens- und Erfahrungsschwerpunkte über die Squads hinweg) zu ständig neuen Teams. Die Führungsorganisation umfasst Product Owners (Prozessverantwortliche innerhalb eines Squads), Tribe Leads (Managementverantwortliche innerhalb eines Tribes) und Chapter Leads (hierarchische Funktion mit ganzheitlicher Personalverantwortung innerhalb eines Chapters). Zusätzlich bieten agile Coaches individuelle Begleitung von Einzelpersonen oder Moderation von Teams an*“ [Jochmann 2019].

Agile Methoden treffen immer dann auf fruchtbaren Boden, wenn sich das Führungsverständnis zunächst der Projektmanager und dann der Führungskräfte mit wandelt. Der Boden hierfür scheint aber gut aufbereitet, denn agile Methoden finden zunehmend Interesse bei Teamleitern wie im Top-Management und werden deutlich positiver bewertet als die des klassischen Projektmanagements. Allerdings zeigen Umfragen, dass erst 20 Prozent aller befragten Unternehmen (n = 902) agile Methoden durchgängig („nach Lehrbuch“) bei der Durchführung und Planung von Projekten einsetzen und nutzen (siehe Abbildung 4-28).

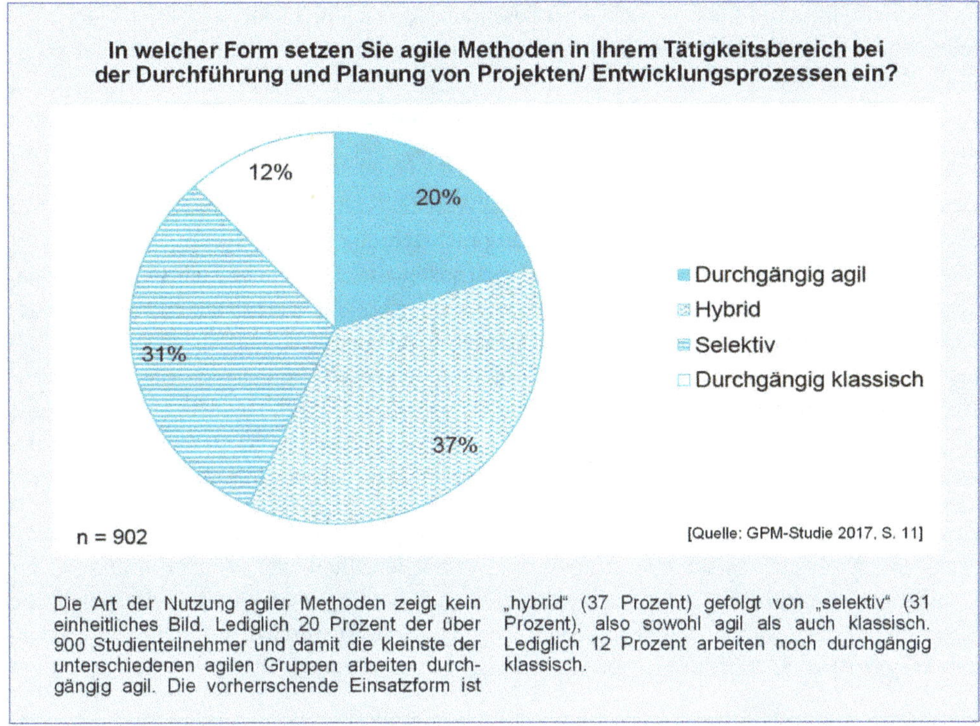
In welcher Form setzen Sie agile Methoden in Ihrem Tätigkeitsbereich bei der Durchführung und Planung von Projekten/ Entwicklungsprozessen ein?
12%
20%
31%
37%
Durchgängig agil
Hybrid
Selektiv
Durchgängig klassisch
n = 902
[Quelle: GPM-Studie 2017, S. 11]
Die Art der Nutzung agiler Methoden zeigt kein einheitliches Bild. Lediglich 20 Prozent der über 900 Studienteilnehmer und damit die kleinste der unterschiedenen agilen Gruppen arbeiten durchgängig agil. Die vorherrschende Einsatzform ist „hybrid" (37 Prozent) gefolgt von „selektiv" (31 Prozent), also sowohl agil als auch klassisch. Lediglich 12 Prozent arbeiten noch durchgängig klassisch.

Abb. 4-28: Einsatzformen agiler Methoden

4.4.2.4 Systemische Führung

Obwohl die transformationalen New-Leadership-Ansätze davon ausgehen, dass Entscheidungsprozesse weitgehend selbstorganisiert durch die Mitarbeiter geschehen, so sind sie jedoch noch so gestaltet, dass Führungskräfte steuernd eingreifen können. Bei der Systemischen Führung betrachtet man Unternehmen als Systeme, in denen Lenkungshandlungen dagegen zu einer Vielzahl von direkten und indirekten Führungsreaktionen führen, womit eine klassische, beeinflussende Führung „unmöglich" wird.

„**Systeme** sind Ganzheiten, die sich aus einzelnen Elementen zusammensetzen die miteinander über Relationen verbunden sind und interagieren. Unternehmen stellen mit ihren Subsystemen und Elementen, d. h. Abteilungen und Mitarbeitern, komplexe Systeme dar. Komplexität beschreibt dabei die Fähigkeit eines Systems, eine große Zahl verschiedener Zustände einnehmen zu können bzw. mit einer großen Zahl unterschiedlich zusammengesetzter Reaktionen auf Impulse reagieren zu können." [Schirmer/Woydt 2016, S. 201].

Mit dieser Beschreibung werden Unternehmen von einfacheren Systemen wie zum Beispiel Maschinen, die auf gewisse Reize nur mit einer bestimmten Reaktion antworten können, abgegrenzt. Bei der systemischen Führung geht man davon aus, dass die Komplexität ein wichtiger

Bestandteil wirksamer Führung ist. Dabei beschränkt sie sich nicht auf die Beziehungen zwischen Führungskräften und Mitarbeitern allein, sondern schließt die Beziehungen aller beteiligten Stakeholder des Systems ein. Die Führungskraft agiert dabei lediglich als Impulsgeber. Aufgrund der großen Komplexität und der vielen Einflüsse ist ein Steuern der Prozesse durch die Führungskraft so kaum noch möglich.

Der wichtigste Baustein der Systemischen Führung ist die **Kommunikation**. Hierbei gilt es vor allem, den Mitarbeitern durch eine gezielte Gesprächsführung neue Perspektiven darzustellen. Ziel dabei ist allerdings nicht, dass alle Mitarbeiter später eine einheitliche Sichtweise vertreten. Um zu diesem Punkt zu kommen, werden von Führungskräften Werkzeuge wie Skalen- oder Klassifikationsfragen genutzt. Skalenfragen werden dazu eingesetzt, um Wertigkeiten oder Bedeutungen einschätzen zu können. Eine mögliche Skalenfrage wäre hier: „Wie wichtig ist auf einer Skala von eins bis zehn die Zufriedenheit unserer Mitarbeiter?“ Eine Klassifikationsfrage wird eingesetzt, um unterschiedliche Betrachtungsweisen erkennbar zu machen, so beispielsweise: „Welche unserer neuen Produkte werden den meisten wirtschaftlichen Erfolg bringen?“

Die Systemische Führung liefert keine einfachen Lösungen in Form von Handlungsanweisungen. Daher wird versucht, die wahrgenommene Realität der Mitarbeiter so zu beeinflussen, dass Lösungen selbstorganisiert gefunden werden können. Allerdings verwehrt die sehr spezifische Theoriefundierung vielen Praktikern einen Zugang zur Systemischen Führung [vgl. Schirmer/Woydt 2016, S. 203].

4.4.2.5 Virtuelle Führung bzw. Führen mit neuen Medien

Virtualität beschreibt Eigenschaften eines konkreten Objekts, die nicht physisch, aber durch den Einsatz von Zusatzspezifikationen (z.B. von neuen Kommunikationsmöglichkeiten) realisiert werden können. Bei virtueller Führung kann mit Hilfe dieser Zusatzeigenschaften trotz physischer Abwesenheit von Führungskräften geführt werden. Es geht hier also nicht um die „Führung der Möglichkeit nach“, sondern um die Führung realer Mitarbeiter mit Hilfe von modernen Informations- und Kommunikationstechnologien bzw. sozialen Medien [vgl. im Folgenden Wald 2014, S. 356 ff.].

Das zentrale Problem virtueller Führung ergibt sich aus der Distanz bzw. den fehlenden persönlichen Kontakten zwischen Führenden und Geführten. Dabei ist die Entfernung nicht entscheidend für die Effektivität der Kommunikation, wohl aber für die Effektivität der Führung. Der fehlende persönliche Bezug und fehlende Informationen zum sozialen Kontext erschweren den Aufbau sozialer Beziehungen und von Vertrauen. Dies kann Passivität und Leistungszurückhaltung der Mitarbeiter hervorrufen. Andererseits werden der Umgang mit dieser Distanz, d.h. die erfolgreiche Kommunikation mit modernen Medien, sowie der Aufbau und der Erhalt von Vertrauen, unter virtuellen Bedingungen unverzichtbar.

Letztlich sind es nach Peter M. Wald [2014, S. 361] vier Perspektiven, aus denen man sich dem Phänomen der virtuellen Führung nähern kann:

- Virtuelle Führung als Führung aus der Distanz – Aus der Entfernung führen
- Virtuelle Führung als E-Leadership – Mit neuen Medien führen

- Virtuelle Führung als Führung mit neuen Beziehungen – Neue Führungsbeziehungen gestalten
- Virtuelle Führung als emergente (neu aufkommende) Führung – Entstehende Führung nutzen

Führung kann unter virtuellen Bedingungen auf verschiedene Instanzen „verteilt“ werden, d.h. die Teamführung, wenn also Teammitglieder gemeinsam Führung ausüben, kann unter virtuellen Bedingungen empfehlenswert sein, weil damit die Selbststeuerungsfähigkeit des Teams erhöht wird. Gemeinsam ausgeübte Führung beeinflusst die Leistung stärker als in konventionellen Teams. Fragen nach dem Verhältnis der Führungsformen (zentral/verteilt, transaktional/transformational), Wirkungen ihres Einflusses und die Umsetzung interaktionaler Führung unter virtuellen Bedingungen sind aber bislang noch unbeantwortet.

Abbildung 4-29 fasst die verschiedenen Perspektiven virtueller Führung und ihre Kernaussagen zusammen.

Perspektive	Spezifische Sicht	Kernaussagen
Distanz	Virtuelle Führung als Führung aus der Entfernung, die Vertrauen voraussetzt	Virtuelle Führung ist Führung räumlich entfernter Personen, ist Führung mit zusätzlichen Charakteristika, wie räumliche, soziale, kulturelle Distanz, ist medienunterstützte Führung und findet unter veränderten Organisationsformen statt
Neue Medien	Virtuelle Führung als Führung unter Nutzung von Neuen Medien, Informations- und Kommunikationstechnologien und sozialen Medien, Führung als E-Leadership	Virtuelle Führung ist ein sozialer Einflussprozess, der durch Medien vermittelt wird, um Veränderungen in Einstellungen, Emotionen, dem Denken und Verhalten und/oder der Leistung von Individuen, Gruppen und/oder Organisationen zu erreichen
Neue Beziehung	Virtuelle Führung als Führung mit veränderten Führungsbeziehungen, neu verteilten Informationen und neuen Kontrollmöglichkeiten	Virtuelle Führung ist Führung, die den veränderten Möglichkeiten einer veränderten Verteilung von Informationen insbesondere durch verstärkten Einsatz von sozialen Medien Rechnung trägt, bei der es auch zu Emergenzen kommen kann
Führungsstilpräferenz	Virtuelle Führung als Führung in virtuellen Organisationen oder unter den Bedingungen der Virtualität	Unter virtuellen Bedingungen oder bei verstärkter Nutzung von IuK kommt es zu veränderten Präferenzen hinsichtlich der verschiedenen Führungskonzepte: geeignet scheinen v.a. geteilte/transaktionale/transformationale sowie partizipative, zielorientierte Führung

[Quelle: Wald 2014, S. 368]

Abb. 4-29: Zusammenfassung von Kernaussagen zur virtuellen Führung

Die Empfehlungen zur Gestaltung virtueller Führung beinhalten neben Hinweisen für die Auswahl und Entwicklung von Führungskräften auch konkrete Vorschläge zur Umsetzung virtueller Führung mittels Kommunikation, Vertrauen, Beziehungen und Distanzführung. In Abbildung 4-30 finden sich entsprechende Vorschläge zu ausgewählten Anforderungen.

Anforderungen	Beispiele
Kommunikation bzw. kommunikative Fähigkeiten	• Zuhören, Sondieren, Beratungen führen • Anreicherung der Kommunikation • Medienkompetenz und Fähigkeit zum konstruktiven Feedback, Kommunikation einer klaren Vision
Vertrauen bzw. Vertrauensaufbau	• Förderung von Bindung und Commitment • Aufbau und Unterstützung des Vertrauens durch neue Medien, Sicherstellung, dass Diversität angenommen wird • Fairnessbewusstsein, hohe Integrität und Vertrauensbereitschaft
Umgang mit Beziehungen	• Gezielter Aufbau und Erhalt der Beziehungen auch durch IuK/soziale Medien • Erkennen von Bedürfnissen über die Distanz sowie partizipative Orientierung • Förderung einer Atmosphäre der Zusammenarbeit und Empowerment
Distanzführung	• Arbeitsfortschritte erkennen, Zielerreichung kontrollieren, Work-Life-Balance sichern, Umgang mit Komplexität • Steuerung virtueller Work-Life-Zyklen, Teamfortschritte (mit Medien beobachten), Ausbau der Sichtbarkeit der Teammitglieder • Niedriges Kontrollbedürfnis und realistische Zielsetzung

[Quelle: Wald 2014, S. 375]

Abb. 4-30: Ausgewählte Anforderungen an Führungskräfte im virtuellen Kontext

4.5 Digitale Führungskompetenzen

Wenn die These zutrifft, dass unsere heutige Unternehmensführung mit der digitalen Transformation überfordert ist, wie sieht dann richtige Führung aus? Angesprochen ist das Modell der „digitalen Führung“. Doch gibt es „digitale Führung“ überhaupt? Und wenn ja, wie unterscheidet sie sich von herkömmlicher Führung? Was sind die ersten Schritte in die neue Richtung?

Doch zunächst eine Klarstellung: Es gibt keine „digitale Führung“ (und sollte es auch nie geben). Gemeint ist vielmehr eine „digitale Führungskompetenz“. Hinter dem Begriff „Kompetenz“ steht die Frage, ob eine Person die Fähigkeit besitzt, selbstorganisiert zu handeln. Kompetenzen bilden den Kern dessen, was man als einen fähigen Mitarbeiter bezeichnet. Kompetenzen sind der zentrale Faktor für die Leistungsfähigkeit des Individuums und damit auch für die Leistungsfähigkeit des Teams, der Abteilung und des Unternehmens als Ganzes [vgl. Ciesielski/Schutz 2016, S. 106].

4.5.1 Zur Notwendigkeit digitaler Führungskompetenz

Digitale Führungskompetenz betrifft nicht nur jedes Unternehmen, sondern jede Organisation schlechthin – so auch Schulen und Hochschulen. Das veränderte Lernen und Arbeiten der digital geprägten Generationen Y und Z haben die Lern- und Arbeitsprozesse in Schulen und Hochschulen voll erfasst. Allerdings hat sich die Lehre vor allem in der Hochschule bislang wenig bis gar nicht darauf eingestellt. Von vereinzelten Leuchtturmprojekten und bewundernswerten Einzelinitiativen einmal abgesehen gehen die Hochschulen vielfach immer noch von einer weitgehend homogenen Studierendenlandschaft aus. Da die Hochschulen auf die Bologna-Reform gar nicht oder nur sehr schlecht vorbereitet waren, kamen auf die Lehrstuhlinhaber ein höherer Arbeitsaufwand und verschulte Studiengänge zu. Für die Lehrenden bedeutet die Bachelor-Master-Struktur vor allem Bürokratie und Prüflingsbetreuung statt der Heterogenität der Studierenden Rechnung tragen zu können. Hauptleidtragende zwischen starren Modulplänen, ausufernden Prüfungsleistungen, gefrusteten Professoren und unrealistischen Workload-Annahmen sind die Bachelor-Studierenden. Sie sollen Persönlichkeiten statt nur Absolventen sein. Besonders hinderlich sind die sich anhaltend verschlechternde Betreuungsrelation von Studierenden zu Professoren und die geringe Verzahnung von Theorie und Praxis. Die Bachelor-Studierenden der Generationen Y und Z schwappen dann in die Unternehmen, die meist noch die traditionellen Absolventenmuster erwarten. Treffen sie hier nicht auf analog wie digital kompetente Führungskräfte, werden sie schnell weiterziehen [vgl. Ciesielski/Schutz 2016, S. 115].

Und noch ein Umstand, der die Beschäftigung mit und die Investition in digitale Führungskompetenz so notwendig macht: Betrachtet man die Kompetenzmodelle führender deutscher Unternehmen, die im Internet oder entsprechenden Broschüren einsehbar sind, so ist auffällig, dass ein Einfluss der Digitalisierung auf die Kompetenzen bzw. auf die Personen, die die Kompetenzen entwickeln sollen, überhaupt nicht erwähnt, geschweige denn diskutiert wird. Auch Schlussfolgerungen für neue Didaktik-Konzepte zur Aus- und Weiterbildung für die Personalentwicklung der digital geprägten Generationen Y und Z finden sich nur bei der deutschen Audi Handelsunion als einzigem Unternehmen [vgl. Erpenbeck et al. 2013, S. 67].

4.5.2 Digitale Führungskompetenz und Kompetenz-Atlas

„**Kompetenzen** kennzeichnen die Fähigkeiten eines Menschen, eines Teams, eines Unternehmens, einer Organisation, in Situationen mit unsicherem Ausgang sicher zu handeln" [Heyse 2007, S. 21].

Setzt man sich mit Kompetenzmodellen unterschiedlicher Unternehmen auseinander, so stößt man auf eine Vielzahl inhaltlich voneinander abgehobener Kompetenzen. Da ist von sozialer Kompetenz aber auch von unternehmerischer, interkultureller, kommunikativer oder pädagogischer Kompetenz die Rede und fast täglich kommen neue Bezeichnungen hinzu wie die „Wischkompetenz" der „Digital Natives" – angeeignet durch das pausenlose Benutzen von digitalen Endgeräten. Hier sollen nach John Erpenbeck und Volker Heyse Kompetenzen als Selbstorganisationsdispositionen verstanden werden. Im Mittelpunkt steht demnach die tatsächliche Handlungsfähigkeit der betreffenden Person. Kompetenzen gehen damit deutlich über Qualifikationen hinaus. Während eine Qualifikation bestätigt, dass ein formal definiertes und – zumindest in der Theorie – objektives Lernziel (z.B. der Bachelorabschluss in Business Administration) erreicht wurde, bezieht sich eine Aussage über die Kompetenz einer Person darauf, welche Fähigkeiten eine Person tatsächlich besitzt [vgl. Ciesielski/Schutz 2016, S. 105].

Kompetenzen umfassen die Gesamtheit der Erfahrungen, Handlungsantriebe, Werte und Ideale einer Person oder einer Community. In der Kompetenzforschung haben sich nach Erpenbeck/Heyse vier Schlüsselkompetenzgruppen herausgebildet:

- **Personale Kompetenzen** (z.B. Loyalität, Glaubwürdigkeit, Eigenverantwortung)
- **Aktivitäts- und Handlungskompetenzen** (z.B. Tatkraft, Entscheidungsfähigkeit, Initiative)
- **Fach- und Methodenkompetenzen** (z.B. Fachwissen, Planungsverhalten, Marktkenntnisse)
- **Sozial-kommunikative Kompetenzen** (z.B. Kommunikations-, Integrations-, Teamfähigkeit).

Nach dieser Kompetenzarchitektur, die in Abbildung 4-31 ausführlich dargestellt ist, ist die Führungskompetenz keinem der Schlüsselkompetenzgruppen direkt bzw. ausschließlich zuzuordnen.

Führungskompetenz ist also keine Schlüsselkompetenz, sondern vielmehr eine Querschnittskompetenz. Führungskompetenz wird am häufigsten mit folgenden Schlüsselkompetenzen in Verbindung gebracht:

- Kommunikationsfähigkeit
- Entscheidungsfähigkeit
- Teamfähigkeit.

Interessanterweise liegt bislang das Augenmerk bei den Führungstrainings allerdings auf den Methoden- und Fachkompetenzen. Geht man jetzt von der (herkömmlichen) Führungskompetenz zur digitalen Führungskompetenz über, so kommen ganz offensichtlich zwei Kompetenzen hinzu, die in der Kompetenzarchitektur so nicht zu finden und daher ebenfalls als Querschnittskompetenzen zu bezeichnen sind: die Medienkompetenz und die interkulturelle Kompetenz. Medienkompetenz wird zwar nicht unbedingt von einer Führungskraft erwartet, der sichere Umgang mit sozialen Medien wird aber durchaus als entscheidender Mangel aktueller Führungskräfte angesehen. Als solch ein Mangel gilt auch die interkulturelle Kompetenz, denn in der Praxis nehmen Führungskräfte meist nur dann an interkulturellen Trainings teil, wenn sie eine längere Zeit im Ausland verbringen werden [vgl. Ciesielski/Schutz 2016, S. 122].

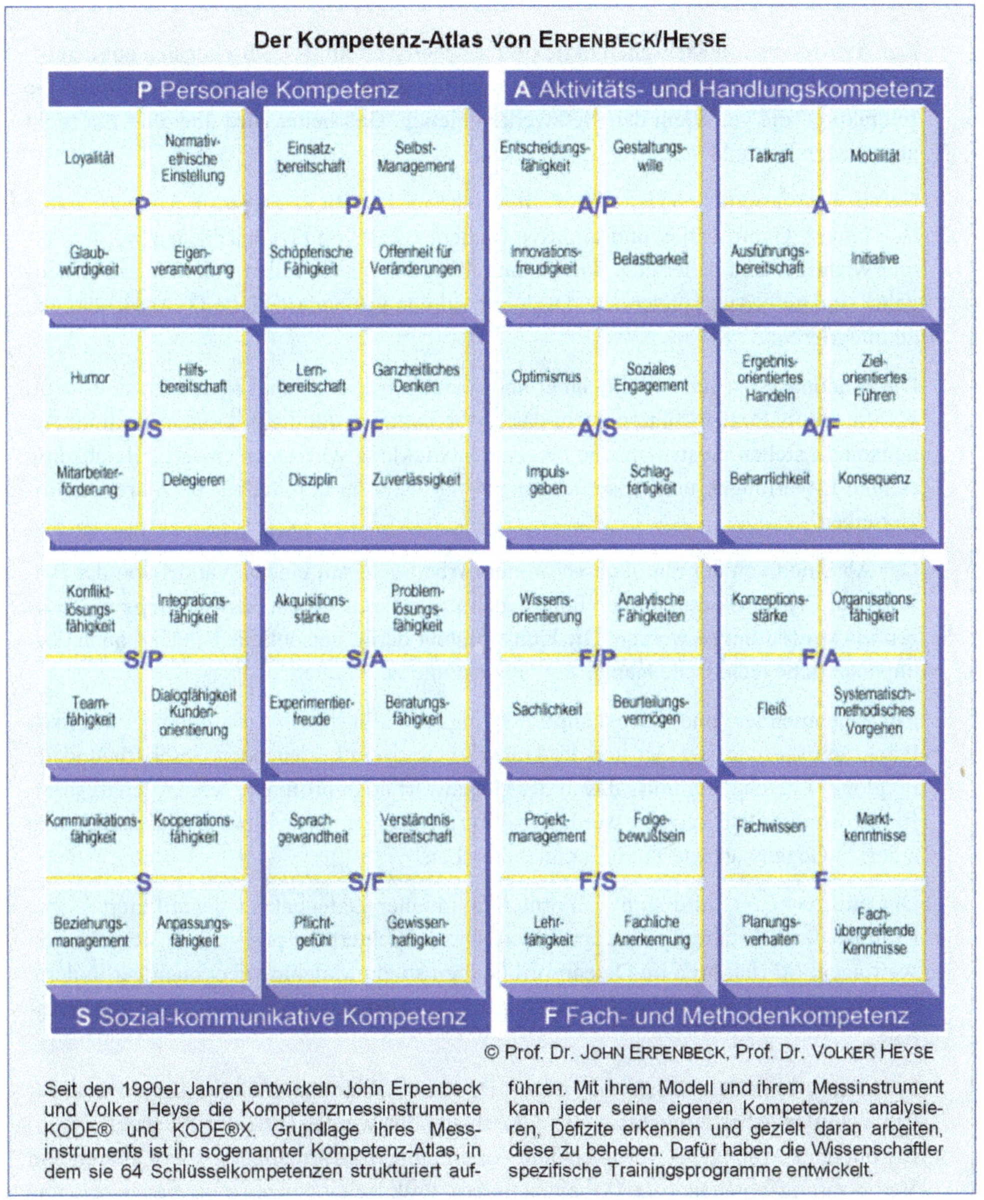
Der Kompetenz-Atlas von ERPENBECK/HEYSE
P Personale Kompetenz
A Aktivitäts- und Handlungskompetenz
Loyalität
Normativ-ethische Einstellung
Glaubwürdigkeit
Eigenverantwortung
P
Einsatzbereitschaft
Selbst-Management
Schöpferische Fähigkeit
Offenheit für Veränderungen
P/A
Entscheidungsfähigkeit
Gestaltungswille
Innovationsfreudigkeit
Belastbarkeit
A/P
Tatkraft
Mobilität
Ausführungsbereitschaft
Initiative
A
Humor
Hilfsbereitschaft
Mitarbeiterförderung
Delegieren
P/S
Lernbereitschaft
Ganzheitliches Denken
Disziplin
Zuverlässigkeit
P/F
Optimismus
Soziales Engagement
Impulsgeben
Schlagfertigkeit
A/S
Ergebnisorientiertes Handeln
Zielorientiertes Führen
Beharrlichkeit
Konsequenz
A/F
Konfliktlösungsfähigkeit
Integrationsfähigkeit
Teamfähigkeit
Dialogfähigkeit Kundenorientierung
S/P
Akquisitionsstärke
Problemlösungsfähigkeit
Experimentierfreude
Beratungsfähigkeit
S/A
Wissensorientierung
Analytische Fähigkeiten
Sachlichkeit
Beurteilungsvermögen
F/P
Konzeptionsstärke
Organisationsfähigkeit
Fleiß
Systematisch-methodisches Vorgehen
F/A
Kommunikationsfähigkeit
Kooperationsfähigkeit
Beziehungsmanagement
Anpassungsfähigkeit
S
Sprachgewandtheit
Verständnisbereitschaft
Pflichtgefühl
Gewissenhaftigkeit
S/F
Projektmanagement
Folgebewußtsein
Lehrfähigkeit
Fachliche Anerkennung
F/S
Fachwissen
Marktkenntnisse
Planungsverhalten
Fachübergreifende Kenntnisse
F
S Sozial-kommunikative Kompetenz
F Fach- und Methodenkompetenz
© Prof. Dr. JOHN ERPENBECK, Prof. Dr. VOLKER HEYSE
Seit den 1990er Jahren entwickeln John Erpenbeck und Volker Heyse die Kompetenzmessinstrumente KODE® und KODE®X. Grundlage ihres Messinstruments ist ihr sogenannter Kompetenz-Atlas, in dem sie 64 Schlüsselkompetenzen strukturiert aufführen. Mit ihrem Modell und ihrem Messinstrument kann jeder seine eigenen Kompetenzen analysieren, Defizite erkennen und gezielt daran arbeiten, diese zu beheben. Dafür haben die Wissenschaftler spezifische Trainingsprogramme entwickelt.

Abb. 4-31: Der Kompetenz-Atlas nach Erpenbeck/Heyse

4.5.3 Herausforderungen für Führung in einer digitalen Arbeitswelt

Welche Herausforderungen die digitale Arbeitswelt an Führung und Organisation stellt, haben Wissenschaftler der Universität St. Gallen und ein Shareground-Team im Auftrag der Telekom untersucht. Sie haben 60 Experteninterviews (davon 31 als ausführliche Leitfaden-gestützte Interviews) geführt und daraus die nachstehende, zukünftige Arbeitsumgebung mit den entsprechenden Anforderungen an die Führung in einer digitalen Arbeitswelt abgeleitet [Shareground/St. Gallen 2015]:

- Der **Arbeitsort** von Menschen in flexiblen Arbeitsverhältnissen breitet sich auf den öffentlichen Raum aus. Physische Büros sind temporäre Ankerpunkte für menschliche Interaktion, die vor allem den Netzwerken dienen. Gearbeitet wird überall – nur nicht am eigenen Schreibtisch.
- Gerade bei **standardisierten Tätigkeiten** sehnen sich Mitarbeiter nach Ablenkung und Belohnung. Gamification und intuitive Bedienbarkeit von IT-Oberflächen werden immer wichtiger und nähern die Arbeitsumgebung einem virtuellen Spielfeld an. Arbeitgeber sind gefordert, spielerische Designprinzipien in standardisierte IT-Anwendungen zu integrieren.
- Die Bindung zwischen Arbeitnehmer und Arbeitgeber löst sich. **Flexible Arbeits- und Kooperationsformen** führen dazu, dass Arbeitnehmer ständig mit einem Bein im Arbeitsmarkt stehen. Systematische Personalentwicklung wird so erschwert. Gleichzeitig steigen Erwartungen und Ansprüche der Mitarbeiter an unmittelbar nutzbare Qualifizierungen.
- Der Abschied von der räumlich verorteten Arbeit geht mit einem Wandel von der Präsenz- zur Ergebniskultur einher. Führungskräfte müssen lernen, dass sie **mehr motivieren als kontrollieren** werden. Die Kunst besteht darin, persönliche Bindung auch über unpersönliche technische Kanäle aufzubauen und zu erhalten.
- Ein zunehmendes Innovationstempo erzwingt die **ständige Neubesetzung zukunftsträchtiger Geschäftsfelder** und die Transformation der bestehenden Geschäftsmodelle (explore). Gleichzeitig muss das in der Gegenwart noch profitable Kerngeschäft so effizient wie möglich verfolgt werden (exploit). Management wird so „beidhändig" und agiert in Gegenwart wie Zukunft gleichermaßen.
- **Digitale Arbeitskräfte** sind in Form individueller Datenpakete quantifiziert – ihre Kompetenzen, Erfahrungen, Kapazitäten. Das erleichtert die passgenaue Vergabe von Aufträgen. Störfaktoren im Datenprofil können so ein Matching aber auch verhindern. Personalauswahl wird weniger intuitiv, aber auch weniger an kultureller Passung orientiert.
- Sensoren prägen das **„Büro" der digitalen Arbeit**. Eigenschaften der Umgebung, der Prozesse, der Arbeitsergebnisse und der Arbeitenden werden laufend aufgezeichnet, um sowohl dem Arbeitgeber, als auch dem Arbeitnehmer Informationen über Qualität und Verbesserungspotenziale der Arbeit zu liefern. Praktischer Nutzen muss gegen ethische Erwägungen abgewogen werden.

Aus diesem Szenario lassen sich folgende Schlussfolgerungen für das Personalmanagement heute und morgen ziehen (Abbildung 4-32):

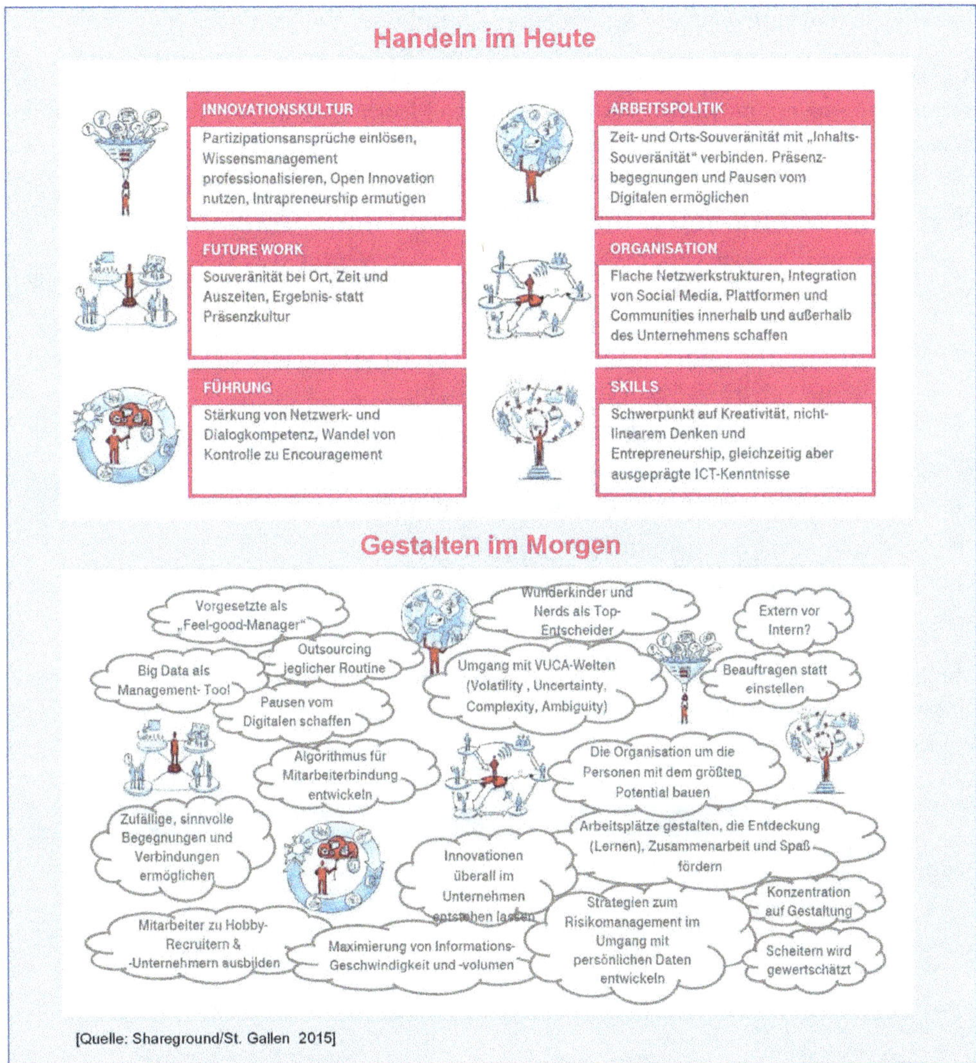
Handeln im Heute
INNOVATIONSKULTUR
Partizipationsansprüche einlösen, Wissensmanagement professionalisieren, Open Innovation nutzen, Intrapreneurship ermutigen
ARBEITSPOLITIK
Zeit- und Orts-Souveränität mit „Inhalts-Souveränität" verbinden. Präsenzbegegnungen und Pausen vom Digitalen ermöglichen
FUTURE WORK
Souveränität bei Ort, Zeit und Auszeiten, Ergebnis- statt Präsenzkultur
ORGANISATION
Flache Netzwerkstrukturen, Integration von Social Media, Plattformen und Communities innerhalb und außerhalb des Unternehmens schaffen
FÜHRUNG
Stärkung von Netzwerk- und Dialogkompetenz, Wandel von Kontrolle zu Encouragement
SKILLS
Schwerpunkt auf Kreativität, nichtlinearem Denken und Entrepreneurship, gleichzeitig aber ausgeprägte ICT-Kenntnisse
Gestalten im Morgen
Vorgesetzte als „Feel-good-Manager"
Wunderkinder und Nerds als Top-Entscheider
Extern vor Intern?
Big Data als Management- Tool
Outsourcing jeglicher Routine
Umgang mit VUCA-Welten (Volatility, Uncertainty, Complexity, Ambiguity)
Beauftragen statt einstellen
Pausen vom Digitalen schaffen
Algorithmus für Mitarbeiterbindung entwickeln
Die Organisation um die Personen mit dem größten Potential bauen
Zufällige, sinnvolle Begegnungen und Verbindungen ermöglichen
Arbeitsplätze gestalten, die Entdeckung (Lernen), Zusammenarbeit und Spaß fördern
Innovationen überall im Unternehmen entstehen lassen
Konzentration auf Gestaltung
Strategien zum Risikomanagement im Umgang mit persönlichen Daten entwickeln
Mitarbeiter zu Hobby-Recruitern & -Unternehmern ausbilden
Maximierung von Informations-Geschwindigkeit und -volumen
Scheitern wird gewertschätzt
[Quelle: Shareground/St. Gallen 2015]

Abb. 4-32: Folgerungen für das Personalmanagement heute und morgen

4.6 Zur Vereinbarkeit alter und neuer Führungskonzepte

4.6.1 Führungserfolg und Führungsverständnis im Vergleich

Alle genannten **New Work-Führungskonzepte** haben zwar ihren Ursprung in neuen Anforderungen (Umgang mit räumlicher Distanz, mit neuen Medien, mit flachen Hierarchien, mit unterschiedlichen Wertvorstellungen verschiedener Generationen etc.), letztendlich sind es aber sehr ähnliche und teilweise überschneidende Ausprägungen eines grundsätzlich neuen Führungsverständnisses, das sich wie folgt skizzieren lässt:

- **Gemeinsames Verständnis** von Zielen und Aufgaben als sich entwickelnde Basis der Kommunikation
- **Gemeinsame Verantwortlichkeit der Gruppe** für den Prozess und die Entwicklung der eigenen Kooperationsfähigkeiten
- **Gemeinsame, selbstorganisierte Führung**, sowohl auf Projekt- als auch auf Abteilungsebene
- Jahresendprozesse **ohne Kalibrierung** der Mitarbeiter
- Hohes Maß an gegenseitigem **Vertrauen**
- Hinterfragen der **Sinnhaftigkeit** von Aufgaben und Akzeptanz einer **positiven Fehlerkultur**.

Abbildung 4-33 vergleicht die wichtigsten Überlegungen zum Führungserfolg und zum Führungsverständnis der klassischen Führungsansätze mit den entsprechenden Ansichten der New Work-Führungskonzepte.

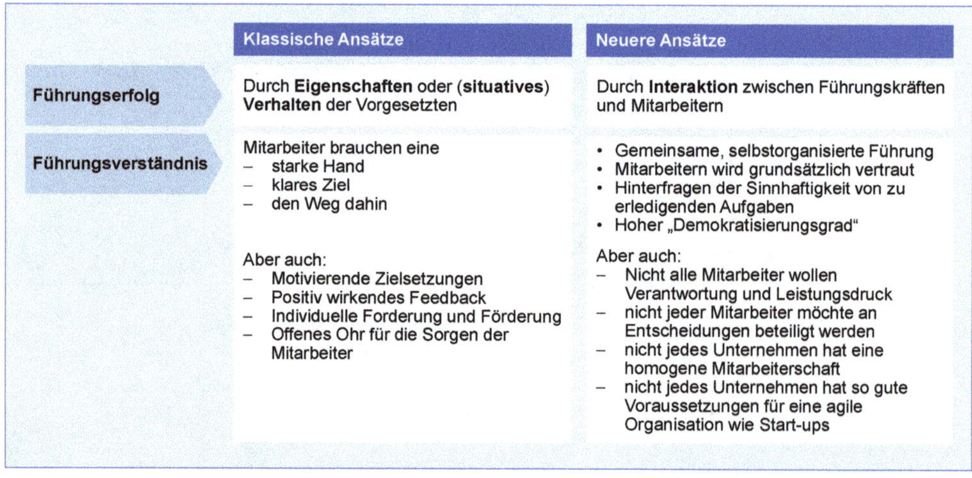
Klassische Ansätze
Neuere Ansätze
Führungserfolg
Durch Eigenschaften oder (situatives) Verhalten der Vorgesetzten
Durch Interaktion zwischen Führungskräften und Mitarbeitern
Führungsverständnis
Mitarbeiter brauchen eine
– starke Hand
– klares Ziel
– den Weg dahin
Aber auch:
– Motivierende Zielsetzungen
– Positiv wirkendes Feedback
– Individuelle Forderung und Förderung
– Offenes Ohr für die Sorgen der Mitarbeiter
• Gemeinsame, selbstorganisierte Führung
• Mitarbeitern wird grundsätzlich vertraut
• Hinterfragen der Sinnhaftigkeit von zu erledigenden Aufgaben
• Hoher „Demokratisierungsgrad“
Aber auch:
– Nicht alle Mitarbeiter wollen Verantwortung und Leistungsdruck
– nicht jeder Mitarbeiter möchte an Entscheidungen beteiligt werden
– nicht jedes Unternehmen hat eine homogene Mitarbeiterschaft
– nicht jedes Unternehmen hat so gute Voraussetzungen für eine agile Organisation wie Start-ups

Abb. 4-33: Vergleich von klassischen und New Work-Führungskonzepten

In den neuen Führungskonzepten wird die Führungsrolle also ziemlich anders gesehen als in den klassischen Führungstheorien. Wesentliche Elemente der **Führung** übernehmen selbstorganisierte Teams. Damit liegt einer Organisation, in der praktisch jeder Führung übernehmen kann, eine ganz andere Führungshaltung zugrunde: Mitarbeitern wird grundsätzlich vertraut. Solche Organisationsmodelle entsprechen in ihrer ausgeprägten Form dem **transformationalen und kooperativen Führungsstil**.

4.6.2 Umsetzung neuer Führungskonzepte in die Praxis

Wirft man einen Blick auf die gegenwärtige Führungspraxis in deutschen Unternehmen, so lässt sich das Aufeinanderprallen von klassischen und neuen Führungskonzepten am besten an den beiden Polen unserer Unternehmenslandschaft illustrieren: Start-ups und Großunternehmen [siehe Lippold 2017, S. 370 ff.].

4.6.2.1 Umsetzung in Start-ups

Start-ups, die häufig (noch) keinerlei Hierarchien kennen, verstehen sich sehr gut darin, alle Eigenschaften der Generation Y (und zunehmend auch der Generation Z) zu nutzen und auch in ihrem Sinne zu bestärken. Wo andere Unternehmen an ihre Grenzen stoßen und mit den Eigenschaften und Ansichten der **Digital Natives** (wie z.B. das permanente Hinterfragen der traditionellen Praxis) nicht umgehen können, werden sie in Start-ups unterstützt. Im Gegenzug sind zumindest die „Ypsiloner" bereit, eine hohe Leistungsbereitschaft zu zeigen. Statussymbole wie Dienstwagen sind von geringerer Bedeutung. Wichtig dagegen ist die intrinsische Motivation der Mitarbeiter. Sie hinterfragen die zu erledigenden Aufgaben und wollen die Sinnhaftigkeit darin erkennen. Ähnliches gilt auch für das Feedback. Zwar suchen Mitarbeiter der Generation Y offensiv das Feedback, jedoch entscheiden sie kritisch, ob sie es annehmen. Für Start-ups ist es wichtig, dass Führungskräfte zwar ein klares Ziel definieren, jedoch nicht den Weg dorthin vorgeben. Dadurch können sich Mitarbeiter mit der Aufgabe identifizieren und sind motivierter. Das steigert wiederum die Zufriedenheit und Loyalität. Bei den Freiräumen, die Mitarbeiter bei diesem „Coaching-Ansatz" genießen, geht **Autorität** nicht verloren. Diese erhält die Führungskraft aber nicht durch Status oder Macht. Vielmehr ist wichtig, dass sie gegenüber dem Mitarbeiter eine natürliche Autorität (besser: **Respekt**) erlangt. Das kann dadurch erreicht werden, dass Mitarbeiter durch die Erfüllung von Zielen auch ihren persönlichen Zielen näherkommen. Dadurch akzeptiert sie die Führungskraft. Wichtig für die jungen Mitarbeiter ist die Authentizität der Führungskraft. Merkt der Mitarbeiter, dass ihm etwas vorgespielt wird, verliert er schnell den Respekt gegenüber seinem Vorgesetzten [vgl. Riederle 2014].

4.6.2.2 Umsetzung in Mittel- und Großbetrieben

Der enorme Erfolg, den Start-ups mit ihren innovativen Führungsstilen haben, bleibt auch **großen Unternehmen** nicht verborgen.

„Wir erleben gerade einen Paradigmenwechsel in deutschen Unternehmen. Entscheidungsfähigkeit und Macht werden zunehmend auf Teams oder Projektgruppen verlagert. Der einzelne kluge Kopf wird Teil von Kooperationsnetzen. Geführte erwarten zunehmend andere Menschenführung, Führungskräfte sind zunehmend auf der Suche nach einem anderen Verständnis

von Führung und beide wollen eine neue Führungskultur" [Thomas Sattelberger in Forum Gute Führung 2014, S. 17].

Viele Unternehmen übernehmen gewisse Aspekte der neuen Führungsansätze, die sich aus dem Umgang mit den veränderten Wertvorstellungen der neuen Generationen ergeben (siehe Abbildung 14), und führen sie in den eigenen Organisationen ein.

Ein Musterfall dafür ist der Verlag Axel Springer SE (siehe hierzu ausführlich auch Abschnitt 1.4.5).

Um angesichts der fortschreitenden digitalen Transformation ein differenziertes Bild der Führungskultur in Deutschland zeichnen zu können, wurde von der vom Bundesministerium für Arbeit und Soziales ins Leben gerufene Initiative Neue Qualität der Arbeit (INQA) eine Kulturstudie durchgeführt. Im Rahmen der Studie wurden 400 Tiefeninterviews mit Führungskräften durchgeführt. Ziel dieser Kulturstudie war es herauszufinden, welche unbewussten Wertvorstellungen und kollektiven mentalen Muster das Handeln der Führungskräfte bestimmen, wie vor diesem Hintergrund die tatsächliche Entwicklung der Führungspraxis bewertet wird und welche Herausforderungen die Führungskräfte für die Zukunft erwarten. Ein wesentliches Ergebnis der Studie sind zehn Kernaussagen der Studienteilnehmer zu „guter Führung" [Forum Gute Führung 2014, S. 6 ff.]:

1. **Flexibilität und Diversität** sind [von den Studienteilnehmern] weitgehend akzeptierte Erfolgsfaktoren.
2. **Prozesskompetenz** ist für alle [Studienteilnehmer] das aktuell wichtigste Entwicklungsziel.
3. **Selbst organisierende Netzwerke** sind das [von den Studienteilnehmern] favorisierte Zukunftsmodell.
4. Hierarchisch steuerndem Management wird [von den Studienteilnehmern] mehrheitlich eine **Absage** erteilt.
5. **Kooperationsfähigkeit** hat Vorrang vor alleiniger Renditefixierung.
6. **Persönliches Coaching** ist ein unverzichtbares Werkzeug für Führung.
7. **Motivation** wird an Selbstbestimmung und Wertschätzung gekoppelt.
8. **Gesellschaftliche Themen** rücken in den Fokus der Aufmerksamkeit.
9. Führungskräfte wünschen sich **Paradigmenwechsel in der Führungskultur**.
10. **Führungskultur** wird [von den Studienteilnehmern] kontrovers diskutiert.

Ob sich junge Menschen zu Beginn ihres Berufslebens für eine Arbeit in einem Start-up mit vielen Freiräumen oder in einem hierarchisch geprägten Unternehmen mit mehr Strukturen, Prozessen und Routinen entscheiden, hängt sicherlich von ihren persönlichen Präferenzen ab. Damit stellen sie eigenverantwortlich schon erste Weichen dafür, wie sie arbeiten und wie sie geführt werden möchten. Die agile Aufgabenbearbeitung mit „Start-up-Methoden" steht dabei den Strukturen und Standards der **Managerial-Effectiveness** größerer Unternehmen gegenüber. Doch unabhängig davon, wie sich junge Menschen entscheiden, eine gute Führung zeichnet sich in allen Unternehmen durch Wertschätzung, Anerkennung, soziale Präsenz und letztlich auch durch das Führungsprinzip **Management by objectives** aus. Das ist eine Frage der Persönlichkeit der jeweiligen Führungskraft und nicht, ob man in einem Start-up oder in Großunternehmen arbeitet. Offensichtlich ist es aber eine anspruchsvollere Führungsaufgabe, den jungen Mitarbeitern von Großunternehmen in prozessgesteuerten Bereichen das Gefühl der Arbeitszufriedenheit und -erfüllung zu vermitteln.

4.6.2.3 Führen mit Begeisterung und Offenheit

Ziel dieser Neuformierung in Richtung digitaler Führung muss es sein, die Führungskompetenz dahingehend zu entwickeln, dass mit Begeisterung und Offenheit geführt wird. Begeisterung deshalb, weil selbst begeistert sein und andere begeistern können, zwei der wichtigsten elementaren Führungseigenschaften sind. Begeisterung vor allem auch deshalb, weil die Generation Z (Geburtsjahrgänge ab 1995) in der Führung durch Begeisterung einen ganz wichtigen Schlüssel für oder gegen ein Unternehmen als Arbeitgeber sieht. Offenheit deshalb, weil in einer sich ständig ändernden Umwelt eine permanente Lern- und Veränderungsoffenheit essentiell ist. Offenheit aber auch deshalb, weil organisationale Offenheit und damit Vertrauen die Währung im digitalen Zeitalter und in der digitalen Führungskultur ist.

So beginnen die ersten international ausgerichteten Dienstleistungsunternehmen damit, ihre Personalentwicklung komplett umzustellen und auf sämtliche Rankings ihrer Mitarbeiter künftig zu verzichten. Der Grund: Die jährlichen Gespräche seien mit viel Aufwand, aber wenig Ertrag verbunden. In einem Interview mit der Washington Post erklärte Pierre Nanterme, CEO des IT-Dienstleisters Accenture:

„Manager müssen die richtige Person für die richtige Stelle auswählen und sie mit ausreichend Freiraum ausstatten. Die Kunst guter Führung besteht nicht darin, Angestellte ständig miteinander zu vergleichen“ [Zeit-Online am 27.08.2015: So geht gute Führung].

Das bedeutet in der Konsequenz, dass die vielen Year-End-Reviews, die in aller Regel mit einer Kalibrierung der Mitarbeiter (also einem Vergleich bzw. Ranking der Kollegen einer Grade-Stufe) verbunden sind, obsolet werden. Das führt zu einer Entschlackung von liebgewonnenen, organisationsweiten Prozessen, die aus einem Vollständigkeits- und Kontrollwahn einst installiert wurden, aber einer Vertrauens- und Führungskultur diametral entgegenstehen. Das kommt einem Paradigmenwechsel in der Personalentwicklung gleich. Die digitale Transformation ist also ein Leadership- und ein Kultur-Thema. Jede Arbeitskultur braucht ihren eigenen Zugang zu den jeweils passenden Kommunikationstechnologien. Jede Kultur tickt anders, verarbeitet ihre Informations- und Kommunikationsflüsse unterschiedlich. Hier besteht zum Teil ein erheblicher Handlungsbedarf, denn Kultur wird nicht verordnet, sondern muss (vor-)gelebt werden. Letztlich geht es um die Frage, wie es Führungskräfte schaffen können, *„dass die menschliche Lebendigkeit und Intelligenz in ihrer Organisation aktiviert oder erhalten bleibt und dass nicht das Regime der Prozesse, Strukturen und Technologien jegliche Unberechenbarkeit, Unvorhersehbarkeit, Spontanität und damit Kreativität der menschlichen Natur erstickt“* [Ciesielski/Schutz 2015, S. XII].

Ebenso obsolet ist das falsche Konstrukt des Talentmanagements, mit dem heute immer noch standardisierte Führungsklone als künftige Vorgesetzte produziert werden sollen. Den Unternehmen ist im Hinblick auf die digitale Transformation vielmehr zu raten, Führungskräfte hinsichtlich der Eignung für den virtuellen Kontext auszuwählen bzw. entsprechende Personalentwicklungsangebote (Beziehungstraining) anzubieten. Denn im Kern geht es bei der digitalen Führung um Beziehungsarbeit, d.h. um wertebasierte Beziehungen, die aufgebaut, gepflegt und gegebenenfalls auch professionell beendet werden müssen. Allerdings wird das Konzept der Führungskräfteauswahl nur dann funktionieren, wenn ausreichend kompetente Führungskräfte zur Verfügung stehen. Da dies aber in aller Regel nicht der Fall ist, müssen individuelle Talententfaltungsformate erarbeitet werden, um die gewünschten Kompetenzen in soziologisch fassbaren Konfliktsituationen unter Managementanforderungen mit entsprechender Selbstreflexion zu entwickeln.

4.6.2.4 Hybride Führungskraft als Erfolgsfaktor

Um in dem neuen, digital geprägten Umfeld zu bestehen, ist also ganz offensichtlich die **hybride Führungskraft** ein möglicher Schlüssel zum Führungserfolg. Das heißt, für die Führungskraft ist es wichtig, sowohl in der virtuellen als auch in der analogen Welt als ein menschliches Wesen wahrgenommen zu werden, um mit den Mitarbeitern deren Werte teilen zu können. Am Ende sind es die Menschen mit Persönlichkeit, die Präsenz zeigen und eine Identität sichtbar machen, die offline und online zur Kenntnis genommen werden kann. Auf die aktive Gestaltung solcher Identitäten sollte Führung in der digitalen Welt viel Wert legen [vgl. im Folgenden Ciesielski/Schutz 2015, S. 140 ff. und Hildebrandt et al. (2013), S. 163 ff.].

Hildebrandt et al. unterscheiden im Kontext hybrider Arbeitsräume drei **Präsenzarten**:

- Soziale Präsenz (engl. *Social Presence*)
- Kognitive Präsenz (engl. *Cognitive Presence*)
- Führungspräsenz (engl. *Leadership Presence*).

Soziale Präsenz ist die Wahrnehmung, die andere von einem als Person in einem virtuellen Umfeld haben. In virtueller Interaktion kann soziale Präsenz im Wesentlichen durch folgende Reaktionen gezeigt werden:

- Affektive Reaktionen (wie Emotionen, Humor, Selbstoffenbarungen)
- Bindende Reaktionen (Ausrufe und Grüße, die Gruppe mit „wir“ und „unser“ ansprechen)
- Bezugnehmende Reaktionen (Nutzung von „Bearbeitungsfunktionen“, direktes Zitieren, Bezugnehmen auf die Inhalte anderer Nachrichten).

Kognititve Präsenz ist das menschliche Vermögen, Bedeutungen und Wissen aus einem Prozess der Reflexion und Kommunikation in einem virtuellen Rahmen zu ziehen. Wenn Einsichten aus Diskussionen und Konflikten gewonnen werden, wenn Synthesen vorgeschlagen und Informationen ausgetauscht werden oder wenn Probleme angesprochen oder Lösungsvorschläge gemacht werden, so sind dies Indikatoren für kognitive Präsenz.

Führungspräsenz schließlich bindet soziale und kognitive Präsenz zusammen, sorgt proaktiv dafür, dass die technischen und kulturellen Rahmenbedingungen vorhanden sind, in denen die Gruppe interagieren kann. Es werden Beziehungen und Aufgaben betrachtet und stets als Rollenvorbild agiert. In den meisten Fällen geht es um Formen der Moderation und des Coachings. Eine digitale Führung sollte stets virtuelle Verfügbarkeiten haben. So sollte die Führungskraft einmal die Woche z. B. via WebEx online zur Verfügung stehen oder die Präsenz durch das Schreiben eines Blogs erhöhen.

Soziale, kognitive und Führungskompetenz sind auch das Ergebnis der **Medienkompetenz** der jeweiligen Führungskraft. Medienkompetenz als Teil der digitalen Führungskompetenz ist dabei als eine Querschnittskompetenz zu betrachten, die das Entwickeln verschiedener Kompetenzbereiche notwendig macht – ähnlich der digitalen Führungskompetenz. Dabei geht es u. a. darum, den richtigen Medienmix für die optimale Zusammenarbeit zu finden. Medienkompetenz macht vor allem auch Generationsunterschiede deutlich, denn bei dieser Kompetenzart geht es nicht allein um die Frage, welche Medien eingesetzt werden, um zu kommunizieren, sondern es muss auch berücksichtigt werden, mit welchem Kompetenzniveau die jeweilige Gruppe an die Anwendung der Technologien herangeht. Wird die gesamte Bandbreite der Medienkanäle nicht ausprobiert, kann es durchaus vorkommen, dass nicht alle Gruppenmitglieder ihre Probleme und Herausforderungen rechtzeitig und stark genug kommunizieren können.

4.6.2.5 Wie weit sich Führung demokratisieren lässt

Allen neuen Führungsansätzen ist eines gemeinsam: Sie weisen einen deutlich höheren **Demokratisierungsgrad** auf als die klassischen Führungskonzepte [vgl. im Folgenden Lippold 2018].

Es ist zwar richtig, dass Führungskräfte, die auf persönliche Macht, Einfluss, Status und Prestige fixiert sind, in jeder Organisation überflüssig sind. Unter solch einer schlechten Führung haben alle Mitarbeiter zu leiden und hier trifft sicherlich die Erkenntnis zu, dass ein Mitarbeiter, der kündigt, nicht das Unternehmen, sondern den Chef verlässt.

Die Frage aber ist, ob man deshalb die Führung total „demokratisieren" sollte? Und überhaupt: Wieviel Demokratie verträgt Führung eigentlich?

Wollen wir wirklich nicht mehr von den Vorteilen guter Führung profitieren? Wollen wir auf motivierende Zielsetzungen, positiv wirkendes Feedback, Wertschätzung der Arbeit, individuelle Forderung und Förderung und ein offenes Ohr für die Sorgen der Mitarbeiter verzichten? Wären Fußballmannschaften ohne Trainer wie Pep Guardiola, Jürgen Klopp oder Jupp Heynckes genauso erfolgreich, wenn sie sich selbst organisieren würden? Wer in einer Organisation arbeitet, in der Führung durch Vorgesetzte positiv wirkt, käme wohl kaum auf die Idee, die Führungskräfte abzuschaffen [vgl. Scherer 2018].

Bei aller Euphorie über die neuen, progressiven Zusammenarbeitsmodelle sollte die Passung von Führungsstil und Organisationsform immer wieder auf den Prüfstand gestellt werden. Denn es gibt einen Punkt, an dem der optimale Grad der Mitbestimmung für die jeweilige Organisation erreicht ist. Abbildung 4-34 zeigt sehr anschaulich, dass Demokratisierung keine lineare

Funktion ist, die automatisch zu mehr Erfolg führt. Maximale Demokratisierung ist also suboptimal.

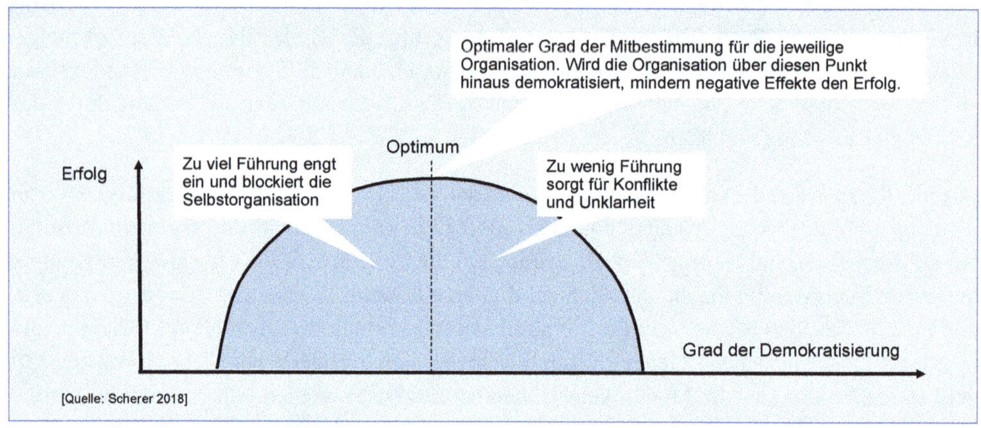
Optimaler Grad der Mitbestimmung für die jeweilige Organisation. Wird die Organisation über diesen Punkt hinaus demokratisiert, mindern negative Effekte den Erfolg.
Optimum
Erfolg
Zu viel Führung engt ein und blockiert die Selbstorganisation
Zu wenig Führung sorgt für Konflikte und Unklarheit
Grad der Demokratisierung
[Quelle: Scherer 2018]

Abb. 4-34: Optimaler Grad der organisationalen Mitbestimmung

Wird die Organisation über diesen Punkt hinaus „demokratisiert", kann der Schuss nach hinten losgehen, denn

- nicht jeder Mitarbeiter möchte Zunahme an Verantwortung und den Leistungsdruck einer Führungsposition übernehmen,
- nicht jeder Mitarbeiter möchte an Entscheidungen beteiligt werden,
- nicht jedes Unternehmen verfügt über eine homogene Mitarbeiterschaft, die bspw. alle derselben Generation (Y) angehört,
- nicht jedes Unternehmen hat so gute Voraussetzungen für eine agile Organisation wie Start-ups.

Thomas J. Scherer kommt zu der Erkenntnis, dass die Abschaffung klassischer Führungsstrukturen dazu führt, dass sich dann eine Dynamik in Gang setzt, in der Machtkämpfe um informelle Positionen ausgetragen werden. Schließlich gäbe es eine nicht unbeträchtliche Anzahl von Menschen, *„die am Ende des Tages, wenn sie keine Konsequenzen zu fürchten hätten, ihr eigenes Wohl über das der Organisation oder des Teams stellen würden? Und braucht es nicht vielleicht formelle Führung, um Individualinteressen ausgleichen und Mobbing unterbinden zu können?"* [Scherer 2018]

Diese Überlegungen machen sehr deutlich, dass es letztlich doch immer wieder formeller und damit klassischer Führungsansätze bedarf, um letztlich den Rahmen für gemeinsame, selbstorganisierte Führung zu schaffen und diese damit überhaupt erst ermöglichen.

4.6.2.6 Unverhandelbare Führungsaspekte

Eine (Führungs-)Kultur lässt sich nicht verordnen und schon gar nicht in der Form einführen, dass danach der „ganze Laden anders tickt". Ganz im Gegenteil, eine **Kultur muss (vor-)gelebt** werden und hierzu benötigt man die richtigen Vorreiter. Für diese ist es wichtig, dass sie sowohl in der digitalen als auch in der analogen Welt als Menschen wahrgenommen werden, mit denen die Mitarbeiter bestimmte Werte teilen können (Stichwort: Hybride Führungskraft).

Unabhängig davon, ob man auf transaktionale Führungsansätze einerseits oder auf transformationale, agile, virtuelle oder verteilte Führung andererseits bzw. auf klassisch geführte oder selbstorganisierte Teams setzt, folgende **Kennzeichen einer Führungskultur** sollten nicht verhandelbar sein [vgl. im Folgenden Lippold 2019b]:

- **Führung nicht durch Status oder Macht, sondern durch Anerkennung und Respekt**

Führung durch Status und Macht bedeutet – aus Sicht der Geführten – dass hier Anerkennung von anderen „gegeben" ist. Gerade bei jüngeren Organisationen wird ein solcher Status besonders hinterfragt, diskutiert und kritisiert. Damit besteht die Gefahr, dass Führung instabil wird. Aus Gründen einer stabilen Führungskultur sollte somit Anerkennung und Respekt auch immer direkt von den geführten Mitarbeitern kommen.

- **Führung mit Begeisterung, Wertschätzung und Offenheit**

Wer selbst begeistert ist und andere begeistern kann, verfügt über zwei der wichtigsten elementaren Führungseigenschaften. Wertschätzung ist das höchste Gut, das die Vorgesetzten ihren Mitarbeitern gegenüber erweisen können. Organisationale Offenheit und damit Vertrauen ist die Währung im digitalen Zeitalter.

- **Über das Eigeninteresse hinausgehendes Engagement**

Ein Mitarbeiterengagement, das weit über das Eigeninteresse hinaus geht und damit der Gesamtheit dient, kann gar nicht hoch genug eingestuft werden. Es hat entscheidenden Einfluss auf Motivation, Anerkennung und Respekt bei allen beteiligten Führungskräften und Mitarbeitern.

- **Ergebnisse und nicht unbedingt Leistung zählen**

Bei der Beurteilung von Führungskräften und Mitarbeitern sollte die allseits bekannte physikalische Messlatte „Leistung ist Arbeit in der Zeiteinheit" so langsam der Vergangenheit angehören. Entscheidend ist nicht, wie lange jemand täglich am Schreibtisch sitzt, sondern welche Ergebnisse er erzielt hat.

- **Gemeinsame Erforschung neuer Lösungen und Denkweisen durch die Gruppe**

Gute Führung kann auch informell aufgrund von Gruppenprozessen entstehen. Dazu ist eine Interaktions- und Beziehungsqualität erforderlich, die einen konstruktiven und generativen Dialog erlaubt. Zudem ist eine gute Interaktions- und Beziehungsqualität häufig eine Voraussetzung für das Wir-Gefühl einer Gruppe.

Es steht außer Frage, dass die New Work-Führungsansätze eine ganze Reihe von Vorteilen mit sich bringen. Flexibel, dynamisch, agil und demokratisch sind die Attribute, die am häufigsten im Zusammenhang mit **zeitgemäßer Führung** genannt werden. Es steht auch außer Frage, dass sie Unternehmen dazu verhelfen können, eine höhere Entscheidungsqualität, Kreativität, Agilität und damit gute Gewinne zu erreichen.

Doch sind auch wirklich alle Unternehmen für solch eine Art Führung gleichermaßen geeignet? Und wenn ja, wie können es Unternehmen mit einer eher **autoritären Führungskultur** schaffen, sich hin zu einer kooperativen Führungskultur zu entwickeln, ohne allerdings eine maximale Demokratisierung der Führung anzustreben. Wie können Führungskulturen, die bislang von Anweisungen, Vorgaben und Kontrolle leben, den Weg in ein digitales Zeitalter mit einer disruptiven Organisationsumgebung finden?

Es sind nicht so sehr die formellen Strukturen, Strategien und Prozesse, die bei diesem Weg eine entscheidende Rolle spielen. Es sind vielmehr vor allem **weiche Faktoren** wie gemeinsam geteilte Werte, Fähigkeiten der Mitarbeiter und eine geeignete Arbeitskultur, die über den erfolgreichen Weg eines Unternehmens in eine agile Arbeitsumgebung entscheiden. Passt eine sich selbst führende Organisation hier in das Gesamtkonzept der Unternehmung, kann diese ein erfolgreicher Weg in die Zukunft sein [vgl. Scherer 2018a].

Es geht also nicht mehr um die Vor- oder Nachteile der digitalen Transformation und der damit verbundenen organisatorischen Rahmenbedingungen, sondern darum, wie unsere Unternehmen diesen unaufhaltsamen **gesellschaftlichen Trend** für sich nutzen. Es geht darum, agiles Arbeiten zu ermöglichen, Silodenken aufzubrechen und eine ausgeprägte Innovations- und Kundenorientierung zu praktizieren, ohne dabei allerdings den Demokratisierungsgrad der Führung zu maximieren. Dazu bedarf es einer Feedback- und Fehlerkultur, die dafür sorgt, dass sich Organisation und Führungskräfte weiterentwickeln und sich die Digitalisierung zu Nutze machen [vgl. Aron-Weidlich 2018].

Fazit: Digitale und agile Transformationen sind Lernprozesse, an denen Mitarbeiter, Teams und Organisationen beteiligt sind. Der damit zusammenhängende Lernbedarf kann allerdings mit klassischen Standardtrainings und Entwicklungsgesprächen nicht gedeckt werden. Wissenschaftlich fundierte Antworten und praktische Hinweise für die konkrete Umsetzung gibt dagegen der **agile Lernansatz** [vgl. Gehlen-Baum/Illi 2019].

Kontroll- und Vertiefungsfragen

1. Was ist – zeitlich gesehen – die Haupttätigkeit einer Führungskraft?
2. Worin unterscheiden sich Führungsstil und Führungsverhalten?
3. Erläutern Sie den Führungsgrundsatz „Führung durch Anerkennung“.
4. Was bedeutet „Führen mit Begeisterung“?
5. Woran werden klassische Führungsansätze gemessen?
6. An welchen Indikatoren macht man den Erfolg von eigenschaftsorientierten Führungsansätzen fest?
7. Welche Merkmale sprechen für den Erfolg von verhaltensorientierten Führungskonzepten?
8. Was ist das besondere Merkmal einer hybriden Führungskraft?
9. Welche Präsenzen sollte eine erfolgreiche Führungskraft zeigen?
10. Wie weit lässt sich Führung demokratisieren?
11. Worin liegen die wesentlichen Überschneidungen und Unterschiede zwischen den klassischen Führungstheorien und den New Wok-Ansätzen?

5. Personal als Managementaufgabe

Zusammenfassung des Kapitels ... 406
Lernziele des Kapitels ... 407

5.1 Personalmarketing-Gleichung als Denk- und Handlungskonzept ... 408
5.1.1 Personale Wertschöpfungskette ... 408
5.1.2 Konzeption und Aktionsfelder der Personalmarketing-Gleichung ... 410

5.2 Personalakquisition – Optimierung der Bewerberauswahl ... 412
5.2.1 Segmentierung des Arbeitsmarktes ... 412
5.2.1.1 Aufgabe und Ziel der Segmentierung ... 412
5.2.1.2 Personalbedarfsplanung ... 413
5.2.1.3 Makrosegmentierung ... 416
5.2.1.4 Mikrosegmentierung ... 416
5.2.2 Positionierung im Arbeitsmarkt ... 417
5.2.2.1 Aufgabe und Ziel der Positionierung ... 417
5.2.2.2 Kriterien bei der Arbeitgeberwahl ... 418
5.2.2.3 Positionierungselemente ... 419
5.2.2.4 Employer Branding ... 421
5.2.2.5 Candidate Journey ... 423
5.2.3 Signalisierung im Arbeitsmarkt ... 425
5.2.3.1 Aufgabe und Ziel der Signalisierung ... 425
5.2.3.2 Signalisierungsinstrumente ... 425
5.2.3.3 E-Recruiting ... 426
5.2.4 Kommunikation mit dem Bewerber ... 428
5.2.4.1 Aufgabe und Ziel der Kommunikation ... 428
5.2.4.2 Kommunikationsmaßnahmen ... 429
5.2.4.3 Internet-Kommunikation über soziale Netzwerke ... 432

5.3 Personalauswahl und -integration – Opimierung der Akzeptanz ... 436
5.3.1 Aufgabe und Ziel der Personalauswahl und -integration ... 436
5.3.2 Instrumente der Personalauswahl ... 436
5.3.2.1 Bewerbungsunterlagen ... 436
5.3.2.2 Bewerbungsgespräch ... 438
5.3.2.3 Assessment Center ... 439
5.3.3 Personalintegration ... 439

5.4 Personalvergütung – Optimierung der Gerechtigkeit ... 442
5.4.1 Funktionen der Personalvergütung ... 443
5.4.2 Komponenten der Personalvergütung ... 443
5.4.2.1 Fixe und variable Vergütung ... 443
5.4.2.2 Zusatzleistungen ... 444
5.4.3 Aspekte der Entgeltgerechtigkeit ... 446
5.4.3.1 Anforderungsgerechtigkeit und Karrierestufen ... 447
5.4.3.2 Marktgerechtigkeit und Gehaltsbandbreiten ... 448
5.4.3.3 Leistungsgerechtigkeit und variable Vergütung ... 448

5.5 Personalbeurteilung – Optimierung der Fairness 452

5.5.1 Aufgabe und Ziel der Personalbeurteilung 452
5.5.2 Kriterien der Personalbeurteilung 453
5.5.2.1 Verhalten, Leistung oder Ergebnis als Beurteilungsansatz 453
5.5.2.2 Performance oder Potenzial als Beurteilungsansatz 454
5.5.2.3 Balanced Scorecard 455
5.5.3 Year-End-Review 456
5.5.4 Beurteilungsfehler und Wahrnehmungsverzerrungen 458
5.5.4.1 Intrapersonelle Wahrnehmungsverzerrungen und Einflüsse 459
5.5.4.2 Interpersonelle Wahrnehmungsverzerrungen und sonstige Einflüsse 459
5.5.5 Beurteilungsfeedback 460

5.6 Personalentwicklung – Optimierung der Förderung und Forderung 462

5.6.1 Aufgabe und Ziel der Personalentwicklung 462
5.6.2 Qualifikation und Kompetenzmanagement 463
5.6.3 Talent Management 464
5.6.3.1 Begriffliche Abgrenzungen 464
5.6.3.2 Vom Talent Management zum Talent Empowerment 466
5.6.4 Weitere Aspekte der Führungskräfteentwicklung 467
5.6.4.1 Führungs- und Fachlaufbahn 467
5.6.4.2 Coaching 468
5.6.4.3 Mentoring 468
5.6.5 Genderspezifische Personalentwicklung 469

5.7 Personalfreisetzung – Optimierung der Erleichterung 470

5.7.1 Aufgabe und Ziel der Personalfreisetzung 470
5.7.2 Rahmenbedingungen der Personalfreisetzung 470
5.7.2.1 Personalfreisetzung ohne Personalabbau 471
5.7.2.2 Personalfreisetzung mit Personalabbau 471
5.7.4 Kündigung des Arbeitgebers 473
5.7.5 Kündigung des Arbeitnehmers 474
5.7.6 Entlassungsgespräch und Austrittsinterview 476
5.7.7 Fluktuationsrate und Fluktuationskosten 477

Kontroll- und Vertiefungsfragen 480

Zusammenfassung des Kapitels

Zur Systematisierung der Wertschöpfungskette Personal dient die **Personalmarketing-Gleichung**, die nicht nur die Prozessphase der *Personalbeschaffung,* sondern in gleichem Maße auch die Phase der *Personalbetreuung* beinhaltet. Die Beschreibung der Personalmarketing-Gleichung bezieht sich in den allgemeinen Teilen auf die Ausführungen von Lippold [2014].

Die Analogie zum (klassischen) **Absatzmarketing** wird ganz besonders deutlich an den Aktionsfeldern der Personalbeschaffungskette. Begriffe wie *Positionierung, Segmentierung, Kommunikation* oder auch *Branding* haben ihren Ursprung und ihre konzeptionellen Grundlagen im klassischen Marketing. Die nachfolgende Übertragung dieser Begriffe auf das Personalmarketing ist deshalb zielführend, weil geeignete Bewerber quasi als **Kunden** genauso umworben werden müssen wie potenzielle Käufer von Produkten und Dienstleistungen.

Die Wirkung der Prozesskette *Personalbetreuung*, die den zweiten Teil der Personalmarketing-Gleichung beschreibt, ist (aus Sicht des Unternehmens) nach *innen* gerichtet. Als internes Personalmarketing beschäftigt sie sich mit den unternehmensinternen Zielgruppen. Das sind alle Mitarbeitergruppen mit ihren spezifischen Eignungen, Motiven und Interessen. Vor allem geht es dabei um die strategisch wichtigen Mitarbeiter und Mitarbeitergruppen, die in hohem Maße dazu beitragen (sollen), dass das Unternehmen jetzt und in Zukunft erfolgreich ist.

Das 5. Kapitel liefert:

- Aussagen über die personale Wertschöpfungskette mit seinen beiden Prozessphasen *Personalbeschaffung* und *Personalbetreuung*
- Aussagen über die Zusammensetzung der Prozessphase *Personalbeschaffung*
- Aussagen über Effektivität und Effizienz des Aktionsfeldes *Personalauswahl und -integration*
- Aussagen über die besondere Bedeutung des Onboardings
- Aussagen über aufgaben-, markt- und leistungs- bzw. ergebnisbezogene Anreiz- und Vergütungssysteme
- Aussagen über wirkungsvolle Maßnahmen zur Gestaltung der *Aktionsfelder Personalbeurteilung* und *Personalentwicklung*
- Aussagen über das Talent Management, das angesichts der Veränderungen des Year End Prozesses vor einem Paradigmenwechsel steht
- Aussagen über die Abgrenzung von Kompetenzen, Qualifikation und Kenntnisse bzw. Wissen
- Aussagen darüber, wie die Personalfreistellung sozialverträglich gestaltet werden kann.

Lernziele des Kapitels

1. Sie sind in der Lage, die personale Wertschöpfungskette mit den beiden Prozessphasen Personalbeschaffung und Personalbetreuung zu erläutern.
2. Sie können die Analogien zwischen Marketing-Gleichung und Personalmarketing-Gleichung aufzeigen.
3. Sie können die Vor- und Nachteile zwischen interner und externer Personalbeschaffung abwägen.
4. Sie sind in der Lage, die Unterschiede zwischen Neubedarf, Zusatzbedarf und Ersatzbedarf bei der Personalbedarfsplanung aufzuzeigen.
5. Sie können die Fluktuationsrate (engl. *Attrition Rate*) berechnen.
6. Sie können einige Segmentierungskriterien für den Arbeitsmarkt bestimmen.
7. Sie können das Konzept des Employer Branding vom Konzept des Corporate Branding abgrenzen.
8. Sie können die Instrumente der Personalauswahl anwenden.
9. Sie sind in der Lage, die Vorteile eines Onboardings zu argumentieren.
10. Sie können die drei wichtigsten Gerechtigkeitsprinzipien im Hinblick auf die Zusammensetzung der Gehaltsstruktur anwenden.
11. Sie können die situations- und personenbezogenen Personalaufgaben einer Führungskraft erläutern.
12. Sie können die Anlässe für die Durchführung einer Personalbeurteilung nennen.
13. Sie können Wahrnehmungsfehler bei der Personalbeurteilung erkennen und zuordnen.
14. Sie können die besondere Bedeutung der Personalentwicklung im Hinblick auf die Zukunft eines Unternehmens argumentieren.
15. Sie können erläutern, warum es bei Personalfreisetzungen sehr häufig um die Optimierung der Erleichterung geht.
16. Sie sind in der Lage, den Unterschied zwischen Gleichverteilungs- und Blockmodell bei der Altersteilzeit darzustellen.
17. Sie können die Unterschiede zwischen Coaching und Mentoring herausarbeiten.

5.1 Personalmarketing-Gleichung als Denk- und Handlungskonzept

Die beiden Hauptziele der personalen Wertschöpfungskette, nämlich die **Personalgewinnung** und die **Personalbindung**, lassen sich nur dann erreichen, wenn es dem Personalmanagement gelingt, die Vorteile des eigenen Unternehmens auf die Bedürfnisse vorhandener und potenzieller Mitarbeiter (Bewerber) auszurichten. Die Bestimmungsfaktoren dieser Vorteile sind das eigene Leistungsportfolio, die besonderen Fähigkeiten, das Know-how, die Innovationskraft und auch die Unternehmenskultur, kurzum: das **Akquisitionspotenzial** des Unternehmens.

Diese Aufgabenstellung erfordert eine Vorgehensweise, die in enger Analogie zum Vorgehen auf den Absatzmärkten steht. Im Absatzmarketing (also im klassischen Marketing) ist der Kunde mit seinen Nutzenvorstellungen Ausgangspunkt aller Überlegungen. Im Personalmarketing ist der gegenwärtige und zukünftige Mitarbeiter der Kunde. Die Anforderungen der Bewerber (engl. *Applicant*) und der Mitarbeiter (engl. *Employee*) an den (potenziellen) Arbeitgeber (engl. *Employer*) bilden die Grundlage für ein gezieltes **Personalmarketing**. Um im Wettbewerb um die Besten erfolgreich zu bestehen, müssen geeignete Bewerber quasi als **Kunden** genauso umworben werden, wie potenzielle Käufer von Produkten und Dienstleistungen. Daher ist auch die Übertragung von Begriffen wie Positionierung, Segmentierung, Kommunikation oder auch Branding, die allesamt ihren Ursprung und ihre konzeptionellen Wurzeln im klassischen Marketing haben, auf das Personalmarketing eine wichtige Grundlage für den *„War for Talents“*.

5.1.1 Personale Wertschöpfungskette

Das *Personalmanagement* zählt nach dem Grundmodell von Michael E. Porter zu den **Sekundär- oder Unterstützungsaktivitäten**, die für die Ausübung der Primäraktivitäten die notwendige Voraussetzung sind. Sie liefern somit einen *indirekten* Beitrag zur Erstellung eines Produktes oder einer Dienstleistung.

Ebenso wie die Primäraktivitäten lassen sich auch die Prozesse der Sekundäraktivitäten weiter unterteilen in Prozessphasen, Prozessschritte etc. Prozesse können so auf unterschiedlichen Ebenen in verschiedenen Detaillierungsgraden betrachtet werden (siehe Abbildung 5-01). Zu den generellen Perspektiven der Prozessorganisation siehe auch 1.2.2.3.

Es soll in diesem Zusammenhang aber nicht unerwähnt bleiben, dass sich das Grundmodell von Porter in seiner Systematik schwerpunktmäßig auf die Wertschöpfungskette von Industriebetrieben bezieht. So ist bei Handelsbetrieben die Primäraktivität *Produktion* ohne Bedeutung und in der Beratungsbranche zählt das *Personalmanagement* nicht zu den Sekundär-, sondern zu den Primäraktivitäten.

Generell sind es zwei Phasen (= Aktionsbereiche), die die Wertschöpfungskette des Personalmanagements bzw. des Personalmarketings bestimmen: Die Phase (= Aktionsbereich) der *Per-*

sonalbeschaffung und die Phase (= Aktionsbereich) der *Personalbetreuung*. Während die Personalbeschaffung auf die Mitarbeitergewinnung abzielt, ist die Personalbetreuung auf die Mitarbeiterbindung ausgerichtet.

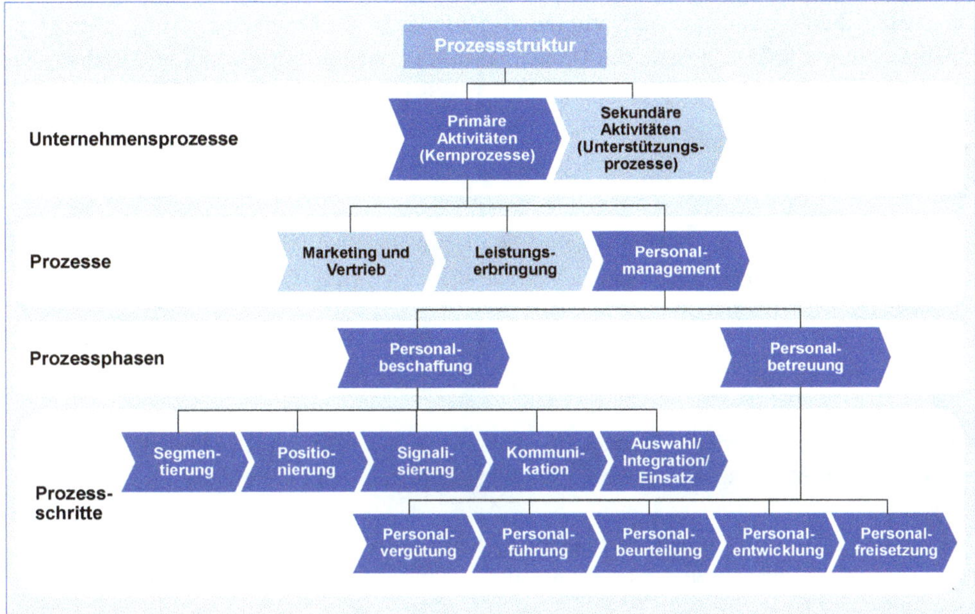
Prozessstruktur
Unternehmensprozesse
Primäre Aktivitäten (Kernprozesse)
Sekundäre Aktivitäten (Unterstützungs-prozesse)
Prozesse
Marketing und Vertrieb
Leistungs-erbringung
Personal-management
Prozessphasen
Personal-beschaffung
Personal-betreuung
Prozess-schritte
Segmen-tierung
Positio-nierung
Signali-sierung
Kommuni-kation
Auswahl/ Integration/ Einsatz
Personal-vergütung
Personal-führung
Personal-beurteilung
Personal-entwicklung
Personal-freisetzung

Abb. 5-01: Prozesshierarchie der personalen Wertschöpfungskette

Um den Personalbeschaffungsprozess im Sinne einer Wertorientierung optimieren zu können, ist es sinnvoll, die Prozessphase **Personalbeschaffung** in seine einzelnen Prozessschritte (= Aktionsfelder) zu zerlegen und diese jeweils einem zu optimierenden *Bewerberkriterium* als Prozessziel zuzuordnen:

- **Segmentierung** (des Arbeitsmarktes) zur Optimierung des Bewerbernutzens
- **Positionierung** (im Arbeitsmarkt) zur Optimierung des Bewerbervorteils
- **Signalisierung** (im Arbeitsmarkt) zur Optimierung der Bewerberwahrnehmung
- **Kommunikation** (mit dem Bewerber) zur Optimierung des Bewerbervertrauens
- **Personalauswahl und -integration** zur Optimierung der Bewerberakzeptanz.

Analog dazu wird die Prozessphase **Personalbetreuung** in ihre Prozessschritte (= Aktionsfelder) aufgeteilt und ebenfalls jeweils einem zu optimierenden *Bindungskriterium* zugeordnet:

- **Personalvergütung** zur Optimierung der Gerechtigkeit (gegenüber dem Mitarbeiter)
- **Personalführung** zur Optimierung der Wertschätzung (gegenüber dem Mitarbeiter)
- **Personalbeurteilung** zur Optimierung der Fairness (gegenüber dem Mitarbeiter)
- **Personalentwicklung** zur Optimierung der Forderung / Förderung (des Mitarbeiters)
- **Personalfreisetzung** zur Optimierung der Erleichterung (des Mitarbeiters).

5.1.2 Konzeption und Aktionsfelder der Personalmarketing-Gleichung

Aus den beiden Teilzielen der personalen Wertschöpfungskette (*Personalgewinnung* und *Personalbindung*) lassen sich **zwei Zielfunktionen** ableiten, eine zur Optimierung der Prozesskette Personalbeschaffung und eine zur Optimierung der Prozesskette Personalbetreuung. Dieser Optimierungsansatz lässt sich in seiner Gesamtheit auch – analog zur Marketing-Gleichung im Absatzmarketing [vgl. Lippold 2015a, S. 70 ff.] – als (zweigeteilte) Personalmarketing-Gleichung darstellen:

Für den **Personalbeschaffungsprozess**:

> Vom Bewerber honorierter Wettbewerbsvorteil = Wettbewerbsvorteil (an sich) + Bewerbernutzen + Bewerbervorteil + Bewerberwahrnehmung + Bewerbervertrauen + Bewerberakzeptanz

Für den **Personalbetreuungsprozess**:

> Vom Mitarbeiter honorierter Wettbewerbsvorteil = Wettbewerbsvorteil (an sich) + Gerechtigkeit + Wertschätzung + Fairness + Forderung/Förderung + Erleichterung

Abbildung 5-02 veranschaulicht den ganzheitlichen Ansatz der Personalmarketing-Gleichung, indem sie die einzelnen Aktionsfelder in einen zeitlichen und inhaltlichen Wirkungszusammenhang stellt.

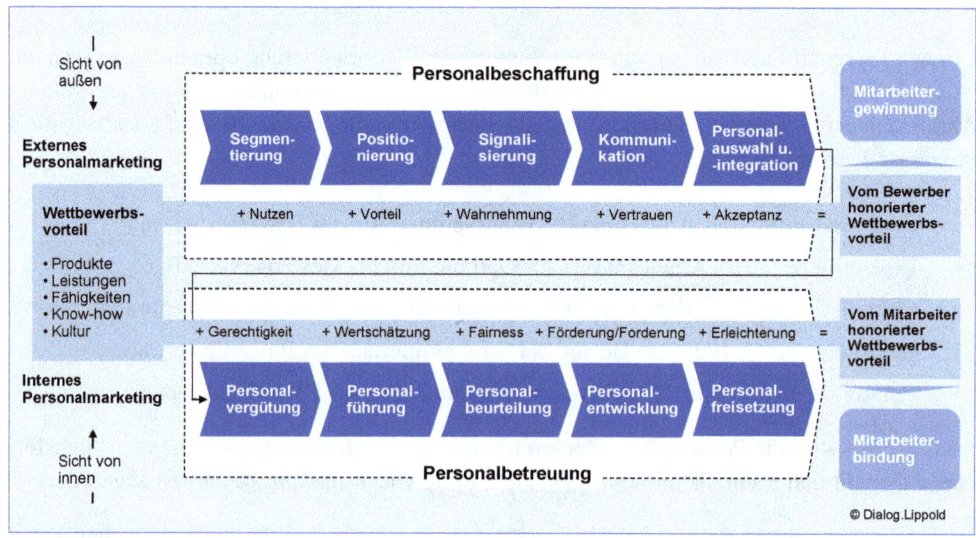

Sicht von außen
Externes Personalmarketing
Personalbeschaffung
Segmentierung
Positionierung
Signalisierung
Kommunikation
Personalauswahl u. -integration
Mitarbeitergewinnung
Wettbewerbsvorteil
• Produkte
• Leistungen
• Fähigkeiten
• Know-how
• Kultur
+ Nutzen
+ Vorteil
+ Wahrnehmung
+ Vertrauen
+ Akzeptanz
=
Vom Bewerber honorierter Wettbewerbsvorteil
+ Gerechtigkeit
+ Wertschätzung
+ Fairness
+ Förderung/Forderung
+ Erleichterung
=
Vom Mitarbeiter honorierter Wettbewerbsvorteil
Internes Personalmarketing
Personalvergütung
Personalführung
Personalbeurteilung
Personalentwicklung
Personalfreisetzung
Mitarbeiterbindung
Sicht von innen
Personalbetreuung
© Dialog.Lippold

Abb. 5-02: Die Personalmarketing-Gleichung im Überblick

Dem hier verwendeten Personalmarketing-Begriff liegt ein umfassendes **Denk- und Handlungskonzept** zugrunde, dass nicht nur auf die Bedürfnisse der potenziellen, sondern auch auf die Bedürfnisse vorhandener Mitarbeiter ausgerichtet ist. Somit ist auch das Ziel des Personalmarketings zweigeteilt: Zum einen gilt es, bedarfsgerechte und hochqualifizierte Mitarbeiter durch eine entsprechende Attraktivitätswirkung auf dem externen Arbeitsmarkt zu gewinnen. Zum anderen müssen die vorhandenen Mitarbeiter durch eine effiziente Gestaltung der Arbeitsbedingungen als wertvolle Ressourcen an das Unternehmen gebunden werden. Beide Zielsetzungen sind damit an einer Optimierung der personalen Wertschöpfung ausgerichtet.

In dem Bewusstsein, dass sich der Arbeitsmarkt zu einem *Käufermarkt* für hoch qualifizierte Fach- und Nachwuchskräfte gewandelt hat, besteht der Grundgedanke des hier skizzierten Personalmarketings darin, das Unternehmen als Arbeitgeber samt Produkt *Arbeitsplatz* an gegenwärtige und zukünftige Mitarbeiter zu „verkaufen“.

Damit dies erfolgreich gelingt, sollte man sich immer wieder die **Analogien zwischen Absatzmarketing und Personalmarketing** – wie in Abbildung 5-03 synoptisch dargestellt – vor Augen führen [vgl. auch Schamberger 2006, S. 11].

	Absatzmarketing	Personalmarketing
Gegenstand	• Produkt • Dienstleistung • Unternehmen	• Arbeitsplatz • Unternehmen (als Arbeitgeber)
Wirkungsrichtung	Extern	• Extern • Intern
Wirkungsfeld	Absatzmarkt	• Arbeitsmarkt • Arbeitsplatz
Zielgruppen	• Neukunden • Altkunden	• Zukünftige Mitarbeiter • Gegenwärtige Mitarbeiter
Aktionsfelder	• Segmentierung • Positionierung • Kommunikation • Distribution • Akquisition • Betreuung	• Segmentierung (des Arbeitsmarktes) • Positionierung (im Arbeitsmarkt) • Signalisierung (im Arbeitsmarkt) • Kommunikation (mit dem Bewerber) • Personalauswahl und -integration • Personalvergütung • Personalführung • Personalbeurteilung • Personalentwicklung • Personalfreisetzung

Abb. 5-03: Vergleich zwischen Absatzmarketing und Personalmarketing

5.2 Personalakquisition – Optimierung der Bewerberauswahl

Unter dem Begriff *Personalakquisition* sollen hier die Prozessschritte Segmentierung, Positionierung, Signalisierung und Kommunikation im Bewerbermarkt zusammengefasst werden. Die Akquisition von geeigneten Mitarbeitern kann nur dann erfolgreich sein, wenn das Unternehmen die Bedürfnisse und Anforderungen dieser Zielgruppe kennt, diesen mit seinem Auftritt gerecht wird und dies auch glaubhaft nach außen kommuniziert. Eine gezielte Ansprache wird dann erleichtert, wenn es gelingt, Kriterien aufzustellen, mit deren Hilfe die geeigneten Mitarbeiter identifiziert und von den sonstigen Bewerbern abgegrenzt werden können.

5.2.1 Segmentierung des Arbeitsmarktes

Im Rahmen des Personalbeschaffungsprozesses ist die **Arbeitsmarktsegmentierung** das erste wichtige Aktionsfeld für das Personalmarketing. Von besonderer Bedeutung ist dabei das Verständnis für eine *bewerberorientierte* Durchführung der Segmentierung, denn der Beschaffungsprozess sollte grundsätzlich aus Sicht des Bewerbers beginnen. Die Segmentierung hat demnach die Optimierung des Bewerbernutzens zum Ziel:

Bewerbernutzen = f (Segmentierung) → optimieren!

5.2.1.1 Aufgabe und Ziel der Segmentierung

Der Arbeitsmarkt ist keine homogene Einheit. Aufgrund der unterschiedlichsten Bewerberanforderungen und -qualifikationen besteht er aus einer Vielzahl von Segmenten. Die Anforderungen, die ein Bewerber an seinen zukünftigen Arbeitgeber stellt, und die Fähigkeiten der Unternehmen, diese Anforderungen zu erfüllen, sind maßgebend für die Bewerberentscheidung und damit für den Erfolg oder Misserfolg eines Unternehmens bei seinen Rekrutierungsbemühungen [vgl. Simon et al. 1995, S. 64].

Damit wird deutlich, welche Bedeutung die Segmentierung des Arbeitsmarktes für das verantwortliche Personalmanagement hat. Im Vordergrund steht die Analyse der Ziele, Probleme und Nutzenvorstellungen der Bewerber. Es muss Klarheit darüber bestehen, was das Gemeinsame und was das Spezifische dieser Bewerbergruppe im Vergleich zu anderen ist. Die hiermit angesprochene Rasterung des Bewerbermarktes erhöht die Transparenz und damit die Rekrutierungschancen.

Die **Methode der Marktsegmentierung** hat ihren Ursprung im klassischen Marketing. Im Bereich der Personalbeschaffung ist die arbeitsmarktbezogene Segmentierung bislang noch wenig verbreitet [vgl. Stock-Homburg 2013, S. 150 unter Bezugnahme auf Waite 2007, S. 17].

Abbildung 5-04 gibt einen Überblick über die verschiedenen Stufen und Abhängigkeiten der Segmentierung im Personalbereich. Ausgehend von der Personalbedarfsplanung muss zunächst entschieden werden, ob die gesuchte Stelle/Position mit eigenen Mitarbeitern (intern) oder mit neuen Mitarbeitern (extern) besetzt werden soll. Die externe Besetzung setzt im nächsten Schritt eine Arbeitsmarktsegmentierung voraus. Dieser als Makrosegmentierung bezeichneten Phase, die alle in Frage kommenden Bewerberzielgruppen ins Auge fasst und analysiert, folgt die *zielpersonenorientierte* Mikrosegmentierung. Das Ergebnis der Mikrosegmentierung ist ein konkretes **Anforderungsprofil** der gesuchten Stelle. Das Anforderungsprofil ist wiederum Grundlage für die Maßnahmen in den anschließenden Aktionsfeldern *Positionierung*, *Signalisierung* und *Kommunikation*. Letztlich wird dann das Anforderungsprofil der Position mit dem **Fähigkeits- und Erwartungsprofil** des Bewerbers abgeglichen.

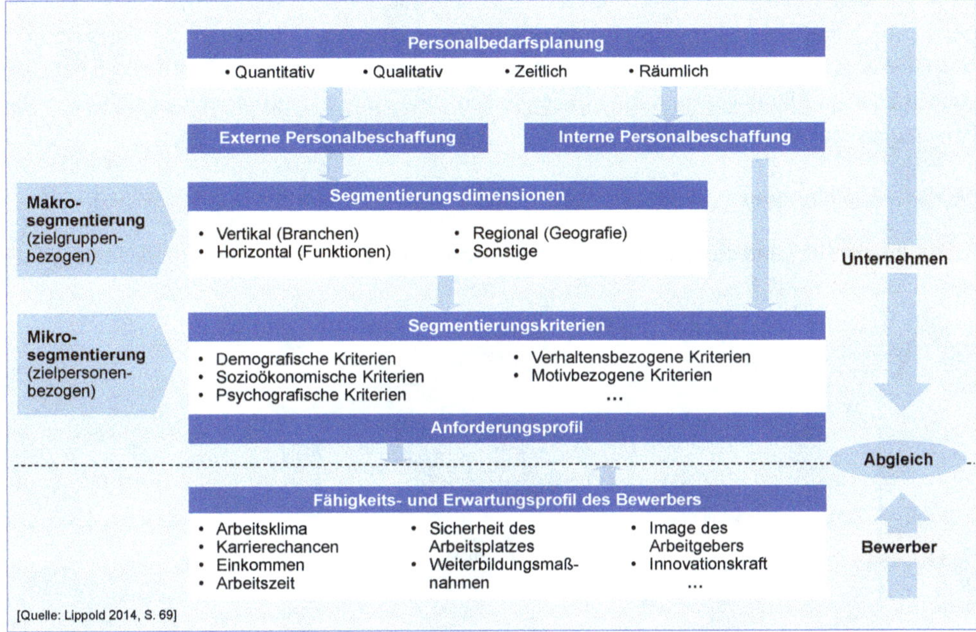
Personalbedarfsplanung
• Quantitativ • Qualitativ • Zeitlich • Räumlich
Externe Personalbeschaffung
Interne Personalbeschaffung
Makro-segmentierung (zielgruppen-bezogen)
Segmentierungsdimensionen
• Vertikal (Branchen)
• Horizontal (Funktionen)
• Regional (Geografie)
• Sonstige
Unternehmen
Mikro-segmentierung (zielpersonen-bezogen)
Segmentierungskriterien
• Demografische Kriterien
• Sozioökonomische Kriterien
• Psychografische Kriterien
• Verhaltensbezogene Kriterien
• Motivbezogene Kriterien
...
Anforderungsprofil
Abgleich
Fähigkeits- und Erwartungsprofil des Bewerbers
• Arbeitsklima
• Karrierechancen
• Einkommen
• Arbeitszeit
• Sicherheit des Arbeitsplatzes
• Weiterbildungsmaßnahmen
• Image des Arbeitgebers
• Innovationskraft
...
Bewerber
[Quelle: Lippold 2014, S. 69]

Abb. 5-04: Stufen und Abhängigkeiten in der Arbeitsmarktsegmentierung

5.2.1.2 Personalbedarfsplanung

Ausgangspunkt und Grundlage der Arbeitsmarktsegmentierung ist die Personalbedarfsplanung, die in quantitativer, qualitativer, räumlicher und zeitlicher Hinsicht vorgenommen werden kann. Die Personalbedarfsplanung stellt die Schnittstelle zwischen den anderen Unternehmensplänen und der Personalplanung dar und zielt darauf ab, personelle Über- bzw. Unterkapazitäten mittel- und langfristig zu vermeiden. Die Personalbedarfsplanung ist vielleicht der wichtigste Teil der **Personalplanung** (engl. *Workforce Planning*). Weitere Teilbereiche der Personalplanung sind die Personalentwicklungsplanung, die Personaleinsatzplanung, die Personalfreisetzungsplanung und die Personalkostenplanung [vgl. Bartscher et al. 2012, S. 205 f.; Jung 2006, S. 113].

Im ersten Schritt der Personalbedarfsplanung ist zu klären, welcher **Soll-Personalbestand** im Planungszeitraum erreicht werden soll. Die Höhe des Soll-Personalbestands hängt in erster Linie von den Zielen des Unternehmens ab (Wachstum, Konsolidierung, Restrukturierung). Die Differenz zum **Ist-Personalbestand** zu Beginn der Planungsperiode ist aber nicht zwangsläufig der Neubedarf an Mitarbeitern, da in der Planungsperiode zusätzliche Abgänge (Pensionierungen, Kündigungen, Elternzeit etc.), aber auch Zugänge (Neueinstellungen, Wehrdienstrückkehrer etc.) zu berücksichtigen sind. Die Differenz zwischen den voraussichtlichen Abgängen und

Zugängen wird als **Ersatzbedarf** bezeichnet. Der Ersatzbedarf gibt damit die Anzahl der Mitarbeiter an, die bis zum Ende der Planungsperiode eingestellt werden müssen, um den (Ist-)Personalbestand zu Beginn des Planungszeitraums zu erreichen. Ist dieser Personalbestand niedriger als der Soll-Personalbestand, so entsteht ein **Zusatzbedarf**, dessen Höhe in erster Linie von den Wachstumsambitionen des Unternehmens abhängt. Ist der Saldo zwischen voraussichtlichem Personalbestand und dem Soll-Personalbestand allerdings negativ, so ergibt sich ein **Freistellungsbedarf**. Zusatzbedarf und Ersatzbedarf ergeben den **Neubedarf**, d. h. die Anzahl aller im Planungszeitraum einzustellenden Mitarbeiter. Damit errechnet sich der Soll-Personalbestand wie folgt:

Soll-Personalbestand = Ist-Bestand + Zugänge – Abgänge + Ersatzbedarf + Zusatzbedarf

In Abbildung 5-05 sind die quantitativen Elemente im Kontext der Personalbedarfsplanung dargestellt.

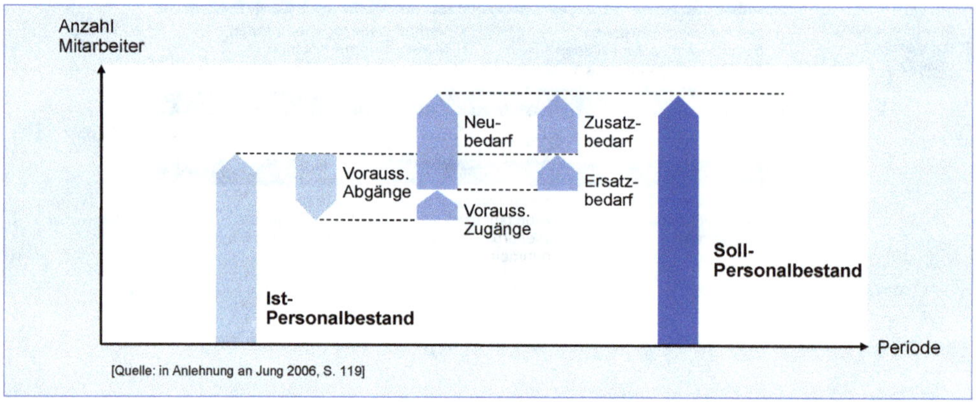
Anzahl Mitarbeiter
Neu-bedarf
Zusatz-bedarf
Vorauss. Abgänge
Ersatz-bedarf
Vorauss. Zugänge
Soll-Personalbestand
Ist-Personalbestand
Periode
[Quelle: in Anlehnung an Jung 2006, S. 119]

Abb. 5-05: Arten des Personalbedarfs

Besonders wichtig für viele Unternehmen ist in diesem Zusammenhang die Beobachtung und Analyse der **Fluktuation**, die sich in der **Fluktuationsrate** (engl. *Attrition Rate*) ausdrückt:

Fluktuationsrate = (Abgänge / Durchschnittlicher Personalbestand) × 100 %

Das Ziel der *Fluktuationsanalyse* besteht darin, Gründe und Motive für das Ausscheiden in Erfahrung zu bringen und daraus zielgerichtete Maßnahmen zu entwickeln, um die Fluktuation im Rahmen der betrieblichen Gegebenheiten und die damit verbundenen Kosten zu senken.

In der Regel wird die Personalbedarfsplanung nicht für die gesamte Belegschaft, sondern für bestimmte, besonders interessierende *Mitarbeitergruppen* (also Segmente) durchgeführt (z. B. Gruppe der Facharbeiter, Gruppe der Projektleiter, Gruppe der Auszubildenden). Damit erhält die Betrachtung zugleich auch eine qualitative Komponente. Die qualitative Personalbedarfsplanung legt fest, über welche Fähigkeiten, Kenntnisse und Verhaltensweisen der Soll-Personalbestand (einer Mitarbeitergruppe) bis zum Planungshorizont verfügen sollte und zu welchen Stellen diese Qualifikationen gebündelt werden können. Ausgangspunkt der qualitativen Personalbedarfsplanung bildet die **Personalstrukturanalyse**, die die Zusammensetzung der Belegschaft im Wesentlichen nach folgenden Merkmalen untersucht [vgl. Bartscher et al. 2012, S. 211]:

- **Sozio-demografische Analyse**: Alter, Geschlecht, Familienstand;
- **Beschäftigungstypus**: Festangestellte, Vollzeit, Teilzeit, Mini-Jobber, Auszubildende;
- **Standortanalysen**: Aufteilung der Mitarbeiter nach Betriebsstätten;
- **Analyse der Beschäftigungsgruppen**: Verteilung zwischen Arbeiter, Angestellten, leitenden Angestellten etc.
- **Analyse der Karrierestufen** (engl. *Grades*): Verteilung der Mitarbeiter nach Karrierestufen.

Die Ergebnisse der Personalstrukturanalyse münden ein in die Stellenbeschreibung und in das Anforderungsprofil.

Die **Stellenbeschreibung** (engl. *Job Description*) liefert Informationen über die Einordnung der Stelle in der Organisationsstruktur, über die Ziele und Aufgaben der Stelle sowie über die Rechte und Pflichten des Stelleninhabers. Die Stellenbeschreibung selbst gibt aber noch keine Auskunft über die benötigten Qualifikationen des potentiellen Stelleninhabers. Die Qualifikationen, d. h. die Anforderungen in Verbindung mit einem Arbeitsplatz, werden erst im Rahmen eines Anforderungsprofils festgelegt.

Das **Anforderungsprofil** (engl. *Job Specification*) beschreibt die Kriterien, die Bewerber erfüllen müssen und sollen. Ein aus einer offenen Stelle oder anderen Überlegungen abgeleitetes Sollprofil ist die entscheidende Grundlage für einen fundierten, zielorientierten Personalbeschaffungsprozess. Allerdings muss berücksichtigt werden, dass gerade die Prozessbeteiligten mit der vermutlich größten methodischen Kompetenz, nämlich Personalleiter, Personalreferenten oder auch externe Personalberater, die zu besetzende Position zumeist nicht aus eigener täglicher Praxis, sondern nur von Beschreibungen her kennen. Im Gegensatz zu den Fachvorgesetzten, die die zu besetzende Stelle oft sehr gut kennen, haben mitentscheidende Personalfachleute häufig nur eine unklare Kenntnis der konkreten Stellenanforderungen. Damit besteht die Gefahr, dass Auswahl- und Einstellentscheidungen nicht selten intuitiv auf der Basis von Sympathie und Antipathie gefällt werden [vgl. Weuster 2004, S. 32].

Für das einzelne Unternehmen sind in aller Regel nur bestimmte Ausschnitte des Arbeitsmarktes von Bedeutung. Daher ist es notwendig, zunächst diese Ausschnitte (Segmente) zu bestimmen, in denen das Unternehmen tatsächlich aktiv ist bzw. aktiv werden sollte. Zur Differenzierung der unterschiedlichen Zielgruppen und Zielpersonen bietet sich – analog zum Absatzmarketing – eine Segmentierung des Arbeitsmarktes in zwei **Segmentierungsstufen** an:

- **Makrosegmentierung** zur Auswahl und Ansteuerung der relevanten Segmentierungsdimensionen und
- **Mikrosegmentierung** zur Festlegung der relevanten Segmentierungskriterien.

5.2.1.3 Makrosegmentierung

In der Stufe der Makrosegmentierung, die den strategischen Aspekt der Arbeitsmarktsegmentierung beinhaltet, wird der Arbeitsmarkt in seinen verschiedenen Dimensionen betrachtet und in möglichst homogene Segmente aufgeteilt. Die wichtigsten Dimensionen sind:

- **Vertikale Märkte** (Branchen wie die Automobilindustrie (engl. Automotive), Chemie, Pharmazeutische Industrie, Banken, Versicherungen, Konsumgüter etc.)
- **Horizontale Märkte** (betriebliche Funktionsbereiche wie Marketing/Vertrieb, Produktion, Logistik, Forschung und Entwicklung etc.)
- **Regionale Märkte** (national, international, global)
- **Sonstige Märkte** (Markt für Hochschulabsolventen, Berufseinsteiger, Führungskräfte etc.).

Wichtig bei der Durchführung der Makrosegmentierung ist, dass sich das suchende Unternehmen nicht nur in ein oder zwei Dimensionen festlegt. Erst eine **mehrdimensionale Arbeitsmarktausrichtung**, die sich beispielsweise auf eine Branche, auf einen oder zwei betriebliche Funktionsbereiche, auf ein oder zwei regionale Märkte sowie auf Führungskräfte konzentriert, kann der Gefahr einer möglichen Verzettelung der knappen Personalmarketing-Ressourcen vorbeugen. Andererseits kann die mehrdimensionale Segmentierung auch dazu führen, dass das Potenzial eines aus der Schnittmenge mehrerer Dimensionen gewonnenen Arbeitsmarktsegments für eine intensive Bearbeitung nicht ausreicht.

5.2.1.4 Mikrosegmentierung

Die darauffolgende (taktisch ausgelegte) Stufe der *Mikrosegmentierung* befasst sich mit den Zielpersonen innerhalb der in der Makrosegmentierung ausgewählten Zielgruppen. Die Mikrosegmentierung basiert auf den Ausprägungen ausgewählter *Segmentierungskriterien* [vgl. Homburg/Krohmer 2006, S. 487]:

- **Demografische Kriterien** wie Alter, Geschlecht, Familienstand;
- **Sozioökonomische Kriterien** wie aktuelles Einkommen, Vermögen, Ausbildungsniveau, Branchenerfahrung, aktuelle Position, Berufsgruppe, Stellung im beruflichen Lebenszyklus;
- **Psychografische Kriterien** wie Lebensstil, Einstellungen, Interessen oder auch bedürfnisbezogene Motive;
- **Verhaltensbezogene Kriterien** wie durchschnittliche Betriebszugehörigkeit, Häufigkeit des Arbeitgeberwechsels;
- **Motivbezogene Kriterien** wie monetäre Motive, imagebezogene Motive, arbeitsinhaltliche Motive, karrierebezogene Motive bei der Stellensuche.

Die Segmentierung kann sich auf *eine* Kategorie von Segmentierungskriterien (z. B. verhaltensbezogene Kriterien) beziehen; es können aber auch verschiedene Gruppen von Segmentierungskriterien miteinander kombiniert werden. Die Segmente können sich dann aus scharf abgrenzbaren Zielgruppen oder aus Typen von Bedürfnisträgern zusammensetzen. Eine Typenbildung ist immer dann sinnvoll, wenn eine bedürfnisindividuelle Ansprache einzelner, potentieller Kandidaten aus ökonomischen Gründen nicht durchführbar scheint [vgl. Ringlstetter/Kaiser 2008, S. 257].

Abbildung 5-06 stellt beispielhafte Segmente für die o. g. Segmentierungskriterien gegenüber.

Segmentierungs-kategorie	Beispielhafte Segmentierungs-kriterien	Beispielhafte Segmente			
		1	2	3	4
Demografische Segmentierung	• Alter • Geschlecht • Familienstand	Junge Internationale	Reife Erfahrene		
Sozioökonomische Segmentierung	• Berufsgruppe • Beruflicher Lebenszyklus • Einkommen • Position • Vermögen • Bildungsniveau	Technische Fachrichtung	Kaufm. Fachrichtung		
		Schulabgänger	Hochschulabsolventen	Berufserfahrene	
		Oberes Management	Mittleres Management	Unteres Management	
Psychografische Segmentierung	• Bedürfnisbezogene Motive • Kognitive Orientierung • Einstellung zur Arbeit • Aufstiegsstreben	„Auf das richtige Pferd setzen"-Typ	„Viel verdienen, viel riskieren"-Typ	„Die Welt retten"-Typ	„Arbeiten, um zu leben"-Typ
		Optimistisch Extrovertierte	Stille Hoffer	Pessimisten	
Verhaltensbezogene Segmentierung	• Informationsverhalten • Arbeitsverhalten • Verhalten bei der Stellensuche	Informierte Job Hopper	Traditionelle Loyale	Interessierte Loyale	
Motivbezogene Segmentierung	• Monetäre • Imagebezogene • Karrierebezogene • Arbeitsinhaltsbezogene Motive	Image-orientierte	Karriere-orientierte	Gehalts-orientierte	Selbst-beweisende

[Quelle: Stock-Homburg 2013, S. 152 f.]

Abb. 5-06: Beispielhafte Segmentierungskriterien und Segmente

5.2.2 Positionierung im Arbeitsmarkt

Jedes Unternehmen, das hochqualifiziertes Personal sucht, tritt in seinen Segmenten in aller Regel gegen einen oder mehrere Wettbewerber an, da – wie bereits erwähnt – besonders qualifizierte Bewerber mit hohem Potenzial i. d. R. zwischen den Angeboten mehrerer potenzieller Arbeitgeber auswählen können. In einer solchen Situation kommt der Positionierung des Unternehmens als Arbeitgeber eine zentrale Rolle zu.

5.2.2.1 Aufgabe und Ziel der Positionierung

Die Positionierung ist das zweite wichtige Aktionsfeld im Personalbeschaffungsprozess und beinhaltet die Optimierung des *Bewerbervorteils*:

Bewerbervorteil = f (Positionierung) → optimieren!

Die Positionierung verfolgt die Aufgabe, innerhalb der definierten Bewerbersegmente eine klare Differenzierung gegenüber dem Stellenangebot des Wettbewerbs vorzunehmen. Die Einbeziehung des Wettbewerbs mit seinen Stärken und Schwächen ist demnach ein ganz entscheidendes Merkmal der Positionierung.

In dieser (Wettbewerbs-) Situation reicht es für das Unternehmen nicht aus, *ausschließlich* nutzenorientiert zu argumentieren. Neben den reinen **Bewerber*nutzen*** muss vielmehr der **Bewerber*vorteil*** treten. Das ist der Vorteil, den der Bewerber bei der Annahme des Stellenangebots gegenüber dem (alternativen) Stellenangebot des Wettbewerbers hat.

Wer überlegenen Nutzen *(= Bewerbervorteil)* bieten will, muss die Bedürfnisse, Probleme, Ziele und Nutzenvorstellungen des Bewerbers sowie die Vor- und Nachteile bzw. Stärken und Schwächen seines Angebotes gegenüber denen des Wettbewerbs kennen. Die wesentlichen Fragen in diesem Zusammenhang sind:

- Wie differenziert sich das eigene Stellenangebot von dem des Wettbewerbs?
- Welches sind die wichtigsten Alleinstellungsmerkmale (engl. Unique Selling Proposition) aus Bewerbersicht?

Bei der Beantwortung geht es allerdings nicht so sehr um die Herausarbeitung von Wettbewerbsvorteilen an sich. Entscheidend sind vielmehr jene Vorteile, die für den Bewerber interessant sind. Vorteile, die diesen Punkt nicht treffen, sind von untergeordneter Bedeutung. Unternehmen, die es verstehen, sich im Sinne der Bewerberanforderungen positiv vom Wettbewerb abzuheben, haben letztendlich die größeren Chancen bei der Rekrutierung von geeigneten Bewerbern [vgl. Lippold 2010, S. 10].

5.2.2.2 Kriterien bei der Arbeitgeberwahl

Abbildung 5-07 gibt einen Überblick über die wichtigsten Kriterien, die bei der Arbeitgeberwahl – zumindest für 2.000 Studierende, die im Rahmen der EY Studentenstudie 2018 befragt wurden – eine Rolle spielen. Danach sind den Hochschulabsolventen die Vereinbarkeit von Beruf und Familie (Work-Life-Balance) und Karriere nahezu gleich wichtig – noch wichtiger sind aber Sicherheit, Gehalt und Kollegialität. Merkmale wie Markterfolg, Innovationskraft und Reputation des Arbeitsgebers sowie Benefits wie Dienstwagen sind für Absolventen weniger wichtig bei der Entscheidung für einen Arbeitgeber.

Der Kriterienkatalog gibt dem potenziellen Arbeitgeber erste deutliche Hinweise zur Positionierung im Arbeitsmarkt.

Die Positionierung schafft eine klare Differenzierung aus Sicht des Bewerbers. Inhaltlich hat die Positionierung die Aufgabe, die wichtigsten Ausprägungen des Bewerbervorteils herauszuarbeiten. Die Durchführung einer *Stärken-/Schwächenanalyse* sowie einer *Imageanalyse* sind hierbei wesentliche Aktivitäten. Die Kenntnis über das *Personal- oder Arbeitgeberimage*, das die Anziehungskraft eines Unternehmens auf potenzielle Mitarbeiter bestimmt, ist dabei von besonderer Bedeutung. Das Personal- oder Arbeitgeberimage ist ein Vorstellungsbild, das sich

Menschen über Unternehmen als (möglichen) Arbeitgeber bilden. Es ist durch die *Interaktion mit dem Unternehmens- und Branchenimage* im höchsten Maße subjektiv und emotional fundiert und setzt sich aus mehreren Merkmalen zusammen [vgl. Ashforth/Mael 1989, S. 24 und Trommsdorff 1987, S. 121].

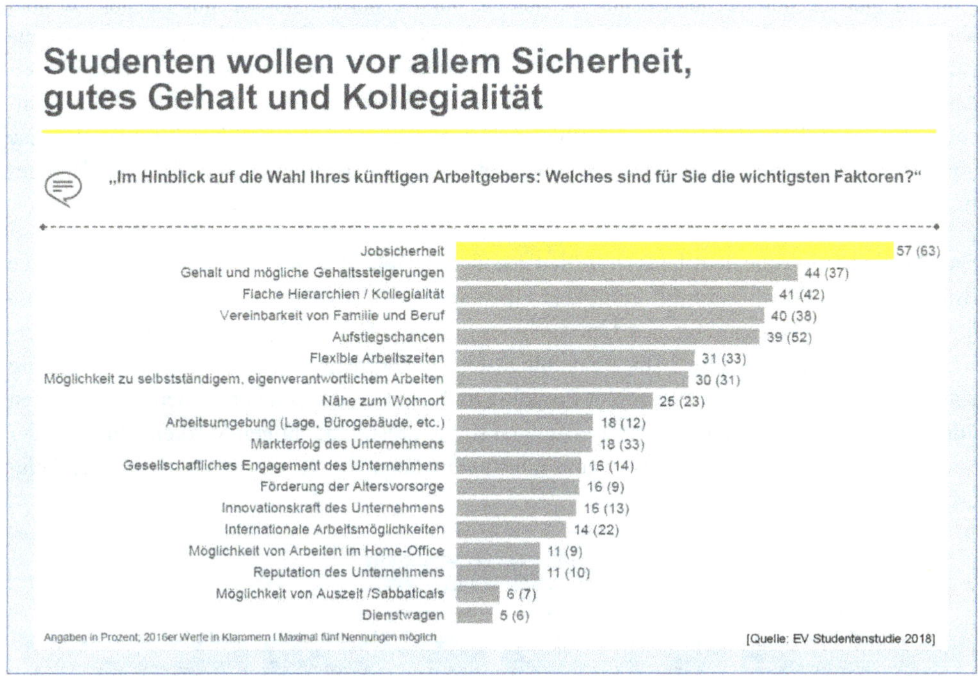
Studenten wollen vor allem Sicherheit, gutes Gehalt und Kollegialität
„Im Hinblick auf die Wahl Ihres künftigen Arbeitgebers: Welches sind für Sie die wichtigsten Faktoren?"
Jobsicherheit 57 (63)
Gehalt und mögliche Gehaltssteigerungen 44 (37)
Flache Hierarchien / Kollegialität 41 (42)
Vereinbarkeit von Familie und Beruf 40 (38)
Aufstiegschancen 39 (52)
Flexible Arbeitszeiten 31 (33)
Möglichkeit zu selbstständigem, eigenverantwortlichem Arbeiten 30 (31)
Nähe zum Wohnort 25 (23)
Arbeitsumgebung (Lage, Bürogebäude, etc.) 18 (12)
Markterfolg des Unternehmens 18 (33)
Gesellschaftliches Engagement des Unternehmens 16 (14)
Förderung der Altersvorsorge 16 (9)
Innovationskraft des Unternehmens 15 (13)
Internationale Arbeitsmöglichkeiten 14 (22)
Möglichkeit von Arbeiten im Home-Office 11 (9)
Reputation des Unternehmens 11 (10)
Möglichkeit von Auszeit /Sabbaticals 6 (7)
Dienstwagen 5 (6)
Angaben in Prozent; 2016er Werte in Klammern | Maximal fünf Nennungen möglich
[Quelle: EV Studentenstudie 2018]

Abb. 5-07: Entscheidungskriterien für die Wahl des Arbeitgebers

5.2.2.3 Positionierungselemente

In Abbildung 5-08 ist beispielhaft eine Reihe von Positionierungselementen aufgeführt, die für die Auswahlentscheidung von Hochschulabsolventen und damit für das Personalimage eines Unternehmens relevant sind. Dieser Merkmalskatalog ist unterteilt in

- Merkmale des Branchenimages,
- Merkmale des Unternehmensimages,
- Merkmale des Images der Arbeitsplatzgestaltung und
- Vergütungsmerkmale.

Versucht man eine **Gewichtung** der Positionierungsmerkmale nach den Entscheidungskriterien der Bewerber durchzuführen, so rangieren die Merkmale der **Arbeitsplatzgestaltung** deutlich vor denen des Branchen- und des Unternehmensimages. Lediglich die Vergütungskomponenten können mit einigen Positionierungsmerkmalen der Arbeitsplatzgestaltung mithalten.

Das Positionierungselement **Branchenimage** kann wie ein Filter auf die Wahrnehmung des Personalimages einer Organisation wirken. So kann bei weniger bekannten Beratungsunternehmen das Branchenimage durchaus einen positiven Einfluss auf das Personalimage und die individuelle Stellenwahl haben. Schließlich ist das positive Image einer Branche bei den Bewerbern vor allem durch die Wachstumsaussichten, durch die Ertragslage, durch die erwarteten Karrierechancen sowie durch das überdurchschnittliche Gehaltsniveau gekennzeichnet. Untersucht man die Vielzahl der jährlichen Arbeitgeberrankings, die alle für sich die „richtige" Reihenfolge der besten Arbeitgeber reklamieren, so wird der besondere Stellenwert des Branchenimages deutlich. So wurden noch bis vor kurzem die meistens Rankings typischerweise von den Premiumherstellern der Automobilbranche (Mercedes, Porsche, BMW, Audi) angeführt.

Das Positionierungselement **Unternehmensimage** ermöglicht dem Unternehmen, das positive Branchenimage noch weiter zu verstärken. Hauptkriterien zur Beurteilung des Unternehmensimages sind die Bekanntheit des Unternehmens, seine Wirtschaftskraft sowie die vorherrschende Unternehmenskultur. Die Bekanntheit eines Unternehmens steht in enger Beziehung zum Image und der Bekanntheit seiner Produkte und Leistungen. Deshalb stehen Unternehmen mit attraktiven Produkten und Dienstleistungen sowie prestigeträchtigen Marken häufig an der Spitze der beliebtesten Arbeitgeber und sind somit auch die härtesten Wettbewerber beim „Kampf um die Besten".

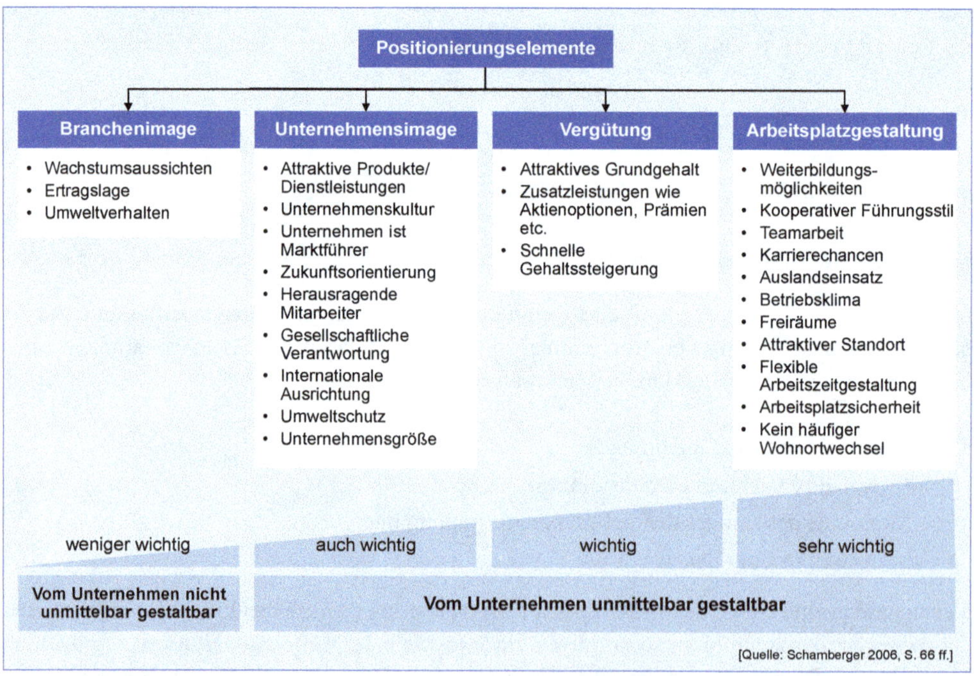
Positionierungselemente
Branchenimage
• Wachstumsaussichten
• Ertragslage
• Umweltverhalten
Unternehmensimage
• Attraktive Produkte/ Dienstleistungen
• Unternehmenskultur
• Unternehmen ist Marktführer
• Zukunftsorientierung
• Herausragende Mitarbeiter
• Gesellschaftliche Verantwortung
• Internationale Ausrichtung
• Umweltschutz
• Unternehmensgröße
Vergütung
• Attraktives Grundgehalt
• Zusatzleistungen wie Aktienoptionen, Prämien etc.
• Schnelle Gehaltssteigerung
Arbeitsplatzgestaltung
• Weiterbildungs-möglichkeiten
• Kooperativer Führungsstil
• Teamarbeit
• Karrierechancen
• Auslandseinsatz
• Betriebsklima
• Freiräume
• Attraktiver Standort
• Flexible Arbeitszeitgestaltung
• Arbeitsplatzsicherheit
• Kein häufiger Wohnortwechsel
weniger wichtig
auch wichtig
wichtig
sehr wichtig
Vom Unternehmen nicht unmittelbar gestaltbar
Vom Unternehmen unmittelbar gestaltbar
[Quelle: Schamberger 2006, S. 66 ff.]

Abb. 5-08: Positionierungselemente im Hochschulmarketing

Als drittes Positionierungselement wird die **Vergütung** angeführt. Die Vergütung ist der Preis des Arbeitsplatzes und könnte daher auch als Komponente der Arbeitsplatzgestaltung aufgefasst werden. Die Gesamtvergütung, die häufig mit attraktiven Zusatzleistungen wie Aktienoptionen, Prämien oder ähnliches angereichert wird, ist aus der Sicht des potenziellen Kandidaten ein hoher Anreiz, der den einzugehenden Belastungen bei einem Arbeitsplatzwechsel gegenübergestellt wird. Die Höhe des Gehalts spielt zwar weiterhin eine Rolle, die Digital Natives – also die Generationen Y und Z – lassen sich jedoch für Geld nicht kaufen, wenn sie für sich keinen Sinn in einer Arbeit sieht. Aus dem Einstellungsinterview muss klar hervorgehen, welchen Beitrag die angebotene Tätigkeit für die wirtschaftliche und gesellschaftliche Entwicklung leistet. Die Zielgruppe lebt nach dem Prinzip **YOLO** *(You only live once)*. Für sie ist Arbeitszeit gleich Lebenszeit und sie möchte, dass der Arbeitgeber verantwortungsvoll damit umgeht. Das bedeutet, dass diese Mitarbeiter in der Regel nicht bereit sind, jahrelang Überstunden zu machen, wenn sie sich mit dem Ziel nicht identifizieren. Und sie erwarten, auf Augenhöhe angesprochen zu werden. Wenn sie Verantwortung übernehmen, brauchen sie einen Sparringspartner, der sie anleitet. Regelmäßiges, auch informelles und schnelles Feedback sowie (digitale) Weiterbildungsmöglichkeiten und die Einbindung in den Entscheidungsprozess gehören ebenso zu den Erwartungen an den Arbeitgeber. *„Sabbatical is the new company car"* beschreibt die Haltung dieser Generation. Selbstbestimmtheit bei Arbeitsort und Arbeitszeit, Mitarbeit an spannenden Projekten und State-of-the-art-Digitalgeräte sind weit wichtigere Kriterien für diese Generation als ein nach Hierarchiestufen ausgestattetes Büro oder feste Arbeitszeiten [vgl. Creusen et al. 2017, S. 92].

Häufig bewerten die Stellensuchenden die **Bedingungen des Arbeitsplatzes**, also die konkrete Ausgestaltung der zukünftigen Tätigkeit, höher als das Branchen- oder Unternehmensimage und sogar höher als die Vergütung. Im Rahmen der Arbeitsplatzgestaltung sind Kriterien wie Weiterbildungs- und Karrieremöglichkeiten, Führungsstil und Fragen der Vergütung (Kompensation) oder Zusatzleistungen (z.B. Firmenwagen) von Bedeutung für die Wahl des Arbeitgebers. Schließlich spielen „weiche" Faktoren wie die Vereinbarkeit von Privat- und Berufsleben (engl. *Work-Life-Balance*) oder ein attraktiver Firmenstandort eine Rolle.

5.2.2.4 Employer Branding

Als unternehmensstrategische Maßnahme mündet die Positionierung ein in die Schaffung einer attraktiven **Arbeitgebermarke** (engl. *Employer Branding*), bei dem Konzepte aus dem Absatzmarketing (besonders der Markenbildung) angewandt werden, um ein Unternehmen als attraktiven Arbeitgeber darzustellen und von anderen Wettbewerbern im Arbeitsmarkt positiv abzuheben (zu positionieren).

Employer Branding verfolgt das Ziel, eine glaubwürdige und positiv aufgeladene Arbeitgebermarke aufzubauen. Diese soll den Arbeitgeber gleichsam profilieren und von anderen Arbeitgebern differenzieren. Dabei sollen Unternehmen ihre „Employer Value Proposition" nicht nur für das Recruiting neuer Talente nutzen, sondern zunehmend auch um die Mitarbeiterbindung und -identifikation einsetzen [vgl. Kunerth/Mosley 2011, S. 19 ff.].

Employer Branding soll den Aufbau der Corporate Brand, also der Unternehmensmarke, unterstützen. **Corporate Branding** ist jedoch durch die Ansprache aller Stakeholder-Gruppen des

Unternehmens weiter gefasst und beinhaltet – nach Ansicht des Verfassers – zwangsläufig das Employer Branding vollumfänglich mit. In Abbildung 5-09 wird diese Argumentation im Rahmen einer kritischen Auseinandersetzung mit dem neuen „Zauberwort im Personalmarketing" als Blog-Beitrag aufgenommen.

Warum das Employer Branding so überbewertet ist

Employer Branding ist eines der Zauberworte im modernen Personalmarketing. Mit einer starken Arbeitgebermarke soll ein Unternehmen insgesamt als attraktiver Arbeitgeber dargestellt werden, um sich von anderen Wettbewerbern im Arbeitsmarkt positiv abzuheben.

Doch was hat eigentlich eine Arbeitgebermarke (Employer Branding), was die Unternehmensmarke (Corporate Branding) insgesamt nicht hat? Mit anderen Worten: Ein leistungsfähiges Corporate Branding, also eine gut geführte Unternehmensmarke sollte doch alle Merkmale einer starken Arbeitgebermarke mit beinhalten. Sicherlich, das Employer Branding ist die Markenbildung aus Sicht des Personalmanagements, das zwei Ziele verfolgen sollte:

- Erstens, durch eine entsprechende Attraktivitätswirkung auf dem externen Arbeitsmarkt bedarfsgerechte Mitarbeiter gewinnen. Zielrichtung ist hier also der Bewerber.
- Zweitens, durch eine mitarbeitergerechte und effiziente Gestaltung der Arbeitsbedingungen wertvolle Ressourcen an das Unternehmen binden. Der Fokus liegt hier auf dem Mitarbeiter, der bereits an Bord ist.

Doch ist dazu wirklich die Bildung einer eigenständigen Arbeitgebermarke erforderlich, die sich im Zweifel von der Unternehmensmarke unterscheidet, ja sogar unterscheiden muss?

Wenn die Antwort hierauf ein „Nein" ist, dann stellt sich zwangsläufig die Frage, warum das Employer Branding eine derartige Hochkonjunktur hat.

Aus meiner Sicht sind es zwei Treiber, die diesen Hype entfacht haben:

Zum einen sind es die Werbeagenturen, die gemerkt haben, dass ihr ureigenstes Thema, nämlich das Corporate Branding, längst ausgelutscht ist. Hier war kein „frisches" Geld mehr zu verdienen. Also stieg man von einem Gaul ab, der sich nicht länger reiten ließ. Stattdessen sattelte man ein neues Pferd in der Hoffnung, hiermit zu neuen Ufern zu kommen. Doch in Wirklichkeit war es derselbe Gaul.

Alter Wein in neuen Schläuchen oder umgekehrt?

Zum anderen sind es viele Personalberatungen, die neben dem puren Hiring ein Thema gefunden haben, das ein bisschen nach „Beratung" roch und damit zusätzliche Honorare versprach, ja vielleicht sogar ein neues Geschäftsmodell in Aussicht stellte. Ein solch thematischer Ausflug ist ja auch mal ganz nett – aber eben (für den Kunden) nicht zielführend (weil doppelt gemoppelt!).

Fazit: Ein gutes Unternehmensbranding braucht kein Employer Branding, das ihm an die Seite gestellt wird und sich im Zweifel von ihm unterscheidet. Ein gutes Unternehmensbranding beinhaltet vielmehr das Employer Branding von vornherein. So gesehen ist Employer Branding also nichts anderes als alter Wein in neuen Schläuchen oder neuer Wein in alten Schläuchen – ganz wie Sie wollen.

[Quelle: Lippold 2019c]

Abb. 5-09: „Warum das Employer Branding so überbewertet ist"

Eine gute Positionierung ermöglicht es, Mitarbeiter und Führungskräfte auf die strategischen Ziele des Unternehmens auszurichten und gleichzeitig ihr Bekenntnis (engl. *Commitment*) zum Unternehmen sowie ihre Identifikation mit diesem zu stärken. Das Ergebnis ist ein höheres Mitarbeiterengagement. In der Summe aller Effekte steigert eine fundierte Positionierung die Attraktivität und Wettbewerbsfähigkeit eines Arbeitgebers, seine Reputation bei allen Stakeholder-Gruppen und letztlich seinen Unternehmenserfolg insgesamt. Das Ergebnis ist ein wettbewerbsfähiges Corporate Branding, dessen Bedeutung insbesondere auch von hochqualifizierten Bewerbern sehr hoch eingeschätzt wird. Ziel der Positionierung ist also ein **konsistenter Arbeitgeberauftritt**, der die Gesamtheit aller medialen Signale (Anzeigen, Homepage, Broschüren, Messestand, Raumdesign u.v.m.) umfasst. Die Gestaltung des Arbeitgeberauftritts sichert einen einheitlichen Gesamteindruck über alle Medien hinweg und sollte mit dem Corporate Branding des Unternehmens übereinstimmen.

5.2.2.5 Candidate Journey

Gleichzeitig soll die Positionierung auf der „Kandidatenseite" sicherstellen, dass alle **Kontaktpunkte** (engl. *Touch Points*) des Bewerbers mit dem Unternehmen ein einheitliches, positives Bild vom potenziellen Arbeitgeber erzeugen. Die Folge dieser Kontaktpunkte und die Erfahrungen, die der Kandidat bei der Berührung mit dem Unternehmen sammelt, wird auch als **Candidate Journey** bezeichnet. Die Candidate Journey lässt sich idealtypisch in sechs Phasen unterteilen (siehe Abbildung 5-10).

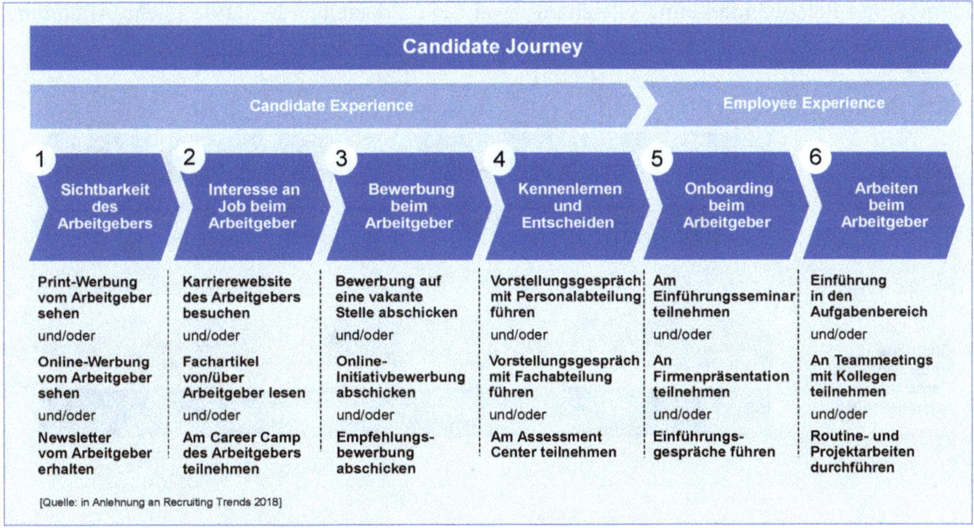
Candidate Journey
Candidate Experience
Employee Experience
1 Sichtbarkeit des Arbeitgebers
2 Interesse an Job beim Arbeitgeber
3 Bewerbung beim Arbeitgeber
4 Kennenlernen und Entscheiden
5 Onboarding beim Arbeitgeber
6 Arbeiten beim Arbeitgeber
Print-Werbung vom Arbeitgeber sehen
und/oder
Online-Werbung vom Arbeitgeber sehen
und/oder
Newsletter vom Arbeitgeber erhalten
Karrierewebsite des Arbeitgebers besuchen
und/oder
Fachartikel von/über Arbeitgeber lesen
und/oder
Am Career Camp des Arbeitgebers teilnehmen
Bewerbung auf eine vakante Stelle abschicken
und/oder
Online-Initiativbewerbung abschicken
und/oder
Empfehlungs-bewerbung abschicken
Vorstellungsgespräch mit Personalabteilung führen
und/oder
Vorstellungsgespräch mit Fachabteilung führen
und/oder
Am Assessment Center teilnehmen
Am Einführungsseminar teilnehmen
und/oder
An Firmenpräsentation teilnehmen
und/oder
Einführungs-gespräche führen
Einführung in den Aufgabenbereich
und/oder
An Teammeetings mit Kollegen teilnehmen
und/oder
Routine- und Projektarbeiten durchführen
[Quelle: in Anlehnung an Recruiting Trends 2018]

Abb. 5-10: Die Candidate Journey

Die ersten vier Phasen der Candidate Journey beziehen sich auf die **Touch Points**, die der Bewerber als Stellensuchender erlebt. Diese Phasen werden auch als **Candidate Experience** bezeichnet. Hierzu zählen alle Wahrnehmungen und Erfahrungen, die ein Bewerber während der Bewerbungsphase mit einem Unternehmen sammelt. Bei jedem dieser Touch Points besteht die Gefahr, dass der Kandidat den Bewerbungsprozess vorzeitig abbricht, weil seine Erwartungen nicht erfüllt wurden. Daher muss sich das Personalmanagement immer wieder fragen, welche Kontaktpunkte es überhaupt gibt, was für die Bewerber wichtig ist und wo möglicherweise Probleme auftreten können.

Die beiden letzten Phasen dagegen sind die Kontaktpunkte, die für Personen gelten, die bereits „an Bord“ und damit Mitarbeiter sind. Daher werden diese beiden Phasen auch **Employee Experience** genannt. Hierbei geht es also um diejenigen Kandidaten, die sich für das Unternehmen als Arbeitgeber entschieden haben. Employee Experience umschreibt die Summe von Momenten, Interaktionen und Eindrücken, die einen Mitarbeiter innerhalb eines bestimmten Zeitraumes im Unternehmen beeinflussen, von Onboarding-Prozess, über tägliche Routinen bis hin zu Mitarbeiter-Gesprächen und jährlichen Reviews.

Die Candidate Journey wirkt also sowohl nach *außen*, d.h. für Bewerber, als auch nach *innen*, d.h. für Mitarbeiter. Die wichtigste Phase der Candidate Journey ist ganz offensichtlich die vierte Phase, d.h. das gegenseitige Kennenlernen und die sich anschließende Entscheidung von Kandidaten und Unternehmen, ob man zusammenkommt oder nicht.

Damit ist die zweigeteilte Candidate Journey quasi ein **Spiegelbild der zweigeteilten Personalmarketing-Gleichung**. Während bei der Candidate Journey der Blick eines Kandidaten auf den Personalbeschaffungs- und betreuungsprozess im Vordergrund steht, ist bei der Personalmarketing-Gleichung der Standpunkt des Unternehmens maßgebend. Somit sind Candidate Journey und Personalmarketing-Gleichung zwei Seiten derselben Medaille (siehe Abbildung 5-11).

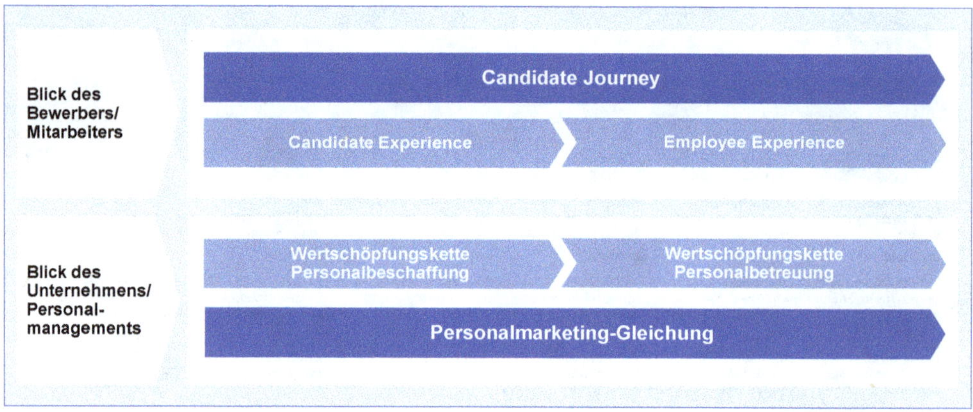
Blick des Bewerbers/ Mitarbeiters
Candidate Journey
Candidate Experience
Employee Experience
Blick des Unternehmens/ Personal-managements
Wertschöpfungskette Personalbeschaffung
Wertschöpfungskette Personalbetreuung
Personalmarketing-Gleichung

Abb. 5-11: Candidate Journey und Personalmarketing-Gleichung

Eine weitere Möglichkeit zur Positionierung bieten die **netzwerkorientierten Internetplattformen** (engl. *Social Networks*) wie Xing, Facebook, Twitter und LinkedIn. Positiv wirkt sich eine starke Corporate Brand auch auf den Verbleib der Mitarbeiter im Unternehmen aus. Eine geringere Mitarbeiterfluktuation wiederum sichert eine höhere Rendite der Personalentwicklungsmaßnahmen (engl. *Return on Development*). Ein starkes Corporate Branding beugt vor allem auch der Abwanderung von Potenzial- und Leistungsträgern vor. Dieses Phänomen tritt verstärkt auf, sobald die Chancen zum Wechseln zunehmen. Also meistens dann, wenn die konjunkturellen Daten stimmen.

5.2.3 Signalisierung im Arbeitsmarkt

Unter *Signalisierung* soll im Personalmarketing die Gestaltung des **äußeren Kommunikationsprozesses** eines Unternehmens verstanden werden. Sie besteht in der systematischen Bewusstmachung des **Bewerbervorteils** und schließt damit unmittelbar an die Ergebnisse der Positionierung an. Die *Positionierung* gibt der *Signalisierung* vor, was im Markt zu kommunizieren ist. Die Signalisierung wiederum sorgt für die Umsetzung, d.h. *wie* das *Was* zu kommunizieren ist.

5.2.3.1 Aufgabe und Ziel der Signalisierung

Die Signalisierung ist damit das dritte wesentliche Aktionsfeld im Rahmen des Personalbeschaffungsprozesses und hat die Optimierung der Bewerberwahrnehmung zum Ziel:

Bewerberwahrnehmung = f (Signalisierung) → optimieren!

Signale haben im klassischen (Absatz-)Marketing die Aufgabe, einen Ruf aufzubauen und innovative Produkt- und Leistungsvorteile glaubhaft zu machen. Das gilt in gleicher Weise für das Personalmarketing im Arbeitsmarkt. Unverzichtbare Elemente sind dabei Seriosität, Glaubwürdigkeit und Kompetenz in den Aussagen und Darstellungen. Dazu ist es erforderlich, dass die Signale mehrere Quellen (z. B. Unternehmens-, Stellenanzeigen, Internetauftritt, Recruitingprospekte) haben und in sich konsistent sind.

Im Gegensatz zum Aktionsfeld *Kommunikation* (siehe Abschnitt 5.2.4) befasst sich das Aktionsfeld *Signalisierung* ausschließlich mit den *unpersönlichen* (anonymen) Kommunikationskanälen. Bei der Signalisierung muss es also – im Gegensatz zur Kommunikation – nicht notwendigerweise zu einer Interaktion (zwischen Sender und Empfänger) kommen.

5.2.3.2 Signalisierungsinstrumente

Zu den **Signalisierungsinstrumenten**, die auf eine generelle Positionierung im Arbeitsmarkt abzielen, zählen in erster Linie die Imagewerbung im Print- und Online-Bereich, die Platzierung von Unternehmens- und Recruitingbroschüren sowie Veröffentlichungen von Fachbeiträgen. Damit übernimmt das *Personalmarketing* im Wesentlichen auch die Signalisierungselemente, die im *Absatzmarketing* verwendet werden: **Unternehmenswebsite**, **Geschäftsberichte**, **Imageanzeigen**, **Fachbeiträge** und **Unternehmensbroschüren**. Speziell für die Positionierung im Arbeitsmarkt kommen **Personalberichte**, **Unternehmens- und Business-TV**, **Mitarbeiterzeitschriften** sowie **Personalimagebroschüren** hinzu. Diese Instrumente dienen mehr oder weniger dem „Grundrauschen" im Arbeitsmarkt, sie sorgen i. d. R. aber nicht für die zeitnahe Besetzung von vakanten Stellen. Anders sieht es bei **Stellenanzeigen** aus, die sich an den Bewerbermarkt wenden, um unmittelbar für die Besetzung von vakanten Stellen im Unternehmen zu werben.

Im Mittelpunkt der Signalisierungsanstrengungen im Arbeitsmarkt steht naturgemäß das **Recruiting**.

Recruiting beschreibt alle Maßnahmen, um potenzielle Jobinteressierte darüber zu informieren, dass sie als zukünftige Mitarbeiter gesucht werden und sich bei dem Unternehmen bewerben sollen. Dies geschieht hauptsächlich durch Stellenanzeigen über verschiedene Recruiting-Kanäle wie z. B. Internet-Stellenbörsen oder Social Media.

In Abbildung 5-12 sind die verschiedenen **Recruiting-Kanäle** nach ihrem Nutzungsgrad aufgeführt.

GENERELLE NUTZUNG VERSCHIEDENER RECRUITING-KANÄLE

Ziel-/Kandidatengruppen – Ansprache	Mitarbeiterempfehlungen	Online-Stellenbörsen	Eigene Karriere-Website	CV-Datenbanken	Personalberater	Social Media	Online-(Business)-Netzwerke (Active Sourcing)	Print-Stellenanzeigen	Initiativbewerbungen	Rekrutierungsveranstaltungen	Sonstige*
	Kommunikations-/Recruiting-Kanäle										
Einstiegspositionen	**37 %**	**47 %**	**46 %**	5 %	2 %	**30 %**	8 %	**16 %**	**32 %**	**31 %**	**7 %**
Einfache Tätigkeiten	28 %	34 %	35 %	5 %	3 %	17 %	5 %	15 %	21 %	9 %	5 %
Berufseinsteiger mit abgeschlossener Ausbildung/Lehre	30 %	41 %	40 %	6 %	4 %	20 %	7 %	12 %	27 %	13 %	5 %
Hochschulabsolventen	33 %	**47 %**	43 %	7 %	4 %	27 %	18 %	10 %	26 %	24 %	5 %
Facharbeiter (z. B. Technik, Industrie, Handwerk)	25 %	33 %	33 %	5 %	7 %	17 %	9 %	**16 %**	22 %	9 %	5 %
Fachkräfte Bürotätigkeiten (kaufmännische Berufe)	28 %	41 %	41 %	7 %	6 %	22 %	11 %	11 %	27 %	8 %	4 %
Fachkräfte Vertrieb	22 %	33 %	28 %	5 %	9 %	18 %	14 %	8 %	17 %	7 %	2 %
Fachkräfte MINT	24 %	34 %	28 %	6 %	9 %	19 %	18 %	7 %	17 %	15 %	4 %
Fachkräfte Dienstleistungsberufe (z. B. Pflegepersonal, Gesundheit etc.)	12 %	15 %	15 %	2 %	2 %	11 %	4 %	6 %	9 %	6 %	5 %
Management und Führungskräfte	27 %	37 %	38 %	**8 %**	**31 %**	20 %	**23 %**	11 %	24 %	10 %	**7 %**
Sonstige	11 %	14 %	14 %	1 %	2 %	8 %	4 %	4 %	9 %	4 %	5 %

* Weitere Recruiting-Kanäle wurde anhand von Freitextfragen für die unterschiedlichen Zielgruppen erfasst.
Farblich hervorgehoben = höchste Bewertung für jeweilige Ziel-/Kandidatengruppe; fett = höchste Bewertung des jeweiligen Recruiting-Kanals. Mehrfachauswahl möglich, Summen für einzelne Ziel-/Kandidatengruppen ergeben nicht 100 Prozent. (n = 169)

Das Insert zeigt die generelle Nutzung der Recruiting-Kanäle zur Ansprache verschiedener Kandidatengruppen. Mit Ausnahme der Zielgruppe für einfache Tätigkeiten sowie der Kandidatengruppe Management und Führungskräfte sind Online-Stellenbörsen der Kanal, der am häufigsten zur Ansprache genutzt wird. Allerdings tritt bei gut der Hälfte der in der Studie betrachteten Zielgruppen auch die unternehmenseigene Karriere-Website an eine gleichbedeutende Position (zum Beispiel für Facharbeiter, Fachkräfte für Bürotätigkeiten und Dienstleistungsberufe in Pflege/Gesundheit). Auch die Mitarbeiterempfehlungen, Social Media und die Initiativbewerbungen wiesen bei einem Großteil der Zielgruppen noch durchaus deutliche Nutzungszahlen aus. Darüber hinaus sind für ausgewählte Kandidatengruppen und Kommunikationskanäle erkennbare Nutzungsschwerpunkte zu identifizieren: Für die Zielgruppe Management und Führungskräfte nennen die Unternehmen etwa die Personalberater und Active Sourcing. Diese beiden Kanäle kommen in dieser Zielgruppe deutlich häufiger zum Einsatz als bei den anderen. Rekrutierungsveranstaltungen werden dagegen schwerpunktmäßig für Einstiegspositionen eingesetzt, was kaum überrascht. Als sonstige Recruiting-Kanäle nannten die Studienteilnehmer in den Freitexten zum Beispiel eigene Talentpools, Hochschulkooperationen, Fachkonferenzen und -vorträge, digitales Marketing (im Sinne von Display-Kampagnen, Targeting-Ansätzen, Paid Content et cetera), Platzierung eigener Dozenten an Hochschulen, Bewerbungstrainings an Schulen sowie die Bundesagentur für Arbeit. Auffällig ist bei dieser Frage die vergleichsweise geringe Beteiligung. [Quelle: Recruiting Strategien 2018]

Abb. 5-12: Generelle Nutzung verschiedener Recruiting-Kanäle

5.2.3.3 E-Recruiting

Das E-Recruiting (auch *E-Cruiting*) als internet- und intranetbasierte Personalbeschaffung und -auswahl hat sich als ein entscheidendes Signalisierungsinstrument im Arbeitsmarkt etabliert. Der Wirkungskreis des E-Recruiting reicht von der Personalakquisition in Stellenbörsen bis zur Abwicklung des kompletten Bewerbungsprozesses im Inter-/ oder Intranet.

Fünf verschiedene **Recruiting-Kanäle** prägen den Online-Stellenmarkt:

- Online Stellenbörsen (Jobbörsen)
- Eigene Karrierewebsite
- CV-Datenbanken
- Soziale Medien
- Active Sourcing.

Online Stellenbörsen. Die Anzahl der Internet-Jobbörsen wächst ständig. Neben den bundesweit tätigen Stellenbörsen wie StepStone, Monster oder Jobpilot haben sich auch regionale und branchenspezifische Jobbörsen etabliert. Internet-Stellenbörsen machen Anzeigen mit Hilfe technischer Grundlagen des Internets und Datenbanksystemen einer breiten Öffentlichkeit zugänglich. Internet-Jobbörsen akquirieren Stellenangebote und Bewerber und veröffentlichen diese über einen eigenen Server im Internet. Die Dienstleistung betrifft neben der Einstellung ins World Wide Web, auch die Pflege und teilweise Gestaltung der Daten. Jobbörsen haben aus Kostengründen und Effektivität in der Informationsbereitstellung (24 Stunden, sieben Tage, globale Verfügbarkeit) sowie Schnelligkeit und Funktionalität in der Prozessabwicklung nachhaltige Vorteile im Medienwettbewerb und bei den E-Recruiting-Prozessen erreicht.

Mittlerweile existieren mehr als 500 Jobbörsen im deutschen Arbeitsmarkt. Relativ niedrige Einstiegsbarrieren für spezialisierte Jobbörsen sorgen für zahlreiche Nischenanbieter. Aufgrund von Unterschieden hinsichtlich der Zahl und Qualität der Angebote oder auch der Kosten für das Einstellen von Anzeigen oder Angeboten, empfiehlt sich für den Nutzer ein Vergleich der Online-Stellenmärkte.

Karrierewebsite. Während Unternehmen das Internet zunächst ausschließlich im Absatzmarketing zur Selbstdarstellung bzw. zur Präsentation ihres Produkt- oder Dienstleistungsprogramms nutzten, stellen sie mittlerweile ihren internen Stellenbedarf sowie die eigene Personalarbeit im Internet mit einer eigenen Karrierewebsite vor. Heutzutage investieren nahezu alle Firmen in den Aufbau einer „karrieregetriebenen" Website genauso viel wie in die Präsentation der Produkte und Dienstleistungen. Dementsprechend kommunizieren nahezu alle mittleren und größeren Unternehmen ihre offenen Stellen über die eigene Unternehmenswebseite.

CV-Datenbanken. Die Funktionalität der webbasierten Vermittlung wird durch Profile, konzentriertes Matching, Kandidaten-Datenbanken und Bewerber-Management-Systeme sukzessiv verbessert. Die erweiterten Funktionalitäten wie die Suche in Lebensläufen, Logoschaltungen, Banner-Verlinkungen und ein fundiertes Bewerbermanagement bieten den personalsuchenden Unternehmen eine Reihe neuer Möglichkeiten. Eigene Suchaufträge in Lebenslaufdatenbanken haben sich aber noch nicht vollständig durchgesetzt. Das Gleiche gilt für die Bewerbervorauswahl über Onlinefragebögen.

Soziale Medien. Immer mehr Unternehmen nutzen Social Media nicht nur um Employer Branding zu betreiben, sondern auch um Stellenanzeigen zu veröffentlichen. Kandidaten verwenden Social Media, um nach Stellenanzeigen zu suchen und Informationen über Unternehmen einzuholen. Im Sourcing suchen Unternehmen in sozialen Netzwerkplattformen oder Karrierenetzwerken aktiv nach Profilen geeigneter Kandidaten oder nutzen Social Media, um sich mit Kandidaten zu vernetzen.

Im Recruiting nutzen die Unternehmen verschiedene Social-Media-Kanäle, um Stellenanzeigen zu veröffentlichen und Image-Werbung (Employer-Branding-Kampagnen) zu platzieren. Von den Unternehmen wird am häufigsten XING genutzt, gefolgt von LinkedIn und Facebook. In der IT-Branche werden die Social-Media-Kanäle deutlich häufiger verwendet als in anderen Industrien [vgl. Recruiting Trends 2018 – Social Recruiting und Active Sourcing].

Active Sourcing. Mit Active Sourcing wird ein Recruiting Kanal bezeichnet, bei dem Unternehmen aktiv in Talent-Pools, Lebenslaufdatenbanken oder Karrierenetzwerken nach geeigneten Kandidaten suchen. Active Sourcing wird beim Recruiting immer wichtiger, denn der traditionelle Prozess, in dem eine Firma eine Stellenanzeige aufgibt und aus den Bewerbern auswählt, ist häufig wirkungslos, wenn es darum geht, die wahren Motive der Kandidaten bei der Stellensuche zu erkennen. Durch soziale Medien wie Xing und LinkedIn, auf denen die Profile von potenziellen Kandidaten einsehbar sind, wird Active Sourcing zudem immer einfacher [vgl. Creusen et al. 2017, S. 91 f.].

Nach den Umfrageergebnissen der Recruiting Trends 2018 spricht ein Top-1.000-Unternehmen durchschnittlich pro Tag vier Kandidaten aktiv an und beschäftigt im Durchschnitt einen HR-Mitarbeiter, der sich intensiv mit der Direktansprache von Kandidaten befasst. In der IT-Branche spielt das Active Sourcing eine noch wichtigere Rolle. Durchschnittlich werden hier 13 Kandidaten pro Tag aktiv angesprochen und die IT-Unternehmen beschäftigen durchschnittlich zwei HR-Mitarbeiter, die sich intensiv mit der Direktansprache von Kandidaten befassen. Aus Kandidatensicht zeigt sich, dass diese es immer mehr bevorzugen, von einem Unternehmen angesprochen zu werden, als sich selbst initial zu bewerben.

Ein professionelles Active Sourcing erfordert von den Unternehmen die Durchführung bestimmter Maßnahmen. Hierzu zählen [vgl. Recruiting Trends 2018]:

- Schulung der Mitarbeiter hinsichtlich der Direktansprache von Kandidaten,
- Definition von Zielgruppen, die vermehrt angesprochen werden sollen,
- Konkrete Ansprachen dieser verschiedenen Zielgruppen,
- Nachfassen bei bereits aktiv angesprochenen Kandidaten,
- Umgang mit negativen und positiven Rückmeldungen festlegen.

Darüber hinaus ist eine festgesetzte Kontaktaufnahme für ein erstes Gespräch und die eventuelle Aufnahme in den Talent-Pool relevant.

5.2.4 Kommunikation mit dem Bewerber

5.2.4.1 Aufgabe und Ziel der Kommunikation

Das Aktionsfeld *Kommunikation* dient als Weichenstellung für den Entscheidungsprozess des Bewerbers und ist das vierte Aktionsfeld im Rahmen des Personalbeschaffungsprozesses. Ziel der Kommunikation ist der Einstellungswunsch des Bewerbers und der Aufbau eines Vertrauensverhältnisses. Bei der Kommunikation geht es somit um die Optimierung des *Bewerbervertrauens*:

Bewerbervertrauen = f (Kommunikation)→ optimieren!

Während die Signalisierungsinstrumente nur in eine Richtung wirken, betonen die Kommunikationsinstrumente den Dialog. Es geht im Aktionsfeld *Kommunikation* also um den persönlichen Kontakt des Unternehmens mit dem Bewerber. Häufig wird die Signalisierung auch als *unpersönliche* Kommunikation bezeichnet [vgl. auch Simon et al. 1995, S. 175 ff.].

5.2.4.2 Kommunikationsmaßnahmen

Für die (persönliche) Kommunikation gibt es – ebenso wie für die (unpersönliche) Signalisierung – ein ganzes Bündel von Maßnahmen. Es reicht über das Angebot von Praktika und Werkstudententätigkeiten über Seminare und Vorträge an Hochschulen bis zur Durchführung von Sommerakademien und Career Camps. Insgesamt werden diese Kommunikationsmaßnahmen dem **Hochschulmarketing** zugerechnet.

Eine Bestandsaufnahme des Hochschulmarketings macht deutlich, dass bei der Auswahl und Entwicklung von Kommunikationsmaßnahmen der Kreativität keine Grenzen gesetzt sind. Oft reichen im Wettbewerb um den geeigneten Bewerber die klassischen Wege der Bewerberansprache nicht mehr aus. Entscheidend aber ist in jedem Fall, dass ein glaubwürdiger Dialog im Vordergrund jeglicher Kommunikation steht. Nur über Glaubwürdigkeit lässt sich das notwendige Vertrauen beim Bewerber aufbauen [vgl. Lippold 2015a, S. 129 f.].

Nach der Form der Kommunikation mit den Bewerbern sind die in Abbildung 5-13 dargestellten Maßnahmengruppen zu unterscheiden [vgl. Lippold 2010b, S. 14]:

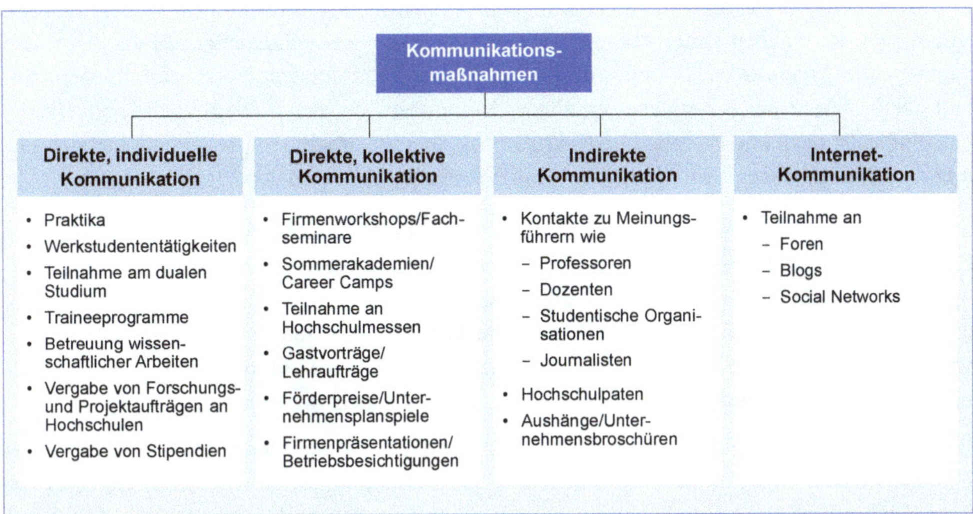
Kommunikations-maßnahmen
Direkte, individuelle Kommunikation
• Praktika
• Werkstudententätigkeiten
• Teilnahme am dualen Studium
• Traineeprogramme
• Betreuung wissenschaftlicher Arbeiten
• Vergabe von Forschungs- und Projektaufträgen an Hochschulen
• Vergabe von Stipendien
Direkte, kollektive Kommunikation
• Firmenworkshops/Fachseminare
• Sommerakademien/ Career Camps
• Teilnahme an Hochschulmessen
• Gastvorträge/ Lehraufträge
• Förderpreise/Unternehmensplanspiele
• Firmenpräsentationen/ Betriebsbesichtigungen
Indirekte Kommunikation
• Kontakte zu Meinungsführern wie
- Professoren
- Dozenten
- Studentische Organisationen
- Journalisten
• Hochschulpaten
• Aushänge/Unternehmensbroschüren
Internet-Kommunikation
• Teilnahme an
- Foren
- Blogs
- Social Networks

Abb. 5-13: Kommunikationsmaßnahmen

Praktikum. Zu den häufigsten Maßnahmen der direkten, individuellen Kommunikation zählt die Vergabe von Praktikumsplätzen. Das Praktikum ermöglicht eine frühzeitige Kontaktaufnahme mit interessierten Studierenden und dient dazu, Informationen bezüglich ihres Arbeitseinsatzes, -ergebnisses und -verhaltens zu gewinnen. Durch die zusätzlich gewonnenen Informationen kann der Auswahlprozess teilweise verkürzt oder ganz entfallen, besonders dann, wenn das Praktikum gegen Ende des Studiums absolviert wird. Im Gegenzug ermöglicht es den Studierenden, erste Einblicke in ein Unternehmen und seine Kultur zu erhalten.

Werkstudententätigkeit. Eine frühzeitige Bindung an das Unternehmen kann auch über die Werkstudententätigkeit erfolgen. Werkstudenten sind im Normalfall eine über eine längere Zeit angestellte Arbeitskraft. Die übertragenen Aufgaben können unterschiedliche Qualitäten aufweisen. Sie reichen von anspruchsvollen, interessanten Tätigkeiten über Aushilfsarbeiten bis hin zum Kaffeekochen.

Duales Studium. Eine sehr gute Möglichkeit, interessierte und leistungsstarke Studierende frühzeitig an das Unternehmen zu binden, bietet die Teilnahme am dualen Studium. Duale Studiengänge haben in den letzten Jahren einen großen Zulauf erfahren. Immer mehr Schulabgänger und Studieninteressenten entscheiden sich für die Kombination aus Praxisphasen im Unternehmen und theoretischen Vorlesungszeiten in einer Uni, Fachhochschule, dualen Hochschule oder Berufsakademie.

Referral Programme. Mitarbeiterempfehlungen zählen zu den leistungsfähigsten Recruiting-Maßnahmen. Unternehmen sehen in Mitarbeiterempfehlungen die Chance, ihre Mitarbeiter als Botschafter des Unternehmens einzusetzen und Kontakt zu potenziellen Kandidaten aufzubauen, die häufig ähnliche Ausbildungswege, Berufserfahrungen oder Profile haben. Bei vielen Unternehmen ist diese Personalbeschaffungsmaßnahme derart beliebt, dass sie so genannte *Employee-Referral-Programme* aufsetzen. Im Rahmen der Referral-Programme werden die Mitarbeiter des eigenen Unternehmens gebeten, interessante Kandidaten (z. B. aus ihrem Bekannten- oder Freundeskreis) für bestimmte Positionen vorzuschlagen. Nach erfolgreichem Ablauf der Probezeit des Kandidaten erhält der Mitarbeiter, der den Kandidaten vorgeschlagen hat, eine entsprechende Prämie. Die Rekrutierung über Mitarbeiterempfehlungen hat sich immer dann bewährt, wenn ein Mangel an qualifizierten Mitarbeitern vorherrscht.

Trainee-Programme. Auch Trainee-Programme sind für Hochschulabsolventen eine konkrete Einstiegsmöglichkeit, die zudem eine Grundlage für eine erfolgreiche Führungskarriere im betreffenden Unternehmen sein kann. Trainees sind firmenspezifische Nachwuchsförderungen, die heutzutage in vielen Großunternehmen zum festen Bestandteil betrieblicher Personalentwicklung gehören. Die Hochschulabgänger erhalten die Gelegenheit, durch unternehmensspezifische Praxiseinführung verschiedene Einsatzgebiete kennenzulernen.

Betreuung wissenschaftlicher Arbeiten. Die Betreuung wissenschaftlicher Arbeiten bietet Unternehmen die Möglichkeit zur gezielten Rekrutierung besonders leistungsfähiger Nachwuchskräfte. Darüber hinaus steht der Wissenstransfer zwischen Hochschule und Praxis im Mittelpunkt einer solchen Maßnahme. Zu den wissenschaftlichen Arbeiten zählen Seminar-, Bachelor-, Master- und Diplomarbeiten. Durch Vergabe eines vom Unternehmen definierten

Themas können sich die Studierenden weitgehend selbstständig mit der Problemstellung auseinandersetzen und Gestaltungsempfehlungen abgeben. Der Grad der Unterstützung kann dabei sehr stark variieren.

Vergabe von Forschungs- und Projektaufträgen. Auch die Zusammenarbeit mit Hochschulen im Bereich *Forschung und Entwicklung* kann gezielt für das Personalmarketing verwendet werden. Bei Vergabe von Forschungs- und Projektaufträgen können Qualitäten der Projektteilnehmer beobachtet werden. Ähnlich wie bei der Betreuung wissenschaftlicher Arbeiten steht vor allem der Wissenstransfer von der Hochschule in das Unternehmen im Vordergrund.

Vergabe von Stipendien. Auch durch die Vergabe von Stipendien kann frühzeitig Kontakt zu qualifizierten Studierenden aufgenommen werden. Die Förderung von Wissenschaft und Forschung trägt zum einen zur positiven Imagebildung und zum anderen zur Rekrutierung von geeigneten Absolventen bei. Die Unterstützung kann entweder direkt durch finanzielle Förderung oder indirekt durch Sachleistungen wie Fachbücher erfolgen.

Einschaltung einer Personalberatung. Kernaufgabe einer Personalberatung ist die Suche und Auswahl von Fach- und Führungskräften. Die Personalbeschaffung erfolgt dabei durch einen Berater, der außerhalb des suchenden Unternehmens steht. Im angelsächsischen Raum wird diese Personalfunktion als *Executive Search* bezeichnet. Sie umfasst sowohl die Rekrutierung (print/online) als auch die Suche und Auswahl von qualifiziertem Personal über das Instrument der *Direktansprache* [zu den Aufgaben der Personalberatung siehe Lippold 2018b, S. 109 ff.].

Firmenworkshops/Fachseminare. Bei den Maßnahmen der direkten, aber kollektiven Kommunikation steht die Direktansprache von *Personengruppen* und nicht von einzelnen Personen im Vordergrund. Im Rahmen von Firmenworkshops oder Fachseminaren können Fallbeispiele (engl. *Cases*), Diskussionsrunden oder Präsentationen bei einer vorselektierten Gruppe durchgeführt werden. Dadurch wird ein aktiver Austausch zwischen Unternehmen und Studierenden sichergestellt. Zudem kann eine solche Maßnahme ähnlich wie bei einem *Assessment Center* für eine erste betriebliche Qualifizierung genutzt werden.

Hochschulmessen. Eine viel genutzte Möglichkeit der ersten Kontaktaufnahme mit potentiellen Hochschulabsolventen stellen Hochschulmessen dar. Aufgrund der Präsenz vor Ort kann sich das Unternehmen als zukünftiger Arbeitgeber präsentieren und so eine effiziente zielgruppengerechte Ansprache ermöglichen. Der Messeauftritt hat demzufolge sowohl eine Image- als auch eine Rekrutierungsfunktion.

Gastvorträge/Lehraufträge. Eine weitere Möglichkeit zur direkten, kollektiven Kontaktaufnahme mit potentiellen Bewerbern sind themenbezogene *Gastvorträge*, zu denen Unternehmensvertreter während der Vorlesungszeiten gerne eingeladen werden. Die Verbindung von Praxis und Lehre sowie die Möglichkeit, das Unternehmen mit seiner Leistungsfähigkeit zu präsentieren, kommen beiden Seiten zugute. Eine besonders effektive Möglichkeit, Theorie und Praxis zu „verlinken“ und damit lebensnahe Wissenschaft zu ermöglichen, ist die Übernahme von *Lehraufträgen* durch Firmenvertreter.

Förderpreise/Unternehmensplanspiele. Die Ausschreibung von *Förderpreisen* zielt ebenfalls darauf ab, leistungsfähige Studierende zu identifizieren. Die Auszeichnungen erfolgen zumeist durch eine finanzielle Prämierung oder durch die Vergabe von attraktiven Praktikumsplätzen. Eine Möglichkeit zur praxisbezogenen Themenbearbeitung stellen *Unternehmensplanspiele* dar. Anhand einer konkreten Fragestellung wird versucht, innerhalb eines bestimmten Zeitraumes eine Lösung auszuarbeiten. Planspiele können entweder in der Hochschule, im Unternehmen oder via Internet durchgeführt werden.

Firmenpräsentationen/Betriebsbesichtigungen. *Firmenpräsentationen* werden im Umfeld von Messeveranstaltungen, bei themenspezifischen Veranstaltungen, in Vorlesungen oder im Rahmen von Betriebsbesichtigungen durchgeführt. *Betriebsbesichtigungen* haben zum Ziel, Besucher mit dem Unternehmen bekannt zu machen. Durch die Kombination von Fachvorträgen, Diskussionen und Betriebsbegehungen wird versucht, ein positives Arbeitgeberimage zu verankern. Firmenpräsentationen und Betriebsbesichtigungen sind naturgemäß immer nur ein erster Einstieg und werden hohe Streuverluste haben.

Kontakte zu Meinungsführern. Maßnahmen der indirekten Kommunikation haben zumeist die direkte Kommunikation zum Ziel, d. h. sie bereiten die direkte Kontaktaufnahme mit dem Arbeitgeber vor. Eine wichtige Gruppe umfasst dabei *Kontakte zu Meinungsführern* wie z. B. studentische Organisationen, Professoren, Dozenten, Journalisten oder Berufsberatern. Diese wirken als Multiplikatoren und üben einen nicht zu unterschätzenden Einfluss auf potentielle Bewerber aus.

Hochschulpaten. Um zielführende Kontakte mit Professoren und Dozenten zu vertiefen, haben Unternehmen mit größeren Einstellungskontingenten *Hochschulpaten* etabliert. Solche Paten, die entweder aus Absolventen der betreffenden Hochschule oder aus Personalreferenten gebildet werden, übernehmen für einen längeren Zeitraum die Betreuung der Ziel-Hochschule.

Aushänge/Broschüren. Zur indirekten Kommunikationsform zählen schließlich die generellen Unternehmensinformationen, die häufig nach Gastvorträgen bzw. nach Unternehmenspräsentationen in Form von *Broschüren* abgegeben werden. Diese werden zum Teil auch in den öffentlichen Auslagen der Hochschulen bereitgestellt. Die Pflege, d. h. die regelmäßige Überprüfung und ggf. der Austausch der Bestände mit aktuellen Dokumentationen wird häufig ebenfalls von Hochschulpaten wahrgenommen. Informationen bezüglich Praktika, Projektarbeiten oder Stellenangeboten werden oft als *Aushänge* am „Schwarzen Brett" publiziert.

5.2.4.3 Internet-Kommunikation über soziale Netzwerke

Die Nutzung des Internets in der Personalbeschaffung beschränkt sich nicht nur auf den Bewerbungseingang und die Bewerbungsabwicklung sowie auf die Veröffentlichung von Stellenanzeigen auf der unternehmenseigenen Homepage oder in Jobbörsen. Seitdem Foren, Blogs und Social Networks bestehen, haben sich sowohl für Unternehmen, als auch für Bewerber neue Potenziale eröffnet, wenn es um die Suche nach Informationen über die jeweils andere Seite geht. Die Kommunikation verlagert sich also zunehmend vom privaten in den öffentlichen Raum. Im Mittelpunkt stehen die Beziehungsnetzwerke, die aufgrund ihrer besonderen Bedeutung für das Personalmarketing im Folgenden näher beleuchtet werden sollen.

Um die Auswirkungen dieses Phänomens für das Personalmarketing einordnen zu können, ist es erforderlich, die Nutzung von Social Media durch die Bewerber einerseits und durch die Unternehmen als Arbeitgeber andererseits zu analysieren. Neben Bewerber und Unternehmen kommt aber noch eine dritte Zielgruppe für das Personalmarketing hinzu: die eigenen Mitarbeiter.

Social Media – Nutzung durch Bewerber. *Professionelle Netzwerke* wie Xing oder LinkedIn dienen gezielt dem Austausch zwischen Geschäftspartnern, Mitarbeitern sowie – inzwischen deutlich vermehrt – zwischen Bewerbern und Unternehmen. Sie bieten die Vorzüge und Kommunikationsmöglichkeiten eines Social Networks, setzen dabei jedoch im Gegensatz zu Facebook auf Seriosität der Inhalte. So überraschen auch die Ergebnisse einer Befragung unter 3.500 Bewerbern nicht: Rund 26 Prozent der Befragten präferieren Xing, 20 Prozent LinkedIn und lediglich knapp 12 Prozent Facebook (siehe Abbildung 5-14).

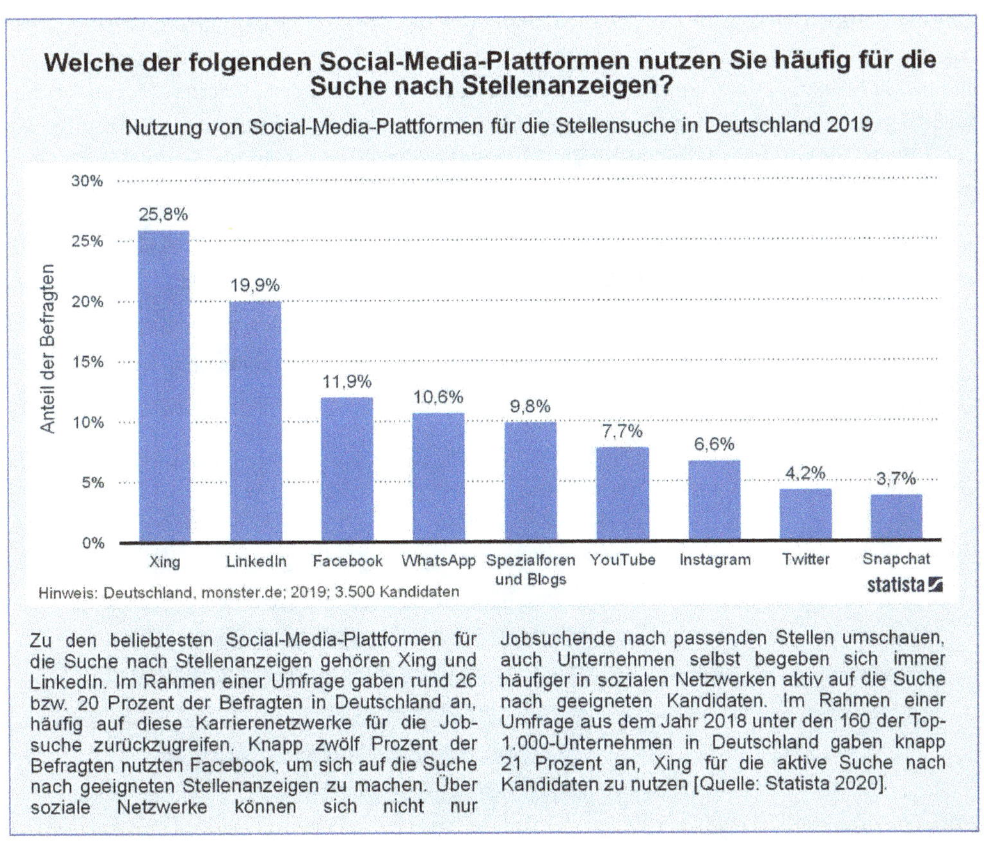
Welche der folgenden Social-Media-Plattformen nutzen Sie häufig für die Suche nach Stellenanzeigen?
Nutzung von Social-Media-Plattformen für die Stellensuche in Deutschland 2019
Anteil der Befragten
30%
25%
20%
15%
10%
5%
0%
25,8%
19,9%
11,9%
10,6%
9,8%
7,7%
6,6%
4,2%
3,7%
Xing
LinkedIn
Facebook
WhatsApp
Spezialforen und Blogs
YouTube
Instagram
Twitter
Snapchat
Hinweis: Deutschland, monster.de; 2019; 3.500 Kandidaten
statista
Zu den beliebtesten Social-Media-Plattformen für die Suche nach Stellenanzeigen gehören Xing und LinkedIn. Im Rahmen einer Umfrage gaben rund 26 bzw. 20 Prozent der Befragten in Deutschland an, häufig auf diese Karrierenetzwerke für die Jobsuche zurückzugreifen. Knapp zwölf Prozent der Befragten nutzten Facebook, um sich auf die Suche nach geeigneten Stellenanzeigen zu machen. Über soziale Netzwerke können sich nicht nur Jobsuchende nach passenden Stellen umschauen, auch Unternehmen selbst begeben sich immer häufiger in sozialen Netzwerken aktiv auf die Suche nach geeigneten Kandidaten. Im Rahmen einer Umfrage aus dem Jahr 2018 unter den 160 der Top-1.000-Unternehmen in Deutschland gaben knapp 21 Prozent an, Xing für die aktive Suche nach Kandidaten zu nutzen [Quelle: Statista 2020].

Abb. 5-14: Beliebteste Social-Media-Plattformen bei Bewerbern

Im deutschsprachigen Raum zählt Xing ca. 16 Millionen Nutzer. Ein Teil der Nutzer pflegt den aktiven Kontakt zu anderen Mitgliedern, der andere Teil benutzt das Netzwerk eher als digitales Adressbuch. Xing dient vornehmlich dem **Ausbau des beruflichen Netzwerkes**, der Jobsuche und Kontaktverwaltung. International ist LinkedIn mit seinen weltweit über 320 Millionen registrierten Nutzer wesentlich bedeutungsvoller. Aber auch im deutschsprachigen Raum haben die rund 12 Millionen LinkedIn-Nutzer – wenn man die Anzahl der Visits zugrunde legt – Xing bereits überholt und im B2B-Bereich hat sich LinkedIn weltweit als das beliebteste Netzwerk etabliert – sogar vor Facebook.

Social Media-Nutzung durch Unternehmen. Die Attraktivität von sozialen Netzwerken liegt für Unternehmen in der Möglichkeit, eine Vielzahl von Menschen dort zu erreichen, wo sie einen Großteil ihrer Internet-Zeit verbringen: Denn Internetnutzer in Deutschland verbringen derzeit fast ein Viertel (23 Prozent) ihrer gesamten Online-Zeit in sozialen Netzwerken. Internet-User sind also durchaus eine attraktive Zielgruppe, um nicht nur den Bekanntheitsgrad von Unternehmen zu steigern und um neue Kunden zu akquirieren bzw. Kundenbeziehungen herzustellen und zu festigen, sondern auch um *neue Mitarbeiter* zu gewinnen.

Zwischenzeitlich wird auch die „zweite Generation" an Social-Media-Plattformen immer populärer, die – häufig auch über eine Mobile App – Trends wie geolokale Dienste oder die zunehmende Visualisierung von Beiträgen aufgreifen und immer spezialisiertere Social-Media-Maßnahmen möglich machen. Die zielgerichtete Optimierung einer Internetpräsenz auf möglichst weite Verbreitung in Social-Media-Netzwerken bezeichnet man als *Social Media Optimization (SMO)*.

Abbildung 5-15 macht deutlich, dass die zweite Generation an Social-Media-Plattformen auch im Aktionsbereich *Personalbeschaffung* angekommen ist und eingesetzt wird.

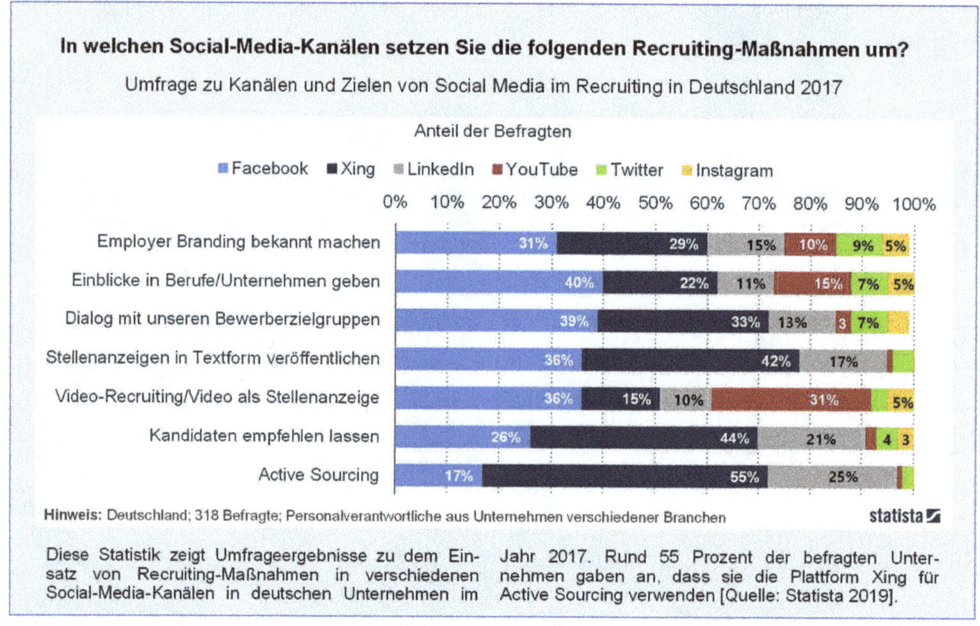
In welchen Social-Media-Kanälen setzen Sie die folgenden Recruiting-Maßnahmen um?
Umfrage zu Kanälen und Zielen von Social Media im Recruiting in Deutschland 2017
Anteil der Befragten
Facebook Xing LinkedIn YouTube Twitter Instagram
0% 10% 20% 30% 40% 50% 60% 70% 80% 90% 100%
Employer Branding bekannt machen 31% 29% 15% 10% 9% 5%
Einblicke in Berufe/Unternehmen geben 40% 22% 11% 15% 7% 5%
Dialog mit unseren Bewerberzielgruppen 39% 33% 13% 3 7%
Stellenanzeigen in Textform veröffentlichen 36% 42% 17%
Video-Recruiting/Video als Stellenanzeige 36% 15% 10% 31% 5%
Kandidaten empfehlen lassen 26% 44% 21% 4 3
Active Sourcing 17% 55% 25%
Hinweis: Deutschland; 318 Befragte; Personalverantwortliche aus Unternehmen verschiedener Branchen
statista
Diese Statistik zeigt Umfrageergebnisse zu dem Einsatz von Recruiting-Maßnahmen in verschiedenen Social-Media-Kanälen in deutschen Unternehmen im Jahr 2017. Rund 55 Prozent der befragten Unternehmen gaben an, dass sie die Plattform Xing für Active Sourcing verwenden [Quelle: Statista 2019].

Abb. 5-15: Einsatz von Social-Media-Kanälen nach Recruiting-Maßnahmen

Besonders hoch ist der Anteil der beruflichen Netzwerke beim Active Sourcing. Dabei steht die Informationssuche über Bewerber im Vordergrund. Mit anderen Worten, wer sich auf eine Stelle bewirbt, muss damit rechnen, dass neben seinen Bewerbungsunterlagen auch seine Profile in sozialen Netzwerken gründlich geprüft werden. In fast jedem zweiten Unternehmen werden die entsprechenden Seiten im Netz unter die Lupe genommen. Dabei werden Einträge in beruflichen Netzwerken wie Xing oder LinkedIn häufiger ausgewertet als die eher privat ausgerichteten wie Facebook, Twitter oder Instagram.

Social Media – Nutzung durch Mitarbeiter. Die Nutzung von sozialen Netzwerken und Suchmaschinen haben aber nicht nur die Möglichkeiten der Kommunikation durch das Internet für Unternehmen und Bewerber, sondern auch für die eigenen *Mitarbeiter* des Unternehmens erheblich erweitert. Diese können ihre Meinungen nun auch fernab von Presse- und Unternehmensmedien oder Kommunikationsabteilungen veröffentlichen. Auch das Personalmanagement hat ganz offensichtlich erkannt, wie wichtig die Nutzung neuer Medien ist, um die interne Zusammenarbeit und die Verbindung der Mitarbeiter mit ihrer eigenen Organisation (engl. *Connectivity*) zu verbessern. Zukünftig werden also immer mehr Mitarbeiter freiwillig oder unfreiwillig zu Botschaftern ihres Unternehmens bzw. der Unternehmensmarke. Auf diese (weitgehend unkontrollierbaren) Kommunikationswege müssen sich Arbeitgeber einstellen und vorbereiten.

Es ist also zu kurz gesprungen, wenn sich Unternehmen ausschließlich bei der Zielgruppe der potenziellen Bewerber positionieren. Auch andere Zielgruppen wie Mitarbeiter, Analysten, Kunden, Journalisten, Lieferanten, Alumni und sonstige Interessierte (also die *Stakeholder* eines Unternehmens) sind daran interessiert, wie sich das Unternehmen als Arbeitgeber präsentiert oder sich sozial engagiert. Hier müssen also PR-Arbeit und HR-Arbeit Hand in Hand gehen, auch (oder gerade!) wenn ein Arbeitgeber schon längst keine vollständige Kontrolle mehr darüber hat, was über ihn veröffentlicht wird [vgl. Jäger 2008, S. 64 f.].

Letztlich sind es drei Zielgruppen, die das Personalmarketing in Verbindung mit der Nutzung von sozialen Netzwerken berücksichtigen muss: die Bewerber, das Unternehmen in seiner Gesamtheit sowie die eigenen Mitarbeiter.

5.3 Personalauswahl und -integration – Optimierung der Akzeptanz

5.3.1 Aufgabe und Ziel der Personalauswahl und -integration

Das fünfte und letzte Aktionsfeld im Rahmen der personalbeschaffungsorientierten Prozesskette ist die Auswahl und Einstellung des Bewerbers. Bei diesem Aktionsfeld geht es um die Optimierung der Bewerberakzeptanz.

Bewerberakzeptanz = f (Auswahl und Integration) → optimieren!

Ziel der Personalauswahl ist es, den geeignetsten Kandidaten für die entsprechende Projektbesetzung zu finden. Ziel der Personalintegration ist es, dem neuen Mitarbeiter die Einarbeitung in die Anforderungen des Unternehmens zu erleichtern. Während die Personalauswahl noch eindeutig der Personalbeschaffungskette zuzuordnen ist, bildet die Personalintegration die Nahtstelle zwischen der Personalbeschaffungskette und der Personalbetreuungskette.

Einige sehr radikale, aber durchaus ernst zu nehmende Empfehlungen für den Personalauswahlprozess speziell von Führungs- und Führungsnachwuchskräften sind in Abbildung 5-16 (etwas verkürzt) wiedergegeben. Der Autor dieser Empfehlungen war Partner und Geschäftsführer eines internationalen Beratungsunternehmens.

Da diese Empfehlungen einen grundlegenden und nach unserer Ansicht auch beispielgebenden Charakter haben, ist der Katalog dem Kapitel vorangestellt.

5.3.2 Instrumente der Personalauswahl

Im Wesentlichen sind es drei Ausleseschwerpunkte, die die Grundlage für die Entscheidung bei der Auswahl externer Bewerber bilden [vgl. Jung 2006, S. 154]:

- die detaillierte Prüfung der Bewerbungsunterlagen,
- die Durchführung von Bewerbungsgesprächen sowie ggf.
- die Durchführung von Einstellungstests.

5.3.2.1 Bewerbungsunterlagen

Zwar wird kaum ein Unternehmen einen Bewerber ausschließlich aufgrund seiner Bewerbungsunterlagen einstellen, dennoch sind Bewerbungsunterlagen – unabhängig davon, ob sie schriftlich oder via Internet eingereicht werden – der Türöffner für das Vorstellungsgespräch.

Das **Screening**, d. h. die strukturierte Analyse der Bewerbungsunterlagen liefert erste Anhaltspunkte über die fachliche und persönliche Eignung des Bewerbers. Dieser Profilabgleich wird heutzutage zumeist anhand von Online-Formularen durchgeführt (Online-Profilabgleich). Einem sorgfältig durchgeführten Screening der Bewerbungsunterlagen kommt auch deshalb eine besondere Bedeutung zu, weil hier regelmäßig das größte Einsparungspotenzial im Zuge des im Allgemeinen sehr zeit- und kostenaufwendigen Personalauswahlprozesses zu finden ist. Daher verwundert es leider kaum, dass besonders die leicht quantifizierbaren Auswahlkriterien wie Schul- und Examensnoten die dominierende Rolle beim Screening spielen und somit häufig nur sehr gute Noten als „Eintrittskarte“ zum Vorstellungsgespräch dienen.

Radikalkur in der Personalauswahl

von *Thorsten Schumacher*

Ein Schlagwort hat Geschichte gemacht: „War for talents“ ist ein Begriff, der zugleich Entschlossenheit, martialische Nachdrücklichkeit und Siegeswillen ausstrahlt. Doch ein realistischer Blick in den Alltag des Personalgeschäfts lässt einen häufig erschaudern. Die Personalauswahl befindet sich – so die Auffassung des Autors – in zu vielen Unternehmen in einem schlechten Zustand. Die folgenden sieben Empfehlungen stellen die Praxis der Personalauswahl auf den Kopf. Wer sie beherzigt, wird nach Meinung des Autors eine weitgehend unentdeckte Quelle für Leistungs- und Wettbewerbsfähigkeit in der Personalbeschaffung erschließen.

1. Empfehlung: **Glaubwürdigkeit statt Übertreibung**

Fragt man die Personalrecruiter nach den Eigenschaften, die eine Führungskraft auf sich vereinigen sollte, so hören sich die Antworten regelmäßig wie das „Einmaleins zum Universalgenie“ an, zum Beispiel: unternehmerisch denken, teamorientiert, empathisch, sensibel, durchsetzungsstark, entscheidungsfreudig, visionär, kommunikativ, begeisterungsfähig, begeisternd, sozial ausgerichtet, multikulturell. Die in den Personalabteilungen vorherrschende Meinung, dass Top-Leute eine Mischung aus Nobelpreisträger für Mathematik, Oberstleutnant und Show-Master sein müssten, ist allerdings nicht nur auf Führungskräfte beschränkt, sondern auch bei Hochschulabsolventen liegt die Latte für den Wunschkandidaten ziemlich hoch: 25 Jahre, hat in zwei Ländern studiert, diverse Praktika absolviert, spricht natürlich verhandlungssicheres Englisch (99 Prozent der Absolventen haben noch nie eine Verhandlung in englischer Sprache führen können), ist in verschiedenen Institutionen sozial, kulturell oder sonst wie engagiert und hat natürlich eine erste zwei- bis dreijährige berufliche Praxis erfolgreich hinter sich gebracht. Drehen wir mal den Spieß herum. Für mich scheinen diejenigen Unternehmen glaubwürdig, die diese Immer-schneller-höher-weiter-Spirale nicht mitmachen und ambitionierte, aber eben auch realistische Erwartungen formulieren.

2. Empfehlung: **Assignments statt Stellen**

Die Personalauswahl wird in der Praxis auf Basis einer falschen Fragestellung durchgeführt. Diese lautet: Welcher Kandidat passt am besten zu der offenen Stelle und der dazugehörigen Stellenbeschreibung? Ich habe in meiner Arbeit kaum etwas finden können, das so überflüssig und nichtssagend ist wie Stellenbeschreibungen. Schon der Begriff ist vielsagend: eine Stelle steht, ist unbeweglich, starr und statisch. Entsprechend sind auch die Stellenbeschreibungen statisch und zudem unverständlich. Statt dessen empfehle ich, den Blick auf Assignments zu lenken. Also: welche spezifische Aufgabe stellt sich für den nächsten überschaubaren Zeithorizont und welche Ergebnisse sind zu erwarten?

3. Empfehlung: **An Stärken orientieren**

Wenn die Mitarbeiter ihre individuellen Stärken nicht zur Geltung bringen können, hat dies vier fatale Folgen: die Stärken werden relativ schwächer, die Motivation geht in den Keller, Zynismus droht um sich zu greifen, und schließlich verlassen die besten Leute das Unternehmen. Die hiermit einhergehenden Kosten sind „verdeckt“; ihre Größenordnung wird in den meisten Fällen unterschätzt oder gar nicht erkannt. Für eine Umkehr der betrieblichen Praxis lautet die Leitfrage: „Was fällt Ihnen leicht?“ Die wesentliche Gestaltungsaufgabe besteht darin, vorhandene Aufgaben mit individuellen Stärken weitgehend zur Deckung zu bringen.

4. Empfehlung: **Kanten statt Rundungen**

Statt Leute mit ausgeprägten Stärken für Führungsaufgaben einzusetzen, werden die Kandidaten mit den geringsten Schwächen ausgewählt. So sind die Unternehmen voller „abgerundeten Persönlichkeiten“ – dermaßen abgerundet, dass keine Idee und kein wirksamer Vorschlag an einer Kante hängenbleiben. Mittelmäßigkeit ist programmiert. Entscheiden Sie sich auch und gerade in der Personalauswahl für Vielfalt statt Konformität.

5. Empfehlung: **Performance statt Potenziale**

Potenziale, die bei der Besetzung von Führungsaufgaben eifrig aufgespürt werden, sind zunächst nur vage Erwartungen; Hoffnungen auf Leistungen, die der Kandidat später einmal erbringen könnte. Oder auch nicht. Woraus aber wird das abgeleitet? Konzentrieren Sie sich bei der Auswahl für Führungsaufgaben auf die tatsächlichen Leistungen, die der Kandidat bisher erbracht hat, und überlassen Sie die Potenzialeinschätzung Ihren Wettbewerbern. Achten Sie dabei auf die (maximal zwei Prozent) Bewerber, die einen Lebenslauf schreiben, der Ergebnisse und nicht Positionen in den Mittelpunkt stellen. Dies sind die besonders wirksamen Führungskräfte.

6. Empfehlung: **Einstellungen statt Sachkenntnisse**

Immer noch werden in der Mehrzahl der Auswahlverfahren die falschen Fragen gestellt. Gefragt wird nach den fachlichen Fähigkeiten des Bewerbers. Seine Sachkompetenz, die inhaltliche Überzeugung stehen im Mittelpunkt. Darauf kommt es jedoch primär nicht an. Wichtiger als Sachkenntnisse sind Einstellungen, Sensibilitäten, Verhaltensmuster und Prägungen, Grundannahmen und innere Einstellungen, insbesondere zur Selbstverantwortung. Hierdurch entscheidet sich, ob die Führungskraft einen substantiellen Beitrag zur Weiterentwicklung des Unternehmens liefern wird.

7. Empfehlung: **Professionelle Auswahl statt Reparaturzirkus Personalentwicklung**

Schichten Sie Geld und Zeit um von der Personalentwicklung hin zur Personalauswahl. Investieren Sie mehr Zeit und Geld in die Auswahl Ihres wichtigsten Assets. Je erfolgreicher eine Organisation bei der Personalauswahl ist, desto weniger Zeit, Energie und Geld ist für spätere, oft mühsame Maßnahmen für Personalentwicklung, Trainings, Anpassungsmaßnahmen, Umorganisationen oder, nicht selten, vorzeitigen Trennungen erforderlich.

[Quelle: FAZ vom 14.08.2006, S. 18]

Abb. 5-16: „Radikalkur in der Personalauswahl“

Dies hat allerdings den Nachteil, dass „weiche“ Kriterien wie Persönlichkeit, Kommunikationsfähigkeit, Motivation und Kreativität, die (erst) im Rahmen des Vorstellungsgesprächs eine Hauptrolle spielen und letztlich die entscheidenden Kriterien für einen „guten“ Kandidaten sind, in der Vorauswahl zwangsläufig unter den Tisch fallen.

Überhaupt ist der **„Tunnelblick“** vieler Personalreferenten **auf die Noten** vielfach weder gerechtfertigt noch zielführend für das personalsuchende Unternehmen. Natürlich sind (Abschluss-)Noten nicht unwichtig, sie aber als einziges Zulassungskriterium zum persönlichen Vorstellungsgespräch zu missbrauchen, ist häufig kurzsichtig und wenig dienlich, um die richtigen Kandidaten für den ausgeschriebenen Job zu bekommen. Sportliche Bestleistungen, ein selbstfinanziertes Studium, ein Engagement als Schul- oder Studierendensprecher, Praktika oder Auslandsaufenthalte, die allesamt vielleicht zu einer etwas schlechteren Durchschnittsnote, aber auch zur Entwicklung der individuellen Persönlichkeit beigetragen haben, sollten den Unternehmen doch mindestens genau so viel Wert sein, wie die Noten mit der „Eins vor dem Komma“. Persönlichkeit kann man nicht lernen, Sprachen oder Mathematik sehr wohl. Es ist sicherlich legitim, dass jedes Unternehmen nur die Besten, also die sogenannten High Potentials einstellen möchte. Doch wer sind die Besten? Und vor allem: Wer sind die Besten für das jeweilige Unternehmen? Und schließlich: Wozu braucht man unbedingt High Potentials?

5.3.2.2 Bewerbungsgespräch

Das Bewerbungsgespräch (oder **Vorstellungsgespräch** oder **Einstellungsinterview**) ist das verbreitetste Instrument der Personalauswahl. Mit dem Bewerbungsgespräch werden mehrere Ziele verfolgt: Das Unternehmen wird versuchen, die Einstellungen, Zielvorstellungen und Werte des Bewerbers kennenzulernen und ggf. offengebliebenen Fragen aus den Bewerbungsunterlagen nachzugehen.

Hier geht es vor allem darum, über die offensichtlichen Eigenschaften des bzw. der Kandidaten wie Ausbildung, Noten, Erfahrung und Wissen hinaus möglichst tief in jene Eigenschaften einzutauchen, die das Unternehmen erst später zu spüren bekommt. Dies sind u.a. so wichtige Eigenschaften wie Interessen, Talente, Werte, Gewissenhaftigkeit, Teamorientierung, Intelligenz, Motivation, Loyalität und Lernfähigkeit.

Das Einstellungsgespräch ist mit einem **Eisberg** zu vergleichen: Bestimmte Eigenschaften des Kandidaten sind offensichtlich, die Mehrzahl der Eigenschaften liegt aber unter der Oberfläche (siehe Abbildung 5-17). Die Aussagefähigkeit von Interviews lässt sich durch Steigerung des Strukturierungsgrades sowie durch die Schulung und den Einsatz mehrerer Interviewer erhöhen. Auch ist es durchaus üblich, mehrere Interviews mit unterschiedlichen Gesprächspartnern (auch an verschiedenen Tagen und Orten) durchzuführen. Selbst bei Einstiegspositionen für Hochschulabsolventen sind durchschnittlich drei Bewerbungsgespräche üblich.

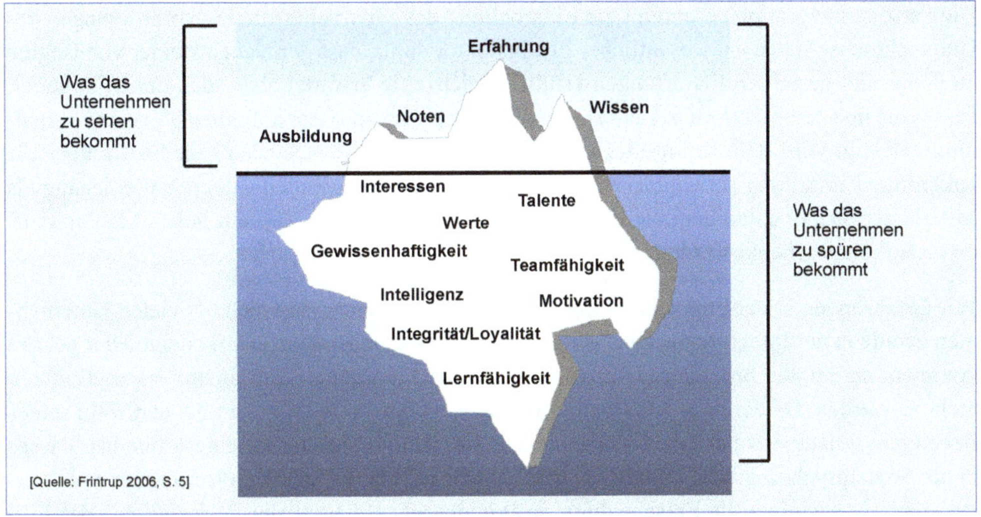
Was das
Unternehmen
zu sehen
bekommt
Erfahrung
Noten
Wissen
Ausbildung
Interessen
Talente
Werte
Gewissenhaftigkeit
Teamfähigkeit
Intelligenz
Motivation
Integrität/Loyalität
Lernfähigkeit
Was das
Unternehmen
zu spüren
bekommt
[Quelle: Frintrup 2006, S. 5]

Abb. 5-17: Das Eisberg-Modell des Vorstellungsgesprächs

5.3.2.3 Assessment Center

Mit der Einstellung von neuen Mitarbeitern sind erhebliche Investitionen verbunden. Da die Ergebnisse des Vorstellungsgesprächs u. U. nicht die notwendige Entscheidungssicherheit beispielsweise über Fragen der Einordnungsfähigkeit in ein Team oder Fragen der Persönlichkeitsentwicklung gewährleisten, führen Unternehmen Testverfahren durch, die eine bessere Bewerberbeurteilung erlauben sollen.

Ein besonders differenziertes Auswahlverfahren, in dem mehrere eignungsdiagnostische Instrumente und Techniken bzw. Aufgaben zusammengestellt werden und das vornehmlich bei Hochschulabsolventen, Nachwuchsführungskräften und Führungspersonal eingesetzt wird, ist das **Assessment Center** (kurz auch als AC bezeichnet). Das Assessment Center hat sich (mit unterschiedlicher Intensität) in nahezu allen größeren Unternehmen etabliert, wenn auch teilweise unter alternativen Bezeichnungen wie Personalauswahlverfahren, Recruiting Center, Bewerbertag, Potenzialanalyse-Tag, Development Center oder Personal Decision Day. Teilnehmern an einem Assessment Center traut man die fachliche Bewältigung des neuen Aufgabenbereichs zu. Nun möchte der potenzielle Arbeitgeber erfahren, ob der Teilnehmer sein Wissen auch anwenden kann und die notwendige soziale Kompetenz für den neuen Job mitbringt. Darunter fallen vor allem zwischenmenschliche, analytische und administrative Fähigkeiten sowie das Leistungsverhalten [vgl. Hagmann/Hagmann 2011, S. 9 ff.].

5.3.3 Personalintegration

Der Übergang zwischen den Phasen der Personalbeschaffungskette und den Phasen der Personalbetreuungskette wird durch die Personalintegration gekennzeichnet. Hier treffen Bewerber und Unternehmen nach einem positiv verlaufenen Auswahlprozess aufeinander, um das geschlossene Arbeitsverhältnis in eine für beide Seiten gedeihliche Zusammenarbeit umzusetzen.

Die Personalintegration beschreibt die Einarbeitung des Mitarbeiters in die Anforderungen des Unternehmens. Sie ist ein wesentlicher Erfolgsfaktor dafür, dass der Neueinsteiger von Beginn an die an ihn gestellten Erwartungen erfüllt. Gleichzeitig erwartet aber auch der Mitarbeiter, dass seine im oben skizzierten Auswahl- und Entscheidungsprozess aufgebaute Erwartungshaltung gefestigt wird. Die Erfahrungen der Integrationsphase entscheiden sehr häufig über die zukünftige Einstellung (Loyalität) zum Unternehmen und prägen den weiteren Werdegang als Mitarbeiter. Daher sollte dem Neueinsteiger gerade in der ersten Zeit ein hohes Maß an Aufmerksamkeit geschenkt werden.

Wie Erfahrungen in der Praxis allerdings immer wieder zeigen, lässt sich bei vielen Unternehmen gerade in der Integrationsphase ein großes Verbesserungspotenzial erkennen. Hier geht es vor allem darum, der besonderen Situation des neuen Mitarbeiters an seinem "ersten Tag" gerecht zu werden. Da der neue Mitarbeiter in aller Regel mehrere Optionen bei der Wahl seines Arbeitgebers hatte, wird er Zweifel hegen, ob er die richtige Entscheidung getroffen hat. Dieses in der Sozialpsychologie als kognitive Dissonanz bezeichnete Phänomen tritt immer dann verstärkt auf, je wichtiger die Entscheidung, je ähnlicher die Alternativen, je dringlicher der Entschluss und je niedriger der Informationsstand ist. Somit kommt dem Arbeitgeber die Aufgabe zu, alle Anstrengungen zu unternehmen, um die kognitive Dissonanz des Mitarbeiters aufzulösen bzw. zu beseitigen. Unzufriedene und enttäuschte Neueinsteiger neigen dazu, das Unternehmen bereits in der Probezeit zu verlassen und dadurch hohe Fluktuationskosten zu verursachen [vgl. DGFP 2006, S. 80].

Typische Einführungsmaßnahmen, um den Grundstein für eine zukünftige und nachhaltige **Mitarbeiterbindung** zu legen, sind Einarbeitungspläne, Einführungsseminare und Mentorenprogramme.

Die Vorbereitung und Aushändigung eines **Einarbeitungsplans**, der Termine mit wichtigen Gesprächspartnern, bestehende Arbeitsabläufe, Organigramme, Informationen über Standorte und Abteilungen etc. enthält, sollte für jeden neuen Arbeitgeber obligatorisch sein.

Eine der wirksamsten Maßnahmen ist es, den neuen Mitarbeiter am ersten Tag nicht direkt an seinen neuen Arbeitsplatz „zu setzen“, sondern ihn im Rahmen eines **Einführungsseminars** zusammen mit anderen neuen Mitarbeitern willkommen zu heißen und über die besonderen Vorzüge des Unternehmens nachhaltig zu informieren. Das speziell für neue Mitarbeiter ausgerichtete Einführungsseminar wird von international orientierten Unternehmen sehr häufig als **Onboarding** bezeichnet. Ein solches Onboarding kann durchaus mehrere Tage umfassen und sollte von der Geschäftsleitung und dem Personalmanagement begleitet werden. Es vermittelt den neuen Mitarbeitern Kontakte über die Grenzen der eigenen Abteilung hinaus und fördert ein besseres Verständnis der Zusammenhänge von Personen und Prozesse im Unternehmen. Die neuen Mitarbeiter erfahren dadurch eine besondere Anerkennung, werden in ihrer Auswahlentscheidung bestärkt und für die weitere Arbeitsphase motiviert.

In Abbildung 5-18 sind die einzelnen Phasen und Vorzüge einer motivierenden Einarbeitung und Einführung neuer Mitarbeiter dargestellt.

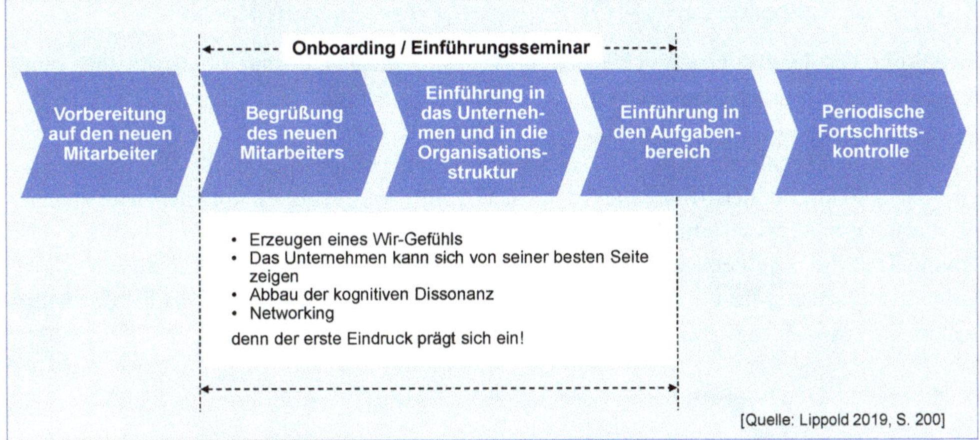
Onboarding / Einführungsseminar
Vorbereitung auf den neuen Mitarbeiter
Begrüßung des neuen Mitarbeiters
Einführung in das Unterneh-men und in die Organisations-struktur
Einführung in den Aufgaben-bereich
Periodische Fortschritts-kontrolle
• Erzeugen eines Wir-Gefühls
• Das Unternehmen kann sich von seiner besten Seite zeigen
• Abbau der kognitiven Dissonanz
• Networking
denn der erste Eindruck prägt sich ein!
[Quelle: Lippold 2019, S. 200]

Abb. 5-18: Prozess der Einführung und Einarbeitung neuer Mitarbeiter

Im Anschluss an das Onboarding ist es sinnvoll, dem Neueinsteiger einen Paten (Mentor) an die Seite zu stellen, der die Einarbeitungszeit systematisch begleitet und bei Fragen und Problemen entsprechende Hilfestellung leistet. Ein **Mentorenprogramm** sollte mindestens bis zum Ablauf der Probezeit befristet sein.

Erkennt das Unternehmen oder der neue Mitarbeiter, dass die Erwartungshaltungen nicht erfüllt worden sind bzw. der Mitarbeiter nicht für den Job geeignet ist, so ermöglicht die Probezeit eine sinnvolle Vereinfachung des Trennungsverfahrens.

5.4 Personalvergütung – Optimierung der Gerechtigkeit

Der zweite Teil der zweigeteilten Personalmarketing-Gleichung, der auf die Personalbetreuung abzielt, beginnt mit der Bereitstellung von markt-, anforderungs- und leistungsgerechten **Anreiz- und Vergütungssystemen** (engl. *Compensation & Benefits*). Die zu zahlende Vergütung als materielle Gegenleistung für die Arbeitsleistung ihrer Mitarbeiter ist für die Unternehmen ein Kostenfaktor. Für den Mitarbeiter ist die ausgezahlte Vergütung Einkommen, aber zugleich ein Leistungsanreiz. Leistungsfördernd ist die Vergütung aber nur dann, wenn sie als gerecht empfunden wird. Die Personalvergütung zielt auf die Optimierung der *Gerechtigkeit*, die als Grundvoraussetzung für die Akzeptanz eines Anreiz- und Vergütungssystems bei den Mitarbeitern gilt. Daraus ergibt sich folgende Zielfunktion:

Gerechtigkeit = f (Personalvergütung) → optimieren!

Nicht wenige Personalverantwortliche stellen das *Entgelt* – besonders unter dem Aspekt der Mitarbeiterbindung – als den entscheidenden Baustein des betrieblichen Anreiz- und Vergütungssystems heraus. Eine solch eindimensionale Betrachtung wird den unterschiedlichen Verhaltensmotiven der Mitarbeiter jedoch nicht gerecht. Untersuchungen zeigen, dass der entscheidende Bindungsfaktor augenscheinlich nicht so sehr die finanziellen (also materiellen) Anreize, sondern mehr die immateriellen Anreize wie Kommunikation von Karrieremöglichkeiten, Reputation des Arbeitgebers, ausreichende Entscheidungsfreiheit, Trainingsangebot, Work-Life-Balance u. ä. sind. Unternehmen, die hochqualifizierte Menschen gewinnen und an sich binden wollen, müssen Anreize bieten, die über die Bezahlung hinausgehen. Dazu müssen sie die als **Wertewandel** bezeichneten Wertverschiebungen beobachten. Bei Führungsnachwuchskräften bzw. jüngeren Mitarbeitern ist eine Eindeutigkeit der Werteorientierung (noch) nicht zu beobachten. Sie bewegen sich eher in Spannungsfeldern wie in Abbildung 5-19 dargestellt.

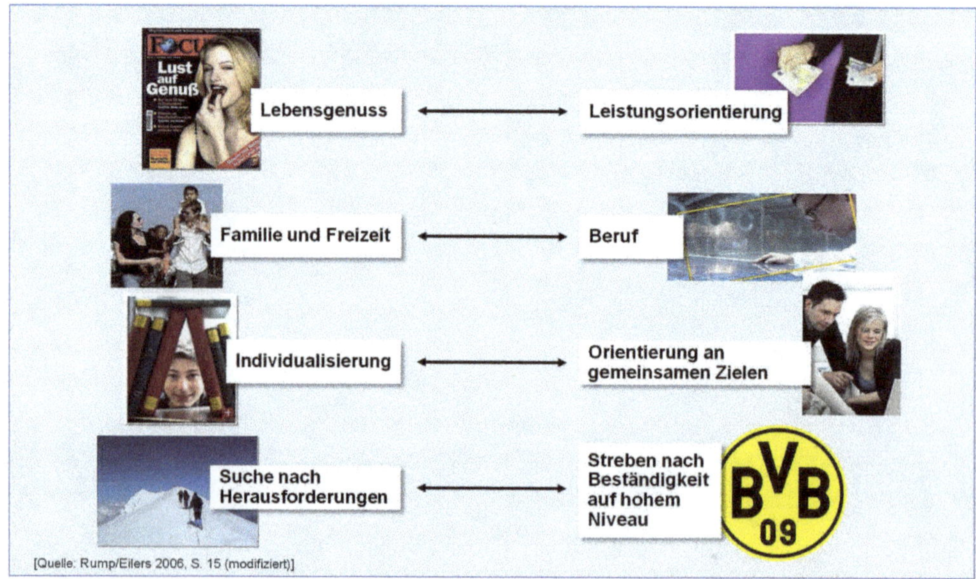
Lust auf Genuß
Lebensgenuss
Leistungsorientierung
Familie und Freizeit
Beruf
Individualisierung
Orientierung an gemeinsamen Zielen
Suche nach Herausforderungen
Streben nach Beständigkeit auf hohem Niveau
BVB 09
[Quelle: Rump/Eilers 2006, S. 15 (modifiziert)]

Abb. 5-19: Spannungsfelder im Wertewandel

5.4.1 Funktionen der Personalvergütung

Die Gestaltung des Vergütungssystems zählt zu den zentralen Herausforderungen des Personalmanagements. Ein effektives und effizientes Vergütungssystem muss folgenden Funktionen gerecht werden [vgl. Stock-Homburg 2008, S. 328 f. und Locher 2002, S. 17 ff.]:

- **Sicherungsfunktion.** Hauptsächlich das Festgehalt (fixe Basisvergütung) trägt zur Sicherstellung der Grundversorgung des Beraters bei.
- **Motivationsfunktion.** Besonders den variablen Vergütungsbestandteilen wird ein hohes Motivationspotenzial im Beratungsgeschäft beigemessen.
- **Steuerungsfunktion.** Diese Funktion hat die Aufgabe, das Leistungsverhalten der Mitarbeiter auf bestimmte Ziele des Unternehmens (z. B. der verstärkte Umsatz von definierten Service Offerings) auszurichten. Als Steuerungsfunktion eignen sich die Ziele für die variablen Gehaltsanteile.
- **Leistungssteigerungsfunktion.** Stärkere Anreize können dazu führen, dass Mitarbeiter insgesamt ihre Leistung steigern.
- **Selektionsfunktion.** Bei relativ hohen variablen Gehaltsbestandteilen werden tendenziell leistungsorientiertere und risikofreudigere Berater angesprochen. Oftmals bewirken solche stark leistungs- bzw. erfolgsabhängigen Gehälter eine Selbstselektion (engl. *Self Selection*), die dazu führt, dass bestimmte Jobs nur mit besonders risikofreudigen Mitarbeitern besetzt sind.
- **Bindungsfunktion.** Ein als fair und attraktiv wahrgenommenes Vergütungssystem schafft Anreize für Führungskräfte und Mitarbeiter, im Unternehmen zu verbleiben.
- **Kooperationsförderungsfunktion.** Ein Vergütungssystem, das kooperative Verhaltensweisen (wie z. B. Teamarbeit) besonders honoriert, trägt zur Förderung der Zusammenarbeit bei.

5.4.2 Komponenten der Personalvergütung

Die Gesamtvergütung (engl. *Total Compensation*) eines Mitarbeiters setzt sich aus folgenden Komponenten zusammen:

- Fixe und variable Vergütung
- Zusatzleistungen.

5.4.2.1 Fixe und variable Vergütung

Die **fixe Vergütung** wird als Basisvergütung regelmäßig ausgezahlt und orientiert sich an den Anforderungen des Arbeitsplatzes sowie an der internen Wertigkeit, d. h. an der Bedeutung und am Wertschöpfungsbeitrag des Jobs. Sie stellt eine Mindestvergütung sicher und bildet somit das *Garantieeinkommen* für den Mitarbeiter. In der Regel liegen die Grundgehälter der High Potentials auf nahezu allen Karrierestufen (engl. *Grade* oder *Level*) mehr oder weniger deutlich über den vergleichbaren Grundgehältern der anderen Mitarbeiter.

Im Gegensatz zur fixen ist die **variable Vergütung** eine Einkommenskomponente, die von den individuellen Leistungen der Arbeitnehmer bzw. dem Unternehmenserfolg abhängt. Dieser Vergütungsbestandteil wird also nur unter der Voraussetzung ausgezahlt, dass bestimmte *Ergebnisse* erbracht werden.

Immer mehr Unternehmen gehen dazu über, einen Teil des unternehmerischen Risikos auf die Mitarbeiter zu verlagern. Vor allem im Management-Bereich setzt sich die erfolgsabhängige Vergütung zunehmend durch.

Die variable Vergütung von Führungskräften und Mitarbeitern zählt aber nach wie vor zu den intensiv diskutierten Bereichen der Personalvergütung. Eine Reduktion der fixen Personalkosten sowie eine erhöhte Attraktivität für leistungsstarke, ziel- und risikoorientierte Mitarbeiter und Führungskräfte sind sicherlich die Vorteile der variablen Vergütung. Demgegenüber stehen ein höheres finanzielles Risiko bei persönlichen Leistungsausfällen oder Verfehlen von Unternehmenszielen sowie die Gefahr eines lethargischen Mitarbeiter- und Führungsverhaltens, wenn frühzeitig erkannt wird, dass die persönlichen oder Unternehmensziele nicht (mehr) erreicht werden können [vgl. Stock-Homburg 2008, S. 335].

In Abbildung 5-20 sind die Chancen und Risiken, die sich aus der variablen Vergütung ergeben, sowohl aus Sicht der High Potentials als auch aus unternehmerischer Perspektive gegenübergestellt.

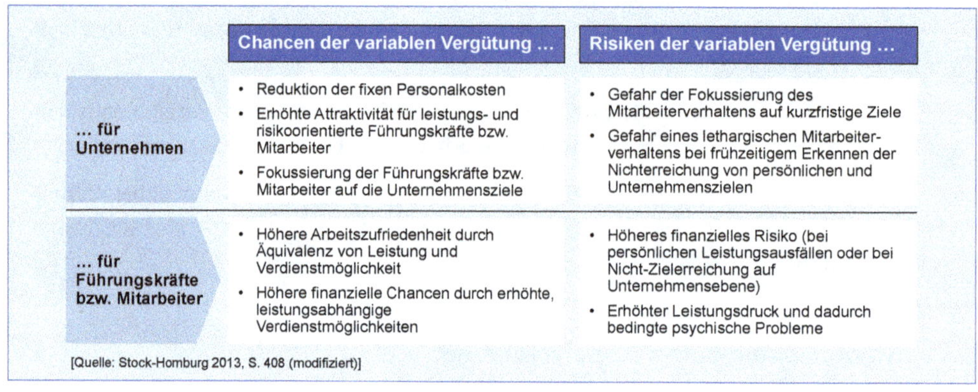
Chancen der variablen Vergütung ...
Risiken der variablen Vergütung ...
... für Unternehmen
• Reduktion der fixen Personalkosten
• Erhöhte Attraktivität für leistungs- und risikoorientierte Führungskräfte bzw. Mitarbeiter
• Fokussierung der Führungskräfte bzw. Mitarbeiter auf die Unternehmensziele
• Gefahr der Fokussierung des Mitarbeiterverhaltens auf kurzfristige Ziele
• Gefahr eines lethargischen Mitarbeiterverhaltens bei frühzeitigem Erkennen der Nichterreichung von persönlichen und Unternehmenszielen
... für Führungskräfte bzw. Mitarbeiter
• Höhere Arbeitszufriedenheit durch Äquivalenz von Leistung und Verdienstmöglichkeit
• Höhere finanzielle Chancen durch erhöhte, leistungsabhängige Verdienstmöglichkeiten
• Höheres finanzielles Risiko (bei persönlichen Leistungsausfällen oder bei Nicht-Zielerreichung auf Unternehmensebene)
• Erhöhter Leistungsdruck und dadurch bedingte psychische Probleme
[Quelle: Stock-Homburg 2013, S. 408 (modifiziert)]

Abb. 5-20: Chancen und Risiken der variablen Vergütung

5.4.2.2 Zusatzleistungen

Diese dritte Komponente der Personalvergütung lässt sich in Sozialleistungen und sonstige Leistungen unterteilen. Für die Unternehmensführung ist es besonders wichtig zu erkennen, welche dieser Zusatzleistungen gezielte Differenzierungsmöglichkeiten gegenüber anderen Arbeitgebern bieten. Denn gerade bei den Zusatzleistungen lassen sich „Goodies" entwickeln, die sich teilweise als „Zünglein an der Waage" für die Gewinnung und Bindung von hochmotivierten und leistungsstarken Mitarbeitern herausstellen können.

Zu den **gesetzlichen Sozialleistungen**, die vom Gesetzgeber unter dem Sammelbegriff der **Sozialversicherung** zusammengefasst werden, zählen die Unfall-, Kranken-, Pflege-, Arbeitslosen- und Rentenversicherung. Während die Beiträge zur Unfallversicherung allein vom Arbeitgeber getragen werden, wird die Finanzierung der übrigen Sozialversicherungen jeweils zur Hälfte vom Arbeitgeber und Arbeitnehmer übernommen.

Tarifliche Sozialleistungen verpflichten Unternehmen zu bestimmten Zahlungen, die in Tarifverträgen geregelt sind. Darüber hinaus gewähren manche Unternehmen bestimmte freiwillige Sozialleistungen (z. B. Zuschüsse für die Altersvorsorge, Ausbildungszuschüsse, Jubiläumsgelder, Umzugsgeld).

Sonstige Zusatzleistungen (wie z. B. Firmenwagen, Sabbaticals, Kinderbetreuung, Firmenhandy, Laptop bzw. Tablet, individuelle Urlaubsregelungen oder Aktien-Optionsprogramme) werden von Unternehmen als freiwillige Gehaltsnebenleistungen (engl. *Fringe Benefits*) nicht nur zur Gewinnung und Bindung von Führungskräften (Partner) sondern auch zur Motivation von leistungsstarken Nachwuchskräften eingesetzt.

Im Prinzip liegen in diesem Bereich die größten Möglichkeiten für das Personalmanagement, um sich gegenüber Wettbewerbern beim „War for talents" positiv abzuheben und dadurch High Potentials zu gewinnen und zu binden. Abbildung 5-21 gibt einen Überblick über Zusatzleistungen, die Unternehmen über das Grundgehalt hinaus anbieten.

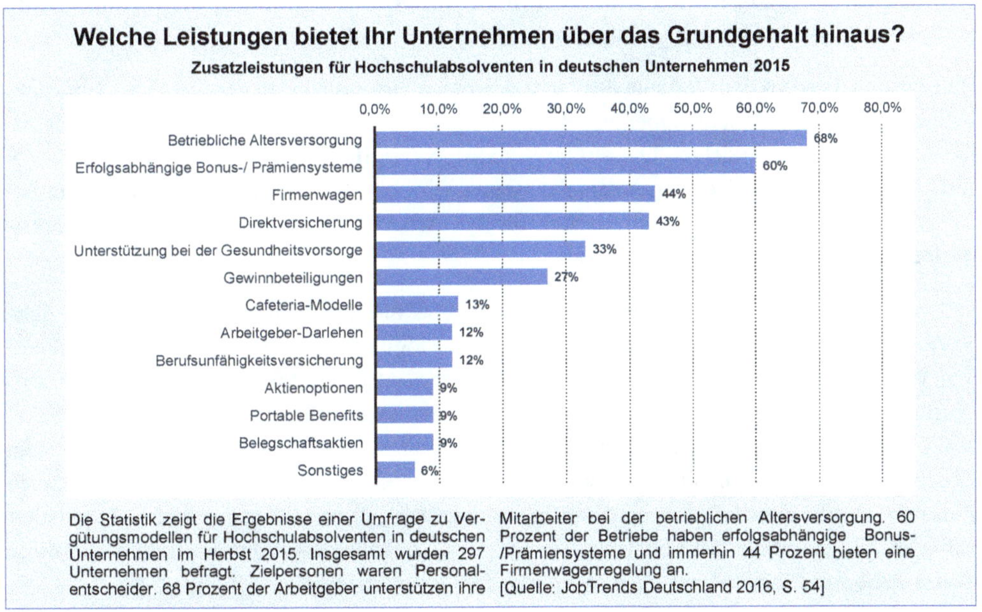
Welche Leistungen bietet Ihr Unternehmen über das Grundgehalt hinaus?
Zusatzleistungen für Hochschulabsolventen in deutschen Unternehmen 2015
0,0% 10,0% 20,0% 30,0% 40,0% 50,0% 60,0% 70,0% 80,0%
Betriebliche Altersversorgung 68%
Erfolgsabhängige Bonus-/ Prämiensysteme 60%
Firmenwagen 44%
Direktversicherung 43%
Unterstützung bei der Gesundheitsvorsorge 33%
Gewinnbeteiligungen 27%
Cafeteria-Modelle 13%
Arbeitgeber-Darlehen 12%
Berufsunfähigkeitsversicherung 12%
Aktienoptionen 9%
Portable Benefits 9%
Belegschaftsaktien 9%
Sonstiges 6%
Die Statistik zeigt die Ergebnisse einer Umfrage zu Vergütungsmodellen für Hochschulabsolventen in deutschen Unternehmen im Herbst 2015. Insgesamt wurden 297 Unternehmen befragt. Zielpersonen waren Personalentscheider. 68 Prozent der Arbeitgeber unterstützen ihre Mitarbeiter bei der betrieblichen Altersversorgung. 60 Prozent der Betriebe haben erfolgsabhängige Bonus-/Prämiensysteme und immerhin 44 Prozent bieten eine Firmenwagenregelung an.
[Quelle: JobTrends Deutschland 2016, S. 54]

Abb. 5-21: Vergütungsmodelle über das Grundgehalt hinaus

Unter den sonstigen Zusatzleistungen wird in jüngerer Zeit das **Sabbatical** besonders diskutiert. Hierbei handelt es sich um eine mehrmonatige, teilweise sogar über ein Jahr hinausgehende Unterbrechung der Berufstätigkeit. Immer mehr Unternehmen bieten ihren Führungskräften (bis hin zu Vorständen) längere Auszeiten an. Unter dem speziellen Aspekt der **Work-Life-Balance** kann das Sabbatical somit zu einem strukturellen Bestandteil einer aktiven und vorausschauenden Personalpolitik werden.

Im Zusammenhang mit den freiwilligen Sozialleistungen hat sich mit dem **Cafeteria-System** ein Konzept etabliert, das dem einzelnen Berater innerhalb eines vom Arbeitgeber vorgegebenen Budgets erlaubt, zwischen verschiedenen Zusatzleistungen gemäß seinen eigenen Bedürfnissen auszuwählen, ähnlich der Menüauswahl in einer Cafeteria [vgl. Edinger 2002, S. 7].

Das **Cafeteria-System** besteht aus

- einem **Wahlbudget**, das sich häufig an dem Betrag orientiert, den das Unternehmen bislang für freiwillige Sozialleistungen ausgegeben hat,
- einem **Wahlangebot** mit mehreren Alternativen (z. B. Firmenwagen, Gewinnbeteiligung, Arbeitgeberdarlehen, Kindergartenplatz, Fortbildung, Urlaubstage u. ä.) und aus
- einer periodischen **Wahlmöglichkeit**, da sich die Bedürfnisse des Mitarbeiters im Zeitablauf ändern können [vgl. Jung 2006, S. 901 f.].

Die häufigste Ausprägung des Cafeteria-Modells in deutschen Unternehmen sind so genannte **Flexible Benefits**. Flexible Benefits-Programme sind Pläne, in deren Rahmen die Mitarbeiter aus einem Angebot verschiedener Zusatzleistungen oder durch Gehaltsumwandlung bestimmte Zusatzleistungskomponenten oder -niveaus auswählen können. Betriebliche Altersvorsorge, Hinterbliebenenrente, Todesfallkapital, Berufsunfähigkeitsleistungen, Firmenwagen oder Extraurlaub sind die häufigsten Zusatzleistungen im Rahmen von Flexible Benefits-Programmen [vgl. Rauser Towers Perrin 2006, S. 3 und 17 f.].

Eine besonders attraktive Variante der Zusatzleistungen ist das Modell der **Deferred Compensation**, bei dem der Arbeitnehmer auf einen Teil seiner Gesamtvergütung zugunsten einer Altersvorsorgezusage verzichtet. Die **aufgeschobene Auszahlung** unterliegt damit nicht der sofortigen Versteuerung. Der angesammelte Betrag wird erst bei Eintritt in den Ruhestand besteuert. Als Durchführungsweg bietet sich für den Arbeitgeber die Pensionskasse, der Pensionsfonds oder die Direktversicherung an.

Deferred Compensation bietet sowohl dem Arbeitgeber als auch dem Arbeitnehmer erhebliche Vorteile. Für das Unternehmen eröffnen sich neue Möglichkeiten im Rahmen seines Anreiz- und Vergütungssystems, ohne dass zusätzliche Kosten entstehen. Im Gegenteil, durch die aufgeschobene Auszahlung entsteht ein zusätzlicher **Innenliquiditätseffekt**. Für den Mitarbeiter senkt sich die heutige Steuerlast, denn der Umwandlungsbetrag reduziert in voller Höhe sein steuerpflichtiges Einkommen. So werden Vergütungsbestandteile aus der Phase des aktiven Berufslebens, die zumeist durch eine höhere Besteuerung gekennzeichnet ist, in das Rentenalter verlagert, wo die Steuerlast üblicherweise geringer ist. Außerdem kann der Berater auf diese Weise seine Ruhestands- bzw. Risikovorsorge deutlich verbessern.

5.4.3 Aspekte der Entgeltgerechtigkeit

Bei der Konzeption von Vergütungssystemen, die sowohl Unternehmens- als auch Mitarbeiterinteressen berücksichtigen sollte, steht ein Kriterium im Vordergrund, das als Grundvoraussetzung für die Akzeptanz bei den Mitarbeitern gilt: **Gerechtigkeit**. Die „faire Vergütung im Vergleich zu Kollegen" zählt zu den allerwichtigsten Treibern der Mitarbeiterbindung (engl.

Retention) und ist zweifellos der entscheidende Hygienefaktor aller Anreiz- und Vergütungssysteme. Bei Fragen der Vergütung empfindet der Mitarbeiter sein Gehalt ganz subjektiv als gerecht oder auch ungerecht. Eine Aussage über die absolute Gerechtigkeit einer Vergütung kann nicht getroffen werden, lediglich eine Aussage über die relative Gerechtigkeit (im Vergleich zu den Kollegen, zum Branchendurchschnitt, zur Leistung, zum Alter oder auch zur Ausbildung) ist sinnvoll [vgl. Tokarski 2008, S.63].

Die verschiedenen Komponenten der Entgeltgerechtigkeit, wie Sozial-, Markt-, Bedarfs-, Leistungs-, Erfolgs-, Anforderungs-, Verteilungs- oder Qualifikationsgerechtigkeit werden auch als Gerechtigkeitsprinzipien bezeichnet.

Angesichts dieser Vielzahl von nicht überschneidungsfreien Prinzipien ist es nahezu unmöglich, einen allgemein als gerecht empfundenen Maßstab für die Vergütungsdifferenzierung zu finden. Letztendlich sind es aber drei Kernprinzipien der Entgeltgerechtigkeit, die für die Zusammensetzung der Gehaltsstruktur maßgeblich sind [vgl. Lippold 2010b, S. 18]:

- **Anforderungsgerechtigkeit** (im Hinblick auf Qualität, Schwierigkeitsgrad oder Verantwortungsbereich des jeweiligen Jobs)
- **Marktgerechtigkeit** (im Hinblick auf die Vergütungsstruktur der Branche bzw. des Wettbewerbs)
- **Leistungsgerechtigkeit** (im Hinblick auf die Leistung der Führungskraft einerseits und des Unternehmens andererseits).

5.4.3.1 Anforderungsgerechtigkeit und Karrierestufen

Der erste Schritt der Gehaltsfindung bezieht sich auf die Anforderungsgerechtigkeit. Sie orientiert sich an den Anforderungen des Jobs (Ausbildung, Erfahrung, Kompetenz, Verantwortung etc.). Aus diesem Grund haben viele Unternehmen ein **Karrierestufen-Modell** (engl. *Grading System*) aus Rollen und Kompetenzen entwickelt, das jeder Karrierestufe (engl. *Grade*) ein bestimmtes Zieleinkommen (100%-Gehalt) zuordnet. Das **Grading-System** dient einerseits der grundsätzlichen Einstufung des Mitarbeiters in Abhängigkeit vom Anforderungsgrad seines Jobs (Position/Rolle) und andererseits zur Festlegung des (relativen) variablen Gehaltsbestandteils, d. h. je größer die Anforderung an die Position/Rolle und damit die Verantwortung des Beraters ist, desto höher ist der variable Gehaltsanteil.

In Abbildung 5-22 ist ein sechsstufiges Karriere-Modell am Beispiel des Funktionsbereichs *Marketing* dargestellt. Jeweils eine Rolle/Position ist dabei einem Grade zugeordnet. Grundlage der Zuordnung ist ein rollenbezogenes **Kompetenzmodell** (engl. *Competency Model*), in dem die erforderlichen fachlichen, sozialen und methodischen Qualifikationen, Fähigkeiten und Erfahrungen für jede Karrierestufe aufgeführt sind. Wie aus dem beispielhaften Grading-System weiter zu entnehmen ist, wird für jede Karrierestufe eine Aufteilung des Zielgehalts (100%) in Fixgehalt und variables Gehalt vorgenommen. Ein solches Karrierestufen-Modell bildet den Orientierungsrahmen sowohl für die anforderungsgerechte Einstufung der Berater als auch für die entsprechende Entgeltfindung. Darüber hinaus zeigt es den Beratern zugleich die Entwicklungsmöglichkeiten im Rahmen der persönlichen Laufbahnplanung.

Grade (Karrierestufe)	Rolle/Position	Anteil Fixgehalt am 100%-Zieleinkommen	Anteil variables Gehalt am 100%-Zieleinkommen
6	Marketing Vorstand	60 %	40 %
5	Marketing Direktor	70 %	30 %
4	Marketing Manager	75 %	25 %
3	Marketing Professional	80 %	20 %
2	Marketing Specialist	85 %	15 %
1	Marketing Analyst	90 %	10 %

Abb. 5-22: Beispiel für ein rollenbezogenes Karrierestufen-Modell

5.4.3.2 Marktgerechtigkeit und Gehaltsbandbreiten

Der zweite Schritt der Gehaltsfindung bezieht sich auf die Marktgerechtigkeit. Hier geht es in erster Linie darum, das **relative Vergütungsniveau** im Vergleich zu anderen Unternehmen festzulegen. Es ist in erster Linie an der Vergütungsstruktur der Branche bzw. des Wettbewerbs sowie im internationalen Bereich zusätzlich an **Kaufkraftkriterien** ausgerichtet. Um grundsätzlich bei der Gewinnung und Bindung strategisch wichtiger Führungskräfte und Mitarbeiter entsprechend flexibel reagieren zu können, bietet sich die Gestaltung von Vergütungsbandbreiten an. Solche Bandbreiten sind in das unternehmensweite Grading-System eingebettet und eröffnen die Möglichkeit, jeden Mitarbeiter entsprechend bestimmter Merkmale (z. B. Alter, Erfahrung, Spezialkenntnisse) innerhalb einer Karrierestufe unterschiedlich zu vergüten.

5.4.3.3 Leistungsgerechtigkeit und variable Vergütung

Der dritte Schritt der Gehaltsfindung zielt auf die Leistungsgerechtigkeit ab. Dieses Gerechtigkeitsprinzip wird vorzugsweise durch die Gestaltung **variabler Vergütungskomponenten** realisiert.

Als **Bemessungsgrundlagen** der variablen Vergütung können die individuellen Leistungen des Mitarbeiters und/oder die Leistungen des Unternehmens bzw. eines Unternehmensbereichs (kollektive Leistung) herangezogen werden.

Die individuelle Leistung kann am Zielerreichungsgrad (Verhalten/Leistung/ Ergebnis) gemessen werden, wobei die Ergebnisse der Personalbeurteilung (siehe Abschnitt 4.5.5) hierzu die Grundlage bilden. Besonders wichtig ist, dass die betroffenen Mitarbeiter ihre Leistungen/Ergebnisse direkt beeinflussen können und diese auch messbar sind. Dies hat in der Praxis dazu geführt, dass vorzugsweise im Vertrieb die individuellen Leistungen/Ergebnisse (z. B. der erzielte Auftragseingang (engl. *Bookings*)) als Bemessungsgrundlage für die variable Vergütung herangezogen werden. In Bereichen, in denen die Leistungen/Ergebnisse der Mitarbeiter und Führungskräfte nur begrenzt quantifiziert und nicht eindeutig zugeordnet werden können (z.B. in den zentralen Support-Bereichen), müssen quantifizierbare Hilfsgrößen herangezogen werden (z. B. die Attrition-Rate zur Bemessung der Leistungen/Ergebnisse des Personalmanagements). Andernfalls kann die Einführung einer leistungs- bzw. ergebnisbezogenen variablen Vergütung in bestimmten Bereichen zu Umsetzungs- und Akzeptanzproblemen führen.

Bestimmungsgrund für kollektive Leistungen/Ergebnisse ist zumeist die Jahresperformance (Gewinn, Umsatz, Deckungsbeitrag o. ä.) des Unternehmens bzw. relevanter Teilbereiche. Im Vergleich zur Messung der individuellen Leistungen/Ergebnisse sind die Bestimmungsfaktoren der Unternehmensleistung/-ergebnisse i.d.R. deutlich einfacher zu quantifizieren.

In der Praxis haben sich im Wesentlichen drei **Grundformen der Zusammensetzung der variablen Vergütungsbestandteile** durchgesetzt. In der Abbildung 5-23 sind diese drei Grundformen explizit gekennzeichnet.

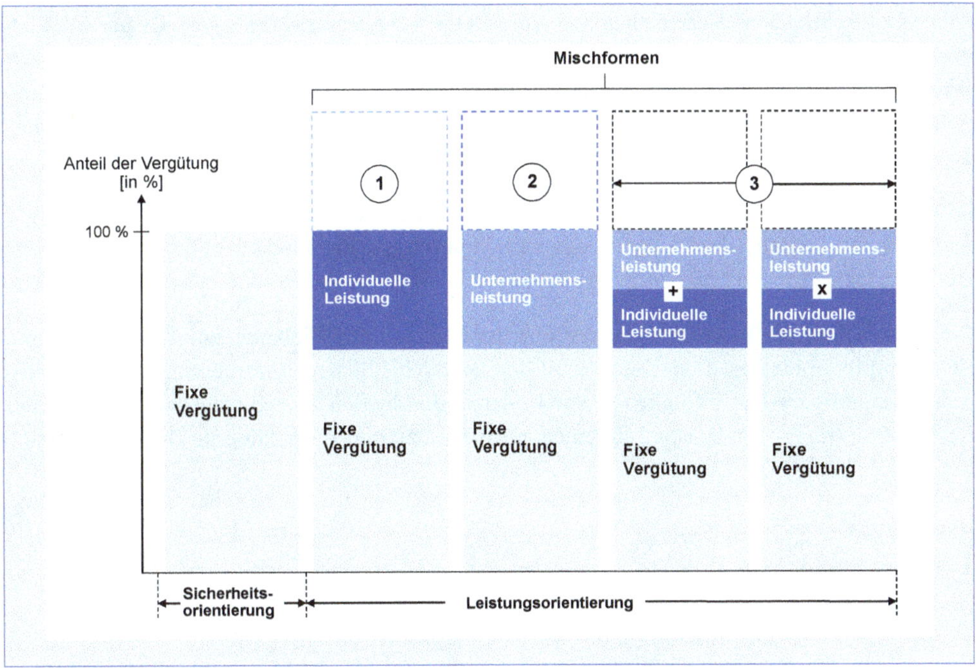
Mischformen
Anteil der Vergütung [in %]
100 %
1
2
3
Individuelle Leistung
Unternehmensleistung
Unternehmensleistung
+
Individuelle Leistung
Unternehmensleistung
x
Individuelle Leistung
Fixe Vergütung
Fixe Vergütung
Fixe Vergütung
Fixe Vergütung
Fixe Vergütung
Sicherheitsorientierung
Leistungsorientierung

Abb. 5-23: Ausgewählte Kombinationsmöglichkeiten von fixer und variabler Vergütung

Die drei Grundformen sind:

- Der variable Anteil wird ausschließlich durch die erzielten individuellen Leistungen/Ergebnisse bestimmt.
- Nur die Leistungen/Ergebnisse des Unternehmens bzw. relevanter Unternehmensteile werden zur Bestimmung des variablen Anteils herangezogen.
- Es werden sowohl die individuellen Leistungen/Ergebnisse als auch die des Unternehmens berücksichtigt.

Bei der dritten Grundform gibt es zwei Varianten, die sich auf die Verknüpfung der beiden variablen Gehaltsanteile beziehen. In der einen Variante werden der individuelle Anteil (auch als individueller Faktor (IF) bezeichnet) und der Unternehmensanteil (auch als Unternehmens- oder Businessfaktor (BF) bezeichnet) addiert. Bei der zweiten Variante wird der individuelle Faktor mit dem Businessfaktor multiplikativ miteinander verknüpft, so dass unter bestimmten Umständen (z. B. bei vollständiger Schlechtleistung des Unternehmens oder des Mitarbeiters und damit BF=0 bzw. IF=0) kein variables Gehalt ausgezahlt wird.

Alle drei beschriebenen Varianten sollten eine **Deckelung des variablen Anteils bei 200 Prozent** vorsehen, d. h. selbst bei einer deutlichen Planüberfüllung des Unternehmens und des Mitarbeiters kann der auszuzahlende variable Anteil demnach das Zweifache seiner (100%-) Zielgröße nicht überschreiten. Auf diese Weise können exorbitant hohe Gehälter vermieden werden.

Im modernen Personalmanagement setzt sich zunehmend die Erkenntnis durch, dass Vergütungssysteme die Potenziale der Mitarbeiter und Führungskräfte nur dann optimal nutzen, wenn sie individualisiert sind [vgl. Locher 2002, S. 1].

Ein Ausdruck dieser Individualisierung sind ausdifferenzierte Zielkataloge, die aus mehreren Zielarten pro Grade bestehen. Damit wird den unterschiedlichen Anforderungen, den spezifischen Kenntnissen und Fähigkeiten sowie den individuellen Zielsetzungen der Mitarbeiter Rechnung getragen. Ein Beispiel für einen ausdifferenzierten Zielkatalog im Beratungsbereich liefert Abbildung 5-24.

		Grade (Karrierestufe)					
Zielart	**Bewertung**	**6**	**5**	**4**	**3**	**2**	**1**
Unternehmensziele	Ergebnisziele	○	○	○	○	○	○
Bereichsziele	Ergebnisziele	○	○	○	○	○	○
Strategische Ziele	Persönliche Ziele	●	●				
Verantwortetes Delivery-Volumen	Ergebnisziele	●	●	●			
Sales	Auftragseingang	●	●	●	●		
Delivery	Auslastung			●	●	●	●
Qualität Projekte	Persönliche Ziele			●	●	●	●
Innovation/Konzeption	Persönliche Ziele			●	●	●	●
Führungsverhalten	Persönliche Ziele			●	●		
Teamverhalten	Persönliche Ziele				●	●	●
Kundenverhalten	Persönliche Ziele				●	●	●
Persönliche Kompetenzentwicklung	Persönliche Ziele				●	●	●

○ Unternehmensziele ● Individuelle Ziele

[Quelle: modifiziert nach Preen 2009, S. 22]

Abb. 5-24: Zielkatalog für unterschiedliche Grades

5.5 Personalbeurteilung – Optimierung der Fairness

5.5.1 Aufgabe und Ziel der Personalbeurteilung

Die Personalbeurteilung setzt als drittes Aktionsfeld in der Personalbetreuungsprozesskette auf den beiden Säulen *Leistungsbeurteilung* und *Potenzialbeurteilung* auf. Eine jederzeit *faire* Beurteilung ist das Kriterium. Das Aktionsfeld *Personalbeurteilung* ist also auf die Optimierung der *Fairness* ausgerichtet:

Fairness = f (Personalbeurteilung) → optimieren!

Aufgabe und Zielsetzung der Personalbeurteilung ist es, Personalentlohnung, -entwicklung und -einsatz zu objektivieren. Synonym wird – gerade in international agierenden Unternehmen – häufig der Begriff **Performance Management** verwendet. Durch eine Beurteilung können die unterschiedlichen Potenziale der Mitarbeiter besser genutzt und aufeinander abgestimmt werden. Schwachstellen innerhalb der Organisation sollen auf diesem Wege aufgedeckt und behoben werden [vgl. Kiefer/Knebel 2004, S. 24 ff.].

Ausgangspunkt der inhaltlichen Ausformung der Personalbeurteilungsaktivitäten ist die Definition von Domsch/Gerpott [1992]:

„**Personalbeurteilung** ... ist die geplante, formalisierte und standardisierte Bewertung von Organisationsmitgliedern (Personal, Beurteilte) im Hinblick auf bestimmte Kriterien durch von der Organisation dazu explizit beauftragte Personen (= Beurteiler) auf der Basis sozialer Wahrnehmungsprozesse im Arbeitsalltag."

Durch die systematische Auswertung einer Vielzahl von Beobachtungen und Beurteilungen im Unternehmen lassen sich Erkenntnisse sammeln, die für die verschiedensten Entscheidungen des Personalmanagements erforderlich sind [vgl. Jung 2006, S. 743 ff.; Steinmann/ Schreyögg 2005, S. 794]:

- Durch die Bereitstellung von Daten über die Leistungen/Ergebnisse der Mitarbeiter kann ein **leistungs-/ergebnisgerechtes Entgelt** ermittelt werden.
- Durch die periodische Beurteilung stehen aktuelle Daten zur Personalstruktur zur Verfügung, die im Rahmen der **Personaleinsatzplanung** verwendet werden können.
- Die Personalbeurteilung liefert relevante Informationen zur Bestimmung des **Fort- und Weiterbildungsbedarfs**.
- Die systematische Personalbeurteilung kann als Instrument zur **Unterstützung des Führungsprozesses** dienen.
- Die Leistungs- und Potenzialbeurteilung (inkl. Beurteilungsfeedback) erhöht die **Motivation und Förderung der individuellen Entwicklung** der Mitarbeiter.
- Hinzu kommt noch die **Informationsfunktion für die Mitarbeiter**, denn nach § 82 II BetrVG können Arbeitnehmer verlangen, dass mit ihnen die Leistungsbeurteilung und die Möglichkeiten der weiteren beruflichen Entwicklung im Unternehmen erörtert werden.

Damit wird deutlich, dass das Aktionsfeld *Personalbeurteilung* eine gewisse Querschnittsfunktion darstellt. So werden die Ergebnisse der Personalbeurteilung zugleich auch für die Personalgewinnung (Personalbedarfsplanung, interne Personalbeschaffung) sowie in den Aktionsfeldern Personalentwicklung, Personalfreisetzung, Personalvergütung und Personalführung verwendet.

5.5.2 Kriterien der Personalbeurteilung

Zu den vorbereitenden Maßnahmen einer Personalbeurteilung gehört die Auswahl und Festlegung der Beurteilungskriterien. Unter der Vielzahl der zur Verfügung stehenden Beurteilungskriterien lassen sich folgende Hauptgruppen einteilen (siehe Abbildung 5-25):

- Systematisierung nach den Bezugsgrößen,
- Systematisierung nach dem zeitlichen Horizont und
- Systematisierung nach dem Grad der Quantifizierung.

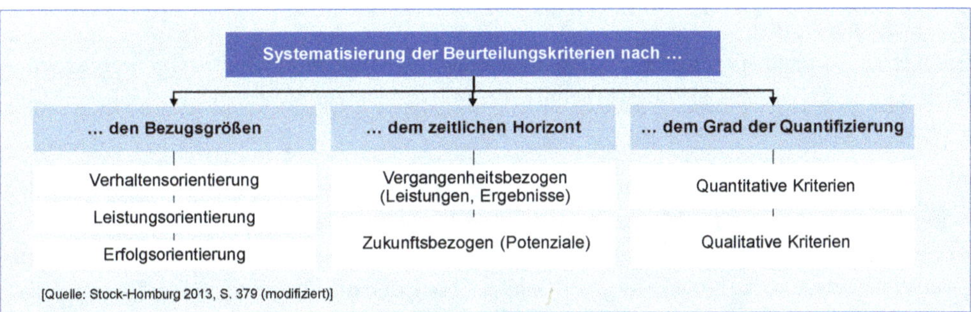
Systematisierung der Beurteilungskriterien nach ...
... den Bezugsgrößen
Verhaltensorientierung
Leistungsorientierung
Erfolgsorientierung
... dem zeitlichen Horizont
Vergangenheitsbezogen (Leistungen, Ergebnisse)
Zukunftsbezogen (Potenziale)
... dem Grad der Quantifizierung
Quantitative Kriterien
Qualitative Kriterien
[Quelle: Stock-Homburg 2013, S. 379 (modifiziert)]

Abb. 5-25: Systematisierung von Kriterien der Personalbeurteilung

5.5.2.1 Verhalten, Leistung oder Ergebnis als Beurteilungsansatz

Bei diesem Systematisierungsansatz geht es um die drei Bezugsgrößen *Arbeitsverhalten*, *Arbeitsleistung* und *Arbeitsergebnis* [vgl. Steinmann/Schreyögg 2005, S. 796]:

- **Arbeitsverhalten.** Im Mittelpunkt steht die Beurteilung der Persönlichkeit des Mitarbeiters. Es interessieren vor allem die Input-Eigenschaften des Mitarbeiters wie Loyalität, Dominanz, Intelligenz und Kreativität.
- **Arbeitsleistung.** Der leistungsorientierte Ansatz stellt den Tätigkeitsvollzug, also die Arbeitsleistung des Mitarbeiters, in den Mittelpunkt der Beurteilung. Beurteilt wird also nicht die Persönlichkeit, sondern das im Transformationsprozess konkret beobachtete Leistungsvermögen des Mitarbeiters.
- **Arbeitsergebnis.** Beim ergebnisorientierten Ansatz zählt weder die Persönlichkeit noch das Leistungsvermögen eines Mitarbeiters, entscheidend ist vielmehr das tatsächlich erreichte Ergebnis, d. h. der Output des Transformationsprozesses. Insbesondere das Entscheidungsverhalten von Führungskräften wird heutzutage ausschließlich am erzielten Ergebnis gemessen.

„Voll im Trend“ ist der **ergebnisorientierte Ansatz**, also das Ergebnis der Tätigkeit, das anhand von vorab festlegten Zielen eingeschätzt werden soll. Diese dritte Variante hat in den letzten Jahren deshalb erheblichen Zulauf bekommen, weil Mitarbeiter, die früher mit Aufgaben bzw. Aufträgen geführt wurden, heutzutage mehr und mehr an ihren erzielten Ergebnissen gemessen werden. Der Vorteil liegt hier in der leichteren Messbarkeit und Zurechenbarkeit zum Gesamterfolg des Unternehmens. Nachteilig kann sich allerdings auswirken, dass für Mitarbeiter, die nur indirekt für den Unternehmenserfolg verantwortlich sind („Enabler“), keine vernünftigen Ergebniskriterien vorliegen. Allerdings, und das soll hier nicht verschwiegen werden: Der leichteren Mess- und Zurechenbarkeit stehen hier die brutalen Konsequenzen bei Erfolg- oder auch Glücklosigkeit gegenüber. Und auch hier kann ein Beispiel aus der uns allen bekannten Fußballwelt strapaziert werden: Kein Angestellter irgendeines Unternehmens ist so sehr dem (nackten) Ergebnis ausgeliefert wie der Trainer einer Fußballmannschaft – unabhängig von den vielen anderen Faktoren, die vielleicht einen viel größeren (aber eben nicht direkt messbaren) Einfluss auf die Ergebnissituation des Vereins haben.

5.5.2.2 Performance oder Potenzial als Beurteilungsansatz

Bei diesem Systematisierungsansatz geht es um die Frage, ob Mitarbeiter bzw. Führungskräfte mehr an der erreichten Leistung (Ergebnis, Output) oder mehr an ihrem Leistungsvermögen (Potenzial) gemessen werden sollten.

- Die **Leistungs- bzw. Ergebnisbeurteilung** ist vergangenheitsbezogen und berücksichtigt den „Output“ des Mitarbeiters. Das Leistungsergebnis, also das Ausmaß der Erreichung der vorgegebenen Ziele, wird bei diesem Verfahren erfasst und bewertet. Sie ist maßgebend bei der Bewertung der Zielerreichung und damit auch zugleich das entscheidende Kriterium für eine gerechte, differenzierte Vergütung [vgl. JUNG 2006, S. 738].
- Die **Potenzialbeurteilung** ist eher zukunftsbezogen und bewertet Qualifikation und Eignung des Mitarbeiters. In die Beurteilung geht vor allem der erwartete zukünftige Beitrag von Führungskräften bzw. Mitarbeitern zur Erreichung der Unternehmensziele ein [vgl. Stock-Homburg 2013, S. 379].

Werden beide Kriterien miteinander kombiniert, so ergibt sich – wie in Abbildung 5-26 dargestellt – eine **Leistungs-Potenzial-Matrix** (engl. *Performance-Potential-Matrix*). In dieser Portfolio-Matrix werden Mitarbeiter bzw. Führungskräfte entsprechend ihrer Leistungsergebnisse und ihrer Potenziale positioniert.
Besondere Aufmerksamkeit sollte das Personalmanagement den *„Solid Performers“* und den *„Promotable Performers“* widmen. Bei diesen Personengruppen besteht offensichtlich der größte Personalentwicklungsbedarf. Die *„Solid Performers“* erbringen zwar eine gute Leistung im Hinblick auf die an sie gestellten Anforderungen, sie verfügen aber über keine hohe Entwicklungsfähigkeit. *„Promotable Performers“* verfügen über ein hohes Entwicklungspotenzial, das aber durch das bisherige Aufgabengebiet nicht ausgeschöpft wird.

Durch geeignete Entwicklungsmaßnahmen, die einerseits den Bindungswillen erhöhen und andererseits Karrieremöglichkeiten aufzeigen, ließen sich beide Personengruppen entsprechend motivieren. Insgesamt ermöglicht die Leistungs-Potenzial-Matrix eine Analyse der Ist-Situation über die Leistungs- und Potenzialträger im Unternehmen. Ungleichgewichte in der Mitarbeiterstruktur lassen sich auf diese Weise aufzeigen [vgl. Kosub 2009, S. 112].

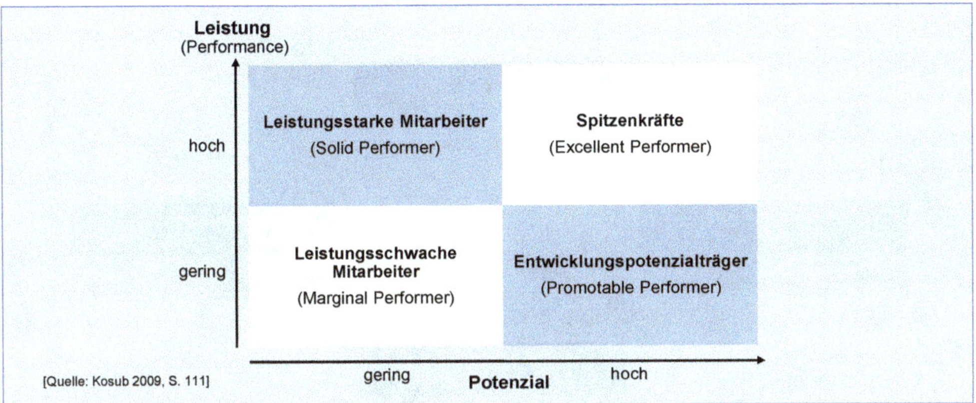
Leistung
(Performance)
hoch
gering
Leistungsstarke Mitarbeiter
(Solid Performer)
Spitzenkräfte
(Excellent Performer)
Leistungsschwache Mitarbeiter
(Marginal Performer)
Entwicklungspotenzialträger
(Promotable Performer)
[Quelle: Kosub 2009, S. 111]
gering
Potenzial
hoch

Abb. 5-26: Leistungs-Potenzial-Matrix

5.5.2.3 Balanced Scorecard

Eine weitere Systematisierung kann anhand der Unterscheidung zwischen quantitativen und qualitativen Kriterien erfolgen. Quantitative Beurteilungsgrößen sind eindeutig und objektiv messbare Größen. Bei der objektiven Messung werden operationalisierbare und empirisch überprüfbare Indikatoren verwendet, die eindeutig quantifizierbar sind. Beispiele für eine Führungskraft bzw. einen Mitarbeiter im Vertriebsbereich sind:

- Erzieltes (Bereichs-)Ergebnis
- Anzahl akquirierter Kunden
- Anzahl durchgeführter Kundenbesuche
- Erzielter Auftragseingang
- Erzielter Umsatz
- Anzahl Reklamationen
- Fehlzeiten u.v.a.m.

In der Praxis werden Unternehmensziele zunehmend mit der von Kaplan/Norton [1992] entwickelten **Balanced Scorecard**, in der quantitativ bewertbare Beurteilungskriterien formuliert, systematisiert und dann sukzessive auf Bereichs-, Abteilungs- und Mitarbeiterebene heruntergebrochen werden (siehe Abbildung 5-27). Grundgedanke der Balanced Scorecard ist die Umsetzung von Visionen und Strategien des Unternehmens in operative Maßnahmen. Das dazu entwickelte Kennzahlenraster der Balanced Scorecard umfasst insgesamt vier Dimensionen:

- **Finanzwirtschaftliche** Dimension (Sicht des Aktionärs bzw. Investors)
- **Kundenbezogene** Dimension (Sicht des Kunden)
- **Prozessbezogene** Dimension (Sicht nach innen auf die Geschäftsprozesse)
- **Potenzialbezogene** Dimension (Sicht aus der Lern- und Entwicklungsperspektive).

Für den Personalbereich besonders relevant ist die Lern- und Entwicklungsperspektive. Die daraus resultierende Verbindung der klassischen Zielvereinbarung mit der Balanced Scorecard führt zwangsläufig dazu, auch in die Zielvereinbarung verstärkt quantitative Ziele als sogenannte Key Performance Indicators (KPIs) zu übernehmen.

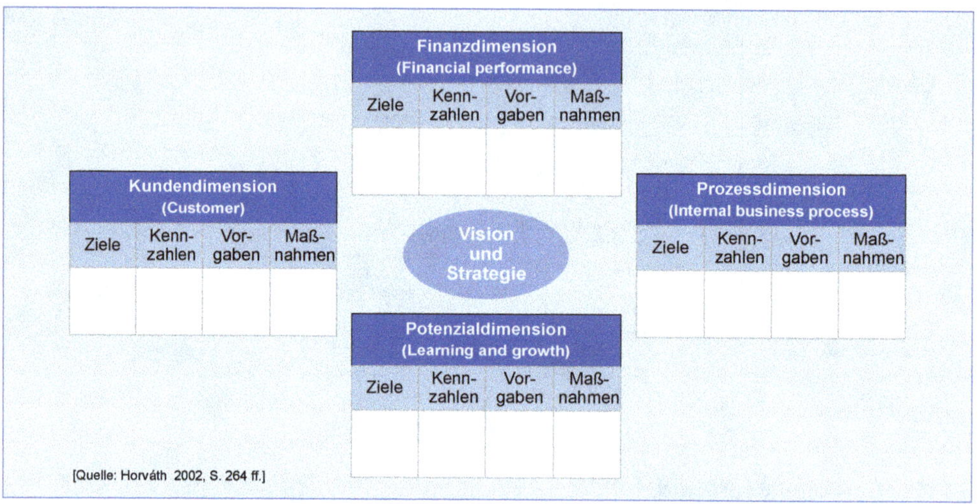
Finanzdimension
(Financial performance)
Ziele
Kenn-zahlen
Vor-gaben
Maß-nahmen
Kundendimension
(Customer)
Ziele
Kenn-zahlen
Vor-gaben
Maß-nahmen
Vision und Strategie
Prozessdimension
(Internal business process)
Ziele
Kenn-zahlen
Vor-gaben
Maß-nahmen
Potenzialdimension
(Learning and growth)
Ziele
Kenn-zahlen
Vor-gaben
Maß-nahmen
[Quelle: Horváth 2002, S. 264 ff.]

Abb. 5-27: Die vier Dimensionen des Balanced Scorecard

Durch die **ganzheitliche Zielentwicklung** kann jeder einzelne Mitarbeiter seinen Anteil am Erreichen der Team-, Bereichs- und Gesamtunternehmensziele verfolgen. Wenn das strategische Ziel des Unternehmens z.B. die Steigerung der Kundenzufriedenheit ist, könnte ein Servicemitarbeiter als persönliches Ziel die Erhöhung der Anzahl seiner Kundenkontakte ableiten.

Mit dieser Kopplung von Führungs- und Anreizsystemen ist eine wichtige Voraussetzung für die Einführung von **variablen, leistungsabhängigen Vergütungsbestandteilen** gegeben. In Kombination mit einem garantierten fixen Vergütungsanteil kann der variable Vergütungsanteil die erbrachten Leistungen angemessen honorieren. Die Höhe des variablen Entgeltbestandteils hängt dabei vom Ausmaß ab, mit dem die in der Balanced Scorecard definierten Zielvorgaben bzw. Kennzahlen erreicht werden. Das variable Entgelt ist bei der beschriebenen Vorgehensweise sowohl vom Grad der individuellen Zielerreichung als auch vom Erfolg auf Gruppen- und Unternehmensebene abhängig. Die Kennzahlen der Balanced Scorecard liefern dabei für alle drei Ebenen die entsprechenden Erfolgsindikatoren.

5.5.3 Year-End-Review

Die oben beschriebene Matrix ist auch gleichzeitig Teil umfassender **Performance-Measurement-Systeme**, die zwischenzeitlich Einzug in viele, vor allem größere Unternehmen gehalten haben. In solche Systeme fließen neben den Leistungs- und Potenzialbeurteilungen der Mitarbeiter auch Projekt- und Kundenbeurteilungen sowie eine Vielzahl von Kennziffern (z. B. über Fluktuation, Mitarbeiter- und Kundenzufriedenheit u. ä.) ein. Sie dienen neben der Performance-Messung von Mitarbeitern auch zur Beurteilung der Leistungsfähigkeit von Abteilungen und Unternehmensbereichen [zur grundsätzlichen Ausgestaltung von Performance-Measurement-Systemen siehe Grüning 2002].

Als zentrales Element der Personalbeurteilung gilt die **Jahresendbeurteilung** (engl. *Year-End-Review*). Sie ist in vielen Unternehmen Grundlage für die Bestimmung der Höhe des variablen Gehaltsanteils, für evtl. Vergütungserhöhungen sowie für Beförderungen (engl. *Promotions*) im Rahmen des Grading-Systems.

Als **Praxisbeispiel** soll hier die Vorgehensweise und Struktur des Year-End-Reviews des Beratungsunternehmens Capgemini angeführt werden. Neben der Performance- und der Potenzialbeurteilung als Soll-Ist-Vergleich wird bei diesem Year-End-Review mit dem sogenannten *Skill-Level*, das die Verweildauer des Mitarbeiters auf einer Karrierestufe (engl. *Time in Grade*) kennzeichnet, noch eine weitere Dimension in der Beurteilungssystematik berücksichtigt.

Abbildung 5-28 gibt einen Überblick über die Funktionsweise dieses Praxisbeispiels mit der Skill-Level/Potential/Performance-Matrix als zentrales Darstellungsmittel.

		Performance				
Skill-Level	**Potential**	**Low**		**Normal**	**High**	
		5	**4**	**3**	**2**	**1**
Mastery	A			**Promotion possible**	Lehmann	
	B	Müller		Schulze	Jansen	
	C		Meier, Krause	Neumann	Becker	Schmidt
	D			Fischer		
Skilled	A				Wagner	
	B		Becker	Baumann		
	C			Weber, Koch		
	D		Schneider			
Entry	A					
	B			Bauer		
	C					
	D					

5 = Did not meet expectations
4 = Improvement desired
3 = Met expectations
2 = Exceeds
1 = Excellent

A = High potential
B = Steady growth
C = Steady
D = At risk

Quelle: Lippold 2010, S. 23

Grundlage für den **Jahresendprozess** (engl. *Year End Review*) ist die *Zielvereinbarung*, die Anfang eines jeden Geschäftsjahres zwischen Mitarbeitern und Vorgesetzten verabschiedet wird. Sie orientiert sich an den vorgegebenen Standardzielen pro Grade (Karrierestufe). Diesen Standardzielen liegen – neben individuellen Zielen wie Auslastung, Sales-Beitrag, Delivery-Volumen etc. – vier Verhaltensdimensionen zu Grunde:

- Managementverhalten,
- Führungsverhalten,
- Teamverhalten und
- kundenorientiertes Verhalten.

Die Führungskraft (der Vorgesetzte/Mentor) verdichtet diese Kriterien zu einem Gesamteindruck, der dann im Year-End-Review einem *Peer-Vergleich* gestellt wird. In diesem Peer-Vergleich werden alle Mitarbeiter der gleichen Karrierestufe (Grade) gegeneinander kalibriert (siehe Abbildung).

Dies geschieht anhand einer vorbereiteten Matrixdarstellung mit folgenden drei Dimensionen:

- **Performance** mit den Ausprägungen *„excellent“* (1), *„exceeds“* (2), *„met expectations“* (3), *„improvement desired“* (4) und *„did not meet expectations“* (5),
- **Potential** mit den Ausprägungen *„high potential“* (A), *„steady growth“* (B), *„steady“* (C) und *„at risk“* (D) und
- **Time in Grade** mit den Ausprägungen *„mastery“*, *„skilled“* und *„entry“*.

Nur diejenigen Mitarbeiter, die in dieser Darstellung gleichzeitig den Bereichen Mastery, Performance 1 bis 3 und Potential A und B zugeordnet sind, können befördert und beim nächsten Review im Grade n+1 geführt werden. Bei der Kalibrierung ist ferner darauf zu achten, dass die zu beurteilenden Mitarbeiter hinsichtlich der Performance-Beurteilung *gleichverteilt* eingestuft werden. D. h. der Performance-Wert muss für alle Mitarbeiter im Durchschnitt dem *Normal-Wert* „Met expectations“ (= 3) entsprechen. Die derart vorgenommene Kalibrierung wirkt in drei Richtungen: Sie ist maßgebend für die Berechnung des variablen Gehaltsanteils, für eine evtl. strukturelle Gehaltserhöhung sowie für die Möglichkeit einer Beförderung.

Abb. 5-28: Die Skill-Level/Potential/Performance-Matrix von Capgemini

Doch trotz des sehr erfolgreichen Praxisbeispiels nimmt die Kritik an dieser Art des **Year-End-Reviews** mit der entsprechenden Kalibrierung der Mitarbeiter in jüngster Zeit ständig zu. So beginnen die ersten international ausgerichteten Dienstleistungsunternehmen damit, ihre Personalentwicklung komplett umzustellen und auf sämtliche Rankings ihrer Mitarbeiter künftig zu verzichten.

Der Grund: Die jährlichen Gespräche seien mit viel Aufwand, aber wenig Ertrag verbunden. In einem Interview mit der Washington Post erklärte Pierre Nanterme, CEO des IT-Dienstleisters Accenture:

„Manager müssen die richtige Person für die richtige Stelle auswählen und sie mit ausreichend Freiraum ausstatten. Die Kunst guter Führung besteht nicht darin, Angestellte ständig miteinander zu vergleichen“ [ZEIT-Online am 27.08.2015: So geht gute Führung].

Das bedeutet in der Konsequenz, dass die vielen Year-End-Reviews, die in aller Regel mit einer **Kalibrierung der Mitarbeiter** (also einem Vergleich bzw. Ranking der Kollegen einer Grade-Stufe) verbunden sind, obsolet werden. Das führt zu einer Entschlackung von liebgewonnenen, organisationsweiten Prozessen, die aus einem Vollständigkeits- und Kontrollwahn einst installiert wurden, aber einer Vertrauens- und Führungskultur diametral entgegenstehen [vgl. Lippold 2016].

5.5.4 Beurteilungsfehler und Wahrnehmungsverzerrungen

Grundsätzlich sollten alle Beurteilende über Kenntnisse und Erfahrungen in der Personalbeurteilung verfügen. Dadurch lassen sich Beurteilungsfehler zwar nicht vollständig vermeiden, jedoch erheblich reduzieren. Jeder Beurteilende unterliegt einer Reihe von subjektiven Einflüssen, die dazu führen, bestimmte Aspekte stärker oder verfremdet zu sehen und andere eher auszublenden. Diese Wahrnehmungsverzerrungen werden durch *intrapersonelle, interpersonelle* und *sonstige* Einflüsse hervorgerufen (siehe Abbildung 5-29):

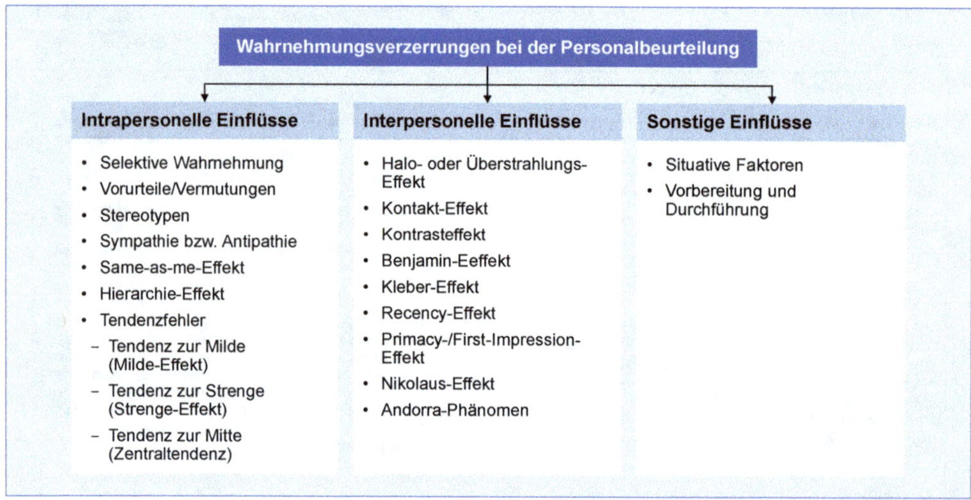
Wahrnehmungsverzerrungen bei der Personalbeurteilung
Intrapersonelle Einflüsse
Selektive Wahrnehmung
Vorurteile/Vermutungen
Stereotypen
Sympathie bzw. Antipathie
Same-as-me-Effekt
Hierarchie-Effekt
Tendenzfehler
- Tendenz zur Milde (Milde-Effekt)
- Tendenz zur Strenge (Strenge-Effekt)
- Tendenz zur Mitte (Zentraltendenz)
Interpersonelle Einflüsse
Halo- oder Überstrahlungs-Effekt
Kontakt-Effekt
Kontrasteffekt
Benjamin-Eeffekt
Kleber-Effekt
Recency-Effekt
Primacy-/First-Impression-Effekt
Nikolaus-Effekt
Andorra-Phänomen
Sonstige Einflüsse
Situative Faktoren
Vorbereitung und Durchführung

Abb. 5-29: Wahrnehmungsverzerrungen bei der Personalbeurteilung

5.5.4.1 Intrapersonelle Wahrnehmungsverzerrungen und Einflüsse

Intrapersonelle Einflüsse lassen sich unmittelbar auf den Beurteiler zurückführen bzw. liegen in der Persönlichkeitsstruktur des Beurteilers begründet.

Zu den wichtigsten intrapersonellen Wahrnehmungsverzerrungen zählen [vgl. Steinmann/ Schreyögg 2005, S. 799; Jung 2006, S. 764 f.]:

- Bei der **selektiven Wahrnehmung**, wählt der Betreffende aus einer Vielzahl von Informationen nur einen kleinen Ausschnitt bewusst oder unbewusst aus und macht diese zur Grundlage seines Urteils.
- Das Denken in **Stereotypen** führt zu Vorurteilen, die das Gesamturteil über jemanden prägen (Asiaten – fleißig, Dicke – gemütlich).
- **Vorurteile** und **Vermutungen** beruhen auf positiven oder negativen Erfahrungen, die der Beurteilende mit ähnlichen Personen gemacht hat. Sie überdecken die tatsächlichen Fakten und Zusammenhänge.
- **Sympathie bzw. Antipathie** führt in Form von Zu- oder Abneigung zu verfälschten Ergebnissen.
- Der **Same-as-me-Effekt** liegt vor, wenn ein ähnlicher Werdegang, Ausbildung, Charakter oder Herkunft zu verbesserter Bewertung führen.
- Der **Hierarchieeffekt** liegt dann vor, wenn die Beurteilung umso besser ausfällt, je höher die hierarchische Position des Beurteilten ist.
- Beurteiler können durch die **Projektion** ihres persönlichen Wertesystems zu einer Fehleinschätzung gelangen. In diesem Fall übertragen sie Vorstellungen und Erwartungen, die sie bei sich selbst wahrnehmen, unreflektiert auf andere.
- Bei der **Tendenz zur Milde** (Milde-Effekt) neigt der Beurteilende dazu, generell keine negativen Aussagen über die Beurteilten zu machen. Der Milde-Effekt tritt empirischen Untersuchungen zur Folge dann verstärkt auf, wenn die Beurteilung für Beförderungszwecke durchgeführt wird.
- Im Gegensatz dazu steht die **Tendenz zur Strenge** (Strenge-Effekt), bei der der Beurteilende aufgrund seines sehr hohen individuellen Anspruchsniveaus gute oder sehr gute Leistungen als normal ansieht.
- Eine **Tendenz zur Mitte** (Zentraltendenz) liegt dann vor, wenn bei der Beurteilung einer Person positive und negative Extremurteile vermieden werden. Der vorsichtige Beurteilende nimmt eine Maßstabsverschiebung derart vor, dass er überproportional häufig mittlere Urteilswerte über seine Mitarbeiter abgibt.

5.5.4.2 Interpersonelle Wahrnehmungsverzerrungen und sonstige Einflüsse

Interpersonelle Einflüsse liegen in der Beziehung zwischen den Beteiligten der Personalbeurteilung begründet und können ebenfalls zu Wahrnehmungsverzerrungen führen. Diese Einflüsse können sich als Sympathie oder Antipathie bemerkbar machen [vgl. Jung 2006, S. 764 f.].

- Bedeutsam ist der so genannte **Halo- oder Überstrahlungseffekt**, bei dem die beurteilende Person von einer prägnanten Eigenschaft bzw. einem spezifischen Verhalten auf andere Merkmale des Beurteilten schließt.
- Beim **Kontakt-Effekt** fällt die Beurteilung eines Mitarbeiters umso besser aus, je häufiger er Kontakt mit dem Beurteiler hat.
- Der **Kontrast-Effekt** besagt, dass der Beurteilte mit seinem Vorgänger verglichen wird. Dabei werden durchschnittliche Leistungen schlechter beurteilt, wenn der Vorgänger besonders gut war.
- Beim **Benjamin-Effekt** wird der (meist junge) Mitarbeiter unterschätzt („so jung, der muss noch viel lernen").
- Beim **Kleber-Effekt** haften dem Beurteilten vorausgegangene (positive oder negative) Beurteilungen an.
- Der **Recency-Effekt** drückt aus, dass der Beurteilende bei der Bewertung speziell auf Ereignisse, die erst kürzlich stattgefunden haben, abzielt.
- Der **Primacy-/First-Impression-Effekt** drückt aus, dass die in einer Beurteilungsperiode zuerst erhaltenen Informationen bzw. Eindrücke auf den Beurteilenden größere Wirkung erzielen als später erhaltene und von daher unbewusst bei der Bewertung übergewichtet werden.
- Der **Nikolaus-Effekt** geht davon aus, dass der Beurteilte seine Leistung im Hinblick auf den Beurteilungszeitpunkt sukzessiv steigert (so wie Kinder zum Nikolaustag immer „lieber" werden).
- Das **Andorra-Phänomen**, das nach einem Schauspiel von MAX FRISCH benannt ist, geht von einer gegenseitigen Einflussnahme dahingehend aus, dass der Beurteilte in die Rolle schlüpft, die sein Gegenüber (also der Beurteiler) von ihm erwartet.

Zu den **sonstigen Einflüssen**, die beim Personalbeurteilungsprozess zu Fehleinschätzungen führen können, zählen situative Einflüsse und Fehler bei der Vorbereitung und Durchführung einer Beurteilung. **Situative Einflüsse** gehen auf die besondere Situation einer Prüfung und die augenblickliche Rolle der Beteiligten zurück. Unzureichende Erfahrung der Beurteilenden bei der **Vorbereitung und Durchführung** sowie unbestimmte Beurteilungskriterien führen zu weiteren Beurteilungsfehlern.

5.5.5 Beurteilungsfeedback

Dem **Feedback-Gespräch** zwischen Mitarbeiter und Vorgesetzten, das sich grundsätzlich an eine Beurteilung anschließen sollte, kommt im Rahmen des gesamten Verfahrens eine erhebliche Bedeutung zu. Auch hierbei steht das Ziel der Personalbeurteilung, nämlich die Fairness im Mittelpunkt. Durch das Beurteilungsfeedback erhält der Mitarbeiter diverse Informationen, denen folgende Fragestellungen zu Grunde liegen:

- Was hat der Beurteilende konkret beobachtet?
- Was schließt der Beurteilende daraus?
- Welche Entwicklungspotenziale können daraus abgeleitet werden?

Das Beurteilungsgespräch kann bei richtiger Handhabung ein wesentliches Instrument innerhalb des Führungsprozesses darstellen und in erheblichem Maße zur Motivation der Mitarbeiter beitragen. Soll ein Beurteilungsgespräch die daran gestellten Erwartungen erfüllen, so ist neben einer gründlichen Vorbereitung (z.B. anhand einer Checkliste) eine konstruktive, offene und zielorientierte Gesprächsführung unabdingbar. Bei der Gesprächsführung hat es sich als vorteilhaft erwiesen, gewisse Ablaufstrukturen vorzusehen.

5.6 Personalentwicklung – Optimierung der Förderung/Forderung

5.6.1 Aufgabe und Ziel der Personalentwicklung

Die Qualifizierung von Mitarbeitern und Führungskräften stellt eine zentrale Voraussetzung dar, um langfristig wettbewerbsfähig zu sein. Mitarbeiter mit der *richtigen* fachlichen Qualifikation und den *richtigen* sozialen und kommunikativen Kompetenzen sowie die Managementqualitäten einer Führungskraft sind wesentliche Erfolgsfaktoren. Somit gilt es, die Personalentwicklung und hier speziell die Führungskräfteentwicklung (engl. *Leadership Development*) im Rahmen der Prozesskette *Personalbindung* im Hinblick auf die Mitarbeiterforderung und -förderung zu optimieren:

Forderung und Förderung = f (Personalentwicklung) → optimieren!

Inhalte der Personalentwicklung sind zum einen die Vermittlung von Qualifikationen im Sinne einer unternehmensgerechten Aus- und Weiterbildung (Forderung) und zum anderen Maßnahmen zur Unterstützung der beruflichen Entwicklung und Karriere (Förderung). Von besonderer Bedeutung ist darüber hinaus die Entwicklung von Führungsnachwuchskräften. Ihre Funktion als Repräsentant, Vorbild, Entscheidungsträger und Meinungsbildner macht die Führungskraft zum Multiplikator in der Personalentwicklung [vgl. Stock-Homburg 2008, S. 153].

In Abbildung 5-30 ist der Zusammenhang zwischen Inhalten und generellen Zielen der Personalentwicklung dargestellt.

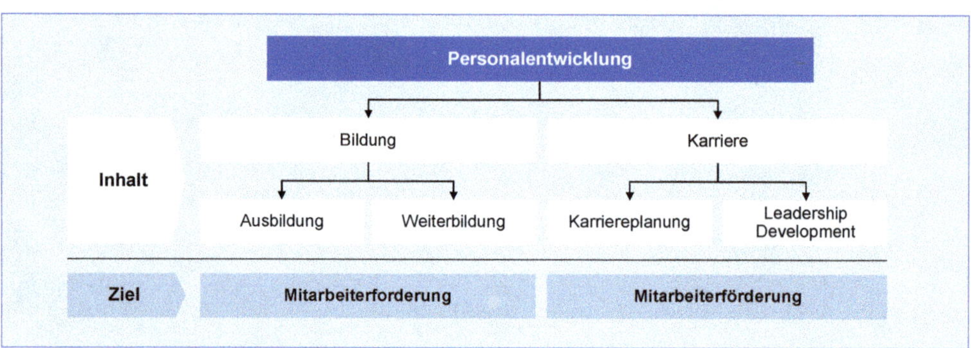
Personalentwicklung
Bildung
Karriere
Inhalt
Ausbildung
Weiterbildung
Karriereplanung
Leadership Development
Ziel
Mitarbeiterforderung
Mitarbeiterförderung

Abb. 5-30: Inhalte und Ziele der Personalentwicklung

Bei Unternehmen lassen sich nach Jung [2006, S. 250 f.] im Allgemeinen **zwei Ansätze der Personalentwicklung** beobachten. Die eine Vorgehensweise versucht, die aktuellen Arbeitsplatzanforderungen mit den entsprechenden Qualifikationen in Einklang zu bringen. Der zweite (und sicherlich effektivere) Ansatz verfolgt das Ziel, über die gegenwärtigen Anforderungen hinaus flexible Mitarbeiterqualifikationen zu schaffen und eine individuelle Personalentwicklung zu praktizieren. Im Vordergrund steht dabei die Vermittlung weitgehend arbeitsplatzunabhängiger Schlüsselqualifikationen, die der Halbwertszeit des Wissens und dem lebenslangen Lernen Rechnung tragen.

Die zentrale Aufgabe der Personalentwicklung liegt darin, die Menschen durch Lernen zu befähigen, sich in der dynamischen Welt der Arbeit zurechtzufinden. Nur mit systematisch betriebener Aus- und Weiterbildung kann es gelingen, über die gesamte Dauer des Berufslebens den sich wandelnden Anforderungen gewachsen zu sein. Systematische Förderung der Eignung und Neigung sichert qualifizierte und motivierte Mitarbeiter. Daneben muss der durch die veränderten Bedürfnisse entstandene **Wertewandel** von der Personalentwicklung aufgenommen und die daraus gewonnenen Erkenntnisse in Bildung und Förderung umgesetzt werden.

Führungsnachwuchsbezogene Ziele der Personalentwicklung sind [vgl. Stock-Homburg 2008, S. 155.]:

- Verbesserung der Karriere- und Aufstiegsmöglichkeiten innerhalb und außerhalb des Unternehmens
- Klarheit über die beruflichen Ziele und Aufstiegsmöglichkeiten im Unternehmen
- Schaffung von Möglichkeiten, um über das fachliche Wissen hinaus betriebsspezifisches Know-how und Flexibilität zur Bewältigung anstehender Veränderungsprozesse zu erlangen
- Steigerung der individuellen Mobilität und Employability auf dem Arbeitsmarkt
- Schaffung von Möglichkeiten zur Selbstverwirklichung z. B. unter dem Aspekt der Übernahme von größerer Verantwortung einerseits und der Work-Life-Balance andererseits.

5.6.2 Qualifikation und Kompetenzmanagement

In der Personalentwicklung kommt dem Kompetenzmanagement eine besondere Bedeutung zu. Es legt fest, welche Fähigkeiten und Verhaltensweisen verändert bzw. entwickelt werden sollen. Das Kompetenzmanagement weist in zwei Richtungen. Zum einen geht es darum, was das Unternehmen oder die Unternehmenseinheit können muss, um seine/ihre Ziele zu erreichen (organisationale Kompetenz). Zum anderen sind die Fähigkeiten, Kenntnisse und Verhaltensweisen gefragt, die der Berater benötigt, um seine individuellen Anforderungen (im Sinne der gesetzten Ziele) zu bewältigen (rollenbezogene Kompetenz). Zu den verschiedenen Kompetenzfeldern siehe insbesondere den Kompetenz-Atlas in Abschnitt 4.5.2.

Aufbauend auf diesen Kompetenzfeldern entwickeln Unternehmen eigene Kompetenzmodelle, die den jeweiligen spezifischen Organisationsanforderungen entsprechen. Ebenso sind die Kompetenzfelder inhaltliche Grundlage für die Darstellung von Rollen, Karrierepfaden und Leadership Development-Programmen.

Die Personalentwicklung greift bei der Ermittlung des Entwicklungsbedarfs zwangsläufig auf die Ergebnisse der Personalbeurteilung zurück. Qualifikations- und Kompetenzdefizite, die in der Beurteilung aufgezeigt werden, sind der Ausgangspunkt für die Entwicklungsziele und -inhalte. Lag bislang in vielen Unternehmen der Schwerpunkt im Bereich der Ausbildung, wird heute auch der Weiterbildung eine angemessene Priorität eingeräumt. Zu diesem Zweck gründen vor allem größere Unternehmen eigene Trainingszentren.

Zu den besonders wirksamen **Formen der Kompetenzentwicklung** in der Praxis zählen [vgl. Erpenbeck 2012, S. 39 ff.]:

- **Erfahrungslernen** (Kompetenzentwicklung erfolgt hierbei durch Wissen, das durch eigenes Handeln erworben wurde.)
- **Erlebnislernen** (Kompetenzentwicklung wird nicht durch Wissen im engeren Sinne vermittelt, sondern es werden z.B. Dissonanzsituationen so unumgänglich gemacht, dass intendierte Werthaltungen handlungswirksam werden können.)
- **Lernen durch subjektivierendes Handeln** (Kompetenzentwicklung erfolgt durch Handeln, das auf Erfahrungen und Erlebnissen einzelner Menschen aufbaut.)
- **Informelles Lernen** (Kompetenzentwicklung wird durch im Kooperations- und Kommunikationsprozess selbstorganisiert entstandene Regeln, Werte und Normen vorangetrieben.)
- **Situiertes Lernen** (Kompetenzentwicklung erfolgt anhand möglichst authentischer Problemsituationen.)
- **Expertiselernen** (Kompetenzentwicklung durch das, was Könner zu Könnern macht. Einziger Indikator für ihre Könnerschaft ist ihre Leistung beim Ausüben einer Tätigkeit.).

5.6.3 Talent Management

5.6.3.1 Begriffliche Abgrenzungen

Talent Management ist nicht identisch mit **Personalentwicklung**. Es beinhaltet zwar wesentliche Elemente der Personalentwicklung, aber es ist zum einen weiter und zum anderen enger gefasst. Während die Personalentwicklung die (Aus-)Bildung und Förderung aller Mitarbeiter einer Organisation umfasst, richtet sich das Talent Management ausschließlich an die Zielgruppe der „Talente". Gleichzeitig beschränken sich die Maßnahmen und Konzepte des Talent Managements nicht nur auf die Bildung und Förderung, sondern auch auf die Gewinnung, Beurteilung und Bindung von Talenten.

Abbildung 5-31 soll diese Abgrenzung der beiden Begriffe *Personalentwicklung* und *Talent Management* verdeutlichen.

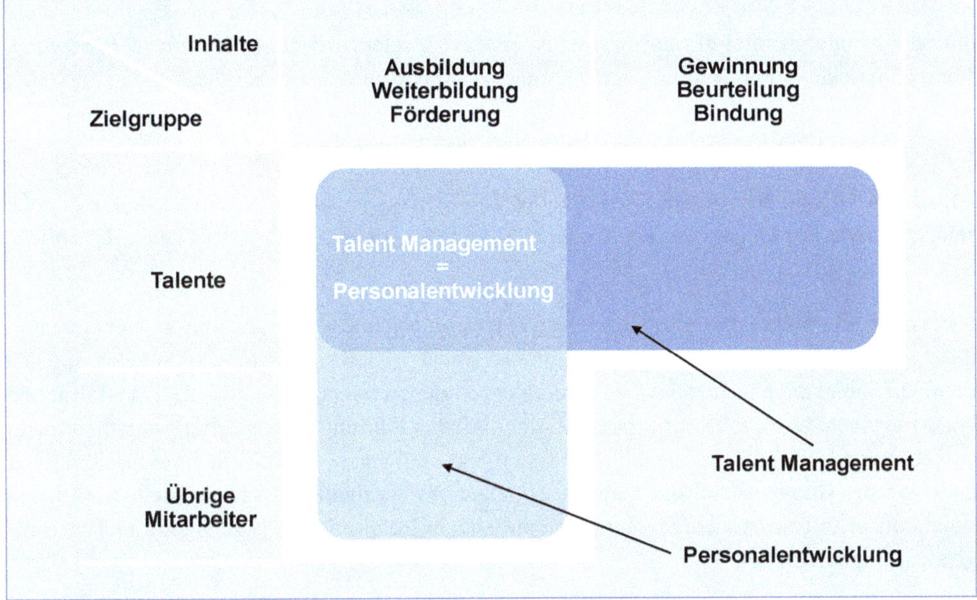
Inhalte
Zielgruppe
Ausbildung
Weiterbildung
Förderung
Gewinnung
Beurteilung
Bindung
Talente
Talent Management
=
Personalentwicklung
Talent Management
Übrige
Mitarbeiter
Personalentwicklung

Abb. 5-31: Abgrenzung Talent Management und Personalentwicklung

Vor diesem Hintergrund kommen Ritz/Sinelli [2018, S. 14] zu folgender Definition des Begriffs *Talent Managements*:

> „**Talent Management** bezeichnet jene Organisationskonzepte und -maßnahmen, die sich gezielt mit der Gewinnung, Beurteilung, Erhaltung und Entwicklung von gegenwärtigen oder zukünftigen Mitarbeitenden auseinandersetzen, die aufgrund ihrer vergleichsweise knappen, stark nachgefragten und für die Organisation zentralen Schlüsselkompetenzen als Talente bezeichnet werden."

Ein so definiertes Talent Management, das sich ausschließlich an Talente richtet, kann definitionsgemäß auch als **High Potential Management** angesehen werden, sofern aus den Talenten zukünftige Führungskräfte erwachsen. Da dies aber ohnehin das Ziel des Talent Managements darstellt, ist das High Potential Management somit eine Sonderform des Talent Managements. Um aber dem begrifflichen Wirrwarr aus dem Wege zu gehen, soll hier das (gebräuchliche) Talent Management verwendet werden.

Ein funktionierendes Talent Management leistet also einen entscheidenden Beitrag dazu, das Potenzial bestehender oder neuer Mitarbeiter zu identifizieren, richtig einzuschätzen und vorausschauend zu entwickeln. Ständige Fortbildungsmaßnahmen, persönliche Coachings und ein praxisnahes Mentoring sind weitere Bausteine, um aus Berufseinsteigern künftige Manager zu entwickeln.

Das Thema **Führungskräfteentwicklung** (engl. *Leadership Development*) steht seit Jahren ganz oben auf der Liste der Top-Themen des Personalmanagements. Es ist ein weiterer Begriff mit vielen Überschneidungen zum Talent Management. Führungskräfteentwicklung zielt auf die Entwicklung der Führungskompetenzen von Managern und Führungsnachwuchskräften ab.

Bei der Führungskräfteentwicklung geht es – im Gegensatz zum Talent Management – nicht um die Gewinnung von Führungsnachwuchskräften, sondern ausschließlich um die Förderung, Weiterentwicklung und Bindung von Führungs- und Führungsnachwuchskräften.

5.6.3.2 Vom Talent Management zum Talent Empowerment

Allerdings wird am derzeitigen Konstrukt des Talent Managements, mit dem heute immer noch standardisierte Führungsklone als künftige Vorgesetzte produziert werden sollen, erhebliche Kritik geäußert:

Führungskräfte müssen vom traditionellen Talent Management weg und hin zu einem zeitgemäßen **Talent Empowerment** gehen. Empowerment ist entscheidend, um Talente mit den richtigen Fähigkeiten anzuziehen, zu fördern, zu engagieren und so die digitale Transformation voranzutreiben! Denn im Kern geht es bei der digitalen Führung um Beziehungsarbeit, d.h. um wertebasierte Beziehungen, die aufgebaut, gepflegt und gegebenenfalls auch professionell beendet werden müssen. Und das bedeutet in letzter Konsequenz, dass individuelle (und keine standardisierte) Talententfaltungsformate erarbeitet werden müssen [vgl. hierzu und im Folgenden Lippold 2020a].

Durch die **Ermächtigung der Mitarbeiter** (engl. *Empowerment*) werden Potenziale gehoben, die in nicht-agilen Organisationen zumeist verloren wären. Das Empowerment ist quasi die Messlatte für New Work. Digitale Talente verfügen über eine Kombination aus spezifischen Soft- und Hard-Skills, die für eine erfolgreiche Umsetzung der digitalen Transformation entscheidend ist. Deshalb sind zumindest in klar abgegrenzten Bereichen die agile Organisation und das agile Lernen den klassischen Organisations- und Denkmustern deutlich überlegen. Der wahrscheinlich wichtigste Schritt hierbei ist, die Lernenden mit ihren individuellen Bedarfen, Vorkenntnissen, Stärken und Ressourcen vorbehaltlos in den Mittelpunkt zu stellen.

Hinzu kommt, dass die Verantwortung in Unternehmen immer seltener bei Einzelpersonen mit zentraler Direktivgewalt liegt. Verantwortung wird zunehmend mehr kollektiv in eingesetzten Teams wahrgenommen, in denen Führungskräfte eher eine moderierende Funktion innehaben. Es geht um gemeinsame, selbstorganisierte Führung. Menschen mit Führungsverantwortung dürfen auch Lernende sein und müssen nicht alles beherrschen. Die Führungskraft im agilen Umfeld setzt sich für eine gemeinsame Vision ein, die so klar formuliert ist, dass der Einzelne seine individuellen Ziele dazu in Bezug setzen kann. Nur mit Kontrollen bekommt man die Komplexität der Arbeitswelt nicht mehr in den Griff. Im New-Work-Prozess müssten Führungskräfte eine neue Rolle lernen und annehmen. Sie müssen Macht weiterreichen, loslassen, stimulieren und einfach auf die Selbstverantwortung der Mitarbeiter vertrauen. Allerdings, und das ist die Erkenntnis einer SRH-Studie, die Studienleiter Carsten Schermuly folgendermaßen formuliert:

> "Empowerment ist ansteckend. Positiv, aber auch negativ: Wenn Führungskräfte aus einer höheren Hierarchieebene wenig Bedeutsamkeit, Kompetenz, Einfluss und Selbstbestimmung erleben, weil sie durch Bürokratie oder andere Umstände gegängelt werden, geben sie das an Abteilungs- und Teamleiter weiter – bis runter zu den Praktikanten.“ [https://newmanagement. haufe.de/organisation/new-work-ist-messbar].

Die Auswahl der potenziellen Führungsnachwuchskräfte sollte sich daher an folgenden drei Kriterien orientieren:

- **Vielfalt statt Konformität:** Gefragt sind keine „abgerundeten" Persönlichkeiten, die keine Schwächen (aber eben auch keine Stärken) haben. Es geht um Kandidaten mit Ecken und Kanten, die eine ausgeprägte Stärke für Führungsaufgaben haben und an deren Ecken und Kanten auch einmal wirksame Vorschläge hängen bleiben.
- **Performance statt Potenzial:** Potenziale sind zunächst immer nur vage Hoffnungen auf Leistungen, die der Aspirant später einmal erbringen könnte – oder auch nicht. Es geht um solche Führungsnachwuchskräfte, die Leistungen gezeigt haben und Ergebnisse gezeigt haben. Das sind zumeist solche Kandidaten, die in Ihrem Lebenslauf Ergebnisse und nicht Positionen angegeben haben.
- **Einstellungen statt Fachwissen:** Fachliche Fähigkeiten sind Voraussetzungen. Wichtiger als Fachkenntnisse sind für eine potenzielle Führungskraft dessen Sensibilitäten, Werte, Verhaltensmuster, Prägungen und die innere Einstellung zur Selbstverantwortung. Hierdurch entscheidet sich, ob die Führungskraft einen substanziellen Beitrag zur Weiterentwicklung des Unternehmens liefern wird oder nicht.

Viele Unternehmen beobachten, dass der Mangel an digitalen Talenten zu einem Verlust von Wettbewerbsvorteilen führt. Den Unternehmen ist zu raten, ihre traditionellen Leadership Praktiken in ein zeitgemäßes Talent Empowerment umzuwandeln. Dabei stehen individuelle Personalentwicklungsangebote mit entsprechenden Beziehungstrainings im Vordergrund – Trainings, bei denen das agile Lernen der zentrale Baustein einer neuen Führungskultur ist. Es handelt sich also um Trainings, die besser auf die Bedürfnisse der heutigen digitalen Talente zugeschnitten sind als die traditionellen Management-Praktiken.

5.6.4 Weitere Aspekte der Führungskräfteentwicklung

Ein besonderes Augenmerk müssen Unternehmen auf die **Karriereplanung** ihrer Führungsnachwuchskräfte legen. Hierbei geht es darum, die persönlichen und beruflichen Ziele der Potenzialträger mit den Interessen des Unternehmens in Einklang zu bringen. Diese Facette der Personalentwicklung zielt somit auf die **Mitarbeiterförderung und -bindung** ab.

5.6.4.1 Führungs- und Fachlaufbahn

Mit dem Begriff *Karriere* wird in erster Linie die *Führungs*laufbahn assoziiert. Der Aufstieg im Rahmen einer Führungskarriere bedeutet in der Regel einen Zuwachs an Kompetenz, Status, Macht und Vergütung in Verbindung mit den einzelnen Karriereschritten. In der Praxis gewinnt zunehmend aber auch die *Fach*karriere an Bedeutung. Aus Unternehmenssicht liegt hierbei der Fokus auf der Förderung und Bindung von Spezialisten.

Bei der Karriereplanung sollte das Unternehmen berücksichtigen, dass Mitarbeiter – gleich ob sie eine Führungs- oder eine Fachlaufbahn anstreben – im Hinblick auf ihre Karriere unterschiedliche Ziele verfolgen können. Eine gute Grundlage für eine zielgerichtete Förderung ist daher eine richtige Einschätzung des Unternehmens über die Karriereziele und -motive der betroffenen Nachwuchs- und Führungskräfte. Die Führungskräfteentwicklung ist bei vielen Unternehmen in den Mittelpunkt aller Personalentwicklungsmaßnahmen, teilweise sogar des gesamten Personalmarketings gerückt. Ob als *Talents*, *High Potentials* oder als *Leaders of Tomorrow* bezeichnet, nahezu alle größeren und international agierenden Unternehmen entwerfen derzeit Programme, um die Zielgruppe der Führungsnachwuchskräfte adäquat fördern und binden zu können.

Eine besondere Bedeutung im Rahmen der Führungskräfteentwicklung kommt dem **Auslandseinsatz** zu. Er wird gewählt, wenn eine Karriere durch den Aufbau internationaler beruflicher Erfahrung angestrebt wird. Im Vordergrund stehen der Erwerb und die Vertiefung von Sprachkenntnissen und das Kennenlernen ausländischer Geschäftspraktiken und Verhaltensweisen. Je nach Zielsetzung kann der Auslandseinsatz zwischen wenigen Wochen und mehreren Jahren dauern.

Im Rahmen der Vermittlung von Führungsverhaltensweisen sind das **Coaching** und das **Mentoring** als **feedbackbasierte Methoden zur Persönlichkeitsentwicklung** zu nennen.

5.6.4.2 Coaching

Coaching ist ein Mittel zur Förderung der Entwicklung von Führungskräften und Mitarbeitern und vereinfacht in der Regel dadurch angestoßene Veränderungsprozesse. Es wird auf Basis einer tragfähigen und durch gegenseitige Akzeptanz gekennzeichneten Beratungsbeziehung – gesteuert durch einen dafür qualifizierten Coach (m/w) – in mehreren freiwilligen und vertraulichen Sitzungen abgehalten. Der Coach zieht für die einzelnen Sessions diverse Gesprächstechniken und seine professionelle Erfahrung heran, um den Coachee (m/w) dabei zu unterstützen, dessen gesetzten Ziele zu erreichen. Klassisches Coaching wird immer als Begleitprozess verstanden. Der Coachee als Partner auf Augenhöhe legt seine Ziele selbst fest und führt Lösungen (Veränderungen) eigenständig herbei. Ein professioneller Coaching-Prozess ist jederzeit transparent zu gestalten. Der Coach bespricht mit dem Coachee die Vorgehensweise, erklärt Techniken und Tools und beendet jede Sitzung mit der Möglichkeit zu beidseitigem Feedback. Ein Coaching kann generell nur dann erfolgreich sein, wenn der Wunsch nach Unterstützung und die Änderungsbereitschaft beim Coachee vorhanden sind.

Ging man in der Vergangenheit überwiegend von defizitär veranlassten Coachings aus (Negativanlass: Behebung einer bestimmten Problemsituation und dadurch Erreichung von gesetzten Leistungsstandards) setzen sich heute verstärkt der Potenzial- sowie der Präventivansatz durch. Unter dem Potenzialansatz versteht man die effektive Nutzung vorhandener, aber noch nicht ausgeschöpfter Potenziale, oder sogar erst deren Entdeckung. Beim Präventivansatz des Coachings sollen bestimmte, als störend empfundene Verhaltensweisen oder Situationen in Zukunft vermieden werden.

5.6.4.3 Mentoring

Im Gegensatz zum Coaching ist Mentoring geprägt durch seinen losen Beziehungscharakter, d.h. es besteht kein wie auch immer gearteter Vertrag zwischen den Gesprächsparteien. Der Mentor zeichnet sich durch einen gewissen Erfahrungsvorsprung gegenüber dem Mentee (m/w) aus und berät diesen losgelöst von disziplinarischer Weisungsbefugnis. Für die konkrete Auswahl eines passenden Mentors für einen neu an Bord kommenden Mitarbeiter bedeutet dies, dass der Vorgesetzte nie gleichzeitig auch Mentor sein kann. Der Vorteil an dieser Konstellation liegt darin, dass der Mentee so immer eine Anlaufstelle hat, falls es Probleme oder Herausforderungen gibt, die nicht mit dem Vorgesetzten besprochen werden können oder wollen. Mentoring zeichnet sich vor allem dadurch aus, dass Mentee und Mentor freiwillig miteinander arbeiten. Beim Mentoring handelt es sich um einen langfristig angelegten Entwicklungsprozess, während das klassische Coaching nach einem halben, maximal einem Jahr seinen Abschluss findet. Im Idealfall arbeiten Mentor, Mentee und Vorgesetzter konstruktiv miteinander, tauschen sich aus, beraten sich und bringen das Potenzial des Mentees gemeinsam zur Entfaltung. Mentoring als unterstützende Lernbeziehung hat das Ziel, Wissen und Erfahrung auszutauschen und weiterzugeben.

Ferner hilft Mentoring beim Ausbilden von Führungsqualitäten und der Leistungssteigerung. Die Partnerschaft zwischen Mentor und Mentee ist idealerweise geprägt von professioneller Freundschaft, der Mentee empfindet das Mentoring als geschützten Raum, indem er auch seine Ängste und Nöte preisgeben kann. Nicht zuletzt ist der Mentor aufgerufen, seinem Mentee ein Stück weit den Weg zu ebnen, indem er ihn z.B. seinem persönlichen Netzwerk zuführt oder ihn mit erfahrenen, langjährigen Firmenmitgliedern bekannt macht.

5.6.5 Genderspezifische Personalentwicklung

Es ist eine Tatsache, dass Frauen aus familiären Gründen häufiger Abstriche in Bezug auf den eigenen Beruf und die eigene Karriere machen als Männer. Besonders die High Potentials unter den weiblichen Arbeitnehmern werden immer wichtiger und damit begehrter für die Unternehmen. Um Frauen zu binden und besser zu integrieren, sollten Unternehmen neben einer familienfreundlichen Gestaltung der Arbeitszeiten gezielt auf die Förderung der Karriere von weiblichen Arbeitnehmern achten. Besonders interessant ist die Erfahrung, dass Personalentwicklungsmaßnahmen, die gezielt auf Frauen und ihre vielfältigen Lebensmuster zugeschnitten sind, sich in aller Regel auch optimal für Männer erweisen. Das Personalentwicklungsmanagement darf und soll sich sogar an den Frauen orientieren, wenn sie für beide Geschlechter Gültigkeit haben sollen. Überhaupt kann durch geschlechtergemischte Fortbildungen die Zusammenarbeit von Frauen und Männern gefördert werden. Weibliche und männliche Teilnehmer können so voneinander lernen. Die Unterschiede in den Verhaltens- und Denkweisen können während einer Maßnahme thematisiert und einander nähergebracht werden [vgl. Stalder 1997, S. 22].

Es geht aber nicht nur darum, auf welche Personalentwicklungsmaßnahmen Frauen am besten ansprechen. Vielmehr sollten die Rahmenbedingungen so angepasst werden, dass mehr Frauen die Teilnahme an solchen Maßnahmen ermöglicht wird. So werden Weiterbildungen häufig nicht für Teilzeitstellen angeboten, obwohl gerade diese vielfach von Frauen besetzt sind. Fortbildungen, die weit entfernt vom Arbeitsplatz oder Wohnort durchgeführt werden oder gar eine Übernachtung erfordern, sind zumeist Ausschlusskriterien für berufstätige Mütter.

5.7 Personalfreisetzung – Optimierung der Erleichterung

5.7.1 Aufgabe und Ziel der Personalfreisetzung

Das letzte Aktionsfeld im Rahmen der Wertschöpfungskette *Personalbetreuung* stellt die Personalfreisetzung dar. Ziel der Personalfreisetzung ist es, eine Überkapazität des Personalbestands zu vermeiden bzw. den Personalbestand abzubauen. Auf diese Situation müssen Unternehmen mit einer erhöhten Flexibilität reagieren. Diese Flexibilität erstreckt sich auf den aktuellen Personalbestand, aber auch auf vorhandene Arbeitszeitstrukturen und Vergütungssysteme, auf die Personalqualifikation, auf die Personalorganisation und auf die Personalführung. Erst wenn sich personelle Überdeckungen nicht mit Hilfe innerbetrieblicher Maßnahmen beseitigen lassen, müssen Freisetzungen durch Beendigung bestehender Arbeitsverhältnisse in Betracht gezogen werden.

Die Förderung des freiwilligen Ausscheidens von Mitarbeitern kann sich – zumindest beim Einsatz *positiver* Förderung – als eine Lösung **(„Erleichterung")** im Interesse der betroffenen Mitarbeiter und des Unternehmens erweisen. Daher geht es bei der Personalfreisetzung in erster Linie um die Optimierung der *Erleichterung*.

Erleichterung = f (Personalfreisetzung) → optimieren!

Formal gesehen bedeuten Personalfreisetzungen den Abbau einer personellen Überdeckung in quantitativer, qualitativer, örtlicher und zeitlicher Hinsicht. Die Ausgangsinformation einer Personalfreisetzung ist ein negativer Saldo zwischen voraussichtlichem Personalbestand und dem Soll-Personalbestand (vgl. 5.2.1.2) [vgl. Springer/Sagirli 2006, S. 6].

5.7.2 Rahmenbedingungen der Personalfreisetzung

Notwendige Maßnahmen der Personalfreisetzung sind in jedem Fall möglichst frühzeitig einzuleiten. Nur so lässt sich eine bestmögliche Anpassung der bestehenden Arbeitsverhältnisse an die veränderten Rahmenbedingungen erreichen. Auf einschneidende Maßnahmen sollte dabei möglichst verzichtet werden. Kann allerdings auf schwerwiegende Einschnitte nicht verzichtet werden, ist auf die sozialverträgliche Ausgestaltung der Freisetzung zu achten, so dass negative Folgen für den betroffenen Arbeitnehmer gemildert werden können. Eine frühzeitige Information der betroffenen Mitarbeiter und des Betriebsrats ist gemäß § 102 BetrVG obligatorisch. Eine ohne Anhörung des Betriebsrats ausgesprochene Kündigung ist unwirksam [vgl. Scholz 2011, S. 496].

Personalfreisetzung ist nicht in jedem Fall gleichzusetzen mit einer Kündigung; sie besagt lediglich, dass ein weiterer Verbleib des Stelleninhabers auf seiner jetzigen Position auszuschließen ist. So sind Personalfreisetzungen auch über die Änderung bestehender Arbeitsrechtsverhältnisse realisierbar. Man kann somit zwischen einer Personalfreisetzung mit und ohne Personalabbau unterscheiden. Eine Freisetzungsmaßnahme mit Personalabbau ist z. B. die Entlassung von Mitarbeitern. Der Abbau von Überstunden oder die Einführung der Kurzarbeit stellt dagegen eine Maßnahme ohne Bestandsreduktion dar (siehe Abbildung 5-32).

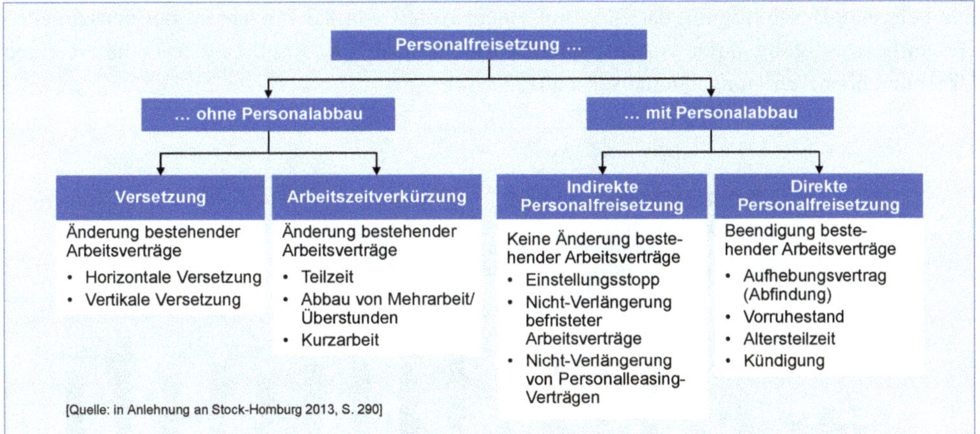
Personalfreisetzung ...
... ohne Personalabbau
... mit Personalabbau
Versetzung
Arbeitszeitverkürzung
Indirekte Personalfreisetzung
Direkte Personalfreisetzung
Änderung bestehender Arbeitsverträge
• Horizontale Versetzung
• Vertikale Versetzung
Änderung bestehender Arbeitsverträge
• Teilzeit
• Abbau von Mehrarbeit/ Überstunden
• Kurzarbeit
Keine Änderung bestehender Arbeitsverträge
• Einstellungsstopp
• Nicht-Verlängerung befristeter Arbeitsverträge
• Nicht-Verlängerung von Personalleasing-Verträgen
Beendigung bestehender Arbeitsverträge
• Aufhebungsvertrag (Abfindung)
• Vorruhestand
• Altersteilzeit
• Kündigung
[Quelle: in Anlehnung an Stock-Homburg 2013, S. 290]

Abb. 5-32: Maßnahmen zur Personalfreisetzung

5.7.2.1 Personalfreisetzung ohne Personalabbau

Die beiden zentralen Maßnahmengruppen zur Personalfreisetzung ohne Personalabbau sind die Versetzung sowie Maßnahmen zur Arbeitszeitverkürzung.

Versetzungen innerhalb eines Unternehmens stellen für die aufnehmende Organisationseinheit einen Personalbeschaffungsvorgang und für die abgebende Einheit eine Freisetzung dar. Versetzungen sind zumeist mit Personalentwicklungsmaßnahmen verbunden, die darauf abzielen, Mitarbeiter für andere gleichwertige oder höherwertige Tätigkeiten zu befähigen.

Zu den relevanten **Maßnahmen der Arbeitszeitverkürzung** zählen für die meisten Unternehmen **Teilzeitarbeit**, **Job Sharing**, **Abbau von Mehrarbeit**, **Zeitwertkonten** und **Kurzarbeit**. Als besonders attraktive Form der Arbeitszeitflexibilisierung ist das Zeitwertkonto einzustufen. Hierbei handelt es sich um ein Arbeitszeitkonto, in das der Berater Arbeitsentgelt oder Arbeitszeit einbringen kann, um es damit beispielsweise zur Verlängerung des Erziehungsurlaubs, für eine Fortbildung, für einen vorzeitigen Ruhestand oder für die Teilzeitarbeit zu nutzen. Auch die Umwandlung des Wertguthabens in eine betriebliche Altersversorgung kommt bei einer entsprechenden Vereinbarung in Betracht.

5.7.2.2 Personalfreisetzung mit Personalabbau

Lässt sich eine Personalbestandsreduktion nicht vermeiden, so hat der Arbeitgeber prinzipiell die Wahl zwischen indirekten und direkten Personalfreisetzungsmaßnahmen. Die indirekte Freisetzung zielt auf einen Personalabbau ab, ohne dass bisherige Arbeitsverhältnisse davon berührt werden. Die direkte Personalfreisetzung ist dagegen immer mit einer Beendigung bestehender Arbeitsverhältnisse verbunden.

Zu den Maßnahmen der indirekten Personalfreisetzung, bei denen es sich um eine Personalflexibilisierung durch Umgehung der Arbeitgeberverantwortung handelt, zählen **Einstellungsbeschränkungen** (um die natürliche Fluktuation zu nutzen), **Nichtverlängerung befristeter Arbeitsverträge** sowie **Nichtverlängerung von Personalleasing-Verträgen**.

Die befristete Beschäftigung hat 2017 mit einem Anteil von 8,3 Prozent an der betrieblichen Gesamtbeschäftigung ihren vorläufigen Höchststand erreicht. Abbildung 5-33 liefert einen Überblick über Befristungsquoten seit 2001.

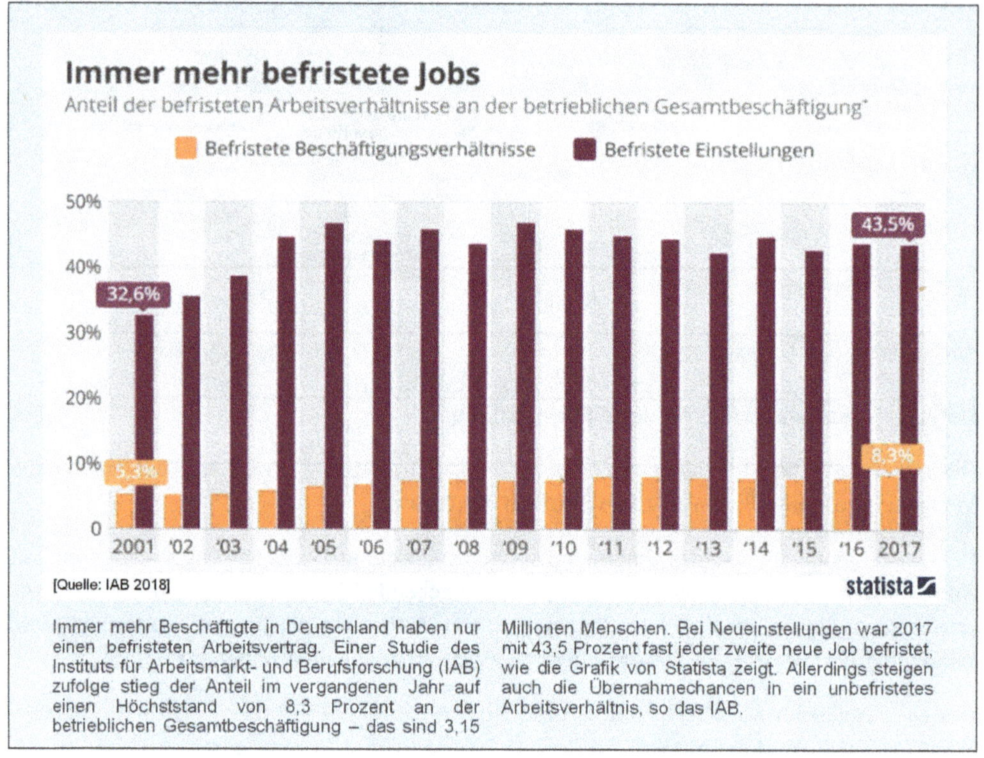
Immer mehr befristete Jobs
Anteil der befristeten Arbeitsverhältnisse an der betrieblichen Gesamtbeschäftigung*
Befristete Beschäftigungsverhältnisse
Befristete Einstellungen
50%
40%
30%
20%
10%
0
32,6%
5,3%
43,5%
8,3%
2001 '02 '03 '04 '05 '06 '07 '08 '09 '10 '11 '12 '13 '14 '15 '16 2017
[Quelle: IAB 2018]
statista
Immer mehr Beschäftigte in Deutschland haben nur einen befristeten Arbeitsvertrag. Einer Studie des Instituts für Arbeitsmarkt- und Berufsforschung (IAB) zufolge stieg der Anteil im vergangenen Jahr auf einen Höchststand von 8,3 Prozent an der betrieblichen Gesamtbeschäftigung – das sind 3,15 Millionen Menschen. Bei Neueinstellungen war 2017 mit 43,5 Prozent fast jeder zweite neue Job befristet, wie die Grafik von Statista zeigt. Allerdings steigen auch die Übernahmechancen in ein unbefristetes Arbeitsverhältnis, so das IAB.

Abb. 5-33: Befristete Arbeitsverträge

Direkte Maßnahmen der Personalfreisetzung zielen darauf ab, einen relativ kurzfristigen Personalabbau herbeizuführen. Im Vordergrund steht dabei die Beendigung bestehender Arbeitsverhältnisse durch einen Aufhebungsvertrag, ein Outplacement, Vorruhestand bzw. Altersteilzeit sowie – als ultima ratio – die Entlassung bzw. Kündigung.

Lässt sich eine Personalbestandsreduktion nicht vermeiden, so ist eine positive Förderung des freiwilligen Ausscheidens durch einen **Aufhebungsvertrag** einer arbeitgeberseitigen Kündigung in aller Regel vorzuziehen. Bei einer Aufhebungsvereinbarung verständigen sich Arbeitgeber und Arbeitnehmer in gegenseitigem Einvernehmen, den Arbeitsvertrag zu einem bestimmten Zeitpunkt aufzulösen. Die Initiative geht hierbei i. d. R. vom Arbeitgeber aus und muss begründet werden. Das Einverständnis eines Arbeitnehmers zu einem Aufhebungsvertrag wird in der Regel über die Vereinbarung einer Abfindungssumme erreicht. Das Unternehmen kann Aufhebungsverträge gezielt anbieten, so dass die Möglichkeit besteht, die Alters- und Qualifikationsstruktur zu lenken und zu verbessern [vgl. Jung 2006, S. 326].

Im Rahmen der Aufhebungsvereinbarung kann auch ein **Outplacement** vereinbart werden, das zusätzliche Leistungen wie Beratung und Hilfe bei der Suche nach einer neuen Stelle beinhaltet.

Outplacement, das im angloamerikanischen Raum bereits seit Ende der 60er Jahre praktiziert wird, findet in Deutschland erst seit einigen Jahren zunehmende Verbreitung.

Der **Vorruhestand** bzw. die **vorgezogene Pensionierung** soll älteren Arbeitnehmern das vorzeitige Ausscheiden aus dem Erwerbsleben ermöglichen und damit Arbeitsplätze für junge Arbeitnehmer freimachen. Neben dem Abbau von Überkapazitäten kann somit auch eine Herabsetzung des Durchschnittsalters erreicht werden. Der Vorruhestand ist für die Betroffenen nur dann von Interesse, wenn für sie dadurch keine wesentlichen materiellen Nachteile erwachsen. Vor diesem Hintergrund setzen Unternehmen Anreize in Form von Abfindungen bzw. betrieblicher Altersvorsorge.

Eine besonders bevorzugte Form des „sanften“ Vorruhestands ist die **Altersteilzeit**, die sowohl für Arbeitnehmer als auch Arbeitgeber eine ganze Reihe von (primär steuerlichen) Vorteilen beinhaltet. Die Altersteilzeit, deren Durchführung im Altersteilzeitgesetz (AltTZG) geregelt wird, soll Beschäftigten, die mindestens das 55. Lebensjahr vollendet haben, einen gleitenden Übergang vom Erwerbsleben in den Ruhestand ermöglichen. Mit dieser Regelung ist gleichzeitig eine neue Beschäftigungsmöglichkeit für Arbeitslose verbunden, die für den freiwerdenden Arbeitsplatz eingesetzt werden.

5.7.4 Kündigung des Arbeitgebers

Lässt sich eine Aufhebungsvereinbarung nicht ermöglichen, so ist die Kündigung der letzte in Betracht kommende Weg zum Personalabbau. Die Kündigung stellt die bedeutsamste Art der Beendigung von Arbeitsverhältnissen dar. Bestehende Arbeitsrechtsverhältnisse sind in Deutschland durch Vorschriften in verschiedenen Gesetzen sowie durch Tarifverträge und Betriebsvereinbarungen geschützt. Bei Personalfreisetzungen durch Aufhebung des Arbeitsverhältnisses sind besonders das Kündigungsschutzgesetz (KSchG) und Teile des Betriebsverfassungsgesetzes (BetrVG) von Bedeutung. Grundsätzlich ist eine Entlassung von Arbeitnehmern, die mindestens seit sechs Monaten im Unternehmen beschäftigt sind, nur dann möglich, wenn gewichtige Gründe in der Person bzw. im Verhalten des Arbeitnehmers vorliegen oder wenn dringende betriebliche Erfordernisse einer Weiterbeschäftigung entgegenstehen [vgl. Springer/Sagirli 2006, S. 23].

Eine ordentliche Kündigung bedarf zu ihrer Wirksamkeit keines sachlichen Grundes, wenn sie durch den Arbeitnehmer ausgesprochen wird. Dagegen bedarf es bei der Kündigung durch den Arbeitgeber eines Grundes, der sozial gerechtfertigt ist. Eine ordentliche Kündigung kann gemäß Kündigungsschutzgesetz (§ 1 KSchG) bei folgenden Gründen durch den Arbeitgeber ausgesprochen werden:

- **Betriebsbedingte Gründe** (z.B. bei Rationalisierung, Umstellung oder Einschränkung der Produktion)
- **Verhaltensbedingte Gründe** (z.B. bei Fehlverhalten, Fälschung, Diebstahl, „Krankfeiern“, Vertragsverletzungen)
- **Personenbedingte Gründe** (z.B. bei Krankheit mit ungünstiger Zukunftsprognose, mangelnder Eignung, Nachlassen der Arbeitsfähigkeit).

Bei betriebsbedingten Kündigungen handelt es sich in der Regel um eine gruppenbezogene Form der Personalfreisetzung. Verhaltens- und personenbedingte Kündigungen werden hingegen einem einzelnen, konkreten Mitarbeiter ausgesprochen (einzelfallbezogene Personalfreisetzung).

5.7.5 Kündigung des Arbeitnehmers

Trotz bester Betreuungs- und Bindungsmaßnahmen muss immer wieder davon ausgegangen werden, dass ein Teil der High Potentials aus eigenem Antrieb heraus kündigt. Die Ursache für diese **unerwünschte Fluktuation** muss nicht zwangsläufig auf eine mangelhafte Betreuung zurückzuführen sein. Gerade ambitionierte High Potentials, die bei ihrem jetzigen Arbeitgeber nicht unzufrieden sein müssen, kündigen dennoch, weil sie beispielsweise der Annahme unterliegen, dass ein Wechsel des Arbeitgebers karriereförderlich ist und der Nachweis, dass man in unterschiedlichen Unternehmen erfolgreich gearbeitet hat, heutzutage ein „Muss" darstellt. Auch das bessere Angebot eines anderen Unternehmens kann zur freiwilligen Kündigung eines High Potentials führen. Umso wichtiger ist es für das Personalmanagement, die **wahren Trennungsgründe** in Erfahrung zu bringen [vgl. Weinert 2018, S. 39].

Die **besten und talentiertesten Mitarbeiter** zu verlieren, ist für jeden Arbeitgeber höchst unangenehm. Dabei geht es aber nicht nur um den kurzfristigen Erfolg des Unternehmens oder des Teams, der sich nun nicht mehr einstellen kann. Auch langfristig kann die Reputation des Unternehmens darunter leiden. Schließlich möchte kein Arbeitgeber dafür bekannt sein, sich nicht richtig um seine besten Mitarbeiter zu kümmern. Um hier aber einen entsprechenden Änderungsprozess einleiten zu können, müssen zunächst die Gründe verstanden werden, die Talente zu einer Kündigung veranlassen.

Mitarbeitern und besonders High Potentials steht es stets frei, nach Alternativen auf dem Arbeitsmarkt Ausschau zu halten. Ihr Commitment kann daher nicht vorausgesetzt, sondern muss stets aufs Neue gewonnen werden. Wenn das Finden und Binden von talentierten Mitarbeitern zunehmend schwieriger werden, ist es wenig verwunderlich, dass das **Retention Management** an Bedeutung gewinnt.

Wenn High Potentials mit ihrer Arbeit unzufrieden sind und zudem über attraktivere Jobalternativen verfügen, werden sie ihr aktuelles Arbeitsverhältnis kündigen. Dieser Aspekt ist leicht nachzuvollziehen. Top-Talente kündigen aber auch dann aus eigenem Antrieb, wenn sie mit ihrer aktuellen Arbeitsstelle nicht unzufrieden sind oder auch, wenn sie keine Jobalternative haben. Empirische Untersuchungen über maßgebliche Fluktuationsursachen zeigen einen zwar positiven, aber nicht unbedingt starken Zusammenhang zwischen Arbeitsunzufriedenheit und Fluktuation. Gleiches gilt für den Zusammenhang von Jobalternativen und Fluktuation [vgl. Griffeth et al. 2000, S. 479 f.].

Arbeitsunzufriedenheit und sich bietende Beschäftigungsalternativen erklären Fluktuation also nur eingeschränkt. Eine Vielzahl weiterer Faktoren kann ursächlich sein: von der Persönlichkeit des Mitarbeiters und seines Ehepartners über unternehmensbezogene bis hin zu unternehmensexternen Ursachen (z. B. Geburt eines Kindes, berufliche Veränderung des Ehepartners, Hobbys, Einfluss von Bekannten, Krankheit) [vgl. Huf 2012, S. 31].

In Abbildung 5-34 sind die Gründe, warum Mitarbeiter heutzutage kündigen, im Rahmen einer Online-Befragung von 1.020 Usern erfasst worden. Bei den Befragten handelt es sich aber nicht explizit um High Potentials. Das Ergebnis gibt aber einen guten Überblick über die generellen Kündigungsgründe, unabhängig von der Qualifikation der Befragten.

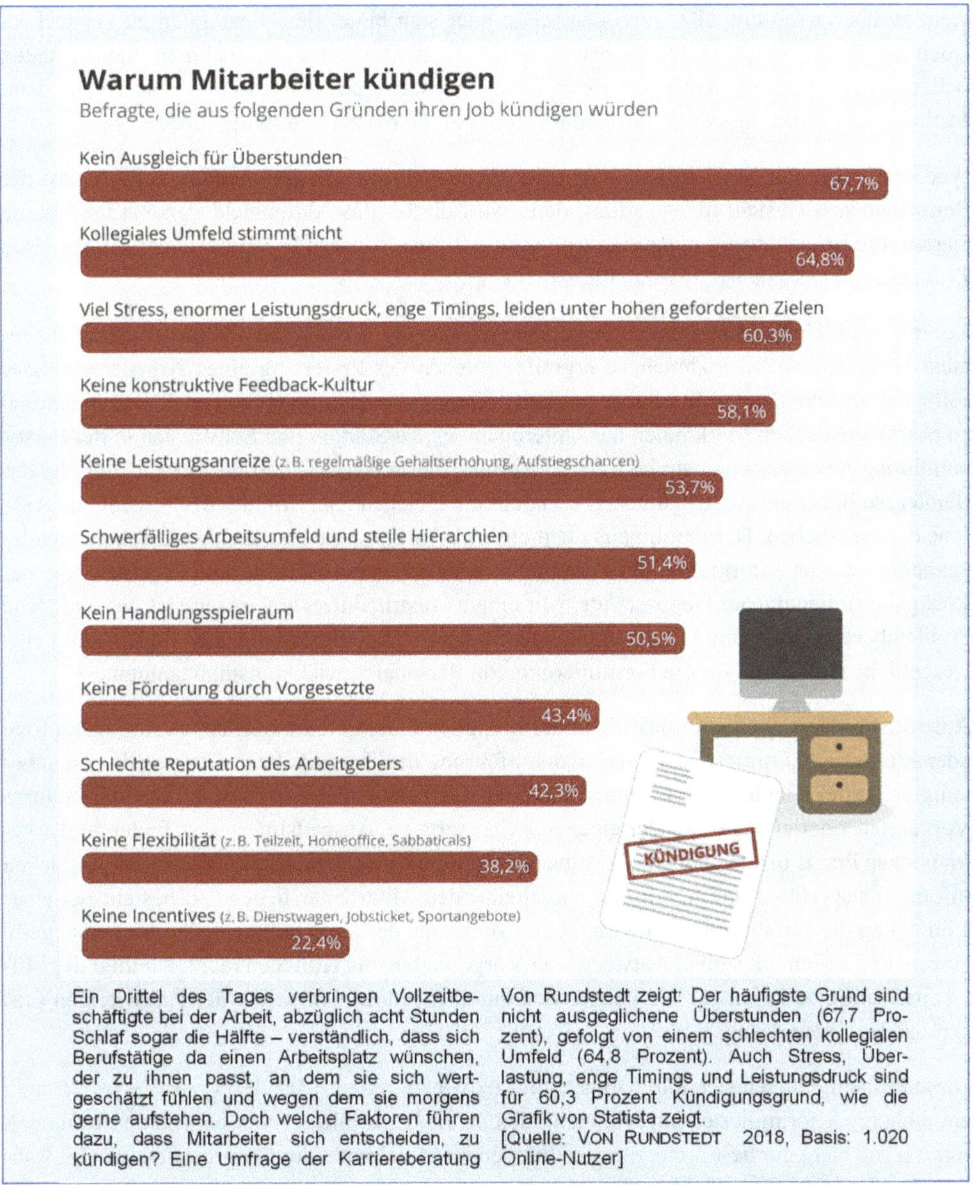
Warum Mitarbeiter kündigen
Befragte, die aus folgenden Gründen ihren Job kündigen würden
Kein Ausgleich für Überstunden
67,7%
Kollegiales Umfeld stimmt nicht
64,8%
Viel Stress, enormer Leistungsdruck, enge Timings, leiden unter hohen geforderten Zielen
60,3%
Keine konstruktive Feedback-Kultur
58,1%
Keine Leistungsanreize (z. B. regelmäßige Gehaltserhöhung, Aufstiegschancen)
53,7%
Schwerfälliges Arbeitsumfeld und steile Hierarchien
51,4%
Kein Handlungsspielraum
50,5%
Keine Förderung durch Vorgesetzte
43,4%
Schlechte Reputation des Arbeitgebers
42,3%
Keine Flexibilität (z. B. Teilzeit, Homeoffice, Sabbaticals)
38,2%
Keine Incentives (z. B. Dienstwagen, Jobsticket, Sportangebote)
22,4%
KÜNDIGUNG
Ein Drittel des Tages verbringen Vollzeitbeschäftigte bei der Arbeit, abzüglich acht Stunden Schlaf sogar die Hälfte – verständlich, dass sich Berufstätige da einen Arbeitsplatz wünschen, der zu ihnen passt, an dem sie sich wertgeschätzt fühlen und wegen dem sie morgens gerne aufstehen. Doch welche Faktoren führen dazu, dass Mitarbeiter sich entscheiden, zu kündigen? Eine Umfrage der Karriereberatung Von Rundstedt zeigt: Der häufigste Grund sind nicht ausgeglichene Überstunden (67,7 Prozent), gefolgt von einem schlechten kollegialen Umfeld (64,8 Prozent). Auch Stress, Überlastung, enge Timings und Leistungsdruck sind für 60,3 Prozent Kündigungsgrund, wie die Grafik von Statista zeigt.
[Quelle: VON RUNDSTEDT 2018, Basis: 1.020 Online-Nutzer]

Abb. 5-34: „Warum Mitarbeiter kündigen"

5.7.6 Entlassungsgespräch und Austrittsinterview

Die Entlassung von Mitarbeitern gehört zu den schlimmsten Pflichten, die eine Führungskraft wahrnehmen muss. Entlassungen gehören zum Führungsgeschäft dazu. Die Frage ist allerdings, wie eine solche Aufgabe anzugehen ist. Das Einfachste ist, die Aufgabe dem Personalmanagement zu überlassen und sich zurückzuziehen oder sich hinter dem Sozialplan zu verstecken. Doch wer seine Führungsaufgabe ernst nimmt und dem Image des Unternehmens nicht schaden will, muss sich persönlich mit dem Betroffenen einlassen – so schwer es einem auch fällt, denn **Entlassungsgespräche gehen unter die Haut** [vgl. Doppler/Lauterburg 2005, S. 44 f.].

Werden sie aber fair, aufrichtig und ohne geliehene Autorität mit der Intention geführt, dass der Betroffene sein Gesicht nicht verliert, dann wird die für das Aktionsfeld Personalfreisetzung angestrebte Erleichterung nicht eine ironische Attitüde, sondern in beidseitigem Interesse die Zielsetzung eines **seriösen Freistellungsprozesses**.

Kommt es im Unternehmen zu einer Personalfreisetzung, so sind auch vom Personalmanagement verschiedene Maßnahmen zu ergreifen. Neben der Erstellung eines Arbeitszeugnisses sollte der ausscheidende Mitarbeiter mit Hilfe eines **Austrittsinterviews** (engl. *Exit Interview*) zu charakteristischen Merkmalen des Unternehmens, zu Stärken und Schwächen in der Personalführung sowie zu seiner subjektiven Bewertung dieser Aspekte befragt werden. Kündigt der Berater, so bietet ein Austrittsinterview zudem die Gelegenheit, Gründe für das geplante Ausscheiden zu erheben. Darüber hinaus dient ein **Exit-Interview** meist auch praktischen Angelegenheiten wie der Information des Arbeitnehmers über weitere Rechte und Pflichten oder der Rückgabe firmeneigener Gegenstände. Mit einem Austrittsinterview lassen sich verschiedene Problembereiche in einem Unternehmen identifizieren. Die erhobenen Daten bilden somit eine wesentliche Grundlage für die Formulierung von Personalentwicklungsmaßnahmen.

Austrittsinterviews können schriftlich oder mündlich durchgeführt werden, es sind dabei freie oder strukturierte Formen der Interviewdurchführung denkbar. Als Interviewer sollte ein unbeteiligter Dritter fungieren (z.B. ein Mitarbeiter des Personalbereichs), nicht der unmittelbare Vorgesetzte oder ein Mitglied der eigenen Arbeitsgruppe. Austrittsinterviews finden in der betrieblichen Praxis bislang nur wenig Anwendung. Eine Ursache hierfür könnte in der möglichen Informationsverfälschung durch den ausscheidenden Mitarbeiter liegen. So besteht bei einer Kündigung die Gefahr, dass der Mitarbeiter Merkmale des Unternehmens übertrieben negativ bewertet oder sich mit seinen Antworten an Vorgesetzten und Kollegen rächt. Kündigt der Mitarbeiter selbst, so könnte er versuchen, sich durch harmlose Antworten der langwierigen Frageprozedur zu entziehen.

Diese Probleme lassen sich durch eine **Standardisierung der Interviews** reduzieren. So stellt ein einheitlich formulierter Interviewleitfaden sicher, dass alle relevanten Themen behandelt werden und nicht nur bestimmte Fragestellungen im Mittelpunkt des Gesprächs stehen. Im Rahmen von Entlassungen erleiden sowohl Arbeitnehmer als auch Arbeitgeber i. d. R. materielle und ideelle Schäden. Der möglichst weitgehende Verzicht auf betriebsbedingte Personalfreisetzungen liegt somit auch im Interesse des Unternehmens. So geht mit der Entlassung eines Mitarbeiters auch wertvolles Know-how verloren, welches bei einem Anstieg des Personalbedarfs durch aufwendige Beschaffungs- oder Entwicklungsmaßnahmen neu erworben werden muss.

In der Beratungsbranche müssen für die reinen Kosten der Ersatzbeschaffung (engl. *Replacement costs*) eines neuen Mitarbeiters etwa die Höhe eines halben Jahresgehaltes angesetzt werden [vgl. Lippold 2010b, S. 27].

5.7.7 Fluktuationsrate und Fluktuationskosten

Die Fluktuationsrate (engl. *Attrition rate*) sagt viel mehr über das Unternehmen aus als allgemein angenommen. Sie ist Indikator für erfolgreiche Führung, Personalentwicklung und effektives Personalmarketing. Sie ist ferner das Kriterium für gelungene Mitarbeiterbindung. Die Reduzierung der Fluktuationsrate schützt vor wirtschaftlich relevanten Verlusten – monetär, werteorientiert und personell [vgl. Lippold 2018a, S. 339].

Die Fluktuationsrate errechnet sich wie folgt:

Fluktuationsrate = (Abgänge / Durchschnittlicher Personalbestand) x 100 %

Das Ziel der **Fluktuationsanalyse** besteht darin, Gründe und Motive für das Ausscheiden in Erfahrung zu bringen und daraus zielgerichtete Maßnahmen zu entwickeln, um die Fluktuation im Rahmen der betrieblichen Gegebenheiten und die damit verbundenen Kosten zu senken.

Die **Fluktuationsrate** ist **die wichtigste Kennziffer** (engl. *Key Performance Indicator = KPI*) **im Personalbereich** und zählt zu den zehn bedeutendsten Unternehmenskennzahlen überhaupt. Sie wird in aller Regel als ein Barometer für die Attraktivität eines Unternehmens, einer Organisation oder einer Branche angesehen und sehr häufig herangezogen, um die Leistungsfähigkeit des Personalmanagements zu incentivieren. Doch was sagt eine Fluktuationsrate von zum Beispiel 15 Prozent eigentlich aus? Wie ist sie entstanden? Ist sie zu hoch oder zu niedrig? Und ist sie gesund?

Die mögliche Bedeutung der Fluktuationsrate für den Unternehmenserfolg zeigt Abbildung 5-35. Am Beispiel der Beratungs- und IT-Dienstleistungsindustrie wird gezeigt werden, welch enormer Hebel die Fluktuationsrate in dieser Branche darstellt und wie entsprechend die Profitabilität von Beratungsunternehmen erhöht werden kann.

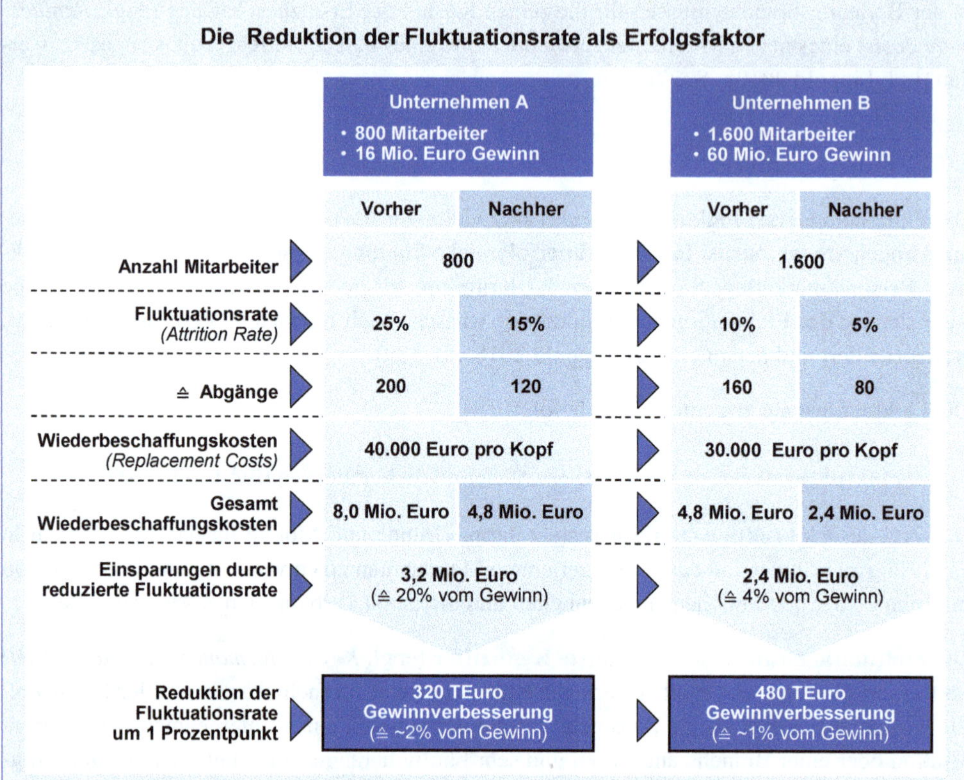
Die Reduktion der Fluktuationsrate als Erfolgsfaktor
Unternehmen A
• 800 Mitarbeiter
• 16 Mio. Euro Gewinn
Unternehmen B
• 1.600 Mitarbeiter
• 60 Mio. Euro Gewinn
Vorher
Nachher
Vorher
Nachher
Anzahl Mitarbeiter
800
1.600
Fluktuationsrate
(Attrition Rate)
25%
15%
10%
5%
≙ Abgänge
200
120
160
80
Wiederbeschaffungskosten
(Replacement Costs)
40.000 Euro pro Kopf
30.000 Euro pro Kopf
Gesamt
Wiederbeschaffungskosten
8,0 Mio. Euro
4,8 Mio. Euro
4,8 Mio. Euro
2,4 Mio. Euro
Einsparungen durch
reduzierte Fluktuationsrate
3,2 Mio. Euro
(≙ 20% vom Gewinn)
2,4 Mio. Euro
(≙ 4% vom Gewinn)
Reduktion der
Fluktuationsrate
um 1 Prozentpunkt
320 TEuro
Gewinnverbesserung
(≙ ~2% vom Gewinn)
480 TEuro
Gewinnverbesserung
(≙ ~1% vom Gewinn)

Das Rechenbeispiel zeigt wichtige Unternehmensdaten zweier fiktiver Unternehmensberatungen:

Das **Unternehmen A**, eine Management- und Strategieberatung, beschäftigt 800 Mitarbeiter, erzielt einen Jahresgewinn von 16 Mio. Euro und weist eine Fluktuationsrate von 25 Prozent auf. Die Wiederbeschaffungskosten für einen neuen Berater betragen 40.000 Euro. Damit belaufen sich die Wiederbeschaffungskosten für 200 neue Berater auf insgesamt 8 Mio. Euro, um die Fluktuation auszugleichen. Lässt sich diese Fluktuationsrate von 25 auf 15 Prozent senken, so verringern sich ceteris paribus die Wiederbeschaffungskosten für 120 Berater auf 4,8 Mio. Euro. Damit ließen sich die Rekrutierungskosten allein durch diese Absenkung der Fluktuationsrate um 3,2 Mio. Euro vermindern. Bei einem angenommenen Gewinn von 16 Mio. Euro bedeutet dies eine Gewinnverbesserung für das Consulting-Unternehmen von 20 Prozent. Die Absenkung der Fluktuationsrate um jeweils nur einen Prozentpunkt führt in diesem Fall also zu einer Gewinnverbesserung von zwei Prozent.

Das **Unternehmen B** ist ein IT-Beratungs- und Serviceunternehmen. Es beschäftigt 1.600 Mitarbeiter und erzielt einen Jahresgewinn von 60 Mio. Euro. Das Unternehmen weist eine Fluktuationsrate (engl. *Attrition Rate*) von 10 Prozent auf. Die Wiederbeschaffungskosten für einen neuen IT-Berater betragen 30.000 Euro. Um die Fluktuation ceteris paribus auszugleichen, belaufen sich die Wiederbeschaffungskosten) für 160 neue IT-Berater auf insgesamt 4,8 Mio. Euro. Bei einer Absenkung der Fluktuationsrate auf 5 Prozent, lassen sich in dem Fall die Wiederbeschaffungskosten um 2,4 Mio. Euro vermindern. Bei einem angenommenen Gewinn des Unternehmens von 60 Mio. Euro p. a. bedeutet die Reduzierung eine Gewinnverbesserung von vier Prozent. Die Reduktion der Fluktuationsrate um einen Prozentpunkt führt hier also zu einer Gewinnverbesserung von rund einem Prozent.

Abb. 5-35: Rechenbeispiel zur Fluktuationsrate in der Beratungsbranche

Es wird deutlich, dass die Fluktuation eine signifikante Kostengröße darstellt, allerdings ohne dass sie in der Gewinn- und Verlustrechnung als eigenständige Kostenposition auftaucht. Bei einer optimalen Fluktuation verliert man nur jene Mitarbeiter, die man verlieren möchte. Hier sind die Kosten geringer als bei den leistungsstarken Mitarbeitern, doch auch die Neubesetzungen der Stellen (besser: Aufgaben) der leistungsschwächeren Mitarbeiter sind mit zusätzlichen

Kosten verbunden. Insofern geht es auch nicht so sehr um die Kosten der Fluktuation an sich, sondern um die **Wiederbeschaffungskosten** (engl. *Replacement costs*).

Folgende Kosten gehen in die Wiederbeschaffungskosten ein [vgl. Lippold 2018a, S. 345 f.]:

- Kosten vor der Kündigung (Stichwort: innere Kündigung)
- Kosten, die sofort durch den Weggang entstehen (z.B. Aufhebungsvereinbarung)
- Kosten durch die unbesetzte Position (Aufgaben werden später erledigt)
- Rekrutierungskosten (Anzeige, Active Sourcing, Vorstellungsgespräche)
- Einarbeitungs- und Opportunitätskosten (Integration, Aus-/Weiterbildung).

Insgesamt kann davon ausgegangen werden, dass die Wiederbeschaffungskosten bei High Potentials etwa die **Hälfte eines Jahresgehaltes** betragen. Diese Annahme kann damit begründet werden, dass das Personalmanagement im Consulting- und IT-Dienstleistungsbereich ebenfalls von Wiederbeschaffungskosten ausgeht, die etwa die Hälfte eines Jahresgehalts betragen [vgl. Lippold 2018a, S. 346]:

- ca. 40.000 Euro für einen ausgebildeten Managementberater bzw.
- ca. 30.000 Euro für einen erfahrenen IT-Berater.

Warum die Durchschnittsgehälter von Management- und IT-Beratern so weit auseinanderklaffen, ist ein Faktum und soll an dieser Stelle nicht weiter erörtert werden.

Angesichts der hohen Wiederbeschaffungskosten für hochqualifiziertes Personal kann die Reduktion der Fluktuationsrate ceteris paribus einen sehr beachtlichen Erfolgsfaktor mit unmittelbarem Einfluss auf die Gewinnsituation eines Unternehmens darstellen. Um die Fluktuationsrate nachhaltig abzusenken sind Mitarbeiterbindungsprogramme erforderlich, die sich an den Kriterien Gerechtigkeit, Wertschätzung, Fairness sowie Forderung und Förderung orientieren.

Kontroll- und Vertiefungsfragen

1. Inwieweit geht das Konzept des „HR als Business Partner“ deutlich über den traditionellen Ansatz des Personalreferenten hinaus?
2. Auf welche sozio-kulturellen Einflüsse sollte eine zeitgemäße Personalmarketing-Konzeption mit entsprechenden Maßnahmen und Programmen vorbereitet sein? Welche Programme können dies sein?
3. Mit welchen Maßnahmen kann sich das Personalmarketing darauf einstellen, dass sich das Internet zunehmend vom reinen Informations- zum „Mitmach-Web“ entwickelt?
4. Innerhalb eines Jahres hat das Softwareentwicklungshaus „Smart soft“ 45 Abgänge zu verzeichnen. Der Mitarbeiterbestand betrug am Jahresanfang 820 und am Jahresende 980. Wie hoch ist die Fluktuationsrate (engl. *Attrition rate*)? Wie viele Mitarbeiter hat das Softwarehaus in dem Jahr neu eingestellt?
5. Ein internationales Beratungsunternehmen strebt zum Ende des Jahres einen Soll-Personalbestand von 3.200 Mitarbeitern an. Der Ist-Personalbestand beträgt Anfang des Jahres 2.800 Mitarbeiter. Im Laufe des Jahres wird mit 50 Abgängen und 20 Zugängen gerechnet. Wie hoch sind der Ersatzbedarf, der Zusatzbedarf und der Neubedarf?
6. Worin besteht der Unterschied zwischen Bewerbernutzen und Bewerbervorteil?
7. Welche beiden Online-Signalisierungsformen sind für das Personalmarketing relevant?
8. Welche Vorteile hat die Signalisierung in Online-Medien gegenüber der Signalisierung in Print-Medien?
9. Welche Interessengruppen des Arbeitsmarktes profitieren von den Web 2.0-Applikationen?
10. Diskutieren Sie die Chancen einer Initiativbewerbung im Vergleich zu einer Empfehlungsbewerbung und zu einer gezielten Bewerbung.
11. Welche Instrumente der Personalauswahl stehen dem Personalmanagement zur Verfügung?
12. Warum besteht bei vielen Unternehmen besonders in der Integrationsphase ein großes Verbesserungspotenzial?
13. Welche Vorteile hat ein Onboarding?
14. Bei welchen Bewerbern ist die kognitive Dissonanz nach der Entscheidung für den neuen Arbeitgeber i.d.R. besonders groß?
15. Das Zieleinkommen eines Mitarbeiters beträgt 80.000 Euro (= 100 %). Sein variabler Anteil beträgt 20 % (=16.000 Euro) und setzt sich zu 50 % aus seiner persönlichen Leistung und zu 50 % aus dem Unternehmenserfolg zusammen. Beide Komponenten sind multiplikativ miteinander verbunden. In der Jahresendbeurteilung erhält der Mit-

arbeiter einen individuellen Faktor von 1,2 für seine persönliche Leistung. Der realisierte Gewinn des Unternehmens beträgt 110 % vom Plangewinn. Wie hoch ist der Betrag, den der Mitarbeiter zum Jahresende für seinen variablen Anteil erhält?

16. Warum sind im Allgemeinen eher im Vertriebsbereich als im administrativen Bereich variable Gehaltsanteile üblich?
17. Auf welche Kernprinzipien der Entgeltgerechtigkeit sollte ein Anreiz- und Vergütungssystem mindestens aufbauen?
18. Welche Vorteile hat das Cafeteria-Modell für den Arbeitnehmer? Welche Nachteile hat es für den Arbeitgeber?
19. Zu welchen Anlässen werden Beurteilungen durchgeführt?
20. Welche vier Beurteilungsdimensionen sind bei der Balanced Scorecard maßgebend?
21. Warum ist die Personalfreisetzung nicht in jedem Fall mit einer Kündigung gleichzusetzen?
22. Welche Möglichkeiten der Arbeitszeitverkürzung gibt es?
23. Warum werden die indirekten Personalfreisetzungsmaßnahmen häufig auch als „Königsweg“ des Personalabbaus bezeichnet?
24. Welche Gründe müssen vorliegen, um eine ordentliche Kündigung aussprechen zu können?
25. Warum wird die Altersteilzeit als besonders „sanfte“ Form der Personalfreisetzung bezeichnet? Trifft dies auch für das Block-Modell zu?
26. Welche Maßnahmen muss das Personalmanagement im Zusammenhang mit einer Kündigung ergreifen?
27. Warum geht es im Aktionsfeld Personalfreisetzung quasi um die Optimierung der „Erleichterung“?

6. Controlling und Organisation

Zusammenfassung des Kapitels 484
Lernziele des Kapitels 485

6.1 Controlling als Führungskonzept 486

6.1.1 Konzeptionelle Controlling-Funktionen 486
6.1.1.1 Controlling als Informationsfunktion 487
6.1.1.2 Controlling als Steuerungsfunktion 489
6.1.1.3 Controlling als Kontrollfunktion 490
6.1.2 Projektcontrolling 491
6.1.3 Kennzahlen und Kennzahlensysteme 492
6.1.3.1 Statische Kennzahlen 492
6.1.3.2 Dynamische Kennzahlen 494
6.1.3.3 DuPont-Kennzahlensystem und andere Kennzahlen-Schemata 496

6.2 Organisatorische Strukturgestaltung 501

6.2.1 Aufbauorganisation 501
6.2.1.1 Funktionale Organisation 501
6.2.1.2 Objektorientierte Organisation 502
6.2.1.3 Matrix- und Tensororganisation 504
6.2.1.4 Netzwerkstrukturen 505
6.2.2 Kriterien für die Wahl der Strukturform 506
6.2.3 Prozessorganisation 508
6.2.3.1 Ablauforganisation 508
6.2.3.2 Prozessidee 508
6.2.3.3 Prozessrollen und -ziele 509
6.2.3.4 Business Process Reengineering 510
6.2.3.5 Gängige Wertschöpfungsketten 512
6.2.3.6 Wertschöpfungsketten der digitalen Wirtschaft 514

6.3 Modell einer Organisationsstruktur 516

6.3.1 Kern-Matrix-Struktur 516
6.3.2 Enabling-Struktur 517

6.4 Agile Organisation 521

6.4.1 Softwareentwicklung als Modell für Organisationsentwicklung 521
6.4.2 Unterschiede zur klassischen Organisation 524
6.4.3 Bewertung 526
6.4.4 Datengetriebene Agilität 528

6.5 Auslagerung von Organisationseinheiten 532

6.5.1 Shared Service Center 532
6.5.2 Geografische Auslagerung von Organisationseinheiten (X-Shoring) 533
6.5.3 Rechtliche Auslagerung von Organisationseinheiten (Outsourcing) 534

6.6 Change Management ... 536
6.6.1 Ursachen und Aktionsfelder von Change ... 536
6.6.2 Promotoren und Opponenten ... 538
6.6.3 Veränderung und Widerstand ... 539
6.6.4 Veränderung und Reaktionstypen ... 541
6.6.5 Erfolgsfaktoren von Change-Projekten ... 543

Kontroll- und Vertiefungsfragen ... 547

Literatur ... 548
Abbildungsverzeichnis ... 561
Sachwortverzeichnis ... 569

Zusammenfassung des Kapitels

Das sechste und letzte Kapitel beschreibt das Controlling sowie die generellen organisatorischen Grundlagen eines Unternehmens. Außerdem wird das zunehmend wichtige Change Management beleuchtet.

Die besondere Bedeutung des Controllings und der Controlling-Funktionen für die Unternehmensführung steht im Mittelpunkt des ersten Abschnitts. Die Informationsinstrumente des internen und externen Rechnungswesens werden dabei ebenso behandelt wie besonders wichtige Kennzahlen und Kennzahlensysteme.

Im Bereich der Organisationsentwicklung geht es neben den grundlegenden Strukturformen auch um die Kriterien für die Wahl der „richtigen" Strukturform. Auch das Modell einer Kernstruktur für die Geschäftseinheiten sowie verschiedene Ausprägungen für eine leistungsfähige Enabling-Struktur werden vorgestellt. Ein besonderes Augenmerk liegt auch in der Beschreibung des Veränderungspotenzials, das die Digitalisierung mit sich bringt. Weiterführende Organisationsansätze wie das Shared Service Center, das Outsourcing, Near- und Offshoring-Ansätze sowie Ausführungen zum Change Management runden das Kapitel ab.

Das 6. Kapitel liefert:

- Aussagen zu verschiedenen Controlling-Konzeptionen
- Aussagen zum Zahlenwerk des internen und externen Rechnungswesens
- Einblicke in wichtige Kennzahlen und Kennzahlensysteme
- Aussagen zu klassischen und modernen Organisationsformen
- Aussagen zu den Unterschieden zwischen funktionaler und objektorientierter Organisationsgliederung
- Einstiege in die Prozessidee und die Prozessorganisation
- Aussagen zur Veränderung der Organisation durch Digitalisierung
- Aussagen zu den verschiedenen Möglichkeiten zur Auslagerung von Organisationseinheiten und zu den Unterschieden zwischen Outsourcing und X-Shoring
- Aussagen zum Wandel und seinen Widerständen
- Aussagen zu Ursachen und Handlungsfeldern des Change Managements
- Aussagen zum Umgang mit Widerständen gegen Veränderungsprozesse.

Lernziele des Kapitels

1. Sie können die konzeptionellen Kontrolling-Funktionen voneinander abgrenzen.
2. Sie können wichtige Kennzahlen und Kennzahlensysteme erläutern.
3. Sie sind in der Lage, jeweils die Vor- und Nachteile einer funktionalen, objektorientierten und einer Matrixorganisation zu diskutieren.
4. Sie können den Unterschied zwischen einer Matrixorganisation und einer Tensororganisation erläutern.
5. Sie können aufzeigen, in welchen Anwendungsfällen sich der Aufbau einer Tensororganisation anbietet.
6. Sie können die Essentials einer Kern-Matrix von einer Enabling-Struktur unterscheiden.
7. Sie können mögliche Auswirkungen der Digitalisierung auf die Unternehmensorganisation aufzeigen.
8. Sie können die Vor- und Nachteile der Auslagerung von Organisationseinheiten nennen.
9. Sie sind in der Lage, Outsourcing und X-Shoring voneinander abzugrenzen.
10. Sie können mögliche Ursachen für Change Management erkennen und durch entsprechende Maßnahmen reagieren.
11. Sie können die „vier Väter des Widerstands“ erläutern.
12. Sie sind in der Lage, die wichtigsten Handlungsfelder für Change Management zu benennen.
13. Sie können Widerstände, Personentypen und Erfolgsfaktoren im Umfeld des Change Management erklären.

6.1 Controlling als Führungskonzept

Die Führungskräfte eines Unternehmens müssen vielfältige **Entscheidungen** treffen: Soll in ein neues Hochregallager investiert werden? Soll das neue Produkt zuerst nur im deutschsprachigen Raum oder doch gleich europaweit auf den Markt gebracht werden? Wieviel neue Mitarbeiter sollen in diesem Geschäftsjahr eingestellt werden? Sollen die Vertriebsorganisationen der beiden Geschäftseinheiten zusammengelegt werden? Betriebswirtschaftlich richtig wäre eine Entscheidungsfindung, die streng nach der **Zweck-Mittel-Rationalität** getroffen wird; das heißt, dass die eingesetzten Mittel zur Erreichung eines Ziels *effektiv* und *effizient* sein müssen. „Effektiv" bedeutet, dass sie geeignet sind, das gesetzte Ziel zu erreichen („Die richtigen Dinge tun"). „Effizient" bedeutet, dass ein vernünftiges Verhältnis zwischen eingesetzten Ressourcen und Zielerreichung besteht („Die Dinge richtig tun"). Wird ein kleines Feuer mit Champagner gelöscht, so ist dies zwar effektiv. Effizient ist es erst dann, wenn es mit Wasser gelöscht wird. Eine wesentliche Rolle spielen dabei **Pläne**. Pläne sind vorgedachtes Handeln. Pläne sind Voraussetzung für eine zielgerichtete Steuerung des Unternehmens [vgl. Behringer 2018, S. 6].

Sucht man nach einem „Bild" für die Funktion des Controllings in solchen Situationen, so wird häufig die Assoziation mit der eines **Navigators** an Bord eines Schiffes, der dem Kapitän Empfehlungen hinsichtlich Kurs und Fahrt des Schiffes – also bei dessen Entscheidungen – gibt oder mit der eines **Rallye-Copiloten**, der dem Fahrer Informationen hinsichtlich der nächsten Kurven, Hügel etc. gibt, herangezogen. Die letztendliche Entscheidung und das Lenken obliegen jedoch grundsätzlich dem führenden Kapitän bzw. Piloten. Controlling ist somit Stütze und Grundfunktion jeder Unternehmensführung [vgl. Jentzsch 2008, S. 27 f.].

Vor allem sind leistungsfähige **Controlling-Systeme** eine Voraussetzung dafür, die Rentabilität von Geschäftsbeziehungen und Branchenstrategien sowie die eigene Marktposition in ausgewählten Segmenten zu ermitteln und zu bewerten. Solche Informationen sind wiederum erforderlich, um profunde Geschäfts- oder Kundenstrategien bspw. in Form einer Einstiegs-, Ausbau-, Konsolidierungs- oder Ausstiegsentscheidung zu treffen [vgl. Fohmann 2005, S. 65].

6.1.1 Konzeptionelle Controlling-Funktionen

Im Gegensatz zum deutschen Sprachgebrauch darf der Begriff „to control" oder „Controlling" nicht einfach mit „kontrollieren" oder „Kontrolle" übersetzt werden, sondern bedeutet sinngemäß Beherrschung, Lenkung oder Steuerung eines Vorgangs. Zwar existiert nach wie vor keine einheitliche Definition des Controlling-Begriffs, doch es gibt *drei* grundlegende Perspektiven, die dem modernen Controlling-Ansatz zugrunde liegen [vgl. Weber/Schäffer 2020, S. 22 ff.]:

- Controlling als **Informationsfunktion**. Bei dieser Funktion handelt es sich um die Informationsversorgung mit Daten aus dem Rechnungswesen.
- Controlling als **Steuerungsfunktion**. Zentrales Instrument dazu ist die Planung, deren Kernelement der Zielbildungsprozess ist.
- Controlling als **Kontrollfunktion**. Aus der Verbindung zu den beiden anderen Funktionen erfolgt die Gesamtaufgabe, Abweichungen zwischen Soll und Ist unternehmensweit zu kontrollieren.

6.1.1.1 Controlling als Informationsfunktion

Das zeitlich gesehen **erste Grundverständnis** des Controllings besteht darin, dass es eine betriebswirtschaftliche **Transparenz- und Informationsfunktion** erfüllt. Die Informationsfunktion ist zentral für das Controlling, da auf ihr die übrigen Controlling-Funktionen aufbauen. Konkret handelt es sich dabei um die Informationsversorgung mit Rechengrößen, die aus dem **internen und externen Rechnungswesen** stammen. Das interne Rechnungswesen schafft Entscheidungsgrundlagen für die Führungskräfte im Unternehmen. Ersteller und Adressat des internen Rechenwerks sind identisch. Das ist beim externen Rechnungswesen anders. Das intern erstellte Rechenwerk hat außerhalb des Unternehmens stehende Adressaten und soll diese über die Lage des Unternehmens informieren. Das externe Rechnungswesen basiert daher auf gesetzlichen und anderen externen Regeln. Zwischen internem und externem Rechnungswesen gibt es eine Vielzahl von Verbindungen und Rückwirkungen untereinander. Insbesondere die internationalen Rechnungslegungsnormen **IFRS (International Financial Reporting Standards)** fördern eine Harmonisierung beider Welten des Rechnungswesens [vgl. Behringer 2018, S. 21 ff.].

Externes Rechnungswesen. Den Kern des externen Rechnungswesens bildet die **Finanzbuchhaltung**, die alle Geschäftsvorfälle des Unternehmens dokumentiert und auf Bilanz- und Erfolgskonten bucht. Diese Dokumentation ist in Form der Grundsätze ordnungsmäßiger Buchführung, der handelsrechtlichen Vorschriften zur Erstellung von Jahresabschlüssen (Bilanz sowie Gewinn- und Verlustrechnung) sowie den Bewertungsvorschriften von Vermögensgegenständen und Verbindlichkeiten gemäß des Einkommensteuergesetzes **juristisch reglementiert.**

Das wichtigste Informationsinstrument des externen Rechnungswesens ist der **Jahresabschluss**. Er hat die Aufgabe, die wirtschaftlichen Vorgänge eines Unternehmens in einem komprimierten Zahlenwerk darzustellen. Vier Aufgabenfelder sind dabei zu unterscheiden [vgl. Wöhe et al. 2020, S. 643 ff.]:

- **Einzelabschluss nach HGB**. Hierzu ist jedes deutsche Unternehmen – von kleinen Einzelfirmen abgesehen – verpflichtet.
- **Internationaler Jahresabschluss**. Im Sinne einer internationalen Vergleichbarkeit wurden parallel zu den nationalstaatlichen Rechnungslegungsvorschriften (→ HGB) internationale Standards entwickelt (→ IFRS).
- **Konzernabschluss.** Um einen Einblick in die wirtschaftliche Lage des gesamten Konzerns geben zu können, ist die Konzernmutter verpflichtet, alle Einzelabschlüsse der Tochtergesellschaften zu einem Konzernabschluss zusammenzufassen.
- **Bilanzpolitik und Bilanzanalyse**. Hier geht es um die Frage nach den Wertansätzen für Vermögen und Schulden sowie um eine entsprechende bilanzpolitische Analyse.

Grundelemente des Jahresabschlusses sind die **Bilanz** (zur Information über Vermögen, Schulden und Reinvermögen) sowie die **Gewinn- und Verlustrechnung** (zur Information über Umsatz, andere Erträge, Aufwand und Erfolg). Da im externen Rechnungswesen bzw. der Finanzbuchhaltung „lediglich" die Ein- und Ausgaben eines Unternehmens rechtskonform für die

Darstellung in den Jahresabschlüssen verarbeitet werden, jedoch keine Unterscheidung zwischen Aufwendungen und Kosten sowie Erlösen und Leistungen erfolgt, wird dies vom internen Rechnungswesen übernommen [vgl. Hubert 2015, S. 30].

Internes Rechnungswesen. Das interne Rechnungswesen wird auch als **Kosten- und Leistungsrechnung** bezeichnet. In der traditionellen Sicht der **Vollkostenrechnung** werden die anfallenden Kosten möglichst verursachungsgerecht den Kostenträgern (Produkte, Zeiteinheiten) zugeordnet. Daher gliedert sich die Vollkostenrechnung in folgende Teilbereiche:

- **Kostenartenrechnung** (z.B. Personalkosten, Materialkosten, Vertriebskosten)
- **Kostenstellenrechnung** (ordnet die Kosten der Organisationseinheit zu, in der sie entstanden sind)
- **Kostenträgerrechnung** (ordnet die Kosten den Kalkulationsobjekten (zumeist Produkte) zu.

Die Vollkostenrechnung führt allerdings nicht immer zu nachvollziehbaren Ergebnissen, da sie alle Kosten, also die fixen und die variablen Kosten, auf die jeweiligen Kostenträger verrechnet. Als fixe Kosten werden diejenigen bezeichnet, die von der tatsächlichen Beschäftigung unabhängig sind. Auch wenn langfristig alle Kosten – unabhängig davon, ob sie fix oder variabel sind – gedeckt sein müssen, kann es kurzfristig zu Fehlentscheidungen durch die Vollkostenrechnung kommen. Die Probleme entstehen meist dadurch, dass die Gemeinkosten in der Vollkostenrechnung auf Kostenträger geschlüsselt werden. Dadurch kann fälschlich der Eindruck entstehen, dass es sich bei Gemeinkosten um variable Kosten handelt. Da sich die Vollkostenrechnung in solchen Situationen als ungeeignet für die Erstellung von Entscheidungsgrundlagen erweist, wurde die **Teilkostenrechnung** entwickelt, die die fixen Kosten erst in verschiedenen Stufen berücksichtigt (Deckungsbeitragsrechnung).

Moderne Formen der Kosten- und Leistungsrechnung befassen sich nicht nur mit der Erfassung von angefallenen Kosten, sondern sie wollen auch einen Beitrag zur Steuerungsfunktion des Controllings leisten. So strebt die **Prozesskostenrechnung** an, die Gemeinkosten verursachungsgerechter auf die Kostenträger zu verrechnen und dabei schon Potenziale zur Kostenoptimierung aufzuzeigen. Während in der traditionellen Kostenrechnung Kostenstellen verwendet werden, um Gemeinkosten über Hilfs- und Hauptkostenstellen auf Kostenträger zu verrechnen, treten in der Prozesskostenrechnung Prozesse an die Stelle der Kostenstellen.

Das **Target Costing** geht von dem maximal am Markt durchsetzbaren Preis aus und ermittelt die höchstens tragfähigen Kosten. Target Costing (Zielkostenrechnung) ist insofern kein eigenständiges Kostenrechnungssystem. Es dreht vielmehr die traditionelle Sichtweise der Kostenrechnung: Es wird die Frage gestellt, was ein Produkt kosten darf und nicht, was es kostet. Damit bekommt die Kostenrechnung eine Marktorientierung und unterstützt die Verkaufschancen von Neuentwicklungen.

Im Gegensatz zur Kosten- und Leistungsrechnung, die darauf ausgerichtet ist, die richtigen Kosten einer Kostenstelle zuzuordnen oder das richtige Ergebnis eines Produkts oder eines Projekts zu ermitteln, zielt das Controlling darauf ab, dass mit diesen Informationen die richtigen unternehmerischen Entscheidungen getroffen werden.

6.1.1.2 Controlling als Steuerungsfunktion

Das **zweite Grundverständnis** bezieht sich auf die Aufgabe des Controllings, den zielbezogenen **Planungsprozess** für alle Unternehmensbereiche zu steuern. Diese Aufgabe reicht vom Management des Planungsprozesses bis hin zur periodischen Überprüfung der Zieleinhaltung.

Zentrales Instrument der Steuerungsfunktion des Controllings ist die **Planung**. Sie stellt auch die Basis für den Abgleich von Soll und Ist dar. Damit kann das Controlling überprüfen, ob das Unternehmen auf dem richtigen Kurs ist oder ob Maßnahmen zur Korrektur ergriffen werden müssen. Planung befasst sich mit der Gestaltung der Handlungen, die notwendig sind, um vom jetzigen, nicht als optimal empfundenem, Zustand zum gewünschten Zustand zu gelangen. Damit ist sie Kernbestandteil der Steuerungsfunktion des Controllings [vgl. Behringer 2018, S. 63 f.].

Planungsträger sind Controlling und Management gemeinsam, wobei beide unterschiedliche Rollen übernehmen. Das Controlling hat die Kernaufgabe, die **Rationalität der Führung** zu sichern. Dabei spielt die Planung und die auf ihr aufbauende Kontrolle der Unternehmenseinheiten eine wichtige Rolle. Die eigentliche Planung, also die inhaltliche Ausgestaltung des Plans, liegt beim **Management**. Wesentlich ist in diesem Zusammenhang die **Zielsetzung** (Zielgrößen, Zielhöhen), die naturgemäß ebenfalls vom Management wahrgenommen wird (siehe hierzu auch den unternehmerischen Zielsetzungsprozess in Abschnitt 2.2). Der **Controller** übernimmt im Wesentlichen die Aufgaben der Planungsunterstützung und des Planungsmanagements. In der Praxis übernimmt das Controlling die Funktion, die Planung zu organisieren. Controller sorgen für Dateien bzw. Systeme, über die die Planung abgewickelt wird. Sie setzen und überwachen Fristen zur Abgabe, Überarbeitung und Entscheidung der Pläne [vgl. Weber/Schäffer 2020, S. 22 ff.; Behringer 2018, S.63 f.].

Nicht zu unterschätzen ist die Bedeutung der Planung als Messlatte für das Management. Planung hat eine Vorgabefunktion und gibt so den Mitarbeitern auf allen Hierarchieebenen Auskunft darüber, welche Beiträge zum Unternehmenserfolg von ihnen erwartet werden. Abweichungen vom Budget nach oben können mit Belohnungen verbunden sein, z. B. durch die Bindung des Einkommens oder eines **Einkommensbestandteils** an die Erreichung der Budgetvorgaben. Abweichungen vom Budget nach unten können demgegenüber mit Sanktionen verbunden sein. Dies ist insbesondere bei der Festlegung der variablen Vergütung von Bedeutung. Untersuchungen zeigen, dass Geschäftsführer und andere Führungskräfte einen ganz überwiegenden Teil ihrer Vergütung in variabler Form erhalten (siehe hierzu beispielhaft den Zielkatalog in Abschnitt 5.4.3.3).

Damit **Ziele** eine Motivations- und Koordinationsfunktion einnehmen können, sollten sie bestimmten Anforderungen genügen, die im sogenannten SMART-Prinzip verankert sind. **SMART** ist ein Akronym für „**S**pecific **M**easurable **A**ccepted **R**ealistic **T**imely“ und dient als Kriterium zur eindeutigen Definition von Zielen im Rahmen einer Zielvereinbarung. Das SMART-Prinzip ist eine gute Führungshilfe, um die Qualität und Vollständigkeit der festgelegten Ziele zu verbessern. Insofern ist das SMART-Tool eher eine Richtlinie, um die Qualitätsanforderungen für die Zielformulierung einheitlich zu implementieren und Stabilität und Vollständigkeit zu gewährleisten [vgl. Andler 2008, S. 121].

Ein Ziel ist immer dann „smart“, wenn es folgende fünf Bedingungen erfüllt:

S – spezifisch: Spezifisch meint, dass Ziele hinsichtlich der betroffenen Bereiche oder Produkte eindeutig definiert sein müssen, d. h. nicht vage formuliert, sondern so präzise wie möglich.

M – messbar: Messbar hebt auf die Operationalisierung der Ziele ab, d. h. die Ziele sollten möglichst in Zahlen festgelegt sein.

A – akzeptiert: Die Ziele müssen mit den Empfängern vereinbart und von diesen akzeptiert werden.

R – realistisch: Realistisch, aber anspruchsvoll besagt, dass die Ziele zum Leistungsvermögen des betroffenen Bereichs passen müssen, gleichwohl idealerweise etwas höher anzusetzen sind als das gegenwärtige Leistungsniveau.

T – terminierbar: Zu jedem Ziel gehört eine klare Terminvorgabe, bis wann das Ziel erreicht sein muss.

6.1.1.3 Controlling als Kontrollfunktion

In dem Bestreben, dem Controlling eine eigenständige Funktion zuzuweisen, ist das **dritte Grundverständnis** entstanden. **Kontrolle** ist zwar nicht die alleinige Aufgabe des Controllings, es ist jedoch ein außerordentlich wichtiges Element der Tätigkeit. Für jedes unternehmerische Handeln hat Kontrolle sogar einen erzieherischen Effekt, da allein durch die Ankündigung von Kontrollen die handelnden Personen ihr Verhalten ändern. Die Kontrollfunktion stellt die **Synthese** zwischen der Informationsfunktion und der Steuerungsfunktion der beschriebenen Controllingfunktionen dar. Durch die Gegenüberstellung von Soll (Planung aus der Steuerungsfunktion) und Ist (Informationen aus der Informationsfunktion) wird kontrolliert, wie sich die beiden Größen unterscheiden [vgl. Behringer 2018, S. 100 f.].

Die Kontrolle im Controlling ist ein dreistufiger Prozess. Er beginnt mit einem **Soll-Ist-Vergleich**. Es werden geplante Daten mit tatsächlich erreichten Daten verglichen. Dabei geht es um eine rein technische, also rechnerische Betrachtung der Abweichungen.

Die Ursachen werden in der zweiten Phase – der **Abweichungsanalyse** – ermittelt. Es gibt Abweichungen, die auf Preisabweichungen oder auf Mengenabweichungen zurückzuführen sind. Daneben gibt es die Sekundärabweichung, die sich aus der Multiplikation von veränderter Menge oder verändertem Preis ergibt und daher nicht genau klassifizierbar ist.

In der dritten Phase werden dann **Korrekturmaßnahmen** abgeleitet, die dazu beitragen sollen, die Lücke zwischen Soll und Ist wieder zu schließen. In dieser Phase arbeitet das Controlling mit den Bereichen, die kontrolliert werden, eng zusammen. Das Controlling muss dabei als Rationalitätsanwalt im Unternehmen diese Verzerrungen kennen und sie in ihren Empfehlungen berücksichtigen [vgl. Behringer 2018, S. 101].

6.1.2 Projektcontrolling

Historisch gesehen sind Controlling-Verfahren zunächst für Industriebetriebe entwickelt worden. Inzwischen jedoch gibt es eine Vielzahl von Controlling-Ansätzen für verschiedene dienstleistungsnahe Bereiche, die vorwiegend im Projektgeschäft tätig sind (System- und Anlagenbau, High Tech, Sondermaschinen, Beratungsprojekte und Ähnliches).

Im Mittelpunkt des Controllings für solche projektnahen Branchen steht das **Projektcontrolling** als Fundament der projektorientierten Organisation. Da jedes Projekt einzigartig und damit anders als jedes andere Projekt ist, lassen sich Projekte auch als *Individualprodukte* eines Dienstleistungsunternehmens ansehen. Sie verfolgen das Ziel, die im Leistungsverzeichnis eines (externen oder internen) Auftrages definierten Projektergebnisse (engl. *Deliverables*) innerhalb eines bestimmten Zeitraumes zu erstellen. Um die Projektergebnisse im Zeitablauf ermitteln und überwachen zu können, bedarf es einer Projektergebnisrechnung, die als **Kosten- und Leistungsrechnung** die erbrachte Projektleistung den angefallenen Kosten des Projektes periodengerecht gegenüberstellt [vgl. Fohmann 2005, S. 61 ff.].

Ein Kosten- und Leistungsrechnungssystem für Projekte sollte folgende Anforderungen bzw. Kalkulationsschritte erfüllen [vgl. Fohmann 2005, S. 64]:

- **Angebotskalkulation**, d. h. die Unterstützung der individuellen Kalkulation aller Angebote (Projektpreis und interne Projektkosten);
- **Vorkalkulation**, d. h. die Unterstützung bei der (Neu-)Kalkulation eines Projekts. Die Vorkalkulation unterscheidet sich nur dann von der Angebotskalkulation, wenn der Auftrag vom Angebot abweicht;
- **Begleitkalkulation**, d. h. die Unterstützung der Verfolgung der Auftragsabwicklung;
- **Nachkalkulation**, d. h. die Nachrechnung des Auftrags nach Projektabschluss.

Über das Ergebnis der einzelnen Projekte hinaus benötigt das Unternehmen das kumulierte Ergebnis eines komplexen Großprojektes, das sich aus einzelnen Teilprojekten zusammensetzt. Ein Rechnungssystem, das diese Anforderungen über die vier Kalkulationsschritte hinweg erfüllt, wird als **Projektergebnisrechnung** bezeichnet.

Das praktische Umfeld der Projektergebnisrechnung ist durch folgende Besonderheiten gekennzeichnet [vgl. Fohmann 2005, S. 66 f.]:

- Die einzelnen Projekte sind die Kostenträger.
- Die Projektleistung als Anzahl geleisteter fakturierbarer Projekttage bzw. Projektstunden muss zur Einstellung in die Ergebnisrechnung *bewertet* werden.
- Während in der Kostenstellen- und Profitcenterrechnung die Kosten für die festangestellten Mitarbeiter fixe Kosten und die Beschäftigung von freien Mitarbeitern und von Subunternehmern proportionale Personalkosten darstellen, sind aus Sicht der Projektergebnisrechnung *alle* Personalkosten *proportionale* Kosten. Personalkosten sind, da Mitarbeiter häufig in mehreren Projekten gleichzeitig eingesetzt werden, nur entsprechend der angefallenen Projekttage/Projektstunden auf die einzelnen Projekte verrechenbar.

6.1.3 Kennzahlen und Kennzahlensysteme

Informationen werden zu Kennzahlen und Kennzahlensystemen aufbereitet. Sie helfen dem Management schnell und zielgenau zu erkennen, welche Entwicklung das Unternehmen nimmt bzw. genommen hat. Kennzahlen eignen sich in besonderem Maße, um strategische Ziele konkretisieren und einordnen zu können. So wird die Entscheidungsfindung im Unternehmen erleichtert. Häufig reicht dabei die Konzentration auf eine einzelne Kennzahl nicht aus, da sie die Situation nicht vollständig abbildet. Aus diesem Grund wurden Kennzahlensysteme wie das DuPont Kennzahlenschema entwickelt.

Durch ihre Klarheit und Präzision bieten Kennzahlen die Voraussetzung für eine eindeutige Kontrolle der Zielerreichung. Damit gehen Kennzahlen in ihrer Aussagekraft deutlich über das SMART-Prinzip hinaus, das lediglich die Art und Weise der Zielformulierung vorschreibt. Kennzahlen helfen dem Management eines Unternehmens (und seinen Beratern) darüber hinaus, potentielle Übernahmekandidaten zu identifizieren und diesen einer ersten Analyse zu unterziehen. In der betriebswirtschaftlichen Literatur wird eine Vielzahl von Systematiken für Kennzahlen und Kennzahlensysteme zur Beurteilung der Attraktivität eines Unternehmens angeboten.

Grundsätzlich kann zwischen **statischen** und **dynamischen** Größen unterschieden werden. Während sich statische Kennzahlen auf einen bestimmten *Zeitpunkt* beziehen, decken dynamische Kennzahlen einen bestimmten *Zeitraum* ab.

Einen entsprechenden Überblick über statische und dynamische Kennzahlen und deren Ausprägungen liefert Abbildung 6-01.

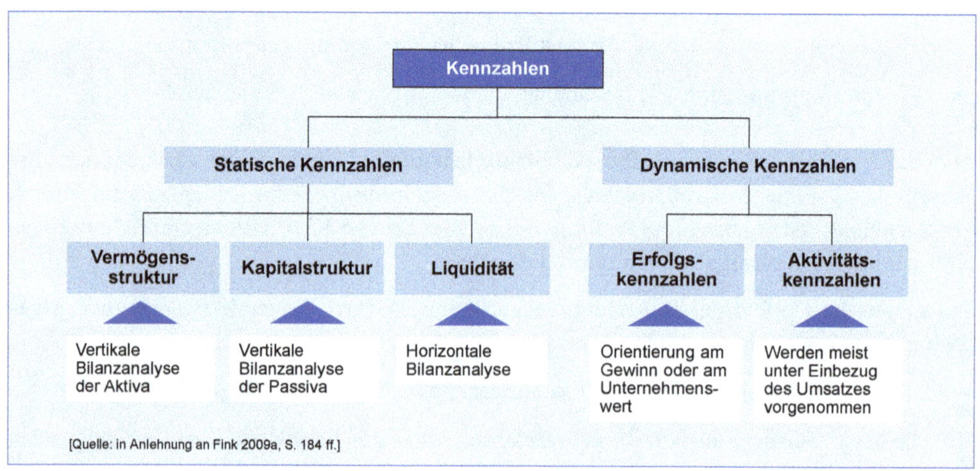
Kennzahlen
Statische Kennzahlen
Dynamische Kennzahlen
Vermögens-struktur
Kapitalstruktur
Liquidität
Erfolgs-kennzahlen
Aktivitäts-kennzahlen
Vertikale Bilanzanalyse der Aktiva
Vertikale Bilanzanalyse der Passiva
Horizontale Bilanzanalyse
Orientierung am Gewinn oder am Unternehmens-wert
Werden meist unter Einbezug des Umsatzes vorgenommen
[Quelle: in Anlehnung an Fink 2009a, S. 184 ff.]

Abb. 6-01: Kennzahlensystematik

6.1.3.1 Statische Kennzahlen

Folgende Kennzahlen, die aus der Bilanz eines Unternehmens entnommen werden können, zählen zu den wichtigsten statischen Größen:

- Vermögensstruktur
- Kapitalstruktur
- Liquidität.

Die **Vermögensstruktur** eines Unternehmens gibt die bilanzielle Zusammensetzung des Betriebsvermögens (Aktiva) an. Als Kennzahl wird entweder die *Anlagenintensität*, die den Anteil des Anlagevermögens (Gebäude, Maschinen und sonstige Einrichtungen) am Gesamtvermögen angibt, oder die *Umlaufintensität*, d. h. der Anteil des Umlaufvermögens (Bankguthaben, Forderungen und sonstige Außenstände) am Gesamtvermögen, herangezogen.

Äquivalent zur Vermögenstruktur auf der Aktivseite der Bilanz bezieht sich die **Kapitalstruktur** eines Unternehmens auf die Zusammensetzung des Kapitals, das auf der Passivseite ausgewiesen wird. Sie beschreibt das Verhältnis von Eigen- zu Fremdkapital im Vergleich zum Gesamtkapital und gibt Aufschluss über die Finanzierung eines Unternehmens. Wichtige Kennzahlen sind die *Eigenkapitalquote*, die das Verhältnis vom Eigenkapital zum Gesamtkapital angibt, und die *Fremdkapitalquote*, die den Anteil des Fremdkapitals am Gesamtkapital ausdrückt. Je höher die Eigenkapitalquote (bzw. je niedriger die Fremdkapitalquote) ist, desto höher sind die finanzielle Sicherheit und die Unabhängigkeit des Unternehmens. Eine weitere wichtige Kennzahl der Kapitalstruktur ist der *Verschuldungsgrad*, der das Verhältnis zwischen Fremd- und Eigenkapital angibt. Je niedriger der Verschuldungsgrad ist, desto geringer ist die Abhängigkeit des Unternehmens von fremden Geldgebern.

Kennzahlen, die die **Liquidität** eines Unternehmens ausdrücken, basieren auf einer horizontalen Bilanzanalyse, d. h. die Vermögensseite wird mit der Kapitalseite verglichen. Für die Liquiditätsrelationen gilt grundsätzlich, dass die Liquidität (und damit die Sicherheit) eines Unternehmens umso größer ist, desto höher die Werte der obigen Kennzahlen ausfallen.

Bei der Analyse der genannten statischen Strukturkennzahlen – Vermögensstruktur, Kapitalstruktur und Liquidität – sollte einschränkend berücksichtigt werden, dass es sich immer um vergangenheitsbezogene Daten handelt, die sich zum Zeitpunkt der Analyse bereits maßgeblich verändert haben können.

Einen vollständigen Überblick über die statischen Kennzahlen liefert Abbildung 6-02.

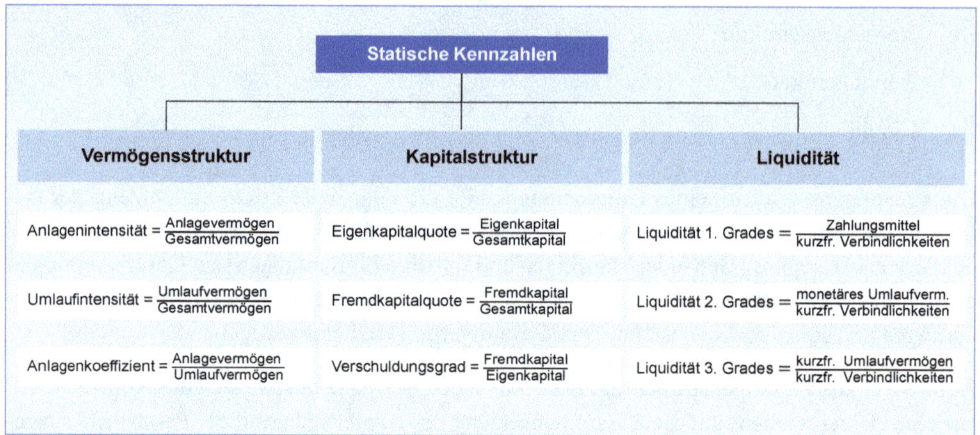
Statische Kennzahlen
Vermögensstruktur
Kapitalstruktur
Liquidität
Anlagenintensität = Anlagevermögen / Gesamtvermögen
Eigenkapitalquote = Eigenkapital / Gesamtkapital
Liquidität 1. Grades = Zahlungsmittel / kurzfr. Verbindlichkeiten
Umlaufintensität = Umlaufvermögen / Gesamtvermögen
Fremdkapitalquote = Fremdkapital / Gesamtkapital
Liquidität 2. Grades = monetäres Umlaufverm. / kurzfr. Verbindlichkeiten
Anlagenkoeffizient = Anlagevermögen / Umlaufvermögen
Verschuldungsgrad = Fremdkapital / Eigenkapital
Liquidität 3. Grades = kurzfr. Umlaufvermögen / kurzfr. Verbindlichkeiten

Abb. 6-02: Statische Kennzahlen

6.1.3.2 Dynamische Kennzahlen

Anders als die statischen Kennzahlen basieren die **dynamischen Kennzahlen** nur zum Teil auf Daten einer Bilanz. So werden die Daten bei der dynamischen Betrachtung mehreren aufeinander folgenden Bilanzen entnommen und zueinander in Beziehung gesetzt oder mit Stromgrößen aus der Gewinn- und Verlustrechnung, die ja als solche bereits periodische Bewegungen erfassen, kombiniert. Dynamische Kennzahlen werden üblicherweise in Erfolgskennzahlen und Aktivitätskennzahlen unterteilt. Bei den Erfolgskennzahlen wiederum werden absolute und relative Größen unterschieden. Zu den wichtigsten absoluten Erfolgskennzahlen zählen der Bilanzgewinn, der Jahresüberschuss und der Cashflow.

Der Gesetzgeber sieht grundsätzlich eine Aufstellung der Bilanz mit Ausweis des Postens „Jahresüberschuss/Jahresfehlbetrag“ vor. Dieser ist das GuV-Ergebnis nach Steuern und bezeichnet den Gewinn vor dessen Verwendung. Zur Berechnung des **Bilanzgewinns** wird der Jahresüberschuss bzw. der Jahresfehlbetrag

- um den Gewinn- oder Verlustvortrag des Vorjahres korrigiert,
- um Entnahmen aus Kapital- und Gewinnrücklagen erhöht und
- um Einstellungen in die Gewinnrücklagen vermindert.

Da der Bilanzgewinn demnach durch Entnahmen bzw. Einstellungen in die Rücklagen beeinflusst werden kann, ist er keine adäquate Kennzahl eines Unternehmens in einer bestimmten Periode. Der Bilanzgewinn dient bei Aktiengesellschaften in erster Linie als Grundlage für den Gewinnverwendungsvorschlag, den Vorstand und Aufsichtsrat zur Ausschüttung an die Anteilseigner unterbreiten.

Fazit: Der Jahresüberschuss ist das, was die Aktiengesellschaft verdient hat, der Bilanzgewinn bestimmt das, was sie davon an die Aktionäre abgibt.

Besser als der Bilanzgewinn kennzeichnet der **Jahresüberschuss** den Periodenerfolg einer Aktiengesellschaft. Als Ergebnis der Gewinn- und Verlustrechnung fließen in die Berechnung des

Jahresüberschusses sämtliche Erträge und Aufwendungen der laufenden Periode ein. Es beinhaltet das Ergebnis der gewöhnlichen Geschäftstätigkeit (Betriebs- und Finanzergebnis), außerordentliche Erträge und Aufwendungen und die Auswirkungen der Steuern vom Einkommen und Ertrag.

Mit zunehmender Internationalisierung der Rechnungslegung haben sich im deutschen Sprachgebrauch weitere wichtige Varianten von Periodenergebnisgrößen durchgesetzt:

- **EBT** – Earnings before Taxes
- **EBIT** – Earnings before Interest and Taxes
- **EBITDA** – Earnings before Interest, Taxes, Depreciation and Amortization

sowie der **Cashflow** als zahlungsstromorientierte Größe. Die konkrete Anwendung und Ausgestaltung hängt vor allem von den jeweils zugrundeliegenden Rechnungslegungsvorschriften (HGB, US-GAAP, IFRS) und den intern verwendeten Planungs- und Kostenrechnungssystemen ab.

Statt einer Interpretation sind in Abbildung 6-03 die Herleitungen dieser Größen aus den bereits bekannten Kennzahlen vorgenommen worden.

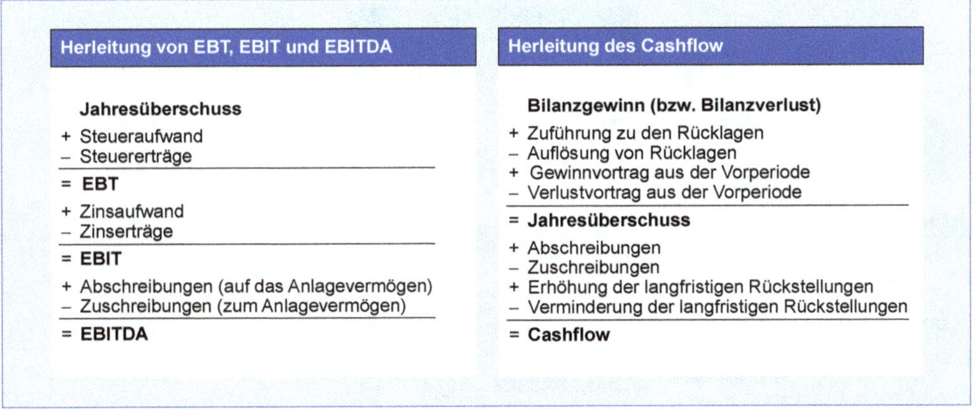
Herleitung von EBT, EBIT und EBITDA
Jahresüberschuss
+ Steueraufwand
– Steuererträge
= EBT
+ Zinsaufwand
– Zinserträge
= EBIT
+ Abschreibungen (auf das Anlagevermögen)
– Zuschreibungen (zum Anlagevermögen)
= EBITDA
Herleitung des Cashflow
Bilanzgewinn (bzw. Bilanzverlust)
+ Zuführung zu den Rücklagen
– Auflösung von Rücklagen
+ Gewinnvortrag aus der Vorperiode
– Verlustvortrag aus der Vorperiode
= Jahresüberschuss
+ Abschreibungen
– Zuschreibungen
+ Erhöhung der langfristigen Rückstellungen
– Verminderung der langfristigen Rückstellungen
= Cashflow

Abb. 6-03: Herleitung von EBT, EBIT, EBITDA und Cashflow

Aus diesen absoluten Kennzahlen lassen sich nun zur externen Analyse eines Unternehmens verschiedene relative Erfolgskennzahlen bilden, die eine Beurteilung der Rentabilität und Wirtschaftlichkeit des Kapitaleinsatzes ermöglichen. Dazu wird eine Relation zwischen den absoluten Erfolgsgrößen und dem Mitteleinsatz hergestellt. Zu den wichtigsten **Rentabilitätskennziffern** zählen die **Eigenkapitalrentabilität** und die **Gesamtkapitalrentabilität**. Bei der Berechnung beider Größen kann der Jahresüberschuss oder auch der Cashflow angesetzt werden. Das Verhältnis von Eigenkapitalrentabilität zu Gesamtkapitalrentabilität ist der sogenannte **Leverage-Faktor**. Neben diesen klassischen Rentabilitätskennziffern hat sich vor allem bei international agierenden Unternehmen der **Return on Investment** (RoI) als alternative Kennzahl für die Messung der Rentabilität des Kapitaleinsatzes durchgesetzt.

Neben den Erfolgskennzahlen bilden die **Aktivitätskennzahlen** die zweite Untergruppe dynamischer Kennzahlen. Aktivitätskennzahlen stellen die Verbindung von Bestands- und Stromgrößen her und beschreiben dementsprechend häufig das Verhältnis zwischen dem Umsatz und den zur Ausübung der operativen Tätigkeit benötigten Vermögenswerten (z. B. Anlagevermögen, Vorräte etc.). Diese Umschlagskoeffizienten geben dabei an, wie häufig eine Vermögensposition in einer Periode umgeschlagen wurde. Die Interpretation dabei lautet, dass ein höherer Koeffizient einen effizienteren Einsatz der unternehmensspezifischen Ressourcen bedeutet. Um einen gegebenen Umsatz zu erreichen, muss das Unternehmen somit weniger Ressourcen einsetzen [vgl. Coenenberg 2003, S. 911].

Weitere Aktivitätskennzahlen, die nach demselben Muster gebildet werden können, sind:

- Umsatz pro Mitarbeiter;
- Zahlungsziele, die ein Unternehmen seinen Kunden einräumt oder bei seinen Lieferanten in Anspruch nimmt;
- Investitionsquote.

In Abbildung 6-04 sind wichtige dynamische Kennzahlen, unterteilt in Erfolgskennzahlen und Aktivitätskennzahlen, zusammengestellt.

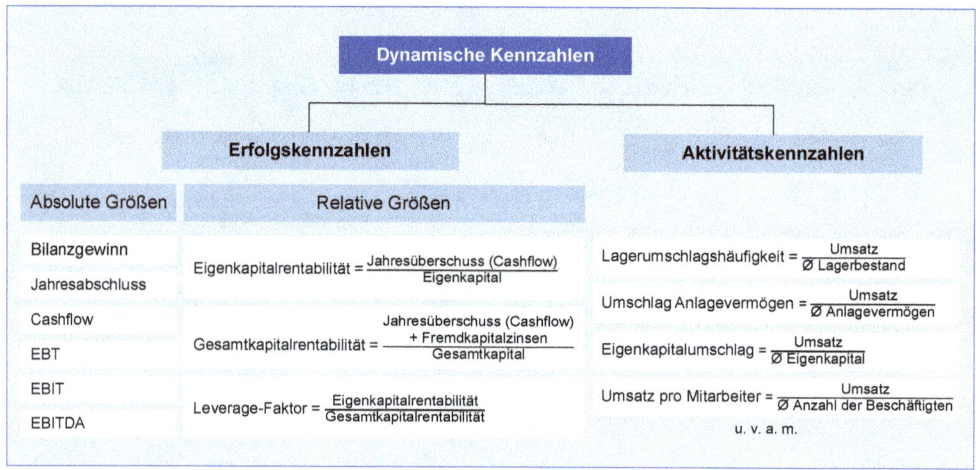
Dynamische Kennzahlen
Erfolgskennzahlen
Aktivitätskennzahlen
Absolute Größen
Relative Größen
Bilanzgewinn
Jahresabschluss
Cashflow
EBT
EBIT
EBITDA
Eigenkapitalrentabilität = Jahresüberschuss (Cashflow) / Eigenkapital
Gesamtkapitalrentabilität = Jahresüberschuss (Cashflow) + Fremdkapitalzinsen / Gesamtkapital
Leverage-Faktor = Eigenkapitalrentabilität / Gesamtkapitalrentabilität
Lagerumschlagshäufigkeit = Umsatz / Ø Lagerbestand
Umschlag Anlagevermögen = Umsatz / Ø Anlagevermögen
Eigenkapitalumschlag = Umsatz / Ø Eigenkapital
Umsatz pro Mitarbeiter = Umsatz / Ø Anzahl der Beschäftigten
u. v. a. m.

Abb. 6-04: Dynamische Kennzahlen (Beispiele)

6.1.3.3 DuPont-Kennzahlensystem und andere Kennzahlen-Schemata

Die verschiedenen Ziele, die in einem Unternehmen verfolgt werden, können als Elemente eines komplexen mehrstufigen Zielsystems aufgefasst werden, die in vertikaler und in horizontaler Beziehung zueinanderstehen. Werden die Einzelaufgaben und Aufgabenkomplexe stets in Verbindung mit diesen Zielen vorgegeben, so spricht man vom Organisationskonzept der **zielgesteuerten Unternehmensführung** (engl. *Management by objectives*) [vgl. Bidlingmaier 1973, S. 134].

Damit die zielgesteuerte Unternehmensführung ihre Koordinationsfunktion wahrnehmen kann, muss ein solches Zielsystem geordnet werden. Das wohl bekannteste Zielordnungsschema ist das 1922 von der Firma DuPont entwickelte **Kennzahlensystem**, das in Abbildung 6-05 dargestellt ist.

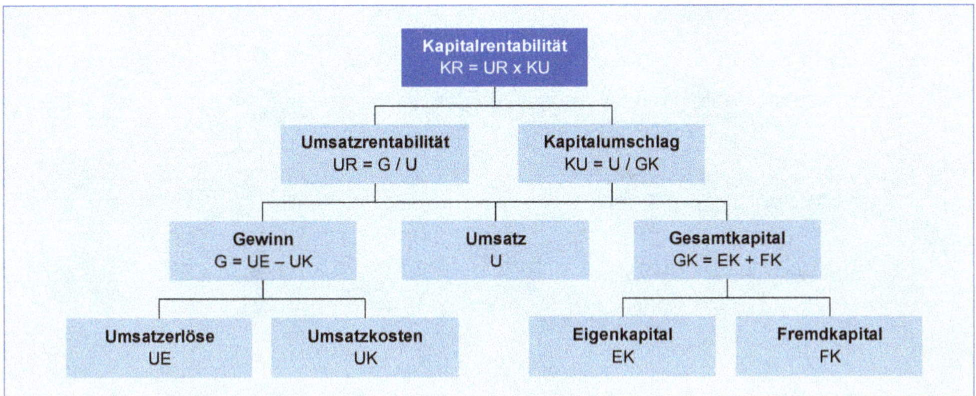
Kapitalrentabilität
KR = UR x KU
Umsatzrentabilität
UR = G / U
Kapitalumschlag
KU = U / GK
Gewinn
G = UE – UK
Umsatz
U
Gesamtkapital
GK = EK + FK
Umsatzerlöse
UE
Umsatzkosten
UK
Eigenkapital
EK
Fremdkapital
FK

Abb. 6-05: Das DuPont-Kennzahlensystem

Das DuPont-Kennzahlensystem basiert auf einer funktionalen **Mittel-Zweck-Beziehung**, d.h. bis auf das oberste Ziel nimmt jedes Ziel sowohl die Rolle eines Mittels als auch die eines Zweckes ein. Untergeordnete Ziele sind *Mittel* zum Erreichen der Ziele auf der nächsthöheren Stufe. Der Zweck ist somit die Realisierung der höherrangigen Ziele. Für nachrangige Ziele stellen sie wiederum den übergeordneten Zweck dar. Dieses Mittel-Zweck-Schema ist charakteristisch für alle hierarchisch strukturierten Zielsysteme [vgl. Fink 2009, S. 66].

Nach Edmund Heinen [1966, S. 126 ff.] können dabei grundsätzlich zwei Varianten unterschieden werden:

- das *deduktiv* orientierte Mittel-Zweck-Schema und
- das *induktiv* orientierte Mittel-Zweck-Schema.

Das **deduktiv orientierte Mittel-Zweck-Schema** ergibt sich aus den Beziehungen zwischen Ober-, Zwischen- und Unterzielen, in dem die **Gesamtkapitalrentabilität** als Oberziel dargestellt ist (siehe Abbildung 6-06).

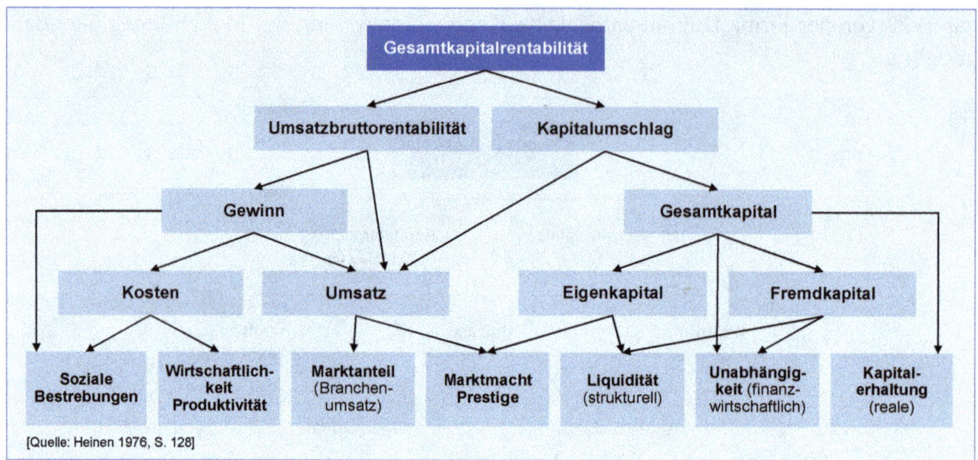
Gesamtkapitalrentabilität
Umsatzbruttorentabilität
Kapitalumschlag
Gewinn
Gesamtkapital
Kosten
Umsatz
Eigenkapital
Fremdkapital
Soziale Bestrebungen
Wirtschaftlichkeit Produktivität
Marktanteil (Branchenumsatz)
Marktmacht Prestige
Liquidität (strukturell)
Unabhängigkeit (finanzwirtschaftlich)
Kapitalerhaltung (reale)
[Quelle: Heinen 1976, S. 128]

Abb. 6-06: Deduktiv orientiertes Mittel-Zweck-Schema wichtiger Unternehmensziele

Allerdings ist dabei anzumerken, dass nicht auf allen Stufen des Schemas eine starke und eindeutige Mittel-Zweck-Beziehung vorliegt. Dies wird deutlich an den beiden Beziehungsketten *Gewinn – Umsatz – Kosten* sowie *Eigenkapital – Marktmacht/Prestige*. Die zweite Mittel-Zweck-Beziehung wird üblicherweise deutlich schwächer ausgeprägt sein als die erste [vgl. Macharzina/Wolf 2010, S. 216].

Das Beispiel in Abbildung 6-06 zeigt zwar, dass aus der Gesamtkapitalrendite nahezu alle wesentlichen Zielinhalte abgeleitet werden können. Dennoch kann bezweifelt werden, dass die „Steigerung der Gesamtkapitalrentabilität“ das letztendliche Ziel des Erwerbsstrebens darstellt. Daher hat Heinen dem deduktiv orientierten ein **induktiv orientiertes Mittel-Zweck-Schema** gegenübergestellt, das die *Eigenkapitalrentabilität* als zentrales Unternehmensziel ansetzt und zudem Zielkonflikte, Mehrfachziele und kausale Beziehungen von gleichrangigen Zielen stärker berücksichtigt (siehe Abbildung 6-07).

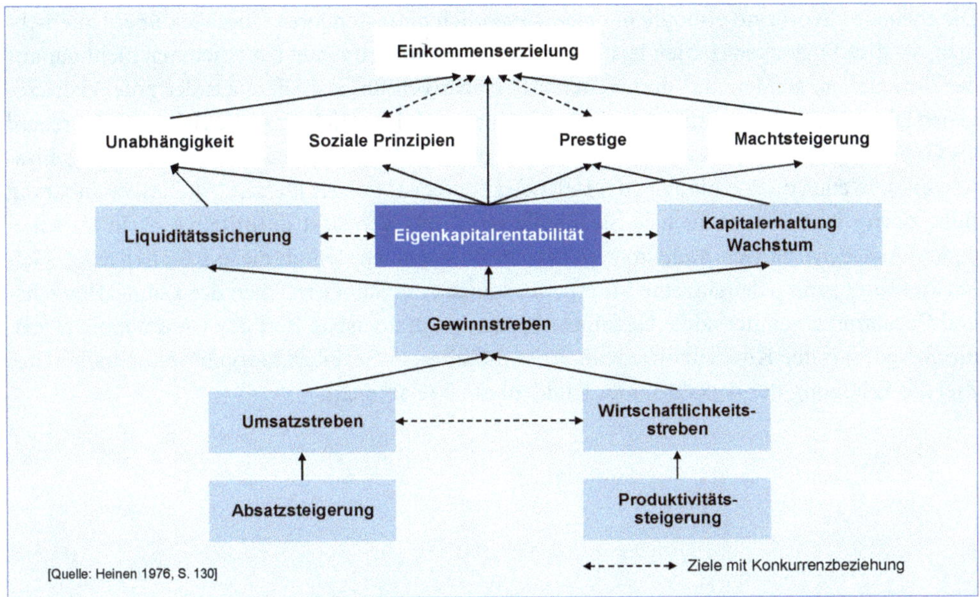
Einkommenserzielung
Unabhängigkeit
Soziale Prinzipien
Prestige
Machtsteigerung
Liquiditätssicherung
Eigenkapitalrentabilität
Kapitalerhaltung Wachstum
Gewinnstreben
Umsatzstreben
Wirtschaftlichkeits-streben
Absatzsteigerung
Produktivitäts-steigerung
[Quelle: Heinen 1976, S. 130]
Ziele mit Konkurrenzbeziehung

Abb. 6-07: Induktiv orientiertes Mittel-Zweck-Schema wichtiger Unternehmensziele

Unterziele dieses Systems sind die *Absatz-* und *Produktivitätssteigerung*, die beide ein Suboptimierungsziel zum Umsatzstreben bzw. zum Produktivitätsstreben darstellen. Umsatz- und Produktivitätsstreben, zwischen denen partielle **Zielkonflikte** auftreten können, sind wiederum Mittel zur **Gewinnerzielung**. Eine Gewinnsteigerung dient grundsätzlich der *Liquiditätssicherung*, der Steigerung der *Eigenkapitalrentabilität* sowie dem *Kapitalwachstum*. Während das Mittel-Zweck-Verhältnis zwischen Gewinn und Eigenkapitalrentabilität eindeutig ist, führt die Gewinnerhöhung nicht automatisch zu einer Erhöhung der Liquidität sowie zur Kapitalerhaltung bzw. Wachstum. Die Eigenkapitalrentabilität als betriebswirtschaftliches **Oberziel** dient in erster Linie der Einkommenserzielung des Individuums und ermöglicht die Verwirklichung zahlreicher Imperative „höherer Ordnung". Dazu zählen finanzielle *Unabhängigkeit*, soziale *Verantwortung* sowie *Macht-* und *Prestigestreben*. Aus dem so geordneten induktiv orientierten Zielsystem wird darüber hinaus deutlich, welche Ziele in einer **Konkurrenzbeziehung** zueinanderstehen können [vgl. Heinen 1976, S. 129 ff.].

Bei der von Kaplan/Norton [1992] entwickelten **Balanced Scorecard** handelt es sich um ein Kennzahlensystem, das zum strategischen Controlling gehört. Hier werden auch nicht-finanzielle Kennzahlen verwendet, die helfen sollen, Fehlentwicklungen zu identifizieren bevor sie sich in den Zahlen des Rechnungswesens niederschlagen.

Grundgedanke der Balanced Scorecard ist die Umsetzung von Visionen und Strategien des Unternehmens in operative Maßnahmen. Das dazu entwickelte Kennzahlenraster der Balanced Scorecard umfasst insgesamt vier Dimensionen *Finanzen*, *Kunden*, *Prozess* und *Potenzial* (siehe hierzu die ausführliche Beschreibung im Bereich Personalmanagement in Abschnitt 5.4.3.3).

Die Balanced Scorecard ermöglicht einen wesentlich umfassenderen Überblick über Unternehmen, als dies Finanzkennzahlen leisten können, denn sie betrachtet Unternehmen nicht nur aus der finanziellen, sondern aus drei weiteren Perspektiven. Insbesondere aus der potenzialbezogenen Dimension (Perspektive der Neuausrichtung) wird deutlich, dass die Balanced Scorecard als **Grundlage für eine Neuformierung** dienen kann. Aber nicht nur Ziele einer Reorganisation sondern auch die Verbindung der Balanced Scorecard mit der klassischen Zielvereinbarung führt zwangsläufig dazu, auch in die Zielvereinbarung verstärkt quantitative Ziele als sogenannte *Key Performance Indicators (KPIs)* zu übernehmen. Durch diese **ganzheitliche Zielentwicklung** kann jeder einzelne Mitarbeiter seinen Anteil am Erreichen der Team-, Bereichs- und Gesamtunternehmensziele verfolgen. Wenn das strategische Ziel des Unternehmens z.B. die Steigerung der Kundenzufriedenheit ist, könnte ein Servicemitarbeiter als persönliches Ziel die Erhöhung der Anzahl seiner Kundenkontakte ableiten.

6.2 Organisatorische Strukturgestaltung

Das wichtigste Instrument, um das Handeln der Mitarbeiter im Sinne der Unternehmensziele zu koordinieren, ist die **Organisation**. Sie bestimmt, wie die einzelnen Unternehmenseinheiten bei der Aufgabenerfüllung verfahren sollen und wie sich jede Einheit bei ihrer Aufgabenerfüllung mit anderen Einheiten abstimmen soll. Dies betrifft die Kommunikation und die Speicherung und Weitergabe von Informationen ebenso wie die Einbindung der Personalarbeit und die Optimierung des Ressourceneinsatzes. Eine solche Organisation sollte bei innovativen Unternehmen möglichst flexibel, adaptionsfähig, störunanfällig und kommunikativ sein [vgl. Klatt 2004, S. 1].

Es wird immer wieder die Frage gestellt, welche Organisation zu welcher Strategie am besten passt. Aufgrund der sehr unterschiedlichen Einflussfaktoren, die auf die einzelne Organisation wirken, gibt es keine allgemeingültige optimale Organisationslösung, sondern nur die unter speziellen Bedingungen geeignete (oder ungeeignete) Organisation. Als geeignet wird eine Organisation insbesondere dann angesehen, wenn sie in der speziellen Situation eines Unternehmens dazu beiträgt, dass das Unternehmen seine Ziele erreichen bzw. seine Strategien umsetzen kann [vgl. Hungenberg/Wulf 2015, S. 185].

Ohne allzu tief in die theoretische Organisationslehre einzusteigen, lassen sich Organisationsstrukturen grob in *klassische* und in *moderne* Organisationsansätze unterscheiden. **Klassische Organisationsformen** sind in erster Linie funktional oder divisional strukturierte Organisationen sowie die Matrixorganisation. Zu den **moderneren Organisationsansätzen** zählen vor allem Projektorganisationsformen, modulare Organisationsstrukturen sowie Netzwerk- und Clusterorganisationen.

6.2.1 Aufbauorganisation

Die Aufbauorganisation (auch Strukturorganisation) bildet das hierarchische Handlungsgefüge des Unternehmens. Drei grundsätzliche Möglichkeiten bei der Stellen- und Abteilungsbildung sollen hier diskutiert werden:

- Funktionale Organisation
- Objektorientierte Organisation
- Matrixorganisation.

6.2.1.1 Funktionale Organisation

Eine **funktionale Gliederung** liegt vor, wenn die zweitoberste Hierarchieebene des Unternehmens eine Spezialisierung nach den betrieblichen Funktionen (z. B. Vertrieb, Leistungserstellung/Projekte, kaufmännischer Bereich) vorsieht. Im kaufmännischen Bereich sind i. d. R. unterstützende Funktionen wie Finanzierung, Controlling oder Personal integriert. Diese Organisationsform dominiert bei Unternehmen, die nur ein Geschäftsfeld bearbeiten oder über ein homogenes Produktprogramm verfügen, sowie bei kleineren und mittleren Unternehmen (KMU‘s).

In Abbildung 6-08 sind die Grundzüge der funktionalen Organisation dargestellt.

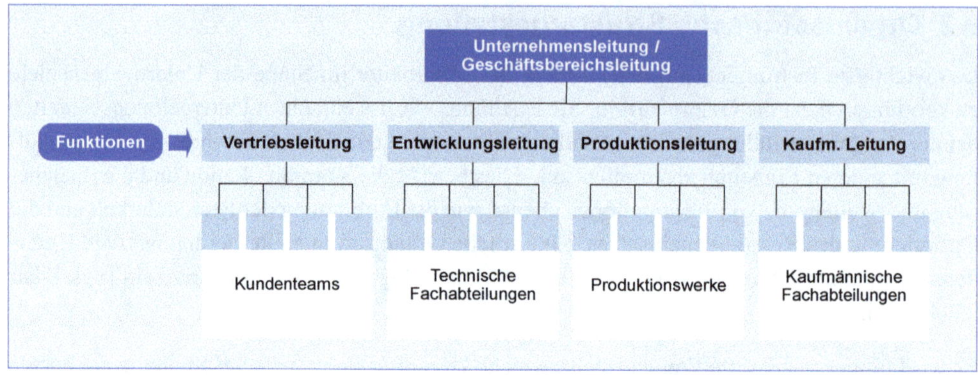
Unternehmensleitung / Geschäftsbereichsleitung
Funktionen
Vertriebsleitung
Entwicklungsleitung
Produktionsleitung
Kaufm. Leitung
Kundenteams
Technische Fachabteilungen
Produktionswerke
Kaufmännische Fachabteilungen

Abb. 6-08: Beispiel für eine funktionale Gliederung

Der Vorteil dieser Organisationsform liegt in Spezialisierungsgewinnen und Produktivitätssteigerungen durch Nutzung hochkompetenter spezialisierter Einheiten. Allerdings gestaltet sich die horizontale Koordination, d. h. die Abstimmung zwischen den Funktionsbereichen außerordentlich schwer. Viele organisatorische Schnittstellen, Ressortegoismen und hohe Fragmentierung der Arbeitsabläufe führen daher zu einem erhöhten Kommunikations- und Integrationsaufwand.

6.2.1.2 Objektorientierte Organisation

Eine **objektorientierte Gliederung** liegt dagegen vor, wenn die zweitoberste Hierarchieebene eine Orientierung an Objekten vorsieht. Hier bilden Geschäftsbereiche (engl. *Business Units*), Produkte bzw. Produktgruppen, Service-Lines, Branchen (engl. *Industries*), Kundengruppen oder Regionen/Märkte das Spezialisierungskriterium. Häufig wird die Objektorientierung einer Organisation auch als **divisionale Organisation, Spartenorganisation** oder **Geschäftsbereichsorganisation** bezeichnet. Unterhalb der Spartenebene erfolgt der Organisationsaufbau häufig nach funktionalen Kriterien (siehe Abbildung 6-09).

Bei Großunternehmen ist aber auch eine *mehrstufige* Divisionalisierung üblich, d. h. auch unterhalb der zweiten Hierarchieebene findet eine Gliederung nach Objekten statt (z. B. folgt im Rahmen einer Geschäftsbereichsorganisation eine Untergliederung nach Ländern oder nach Produktgruppen).

Voraussetzung für den Aufbau einer Spartenorganisation ist die Aufteilung der geschäftlichen Aktivitäten in möglichst homogene, gut voneinander abgrenzbare Sektoren. Dies ist häufig dann der Fall, wenn eine Erfolgszurechnung *(Profit- und Loss-Verantwortung)* zu den einzelnen Sektoren möglich ist.

Mit einer objektorientierten Aufbauorganisation ist eine bessere Ausrichtung auf die jeweiligen Divisionsstrategien ebenso gewährleistet wie eine Entlastung der Unternehmensgesamtführung. Auch sind Unternehmenszukäufe oder der Verkauf von Teilbereichen leichter zu bewerkstelligen. Diesen Vorteilen stehen ein höherer administrativer Aufwand (durch Spartenerfolgsrechnungen, Transferpreis-Regelungen etc.) sowie eine Vervielfachung hoher Führungspositionen als wesentliche Nachteile gegenüber [vgl. Steinmann/Schreyögg 2005, S. 452].

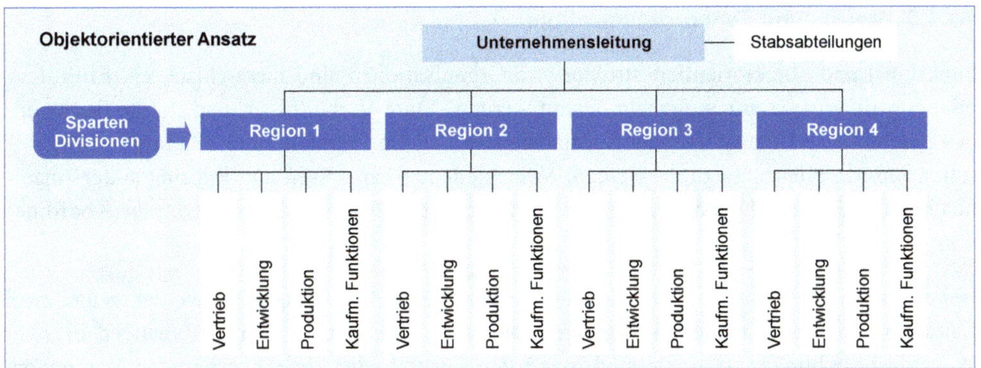
Objektorientierter Ansatz
Unternehmensleitung
Stabsabteilungen
Sparten Divisionen
Region 1
Region 2
Region 3
Region 4
Vertrieb
Entwicklung
Produktion
Kaufm. Funktionen

Abb. 6-09: Beispiel für eine objektorientierte Organisation

Die Aufbauorganisation wird auch als Strukturorganisation bezeichnet und bildet die Grundlage für das Organigramm eines Unternehmens. Das **Organigramm** ist eine schaubildartige Darstellung der Organisationsstruktur und gibt einen Überblick über die Leitungsstruktur, wobei neben den allgemein üblichen Linieninstanzen Stabsstellen gesondert gekennzeichnet sind.

Abbildung 6-10 zeigt die Konzernstruktur der Deutschen Telekom aus dem Jahr 2003 als Beispiel für eine Spartenorganisation.

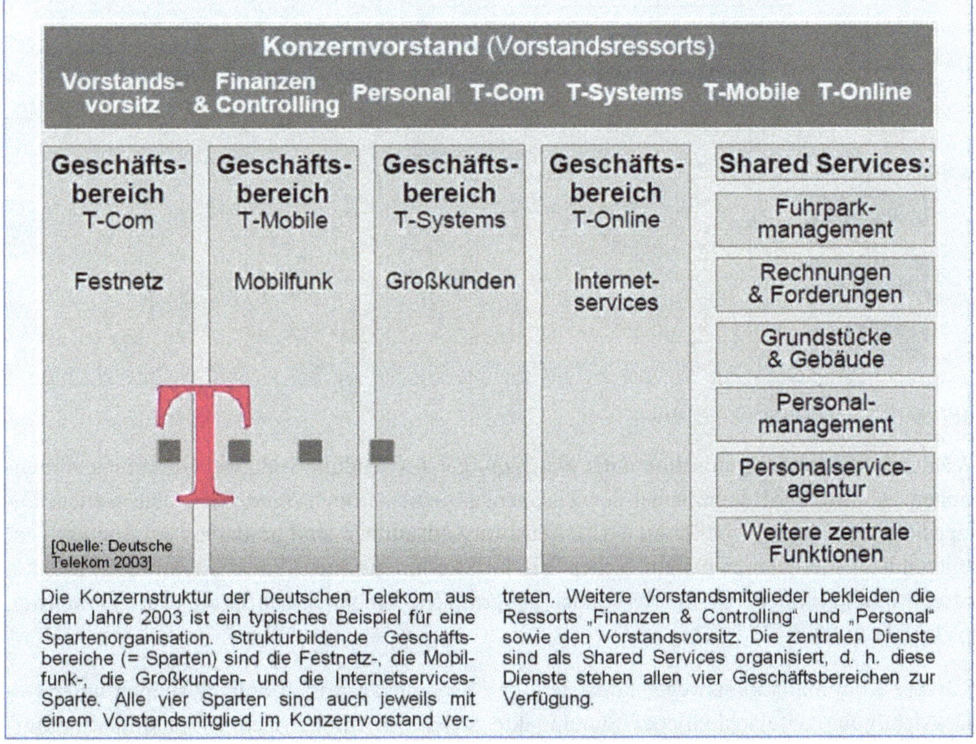
Konzernvorstand (Vorstandsressorts)
Vorstands-vorsitz
Finanzen & Controlling
Personal
T-Com
T-Systems
T-Mobile
T-Online
Geschäfts-bereich T-Com
Festnetz
Geschäfts-bereich T-Mobile
Mobilfunk
Geschäfts-bereich T-Systems
Großkunden
Geschäfts-bereich T-Online
Internet-services
Shared Services:
Fuhrpark-management
Rechnungen & Forderungen
Grundstücke & Gebäude
Personal-management
Personalservice-agentur
Weitere zentrale Funktionen
[Quelle: Deutsche Telekom 2003]

Die Konzernstruktur der Deutschen Telekom aus dem Jahre 2003 ist ein typisches Beispiel für eine Spartenorganisation. Strukturbildende Geschäftsbereiche (= Sparten) sind die Festnetz-, die Mobilfunk-, die Großkunden- und die Internetservices-Sparte. Alle vier Sparten sind auch jeweils mit einem Vorstandsmitglied im Konzernvorstand vertreten. Weitere Vorstandsmitglieder bekleiden die Ressorts „Finanzen & Controlling“ und „Personal“ sowie den Vorstandsvorsitz. Die zentralen Dienste sind als Shared Services organisiert, d. h. diese Dienste stehen allen vier Geschäftsbereichen zur Verfügung.

Abb. 6-10: Die Konzernstruktur der Deutschen Telekom 2003

6.2.1.3 Matrix- und Tensororganisation

Funktional und objektorientiert strukturierte Organisationen sind hierarchisch als **Einlinien- oder Stabliniensysteme** aufgebaut. Damit werden „klare Verhältnisse“ und stabile Beziehungen geschaffen. Mit zunehmender Spezialisierung und Dezentralisierung führen diese Organisationsansätze allerdings zu Problemen: Verschiedene Sichtweisen und Prioritäten der einzelnen Funktionen oder Divisionen fördern Autarkiebestrebungen und erschweren die Koordination.

Bei der (zweidimensionalen) **Matrixorganisation** (siehe Abbildung 6-11) werden genau zwei Leitungssysteme miteinander kombiniert. Die Mitarbeiter stehen dementsprechend in zwei Weisungsbeziehungen, d. h. sie sind gleichzeitig dem Leiter eines horizontalen Verantwortungsbereichs (z. B. Vertriebsmanager) und dem Leiter eines vertikalen Verantwortungsbereichs (z. B. Produktgruppen-Manager) unterstellt. Die Besonderheit bei der Matrixorganisation liegt darin, dass bei Konflikten oder Meinungsverschiedenheiten keine organisatorisch bestimmte Dominanz zugunsten der horizontalen oder der vertikalen Achse geschaffen ist. Die Befürworter dieses Strukturtyps vertrauen vielmehr auf die besseren Argumente und die Bereitschaft zur Kooperation [vgl. Lippold 2011, S. 178 ff.].

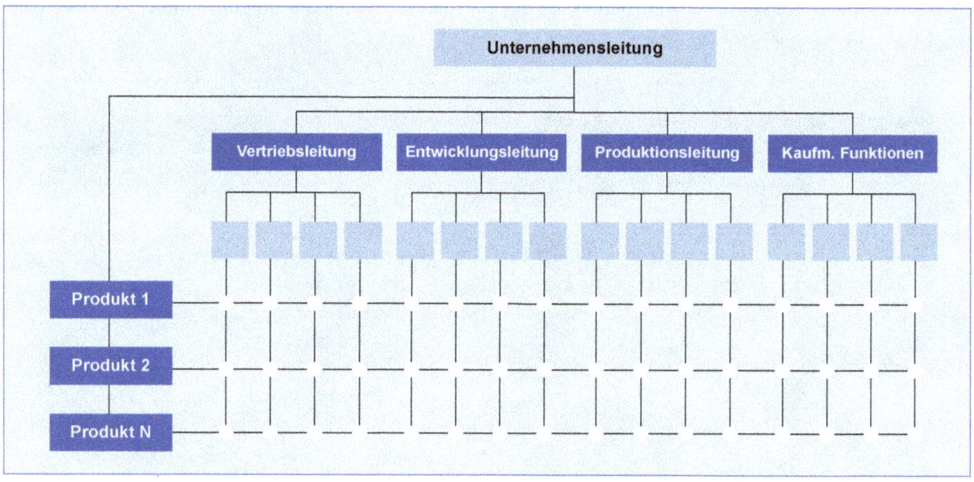
Unternehmensleitung
Vertriebsleitung
Entwicklungsleitung
Produktionsleitung
Kaufm. Funktionen
Produkt 1
Produkt 2
Produkt N

Abb. 6-11: Matrixorganisation

Während die Matrixorganisation unter gleichzeitiger Anwendung von zwei Gestaltungsdimensionen gebildet wird, kommt bei der **Tensororganisation** noch mindestens eine weitere Dimension hinzu (siehe Abbildung 6-12). Tensororganisationen sind besonders bei international agierenden Unternehmen beliebt. Neben den Strukturdimensionen „Funktionen“ und „Produkte bzw. Produktgruppen“ als Sparten bilden geografische Einheiten häufig die dritte Dimension [vgl. Vahs 2009, S. 171 ff.].

Kürzere Kommunikationswege, Förderung des Teamgedankens, Problemlösungen unter Berücksichtigung unterschiedlicher Standpunkte stehen einem höheren Kommunikationsaufwand, einer schwerfälligen Entscheidungsfindung und vor allem der Unsicherheit bei einer

Mehrfachunterstellung gegenüber. Gerade bei größeren, international agierenden Unternehmen, bei denen mindestens zwei Gliederungsdimensionen wettbewerbsrelevant sind, wird die Matrixorganisation praktiziert.

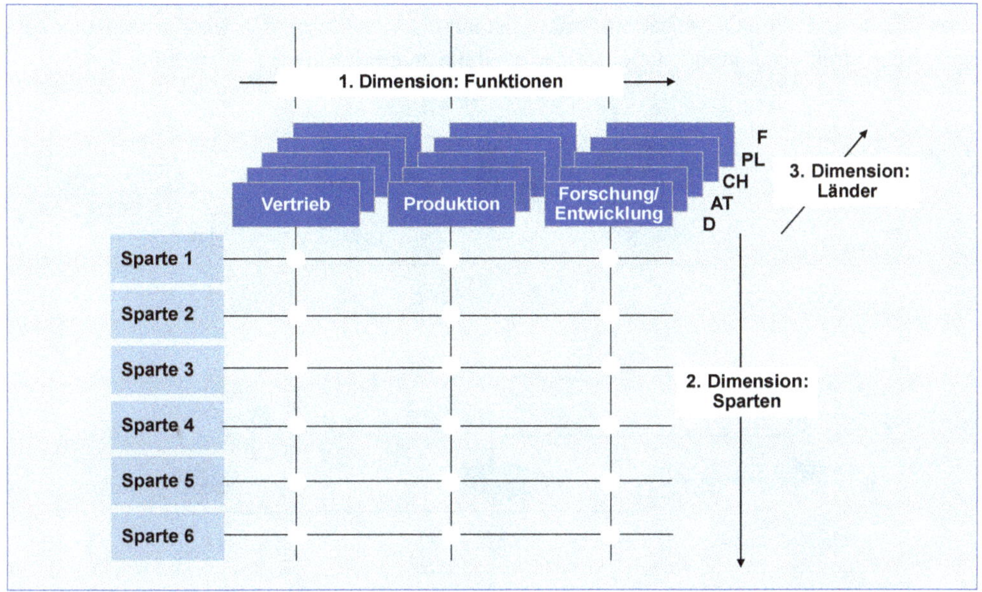
1. Dimension: Funktionen
Vertrieb
Produktion
Forschung/ Entwicklung
F
PL
CH
AT
D
3. Dimension: Länder
Sparte 1
Sparte 2
Sparte 3
Sparte 4
Sparte 5
Sparte 6
2. Dimension: Sparten

Abb. 6-12: Beispiel für eine Tensororganisation

Der Einsatz einer Matrixorganisation verhindert zwar Verselbständigungstendenzen und verbessert die Koordination, allerdings ist hier die hohe Zahl von Abstimm- und Koordinationsprozessen zeitraubend; auch kann es hier zu Problemen bei der Prioritätensetzung kommen.

6.2.1.4 Netzwerkstrukturen

Im Gegensatz dazu sind bei den meisten **modernen Organisationsformen** die Befugnisse stärker dezentralisiert. Entscheidungen können dort getroffen werden, wo die inhaltliche Kompetenz liegt. Das verbessert die Reaktionsfähigkeit und Schnelligkeit. Die Steuerung durch gemeinsame Wert- und Zielvorstellungen, deren einheitliche Ausrichtung häufig durch die Unternehmenskultur gefördert wird, und das Vertrauen in das Verantwortungsbewusstsein und die Kompetenz der Mitarbeiter lösen die Hierarchie und die Kontrollmechanismen der klassischen Organisationsform ab. Über Zielvereinbarungssysteme und Ergebniscontrolling wird schließlich die Leistung überwacht. Unter den modernen Organisationsformen nehmen die **Netzwerkstrukturen** eine dominierende Stellung ein. Netzwerke verfügen über durchlässige Grenzen und befinden sich dank ihrer flexiblen, organischen Gestalt in einem permanenten „Zustand der Bewegung“ und sind deshalb Ausdruck einer dynamischen Organisationskonfiguration [vgl. Bleicher 2011, S. 231].

Erste Unterschiede zwischen einer klassischen Führungsstruktur und der **Führung von Netzwerken** liefert Abbildung 6-13.

Fasst man diese Überlegungen zusammen, so kommt man zu dem Schluss, dass weder die klassische funktionale oder divisionale Organisationsform sowie die Matrixorganisation noch die modernen Netzwerk- oder Projektorganisationen alleine alle Anforderungen an eine jederzeit geeignete Organisationsstruktur erfüllen. Eine flache, flexible, dezentralisierte, gleichzeitig verbindliche und klare Organisationsstruktur ist nur als Mischform, d. h. als Kombination verschiedener Strukturmerkmale der einzelnen Modelle zu erreichen [vgl. Klatt 2004, S. 9].

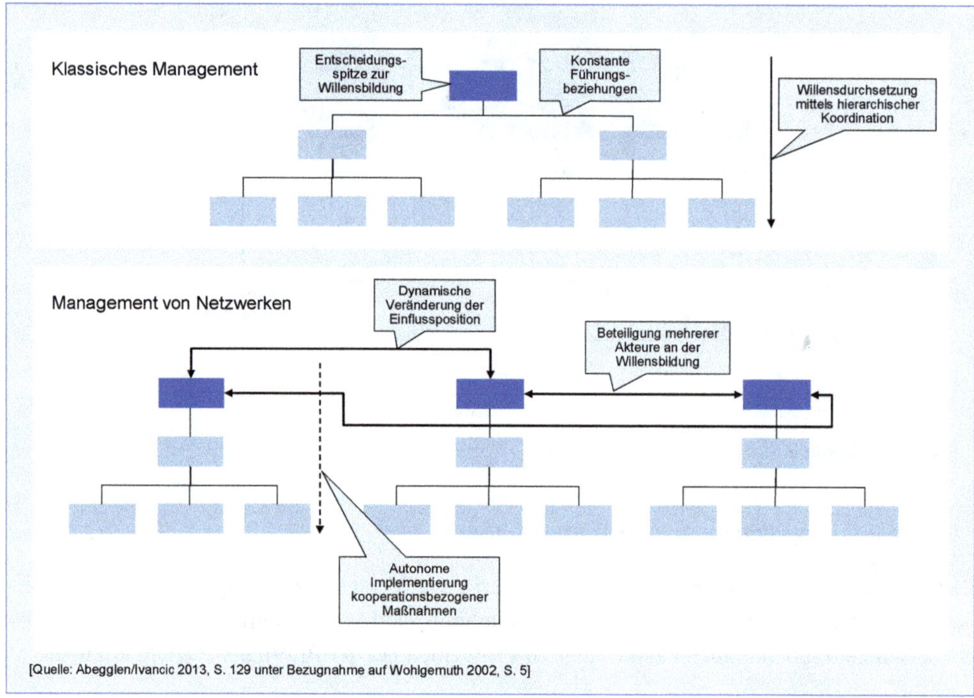
Klassisches Management
Entscheidungs-spitze zur Willensbildung
Konstante Führungs-beziehungen
Willensdurchsetzung mittels hierarchischer Koordination
Management von Netzwerken
Dynamische Veränderung der Einflussposition
Beteiligung mehrerer Akteure an der Willensbildung
Autonome Implementierung kooperationsbezogener Maßnahmen
[Quelle: Abegglen/Ivancic 2013, S. 129 unter Bezugnahme auf Wohlgemuth 2002, S. 5]

Abb. 6-13: Klassische vs. netzwerkorientierte Führungsstruktur

6.2.2 Kriterien für die Wahl der Strukturform

Gesucht wird also eine Mischform, die alle jeweils geeigneten Merkmale der verschiedenen Organisationsmodelle kombiniert. Die optimale Ausgestaltung der Unternehmensorganisation sollte dabei anhand verschiedener Kriterien erfolgen [vgl. Klatt 2004, S. 7 ff.]:

- Produkte/Produktgruppen/Geschäftsfelder
- Strukturierungs- und Formalisierungsgrad
- Steuerungs- und Qualitätssicherungsfunktion
- Zentralisierungsgrad und Unternehmensgröße
- Arbeits- und Projektumgebung
- Teamstrukturen
- Wissensmanagement
- Support-Funktionen
- Eigentümer- bzw. Governance-Struktur.

Ein hoher **Strukturierungs- und Formalisierungsgrad**, der für die klassischen Organisationsformen typisch ist, ist verbunden mit einer klaren Hierarchie und gilt als „chaossicher", ist allerdings unflexibel und langsam bei Änderungen. Weniger strukturierte Organisationsformen sind dagegen flexibel, kommunikationsfördernd und erleichtern übergreifende Abstimmprozesse. Andererseits sind sie anfälliger für Fehler und langsamer in „normalen" Situationen.

Für die Durchsetzung einer zentralen **Steuerungs- und Qualitätssicherungsfunktion** empfiehlt sich ebenfalls ein klassisch hierarchisches Modell, das mit geringem Aufwand einheitliche Ziele, eine gemeinsame strategische Ausrichtung und gemeinsame Qualitätsstandards sichert.

Zentrale Strukturen korrelieren eher mit einem funktionalen Modell, **dezentrale Strukturen** eher mit einem divisionalen Modell. Die Matrixorganisation vereinfacht sogar noch die Einbindung einer weiteren Führungsdimension, ohne dass dadurch die hierarchische Steuerungsfunktion beeinträchtigt wird.

Große Unternehmen verfügen zumeist über mehrere Produktgruppen, bedienen eine ganze Reihe von Marktsegmenten/Branchen und sind in mehreren Regionen tätig. Eine solche **Unternehmensgröße** lässt sich in aller Regel nur mit einer divisionalen Organisationsform sinnvoll führen und lenken.

Die **Arbeits- und Projektumgebung**, die insbesondere für den B2B-Bereich wichtig ist, muss einerseits genügend Spielraum für eigenständiges Handeln und andererseits eine eindeutige Ergebniszuweisung ermöglichen. Hierfür bietet sich die Form der reinen Projektorganisation ebenso wie Projektgruppen innerhalb lateraler Netzwerke als innovationsfördernde Alternative an.

Bei **Teamstrukturen**, die durch komplementäre Fähigkeiten, einen gemeinsamen Arbeitsansatz und wechselseitige Verantwortung gekennzeichnet ist, steht ebenfalls eine flache Aufbaustruktur im Vordergrund. Die ständige Bildung und Auflösung von Teams für zeitlich begrenzte Projekte erfordern die hohe Flexibilität einer Projektorganisation oder – alternativ – hierarchiefreie Clustermodelle.

Das **Wissensmanagement** (engl. *Knowledge Management*) wird am besten von kommunikationsfreundlichen Modellen wie Matrixstrukturen oder Netzwerkmodellen unterstützt. Besonders die Matrix hat den Vorteil, eine permanente Auseinandersetzung zwischen den verschiedenen Dimensionen zu erzwingen, was der Erzeugung und Weitergabe von Wissen förderlich ist.

Eine zuverlässige Bereitstellung der **Support-Funktionen** für die Mitarbeiter erfordert eine klar geregelte, arbeitsteilige und hierarchisch aufgebaute, funktionale Gliederung, wobei in diesem Zusammenhang auch an eine Ausgliederung (engl. *Outsourcing*) bestimmter Teilaspekte der administrativen Aufgaben in Betracht gezogen werden kann.

Schließlich soll noch die **Eigentümer- bzw. Governance-Struktur** als Kriterium für *Führung und Kontrolle* von Strukturorganisationen angeführt werden: Eigentümergesellschaften haben ein ähnliches Selbstverständnis wie die Angehörigen freier Berufe (Ärzte, Rechtsanwälte, Steuerberater etc.). Sie organisieren sich häufig als Partnerschaften, in denen die Partner an Gewinn und Verlust ihres Unternehmens teilhaben und selbst Einfluss auf die Führung und Kontrolle nehmen. Im Vergleich dazu verstehen sich die Mitglieder des Managements, das eigens zur Führung von Unternehmen eingesetzt wird, in erster Linie als Mitarbeiter. Sie erhalten häufig leistungsbezogene Anreize wie z. B. Stock Options, ohne allerdings über nennenswerte Mitsprache- und Kontrollfunktionen zu verfügen.

6.2.3 Prozessorganisation

6.2.3.1 Ablauforganisation

Während die Aufbauorganisation auf einer *statischen* Betrachtung basiert, liegt der **Ablauforganisation** eine *dynamische* Analyse der Organisationszusammenhänge zugrunde. Sie befasst sich mit der zeitlichen und räumlichen Gestaltung der Arbeitsabläufe innerhalb der Stellen und Abteilungen mit dem Ziel, diese möglichst straff, d. h. optimal zu organisieren. Sie will die Frage beantworten, welcher Stelleninhaber die entsprechende Aufgabe wann, wo und mit welchem Ressourceneinsatz zu erledigen hat.

Da die oben beschriebene Aufgabensynthese, die im Rahmen der Aufbauorganisation durchgeführt wird, Voraussetzung für die Zuordnung der Abläufe ist, kann die Ablauforganisation erst dann gestaltet werden, wenn die Aufbauorganisation mit der Festlegung von Stellen, Abteilungen und dem Leitungssystem abgeschlossen ist. Bei dieser Form der Organisationsentwicklung wird also die Ablauforganisation von der Aufbauorganisation dominiert.

In kleineren Unternehmen stellt der damit verbundene Blick von oben auf die Organisation kein Problem dar, weil sich die Mitarbeiter untereinander kennen und das Zusammenwirken der Funktionen und Abläufe verstehen. In wachsenden Organisationen werden dagegen Abteilungen zu **Silos**: groß, dick und fensterlos [vgl. Osterloh/Frost 2003, S. 28 f.].

Durch die isolierte Betrachtung von arbeitsplatzbezogenen Abläufen ergibt sich ein nur sehr begrenztes Optimierungspotenzial. Auch zeigt sich in der Unternehmenspraxis, dass eine solche Organisation funktionalen Ressortegoismen Vorschub leistet, weil die Bereichsmanager nur noch ihre eigenen Aufgaben sehen.

6.2.3.2 Prozessidee

Die oben skizzierte Vorgehensweise bei der Organisationsentwicklung führt zu einem vertikalen Blick (also von oben nach unten) auf die Organisation, bei dem Abläufe, die stellenübergreifend sind, nicht ausreichend berücksichtigt werden. Funktions- und Hierarchiebarrieren sowie operative Inseln können zu einer funktionalen Abschottung, Informationsfilterung sowie Steuerungs- und Koordinationsproblemen führen. Da die Wettbewerbs- und Überlebensfähigkeit von Unternehmen von der schnellen, fehlerfreien, flexiblen und effizienten Abwicklung der auf den Kunden gerichteten Geschäftsprozesse abhängt, gewinnt die Prozessorientierung in allen Branchen zunehmend an Bedeutung.

Die prozessorientierte Perspektive hat über das **Business Process Reengineering** von Hammer/Champy Eingang in die moderne Managementlehre gefunden. Die Prozessidee besteht darin, gedanklich einen 90-Grad-Shift der Organisation vorzunehmen (siehe Abbildung 6-14).

Durch den Wechsel der Perspektive dominieren bei der Prozessorganisation nicht mehr die Abteilungen die Abläufe, sondern der Fokus liegt auf Vorgangsketten bzw. Prozessen, die auf den Kunden ausgerichtet sind.

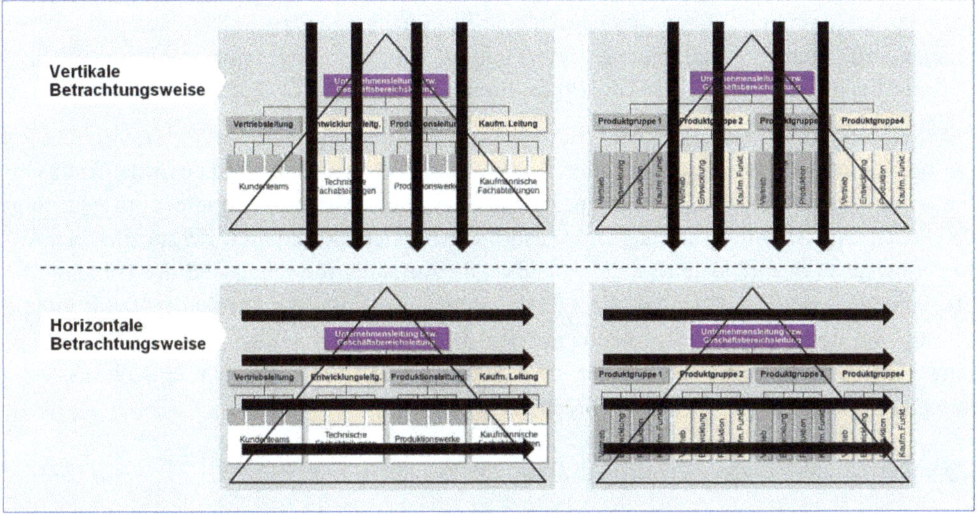
Vertikale Betrachtungsweise
Horizontale Betrachtungsweise

Abb. 6-14: Der 90-Grad-Shift

Ein **Prozess** ist eine Struktur, deren Aufgaben durch logische Folgebeziehungen miteinander verknüpft sind. Jeder Prozess wird durch einen Input initiiert und führt zu einem Output, der einen Wert für den Kunden schafft. Innerhalb des Prozesses werden Vorgaben (= Input) in Ergebnisse (= Output) umgewandelt.

Geschäftsprozesse betrachten die einzelnen Funktionen in Unternehmen also nicht isoliert, sondern als wertsteigernde Abfolge von Funktionen und Aufgaben, die über verschiedene organisatorische Einheiten verteilt sein können [vgl. Schmelzer/Sesselmann 2006, S. 67 ff.].

6.2.3.3 Prozessrollen und -ziele

Jedem Prozess kommen damit **drei verschiedene Rollen** zu:

- Der betrachtete Prozess ist **Kunde** von Materialien und Informationen eines vorausgehenden Prozesses.
- Der betrachtete Prozess ist **Verarbeiter** der erhaltenen Leistungen.
- Der betrachtete Prozess übernimmt die Rolle eines **Lieferanten** gemäß den Anforderungen des nachfolgenden Prozesses und gibt die erstellten Ergebnisse weiter.

Bei der prozessorientierten Organisation eines Unternehmens wird versucht, Prozessziele und die hieraus resultierenden Ergebnisse in den Vordergrund zu stellen. Diese sind im Regelfall nicht deckungsgleich, wenn man sie mit den Abteilungs- bzw. Bereichszielen und -ergebnissen der klassischen Organisation vergleicht.

Der zunehmende Zwang zur Dezentralisierung im Hinblick auf Markt- und Kundennähe, zur Umgestaltung der Produktpalette, zur Reduktion des Verwaltungsaufwands, zur Verflachung der Hierarchien u. ä. führt in immer kürzeren Abständen zur Verlagerung oder zum Wegfall von Aufgaben und zu neuen Schnittstellen in der Organisation. Diesem permanenten Wandel wird das herkömmliche Organisationsverständnis mit hochgradig zentralistischen und arbeitsteiligen Strukturen aber nicht mehr gerecht. Gefragt sind also weniger stör- und krisenanfällige Organisationsformen, wie dies bei der Prozessorganisation der Fall ist [vgl. Doppler/Lauterburg 2005, S. 37 und S. 55].

Gestaltungsziel der Prozessorganisation ist die dauerhafte Strukturierung und die laufende Optimierung von Unternehmensprozessen. Im Gegensatz zum Analyse-Synthese-Konzept erfolgt die Stellen- und Abteilungsbildung unter ausdrücklicher Berücksichtigung der spezifischen Anforderungen eines effizienten Prozessablaufs. Die Aufgabenverteilung und die Bildung von Stellen orientieren sich dabei vor allem an der Vorgangsmenge, der Anzahl der Bearbeitungsschritte und den jeweiligen Bearbeitungszeiten. Die mit der Orientierung an der Wertschöpfungskette verbundene Steigerung der Prozesseffizienz erschließt dazu ein erhebliches Optimierungspotenzial [vgl. Vahs 2009, S. 235 f.].

6.2.3.4 Business Process Reengineering

Die **vier Grundaussagen** (engl. *Essentials*) des Geschäftsprozessmanagements (engl. *Business Process Reengineering – BPR*) sind:

- Business Process Reengineering orientiert sich an den entscheidenden **Geschäftsprozessen**.
- Die Geschäftsprozesse müssen auf die **Kunden** (interne und externe Kunden) ausgerichtet sein.
- Das Unternehmen muss sich auf seine **Kernkompetenzen** konzentrieren.
- Die Möglichkeiten der aktuellen **Informationstechnologie** zur Prozessunterstützung müssen intensiv genutzt werden.

Business Process Reengineering bedeutet fundamentales Umdenken und radikales Neugestalten von Geschäftsprozessen, um **dramatische Verbesserungen** bei bedeutenden Kennzahlen wie Kosten, Qualität, Service und Durchlaufzeit zu erreichen. Beim Business Process Reengineering geht es nicht um marginale Veränderungen, sondern um **Quantensprünge**. Verbesserungen von 50 Prozent und mehr sind gefordert. Das bedeutet nicht nur die Abkehr vom rein funktionalen Denken, sondern **neue Management- und Teamkulturen** sind erforderlich [vgl. Hammer/Champy 1994, S. 12 und S. 113 f.].

Lag in der Vergangenheit das Hauptaugenmerk des Managements auf leicht quantifizierbaren und vor allem finanziellen Elementen, so bietet die Prozessanalyse eine Plattform für einen ganzheitlichen und integrativen Ansatz, der sich auch als **Transformation** bezeichnen lässt. Transformation ist die Neugestaltung der „genetischen Struktur“ eines Unternehmens. Dabei gibt es kein Patentrezept. Jede Transformation erfordert einen spezifischen Weg, einen individuellen Transformationspfad. Das bedeutet, dass unterschiedliche Unternehmensbereiche auch unterschiedlich stark von Veränderungen betroffen sind [vgl. Schnieder 2004, S. 233 ff.].

Business Process Reengineering befasst sich mit den Arbeitsabläufen und versucht diese aus Sicht des Geschäftes, d. h. aus Kundensicht zu optimieren. Business Process Reengineering soll helfen, die traditionelle funktionsorientierte Organisationsentwicklung zu überwinden. Es beschränkt sich nicht nur auf die Arbeitsabläufe in den klassischen betrieblichen Funktionsbereichen, sondern es beschäftigt sich intensiv mit den Kundenbedürfnissen. Demzufolge werden die Prozesse an den Anforderungen der (externen und internen) Kunden ausgerichtet und nicht an den Anforderungen der Organisation [vgl. Gadatsch 2008, S. 12].

Kundenorientierung ist also die zentrale Leitlinie des Geschäftsprozessmanagements. Je besser und effizienter ein Unternehmen seine Geschäftsprozesse beherrscht und die Kundenanforderungen erfüllt, umso wettbewerbsfähiger wird es sein. Beispiele für die wichtigsten Geschäftsprozesse eines Industrieunternehmens liefert Abbildung 6-15. Die dort aufgeführten Geschäftsprozesse haben jeweils einen Bezug zum Kunden.

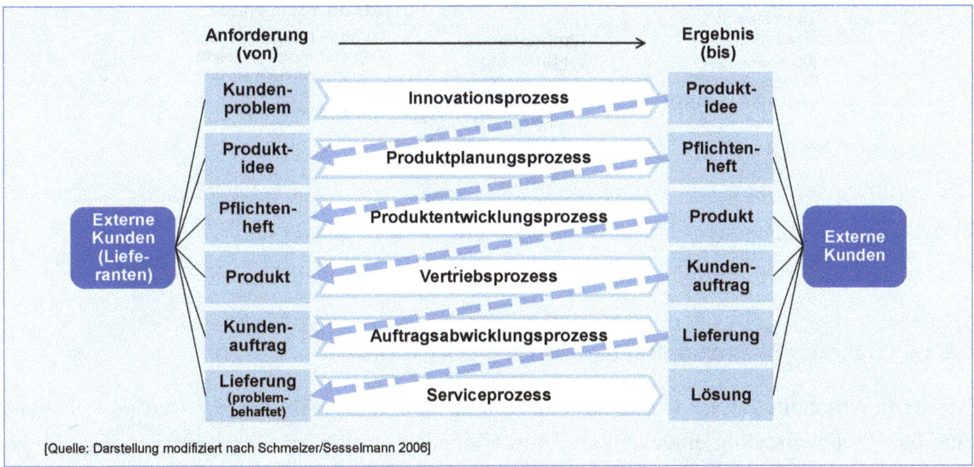

Anforderung (von)
Ergebnis (bis)
Externe Kunden (Lieferanten)
Kunden-problem
Produkt-idee
Pflichten-heft
Produkt
Kunden-auftrag
Lieferung (problem-behaftet)
Innovationsprozess
Produktplanungsprozess
Produktentwicklungsprozess
Vertriebsprozess
Auftragsabwicklungsprozess
Serviceprozess
Produkt-idee
Pflichten-heft
Produkt
Kunden-auftrag
Lieferung
Lösung
Externe Kunden
[Quelle: Darstellung modifiziert nach Schmelzer/Sesselmann 2006]

Abb. 6-15: Geschäftsprozesse in Industrieunternehmen mit Serienprodukten

Prozesse in Unternehmen müssen schnell, kundenorientiert und qualitativ hochwertig ablaufen. Die „Entschlackung" eines häufig als hinderlich (weil zu teuer) empfundenen Verwaltungsapparates (engl. *Overhead*) steht daher oftmals ganz oben auf der Liste des Handlungsbedarfs.

Amerikanische und deutsche Unternehmensberatungen trugen wesentlich dazu bei, das Prozessbewusstsein zu verbreiten. So hat fast jedes Beratungsunternehmen zwischenzeitlich seine eigenen Methoden und Techniken zur Prozessorganisation entwickelt. Es verwundert daher auch nicht, dass sich für ein und dieselbe Idee eine ganze Reihe **synonymer Begriffe** etabliert haben: *Business Process Redesign, Business Reengineering, Process Innovation, Core Process Redesign, Process Redesign* und *Business Engineering*.

Im Gegensatz zu dieser Begriffsvielfalt rund um das *Business Process Reengineering* gibt es aber noch weitere, teilweise ergänzende Ansätze, die sich im „magischen" Dreieck von Qualität, Zeit und Kosten mit etwas anderen Zielsetzungen bei der Prozessbetrachtung bewährt haben (siehe hierzu insbesondere die ausführliche Darstellung bei Schmelzer/Sesselmann 2006). Eine Beschreibung dieser **Beratungs- bzw. Managementansätze** würde den hier vorgegebenen Rahmen sprengen. Stattdessen sind in Abbildung 6-16 einige Ansätze mit ihren zentralen Fragestellungen aufgeführt.

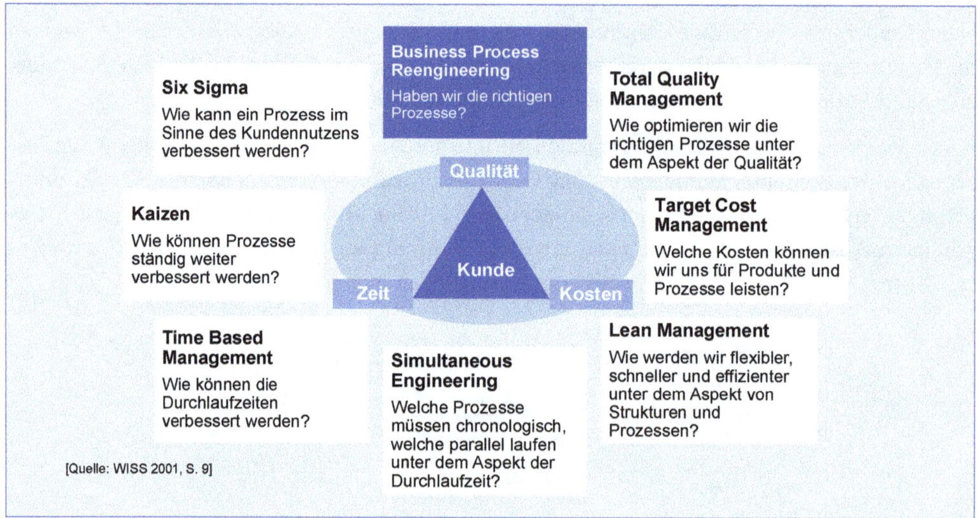
Business Process Reengineering
Haben wir die richtigen Prozesse?
Six Sigma
Wie kann ein Prozess im Sinne des Kundennutzens verbessert werden?
Total Quality Management
Wie optimieren wir die richtigen Prozesse unter dem Aspekt der Qualität?
Qualität
Kaizen
Wie können Prozesse ständig weiter verbessert werden?
Target Cost Management
Welche Kosten können wir uns für Produkte und Prozesse leisten?
Kunde
Zeit
Kosten
Time Based Management
Wie können die Durchlaufzeiten verbessert werden?
Simultaneous Engineering
Welche Prozesse müssen chronologisch, welche parallel laufen unter dem Aspekt der Durchlaufzeit?
Lean Management
Wie werden wir flexibler, schneller und effizienter unter dem Aspekt von Strukturen und Prozessen?
[Quelle: WISS 2001, S. 9]

Abb. 6-16: Managementansätze (Auswahl) bei der Prozessgestaltung

6.2.3.5 Gängige Wertschöpfungsketten

Bereits in Abschnitt 2.1.4.7 wurde auf den Beitrag von **Wertschöpfungsketten** (Wertketten) zum Unternehmenserfolg eingegangen. Hierbei handelt es sich um Geschäftsprozesse, die zu Prozessketten verknüpft sind und deren Output idealerweise einen höheren Wert für das Unternehmen darstellt als der ursprünglich eingesetzte Input. Zu den bekanntesten Wertschöpfungsketten zählen:

- **CRM (Customer Relationship Management)** beschreibt die Geschäftsprozesse zur Kundengewinnung, Angebots- und Auftragserstellung sowie Betreuung und Wartung.
- **PLM (Product Lifecycle Management)** beschreibt die Geschäftsprozesse von der Produktportfolio-Planung über Produktplanung, Produktentwicklung und Produktpflege bis zum Produktauslauf sowie Individualentwicklungen.
- **SCM (Supply Chain Management)** beschreibt die Geschäftsprozesse vom Lieferantenmanagement über den Einkauf und alle Fertigungsstufen bis zur Lieferung an den Kunden ggf. mit Installation und Inbetriebnahme.

Wichtige Beiträge für die organisatorische Gestaltung der Geschäftsprozesse leisten prozessorientierte ERP-Systeme *(ERP = Enterprise Resource Planning)*.

ERP-Systeme sind integrierte Standardsoftwaresysteme, deren Teilsysteme zwar funktional ausgerichtet sind, über eine gemeinsame Datenbasis aber die Integration dieser Teilsysteme ermöglichen. Typische Einsatzfelder sind Produktionsplanung und -steuerung (PPS), Einkauf- und Materialwirtschaft bzw. Logistik, Vertrieb, Kostenrechnung und Controlling sowie Personal.

Das bekannteste ERP-System ist SAP R/3, das sowohl in Deutschland als auch international in diesem Anwendungsgebiet Marktführer ist. Abbildung 6-17 gibt einen Überblick über die Marktanteile im deutschen und im weltweiten ERP-Markt.

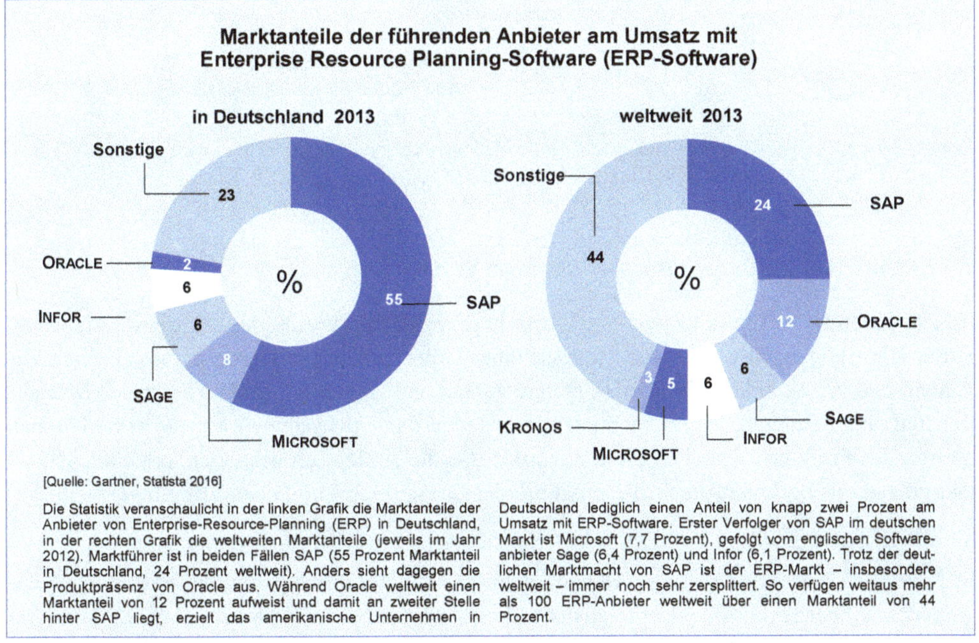
Marktanteile der führenden Anbieter am Umsatz mit
Enterprise Resource Planning-Software (ERP-Software)
in Deutschland 2013
Sonstige
23
ORACLE
2
6
INFOR
%
55
SAP
6
8
SAGE
MICROSOFT
weltweit 2013
Sonstige
44
24
SAP
%
12
ORACLE
6
3
5
6
KRONOS
MICROSOFT
INFOR
SAGE
[Quelle: Gartner, Statista 2016]
Die Statistik veranschaulicht in der linken Grafik die Marktanteile der Anbieter von Enterprise-Resource-Planning (ERP) in Deutschland, in der rechten Grafik die weltweiten Marktanteile (jeweils im Jahr 2012). Marktführer ist in beiden Fällen SAP (55 Prozent Marktanteil in Deutschland, 24 Prozent weltweit). Anders sieht dagegen die Produktpräsenz von Oracle aus. Während Oracle weltweit einen Marktanteil von 12 Prozent aufweist und damit an zweiter Stelle hinter SAP liegt, erzielt das amerikanische Unternehmen in Deutschland lediglich einen Anteil von knapp zwei Prozent am Umsatz mit ERP-Software. Erster Verfolger von SAP im deutschen Markt ist Microsoft (7,7 Prozent), gefolgt vom englischen Softwareanbieter Sage (6,4 Prozent) und Infor (6,1 Prozent). Trotz der deutlichen Marktmacht von SAP ist der ERP-Markt – insbesondere weltweit – immer noch sehr zersplittert. So verfügen weitaus mehr als 100 ERP-Anbieter weltweit über einen Marktanteil von 44 Prozent.

Abb. 6-17: Marktanteile im ERP-Markt 2013 (Deutschland und weltweit)

ERP-Systeme drängen Individualsoftware, die eigens für ein bestimmtes Anwendungsgebiet entwickelt wird, immer stärker zurück. Maßgebend dafür sind die hohen Entwicklungs- und Wartungskosten sowie die mangelnde Portierbarkeit von Individualsoftware über die Unternehmensgrenzen hinaus.

ERP-Systeme wurden zunächst nahezu ausschließlich für Großunternehmen konzipiert, heute gewinnen sie auch in mittleren Betrieben zunehmend an Bedeutung.

In Abbildung 6-18 ist der Zusammenhang zwischen internen und externen Informationssystemen skizziert.

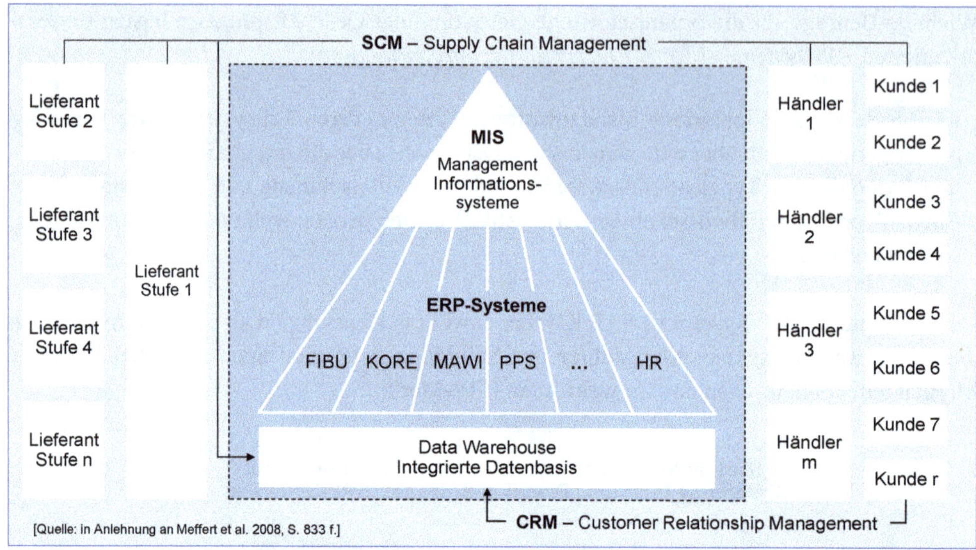
SCM – Supply Chain Management
Lieferant Stufe 2
Lieferant Stufe 3
Lieferant Stufe 4
Lieferant Stufe n
Lieferant Stufe 1
MIS
Management Informations-systeme
ERP-Systeme
FIBU
KORE
MAWI
PPS
...
HR
Data Warehouse
Integrierte Datenbasis
Händler 1
Händler 2
Händler 3
Händler m
Kunde 1
Kunde 2
Kunde 3
Kunde 4
Kunde 5
Kunde 6
Kunde 7
Kunde r
CRM – Customer Relationship Management
[Quelle: in Anlehnung an Meffert et al. 2008, S. 833 f.]

Abb. 6-18: Zusammenhang zwischen internen und externen Informationssystemen

6.2.3.6 Wertschöpfungsketten der digitalen Wirtschaft

In der **realen Wirtschaft** basiert die Wertschöpfungskette (Wertkette) auf dem Ansatz von Porter [1986]. Danach werden die Prozesse eines Unternehmens in Kernprozesse (Primäraktivitäten) und in Sekundäraktivitäten (Unterstützungsprozesse) unterteilt. Die einzelnen Wertaktivitäten sind demnach die Prozessketten, aus denen das Unternehmen ein für seine Kunden „wertvolles Produkt". Dabei sind die Kernprozesse die strategisch besonders relevanten Wertaktivitäten. Siehe hierzu auch die ausführliche Darstellung zur **Wertkettenanalyse** in Abschnitt 2.1.4.7.

In der **digitalen Wirtschaft** kann ein Unternehmen nicht nur durch physische Aktivitäten Kundenwerte auf der realen Ebene erzeugen, sondern auch über eine Wertschöpfung auf der elektronischen Ebene. Die **Wertkette in der digitalen Wirtschaft** basiert nach Weiber/Kollmann [1997, 1998] auf der neuen Dimension von Informationen als eigenständige Quelle von Wettbewerbsvorteilen. Diese elektronischen Wertschöpfungsaktivitäten liegen in dem besonderen Umgang mit Informationen. Die entsprechenden Wertaktivitäten können beispielsweise in der Sammlung, Systematisierung, Auswahl, Zusammenfügung und Verteilung von Informationen liegen. Durch diese spezifischen Wertschöpfungsaktivitäten, die nur in der digitalen Wirtschaft zu finden sind, ergeben sich innovative Geschäftsideen, die in entsprechende Geschäftsmodelle umgesetzt werden können [vgl. Kollmann 2016, S. 9 ff.].

In Abbildung 6-19 ist das Konzept der elektronischen Wertkette in der digitalen Wirtschaft dargestellt.

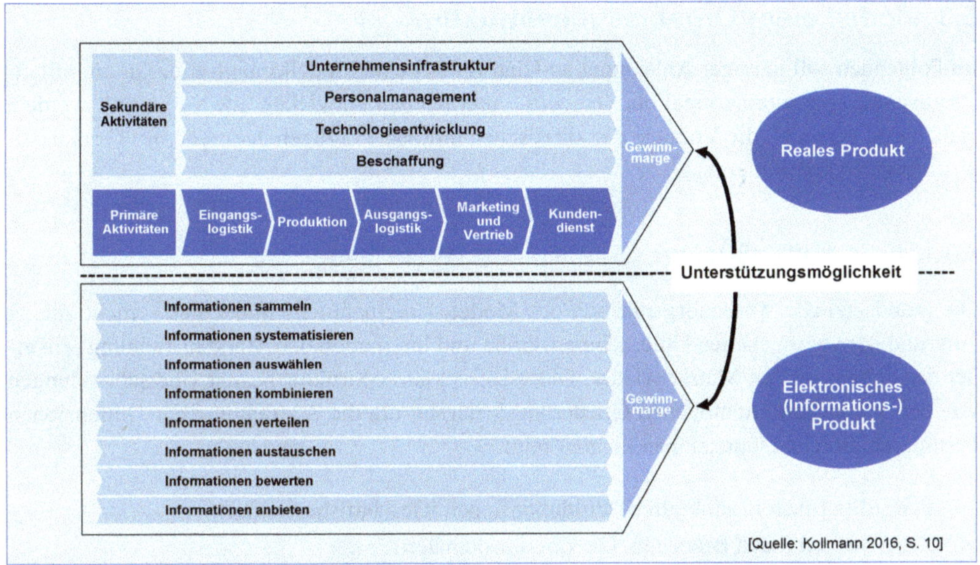
Sekundäre Aktivitäten
Unternehmensinfrastruktur
Personalmanagement
Technologieentwicklung
Beschaffung
Primäre Aktivitäten
Eingangs-logistik
Produktion
Ausgangs-logistik
Marketing und Vertrieb
Kunden-dienst
Gewinn-marge
Reales Produkt
Unterstützungsmöglichkeit
Informationen sammeln
Informationen systematisieren
Informationen auswählen
Informationen kombinieren
Informationen verteilen
Informationen austauschen
Informationen bewerten
Informationen anbieten
Gewinn-marge
Elektronisches (Informations-) Produkt
[Quelle: Kollmann 2016, S. 10]

Abb. 6-19: Das Konzept der elektronischen Wertkette in der digitalen Wirtschaft

Kollmann [2016, S. 11] führt als Beispiel für die elektronische Wertkette *amazon.com* an. Hier ist es nicht das Objekt „Buch", das den Mehrwert schafft, sondern die Art und Weise der elektronischen Auswahl und Bestellung im Internet. Es handelt sich um ein Informationsprodukt (Überblick, Auswahl, Vermittlung, Abwicklung), so dass *amazon.de* mit seinem E-Shop ein Unternehmen der digitalen Wirtschaft darstellt. Das bedeutet aber nicht, dass das Unternehmen keine realen Ressourcen wie Personal, Logistik etc. benötigt und damit auch keine reale Wertkette besitzt. Diese haben jedoch nur einen Unterstützungscharakter, um die elektronische Wertschöpfungskette anbieten zu können.

Anders sieht es jedoch beispielsweise bei Anbietern wie *seat.com* aus. Hier gelten die oben beschriebenen Zusammenhänge nicht, denn der Wert für den Kunden wird durch das reale Produkt „Auto" geschaffen. Der E-Shop ist *nur* ein weiterer Distributionskanal, der das Bestellverfahren vereinfacht. Damit hat der E-Shop eine Unterstützungsfunktion im Rahmen der realen Wertkette. Ein eigenständiger Wert für den Kunden wird nicht geschaffen wird. Mit anderen Worten, das Auto wird nicht aufgrund des Internetauftritts gekauft. Somit ist seat.com auch kein Unternehmen der digitalen Wirtschaft [vgl. Kollmann 2016, S. 11].

6.3 Modell einer Organisationsstruktur

Im Folgenden soll in enger Anlehnung an Klatt [2004] eine Modellorganisation für ein mittelständisches, aber international operierendes Unternehmen entwickelt und vorgestellt werden. Dabei wird versucht, die Vorzüge der klassischen mit den Vorzügen der modernen Organisationsformen zu kombinieren.

6.3.1 Kern-Matrix-Struktur

Die grundsätzliche Aufbauorganisation des Modell-Unternehmens findet sich – nicht zuletzt aufgrund der vorgegebenen Unternehmensgröße und internationalen Marktausrichtung – in einer dreidimensionalen Matrix wieder. Diese Kern-Matrix-Struktur besitzt Überschneidungen von drei weitgehend homogenen Gliederungskriterien, die die Ausrichtung der Dimensionen bestimmen. Solche Dimensionen können sein:

- **Produkte** (nach Produktarten, Produktgruppen, Geschäftsbereichen)
- **Zielgruppen** (nach Branchen, Distributionskanälen)
- **Regionen** (nach Ländern, Ländergruppen).

Eine der genannten Dimensionen wird jeweils als „führend" bestimmt. In internationalen Unternehmen ist dies zumeist die Dimension *Region*, die sich aus mehreren *Ländern* zusammensetzt. Eine Region wird häufig auch als *strategische Geschäftseinheit* (SBU) bezeichnet. Für Unternehmen, die weitgehend die gesamte Bandbreite einer Produktgruppe anbieten, spielt die Produktart eine wichtige Rolle und kann zuweilen die Region als führende Dimension ablösen.

Unternehmen dagegen, die nicht über ein solch breites Angebotsprofil verfügen, werden eher die Branche oder bestimmte Distributionskanäle als strukturbestimmende, führende Dimension auswählen. Darüber hinaus ist es möglich, *innerhalb* einer Dimension (z.B. Produktart) nach unterschiedlichen Kriterien zu gliedern. So kann z. B. eine Produktart nach Branchen und eine andere nach Distributionskanälen untergliedert werden.

In Abbildung 6-20 ist eine solche Kern-Matrix für ein Unternehmen, das schwerpunktmäßig Produkte im B2B-Bereich anbietet, dargestellt.

Die meisten Unternehmen ändern ihre generelle Grundausrichtung mit einer gewissen Regelmäßigkeit. Mit anderen Worten: Nichts ist so beständig wie der Wandel in der organisatorischen Grundausrichtung.

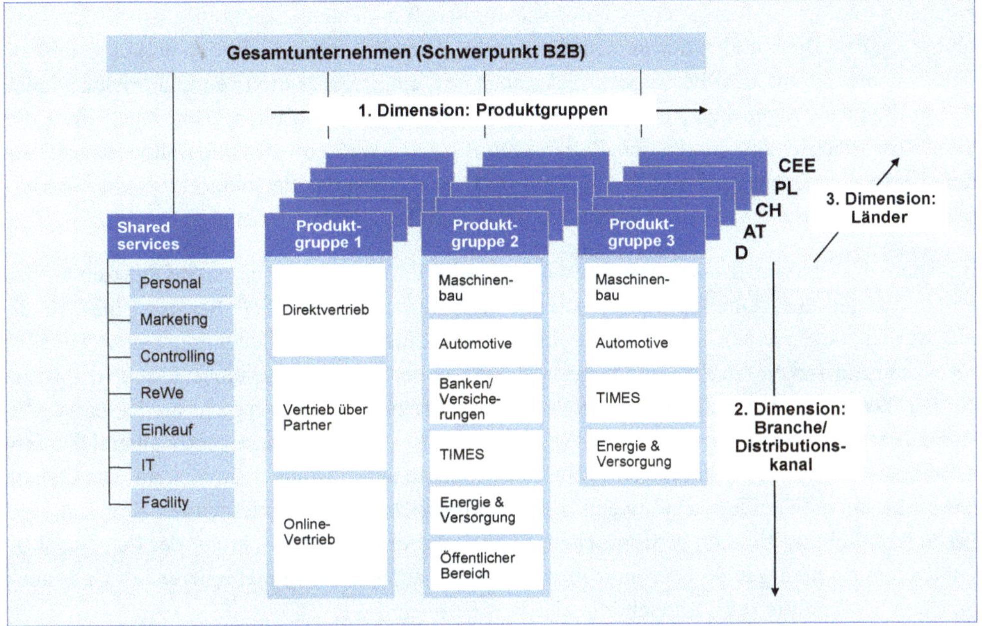
Gesamtunternehmen (Schwerpunkt B2B)
1. Dimension: Produktgruppen
Shared services
Personal
Marketing
Controlling
ReWe
Einkauf
IT
Facility
Produkt-gruppe 1
Direktvertrieb
Vertrieb über Partner
Online-Vertrieb
Produkt-gruppe 2
Maschinen-bau
Automotive
Banken/ Versiche-rungen
TIMES
Energie & Versorgung
Öffentlicher Bereich
Produkt-gruppe 3
Maschinen-bau
Automotive
TIMES
Energie & Versorgung
CEE
PL
CH
AT
D
3. Dimension: Länder
2. Dimension: Branche/ Distributions-kanal

Abb. 6-20: Beispiel einer Kern-Matrix

6.3.2 Enabling-Struktur

Neben den operativen Linienfunktionen, die in der Kern-Matrix abgebildet sind, existiert in jedem größeren Beratungsunternehmen eine Reihe von permanenten Service- und administrativen Funktionen, die den Mitarbeitern den Rücken freihalten bzw. diese bei ihren operativen Tätigkeiten unterstützen sollen. Im angelsächsischen Sprachgebrauch werden diese wichtigen Funktionen – durchaus zu Recht – auch als *Enabling Functions* (und nicht despektierlich als *Overhead Functions*) bezeichnet. Zu den zentralen Funktionen zählen u. a. das Rechnungswesen und das Controlling, die Steuer- und Rechtsabteilung, die Öffentlichkeitsarbeit, die IT-Abteilung, der Einkauf und vor allem die Personalabteilung. Aber auch Back-Office-Bereiche wie die Research- oder Grafikabteilung können ein wichtiger Bestandteil der zentralen Dienste sein.

Die genannten Funktionen sind in der Regel entweder hierarchisch funktional oder objektorientiert gegliedert. Die funktionale Gliederung geht zumeist einher mit einer zentralen Organisation, während die objektorientierte bzw. divisionale Gliederung eher dezentral organisiert ist. Am **Beispiel des Personalsektors** sollen die funktionale und die objektbezogene Perspektive der Enabling-Bereiche kurz skizziert werden [vgl. Lippold 2014, S. 309 ff.]:

Bei der **funktionalen Perspektive** erfüllt der Personalsektor seine Aufgaben entsprechend der personalwirtschaftlichen Funktionen wie z. B. Personalplanung, Personalbeschaffung, Personalbetreuung oder Personalentwicklung. Diese Organisationsform ist gekennzeichnet durch eine *zentrale Ausrichtung*, d. h. eine Leitungsperson (Personalchef) koordiniert die direkt untergeordneten Abteilungen und hat die zentrale Entscheidungsgewalt über alle personalwirtschaftlichen Fragen. Vorteile dieser funktionalen Ausrichtung sind die hohe Spezialisierung einerseits und die eindeutig geregelten Zuständigkeiten anderseits. Nachteilig wirkt sich allerdings aus, dass die Kunden des Personalsektors (Mitarbeiter, Führungskräfte etc.) unterschiedliche Ansprechpartner im Personalbereich haben und damit bei komplexen und organisationsübergreifenden Fragen keine zielgerichtete Kommunikation stattfinden kann. Auch führt die klare Ressortabgrenzung im Personalbereich häufig zu Ressortegoismen und „Silodenken". Generell lässt sich feststellen, dass die funktionale Organisation des Personalsektors eher in kleineren und mittleren Unternehmen zum Tragen kommt [vgl. Bartscher et al. 2012, S. 157 f.].

Im Rahmen der **objektbezogenen Perspektive** wird die Personalarbeit nach Objekten aufgeteilt und zugeordnet. Objekte sind vor allem Unternehmensbereiche oder Service-Lines. Auch hier werden die einzelnen Organisationseinheiten von einem Personalleiter koordiniert. Bei dieser organisatorischen Ausrichtung haben interne Kunden in der Regel einen festen Ansprechpartner, der auf die besonderen Bedürfnisse jeder einzelnen Objektgruppe ausgerichtet ist. Die Gefahr der objektbezogenen Struktur liegt darin, dass sich die einzelnen Personalbereiche verselbständigen und eigenständige Konzepte, Instrumente und Lösungen entwickeln. Die Gefahr ist immer dann besonders groß, wenn die Objektbereiche sehr unterschiedlich sind und eine besondere Stellung für sich beanspruchen. Die objektbezogene Ausrichtung der Personalaktivitäten kommt naturgemäß eher in größeren, zumeist auch international agierenden Unternehmen zur Anwendung [vgl. Bartscher et al. 2012, S. 159].

Die Bereitschaft zur Umsetzung des **Business Process Outsourcing** („Make-or-Buy") in Verbindung mit dem allgegenwärtigen Kostendruck auf alle administrativen Bereiche hat zur Weiterentwicklung der Organisationsformen nahezu aller „zentralen Dienste" (Marketing, Personal, Controlling etc.) geführt. So hat sich im Personalsektor ein Organisationsmodell entwickelt, das sich vor allem bei größeren, international agierenden Unternehmen als **„Trias der HR-Organisation"** durchgesetzt hat. Hinter diesem Begriff steht ein *HR Service Delivery-Modell* mit folgenden drei Organisationsmodulen [vgl. HR-Barometer 2011, S. 14]:

- **Competence Center:** Im strategisch ausgerichteten Competence Center (Strategic HR) ist die gesamte HR-Expertise für bestimmte Personalthemen wie Personalgrundsatzfragen, Anreiz- und Vergütungsfragen, Demografie Management, Employer Branding sowie Personalentwicklungsthemen wie Talent und Leadership Management gebündelt. Die Experten in diesem Bereich bearbeiten demnach Themen, die ganz oben auf der Agenda der Top-Themen des Personalmanagements stehen. Dieser Bereich ist eher **zentral** zu organisieren, weil die notwendige Expertise für das Gesamtunternehmen gebündelt und nur an einer Stelle vorgehalten werden sollte. Dazu bietet es sich an, das hoch spezialisierte Competence Center als sogenanntes **Corporate Center** direkt an die Unternehmensleitung anzubinden.

- **Business Partner:** Das Aufgabenspektrum des Business Partner-Organisationsmoduls ist prozessorientiert. Führungskräfte und Mitarbeiter der Gesamtorganisation sind nach dem Prozessmodell (interne) Kunden und zugleich (interne) Lieferanten der HR-Business Partner. Diese hohe Beziehungsorientierung (engl. *Relationship*) führt zur Bezeichnung „Relationship HR". Als Ansprechpartner für Management und Mitarbeiter sind die Business Partner u. a. zuständig für die Personalauswahl und -integration, für die Betreuung und Beratung im Rahmen der Karriereplanung und für die Planung und

Durchführung der Jahresendgespräche (engl. *Year-End-Review*). Um im Rahmen dieses Prozessmodells der Anforderung nach Kundennähe gerecht werden zu können, ist dieses Organisationsmodul eher **dezentral** zu organisieren.

- **Service Center:** Im Organisationsmodul Service Center sind alle transaktionsorientierten Dienstleistungen gebündelt, die zur Unterstützung der personalen Prozesse erforderlich sind („Transactional HR“). Es handelt sich dabei in erster Linie um Dienstleistungen mit einem hohen Transaktionsvolumen wie die Personalabrechnung inkl. Steuern und Versicherungen, Personalentsendungen (bei international agierenden Unternehmen), die Verwaltung von *Cafeteria-Modellen, Zeitwertkonten, Flexible Benefits* und *Deferred Compensation* sowie das *E-Recruiting*. In diesem Organisationsmodul sollte auch die technologische Plattform mit seinem Angebot an *Self Services* verwaltet werden. Ähnlich wie das Competence Center sollte auch das Service Center **zentral** organisiert sein, da solche kostenoptimierten Dienstleistungen ebenfalls nur an einer Stelle des Unternehmens administriert werden sollten. Da sich alle Geschäftsbereiche die in diesem Center angebotenen Dienstleistungen teilen, wird es auch als **Shared Service Center** bezeichnet.

In Abbildung 6-21 sind die einzelnen Aufgaben der drei Organisationsmodule zu Aufgabenbereichen zusammengefasst und im Überblick dargestellt.

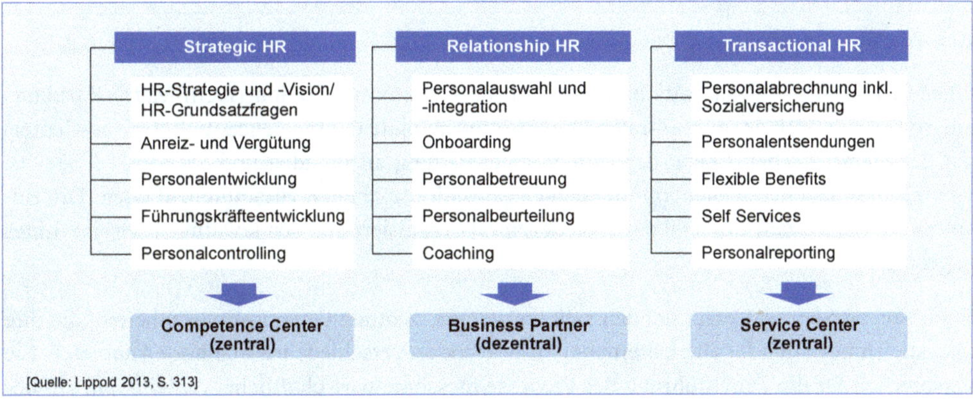
Strategic HR
HR-Strategie und -Vision/ HR-Grundsatzfragen
Anreiz- und Vergütung
Personalentwicklung
Führungskräfteentwicklung
Personalcontrolling
Competence Center (zentral)
Relationship HR
Personalauswahl und -integration
Onboarding
Personalbetreuung
Personalbeurteilung
Coaching
Business Partner (dezentral)
Transactional HR
Personalabrechnung inkl. Sozialversicherung
Personalentsendungen
Flexible Benefits
Self Services
Personalreporting
Service Center (zentral)
[Quelle: Lippold 2013, S. 313]

Abb. 6-21: Aufgabenbereiche der drei personalen Organisationsmodule

Gliedert man diese personale Organisationsstruktur in eine Gesamtorganisation ein, die nach Geschäftsbereichen strukturiert ist, so bietet es sich an, die zentralen Organisationsmodule auf der hierarchischen Ebene der Unternehmensleitung anzubinden. Das für das Personal zuständige Vorstands- oder Geschäftsführungsmitglied hätte dann unmittelbare Weisungsbefugnis sowohl für das Corporate Center als auch für das Shared Service Center. Die Business Partner-Organisation ist dagegen dezentral organisiert, d. h. jedem Geschäftsbereich sind die zugehörigen HR-Business Partner direkt zugeordnet.

Die oben gezeigte Dreiteilung gilt nicht nur für den Personalsektor. Die gleiche Modellstruktur lässt sich auch auf den Marketing-Bereich übertragen. Auch hier kann zwischen *Strategic, Relationship und Transactional Marketing* unterschieden werden (siehe Abbildung 6-22).

Organisations-modul	Competence Center	Business Partner	Service Center
Bereich	Strategic Marketing	Relationship Marketing	Transactional Marketing
Ausrichtung	Strategisch, Leadership-orientiert	Kunden-und Service-Line-orientiert	Service-orientiert
Kompetenzen	**Marketing-Experten** • Verantwortlich für spezielle Themen • Grundsatzfragen und Richtlinien (z. B. Corporate Branding)	**Marketing Business Partner** • Verantwortlich für Marketing-Leistungen der Geschäftseinheiten (SGEs) • Service-Line-Marketing	**Marketing-Administratoren** • Kostenoptimierte Dienstleistungen • Definierte Standards
Aufgaben	Bearbeitung von Themen wie • Marketing-Strategie • Corporate Design • Budgetplanung • Externe Kommunikation • Interne Kommunikation	Bearbeitung Service-Line-bezogener Themen wie Konzeption von • Service Offerings • E-Mail-Aktionen • Anzeigen • Prospekte	Marketing-Services wie • Internet/Intranet (Webmaster) • Market Research • Graphics
Organisation	**Zentral** (als Corporate Center)	**Dezentral** (Zuordnung zu Geschäftsbereichen)	**Zentral** (als Service Center)

[Quelle: Lippold 2015a, S. 476]

Abb. 6-22: Aufgaben- und Kompetenzzentrum des Marketing-Service-Delivery-Modells

Gliedert man diese Organisationsstruktur in die Gesamtorganisation (Kern-Matrix-Struktur) ein, so bietet es sich an, die zentralen Organisationsmodule (Competence- und Service-Center) auf der hierarchischen Ebene der Unternehmensleitung anzubinden und als **Shared Service Center** (SSC) zu bereichsübergreifenden Organisationseinheiten zusammenzufassen. Die Business Partner-Organisation ist dagegen dezentral organisiert und den jeweiligen Service-Lines zugeordnet.

Beim Shared Service Center handelt sich um interne, zentrale Organisationseinheiten, die ihre Dienstleistungen nun für alle Unternehmensbereiche an verschiedenen Standorten anbieten. Sie versprechen für die Durchführung der Prozesse messbare wirtschaftliche Vorteile und ein höheres Maß an Kundenorientierung. Im Gegensatz zur klassischen Zentralisierung von unterstützenden Funktionen wird das Shared Service Center als eigenständige Einheit geführt. Im Zuge der Einrichtung von Shared Service Centern bietet es sich – nicht zuletzt unter Kostengesichtspunkten – an, auch über eine rechtliche und/oder geografische Auslagerung, also über das **Outsourcing** von zentralen Diensten nachzudenken.

6.4 Agile Organisation

Die Digitalisierung verändert nicht nur Produkte und Geschäftsmodelle, sie führt auch zu signifikanten Veränderungen in der Organisation. Vor allem in kleinen Unternehmen sorgt die Digitalisierung dafür, dass die Motivation der Mitarbeiter steigt, weil sie durch die Digitalisierung ganz einfach mehr „Freude an ihrer Arbeit" haben. Die Digitalisierung beschleunigt die Kommunikation mit Kunden und auch intern können Mitarbeiter schneller informiert und in Entscheidungen einbezogen werden. Betriebliche Abläufe werden transparenter und flexibler. So stellt der frühere Bitkom- und heutige BDI-Präsident Dieter Kempf fest:

„Die Digitalisierung verändert die Wirtschaft grundlegend, das hat auch Auswirkungen auf die Organisation der Unternehmen. Der Kontakt mit Kunden findet heute oft rund um die Uhr und in aller Öffentlichkeit statt, etwa in sozialen Netzwerken" [Bitkom-Pressemitteilung vom 27.04.2015].

6.4.1 Softwareentwicklung als Modell für Organisationsentwicklung

Wenn es nun darum geht, entsprechende digitale Lösungen als Antwort auf die Anforderungen der VUCA-Welt zu entwickeln, wird **Agilität** zum Schlagwort. Veränderungen, die mit der Digitalisierung einhergehen, machen nicht nur agile Tools und Techniken erforderlich, sondern auch eine Anpassung der Arbeitswelt und damit der Organisation. Dabei geht es um kürzere Entscheidungswege und mehr Schnelligkeit und Flexibilität bei der Planung und Umsetzung von Projekten.

Agile Organisationen gelten heutzutage als *die* Struktur, mit der der digitale Wandel und das ständig zunehmende Tempo auf den Märkten am besten gestaltet werden kann. Agile Organisationen gelten als flexibel. Sie passen sich neuen Anforderungen von Kunden viel besser an als die traditionellen Linienorganisationen. Sie sind schneller, vor allem wenn es darum geht zu entscheiden. Denn sie organisieren sich meist selbst, ohne die Entscheidungsleitern nach oben und unten zu durchlaufen.

Kurzum: Bei der Einführung einer agilen Organisation geht es um mehr Flexibilität, Schnelligkeit und Vernetzung bei der Planung und Umsetzung von Projekten (siehe Abbildung 6-23).

Die agile Bewegung gründet auf der ursprünglichen Idee, bessere Software zu entwickeln. Inzwischen wird der agile Ansatz zu allen Arten von Entwicklungsarbeit wie etwa Design, Technik, Marketing und Management herangezogen und von der anfänglichen Fokussierung auf kleine selbstorganisierte, aber bereichsübergreifende Teams zur agilen Gesamt-Organisation ausgeweitet. Auch die einstigen Grundwerte von Agilität wurden mehr und mehr abstrahiert, um in ganzen Unternehmen eine Kultur der Transparenz, Selbstorganisation und feedbackorientierten Zusammenarbeit zu schaffen [vgl. DMK e-Business 2017].

Gründe für die Anpassung hin zu einer agilen Organisation

FLEXIBILITÄT - um eine höhere Flexibilität im Unternehmen zu erreichen, z. B. in der Produktentwicklung, der Bearbeitung von Projekten, beim Mitarbeitereinsatz etc. **55 %**

SCHNELLIGKEIT - um schnellere Reaktionszeiten im Unternehmen zu ermöglichen, z. B. bei veränderten Marktbedingungen oder Kundenanforderungen **51 %**

VERNETZUNG - um eine stärkere Vernetzung der Wissensträger/Mitarbeiter, auch über Abteilungs- bzw. Bereichsgrenzen hinweg, zu erreichen **46 %**

ANPASSUNG - um sich an veränderte Rahmenbedingungen (Markt, Wettbewerb, gesetzliche Rahmenbedingungen) anzupassen **43 %**

SELBSTORGANISATION - um einen höheren Grad an Selbstorganisation der Mitarbeiter zu erreichen bzw. zu etablieren **43 %**

Basis: n = 952 (Teilgruppe)

Was macht es für Organisationen notwendig, ihre Strukturen agiler zu gestalten? Ganz oben steht hier bei den Befragten, über eine agile Organisation eine höhere Flexibilität zu erzielen – um Produkte zu entwickeln, Projekte zu bearbeiten oder Mitarbeiter flexibler einzusetzen. Der zweitwichtigste Grund, die Organisation agiler zu machen, ist die Schnelligkeit. Über sie sollen kürzere Reaktionszeiten im Unternehmen ermöglicht werden. Auf Platz 3 steht das Thema Vernetzung: Über alle Bereiche hinweg soll die agile Organisation dazu führen, Mitarbeiter und Wissensträger zu vernetzen. Danach folgen die Anpassung der Organisation an veränderte Rahmenbedingungen, gefolgt von der Selbstorganisation der Mitarbeiter. Größere Differenzen bei diesen Topthemen in Bezug auf die Position oder die Größe und Art des Unternehmens bzw. der Organisation zeigen sich in den empirischen Befunden nicht.

[Quelle: Hays HR-Report 2018 – Agile Organisation auf dem Prüfstand]

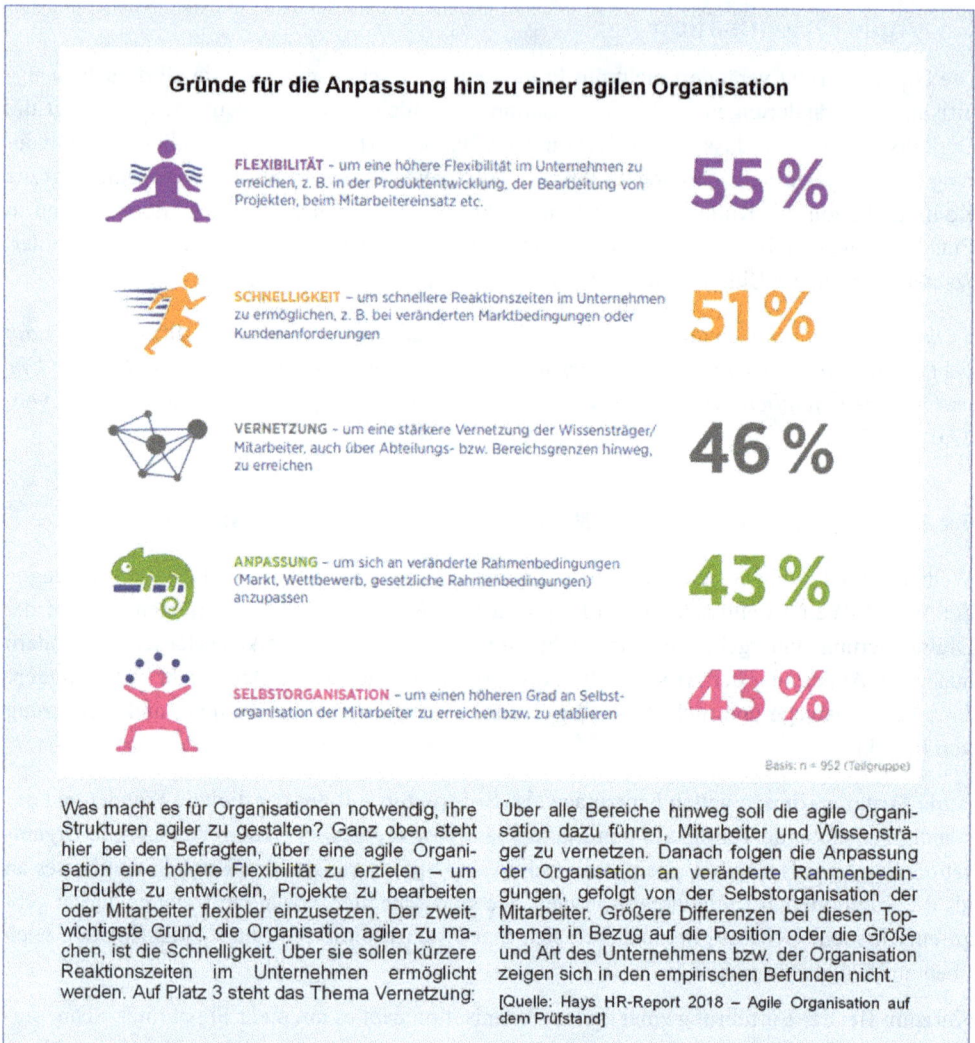

Abb. 6-23: Gründe für die Anpassung hin zu einer agilen Organisation

Für die agile Organisation existiert keine allgemeingültige Definition. Es ist aber wichtig zu wissen, dass wesentliche Impulse der agilen Planung und Organisation aus der **Softwareentwicklung** kommen. Hier war es zunächst das **Wasserfallmodell**, das die Vorgehensweise und Methodik in nahezu jedem Projekt bestimmte (siehe Abbildung 6-24). Die geordnete Struktur des Modells macht das Vorgehen vor allem für Projekte interessant, die sehr konstante Anforderungen aufweisen und keine kurzfristigen Korrekturschleifen benötigen. Entsprechend ungeeignet ist das Wasserfall-Modell für Projekte mit vielen unvorhersehbaren Faktoren, die flexible Anpassungen benötigen. Da der geplante Ablauf aus der Konzeptionsphase fest eingehalten wird, zeigen sich Fehler in der Umsetzung normalerweise erst gehäuft am Ende des Projektes. Die Fehler zu diesem späten Zeitpunkt zu korrigieren ist entsprechend teurer als es eine frühzeitige Überarbeitung gewesen wäre.

Um den **Problemen des Wasserfallmodells** entgegenzuwirken, wurden zahlreiche agile Vorgehensweisen für die Softwareentwicklung erprobt, die das Projekt nicht anhand eines langfristigen Plans, sondern mit Hilfe kurzer Bearbeitungszyklen *(Sprints)* steuern. In diesen Bearbeitungszyklen, die jeweils zwischen einer und vier Wochen dauern, werden jeweils einer oder mehrere Themenbereiche bearbeitet, getestet und abgeschlossen.

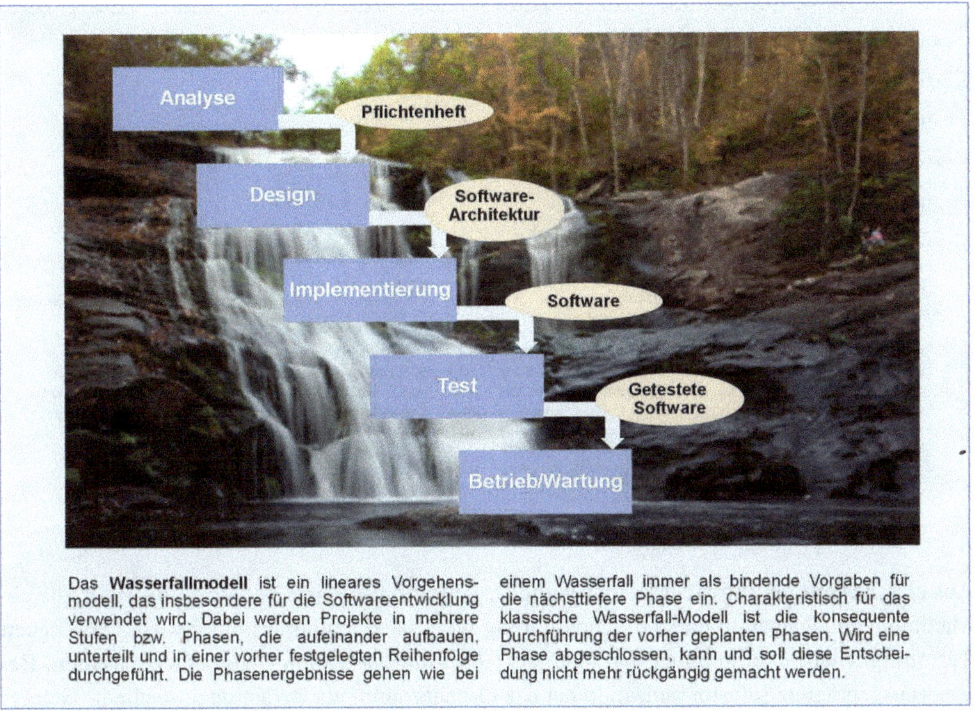
Analyse
Pflichtenheft
Design
Software-Architektur
Implementierung
Software
Test
Getestete Software
Betrieb/Wartung
Das **Wasserfallmodell** ist ein lineares Vorgehensmodell, das insbesondere für die Softwareentwicklung verwendet wird. Dabei werden Projekte in mehrere Stufen bzw. Phasen, die aufeinander aufbauen, unterteilt und in einer vorher festgelegten Reihenfolge durchgeführt. Die Phasenergebnisse gehen wie bei einem Wasserfall immer als bindende Vorgaben für die nächsttiefere Phase ein. Charakteristisch für das klassische Wasserfall-Modell ist die konsequente Durchführung der vorher geplanten Phasen. Wird eine Phase abgeschlossen, kann und soll diese Entscheidung nicht mehr rückgängig gemacht werden.

Abb. 6-24: Das Wasserfallmodell der klassischen Softwareentwicklung

Damit stellt sich aber die Frage, was Softwareentwicklung mit Organisationsentwicklung zu tun hat. Beiden gemeinsam ist, dass es schwierig ist, von Anfang an Ziele spezifisch und messbar zu definieren und dass nicht vorhersehbare Probleme und Änderungen bei der Umsetzung von Zielen eher die Regel als die Ausnahme sind.

Gemeinsame agile Werte wie zum Beispiel Commitment, Fokus, Offenheit oder Mut, die in der Praxis von jedem Team gelebt werden müssen, sind oft der Ausgangspunkt für die agile Organisationsentwicklung. Diesen Werten, die bei der agilen Softwareentwicklung eine große Rolle spielen, wird auch eine hohe Bedeutung für den Erfolg des Organisationsprozesses beigemessen.

Abbildung 6-25 zeigt, dass die Softwareentwicklung bei weitem nicht mehr das einzige Einsatzgebiet agiler Methoden ist. Im Gegenteil, gut ein Drittel aller befragten Unternehmen einer Studie der Deutschen Gesellschaft für Projektmanagement (GPM) setzen agile Methoden in Anwendungsfeldern ohne besonderen IT-Bezug (und damit auch in der Organisationsentwicklung) ein.

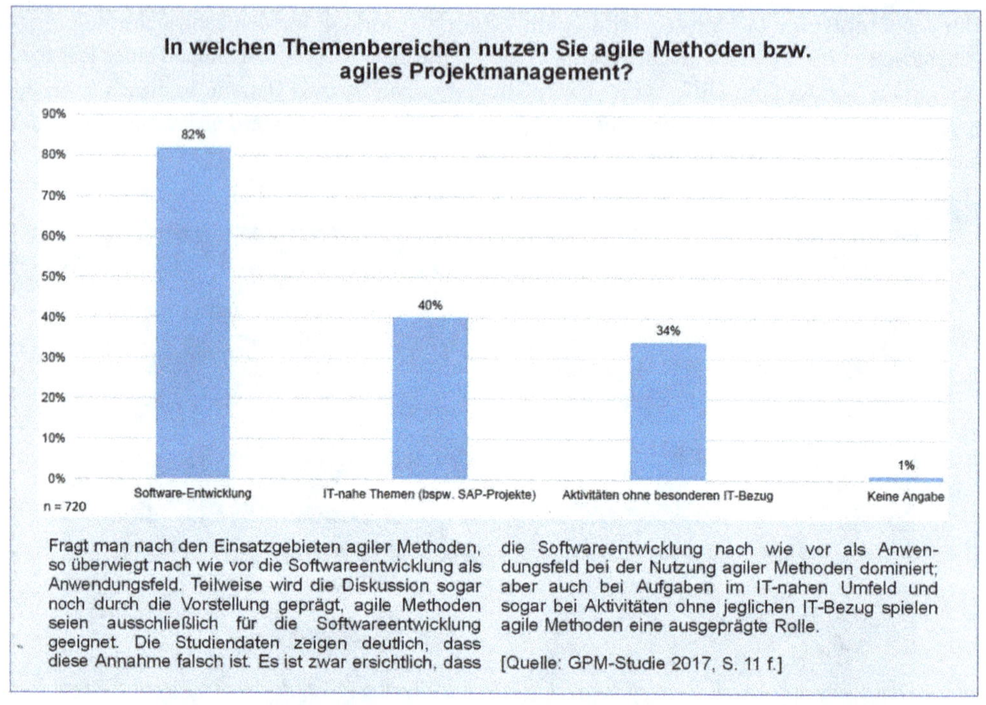
In welchen Themenbereichen nutzen Sie agile Methoden bzw. agiles Projektmanagement?
90%
80%
70%
60%
50%
40%
30%
20%
10%
0%
82%
40%
34%
1%
Software-Entwicklung
IT-nahe Themen (bspw. SAP-Projekte)
Aktivitäten ohne besonderen IT-Bezug
Keine Angabe
n = 720
Fragt man nach den Einsatzgebieten agiler Methoden, so überwiegt nach wie vor die Softwareentwicklung als Anwendungsfeld. Teilweise wird die Diskussion sogar noch durch die Vorstellung geprägt, agile Methoden seien ausschließlich für die Softwareentwicklung geeignet. Die Studiendaten zeigen deutlich, dass diese Annahme falsch ist. Es ist zwar ersichtlich, dass die Softwareentwicklung nach wie vor als Anwendungsfeld bei der Nutzung agiler Methoden dominiert; aber auch bei Aufgaben im IT-nahen Umfeld und sogar bei Aktivitäten ohne jeglichen IT-Bezug spielen agile Methoden eine ausgeprägte Rolle.
[Quelle: GPM-Studie 2017, S. 11 f.]

Abb. 6-25: Einsatzgebiete agiler Methoden

Aus klassischer Führungssicht zielt die agile Organisation auf eine **Selbstorganisation**, die ein Maximum an Delegation darstellt. Die Führung wird dabei temporär immer wieder von neuen Teammitgliedern übernommen und kann als *„Führung on demand"* bezeichnet werden. Bei einer ausgeprägten Selbstorganisation hat das Organigramm als Pyramide ausgedient. Gefragt ist eine breite Plattform, auf der die Mitarbeiter für das Unternehmen und auch im Sinne der Unternehmensziele erfolgreich sein können. Zudem sind Vorgesetzte nicht mehr für die Einteilung der Arbeit zuständig. In einer agilen Organisation regelt das jeder Einzelne in Abstimmung mit dem Team, und zwar nach inhaltlichen und motivationalen Gesichtspunkten. Viele Dinge werden transparenter und Herrschaftswissen nimmt ab [vgl. Nowotny 2017].

Eine agile Organisation muss eine hierzu passende Kultur haben. Für die Unternehmenspraxis bedeutet das: Die Kontroll- und Politikinstrumente treten in den Hintergrund. Transparenz und eine offene Diskussionskultur prägen die Organisation. Vornehme Zurückhaltung ist kontraproduktiv, da essenzielle Punkte so nicht auf den Tisch kommen. Auch der für agile Unternehmen wichtige Austausch von informellem Wissen wird sehr stark durch die Unternehmenskultur vorgegeben. Die Teamkultur, die Zusammenarbeit im Team und der Teamprozess selbst stehen im Vordergrund und werden immer wieder gezielt verbessert [vgl. Nowotny 2017].

6.4.2 Unterschiede zur klassischen Organisation

Die **Unterschiede** zu hierarchischen oder Matrixorganisationen lassen sich wie folgt zusammenfassen [vgl. Albert/Krumbier 2014]:

- Die agile Organisation vermeidet Arbeitsteilung und Differenzierung.
- Für agile Organisationen sind Kräfte, die von außen kommen, wichtiger als Kräfte, die von oben – also vom Management – kommen.
- **Vernetzte Kommunikation** und **informelle Strukturen** treten bei agilen Unternehmen in den Vordergrund.
- Agile Organisationsentwicklung folgt dem Prinzip des **„test-driven-development"**. Dabei wird ein missglückter Testballon nicht als „Fehlschlag" bewertet, sondern als eine „hilfreiche Information".
- Agile Organisationen haben anders als hierarchische Organisationen eine **organische oder zellartige Struktur**. Sie bestehen durchgehend aus Teams, die eigenverantwortlich und ohne klassische Führungskraft arbeiten.
- **Transparenz** im Vorgehen und in der Kommunikation ist eine der wichtigsten Voraussetzungen der agilen Organisationsentwicklung.
- Der **Informationsaustausch im Team** wird bei der agilen Organisation großgeschrieben. Das gilt sowohl bei den Inhalten als auch bei der Zusammenarbeit. Das Lernen ist Bestandteil des Prozesses.
- Agile Organisationsmodelle entsprechen in ihrer ausgeprägten Form dem **kooperativen Führungsstil**. Allerdings sollte die Passung von Führungsstil und Organisationsform im Kontext neuer Zusammenarbeitsmodelle immer wieder diskutiert werden. Denn es gibt es einen Punkt, an dem der optimale Grad der **Mitbestimmung** für die jeweilige Organisation erreicht ist. Wird die Organisation über diesen Punkt hinaus demokratisiert, mindern negative Effekte den Erfolg.

Sind die Voraussetzungen gegeben, so sehen die Vertreter der agilen Organisationsentwicklung folgende **Vorteile** im agilen Vorgehen [vgl. Kasch 2013, S. 49]:

- **Entscheidungsprozess:** Nach einer Übergangsphase werden Entscheidungen schneller getroffen, da Flaschenhälse in der Kommunikation erkannt und beseitigt wurden.
- **Freiräume:** Das Unternehmen kann seine Attraktivität steigern, da die geschaffenen Freiräume der zunehmenden Mündigkeit des Einzelnen entsprechen.
- **Kundenorientierung:** Produkte und Leistungen werden (wieder) kundenorientierter, da durch die konsequente Ausrichtung am Markt der Dialog mit Kunden verstärkt wird.
- **Kommunikation:** Es ergeben sich eine verbesserte, in der Regel auf das Wesentliche reduzierte Kommunikation und Koordination.
- **Transparenz:** Für alle Mitarbeiter wird eine sinnvolle Transparenz hergestellt, zum Beispiel sind die Unternehmenskennzahlen für alle ersichtlich. So stimmt der Kontext für eigenverantwortliches Handeln.
- **Einbindung:** Es werden alle Beschäftigten an der Leistung und weiteren Entwicklung des Unternehmens beteiligt.

6.4.3 Bewertung

Welche Methode eignet sich besser für die Organisationsentwicklung, die agile oder die klassische Methode? Eine Antwort darauf muss differenziert ausfallen:

Es gibt Projekte und Kundenumgebungen, bei denen sich die klassische Planung bewährt hat und sich weiter bewähren wird. Methodik und Planung sollten zu den Strukturen und zur Kultur einer Organisation oder eines Projekts passen, ebenso wie zum Charakter des Veränderungsprozesses selbst. Wenn ein Leitsatz der Organisationsentwicklung, nämlich „*Veränderung braucht Stabilität*" zutrifft, dann werden sich die Verantwortlichen oder Beteiligten eines Change Prozesses nicht so ohne Weiteres auf den Wechsel der methodischen Vorgehensweise einlassen.

Mit anderen Worten, je aufwändiger ein organisatorischer Reformprozess und je höher das Risiko für die Beteiligten (insbesondere der Führungskräfte) ist, desto geringer wird in der Regel die Bereitschaft sein, sich auf eine experimentelle Methodik mit vielen ergebnisoffenen Iterationsschritten einzulassen. Deshalb muss der Einsatz agiler Methoden sorgsam überlegt und ggf. mit den bekannten Elementen linearer Planung wie z.B. Meilensteine, Berichte und Entscheidungsweichen ausbalanciert werden. Dies mag auch der Grund dafür sein, dass die durchgängige Nutzung agiler Methoden („nach Lehrbuch") eher die Ausnahme als die Regel ist.

Fazit: Zwar werden durch die agile Vorgehensweise die zentralen Probleme des starren Wasserfall-Modells gelöst, allerdings ergeben sich dadurch auch Nachteile: Aufgrund der eigenständigen Arbeitsweise des ausführenden Teams ergeben sich für den Auftraggeber gewisse **Einschränkungen bei der Planungssicherheit.** Es ist vergleichsweise schwierig abzuschätzen, welches Ergebnis am Ende einiger Sprints zu erwarten ist. Entsprechend problematisch ist auch die Messung der Erfolge insgesamt.

Die agile Organisationsentwicklung, die sich durch hohe Flexibilität auszeichnet, ist der **genaue Gegenentwurf** zur geordneten, linearen, aber starren Vorgehensweise des Wasserfall-Modells. Hohe **Flexibilität** in der Projektdurchführung steht also einer hohen **Planungssicherheit** gegenüber.

Was liegt da näher, als die Vorteile beider Vorgehensweisen – also Flexibilität und Planungssicherheit – miteinander zu kombinieren? Und genau diese **Kombination aus Wasserfall- und agilem Modell** wird derzeit in vielen Projekten in Angriff genommen. Dabei werden die einzelnen Phasen nicht mehr so starr voneinander getrennt – Überschneidungen und Reviews sind zugelassen. Darüber hinaus ist es möglich, während der einzelnen Phasen einige Sprints einzubauen, die gewisse Teilaufgaben abschließen. Das Ergebnis ist eine gesunde Mischung aus Planungssicherheit und Flexibilität [vgl. Lippold 2020d].

Wie sieht die Praxis aus? 20 Prozent der über 900 GPM-Studienteilnehmer arbeiten durchgängig agil. Die vorherrschende Einsatzform ist „hybrid" (37 Prozent) gefolgt von „selektiv" (31 Prozent), also sowohl agil als auch klassisch. Lediglich 12 Prozent arbeiten noch durchgängig klassisch [vgl. GPM-Studie 2017, S.11].

Andererseits zeigen die Ergebnisse der GPM-Umfrage zum Status-Quo der Verbreitung und Nutzen agiler Methoden, dass die Leistungsfähigkeit agiler Methoden deutlich höher eingeschätzt wird als die der klassischen Methoden (siehe Abbildung 6-26).

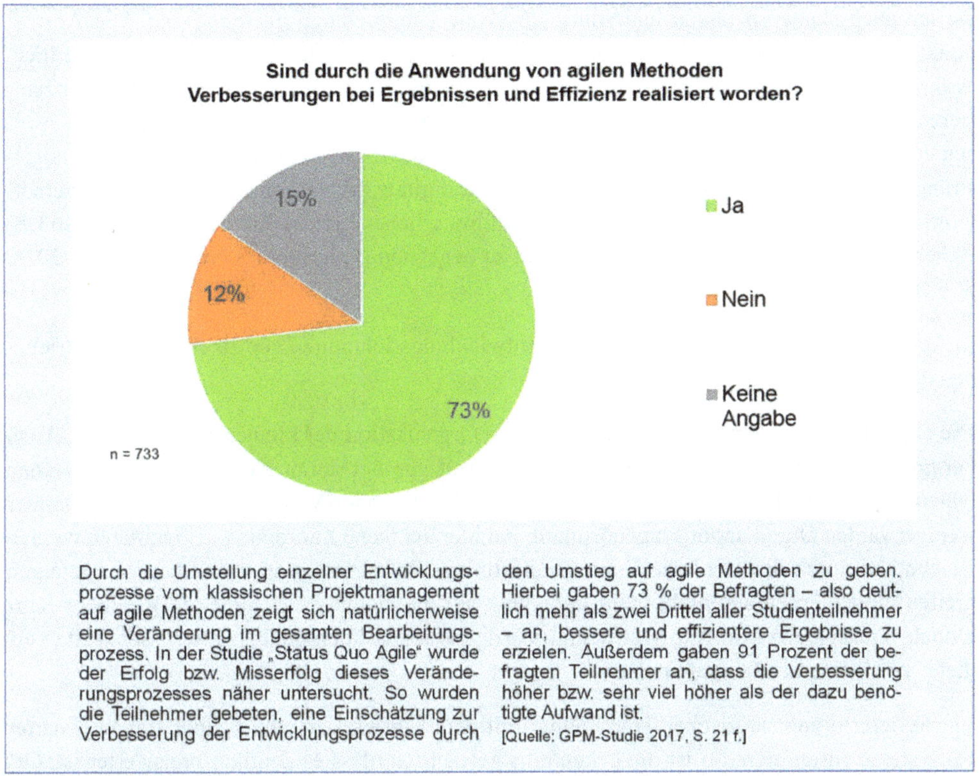
Sind durch die Anwendung von agilen Methoden
Verbesserungen bei Ergebnissen und Effizienz realisiert worden?
15%
12%
73%
n = 733
Ja
Nein
Keine Angabe
Durch die Umstellung einzelner Entwicklungsprozesse vom klassischen Projektmanagement auf agile Methoden zeigt sich natürlicherweise eine Veränderung im gesamten Bearbeitungsprozess. In der Studie „Status Quo Agile“ wurde der Erfolg bzw. Misserfolg dieses Veränderungsprozesses näher untersucht. So wurden die Teilnehmer gebeten, eine Einschätzung zur Verbesserung der Entwicklungsprozesse durch den Umstieg auf agile Methoden zu geben. Hierbei gaben 73 % der Befragten – also deutlich mehr als zwei Drittel aller Studienteilnehmer – an, bessere und effizientere Ergebnisse zu erzielen. Außerdem gaben 91 Prozent der befragten Teilnehmer an, dass die Verbesserung höher bzw. sehr viel höher als der dazu benötigte Aufwand ist.
[Quelle: GPM-Studie 2017, S. 21 f.]

Abb. 6-26: Verbesserung durch agile Methoden

Allerdings basiert die hohe Erwartungshaltung gegenüber solch guten Ergebnissen auf einer Reihe von Voraussetzungen, die zwingend erfüllt sein müssen. Zu den wichtigsten Voraussetzungen zählen:

- **Agile Werte** (z.B. Commitment, Fokus, Offenheit, Mut), die von allen Teilnehmern gelebt werden
- Einheitliche und hohe **digitale Kompetenz** aller Teammitglieder
- Eine **Unternehmenskultur**, die agiles Denken und Handeln erlaubt und bei der Kontroll- und Politikinstrumente in den Hintergrund treten
- **Rollen- und Aufgabenklarheit**, klare Prioritäten sowie passende Meeting-Formate und Kommunikationsstrukturen.

6.4.4 Datengetriebene Agilität

Start-ups organisieren sich zunehmend im Sinne einer **datengetriebenen Agilität**. Beispiele wie Amazon, Facebook, Google und Spotify zeigen, dass sich diese Methoden und Vorgehensweisen auch skalieren lassen und somit für große Unternehmen geeignet sind. Die Ansatzpunkte bei der Umsetzung sind von Unternehmen zu Unternehmen allerdings unterschiedlich. Während einige Unternehmen große Investitionen in die Infrastruktur tätigen werden, konzentrieren sich andere auf die Qualifikation von Mitarbeitern und die Etablierung neuer Arbeitsweisen und Methoden. In der datengetriebenen Agilität konvergieren verschiedene Entwicklungsstränge zu einer neuen Arbeitsweise, die Raum für digitale Innovation schafft und eigenverantwortliches Arbeiten ermöglicht. Sie fördert kontinuierliches Lernen, um der zunehmenden Unsicherheit über Märkte und Kundenverhalten zu begegnen [vgl. Sopra Steria Consulting 2016, S. 6 ff.].

In Abbildung 6-27 sind die verschiedenen Entwicklungsrichtungen, die zu einer datengetriebenen Agilität führen, dargestellt.

Die Digitalisierung verändert aber nicht nur die Organisation der kleinen Unternehmen. Auch bei großen Organisationen ist die neue Arbeitswelt geprägt durch **Netzwerke**, die zwischen Unternehmen geteilt werden, ohne dass dies für Kunden oder Mitarbeiter sichtbar ist. Immer weniger zählen Organisationszugehörigkeit und hierarchische Zuordnung. Loyalitäten werden zunehmend durch die fachliche Expertise bestimmt. Zur Erbringung spezifischer Leistungen greifen die Unternehmen nicht mehr unbedingt auf die eigene Workforce zu. Vielmehr führt globale Transparenz von Know-how und Verfügbarkeiten hoch qualifizierter Fachkräfte vermehrt zu einem „hiring on demand“.

Ein weiterer organisatorischer Trend hängt mit dem Einsatz komplexer, aber standardisierter IT-Systeme zusammen. So ist die Erkenntnis gewachsen, dass es deutlich preiswerter ist, Organisationsformen und Prozesse der Software anzupassen, als die Software entlang der Organisation zu überarbeiten und neu zu strukturieren. Doch nicht nur die Software, die durch Standardisierung Organisationsformen homogener macht, wird Teil der Wertschöpfung, auch die Einbindung der Crowd und der Einsatz von Open Innovation führen zu einer Öffnung und Entgrenzung vormals geschlossener Unternehmensstrukturen und damit zur Verbesserung der Wertschöpfungsstrukturen. Schnelle und offene Skalierung wird offenbar zum Königsweg in der Digitalisierung. Einfluss auf die Organisation hat auch der Prosumerismus, bei dem Kunden und Begeisterte digitalisierbare Leistungen freiwillig und unentgeltlich erbringen. Freiwillige digitale Arbeit kann so in Teilen professionelle Beschäftigung ersetzen [vgl. Shareground/St. Gallen 2015].

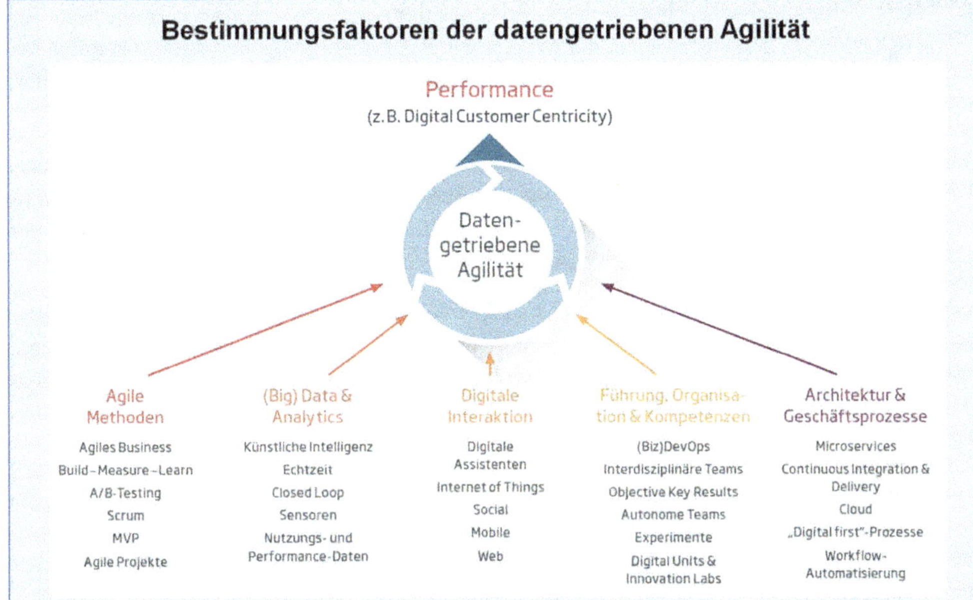

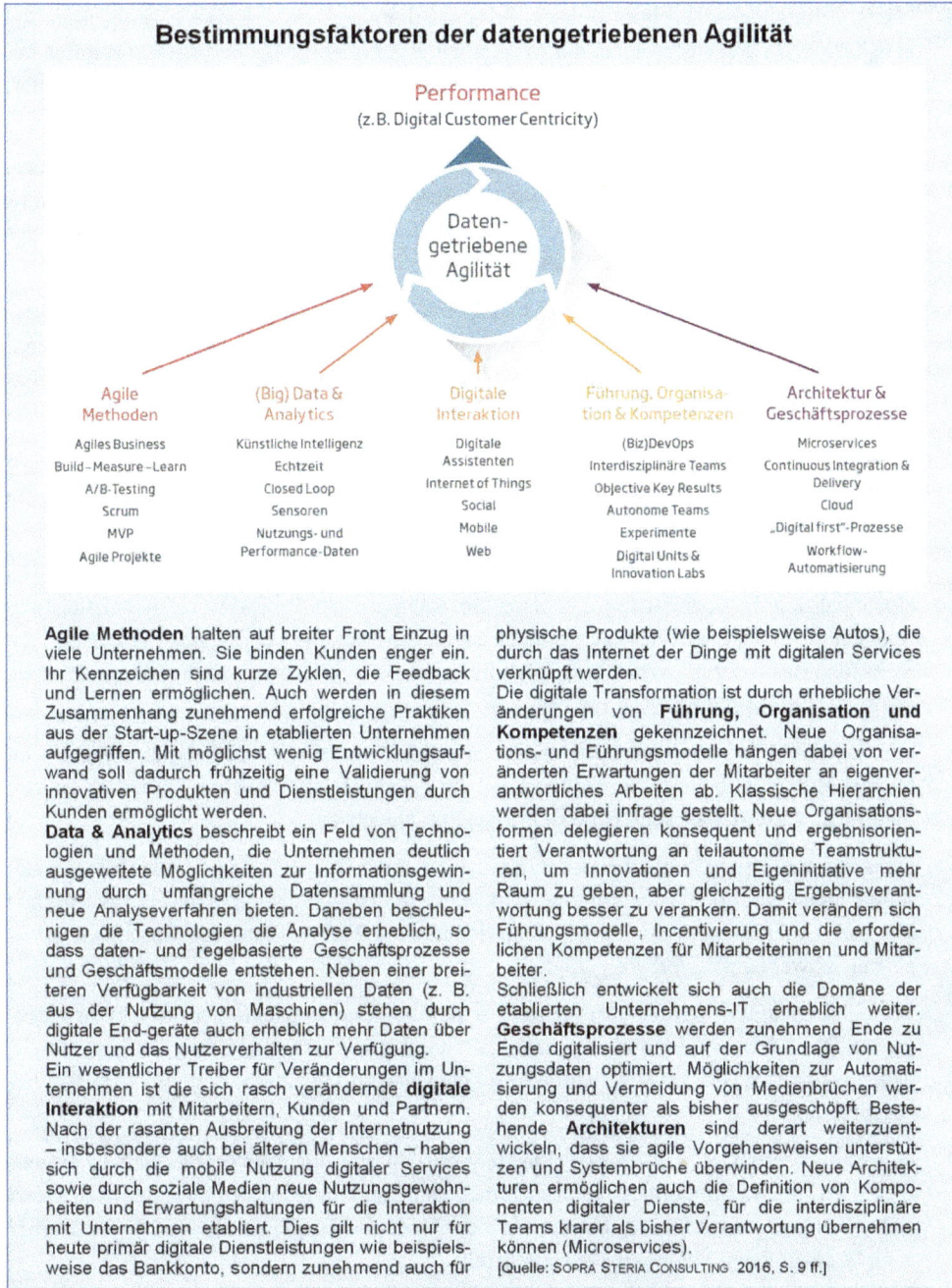

Bestimmungsfaktoren der datengetriebenen Agilität
Performance
(z. B. Digital Customer Centricity)
Daten-getriebene Agilität
Agile Methoden
Agiles Business
Build-Measure-Learn
A/B-Testing
Scrum
MVP
Agile Projekte
(Big) Data & Analytics
Künstliche Intelligenz
Echtzeit
Closed Loop
Sensoren
Nutzungs- und Performance-Daten
Digitale Interaktion
Digitale Assistenten
Internet of Things
Social
Mobile
Web
Führung, Organisation & Kompetenzen
(Biz)DevOps
Interdisziplinäre Teams
Objective Key Results
Autonome Teams
Experimente
Digital Units & Innovation Labs
Architektur & Geschäftsprozesse
Microservices
Continuous Integration & Delivery
Cloud
„Digital first"-Prozesse
Workflow-Automatisierung

Agile Methoden halten auf breiter Front Einzug in viele Unternehmen. Sie binden Kunden enger ein. Ihr Kennzeichen sind kurze Zyklen, die Feedback und Lernen ermöglichen. Auch werden in diesem Zusammenhang zunehmend erfolgreiche Praktiken aus der Start-up-Szene in etablierten Unternehmen aufgegriffen. Mit möglichst wenig Entwicklungsaufwand soll dadurch frühzeitig eine Validierung von innovativen Produkten und Dienstleistungen durch Kunden ermöglicht werden.

Data & Analytics beschreibt ein Feld von Technologien und Methoden, die Unternehmen deutlich ausgeweitete Möglichkeiten zur Informationsgewinnung durch umfangreiche Datensammlung und neue Analyseverfahren bieten. Daneben beschleunigen die Technologien die Analyse erheblich, so dass daten- und regelbasierte Geschäftsprozesse und Geschäftsmodelle entstehen. Neben einer breiteren Verfügbarkeit von industriellen Daten (z. B. aus der Nutzung von Maschinen) stehen durch digitale End-geräte auch erheblich mehr Daten über Nutzer und das Nutzerverhalten zur Verfügung.

Ein wesentlicher Treiber für Veränderungen im Unternehmen ist die sich rasch verändernde **digitale Interaktion** mit Mitarbeitern, Kunden und Partnern. Nach der rasanten Ausbreitung der Internetnutzung – insbesondere auch bei älteren Menschen – haben sich durch die mobile Nutzung digitaler Services sowie durch soziale Medien neue Nutzungsgewohnheiten und Erwartungshaltungen für die Interaktion mit Unternehmen etabliert. Dies gilt nicht nur für heute primär digitale Dienstleistungen wie beispielsweise das Bankkonto, sondern zunehmend auch für physische Produkte (wie beispielsweise Autos), die durch das Internet der Dinge mit digitalen Services verknüpft werden.

Die digitale Transformation ist durch erhebliche Veränderungen von **Führung, Organisation und Kompetenzen** gekennzeichnet. Neue Organisations- und Führungsmodelle hängen dabei von veränderten Erwartungen der Mitarbeiter an eigenverantwortliches Arbeiten ab. Klassische Hierarchien werden dabei infrage gestellt. Neue Organisationsformen delegieren konsequent und ergebnisorientiert Verantwortung an teilautonome Teamstrukturen, um Innovationen und Eigeninitiative mehr Raum zu geben, aber gleichzeitig Ergebnisverantwortung besser zu verankern. Damit verändern sich Führungsmodelle, Incentivierung und die erforderlichen Kompetenzen für Mitarbeiterinnen und Mitarbeiter.

Schließlich entwickelt sich auch die Domäne der etablierten Unternehmens-IT erheblich weiter. **Geschäftsprozesse** werden zunehmend Ende zu Ende digitalisiert und auf der Grundlage von Nutzungsdaten optimiert. Möglichkeiten zur Automatisierung und Vermeidung von Medienbrüchen werden konsequenter als bisher ausgeschöpft. Bestehende **Architekturen** sind derart weiterzuentwickeln, dass sie agile Vorgehensweisen unterstützen und Systembrüche überwinden. Neue Architekturen ermöglichen auch die Definition von Komponenten digitaler Dienste, für die interdisziplinäre Teams klarer als bisher Verantwortung übernehmen können (Microservices).

[Quelle: SOPRA STERIA CONSULTING 2016, S. 9 ff.]

Abb. 6-27: Bestimmungsfaktoren der datengetriebenen Agilität

Wie sich angesichts dieser Rahmenbedingungen die Arbeitswelt in den nächsten Jahren verändern kann, zeigen folgende Thesen von Shareground/St. Gallen [2015], die hier wörtlich wiedergegeben werden:

- Die Rolle des Menschen im Produktionsprozess transformiert sich vom Erbringer der Arbeitsleistung in den Überwacher der Maschinen. Routinevorgänge und auch körperlich belastende Tätigkeiten werden von diesen selbstständig abgewickelt. Der Mensch kontrolliert und greift nur im Notfall ein.
- Neue Interaktionsformen zwischen Mensch und Maschine ziehen herauf. Diverse Spielarten werden in Zukunft koexistieren. Von Menschen, die Maschinen steuern, über Maschinen als Kollegen der Menschen bis zur Verschmelzung von Maschine und Mensch oder der kompletten Übernahme der Maschinen.
- Digitale Leistungen werden in immer kleinere Teile zerlegt und an „Virtual Laborers“ delegiert. Durch Big Data Analysen können Wertbeiträge präzise einzelnen Arbeitskräften zugeordnet werden. Cloud- /Clickworker erbringen ihre Leistungen im Akkord. Absehbar werden viele dieser Tätigkeiten bald voll digitalisiert.
- Mit Big Data liegen für alle Lebensbereiche hinreichend Daten vor. Die Fähigkeit, diese sinnhaft zu kombinieren und zu interpretieren ist eine Schlüsselqualifikation digitaler Arbeit und nicht substituierbar. Von traditioneller Datenanalyse unterscheidet sich die Arbeit mit Big Data allerdings, da keine Hypothesen mehr benötigt werden („end of theory“).
- Hochqualifizierte Spezialisten erbringen im Rahmen von Projektarbeit Arbeitsleistung rund um die Welt. Qualifikationen sind global transparent und vergleichbar. Die räumliche Verortung des Leistungserbringers spielt keine Rolle mehr. Arbeit erlangt damit erstmals die gleiche Mobilität wie Kapital.
- Die traditionellen Arbeitsorte und -zeiten lösen sich auf. Für Arbeitnehmer ergeben sich hieraus individuelle Gestaltungspotenziale, zum Beispiel zur besseren Vereinbarkeit von Familie und Beruf aber auch neue Belastungen („always on“).
- Die Automatisierung von Arbeit ist endlich, da kreative Tätigkeiten verbleiben, die voraussehbar nicht maschinell substituierbar sind. Diese finden sich vor allem in sehr spezifischen Nischen. Unternehmerische Skills, Kreativität und die Beherrschung der Maschinen gelten als nur schwer substituierbare Fähigkeiten.
- In Hochlohnländern werden Tätigkeiten mit unmittelbarer menschlicher Interaktion aufgewertet. Diese Jobs wachsen auch prozentual. Standardisierbare und anonyme Prozesse dagegen, gerade im Bereich ICT, werden zum Gegenstand von Offshoring und weiterem Effizienzdruck.
- Durch die flexible und bedarfsgerechte Vergabe von Aufträgen an Arbeitskraft-Unternehmer lösen sich traditionelle Arbeitszusammenhänge und -abläufe auf. Die Arbeitszeit setzt sich zusammen aus Mikro-Arbeitszeiten verschiedener Aufgaben, die der Arbeitnehmer nach Bedürfnis und Fähigkeit zusammenstellt.
- Immer häufiger wird von den Erbringern kreativer oder geistiger Leistung verlangt, diese auch materiell umzusetzen. 3D-Drucker und andere Werkzeuge begünstigen diesen Trend.
- Die weiter steigende Bedeutung von IT eröffnet den „Nerds“ den Weg in die obersten Unternehmensetagen. Was früher die musikalischen Wunderkinder waren, sind heute die frühreifen App-Tüftler und Datenexperten. Zum disruptiven Wandel der Unternehmens-

kulturen wird diese Generation erheblich beitragen. Nicht formale Qualifikationen, sondern ausschließlich technisches Können entscheiden fortan über die Employability.

- Distanzarbeit, die Anonymität von Crowd- und Clickworking-Arbeitsverhältnissen und die Flexibilisierung der Arbeitszeiten integriert auch soziale Gruppen in den Arbeitsmarkt, die für das klassische Normalarbeitsverhältnis nicht zur Verfügung stehen. Dies gilt – wie zum Beispiel in Berlin beobachtbar – für Startups, aber auch für Clickworker in Schwellenländern.

6.5 Auslagerung von Organisationseinheiten

6.5.1 Shared Service Center

Seit einigen Jahren zeichnet sich der Trend ab, unterstützende Geschäftsprozesse aus einzelnen Unternehmensbereichen herauszulösen und als *Shared Service Center (SSC)* zu einer bereichsübergreifenden Organisationseinheit zusammenzufassen. Es handelt sich dabei um interne, zentrale Organisationseinheiten, die ihre Dienstleistungen nun für alle Unternehmensbereiche an verschiedenen Standorten anbieten. Sie versprechen für die Durchführung der Prozesse messbare wirtschaftliche Vorteile und ein höheres Maß an Kundenorientierung. Im Gegensatz zur klassischen Zentralisierung von unterstützenden Funktionen (engl. *Support Functions*) wird das **Shared Service Center** als eigenständige Einheit geführt. Einen Konzeptvergleich zur klassischen Zentralisierung sowie zur Dezentralisierung von Support-Funktionen liefert Abbildung 6-28.

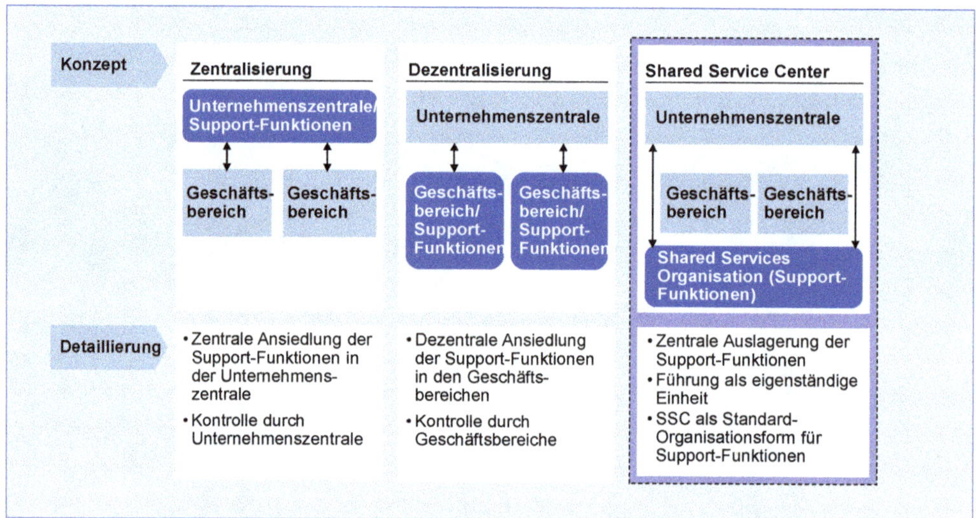
Konzept
Zentralisierung
Unternehmenszentrale/ Support-Funktionen
Geschäftsbereich
Geschäftsbereich
Dezentralisierung
Unternehmenszentrale
Geschäftsbereich/ Support-Funktionen
Geschäftsbereich/ Support-Funktionen
Shared Service Center
Unternehmenszentrale
Geschäftsbereich
Geschäftsbereich
Shared Services Organisation (Support-Funktionen)
Detaillierung
• Zentrale Ansiedlung der Support-Funktionen in der Unternehmenszentrale
• Kontrolle durch Unternehmenszentrale
• Dezentrale Ansiedlung der Support-Funktionen in den Geschäftsbereichen
• Kontrolle durch Geschäftsbereiche
• Zentrale Auslagerung der Support-Funktionen
• Führung als eigenständige Einheit
• SSC als Standard-Organisationsform für Support-Funktionen

Abb. 6-28: Konzept und Detaillierung des Shared Service Center

Mit der Einrichtung eines Shared Service Center werden grundsätzlich folgende Ziele verfolgt:

- **Messbarkeit** der Dienstleistungen hinsichtlich Qualität, Kosten und Zeit;
- Festgelegte **Leistungserbringung und -kontrolle** anhand von Service Level Agreements;
- **Kostenreduktion** durch Standardisierung der Prozesse sowie durch Nutzung von Skalenerträgen, Synergien und Stellenabbau;
- Eindeutige (Prozess- und Leistungs-)**Verantwortlichkeiten**;
- Steigerung der **Prozessqualität**;
- Sicherstellung definierter **Qualitätsstandards**;
- Konzentration auf **Kernprozesse** in den Geschäftseinheiten,
- **Wettbewerbsfähigkeit** der Shared Services.

Shared Service Center sind in der Beratungsbranche derzeit noch selten. Es ist aber davon auszugehen, dass angesichts des immer stärker werdenden Kostendrucks auf alle Unternehmensbereiche auch Teile der Supportfunktionen mit ihren Serviceleistungen von dieser Entwicklung nicht verschont bleiben. Unter den Prozessen, für die ein Shared Service Center geplant ist, liegt der Bereich „Personal" mit 22,7 Prozent an erster Stelle, gefolgt von Prozessen in den Bereichen „Einkauf" (18,2 Prozent) und „Rechnungswesen" (13,5 Prozent). Allerdings eignen sich nicht alle Teilprozesse eines Funktionsbereiches in gleicher Weise, um in ein Shared Service Center ausgelagert zu werden.

Das wichtigste Instrument zum erfolgreichen Betrieb eines Shared Service Center ist das **Service Level Agreement** (SLA). Es handelt sich dabei um eine Vereinbarung zwischen dem Center und seinem Kunden und beschreibt die für den Kunden zu erbringenden Leistungsbestandteile und deren Qualität zu einem definierten Preis. Im SLA sind Verantwortlichkeiten, Rechte und Pflichten des Dienstleistungserbringers und dessen Kunden definiert. Zusätzlich bestimmt es die Ansprechpartner auf beiden Vertragsseiten. Inhalt und Umfang der erbrachten Leistungen des Shared Service Center wird mit Hilfe wichtiger Leistungsindikatoren (engl. *Key Performance Indicators – KPI's*) gemessen und ggf. veränderten Geschäftsbedürfnissen angepasst.

6.5.2 Geografische Auslagerung von Organisationseinheiten (X-Shoring)

Im Zuge der Einrichtung von Shared Service Centern kommt es – nicht zuletzt unter Kostengesichtspunkten – häufig zu Standortverlagerungen. Hierbei wird je nach Entfernung der **geografischen Verlagerung** zwischen folgenden Varianten („*X-Shoring*") unterschieden:

- **Onshoring** – Verlagerung von Aktivitäten an einen anderen Standort im eigenen Land; für deutsche Unternehmen bedeutet Onshoring demnach eine Standortverlagerung innerhalb Deutschlands;
- **Nearshoring** – Verlagerung von Aktivitäten an einen Standort in nahe gelegene Länder; für deutsche Unternehmen bedeutet Nearshoring eine Standortverlagerung in europäische Länder wie z. B. Polen, Rumänien oder Slowakei;
- **Offshoring** – Verlagerung von Aktivitäten an einen Standort in weit entfernte Länder; für deutsche Unternehmen bedeutet Offshoring eine Standortverlagerung z. B. in asiatische Länder wie China, Indien oder Vietnam.

Auslöser für die Entscheidung zur geografischen Auslagerung von Shared Service Center oder sonstigen Organisationseinheiten sind die teilweise günstigeren Rahmenbedingungen im Ausland insbesondere bei den Arbeitskosten. So kann die Verlagerung an einen Near- oder Offshore-Standort durchaus ein beachtliches Einsparungspotenzial bergen. Nearshoring-Konzepte bergen den Vorteil von geringeren Risiken und schnelleren Abstimmungen, verbunden allerdings mit höheren Personalkosten im Vergleich zu Offshore-Standorten.

Abbildung 6-29 liefert einen Überblick über die unterschiedlichen Standortfaktoren, die bei der Auslagerung unternehmerischer Funktionen und Prozesse berücksichtigt werden müssen.

Onshoring (Deutschland)	Nearshoring (Osteuropa)	Offshoring (Asien)
+ Keine Sprachbarrieren + Deutsches Rechtssystem + Gute Infrastruktur + Technisches Know-how vorhanden + Qualifiziertes Personal + Nähe zum Unternehmen	+ Keine/geringe Sprachbarrieren + Niedrige Lohnkosten + Nähe zu Deutschland + Geringe kulturelle Anpassungen	+ Sehr niedrige Lohnkosten + Flexible Rahmenbedingungen
- Hohe Lohnkosten - Unflexible Rahmenbedingungen - Arbeitnehmerfreundliches Kündigungsschutzgesetz	- Weniger qualifiziertes Personal verfügbar - Schlechtere Infrastruktur - Größerer Implementierungsaufwand des Shared Service Center	- Größere Sprachbarrieren - Kulturelle Unterschiede - Fremdes Rechtssystem - Schlechtere Infrastruktur - Weniger qualifiziertes Personal verfügbar - Große räumliche Distanz - Sehr großer Implementierungsaufwand des Shared Service Center

Abb. 6-29: Vor- und Nachteile von On-, Near- und Offshore-Standorten

Wichtig für die Standortentscheidung sind die Relevanz einzelner Punkte, die Identifizierung der Risikobereitschaft und die Formulierung einer eindeutigen Risiko-Gewinn-Spanne.

6.5.3 Rechtliche Auslagerung von Organisationseinheiten (Outsourcing)

Im Zusammenhang mit der geografischen Verlagerung von Organisationseinheiten kann auch über die **rechtliche Ausgliederung** von Organisationseinheiten entschieden werden. Die Abgabe der rechtlichen und damit unternehmerischen Verantwortung an ein Drittunternehmen wird als **Outsourcing** bezeichnet. Outsourcing ist damit eine spezielle Form des Fremdbezugs von bisher intern erbrachten Leistungen. Zwischen On-, Near- und Offshoring einerseits und dem Outsourcing anderseits besteht grundsätzlich kein zwingender sachlicher Zusammenhang, obgleich die verschiedenen Begriffe immer wieder zu Missverständnissen führen. Abbildung 6-30 liefert eine entsprechende begriffliche Abgrenzung.

Vorreiter beim Fremdbezug von bislang intern erbrachten Leistungen ist das IT-Outsourcing. Hierbei dominierte zunächst das infrastrukturorientierte Outsourcing (Hardware, IT-Netze). Aktuell gewinnen aber das anwendungsbezogene Outsourcing (engl. *Application Management*) und das prozessorientierte Outsourcing (engl. *Business Process Outsourcing*) zunehmend an Bedeutung im Rahmen des IT-Outsourcings.

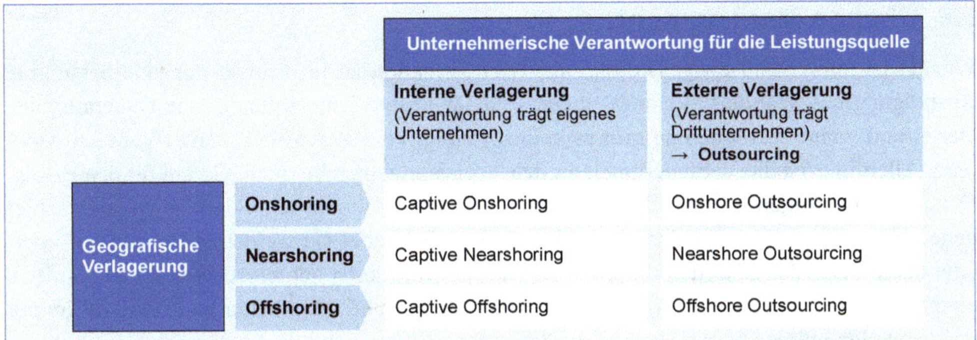
Unternehmerische Verantwortung für die Leistungsquelle
Interne Verlagerung
(Verantwortung trägt eigenes Unternehmen)
Externe Verlagerung
(Verantwortung trägt Drittunternehmen)
→ Outsourcing
Geografische Verlagerung
Onshoring
Nearshoring
Offshoring
Captive Onshoring
Captive Nearshoring
Captive Offshoring
Onshore Outsourcing
Nearshore Outsourcing
Offshore Outsourcing

Abb. 6-30: Begriffliche Abgrenzung zwischen On-, Near- und Offshoring sowie Outsourcing

Wesentliche Gründe für die Auslagerung eines Shared Service Center im Rahmen eines Outsourcing-Vertrags sind:

- **Kostenreduktion** durch geringere *Total Cost of Ownership*, die nicht nur die Anschaffungskosten einer bestimmten Infrastruktur, sondern auch die späteren Nutzungskosten (Modifikationen, Wartung) berücksichtigt
- Konzentration auf die eigentliche **Kernkompetenz**
- Mangel an Know-how oder qualifizierten Arbeitskräften
- Höhere Leistung und bessere Qualität
- Schnellere Reaktion auf Veränderungen
- Höhere Spezialisierung.

Demgegenüber sind aber auch einige Risiken zu berücksichtigen, die mit dem Outsourcing einhergehen können:

- Qualität der ausgelagerten Prozesse kann nicht beeinflusst werden
- Abhängigkeit vom Drittunternehmen
- Möglicher Verlust von internem Know-how
- Fehler bei der Wirtschaftlichkeitsberechnung eines Outsourcing-Projekts
- Kommunikationsmängel bei der Umsetzung der Outsourcing-Maßnahme *(Change Management)*.

6.6 Change Management

Wandel ist immer und ewig. Die digitale Transformation ist im Prinzip nur eine bestimmte Ausprägung des Wandels. Veränderungen sind für unsere Unternehmen eine Daueraufgabe. Der Grund: Ohne Veränderung gibt es keinen Erfolg, kein Wachstum, keine Weiterentwicklung. Allerdings ist die Veränderung lediglich Voraussetzung, aber nicht Garant für den Erfolg. Denn Veränderungen wie zum Beispiel Unternehmenszusammenschlüsse können auch schief gehen. Sie werden zwar zumeist von außen angestoßen, aber sie werden von innen gefördert oder auch – und das zuweilen durchaus zu Recht – von innen gebremst. Wandel ist somit zu einer **Daueraufgabe** geworden, der sich Führungskräfte und Mitarbeiter jederzeit und immer wieder stellen müssen.

Das **Veränderungsmanagement** (engl. *Change Management*) steuert und begleitet kulturelle, strukturelle und organisatorische Veränderungen im Unternehmen, um die Risiken zu reduzieren, die sich durch Veränderung und Transformation ergeben können [vgl. Reger 2009, S. 5].

Dabei steht die Umsetzung von neuen Strategien, Strukturen, Systemen oder Verhaltensweisen im Vordergrund. Bei Restrukturierungen, umfassenden Prozessveränderungen, der Implementierung von ERP-Systemen und der Neuausrichtung von Strategien oder Post-Merger-Integrationen gilt es, das entsprechende Geschäftsmodell möglichst schnell in operative Ergebnisse umzuwandeln. Entscheidend für den Erfolg einer notwendigen Umsetzungsmaßnahme ist, wie gut und wie schnell sich Mitarbeiter an die Veränderung anpassen und ihre Arbeit daran ausrichten.

Führungskräfte und Mitarbeiter müssen zielgerichtet mobilisiert und motiviert werden, damit sie die bevorstehenden Veränderungen mitgestalten und vorantreiben. Flexibilität und Veränderungsfähigkeit ist demnach ein wichtiger Erfolgsfaktor im Wettbewerb.

6.6.1 Ursachen und Aktionsfelder von Change

Werden die vielfältigen Ursachen, die als Gründe für Veränderungen immer wieder genannt werden, zusammengestellt und geordnet, so lassen sich zwei grundlegende **Ursachenkomplexe** ausmachen:

- **Externe Ursachen**, die von *außen* auf die Organisation als Problemdruck wirken. Zu den wichtigsten unternehmensexternen Einflüssen zählen der Druck des Marktes und des Wettbewerbs, Firmenübernahmen sowie technologische Veränderungen. Hinzu kommt ein gesellschaftlicher Wertewandel, der hierzulande besonders durch ein vergleichsweise hohes Bildungs- und Wohlstandsniveau beeinflusst wird.
- **Interne Ursachen**, die von *innen* als Problemdruck auf die Organisation wirken. Interne Auslöser für Veränderungsprozesse können Fehlentscheidung der Vergangenheit, Kostendruck, Wachstumsinitiativen, eine Neuformulierung der Unternehmensstrategie oder neue Managementkonzepte sein.

Daraus lassen sich **erste Auswirkungen** ableiten, die sich unmittelbar in Programmen konkretisieren und in Abbildung 6-31 ohne Anspruch auf Vollständigkeit aufgeführt sind.

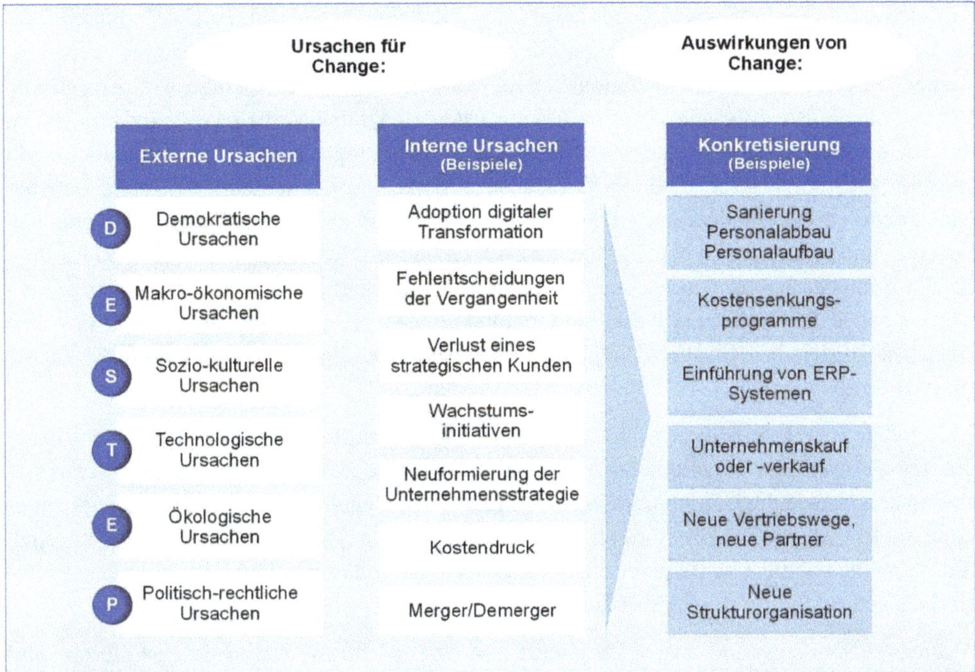
Ursachen für Change:
Auswirkungen von Change:
Externe Ursachen
Interne Ursachen (Beispiele)
Konkretisierung (Beispiele)
D
Demokratische Ursachen
E
Makro-ökonomische Ursachen
S
Sozio-kulturelle Ursachen
T
Technologische Ursachen
E
Ökologische Ursachen
P
Politisch-rechtliche Ursachen
Adoption digitaler Transformation
Fehlentscheidungen der Vergangenheit
Verlust eines strategischen Kunden
Wachstums-initiativen
Neuformierung der Unternehmensstrategie
Kostendruck
Merger/Demerger
Sanierung Personalabbau Personalaufbau
Kostensenkungs-programme
Einführung von ERP-Systemen
Unternehmenskauf oder -verkauf
Neue Vertriebswege, neue Partner
Neue Strukturorganisation

Abb. 6-31: Ursachen und Auswirkungen von Change

Veränderungsprozesse mit einer großen Reichweite und Tiefe für Aufbau-, Ablauf- und Prozessstrukturen werden auch als **transformativer Wandel** bezeichnet und sollten nicht isoliert betrachtet werden. Vielmehr ist dafür Sorge zu tragen, dass die erkannten Ursachen und die geplanten Veränderungsmaßnahmen in dem dynamischen Gesamtzusammenhang der vier **Aktionsfelder des Change** zu sehen sind [vgl. Vahs 2009, S. 334 ff.]:

Aktionsfeld 1: Strategie. Die Strategie – also der Weg zum Ziel – wird durch bereits eingetretene oder noch zu erwartende Veränderungen beeinflusst. Erfolgt die Strategie reaktiv, so spricht man von einer *Anpassungsstrategie*. Sie kann aber auch aktiv als *Innovationsstrategie* formuliert werden. In Bezug auf die Reichweite der in den Veränderungsprozess einbezogenen Strategieebenen kann zwischen *Unternehmensstrategie*, *Geschäftsbereichsstrategien* oder *Funktionsbereichsstrategien* unterschieden werden. Unabhängig von den einbezogenen Unternehmensebenen wirkt die Formulierung einer neuen Strategie nicht nur nach *außen,* sondern auch nach *innen*, d. h. sie bleibt in aller Regel nicht ohne Auswirkungen auf die bestehenden Organisationsstrukturen.

Aktionsfeld 2: Kultur. Gegenüber den „harten“ Faktoren gewinnt die Unternehmenskultur als „weiches“ Aktionsfeld für ein erfolgreiches Veränderungsmanagement zunehmend an Bedeutung. Mitarbeiter erwarten abwechslungsreiche und verantwortungsvolle Aufgaben, die Freiräume für ihre persönliche Entfaltung bieten. Daher müssen sie auch rechtzeitig über Veränderungen informiert und in den Veränderungsprozess eingebunden werden. Geschieht dies nicht oder nicht rechtzeitig, so meldet sich allzu häufig das „natürliche Immunsystem“ einer Organisation.

Aktionsfeld 3: Technologie. Versteht man unter *Technologie* ganz allgemein Verfahren, Methoden, Maschinen, Werkzeuge, Werkstoffe und das damit verbundene Anwendungswissen, so werden diese vorrangig im Produktionsbereich von Industriebetrieben eingesetzt. Anstehende Veränderungen betreffen hier also vornehmlich den Herstellungsprozess. Veränderungen im Bereich der **Informations- und Kommunikationstechnologie** (IKT) betreffen jedoch nicht nur den Fertigungsbereich (z. B. als Embedded Software), sondern auch den Verwaltungsbereich sowie ganz besonders auch Dienstleistungsunternehmen wie Banken, Versicherungen, Logistik- und Handelsbetriebe. Hier hat die Entwicklung der IKT einen unmittelbaren Einfluss auf die Veränderung der Unternehmensstrukturen. So eröffnet die IKT heute in einem zunehmenden Maße die Chance zur Gestaltung von Prozessen und Strukturen. Mehr noch, in vielen Branchen hat sich die IKT als strategischer Erfolgsfaktor entpuppt. Ein Stichwort hierzu ist die **Digitale Transformation**.

Aktionsfeld 4: Organisation. Mit dem Aktionsfeld *Organisation* sind typische Maßnahmen der **Reorganisation** von Unternehmen angesprochen. Dazu zählen der Abbau von Hierarchieebenen ebenso wie die Einrichtung von Cost- und Profit-Centern oder der Übergang von einer funktionalen zu einer prozessorientierten Struktur. **Restrukturierungsmaßnahmen** (engl. *Restructuring*) sind die konsequenteste Form eines transformativen Wandels, wenn eine strategische Neuausrichtung andere Strukturen verlangt.

Aktionsfeld 5: Kommunikation. Das fünfte und wohl wichtigste Aktionsfeld ist die *Kommunikation*. Eine rechtzeitige, klare und offene Information der Organisationsmitglieder über die Ursachen, Ziele und Fortschritte des Wandels stellt sicher, dass die Gründe für die Einleitung eines Veränderungsprozesses auch verstanden werden. Führungskräfte und Mitarbeiter werden sich nur dann für den Wandel einsetzen, wenn sie ausreichend über das Veränderungsvorhaben informiert sind und den Gesamtzusammenhang zur Unternehmens- bzw. Marktstrategie kennen. Denn: *Ein gut informierter Mitarbeiter ist zumeist auch ein guter Mitarbeiter.*

6.6.2 Promotoren und Opponenten

Für jedes Unternehmen ist es von existentieller Bedeutung, die **Treiber** und **Bremser** von Veränderungen, die es nahezu in jeder Abteilung gibt, zu kennen. Mitarbeiter, die Veränderungen (wie z.B. Wachstumsinitiativen, Merger/Demerger, organisatorische Neuformierung) eher fördern und unterstützen, werden als **Promotoren** bezeichnet. Bremser dagegen – und die sind zumeist in der Mehrzahl – verhindern oder verlangsamen den Veränderungsprozess. Sie sind die **Opponenten**. Doch Opponenten müssen nicht von vornherein Unrecht haben. Im Gegenteil, viele Beispiele zeigen, dass die Motive für eine ablehnende Haltung im Vorfeld hätten ernster genommen werden müssen.

Promotoren und vor allem Opponenten aufzuspüren, ist also eine sehr wichtige Aufgabe für das Top-Management, denn die geplanten Veränderungen sollen Wachstum oder wenigstens Stabilität mit sich bringen – sonst hätte man sie ja nicht initiiert. Wachstum entsteht zwar am Markt und wird von diesem angestoßen, doch der eigentliche **Wachstumsprozess** wird **von innen gefördert** oder **von innen gebremst**.

Promotoren und Opponenten lassen sich folgendermaßen klassifizieren [vgl. Lippold 2019b]:

- **Machtpromotoren bzw. -opponenten** beeinflussen den Veränderungsprozess aufgrund ihrer hierarchischen Stellung in der Organisation.
- **Fachpromotoren bzw. -opponenten** nehmen Einfluss aufgrund ihrer entsprechenden fachlichen Expertise und ihres Informationsstands.
- **Prozesspromotoren bzw. -opponenten** sind Bindeglied zwischen Macht- und Fachebene und zumeist die größte und wichtigste Gruppe.

Prozesspromotoren beeinflussen den Veränderungsprozess aufgrund der **formellen** Kommunikationswege, indem sie Verbindungen zwischen Macht- und Fachpromotoren herstellen und dadurch Barrieren überwinden. **Prozessopponenten** dagegen konzentrieren sich mehr auf die **informellen** Kommunikationsbeziehungen und behindern den Veränderungsprozess, in dem sie organisatorische und fachliche Hindernisse errichten und Verbindungen zwischen Machtopponenten und Fachopponenten herstellen.

Da die Opponenten bzw. Bremser sehr häufig am längeren Hebel sitzen, gilt es, solche informellen Strukturen zu erkennen und aufzubrechen. Den Führungskräften kommt dabei eine ganz wesentliche Vorbildfunktion zu, um die Mitarbeiter als Träger des Wachstums zu begeistern.

Ein Lösungsansatz sind **altersgemischte Führungsteams**, die idealerweise aus drei Gruppen bestehen:

Junge Führungskräfte sorgen für neues Denken und neue Ideen. Sie sind offener für digitale Entwicklungen, zeigen mehr Mut zu grundlegenden Veränderungen und legen ein anderes Tempo vor. Die Jungen öffnen vor allem Türen zu neuen Technologien.

Die zweite Gruppe sind **erfahrene „Quereinsteiger"** aus anderen Unternehmen. Sie leiden nicht unter Betriebsblindheit und haben aufgrund ihrer Seniorität mehr Durchsetzungsvermögen bei Veränderungen.

Bestehende Produkte hingegen werden vor allem von der dritten Gruppe, den **älteren Führungskräften** vorangetrieben. Sie haben die notwendige Erfahrung, Weitsicht und Durchsetzungskraft. Diese drei Gruppen können sich perfekt ergänzen und so die informellen Strukturen der Opponenten aufbrechen.

6.6.3 Veränderung und Widerstand

Jede Veränderung löst Verunsicherung, teilweise sogar Ängste und das Gefühl von Kontrollverlust bei den Mitarbeitern aus. Sie wissen nicht, was auf sie zu kommt, wie sie sich in der neuen Situation oder während der Übergangsphase verhalten sollen. So sind Widerstände (engl. *Resistance to Change*) ganz normale und unvermeidliche Begleiterscheinungen von Veränderungsprozessen.

Nun wird es gegen die Digitalisierung per se – also aus der Sicht der Nutzer – keine Widerstände geben. Zu groß sind die Vorteile gegenüber alten Technologien. Was ist jedoch, wenn die Digitalisierung im Unternehmen dort zur Anwendung kommt, wo alte (alteingefahrene) und funktionierende Prozesse abgelöst werden sollen? Was ist, wenn die digitale Transformation neue Geschäftsmodelle erfordert, von deren Nutzen die Mitarbeiter aber nicht überzeugt sind?

Solche Widerstände lassen sich auf fehlende Akzeptanz und Perspektiven, auf fehlende Qualifikation, auf fehlendes Verständnis für den Veränderungsdruck oder auf fehlerhafte Kommunikation zurückführen.

Jede Veränderung wird von Widerständen begleitet. Ob es sich um Sanierung und Personalabbau, um die Einführung von ERP-Systemen oder um Unternehmenskauf oder -verkauf handelt, in jedem Fall werden im Umfeld solcher Veränderungen Widerstände aufgebaut. Widerstände sind also so etwas wie der **Zwillingsbruder** der Veränderung. Derartige Barrieren haben – um im familiären Bild zu bleiben – in aller Regel vier „Väter" [vgl. Lippold 2020b].

In Abbildung 6-32 sind die Widerstandsbarrieren dargestellt.

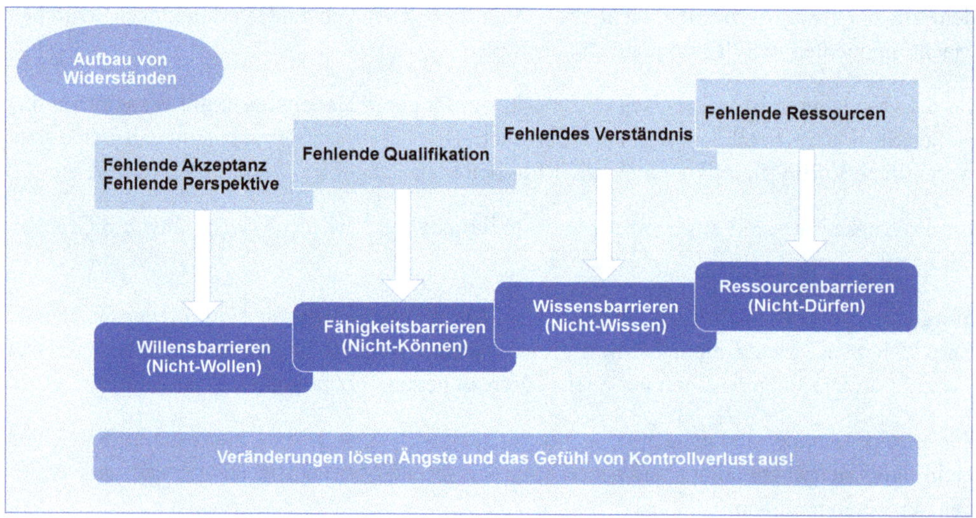
Aufbau von Widerständen
Fehlende Akzeptanz
Fehlende Perspektive
Fehlende Qualifikation
Fehlendes Verständnis
Fehlende Ressourcen
Willensbarrieren (Nicht-Wollen)
Fähigkeitsbarrieren (Nicht-Können)
Wissensbarrieren (Nicht-Wissen)
Ressourcenbarrieren (Nicht-Dürfen)
Veränderungen lösen Ängste und das Gefühl von Kontrollverlust aus!

Abb. 6-32: Die „vier Väter" der Widerstandsbarrieren

Der erste "Vater" ist das **Nicht-Wollen**. Hierbei handelt es sich um **Willensbarrieren** bei den beteiligten und betroffenen Mitarbeitern. Die Angst vor Veränderung und der Wunsch, am Status quo festzuhalten, führen zu einer ablehnenden Haltung gegenüber der geplanten Veränderung. Dabei können sachliche, persönliche oder auch machtpolitische Gründe eine Rolle spielen. Fehlende Akzeptanz und fehlende Perspektive führen beim „Nicht-Wollen" also zu einer Ablehnung gegenüber der Veränderung.

Der zweite „Vater" ist das **Nicht-Können**. Häufig sind es neue Technologien oder auch Defizite bei den Fremdsprachen, die zu **Fähigkeitsbarrieren** führen. Letztlich werden mit einer Veränderung völlig neue Ziele angesteuert, die vielleicht mit traditioneller Technik oder ohne Englischkenntnisse nicht erreichbar sind. Da intensives Um- und Weiterlernen gefragt ist, führt das „Nicht-Können" zu einer Blockade oder Störung des Wandels aus Angst vor dem Versagen.

Der dritte „Vater“ ist das **Nicht-Wissen**. Für den Nicht-Wissenden ist der neue Zustand ungewiss; er ist nicht davon überzeugt, dass es mit der Veränderung besser wird. Er baut **Wissensbarrieren** auf. Fehlende Informationen über Gründe und Durchführung der geplanten Veränderung – meist hervorgerufen durch eine falsche Kommunikationspolitik – ziehen eine Ablehnung des Wandels nach sich. Das fehlende Verständnis für die Vorteile der Neuformierung führt somit zu einem Mangel an Kontrolle.

Der vierte und letzte „Vater“ ist das **Nicht-Dürfen**. Mitarbeiter und Führungskräfte, die wissen, können und wollen, werden nicht zur Veränderung beitragen, wenn sie nicht dürfen. Das heißt, es gibt eine Veränderungsbereitschaft, ja manchmal sogar ein Veränderungsdrang, der aber unterbunden wird. Letztlich geht es hierbei um Ressourcen, die nicht vorhanden sind oder die für den Veränderungsprozess nicht bereitgestellt werden.

Bleibt die Frage, wie man den Nicht-Wollenden, den Nicht-Könnenden, den Nicht-Wissenden und den Nicht-Dürfenden am besten begegnet, um der geplanten Veränderung zum Erfolg zu verhelfen.

Willensbarrieren lassen sich damit abbauen, dass man solche Mitarbeiter aktiv in den Veränderungsprozess einbindet, Fehler zulässt und eine anreizkompatible Organisationslösung einrichtet, bei der die Mitarbeiter durch Erfüllung der gestellten Aufgabe auch ihre eigenen Ziele erreichen können.

Fähigkeitsbarrieren begegnet man mit einer raschen Qualifizierung der Betroffenen. Sind solche Qualifizierungen nicht mehr möglich, so sind langjährige Arbeits- und Sozialbeziehungen ebenso zu berücksichtigen wie der Schutz von Personen, die vom Wandel negativ betroffen sind.

Wissensbarrieren sind relativ leicht abzubauen. Eine rechtzeitige und offene Information der Organisationsmitglieder über die Ursachen, Ziele und Fortschritte des Wandels stellt sicher, dass die Gründe für die Einleitung eines Veränderungsprozesses auch verstanden werden. Führungskräfte und Mitarbeiter werden sich nur dann für den Wandel einsetzen, wenn sie ausreichend über das Veränderungsvorhaben informiert sind und den Gesamtzusammenhang zur Unternehmens- bzw. Marktstrategie kennen. Alle Beteiligten und Betroffenen müssen mit geeigneten Kommunikationsmitteln und -maßnahmen angesprochen werden, um ein konsistentes Bild der Veränderung zu erzeugen.

Ressourcenbarrieren sind wohl am leichtesten abzubauen, wenn man über die entsprechenden finanziellen Mittel verfügt. Zu diesen Barrieren zählen aber nicht nur finanzielle und zeitliche Restriktionen, sondern auch mangelnde Unterstützung durch unwillige Führungskräfte. Der Aufbau eines vertrauensvollen Kommunikations- und Arbeitsklimas, das ein laufendes Feedback über den Veränderungsprozess fordert und in die Maßnahmengestaltung einfließen lässt, ist somit eine ganz wichtige Voraussetzung für den erfolgreichen Unternehmenswandel.

6.6.4 Veränderung und Reaktionstypen

Hinsichtlich der Reaktionen auf geplante Veränderungen lassen sich unterschiedliche Personengruppen unterscheiden. Etwa ein Drittel der Betroffenen steht den Veränderungen offen und positiv gegenüber, ein Drittel verhält sich abwartend und neutral und das letzte Drittel lehnt den Wandel leidenschaftlich ab. Differenziert man diese Einteilung weiter, so können sieben Typen von Personen in Verbindung mit Veränderungsreaktionen ausgemacht werden, wobei eine Normalverteilung der einzelnen Typen unterstellt wird [vgl. Vahs 2009, S. 344 ff. unter Bezugnahme auf Krebsbach-Gnath 1992, S. 37 ff.]:

- **Visionäre und Missionare**. Diese eher kleine Schlüsselgruppe gehört in der Regel dem Top-Management an und haben die Ziele und Maßnahmen des geplanten Wandels mit erarbeitet oder mit initiiert. Sie sind vom Veränderungserfolg überzeugt und versuchen nun, die übrigen Organisationsmitglieder von der Notwendigkeit der Veränderung zu überzeugen.
- **Aktive Gläubige**. Auch diese Personengruppe akzeptiert den bevorstehenden Wandel und ist bereit, ihre ganze Arbeits- und Überzeugungsarbeit einzusetzen, um die Ziele und neuen Ideen in die Organisation zu tragen.
- **Opportunisten**. Sie wägen zunächst einmal ab, welche persönlichen Vor- und Nachteile der Wandel für sie bringen kann. Gegenüber ihren veränderungsbereiten Vorgesetzten äußern sie sich positiv, gegenüber ihren Kollegen und Mitarbeitern eher zurückhaltend und skeptisch.
- **Abwartende und Gleichgültige**. Diese größte Personengruppe zeigt eine sehr geringe Bereitschaft, sich aktiv an der Veränderung zu beteiligen. Sie wollen erst einmal Erfolge sehen und eine spürbare Verbesserung ihrer persönlichen Arbeitssituation erfahren.
- **Untergrundkämpfer**. Sie gehen verdeckt vor und betätigen sich als Stimmungsmacher gegen die Neuerungen.
- **Offene Gegner**. Diese Gruppe von Widerständlern, der es um die Sache und nicht um persönliche Privilegien geht, zeigt ihre ablehnende Haltung offen. Sie argumentiert mit „offenem Visier“ und ist davon überzeugt, dass die Entscheidung falsch und der eingeschlagene Weg nicht zielführend ist.
- **Emigranten**. Diese eher kleine Gruppe hat sich entschlossen, den Wandel keinesfalls mitzutragen und verlässt das Unternehmen. Häufig handelt es sich dabei um Leistungsträger, die nach der Veränderung keine ausreichende Perspektive für sich sehen.

In Abbildung 6-33 sind die typischen Einstellungen gegenüber dem organisatorischen Wandel als Normalverteilung derart dargestellt, dass auf der Abszisse die Veränderungsbereitschaft von links (Begeisterung, Zustimmung) nach rechts (Skepsis, Ablehnung) immer weiter abnimmt.

Allerdings muss auch hierzu angemerkt werden, dass die unterstellte Normalverteilung durchaus plausibel erscheint, empirisch aber nicht abgesichert ist.

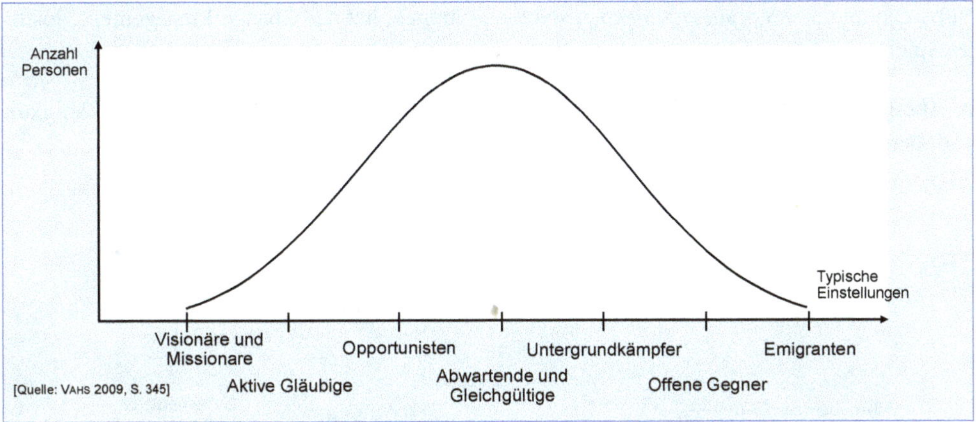
Anzahl Personen
Typische Einstellungen
Visionäre und Missionare
Aktive Gläubige
Opportunisten
Abwartende und Gleichgültige
Untergrundkämpfer
Offene Gegner
Emigranten
[Quelle: VAHS 2009, S. 345]

Abb. 6-33: Typische Einstellungen gegenüber dem organisatorischen Wandel

Jede Veränderung ist ein Prozess, der zweckmäßigerweise in folgenden fünf Phasen ablaufen sollte [vgl. Krüger 2002, S. 49]:

- **Initialisierung**, d. h. der Veränderungsbedarf wird festgestellt und die Veränderungsträger müssen informiert werden,
- **Konzipierung**, d. h. die Ziele der Veränderung sind festzulegen und die entsprechenden Maßnahmen zu entwickeln,
- **Mobilisierung**, d. h. das Veränderungskonzept muss kommuniziert und Veränderungsbereitschaft und Veränderungsfähigkeit geschaffen werden,
- **Umsetzung**, d. h. die priorisierten Veränderungsvorhaben sind durchzuführen und Folgeprojekte anzustoßen,
- **Verstetigung**, d. h. die Veränderungsergebnisse müssen verankert und Veränderungsbereitschaft und -fähigkeit abgesichert werden.

6.6.5 Erfolgsfaktoren von Change-Projekten

Generell sind es drei Voraussetzungen, die den Erfolg von Change-Projekten bestimmen [vgl. Reger 2009, S. 14]:

- **Veränderungsbedarf**, d. h. die grundsätzliche Erkenntnis und Überzeugung, dass eine Veränderung zu einer besseren Ausgangssituation führt und damit wettbewerbsrelevant ist.
- **Veränderungsfähigkeit**, d. h. das Potenzial von Führungskräften und Mitarbeitern, die Veränderung erfolgreich umzusetzen.
- **Veränderungsbereitschaft**, d. h. den Willen aller Beteiligten und Betroffenen zur Umsetzung.

Nur wenn alle drei Voraussetzungen zusammenkommen, hat das Change Management „leichtes Spiel".

In Abbildung 6-34 sind die Beziehungszusammenhänge von Veränderungsbedarf, -fähigkeit und -bereitschaft dargestellt.

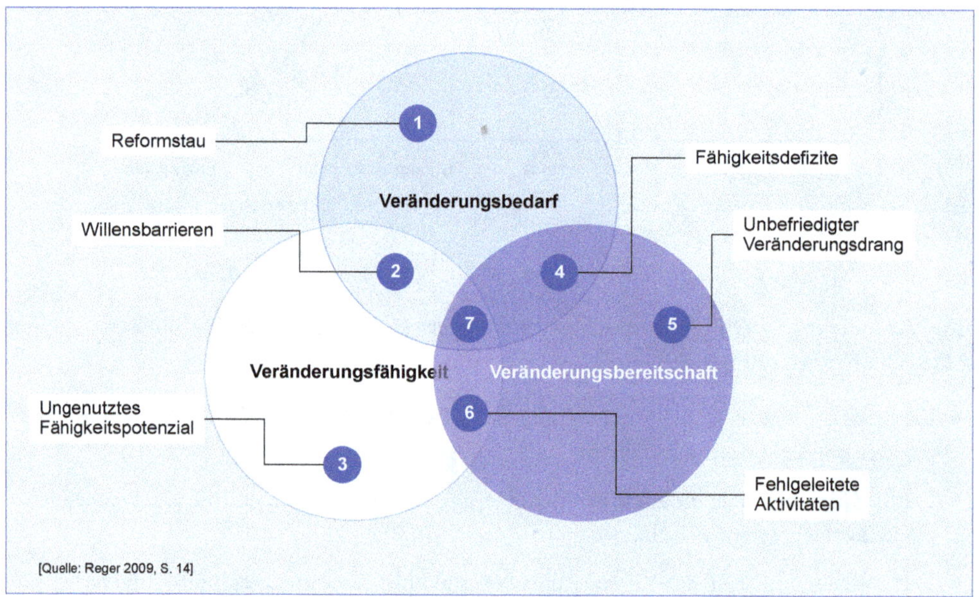
Reformstau
Fähigkeitsdefizite
Veränderungsbedarf
Willensbarrieren
Unbefriedigter Veränderungsdrang
1
2
3
4
5
6
7
Veränderungsfähigkeit
Veränderungsbereitschaft
Ungenutztes Fähigkeitspotenzial
Fehlgeleitete Aktivitäten
[Quelle: Reger 2009, S. 14]

Abb. 6-34: Zusammenhang von Veränderungsbedarf, -fähigkeit und -bereitschaft

Ein wichtiger Bestandteil des Change ist eine klare, konsequente und konsistente **Kommunikation**. Eine rechtzeitige und offene Information der Organisationsmitglieder über die Ursachen, Ziele und Fortschritte des Wandels stellt sicher, dass die Gründe für die Einleitung eines Veränderungsprozesses auch verstanden werden. Führungskräfte und Mitarbeiter werden sich nur dann für den Wandel einsetzen, wenn sie ausreichend über das Veränderungsvorhaben informiert sind und den Gesamtzusammenhang zur Unternehmens- bzw. Marktstrategie kennen. Alle Beteiligten und Betroffenen müssen mit geeigneten Kommunikationsmitteln und -maßnahmen angesprochen werden, um ein konsistentes Bild der Veränderung zu erzeugen. Der Aufbau eines vertrauensvollen Kommunikations- und Arbeitsklimas, das ein laufendes Feedback über den Veränderungsprozess fordert und in die Maßnahmengestaltung einfließen lässt, ist somit eine ganz wichtige Voraussetzung für den erfolgreichen Unternehmenswandel [vgl. Vahs 2009, S. 355].

Jedes Change-Team sollte sich darüber im Klaren sein, dass sich ohne Ziele, Aktionspläne, Ressourcen, Fähigkeiten, Anreize und Informationen die gewünschte Veränderung nicht einstellen wird. Im Gegenteil, fehlt bereits eine dieser Komponenten, so ist Aktionismus, Chaos, Frustration, Angst oder Verwirrung vorprogrammiert.

Abbildung 6-35 zeigt sehr anschaulich, was das Fehlen einzelner Komponenten im Change-Prozess bewirken kann. Besonders deutlich werden diese Effekte, wenn man die Ursachen fehlgeschlagener Change-Projekte analysiert.

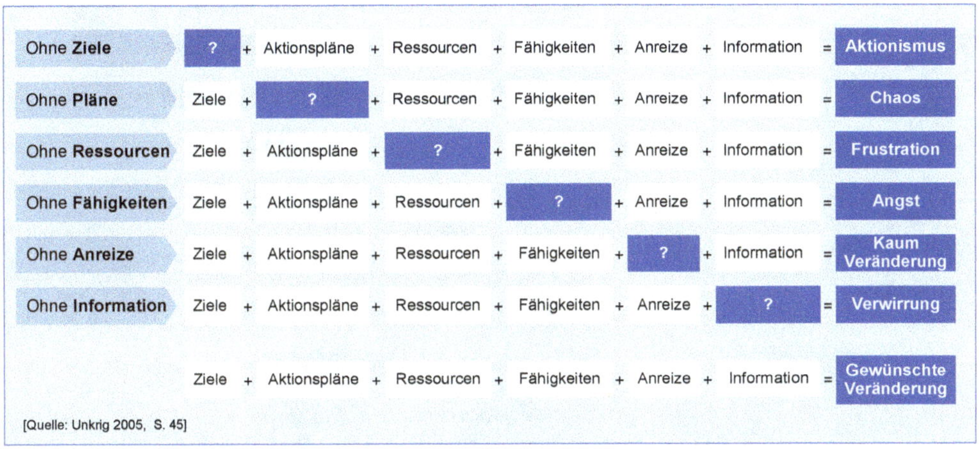

Ohne **Ziele**	?	+	Aktionspläne	+	Ressourcen	+	Fähigkeiten	+	Anreize	+	Information	= **Aktionismus**
Ohne **Pläne**	Ziele	+	?	+	Ressourcen	+	Fähigkeiten	+	Anreize	+	Information	= **Chaos**
Ohne **Ressourcen**	Ziele	+	Aktionspläne	+	?	+	Fähigkeiten	+	Anreize	+	Information	= **Frustration**
Ohne **Fähigkeiten**	Ziele	+	Aktionspläne	+	Ressourcen	+	?	+	Anreize	+	Information	= **Angst**
Ohne **Anreize**	Ziele	+	Aktionspläne	+	Ressourcen	+	Fähigkeiten	+	?	+	Information	= **Kaum Veränderung**
Ohne **Information**	Ziele	+	Aktionspläne	+	Ressourcen	+	Fähigkeiten	+	Anreize	+	?	= **Verwirrung**
	Ziele	+	Aktionspläne	+	Ressourcen	+	Fähigkeiten	+	Anreize	+	Information	= **Gewünschte Veränderung**

[Quelle: Unkrig 2005, S. 45]

Abb. 6-35: Komponenten der gewünschten Veränderung

In Abbildung 6-36 sind die häufigsten Ursachen für IT-Projekte, die die Erwartungen nicht erfüllt haben, aufgelistet. Daran wird deutlich, dass es im Wesentlichen immer wieder an der Vernachlässigung mindestens einer der o. g. Komponenten liegt, wenn Projekte nicht den gewünschten Erfolg bringen.

Konkret muss das Unternehmen Sorge dafür tragen, dass die Veränderung zu einer Anreiz-kompatiblen Organisationslösung führt, d. h. der Mitarbeiter sollte durch Erfüllung der gestellten Aufgabe auch seine eigenen Ziele erreichen können. Darüber hinaus ist die Motivation der Mitarbeiter auf ein gemeinsames Ziel auszurichten, um den Abbau von Blockaden zu erleichtern. Auch eine gezielte Steuerung der Erwartungen sowie eine entsprechende Qualifizierung der Mitarbeiter sind Grundlagen für einen erfolgreichen Change-Prozess.

Fazit: Eine der Veränderung positiv gegenüberstehende Unternehmenskultur, eine angemessene und zielgruppenorientierte Kommunikation sowie ein kompetentes Change Management-Team, das mit entsprechenden Ressourcen ausgestattet ist, bilden die wichtigsten Grundlagen für einen erfolgreichen Wandel im Unternehmen.

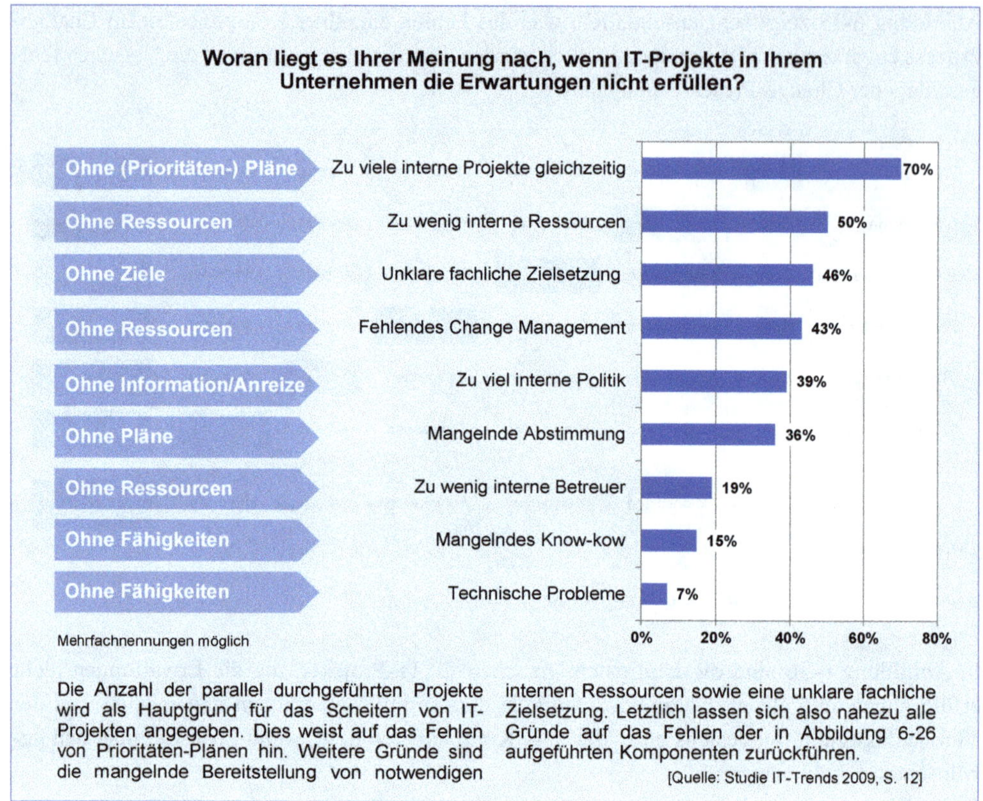
Woran liegt es Ihrer Meinung nach, wenn IT-Projekte in Ihrem Unternehmen die Erwartungen nicht erfüllen?
Ohne (Prioritäten-) Pläne
Zu viele interne Projekte gleichzeitig
70%
Ohne Ressourcen
Zu wenig interne Ressourcen
50%
Ohne Ziele
Unklare fachliche Zielsetzung
46%
Ohne Ressourcen
Fehlendes Change Management
43%
Ohne Information/Anreize
Zu viel interne Politik
39%
Ohne Pläne
Mangelnde Abstimmung
36%
Ohne Ressourcen
Zu wenig interne Betreuer
19%
Ohne Fähigkeiten
Mangelndes Know-kow
15%
Ohne Fähigkeiten
Technische Probleme
7%
Mehrfachnennungen möglich
0%
20%
40%
60%
80%
Die Anzahl der parallel durchgeführten Projekte wird als Hauptgrund für das Scheitern von IT-Projekten angegeben. Dies weist auf das Fehlen von Prioritäten-Plänen hin. Weitere Gründe sind die mangelnde Bereitstellung von notwendigen internen Ressourcen sowie eine unklare fachliche Zielsetzung. Letztlich lassen sich also nahezu alle Gründe auf das Fehlen der in Abbildung 6-26 aufgeführten Komponenten zurückführen.
[Quelle: Studie IT-Trends 2009, S. 12]

Abb. 6-36: Ursachen fehlgeschlagener IT-Projekte

Kontroll- und Vertiefungsfragen

1. Erläutern Sie die wichtigsten konzeptionellen Controlling-Funktionen.
2. Welche vier Aufgabenfelder mit welchen Inhalten unterscheidet der Jahresabschluss?
3. Welche Kennzahlen lassen sich unmittelbar aus der Bilanz ableiten?
4. Welches Prinzip sollte für die organisatorische Zuordnung der Controlling-Mitarbeiter angewendet werden?
5. Welche drei organisatorischen Grundprinzipien werden nach dem heutigen Organisationsverständnis unterschieden?
6. Inwiefern ist die Matrixorganisation eine Sonderform der Mehrlinienorganisation?
7. Ist die funktionale Organisation für ein Ein-Produktunternehmen in jedem Fall die zweckmäßigste Organisationsform?
8. Warum nehmen die Verfechter der Matrixorganisation die „vorprogrammierten“ Konfliktfälle aufgrund der unklaren Weisungsbefugnisse bewusst in Kauf?
9. Inwiefern verändert die Digitalisierung die Unternehmensorganisation?
10. Was bedeutet „datengetriebene Agilität“?
11. Warum tun sich Start-ups leichter mit der Digitalisierung?
12. Welche Aktivitäten des Marketingbereichs sollten als Service Center organisiert werden, welche als Competence Center?
13. Welche Ziele werden mit der Einrichtung eines Shared Service Center verfolgt?
14. Welche Varianten bieten sich bei der geografischen Auslagerung eines Shared Service Center an?
15. Warum bildet das Service Level Agreement eine wichtige Grundlage für den Betrieb eines Shared Service Center?
16. Worin besteht der Unterschied zwischen X-Shoring und Outsourcing?
17. Warum wird „Widerstand“ als der Zwillingsbruder des Wandels bzw. der Veränderung bezeichnet?
18. Welcher Zusammenhang besteht zwischen Veränderungsbedarf, -fähigkeit und -bereitschaft?
19. Warum ist die Kommunikation so wichtig für die Umsetzung von Change Management-Projekten?

Literatur

Aaker, D. A. (1984): Strategic Market Management, New York 1984.

Abell, D. F. (1980): Defining the Business. The Starting Point of Strategic Planning, Englewood Cliffs, N. J. 1980.

Adams, J. S. (1965). Inequity in social exchange. In: Berkowitz, L. (Ed.): Advances in experimental social psychology (Vol. 2, S. 267-299). New York: Academic Press 1965.

Albert, J-G./Krumbier, L.: Mit agiler Planung zum Erfolg – Inspirationen aus der Softwareentwicklung, in: https://www.denkmodell.de/hintergrund/agile-methoden/

Alderfer, C. P. (1972): Existence, Relatedness and Growth. Human Needs in Organizational Settings, New York 1972.

Alderson, W. (1957): Marketing Behavior and ExecutiveAction. Homewood (Il.) 1957.

Amerland, A. (2020): Deutsche Firmen lahmen bei der digitalen Transformation. In: https://www.springerprofessional.de/transformation/industrie-4-0/deutsche-firmen-lahmen-bei-der-digitalisierung/

Amthor, A./Brommund, t. (2010): Mehr Erfolg durch Web Analytics. Ein Leitfaden für Marketer und Entscheider, München 2010.

Anderson, J. C./Narus, J. A. (1991): Partnering as a Focused Market Strategy, in: California Management Review, Spring, 1991, S. 95-113.

Andler, N. (2008): Tools für Projektmanagement, Workshops und Consulting. Kompendium der wichtigsten Techniken und Methoden, Erlangen 2008.

Appelfeller, A./Feldmann, C. (2018): Die digitale Transformation des Unternehmens. Systematischer Leitfaden mit zehn Elementen zur Strukturierung und Reifegradmessung, Berlin 2018.

Ashforth, B. E./Mael, F. (1989). Social Identity Theory and the Organization. Academy of Management Review, 14, 20-39.

Backhaus, K. (1990): Investitionsgütermarketing, 2. Aufl., München 1990.

Backhaus, K./Voeth, M. (2010): Industriegütermarketing, 9. Aufl., München 2010.

Bänsch, A. (2002): Käuferverhalten, 9. Aufl., München, Wien 2002.

Bartscher, T./Stöckl, J./Träger, T. (Bartscher et al. 2012): Personalmanagement. Grundlagen, Handlungsfelder, Praxis, München 2012.

Bauer, H. H./Stokburger, G./Hammerschmidt, M. (Bauer et al. 2006): Marketing Performance. Messen – Analysieren – Optimieren, Wiesbaden 2006.

Bea, F.X./Haas, J. (2005): Strategisches Management, 4. Aufl., Stuttgart 2005.

Becker, J. (1993): Marketing-Konzeption. Grundlagen des strategischen Marketing-Managements, 5. Aufl., München 1993.

Becker, J. (2019): Marketing-Konzeption. Grundlagen des ziel-strategischen und operativen Marketing-Managements, 11. Aufl., München 2019.

Becker, M. (2010): Personalwirtschaft. Lehrbuch für Studium und Praxis, Stuttgart 2010.

Behringer, S. (2018): Controlling, Wiesbaden 2018.

Beugré, C.D. (1998): Managing fairness in organizations, Westport1998.

Bidlingmaier, J. (1973): Marketing, Bd. 1, Rowohlt, Reinbeck bei Hamburg 1973.

Binckebanck, L. (2016): Digital Sales Excellence: Neue Technologien im Vertrieb aus strategischer Perspektive, in: Binckebanck, L./Elste, R. (Hrsg.): Digitalisierung im Vertrieb. Strategien zum Einsatz neuer Technologien in Vertriebsorganisationen, Wiesbaden 2016.

Bitkom (Hrsg.) (2006): Vertriebskennzahlen für ITK-Unternehmen. Leitfaden Vertriebs-Measurement.

Bitkom (2012): Leitfaden Big Data im Praxiseinsatz – Szenarien, Beispiele, Effekte (Bitkom-Publikation).

Bitkom (2014): Big-Data-Technologien - Wissen für Entscheider (Bitkom-Publikation).

Bitkom (2015): Leitlinien für den Big Data-Einsatz. Chancen und Verantwortung (Bitkom-Publikation).

Bitkom (2016): Zukunft der Consumer Technology – 2016. Marktentwicklung, Schlüsseltrends, Mediennutzung, Konsumentenverhalten, Neue Technologien (Deloitte /Bitkom-Publikation).

Blake, R. R./Mouton, J. S. (1972): Besser verkaufen durch GRID, Düsseldorf - Wien 1972.

Blau, P. M. (1964): Exchange und Power in Social Life, New York 1964.

Brietze, R./Lippold, D. (2011): Gerecht und motivierend. Eine Fallstudie zur Vergütungsgerechtigkeit bei Führungskräften, in: Zeitschrift für Organisation (zfo), 04/11, S. 230-237.

Bröckermann, R. (2007): Personalwirtschaft. Lehr- und Übungsbuch für Human Resource Management, 4. Aufl., Stuttgart 2007.

Bruhn, M. (2007): Kommunikationspolitik, 4. Aufl., München 2007.

Bruhn, M. (2012a): Kundenorientierung. Bausteine für ein exzellentes Customer Relationship Management (CRM), 4. Aufl., München 2012.

Bruhn, M. (2012b): Nationale Kundenzufriedenheitsindizes, in: Homburg, C. (Hrsg.): Kundenzufriedenheit. Konzepte – Methoden – Erfahrungen, 8. Aufl., Wiesbaden 2012.

Bruhn, M. (2014): Marketing. Grundlagen für Studium und Beruf, 12. Aufl., Wiesbaden 2014.

Brusch, M./Sand, N./Stüber, E. (Brusch et al. 2010): Wirkungsmessung der Online-Werbung von Nonprofit Organisationen – Eine Analyse der visuell aufgenommenen Werbeinformation und deren Glaubwürdigkeit, in: Proceedings of the 9th International Conference Marketing Trends, 21th–23th January 2010, Venice.

Büttgen, M. (2012): Kundenintegration in den Dienstleistungsprozess: Eine verhaltenswissenschaftliche Untersuchung, Wiesbaden 2012.

Burkhardt, A. (2009): Positionierung von Betriebstypenmarken – Optionen und Trends. Dargestellt am Beispiel des deutschen Einzelhandels, in: www.taikn.de/TAIKN/downloads/WP_Positionierungen_Betriebstypenmarken_Optionen_Trends.pdf

Buss, E. (2009): Managementsoziologie. Grundlagen, Praxiskonzepte, Fallstudien, 2. Aufl., München 2009.

Cartwright, S./Cooper, C. L.1992: Mergers & Acquisitions: The Human Factor. Oxford.

Christensen, C. (2011): The Innovator's Dilemma: Warum etablierte Unternehmen den Wettbewerb um bahnbrechende Innovationen verlieren, München 2011.

Ciesielski, M. A./Schutz, T.: Digitale Führung. Wie die neuen Technologien unsere Zusammenarbeit wertvoller machen, Wiesbaden 2016.

Colquitt, J.A./Greenberg, J./Zapata-Phelan, C.P. (Colquitt et al. 2005): What is organizational justice? A historical overview. In: Greenberg, J./Colquitt, J.A. (Hrsg.): Handbook of Organizational Justice, Mahwah 2005, S. 3-58.

Creusen, U./Gall, B./Hackl, O. (Creusen et al. 2017): Digital Leadership. Führung in Zeiten des digitalen Wandels, Wiesbaden 2017.

Cropanzano, R./Rupp, D.E./Mohler, C.J./Schminke, M. (Cropanzano et al. 2001): Three roads to organizational justice. In: Research in Personnel and Human Resources Management, 20, S. 1-113.

Cseh, C./Marx, B. (2016): Technische Trends im Vertrieb, in: Binckebanck, L./Elste, R. (Hrsg.): Digitalisierung im Vertrieb. Strategien zum Einsatz neuer Technologien in Vertriebsorganisationen, Wiesbaden 2016.

Dahrendorf, R. (1975): Gesellschaft und Demokratie in Deutschland, München 1975.

Detecon (2010): Kundenservice der Zukunft. Mit Social Media und Self Services zur neuen Autonomie des Kunden, Studie Detecon Consulting, Zürich 2010.

DGFP e. V. (Hrsg.) (2004): Wertorientiertes Personalmanagement – ein Beitrag zum Unternehmenserfolg. Konzeption – Durchführung – Unternehmensbeispiele, Düsseldorf 2004

DGFP e.V. (Hrsg.) (2006): Erfolgsorientiertes Personalmarketing in der Praxis. Konzept – Instrumente – Praxisbeispiele, Düsseldorf 2006.

Domsch, M./Gerpott, T. J. (1992): Personalbeurteilung. In: Gaugler, E./Weber, W. (Hrsg.): Handwörterbuch des Personalwesens, 2. Aufl., Sp. 1631-1641, Stuttgart 1992.

Doppler, K./Lauterburg, C. (2005): Change Management. Den Unternehmenswandel gestalten, 11. Aufl., Frankfurt/Main 2005.

Düweke, E./Rabsch, S. (2011): Erfolgreiche Websites, Bonn 2011.

Eberle, M. (2016): Die Rolle der internen Kommunikation bei der Weiterentwicklung einer dialoggesteuerten Unternehmenskultur, in: Rolke, L./Sass, J. (Hrsg.): Kommunikationssteuerung. Wie Unternehmenskommunikation in der digitalen Gesellschaft ihre Ziele erreicht, Berlin/Boston 2016.

Eckardt, G. H. (2010): Business-to-Business-Marketing. Eine Einführung für Studium und Beruf, Stuttgart 2010.

Edinger, T. (2002): Cafeteria-Systeme. Ein EDV-gestützter Ansatz zur Gestaltung der Arbeitnehmer-Entlohnung, Herdecke 2002.

Fahrni, F./Völker, R./Bodmer, C. (Fahrni et al. (2002): Erfolgreiches Benchmarking in Forschung und Entwicklung, Beschaffung und Logistik, München 2002.

Fassnacht, M. (2003): Preisdifferenzierung, in: Diller, H./Herrmann, A. (Hrsg.): Handbuch Preispolitik. Strategien – Planung – Organisation, Wiesbaden 2003, S. 481-502.

Feigenbaum, A. V. (2007): The International Growth of Quality, in: Quality Progress, February 2007, S. 30-40.

Feldmann, M. (2009): Die Wahrnehmung der Gerechtigkeit von Führungskräften in Arbeitssituationen – Ein kritischer Beitrag zur Messung und Analyse von Gerechtigkeitswahrnehmungen in Organisationen, Hagen 2009.

Fiedler, F. E. (1967): Engineer the Job to Fit the Manager, in: Harvard Business Review 43 (5/1965), S. 115-122.

Fiedler, F. E./Chemers, M. M./Mahar, L. (Fiedler et al. 1979): Der Weg zum Führungserfolg. Ein Selbsthilfeprogramm für Führungskräfte, Stuttgart 1979.

Fink, D. (2009): Strategische Unternehmensberatung, München 2009.

Fischer, A./Kaup, A. (2016): Interne Kommunikation als Innovationstreiber, in: Rolke, L./Sass, J. (Hrsg.): Kommunikationssteuerung. Wie Unternehmenskommunikation in der digitalen Gesellschaft ihre Ziele erreicht, Berlin/Boston 2016.

Fohmann, L. (2005): Projektergebnis in Beratungsunternehmen. In: Stolorz, C./Fohmann, L. (Hrsg.): Controlling in Consultingunternehmen. Instrumente, Konzepte, Perspektiven, 2. Aufl., Wiesbaden 2005, S. 9-26.

Frintrup, A (2006).: (ohne Titel) Gastvortrag der HR Diagnostics an der Fachhochschule Pforzheim am 13.06.2006.

Frohne, J. (2015). Absolventen 2015 unter die Lupe genommen: Ziele, Wertvorstellungen und Karriereorientierung der Generation Y. Eine Studie des Kienbaum Institut @ ISM, Dortmund.

Gadatsch, A. (2008): Grundkurs Geschäftsprozess-Management. Methoden und Werkzeuge für die IT-Praxis. Eine Einführung für Studenten und Praktiker, 5. Aufl., Wiesbaden 2008.

Gay, F. (2006): Das DISG®Persönlichkeits-Profil: Persönliche Stärke ist kein Zufall, 34. Aufl., Remchingen 2006.

Gebhardt, B./Hofmann, J./Roehl, H. (Gebhardt et al. 2015). Zukunftsfähige Führung. Die Gestaltung von Führungskompetenzen und -systemen. Gütersloh: Bertelsmann Stiftung.

Gelbrich, K./Wünschmann, S./Müller, S. (Gelbrich et al. 2008): Erfolgsfaktoren des Marketing, München 2008.

Godefroid, P./Pförtsch, W. A. (2008): Business-to-Business-Marketing, 4. Aufl., Ludwigshafen 2008.

Göbel, E. (2002): Neue Institutionenökonomik. Konzeption und betriebswirtschaftliche Anwendung, Stuttgart 2002.

Große-Oetringhaus, W. (1986): Die Bedeutung des strategischen Marketings für den Vertrieb, Siemens-interne Vortragsvorlage, München 1986.

Grüning, M. (2002): Performance-Measurement-Systeme. Messung und Steuerung von Unternehmensleistung, Wiesbaden 2002.

Günter, B. (2012): Beschwerdemanagement als Schlüssel zur Kundenzufriedenheit, in: Homburg, C. (Hrsg.): Kundenzufriedenheit. Konzepte – Methoden – Erfahrungen, 8. Aufl., Wiesbaden 2012.

Gutenberg, E. (1984): Grundlagen der Betriebswirtschaftslehre, Bd. 2: Der Absatz, 16. Aufl., Berlin u.a. 1984.

Hagmann, C./Hagmann, J. (2011): Assessment Center, 4. Aufl., Freiburg 2011.

Hamal, G./Prahalad, C. K. (1990): The core competence and the corporation, Harvard Business Review, 68, May–June, S. 79–91.

Hammer, M./Champy, J. (1994): Business Reengineering. Die Radikalkur für das Unternehmen, Frankfurt-New York 1994.

Hansen, U./Jeschke, K./Schöber, P. (Hansen et al. 1995): Beschwerdemanagement – Die Karriere einer kundenorientierten Unternehmensstrategie im Konsumgütersektor, in: Marketing ZfP, 17. Jg. (1995), Nr. 2, S. 77-88.

Häußler, T. (2011): Zeitliche Entwicklung von Netzwerkbeziehungen: Theoretische Fundierung und empirische Analyse am Beispiel von Franchise-Netzwerken Wiesbaden 2011.

Hauser, M. (2000): Charismatische Führung: Fluch und Segen zugleich? Frankfurter Allgemeine Zeitung, 42 (14.02.2000), S. 69.

Heitsch, D. (1985): Das erfolgreiche Verkaufsgespräch, 2. Aufl., Landsberg am Lech 1985.

Hersey, P./Blanchard, K. H. (1981): So You Want to Know Your Leadership Style?, Training and Development Journal, June 1981, S. 34-54.

Hersey, P./Blanchard, K. H. (1988): Management of Organisational Behavior, 5. Aufl., Englewood Cliffs 1988.

Heßler, A./Mosebach, P. (2013): Strategie und Marketing im Web 2.0. Handbuch für Steuerberater und Wirtschaftsprüfer, Wiesbaden 2013.

Hildebrandt, M./Jehle, L./Meister, S./Skoruppa, S. (Hildebrandt et al. 2013): Closeness at a distance – Leading virtual groups to high performance. Oxfordshire: LIBRI Publishing.

Hilke, W. (1989): Grundprobleme und Entwicklungstendenzen des Dienstleistungs-Marketing, in: Hilke, W. (Hrsg.): Dienstleistungs-Marketing, Wiesbaden 1989, S. 5-44.

Hinterhuber, H. (1996): Strategische Unternehmensführung I: Strategisches Denken: Vision, Unternehmenspolitik, Strategie, 6. Aufl., Berlin, New York 1996.

Hofert, S./Thonet, C. (2019): Der agile Kulturwandel. 33 Lösungen für Veränderungen in Organisationen, Wiesbaden 2019.

Holland, H. (2004): Direktmarketing, 2. Aufl., München 2004.

Holland, H. (2014): Dialogmarketing – Offline und Online, in: Holland, H. (Hrsg.): Digitales Dialogmarketing. Grundlagen, Strategien, Instrumente, Wiesbaden 2014, S. 3-28.

Homans, G. C. (1958): Social Behavior as Exchange, American Journal of Sociology, 63, 3, S. 597-606.

Homburg, C./Krohmer, H. (2009): Marketingmanagement. Strategie – Umsetzung – Unternehmensführung, 3. Aufl., Wiesbaden 2009.

House, R. J. (1977): A Theory of Charismatic Leadership, in: Hunt, J. G./Larson, L. L. (Hrsg.): Leadership. The Cutting Edge, Carbondale 1977, S. 189-207.

HR-Barometer 2007, 2009 und 2011: Bedeutung, Strategien, Trends in der Personalarbeit (Hrsg. v. Capgemini Consulting).

Hubert, B. (2015): Controlling-Konzeptionen. Ein schneller Einstieg in Theorie und Praxis, Wiesbaden 2015.

Hungenberg, H./Wulf, T. (2015): Grundlagen der Unternehmensführung. Einführung für Bachelorstudierende, 5. Aufl., Berlin – Heidelberg 2015.

Imboden, C./Leibundgut, A./Siegenthaler, P. (Imboden et al. 1978): Klassifikation heuristischer Prinzipien. Ein methodologischer Beitrag zur Entwicklung heuristischer Verfahren, in: Die Unternehmung, Vol.32, No. 3, 1978: S. 295-329.

Ivens, B. S./Rauschnabel, P. A./Leischnig, A. (Ivens et al. 2016): Social Media in B2B-Unternehmen: Einsatzpotenziale in Marketing und Vertrieb, in: Binckebanck, L./Elste, R. (Hrsg.): Digitalisierung im Vertrieb. Strategien zum Einsatz neuer Technologien in Vertriebsorganisationen, Wiesbaden 2016.

Jäger, W. (2008): Die Zukunft im Recruiting: Web 2.0. Mobile Media und Personalkommunikation, in: Beck, C. (Hrsg.): Personalmarketing 2.0. Vom Employer Branding zum Recruiting, Köln 2008.

Janisch, M.: Das strategische Anspruchsgruppenmanagement, Bern 1993.

Jentzsch, O. (2005): Projekt-Controlling als Frühwarnsystem. In: Stolorz, C./Fohmann, L. (Hrsg.): Controlling in Consultingunternehmen. Instrumente, Konzepte, Perspektiven, 2. Aufl., Wiesbaden 2005, S. 27-60.

Jeschke, B. G. (2017): Entscheidungsorientiertes Management. Einführung in eine konzeptionell fundierte, pragmatische Entscheidungsfindung, Berlin-Boston 2017.

Jeschke, K. (2004): Marketingmanagement der Beratungsunternehmung. Theoretische Bestandsaufnahme sowie Weiterentwicklung auf der Basis der betriebswirtschaftlichen Beratungsforschung, Wiesbaden 2004.

Jochmann, W. (2019) in: https://www.linkedin.com/pulse/top-trends-hr-und-people-management-2019-dr-walter-jochmann/

Jost, A. (2000): Kundenmanagementsteuerung – Erweiterung der Vertriebssteuerung im Rahmen umfassender CRM-Systeme, in: Bliemel, F./Fassott, G./Theobald, A. (Hrsg.): Electronic Commerce – Herausforderungen – Anwendungen – Perspektiven, 3. Aufl., Wiesbaden 2000, S. 331-348.

Jung, H. (2006): Personalwirtschaft, 7. Aufl., München 2006.

Jung, H. (2017): Personalwirtschaft, 10. Aufl., Berlin/Boston 2017.

Kaas, K. P. (1992): Marketing und Neue Institutionenlehre; Arbeitspapier Nr. 1 aus dem Forschungsprojekt ‚Marketing und ökonomische Theorie', Frankfurt am Main 1992.

Kasch, W. (2013): Agil ist anders, in: Personalmagazin 11/13.

Keese, C. (2016): Silicon Germany. Wie wir die digitale Transformation schaffen, München 2016

Kellner, H. (2000), Konflikte verstehen, verhindern, lösen. Konfliktmanagement für Führungskräfte, München 2000.

Kern, U: Analyse und Beschreibung des Führungsmodells eines kreativen Global Players. Fallstudie Ikea-Reader 2012.

Kerth, K./Asum, H./Stich, V. (Kerth et al. 2011): Die besten Strategietools in der Praxis. Welche Werkzeuge brauche ich wann? Wie wende ich sie an? Wo liegen die Grenzen? 5. Aufl., München 2011.

Kiefer, B. U./Knebel, H. (2004): Taschenbuch Personalbeurteilung – Feedback in Organisationen, 11. Aufl., Heidelberg 2004.

Klatt, M. C. (2010): Organisationsstrukturen von Beratungsunternehmen, in: Niedereichholz et al. (Hrsg.): Handbuch der Unternehmensberatung, Bd. 2, 7210, Berlin 2010.

Knöchelmann, M. (2014): Disruptive Innovation als Erfolgsfaktor am Beispiel Amazon, Leipzig 2014.

Kofler, T. (2010): Das digitale Unternehmen. Systematische Vorgehensweise zur zielgerichteten Digitalisierung, Berlin 2018.

Kohlbacher, F./Herstatt, C./Schweisfurth, T. (Kohlbacher et al. 2010): Produktentwicklung in Zeiten des demografischen Wandels – Herausforderungen und Ansätze der Marktbearbeitung. In: Wissenschaftsmanagement. Zeitschrift für Innovation, 16. Jg. (2010), Heft 1, S. 30-36.

Kollmann, T. (2016): E-Entrepreneurship. Grundlagen der Unternehmensgründung in der Digitalen Wirtschaft, 6. Aufl., Wiesbaden 2016.

Kollmann, T. (2020): Digital Leadership. Grundlagen der Unternehmensführung in der Digitalen Wirtschaft, Wiesbaden 2020.

Kollmann, T./Schmidt, H. (2016): Deutschland 4.0. Wie die Digitale Transformation gelingt, Wiesbaden 2016.

Kommission der Europäischen Gemeinschaften (Hrsg.) (Komm 2006): Mitteilung der Kommission an das Europäische Parlament, den Rat und den Europäischen Wirtschafts- und Sozialausschuss – Umsetzung der Partnerschaft für Wachstum und Beschäftigung: Europa soll auf dem Gebiet der sozialen Verantwortung der Unternehmen führend werden, S. 136.

Kosub, B. (2009): Personalentwicklung, in DGFP e.V. (Hrsg.): Personalcontrolling. Konzept – Kennzahlen – Unternehmensbeispiele, Bielefeld 2009, S. 109-128.

Kotler, P. (1977): Marketing-Management. Analyse, Planung und Kontrolle, Stuttgart 1977.

Kotler, P./Armstrong, G./Wong, V./Saunders, J. (Kotler et al. 2011): Grundlagen des Marketing, 5. Aufl., Pearson, München 2011.

KPMG (2012): Studie „Trends im Handel 2020".

Krebsbach-Gnath, C. (1992): Wandel und Widerstand, in: Den Wandel von Unternehmen steuern. Faktoren für ein erfolgreiches Change Management, Frankfurt/M. S. 37-55.

Kroeber-Riel, W. (1993): Bildkommunikation. Imagerystrategien für die Werbung, München 1993.

Krüger, W. (2002): Excellence in Change. Wege zur strategischen Erneuerung, 2. Aufl., Wiesbaden 2002.

Kunerth, B./Mosley, R. (2011): Applying employer brand management to employee engagement. Strategic HR Review, Vol. 10, Iss: 3, pp. 19-26.

Kuß, A. (2013): Marketing-Theorie. Eine Einführung, 3. Aufl., Wiesbaden 2013.

Laakmann, K. (1995): Value-Added-Services als Profilierungsinstrument im Wettbewerb – Analyse, Generierung, Bewertung, Frankfurt am Main 1995.

Lang, R./Rybnikova, I. (2014): Aktuelle Führungstheorien und -konzepte, Wiesbaden 2014.

Laudon, S. (2017) in: http://www.cebit.de/de/news-archiv/digital-insights/moderne-mitarbeiterfuehrung-diese-5-chefs-machen-es-vor/

Leußer, W./Hippner, H./Wilde, K.D. (Leußer et al. 2011): CRM – Grundlagen, Konzepte und Prozesse, in: Hippner, H./Hubrich, B./Wilde, K. D. (Hrsg.): Grundlagen des CRM – Strategie, Geschäftsprozesse und IT-Unterstützung, Wiesbaden 2011.

Levitt, T. (1960): Marketing Myopia, in: Harvard Business Review 7/8/1960, S. 45-56.

Lippold, D. (1993): Marketing als kritischer Erfolgsfaktor der Softwareindustrie. In: Arnold, U./Eierhoff, K. (Hrsg.): Marketingfocus: Produktmanagement, Stuttgart 1993, S. 223-236.

Lippold, D. (1998): Die Marketing-Gleichung für Software. Der Vermarktungsprozess von erklärungsbedürftigen Produkten und Leistungen am Beispiel von Software, 2. Aufl., Stuttgart 1998.

Lippold, D. (2010a): Die Marketing-Gleichung für Unternehmensberatungen, in: Niedereichholz et al. (Hrsg.): Handbuch der Unternehmensberatung, Bd. 2, 7440, Berlin 2010.

Lippold, D. (2010b): Die Personalmarketing-Gleichung für Unternehmensberatungen, in: Niedereichholz et al. (Hrsg.): Handbuch der Unternehmensberatung, Bd. 2, 7560, Berlin 2010.

Lippold, D. (2011): Die Personalmarketing-Gleichung. Einführung in das wertorientierte Personalmanagement, München 2011.

Lippold, D. (2013): Die Unternehmensberatung. Von der strategischen Konzeption zur praktischen Umsetzung, 1. Aufl., München 2013.

Lippold, D. (2014): Die Personalmarketing-Gleichung. Einführung in das wert- und prozessorientierte Personalmanagement, 2. Aufl., München 2014.

Lippold, D. (2015a): Die Marketing-Gleichung. Einführung in das prozess- und wertorientierte Marketingmanagement, 2. Aufl., München 2015.

Lippold, D. (2015b): Theoretische Ansätze in der Marketingwissenschaft. Ein Überblick, Wiesbaden 2015.

Lippold, D. (2015c): Marktorientierte Unternehmensplanung. Eine Einführung, Wiesbaden 2015.

Lippold, D. (2015d): Einführung in die Marketing-Gleichung, Wiesbaden 2015.

Lippold, D. (2015e): Theoretische Ansätze in der Personalwirtschaft. Ein Überblick, Wiesbaden 2015.

Lippold, D. (2015f): Einführung in die Personalmarketing-Gleichung, (Essentials), Wiesbaden 2015.

Lippold, D. (2016a): Die Unternehmensberatung. Von der strategischen Konzeption zur praktischen Umsetzung, 2. Aufl., Wiesbaden 2016.

Lippold, D. (2016b): Akquisitionszyklen und -prozesse im B2B-Bereich. Eine Einführung, Wiesbaden 2016.

Lippold, D. (2016c): Organisationsstrukturen von Stabsfunktionen. Ein Überblick, Wiesbaden 2016.

Lippold, D. (2017a): Aspekte und Dimensionen der Bewerbermarkt-Segmentierung, Wiesbaden 2017.

Lippold, D. (2017b): Aspekte und Dimensionen der Personalfreisetzung, Wiesbaden 2017.

Lippold, D. (2018a): Die Reduktion der Fluktuationsrate als Erfolgsfaktor im Mittelstand. Dargestellt am Beispiel der Beratungsbranche. In: Ahrendt, B./Wöhrmann, S. (Hrsg.): Personalmarketing in 3D. Die vielfältige Disziplin, Berlin 2018.

Lippold, D. (2019a): Gefragt ist die hybride Führungskraft. In: https://lippold.bab-consulting.de/gefragt-ist-die-hybride-fuehrungskraft/

Lippold, D. (2019b): Wer Erfolg haben will, muss sich verändern, in: https://lippold.bab-consulting.de/wer-erfolg-haben-will-muss-sich-veraendern-aber-nicht-um-jeden-preis/

Lippold, D. (2020a): Gastbeitrag im Bank Blog: „Empowerment ist entscheidend! Paradigmenwechsel in der Personalentwicklung von Banken", in: https://lippold.bab-consulting.de/empowerment-ist-entscheidend-paradigmenwechsel-in-der-personalentwicklung-von-banken

Lippold, D. (2020b): Digitalisierung und die vier Väter des Widerstands, in: https://lippold.bab-consulting.de/digitalisierung-und-die-vier-vaeter-des-widerstands

Lippold, D. (2020c): Digital (mit)denken – analog lenken. Eine Roadmap durch die digitale Transformation, Berlin/Boston 2020.

Lippold, D. (2020d): Agilität: Was ist eigentlich das Wasserfall-Modell? In: https://lippold.bab-consulting.de/agilitaet-was-ist-eigentlich-das-wasserfall-modell

Locher, A. (2002): Individualisierung von Anreizsystemen, Basel 2002.

Macharzina, K./Wolf, J. (2010): Unternehmensführung. Das internationale Managementwissen. Konzepte – Methoden – Praxis, Wiesbaden 2010.

Manz, C./Sims, H. (1987): Leading Workers to Lead Themselves. The External Leadership of Self-Managing Work Teams, Administrative Science Quaterly, 32,1, S. 106-130.

Manz, C./Sims, H. (1991): Super Leadership: Beyond the Myth of Heroic Leadership, Organizational, Dynamics, 19, 4, S. 18-35.

Marston, W. M. (1928): Emotions of Normal People, New York 1928.

Maslow, A. (1970): Motivation and Personality, 2. Aufl., New York 1970.

Meffert, H. (1998): Marketing. Grundlagen marktorientierter Unternehmensführung. Konzepte – Instrumente – Praxisbeispiele, 8. Aufl., Wiesbaden 1998.

Meffert, H./Burmann, C./Koers, M. (Meffert et al. 2002): Stellenwert und Gegenstand des Markenmanagement, in: Meffert, H./Burmann, C./Koers, M. (Hrsg.): Markenmanagement: Identitätsorientierte Markenführung und praktische Umsetzung, Wiesbaden 2002.

Meffert, H./Burmann, C./Kirchgeorg, M. (Meffert et al. 2008): Marketing. Grundlagen marktorientierter Unternehmensführung. Konzepte – Instrumente – Praxisbeispiele, 10. Aufl., Wiesbaden 2008.

Menzenbach, J. (2012): Visionäre Unternehmensführung. Grundlagen, Erfolgsfaktoren, Perspektiven, Wiesbaden 2012.

Möller, J./ Schmidt, C./Lindemann, C. (Möller et al. 2015). Generationengerechte Führung beruflich Pflegender. In Zängl, P. (Hrsg.), Zukunft der Pflege – 20 Jahre Norddeutsches Zentrum zur Weiterentwicklung der Pflege (S. 117-130). Wiesbaden 2015.

Mühlenhoff, M./Hedel, L. (2014): Internet als Marketinginstrument – Werbeorientierte Kommunikationspolitik im digitalen Zeitalter, in: Holland, H. (Hrsg.): Digitales Dialogmarketing. Grundlagen, Strategien, Instrumente, Wiesbaden 2014, S. 517-535.

Müller-Stewens, G./Lechner, C. (2001): Strategisches Management. Wie strategische Initiativen zum Wandel führen, Stuttgart 2001.

Myers, D. G. (2010): Psychology, 9th ed., New York 2010.

Neuberger, O. (2002): Führen und führen lassen. Ansätze, Ergebnisse und Kritik der Führungsforschung, 6. Aufl., Stuttgart 2002.

Nissen, V. (2007): Qualitätsmanagement in Beratungsunternehmen, in: Nissen, V. (Hrsg.): Consulting Research. Unternehmensberatung aus wissenschaftlicher Perspektive, Wiesbaden 2007, S. 235-259.

Nowotny, V. (2017): Was ist eine agile Organisation? Wodurch zeichnen sich agile Unternehmen aus? In: https://www.business-wissen.de/artikel/unternehmenskultur-was-ist-eine-agile-organisation/

Oertel, J. (2007): Generationenmanagement in Unternehmen, Wiesbaden 2007.

Ovum (2010): 2009 Business Trends: Consumer preferences in contact center interactions. End-user analysis of the contact center market.

Pepels, W. (2007): Market Intelligence. Moderne Marktforschung für Praktiker – Auswahlverfahren, Datenerhebung, Datenauswertung, Praxisanwendungen und Marktprognose, Erlangen 2007.

Peters, T. J./Waterman, R. H. (1984): Auf der Suche nach Spitzenleistungen. Was man von den bestgeführten US-Unternehmen lernen kann, 10. Aufl., Landsberg am Lech 1984.

Porter, M. E. (1986): Competition in Global Industries. A Conceptual Framework, in: Porter, M. E. (Hrsg.): Competition in Global Industries. Harvard Business School Press, Boston, 1986, 15-60.

Porter, M. E. (1995): Wettbewerbsstrategie, 8. Aufl., Frankfurt-New York 1995.

Pruitt, D. G./Rubin, J. Z. (1986). Social conflict: Escalation, stalement and settlement. New York 1986.

Radomsky, C. (2019): Willkommen in der Welt der Digital Natives. Wie Sie als erfahrene Arbeitskraft Ihre Stärken ausspielen, München 2019.

Rapp, R. (2000): Customer Relationship Management. Das neue Konzept zur Revolutionierung der Kundenbeziehungen, Frankfurt/Main 2000.

Rappaport, A.: Creating Shareholder Value, 2. Aufl., New York 1997.

Rathenow, M. (2011): Theorien der Allianzforschung: Inwiefern die relationale Perspektive und die soziale Austauschtheorie den Transaktionskostenansatz ergänzen, Hamburg 2011.

Rauch, C. (2013): Die Zukunft der Qualität. Wie Meta-Services die Welt umkrempeln, Frankfurt 2013.

Rauser Towers Perrin (2006): Flexible Benefits im gesamteuropäischen Kontext. Trends und Potenziale, Studie Juli 2006.

Reddin, W. J. (1981): Das 3-D-Programm zur Leistungssteigerung des Managements, Landsberg/Lech 1981.

Reger, G. (2009): Innovationsmanagement – Change Management. Präsentationsvorlage Potsdam 12.12.2009.

Riederle, P. (2014) in: https://www.welt.de/debatte/kommentare/article135783672/Wir-Digital-Natives-veraendern-die-Welt.html

Robbins, S. (2001): Organisation der Unternehmung, München 2001.

Roddewig, S. (2003): Website Marketing. So planen, finanzieren und realisieren Sie den Marketing-Erfolg Ihres Online-Auftritts, Braunschweig/Wiesbaden 2003.

Roland Berger-Studie 2003: Kundenbindungsprogramme in großen deutschen Unternehmen.

Rosenstiel, von L. (1975): Die motivationalen Grundlagen des Verhaltens in Organisationen, Berlin 1975.

Rosenstiel, von, L. (2003). Führung zwischen Stabilität und Wandel, München 2003.

Rothlauf, J. (2010): Total Quality Management in Theorie und Praxis: Zum ganzheitlichen Unternehmensverständnis, 3. Aufl., München 2010.

Runia, P./Wahl, F./Geyer, O./Thewißen, C. (Runia et al. 2011): Marketing. Eine prozess- und praxisorientierte Einführung, 3. Aufl., München 2011.

Rückle, H. (1994): Mit Visionen an die Spitze, Wiesbaden 1994.

Ruter, R. X./Stäber, F. (2009): Unternehmensverantwortung. Ein Definitions- oder Umsetzungsproblem? Ernst & Young-Paper 2009.

Sackmann, S. A. (2004): Erfolgsfaktor Unternehmenskultur. Mit kulturbewusstem Management Unternehmensziele erreichen und Identifikation schaffen – 6 Best Practice-Beispiele, Wiesbaden 2004.

Sagie, A./Koslowsky, M. (1994): Organizational Attitudes and Behaviors as a Function of Participation in Strategic and Tactical Change Decisions: An Application of Path-Goal-Theory, Journal of Organizational Behavior, 15, 1, S. 37-47.

Sand, N./Stüber, E./Brusch, M. (Sand et al. 2010): Wirkungsmessung der Online-Kommunikation, in: Planung & Analyse, Heft 6-2010, S. 40–43.

Schäfer, E./Knoblich, H. (1978): Grundlagen der Marktforschung, 5. Aufl., Stuttgart 1978.

Schamberger, I. (2006): Differenziertes Hochschulmarketing für High Potentials, Schriftenreihe des Instituts für Unternehmensplanung (IUP), Band 43, Norderstedt 2006.

Schirmer, U./Woydt, S. (2016): Mitarbeiterführung, 3. Aufl., Wiesbaden 2016.

Schmelzer, H. J./Sesselmann, W. (2006): Geschäftsprozessmanagement in der Praxis. Kunden zufrieden stellen – Produktivität steigern – Wert erhöhen, 5. Aufl., München, Wien 2006.

Schmidt, H. (2018): Wie Maschinen die Arbeit übernehmen. In: https://www.linkedin.com/pulse/wie-maschinen-die-arbeit-%C3%BCbernehmen-dr-holger-schmidt/

Schmitt, R./Pfeifer, T. (2010): Qualitätsmanagement. Strategien – Methoden – Techniken, 4. Aufl., München-Wien 2010.

Schneider, A. /Schmidpeter, R. (2015): Corporate Social Responsibility. Verantwortungsvolle Unternehmensführung in Theorie und Praxis, 2. Aufl., Wiesbaden 2015.

Schnell, S. (2019): Automatisierung vernichtet oder schafft Jobs – je nachdem, wie gut Firmen digital aufgestellt sind, in: https://business-user.de/arbeitswelt/automatisierung-vernichtet-oder-schafft-jobs-je-nachdem-wie-gut-firmen-digital-aufgestellt-sind/

Schnieder, A. (2004): Business Transformation: Ein umfassendes Modell zur Unternehmenserneuerung, in: Fink, D. (Hrsg.): Management Consulting Fieldbook. Die Ansätze der großen Unternehmensberater, 2. Aufl., München 2004.

Scholz, C. (2000): Personalmanagement. Informationsorientierte und verhaltenstheoretische Grundlagen, 5. Aufl., München 2000.

Scholz, C. (2011): Grundzüge des Personalmanagements, München 2011.

Schütz, M. (2015). Eingebildete Generation. Der Freitag, Community. https://www.freitag.de/autoren/marcel-schuetz/die-eingebildete-generation

Schuler, H. (2000): Psychologische Personalauswahl, 3. Aufl., Göttingen 2000.

Schuler, H. (2006): Lehrbuch der Personalpsychologie, 2. Aufl., Göttingen 2006.

Schweiger, G./Schrattenecker, G. (2005): Marketing, 6. Aufl., Stuttgart 2005.

Sebastian, K.-H./Maessen, A. (2003): Pricing-Strategie. Wege zur nachhaltigen Gewinnmaximierung, in: Preismanagement, hrsg. v. Simon, Kucher & Partners, Bonn 2003.

Shareground/Universität St. Gallen (2015): Arbeit 4.0: Megatrends digitaler Arbeit der Zukunft – 25 Thesen. Projektergebnisse v. August 2015.

Simon, H. (1997): Administrative Behavior, 4. Aufl., New York 1997.

Simon, H./Wiltinger, K./Sebastian, K.-H./Tacke, G. (Simon et al. 1995): Effektives Personalmarketing. Strategien, Instrumente, Fallstudien, Wiesbaden 1995.

Sopra Steria Consulting (2016): Studie „Datengetriebene Agilität. Auf der Erfolgsspur zur digitalen Exzellenz"

Springer, J./Sagirli, A.: Personalmanagement – Personalfreisetzung, URL: http://www.iaw.rwth-aachen.de/download/lehre/vorlesungen/2006

Staehle, W. (1999): Management, 8. Aufl., München 1999.

Stalder, B. (1997): Frauenförderung konkret. Handbuch zur Weiterbildung im Betrieb, Zürich 1997.

Steinmann, H./Schreyögg, G. (2005): Management. Grundlagen der Unternehmensführung. Konzepte – Funktionen – Fallstudien, 6. Aufl., Wiesbaden 2005.

Stock-Homburg, R. (2008): Personalmanagement: Theorien – Konzepte – Instrumente, 1. Aufl., Wiesbaden 2013.

Stock-Homburg, R. (2013): Personalmanagement: Theorien – Konzepte – Instrumente, 3. Aufl., Wiesbaden 2013.

Stogdill, R. (1948): Personal Factors Associated With Leadership: A Survey of the Literature, Journal of Psychology, 72, 3, S. 444-451.

Stogdill, R. (1974): Handbook of Leadership: A Survey of Theory and Research, New York 1974.

Strothmann, K.-H./Kliche, M. (1989): Innovationsmarketing. Markterschließung für Systeme der Bürokommunikation und Fertigungsautomation, Wiesbaden 1989.

Tannenbaum, R./Schmidt, W. H. (1958): How to Choose a Leadership Patter. In: Harvard Business Review, Heft 2/1958, S. 95–101.

Thibaut, J. W./Kelley, H. H. (1959): The Social Psychology of Groups, New York 1959.

Thommen, J.-P./Achleitner, A.-K. (2012): Allgemeine Betriebswirtschaftslehre. Umfassende Einführung aus managementorientierter Sicht, 7. Aufl., Wiesbaden 2012.

Tokarski, K. O. (2008): Ethik und Entrepreneurship. Eine theoretische und empirische Analyse junger Unternehmen im Rahmen einer Unternehmensethikforschung, Wiesbaden 2008.

Trommsdorff, V. (1987). Image als Einstellung zum Angebot, in: Hoyos et al. (Hrsg.): Wirtschaftspsychologie in Grundbegriffen, 2. Aufl., München 1987, S. 117-128.

Tüschen, N. (1989): Unternehmensplanung in Softwarehäusern. Entwurf und Weiterentwicklung eines Bezugsrahmens auf der Basis empirischer Explorationen in Softwarehäusern in der Bundesrepublik Deutschland, Bergisch-Gladbach, Köln 1989.

Vahs, D. (2009): Organisation. Ein Lehr- und Managementbuch, 7. Aufl., Stuttgart 2009.

Vroom, V. H./Yetton, P. W. (1973): Leadership and Decision-Making, Pittsburgh 1973.

Wald, P. M. (2014): Virtuelle Führung, in: Lang, R./Rybnikova, I.: Aktuelle Führungstheorien und -konzepte, Wiesbaden 2014, S. .355-386.

Walsh, G./Deseniss, A./Kilian, T. (Walsh et al. 2009): Marketing. Eine Einführung auf der Grundlage von Case Studies, Berlin – Heidelberg 2009.

Webster, F. E./Wind, Y. (1972): Organizational Buying Behavior, Englewood Cliffs, N. J. 1972.

Weiber, R./Kollmann, T. (1997): Wettbewerbsvorteile auf virtuellen Märkten - Vom Marketplace zum Marketspace, in: Link, J./Brändli, D./Schleuning, C./Kehl, R. E. (Hrsg.): Handbuch Database Marketing, Ettlingen, S. 513-530.

Weiber, R./Kollmann, T. (1998): Competitive Advantages in Virtual Markets - Perspectives of „Information-based-Marketing" in Cyberspace, in: European Journal of Marketing, Jg. 32, Nr. 7/8, S. 603-615.

Weibler, J. (2016): Personalführung, 3. Aufl., München 2016.

Weideneder, M. (2001): Erfahrungsbericht: Personalvermittlung im Internet. In: Personal, 07/ 2001.

Welge, M. K./Al-Laham, A. (2008): Strategisches Management. Grundlagen – Prozesse – Implementierung, 5. Aufl., Wiesbaden 2008.

Werle, K. (2013). Die Kuschel Kohorte. http://www.manager-magazin.de/magazin/artikel/0,2828,druck-875547,00.html.

Weuster, A. (2004): Personalauswahl. Anforderungsprofil, Bewerbersuche, Vorauswahl und Vorstellungsgespräch, Wiesbaden 2004.

Winter, D. G. (2002): The Motivational Dimensions of Leadership: Power, Achievement, and Affiliation. In: Riggio, R. E./Murphy, S. E./Pirozzolo, f. J. (Hrsg.): Multiple Intelligences and Leadership, Mahwah, New York 2002, S. 119-138.

Wirtz, B. W. (2009): Medien- und Internetmanagement, 6. Aufl., Wiesbaden 2009.

Wirtz, B. W. (2013): Electronic Business, 4. Aufl., Wiesbaden 2013.

Wöhe, G./Döring, U./Brösel, G. (Wöhe et al. 2020): Einführung in die Allgemeine Betriebswirtschaftslehre, 27. Aufl., München 2020.

Abbildungsverzeichnis

Abb. 1-01: Digitalisierungsgrad deutscher Unternehmen nach Unternehmensgröße 2018 5
Abb. 1-02: Untergliederung des Wirtschaftsabschnitts Handel 11
Abb. 1-03: Gliederung der amtlichen Systematik der Wirtschaftszweige (Ausschnitt) 12
Abb. 1-04: Klassifizierung der deutschen Unternehmen nach der Betriebsgröße 13
Abb. 1-05: Kriterien für die Wahl der Rechtsform 13
Abb. 1-06: Die privatrechtlichen und öffentlichen Rechtsformen im Überblick 15
Abb. 1-07: Gewählte Rechtsform bei eingetragenen Betriebsgründungen 16
Abb. 1-08: Ebenen der Unternehmensführung 17
Abb. 1-09: Mögliche hierarchische Ausprägungen der einzelnen CXOs 18
Abb. 1-10: Die betrieblichen Grundfunktionen im Überblick 19
Abb. 1-11: Die Abfolge von Managementfunktionen als Regelkreis 20
Abb. 1-12: Betriebliche Grundfunktionen und Managementfunktionen 21
Abb. 1-13: Grundtypen der Unternehmensverfassung von Gesellschaften 23
Abb. 1-14: Ansprüche und Leistungen der Stakeholder 24
Abb. 1-15: Stakeholder- und Shareholder-Ansatz im Vergleich 25
Abb. 1-16: Corporate Social Responsibility-Verständnis von Ernst & Young 26
Abb. 1-17: Corporate Responsibility und entsprechende Teilmengen 27
Abb. 1-18: Lösung von Agency-Problemen 29
Abb. 1-19: Das Kulturwandelhaus 35
Abb. 1-20: Evolutionäre und disruptive Innovationen anhand der Anforderungskurven 36
Abb. 1-21: Digitale Technologien, die Branchen verändert haben (Beispiele) 39
Abb. 1-22: Zusammenhänge und Einflüsse der Digitalisierung auf Unternehmen 40
Abb. 1-23: Elemente des digitalen Unternehmens (Referenzmodell) 41
Abb. 1-24: „Wo steht Ihr Unternehmen generell beim Thema Digitalisierung?“ 43
Abb. 1-25: „Jedes vierte Unternehmen verzichtet auf eine Digitalstrategie“ 44
Abb. 1-26: „Maschinen übernehmen die Arbeit“ 46
Abb. 1-27: „Effekte der Digitalisierung auf Tätigkeiten“ 47
Abb. 1-28: Arbeitsverhalten verschiedener Generationen 50
Abb. 1-29: „Die alten Werte verändern sich“ 56
Abb. 1-30: Wachstum der Datenmengen über die Zeit 58
Abb. 1-31: Datenquellen, die zum rasanten Datenwachstum führen 59
Abb. 1-32: Die fünf Vs von Big Data 60
Abb. 1-33: „Die Opfer des Smartphone-Booms“ 62
Abb. 1-34: Gerätenutzung für digitale Aktivitäten 63
Abb. 1-35: Online Shopping und Smart Home als Zukunftstreiber 65

Abb. 2-01: Bezugsrahmen für die marktorientierte Unternehmensplanung 72
Abb. 2-02: Bezugsrahmen einer Unternehmensplanung 73
Abb. 2-03: Einflussfaktoren für das Marketing 75
Abb. 2-04: „Digital verdrängt analog“ 78
Abb. 2-05: Wachstumspotenzial durch Industrie 4.0 79

Abb. 2-06: Die Begriffswelt rund um Industrie 4.0 ... 80
Abb. 2-07: Bruttostromerzeugung nach Energieträgern 2019 ... 81
Abb. 2-08: Das Grundmodell der SWOT-Analyse ... 84
Abb. 2-09: Das TOWS-Diagramm ... 85
Abb. 2-10: Fiktives Stärken-Schwächen-Profil ... 86
Abb. 2-11: Faktoren des 7-S-Modells ... 87
Abb. 2-12: Das Five-Forces-Modell von PORTER ... 90
Abb. 2-13: Portfolio der Kompetenzen und Handlungsoptionen ... 91
Abb. 2-14: Beiträge und Ansprüche der Stakeholder ... 92
Abb. 2-15: Wertschöpfungskette für Industriebetriebe nach Porter ... 93
Abb. 2-16: Ansatzpunkte für Wertschöpfungspartnerschaften ... 94
Abb. 2-17: Alternative Wertketten in der Möbelbranche ... 95
Abb. 2-18: Beispiel für die Kostenverteilung einer Wertschöpfungskette in der Industrie ... 96
Abb. 2-19: Benchmarking-Grundtypen ... 97
Abb. 2-20: Der Marktforschungsprozess ... 98
Abb. 2-21: Wichtige Beobachtungsvarianten ... 101
Abb. 2-22: Blickregistrierungsverfahren gestern und heute ... 102
Abb. 2-23: Apparative Beobachtungsverfahren (Auswahl) ... 103
Abb. 2-24: Beobachtungsvarianten nach der Durchschaubarkeit der Versuchssituation ... 104
Abb. 2-25: Strategische und taktische Elemente einer Befragung ... 104
Abb. 2-26: Vor- und Nachteile der Befragungsformen ... 106
Abb. 2-27: Beispiel eines Produkttests als Blindtest ... 108
Abb. 2-28: Beurteilungskriterien für Storetest, Markttest und Testmarktersatzverfahren ... 109
Abb. 2-29: Arten von Panels ... 110
Abb. 2-30: Methodische Probleme bei Panelerhebungen ... 111
Abb. 2-31: Wichtige auswahltechnische Grundbegriffe ... 112
Abb. 2-32: Verfahren der Stichprobenauswahl ... 114
Abb. 2-33: Wichtige statistische Verfahren der Datenauswertung ... 115
Abb. 2-34: Lage- und Streuungsparameter ... 115
Abb. 2-35: Beispiel für eine lineare Einfachregression ... 116
Abb. 2-36: Anwendungsbeispiele der Regressionsanalyse ... 117
Abb. 2-37: Beispiele für Verteilungen zweier Variablen ... 117
Abb. 2-38: Das unternehmerische Zielsystem ... 120
Abb. 2-39: Die CI-Komponenten ... 122
Abb. 2-40: Unternehmensleitbild der Beiersdorf AG ... 123
Abb. 2-41: Fragen zu Mission und Vision ... 124
Abb. 2-42: Die Zielpyramide des Unternehmens ... 125
Abb. 2-43: Kosten-Erfahrungskurve bei linear und logarithmisch eingeteilten Ordinaten 130
Abb. 2-44: Der Produktlebenszyklus ... 131
Abb. 2-45: Theoretische Grundlagen der Marktanteils-Marktwachstums-Matrix ... 133
Abb. 2-46: Ableitung eines Portfolios für ein Beispiel-Unternehmen ... 134
Abb. 2-47: Normstrategien und alternative Handlungsempfehlungen der BCG-Matrix ... 135
Abb. 2-48: Normstrategien der 9-Felder-Matrix von MCKINSEY ... 136
Abb. 2-49: Normstrategien der 20-Felder-Matrix von Arthur D. Little ... 137
Abb. 2-50: Produkt-Markt-Matrix nach Ansoff ... 138

Abb. 2-51: Grundlagen der Marktdurchdringungsstrategie ... 139
Abb. 2-52: Grundlagen der Marktentwicklungsstrategie ... 140
Abb. 2-53: Grundlagen der Produktentwicklungsstrategie ... 141
Abb. 2-54: Stoßrichtungen der Diversifikationsstrategie ... 142
Abb. 2-55: Konstellationen von Marktbarrieren ... 144
Abb. 2-56: Strategien in schrumpfenden Märkten ... 144
Abb. 2-57: Unterschiede zwischen Qualitäts- und Preiswettbewerb ... 147
Abb. 2-58: Die „Stuck-in-the-Middle“-Position ... 148
Abb. 2-59: Wettbewerbsstrategien nach Porter ... 148
Abb. 2-60: Strategisches Spielbrett ... 149
Abb. 2-61: Typische Markteintrittsmuster ... 150
Abb. 2-62: Beispiele für Innovationsführer und Innovationsfolger in der ITK-Branche ... 151
Abb. 2-63: Umsatz- und Gewinnentwicklung Apple 1981 bis 2020 ... 152
Abb. 2-64: Interne und externe Markteintrittsstrategien ... 153
Abb. 2-65: Unternehmerischer Planungs- und Entscheidungsprozess ... 155
Abb. 2-66: Entscheidungsbaumanalyse (Beispiel: Karriereplanung) ... 160

Abb. 3-01: Prozessstruktur der Marketing-Wertschöpfungskette ... 171
Abb. 3-02: Die Marketing-Gleichung im Überblick ... 173
Abb. 3-03: Prozess der Marktsegmentierung ... 175
Abb. 3-04: Segmentierungsarten ... 176
Abb. 3-05: S-O-R-Modell des Kaufverhaltens ... 177
Abb. 3-06: Wichtige Einflussfaktoren des Kaufverhaltens ... 178
Abb. 3-07: Neuromarketing: „Direkt ins Konsumentengehirn“ ... 179
Abb. 3-08: Vier Arten von Kaufentscheidungen ... 180
Abb. 3-09: Phasen des organisationalen Kaufprozesses ... 182
Abb. 3-10: Stufen der Geschäftsfeldplanung ... 186
Abb. 3-11: Strategische Geschäftsfelder und strategische Geschäftseinheiten bei Henkel 187
Abb. 3-12: Idealtypische Marktbearbeitungsmuster ... 188
Abb. 3-13: Der Strategietrend in der Marktsegmentierung ... 189
Abb. 3-14: Differenzierungsmöglichkeiten durch das Produkt ... 193
Abb. 3-15: Differenzierungsinstrumente und deren Ausgestaltungsmöglichkeiten ... 193
Abb. 3-16: Differenzierungsmöglichkeiten im Industriegüterbereich ... 194
Abb. 3-17: Beispiel eines zweidimensionalen Positionierungsmodells ... 195
Abb. 3-18: Positionierung Herrenanzüge: Wie der Handel die Anbieter sieht ... 196
Abb. 3-19: Beispiel für ein Positionierungsmodell mit fünf Dimensionen ... 197
Abb. 3-20: Die wertvollsten Marken weltweit 2020 ... 198
Abb. 3-21: Markenstrategische Optionen im Überblick ... 200
Abb. 3-22: Methoden der Preisfindung ... 203
Abb. 3-23: Preisstrategien ... 203
Abb. 3-24: Preispositionierungsstrategien ... 204
Abb. 3-25: Ausschöpfung der Preisbereitschaft durch Preisdifferenzierung ... 206
Abb. 3-26: Grundformen der Preisdifferenzierung ... 207
Abb. 3-27: Idealtypische Verläufe von Preisstrategien ... 208

Abb. 3-28: Positionierungsmerkmale im Einzelhandel 210
Abb. 3-29: Zur Uniformität der Innenstädte 211
Abb. 3-30: Unterschiede zwischen klassischer und digitaler Kommunikation 213
Abb. 3-31: Schematische Darstellung des Kommunikationssystems 214
Abb. 3-32: Kommunikationsinstrumente nach der wahrgenommenen Beeinflussung 216
Abb. 3-33: Einsatz von Prominenten in der Werbung 220
Abb. 3-34: Verständnis englischsprachiger Slogans in Deutschland 221
Abb. 3-35: Erfolgreiche Slogans mit langer oder angepasster Lebensdauer 222
Abb. 3-36: Werbung im B2B-Marketing 223
Abb. 3-37: Wichtige Promotionsmaßnahmen 224
Abb. 3-38: Wichtige PR-Maßnahmen und ihre Zielgruppen 226
Abb. 3-39: Die aktuellen Trends des Sportsponsorings 228
Abb. 3-40: Beispiel für ein Product Placement von Audi in „I, Robot“ (2004) 230
Abb. 3-41: Messen im Kommunikations-Mix 232
Abb. 3-42: „Online-Shopper sind Wiederholungstäter“ 233
Abb. 3-43: Instrumente der digitalen werblichen Kommunikation 234
Abb. 3-44: Meist genutzte Social Media-Plattformen weltweit 2020 235
Abb. 3-45: Bevorzugte Social-Media-Kanäle von B2C- und B2B-Unternehmen 236
Abb. 3-46: Gesponserter Artikel (Gelomyrtol) zur Erkältungszeit 239
Abb. 3-47: Beispiele für Standard-Bannerformate mit Pixel-Angabe 241
Abb. 3-48: Beispiel für Suchmaschinen-Werbung und –Optimierung 243
Abb. 3-49: Funktionaler Ablauf des Affiliate Marketing 244
Abb. 3-50: Netto-Werbeeinnahmen erfassbarer Werbeträger 245
Abb. 3-51: Printmedien im Überblick 246
Abb. 3-52: Beispiele für Außenwerbung 248
Abb. 3-53: Marktanteilsverschiebungen zwischen Tageszeitungen und Online-Medien 249
Abb. 3-54: Anteil der Internetnutzer in Deutschland bis 2019 251
Abb. 3-55: Anteil der Internetnutzer nach Altersgruppen in Deutschland 252
Abb. 3-56: Nutzungsschwerpunkte stationärer oder mobiler Internet-Angebote 253
Abb. 3-57: Phasen der Mediaplanung 255
Abb. 3-58: Wichtige Kennzahlen in der Online-Werbung 260
Abb. 3-59: Elemente eines Distributionssystems 262
Abb. 3-60: Distributionsorgane im Überblick 264
Abb. 3-61: Wichtige Distributionsformen 265
Abb. 3-62: Der ROPO-Effekt 267
Abb. 3-63: Chancen und Risiken von Mehrkanalsystemen 268
Abb. 3-64: Die größten deutschen Online-Händler 269
Abb. 3-65: OEMs und VARs als Akteure eines Cloud-Wertschöpfungsnetzwerks 273
Abb. 3-66: Persönlicher Verkauf durch den Hersteller 275
Abb. 3-67: Aufgabenzuordnungen in Verbindung mit der Marketing-Gleichung 275
Abb. 3-68: (Modellhafte) Gegenüberstellung von Buying Center und Selling Center 277
Abb. 3-69: Buying Center und Selling Center im Akquisitionsprozess (Beispiel) 278
Abb. 3-70: Das Verkaufsgitter (GRID-System) 281
Abb. 3-71: Begrifflichkeiten und Prozesse im Vertriebsmanagement 283
Abb. 3-72: ABC-Analyse bestehender Kontakte im B2B-Bereich (Beispiel) 284

Abb. 3-73: Beispiel eines Sales Cycle 286
Abb. 3-74: Phasen des Akquisitionsgesprächs 287
Abb. 3-75: Gegenüberstellung von Character Selling und Benefit Selling 289
Abb. 3-76: Tätigkeiten eines Vertriebsbeauftragten im High-Tech-Bereich 293
Abb. 3-77: Ausgewählte Akquisitionskennzahlen 295
Abb. 3-78: Kundenstrategien 297
Abb. 3-79: Bausteine eines integrierten Kundenmanagements 298
Abb. 3-80: Bereiche des Kundenmanagements 299
Abb. 3-81: Komponenten eines CRM-Systems 303
Abb. 3-82: Die Erfolgskette im Kundenmanagement 304
Abb. 3-83: Planungsdimensionen der Kundenbindung 305
Abb. 3-84: „Mit Payback punkten, sparen, profitieren“ 306
Abb. 3-85: Dreieck der Qualitätsentstehung 309
Abb. 3-86: Blueprint für den Neuwagenkauf 311
Abb. 3-87: „Die Zukunft der Qualität: Heute Qualität, Morgen Exzellenz“ 313
Abb. 3-88: Marketing-Verbund-Kasten 314
Abb. 3-89: Klassische Servicemaßnahmen 315
Abb. 3-90: Formen von Self-Service-Technologien 317
Abb. 3-91: Mögliche Richtungen der Kundenbeziehung 320
Abb. 3-92: Prozess des Beschwerdemanagements 322

Abb. 4-01: Attraktivität sozialer Beziehungen in Abhängigkeit von Vergleichsebenen 334
Abb. 4-02: Typologie der Mitarbeiterzufriedenheit und -bindung 335
Abb. 4-03: Gegenüberstellung von Gerechtigkeitsdimensionen und -prinzipien 337
Abb. 4-04: Bedürfnispyramide nach Maslow 339
Abb. 4-05: Gliederung der Bedürfnisse nach Maslow und Alderfer 339
Abb. 4-06: ERG-Theorie nach Alderfer 341
Abb. 4-07: Traditionelle Zufriedenheitstheorie vs. Herzbergs Zwei-Faktoren-Theorie 342
Abb. 4-08: Vergleich wichtiger Motivationstheorien 344
Abb. 4-09: Teamphasenmodell nach Tuckman 345
Abb. 4-10: Typen von Teammitgliedern 346
Abb. 4-11: Führungsprozess, Führungsaufgaben und Führungsstil 349
Abb. 4-12: Das Dual-Concern-Modell 354
Abb. 4-13: Formen des Konfliktverhaltens 354
Abb. 4-14: Schema des Eigenschafts-, des Verhaltens- und des situativen Ansatzes 359
Abb. 4-15: Theoretisch-konzeptionelle Ansätze der Personalführung 360
Abb. 4-16: Abgrenzung zwischen transaktionaler und transformationaler Führung 363
Abb. 4-17: Die vier Quadranten des DISG-Konzeptes 364
Abb. 4-18: Eindimensionale Klassifikation von Führungsstilen 365
Abb. 4-19: Die Führungsstile des Ohio-State-Quadranten 367
Abb. 4-20: Das Verhaltensgitter (GRID-System) 368
Abb. 4-21: Kontingenztheorie von Fiedler 370
Abb. 4-22: Wirkungskette der Weg-Ziel-Theorie 371
Abb. 4-23: Merkmale und Filterfragen zur Identifikation der Führungssituation 372

Abb. 4-24: Entscheidungsbaum nach Vroom/Yetton ... 373
Abb. 4-25: Die drei Dimensionen des Führungsmodells nach Reddin ... 374
Abb. 4-26: Das situative Führungskonzept von Hersey/Blanchard ... 376
Abb. 4-27: Vergleich klassischer und neuerer Führungskonzepte ... 381
Abb. 4-28: Einsatzformen agiler Methoden ... 385
Abb. 4-29: Zusammenfassung von Kernaussagen zur virtuellen Führung ... 387
Abb. 4-30: Ausgewählte Anforderungen an Führungskräfte im virtuellen Kontext ... 388
Abb. 4-31: Der Kompetenz-Atlas nach Erpenbeck/Heyse ... 391
Abb. 4-32: Folgerungen für das Personalmanagement heute und morgen ... 393
Abb. 4-33: Vergleich von klassischen und New Work-Führungskonzepten ... 394
Abb. 4-34: Optimaler Grad der organisationalen Mitbestimmung ... 400

Abb. 5-01: Prozesshierarchie der personalen Wertschöpfungskette ... 409
Abb. 5-02: Die Personalmarketing-Gleichung im Überblick ... 410
Abb. 5-03: Vergleich zwischen Absatzmarketing und Personalmarketing ... 411
Abb. 5-04: Stufen und Abhängigkeiten in der Arbeitsmarktsegmentierung ... 413
Abb. 5-05: Arten des Personalbedarfs ... 414
Abb. 5-06: Beispielhafte Segmentierungskriterien und Segmente ... 417
Abb. 5-07: Entscheidungskriterien für die Wahl des Arbeitgebers ... 419
Abb. 5-08: Positionierungselemente im Hochschulmarketing ... 420
Abb. 5-09: „Warum das Employer Branding so überbewertet ist" ... 422
Abb. 5-10: Die Candidate Journey ... 423
Abb. 5-11: Candidate Journey und Personalmarketing-Gleichung ... 424
Abb. 5-12: Generelle Nutzung verschiedener Recruiting-Kanäle ... 426
Abb. 5-13: Kommunikationsmaßnahmen ... 429
Abb. 5-14: Beliebteste Social-Media-Plattformen bei Bewerbern ... 433
Abb. 5-15: Einsatz von Social-Media-Kanälen nach Recruiting-Maßnahmen ... 434
Abb. 5-16: „Radikalkur in der Personalauswahl" ... 437
Abb. 5-17: Das Eisberg-Modell des Vorstellungsgesprächs ... 439
Abb. 5-18: Prozess der Einführung und Einarbeitung neuer Mitarbeiter ... 441
Abb. 5-19: Spannungsfelder im Wertewandel ... 442
Abb. 5-20: Chancen und Risiken der variablen Vergütung ... 444
Abb. 5-21: Vergütungsmodelle über das Grundgehalt hinaus ... 445
Abb. 5-22: Beispiel für ein rollenbezogenes Karrierestufen-Modell ... 448
Abb. 5-23: Ausgewählte Kombinationsmöglichkeiten fixer und variabler Vergütung ... 449
Abb. 5-24: Zielkatalog für unterschiedliche Grades ... 451
Abb. 5-25: Systematisierung von Kriterien der Personalbeurteilung ... 453
Abb. 5-26: Leistungs-Potenzial-Matrix ... 455
Abb. 5-27: Die vier Dimensionen des Balanced Scorecard ... 456
Abb. 5-28: Die Skill-Level/Potential/Performance-Matrix von Capgemini ... 457
Abb. 5-29: Wahrnehmungsverzerrungen bei der Personalbeurteilung ... 458
Abb. 5-30: Inhalte und Ziele der Personalentwicklung ... 462
Abb. 5-31: Abgrenzung Talent Management und Personalentwicklung ... 465
Abb. 5-32: Maßnahmen zur Personalfreisetzung ... 471

Abb. 5-33: Befristete Arbeitsverträge ... 472
Abb. 5-34: „Warum Mitarbeiter kündigen“ ... 475
Abb. 5-35: Rechenbeispiel zur Fluktuationsrate in der Beratungsbranche ... 478

Abb. 6-01: Kennzahlensystematik ... 492
Abb. 6-02: Statische Kennzahlen ... 494
Abb. 6-03: Herleitung von EBT, EBIT, EBITDA und Cashflow ... 495
Abb. 6-04: Dynamische Kennzahlen (Beispiele) ... 496
Abb. 6-05: Das DuPont-Kennzahlensystem ... 497
Abb. 6-06: Deduktiv orientiertes Mittel-Zweck-Schema wichtiger Unternehmensziele ... 498
Abb. 6-07: Induktiv orientiertes Mittel-Zweck-Schema wichtiger Unternehmensziele ... 499
Abb. 6-08: Beispiel für eine funktionale Gliederung ... 502
Abb. 6-09: Beispiel für eine objektorientierte Organisation ... 503
Abb. 6-10: Die Konzernstruktur der Deutschen Telekom 2003 ... 503
Abb. 6-11: Matrixorganisation ... 504
Abb. 6-12: Beispiel für eine Tensororganisation ... 505
Abb. 6-13: Klassische vs. netzwerkorientierte Führungsstruktur ... 506
Abb. 6-14: Der 90-Grad-Shift ... 509
Abb. 6-15: Geschäftsprozesse in Industrieunternehmen mit Serienprodukten ... 511
Abb. 6-16: Managementansätze (Auswahl) bei der Prozessgestaltung ... 512
Abb. 6-17: Marktanteile im ERP-Markt 2013 (Deutschland und weltweit) ... 513
Abb. 6-18: Zusammenhang zwischen internen und externen Informationssystemen ... 514
Abb. 6-19: Das Konzept der elektronischen Wertkette in der digitalen Wirtschaft ... 515
Abb. 6-20: Beispiel einer Kern-Matrix ... 517
Abb. 6-21: Aufgabenbereiche der drei personalen Organisationsmodule ... 519
Abb. 6-22: Aufgaben- und Kompetenzzentrum des Marketing-Service-Delivery-Modells ... 520
Abb. 6-23: Gründe für die Anpassung hin zu einer agilen Organisation ... 522
Abb. 6-24: Das Wasserfallmodell der klassischen Softwareentwicklung ... 523
Abb. 6-25: Einsatzgebiete agiler Methoden ... 524
Abb. 6-26: Verbesserung durch agile Methoden ... 527
Abb. 6-27: Bestimmungsfaktoren der datengetriebenen Agilität ... 529
Abb. 6-28: Konzept und Detaillierung des Shared Service Center ... 532
Abb. 6-29: Vor- und Nachteile von On-, Near- und Offshore-Standorten ... 534
Abb. 6-30: Begriffliche Abgrenzung zwischen On-, Near- und Offshoring sowie Outsourcing ... 535
Abb. 6-31: Ursachen und Auswirkungen von Change ... 537
Abb. 6-32: Die „vier Väter“ der Widerstandsbarrieren ... 540
Abb. 6-33: Typische Einstellungen gegenüber dem organisatorischen Wandel ... 543
Abb. 6-34: Zusammenhang von Veränderungsbedarf, -fähigkeit und -bereitschaft ... 544
Abb. 6-35: Komponenten der gewünschten Veränderung ... 545
Abb. 6-36: Ursachen fehlgeschlagener IT-Projekte ... 546

Sachwortverzeichnis

7-S-Modell ... 87

A

Ablauforganisation ... 508
Above-the-line-Instrumente ... 215
Absatz- und Umsatzstatistiken ... 100
Absatzmarketing ... 408, 411, 421
Absatzmittler ... 83, 263, 271
Absatzorgane ... 262
Absatzwege ... 262
Abschlusssicherheit ... 290
Abschöpfungspreisstrategie ... 207
Abweichungsanalyse ... 490
Achievement-oriented Leadership ... 371
Active Sourcing ... 53, 428
Adaptive Selling ... 281
Added Value ... 197
ADL-Matrix ... 137
Adoptionsprozess ... 40
Advertorial ... 238
Affiliate ... 243
Affiliate Marketing ... 243
Agilität ... 521
Akquisition ... 274
Akquisitionscontrolling ... 293
Akquisitionsgespräch ... 288
Akquisitionspotenzial ... 171, 408
Akquisitionsschwellen ... 293
Akquisitionszyklus ... 282
Aktiengesellschaft (AG) ... 23
Aktiengesetz ... 22
Aktionsfeld ... 190, 418
Aktivierung ... 178
Aktivitätskennzahlen ... 496
Alleinstellungsanspruch ... 190, 192
Alleinstellungsmerkmal ... 190, 192, 418
Alleinwerbung ... 218
Alternativfragen ... 106
Altersteilzeit ... 473
Alumni ... 435
Ambient Media ... 248
Analyse der Kompetenzposition ... 90
Analysemethoden ... 114
Analyseverfahren ... 99
Andorra-Phänomen ... 460
Anerkennung ... 352
Anerkennungsbedürfnisse ... 338
Anforderungsprofil ... 413, 415
Angebotskalkulation ... 491
Angebotspreis ... 201
Anregungsphase ... 156
Anreiz- und Vergütungssystem ... 442
Anreiz-Beitrags-Theorie ... 332
Anspruchsgruppen ... 83, 123
Antwortquote ... 112
Anweisung ... 351
Anzeigen ... 246
Anzeigenpanel ... 110
Anzeigenpreis ... 246
Applicant ... 408
Application Management ... 534
Arbeitgeberimage ... 419
Arbeitskultur ... 332
Arbeitsmarktsegmentierung ... 412, 413, 416
Arbeitsplatz ... 411
Arbeitszeitflexibilisierung ... 471
Arbeitszeitverkürzung ... 471
Arbeitszeugnis ... 476
Arbeitszufriedenheit ... 332
Arme Hunde ... 133
Assessment Center ... 439
Asset ... 197
Attritionrate ... 414
Aufbauorganisation ... 508
Aufgabenstil ... 375
Aufgabensynthese ... 508
Aufhebungsvertrag ... 472
Auftrag ... 351
Auftragserwartung ... 293
Augmented Reality ... 270
Aus- und Weiterbildung ... 462
Ausbildung ... 463
Aushang ... 432
Auslandseinsatz ... 468
Ausrichtungsdimension ... 215
Außendienstberichte ... 100
Außenwerbung ... 247
Austauschgüter ... 291
Austauschtheorie ... 332
Austrittsbarrieren ... 143
Austrittsinterview ... 476
Auswahl, typische ... 113
Auswahlverfahren ... 99
Auswahlverfahren, repräsentative ... 112
Auswertungsverfahren ... 114
Automatisierungswahrscheinlichkeit ... 44
Automobilindustrie ... 83
Autorität ... 55, 395

B

Baby Boomer ... 51, 331
Balanced Scorecard ... 455, 499
Banner ... 239
Bannerformate ... 240
Basic Beliefs ... 120
Basiswert ... 300
Baumarkt ... 209
BCG-Matrix ... 135
Bedarfsanalyse ... 288
Bedürfnispyramide ... 338
Bedürfnisse, soziale ... 338
Beeinflusser ... 276
Befehl ... 351
Befragung ... 104
Befragung, mündliche ... 104
Befragung, schriftliche ... 105
Befragung, telefonische ... 105
Befragungsformen ... 104, 105
Befragungsstrategie ... 104
Befragungstaktik ... 104, 106
Befriedigungs-Progressionsthese ... 340
Begleitkalkulation ... 491
Below-the-line-Instrumente ... 215
Bemessungsgrundlagen ... 448
Benchmarking ... 96
Benefit Selling ... 288
Benjamin-Effekt ... 460
Benutzer ... 276
Beobachtung ... 100
Beobachtung, nicht-teilnehmende ... 101
Beobachtung, teilnehmende ... 101
Beobachtungssituation ... 103
Beobachtungssituation, biotische ... 104
Beobachtungssituation, nicht-durchschaubare ... 103
Beobachtungssituation, offene ... 103
Beobachtungssituation, quasi-biotische ... 103
Beratungsart ... 516
Besprechung ... 355
Betreuung ... 296
Betrieb ... 10
Betriebsbesichtigung ... 432
Betriebsgröße ... 184
Betriebsvereinbarung ... 473
Beurteilung, ergebnisorientierte ... 453
Beurteilung, leistungsorientierte ... 453
Beurteilungsfehler ... 458
Bewerberakzeptanz ... 409, 436
Bewerberkriterium ... 409
Bewerbernutzen ... 409, 412, 418
Bewerbervertrauen ... 409, 428
Bewerbervorteil ... 409, 418, 425
Bewerberwahrnehmung ... 409, 425
Bewerbungsgespräch ... 436, 438
Bewerbungsunterlagen ... 436
Beziehungsbedürfnisse ... 340
Beziehungsebene ... 280
Beziehungsmanagement ... 293, 299
Beziehungsmarketing ... 299
Beziehungspflege ... 300
Beziehungsstil ... 374
Big Data ... 58
Bilanz ... 487
Bilanzanalyse ... 487
Bilanzgewinn ... 494
Bilanzpolitik ... 487
Bindungsfaktor ... 442
Bindungsfunktion ... 443
Binnenkultur ... 33
Bioprodukte ... 210
Blickaufzeichnung ... 101
Blindtest ... 108
Blockchain-Spezialisten ... 48
Blow Up's ... 247
Boni ... 209
Bonusprogramme ... 306, 307
Branchenimage ... 419, 420
Branchenmessen ... 231
Brand ... 199
Broschüre ... 432
Bumerang-Methode ... 289
Bundling Strategy ... 208
Business Engineering ... 511
Business Partner ... 518
Business Process Outsourcing ... 518
Business Process Redesign ... 511
Business Process Reengineering ... 508, 511, 512
Business Reegineering ... 511
Business Units ... 502
Businessfaktor ... 450
Buyer ... 182, 185, 276
Buying Center ... 276, 277, 282

C

Cafeteria-Modell ... 519
Cafeteria-System ... 446
Cash Cows ... 133
Cashflow ... 495
Category Management ... 279
Category Manager ... 280
Change Management ... 34, 348, 535, 536
Channel Policy ... 261
Character Selling ... 288
Charisma ... 362
CI-Komponenten ... 122
Click-Through-Verfahren ... 102
Clickworker ... 48

Cloud Computing 272
Clusteranalyse 118
Clusterorganisation 501
Coach 468
Coachee 468
Coaching 468
Commitment 332
Compensation & Benefits 442
Competence Center 518
Competency Model 447
Computer Assisted Telephone Interviewing – CATI 105
Conjoint-Analyse 201
Consumer Promotion 223
Content Marketing 236
Controlling 20
Controlling-Systeme 486
Copy-Strategie 218
Core Competencies 90
Core Process Redesign 511
Corporate Behavior 122
Corporate Center 518
Corporate Citizenship (CC) 26
Corporate Communication 122
Corporate Culture 122
Corporate Governance 22, 122
Corporate Governance (CG) 27
Corporate Identity 122
Corporate Social Responsibility (CSR) 4, 25, 67, 225, 228, 308
Corporate Volunteering 26
Corporate/Umbrella Branding 200
Cost-Plus-Pricing 201
Couponing 224, 306, 307
CRM-Systeme 293, 301
Cross Selling 278
Cross-Selling-Wert 300
Crowdworker 48
Customer Contact Management 194
Customer Relationship Management (CRM) 193, 194, 299, 301, 512
Customer Retention 301
Cut-off Method 113
Cut-off-Verfahren 113

D

Data Mining 302
Data Warehouse 302
Daten, digitale 42
Datenauswertung 99
Datengewinnung 99
Datenquellen 99
Decider 182, 185, 276
Deckungsbeitragsrechnung 201, 488
Deferred Compensation 446, 519
Defining the Business 185
Defizitbedürfnisse 338
Delegation 350
Delegationsstil 375
Deliverables 491
Demokratisierungsgrad (der Führung) 399
Desinvestitionsstrategie 144, 145
Desk Research 99
DESTEP-Prinzip 74
Dienstvertrag 291
Differenzierung 191

Differenzierungsfokus 149
Differenzierungsmöglichkeiten 192
Differenzierungsstrategie 146
Diffusionsprozess 39
Digital Immigrants 51
Digital Natives 51, 55, 380, 395
Digitale Führung 389
Digitale Transformation 7, 8, 169
Digitale Vernetzung 42
Digitalisierung 245
Digitalisierungsgrad 42
Digitalstrategie 43
Direct Costing 201
Directing 20
Directive Leadership 371
Direktwerbung 215, 242
Discounter 209
Discountstrategie 205
DISG-Konzept 363
Diskriminanzanalyse 118
Display Ads 239
Disruption 36
Dissonanz, kognitive 440
Distribution 61, 261
Distribution, akquisitorische 262
Distribution, physische 262
Distributionsformen 261, 262
Distributionskanäle 261, 264, 265
Distributionslogistik 262
Distributionsorgane 261, 262
Distributionssystem 262
Distributive Gerechtigkeit 336
Distributor 271
Diversifikation 142
Diversifikationsstrategie 138, 142
Dominanz 364
Drei-D-Modell 373
DuPont-Kennzahlensystem 497

E

E-Commerce 268

Economies of Scale 131
E-Cruiting 426
Eigentümerstruktur 507
Einarbeitungsplan 440
Eindimensionale Führungsansätze 360
Einfachkorrelation 116
Einfachregression 116
Einflussfaktoren, makro-ökonomische 76
Einflussfaktoren, politisch-rechtliche 82
Einflussfaktoren, sozio-kulturelle 76
Einflussfaktoren, technologische 77
Einflussfaktoren, unternehmensexterne 74
Einflussfaktoren, unternehmensinterne 82
Einführungsrabatte 224
Einführungsseminar 440
Einkauf 19
Einkäufer 276
Einstellungsbeschränkung 471
Einstellungsgespräch 438
Einstellungsinterview 438
Einstellungstest 436
Eintrittsbarrieren 144
Einwandbehandlung 289
Einwandbehandlungstechniken 289
Einzelabschluss nach HGB 487
Einzelhandel 263
Einzelhandelskonzentration 265
Einzeltest 108
Einzelunternehmen 14
Einzelwerbung 218
Elektronikmarkt 209
E-Mail-Advertising 241
E-Mail-Kommunikation 355
Employee 408
Employer 408
Employer Branding 421
Empowerment 466
Enabling Functions 517
Enabling-Bereich 517
Enterprise Resource Planning 513
Entlassungsgespräch 476
Entscheider 276
Entscheidung 349
Entscheidungsbaum 372
Entscheidungscharakteristika 154
Entscheidungsgüte 161
Entscheidungsheuristik 158
Entscheidungskriterien 157
Entscheidungslogik 159
Entscheidungsmodell 158
Entscheidungsprozess 155
Entscheidungsregeln 157, 162
Entscheidungssituation 156
Entscheidungsumfeld 156, 161
Entscheidungswirkung 161, 162
Entscheidungsziele 156, 162
Entwicklung 61
Equity Theorie 336
E-Recruiting 426
Erfolgsfaktoren 192
Erfolgskennzahlen 496
Ergebnisbeurteilung 454
Ergebniskontrolle 352
ERG-Theorie 339
Erhebungsmethode 99, 100
Erleichterung 470, 476
ERP-Software 197
ERP-Systeme 513, 536
Ersatzbedarf 414
Erwartungsprofil 413
Existenzbedürfnisse 340
Exit Interview 476
Experiment 107
External Analysis 73
Extrinsische Motive 338
Eye Tracking 101

F

Fachbeiträge 425
Fachgeschäft 210
Fachkompetenz 280
Fachmessen 231
Fachseminar 431
Fähigkeitsbarrieren 540, 541
Fähigkeitsprofil 413
Fairness 409, 452, 460
Faktor, individueller 450
Faktorenanalyse 118
Fast Moving Consumer Goods (FMCG) 265
Feedback 352
Feedback-Gespräch 460
Fehler, systematischer 113
Feldbeobachtung 101
Feldexperiment 107
Fernsehen 246
Fernsehpanel 110
Fernsehwerbung 247
Field Research 99
Filterfragen 107
Finanzierung 19
Firmenpräsentation 432
Firmenworkshop 431
First-Impression-Effekt 460
First-to-Market 150
Five-Forces-Modell 88
Flexible Benefits 446, 519
Fluktuation 414, 456
Fluktuationsanalyse 414, 477

Fluktuationsrate 414
Folgegeschäft 296
Förderpreis 432
Forschung 61
Fragebogen 104
Fragen, direkte und indirekte 106
Fragen, instrumentelle 107
Fragen, offene und geschlossene 106
Fragetechniken 288
Fragezeichen 133
Franchise-Systempartner 263
Freistellungsbedarf 414
Fringe Benefits 445
Frustrations-Regressionsthese 340
Frustrationsthese 340
Führung 348
Führung, agile 383
Führung, verteilte 383
Führungsansätze, eigenschaftsorientierte 359
Führungsansätze, situative 359
Führungsansätze, verhaltensorientierte 359
Führungsaufgaben 349, 350
Führungserfolg 369
Führungskommunikation 355
Führungskompetenz 390
Führungskonzepte 358
Führungskraft, hybride 8, 398
Führungskräfteentwicklung 465, 468
Führungskultur 402
Führungslaufbahn 467
Führungsnachwuchskräfte 467
Führungspräsenz 9, 399
Führungsprozess 349
Führungssituation 349, 369
Führungsstil 349, 358, 365, 367, 369
Führungsstil, autoritärer 375
Führungsstil, integrierender 375
Führungsstil, partizipativer 375
Führungsstilforschung 365
Führungsstilkonzepte 365
Führungsstiltypen 365
Führungstheorien 358
Führungsverhalten 349
Funktionsrabatte 209

G

Gastvortrag 431
Gatekeeper 182, 185, 276
Gebrauchsgüterpanel 110
Gehaltsnebenleistungen 445
Gemeinschaftswerbung 218
Generation X 51, 331
Generation Y 53, 55, 331, 378, 380, 395
Generation Z 53, 54, 380
Gerechtigkeit 335, 409, 442, 446
Gerechtigkeit, absolute 447
Gerechtigkeit, prozedurale 336
Gerechtigkeit, relative 447
Gerechtigkeitsprinzipien 337, 447
Gesamtmarktabdeckung 188
Geschäftsbereich 502
Geschäftsbereichsorganisation 502
Geschäftsberichte 425
Geschäftsfelder, strategische (SGF) 185
Geschäftsfeldplanung 174, 185, 186
Geschäftsmodell 30
Geschäftsmodell, digitalisiertes 42
Geschäftsprozesse 511
Geschmackstest 108
Gesellschafterorgan 22
Gesprächsabschluss 290
Gesprächseröffnung 287
Gesprächsvorbereitung 287
Gestaltungsart 218
Gestaltungsdimension 215
Gestaltungsform 219
Gewinn- und Verlustrechnung 487
Gewissenhaftigkeit 364
GmbH-Gesetz 22
Governance-Struktur 507
Grade 447
Grading System 447
GRID-System 281
Gross Rating Point 257
Größendegressionseffekte 131
Großhandel 263
Grundbedürfnisse 338
Grundgesamtheit 99, 112
Güterfluss, betrieblicher 19

H

Halo- oder Überstrahlungseffekt 460
Handel 83
Handelsmarkenstrategie 199
Handelspanel 110
Handelsvertreter 263
Händler 271
Händlerpromotion 223
Häufigkeiten 115
Häufigkeitsverteilungen 115
Haushaltspanel 110
Headline 221
Herausverkaufsmaßnahmen 224
Herstellermarkenstrategie 199
Hidden action 28
Hidden characteristics 28
Hidden information 28
Hidden intention 28

Hierarchieeffekt ... 459
High Potentials ... 438, 468
Hineinverkaufsmaßnahmen ... 224
Hochpreisstrategie ... 204
Hochschulmarketing ... 429
Hochschulmesse ... 431
Hochschulpate ... 432
Homo oeconomicus ... 158
HR Service Delivery-Modell ... 518
Hygienefaktoren ... 341

I

IFRS (International Financial Reporting Standards) ... 487
Image ... 125
Imageanalyse ... 99, 419
Imageanzeigen ... 425
Imagery ... 219
Individualpanel ... 110
Industrie 4.0 ... 78
Influencer ... 182, 185, 276
Information ... 351
Informations- und Kooperationswert ... 300
Informationsasymmetrie ... 28, 29
Informationsmessen ... 231
Informationsquellen, externe ... 100
Informationsquellen, interne ... 100
Informationsselektierer ... 276
Inhaltsfaktoren ... 341
Initiative ... 364
Initiator ... 182, 185, 276
Innenliquiditätseffekt ... 446
In-Page Ads ... 239
In-Stream Video Ads ... 239
Instrumentedimension ... 215
Integrationsstil ... 375
Interaktionsleistung ... 233
Interaktionswert ... 300
Interessenten-Workshops ... 224
Internet ... 100, 250, 266, 427
Internet-Nutzer ... 251
Internetplattformen ... 424
Interview ... 104, 107
Interviewereffekt ... 105
Interviewereinsatz ... 105
Intrinsische Motive ... 337
IT-Systeme ... 42

J

Jahresabschluss ... 487
Jahresendbeurteilung ... 457
Jahresperformance ... 449
Jahresüberschuss ... 495
Job Describtion ... 415
Job Involvement ... 332
Job Specification ... 415
Jobbörse ... 427

K

Kalibrierung ... 448
Kalkulation, progressive ... 201
Kalkulation, retrograde ... 201
Kannibalisierungseffekt ... 206, 249
Kapazitätsgrenze ... 202
Kapitalgesellschaft ... 14
Kapitalstruktur ... 493
Karriere ... 467
Karriereplanung ... 467
Karrierestufen-Modell ... 447
Kataloge ... 224
Kategorien-Management ... 279
Kaufentscheidung ... 180
Kaufhistorie ... 287
Kaufprozess, organisationaler ... 182
Kaufsignale ... 290
Kaufverhalten ... 177
Kaufverhaltensforschung ... 177
Kennzahlen ... 294, 492
Kennzahlen, dynamische ... 494, 496
Kennzahlen, statische ... 492
Kennzahlensystem ... 492
Kernfunktionen, betriebliche ... 19
Kernkompetenz ... 90
Kern-Matrix-Struktur ... 516
Kernprozesse ... 93
Key Account Management ... 263, 279
Key Account Manager ... 279
Key Performance Indicator (KPI) ... 456, 500, 533
Keyword Advertising ... 242
KI ... 48
Kinowerbung ... 247
Kleber-Effekt ... 460
Klickrate ... 251
Knowledgemanagement ... 507
Kodierung (der Rohdaten) ... 99
Kollektivwerbung ... 218
Kommanditgesellschaft (KG) ... 23
Kommanditgesellschaft auf Aktien (KGaA) ... 23
Kommissionär ... 264
Kommunikation ... 212, 409, 425, 428, 544
Kommunikation, digitale ... 212
Kommunikation, formelle ... 355
Kommunikation, informelle ... 355
Kommunikationsempfänger ... 214
Kommunikationsinhalt ... 191
Kommunikationsinstrumente ... 215, 429
Kommunikationsinstrumente, digitale ... 232
Kommunikationskanal ... 425

Kommunikationskonzept 215
Kommunikationssender 214
Kommunikationsstörungen 214
Kommunikationswirkung 258
Komparativer Konkurrenzvorteil (KKV) 191
Kompetenz,interkulturelle 391
Kompetenzmanagement 463
Kompetenzmodell 447, 463
Konfiguratoren 224
Konflikt 352
Konfliktsteuerung 352
Konsumgüterbereich 299
Kontakt- und Eisbrecherfragen 107
Kontakt-Effekt 460
Kontaktmaßzahlen 257
Kontingenztheorie 369
Kontraktgüter 291
Kontrast-Effekt 460
Kontrolle 349, 490
Kontrollfragen 107
Kontrollorgan 22
Kontrollphase 161
Konvergenz 245
Konzernabschluss 487
Kooperationsförderungsfunktion 443
Körperhaltung 288
Korrelation, multiple 116
Korrelationsanalyse 116
Korrelationskoeffizient 117
Kosten- und Leistungsrechnung 488
Kostenartenrechnung 488
Kostenführerschaft 146, 149
Kostenstellenrechnung 488
Kostenträger 201
Kostenträgerrechnung 488
Kostenvorteil 190
Kristallisationspunkt, konzeptioneller 72, 119
Kulturintegration 33
Kulturpluralismus 32
Kultursponsoring 227
Kulturverordnungen 32
Kulturwandelhaus 34, 35
Kunde-Lieferant-Beziehung 21
Kunden, digital angebundene 41
Kundenakzeptanz 274
Kundenbeziehungen 83
Kundenbindung 299
Kundenbindungsprogramm 305, 307
Kundenclub 307, 308
Kundendateien 100
Kundendienst 263
Kundenhistorie 301
Kundenkarte 306, 307
Kundenkartenprogramm 307
Kundenkriterium 172
Kundenlaufstudien 101
Kundenmanagement 298
Kundenmärkte 83
Kundennähe 261
Kundennutzen 83, 190
Kundenorientierung 296
Kundenveranstaltungen 307
Kundenvorteil 83, 190, 192
Kundenwahrnehmung 212
Kundenwert 91, 301
Kundenwünsche 83
Kundenzeitschrift 308
Kundenzufriedenheit 287, 296
Kündigung 473
Kündigungsschutzgesetz 473
Kunst- und Sportveranstaltungen 307

L

Laborbeobachtung 101
Laborexperiment 107
Labortestmarkt 109
Lageparameter 115
Later-to-Market 151
Laufbahnplanung 448
Leaders of tomorrow 468
Leadership Development 463, 465
Leadmanagement 283
Least Preffered Coworker 369
Lebenszyklusmodell 131
Lehrauftrag 431
Leistung, individuelle 450
Leistungsbeurteilung 454
Leistungsgerechtigkeit 448
Leistungsmotivationstheorie 342
Leistungs-Potenzial-Matrix 454
Leistungssteigerungsfunktion 443
Leitungsorgan 22
Lernkurve 130
Lichtwerbung 247
Lieferanten 83
Lieferanten, digital angebundene 41
Lieferketten 61
LinkedIn 237
Liquidität 493
Listungsgelder 224
Litfaßsäule 247
Logfile-Analyse 259
Logistik 61
Loyalitätswert 300
Luxussegment 210

M

Make-or-buy 518

Makler 264
Makrosegmentierung 184, 415
Management by E-Mail 355
Management by Exception 357
Management by Motivation 357
Management by objectives 57
Management by Objectives 350, 356
Management by Systems 357
Management by Walking Around 357
Managementaufgaben 19
Managementfunktionen 350
Managerial Grid 367
Managerial Effektivness 57
Marke 199
Markenbildung 421
Markenmanagement 197
Markenname 199
Markenstrategie 199
Markenstrategie, gemischte 199
Markenstrategie, globale 199
Markenzeichen 199
Marketing 60
Marketing Myopia 126
Marketingaktionen 98
Marketing-Gleichung 410
Marketing-Mix 127
Marketingplanung 73
Marketing-Prozesskette 171
Marketingstrategie 74
Marktanteil 125
Marktanteil, relativer 134
Marktanteils-Marktwachstums-Matrix 132
Marktattraktivität 135
Marktattraktivitäts-Wettbewerbsvorteils-Matrix 135
Marktausrichtung, mehrdimensionale 184
Marktbearbeitungsmuster 187
Marktchancen 98
Marktdurchdringungsstrategie 138, 139
Märkte 184
Märkte, horizontale 184, 416
Märkte, räumliche 184
Märkte, regionale 416
Märkte, vertikale 184, 416
Markteinführungsphase 131
Markteintritt 150
Markteintrittsbarriere 207
Markteintrittsstrategien 150, 151
Marktentwicklungsstrategie 138
Marktfelder 138
Marktfeldstrategien 138
Marktformen 202
Marktforschung 98, 201
Marktforschungsinstitut 99
Marktforschungsprojekt 99
Marktgerechtigkeit 448
Marktposition 98, 125
Marktpotenzialuntersuchungen 99
Marktsegment 174
Marktsegmentanalysen 99
Marktsegmentbearbeitung 175
Marktsegmenterfassung 175
Marktsegmentierung 174, 412
Marktspezialisierung 188
Marktstimulierungsstrategien 146
Markttest 108
Maßnahmen-Mix 128
Matching 427
Matrixorganisation 501, 504, 506, 524
Maximax-Regel 161
McKinsey-Matrix 135
M-Commerce 268
Mediaanalyse 255
Mediabudgetierung 255
Mediadimension 215, 244
Mediaplanung 254
Mediaselektion 215, 255
Mediawerbung 217
Medien 246
Mediengattungen 246
Medienkompetenz 391, 399
Mediensponsoring 227
Mega-Werbeflächen 247
Mehrbranchenmessen 231
Mehrdimensionale Führungsansätze 360
Mehrkanalsysteme 264
Meinungsführer 432
Mengenrabatte 209
Menschenführung 348
Mentee 469
Mentor 469
Mentorenprogramm 441
Mentoring 468, 469
Merchant 243
Merger 30
Merkmal 112
Merkmals-/Nutzen-Argumentation 288
Messen und Ausstellungen 216, 230
Me-too-Pricing 202
Mikromarkttest 108
Mikrosegmentierung 184, 412, 416
Milchkühe 133
Milde-Effekt 459
Millennials 331
Mindset 34
Minimax-Regel 161
Mini-Testmarkt 109
Mitarbeiter, digitalisierte 41
Mitarbeiterbefragung 351

Mitarbeiterbindung 446, 467
Mitarbeiterfluktuation 424
Mitarbeiterforderung 409, 462
Mitarbeiterförderung 409, 462, 467
Mitarbeitergespräch 355
Mitarbeiterkontrolle 351
Mitarbeiterzeitschriften 425
Mitbestimmung, Grad der 399
Mittelpreisstrategie 204
Mittelwerte 115
Mittel-Zweck-Schema 497
Mobile Endgeräte 252
Mobilisierung 543
Modellorganisation 516
Monopol 202
Moral hazard 28
Motivationsfaktor 352
Motivationsfunktion 443
Motivationstheorien 338
Motivatoren 341
Multi-Channel 264
Multimedia Messaging Services (MMS) 252
Mystery Shopping 101

N

Nachfolgerstrategie 150
Nachhaltigkeit 26
Nachkalkulation 491
Nearshoring 533
Netto-Nutzen-Vorteil 191
Netzwerke 528
Netzwerkstrukturen 505
Neubedarf 414
Neukundengewinnung 299
Neuromarketing 179
New Work 466
Niedrigpreisstrategie 204
Nikolaus-Effekt 460
Nischenspezialisierung 188
Nischenstrategie 149
Non-Price Competition 146
Normstrategien 134
Nutzenargumentation 288
Nutzenvorstellung 174

O

Oberziel 499
Objektdimension 215
Observational Method 100
Offene Handelsgesellschaft (OHG) 22
Öffentlichkeit 83
Öffentlichkeitsarbeit 215, 225
Offshoring 533
Ohio-Modell 367
Ohio-State-Leadership-Quadrant 366
Ohio-Studien 367
Oligopol 202
Omnibusbefragung 110
Onboarding 440
Online-Befragungen 105
Online-Datenbanken 100
Online-Fragebogen 105
Online-Käufe 251
Online-Profilabgleich 436
Online-Werbemarkt 248
Online-Werbung 215, 260
Onshoring 533
Opponenten 538
Opportunity Management 284
Optimierungsphase 156
Ordermessen 231
Organigramm 503
Organisation, agile 524
Organisation, agile 521
Organisation, divisionale 502
Organisation, funktionale 501
Organizing 20
Original Equipment Manufacturer (OEM) 271
Out-of-Home Media 247
Outplacement 472
Outsourcing 76, 520, 534
Overconcentration 189
Overhead Functions 517
Overreporting 111
Oversegmentation 188

P

Paarvergleichstest 108
Page Tagging 259
Panel 109
Paneleffekt 111
Panelerstarrung 111
Panelsterblichkeit 111
Partialtest 108
Participative Leadership 371
Path-Goal-Theory 371
Pay per Click 243
Pay per Lead 243
Pay per Order 243
Penetration Pricing 207
Penetrationspreisstrategie 207
Pensionierung 473
Performance Measurement System 456
Personal Selling 274
Personalabbau 470
Personalakquisition 412
Personalauswahl 409, 436
Personalbedarfsplanung 413

Personalbedarfsplanung, quantitative 413
Personalberichte 425
Personalbeschaffung 409
Personalbeschaffungskette 436
Personalbeschaffungsprozess 410, 428
Personalbestand 413
Personalbestandsreduktion 471
Personalbetreuung 409
Personalbetreuungsprozess 410
Personalbeurteilung 409, 452
Personalbindung 462
Personaleinsatzplanung 452
Personalentwicklung 409, 462
Personalentwicklungsmaßnahmen 424
Personalersatzbeschaffung 477
Personalfreisetzung 409, 470
Personalführung 348, 409
Personalimage 419
Personalimagebroschüren 425
Personalintegration 409, 436, 439
Personalleasing 471
Personalvergütung 409
Personengesellschaft 14
Pionierstrategie 150
Pipeline Performance Management 285
Plakatsäulen 247
Plakatwände 247
Planned Obsolescence 139
Planning 20
Planung 349, 489
Plattform-Ökonomie 48
Plausibilitätsfragen 107
Point of Purchase (PoP) 254
Point of Sale (PoS) 108, 223
Policy 123
Polypol 202
Poor Dogs 133
Portfolio-Analyse 132, 135
Positionierung 190, 409, 418, 419, 425
Positionierungsmodell 195
Positionierungsstrategie 422
Post Test 258
Potenzialansatz 468
Potenzialbeurteilung 454
Potenzialunterschiede 194
Präferenzbildung 207
Präferenzen 192
Präferenzstrategie 146
Praktikum 430
Präsenz, kognitive 9, 398
Präsenz, soziale 9, 398
Präventivansatz 468
Preis-Absatz-Funktion 202
Preisbündelungsstrategie 208
Preisdifferenzierung 205, 206
Preisdifferenzierung, qualitative 206
Preisdifferenzierung, quantitative 206
Preisdifferenzierung, räumliche 206
Preisdifferenzierung, zeitliche 206, 207
Preisdifferenzierungsstrategien 203, 205
Preiselastizität (der Nachfrage) 202
Preisfestsetzung auf Wettbewerbsniveau 202
Preisfestsetzung über Wettbewerbsniveau 202
Preisfestsetzung unter Wettbewerbsniveau 202
Preisfindung, kostenorientierte 201
Preisfindung, kundenorientierte 201
Preisfindung, nachfrageorientierte 202
Preisfindung, nutzenorientierte 202
Preisfindung, wettbewerbsorientierte 202
Preisfolgerschaft 202
Preisführerschaft 202
Preiskampf 202
Preis-Mengen-Strategie 146, 147
Preispositionierungsmatrix 204
Preispositionierungsstrategien 203
Preisstrategien 203
Preistheorie 202
Preisvorteil 146, 190
Preisvorteilsstrategie 208
Preiswettbewerb 146
Premiumstrategie 204
Pressekonferenzen 225
Pressemitteilungen 225
Prestige 125
Pre-Test 258
Price Competition 146
Primäraktivitäten 93, 171
Primärdaten 99, 100
Primärforschung 99
Principal-Agent-Ansatz 22
Principal-Agent-Beziehung 28
Printmedien 245
Private-Equity-Unternehmen 142
Process Innovation 511
Process Redesign 511
Product Lifecycle Management 512
Product Lifecycle Management (PLM) 194
Product Line Branding 199
Product Placement 216, 229
Product Publicity 216, 229
Produkt/Markt-Matrix 185
Produktdemos 224
Produkte, digitalisierte 42
Produktentwicklungsstrategie 138, 141
Produktinformationsveranstaltungen 224
Produktion 19, 61, 63
Produktlebenszyklus 131
Produktmanagement 279

Produkt-Markt-Matrix 138
Produktmerkmale 192
Produktportfolio 133
Produktspezialisierung 188
Produkttest 108
Produktvorteil 146, 190
Produktwerbung 218
Projektcontrolling 491
Projektergebnisrechnung 491
Promotionmaßnahmen 224
Promotoren 538
Prospect-Theorie 158
Prospekte 224
Prozess 408, 509
Prozesse, digitalisierte 41
Prozesshierarchie 171
Prozessidee 21
Prozesskette 21
Prozesskostenrechnung 488
Prozessorganisation 21, 408, 509, 510
Prozessphasen 171, 408
Prozessschritte 22, 171, 408
Prozessunterschiede 194
Public Relations (PR) 225
Purpose 124

Q

Qualifizierung (der Kontakte) 284
Qualitätsführerschaft 146
Qualitätsmanagements (QM) 309
Qualitätswettbewerb 146
Question Marks 133
Quota Sampling 113
Quotenauswahlverfahren 113

R

Rabatt- und Bonusstrategie 209
Rabattarten 209
Radio-Spot 247
Random Sampling 113
Rasierwassertest 101
Rationalität (der Führung) 489
Realisierung 349
Recency-Effekt 460
Rechnungswesen 487
Rechnungswesen, externes 487
Rechnungswesen, internes 488
Rechtsform 13
Recruiting-Kanal 427
Referenz 296
Referenzbesuche 224
Referenzlisten 224
Referenzwert 300
Regalplatzwettbewerb 265
Regression, multiple 116
Regressionsanalyse 116
Reifegradmodell, situatives 375
Reifephase 132
Reisende 265
Relationship HR 518
Relationship Marketing 299
Relaunch 132
Relaunching-Maßnahmen 132
Rentabilität 125, 495
Rentabilitätskennziffern 495
Replacement 477
Repräsentativität 111
Resistance to Change 539
Response 233
Ressourcenanalyse 86
Ressourcenbarrieren 541
Ressourcenplanung 215
Retailer 263
Retention 447
Return on Development 424
Reverse-Takeover 33
Riesenposter 247
Robotik-Ingenieure 48
Rollenwechselsysteme 247
ROPO-Effekt 266
RSS Feed 427
Rücklaufquote 105

S

Sabbatical 445
Sachfragen 107
Sachfunktionen, betriebliche 19
Sachziel 126
Sales Cycle 282, 285
Sales Funnel 285
Sales Promotion 223
Sammelwerbung 218
Sättigungsphase 132
Scannerpanel 110
Schlüsselfaktoren 192
Schlüsselqualifikation 462
Schrumpfungsstrategien 143
Scrum 383
Scrum Product Owner 48
Second-to-Market 151
Segmentbewertung 185
Segmentierung 174, 409, 412
Segmentierung, demografische 416
Segmentierung, eindimensionale 176
Segmentierung, mehrdimensionale 176
Segmentierung, motivbezogene 417
Segmentierung, psychografische 416
Segmentierung, sozioökonomische 416

Segmentierung, verhaltensbezogene 416
Segmentierungsanforderungen 175
Segmentierungsansätze 183
Segmentierungsarten 176
Segmentierungsdimensionen 415
Segmentierungskriterien 181, 184, 416
Segmentierungsstrategien 187
Segmentierungsstufen 183, 415
Sekundäraktivitäten 93, 171
Sekundärdaten 99, 100
Sekundärforschung 99
Selbstorganisation 524
Selbststeuerung, dezentrale 348
Selbstverwirklichungsbedürfnisse 338
Selektionsfunktion 443
Self Analysis 73
Sell-in 224
Selling Center 277
Sell-out 224
Seminare 224
Service Center 519
Service Level Agreement (SLA) 533
Shared Leadership 382, 383
Shared Service Center 519, 520, 532
Shareholder 23
Shareholder Value 4, 22, 23, 24, 25, 145, 557
Short Message Services (SMS) 252
Sicherheit 125
Sicherheitsbedürfnisse 338
Sicherungsfunktion 443
Signalisierung 409, 425
Signalisierungselemente 425
Signalisierungsinstrument 429
Silent Generation 331
Situationsanalyse 73
Skala-Fragen 106
Skalenerträge 131
Skimming Pricing 207
Skonto 209
Smartphone 62, 379
Smartphones 59
SMART-Prinzip 489
Social Media 237, 302, 379
Social Media Advertising 235
Softwareentwicklung 522
Soll-Ist-Vergleich 490
S-O-R-Modelle 177
Soziale Austauschtheorie 333
Sozialleistungen, freiwillige 445
Sozialleistungen, gesetzliche 444
Sozialleistungen, tarifliche 445
Soziosponsoring 227
Spartenorganisation 502
Spezialpanel 110
Spieltheorie 161
Sponsoring 216, 226, 308
Sponsorship 226
Sportsponsoring 227
Srum Master 48
Stabilisierungsstrategie 144, 145
Staffing 20
Stakeholder 4, 22, 23, 24, 25, 31, 67, 83, 92, 122, 123, 156, 217, 225, 234, 386, 435
Stakeholder Value 24
Stärken-/Schwächenanalyse 419
Stärken-Schwächen-Profil 86
Stars 133
Start-ups 30, 55, 380, 395
Stellenanzeigen 425
Stellenbeschreibung 415
Sterne 133
Stetigkeit 364
Steuerungsfunktion 443
Stichprobe 112
Stichprobenauswahlverfahren 112
Stichprobenfehler 113
Stichprobenplan 99
Stichprobenumfang 99, 112
Stimuli 177
Stipendium 431
Storetest 108
Strategic HR 518
Strategische Allianz 272
Strategische Geschäftseinheiten (SGE) 186
Stratified Sampling 114
Strenge-Effekt 459
Streuplanung 256
Streuungsmaße 115
Streuungsparameter 115
Streuverluste 256
Stuck in the Middle 147
Subjectively Expected Utility 158
Substituierbarkeitsrisiko 44
Suchmaschinen 100, 226
Suchmaschinenmarketing 243
Suchmaschinen-Optimierung 243
Suchmaschinenwerbung 242
Suchphase 156
Super Leadership-Ansatz 381
Supply Chain Management 512
Supply Chain Management (SCM) 194
Support 61
Support Functions 532
Support-Funktionen 507
Supportive Leadership 371
Survey Method 104
SWOT-Analyse 74, 84
Synergie-Effekte 31

Systemische Führung 385

T

Tablet 62, 379
Tageszeitungen 245
Tagline 126
Talent Empowerment 466
Talentmanagement 398, 543
Target Costing 201, 488
Target Price 201
Targeting 278
Tarifvertrag 473
Tausend-Leser-Preis 257
Teamstrukturen 507
Teilerhebung 112
Teilkostenrechnung 201, 488
Telemeter 101
Terminal Systeme 254
Test 107
Testimonials 220
Testimonial-Werbung 220
Testmarkt 108
Testmarktersatzverfahren 109
Testverfahren 107
Testversionen 224
Theorie der charismatischen Führung 361
Theorie der gelernten Bedürfnisse 342
Theorie des organisatorischen Gleichgewichts .. 333
Tiefeninterview 105
Time-to-Market 150
Timing-Strategie 152
Total Compensation 443
Total Quality Management (TQM) 309
TOWS-Analyse 85
Trade Promotions 223
Traditionalisten 51, 331
Traffic 259
Traffic Boards 247
Trainee-Programm 430
Transactional HR 519
Transaktionsmarketing 299
Transaktionswert 300
Transformation, digitale 7, 538
Transformationale Führung 362
Trendanalyse 115
Trendbeobachtungen 99
Trendextrapolation 115
Trias der HR-Organisation 518
Triple-Bottom-Line 25, 67
TV-Spot 247

U

Überkonzentration 189
Übersegmentierung 188
Übervorteilungsstrategie 205
Umsatz 125
Umweltanalyse 73
Umweltsponsoring 227
Unabhängigkeit 125
Underreporting 111
Unique Selling Proposition (USP) 146, 191, 418
Universalmessen 231
Universalversender 210
Unternehmen 10
Unternehmens- und Business-TV 425
Unternehmensanalyse 73
Unternehmensbroschüren 425
Unternehmensentwicklung 82
Unternehmensführung, nachhaltige 26
Unternehmensgröße 12
Unternehmensidentität 122
Unternehmensimage 419
Unternehmenskommunikation 217, 225
Unternehmenskultur 30, 120, 121, 163, 408, 420
Unternehmensleitlinien 123
Unternehmensmission 124
Unternehmensorganisation 82
Unternehmensphilosophie 120, 122
Unternehmensplanspiel 432
Unternehmensstrategie 82
Unternehmensverfassung 22
Unternehmensvision 34, 82, 124
Unternehmenswerbung 218
Unternehmensziele ... 22, 24, 33, 119, 125, 126, 444, 455, 501, 558
Unternehmenszusammenschluss 30
Unternehmenszweck 124
Unterstützungsprozesse 93
Untersuchungsdesign 99
Unzufriedenheit 341
Ursachenanalyse 116
User 182, 185, 276
User-Clubs 224

V

Value chain 93
Value Pricing 205
Value Proposition 191
Value Added Reseller (VAR) 263, 271
Varianzanalyse 118
Veränderungsbedarf 543
Veränderungsbereitschaft 543
Veränderungsfähigkeit 543
Veränderungsmanagement 348, 536
Verantwortung, soziale 125
Verbraucherpanel 110
Verbraucherpromotion 223
Verbrauchsgüterpanel 110

Verbundwirkungen ... 343
Verfahren der bewussten Auswahl ... 113
Verfahren, bivariate ... 116
Verfahren, multivariate ... 118
Verfahren, univariate ... 115
Verfahrensstil ... 374
Vergütung, fixe ... 443
Vergütung, variable ... 444
Vergütungsbandbreiten ... 448
Vergütungsniveau ... 448
Verhaltensdimension ... 366
Verhaltensgitter-Modell ... 367
Verhaltensrichtlinien ... 123
Verkauf ... 19
Verkäuferpromotion ... 223
Verkaufsförderung ... 216, 223
Verkaufsförderungsmittel ... 224
Verkaufsgespräch ... 287
Verkaufsgitter ... 281, 367
Verkehrsmittelwerbung ... 247
Vermeidungsmotive ... 343
Vermittlungsprovision ... 271
Vermögensgegenstand ... 197
Vermögensstruktur ... 493
Verpackungstest ... 101
Versandabteilung ... 263
Versetzung ... 471
Verteilungsgerechtigkeit ... 336
Vertrag ... 290
Vertragshändler ... 263
Vertrieb ... 60
Vertrieb, direkter ... 264, 270
Vertrieb, einstufiger ... 265
Vertrieb, indirekter ... 264, 271
Vertrieb, mehrstufiger ... 265
Vertriebsaudit ... 293
Vertriebsaußendienst ... 262
Vertriebsinnendienst ... 262
Vertriebskontakt ... 293
Vertriebskooperation ... 272
Vertriebsmanagement ... 262
Vertriebsorgane ... 262
Vertriebsorganisation ... 261
Vertriebspartner ... 83
Vertriebspipeline ... 285
Vertriebsqualifikation ... 280
Vertriebssystem ... 262
Vertriebstrichter ... 285
Vertriebswege ... 262
Videoboards ... 247
Virtual Reality ... 63
Virtuelle Führung ... 386
Vollerhebung ... 112
Vollkostenrechnung ... 201, 488
Volltest ... 108
Vorgangskette ... 21
Vorkalkulation ... 491
Vorlagefragen ... 107
Vorruhestand ... 473
Vorstellungsgespräch ... 438
Vorträge ... 224
Vortragsfragen ... 107
VUCA ... 378

W

Wachstum ... 125
Wachstumsbedürfnisse ... 338, 340
Wachstumsphase ... 132
Wahrnehmung, selektive ... 459
War for Talents ... 408
Warenhaus ... 210
Warenzeichen ... 199
Wasserfallmodell ... 522
Web 2.0-Applikationen ... 226
Web Analytics ... 259
Webside Advertising ... 234
Weg-Ziel-Theorie ... 371
Weisung ... 351
Weiterbildung ... 464
Werbeaufwendungen ... 244
Werbebotschaft ... 221
Werbebotschaften ... 218
Werbeeinnahmen ... 244
Werbeerfolgskontrolle ... 251
Werbefilm ... 247
Werbekostenzuschüsse ... 224
Werbemittel ... 217, 222
Werbeobjekte ... 218
Werbepretest ... 101
Werbeträger ... 215, 222, 244
Werbewirkungsforschung ... 258
Werbewirkungsprognosen ... 99
Werbeziele ... 218
Werbung ... 215, 217
Werbung im Internet ... 213
Werkstudententätigkeit ... 430
Werkvertrag ... 291
Wertewandel ... 331, 442, 463
Wertkette ... 93, 514
Wertkette, elektronische ... 515
Wertkettenanalyse ... 93, 94
Wertschätzung ... 409
Wertschöpfung ... 96, 270
Wertschöpfungsaktivitäten ... 93
Wertschöpfungskette ... 22, 93, 470, 512, 514
Wertschöpfungspartnerschaften ... 94
Wertvorstellungen ... 120, 331
Wettbewerb ... 83, 98

Wettbewerbsanalysen ... 99
Wettbewerbskräfte ... 88
Wettbewerbsstrategie ... 83, 146
Wettbewerbsvorteil ... 83, 172, 191
Wholesaler ... 263
Wiederholungskäufe ... 296
Willensbarrieren ... 540, 541
Wirkungsforschung, psychologische ... 258
Wirkungsprognose ... 116
Wirtschaft, digitale ... 514
Wirtschaft, reale ... 514
Wirtschaftsabschnitt ... 12
Wirtschaftsabteilung ... 12
Wirtschaftszweig ... 11
Wissensbarrieren ... 541
Wissensmanagement ... 507
Work-Life-Balance ... 442

X

Xing ... 237
X-Shoring ... 533

Y

Year-End-Review ... 457, 519
Yield Management ... 208
YOLO ... 53, 421

Z

Zeitrabatte ... 209
Zeitreihenanalyse ... 115
Zeitschriften ... 245
Zeitungen ... 245
Zeitwertkonto ... 471, 519
Zentraltendenz ... 459
Zielausmaß ... 125
Zielbildungsprozess ... 74, 125
Ziele ... 119, 489
Zielerfüllung ... 125
Zielfunktion ... 410
Zielgruppe ... 184
Zielinhalt ... 125
Zielkatalog ... 450
Zielkultur ... 33
Zielpersonen ... 184
Zielpersonenkonzept, hierarchisch-funktionales ... 185
Zielpersonenkonzept, kommunikationsorientiertes ... 185
Zielpyramide ... 120, 125
Zielsetzung ... 349
Zielsystem ... 119
Zielvereinbarung ... 350, 356
Zielverkaufspreis ... 201
Zufallsauswahl ... 113
Zufallsauswahl, geschichtete ... 113
Zufallsauswahl, mehrstufige ... 114
Zufallsauswahl, reine, uneingeschränkte ... 113
Zufallsfehler ... 113
Zufallsprinzip ... 113
Zufriedenheit ... 341
Zukunftssicherung ... 348
Zulieferindustrie ... 83
Zusatzbedarf ... 414
Zusatzleistung ... 197
Zuschlagskalkulation ... 201
Zweck-Mittel-Rationalität ... 486
Zwei-Faktoren-Theorie ... 341, 342

www.ingramcontent.com/pod-product-compliance
Lightning Source LLC
Chambersburg PA
CBHW081212220326
41598CB00037B/6759

* 9 7 8 3 1 1 0 7 4 4 0 7 1 *